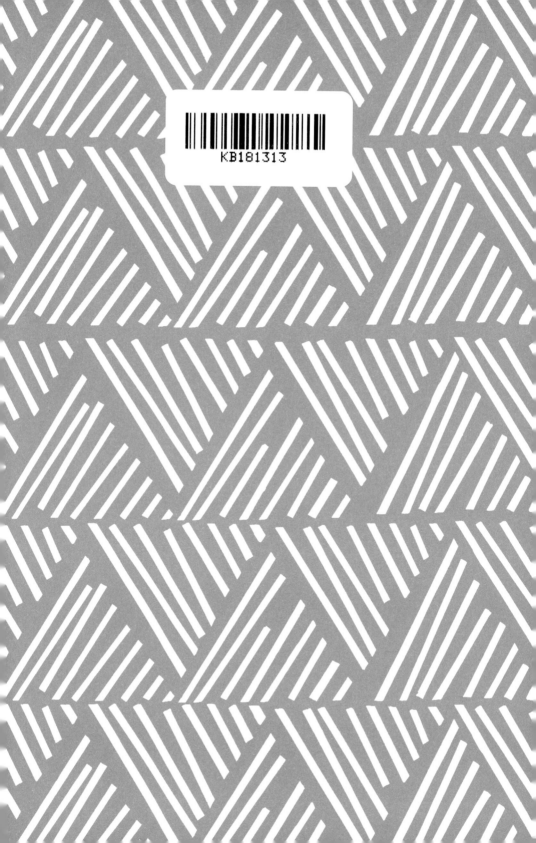

KB181313

토머스 홉스(1588~1679) 초상화

▲아버지가 교구목사였던 교회 뒤 홉스의 생가 터 잉글랜드 맘즈베리 웨스트포트

◀명판이 붙어 있는 교회 가까운 건물

▼명판 "1588년 4월 5일 영국 철학자 홉스가 태어난 곳이다"

▼홉스 탄생지를 알리는 안내판

옥스퍼드대학교 모들린칼리지(타워) 홉스는 1602년(14세) 이 대학에 입학해 논리학과 스콜라철학을 공부했다.

Cauendo: Tutus

데번셔 2대 백작 윌리엄 캐번디시(1590~1628)　홉스는 모들린 졸업과 동시에 학장의 추천으로 윌리엄 캐번디시가의 데 번셔 초대 백작의 장남 윌리엄 데번셔의 가정교사가 된다. 윌리엄은 홉스가 40세 때 35세의 젊은 나이로 죽었다. 홉스는 말년에 이 집안에 의탁하여 집필활동을 하다가 91세의 일기로 눈을 감았다.

프랜시스 베이컨(1561~1626) 1614년(26세) 홉스는 윌리엄 데번셔의 가정교사로서 함께 프랑스·이탈리아 여행을 다녀온 뒤 백작 직위를 물려받은 윌리엄의 비서로 캐번디시가의 도서실에서 고전을 연구했다. 1620년(32세) 베이컨의 조수로 그의 논문을 라틴어로 번역하는 일을 했다.

갈릴레오 갈릴레이(1564~1642) 1631년(43세) 3대 데번셔 백작의 가정교사로 들어간 홉스는 34년 그와 함께 파리로
건너가 메르센 등을 만나 활동을 하다가 2년 뒤 1636년 피렌체로 갈릴레이를 찾아갔다. 홉스는 갈릴레이를 만나고부
터 특별히 운동문제에 매료되었다. 그는 모든 실재가 운동 물질을 이룬다고 생각했으며 이는 그의 전체적인 개념이
되었다.

MARIN MERSENNE
Religieux de l'Ordre des Minimes Thologᵉ
Philosophe et Mathematicien celebre né a
Oyse au Maine Mort a Paris 1648. âgé de 60. ans.

P. Dupin Sculp

a Paris chez Odieuvre Mᵈ destampes quay de l'Ecole vis a vis la Samaritaine a la belle Image.
A.P.D.R.

마랭 메르센(1588~1648) 프랑스 물리학자·수학자. 데카르트와 친구. 1634년 3대 데번셔 백작과 파리에 갔을 때 메르센이 주재하는 학자들 모임의 일원이 되어 새로운 철학이나 학문에 대해 토론했다. 메르센으로부터 피에르 가상디를 소개받았는데 그는 신학과 자연철학 분야에서 홉스에게 영향을 주었다.

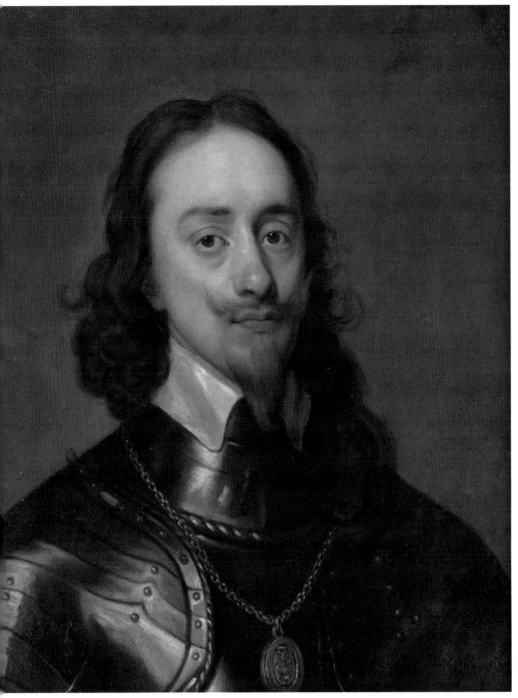

찰스 1세(1600~1649, 재위 스코틀랜드·잉글랜드 국왕 1625~1649) 무익한 대외정책에 국고를 탕진하고 국민에게 과중한 증세가 부과되자, 1628년 의회에서 권리청원이 제출되고 악정을 비난했다. 이에 찰스 1세는 의회를 해산하고 불법 과세를 강행했다. 스코틀랜드(장로교)에 강제로 영국국교회를 시행하려 하자 반란이 일어났다. 반란 처리 비용으로 의회와의 정면대결이 청교도혁명으로 확대되었다. 마스턴 무어 전투(1644), 네이즈비 전투(1645)에서 왕당군이 의회군에 패하자 찰스 1세는 스코틀랜드로 투항했다. 1649년 의회에 설치한 고등재판소에서 찰스 1세에게 사형을 선고하고 참수형을 집행했다.

영국 황태자 찰스 2세(1630~1685) 윌리엄 돕슨. 1642. 홉스는 뒷날 왕위에 오르는 황태자 찰스 2세에게 수학을 가르친 가정교사였다. 두 사람 모두 파리로 망명해 있을 때였다.

올리버 크롬웰(1599~1658) 초상화 사무엘 쿠퍼. 1656. 영국 청교도혁명이 일어나자 혁명군을 이끌어 왕당파를 몰아내고 찰스 1세를 처형, 공화제를 세웠다. 그는 엄격한 청교도주의에 따른 독재정치를 단행했다.

마스턴 무어 전투   홉스의 사후 3년이 되는 1682년 영국의 시민 전쟁의 기원을 다룬 《비히모스 *Behemoth*》가 출간되었다. 1644년 7월 2일의 마스턴 무어 전투는 영국 시민 전쟁에서 결정적인 분수령이 되었으며, 이를 계기로 의회군은 영국의 북부를 장악했다.

▲ 세인트 존 교구 침례교회 잉글랜드 더비셔, 올트 허크널. 1675년(87세) 홉스는 데번셔 집안의 별장이 있는 더비셔의 하드윅과 채스워스로 들어가 4대 데번셔의 보호 아래 집필을 계속하다가 1679년 91세의 일기로 생을 마쳤다.

◀ 교회에 있는 홉스의 무덤

▼ 《시민론》(1642) 권두화 라틴어판, 익명으로 출판. 1650년 《정체론》이라는 제목으로 출판했다.

종교가 지배하던 시대 홉스의 유물론적 철학은 신을 섬기던 그 무렵 그리스도교회 사상과 충돌했다. 사진은 세인트 폴 대성당 내부. 이 성당은 1666년 일어난 런던 대화재로 불타버린 뒤 건축가 크리스토퍼 렌이 1710년 재건축했다.

〈리바이어던의 파멸〉 귀스타브 도레, 1866. 리바이어던은 구약성서 〈욥기〉에 나오는 거대한 바다 괴물 이름에서 유래했다.

프레스코 벽화 〈최후의 심판〉에 그려진 리바이어던   지아코모 로시뇰로, 1555.

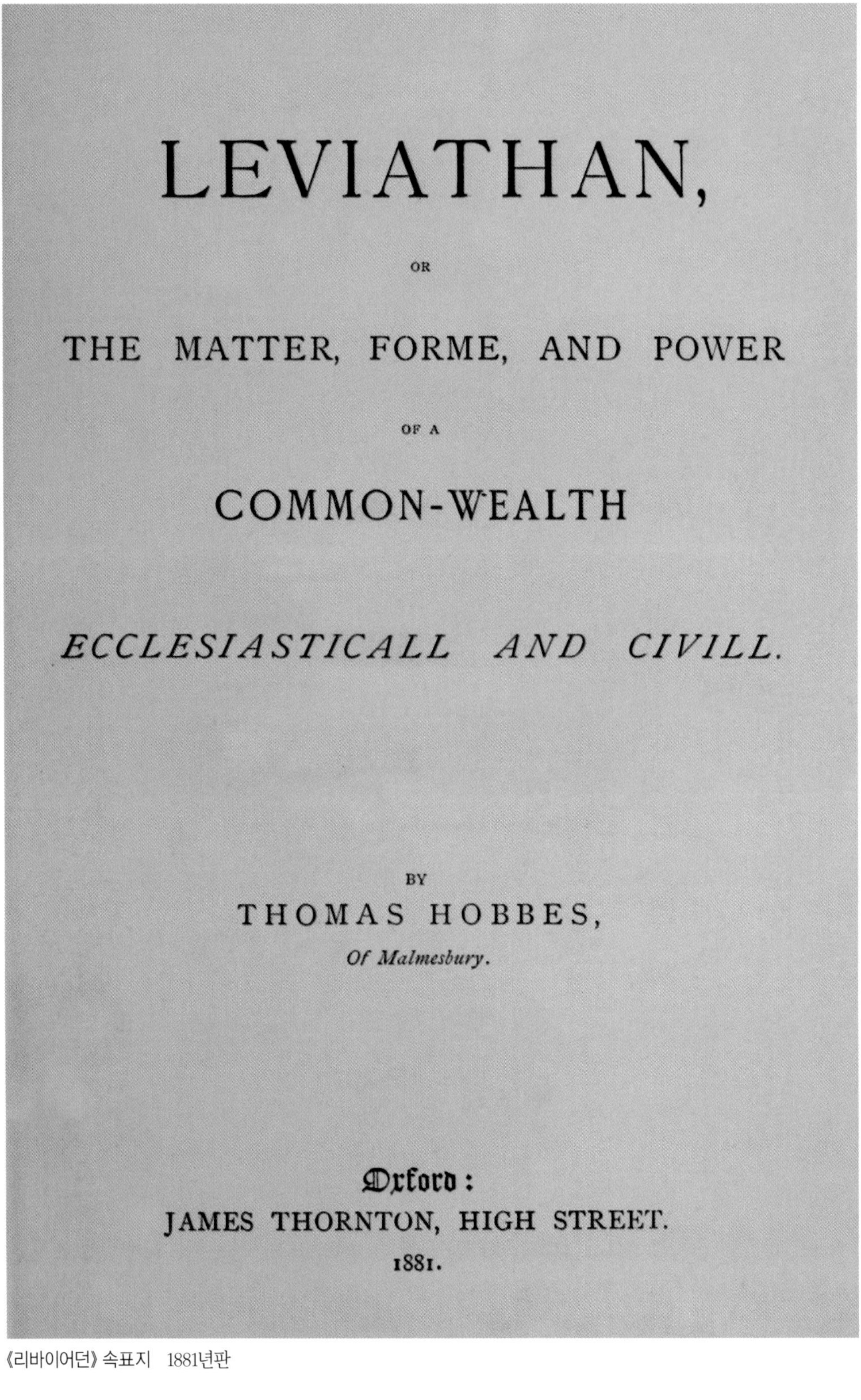

LEVIATHAN,

OR

THE MATTER, FORME, AND POWER

OF A

COMMON-WEALTH

ECCLESIASTICALL AND CIVILL.

BY

THOMAS HOBBES,

Of Malmesbury.

Oxford:
JAMES THORNTON, HIGH STREET.
1881.

《리바이어던》 속표지 1881년판

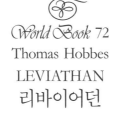

World Book 72

Thomas Hobbes

LEVIATHAN

리바이어던

토머스 홉스/최공웅 최진원 옮김

동서문화사

디자인 : 동서랑 미술팀

《리바이어던》 초판 권두화

일러두기

1. 이 책을 옮기면서 기초가 된 원전은 다음과 같다.

A. *Leviathan or The Matter, Forme, & Power of a Common-Wealth Ecclesiasticall and Civill.* By Thomas Hobbes of Malmesbury. London, Printed for Andrew Crooke, at the Green Dragon in St. Pauls Church-yard, 1651.

B. *Leviathan or The Matter, Forme & Power of a Common-Wealth Ecclesiasticall and Civill.* Ed by A. R. Waller, Cambridge University Press, 1904.

C. *Hobbes's Leviathan,* reprinted from the edition of 1651, with an essay by the late W. G. Pogson Smith, Oxford 1909.

2. 그 밖에 라틴어판·네덜란드어판·독일어판·프랑스어판·일본어판 등이 있다.

D. *Leviathan, sive de materia, forma & potestate civitatis ecclesiasticae et civilis.* Authore Thoma Hobbes, Malmesburiensi, Amstelodami, apud Joannem Blaev. M.DC. LXX.

E. *Leviathan : of van de stoffe, gedaente, ende magt van de kerckelycke ende wereltlycke regeeringe.* Tot Amsterdam, By Jacobus Wagenaar, Anno 1667.

F. *Leviathan oder Stoff, Form und Gewalt eines kirchlichen und Bürgerlichen Staates.* Herausgegeben und eingeleitet von Iring Fetscher(übersetzt von Walter Euchner), Neuwied und Berlin, 1966.

G. *Léviathan traité de la matière, de la forme et du pouvoir de la république ecclésiastique et civile,* traduit de l'anglais, annoté et comparé avec texte latin par François Tricaud. Paris, 1971.

H. 《リヴァイアサン》水田洋 譯, 岩波書店, 1992 ; 永井道雄/上田邦義 譯, 中央公論新社, 2009.

리바이어던

차례

나의 가장 존경하는 벗
고돌핀 가문 프랜시스 고돌핀 님*1에게

존경하는 벗이여,

당신의 매우 훌륭한 아우이신 시드니 고돌핀 님*2은, 살아계실 때 저의 연구들을 가치 있게 여겨주셨습니다. 또 당신께서도 아시는 것처럼, 좋은 평가도 내려 주셨습니다. 그 증언들은 그것만으로도 이미 위대한 것이지만, 그분의 훌륭한 인격으로 인해 더욱 위대해졌습니다. 사람들을 하느님과 국가에 봉사케 하고 시민사회*3나 사적인 교우관계를 지향하도록 만드는 그분의 덕성*4은, 사

---

*1 프랜시스 고돌핀(Francis Godolphin, 1605~1667)은 영국 콘월 주(州)의 명문 고돌핀 가문 출신이자, 윌리엄 고돌핀 경(卿)의 맏아들이다. 청교도혁명 중에는 실리섬 총독이었으며, 1660년 찰스 2세에게 바스 기사 작위를 받았다.

*2 시드니 고돌핀(Sidney Godolphin, 1610~1643)은 프랜시스 고돌핀의 동생으로, 1628년, 계속해서 단기의회 및 장기의회에도 참가했다. 스트래퍼드의 지지자로 알려졌으며 장기의회의 마지막 왕당파 의원 가운데 한 사람이었으나, 내란이 시작되자 콘월에서 군사를 모아 참전하여 차그퍼드 마을 전투에서 사살당했다. 유언을 통해 홉스에게 200파운드를 남겼고, 홉스는 《리바이어던》의 결론에서 그에 대해 언급했다. 1630년대에는 두 사람 모두(홉스의 논적 클라랜던도) 포클랜드 자작을 중심으로 하는 지적인 단체(그레이트 튜 서클 Great Tew Circle)에 속해 있었다.

*3 Civil Society를 번역한 말. 이 말은, 영국에서는 16세기 말 무렵(리처드 후커)부터, 프랑스에서는 société civile로서 1726년 무렵(Claude Buffier, *Traité de la société civile*, Paris 1726)부터, 또한 독일에서는 대륙법학의 문헌에서 17세기 무렵부터 societas civilis로서 쓰이게 되었다. 그것은 대체적으로, 한쪽에서는 로마법=시민법=재산법이 지배하는 사회를, 또 다른 쪽에서는 사회=소집단으로서의 society와 구별된 대집단으로서의 사회(현대의 '사회'는 이 의미밖에 쓰이지 않는다)를 가리킨다. 예를 들어, 갈베는 퍼거슨이나 맥퍼런의 독일어 번역에서 원문에 civil이라는 말이 없어도 bürgerliche Gesellschaft로 하고 있다. 그러나 헤겔과 마르크스에 의해 이 용어의 의미가 바뀌어, bürgerliche Gesellschaft는 이른바 부르주아 사회로서 주로 부정적인 뜻으로 쓰이게 되었다. 또한, Civil이라는 말에 대하여 오스틴이 비군사적·비교회적·비형사적(非刑事的) 등의 12가지 의미를 들고 있는 것은 시민사회의 성격규정에도 도움이 될 것이다.

*4 vertue는 마키아벨리의 virtu처럼 도덕이라기보다 능력이라는 의미로 쓰일 때가 있다.

정이나 필요에 따라 꾸민 것이 아니었기 때문입니다. 오히려 훌륭하고 고귀한 자질이 빛나는 본성으로서 그분 말씀 속에 담겨 나타난 것입니다. 그러므로 저는 그분에 대한 존경과 감사, 당신을 향한 애정을 담아, 코먼웰스*5에 대한 저의 이 논술을 삼가 당신께 바칩니다.

세상이 그것을 어떻게 받아들일지, 또 세상이 그것에 호의적인 사람들을 어떻게 비판*6할지 저는 모릅니다. 이것은 한편으로는 너무 많은 자유에, 다른 한편으로는 너무 많은 권위를 주장하는 사람들에게 둘러싸여 있는 것과 마찬가지입니다. 그래서 이 양쪽 칼끝 사이를 상처 없이 무사히 지나가기란 어렵습니다.

그렇다 해도 저는 정치권력의 발전을 위하는 노력이 정치권력에 의해 비난받는 일은 없을 것이며, 그 권력이 너무 크다고 나무라며 사람들이 이의를 제기하는 일도 없을 것이라고 생각합니다. 또한 저는 권력을 가진 이들이 아니라 권력의 자리에 대해 (추상적으로) 말하며, (로마의 카피톨 신전 안에 있던 사람들을 오직 그 안에 있었다는 이유만으로, 도와 준 단순하고 비당파적인 피조물*7과 같이) 그 밖에 있던 사람들이나, 또는 안에 있으면서 밖에 있는 사람들의 편을 드는 사람들(그런 사람이 있다면) 말고는 누구도 화나게 하지 않으리라 생각합니다.

아마도 사람들을 가장 화나게 만드는 것은 본문 안에 있는 성경일 것입니다. 저는 그것을 흔히 다른 이들의 관행과는 다른 목적으로 인용했습니다. 그러나 저는 매우 겸허한 마음으로 그 일을 했고, 또한 (이 논술의 주제를 위

---

*5 Common-wealth는 이 번역서에서는 코먼웰스로 쓴다. 이 말은 어의상으로는 '공통의 이익' 또는 '공동의 부(富)' 즉, 국민의 부 또는 국민경제이며, 홉스 시대 영국 혁명기의 공화정을 말하지만, 홉스의 용어법은 그 어느 것도 아니다. 그가 라틴어판에서 키비타스(도시)라는 말을 이 용도로 쓰듯이, 코먼웰스란 로마의 도시국가로 대표되는 정치사회이다(로크도 같은 설명을 했다). 즉 모든 형태의 정치체를 의미한 것이므로 일반적으로 국가의 의미로 쓰인 것으로 생각할 수 있다. 다만, 국가 또는 정치사회로 번역해 버리면, 제3부의 표제인 '그리스도교적인 코먼웰스'를 번역하는 말이 조금 내용에 걸맞지 않게 되고, 또한 한편으로는 Civil을 정치적인 의미로 해석하는 일이 많기 때문에 원어 그대로 두었다.

*6 reflect on에는 '숙고하다'와 '비난하다'라는 두 가지 의미가 있다.

*7 기원전 390년에 갈리아인이 로마에 침입하여 카피톨에서 농성 중인 로마군을 야습했으나, 유노 신의 사자로 알려진 거위가 울며 소동을 피우는 바람에 로마 병사들이 눈치채고 방어전을 펼쳐 격퇴했다. Titus Livius, *Ab urbe condita*, V. 37.

해서) 필요에 따라 어쩔 수 없이 그렇게 한 것입니다. 왜냐하면 성경의 인용된 부분은 마치 적의 외곽에 포진한 진지와 같아서, 사람들이 정치권력에 대해 논쟁하는 지점이기 때문입니다.

그러나 만일 저의 작업에 대해 누군가가 비방한다면, 당신은 부디 거들지 마시고, 제가 자신의 의견을 스스로 존중하는 사람이라고 말씀해 주십시오. 그리고 제가 당신의 아우님을 존경하고, 또 당신을 존경하며 지금까지 그랬듯이 당신의 가장 겸허하고 순종적인 종(당신의 양해도 없이)임을 믿어주시기 바랍니다.

파리*[8]에서, 1651년 4월 15(25)일,*[9] 토머스 홉스

---

*[8] 홉스는 1640년 청교도혁명이 시작되기 전에 프랑스로 망명하여 파리에서 《리바이어던》을 썼다. 그러나 1651년이 저물 무렵 귀국했고, 《리바이어던》도 그즈음 런던에서 출판되었다.
*[9] 4월 15일은 태음력, 25일은 그레고리우스력의 날짜이다.

머리말

    자연(신이 그것으로 세상을 만들었고, 그것으로 세상을 다스리는 기술)은, 다른 일들에서도 그렇듯 인간의 기술에 의해서 인공적 동물을 만드는 데에도 그대로 모방된다. 생명은 바로 팔다리의 운동이고 그 움직임이 내부의 어느 중요한 부분에서 시작된다는 점을 헤아려 보면, 모든 자동기계(시계처럼 태엽 또는 톱니바퀴로 스스로 움직이는 기관)가 하나의 인공적 생명을 지니고 있다고 말할 수 있지 않을까? 심장은 바로 태엽 같은 것이고, 신경은 수많은 가닥의 줄에 해당하며, 관절은 톱니바퀴에 해당한다고 볼 수 있는데, 이것이 우리의 온몸을 제작자가 의도한 대로 움직이게 하는 것이 아니겠는가?

    한 걸음 더 나아가 기술은 자연의 이성적이고 가장 뛰어난 작품인 인간을 모방한다. 이 기술에 의해 코먼웰스(Commonwealth) 또는 국가(State), 라틴어로는 키비타스(Civitas)라고 불리는 저 위대한 리바이어던(Leviathan)이 창조되는데, 이것이 바로 인조인간이다. 다만 그것은 자연인보다 크고 힘이 세며 자연인을 보호하고 방어하도록 설계되어 있다. 그리고 그 안에서 주권은 온몸에 생명과 운동을 부여하므로 이는 곧 인공의 혼(魂)이며, 위정자와 그 밖의 사법 행정 관리는 인공 관절에 해당한다. 상벌은 모든 관절과 팔다리를 주권자와 연결시켜 그 의무 수행을 위해 움직이도록 하므로 자연인의 몸에서 신경이 하는 일을 맡는다. 구성원 저마다의 부와 재산은 인공인간의 체력이다. 국민의 복지는 그의 업무이며 그가 알고 있어야 할 내용들을 제시하는 고문관들은 기억인 셈이다. 공정과 법률은 인공의 이성이자 의지이며, 화합은 건강, 소요는 질병, 그리고 내란은 죽음이다.

    끝으로 이 정치공동체의 각 부분을 맨 처음 만들고 모아 엮은 협정(協定)과 신약(信約)은 하느님이 세상을 만드실 때 '이제 사람을 만들자'고 선고하신 명령이라 할 수 있다.

    이 인조인간의 본성을 서술하기 위해 다음과 같이 살펴보고자 한다.

첫째, 그 소재와 제작자는 모두 인간이다.

둘째, 그것은 어떻게 해서, 어떤 신약에 의해 만들어지는가, 주권자의 권리 및 정당한 권력 또는 권위란 무엇인가? 그리고 무엇이 그것을 유지하고 해체하는가?

셋째, 그리스도교적 코먼웰스란 무엇인가?

마지막으로 암흑의 왕국이란 무엇인가?

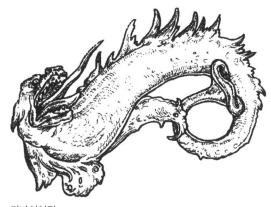

리바이어던
구약성경 〈욥기〉에서, 리바이어던은 영생동물이며 거대한 바다괴물이라고 표현되었다. 《리바이어던》에서는 이 괴물이 곧 국가이다.

첫째 문제를 두고 요즘 사람들이 자주 거론하는 격언이 있다. 지혜는 책을 읽음으로써 얻어 지는 것이 아니라 사람을 연구함으로써 얻을 수 있다는 것이다. 그 결과 등 뒤에서 무자비하게 서로를 비난하면서 마치 그것을 자기가 사람들 안에서 발견해 낸 지혜인 듯 나타내며 크게 기뻐하는 사람들이 생겼다. 그러나 이들의 대부분은 그렇게 비난하는 것 말고는 자신이 현명하다는 증거를 내놓지 못하는 사람들이다.

그러나 요즘 사람들이 잘 모르는 오래된 또 하나의 격언이 있다. 이 격언을 마음에 새기며 노력했다면 사람들은 서로를 정말 잘 이해하는 법을 배웠을 것이다. 그것은 바로 '너 자신을 알라(*Nosce teipsum, Read thy self*)'는 격언이다. 이 말은 오늘날처럼 권력자가 아랫사람을 야만적 태도로 대하거나, 지위가 낮은 사람이 윗사람에게 무례하게 행동하도록 부추기는 것이 아니라 다음과 같은 것을 우리에게 일러 준다. 사람의 사고와 감정은 누구나 서로 비슷하므로 스스로 자기 속을 들여다보고, 자신이 사고하고, 판단하고, 추론하고, 희망을 품고, 두려움을 느낄 때 무엇을 하는지, 또 그 근거가 무엇인지를 살펴보면 비슷한 상황에서 다른 모든 사람들이 어떤 사고와 감정을 가지게 되는지 쉽게 알 수 있다는 것이다.

이 말은 모든 사람이 공평하게 가진 의욕·두려움·희망 등 여러 감정의 닮은 점을 말하는 것이지, 감정의 대상, 의욕을 느끼고 두려움을 갖고 희망을 품는 대상에 대한 닮은 점을 말하는 것은 아니다. 왜냐하면 후자는 저마다의 기질과 교육적 수준에 따라 매우 다양하며, 우리의 지식으로부터 숨어 있는 경우가 많다. 그리고 실제로 볼 수 있듯이 기만과 허위의 속임수와 오류의 학설에 오염되어 혼란에 빠져 있는 인간의 여러 가지 성격은, 오로지 마음을 탐구하는 자만이 읽을 수 있기 때문이다.

우리는 가끔 사람들의 행위를 보고 그 의도를 알게 될 때가 있지만, 이에 대해 우리 자신의 행동과 비교해 보지 않거나 사정을 바꿀 수 있는 모든 상황을 고려하지도 않고 무작정 그렇게 추측하는 것은 암호 해독표 없이 암호문을 해독하려는 것과 다름없는 일이다. 따라서 대개는 목격자 자신이 선한 사람인지 나쁜 사람인지에 따라 지나치게 믿거나 믿지 못하면서 그릇된 의도로 해석하게 된다.

그러나 어떤 사람이 남의 행동을 보고 제아무리 완전하게 알 수 있다 해도, 그것은 그가 아는 극소수의 사람들에 국한될 뿐이다. 온 국민을 통치해야 하는 지도자는 어떤 특정한 사람들이 아니라 온 인류의 마음을 읽을 수 있어야 한다. 물론 그것은 어려운 일이다. 그러나 그것이 그 어떤 언어나 학문을 배우는 것보다 훨씬 더 어렵다 해도, 스스로 행한 성찰의 방법을 정연하고 뚜렷하게 제시하면 다른 사람들은 단지 자기 마음속에도 같은 것이 있는지를 찾아보려 애쓰기만 하면 된다. 이런 종류의 학설은 달리 논증할 여지가 없기 때문이다.

1부
인간에 대하여

1 감각

인간의 사고에 대해 먼저 하나하나 개별적으로 살펴본 다음, 계열, 즉 서로 의존하는 관계를 살펴보고자 한다. 하나씩 떼어 놓고 볼 때 사고는 흔히 '대상'이라고 하는 우리 외부에 있는 물체의 어떤 특성이나 우연적 성질의 '표상(表象)' 또는 '현상(現象)'이다. 그 대상이 우리 눈이나 귀와 같은 인체기관에 작용하는데, 이 작용이 다양하므로 현상도 여러 모습을 띤다.

모든 사고의 뿌리는 감각에 있다. 인간의 이성 속에 존재하는 모든 개념은 처음에는 전체든 부분이든 감각기관에 의해 얻어진 것이기 때문이다. 즉 감각기관이 얻은 것을 바탕으로 나머지 개념들이 생겨난다.

지금 굳이 감각의 자연적 원인을 알 필요는 없다. 이 문제에 대해선 이미 다른 곳에서 자세히 다룬 바 있다. 그러나 현재의 논의를 완벽하게 하기 위해 여기서 이 문제를 간단히 살피고 가기로 한다.

감각의 원인은 외부의 물체 곧 대상이며 그것이 저마다의 감각에 고유한 기관을 자극한다. 미각이나 촉각처럼 직접적인 자극이 있는가 하면, 시각이나 청각, 후각처럼 간접적인 자극도 있다. 이 자극이 신경이나 힘줄, 박막(薄膜) 따위의 매개를 거쳐 두뇌와 심장에 전달되면, 저항과 반대작용 또는 어떻게든 그 자극을 제거하려는 마음의 노력을 불러일으키게 된다. 그 노력은 '바깥으로 향하고' 있으므로 외적인 것처럼 보인다. 이렇게 '보이는 것' 또는 '환각'을 우리는 '감각'이라 부른다. 그것은 눈에는 '빛'이나 '색깔', 귀에는 '소리', 코에는 '냄새', 혀와 입천장에는 '맛', 그리고 신체의 나머지 부분에는 '뜨거움', '차가움', '단단함', '부드러움' 등 '촉감'으로 구별할 수 있는 성질이다. '감각할 수 있는' 이 모든 성질들은 그 감각을 일으키는 대상 속에 있지만, 그것은 실은 우리의 기관을 다양하게 자극하는 그것과 같은 수의 물질의 운동이며, 자극을 받아 우리 내부에서 일어나는 일도 결국 다양한 운동일 뿐이다. 운동은 운동만을 낳기 때문이다. 그러나 우리 앞에 나타날 때 그

아테네 학원　중앙에 플라톤(가운데 왼쪽)과 아리스토텔레스(가운데 오른쪽)가 있다.

것은 환각이며, 그것은 깨어 있을 때와 꿈꾸고 있을 때도 마찬가지이다. 또한 눈을 누르고 비비거나 두드리는 것이 빛을 상상케 하고 귀를 누르면 소음이 생겨나는 것처럼, 보이거나 들리는 물체도, 우리가 깨닫지는 못하지만 격렬한 자극에 의해 같은 것을 만들어낸다. 색깔이나 소리가 그것을 일으키는 물체 곧 대상 속에 있다면, 우리가 거울에 의해, 또는 반향에 의한 메아리 속에서 볼 수 있는 것처럼, 색깔이나 소리를 그 대상으로부터 떼어낼 수 없기 때문이다. 그 경우에 우리는, 우리의 시각적 대상이 있는 곳과 시각적 현상이 나타나는 곳이 서로 다른 곳임을 알고 있다. 또 어떤 거리에서는 대상이 우리에게 일으킨 환각이 현실의 대상 자체에 속해 있는 것처럼 보이기도 하지만, 대상과 심상 또는 환각은 다른 것이다. 따라서 이미 말한 것처럼 모든 경우에 감각은 압박에 의해, 우리의 눈과 귀, 그리고 감각기관에 대한 외부 사물 운동에 의해 일어나는 근원적인 환각일 따름이다.

그러나 모든 그리스도교 국가의 대학 내 모든 철학 학파*¹는 아리스토텔레스의 교본에 따라 이와는 다른 학설을 가르친다. 말하자면 '시각'의 원인은 보이는 물체가 모든 방향으로 '가시적인 종류', (영어로 말하면) '가시적인 모습', '환영', '모습', 또는 '보이는 것'을 보내기 때문이며 그것을 눈으로 받아들이는 것이 '보는 것'이라고 한다. 또한 '듣는 것'의 원인인 들리는 물체가 '가청(可聽)적인 종류', 즉 '가청적인 모습' 또는 '가청적인 현상'*²을 보내기 때문이며, 그것이 귀에 들어와 들리게 된다는 것이다. 그뿐만이 아니라 '이해'에 대하여도 이해되는 실체가 '가지(可知)적인 종류', 즉 '가지적인 현상'을 보내고, 그것이 우리의 지성에 닿아 우리를 이해시킨다고 그들은 말한다. 내가 이런 말을 하는 것은 대학의 가치를 부정하려는 것이 아니며, 이 뒤에 코먼웰스에서 대학이 무슨 역할을 해야 하는지 곧 논할 것이므로 대학이 어떻게 개혁되어야 하는지 독자들에게 보여 주어야 하는 것이다. 대학에서 우선 개선해야 할 것 가운데 하나는 무의미한 말이 너무 많다는 것이다.

---

*1 Philosophy−schooles는 라틴어판에는 '스콜라 학파 철학자들'로 되어 있고, 그 쪽이 더 이해하기 쉽다. 9세기에서 14세기에 걸쳐 영국을 포함한 서유럽 여러 대학에서 가르친 논리학·형이상학·신학의 주류를 스콜라학이라고 한다.

*2 Audible being seen도, 다음에 나오는 Intelligible being seen도 언뜻 이해하기 어렵지만, 라틴어판이 '상(相)'의 뒤에 설명을 붙여서 Species (id est apparitiones) Visible, 또는 Species id est apparitiones, audible이라고 되어 있으므로 '들리는 현상'이라는 의미로 생각된다.

2 상상

　정지해 있는 한 물체가 있다고 하자. 다른 어떤 것이 그것을 건드리지 않는 한, 그 물체는 영원히 정지해 있을 것이다. 이것은 의심할 수 없는 진리이다. 그러나 어떤 물체가 움직이고 있을 때 무언가가 그것을 막지 않는 한, 그 물체는 계속해서 움직일 것이라는 데엔, 이유는 앞의 경우와 같다고 해도(어떤 것도 스스로는 변화할 수 없다) 사람들은 쉽게 인정하지 않는다.

　인간은 타인에 대해서뿐만 아니라 모든 것을 자기 기준으로 짐작하기 때문이다. 또한 자신이 운동하고 난 뒤에는 힘들고 피로하니까 다른 것들도 운동을 하고 나면 지쳐서 스스로 휴식을 원하리라고 생각한다. 자신들의 휴식에 대한 욕구가 다른 운동 때문이 아닐까 하는 생각은 조금도 하지 않는다. 그래서 스콜라 학파는 무거운 물체가 낙하하는 것은 휴식에 대한 욕구 때문이며, 그 물체에 가장 근원적인 장소에서 그 본성을 유지하기 위해서라고 설명하며, 인간이 아닌 무생물에도 자신의 본성을 유지하는데 도움이 되는 것에 대한 욕구와 지식을 가지고 있다고 터무니없는 주장을 하는 것이다.

　물체는 한번 운동을 시작하면, 다른 어떤 것이 그것을 막지 않는 한 영원히 운동을 계속하며, 무엇이든 그 운동을 완전히 멈추게 하려면 한순간에 정지시키는 것이 아니라 시간을 두고 서서히 정지시킬 수밖에 없다. 바람이 그쳐도 수면 위에는 한동안 잔물결이 일렁이듯이, 인간이 보거나 꿈꾸거나 할 때 그의 내부에 일어나는 운동에 있어서도 똑같은 현상이 일어난다. 대상이 사라지거나 눈을 감은 뒤에도, 보던 물체의 상은 여전히 남아 있다. 물론 실제로 볼 때보다는 희미하지만 말이다.

　로마 사람들은 이것이 실제 볼 때 생긴 심상(心像)에서 생성되는 것이라 하여 '상상(想像)'이라 부르고, 좀 부적절하지만 다른 모든 감각에도 이를 적용한다. 그러나 그리스인들은 이것을 '환각(幻覺)'이라고 부른다. 이 말은 '나타남'을 뜻하며 하나의 감각에 대해 적용되는 것처럼 다른 감각에 대해서도 똑같이 적용될 수 있다. 따라서 상상이란 '쇠퇴하는 감각'에 지나지 않으며 인간이든 다른 생물이든, 깨어 있든 자고 있든 똑같이 발견된다.

깨어 있을 때 감각이 쇠퇴하는 것은 감각 속에 일어난 운동이 쇠퇴하는 것이 아니라 그것이 똑똑히 보이지 않게 되는 것이다. 대낮에 별이 자신의 존재를 알리는 빛을 밤보다 덜 발산하는 것은 아니지만 햇빛 때문에 그 빛이 흐려지는 것과 같다. 그러나 우리의 눈·귀 등의 감각기관은 외부의 물체들로부터 받는 수많은 자극 가운데 우월한 것만이 감지되므로, 우월한 햇빛으로 인해 별빛을 느끼지 못하는 것이다. 또한 어떤 대상이 우리 눈앞에서 사라진 뒤 그 인상이 남아도 더 현실적인 다른 대상이 나타나 시각에 작용하면 앞의 심상은 흐려지고 약해진다. 한 사람의 목소리가 한낮의 소음에 묻혀 사라지는 것과 마찬가지이다. 이로부터 어떤 대상을 보거나 느끼고 난 뒤 시간이 흐를수록 그것에 대한 상상은 그만큼 약해진다는 것을 알 수 있다. 왜냐하면 인간의 몸은 계속적으로 변화하여 감각적으로 자극을 받은 부분들을 서서히 소멸시키기 때문이며, 그래서 시간적 거리와 공간적 거리가 우리 안에 완전히 같은 효과를 발휘한다. 멀리 떨어져 있는 것은 희미하여 잘 보이지 않고, 멀리서 들려오는 목소리는 약해서 알아들을 수 없는 것처럼, 과거에 대한 우리의 심상도 시간이 오래되면 희미해져서 우리가 본 적이 있는 도시의 모습이나 거리 풍경을 잊고, 행동에 대해서도 개별적인 여러 가지 상황을 모두 잊어버리고 만다. 이 '쇠퇴하는 감각'을, 우리가 그 사물 자체를 표현하고 싶을 때(나는 상상 자체를 의미하고 있다), 앞에서 말했듯이 '상상'이라고 한다. 그러나 '쇠퇴한 것', 감각이 희미해지고 오래되어 과거의 것이 되고 만 것을 표현하고자 할 때는 '기억'이라고 한다.

기억 따라서 상상과 기억은 결국 같은 것이며, 고찰 방법에 따라 다른 이름을 가질 뿐이다.

여러 가지 기억들, 즉 많은 것에 대한 기억은 '경험'이라고 부른다. 다시 말해 상상은 이전에 전체적으로 한 번이나, 부분적으로 여러 번에 걸쳐 감각에 의해 지각된 적이 있는 것들에 대해 일어난다. 전자의 감각에 나타난 대상 전체가 심상으로 나타난 것은 '단순 상상'이다. 예전에 본 사람이나 말〔馬〕을 상상하는 경우가 여기에 해당한다. 후자는 '복합적'인 것으로, 예를 들어 사람과 말을 각각 다른 시간에 보고난 뒤, 켄타우로스 같은 괴물을 상상하는 경우를 말한다. 따라서 자기의 모습에 타인의 행동을 합칠 때, 흔히 영웅전을 좋아하는 사람들이 그렇듯 자신을 헤라클레스나 알렉산더로 상상하는 것은 하나의 복합 상상이며 사실 이것은 자기 마음속의 허구에 불과하다. 또한 깨어 있을 때에도 감각에 새겨진 깊은 인상으로부터 일어나는 상상이 있다. 예를 들어 태양을 똑바로 쳐다보고 나면 한동안 우리 눈앞에 태양의 잔상이 남는다. 또한 오랫동안 기하학 도형에 몰두하고 나면 깨어 있는데도 어둠 속에서 선과 각의 모습이 어른거리기도 한다. 이런 종류의 '환각'은 사람들의 입에 잘 오르내리지 않으므로 특별한 이름이 붙여진 것도 아니다.

꿈　잠잘 때 일어나는 상상을 '꿈'이라고 하며, 다른 모든 상상처럼 꿈속에 나타나는 상상도 전체적 또는 부분적으로 감각 속에 이미 존재했던 것이다. 그리고 감각이라는 관점에서는, 감각에 필요한 기관인 두뇌와 신경이 잠을 자는 동안에는 외부의 모든 대상의 작용에 쉽게 반응하지 않으므로, 잠자는 동안에는 몸 속의 감각기관들의 자극에 의해 생기는 것 말고는 어떤 상상도, 어떤 꿈도 꿀 수 없다. 이런 몸속 기관들은 두뇌를 비롯한 기타 기관에 대해 가지는 관계 때문에, 흥분상태가 되면 다른 기관들도 계속 운동을 하게 만든다. 결과적으로 두뇌 및 기타 기관에 이미 만들어져 있던 심상이 마치 사람이 깨어 있을 때처럼 나타나며, 다만 이때 감각기관은 휴면상태이므로, 더욱 강렬한 인상으로 꿈속의 심상을 지배하여 흐리게 할 수 있는 새로운 대상이 없다는 것이 현실과 다른 점이다.

따라서 감각의 침묵 속에서는 우리가 현실에서 하는 생각 이상으로 선명하게 드러나지 않을 수 없다. 그러므로 감각과 꿈을 뚜렷이 구별하기는 어려우며, 실제로 많은 사람들이 현실과 꿈을 구별하지 못하는 일이 일어난다. 나의 경우 현실에서 생각한 사람·장소·물체·행위 등이 꿈속에 자주 또는 계속 생각하는 일도 없고, 꿈을 꾸고 있을 때는 현실에서처럼 오랜 시간에 걸친 일관된 사고를 상기하는 일도 없다. 또 현실에서 종종 꿈의 불합리성을 생각한 적은 있지만, 꿈속에서 현실 사고의 불합리성을 생각해 본 적은 결코 없다는 것을 고찰할 때 꿈속에서는 현실이라고 생각하지만, 현실에서는 내가 꿈꾸고 있지 않다는 것을 아는 정도만으로 충분히 만족한다.

꿈이 몸의 내부기관의 이상(異常)에 의해 생긴다면, 그 이상에 따라 꿈의 내용도 마땅히 달라질 것이다. 그러므로 차가운 바닥에 누워 자면 무서운 꿈을 꾸게 되어 무서운 대상에 대한 생각과 이미지가 나타난다. 두뇌에서 내부기관으로 향한 운동과 내부기관에서 두뇌로 향한 운동은 상호작용하기 때문이다. 또한 현실에서 화를 내면 몸의 어느 부분에 열이 나듯이, 잠자는 동안 어떤 부분이 과열되면 분노가 일어나 두뇌에 적(敵)의 영상을 만들어 낸다. 마찬가지로, 현실에서는 인간의 자연적(육체적) 애정이 욕망을 낳고 욕망이 몸의 일정한 부분에 열을 만드는데, 이때 그 부분에 열이 너무 많으면 잠자는 동안 뇌 속에서, 현실에서 경험했던 애정에 대한

경험과 상상
사람은 자기 몸의 기관으로 느껴지는 것만을 경험할 수 있다. 이 〈앞 못보는 아가씨〉에 그려진 여성은 등 뒤의 하늘에 걸려 있는 무지개를 경험할 수는 없으나 상상할 수는 있다.

심상을 만들어 낸다. 요컨대 꿈은 현실의 상상이 뒤바뀌어 나타나는 것이고, 운동은 현실에서는 한쪽 끝에서 시작되고, 꿈을 꿀 때는 다른 쪽 끝에서 시작된다.

환상 또는 환영　꿈을 현실 속의 사고와 구별하기 가장 어려운 것은 어떤 우발적인 사건에 의해 자기가 잠을 잤다는 사실을 깨닫지 못하는 경우이다. 두려움에 사로잡혀 있거나, 양심적으로 몹시 시달리고 있는 사람, 또는 침대에 눕거나 잠옷으로 갈아입을 여유도 없어 의자에 앉아 조는 사람에게 일어나기 쉬운 현상이다. 몹시 뒤척이며 잠을 이루지 못하는 사람이 기괴하고 터무니없는 환상에 사로잡혔을 때 그것이 꿈 이외의 것이라고 생각하는 것은

좀처럼 없는 일이다. 마르쿠스 브루투스[*1]가 빌립보의 들판에서 아우구스투스 카이사르와 일전(一戰)을 벌이기 전날 밤, 무서운 환영을 보았다는 이야기가 있다. 역사가들은 보통 그것을 환상이라고 하지만, 당시의 상황을 놓고 생각하면 그것은 환영이 아니라 짧은 순간의 꿈이었음을 쉽게 알 수 있다. 브루투스는 막사 안에 앉아서 깊은 생각에 빠져 자신이 저지른 분별없는 행동에 전율하면서 고통스러워하다가 추위 속에서 잠깐 조는 사이에 그를 극도로 괴롭히고 있는 것에 대한 꿈을 꾼 것이 틀림없다. 그러다가 바로 그 두려움 때문에 잠이 깼고, 곧 그 환영은 사라져 버렸다. 그는 자기가 잠깐 졸았다는 사실을 확신할 수 없었으므로 그것이 꿈이라고는 생각조차 못하고 환영이라고 믿어 버린 것이다. 이것도 결코 드문 일이 아니며 미신을 좇는 소심한 사람이 무서운 이야기에 홀려 어둠 속에 혼자 있으면, 완전히 깨어 있는 상태에서도 그와 같은 환각에 빠지기 쉽다. 그들은 교회의 묘지 주변에서 정령이나 죽은 이의 망령이 배회하는 것을 봤다고 믿는다. 그러나 이것은 그들 자신의 상상에 지나지 않거나, 그게 아니라면 미신적 두려움을 이용하여 사람을 놀래주려는 사기꾼들이 밤에 변장을 하고 사람들의 발길이 뜸한 곳에 나타난 것이다.

과거 이교도들은 꿈이나 강렬한 상상을 환영 및 감각과 구별할 줄 몰랐다. 사티로스·파우누스·님프[*2] 등을 숭배했던 대부분의 이방 종교[*3]들은 바로 이런 무지에서 생겨났고, 오늘날 야만인들이 요정·망령·악귀 및 마녀의 힘을 믿는 것도 모두 이와 같은 무지 때문이다. 나는 마녀들이 정말 마력을 지니고 있다고 생각하지 않지만 그래도 마녀들이 스스로 그런 재앙을 불러

[*1] 마르쿠스 브루투스(*Marcus Brutus*, BC 85~52)는 율리우스 카이사르의 정적 폼페이우스에 가담했지만, 카이사르의 용서를 받아 등용되었다. 그러나 그는 카이사르의 야심을 의심하여 암살계획에 가담했고, 암살한 뒤에는 빌립보에서 아우구스투스 카이사르 및 안토니우스에게 패배하여 자살했다.

[*2] 사티로스(*Satyros*)는 그리스 신화의 디오니소스의 시종으로 반은 사람이고 반은 짐승인 숲의 신이다. 술과 여자를 좋아한다. 파우누스(*Faunus*)는 로마신화의 목축농경의 신인데 목신으로 번역되기도 한다(그리스 신화의 '판'에 해당한다). 님프(*Nymph*)는 반신반인의 미소녀로 숲과 호수에 산다. 요정으로 번역되는 경우가 많지만, 여기서는 요정으로 번역되는 페어리(Fairy)와 구별한다.

[*3] Gentiles는 유대인 이외의 민족을 가리키지만 이교도(유대교 또는 그리스도교를 믿지 않는 사람)를 가리킬 때도 있다.

▲마르쿠스 브루투스
카이사르의 신하로서 생명의 은인이기
도 했던 그를 배반하고 암살자 대열에
합류한다. 카이사르는 칼을 맞고 숨을
거두기 전 브루투스를 발견하고 "브루투
스, 너마저……"라고 외쳤다.

▶원로원 회의장에서 암살되는 카이사르

일으킬 수 있다는 허위의 신념을 가지고 또한 능력만 되면 그렇게 하려고 하
기 때문에 처벌을 받는 것은 당연하다고 생각한다. 그들의 생각은 과학이나
기술이 아니라 새로운 종교에 가깝다. 또한 요정이나 걸어다니는 망령 이야
기는 종교인들이*4 생각해 낸 주술들, 이를테면 부적·십자가·성수(聖水) 등
의 효과를 믿게 할 작정으로 조장했거나 방치했기 때문이라고 나는 생각한
다. 그럼에도 하느님이 초자연적 환영을 만들어 내는 힘을 갖고 있다는 것
은 의심할 여지가 없다.*5 그래서 인간들은 하느님이 자연의 진행을 멈추게
하거나 변화를 일으키는 것에 대해 두려움을 갖고 있다. 물론 현재 인간들
이 느끼는 두려움 이상의 두려움을 느끼게 할 작정으로 하느님이 더욱 자주
그런 일을 행한다는 생각은 결코 그리스도교 신앙의 근본이 아니다. 그러나

---

*4 Ghostly men은 직역하면 '종교인'이다. 여기서는 동시에 유령 이용자를 의미한다.
*5 신이 기적을 일으키는가. 일으킨다고 한다면 그것은 자연의 이치, 즉 자연의 변동과 어떻게
　다른가 하는 것은 당시에 자주 논쟁거리가 되었는데, 홉스는 아직 기적을 완전히 부정하지
　못하고 있었다.

악인들은 스스로 그것이 진실이 아님을 알면서도 필요하다면 하느님의 전능을 내세워 어떠한 주장이든 서슴없이 한다. 그런 주장에 대해 올바른 이성적 판단을 내리고, 믿을 만한 범위를 넘어선 것은 거부하는 것이 현자의 임무이다.

이 정령에 대한 미신적인 공포가 사라지고 교활한 야심가들이 순박한 사람들을 현혹시킬 때 이용하는 해몽이나 거짓 예언 따위의 많은 술수들이 사그라들면, 사람들은 지금보다 훨씬 더 시민적 복종에 적응하게 될 것이다.

토마스 아퀴나스
신이 무엇이든 할 수 있다는 것을 사악한 사람들이 그릇되게 이용하는 폐해를 스콜라 철학자들이 막아야 함에도 오히려 부추기고 있다고 홉스는 비판한다. 토마스 아퀴나스는 스콜라 철학을 대표하는 신학자이다.

그것이 바로 스콜라 학파가 마땅히 해야 할 일임에도 오히려 이들은 그런 미신을 부추기고 있다. 즉, 상상이 무엇이고 감각이 무엇인지 모르고, 자기들이 배운 대로만 가르치고 있는 것이다. 어떤 이는 상상이 저절로 생기는 것으로서 아무 원인이 없다고 말하고, 어떤 이는 상상은 주로 의지로부터 생겨나는 것이라고 말한다. 또 선한 사고는 신이, 사악한 사상은 악마가 인간에게 불어넣는다고 하는 사람도 있다. 또 어떤 이는 감각이 사물의 종류를 받아들여 공통감각에 넘겨주면,[*6] 공통감각은 그것을 환각에 넘겨주고, 환각은 기억에, 그리고 기억은 판단에, 마치 물건을 차례로 넘기듯 전달한다고 열심히 설명하지만, 도대체 그것이 무슨 말인지 도무지 이해가 되지 않는다.

이해 인간 또는 상상력을 지닌 모든 생물 속에 말 또는 다른 의지에 기

[*6] 여기서 공통감각이라고 하는 것은 아리스토텔레스의 용어로 시각·청각·촉각 등의 감각과는 따로 존재하는 일반감각을 가리킨다. 근대사상, 특히 스코틀랜드의 상식철학에선 인간 일반에 공통되는 감각을 의미한다.

인하는 기호에 의해 일어나는 심상은 보편적으로 '이해'라고 부른다. 이것은 인간도 다른 동물도 모두 가지고 있다. 개도 습관에 의해 주인이 부르는 소리나 꾸짖는 소리를 이해하고 다른 동물들도 마찬가지이다. 인간이 가진 고유한 이해는 인간의 의지뿐만 아니라 인간의 개념과 사고를, 사물의 이름을 잇고 짜맞추어 긍정과 부정 등의 언어의 형식으로 삼음으로써 이해하는 것이다.

3 심상의 연속 또는 계열

심상의 '연속(consequence)'*1 또는 계열(trayne)은 하나의 사고가 다른 사고로 이어지는 것이며, 말로 이루어지는 담화와 구별하기 위해 '마음의 담화'*2라 불린다.

우리가 어떤 것을 생각할 때 그것에 이어 연상되는 것이 있는데, 이 연상은 우연히 일어나는 것만은 아니다. 즉 모든 사고가 두서없이 모든 사고로 계속 이어지는 것은 아니다. 우리가 지금까지 전체적 또는 부분적으로 감각을 지녀본 적이 없는 것에 대해서는 어떠한 심상도 가지지 않는 것처럼, 하나의 심상에서 다른 심상으로의 이행도 이미 우리의 감각 속에 비슷한 것을 경험한 적이 없으면 일어나지 않는다. 그 이유를 한번 살펴보자. 모든 환각은 우리 내부의 운동이며, 감각 속에 만들어진 운동의 흔적이다. 그리고 감각 속에서 서로 잇따라 일어나는 운동은 운동이 끝난 뒤에도 감각 속에서 계속 함께 일어나고 있다. 따라서 앞의 것이 다시 일어나고, 게다가 그것이 우세하면, 뒤의 것이 움직여진 물질의 응집에 의해 그것에 계속 이어지는 것이다. 마치 평평한 탁자 위에 떨어져 있는 물의 한 부분을 손가락으로 끌면 전체가 그 방향으로 끌려오는 것과 같은 이치이다. 그러나 감각에 있어서는, 지각된 동일한 것에 어떤 때는 어떤 것이, 다른 때는 다른 것이 계속되므로 결국 뭔가 하나의 상상에 대해, 우리가 다음에 무엇을 상상할 것인지에 대한 확실성은 사라진다. 확실한 것은 다만 그것이 언젠가 전에 계속되었던 것과 동일한 것이 계속될 거라는 점이다.

---

*1 consequence, consequent는 인과관계의 계열로서 결과보다 거기에 이르는 과정을 나타낸다. 따라서 원칙적으로 '연속' 또는 '과정'으로 번역하고, 결과가 중시될 경우에는 '귀결'로 번역한다.

*2 discourse는 논의·논구·담화로 바꿀 수 있는데 논의는 상대가 있을 경우이고, 논구는 계통적 추리에 바탕하는 경우이며, 여기서 말하는 담화는 '유도되지 않은 사고계열'을 포함하므로 논의나 논구와 구별된다.

유도되지 않은 사고 계열 사고의 계열 즉 마음의 담화에는 두 종류가 있다. 첫째 '유도되지 않고', '의도하지 않은', 일정하지 않은 사고이다. 이런 사고는 강렬하지 않으므로, 다시 말해 욕망 또는 정념의 목표와 의도가 없으므로 뒤에 이어지는 사고가 앞 사고로부터 지배나 규제를 받지 않는다. 이런 경우를 두고 사고가 이리저리 헤맨다고 하는데, 마치 꿈을 꿀 때처럼 그 내용에 일관성이 없다. 보통 별다른 관심사가 혼자 있을 때 주로 생기는 사고가 여기에 해당한다. 이 경우에도 여느 때처럼 이런저런 생각이 바삐 오락가락하지만 단지 조화가 부족하다. 이것은 제대로 조율하지 않은 류트*3를 탈 때나, 조율은 잘 되어 있지만 류트를 탈 줄 모르는 사람이 내는 소리와 같다.

그러나 이처럼 갖가지 생각으로 마음이 어지러울 때도 사람들은 종종 그 일정한 방향과 한 가지 생각의 다른 생각에 대한 의존을 지각할 때가 있다. 예를 들면, 현재 우리 나라(영국)의 내란 이야기를 하다가 (누군가 그랬듯이) 로마 시대의 1페니*4의 가치가 어느 정도인지 묻는 것만큼 생뚱맞은 일이 또 있을까? 그러나 내가 보기에는 둘 사이에 분명한 연관성이 있다. 그 사람은 전쟁을 떠올리다가 국왕을 적에게 넘겨주는 것을 생각했을 것이다.*5 그러다 보니 유다가 그리스도를 적에게 넘겨준 생각이 떠올랐고, 그 배신의 대가로 유다가 받은 30펜스가 생각났을 것이다. 이리하여 그런 짓궂은 의문이 이어진 것이고 사고는 매우 빠르므로 이 모든 것이 순식간에 이루어진 것이다.

규제된 사고 계열 두 번째 사고는 더 일정한 것으로서, 어떤 욕구나 의도에 따라 '규제된' 것이다. 왜냐하면 우리가 무엇을 간절히 바라거나 두려워함으로써 생긴 인상은 강렬하고 영속적이거나, 그것이 잠깐 사라진 경우에도 어느새 되살아난다. 때로는 너무 강렬하여 잠을 설치기도 하고, 심지어는 잠에서 깨어나기도 한다. 욕구에서 어떤 수단에 대한 사고가 일어나는데, 우리는 그 수단이 목표로 하고 있는 것과 비슷한 것을 낳는 것을 본 적이 있

---

*3 14~17세기에 유행한 현악기.
*4 로마의 화폐단위인 데나리우스를 말한다. 영국의 화폐단위인 페니는 데나리우스에서 온 것으로 d.라는 약호로 나타낸다.
*5 영국 청교도 혁명 때, 1647년 찰스 1세가 스코틀랜드군에 붙잡혀 잉글랜드 의회군에게 넘겨진 것을 가리킨다.

다. 그것에 대한 사고에서 그 수단의 수단에 대한 사고가 이어져 마침내 자신의 능력 범위 안에 있는 어떤 단서에 이른다. 그리고 목적이 있으므로 마음속에 강렬한 인상이 생기고, 잠시 다른 생각이 들었다가도 곧 본디의 목적에 대한 생각으로 돌아간다. 7현인 중 한 사람[*6]이 말한 '목표를 주시하라(*Respice finem*)'는 말이 바로 그것인데, 이제는 낡은 격언이지만, 매사에 얻으려는 바가 무엇인지 돌아보고 그 목적하는 바를 얻기 위해 모든 사고를 집중하라는 것이다.

규제된 사고 계열에는 두 가지가 있다. 하나는 인간과 동물에 공통되는 것으로, 어떤 상상된 결과를 기대하고 그 결과를 얻을 수 있는 원인 또는 수단을 찾는 경우이다. 다른 하나는 어떤 일을 상상하면서 그로 인해 나타날 수 있는 모든 가능한 결과를 찾는 경우이다. 다시 말해서, 그것을 얻으면 무엇을 할 수 있는가를 상상하는 것이다. 그것에 대해 나는 인간 이외의 것에서 어떤 경우에도 어떤 징후도 본 적이 없다. 왜냐하면 이런 사고는 배고픔·목마름·욕정·노여움과 같은 감각적 정념 외에는 아무런 정념도 갖고 있지 않은, 어떠한 생물의 본성에도 없는 호기심이기 때문이다. 요컨대 마음의 담화는 어떤 의도에 의해 지배받고 있는 경우에는 '탐구' 즉 발명의 능력이며 그 것을 라틴인은 '통찰'과 '예지'라고 부른다. 현재 또는 과거의 어떤 결과의 원인을 탐구하거나, 현재 또는 과거의 원인이 불러온 결과를 탐구하는 것을 말한다. 물건을 잃어버렸을 때 우리의 마음은 그 물건을 잃어버린 것을 안 시간과 장소에서 출발하여 차례차례 시간과 장소를 거슬러 올라가 그것을 갖고 있었던 때와 장소를 찾아내려고 한다. 즉 탐색을 시작하는 방법으로서 먼저 한정된 시간과 장소를 찾으려 하는 것이다. 그 다음 어떤 행위 또는 어떤 상황에서 물건을 잃어버렸는지 알아내기 위해 그 시간과 장소에 대해 곰곰이 생각한다.

회상　이것이 바로 '회상(回想)' 또는 '상기(想起)'이다. 라틴어로는 '레미니스켄티아(Reminiscentia)'라고 하는데, 이전의 행위를 '재검사' 한다는 뜻이다.

[*6] 7현인이란 탈레스·비아스·피타코스·솔론·킬론·클레오브로스·페리안드로스를 가리키는 경우가 많은데, 뒤의 세 사람에 대해서는 다른 설도 있다. 모두 고대 그리스(소크라테스 이전)의 정치가 또는 그 고문이었다. "목표를 주시하라"는 말은 *Gesta Romanorum* c.103에 있는데, 헤로도토스는 이것과 비슷한 말을 솔론의 것으로 들고 있다.

플라톤의 제자들
플라톤은 학생들이 스스로 사고하고 토의하며 공부하도록 장려했다. 이 교육방법은 고대 그리
스 사회에서 처음 시작되었다.

우리는 그 범위 안에서 우리가 탐색해야 하는, 구획된 장소를 알고 있는
경우가 가끔 있다. 그럴 때 우리의 사고는, 마치 보석을 찾기 위해 집 안을
샅샅이 뒤지거나 사냥개가 냄새를 찾아 킁킁거리면서 들판을 돌아다니는
것처럼, 또는 시인이 알맞은 운(韻)을 찾아 알파벳을 훑어보는 것처럼, 그 범
위 안에 있는 모든 장소를 자세히 살피게 된다.

사려 때때로 사람들은 어떤 행위가 부르는 결과를 알고 싶어 한다. 그때
는 비슷한 행위는 비슷한 결과를 부른다는 가정 아래, 과거에 있었던 비슷
한 행위를 생각해 내고 그 행위가 어떤 결과를 불러왔는지를 차례차례 생

각해 본다. 예를 들어 범죄자가 어떻게 되는지 알고 싶을 때, 예전에 그와 비슷한 죄를 지은 사람이 어떤 처벌을 받았는지 생각하는 것과 마찬가지이다. 즉 범죄·경찰·교도소·재판관·교수대의 순서로 생각해 보는 것이다. 이런 종류의 사고를 '예견', 또는 '사려', '선견'*⁷이라고 하고, 때로는 '지혜'라고도 한다. 다만 이런 추측은 사정을 모두 두루 살필 수는 없으므로 빗나가기 쉽다. 하지만 하나만은 확실하다. 즉 과거에 남보다 많은 경험을 쌓은 사람은 그만큼 남보다 신중하고 사려가 깊으므로 그 사람의 추측은 잘 맞아떨어진다는 것이다. 자연계에는 '현재'만이 존재하며, '지나간' 일은 기억 속에 존재를 가지지만 '다가올' 일은 전혀 존재를 갖지 않는다. '미래'는 현재 행위에 과거의 행위가 가져온 결과를 적용하는 마음속 가상일 뿐이다. 그것은 더욱 경험이 풍부한 사람에게 가장 확실하게 일어나지만, 이것도 충분히 확실한 것은 아니다. 그 결과가 우리의 기대에 부응할 때 이를 '사려(思慮)'라고 하지만, 본질적으로 그것은 가정에 불과하다.

왜냐하면 다가올 일을 예견하는 것은 '신의 뜻'에 속하는 것으로, 자기 의지에 따라 미래를 주관하는 신의 몫이기 때문이다. 예언은 오직 신으로부터 초자연적으로 나오는 것이다. 그러므로 자연계 최고의 예언자는 당연히 최고의 추측자이며, 최고의 추측자는 그가 추측하고자 하는 일에 가장 정통하고 연구를 많이 한 사람이다. 왜냐하면 그는 추측을 위한 '조짐'을 가장 많이 가지고 있기 때문이다.

조짐 '조짐'이란 어떤 결말에 앞서 일어나는 사건이며, 이미 비슷한 결말이 관찰된 적이 있을 때는 거꾸로 그 선행사건의 결말이 조짐이 된다. 그리고 비슷한 결말이 자주 관찰될수록 그만큼 조짐의 불확실성은 줄어든다. 그러므로 무슨 일이든 경험이 풍부하면, 미래를 예측하는 조짐을 많이 가지게 되고, 그 결과로서 사려가 더욱 깊어질 뿐만 아니라 신중해진다. 많은 젊은이들은 동의하지 않겠지만, 이제 막 그런 일을 시작한 사람이 아무리 타고난 지혜와 임기응변의 재능이 뛰어나다 해도 이 신중함을 당해내지는 못한다.

그럼에도 사람이 동물과 다른 것은 이 사려 때문이 아니다. 동물 중에는

---

*7 원문에는 Providence로 나오는데, 이 단어네는 '선견'과 바로 뒤에 나오는 '신의 뜻'이라는 두 가지 의미를 갖는다.

태어난 지 1년밖에 안 된 것이 10살 아이보다 더 많은 것을 관찰하고, 더욱 사려 깊게 자신에게 유익한 것이 무엇인지 생각하는 동물도 있다.

과거 추측 사려가 과거의 경험에서 집약된 미래에 대한 가정인 것처럼, 과거의 어떤 일에서 과거를 가정할 수도 있다. 예를 들면, 번영하던 나라가 일련의 과정과 단계를 거쳐 내란에 빠지고 마침내 멸망해 버린 것을 본 사람은, 다른 나라가 멸망했을 때, 거기에도 비슷한 전쟁과 상황들이 있었을 것이라고 추측할 수 있다. 그러나 이 추측은 미래 추측과 마찬가지로 불확실하다. 둘 다 경험만 바탕으로 한 추측이기 때문이다.

나면서부터 인간이 본성적으로 갖추고 있는 마음을 사용하는 데에는 오감을 쓰는 것 이외에는 아무것도 필요치 않다는 것이 나의 생각이다. 지금부터 차례로 설명해 나갈, 오직 인간에게만 존재하는 여러 가지 능력들은 연구와 노력을 통해 얻어지고 증대되어 간다. 대부분의 사람들은 교육과 훈련을 통해 이런 능력을 학습하는데, 모두 낱말과 화법의 발명에서부터 시작된다. 인간이 하는 마음의 운동에는 감각과 사고와 사고 계열이 있을 뿐이다. 하지만 같은 능력이라도 화법과 방법의 도움을 받으면, 그 능력은 향상된다. 바로 이렇게 향상된 능력이 인간과 다른 생물들을 구별하게 한다.

우리가 상상하는 것은 모두 '유한한' 것이다. 그러므로 '무한한' 것에 대해서는 어떠한 관념도 개념도 없다. 자신의 마음속에 무한대의 이미지를 그릴 수 있는 사람은 아무도 없다. 무한 속도, 무한 시간, 무한 에너지, 무한한 힘에 대해 그 개념을 정의하는 것도 불가능하다. 어떤 것이 무한하다는 것은 그 끝이나 한계를 생각할 수 없음을 뜻하며, 그것은 그 말이 적용되는 대상의 개념이 아니라 우리 자신의 무능력을 나타내는 개념이다. 따라서 우리가 '하느님'이라 부르는 것은 하느님에게 명예를 부여하기 위해서이지 결코 신에 대한 개념을 가지기 위해서가 아니다. 왜냐하면 하느님은 이해할 수 있는 존재가 아닐 뿐만 아니라, 그 위대함과 에너지는 개념화할 수 있는 것이 아니기 때문이다. 앞에서 말한 것처럼, 무슨 일이든지 우리가 개념을 파악하는 것은 우선 감각을 통해, 전체를 한꺼번에, 또는 부분적으로 받아들인 것이므로, 감각의 대상이 아닌 것을 표현하는 사고란 있을 수 없다. 따라서 어느 누구도 일정한 장소에 있고 일정한 크기(또는 여러 부분으로 분할된 크기)를 지닌 것이 아니면 어떠한 것도 개념화할 수 없다. 또, 어떤 것이든 모든 것이 동시에 이 장소에 있으면서 다른 장소에도 있는 것이 아니며, 두 개 이상의 사물이 동시에 같은 장소에 있을 수도 없다. 그런 것은 어떠한 것도 지금까지 감각의 대상이 된 적이 없고 될 수도 없는 것들이며, 기만당한 철학자 및 기만당했거나 기만하고 있는 스콜라 학자를 믿고 떠들어대는 터무니없는 이야기일 따름이기 때문이다.

4 언어

언어의 기원 인쇄술의 발명은 분명 독창적인 것이었지만 글자의 발명에 비하면 그렇게 대단하다고 할 수 없을 것이다. 그러나 글자를 맨처음 사용한 사람이 누구인지는 아무도 모른다. 그리스에 글자를 처음 전파한 사람은 페니키아 왕 아게노르의 아들 카드모스였다고 한다.[*1] 글자는 과거의 기억을 이어주고, 지구상에 흩어져 살고 있는 수많은 인류를 결합시켜 주는 유익한 발명품으로, 혀·입천장·입술과 여러 가지 발성기관의 다양한 움직임을 주의 깊게 관찰하고, 각각의 움직임을 기억하기 위해 그것과 같은 수의 글자를 만드는 수고를 감수했기에 가능한 일이었다.

그러나 그 가운데 가장 고귀하고 유익한 것은 '이름'[*2] 또는 '명칭', 그것의 결합인 언어(speech)의 발명이었다. 이 언어를 통해 인간은 자신의 생각을 기록하고, 지나간 사고를 회상하며, 서로의 이익과 교제를 위해 자신의 의사를 나타낼 수 있다. 만일 언어가 없었다면 사람들 사이에는 사자나 곰, 이리의 세계와 마찬가지로 코먼웰스도 사회도 계약도 평화도 존재하지 않았을 것이다.

언어를 맨처음 만든 자는 하느님이었다. 하느님은 자신의 창조물을 아담의 눈앞에 펼쳐놓고 저마다 이름을 짓는 방법을 가르쳐 주었다.[*3] 《성경》에서는 이 문제에 대해 더 이상 파고들지 않는다. 그러나 피조물들에 대한 경험과 그것을 이용하는 기회가 느는 데 따라 더 많은 이름을 추가하고 의사

---

*1 아게노르는 그리스 신화에 나오는 페니키아의 왕으로 포세이돈과 리비아의 아들이며, 카드모스와 에우로파의 아버지이다. 카드모스는 테베를 건설하고, 알파벳을 가져왔다고 한다.

*2 여기서 name은 뒤의 설명으로 알 수 있는 것처럼 독립된 형용사까지 포함하므로 명사는 물론 이름으로도 범위가 너무 좁다.

*3 〈창세기〉 2장 19절에 따르면 다음과 같다. "여호와 하느님이 흙으로 각종 들짐승과 공중의 각종 새를 지으시고 아담이 무엇이라고 부르나 보시려고 그것들을 그에게로 이끌어 가시니 아담이 각 생물을 부르는 것이 곧 그 이름이 되었더라."

소통이 가능하도록 그것들을 결합해 가는 데는 그것으로 충분했다. 시간이 지날수록 필요한 이름들이 계속 생겨났지만 연설가나 철학자가 필요로 하는 만큼 많지는 않았다. 《성경》을 아무리 샅샅이 살펴보아도 아담이 모든 형태·숫자·수량·척도·색깔·소리·상상·관계 등을 나타내는 이름을 배웠다는 것을 직접 또는 귀결로 추정할 만한 구절도 나는 아무 것도 발견할 수 없었고, '일반·특수·긍정·부정(否定)·의문·희망·부정(不定)' 등과 같은 쓸모 있는 말은 물론이고, '실체'니 '지향성'이니 '본질' 같은 스콜라 학자들이 즐겨 쓰는 무의미한 말은 더더욱 없었다.

그러나 아담과 그 후손이 익히고 늘린 언어는 바벨탑*⁴에서 모두 잃어버리고 말았다. 하느님에 대한 반역죄로 인간이 그때까지 알고 있던 모든 언어를 잊어버리는 벌을 받은 것이다. 그리하여 인간들은 세계 곳곳으로 흩어졌고, 발명의 어머니인 필요에 의해 현재와 같은 다양한 언어로 발전하였으며, 시간이 흐를수록 더욱 다양해져 지금에 이르렀다.

언어의 효용 언어의 보편적 효용은 우리의 마음의 담화를 입말로, 사고의 계열을 낱말의 계열로 바꾸어 준다는 점이다. 그것은 다음과 같은 두 가지 편익을 가져온다. 그 하나는 사고의 연속을 기록한다는 것으로 그것은 우리의 기억에서 쉽게 사라지기 때문에 이를 유지하려면 새로운 노력이 필요하다. 그러나 그것을 부호로 나타낸 언어가 있으면 언제든지 그 사고를 쉽게 되살릴 수 있다. 그러므로 이름의 첫 번째 효용은 기억하기 위한 '표지' 또는 '부호'로 쓰인다는 점이다. 또 하나의 효용은 여러 사람이 똑같은 낱말을 쓸 경우 그 낱말들의 결합과 순서에 따라 자신이 무엇을 개념화하고 또는 생각하는지, 또 무엇을 원하고 두려워하며, 그것에 대해 어떤 다른 정념을 품고 있는지를 서로 나타낼 수 있다는 점이다. 그러한 효용 때문에 그것은 '기호'라고 불린다.

언어의 특수한 효용은 다음과 같다. 첫째, 생각을 거듭한 결과 알게 된 현재 또는 과거의 어떤 일에 대한 원인과, 현재나 과거의 어떤 일이 일으키는 결과나 영향을 찾아내어 기록하는 일이다. 그것은 요컨대 수완의 획득이다. 둘

---

*4 〈창세기〉 11장에 따르면 바빌론에서 노아의 자손들이 시날 들판에 땅을 골라서 하늘에 닿는 탑을 쌓았을 때, 야훼의 노여움으로 말이 뒤섞여 서로 알아듣지 못하게 되었다. 이 도시를 바벨이라고 한다.

째, 우리가 얻은 지식을 다른 사람에게 알려주는 것으로, 그것은 서로 의논하고 가르쳐 주는 일이다. 셋째, 우리의 의지와 목적을 다른 사람에게 알려 서로 협력을 꾀하는 일이다. 넷째, 즐거움과 장식을 위해 우리의 언어를 악의 없이 구사하여 우리 자신과 다른 사람을 즐겁고 기쁘게 하는 일이다.

언어의 악용　이런 언어의 효용에 대응하는 악용의 사례도 네 가지가 있다. 첫째, 그들의 언어의 의미에 일관성이 없어 사람들이 자신의 생각을 잘못 기록하는 경우이다. 그로 인해 그들은 자기가 한 번도 생각해 본 적이 없었던 것을 그들의 개념으로서 기록하고, 따라서 자신을 속이고 만다. 둘째, 말을 비유적으로 즉, 정해진 의미 밖의 뜻으로 사용하는 경우로, 그로써 그들은 타인을 속이게 된다. 셋째, 그들이 말로써*5 자기의 의지가 아닌 것을 의지라고 공언하는 경우이다. 넷째, 서로 괴롭히기 위해 말을 사용하는 경우이다. 즉, 자연이 낳은 생명체를 손톱·이빨·뿔 등으로 적을 해칠 수 있도록 무장시킨 것을 보면 적을 혀로 괴롭히는 것은 바로 언어의 악용이다. 우리가 그를 통치해야 할 때는 다르지만, 그때는 그것은 괴롭히는 것이 아니라 다만 바로잡기 위한 것이다.

또한 언어가 인과관계를 기억하는 데도 도움을 주는 방법은 원인과 결과에 저마다 '이름'을 붙이고 그것을 결합하는 것이다.

고유명사와 보통명사　이름 중에는 '피터', '존', '이 남자', '이 나무'처럼 오직 하나의 사물에만 '고유하게' 붙여지는 것이 있는가 하면, 인간·말(馬)·나무처럼 많은 사물에 '공통으로' 붙여지는 것도 있다. 후자는 이름은 하나지만 여러 개체들이 함께 쓰는 이름이다.

보편적　그 개체들에 두루 적용되므로 '보편적인 것'(명사)이라고 한다. 이 세상에는 이름 말고는 보편적인 것이 없으며, 그것은 그 이름이 붙여진 것은 그 하나하나가 개별적이고 특수하기 때문이다.

다수의 사물에 하나의 보통명사가 부여되는 것은 그 사물들의 어떤 성질이나 우유성(偶有性 : 우연히 갖추어 가지게 될 특성)이 비슷하기 때문이다. 고유명사는 그 이름에 맞는 단 하나의 대상만을 떠오르게 하지만, 보통명사는 그 이름이 적용되는 다수의 대상 가운데 어느 하나를 상기시킨다.

---

*5 다른 문헌에는 when by words가 by words, when으로 되어 있는데 의미는 알 수 없다.(초판)

보통명사 가운데 외연(外延)이 넓은 것도 있고 좁은 것도 있는데, 넓은 것이 좁은 것을 포함한다. 또한 어떤 것은 똑같은 외연을 가지고 있어 서로를 포함한다. 예를 들면, '몸'이라는 이름은 '사람'이라는 말보다 넓은 의미를 지니며, 그것을 포함한다. 또 '사람'과 '이성적 존재'라는 말은 외연이 똑같으므로 서로를 포함한다. 그러나 여기서 한 가지 주의할 것은, 하나의 이름이 문법에서처럼 꼭 하나의 낱말로만 나타나는 것은 아니며, 가끔 여러 낱말들로 표현하는 완곡한 어법도 있다는 점이다. 예를 들어, '모든 행위에서 법을 지키는 사람'*6에 들어 있는 모든 낱말이 하나의 이름을 만들며, 그것은 '의롭다'는 한 마디와 같다.

어떤 것은 훨씬 넓고 어떤 것은 훨씬 엄밀한 의미를 가진 이름을 부여함으로써 우리는 마음속으로 상상한 사물의 결과에 대한 계산을 이름들의 결과에 대한 계산으로 바꾼다. 예컨대 언어능력을 갖지 못한 사람(이를테면 완전한 농아로 태어나 여전히 농아인 사람) 앞에 삼각형을 하나 그려놓고, 그 옆에 2개의 직각(정사각형의 모서리각처럼)을 그려 놓으면, 이 사람은 말없이 생각에 잠겨 비교한 뒤, 그 삼각형의 세 각의 합은 그 옆에 있는 2개의 직각의 합과 같다는 것을 발견해 낼 것이다. 그러나 먼저 보여준 삼각형과 모양이 다른 또 하나의 삼각형을 보여주면 그는 새롭게 노력하지 않고서는 그 삼각형의 세 각도 앞의 것과 똑같다는 것을 알지 못한다. 그러나 언어능력을 갖춘 사람은 삼각형의 변의 길이나 기타 특수한 사실과는 상관없이, 다만 변이 직선이고 각이 3개이기만 하면 삼각형이라고 한다는 것을 알고는 다음과 같은 보편적인 결론, 즉 각들의 합이 같다는 것은 모양과 상관없이 모든 삼각형에 성립된다는 결론을 자신 있게 내릴 수 있다. 그리고 그는 이 발견을 '삼각형 세 각의 합은 직각 2개의 합과 같다'는 일반적 용어로 기술할 것이다. 이리하여 한 개인이 발견한 결론은 하나의 보편적 법칙으로 기록되고 기억되며 이 보편적 법칙만 알면 우리의 마음속 계산에서 시간과 장소를 제거하고, 우리를, 최초의 것을 제외한 모든 노동에서 해방하며, 여기서 방금 진실임을 안 것을, 모든 시간과 장소에서의 진실로 삼는 것이다.

그러나 우리의 사고를 기록할 때 언어의 효용이 수사(數詞)에서 만큼 명백

─────────────

*6 라틴어판에선 호라티우스의 〈편지〉 1–16–41의 인용으로서 "원로원 포고, 여러 가지 법, 권리를 지키는 사람"으로 되어 있으므로 영어판은 이 인용의 요약일 것이다.

용을 퇴치하는 카드모스
제우스가 누이 에우로페를 납치해
가자, 아버지로부터 동생을 찾지 못
하면 돌아오지 말라는 명을 받고 돌
아다니다가, 신탁을 받고 아폴론 신
전 근처에서 암소를 뒤따르다 암소
가 죽은 자리에 테베 시를 건설한다.
카드모스가 아테나 여신에게 바친
솥에 페니키아 문자가 있어 그가 최
초로 그리스 문자를 들여왔다고 전
한다.

한 것은 없을 것이다. '하나', '둘', '셋'과 같은 수사의 순서를 외우지 못하는
타고난 백치는 괘종시계가 시간을 알리는 소리를 들으면서 소리가 날 때마
다 '하나', '하나', '하나'라고 말할 수는 있을지 모르지만 그것이 몇 시를 가
리키는지는 모른다. 실제로 그런 수사가 쓰이지 않았던 시대가 있어서, 사
람들은 어떤 것을 계산하고자[*7] 할 때 아마도 한 손 또는 두 손의 손가락을
사용하였을 것이다. 현재 수사는 어느 나라든 열까지밖에 없고, 어떤 나라
는 다섯까지밖에 없어서 거기까지 세고 나면 다시 하나부터 시작해야 하는
데, 거기서 수사가 손가락 수에서 생겼음을 추정할 수 있다. 또한 열까지 셀
수 있는 사람도 순서를 잘못 세면, 헷갈려서 제대로 셈을 할 수 없는 것은
물론이고 더하기 빼기 같은 계산이 불가능함은 더 말할 것도 없다. 그러므
로 언어가 없으면 수를 셀 수 없을 뿐만 아니라 크기·속도·강도 등 인류의
생존과 복지에 요구되는 모든 계산도 불가능하다.

　2개의 이름이 합쳐져 하나의 귀결 또는 단정을 이룬다. 이를테면 '인간은
살아 있는 피조물이다'나, '만일 그가 인간이라면, 그는 살아 있는 피조물이
다'라고 말할 경우, 뒤의 '살아 있는 피조물'이 의미하는 바가 앞의 '인간'이
나타내는 바를 모두 뜻한다면 이 단정은 '참'이고, 그렇지 않다면 '거짓'이다.
즉 '참'과 '거짓'은 언어의 속성이지 사물의 속성이 아니다. 언어가 없으면

[*7] account에는 물론 설명이라는 뜻도 있지만, 홉스가 '계산'을 강조하고 있으므로 되도록 이 역
　어를 사용한다. 독일어도 Rechnung으로 쓰고 있다.

'참'도 없고 '거짓'도 없다. 그렇게 되지 않을 것을 그렇게 될 거라고 예상하거나, 그렇지 않았던 것을 그렇지 않았을까 하고 의심할 때처럼 말이다. '오류'는 있을 수 있다. 그러나 어느 경우에도 사람은 참이 아니라고 비난할 수는 없다.

정의(定義)의 필요 진실은 우리가 단정을 내릴 때 이름을 올바른 순서로 늘어놓는 데 있다는 것을 생각하면 정확한 진실을 추구하는 사람은 자기가 쓰는 모든 이름의 뜻을 정확하게 기억하고 그에 따라 배치해야 한다. 그렇지 않으면 그는, 자신이 덫에 걸린 새처럼 말의 덫에 걸려 있음을 알게 된다. 그가 버둥거리면 버둥거릴수록 더욱더 얽혀들게 되는 것이다. 그러므로 하느님이 지금까지 인류에게 준 유일한 과학인 기하학에서는, 사람들은 용어의 의미를 정하는 일에서 출발한다. 용어의 의미를 정하는 것을 그들은 '정의'라고 하며, 용어를 정의한 다음에 비로소 기하학적 계산이 시작된다.

여기에서 분명한 것은 참된 지식을 얻고자 하는 사람은 기존의 정의들을 검토하여 그것이 잘못되어 있으면 고치거나, 자신이 직접 정의를 내리는 것이 얼마나 필요한가 하는 것이다. 왜냐하면 정의가 잘못되어 있으면 계산할수록 오류가 점점 더 커져서 사람들을 엉뚱한 결론으로 이끈다. 나중에 계산이 잘못되었다는 것을 알더라도 그것을 바로잡으려면 오류가 시작된 처음부터 다시 계산하는 수밖에 도리가 없기 때문이다. 따라서 무턱대고 책을 신뢰하는 사람이 하는 일은, 여러 개의 소계들을 그 소계 하나하나가 올바른 값인지 확인하지 않은 채 합쳐서 총계를 내는 것과 같아서, 나중에 오류를 깨닫고도 합산의 바탕이 된 값 하나하나를 의심해볼 생각은 전혀 못하기 때문에, 어떻게 오류를 밝혀야 할지 몰라 계속 책만 뒤적이면서 시간을 보내는 것이다. 마치 굴뚝으로 들어와 방안에 갇힌 새가 자기가 어디로 들어왔는지 생각할 지력이 없어 유리창 밖의 빛을 향해 날갯짓 하는 것과 다를 바 없다. 그러므로 이름을 올바르게 정의하는 것이 바로 언어의 첫 번째 효용이며, 그래야만 과학적 지식을 얻을 수 있다. 이름에 대해 잘못된 정의가 내려지거나 아예 정의가 없는 것이 언어의 최초의 악용이며, 거기서 온갖 거짓되고 무의미한 학설이 생겨난다. 바로 이런 그릇된 학설들 때문에 자신의 사색이 아니라 책의 권위에 가르침을 구하는 사람은 아무것도 모르는 사람보다 오히려 더 나쁜 상태로 빠지고 만다. 그 차이는 학문을 제대로 한 사

바벨탑
구약성경 〈창세기〉에 기록된 벽돌로 된 높은 탑. 노아의 대홍수 뒤에 인류는 높은 탑을 세워 하늘에 닿으려 했다. 하느님은 이것을 보고, 그때까지 하나였던 인류 언어를 혼란시켜, 서로 의사소통을 할 수 없게 했다고 한다.

람과 아무것도 모르는 사람의 차이만큼이나 벌어진다. 올바른 과학적 지식과 잘못된 학설 사이에서, 무지는 그 중앙에 있기 때문이다. 인간의 타고난 감각과 상상력은 오류에 빠지지 않는다. 자연 자체가 오류를 범하는 것은 있을 수 없는 일이다. 인간은 풍부한 언어를 지녔기에 그만큼 보통 상태보다 더 현명해지거나 광기에 빠지기도 한다. 또 글자가 없다면 누구도 뛰어나게 똑똑해질 수 없으며, 병이나 기관의 이상으로 기억력이 손상되지 않는 한 남보다 특별히 우둔해지는 일도 없다. 말(words)은 현자의 계산기로서 현자는 오직 그것으로 계산할 뿐이다. 그러나 그것은 어리석은 자들에게는 화폐이며, 어리석은 자들은 그 말에 아리스토텔레스·키케로·토머스, 또는 인간이기만 하면 그 밖에 어떤 학자[*8]이든 상관없이 그 권위에 따라 가치를 부여하

[*8] 토머스 아퀴나스(Thomas Aquinas, 1225~1274). 스콜라 철학의 완성자. 여기에서는 아리스토텔레스가 고대 그리스 철학(및 그리스도교적 부활로서의 스콜라 철학)을 대표하고, 키케로

기 때문이다.

이름의 대상　계산 속에 들어갈 수 있는 것, 또는 계산하여 생각할 수 있는 것, 또는 덧셈을 하여 합계를 낼 수 있는 것, 뺄셈을 하여 우수리를 남길 수 있는 것 등은 모두 '이름의 대상'이다. 라틴인들은 금전계산서를 '라티오네스(*rationes*)', 계산을 '라티오키나티오(*ratiocinatio*)'라고 했고, 우리가 전표나 장부에서 '항목'이라고 부르는 것을 '노미나(*nomina*)', 즉 '이름'이라 불렀다. 그들이 '추론(*ratio*)'*⁹이라는 말을 어느 경우에나 계산능력을 가리키는 말로 확대한 것은 바로 여기에서 나온 것으로 추정된다. 그리스인들은 '로고스(*lógos*)'라는 낱말로 '언어(*speech*)'와 '추론(*reason*)'의 두 가지 뜻을 나타낸다. 추론이 없으면 언어도 없다고 생각했기 때문이 아니라 언어가 없으면 추론도 없다고 보았기 때문이다. 그들은 추론 행위를 '삼단논법'이라고 한다. 이것은 하나의 진술에 대한 이 다른 진술의 결과를 요약하는 것을 의미한다. 또한 똑같은 사물이 여러 사건을 설명하는 데 등장할 수 있으므로, 그 사물들의 이름은 설명하려는 사건에 따라 여러 가지로 왜곡되고 다양해진다. 이름의 이 다양성은 다음 4개의 일반 항목으로 요약할 수 있다.

첫째, 어떤 사물은 '물질'이나 '물체'로 설명된다. '살아 있는', '감각이 있는', '이성적인', '뜨거운', '차가운', '움직여진', '조용한' 등의 말은 물질 또는 물체라는 말을 이해할 수 있게 해 준다. 그러한 말은 모두 물질의 이름이기 때문이다.

둘째, 그것은 우리가 그 안에 존재한다고 여기는 어떤 우유성이나 성질을 나타내는 말로서 계산에 들어가거나 고려될 수 있다. '움직여지고 있는 것'에 대하여, '그만큼 긴 것'에 대하여, '뜨거운 것'에 대하여 따위와 같은 말이 여기에 해당한다. 그리고 이 경우에 우리는 고찰하는 우유성에 대한 이름을 만들기 위해 사물 자체의 이름을 조금 달리하거나 왜곡시킨다. '살아 있는'에 대해서는 '생명', '움직여진'에 대해서는 '운동', '뜨거운'에 대해서는 '열',

---

(BC 106~43)가 고대 로마의 웅변과 문장을 대표하며, 아퀴나스가 중세 스콜라 철학을 대표한다.

*9 여기서는 이성(*reason*) 및 추론(*reasoning*)이 계산과 연관되어 있다. 라틴어의 어원 rationem, rationcinatio에 계산이라는 뜻이 있음은 바로 앞에서 말한 바와 같지만, ratiocination일 때는 이성추론으로 번역했다.

'긴'에 대해서는 '길이' 등과 같은 말로 설명한다. 이런 모든 이름은 어떤 물질 또는 물체가 가진 우유성 또는 고유성의 이름이다. 어떤 물질이나 물체가 다른 것과 구별되는 것은 바로 이런 서로 다른 우유성이나 특성 때문이다. 이런 이름들을 '추상명사'라고 하는데, 이는 그 이름들이 물질이 아니라 물질에 대한 특성에서 나왔기 때문이다.

셋째, 우리는 우리 몸의 여러 고유성을 고려하여 다음과 같이 구별한다. 즉 어떤 사물이 우리의 눈에 보이는 경우, 우리는 그 사물 자체를 인식하는 것이 아니라, 상상 속에 있는 그 사물의 모양과 색깔, 관념을 인식하는 것이다. 또 어떤 것이 들릴 때도 그 사물 자체를 인식하는 것이 아니라, 들린 것, 즉 소리만을 인식하는데, 그것은 그 사물에 대한 우리 귀의 상상 또는 개념이다. 이런 이름은 상상의 이름이다.

넷째, 우리는 이름 그 자체와 낱말을 계산에 넣고, 고찰하고, 이름을 부여한다. 즉, '일반적·보편적·특수적·다의적(多義的)'이라는 말은 이름에 주어진 이름이다. 그리고 '단정·의문·명령·서술·삼단논법·설교·연설……' 등은 화법의 이름이다.

긍정적 이름의 효용　이것이 '긍정적' 이름의 전부이며, 그것은 자연 속에 존재하는 것, 현실에 존재하는 것으로서 우리가 상상하는 것, 현실에 존재한다고 추측되는 것들을 나타내기 위해 쓰인다. 또는 물체에 대하여 그 물체에 존재하거나 존재한다고 여겨지는 특성을 나타내기 위해, 또는 말이나 언어를 구별하기 위해 쓰이기도 한다.

부정적 이름과 그 효용　이 밖에도 '부정적'이라고 불리는 이름이 있다. 이것은 어떤 말이 문제가 된 사물의 이름이 아니라는 것을 나타내기 위한 기호이다. 이를테면 '아무것도 아니다', '아무도 아니다', '무한한', '가르치기 어려운', '3 빼기 4' 등과 같은 말이다. 이런 말들은 사물의 이름이 아닌데도 셈을 하거나 셈을 고칠 때 유용하며, 아울러 과거의 여러 생각을 떠오르게 한다.[10] 그것은 우리에게 올바르게 쓰이고 있지 않은 이름을 받아들이는 것을 거부하게 해주기 때문이다.

무의미한 말　그 밖의 모든 말은 무의미한 소리에 불과하며 여기에는 두

---

[10] 라틴어판에는 "우리에게 과거의 여러 생각을 떠오르게 한다"가 없지만, 그 쪽이 뜻이 통한다.

종류가 있다. 하나는 신생어라서 의미가 아직 명확히 규정되지 않은 말인데, 스콜라 학자들과 혼미한 철학자들이 이런 말들을 많이 만들어 놓았다.

또 하나는 의미가 서로 모순되거나 일관성이 없는 두 개의 이름으로 하나의 이름을 만드는 경우이다. 예컨대 '무형의 물체'라든가, 같은 말이지만 '무형의 실체' 같은 이름인데, 이런 말이 다수 있다. 어떤 단정이 거짓인 경우에는, 그 단정을 이루기 위해 하나로 합쳐진 두 개의 이름은 아무 의미가 없다. 예를 들어 '사각형은 둥글다'는 말이 잘못된 단정이라면, '둥근 사각형'이라는 말은 아무 뜻도 없는 단순한 소리에 지나지 않는다. 이와 마찬가지로 덕(德)은 물을 쏟아붓듯이 부을 수 있다거나, 풍선처럼 불어 부풀리거나, 입으로 불어 넘어뜨릴 수 있다는 말이 잘못된 것이라면, '흘러 들어온 덕(*in poured virtue*)', '부풀려진 덕(*inblown virtue*)'이라는 말은 '둥근 사각형'이라는 말만큼이나 모순이고 무의미하다. 따라서 여러분이 무의미한 말과 마주친다면 그것은 십중팔구 라틴어나 그리스어로 된 말일 것이다. 프랑스인은 우리의 구세주가 '파롤(*Parole*)'이라는 이름으로 불리는 것은 들은 적이 거의 없고 '베르베(*Verbe*)'라고 불리는 것을 종종 듣지만 '베르베'는 라틴어이고, '파롤'은 프랑스어라는 사실 빼고는 둘 사이에 아무런 차이가 없다.*11

이해　어떤 이야기를 듣고 그 이야기에 들어 있는 낱말과 낱말의 결합이 나타내도록 정해지고 구성된 사고를 할 경우, 우리는 그 말을 이해했다고 한다. '이해'는 바로 언어를 통해 생겨난 개념이기 때문이다. 따라서 만일 언어가 인간만이 지닌 고유한 것이라면(나는 분명히 그렇다고 생각하지만), 이해 또한 인간 고유의 것이다. 그러므로 불합리하고 잘못된 단정에 대해서는 비록 그 말이 흔하게 널리 쓰인다 해도 이해란 있을 수 없다. 다만 많은 사람들은 그 말을 가만히 곱씹어 보거나 속으로 암송이나 하면서 그것을 이해했다고 생각한다.

어떤 언어가 인간의 마음속 욕구와 혐오, 정념을 나타내는지, 그리고 이런 언어의 효용과 악용에 대해서는 정념에 대해 얘기한 다음에 기술하겠다.

확정되지 않은 이름　우리의 감정을 움직여 기분을 좋게 하기도 하고 나쁘게 만들기도 하는 사물의 이름을 생각해 보자. 같은 사물이라도 누구나가

---

*11 베르베는 신의 말이 육체화된 그리스도를 뜻하고, 파롤은 오히려 신의 말이라는 뜻으로서의 성경을 의미한다.

똑같은 영향을 받는 것도 아니고, 같은 사람이라 하더라도 똑같은 것으로부터 항상 같은 영향을 받지는 않으므로 이런 말들은 일상적 대화에서는 의미가 일정하지 않다. 모든 이름은 우리의 개념을 나타내기 위해 주어진 것이고, 우리의 모든 감정도 결국 개념이라는 것을 생각하면, 우리가 똑같은 사물을 놓고 서로 다르게 생각할 경우에 우리는 그것을 다른 이름으로 부르는 수밖에 없다. 왜냐하면 우리가 생각하는 대상의 본성이 똑같더라도 신체구조의 차이와 편견이라는 점에서, 그것을 받아들이는 우리의 정념에 따라 여러 가지 방법으로 칠해지기 때문이다. 그러므로 추론할 때에는 말에 특별히 주의해야 한다. 말에는 우리가 그것의 본성에 대해 상상하는 의미 이외에 화자의 성격·성향·흥미에 의한 의미도 함께 들어 있다. 미덕이나 악덕에 대한 이름들이 그러한 것이다. 같은 것을 놓고 갑은 '지혜'라 하고 을은 '공포'라고 한다. 갑이 '정의'라고 하는 것을 을은 '잔혹'이라 한다. 갑이 '아량'이라 하는 것을 을은 '낭비'라고 한다. 갑이 '우둔'이라 하는 것을 을은 '침착'이라 한다. 그러므로 이런 이름들은 어떤 이성적 추론에서도 결코 참된 근거가 될 수 없다. 이는 은유나 비유도 마찬가지지만 이것들은 앞엣 것만큼 위험하지는 않다. 은유나 비유는 스스로 그 의미의 불확정성을 고백하고 있기 때문에 위험이 적다. 앞엣것은 그것을 고백하지 않는다.

5 추론과 학문

추론이란 무엇인가 '추론(reason)'*1은 각 부분을 '덧셈'하여 합계를 내는 것, 또는 어떤 액수에서 다른 액수를 '뺄셈'하여 나머지를 셈하는 것과 다름 없다. 이런 추론 행위를 언어에 적용하자면, 각 부분에 해당하는 이름의 연관성을 놓고 전체 이름을 생각한다든가, 전체 및 일부분의 이름에서 다른 부분의 이름을 생각하는 것이다. 어떤 일에 대해, 수를 가지고 그렇게 할 수 있듯이 덧셈과 뺄셈 이외의 작업, 즉 '곱셈'과 '나눗셈' 작업도 할 수 있는데 이것도 결국 덧셈·뺄셈과 같다. 곱셈은 같은 수를 계속 더하는 것이고, 나눗셈은 어떤 수를 뺄 수 있을 때까지 빼는 것이기 때문이다.

이런 연산 작업은 수에 대해서만 이루어지는 것이 아니다. 더하거나 뺄 수 있는 모든 것에 적용될 수 있다. 수학자가 수를 더하거나 빼는 방법을 가르치듯 기하학자는 선·도형(입체나 평면)·각·비례·배율·속도·강도·힘의 세기 등에 대해 더하기와 빼기를 가르친다. 논리학자도 말의 결과를 놓고 같은 것을 가르친다. '2개의 이름'을 더하여 하나의 '단정'을 만들고, 2개의 '단정'을 더하여 하나의 '삼단논법'을 만들며, 여러 개의 '삼단논법'을 더하여 하나의 '논증'을 만든다. 그리고 '삼단논법'의 '합계', 즉 '결론'에서 하나의 명제를 빼어서 또 하나의 명제를 찾아낸다. 정치학 저술가는 여러 개의 '협정'을 더하여 인간의 '의무'를 찾아내며, 법률가는 여러 가지 '법률'과 '사실'*2을 더하여 개개인의 행위에서 무엇이 '옳고', 무엇이 '그른지'를 가려 낸다. 요컨대 '더하기'와 '빼기'의 여지가 있는 것이면 언제나 '추론'의 여지도 있다. 그리고 그런 여지가 없는 것에서는 할 수 있는 추론이 전혀 없다.

---

*1 앞의 장에서도 다룬 것처럼 '계산＝추리 능력'으로서의 이성이라는 뜻도 있고, 독일어역은 이 장에서 일관되게 Vernunft로 되어 있다.

*2 '사실'을 뜻하는 fact는 라틴어의 factum에서 왔으며, '이루어진 일' 즉 행위의 결과를 의미한다. 특히 법률 용어로는 범죄 행위의 결과를 말한다.

추론의 정의 앞에서 논의한 내용을 종합하여 우리는 인간의 정신적 능력 중 하나로 여겨지는 '추론'이라는 말을 두고 다음과 같이 정의할 수 있다. 추론은 우리의 사고를 '표시'하고 '표명'하기 위해 합의된 일반적인 이름들의 결합관계를 '계산하는 것(즉 더하기와 빼기)'이다. 여기서 '표시'는 자기 마음 속으로 헤아리는 경우이고, '표명'은 자신이 헤아린 것을 다른 사람에게 증명하는 경우를 말한다.

올바른 추론 셈이 서툰 사람은 계산을 틀리게 하여 잘못된 답을 얻는다. 심지어 교수들조차 계산을 잘못할 때가 있다. 마찬가지로 다른 어떤 문제에 대한 추론의 경우에도 매우 유능하고 세심하고 익숙한 사람들조차 그릇되게 추론하여 잘못된 결론을 내릴 수 있다. 수학에서 모든 계산이 항상 정확한 것은 아닌 것처럼, 추론에서도 모든 추론이 항상 올바른 것은 아니다. 아무개의 추론이라 해서, 또는 여러 사람의 공통된 추론이라 해서 확실한 것은 아니다. 이것은 다수의 계산이 하나로 일치한다고 해서 반드시 그 계산이 옳다고 할 수 없는 것과 같다. 그러므로 어떤 계산에 논쟁이 생길 때에는 양쪽 모두 수긍할 수 있는 중재자나 재판관의 추론을 올바른 추론으로 정해야 한다. 그렇게 하지 않으면 그들의 논쟁은 결국 주먹다짐으로 이어지거나 미결로 남게 된다. '자연'이 설정한 올바른 추론이 결여되어 있기 때문이다. 어떤 종류의 토론도 마찬가지이다. 자신이 남보다 지혜롭다고 생각하는 사람은 재판관에게 올바른 판단을 내려 달라고 강력히 요구하는데, 이것은 사실상 타인의 추론이 아닌 자기 추론에 따라 결정을 내려 달라고 요구하는 것이다. 이것은 인간 사회에서는 받아들여질 수 없는 일이다. 트럼프놀이에서 으뜸패가 정해진 다음 자기가 가장 많이 가지고 있는 패를 다시 으뜸패로 사용하겠다고 하는 것과 같기 때문이다. 그것은 자기 마음속을 지배하는 정념이 있을 때마다 그 정념 하나하나를 올바른 추론이라고 주장하는 것과 같다. 더욱이 스스로 갈등을 느끼면서 그렇게 할 경우에는 올바른 추론을 요구하는 것 자체가 실제로는 자신이 올바른 추론을 갖고 있지 못하다는 것을 나타내는 것이다.

추론의 효용 추론은 정의와 의미에서 출발하여 하나의 귀결에서 다른 귀결로 옮아가는 데 효용과 목적이 있다. 이름들에 대한 맨처음의 정의와 확립된 의미에 대한 고찰은 팽개친 채, 하나 또는 여러 귀결의 결론과 진실성을 찾으려 해서는 안 된다. 왜냐하면 그것의 기초이자 추론의 출발점인 모든 단정과 부정에 확실성이 없다면 최종 결론에도 확실성이 없기 때문이다. 가장(家長)이 모든 지급전표의 금액을 합하여 총계를 낼 때, 각 전표가 어떻게 그 금액이 되었는지, 무엇 때문에 그 돈을 지급했는지를 모른다면 전표를 작성한 사람들의 계산 능력과 정직성을 믿고 총계를 낼 수밖에 없다. 다른 일들에 대한 추론도 똑같다. 저자를 신뢰하여 그가 던지는 결론을 고스란히 받아들여 추론하면, 즉 그 결론을 최초의 계산 항목(정의에 의해 확정된 이름의 의미들)에서 이끌어내지 않고 추론하면 그 노력은 헛일이 되고 만다. 그런 사람은 아무것도 모르고 그저 믿을 뿐이다.

오류와 불합리　말로 나타내지 않고서도 헤아릴 수 있는 특별한 것들이 있다. 예를 들어, 어떤 사물을 보고 그 앞에 무슨 일이 있었는지, 또는 그 뒤에 어떤 일이 벌어질 것인지를 추측하는 경우이다. 여기서 나중에 생길 것이라고 추측했던 일이 일어나지 않거나, 앞에 있지도 않은 일을 있었다고 추측할 경우 이것을 '오류'라고 일컫는다. 아무리 신중한 사람도 이런 오류를 저지를 수 있다. 그러나 일반적 의미를 지닌 말로 추론하여 얻은 일반적 결론이 잘못된 경우, 흔히 이것도 '오류'라고 하는데, 정확히는 '불합리' 또는 무의미한 말일 뿐이다. 오류는 속임수일 뿐이다. 즉 오류는 어떤 것이 지나간 줄 알았는데 실제로는 지나가지 않았거나, 또는 올 것이라고 믿었는데 실제로는 오지 않은 경우처럼 잘못 추정한 것을 말하는데, 그런 일을 목격하는 것 자체가 맨처음부터 불가능한 것은 아니었다. 그러나 우리가 일반적 주장을 내놓았을 경우 만일 그것이 진실이 아니면 그 주장의 가능성은 생각할 수 없다. 이와 같이 소리에 불과한 아무 뜻도 없는 말을 '불합리한' 말, '무의미한' 말, '터무니없는' 말이라 한다. 그리하여 누군가가 '둥근 사각형', '치즈 속에 들어 있는 빵의 우연성'이라든가,[*3] '형체가 없는 실체' 또는 '자유로운 국민', '자유의지', 반대에 의해 방해를 받는 일의 자유가 아닌 어떤 자유에 대하여 말한다면, 그는 오류를 저지르는 것이 아니라 무의미한 말을 하는 것이다. 즉 그런 말은 불합리하다.

2장에서 말했듯이 인간은 어떤 일을 생각할 때, 그것이 어떤 결과를 불러

[*3] 다른 문헌에선 '빵과 치즈의 우연성'. (초판)

올 것이며, 자신이 그 일로 어떤 효과를 얻을 수 있는지를 탐구하는 능력이 있다는 점에서, 다른 동물보다도 뛰어나다. 이제 여기 또 다른 뛰어난 능력을 덧붙이고자 한다. 바로 인간은 자신이 찾아낸 귀결들을 모아 일반적 법칙으로 만들어 낼 줄 안다는 점이다. 이런 것을 '정리(定理)' 또는 '정의(定義)'라고 한다. 즉 인간에게는 수를 더하고 빼는 계산 능력만 있는 것이 아니라 다른 일에 대하여도 그런 계산 능력, 즉 추론 능력이 있다. 그러나 이 특권은 다른 특권 때문에 약화된다. 바로 다른 생물에게서는 볼 수 없는, 오직 인간만이 빠져드는 불합리라는 특권이다. 이 불합리 특권에 가장 쉽게 빠져

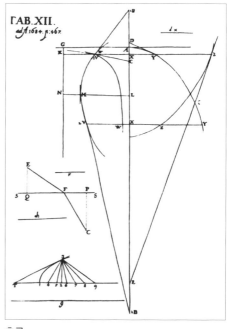

추론
수학자는 수를 더하거나 빼는 방법을 가르치듯 기하학자는 선·도형 등에 의해, 논리학자는 말의 연결 관계를 놓고 더하기와 빼기를 가르친다. 따라서 더하기와 빼기가 있는 곳이면 '추론'이 가능하다. 그림은 라이프니츠의 《미분학》 본문에 나오는 하나의 도식.

드는 사람들이 바로 철학자들이다. 키케로가 어디에선가 철학자의 저술에서 발견되는 것보다 더 불합리한 것은 없다고 했는데, 이것은 매우 옳은 말이다. 이유는 분명하다. 자신이 쓰는 이름에 대해 먼저 정의를 내리거나 설명을 한 뒤 추론을 시작해야 하는데, 아무도 그렇게 하지 않았기 때문이다. 오직 기하학에서만 이 방법을 썼다. 그래서 기하학의 결론은 논쟁의 불이 붙을 여지가 없었던 것이다.

불합리의 원인들 1. 불합리한 결론이 나오는 첫 번째 원인은 방법의 결여에 있다. 정의로부터, 즉 용어의 확정된 의미로부터 추론을 시작하지 않기 때문이다. 이것은 마치 '하나', '둘', '셋'이라는 수사의 값을 모르고서 계산하는 것과 같다.

모든 물체는 다양한 생각을 바탕으로 계산하게 된다. 앞장에서 이미 말한

것처럼, 이런 다채로운 생각은 여러 가지 이름을 낳는다. 이 과정에서 혼란이 발생하거나 이름을 부적절하게 결합하면 불합리가 일어난다.

2. 불합리한 주장의 두 번째 원인은 '물체'에만 걸맞는 이름을 '우연성'의 이름으로 삼거나, '우연성'에만 어울리는 이름을 '물체'의 이름으로 삼는 데 있다. '신앙이 주입되었다'거나 '신앙이 고취되었다'는 말이 그렇다. 물체 이외에는 그 어떤 것도 쏟아붓거나 불어넣을 수 없다. '연장(延長)'이 '물체'라는 말이나, '환상'은 '정신'*4이라는 말 따위가 모두 그런 종류의 말이다.

3. 세 번째 원인은 '우리 바깥에 있는 물체'에 대한 '우연성'의 이름을 '우리 몸'에 있는 '우연성'의 이름으로 삼는 데 있다. '색깔이 그 물체 안에 들어있다'거나, '소리가 공기 속에 있다'*5고 하는 것이 바로 이 경우이다.

4. 네 번째 원인은 '물체'의 이름을 '이름'이나 '언어'의 이름으로 삼는 데 있다. '보편적인 것이 있다'고 한다거나, '생물은 속(屬)이다' 또는 '일반적인 것이다'라고 하는 것이 바로 이 경우이다.

5. 다섯 번째 원인은 '우연성'의 이름을 '이름'이나 '언어'의 이름으로 삼는 데 있다. '사물의 본성은 그것의 정의(定義)이다', '사람의 명령은 그의 의지이다' 등이 바로 이 경우이다.

6. 여섯 번째 원인은 적절한 말 대신 은유나 비유, 기타 수사적인 표현을 쓰는 데 있다. 예컨대 '그 길은 이쪽 또는 저쪽으로 가거나 그쪽에까지 이른다'고 하거나, '속담이 이렇게 저렇게 말한다'고 하는 말은 일상 언어에서는 받아들여진다. 하지만 길이 어떻게 갈 수 있으며, 속담이 어떻게 말할 수 있는가? 그러므로 추론할 경우, 아울러 진리를 추구할 경우에는 이런 말은 받아들여질 수 없다.

7. 일곱 번째 원인은 무의미한 이름인데도 스콜라 학자들의 말을 기계적으로 암기하여 사용하는 데 있다. 예컨대 '실재적, 초실체화, 합체한다, 영원한 현재' 같은, 스콜라 학자들의 유행어가 그러하다. 이것만 피하면, 너무 오래 헤아리느라 앞서 헤아린 것을 잊어버리지 않는 한, 쉽게 불합리에 빠지지는 않는다. 왜냐하면 인간의 추론 능력은 날 때부터 비슷하므로, 원칙만 지키면 훌륭한 추론이 가능하기 때문이다. 기하학에서 타인이 오류를 지적해

---

*4 여기에서는 정신도 물체의 일종으로 보는 것이 된다.
*5 정확히 말하면 이 예는 이름을 부여하는 것이 되지는 않는다.

주었는데도 자신의 잘못된 계산을 계속 우길 만큼 어리석은 사람은 없지 않겠 는가?

학문 이런 점으로 보면, 추론은 감각 이나 기억처럼 타고나는 것도 아니고, 사 려처럼 경험을 통해 얻어지는 것도 아니 다. 그 능력은 노력으로 얻어지는 것이다. 첫째, 그 노력은 적절한 이름을 부여하는 노력이다. 둘째, 이름이 주어진 요소들에 서 출발하여 뛰어나고 정연한 방법으로 이름들을 결합하여 주장을 세운다. 여러 주장들을 결합하여 삼단논법으로 진행 한다. 마지막으로, 당면한 문제에 속하는

키케로(BC 106~43)
고대 로마의 지식인·정치가·웅변가이며, 철 학과 역사에 대한 논문도 많이 썼다.

이름들의 모든 결론에 대한 지식, 즉 학문이라고 부르는 것에 이르기 위한 질서정연한 방법을 얻기 위한 노력이다. 감각이나 기억이 사실에 대한 지식, 즉 과거의 일이나 취소할 수 없는 일에 대한 지식이라면, '학문'은 하나의 사 실과 다른 사실의 관련 또는 의존관계에 대한 지식이다. 이런 지식을 통하 여 우리는 지금 우리가 할 수 있는 일에서 앞으로 원하는 열매를 맺기 위해 서 해야 할 일을 알 수 있다. 어떤 원인이 어떤 방법에 의해 낳는 결과를 알 면, 비슷한 원인이 우리의 힘이 작용하는 범위 안에 들어왔을 때 그것과 비 슷한 결과를 낳기 위해 해야 하는 일을 알 수 있기 때문이다.

그리하여 어린아이들은 언어 능력을 갖추기 전에는 추론 능력을 전혀 갖 지 못한다. 그런데도 여전히 이성적 동물이라 불리는 것은 앞으로 추론을 사용할 가능성이 분명하기 때문이다. 사람들은 대부분 약간의 추론 능력을 지닌다. 누구나 숫자 계산을 어느 정도 할 줄 안다는 사실을 보면 충분히 알 수 있다. 그러나 일상생활에서 이런 추론 능력은 거의 도움이 되지 않는 다. 일상생활에서 사람들은 저마다 경험 차이, 기억 속도, 목적 지향 등에 따 라, 특히 운이 좋고 나쁨과 오류가 있고 없음에 따라 능숙하게 처신하는 사 람도 있고, 그렇지 못한 사람도 있다. '학문적 지식', 즉 행동의 일정한 규칙 들은 그것이 무엇인지 모를 정도로 그들과는 한참 동떨어진 것이기 때문이

다. 그들은 기하학을 마술로 여겨왔다. 그러나 다른 학문들은 (그 학문들이 어떻게 획득되었고 어떻게 태어났는지 그 기초와 진전 상황을 배우지 않은 이상) 마치 어린아이와 같다. 어린아이는 출생에 대해 아무것도 모르기 때문에 형제들이 어머니에게서 태어난 것이 아니라 마당에서 주워 왔다고 해도 그대로 믿어 버린다.

그러나 '학문적 지식'이 없는 사람은 타고난 사려가 있기 때문에, 그릇되게 추론하거나 그릇된 추론을 믿어서 불합리한 일반 규칙에 빠져든 사람들보다는 훨씬 더 고귀하다. 원인이나 규칙을 모른다고 해서 그릇된 규칙에 의존하거나, 사실은 그렇지도 않은 정반대의 일을 자신이 열망하는 일의 원인이라고 생각하는 일은 없기 때문이다.

결론적으로, 인간 정신의 빛은 명료한 말이다. 그러나 무엇보다도 정의가 정확하게 이루어져야 모호함이 없어져 깔끔해진다. '추론'은 그 '발걸음'*6이며, '학문' 증진은 그 '길'이고, 인류의 복지는 그 '도착점'이다. 반면에 '은유'나 무의미하고 모호한 말은 '도깨비불'과 같다. 그것에 입각한 추론은 수없이 많은 불합리 속을 방황하는 것이며, 그 결과는 논쟁과 선동과 모욕이다.

사려와 지혜 그리고 그들의 차이점 무수한 경험은 사려를 낳고, 깊은 학문은 지혜를 낳는다. 우리는 보통 둘 다 현명함이라 부르지만, 라틴인들은 사려와 지혜를 구별하여 전자는 경험, 후자는 학문에서 말미암는다고 보았다. 두 낱말의 차이를 분명히 알아보기 위해 예를 들어 보자. 갑은 무기를 다루는 데 타고난 소질과 뛰어난 기술을 지녔고, 을은 그 기술과 아울러 공격과 방어의 모든 가능성 연구를 통하여 적의 어디를 공격할 수 있고 또 반대로 어디를 공격당할 우려가 있는지까지 안다고 하자. 이 경우 갑은 사려하는 능력이 있고, 을은 지혜에 해당하는 능력까지 지녔다. 둘 다 쓸모가 있지만 을쪽이 완전무결하다. 그러나 책의 권위만 믿고 장님을 무작정 따라가는 사람은, 검술사범의 잘못된 방법을 믿고 적에게 도전하는 자와 같으므로 살해당하거나 수모를 겪는다.

학문의 표지(標識) 학문적 지식의 여러 표지 중에는 오류 없이 확실한 것도 있고 불확실한 것도 있다. 어떤 일에 대해 학문적 지식을 갖고 있다고 스

---

*6 다른 문헌에는 발걸음(pace)이 장소(place)로 되어 있다.(초판)

스로 말하는 자가 그것을 가르칠 수 있을 때, 즉 그 진리를 타인에게 명확하게 가르쳐 전수할 수 있는 경우 학문적 지식의 확실한 표지가 될 수 있다. 그러나 약간의 특수한 일만 그의 주장대로 되고, 나머지 대부분은 그렇게 될 것이 틀림없다고 말하는 것 이외에 아무것도 증명되지 않는 경우, 이것은 불확실하다. 모든 사려의 표지는 불확실하다. 왜냐하면 결과를 바꿀 수 있는 모든 조건을 경험에 의해 관찰하고 기억할 수 없기 때문이다. 그러나 어떤 일에서든 그것에 대한 확실한 학문적 지식을 쌓지 않은 사람이 자신의 자연적 판단력을 팽개치고 책에서 읽은, 많은 예외를 포함한 일반적 문장을 따르는 것은 어리석음의 증거로서, 보통 '현학'이란 이름으로 조롱거리가 된다. 국정을 논하는 회의에서 정치나 역사에

일상의 언어에서 출발하여 새로운 탐구를 하기 위해 날카로운 언어 도구를 만들어 내는 것은 과학과 철학이 할 일이다. 비코가 쓴《새로운 학문》의 비유적인 그림.

대한 지식을 자랑스럽게 늘어놓기 좋아하는 사람들조차도, 자신의 개인적 이익에 대한 문제에 대해서는 책에서 읽은 대로 행동하는 경우가 거의 없다. 개인적인 문제에 대해서는 충분히 숙고하고 있기 때문이다. 그러나 대중 앞에 서면 오직 자신의 지혜가 뛰어나다는 평판을 얻는 일에만 급급할 뿐, 타인의 성공 여부는 전혀 문제삼지 않는다.

6 정념의 내적 발단과 그것이 표현되는 언어

생명 유지를 위한 운동과 동물적 운동　동물에게는 특유의 두 가지 '운동'이 있다. 하나는 '생명 유지를 위한' 운동으로서 태어나자마자 시작되어 죽을 때까지 지속된다. 이를테면, '혈액순환·맥박·호흡·소화·영양·배설' 등이다. 이런 운동은 상상력의 도움을 요구하지 않는다. 다른 하나는 '동물적 운동'[*1]으로서 '의지에 근거한 운동'이라고도 한다. '걷고', '말하고', 팔다리를 '움직이는' 등 마음먹은 대로 나타나는 운동을 말한다.

감각이란 어떤 대상의 움직임을 보거나 들을 때 그로 말미암아 신체기관 및 내부의 여러 부분에서 일어나는 운동이다. 그리고 환각은 그런 운동의 잔해, 즉 감각이 있고 난 뒤에 남은 잔해일 뿐이라는 것은 이미 제1장과 2장에서 언급했다. '걷는 것', '말하는 것' 따위와 같은 자발적 운동은 항상 이에 앞서 이루어지는 '어디로', '어떻게', '무엇을'이라는 사고에 의존하므로, 상상력이 모든 자발적 운동의 첫 번째 내적 동기임은 분명하다. 배우지 못한 사람은 움직임이 보이지 않거나 그것이 움직인 공간적 거리가 너무 짧아서 알아채지 못할 경우에는 움직임이 있었다는 것을 인식하지 못한다. 그렇다고 해서 운동이 없었던 것은 아니다. 왜냐하면 그보다 더 큰 공간적 거리를 움직이기 위해서는 먼저 그 공간의 일부분인 작은 공간적 거리를 움직여야 하기 때문이다. 이런 운동의 작은 단서들은 우리 몸 속에서도 이루어진다.

노력　걷거나 말하거나 때리는 따위의 눈에 보이는 행동이 일어나기 전에 몸 속에서 일어나는 운동의 단서들을 흔히 노력이라 일컫는다.

욕구·욕망　이런 노력이 그것을 일으키는 어떤 것을 향해 있을 때는 욕구 또는 욕망이라고 일컫는다. 후자는 보편적인 이름이고, 전자는 때때로 음식

[*1] Animall에는 본디 정신적이라는 의미가 있고, 라틴어에선 자주 그 의미로 쓰인다.

물에 대한 욕구, 즉 배고픔과 목마름을 말할 때 쓴다. 그리고 노력이 어떤 것으로부터 멀어지는 노력이라면 일반적으로 혐오라고 일컫는다. 욕구와 혐오라는 말은 라틴어에서 왔으며, 모두 운동을 뜻한다. 하나는 다가가는 운동을, 다른 하나는 멀어지는 운동을 뜻한다. 이에 해당하는 그리스 어 '오르메(ὁρμή)'와 '아포르메(ἀφορμή)'도 마찬가지이다. 전자는 접근을, 후자는 후퇴를 뜻한다. 즉, 자연은 때때로 인간에게 약간의 진리를 가르쳐 준다. 하지만 인간은 자연을 초월한 진리를 추구할 때 자연이 가르쳐 준 진리를 의심한다. 스콜라 학자들은 가거나 움직이는 등의 단순한 욕구 속에서는 운동이라 부를 만한 것을 전혀 찾아낼 수 없었다. 그러나 운동의 존재를 완전히 부정할 수는 없었기 때문에 이를 비유적 운동이라고 부른다. 이것은 불합리한 말이다. 말에는 비유적이라는 표현을 쓸 수 있지만 물체나 운동에는 그럴 수 없기 때문이다.

사랑·미움　사람이 어떤 것을 욕구할 때는 그것을 사랑한다고 말할 수 있고, 혐오할 때는 미워한다고 말할 수 있다. 따라서 욕구와 사랑은 같은 것이다. 다만 욕구는 대상의 부재를, 사랑은 대상이 존재하는 것을 나타낸다는 것만이 다를 뿐이다. 마찬가지로 혐오는 대상의 부재를, 미움은 대상이 존재하는 것을 나타낸다.

많은 욕구나 혐오 가운데 어떤 것은 인간이 날 때부터 지닌다. 식욕·배설 및 배출 욕구—몸 안에서 느끼는 어떤 것에 대한 혐오라고 부르는 것이 더 적절하다—등을 말하는데, 그 수가 그다지 많지는 않다. 이들 이외의, 특정한 것에 대한 욕구는 자기 자신 또는 타인에게 미치는 효과에 대한 경험과 시험에서 생긴다. 즉 우리는 전혀 모르거나 존재하지 않는다고 믿는 것에 대해서는 그것이 어떤 것인지 알아보려는 정도 이상의 욕구는 갖지 않는다. 그러나 혐오는 우리에게 해를 끼친 적이 있음을 알고 있는 것에 대해서뿐만 아니라 해를 끼칠 것인지 아닌지 모르는 사물에 대해서도 갖게 된다.

경시(輕視)　우리가 한 사물을 바라지도 싫어하지도 않을 때, 이를 '경시한다'고 말한다. 경시(Contemne)란 어떤 사물의 움직임에 저항하여 마음이 움직이지 않는 상태 또는 순종하지 않는 상태를 말한다. 이것은 더 유력한 다른 대상으로 인해 마음이 이미 다른 쪽으로 움직였거나, 그 사물에 대한 경험이 부족할 때 발생한다.

또한 인간의 체질은 계속 바뀌므로 한 인간이 같은 사물에 대하여 늘 같은 욕구와 혐오를 일으킬 수 없다. 하물며, 같은 대상에 대하여 모든 인간이 똑같은 욕구를 갖는 일은 더더욱 있을 수 없다.

선·악 그러나 누군가의 욕구 또는 의욕의 대상은 그것이 무엇이건 그에게는 '선'이며, 증오 또는 혐오의 대상은 '악'이다. 그리고 경시의 대상은 시시하고 하찮은 것이다. 즉 선한 것, 악한 것, 경시할 만한 것, 이런 말들은 항상 그 말을 사용하는 사람과의 관계에서 사용되기 때문에 단정적·절대적으로 그런 것이 아니며, 선악의 공통 규칙을 대상 자체의 성질에서 이끌어 낼 수도 없다. 코먼웰스가 없는 곳에서 선악의 법칙은 오직 그 사람의 인격에서 나올 뿐이며, 코먼웰스가 있는 곳에서는 그것을 대표하는 인격으로부터 나온다. 또는 의견이 서로 다른 사람들이 합의하여 중재자 또는 재판관을 두는 경우에는 그 판결을 그것에 대한 규칙으로 삼는, 중재자 또는 재판관에게서 나온 공통 규칙[*2]이 있는 것이다.

풀크룸과 투르페 라틴어에는 영어의 선과 악에 가까운 뜻을 지닌 두 낱말이 있으나 그 뜻이 정확히 맞아떨어지지는 않는다. 풀크룸(*pulchrum*)과 투르페(*turpe*)가 바로 그것이다. 전자는 어떤 분명한 징표에 의해 선을 약속하는 것을 뜻하고, 후자는 악을 약속하는 것을 뜻한다. 그러나 영어에는 그런 뜻을 갖는 일반적인 이름이 없다. '풀크룸'을 '예쁜'이라고 하고, '아름다운, 멋진, 씩씩한, 명예로운, 잘생긴, 사랑스러운'이라고 한다. 그리고 '투르페'는 적용 대상에 따라 '더러운, 기형의, 못생긴, 천한, 역겨운' 등으로 표현한다. 이런 말들은 바로 쓰이는 곳에서는 모두 선과 악을 약속하는 모습이나 표정을 의미한다. 따라서 선에는 세 종류가 있다. 약속된 선, 즉 풀크룸, 욕구의 결과와 효과에서의 선, 즉 유쿤둠(*jucundum*, 기쁜)이라고 하는 것, 수단으로서의 선인 유틸레(*utile*, 유익한)라고 하는 것이 바로 그것이다. 악에도 똑같이 세 종류가 있다. 약속된 악은 투르페라고 부르고, 효과와 결과로서의 악은 몰레스툼(*molestum*, 불쾌한, 성가신), 수단으로서의 악은 이누틸레(*inutile*, 무익한)라 한다.

감각의 경우 눈에는 빛과 색깔이, 귀에는 소리가, 코에는 냄새 등이 현상

[*2] 물론, 코먼웰스 없이 저마다 선악의 규칙을 갖고 있을 경우에는 공통 규칙이 아닌데도 여기에서는 그것을 포함하여 '공통 규칙'이라는 말을 쓰고 있다.

사랑과 욕구
욕구와 사랑은 같다. 다만 대상이 부재할 때 욕구라 하고, 대상이 존재할 때는 사랑이라고 한다.
카노바의 《아모르와 프시케의 사랑》.

으로 나타나지만, 우리 몸 속에서 실제 일어나는 것은 (앞에서 말했듯이) 외부 물체의 움직임에 의해 생기는 운동뿐이다. 마찬가지로 똑같은 대상의 움직임이 눈, 귀 기타 신체기관에서 마음으로 이어질 때에도 그 실제적인 결과는 운동 또는 노력이다. 그것은 운동하는 대상을 향한 욕구 또는 혐오이다. 그러나 그 운동의 현상이나 감각은 '환희' 또는 '번뇌'라 부른다.

쾌락 욕구라고 불리고, '환희' 또는 '쾌락'으로 나타나는 이 운동은 생명운동을 강화하고, 아울러 그것에 도움이 되는 것으로 보인다. 따라서 환희를 가져다 주는 것들이 이처럼 생명운동에 도움을 주고 강화하는 구실을 하는 만큼 [라틴인들이] 이것을 '*jucunda*(유쾌한)' 또는 '*à juvando*(도와주다)'라고 일컫었던 것은 부적절한 말은 아니었다. 그리고 그 반대의 것은 생명운동을 방해하고 문제를 일으킨다고 해서 '*molesta*(방해하는)'라고 불렀다.

따라서 '쾌락' 또는 '환희'는 선*3의 현상 또는 감각이며, '훼방' 또는 '불쾌'는 악의 현상 또는 감각이다. 따라서 모든 욕구·욕망·사랑은 많든 적든 기쁨과 함께 오고, 모든 증오와 혐오는 많든 적든 불쾌함과 함께 온다.

쾌락 또는 환희 가운데 어떤 것은 현존하는 대상에 대한 감각에서 발생한다. 이것을 '감각의 쾌락'이라고 한다. ('관능적'이라는 말은 감각의 쾌락을 비난하는 사람들이 쓰는 말로서 이를 금지하는 법이 생기기 전까지는 비난할 수 없다) 몸의 모든 섭취와 배출*4이 이런 종류의 쾌락에 속한다. 또한 시각·청각·후각·미각·촉각에 유쾌한 것도 모두 여기에 포함된다. 그 외에 일의 결말 또는 귀결을 예상하고 그런 일을 기대함으로서 생기는 쾌락이 있는데, 감각에 유쾌한 것일 수도 있고 불쾌한 것일 수도 있다. 이런 종류의 쾌락은 그 귀결을 이끌어내는 사람의 '정신의 쾌락'으로서 보편적으로 기쁨이라고 한다. 마찬가지로 불쾌 가운데서도 감각에 일어나는 것은 괴로움이라고 하고, 귀결에 대한 기대에서 생기는 것은 슬픔이라고 한다.

이처럼 '욕구·욕망·사랑·혐오·미움·기쁨·슬픔'이라 불리는 단순한 정념들은 고찰하는 관점에 따라 여러 가지 이름을 갖게 된다. 첫째, 이들 정념이 계속 일어날 경우 자신이 원하는 것을 얻을 가능성이 있느냐 없느냐에 따라 부르는 이름이 달라진다. 둘째, 사랑의 대상인가 미움의 대상인가에 따라 이름이 달라진다. 셋째, 낱낱으로 보느냐, 여러 개를 묶어 보느냐에 따라 이름이 달라진다. 넷째, 정념 자체의 변화 또는 계속 여부에 따라 이름이 달라진다.

희망 즉 얻을 수 있는 가능성을 지닌 '욕구'는 희망이라 부른다.

절망 얻을 수 없을 것 같은 '욕구'는 절망이라 부른다.

두려움 대상에 의해 해(害)를 입을 수 있다는 생각이 드는 '혐오'는 두려움이라 부른다.

용기 저항하면 그 해를 피할 수 있을 것 같은 희망이 있을 때 '혐오'는 용기라 부른다.

분노 느닷없는 '용기'는 분노라고 부른다.

---

*3 이미 말한 것처럼 홉스에 따르면 선과 이익, 악과 해는 본디 똑같으므로 여기에서의 선악도 이해(利害)로 바꿀 수 있다.

*4 섭취(oneration)와 배출(exoneration)을 짐을 지게 하는 것과 내려놓는 것이다. 바꿔 말하면 위에 음식물을 넣는 것과 제거하는 것이다.

확신 변치 않는 '희망'은 자기 자신에 대한 확신, 즉 자신(自信)이라고 부른다.

불신 변치 않는 '절망'은 자신에 대한 불신이라 부른다.

분개 타인에게 가해진 크나큰 해로움에 대한 '분노'는 그 해로움이 부당한 것이라고 여길 경우에 분개(憤慨)라고 부른다.

인자(仁慈) 타인에게 선(이익)을 베풀려는 '욕망'은 인자(仁慈), 선의(善意), 자선(慈善)이라고 부른다. 이것이 인간 일반에 나타날 경우 '선량한 본성'이라고 부른다.

탐욕 부(富)에 대한 '욕망'은 탐욕이라 부른다. 이 이름은 언제나 비난의 뜻으로 쓰인다. 왜냐하면 부를 얻으려 싸우는 사람들은 남이 그것을 얻으면 서로 불쾌해지기 때문이다. 물론 추구하는 수단에 따라 부에 대한 욕망 자체는 비난받을 수도 있고 허용될 수도 있다.

야심 지위나 높은 자리에 대한 '욕망'은 야심이라고 부른다. 이 말 또한 언제나 나쁜 뜻으로 쓰인다. 그 이유는 이미 앞에서 말했다.

소심 우리의 목적에 그리 도움을 주지 않는 것에 대한 '욕망'과, 크게 방해가 되지 않는 것에 대한 '두려움'은 소심(小心)이라 부른다.

아량 작은 도움이나 작은 방해에 대한 '경시'는 아량이라 부른다.

용맹 죽거나 다칠 위험 속에서 보이는 '아량'은 용맹, 꿋꿋함이라 부른다.

관대함 재산의 사용에 '아량'을 베푸는 것은 관대함이라 부른다.

가련함 재산의 사용에 '소심'한 것은 그것을 좋게 보느냐 나쁘게 보느냐에 따라 초라함, 가련, 인색이라고 부른다.

친절 사교를 위해 남을 '사랑하는' 것은 친절이라고 부른다.

자연적 정욕 감각적 쾌락만을 위해 남을 '사랑하는' 것은 자연적 정욕이라고 부른다.

열락 회상, 즉 과거의 쾌락에 대한 상상을 통해 타인을 '사랑하는' 것은 열락이라고 부른다.

사랑의 정념 단 한 사람에 대한 '사랑'이 자신만 사랑받고 싶은 욕망과 함께 오면 사랑의 정념이라고 부른다. 그 사랑이 상호적이지 않다는 두려움이 따르면 질투라고 부른다.

복수심 타인에게 해를 끼침으로써 그가 저지른 일을 비난받게 하려는

'욕망'은 복수심이라고 부른다.

호기심 '왜' 그리고 '어떻게'를 알고자 하는 '욕망'은 호기심이라고 부른다. 이것은 '인간'이 아닌 다른 생물에게는 없다. 따라서 인간은 이성을 지녔다는 점 말고도 이 독특한 정념을 지닌다는 점에서 다른 '동물'과 구별된다. 동물은 식욕이나 그 밖에 감각상의 쾌락에 대한 욕망이 지배하기 때문에 원인을 알려는 호기심이 없다. 호기심은 정신의 욕정으로서, 지칠 줄 모르고 끊임없이 지식을 생산하는 일에 환희를 느낄 경우 그 어떤 육체적 쾌락보다 격렬하다.

종교·미신 머릿속에서 상상하거나 공개적으로 인정된 이야기를 듣고 상상한, 보이지 않는 힘에 대한 '두려움'은 종교라고 부르고, 공개적으로 인정되지 않은 경우에는 미신이라고 부른다. 그 힘이 진정 우리가 상상한 대로일 때, 참된 종교라고 부른다.

공황 두려움의 이유와 대상에 대한 이해가 없는 '두려움'은 공황이라 부른다. 목양신 판(*Pan*)이 느닷없이 나타나 그런 두려움을 만들어 냈다는 우화에서*5 그런 이름이 붙여졌다. 그러나 사실 맨 먼저 그런 두려움을 느끼는 사람에게는 그 원인에 대한 나름의 이유가 있다. 나머지 사람들은 그 사람을 보고 덩달아서 도망친다. 그 사람이 이유가 있으니까 도망가는 것이라고 미루어 짐작하기 때문이다. 그러므로 이 정념은 군중 즉 다수의 사람들 속에 있는 사람에게만 일어난다.

감탄 신기한 것을 보거나 들어서 생기는 '기쁨'은 감탄이라고 부른다. 이것은 오직 인간만이 지닌다. 그것은 원인을 알고자 하는 욕구를 불러일으키기 때문이다.

득의 자신의 에너지와 능력에 대한 상상에서 발생하는 '기쁨'은 득의(*glorying*)라 부르는 정신적 환희이다. 만일 그것이 이전의 행동 경험에 뿌리를 둔 것이라면 '자신(自信)'과 같다. 그러나 만일 타인의 아첨에 근거하거나 그 열매에 대한 기쁨 때문에 혼자서 상상한 것이라면 허영(*vaine–glory*, 헛된 득의)이라고 부른다. 이 이름은 알맞게 지어진 것이다. 충분한 근거를 가진 '자신(自信)'은 시도(試圖)를 낳지만, 있지도 않은 힘을 상상한 경우에는 그렇

---

*5 가축의 번식을 관장하는 신 판이 가축들을 깜짝 놀라게 한 데서 사람들이 그와 마찬가지의 상태가 되는 것을 패닉(panic)이라고 한다.

지 못하기 때문에 정말로 허무한 것이다.

실의 에너지가 모자란다는 생각에서 일어나는 '슬픔'은 실의라 부른다. '허영'은 실제는 그렇지 않다는 것을 알지만, 자신의 능력을 상상하거나 가정할 때 생기는 것이다. 그것은 젊은이들에게 생기기 쉬우며, 용감한 인물에 대한 역사서나 소설이 부추긴다. 그러나 때때로 나이와 직업에 의해 수정되기도 한다.

갑작스런 득의·웃음 '갑작스런 득의'는, 이른바 웃음이라고 하는 얼굴의 일그러짐을 일으키는 정념이다. 이것은 자신의 어떤 갑작스러운 행동에 기뻐하거나, 또는 다른 사람에게서 꼴사나운 일을 발견하고 자신과 비교하여 갑자기 스스로를 칭찬할 때 일어난다. 이것은 자신에게 최소한의 능력밖에 없다는 것을 의식하는 사람에게 가장 나타나기 쉽다. 이런 사람들은 다른 사람의 결점을 보고 흐뭇해한다. 그러므로 남의 결점을 보고 크게 웃는 것은 소심하다는 증거이다. 왜냐하면 위대한 정신에 걸맞는 일 가운데 하나는 타인을 조롱으로부터 구하여 해방시켜 주고, 오직 자신을 가장 유능한 사람하고만 비교하는 것이기 때문이다.

갑작스런 실의·울음 반면에 '갑작스런 실의'는 울음을 일으키는 정념이다. 그것은 어떤 강렬한 희망이나 의지하던 힘을 갑자기 잃었을 때 일어난다. 이 정념에 가장 빠지기 쉬운 사람은 여성이나 어린아이처럼 주로 외부의 도움에 의존하는 사람들이다. 따라서 어떤 사람은 벗을 잃어서 울고, 타인의 불친절 때문에 울고, 화해로 인해 자기의 복수심에 갑자기 제동이 걸려서 울기도 한다. 그러나 어떤 경우든 웃음과 울음은 모두 갑작스런 운동이며, 익숙해지면 울지도 웃지도 않게 된다. 누구든 케케묵은 농담에는 웃지 않으며, 오래된 재난에도 울지 않는다.

부끄러움·얼굴 붉힘 능력의 결함을 발견하여 생기는 '슬픔'은 부끄러움이다. 이 정념은 얼굴 붉힘으로 나타나며, 불명예스럽다고 느꼈을 때 일어난다. 젊은이들에게 나타나면 좋은 평판을 소중히 여기고 있다는 증거이므로 칭찬할 일이다. 노인의 경우에도 같은 증거이기는 하지만 때가 너무 늦었으므로 칭찬할 만한 일은 못된다.

몰염치 좋은 평판을 '경시'하는 것은 몰염치라고 부른다.

연민 타인의 재난을 보고 느끼는 '슬픔'은 연민이다. 이것은 비슷한 재난이 자신에게도 일어날 수 있다는 생각으로부터 일어난다. 그러므로 공감이라고도 하며, 요샛말로는 동료의식이다.*[6] 그러므로 사악한 일 때문에 일어난 참화에 대해서는 가장 선량한 사람들은 최소한의 연민*[7]밖에 보이지 않는다. 그런 종류의 참화가 자기에게 일어날 가능성은 거의 없다고 생각하기 때문이다.

냉혹 타인이 당한 불행을 '경시'하거나 또는 연민을 거의 느끼지 않는 것은 냉혹이라고 부른다. 이것은 자기 자신의 운명이 안전하다는 생각에서 나온다. 만일 자기 자신의 운명이 그 사람과 다르지 않다면, 타인의 재난을 보고 어떻게 기뻐할 수 있겠는가? 나는 불가능하다고 생각한다.

경쟁심·선망 부나 명예 같은 이익을 둘러싼 경쟁에서 경쟁자가 성공했을 때 느끼는 '슬픔'은, 만일 상대와 대등하거나 능가하는 능력을 스스로 갖추려는 노력이 결합된 경우 경쟁심이라고 부른다. 그러나 그 슬픔이 경쟁자를 밀어내고 그 자리를 빼앗으려 하거나 방해하려는 노력과 결합되면 선망이라 부른다.

숙고 사람의 마음속에 똑같은 일에 대한 욕구·혐오·희망·두려움이 번갈아 일어나고, 제시된 일을 하거나 회피할 경우 생기는 선악의 결과가 마음속에 번갈아 떠올라서 그로 말미암아 그 일에 대해 욕구를 느끼기도 하고, 혐오를 느끼기도 하고, 그 일을 할 수 있다는 희망이 생기기도 하고, 할 수 없을 것 같은 절망이나 두려움을 느끼기도 한다. 이런 의욕·혐오·희망·두려움 등이 그 일을 실행하거나, 포기할 때까지 지속될 경우 그 정념들을 통틀어 숙고라 부른다.

그러므로 지나간 일에 대해서는 결과를 바꿀 수 없음이 분명하기 때문에 숙고는 없다. 불가능하다고 알려진 일이나 그렇게 생각되는 일에 대해서도 존재하지 않는다. 숙고해 봐야 아무 소용이 없다는 것을 알거나 그렇게 생각하기 때문이다. 그러나 그런 숙고가 부질없음을 알지 못하고 불가능한 일을 가능하다고 생각하는 경우 숙고할 수 있다. 이것을 '숙고'라고 하는 이유는, 우리가 욕구를 가지고 행동하거나, 또는 혐오를 느껴서 회피하거나 할

---

*6 동료의식(fellow-feeling)이라는 말은 17세기에 일반화되었다.

*7 다른 문헌에는 '최소한의 연민(the least pitty)'이 '연민을 혐오하다(hate pitty)'로 되어 있다.(초판)

'자유(*liberty*)'*8에 종말을 가져오는 것이기 때문이다.

욕구·혐오·희망·두려움이 번갈아 일어나는 것은 인간 이외의 다른 피조물에게도 있다. 그러므로 동물들도 숙고한다.

따라서 모든 '숙고'는 숙고한 것이 실행되거나 불가능하다고 생각되었을 때 끝난다. 왜냐하면 그때까지는 욕구를 가지고 실행에 옮기거나 혐오가 생겨 그만둘 자유를 갖고 있기 때문이다.

의지 '숙고'의 결과, 직접적 행위 또는 행위의 회피와 연결되는 최종 욕구 또는 혐오를 우리는 의지라 부른다. 즉 그것은 '의지하는' 행위(능력이 아닌)이다. '숙고'를 할 줄 아는 동물은 반드시 '의지'를 가지고 있음이 틀림없다. 스콜라 학자들은 일반

판의 우화
목양신 판은 낮잠을 즐기다가 방해를 받으면 크게 노하여 인간과 가축에게 공포를 불어넣었다고 한다. 디프니스에게 플루트를 가르치는 판.

적으로 의지를 이성적 욕구라고 정의 내리는데 이것은 옳지 않다. 만일 의지가 이성적 욕구라면 이성에 어긋나는 의지적 행위는 있을 수 없을 것이기 때문이다. 의지에 근거한 행위는 어디까지나 의지에서 생길 뿐 그 밖의 다른 어떤 것으로부터도 발생하지 않는다. 그러나 만일 의지를 이성적 욕구라 하지 않고, 그에 앞서는 숙고의 결과에서 생긴 욕구라 한다면, 그것은 지금 내가 내린 정의와 같다. 따라서 '의지는 숙고 가운데 마지막 욕구'이다. 그리고 우리는 일상 대화에서, 어떤 사람이 무슨 일을 하려는 의지가 있었는데도 그렇게 하지 않았다고 말한다. 그러나 그것은 올바르게 말하자면 하나의 '의향'에 지나지 않는다. 어떤 행위도 의지적이지 않다. 왜냐하면 행위는 그것

---

*8 홉스는 여기에서 Deliberation이란 자유(*liberty*)를 부정하는 것이라는 어원적 설명을 하고 있는데 이 말은 헤아리다(*deliberate*)에서 온 듯하다.

에 의존하는 것이 아니라, 최후의 의향 또는 욕구에 의존하기 때문이다. 만일 중간단계의 여러 욕구들이 어떤 행위를 의지적인 것으로 만든다면, 같은 이유 때문에 모든 중간단계의 혐오들은 그 행위를 비의지적인 것으로 만들어 버린다. 이렇게 되면 같은 행위가 의지적이면서 동시에 비의지적인 것이 되고 만다.

이런 점으로 볼 때 무엇에 대한 탐욕·야심·욕정, 기타 욕구에서 비롯된 행위뿐 아니라 그런 행위의 회피가 불러올 결과들에 대한 혐오나 두려움에서 비롯된 행위들 또한 '의지에 따른 행위'임을 알 수 있다.

정념을 나타내는 화법의 형태 정념을 나타내는 화법의 형태들은 사고를 나타내는 형태들과 부분적으로는 같고 부분적으로는 다르다. 첫째, 일반적으로 모든 정념은 '나는 사랑한다, 나는 무섭다, 나는 기쁘다, 나는 숙고한다, 나는 의지한다, 나는 명령한다'처럼 직설법으로 표현될 수 있다. 그러나 그 중 몇 가지는 그것들 특유의 화법을 가지고 있다. 그렇지만 그런 화법은, 그것이 생겨난 정념에 대한 추론 이외의 다른 추론을 하는 데 도움이 되지 않는 이상, 단정은 아니다. 숙고는 가정법으로 표현된다. 가정법은 가정(假定)과 그 귀결을 같이 나타내는 데 알맞은 화법이다. 예를 들자면, '만일 이것이 이루어진다면 그때에는 이렇게 될 것이다'와 같은 것이다. 이것은 추론의 언어와 다르지 않다. 다만 추론은 일반적인 말로 이루어지는 데 반해 숙고는 대체로 개별적인 말로 이루어진다는 점이 다를 뿐이다. 의욕이나 혐오의 화법은 '이것을 하라, 그것을 하지 말라'와 같은 명령법이다. 그것은 당사자가 그 행위를 하거나 하지 않을 의무가 있으면 명령이고, 그렇지 않은 경우에는 간절한 바람 또는 충고가 된다. 허영·분노·연민·복수심의 화법은 기원법(祈願法)이다. 그러나 알고 싶은 욕망에 대하여는 의문법이라는 특수한 표현이 있다. '그것은 무엇인가?, 그것은 언제 일어나는가?, 어떻게 이루어지는가?, 왜 그런가?' 등이 그것이다. 내가 알기로는 정념을 나타내는 말은 이것이 모두이다. 왜냐하면 저주·맹세·욕설과 같은 것은 화법으로 나타내는 것이 아니라 습관적인 혀의 움직임으로서 의미를 지니기 때문이다.

위에서 말한 화법의 형태들은 정념의 표현 또는 의지에 의한 표시법이다. 그러나 이것이 확실한 감정 표현의 표시는 아니다. 왜냐하면 이들 표현은 정념의 유무와는 상관없이 사용하는 사람들에 따라 자의적으로 사용

경쟁
이익을 둘러싼 경쟁에서 성공했을 때 느끼는 감정은, 상대와 대등하거나 능가하고자 하는 노력이 결합되는 경우 경쟁심이 된다. 귀도 레니의 《아탈란타와 히포메네스의 경주》.

될 수 있기 때문이다. 지금 어떤 정념이 존재하는지를 가장 잘 나타내는 것은 표정, 몸짓, 행동 그리고 다른 방식으로 알게 된 그 사람의 목적 또는 목표이다.

그리고 숙고할 때의 욕구나 혐오는 숙고의 대상이 되는 행위의 결과와 추이에 대한 예견에 의해 일어나므로, 결과의 선악 여부는 일련의 긴 귀결에 대한 예견에 의존하는데, 실제 이것의 종말을 예측할 수 있는 사람은 거의 없다. 그러나 인간이 예측할 수 있는 한도 안의 귀결에서 선이 악보다 크면 그 전체는 저술가들이 흔히 말하는 겉으로 나타난 선 또는 선으로 보이는 것이다. 반면에 악이 선을 이기면 그 전체는 겉으로 나타난 악 또는 악으로 보이는 것이다. 그러므로 경험 또는 추론을 통해 결과에 대한 최고의, 가장 정확한 예상을 할 수 있는 사람은 가장 잘 숙고하는 사람이며, 본인이 그럴 의지가 있으면 타인에게 최선의 충고를 해줄 수 있다.

지복 사람이 원하는 사물들을 얻는 데 '계속 성공하는 것', 즉 계속적인 번영은 지복(至福)*9이라 부른다. 이것은 이 세상에서의 복됨을 뜻한다. 이 세상에 살아 있는 동안 우리에게 영원한 정신적 평정(平靜)이란 없다. 왜냐하면 '생명' 자체가 '운동'이며, 의욕이나 두려움 없이는 결코 존재할 수 없고, 감각 없이는 살 수 없기 때문이다. 경건하게 하느님을 숭배하는 자들에게 하느님이 어떤 지복을 내렸는지는 그 복을 누려본 사람만이 알 것이다. 그 기쁨이 어떤 것인지, 스콜라 학자들이 즐겨 쓰는 지복직관(至福直觀)이란 말을 이해할 수 없는 것과 마찬가지로 현재로서는 헤아릴 수 없는 즐거움이다.

칭찬 어떤 것이 좋다고 말하는 것은 칭찬이다. 어떤 것의 에너지와 위대함을 나타낼 때는 찬미라고 부른다. 또한 사람들이 인간의 복됨에 대하여 의견을 나타내는 말은, 그리스어로는 마카리스모스(μακαρισμός, 행복)라 하는데, 영어에는 이에 맞는 이름이 없다. 정념들에 대해서는 오늘의 목적에서 보면 이 정도의 논의로 충분하다.

---

*9 '지복'을 뜻하는 felicity는 happiness와 같이 행복으로 번역해도 되지만 홉스는 여기에서 종교적인 의미에서의 용어법과 대비하면서 쓰고 있다. 종교적인 의미를 나타내기 위해 정복(淨福)이라는 낱말로 번역될 때도 있다.

7 담론의 결론

지식욕에 의해 지배되는 모든 '담론'은 반드시 지식을 얻거나 포기하는 형태로 '끝'이 난다. 그리고 담론의 연쇄가 도중에 중단되어도 거기에 그 시점의 끝이 있는 것이다.

만일 그 담론이 다만 마음속에만 있다면 어떤 일이 일어날 것이다, 일어나지 않을 것이다, 또는 일어났다, 아니다 하는 생각으로 이루어진다.[*1] 따라서 만일 어떤 사람에게 일어나는 담론의 연쇄를 당신이 중간에 끊으면 당신은 그를 '그것이 일어날 것이다, 일어나지 않을 것이다, 일어났다, 일어나지 않았다'라는 하나의 가정 속에 방치하는 것이다. 그것은 모두 의견이다. 선악에 대해 숙고할 때 욕구가 번갈아 일어나는 것처럼, 과거와 미래의 진실을 규명할 경우에도 이런저런 의견이 번갈아 나타난다. 그리고 숙고의 마지막 욕구를 '의지'라고 하는 것처럼, 과거와 미래에 대한 진리탐구의 마지막 의견을 '담론하는' 사람의 판단 또는 결정적이고 최종적인 판결이라고 한다. 또한 선과 악의 문제에서 번갈아 나타나는 욕구의 연쇄를 숙고라고 하듯이, 참과 거짓의 문제에서 번갈아 나타나는 의견의 연쇄는 의문이라고 한다.

어떤 담론도 과거나 미래의 사실에 대한 절대적인 지식에는 이르지 못한다. 왜냐하면 사실에 대한 지식은 본디 감각이며, 그 뒤는 언제나 기억일 뿐이기 때문이다. 또한 연속에 대한 지식이 학문적 지식이라고 앞에서 말했는데, 이것도 절대적인 것이 아니라 조건적인 것이다. 어느 누구도 담화에 의해 어떤 것이 있다, 있었다, 있을 것이다, 라고 절대적으로 알 수는 없으며, 다만 이것이 있으면 저것이 있다, 이것이 있었다면 저것이 있었다, 이것이 있을 것이라면 저것이 있을 것이다, 라고 조건적으로 알 따름이다. 또한 담론으로 알 수 있는 것은 어떤 것에서 다른 것으로의 연속이 아니라, 어떤 것의 하나

---

*1 다른 문헌에는 will not be, or that it has been의 be, or가 be for(초판)로 되어 있다.

의 이름에서 다른 이름으로의 연속이다.

그러므로 담론이 말로 나타나면서 낱말의 정의에서 시작하여 그 결합을 통하여 일반적 단정으로 나아가고, 다시 이 단정들이 결합하여 삼단논법으로 나아가게 될 때, 그 최후의 합계를 결론이라고 한다. 그리고 그것이 나타내는 정신의 사고는 일반적으로 학문이라 불리는 조건적 지식, 즉 말의 연속에 대한 지식이다. 그러나 그런 담론의 최초의 기초가 정의가 아니었거나, 또는 그 정의들이 올바르게 결합된 삼단논법이 아닐 경우의 결론은 결국 의견이다. 다시 말하면 때로는 이해할 수 없는 불합리하고 무의미한 말이기는 하지만, 서술된 무언가의 참과 거짓에 대한 의견이다. 둘 또는 그보다 더 많은 사람들이 같은 일에 대해 알고 있을 때, 그들은 그것을 서로 의식하고 있다고 말한다. 이것은 함께 알고 있다는 말과 같다. 그들은 서로 또는 제삼자에 대한 사실에 대하여 가장 잘 어울리는 증인이기 때문에 누구나 자신의 양심에 반하여 말하거나, 그렇게 하도록 남을 타락시키거나 강요하는 것은 매우 나쁜 행위로 평가되었으며, 앞으로도 계속 그렇게 평가될 것이다. 시대를 막론하고 사람들이 양심의 호소에 매우 열심히 귀 기울였던 까닭이 바로 여기에 있다. 훗날 사람들은 양심이란 말을 자신의 비밀스런 일이나 비밀스런 생각에 대한 지식을 가리키는 말로 비유적으로 사용했다. 그래서 수사적으로 양심은 천 사람의 증인이라고 한다. 그리고 마지막으로 자신들의 새로운 의견(아무리 불합리한 것이라도)에 지나친 애착을 가지고, 완강하게 주장하는 사람들도 자신의 의견에 양심이라는 거룩한 이름을 붙였다. 그것은 누가 그 의견을 바꾸려 하거나 그것에 반론하는 것이 그들에게는 마치 불법으로 보이는 것 같이 느껴지도록 하기 위해서였다. 이렇게 그들은 겨우 자기들이 그렇게 생각하고 있다는 것을 알고 있을 뿐인데, 그런 의견이 진실임을 알고 있다고 주장한다.

담론이 정의에서 시작되지 않을 때에는 자신의 다른 어떤 명상에서 시작되며, 그것도 또한 의견이다. 또는 진실을 아는 능력이 있고, 남을 속이지 않는 정직성이 있다고 믿어 의심치 않는 타인의 말에서 시작되며, 그 때의 담론은 사실에 대한 것이 아니라 인격에 대한 것이다. 그리고 그 결론은 신뢰 및 신앙이라고 불린다. 신앙은 인간에 대한 것이며, 신뢰는 인간에 관하여, 그리고 그가 하는 말에 대한 것이다. 따라서 신뢰에는 두 가지 의견이 있는

데 하나는 그의 말에 관한 것이며, 다른 하나는 그의 덕성에 대한 의견이다. 어떤 사람을 '신앙한다, 신용한다, 신뢰한다'는 말은 같은 뜻으로서 그 사람의 성실성에 대한 의견을 나타내는 말이다. 그러나 '그가 한 말을 믿는다'는 것은 그 말의 진실성에 대한 의견을 나타내는 것에 불과하다. 그러나 우리는 '나는 믿는다(I believe in)'라는 구절은, 라틴어의 'Credo in', 그리스어의 'πιστεύω εἰς'*2도 마찬가지로, 성직자들의 저술에서만 사용된다는 점에 주의해야 한다. 다른 저술에서는 'I believe him(그를 믿는다), I trust him(그를 신뢰한다), I have faith in him(그를 신뢰한다)', 또는 'I rely on him(그를 믿고 의지한다)' 라틴어로는 'credo illi, fido illi', 그리스어로는 피스테우오 아우토 'πιστεύω αὐτῷ'*3라는 표현이 사용되고 있다. 그리고 이 낱말의 교회적 사용의 독자성은 그리스도교 신앙의 올바른 대상에 대한 많은 논쟁을 불러 일으켜왔다.

《구텐베르크 성경》(1455)
처음으로 인쇄기에 의해 인쇄된 《성경》의 한 부분.

그러나 '~을 믿는다'는 말은 사도신경에서 보는 것처럼 사람을 믿는 것이 아니라 신앙 고백이며 교리를 인정한다는 뜻이다. 즉 그리스도교도뿐만 아니라 누구든지 하느님이 자기에게 가르치는 것을 이해하든 못하든, 모두 진리로 여긴다면 하느님을 믿는 것이다.

그러므로 다음과 같이 추론할 수 있다. 어떤 일에서 나온 말이 진실임을 신뢰할 때, 우리는 그 말 자체나, 자연 이성의 원리에서 나온 논증에 따른 것이 아니라, 그 말을 한 사람의 권위나 그 사람에 대한 의견에서 나온 논증

---

*2 '나는 그 사람을 믿는다.'
*3 '나는 그 사람을 믿는다.' '나는 그에게 믿음을 둔다.'

을 신뢰하게 된다. 이 경우, 우리는 그 말을 믿는 것이 아니라, 말하는 사람 또는 그 사람의 인격을 믿는 것이다. 이로 인해 말이 아닌, 그 말을 하는 사람이 우리에게 신앙의 대상이 되고, 신뢰도 부여받는 명예를 얻는다. 따라서 우리가 하느님으로부터 직접 계시를 받지 않았음에도 《성경》이 하느님의 말씀이라고 믿는다면 우리의 믿음과 신앙, 신뢰의 대상은 바로 교회인 것이다. 즉 교회의 말을 받아들이고 그 말에 따르는 것이다. 그리고 한 예언자가 하느님의 이름으로 자기에게 하는 말을 믿는 사람들은 그 예언자의 말을 수용하고, 그에게 명예를 부여하고 그를 신용하고, 그가 참된 예언자이든 거짓 예언자이든 그의 말이 진실임을 믿는다. 이것은 다른 모든 역사의 경우에도 마찬가지이다. 내가 알렉산드로스나 카이사르의 빛나는 업적에 대해 역사가들이 기술한 것을 믿지 않는다 해도 화낼 사람은 알렉산드로스나 카이사르의 영혼이 아니라 그 역사가들이다. 리비우스가 신(神)이 소(牛)에게 말하게 한 적이 있다고 했는데,[*4] 이 말을 믿지 않는다고 해도, 이것은 신을 신용하지 않는 것이 아니라 리비우스를 불신하는 것이다. 그러므로 분명한 것은 사람들과 그들의 저술의 권위 이외의 아무런 근거도 없이 어떤 것을 믿는다면, 그것은 사람에 대한 신앙에 불과하며, 그들이 신의 사자인지 여부는 상관없다는 것이다.

---

*4 Titus Livius, 《로마사(*Ab Urbe condita Libri*)》, Ⅲ, 10.

8 덕과 그 결함

지적인 덕의 정의 덕(德)[1]이란 보편적으로 어떠한 종류의 주제에서도 그 탁월성 때문에 평가되는 것을 말한다. 그러므로 그것은 비교에서 시작된다. 모든 사람들이 모든 것을 똑같이 갖추고 있다면, 아무도 칭찬받을 일이 없을 것이기 때문이다. 그리고 지적인 덕은 사람들이 칭찬하고, 평가하며, 자신들도 갖추고 싶어하는 일종의 정신적 능력이다. 이것은 흔히 훌륭한 지력(智力)[2]이라고 부른다. 단 지력이라는 말은 하나의 특정 능력을 다른 것과 구별하는 데 쓰이기도 한다.

자연적 지력 및 후천적 지력 지력에는 두 종류가 있다. 바로 자연적인 것과 후천적인 것이다. 여기서 자연적이라는 말은 인간이 태어날 때부터 가지고 있다는 뜻은 아니다. 태어날 때부터 가지고 있는 것은 감각뿐이며, 감각은 인간들끼리는 물론 짐승과 비교해도 큰 차이가 없으므로 덕으로 볼 수 없다. 내가 말하는 것은 방법·훈련·지도없이 그냥 사용하는 것, 그리고 경험을 통해 얻은 지력을 뜻한다. 이런 자연적 지력은 주로 두 가지로 이루어진다. '기민한 상상', 즉 하나의 사고에서 다른 사고로 재빠르게 이어가는 것과, 어떤 인정받은 목표를 향한 '확고한 지향'이 그것이다. 반면에 느린 상상은 보통 멍청함 또는 우둔(愚鈍)이라고 하는 정신적 결함이다. 이것은 때때로 운동이 둔하거나 움직이기 어려움을 나타내는 다른 이름으로 불린다.

그리고 이 신속성의 차이는 인간에게 있는 정념의 차이, 즉 여러 가지 일에 대한 기호의 차이에서 발생한다. 갑의 사고는 이쪽 방향으로 달리고, 을의 사고는 저쪽 방향으로 달린다. 결과적으로 그들의 사고는 그들의 상상력

---

[1] 앞에서도 지적했던 것처럼 이 말에 도덕적인 의미는 없으므로 '덕'이라는 번역은 적당하지 않다. 그러나 이것을 능력으로 번역하면 faculty, ability의 번역어가 없어지므로 덕으로 해둔다.

[2] 다른 문헌에는 이탤릭체로 *wit*(초판B) 또는 *witte*(초판C)로 되어 있다.

을 지나가는 사물들을 서로 다르게 포착하고 관찰하는 것이다. 그리고 이런 인간 사고의 연속선상에서 그들이 사고하고 있는 것들 가운데서 관찰되는 것은 다음과 같은 것뿐이다. 즉 어떤 점에서 서로 비슷한가 또는 비슷하지 않은가, 무엇에 필요한가, 또는 그 목적에 어떤 쓰임새가 있는가 하는 것이다. 다른 사람들이 잘 발견하지 못하는 그런 유사성을 발견하는 사람에게 지력이 훌륭하다고 한다. 이 경우 지력이 훌륭하다는 것은 상상력이 훌륭하다는 것을 뜻한다. 그러나 그런 사물의 차이, 즉 비유사성을 관찰하는 사람들은 사물과 사물 사이를 구별하고, 식별하며, 판단하는 데 식별하기 쉽지 않은 것을 잘 식별하는 사람을 판단력이 훌륭한 사람이라고 한다. 특히 시간과 장소와 사람을 잘 식별해야 하는 사교나 사업의 경우에는 이 덕을 분별이라 부른다. 전자, 즉 상상력은 판단력의 도움 없이는 덕성이라는 칭찬을 받지 못한다. 그러나 후자, 즉 판단력과 분별은 상상력의 도움 없이 그 자체만으로도 칭찬의 대상이 된다. 훌륭한 상상력에 필요한 시간·장소·사람을 분별하면서, 그 목적에 맞게 사고할 수 있도록 해야 할 것이다. 이것이 가능하면, 이 덕을 가진 사람은 유사성을 쉽게 깨달아 담론 중에 예를 들거나, 새롭고도 딱 들어맞는 비유를 하거나 또는 독창적 화법으로 남을 즐겁게 할 수 있다. 그러나 성실성과 한 목표를 향한 지향이 없을 때에는 대단한 상상도 일종의 광란에 지나지 않는다. 예를 들어 어떤 이야기를 하면서 머릿속에 떠오르는 생각을 모두 늘어놓으면, 이야기가 자꾸 빗나가거나 엉뚱한 이야기가 끼어들어 이야기 본디의 취지에서 벗어나고, 마침내 그 자신도 무슨 말을 하는지 알 수 없게 된다. 이런 어리석음을 무엇이라고 해야 좋을지 특별한 표현은 떠오르지 않지만, 그 원인은 때로 경험의 부족에서 온다. 즉 다른 사람들에게는 전혀 새롭지도 신기하지도 않은 것이 그 사람에게는 그렇게 보이는 것이다. 때로는 소심함이 원인일 수도 있다. 너무 소심하여 남들은 하찮게 여기는 것을 당사자는 크게 보는 것이다. 이런 이유들 때문에 새롭고 중요하다고 여기고 하는 말들이 실은, 본디의 취지에서 점점 멀어지는 것이다.

훌륭한 시에는 (서사시이든 극시이든, 소네트든 풍자시든, 그 밖의 어떤 시든) 판단력과 상상력이 모두 요구되지만, 그 가운데에서도 상상력이 더 뛰어나야 한다. 왜냐하면 시는 과장함으로써 즐거움을 주는 것인데, 무분별하다고 해서 불쾌해질 리는 없기 때문이다.

훌륭한 역사 서술엔 무엇보다도 뛰어난 판단력이 필요하다. 왜냐하면 역사의 우수성은 방법, 진실성, 그리고 알릴 만한 가치가 있는 여러 행동들의 선택에 있기 때문이다. 상상력은 문체의 장식 이외에는 필요치 않다.

칭찬하거나 비난할 경우에는 상상력이 지배적이다. 왜냐하면 그 의도가 진실을 밝히는 것이 아니라 명예나 불명예를 끼치는 것이고, 그것은 고상하거나 천박한 비교를 통해 이루어지기 때문이다. 판단력은 다만 어떤 경우에 어떤 행위를 칭찬 또는 비난할 것인가를 시사할 따름이다.

공자(BC 551~479)
최고의 덕을 인(仁)이라고 했다.

권고와 변호를 할 때는 진실과 거짓 가운데 어느 쪽이 당면한 문제에 더 도움이 되는가에 따라*3 판단력 또는 상상력이 크게 요구된다.

논증이나 토의 같은 엄밀한 진리탐구에서는 판단력이 모든 것을 처리한다. 물론 예외는 있다. 때로는 어떤 적당한 유사성에 의해 이해의 실마리를 풀어야 할 때가 있는데, 이런 경우에는 상상력이 큰 구실을 한다. 그러나 이 경우에 은유는 완전히 제외된다. 은유는 거짓을 공공연히 밝히는 것이므로 토의나 추론에 사용하는 것은 분명히 어리석은 일이다.

또한 어떤 담론에서도 분명히 분별이 결여되어 있다면, 그 상상력이 제아

*3 다른 문헌에는 as가 없으므로 '가장 도움이 된다. 그래서'로 되어 있다.(초판B, C)

무리 기발한 것이라도 그 담론은 지력이 결핍된 증거로 여겨진다. 분별이 있음이 분명한 경우에는 상상력이 아무리 평범할지라도 결코 그렇게 여겨지지 않는다.

인간의 내밀한 사고는 아무런 부끄러움 없이, 전혀 비난받지 않고 모든 것, 즉 신성한 것, 불경한 것, 깨끗한 것, 음탕한 것, 중대한 것, 사소한 것을 두루 겪게 된다. 그러나 말에 의한 담론은 판단력이 때와 장소와 사람에 따라 허락하는 범위 이상으로는 불가능하다. 해부학자나 의사는 불결한 것에 대하여 자신의 판단을 말하거나 써도 괜찮다. 사람을 즐겁게 하기 위해서가 아니라 유익하게 하기 때문이다. 그러나 다른 사람이 같은 일에 대해 기발하고 제멋대로의 상상을 쓰는 것은 마치 오물 속을 뒹굴던 사람이 점잖은 사람들 앞에 나타나는 것과 같다. 분별의 결여가 바로 그런 차이를 낳는다. 또한 정신의 해이가 공공연히 인정된 경우나 친한 벗 사이에선 발음이나 모호한 의미를 가지고 장난할 수 있고, 기발한 상상이 떠오르는 대로 몇 번이고 말할 수도 있다. 그러나 설교를 하거나 공공 장소에서, 또는 낯선 사람들이나 존경을 보여야 할 사람들 앞에서의 그런 말장난은 모두 어리석은 짓으로 여겨진다. 이 차이는 오로지 분별의 결여에 있다. 따라서 지력이 부족할 때 결여된 것은 상상력이 아니라 분별이다. 상상이 결여된 판단력은 지력이지만, 판단이 결여된 상상은 지력이 아니다. 그리하여 상상력 없는 판단력은 지력이지만, 판단력 없는 상상력은 지력이 아니다.

사려 여러 가지 일들을 놓고 그것이 자신의 의도에 어떤 도움을 주는지, 또는 어떤 의도에 그것이 도움될 수 있는지를 관찰할 때, 그 관찰이 쉽거나 통상적인 것이 아니라면, 그 지력은 사려라고 부른다. 이것은 비슷한 일과 그 비슷한 일이 지금까지 낳은 결과에 대한 풍부한 경험과 기억에 의존한다. 그러나 이런 일에서는 상상력과 판단력처럼 그렇게 큰 차이는 나지 않는다. 왜냐하면 나이가 같은 사람들의 경험은 양적으로 그리 큰 차이가 나지 않기 때문이다. 다만 개인의 의도가 저마다 다르기 때문에 경험의 기회가 서로 다를 뿐이다.

일부 사람들의 논의에는 또 다른 결함이 있으니, 이것 또한 광기의 한 종류로 보아도 무방하다. 그것은 바로 앞서 5장에서 불합리하다 해서 같게 또는 더 크게 그리는 것과 비교해 예술성에 차이가 없는 것과 마찬가지이다.

평범한 농부도 자신의 집안일에 대
해서는, 추밀원 고문관이 다른 사람
〔군주〕의 일에 대해 지닌 것보다 더
뛰어난 사려를 가지고 있다.

간사한 지혜　만일 당신이 두려움
에 질리거나 곤궁에 빠졌을 때나 생
각날 법한, 부정하고 부정직한 수단
의 사용을 덧붙인다면 간사한 지혜
를 가진 것이며, 이것은 소심함의 증
거이다. 아량은 부정하거나 부정직
한 도움을 경시하기 때문이다. 또한
라틴어로 농간(弄奸)—영어로는 술
책(*shifting*)으로 번역되는—이라고
부르는 것은 지금의 위험이나 불편
을 뒤로 미루는 것을 말하는데, 이

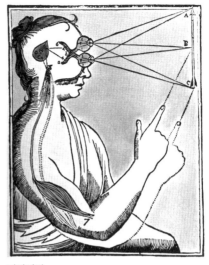

감각기관
데카르트의 《인간론》(1664)은 생리학 교과서 제
1호로 여겨진다. 이 삽화는 사람이 사물을 봤
을 때의 지각작용과 근육운동의 관계를 설명한
것이다.

것은 예를 들면, 빛을 갚기 위해 남의 재물을 강탈하는 것처럼 지금의 위험
과 불편을 더 큰 위험과 불편으로 대체하려는 근시안적이고 간사한 지혜다.
농간(웨르수티아, *versuti*)라는 말은 당장 급한 이자를 갚기 위해 높은 이자로
돈을 빌리는 것을 뜻하는 돌려막기(웨르수라, *versura*)에서 나온 말이다.*4

획득된 지력　획득된 지력, 즉 방법과 지도에 의해 획득된 지력은 추론 이
외에는 없다. 추론은 올바른 화법의 사용을 바탕으로 여러 과학을 생산한
다. 추론과 과학에 대하여는 이미 5장과 6장에서 논한 바 있다.

사람마다 정념이 서로 다르기 때문에 지력도 다르다. 그리고 정념의 차이
는 저마다 몸의 구조가 다르거나 받은 교육이 서로 다르기 때문이다. 만일
정념의 차이가 뇌의 상태와 안팎의 감각기관의 차이에서 생겨난다면, 상상
력과 분별력의 개인차가 시각과 청각 및 다른 감각에도 나타나야 하기 때문
이다. 따라서 이 차이는 정념에서 오는 것이 분명하다. 정념은 사람의 체질
뿐 아니라 관습과 교육의 차이에 따라서도 달라진다.

---

*4 이것의 어원적 설명은 근거가 없다.

지력의 차이를 가장 크게 좌우하는 정념은 주로 권력·재산·지식·명예에 대한 크고 작은 욕망이다. 이 모든 욕망은 처음 것, 즉 권력에 대한 욕망으로 귀착시킬 수 있다. 재산·지식·명예도 결국 권력의 한 종류에 지나지 않기 때문이다.

따라서 이들 가운데 어느 것에 대해서도 이렇다 할 정념을 지니지 않은, 이른바 무관심한 사람은 남에게 불쾌함을 주지 않는다는 점에서 선량한 사람일지 모르지만, 상상력과 판단력이 풍부하고 훌륭한 경우는 없다. 사고와 욕망은 정찰병이나 간첩이 사방을 배회하며 원하는 대상에 이를 길을 찾는 관계와 같으며 정신적 운동의 성실성과 신속성은 모두 거기서 생겨나기 때문이다. 즉 욕망이 없으면 죽은 것이나 마찬가지인 것처럼, 정념이 약한 것은 멍청함이다. 또한 모든 일에 대해 무차별적인 정념을 갖는 것은 경솔함이자 심란(心亂)이다. 그리고 어떤 일에든 보통 사람 이상으로[*5] 격렬한 정념을 보일 때 이를 광란이라 부른다.

광란에는 정념처럼 여러 종류가 있다. 때로는 신체기관의 좋지 않은 구조나 손상으로 인해 비정상적이고 과대한 정념이 생기는 경우도 있고, 거꾸로 정념의 격렬함 또는 장기간의 지속으로 신체기관의 손상과 부조화가 일어나기도 한다. 어느 경우든 광란의 본성은 같다.

격렬함이나 지속성으로 인해 광란을 낳는 정념은 보통 자만(*pride*) 또는 자부심(*self-conceit*)이라고 하는 허영 또는 실의이다.

분노　자만은 사람을 노여움에 빠뜨리고, 그 노여움이 지나치면 분노 또는 격노라고 불리는 광기가 된다. 이리하여 다음과 같은 일이 생긴다. 즉 지나친 복수심은 잦아지면 몸을 해치고 분노가 된다. 질투가 따르는 과도한 사랑 또한 분노가 된다. 자신의 영감·지혜·학식·용모 등에 대한 평가도 지나치면 현혹이 되고 오뇌가 된다. 그것이 선망과 결합하면 분노가 된다. 어떤 진리를 향한 열정적 의견이 타인에 의해 반박당하면 분노가 생긴다.

우울　실의는 사람을 원인 모를 두려움에 빠뜨린다. 이것이 보통 우울이라 불리는 광기인데, 여러 가지 방식으로 나타난다. 예를 들면, 적막한 곳이나 무덤 주변을 어슬렁거린다든지, 미신을 떠받드는 태도를 보인다든지, 어

[*5] 케임브리지판에는 than is ordinarily than seen in others로 than이 이중으로 되어 있는데, 이것은 단순한 오류로 보인다.

떤 특별한 사물을 두려워하는 모습이다. 요컨대, 비정상적이고 기괴한 행동을 일으키는 정념은 모두 광기라는 보편적 이름으로 불린다. 그러나 광기의 종류에 대해 연구하는 사람이 있다면, 셀 수 없이 많은 이름으로 목록을 만들 수 있을 것이다. 그리고 만일 지나친 정념이 광기라고 한다면, 정념이 해악으로 기울 경우에도 그 정념 하나하나가 저마다 정도가 다른 광기임은 의심할 여지가 없다.

예를 들어 자신이 영감을 받았다고 믿는 어리석은 사람들의 경우를 살펴보자. 그런 정념에 사로잡혀 몹시 기괴한 행동을 하는 사람이 단 한 사람뿐이라면 그의 행동은 눈에 띄지 않을 수도 있다. 그러나 그런 사람들이 많이 모이면 그 군중의 분노가 눈에 보이게 나타난다. 우리의 절친한 벗들에게 소리를 지르고, 때리고, 돌을 던지는 것보다 더 큰 광기의 증거는 없겠지만, 그들의 광기는 여기에서 멈추지 않는다. 그들은 지금껏 자신들을 지켜 주고, 위험으로부터 보호해 준 사람들에게까지 소리를 지르고, 싸움을 걸고, 타도하려 한다. 만일 이것이 군중의 광기라고 한다면, 그 군중을 이룬 개개인에게도 광기가 존재하는 것이다. 바다 한가운데에 있으면 바로 옆에 있는 바닷물이 내는 소리는 알아차리지 못하지만, 그 물이 같은 양의 다른 부분과 같이 바다의 울부짖음에 이바지하고 있다는 사실을 확신하는 것과 마찬가지로 우리는 한두 사람에게서는 이렇다 할 불온성을 느끼지 못하더라도, 그들의 정념 하나하나가 고뇌하는 국민의 요란한 울부짖음의 일부라는 것을 충분히 확신할 수 있다. 그들의 광기를 드러낼 증거가 달리 없다고 해도, 스스로 그런 영감을 받았다고 말하는 것 자체가 충분한 증거이다. 만일 베들럼 (Bedlam) 정신병원*6에서 누군가가 당신에게 근엄한 이야기를 했다고 하자. 그리고 헤어지기 전에 그의 친절에 보답하려고 그의 신분을 물었을 때, 자신이 하느님 아버지라고 말했다면 당신은 그가 광인이라는 증거를 확인하려고 더 이상 기다릴 필요가 없는 것이다.

영감―보통 신령이 내렸다고(Private Spirit)*7 하는―을 받았다고 믿는 이

---

*6 Bedlam은 런던의 베들레헴 병원. 1247년 수도원으로 지어졌는데 1330년 무렵 이미 병원으로 알려졌고, 수도원 해체 뒤 런던 시 소유가 되어 1547년에 베들렘 왕립병원이 되었다. 정식 명칭은 Bethlem Royal Hospital.
*7 private spirit은 17세기의 종교 용어.

런 생각은 주로 다른 사람들이 보통 가지고 있는 오류[*8]를 운 좋게 발견하는 데서 비롯된다. 그들은 자기가 어떤 추리에 이끌려서 그런 독특한 진리에 (스스로 진리라고 생각하지만, 대부분 그들이 우연히 만나게 된 허위에 불과하다) 이르렀는지 알아보거나 상기해 보지도 않은 채 다짜고짜 자기 자신을 존경한다. 즉 전능하신 하느님의 특별한 은혜로 성령에 의해 초자연적 진리가 자신에게 내려졌다며 이내 자신을 우러르는 것이다.

광기가 지나치게 발현된 정념이라는 것은 포도주의 효과를 보더라도 미루어 짐작할 수 있다. 그 효과는 신체기관이 말썽을 일으킨 결과와 같다. 만취한 사람들의 온갖 행동들은 미친 사람의 행동과 같기 때문이다. 화내는 자, 기뻐하는 자, 웃는 자, 어느 하나 도를 넘지 않은 자가 없지만, 그들은 저마다 자기를 지배하는 정념에 따라 그런 것이다. 왜냐하면 포도주는 사람 마음속의 위장(僞裝)을 걷어내고, 정념의 추한 모습을 보지 못하게 하는 효과를 나타낼 뿐이기 때문이다. 내 생각에는 아무리 근엄한 사람이라도 혼자서 특별한 일 없이 한가하게 산책할 때 그의 머릿속에 떠오르는 이런저런 생각들의 터무니없음과 하찮음이 공공연하게 드러나는 일은 달갑지 않을 것이다. 이것만 보더라도 유도되지 않은 정념은 대개 광기에 불과하다는 것을 알 수 있다.

광기의 원인에는 고대와 근세를 통해서 두 가지 의견이 있었다. 어떤 사람들은 그 원인을 정념에서 찾았고 또 어떤 사람들은 귀신 즉 선하거나 악한 정령에서 찾았다. 그들은 이런 정령이 인간 속에 들어가서 그에게 씌어 신체기관을 미친 사람들이 늘상 하듯이 낯설고 기괴하게 움직이게 할 수 있다고 생각했다. 전자의 경우에는 그런 사람을 미치광이라고 불렀지만, 후자의 경우에는 때로는 귀신 들린 사람 또는 귀신에게 홀린 사람(energumeni)이라고 불렀다. 또한 오늘날 이탈리아에서는 그들을 미치광이(pazzi)라 부르기도 하고, 홀린 사람(spiritati)이라고도 부른다.

옛날 그리스의 도시 압데라[*9]에서 비극 〈안드로메다〉[*10]를 보기 위해 많

[*8] 라틴어판에 '신학에서 일반적으로 받아들이는 오류'로 되어 있으므로 여기도 그렇게 해석해야 할 것이다.

[*9] Abdera는 에게해 북쪽 해안(트라키아)에 있었던 고대 그리스의 도시.

[*10] 안드로메다는 그리스 신화에 나오는 에티오피아의 여왕. 어머니인 카시오페이아가 해신 포

은 군중이 운집한 적이 있었다. 그날은 날씨가 몹시 더웠기 때문에 많은 관객이 열병에 걸렸다. 이렇게 더위와 비극이 맞물려 우발사건을 일으킨 탓에 사람들은 페르세우스와 안드로메다의 이름이 들어 있는 풍자시를 읊조리기만 했다. 이윽고 겨울이 오자 그런 일은 멎었고, 사람들의 열병도 나았다. 그즈음 사람들은 이 광기가 비극에 의해 감명을 받은 정념에서 비롯된 것이라고 생각하였다.[11] 마찬가지로 그리스의 다른 도시에서도 광란의 발작이 유행했다. 젊은 처녀들만 이 광기에 걸렸는데 그들 대다수가 목을 매어 죽었다. 당시 대부분의 사람들은 이것이 악마의 소행이라고 믿었다. 그런데 어떤 사람이 처녀들의 그런 생명 경시는 정신적인 어떤 정념에서

분노의 메디아
남편 이아손에게 버림받은 메디아는 분노가 광기로 변하여 자기 자식을 죽여 남편에게 복수하고자 한다. 그리스의 에우리피데스가 지은 비극. 들라크루아 작품.

생겨난 것일지도 모른다고 의심했다. 그러나 그는 처녀들이 자신의 명예마저 경시하지는 않으리라 생각하고, 그와 같이 목매어 죽은 처녀들의 시체를 벌거벗긴 채 광장에 매달도록 위정자에게 제안했다. 그 이야기가 전하는 바로는[12] 이렇게 해서 그 광란이 멈추었다고 한다. 한편, 같은 그리스인들은 때때로 광기를 에우메니데스,[13] 또는 푸리아이의 짓이라고 생각했으며, 때로는

세이돈의 노여움을 사서 안드로메다를 제물로 삼으려 했을 때, 페르세우스가 구해 주어 그의 아내가 되었다. 소포클레스와 에우리피데스는 이 이야기를 소재로 둘 다 〈안드로메다〉라는 극을 만들었다.

[11] 이 이야기는 루키아노스의 《역사를 어떻게 쓸 것인가?》에 있다.
[12] 이 이야기는 플루타르코스 《여자의 덕》에 있다.
[13] Eumenides는 그리스의 복수의 여신으로 Furiae와 같다.

케레스나*14 포이보스와*15 같은 다른 신들의 탓으로 돌렸다. 이렇게 사람들은 이해하기 어려운 많은 일들을 유령의 탓으로 돌렸고, 그 유령들을 무형의 생물로 생각하여 모두 정령이라고 불렀다.

이 점에서 로마인들이 그리스인들과 견해를 같이 했던 것처럼 유대인들도 그러했다. 그들은 미친 사람을 선한 영인가 악한 영인가에 따라 예언자 또는 귀신 들린 사람이라 불렀다. 유대인 가운데는 예언자와 귀신 들린 사람을 모두 미친 사람이라 부르는 사람들도 있었고, 같은 사람을 놓고 귀신 들린 사람 또는 미친 사람이라 부르기도 했다. 그러나 이것은 이방인들에게는 조금도 이상한 일이 아니었다. 왜냐하면 그들은 질병과 건강, 악덕과 미덕 기타 많은 자연의 우발 사건들을 신령이라 부르며 숭배했기 때문이다. 따라서 신령이라는 말은 마귀임과 동시에 때로는 열병을 뜻하기도 했다. 그러나 유대인들이 그런 의견을 가지고 있는 것은 조금 기묘한 일이다. 모세*16와 아브라함*17이 예언자가 된 것은 정령을 지녀서가 아니라 하느님의 목소리나 또는 자신이 본 환영이나 꿈에 의해서였기 때문이다. 또한 그들이 하느님으로부터 받은 도덕법이나 의례 어디에도 영적 열광이나 신들림이 있었음을 나타내는 것은 없다.

《성경》에 '여호와께서 구름 가운데 강림하사 모세에게 말씀하시고 그에게 임한 영을 칠십 장로에게도 임하게 하셨다'(민수기 11장 25절)고 되어 있는데,*18 그렇다고 해서 여호와의 영(이것을 신의 실체라고 한다면)이 분할되는 것은 아니다. 《성경》에서 말하는 인간에게 나누어 준 여호와의 영은 깊은 신앙심으로 향하는 인간 정신을 뜻한다. 그리고 '내가 지혜로운 영으로 채운 자들에게 말하여 아론의 옷을 지어 그를 거룩하게……'(출애굽기 28장 3절)*19했다

---

*14 Ceres는 고대 이탈리아의 농업의 신.

*15 Phoebus는 아폴론을 말한다.

*16 모세는 유대인의 종교적 지도자로서 유대인을 이집트의 노예상태에서 구해내 시나이 산에서 신과 계약을 맺고, 10계를 받은 것으로 특히 유명하다.

*17 아브라함은 유대민족의 시조로, 본디는 아브람이라고 했다. 그의 일생에 대해서는 여러 가지 전설이 있으며, 계시에 대해서도 마찬가지이다.

*18 '여호와께서 구름 가운데 강림하사 모세에게 말씀하시고 그에게 임한 영을 칠십 장로에게도 임하게 하시니 영이 임하신 때에 그들이 예언을 하다가 다시는 하지 아니하였더라.'

*19 "너는 무릇 마음에 지혜 있는 모든 자 곧 내가 지혜로운 영으로 채운 자들에게 말하여 아론의 옷을 지어 그를 거룩하게 하여 내게 제사장 직분을 행하게 하라."

는 말은 그들에게 옷을 지을 수 있는 하나의 영을 보냈다는 것이 아니라 그들의 영에 그런 일을 할 수 있는 지혜를 주었다는 뜻이다. 같은 의미에서 인간 정신이 불결한 행위를 했을 때는 보통 '불결한 정신'이라고 하며 항상 그런 것은 아니지만, 미덕이나 악덕이 평범하지 않고 두드러진 경우에는 언제나 《구약 성경》의 다른 예언자들도 영적 열광이 있었다고 자처한 적이 없고, 하느님이 자기 안에서 말했다고 한 적이

페르세우스와 안드로메다
그리스신화. 페르세우스는 괴물 메두사를 목베어 죽이고 귀환길에 바다 괴물에게 제물로 바쳐져 있는 안드로메다를 구출하여 아내로 삼는다. 바사리 작품.

없다. 하느님은 그들에게 목소리·환상·꿈으로 계시했다고 했을 뿐이다. 무거운 짐이란*20 신들림이 아니라 명령이었던 것이다.

그렇다면 유대인들은 신들린다는 생각에 어떻게 빠져들게 되었는가? 나는 모든 사람에게 공통으로 적용될 수 있는 이유로 생각할 수밖에 없다. 즉 자연적 원인을 탐구하고자 하는 호기심의 결여와, 거친 감각적 쾌락을 얻는 일을 가장 큰 복으로 삼고, 그것에 당장 도움이 되는 것만 복으로 여겼기 때문이다. 왜냐하면 인간 정신 속에서 어떤 특이하고 비범한 능력이나 결함을 발견했을 때, 그것이 어떤 원인으로 말미암은 것인지를 모르면 그것이 자연

---

*20 The Burthen of the Lord에 대해서는 예를 들면 다음과 같다고 할 수 있다. "이 백성이나 선지자나 제사장이 네게 물어 이르기를 여호와의 엄중한 말씀이 무엇인가 묻거든 너는 그들에게 대답하기를 엄중한 말씀이 무엇이냐 묻느냐 여호와의 말씀에 내가 너희를 버리리라 하셨고(예레미야 23장 33절) 다시는 여호와의 엄중한 말씀이라 말하지 말라, 각 사람의 말이 자기에게 중벌이 되리니 이는 너희가 살아 계신 하느님, 만군의 여호와 우리 하느님의 말씀을 망령되이 사용함이니라."(예레미야 23장 36절)

적인 것이라고 생각하지 못하기 때문이다. 자연적인 것이 아니면 초자연적인 것이라고 생각할 수밖에 없고, 그렇다면 그 사람 안에 신이나 마귀 외에 무엇이 있을 수 있겠는가? 그런 이유로 다음과 같은 일이 벌어졌다.

예수가 군중에게 둘러싸였을 때 예수의 친족들이 듣고 그를 붙들러 나오니 이는 그가 미쳤다 함일러라(마가복음 3장 21절).[21] 예루살렘에서 내려온 서기관들은 그가 바알세불이 지폈다 하며 또 귀신의 왕을 힘입어 귀신을 쫓아낸다(마가복음 3장 22절)라고 하였으나, 그 중에 많은 사람들이 말하되 그가 귀신들려 미쳤거늘 어찌하여 그 말을 듣겠소?(요한복음 10장 20절)[22]라고 한 사람들도 있었다.

《구약 성경》에서도 예후에게 기름을 부으러 온 자는 예언자였으나, 그 자리에 참석한 사람 가운데 한 사람이 그에게 묻되 평안하냐 그 미친 자가 무슨 까닭으로 그대에게 왔더냐(열왕기하 9장 11절)[23] 하고 물었다. 따라서 유대인들은 괴이한 행동을 하는 자는 선한 영이든 악한 영이든 귀신 들렸다고 생각한 것이 분명하다. 다만 사두가이파(Saddukaios)[24] 사람들만은 예외였는데, 그들은 그와는 반대 방향으로 너무 앞서 가는 바람에 오류에 빠졌다. 즉 그들은 어떤 영도 믿지 않았다. 그들은 거의 노골적인 무신론에 가까웠다. 그래서 어쩌면 그런 사람들을 미친 사람이라고 하기보다는 귀신 들린 자라고 일컬음으로써 다른 종파 사람들을 더욱 자극했는지도 모른다.

그렇다면 왜 그리스도는 그들을 치료할 때 미친 사람으로 대하지 않고 악귀들린 자로 대하였을까? 이 문제에 대해서 나는 《성경》이 지동설과 맞지 않는다고 주장하는 사람들에게 해 주는 대답과 같은 종류의 대답을 할 수밖에 없다. 《성경》은 인간에게 하느님의 나라를 보여 주고, 하느님의 유순한

---

[21] "집에 들어가시니 무리가 다시 모이므로 식사할 겨를도 없는지라. 예수의 친족들이 듣고 그를 붙들러 나오니 이는 그가 미쳤다 함일러라. 예루살렘에서 내려온 서기관들은 그가 바알세불이 지폈다 하며 또 귀신의 왕을 힘입어 귀신을 쫓아낸다 하니 예수께서 그들을 불러다가 비유로 말씀하시되 사탄이 어찌 사탄을 쫓아낼 수 있느냐."(마가복음 3장 20~23절)

[22] 그 뒤 요한복음 10장 21절에는 '귀신이 맹인의 눈을 뜨게 할 수 있느냐'라고 나와 있다.

[23] 예후는 이스라엘의 장군으로 예언자 엘리사의 제자에게 기름 부음을 받고, 왕과 그 일족을 죽이고 왕위에 올랐지만, 금송아지 숭배를 그만두지 않았다.(열왕기하 9장 1절~10장 36절)

[24] 사두개파는 기원전 2세기에서 기원전 1세기 무렵의 유대교의 한 파로 부활·천사·영을 부정했다.

국민이 되도록 마음의 준비를 하도록 하기 위해서 쓴 것이다. 따라서 현세와 그 철학은 인간이 자연적 이성을 행사하도록 그들의 논쟁에 맡기신 것이다. 낮과 밤을 만드는 것은 지구의 운동인가 태양의 운동인가 또한 인간의 기괴한 행동은 정념에서 오는 것인가, 악귀에서 오는 것인가(그러면 우리는 그것을 숭배하지 않는다), 이런 문제들에 대해 어떤 관점을 취하든 《성경》이 쓰인 목적, 즉 전능하신 하느님에 대한 우리들의 신앙과 복종은 달라질 리 없다. 그리스도는 마치 사람에게 말하듯이 병(病)에게 말했다. 이런 일은 그리스도처럼 말로 병을 치료하는 자들이 흔히 쓰는 말투이다. 마법사들도 그렇게 한다고 (진위와 관계없이) 스스로 내세운다. 그리스도는 바람을 꾸짖기도 했다(마태복음 8장 26절).[25] 열병을 꾸짖기도 했다(누가복음 4장 39절)[26] 그렇다고 열병이 곧 악귀임을 증명하는 것은 아니다. 또한 많은 악귀들이 그리스도에게 고백한 것으로 되어 있다.[27] 이런 부분들도 미친 사람들이 그에게 고백했다는 뜻 외에 달리 해석할 필요는 없다. 또한 그리스도는 더러운 귀신이[28] 사람에게서 나갔을 때 물 없는 곳으로 다니며 쉬기를 구하되 쉴 곳을 얻지 못하고 저보다 더 악한 귀신 일곱을 데리고 들어가서 거한(마태복음 12장 43 ~45절) 이야기를 하고 있는데, 이것은 분명한 비유로서, 정욕을 버리려고 조금 노력했지만 다시 정욕에 사로잡혀 형편이 전보다 일곱 배나 나빠진 사람을 암시하고 있다. 그러므로 나는 《성경》에서 신들린 사람이 미친 사람이 아니라 다른 어떤 것이라고 믿을 만한 어떤 증거도 찾아낼 수 없다.

의미없는 말 일부 사람들의 논의에는 또 다른 결함이 있으니, 이것 또한

---

[25] 호수에서 폭풍을 만난 예수의 제자들이 두려워 떨고 있을 때, 예수는 "어찌하여 무서워하느냐 믿음이 작은 자들아."라 하며 바람과 호수를 꾸짖자 잠잠해졌다.

[26] "시몬의 장모가 마침 심한 열병을 앓고 있었는데…… 예수께서 그 부인 곁에 서서 열이 떨어지라고 명령하자 부인은 열이 내려 곧 일어나서…… 악마들은 여러 사람에게서 떠나가며 '당신은 하느님의 아들이십니다!' 하고 외쳤다."(누가복음 4장 38~41절)

[27] to confess Christ란 그리스도에 대한 신앙을 고백하는 것인데, 악귀가 그렇게 할 리는 없으므로 앞 주의 인용처럼 그리스도임을 인정했다는 뜻인 듯하다.

[28] "더러운 귀신이 사람에게서 나갔을 때에 물 없는 곳으로 다니며 쉬기를 구하되 쉴 곳을 얻지 못하고 이에 이르되 내가 나온 집으로 돌아가리라 하고 와 보니 그 집이 비고 청소되고 수리되었거늘 이에 가서 저보다 더 악한 귀신 일곱을 데리고 들어가서 거하니 그 사람의 나중 형편이 전보다 더욱 심하게 되느니라 이 악한 세대가 또한 이렇게 되리라."(마태복음 12장 43~45절)

광기의 한 종류로 보아도 무방하다. 그것은 바로 앞서 5장에서 불합리의 이름으로 논한 언어의 남용을 말한다. 합쳐지고 나면 그것들 자체로는 아무 의미가 없는 그런 말을 하는 것이다. 뜻도 모른 채 기계적으로 암기한 말을 늘어놓거나, 일부러 모호하게 말하여 어물쩍 남을 속이려 할 때 이런 화법을 사용한다. 이런 일은 스콜라 학자들처럼 이해할 수 없는 일이나 심오한 철학적 문제들에 대해 이야기하는 사람들일수록 일어나기 쉽다. 보통 사람들은 뜻이 없는 말을 하는 경우가 거의 없다. 이런 까닭에 그런 잘난 사람들로부터 바보 대접을 받는다. 이들 스콜라 학자들의 말에 해당하는 것이 그들의 정신 속에 존재하지 않는다는 점을 확신하기 위해서는 약간의 예가 필요하다. 그런 예를 원하는 사람은 삼위일체, 신성(神性), 그리스도의 본성, 성변화(聖變化), 자유의지 등과 같은 난해한 문제들에 관해 스콜라 학자들이 쓴 글을 하나 골라서 이해하기 쉽도록 현대어로 번역해 보든지 아니면 라틴어가 두루 쓰이던 시대에 살았던 사람들에게 친숙한 라틴어로 번역해 보라.—제1 원인은 제2 원인의 본질적 종속의 힘에 의해 제2 원인에 반드시 어떤 것을 주입함으로써 제2 원인은 본질적 종속의 힘에 의해 제1 원인의 작용을 돕는 것은 아니다—이것이 도대체 무슨 말인가? 이것은 수아레스의 최초의 저서 《하느님의 관여하심과 움직이심 및 도우심에 관하여》의 제6장*29 제목을 번역한 것이다. 미쳤거나 남을 미치게 할 작정이 아니라면 어떻게 전권을 이런 식으로 채울 수 있는가? 이런 일은 성변화에 대한 문제에서 특히 심각하다. 무슨 말을 한 뒤 '순백(*whiteness*)·원만(*roundness*)·크기(*magnitude*)·성질(*quality*)·부패성(*corruptibility*)' 같은 무형의 것들이 떡(*wafer*)*30에서 나와 우리 그리스도의 육신으로 들어간다고 할 때, 이 경우 그들은 이런 ~다움이나 ~성(性)을 나타내는 'ness, tude, ty'가 그리스도의 육신에 들어가는 영의 수라고 생각하기라도 한 것일까? 왜냐하면 그들에게 영은 항상 형체는 없지만, 그럼에도 한 곳에서 다른 곳으로 이동하는 것을 뜻하기 때문이다. 그러므로 이런 종류의 불합리는 마땅히 일종의 광기로 보아야 한다.

---

*29 Franciscus Suarez(1548~1617) : 에스파냐의 예수회 신학자. 홉스가 여기에서 들고 있는 것은 De Concursu, motione, et auxilio Dei, Libri. Ⅲ., 1600의 제1권 제6장의 표제였고, first Booke은 '제1권'이라는 뜻인데 원문 그대로 번역하면 '최초의 저서'가 된다.

*30 가톨릭에서 성체성사에 사용하는 둥근 떡. 누룩을 넣지 않고 굽는다.

이들이 현세적 욕망에 대한 명료한 사고에 이끌려서 그런 종류의 논쟁이나 저술을 멈출 때야말로 그들이 제정신으로 돌아간 때이다. 이것이 지적인 덕과 결함에 대한 이야기이다.

9 지식의 주제

지식에는 두 가지가 있다. 하나는 '사실에 대한 지식'이고, 다른 하나는 '하나의 단정이 갖는 다른 단정과의 관련에 대한 지식'이다. 전자는 바로 감각과 기억이며 '절대적인 지식(*absolute knowledge*)'이다. 즉 어떤 사실이 벌어지고 있는 것을 보거나, 진행된 일을 떠올리는 것을 말한다. 증인에게 요구되는 것은 이런 종류의 지식이다.

이에 비해 후자는 '과학(*science*)'이라는 것으로서, '조건적'이다. 예를 들어, '주어진 도형이 원일 경우, 그 중심을 지나는 직선은 모두 그 원을 이등분한다'는 것을 아는 경우이다. 이것은 철학자, 즉 추리한다고 일컫는 사람에게 요구되는 지식이다.

'사실에 대한 지식'의 기록은 '역사'라고 한다. 역사에는 두 종류가 있다. 하나는 '자연사(*natural history*)'로서 인간의 '의지'에 의존하지 않는 자연적 사실이나 결과의 역사이다. 예를 들면, '금속·식물·동물·지역' 등의 역사가 있다. 다른 하나는 '사회사(*civil history*)'로서 코먼웰스에서의 인간들의 자발적 행위에 대한 역사이다.

과학의 기록은 하나의 단정이 다른 단정으로 귀결되는 것에 대한 증명을 내용으로 하는 '책'으로, 보통 '철학서적'이라고 한다. 다루는 내용이 무엇인가에 따라 종류가 다양하지만 나는 다음 표와 같이 분류하고자 한다.

뉴턴의 《프린키피아》

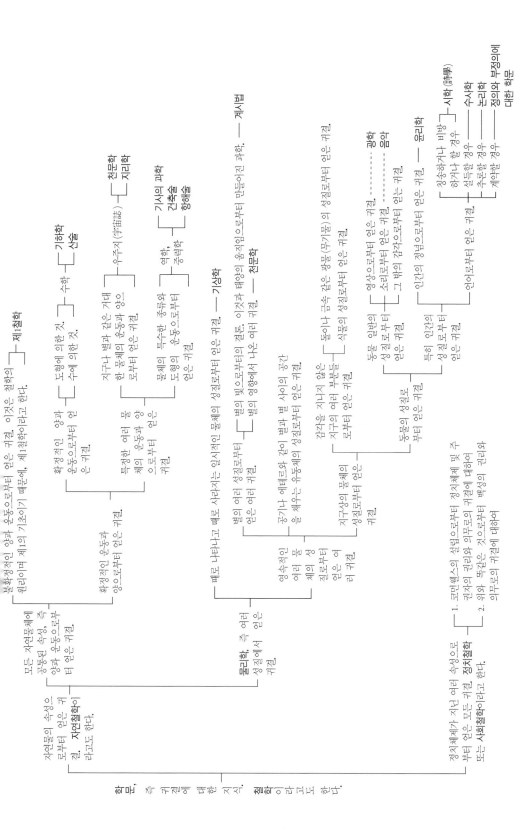

학문, 즉 규결에 대한 지식. 철학이라고도 한다.

자연물의 속성으로부터 얻은 귀결, 자연철학이라고도 한다.

모든 자연물체에 공통되는 속성, 즉 양과 운동으로부터 얻은 귀결

불확정적인 양과 운동으로부터 얻은 귀결, 이것은 철학의 제1의 기초이기 때문에, 제1철학이라고 한다. ── 제1철학

확정적인 운동과 양으로부터 얻은 귀결

확정적인 양과 운동으로부터 얻은 귀결
　도형에 의한 것. ── 기하학
　수에 의한 것. ── 산술
（수학）

특정한 여러 물체의 운동과 양으로부터 얻은 귀결

지구나 별과 같은 거대한 물체의 운동과 양으로부터 얻은 귀결 ── 우주지 (宇宙誌) ── 천문학 / 지리학

물체의 특수한 종류와 운동으로부터 얻은 귀결 ── 기사의 과학 : 건축술, 항해술 / 역학, 중력학

별의 여러 성질로부터 얻은 여러 귀결

때로 나타나고 때로 사라지는 일시적인 물체의 성질로부터 얻은 귀결 ── 기상학

별의 빛으로부터의 결과, 이것과 태양의 운동으로부터 만들어진 과정. ── 계산법

별의 빛과 별 사이의 공간을 유동하는 유동체의 성질로부터 얻은 귀결

공기나 에테르로 별과 별 사이의 공간을 유동하는 유동체의 성질로부터 얻은 귀결

연속적인 여러 물체로부터 얻은 여러 귀결

지구상의 물체의 성질로부터 얻은 귀결

감각을 지니지 않고 지구의 여러 부분들로부터 얻은 귀결

돌이나 금속 같은 광물(무기물)이 성질로부터 얻은 귀결

식물의 성질로부터 얻은 귀결 ── 천문학

동물의 성질로부터 얻은 귀결

동물 일반의 성질로부터 얻은 귀결

영상으로부터 얻은 귀결 ─────── 광학
소리로부터 얻은 귀결 ─────── 음악
그 밖의 감각으로부터 얻은 귀결

특히 인간의 성질로부터 얻은 귀결

인간의 성질로부터 얻은 귀결 ── 윤리학

언어로부터 얻은 귀결
　칭송하거나 비방하거나 할 경우 ── 시학 (詩學)
　설득할 경우 ── 수사학
　주론할 경우 ── 논리학
　계약할 경우 ── 정의와 부정의에 대한 학문

물리학, 즉 여러 성질에서 얻은 귀결

정치체계가 지닌 여러 속성으로부터 얻은 모든 귀결, 또는 사회철학이라고도 한다. ── 정치철학

1. 코먼웰스의 설립으로부터 양자의 권리와 의무의 귀결에 대하여

2. 위와 똑같은 것으로부터 백성의 권리와 의무의 귀결에 대하여

10 힘·가치·위계·명예·적임성

힘 일반적으로 '인간의 힘(*power*)'이란 미래 분명히 선(善)이 될 것으로 보이는 것을 획득하기 위하여 그가 현재 가지고 있는 수단을 말한다. 거기에는 '본원적(*original*)'인 것과 '수단적(*instrumental*)'인 것이 있다.

'타고난 힘(*natural power*)'은 몸이나 정신이 가진 여러 능력들의 우월성으로서 예를 들면, 강력한 힘·용모·사려·기예·웅변·후함·고귀함 같은 것이다. '수단적 힘'은 위에 말한 힘이나 행운에 의해 얻는 것으로서, 더 많은 힘을 얻기 위한 도구이자 수단이다. 예를 들어 부(富)·평판·벗 또는 우리가 행운이라고 부르는 눈에 보이지 않는 신의 도움이 그것이다. 이 점에서 힘의 성질은 명성과 같이 갈수록 더욱 커지고, 무거운 물체의 운동처럼 갈수록 속도가 빨라진다.

가치 인간의 힘 가운데 가장 큰 것은 다수의 인간이 동의하여 한 사람의 자연인 또는 사회적 인격을 위해 그 힘을 모으는 경우이다. 그 인격이 다수가 지닌 힘을 사용하는 방식에는 두 가지가 있다. 코먼웰스의 힘이 그런 것처럼 한 인격의 의지에 따라 힘을 행사하거나, 또는 한 당파나 연합한 당파의 힘처럼 각자의 의지에 따라 행사할 수 있다. 그러므로 종복(從僕)이 있는 것은 힘이요, 벗이 있는 것도 힘이다. 왜냐하면 그들은 합일된 힘이기 때문이다.

후함과 결합된 재산도 힘이다.[1] 벗과 종복을 얻을 수 있기 때문이다. 후함이 따르지 않으면 힘이 되지 않는다. 왜냐하면 그 재산이 소유자를 보호하는 것이 아니라 오히려 그를 시기의 먹이로 만들어 버리기 때문이다.

---

[1] 애덤 스미스는 《국부론》 제1~2판의 별책 증보판 첫머리에서 이렇게 말했다. "부는 홉스가 말한 것처럼 힘이다. 그러나 막대한 재산을 획득 또는 상속하는 사람이라고 반드시 그로 인한 문무(文武)의 힘을 획득하거나 상속하지는 않는다. ……그것의 소유가 그에게 당장 직접적으로 초래하는 힘은 구매력이다."

힘이 있다는 평판은 힘이다. 보호를 요구하는 사람들을 끌어들이기 때문이다. 또한 조국을 사랑하고 있다는 평판(인기*²라고 한다)은, 같은 이유에서 힘이다.

마찬가지로 성질이 어떠하든 많은 사람들이 자기를 사랑하게 하거나 두려워하게 만드는 것 또는 그런 성질을 지녔다는 평판도 힘이다. 많은 사람들의 지원과 봉사를 얻을 수 있는 도구이기 때문이다.

성공은 힘이다. 지혜나 행운을 지닌 사람이라는 평판을 얻고, 사람들에게 두려워하거나 의지하게 만들기 때문이다.

이미 힘을 지닌 자의 상냥함은 그의 힘을 증가시킨다. 왜냐하면 사랑을 얻을 수 있기 때문이다.

평화 및 전쟁 행위에서 신중하다는 평판은 힘이다. 왜냐하면 우리는 어느 누구보다도 바로 그 사람에게 기꺼이 통치를 맡길 것이기 때문이다.

고귀한 신분은 어디서나 그런 것이 아니라 고귀한 특권을 가진 코먼웰스에서만 힘이 된다. 고귀한 사람의 힘은 그런 특권에 있기 때문이다.

웅변은 힘이다. 사려깊게 보이기 때문이다.

외모도 힘이다. 선량하게 보이므로, 특히 여성과 처음 보는 사람들에게 호감을 주기 때문이다.

과학은 작은 힘이다. 과학적 지식은 눈에 띄지 않기 때문에 모두가 인정하는 것은 아니다. 소수의 사람들을 빼면 아무도 인정하지 않는다. 그 소수의 사람들도 오직 몇몇 특정한 일에 관하여만 인정한다. 과학은 상당한 수준으로 익힌 사람이 아니고서는 그 내용을 이해하기 힘들기 때문이다.

축성(築城)이나 무기 제조 같은 공익에 도움이 되는 기술들은 방위 및 승리와 관련된 것이기 때문에 이것도 힘이다. 이 기술의 참된 어머니는 과학, 즉 수학이지만, 기술자의 손을 통하여 빛을 보기 때문에 그 기술은 (통속적으로 산파도 어머니로 통하는 것처럼) 그가 낳은 것으로 평가된다.

인간의 '값어치(value)' 또는 가치(worth)는 다른 모든 것처럼 그의 값이다. 다시 말하면 그가 사용하는 힘의 양에 매겨지는 액수이므로 절대적인 것이 아니라 다른 사람의 필요와 판단에 의존한다. 군대의 유능한 지휘관은 전

---

*2 인기(popularity)와 애국자라는 평판은 현대의 어감으로는 연결되지 않지만, 라틴어의 popularitas에는 고대 로마 정치의 민중파라는 뜻이 있었다.

쟁 중이거나 또는 전쟁이 임박한 상황에서는 큰 가치를 지니지만 평화시에는 그렇지 못하다. 학식 있고 청렴한 법관은 평화시에는 값이 높게 매겨지지만 전시에는 그렇지 못하다. 그리고 다른 물건들이 다 그렇듯이, 인간도 파는 사람이 아니라 사는 사람이 값을 결정한다. 즉, 어떤 사람이 자신을*3 높은 가치로 평가한다고 해도 (대부분의 사람들이 그러하지만) 그의 실제 가치는 다른 사람들이 내린 평가를 넘지 않는다.

우리가 서로 상대를 평가하는 가치의 표명은 대개 명예를 부여하거나 불명예를 부여하는 것으로 나타난다. 상대의 가치를 높게 평가하는 것은 그에게 '명예를 부여하는 것'이고, 낮게 평가하는 것은 그에게 '불명예를 부여하는 것'이다. 그러나 여기서 높고 낮음은 각자가 자신에게 내린 평가와 비교하여 이해해야 한다.

위계 인간의 공공적 가치는 코먼웰스에 의해 평가된 가치이며, 보통 위계(位階, *dignity*)라고 한다. 이것은 지휘와 법의 집행, 공공업무를 수행하는 직무*4에 의해 또는 그런 가치를 구별하기 위해 도입된 명칭이나 칭호로 알 수 있다.

명예를 부여하는 일, 불명예롭게 하는 일 종류를 묻지 않고 다른 사람에게 도움을 요청하는 것은 '명예를 부여하는' 일이다. 왜냐하면 도움을 요청하는 행위는 그가 도울 능력이 있음을 우리가 인정하고 있다는 증거이기 때문이며, 요청하는 도움이 힘든 것일수록 명예도 커진다.

복종하는 것도 명예를 부여하는 일이다. 왜냐하면 자신을 도울 힘도 해칠 힘도 없다고 생각되는 사람에게는 아무도 복종하지 않기 때문이다. 따라서 불복종은 '불명예롭게 하는 일'이다.

어떤 사람에게 큰 선물을 주는 것도 그에게 명예를 부여하는 일이다. 이로써 그의 힘을 인정하는 것이기 때문이다. 하찮은 선물은 불명예를 부여하는 일이다. 그것은 자선일 따름이며, 작은 도움밖에 필요하지 않다는 의견을 나타내는 것이기 때문이다.

타인의 이익(선)을 늘리는 데 힘쓰고 타인에게 아첨하는 것도 그의 보호

---

*3 원문은 '자기들 themselves'로서 '대부분의 사람들'에 맞춘 것 같지만, 이 문장의 주어는 단수이다.

*4 군사·사법·행정의 직무를 말한다고 보아도 무방하다.

나 도움을 바라고 있다는 증거이므로 명예를 부여하는 일이다. 한편, 무시하는 것은 상대를 불명예롭게 하는 일이다.

어떤 편익이 있을 때, 타인에게 길을 양보하거나 장소를 양보하는 것은 상대에게 더 큰 힘이 있음을 인정하는 것이기 때문에 명예를 안겨 주는 것이다. 거드름을 피우는 것은 상대를 불명예스럽게 하는 일이다.

상대에게 애정이나 두려움의 표시를 보이는 것은 명예를 부여하는 것이다. 왜냐하면 사랑하는 것도 두려워하는 것도 모두 상대를 높게 평가하는 것이기 때문이다. 가볍게 보거나 상대가 기대하는 만큼의 사랑이나 두려움을 나타내지 않는 것은 불명예를 부여하는 것이다. 상대를 과소평가하는 것이기 때문이다.

칭찬하고 찬미하거나 복되다고 하는 것은 모두 명예를 부여하는 일이다. 선량함·힘·행복이 높이 평가되는 것과 다름없기 때문이다. 욕설을 퍼붓거나 놀리거나 동정하는 것은 상대에게 불명예를 부여하는 일이다.

상대에게 말할 때 깊이 생각해서 하고, 그 앞에서 예의와 겸손함을 나타내는 것은 상대에게 명예를 부여하는 것이다. 그가 화를 내지 않을까 두려워하고 있다는 증거이기 때문이다. 상대에게 경솔하게 말하거나, 외설적인, 부주의한, 건방진 행동을 하는 것은 불명예를 부여하는 일이다.

상대를 믿고 의지하는 것은 그를 명예롭게 하는 일인데, 그에게 덕과 힘이 있다고 생각하고 있음을 보여주기 때문이다. 신용하지 않고 신뢰하지 않는 것은 불명예를 부여하는 것이다.

상대의 충고나 이야기를 내용에 상관없이 귀담아 듣는 것은 명예를 부여하는 것이다. 그가 현명하고, 설득력이 있고, 지적 능력이 있다고 생각하고 있다는 표시이기 때문이다. 이야기를 듣는 중간에 졸거나 나가 버리거나 떠드는 것은 상대에게 불명예를 안겨 주는 것이다.

상대가 명예의 표시라고 생각하는 것, 또는 법률이나 관습이 명예의 표시라고 인정하는 것은 명예를 부여하는 일이다. 그것은 다른 사람이 부여한 명예를 시인함으로써, 다른 사람이 인정한 힘을 자신도 인정하는 것이기 때문이다. 그렇게 하기를 거부하는 것은 불명예를 부여하는 것이다.

의견에 동의하는 것은 그의 판단과 지혜를 인정한다는 표시이므로 명예를 부여하는 것이다. 동의하지 않는 것은 불명예를 부여하는 것이고, 오류

영국 왕실 문장
사회적 명예의 표지로 가문을 상징하는 문장을 들 수 있다. 사람들은 코먼웰스의 지지를 받는다고 여겨 여기에 명예를 부여한다.

및 (여러 가지 점에서 동의하지 않는 것이라면) 어리석음에 대한 비난이다.

모방하는 것은 명예를 부여하는 일인데 그것은 상대를 전적으로 인정한다는 뜻이다. 상대의 적을 모방하는 것은 상대에게 불명예를 부여하는 일이다.

상대가 존경해 마지않는 사람을 자신도 존경하는 것은 그의 판단을 인정한다는 표시로서 그에게 명예를 부여하는 일이다. 그의 적에게 존경을 나타내는 것은 그를 불명예롭게 하는 일이다.

조언이 필요하거나 어려움과 마주쳤을 때 어떤 사람을 채용하는 것은 그에게 명예를 부여하는 일이다. 그의 지혜나 다른 힘을 인정한다는 표시이기 때문이다. 같은 상황에서 채택해 주기를 바라는 상대를 거부하는 것은 그에게 불명예를 부여하는 일이다.

명예를 부여하는 이런 방법들은 모두 자연적인 것으로서 코먼웰스 안에서나 밖에서나 똑같다. 그러나 코먼웰스 안에서는 최고 권위를 가진 사람(들)이 무엇이든 마음껏 명예의 표시로 삼을 수 있으며, 거기에는 앞에서 논의한 것과는 다른 명예가 있다.

주권자는 칭호·직무·등용·행위 등 국민들에게 명예를 부여하고 이 명예에 대한 수락 결정을 바라는 것이면 자신의 의지대로 할 수 있다.

페르시아의 아하수에로 왕이 모르드개[*5]에게 명예를 부여하기 위하여 왕

*5 기원전 5세기의 페르시아 왕 아하수에로의 하인 모르드개가 왕에 대한 암살계획을 왕에게 고한 것은 에스더 2장 21절에 있고, 표창에 대해서는 6장 7~11절에 있다. 페르시아의 다른 왕에 대해서는 플루타르코스 〈영웅전〉의 알타크세르크세스편 5에 나오는 일화를 따른 듯

의 옷을 입히고, 머리에 왕관을 씌우고, 왕의 말에 태워서 큰길을 지나가게 하면서, 왕족 한 명을 선두에 세워 그에게 "임금님께서는 높이고 싶어하는 사람에게 이렇게까지 대우한다"라고 외치도록 명령했다. 그러나 페르시아의 다른 왕은, 또는 같은 왕이라도 다른 때에는, 어떤 커다란 공적을 세운 대가로 왕의 예복을 입혀달라고 요구한 자에게 그렇게 하도록 허락하면서, 다만 왕의 광대로서 그것을 입어야 한다는 단서를 붙였다. 이때는 그것이 불명예스런 일이었다. 그러므로 사회적 명예에 대한 한, 그 원천은 코먼웰스의 인격 안에 있으며, 주권자의 의지에 달려 있다. 따라서 이것은 현세적이며,[*6] '사회적 명예(*civil honour*)'라고 불린다. 관직·직무·칭호 등이 그런 것이며, 또한 어떤 지방에서는 문장(紋章)이나 채색된 방패장식이 그러하다. 그리고 사람들은 그런 것을 가진 사람에게는 그만큼 코먼웰스의 지지를 받고 있다고 여겨 명예를 부여한다. 코먼웰스의 지지는 힘이다.

명예로운 것 '명예로운 것(*honourable*)'이란 힘의 증거와 표시가 될 수 있는 모든 소유물, 행위, 자질이다.

따라서 많은 일에 대하여 사람들이 명예를 부여하고, 사랑하고, 두려워하는 것은 힘의 증거로서 모두 명예로운 것이다. 명예를 부여받는 사항이 거의 없거나, 전혀 없는 것은 '불명예스러운 것(*dishonourable*)'이다.

불명예스러운 것 지배와 승리는 명예로운 것이다. 왜냐하면 힘으로 얻는 것이기 때문이다. 곤궁이나 두려움에 의한 예속과 복종은 불명예스러운 것이다.

오래 계속되는 행운은 명예로운 것이다. 하느님이 내린 축복의 표시이기 때문이다. 불운과 손실은 불명예스러운 것이다. 부는 힘이기 때문에 명예로운 것이다. 빈곤은 불명예스러운 것이다. 아량·후함·희망·용기·확신은 명예로운 것이다. 이것은 힘을 의식하는 데서 오기 때문이다. 소심·인색·두려움·불신은 불명예스러운 것이다.

마땅히 해야 할 일에 대한 알맞은 시기의 결단이나 결정은 명예로운 것이다. 사소한 장애나 위험을 경시하는 것이기 때문이다. 우유부단은 사소한 장

하다.

*6 temporary에는 '일시적'이라는 뜻도 있지만, civil honour에 대한 설명이므로 현세적이라는 의미가 강하다고 본다.

애나 사소한 이익을 과대평가하는 표시이기 때문에 불명예스러운 것이다. 허락된 시간 안에 일의 무게를 비교하고서도 결단을 내리지 못할 때, 중요성의 차이는 거의 없으므로 만일 결단을 내리지 않는다면, 사소한 일을 과대평가하는 것이며, 그것은 소심함이다.

풍부한 경험, 과학, 분별 또는 지력에서 나오거나, 그런 것처럼 보이는 모든 행동과 말은 명예로운 것이다. 이 모든 것이 힘이기 때문이다. 오류·무지·아둔함에서 발생하는 행동과 말은 불명예스러운 것이다.

중후함은 그것이 어떤 일에 몰두하고 있는 정신에서 나온다고 생각되는 한 명예로운 것이다. 몰두는 힘의 표시이기 때문이다. 그러나 만일 중후하게 보이려는 의도에서 나온 것으로 보이면 불명예스러운 것이다. 즉, 전자의 중후함은 상품을 실은 배의 안정성과 같은 것이지만, 후자의 중후함은 모래와 쓰레기로 바닥짐을 실은 배의 안정성과 같기 때문이다.

저명한 것, 달리 말하면 부, 직무, 위대한 행동 또는 어떤 뛰어난 미덕 때문에 유명해지는 것은 명예로운 것이다. 그가 저명해질 능력을 가지고 있다는 표시이기 때문이다. 반면에 이름이 알려지지 않은 것은 불명예스러운 것이다.

저명한 부모에게서 태어난 것도 명예로운 것이다. 선대의 도움과 벗들을 그만큼 쉽게 얻을 수 있기 때문이다. 반면에 이름 없는 부모에게서 태어난 것은 불명예이다.

공정함(*equity*)에서 나온 행동이 손실을 가져왔을 때는 아량의 표시로서, 명예로운 것이다. 아량은 힘의 표시이기 때문이다. 반면에 간계·농간·불공정은 불명예스러운 것이다.

막대한 재산에 대한 탐욕과 위대한 명예에 대한 야심은 그것들을 획득하는 힘의 표시이기 때문에 명예로운 것이다. 사소한 이득에 대한 탐욕이나 승진에 대한 야심은 불명예스러운 것이다.

어떤 행위가 옳은지 그른지는 그것이 위대하고 어려우며 따라서 큰 힘을 표시하는 것이라면, 명예에 아무런 영향도 끼치지 않는다. 명예란 오로지 힘에 대한 평가이기 때문이다. 그러므로 고대의 이교도들은 자기의 신들이 강탈과 절도를 비롯한 그 밖의 위대하지만 옳지 못하고 불결한 행동들을 저지른 것을 시로 읊었을 때, 그 신들에게 불명예를 부여한 것이 아니라, 오히려 큰 명예를 부여했다고 생각했다. 유피테르의 경우 그의 간통*[7]은 칭송받았고, 메르쿠리우스도 그가 행한 사기와 절도*[8]를 칭송받았다. 호메로스의 찬가*[9]는 메르쿠리우스가 아침에 태어나서 낮에는 음악을 만들고 밤이 오기 전에 아폴론의 가축을 양치기 몰래 훔쳐갔다는 것을 가장 높이 사고 있다.

또한 사람들 사이에서도 위대한 코먼웰스가 형성되기 전에는 해적이나 산적이 되는 것을 불명예스럽게 여기기는커녕 오히려 합법적인 일로 여겼는데, 이것은 그리스인뿐 아니라 다른 모든 민족도 마찬가지였다. 이 점은 고대의 역사기술로 분명하게 알 수 있다. 또한 오늘날 우리 지역에는 개인적 결투가 존재하는데, 이것은 비합법적이기는 하지만 명예로운 것이다. 이런 사고방식은 거부하는 자에게는 명예가, 도전하는 자에게는 치욕이 주어진다고 규정되는 날까지 계속될 것이다. 왜냐하면 결투는 대부분 용기의 결과이기도 한데, 용기의 근거는 언제나 체력이나 기량이고, 그것은 곧 힘이기 때문이다. 결투는 대부분 결투자 일방 또는 쌍방이 홧김에 내뱉은 말 때문이거나 불명예에 대한 두려움 때문에 일어난다. 이들은 경솔한 맹세 때문에 치욕을 피하려 결투장으로 내달린다.

문장 방패문양이나 세습적 문장(紋章)은 그것이 어떤 뛰어난 특권을 갖는 곳에서는 명예로운 것이지만, 그렇지 않은 곳에서는 명예가 아니다. 왜냐하면 문장의 힘은 특권이나 재산처럼 다른 사람이 가지고 있어도 마찬가지로 명예가 되는 것에 존재하기 때문이다. 이런 종류의 명예는 보통 명문가(名門家)라고*[10] 불리는데, 고대 게르만족에서 기원을 찾을 수 있다. 게르만족의 관습이 알려지지 않은 곳에서는 그런 것을 전혀 몰랐으며, 오늘날에도 게르만 족이 살지 않았던 곳에서는 어디에서도 쓰이고 있지 않기 때문이다. 고대 그리스의 지휘관들은 전쟁터에 나갈 때 저마다 선호하는 문장을 방패에

---

*7 유피테르는 로마신화의 최고 신으로 아내는 유노인데, 유피테르가 유노 이외에 관계를 맺은 여성은 신과 인간을 불문하고 상당한 숫자에 이른다.

*8 메르쿠리우스(그리스 이름은 헤르메스)는 지혜와 상업의 신이자 사기와 절도의 신이다. 그의 절도에 대해서는 곧이어 설명이 나온다.

*9 호메로스의 찬가 제3 '헤르메스에게'는 아폴론의 양 떼를 훔치는 헤르메스를 노래하고 있다. 단, 호메로스의 찬가는 호메로스의 작품이 아니다.

*10 Gentry(젠트리)는 귀족은 아니지만 무기 소지가 허락된 계층인데, 본디는 명문가 출신이라는 뜻이었다.

그려 넣었다. 그런 것이 없는 민무늬 방패는 빈곤의 상징이자 일개 병졸에 지나지 않는다는 표시였다. 그러나 그런 문장을 세습하지는 않았다. 로마인은 가문을 나타내는 표시를 대대로 전했으나, 그것은 조상의 상(像)이지 문장은 아니었다. 아시아·아프리카 및 아메리카 민족들 사이에는 그런 것이 전혀 없는데 그것은 예나 지금이나 똑같다. 오직 게르만족만이 그런 관습을 가지고 있었으며, 이것이 영국·프랑스·에스파냐·이탈리아 등지로 흘러든 것은 그들이 서방제국에서 대규모로 로마인을 원조하거나 또는 이들 지방을 정복했기 때문이다.

즉 고대 게르마니아는, 다른 나라들도 초기에는 모두 그랬듯이 소영주나 족장으로 무수히 분할되어 끊임없이 전쟁을 벌였다. 이들 족장이나 영주는 자기들이 무장했을 때, 가신들이 식별할 수 있을 뿐만 아니라 장식으로서 갑옷이나 방패, 또는 겉옷에 짐승 그림 등을 그렸으며, 아울러 투구의 앞꽂이 장식에도 특별히 돋보이는 표시를 하였다. 그리고 이런 무기와 투구 장식은 세습되어 자손들에게 전해졌다. 특히 맏아들에게는 본디 모양 그대로, 다른 아들들에게는 노주인(老主人), 즉 독일어로*11 '헤레알트(*Here-alt*)'가 적당하다고 생각한 모양으로 양식에 변화를 주어 물려주었다. 그러나 이런 가족이 여럿 결합하여 하나의 큰 왕국을 이루었을 때는 문장으로 방패를 구별하는 노주인의 의무는 독립된 개인적 직무가 되었다. 그리고 이들 영주의 자손은 권위있고 유서 깊은 명문가로서, 대부분 용기나 용맹으로 이름난 살아 있는 피조물 또는 성(城)·흉벽(胸壁)·검대(劍帶)·무기(武器)·성문(城門)이나 성책(城柵) 등 전쟁에 대한 징표를 가지고 있다. 그 무렵에는 군사적 미덕 이외에는 명예로운 것이 없었기 때문이다. 나중에는 왕뿐만 아니라 민주적 코먼웰스에서도 전쟁터로 나가는 자나 전쟁에서 돌아오는 자를 격려하거나 그들의 전공(戰功)을 보상하기 위해 다양한 양식의 방패장식을 수여했다. 주의 깊은 독자라면, 그리스와 로마의 고대 역사서에서 당시 게르만 민족과

---

*11 Dutch는 15, 16세기에 독일어를 가리키는 말로 쓰였으며 그 습관이 18세기 초반까지 남아 있었다. 독일어와 네덜란드어를 구별하여 하이(*high*) 더치, 로(*low*) 더치라고 하게 된 것은 그 뒤이다. 아울러 Here-alt는 라틴어판에는 Heralt로 되어 있다. 이것은 네덜란드어의 here(신사)와 독일어의 alt(老)의 합성인 듯하다. 독일어역은 '네덜란드어의'로 되어 있다. 홉스는 라틴어판에서처럼 Heraldum(전령, 紋章官)에 연결하려 했던 것인지도 모른다.

콘스탄티누스 대제(274~337)
고대 로마 황제(재위 306~337). 밀라노칙령 공포, 신앙의 자유 인정, 계급적 관료제도 등을 완비
하였다. 이 때 공작·백작·후작 등의 칭호가 부여되었다.

그 풍습에 대해 언급한 대목을 읽을 때 앞에서 말한 내용들을 찾을 것이다.

명예로운 칭호　공작·백작·후작·남작 같은 칭호가 명예로운 것은 그것이 코먼웰스의 주권에 의해 그들에게 부여된 가치를 나타내기 때문이다. 이들 칭호는 옛날에는 직무(*office*)와 지휘(*command*)의 칭호였다. 그런데 어떤 것은 로마인에게서, 어떤 것은 게르만인과 갈리아인에게서[*12] 왔다. 공작(*dukes*)은 라틴어로 '두케스(*duces*, 우두머리)'로서, 전시(戰時)의 장군을 뜻한다. 백작(*counts*)은 라틴어로 '코미테스(*comites*, 동료)'이며, 우정으로 장군을 따라나선 자로, 어떤 지역을 정복하거나 평정하고 나면 그 지역을 통치하고 방위하는 임무를 맡았다. 후작(*marquises*)은 '마르키오네스(*marchiones*)'로 제국의 변경 즉 경계지역을 통치하던 백작이었다. 이런 공작·백작·후작 등의 칭호는 대부분 콘스탄티누스 대제[*13] 때 게르만 민병의 관습이 제국으로 들어온 것

---

*12 원어는 French이지만 바로 뒤에서 Gaules로 되어 있으므로 여기도 갈리아로 했다. 라틴어판
　　은 '갈리아'. 로마인이 갈리아라고 부른 지역은 현재의 프랑스보다 넓지만, 일반적으로 갈리
　　아와 골은 프랑스의 다른 이름으로 쓰인다.
*13 콘스탄티누스 대제(285?~337)는 로마제국의 황제(재위306~337)로서 콘스탄티노폴리스

이다. 그러나 남작은 갈리아인들의 칭호였던 것으로 생각된다. 그것은 위인이란 뜻으로서 군왕이나 영주가 전시에 측근으로 곁에 두었던 사람들을 이른다. 'vir(병사)'에서 'ber'와 'bar'가 되었다가(갈리아 어의 'ber'와 'bar'는 라틴어 'vir'와 의미가 같다) 다시 'bero'와 'baro'로 변한 것으로 추정된다. 그래서 그들을 'berones'라고 했으며 나중에는 'barones'라고 불렀다. 에스파냐 어로는 'varones'라고 한다.*14 명예의 칭호에 대해 더 자세히 알고 싶다면, 이 문제에 대해 셀던이 쓴 훌륭한 논문을*15 참조하기 바란다. 나도 이 논문을 보고 알았다. 그런데 시대가 바뀜에 따라 이런 명예로운 자들의 직무는 분쟁에 즈음하여 또는 훌륭하고 평화로운 통치가 이루어지면서 대부분 코먼웰스에서 국민의 우선순위·지위·서열을 구별하는 단순한 칭호로 변했다. 이리하여 소유하지도, 지휘하지도 않는 지방의*16 공작·백작·후작 또는 남작이 생기게 되었고, 그 밖의 다른 칭호들도 마찬가지 목적에서 생겨났다.

적임성 적임성은 인간의 가치 또는 값어치와는 다른 것이며, 공적이나 공로와도 다른 것으로서 어떤 일을 하기에 알맞은 특별한 힘 또는 능력을 말한다. 이 특별한 능력은 흔히 적임성(fitness) 또는 '적합성(aptitude)'이라고 한다.

즉 지휘관이나 법관 또는 다른 어떤 임무든 그 직무 수행에 요구되는 여러 자질을 가장 잘 갖춘 사람이 그 직무에 가장 적합한 사람이다. 재산을 소유하기에 가장 걸맞은 사람은 그 재산을 가장 효과적으로 사용하는 데 필요한 여러 자질을 갖춘 사람이다. 그러나 어떤 사람에게 이런 자질이 없어도 다른 어떤 일에 대하여는 적임자일 수도 있고, 가치 있는 인간일 수 있다. 또한 어떤 사람이 재산·직무·업무에 적합하다고 하더라도, 다른 사람보다

를 수도로 정하고, 그리스도교를 승인하고 니카이아 회의로써 그리스도교의 통일을 도모했다.

*14 이 낱말의 어원적 설명도 정확하지는 않다.

*15 John Selden(1584~1654)은 잉글랜드의 법학자·동양학자로 흡스의 친구이다. *History of tythes. That is, the practice of payment of them, the positive laws made for them, the opinions touching the right of them*, n.p.1618에서 10분의 1 세금을 비판, *Mare clausum*, London 1635에서 그로티우스의 《자유로운 해안》을 비판했다. 홉스가 여기서 언급하고 있는 것은 *Titles of honour*, London 1614이다.

*16 홉스의 보호자였던 드본셔 공은 드본셔(Devonshire)에 영지를 갖고 있지 않았다.

먼저 그런 것을 가질 권리를 주장할 수는 없으며, 따라서 그만한 가치나 공로가 있다고 할 수 없다. 왜냐하면 적임성은 권리를 전제로 하며, 합당함은 약속에 의해 귀속하기 때문이다. 이 문제에 대해서는 나중에 계약에 대해 논할 때 다시 살펴보겠다.

11 생활태도

　여기서 의미하는 생활태도란 무엇인가? 생활태도(*manners*)에 대하여 내가 말하고자 하는 것은 예컨대 인사는 어떻게 해야 하고, 남들 앞에서 입은 어떻게 닦아야 하고, 이빨은 어떻게 쑤셔야 하는지, 그런 '작은 품행'에 대한 예의범절이 아니라, 인류가 평화와 통일 속에서 함께 살아가는 문제와 관련된 인류의 특성들을 말한다. 이런 목적을 위해 우리는 현세의 행복은 충만한 정신의 휴식상태에 있는 것은 아니라는 사실을 생각해야 한다. 왜냐하면 옛 도덕 철학자들의 책에 나오는 '궁극 목적(*finis ultimus*)'이나 '최고선(*summum bonum*)' 따위는 존재하지 않기 때문이다. 또한 욕구가 없어진 사람은 감각과 상상력이 정지된 사람과 마찬가지로 더 이상 살아가지 못한다. 행복은 욕망이 하나의 대상에서 다른 대상으로 끊임없이 나아가는 것이며, 전자의 획득은 후자로 가는 경로에 불과하다. 왜냐하면 인간의 욕망은 그 목적이 단 한 번의 또는 순간의 향락에 있지 않고 장래의 욕망으로 가는 길을 영원히 확보하는 데 있기 때문이다. 따라서 모든 인간의 자발적 행위 및 자연적 경향은 만족스러운 생활을 단순히 획득하는 것뿐만 아니라 그것을 확보하는 것에 있다. 다만 그 목적을 이룩하는 방법이 다를 뿐이다. 방법의 차이가 생기는 이유는 부분적으로는 사람들마다 정념이 서로 다르기 때문이기도 하고, 기대하는 결과를 얻을 수 있는 원인에 대한 사람들의 지식이나 의견이 모두 다르기 때문이기도 하다.

　모든 인간의 힘에 대한 끊임없는 욕망　그러므로 나는 맨 먼저 모든 인간에게서 발견되는 일반적 성향으로 죽을 때까지 계속되는, 힘에 대한 끊임없는 욕망을 들려 한다. 이것의 원인은 반드시 인간이 이미 획득한 것보다 더 강렬한 환희를 바라거나 보통 수준의 힘에 만족할 수 없어서 그런 것이 아니다. 잘 살기 위한 더 많은 힘과 수단을 획득하려면 현재 소유하고 있는 힘이나 수단보다 더 많은 것을 확보해야 하기 때문이다. 그러므로 최고 권력자인 군주들은 권력을 확보하기 위해 나라 안에서는 법을 사용하고, 나라 밖에서는 전쟁을 일으킨다. 이것이 이루어지면 새로운 욕구가 뒤를 잇는다. 새로운 정복을 통해 명성을 얻으려는 욕구, 자기 한 몸의 안락과 감각적 쾌락을 향한 욕구, 자신의 기예나 정신적 능력의 뛰어남에 대한 칭송과 아첨을 바라는 욕구이다.

경쟁에서 오는 논쟁에 대한 애호 재산·명예·지배, 그 밖의 다른 힘을 놓고 벌이는 경쟁은 논쟁이나 반목 또는 전쟁을 낳기 십상이다. 왜냐하면 한 경쟁자가 욕망을 이루는 길은 상대를 죽이거나, 정복시키거나, 쫓아내거나, 배격하는 것이기 때문이다. 특히 찬양을 바라는 경쟁은 고대숭배(古代崇拜)로 기울기 쉽다. 인간은 죽은 자와 싸우는 것이 아니라 살아 있는 사람과 싸우는 것이기 때문에, 살아 있는 경쟁 상대의 영광을 희미하게 하기 위하여 부당하게도 아낌없이 죽은 자를 칭찬하는 것이다.

안락에 대한 애호에서 발생하는 사회적 복종 안락과 감각적 쾌락을 향한 욕구는 인간을 공통의 힘에 복종시킨다. 그와 같은 욕구가 생기면, 스스로 부지런함과 노동으로 얻을 수 있는 보호막을 아예 벗겨 버리기 때문이다. 죽음이나 상처에 대한 두려움도 인간으로 하여금 공통의 힘에 복종하게 하는데, 이유는 앞서와 똑같다. 반면 궁핍한 처지에 있거나 현재의 상태에 만족하지 않는 대담한 사람은, 군사적 지배에 대한 야심을 가진 사람들처럼, 전쟁의 원인을 지속시켜 분쟁과 소란을 부추기는 경향이 있다. 전쟁을 하지 않고서는 군사적 명예는 없으며, 카드를 다시 돌리지 않고서는 불리한 게임을 수정할 가망이 없기 때문이다.

기예에 대한 욕구 지식이나 평화적인 여러 기예에 대한 욕구는 인간을 공통의 힘에 복종시킨다. 그런 욕구는 여가에 대한 욕구를 포함하며, 자신 이외의 다른 어떤 힘으로부터 보호받고자 하는 욕구를 내포하기 때문이다.

칭찬에 대한 애호에서 발생하는 덕성에 대한 애호 칭찬에 대한 욕구는 칭찬받을 행동을 해야겠다는 의욕을 일으킨다. 이런 행동은 자신이 그 판단을 높이 평가하는 사람들을 기쁘게 하기 위해서 행하는 것이다. 왜냐하면 우리가 무시하는 사람에게는 그 사람의 칭찬도 무시하기 때문이다. 죽고 난 뒤의 명성에 대한 욕구도 마찬가지이다. 물론 죽은 뒤에는 지상에서 우리에게 주어졌던 칭찬에 대한 감각은 존재하지 않는다. 그런 기쁨은 천국의 형용할 수 없는 기쁨 속에 묻혀 버리거나, 지옥의 극단적 괴로움 속에 사라지고 말 것이다. 그러나 죽은 뒤의 명성이 헛된 것은 아니다. 칭찬받을 것을 예견하고, 그로 인해 자손들이 받게 될 혜택을 예견함으로써 지금 기쁨을 느낄 수 있기 때문이다. 그들이 눈에 보이지는 않지만 그것을 상상하는 것이다. 감각을 즐겁게 하는 일은 무엇이든 상상만으로도 즐거운 법이다.

보답할 수 없는 큰 신세에서 발생하는 증오 자기와 대등하다고 여기던 사람에게서 자기가 보답할 수 있는 수준 이상의 큰 신세를 진 경우, 겉으로는 거짓 사랑을 꾸미지만 실제로는 남몰래 증오심을 품게 된다. 이 경우 그는 절망적인 채무자 상태에 있으므로 채권자를 만나기 꺼려 하고, 채권자가 다시는 볼 수 없을 아주 먼 곳으로 가 버리기를 은근히 바란다. 신세를 지는 것은 곧 빚이며, 빚은 속박이기 때문이다. 그리고 갚을 수 없는 빚은 영속적 속박이므로 상대가 자기와 대등한 사람일 경우에는 증오의 대상이 된다. 그러나 자기보다 우위에 있다고 인정하는 사람에게 신세를 진 경우에는 애정을 불러일으킨다. 이때의 빚은 새로운 억압이 아니기 때문이다. 이 빚을 기쁘게 받아들이면 (흔히 '감사'라고 한다) 채권자는 명예를 얻게 되고, 보통은 이로써 답례를 한 것으로 여긴다. 자기와 동등하거나 자기보다 못한 사람으로부터 신세를 진 경우에도, 보답할 수 있는 희망이 있으면 애정을 불러일으킨다. 왜냐하면 신세를 진 자의 생각으로는 이 빚이 둘 사이의 도움과 봉사이기 때문에 누가 더 뛰어난가 하는 경쟁이 생겨나게 된다. 이 경쟁은 모든 경쟁 가운데 가장 고상하고 유익한 경쟁이며, 승자는 승리를 기뻐하고 패자는 이를 인정함으로써 맺혔던 한을 푼다.

증오할 만하다는 의식에서 어떤 사람에게 자신이 속죄할 수 있는 이상의, 또는 속죄할 생각이 없는 해를 끼친 경우,[*1] 가해자는 피해자를 증오하게 된다. 왜냐하면 가해자는 복수를 각오하거나 또는 용서를 기대해야 하는데, 이것은 둘 다 증오할 만한 것이기 때문이다.

두려움 때문에 상처 입히고 싶어하는 일 인간은 억압에 대한 두려움을 느낄 때, 사회의 도움을 바라게 된다. 자신의 생명과 자유를 지킬 다른 방법이 없기 때문이다.

[*1] 이 문장대로라면 '그'는 피해자가 되는데, 피해자가 '속죄한다'는 것은 이상하므로 가해자가 자기가 속죄할 능력도 의지도 없는 해를 가했을 경우일 것이다.

자기 자신의 지력에 대한 불신에서 자신의 기민성을 믿지 않는 사람들은 혼란이나 소동이 벌어졌을 때, 스스로 똑똑하고 민첩하다고 자부하는 사람들보다 승리할 가능성이 더 크다. 왜냐하면 전자는 다른 사람과 기꺼이 의논을 하는 데 반해, 후자는 책략에 걸릴 것이 두려워 먼저 공격에 나서기 때문이다. 소동이 일어났을 때는 전선(前線)의 사람들이 단결하여 가진 힘을 모두 발휘하는 것이 교묘한 지력에서 나온 그 어떤 전술보다 낫다.

자만심에서 발생하는 공허한 계획 자기에게 그 정도 능력이 있다고 생각하지 않지만 자기가 용감한 사람이라고

율리우스 카이사르(BC 100~44)
고대 로마 공화정 말기의 정치가·장군. 라이벌 폼페이우스를 쓰러뜨리고 로마 제국의 지배자가 되었다. 그가 지은 《갈리아 전기》는 후세에 널리 읽혀지고 있다.

여기고 흐뭇해하는 허영심 강한 사람은 거드름만 피울 뿐 실행에 옮기지는 않는다. 왜냐하면 실제로 위험하거나 어려운 상황이 닥치면 자신의 무능함이 드러날 뿐 다른 어떤 것도 기대할 수 없기 때문이다.

허영심이 강한 사람은 자신의 능력을 자신의 참된 지식에서 나오는 확실한 희망의 근거로써가 아니라, 다른 사람의 아첨이나 과거의 운이 좋았던 어떤 행위로 평가한다. 이런 사람들은 경솔하게 일을 저지르기 쉽다. 그리고 위험한 상황이나 어려움에 부닥치면 어떻게든 피하려 한다. 즉 이들은 안전한 길이 보이지 않을 때에는 생명의 위협을 받기보다는 명예를 포기하는 길을 선택한다. 명예는 변명하면 구제될 수 있지만, 목숨은 어떤 구제로도 충분하지 않기 때문이다.

유능하다는 생각에서 나오는 야심   자신이 통치에 대한 지혜를 지녔다고 자부하는 사람들은 야심을 품기 쉽다. 위원회에서 자리를 맡거나 관직에 등용되지 않는 한 지혜롭다는 명예를 얻을 길이 없기 때문이다. 그러므로 웅변을 잘하는 연설가는 야심을 갖기 쉽다. 웅변은 그들 자신에게나 다른 사람에게도 지혜로운 것처럼 보이기 때문이다.

작은 일을 과대평가하는 데서 오는 우유부단함   소심함 때문에 인간은 우유부단해지기 쉽다. 결과적으로 행동해야 할 때와 절호의 기회를 놓쳐 버리는 것이다. 행동해야 할 때가 닥칠 때까지 숙고에 숙고를 거듭하여도 어떤 것이 최선인지 분명치 않다면, 이쪽과 저쪽의 동기 차이가 크지 않다는 뜻이다. 따라서, 이때 결단을 내리지 않는 것은 사소한 것을 저울질하다가 기회를 잃는 것으로, 그것이 바로 소심함이다.

절약하는 것은 가난한 사람에게는 미덕이지만, 많은 사람의 힘을 동시에 요구하는 일을 하는 사람에게는 부적합하다. 사람들의 노력은 보상을 통해 더욱 증진되고 활기차게 유지되는데 절약은 그들의 노력을 약화시키기 때문이다.

지혜와 친절의 표시에 대한 무지에서 오는 타인에 대한 신임   달콤한 말이 담긴 웅변은 청중으로 하여금 그 웅변가를 신임하게 만든다. 웅변은 지혜로 보이고, 달콤한 말은 친절로 여겨지기 때문이다. 여기에 군사적 평판까지 첨가되면, 사람들은 그 사람을 따르고 복종하게 된다. 웅변과 달콤한 말은 그에게서 입을 위험이 없다는 보증이고, 군사적 명성은 다른 사람으로부터 입을 위험이 없다는 보증이기 때문이다.

자연적 원인들에 대한 무지에서   과학의 결여, 즉 여러 원인에 대한 무지는 다른 사람의 충고와 권위에 의존하게 하거나, 심지어는 그러한 의존을 피할 수 없게 만든다. 즉 진리에 관심을 가진 사람은 더 이상 자기 생각에만 의존할 수 없게 되면 자기보다 더 현명하고, 자기를 속일 이유가 없는 다른 사람의 의견에 의지할 수밖에 없기 때문이다.

이해력의 결여에서   말의 의미를 깨닫지 못하는 이해력의 부족은 자신이 알지 못하는 진리뿐 아니라 오류마저 믿게 만든다. 게다가 자신이 신뢰하는 사람이 내뱉는 무의미한 말까지 믿게 만든다. 오류와 무의미는 말을 완전히 이해하지 않고는 탐지해 낼 수 없기 때문이다.

저마다 가진 정념의 차이 때문에 똑같은 사물에 다른 이름을 붙이는 경우 또한 이해력의 결여에 그 원인이 있다. 예를 들면 어떤 개인적 의견에 대하여 이에 찬동하는 사람은 의견(*opinion*)이라고 하지만, 이를 달가워하지 않는 사람은 이단(異端)이라고 한다. 여기서 이단은 개인적 의견 이상은 아니며 평소보다 큰 분노의 색깔을 띤다는 점이 다를 뿐이다.

같은 이유에서, 과학적 연구와 뛰어난 이해력이 없이는, 다수 사람들의 하나의 행위와 하나의 군중의 다수 행위를 구별하지 못하게 된다. 예를 들면 로마의 원로원 의원 전원이 카틸리나를*² 죽일 때 했던 하나의 행위와, 다수의 원로원 의원들이 카이사르를 죽일 때 했던 다수 행위들을 구별하지 못하는 것이다. 그래서 사람들은 한 사람이 선동하여 이끌었을 군중의 다수 행위들을 민중 전체의 행위로 생각하게 되는 것이다.

옳고 그름의 본성에 대한 무지에서 오는 습관에 대한 집착 권리·공평·법·정의의 여러 원인과 근본적 구조를 모르는 자는 관습과 선례를 행위의 척도로 삼으려 한다. 즉 처벌이 관습이었던 행위는 부정(不正)한 것으로 여기고, 처벌받지 않고 허가를 얻은 선례가 있는 행위는 정당한 것으로 여긴다. 이런 그릇된 척도로 정의를 논하는 유일한 부류인 법률가들은 그런 실례를 거침없이 판례(*a precedent*)라고 부른다. 이것은 부모와 교사들로부터 받는 가르침 이외에는 태도의 선악에 대한 어떤 법칙도 갖지 못한 어린이들과 같다. 다만 어린이들은 자기들의 법칙에 충실하지만, 어른들은 그렇지 않은 점이 다르다. 왜냐하면 그들은 나이가 들어 강건해지고 완고해지면, 그때그때 편리에 따라 관습을 버리고 이성에 호소하거나, 이성을 버리고 관습에 호소하기 때문이다. 그들은 자신의 이익에 필요하면 관습에서 멀어지고, 또한 이성이 그것에 반대하면 스스로를 이성에 맞서게 한다. 이것이 바로 옳고 그름의 문제

---

*2 루키우스 세르기우스 카틸리나(Lucius Sergius Catilina, BC 108~62) : 로마의 하급귀족 출신 정치가로 BC 63, 62년에 집정관 선거에 입후보했지만 키케로에게 패하자 하층계급과 몰락 귀족을 선동하여 반란을 일으켰다. 키케로는 이 음모를 미리 알고 원로원에서 카틸리나를 탄핵하고, 원로원 최종결의(비상결의라고도 한다)에서 비상독재권을 부여받았다. 카틸리나는 에트루리아에 있는 자기 군대로 달아났지만 피스토리아 부근에서 전사했다. 이렇게 키케로가 카틸리나 및 그 무리를 처형한 것은 홉스의 말처럼 원로원의 결의에 따른 것이라고는 하지만, 이 비상조치의 합법성에 논란이 있고, 특히 민회의 판결 없이 로마시민을 처형한 것은 5년 뒤에 키케로가 망명하게 된 이유가 되었다.

에 대한 펜과 칼의 논쟁이 그치지 않는 이유이다. 그러나 선과 도형에 대한 학설은 또 다르다. 이 경우에는 진리가 무엇이든 개의치 않는다. 어느 누구의 야심도, 이익도, 쾌락도 방해받지 않기 때문이다. 만일 '삼각형의 세 각의 합은 정사각형의 두 직각의 합과 같다'는 것이 누군가의 영토에 대한 권리나 영토소유자의 이익에 반하는 것이었다면, 그 학설은 논쟁거리가 되지 않더라도, 기하학에 대한 모든 책을 불살라 버림으로써 관계자의 힘이 미치는 한 이 학설을 억압했을 것이다.

평화의 원인에 대한 무지에서 우리에게 뒤따르는 일　원인에 대한 무지는 사람들에게 모든 사건의 원인을 직접적이고 수단적인 것에서 찾게 만든다. 그것이 그들이 지각하는 원인의 모두이기 때문이다. 여기서 다음과 같은 문제가 발생한다. 즉 어디서나 세금 내기 싫어하는 사람들은 그 분노를 세리(稅吏), 즉 징세원이나 수금원이나 기타 세무담당 관리에게 터뜨리며, 공공단체 통치의 결함을 들추어 내는 사람들을 따른다. 그리하여 그들이 정당화하기 어려운 일을 하였을 때에는 처벌에 대한 두려움이나 사면받는 부끄러움 때문에 최고 권위까지도 공격한다.

자연에 대한 무지에서 오는 경솔한 믿음　자연적 원인에 대한 무지는 무엇이든 쉽게 믿고, 때로는 불가능한 것까지 믿게 만든다. 그런 사람들은 그 믿음이 진실이 아닐 가능성을 알지 못하므로, 어떤 것이 불가능한 일이라 하여도 그것을 반대할 능력이 없다. 또한 경솔한 믿음은 사람들로 하여금 쉽게 거짓말을 하게 만드는데, 이는 동석자들이 자기 말에 귀 기울여 들어주면 누구나 좋아하기 때문이다. 그러므로 비록 악의가 섞이지 않았더라도 무지 그 자체가 사람으로 하여금 거짓말을 믿게 만듦과 동시에 거짓말을 하게 만들고, 때로는 지어내게 하기도 한다.

미래에 대한 배려에서 오는 알고자 하는 호기심　미래에 대한 불안은 인간의 마음속에 사물의 원인을 탐구하고자 하는 마음을 불러일으킨다. 그것에 대한 지식은 현재의 상태를 자기에게 가장 유리하게 만들 수 있기 때문이다.

같은 것에서 오는 자연종교　호기심(*curiosity*), 즉 원인에 대한 지식욕은 사람으로 하여금 결과에 대한 고찰에서 그 원인을 탐구하게 하고, 다시 그 원인의 원인을 탐색하도록 만든다. 이 과정의 마지막에는 반드시 다음과 같은 생각에 이르게 된다. 즉 그 이전에는 어떤 원인도 없고 그것이야말로 영원한

카틸리나 음모사건에 대한 원로원의 탄핵
다른 원로원 의원들과 따로 떨어져 앉아 키케로의 연설을 듣고 있는 카틸리나(왼쪽).

원인인 듯한 그런 원인이 존재한다는 것이다. 이 원인이란 바로 인간이 신이라 부르는 존재이다. 따라서 영원한 유일신(*one God eternal*)의 존재를 믿지 않고서는 자연적 원인에 대한 심오한 탐구는 불가능하다. 하지만 인간의 마음속에 신의 본성과 합치하는 신의 관념을 지닐 수는 없다. 즉 날 때부터 장님인 사람이, 불로 온기를 얻는다는 이야기를 듣고, 자기도 직접 불을 쬐어 온기를 느낀 경험이 있다면, 사람들이 '불'이라고 부르는 것 그리고 그가 느낀 온기의 원인이 되는 무엇이 존재한다는 것을 쉽게 이해하고 확인할 수 있다. 그러나 그 불이 도대체 어떻게 생겼는지는 상상할 수 없으며, 불을 직접 본 사람이 지니는 것과 같은 관념을 마음속에 그려낼 수는 없다. 마찬가지로 이 세상의 눈에 보이는 온갖 사물과 경이로운 질서를 통해 그 원인, 즉 사람들이 하느님이라 부르는 것이 존재한다고 생각할 수는 있지만, 마음속에 신에 대한 관념 또는 상(像)을 그려낼 수는 없다.

또한 사물의 자연적 원인을 거의 또는 전혀 탐구하지 않는 사람들은 자신들을 크게 이롭게 하거나 해롭게 하는 힘이 무엇인지 모른다. 이런 무지 자체에서 생기는 두려움으로 인하여 여러 가지 보이지 않는 힘을 상정하고 이를 원인으로 생각한다. 그리고 자신들이 상상한 그 힘을 경외하여, 어려움에 처하면 그 힘에 빌고, 기대한 대로 성공을 거두었을 때에는 감사를 올리는 등, 상상의 피조물을 신이라고 받드는 것이다. 그리하여 수없이 다양한 상상으로부터 인간은 이 세상에 이루 헤아릴 수 없을 정도로 많은 신을 창조했다. 그리고 보이지 않는 것들에 대한 이런 두려움이 저마다 종교라고 부르는 것(자기들이 믿는 것과 다른 힘을 숭배 또는 경외하는 경우에는 미신이라고 부르는 것)의 씨앗이다.

많은 사람들이 이런 종교의 씨앗을 관찰해 왔으며, 그들 중 일부는 그것에 영양을 공급하고 옷을 입혀서 법으로 삼으려 하였다. 또한 그 위에 장차 일어날 사건들의 원인에 대해 자신들이 만들어 낸 의견을 덧붙이고자 하였다. 이렇게 하면 사람들을 가장 잘 통치할 수 있고, 나아가 자기의 힘을 최대로 발휘할 수 있다고 믿었기 때문이다.

12 종교

종교는 인간에게만 있다　오직 인간에게서만 '종교'의 표시나 종교로부터 얻는 이익을 찾을 수 있음을 생각하면, '종교'의 씨앗도 오직 인간에게만 존재하며, 다른 생물에게서는 발견되지 않는 인간 특유의 성질 또는 적어도 인간의 뛰어난 어떤 성질에 있다는 것을 의심할 까닭이 없다.

원인을 알려고 하는 의욕에서　첫째, 눈에 보이는 모든 것의 원인을 탐구하려는 것이 인간 특유의 본성이다. 정도의 차이는 있지만, 모든 사람은 자신의 행복과 불행의 원인을 알고자 하는 정도의 지적 호기심은 가지고 있다.

일의 발단에 대한 고찰에서　둘째, 인간은 어떤 일이 시작되는 것을 보고 더도 말고 덜도 말고 그것이 시작된 바로 그 때 그 일이 시작되도록 결정한 어떤 원인이 있었을 것이라고 생각한다.

일의 연속에 대한 관찰에서　셋째, 짐승의 경우에는 일상의 먹이나 안락, 쾌락을 좇는 것 말고는 다른 행복이 없다. 눈에 보이는 일의 순서와 관련 및 의존관계를 관찰하거나 기억하지 못하고 장차 닥칠 일에 대한 예견을 거의 또는 전혀 하지 못한다. 그러나 인간은 하나의 사건이 다른 사건에 의해 어찌하여 생겨났는지를 관찰하고, 그런 사건들의 전제와 결과를 기억한다. 그리고 사건의 참된 원인을 확인할 수 없을 때는 (행운과 불행의 원인은 대부분 눈에 보이지 않기 때문에) 자신의 상상력을 따르거나 또는 자기편이면서 자기보다 현명하다고 생각되는 사람들의 권위에 기대어 원인을 추정한다.

종교의 자연적 원인, 다가올 시간에 대한 염려　세 가지 특징 가운데 앞의 두 가지는 걱정거리를 만든다. 이미 일어났거나 앞으로 일어날 일에는 모두 원인이 있다고 확신하며, 두려운 해악으로부터 자신을 지키고, 자기가 바라는 선(善)을 얻기 위해 꾸준히 노력하는 사람은, 다가올 시간에 대한 끊임없는 불안을 느끼지 않을 수 없다. 그러므로 인간은 누구나, 특히 유달리 걱정거리가 많은 사람은 프로메테우스[*1]—'신중한 사람'이란 뜻이다—와 비슷한 상태에 놓이게 된다. 프로메테우스는 광막한 카프카스 언덕에 꽁꽁 묶인 채 날마다 독수리에게 그의 간을 쪼아 먹힌다. 독수리는 밤 사이에 회복된 간을 낮에 다시 와서 쪼아먹기를 되풀이한다. 앞날을 지나치게 멀리까지 내다보고 걱정하는 사람 또한 프로메테우스와 같은 괴로움을 느끼게 된다. 죽음이나 빈곤 또는 이런저런 재앙의 두려움에 휩싸여 잠잘 때를 제외하고는 잠시도 편할 날이 없다.

그것은 그들로 하여금 보이지 않는 힘을 두려워하게 한다 이 영원한 두려움은 마치 어둠 속에 있는 것처럼 원인에 대해 알지 못하는 한, 항상 인간을 따라 다니면서 어떤 대상을 찾는다. 따라서 두려움의 대상이 눈에 보이지 않을 때는 행운이나 불행의 직접적인 원인을 '보이지 않는 힘'에 의한 것으로 돌릴 수밖에 없다. 고대 시인들이 신은 인간의 두려움에서 생겨난 것이라고 말한 것도 어쩌면 이런 의미였을 것이다. 신(이방인의 신)에 대하여 이렇게 말한 것은 진실이다. 그러나 영원하고 무한하며 전능한 유일신의 존재를 인정하는 것은 성격이 좀 다르다. 이것은 장차 다가올 일에 대한 두려움에서 생긴다기보다는 자연적 물체의 원인, 그것들의 여러 가지 힘이나 작용에서 온다고 하는 편이 더 쉬울 것이다. 즉 어떤 결과를 두고 그것과 가장 가까운 직접 원인을 추론하고, 그로부터 그 원인의 원인을 추론한다. 여러 원인 추구에 매진하는 사람은 마침내 '최초의 기동자(起動者)'에 이르게 된다. 이것은 이교도 철학자들마저 인정한 것으로서 모든 사물의 최초이자 영원한 하나의 원인이 반드시 존재한다는 것이다. 사람들이 '하느님'이라는 이름으로 부르는 존재의 본질은 바로 이것이다. 지금까지 말한 것에는 인간의 운명에 대한 고려가 없다. [따라서 인간들은 자신의 운명을 근심하게 되는데] 운명에 대한 근심은 다른 사물들의 원인에 대한 탐색에 두려움을 낳게 하고, 그것을 방해한다. 그로 인해 신이 있다고 상상하는 사람들의 수만큼 많은 신들에 대한 상상이 생겨나게 된다.

그리고 그것들을 무형적인 것으로 생각하게 한다 그런 상상이 낳은 보이지

[*1] 프로메테우스(Prometheus)는 그리스 신화의 신으로 제우스가 인류에게서 빼앗은 불을 인류에게 되돌려 주었다는 이유로 본문에 나온 것과 같은 처벌을 받았는데, 헤라클레스가 구해 주었다. 이 이름은 '미래를 생각하는 사람'을 뜻하며, 보통명사로도 쓰인다.

않는 직접 원인의 본바탕 또는 실체는 무엇일까? 인간의 자연적 사색에 의해서는 다음과 같은 것 이외에는 어떤 개념에도 이르지 못했다. 그것은 인간 영혼의 실체와 같은 종류이고, 인간의 영혼은 잠자는 사람의 꿈에 보이는 것 또는 깨어 있는 사람이 거울을 통해 보는 것과 똑같은 실체라는 것이다. 사람들은 그런 겉으로 드러남이 상상이 만들어 낸 것에 불과하다는

아틀라스와 프로메테우스의 징벌
티탄 신족의 한 사람인 아틀라스는 올림포스 신과 싸운 벌로 하늘을 떠받치는 벌을 받았고, 그의 형제인 프로메테우스는 기둥에 매어진 채 독수리에게 간을 쪼아 먹히는 벌을 받았다.

것을 알지 못하기 때문에 그것을 현실 외부의 실체라고 믿고 이를 유령(*gh-ost*)이라 부른다. 그래서 라틴 사람들은 그것을 '상(像)' 또는 '그림자(*umbrae*)'라 불렀고, 그 실체는 정령(*spirit*), 즉 희박한 기체라고 생각했다. 그들이 두려워했던 보이지 않는 직접 원인은 그것들과 비슷하면서도 자기 멋대로 나타났다가 사라지는 것만이 다른 정령과 다를 뿐이라고 생각했다. 그러나 그런 정령이 무형적인 것 또는 비물질적인 것이라는 견해는, 보통 사람의 자연스런 사고방식으로는 수용하기 어렵다. 왜냐하면 '영'과 '무형'이라는 서로 모순되는 개념을 합치는 것까지는 수용한다 하더라도 그에 걸맞은 모습을 도저히 상상할 수 없기 때문이다. 그래서 자신의 명상을 통하여 무한하고 전능하며 영원한 유일신을 승인하기에 이른 사람들은, 신이란 존재는 맨처음 인간이 포착할 수 없는 대상이며, 인간의 이해를 초월한 존재라고 고백하게 된다. 차라리 신의 본성을 '무형의 영(*spirit incorporeal*)'이라 정의내리고, 그 말이 무슨 뜻인지 알 수 없다고 고백하는 것이 솔직한 태도가 아닐까? 또는 그런 호칭을 부여하고 나서, 신성한 본성을 이해시킬 의도에서, 즉 신을 눈

에 보이는 물체로 정의하게 되면 속된 느낌을 줄 우려가 있기 때문에 가능하면 이런 속된 느낌으로부터 멀리 떨어져 있는 존재로 부각시켜 신에게 명예를 부여하려는 경건한 마음에서 그렇게 하는 것이지 '독단적으로' 그렇게하는 것은 아니라고 변명하는 쪽이 나을 것이다.

그러나 그것들이 어떻게 작용하는지를 알지 못한다 그런데 이들 보이지 않는 내적 원인이 어떻게 사물에 효과를 발휘하는 것일까? 다시 말하면 이모저모의 일을 발생하게 만드는 직접 원인으로서 그것들이 어떻게 작용하는가? 이 문제를 두고, 우리가 '원인(causing)'이라 부르는 것이 무엇인지 알지 못하는 사람들(거의 모든 사람들이 그러하다)은 과거에 있었던 비슷한 결과에 앞서서 벌어진 일이 무엇이었는지를 관찰하고 기억하여 이를 바탕으로 추측할 뿐, 기댈 수 있는 법칙을 달리 알지 못한다. 그들은 선행현상과 후속현상 사이에 어떤 의존관계나 연관성이 있는지 전혀 살피지 않는다. 따라서 과거에 있었던 비슷한 일을 통하여 미래에도 그와 비슷한 일이 발생할 것이라고 기대하게 되고, 그것을 일으킨 원인과 전혀 상관 없는 일에 행운이나 불운을 관련지으려는 미신적 태도를 취하게 된다. 예를 들어 아테네 인들이 레판토 전쟁에서 제2의 포르미온*2이 나타나 주길 간절히 바랐고, 또 폼페이우스 일당이 아프리카 전쟁에서 제2의 스키피오*3를 바랐던 것과 같은 것이며, 이후 다른 사람들도 저마다 자신이 처한 상황에 따라 그렇게 해 왔다. 마찬가지로 사람들은 자기의 운명이 그 자리에 함께 있는 사람이나 장소의 좋고 나쁨 또는 말을 어떻게 했느냐에 따라 달라진다고 생각했다. 특히 기도나 주문처럼 신의 이름이 그 말 속에 있으면 돌을 떡으로 바꾸고, 떡을 사람으

---

*2 포르미온(Phormion, ?~BC 428?)은 아테네의 제독으로 펠로폰네소스 전쟁(BC 431~404) 초기에 활약했다. 특히 BC 430~429년에 소수의 병력으로 펠로폰네소스 동맹군을 무찔렀다. 레판토(나우팍토스)는 코린토스 만의 북안 항구로 포르미온이 430년에 코린토스 함대를 항구 안에 가두었던 곳이다. 본문에서 말하는 '레판토 전쟁'이란 포르미온이 죽은 바로 뒤에 아카르나니아가 코린토스에 대항하기 위해 포르미온 혈통 사람의 파견을 아테네에 요구하자 아들 아소피오스가 대장으로 파견된 것을 가리킨다.(Thucydides, Ⅲ, 7.)

*3 폼페이우스(Pompeius, BC 106~48)는 율리우스 카이사르의 동료였으나 적이 되어 이집트로 도망쳐 죽임을 당했다. 스키피오 집안은 로마의 명문으로 특히 스키피오(Scipio Africanus Major, BC 236~184/3)는 자마에서 한니발을 무찌르고 카르타고를 항복시킨 것으로 유명하다. 따라서 폼페이우스 파는 아프리카에서 카이사르와 싸우기 위해 스키피오가 다시 등장하기를 바랐다는 것이다.(Plurtarcos, *Cato* 65)

홍해를 건너다
이스라엘 자손들이 애굽(이집트)의 핍박을 피해 홍해에 당도했을 때 하느님은 모세로 하여금 기적을 행하게 하여 홍해를 건너게 한다(출애굽기 14장).

로 바꾸는 등 무엇으로든 바꿀 수 있는 힘이 있다고 믿었다.

그러나 그들은 인간에게 명예를 부여하도록 그것들에 명예를 부여한다   셋째, 보이지 않는 힘에 대해 사람들이 보이는 자연스런 숭배의 태도는 그들이 다른 사람들에 대해 보이는 존경의 표현 이외의 것일 수 없다. 즉 선물, 탄원, 감사, 몸을 낮추는 것, 신중한 호칭, 근엄한 행동, 사려 깊은 말, 맹세, 즉 약속을 서로 확인하는 일 등이 그것이다. 그 밖에는 이성(理性)이 가르쳐주는 바가 없으며, 사람들로 하여금 거기서 멈출 것인지 아니면 그 이상의 의식(儀式)을 거행할 때 자기보다 더 현명하다고 여겨지는 사람들에게 의존할 것인지는 그들에게 맡긴다.

그리고 모든 이상한 사건들을 그것들에 귀속시킨다   마지막으로, 이런 보이지 않는 힘이 앞으로 일어날 일들을 인간에게 어떤 식으로 알려 주는가,

특히 일반적인 행운이나 불행 또는 개별적인 일의 성패 여부를 어떻게 알려 주는가 하는 문제들에 관하여, 인간은 당연히 어찌할 바를 모른다. 다만 인간은 과거를 통한 미래의 예측에 익숙하기 때문에 우연히 벌어진 어떤 일

이 한두 번 계속 이어지면, 그런 일이 앞으로도 계속될 조짐이라고 생각하거나, 한두 번의 예측에 성공하여 선견지명이 있다고 여겨지는 사람들의 견해를 따르게 된다.

종교의 자연적 씨앗인 네 가지 사실　위에서 말한 네 가지 사실, 즉 첫째로 유령이 있다는 생각, 둘째로 이차적 원인에 대한 무지, 셋째로 두려워하는 대상에 대한 헌신, 넷째로 우연히 생긴 일을 어떤 조짐으로서 받아들이는 것, 이런 것들이 '종교'의 자연적 씨앗이다. 그런데 사람마다 상상·판단·정념이 서로 다르기 때문에 위의 네 가지 사실로부터 생겨나는 의식은, 어떤 사람이 받드는 의식이 다른 사람의 눈에는 대부분 어리석은 것으로 비칠 만큼 다양하게 발전해 온 것이다.

자라남에 따라 다양해졌다　즉 이런 씨앗은 두 부류의 인간들에 의해 자라났다. 한 부류는 그 씨앗들을 창의적으로 기르고 질서를 세운 사람들이고, 또 한 부류는 하느님의 명령과 지시에 의해 그렇게 한 사람들이다. 그러나 어느 쪽이든 그들에게 의지하는 사람들을 복종·법·평화·자비 및 시민사회에 더욱 걸맞는 인간으로 만들기 위해 그렇게 한 것이다. 그러므로 앞 부류의 종교는 인간의 정치적 부분이며, 세상의 왕들이 자기 국민에게 요구하는 의무의 부분을 가르친다. 반면 뒷 부류의 종교는 하느님의 정치로서, 하느님의 나라에 복종하여 국민이 된 사람들에 대한 계율을 포함하고 있다. 이방인의 코먼웰스를 건설한 사람과 입법자들은 모두 전자에 속하며, 후자에는 아브라함과 모세 및 우리의 '거룩한 구주' 등 하느님 나라의 율법을 우리에게 전해 준 사람들이 속한다.

이방인들의 불합리한 의견　종교의 내용 가운데 보이지 않는 힘의 본성에 대한 의견을 살펴보면, 이방인들 사이에선 이름을 가진 존재는 거의 대부분 어디선가 신 또는 악마로 섬김을 받아왔다. 또한 그들의 시인들은 그곳에 정령 같은 것이 깃들어 있다고 생각했고, 따라서 이름을 가진 모든 존재들을 살아 있는 것으로 그렸다.

세계가 형성되기 이전의 질료는 '혼돈(混沌, Chaos)'이라고 불리는 신이었다.[4]

---

[4] 헤시오도스는 《신통기》에서 "태초에 카오스가 먼저 생겨났다"라고 했다(116). 그것은 태초신의 하나인데, 혼돈이라고 번역되는 것으로도 추측할 수 있듯이 '공간(空間)'이다.

하늘·바다·행성·불·대지·바람은 모두 신이었다.

남성·여성·새·악어·송아지·개·뱀·양파·부추가 신격화되었다. 아울러 그들은 거의 모든 곳에 정령으로 '수호신(demons)'을 세웠다. 즉 들판에는 남녀의 판*5 또는 반인반수(半人半獸)의 사티로스*6가, 숲에는 목신(牧神)*7과 요정(님프)*8들이, 바다에는 트리톤과 요정들이, 모든 하천에는 하천의 정령이나 요정이 살고 있는 것으로 믿었다. 집집마다 라레스*9와 같은 가정의 수호신, 즉 파밀리아*10가 있고, 사람마다 수호신(Genius)이 있고, 지옥에도 유령과 그 유령의 부하들, 즉 나루지기 카론(Charon)*11과 문지기 개 케르베루스(Cerberus),*12 복수의 여신 푸리에스(Furies)*13가 있다고 믿었다. 또한 밤에는 모든 장소에 '라르바(Larvæ)'*14와 '레무레스(Lemures)',*15 즉 사자(死者)의 유령과 요녀(妖女)와 요괴가 출몰한다고 믿었다. 그들은 또한 시간·밤·낮·평화·화합·사랑·투쟁·덕·명예·건강·느리고 둔함·[금속의]녹·열 등과 같이 단순한 우연성이나 특성에 불과한 것에도 신성을 부여하고 그것을 위한 신전을 세웠다. 그런 것들을 바라거나 피하고자 할 때는, 그들 유령이 마치 머리 위에 올라앉아 그들이 바라는 선이나 피하려는 악을 주거나 뺏기라도 하는 것처럼 기도하였다. 또한 그들은 자신들의 지혜를 무사(Muses, 뮤즈)*16라는 이름으로 불

---

*5 판에 대해서는 앞의 6장에서 설명한 바 있다.

*6 사티로스는 그리스 신화의 숲의 신으로 때때로 판과 닮은 모습(상반신은 사람, 하반신은 산양)을 띤다.

*7 파우누스는 로마 신화에서 목동의 신으로 판과 동일시될 때도 있다.

*8 님페, 님프는 그리스 로마 신화의 자연 정령으로 여성이다.

*9 라레스는 죽은 이의 영으로 때때로 집의 바닥에 있다고 여겼는데, 그 역할은 매우 넓어서 도로, 여행객 또는 국가의 수호일 때도 있다. 여기서는 첫 번째 의미로 쓰고 있다.

*10 Familiars는 familiar spirits를 가리키는 말로 마귀의 심부름을 하는 영(靈).

*11 카론은 지옥의 강 하데스를 건너게 하는 지킴이.

*12 케르베루스는 지옥문을 지키는 개.

*13 푸리에스는 그리스의 형벌·복수의 신으로 에리니에스에서 온 것으로 짐작되는데, 로마 신화에서의 위치와 성격은 확실하지 않다. 그러나 영어로 Furies라고 할 때는 알렉토·메가이라·티시포네의 3자매 신(머리칼이 뱀인 복수의 신)을 가리키고, 분노(fury)라는 명사와 연결된다.

*14 라르바는 라틴어로 가면·악령.

*15 레무레스는 라틴어로 죽은 이의 영.

*16 무사는 영어로는 뮤즈라고 한다. 그리스 신화의 시·문학·음악·춤의 신으로 훗날 천문학·철학 및 모든 지적 추구의 신이 되었다. 헤시오도스에 따르면 9명이다.

렀고, 무지는 포르투나[17]라는 이름으로 불렸다. 정욕을 쿠피도[18]라는 이름으로, 분노는 푸리에스, 음부는 생식신 프리아포스[19]의 이름으로 불렸으며, 몽정마저도 몽중마(夢中魔)[20]의 탓으로 돌렸다. 시(詩)에 나오는 인격 가운데 '신'이나 '악마'가 아닌 것이 하나도 없을 정도였다.

이방인의 종교를 창시한 사람들은 원인에 대한 인간들의 무지라는 종교의 두 번째 근거에 착안하여, 그리고 그런 무지 때문에 자신들의 운명을 의존 관계가 분명치 않은 원인으로 돌리는 경향이 있다는 사실에 주목하여, 이차적 원인 대신에 일종의 이차적이고 대행자의 성격을 띤 신을 만들어내기에 이르렀다. 그리하여 생식의 원인은 베누스,[21] 예술의 원인은 아폴론,[22] 정교한 기술은 메르쿠리우스,[23] 폭풍우의 원인은 아이올로스[24]에서 찾는 등 세상에 존재하는 일의 종류만큼이나 많은 신들을 만들어 냈다.

사람들이 신을 섬기기에 적당하다고 자연스럽게 생각한 방법들, 즉 봉납(奉納)·기도·감사 및 앞에서 말한 그 밖의 여러 가지 방법에 추가로, 이방인 입법자들은 그림이나 조각으로 신상(神像)을 만들었다. 그것은 마치 그 그림이나 조각 속에 신이 깃들어 있는 것처럼 무지한 사람들(대부분의 일반민중들)을 현혹시켜 두려워하게 하기 위해서였다. 그리고 그들 신에게는 아무도

---

[17] 영어의 fortune은 운명 또는 우연이라는 의미를 갖지만, 여기서는 고대 이탈리아 신화에서 로마로 도입된 포르투나 여신(Fortune)을 가리킨다. 다만, 포르투나가 운명의 여신으로 변덕쟁이라는 것은 한참 뒤에 추가된 듯하다. 그것이 가장 분명하게 표현된 곳은 마키아벨리의 《군주론》 제24장일 것이다. 홉스가 본문에서 무지를 포르투나라고 한다고 한 것은 사람들이 미래에 대한 무지(통찰의 결여 또는 실수)를 포르투나의 변덕 탓으로 돌린다는 의미이다.

[18] 쿠피도는 영어의 큐피드. 로마 신화에서 연애를 맺어 주는 소년신.

[19] 프리아포스는 그리스 신화의 번식의 신.

[20] 인큐비(Incubi)와 수큐배(Succubæ)는 수면 중인 인간 남녀와 성교하는 마귀로서 인큐부스는 여자에게, 수큐부스는 남자에게 달라붙는다고 한다.

[21] 베누스는 본디 이탈리아 신화의 여신으로 약초의 생육을 관장했는데, 로마시대에 그리스 신화의 아프로디테(사랑·아름다움·생식의 여신)와 동일시된다.

[22] 아폴론은 본디 그리스 신이며, 음악·의학·목축 등을 관장한다.

[23] 메르쿠리우스는 그리스 신화의 헤르메스에 대응하는 로마 신화의 지혜·상업·도둑 등의 신이다.

[24] 아이올로스는 아이올리아 섬에 사는 바람의 신으로 바람을 자루 또는 동굴에 가두어 놓고 세기를 조정했다.

사용하지 않는 별
도의 토지·가옥·
관리(官吏)·수입 등
을 제공하였다. 즉
동굴·숲·나무·산·
섬 전체를[*25] 그 우
상들에게 봉납하
고 신성시했다. 또
한 어떤 것에 인간
이나 야수, 괴물의
모습을 부여했을
뿐만 아니라 인간
이나 야수가 지닌
능력과 정념, 예를
들어, 감각·언어·성
(性)·정욕·생식(신

《아이네이스》 인용문 두루마리를 들고 있는 베르길리우스
오른편에는 비극의 뮤즈(무사)가, 왼편에는 서사시의 뮤즈가 서 있다.

들은 자기들끼리의 교접으로 자식 신들을 번식시켰을 뿐만 아니라, 인간과의 교
접으로 바쿠스·헤라클레스 등과 같은 잡종 신들로 천국의 동거인에 불과한 자
들을 낳았다) 등까지도 그들에게 부여하였다. 또한 그 신들은 분노·복수 같
은 살아 있는 피조물이 지닌 다양한 정념을 가지고 있었고, 그런 정념들로부
터 생기는 행위들, 예를 들어, 사기·절도·간통·남색(男色) 등 쾌락을 위해 힘
으로 온갖 종류의 악덕한 행위를 저질렀다. 이런 행위들은 인간들 사이에서
는 불명예를 넘어 위법으로 여겨지는 행위들이다.

마지막으로 미래의 예언에 대한 문제가 남았다. 이것은 자연적으로는 과거
의 경험에 기초한 추론이며, 초자연적으로는 신의 계시이다. 앞서 말한 이방
종교 창시자들은 그런 예언에 대하여 거짓 경험이나 거짓 계시를 바탕으로
수없이 많은 미신적인 점술을 일삼으며, 그런 방법으로 운명을 알 수 있다고
사람들에게 가르쳤다. 때로는 미래의 조짐을 델포이·델로스·아몬[*26] 등과 같

---

*25 이것은 집이나 관리(官吏), 수입을 봉납하는 예는 되지 않는다.
*26 델포이는 파르나소스산의 서남쪽 경사면으로, 아폴론 신전이 있었다. 델로스는 에게해의

은 유명한 신탁소의 신관들이 제시하는 모호하고 무의미한 대답에서 찾을 수 있다고 역설하였다. 그들의 대답은 어떻게 해석해도 들어맞도록 일부러 모호하게 만든다. 또는 흔히 유황동굴에서처럼 사람을 취하게 하는 기체를 그곳에 뿌려놓아 정신을 혼미하게 만들기도 했다. 무녀(巫女)들이 나뭇잎에 기록해 놓은 예언에서도 미래의 조짐을 찾을 수 있다고 했다. 무녀들의 예언은 노스트라다무스*27의 예언처럼 (현재 남아 있는 단편들은 후대에 와서 각색된 것으로 보인다) 책으로 펴내기도 했는데, 유명한 책이 로마공화국 시대에도 몇 권 나왔다. 신들린 것으로 여겨지는 미치광이의 무의미한 말에서도 미래의 조짐을 찾았으며, 이런 신들린 상태를 신내림(enthusiasme)*28이라고 일컬었다. 그리고 그들이 하는 말을 신점(神占) 또는 예언이라고 생각했다. 태어날 때의 별자리 모양에서도 미래의 조짐을 찾았으니 이른바 별점이라고 하여 인간사 점성술*29의 일부로 여겨졌다. 또 어떤 때는 그들 자신의 희망과 두려움에서 미래의 조짐을 찾았으며 그것은 예감*30 또는 예견이라는 말로 불렀다. 죽은 자와 말을 한다는 마녀들의 예언에서도 찾을 수 있다고 했다. 강령술*31·요술·마술이 그것인데, 실제로는 마녀와 공모하여 사람들을 속이는 악덕행위에 지나지 않았다. 새가 우연히 날아오르거나 먹이를 쪼는 모습에서 미래의 조짐을 찾는 것은 '새점'이라고 불렸다. '창자점'이라고 하여 죽은 짐승의 내장에서도 미래의 조짐을 찾았다. 꿈에서도, 갈까마귀의 울음소리나 새의 지저귐을 듣고 미래의 조짐을 찾았다. 얼굴의 생김새나 손금에서

섬으로 아폴론과 라트나의 신전이 있었다. 아몬은 이집트 테베의 최고신으로 BC 7세기 무렵부터 그리스에 알려져 각지에 신전이 세워졌다. 알렉산드로스 대왕이 신탁을 청한 것으로 유명하다.

*27 노스트라다무스(Michel de Notredame, 1503~1566)는 프로방스의 유대인 의사로 점성술의 대가였다. 1555년에 예언집(Propheties)을 펴내고, 그 뒤에도 이것을 증보해 나갔다. 앙리 2세의 죽음을 예언한 것이 가장 유명하다.

*28 신내림(Enthusiasme)의 기원은 그리스어의 테오스(신)에 있으며, 신에게 쓰임을 받는 것을 의미한다.

*29 인간사 점성술(judiciary astrology)은 별이 인간세계에 미치는 영향을 대상으로 하고, 자연 점성술(natural astrology)은 현대 천문학에 대응된다.

*30 예감(Thumomancy)은 그리스어의 티모스(속임수)와 만티스(점)의 합성어로 자기의 속임수에 의한 점을 말한다.

*31 강령술(Necromancy)은 네크로스(시체)에 의한 점.

도 미래의 조짐을 찾았다. 이른바 관상술과 수상술(手相術)이 바로 그것이다. 우연히 내뱉은 말을 가지고도 그렇게 했으니 이를 예조(豫兆, omina)*32라고 했다. 일식·월식·혜성·드문 유성(流星)·지진·홍수·비정상적 출생 및 이와 비슷한 괴이하고 비정상적인 사건에서도 미래의 조짐을 찾았다. 이런 일은 닥쳐올 재앙과 변고를 예고한다고 믿었기 때문에 '전조(前兆)' 또는 '예시'라고 불렀다. 심지어는 완전히 운에 의한 것, 예를 들면, 화폐의 앞뒷면을 보거나 바구니에 나 있는 구멍의 숫자를 세어, 또는 호메로스와 베르길리우스의 시집을 아무데나 펼쳐서 미래의 조짐을 찾기도 하였다. 실로 온갖 기발하고 쓸데없는 착상들이 있었다. 사람은 자기가 신용하는 사람의 말은 쉽게 믿기 마련이다. (이런 심리를 악용하여) 사람들에게 친절하고 교묘하게 접근하여 그들의 두려움과 무지를 이용하는 것이다.

이교도 종교 창시자들의 계획　따라서 이방인 사이에서 코먼웰스를 세운 최초의 건설자와 입법자들은 오로지 국민을 복종시키고 평화를 유지하는 것이 목표였기 때문에 다음과 같은 점에 항상 유의했다. 첫째, 그들이 가르치는 종교적인 계율들은 그들 스스로 궁리해 낸 것이 아니라 신 또는 다른 정령의 명령에서 나온 것임을 믿게 하기 위한 신앙이라는 점, 또는 그들의 법이 좀 더 쉽게 받아들여질 수 있도록 자신들은 평범한 인간과는 다른 고상한 본성을 지니고 있다는 믿음을 민중에게 각인시켰다. 누마 폼필리우스*33는 자기가 제정한 의식을 요정(妖精) 에게리아에게 받았다고 하였고, 페루 왕국을 창건한 초대 왕은 자기와 부인이 태양의 자식이라고 하였으며, 마호메트는 새 종교를 창시할 때 비둘기 모습을 한 성령과 협의하였다고 주장했다. 둘째, 법으로 금지한 것은 신들이 탐탁해하지 않는 일이라고 가르쳤다. 셋째, 의식·기도·제물 헌납·축제를 정하고 이런 행사를 통해 신의 노여움을 가라앉힐 수 있다고 믿게 했다. 또한 전쟁에서 지는 것, 역병 유행, 지진, 개개인의 불행 등은 신의 노여움에서 생기며, 신의 노여움은 제대로 숭배를 하지 않거나 치러야 할 의식을 제대로 치르지 않기 때문에 생기는 것이라고 우겼

---

*32 예조(Omina)는 라틴어의 omen(조짐)의 복수형.

*33 누마 폼필리우스(Numa Pompilius, BC 714~671)는 로마의 2대 왕으로 여러 개혁의 전설을 갖고 있는데, 실재 인물로 짐작된다. 에게리아는 샘과 출생의 여신으로 누마 폼필리우스에게 충고를 했다고도 하고, 그의 아내라고도 한다.

다. 고대 로마인 사이에는 시인들이 사후의 괴로움과 즐거움에 대해 쓴 것에 대한 부정을 금지하지 않았고, 국가의 권위 있고 중요한 지위에 있는 사람들이 그런 시를 조롱하는 연설을 공개적으로 하기도 하였지만, 그럼에도 그런 믿음은 사라지기는커녕 오히려 더 깊이 자리를 잡아갔다.

그리고 이런 제도와 그 밖의 다른 제도를 통하여 그들은 일반 민중들이 불행에 처하게 되는 것은 의식(儀式)을 게을리하였거나 또는 의식을 잘못하였거나, 또는 법에 복종하지 않았기 때문이라고 설명하여 통치자에 대한 반항을 줄이고, 코먼웰스의 평화라는 그들의 목적을 이룩하려 하였다. 사람들은 신들을 섬기기 위해 열리는 화려한 제례 행렬이나 오락성 강한 경기를 통해 즐거움을 얻기 때문에 먹을거리만 부족하지 않으면 국가에 대해 불평불만을 터뜨리거나 폭동을 일으킬 이유가 없었다. 그러므로 당시 세계에서 가장 큰 부분을 정복했다고 알려졌던 로마인들은 로마에서조차, 어떤 종교를 믿든 그들의 시민정부와 양립할 수 있으면 주저없이 너그러움을 베풀었다. 거기에는 유대인 종교 이외에는 어떤 종교도 금지되었다는 기록이 없다. 유대인은 (하느님의 특별한 나라에 살기 때문에) 현세의 왕이나 국가에 국민으로서 복종하는 것은 법을 어기는 일이라고 생각했다. 이로써 이방인의 종교가 어떻게 로마인의 정책의 일부가 되었는가를 알 수 있다.

참된 종교와 하느님 왕국의 법은 같은 것이다 그러나 하느님이 초자연적 계시를 통해 직접 종교를 세운 곳에서는 하느님의 특별한 왕국을 세웠고 그를 섬기는 법은 물론 인간들 상호간의 행위에 대한 법도 정했다. 그러므로 하느님의 왕국에서는 정책과 시민법은 종교의 일부분이며, 따라서 세속적 지배와 영적 지배의 구별은 존재의 여지가 없다. 하느님이 이 세상 전체의 왕이라는 것은 분명하지만 그는 특별히 선택한 민족의 왕일 수도 있다. 군의 총사령관이 따로 자신의 연대나 중대를 가질 수 있는 것과 마찬가지로 아무런 모순이 없기 때문이다. 하느님은 그가 가진 권능에 의해 이 세상 전체의 왕이지만, 그가 선택한 민족에 대하여는 계약(covenant)에 의한 왕이다. 하느님이 선택한 국민—자연과 계약 양쪽에 의한—에 대한 자세한 논의는 다른 곳(35장)에서 하겠다.

종교 변화의 원인들 종교의 전파를 살펴보면, 종교가 다양한 분파로 나뉘어 그 최초의 씨앗과 여러 원리로 귀착하는 원인을 쉽게 알 수 있다. 그 원리는 신성(神性)과 보이지 않는 초자연적 힘에 대한 하나의 의견에 지나지 않는다. 그러나 이것은 인간의 본성에서 결코 사라지지 않거니와, 사람들의 종교적 욕구를 충족시킴으로써 좋은 평판을 얻게 된 사람들에 의해 계속해서 새 종교가 싹트고 자라난다.

이렇게 하여 형성된 모든 종교는 처음에는 다수가 어느 한 사람을 믿는 신앙으로부터 출발한다. 사람들은 그가 현명한 사람이고 자신들의 행복을 위해 노력하고 있으며, 신으로부터 신의 의지에 대한 초자연적 계시를 받는 성인(聖人)이라 믿는다. 따라서 종교상의 통치권을 가진 그런 사람들이[34] 지혜나 성실성이나 애정을 의심받게 되거나, 그럴듯한 신의 계시의 증거를 보여줄 수 없게 되면 그들이 유지되기를 희망하는 종교 또한 의심을 받게 되고, (정치적 칼날의 두려움이 없으면) 필연적으로 반박과 거부를 당한다.

불가능한 일에 대한 믿음을 강요하는 것 하나의 종교를 이루었거나 또는 이미 형성된 종교에 무언가를 추가한 사람이 모순된 일에 대한 신앙을 강요할 때는 현명하다는 평판이 사라진다. 서로 모순되는 두 가지 사실이 동시에 진리일 수는 도저히 없기 때문에 그에 대한 믿음을 강요하는 것은 무지의 증거일 뿐이다. 창시자의 무지가 드러나면 그가 초자연적 계시에 따른 것이라고 내세운 다른 모든 것들에 대해서도 불신을 품게 된다. 인간은 자연적 이성을 초월한 대부분의 것들에 관하여는 초자연적 계시를 받아들이지만, 자연적 이성에 어긋나는 일에 대하여는 계시를 받아들이지 않는다.

그들이 수립하는 종교에 어긋나는 행동을 하는 것 다른 사람에게는 믿으라고 요구하는 일을 정작 그들 자신은 믿지 않는 듯한 언동을 하면 성실하다는 평판을 잃는다. 따라서 그런 언동들은 모두 걸림돌이 된다.[35] 부정·잔인·모독·탐욕·사치처럼 종교의 길을 걷는 사람들을 걸고넘어지는 방해물이기 때문이다. 자기는 평소 그런 행동을 예사로 하면서, 다른 사람이 그보다 덜한 잘못을 해도 보이지 않는 위대한 힘의 처벌을 받는다고 주장하면 누가 그 말을 믿겠는가?

---

*34 '그런 사람들'은 '종교를 통치하는 사람들'로밖엔 생각할 수가 없는데 그들과 군중이 신앙하는 사람과의 관계가 분명치 않다.

*35 Scandal은 그리스어의 '걸림돌'에서 온 말로 바로 뒤에 나오는 '방해물(*stumbling block*)'과 같다.

개인적인 목적이 있음이 드러나면 애정이 있다는 평판을 잃게 된다. 예를 들면, 그들이 신도들에게 요구하는 신앙이 그들 자신에게만 지배·재산·권위·쾌락 등을 독점적으로 확보하는 데 도움이 되거나 또는 그럴 것이라고 생각되는 경우이다. 자기 자신에게 편익이 돌아오는 일을 할 경우, 다른 사람의 눈에는 그들이 자신을 위해 일할 뿐 다른 사람에 대한 애정 때문은 아닌 것으로 보이기 때문이다.

기적에 대한 증거의 부족　마지막으로, '하느님으로부터의 소명(召命, divine calling)'을 제시할 수 있는 증거는 기적이나 참된 예언(이것도 기적이다), 과분한 행복 외에는 있을 수 없다. 그러므로 그런 기적을 행한 사람들에게서 받아들인 항목에 대한 종교적 가르침은 따를지언정, 자신들의 소명을 입증할 만한 기적을 보여주지 못한 자들이 추가한 내용들은 신앙의 대상이 될 수 없으며, 이 경우 사람들의 신앙은 그들이 교육받은 지역의 관습과 법에 의해 만들어진 신앙보다 큰 신앙을 얻기는 어렵다. 지각 있는 사람들은 자연적인 일들에 대해 자연적 징표나 증거를 요구하듯이, 초자연적 일들에 대해서도 내면적으로 동의하기 전에 초자연적 징표(기적)를 요구하기 때문이다.

사람들의 신앙을 약화시키는 이런 원인이 무엇인지는 다음의 예로 분명히 알 수 있다. 첫째, 이스라엘 자손들의 예이다. 모세는 기적을 행하고 이스라엘 국민들을 이집트의 속박에서 해방시켜 그의 소명을 입증했다. 그런 모세가 불과 40일 동안 자리를 비웠을 때 그들은 모세가 가르쳐준 참된 신을 저버리고 금송아지를 신으로 모셨다. 이집트에 속박되었던 시절의 우상숭배로 되돌아간 것이다(출애굽기 32장 1~2절). 또한 모세·아론·여호수아*36 등 이스라엘에서 하느님의 위대한 사업을 목격한 세대가 세상을 떠난 뒤에는 다른 세대가 나타나 바알*37을 섬겼다(사사기 2장 11절). 이처럼 기적이 쇠퇴하면 신앙도 따라서 시들어갔던 것이다.

사무엘상 8장 3절　또한 사무엘의 아들들이 아버지의 명에 의해 브엘세바*38의 재판관으로 임명되어 뇌물을 받고 옳지 못한 판결을 내리자, 이스라

---

*36 여호수아는 모세가 죽은 뒤 이스라엘 사람들을 이끌고 가나안 땅으로 들어가 땅을 12부족에게 분배했다.
*37 바알은 가나안 지방의 풍요의 신.
*38 이스라엘 남부의 도시.

엘 국민들은 하느님을 왕으로 섬겨오던 종전의 방식을 거부하고, 자신들에게도 이웃 나라와 같이 왕을 세워 달라고 사무엘에게 호소하였다. 이와 같이 정의가 땅에 떨어지자 신앙도 쇠퇴했으며, 마침내 신정(神政)을 배제하게 되는 지경에까지 이르렀다.

그리스도교가 전파되자 로마 제국 안의 모든 지방에서 신탁이 소멸되고, 그리스도교 신자 수는 사도나 복음전도사의 전도에 의해 각지에서 나날이 경이적으로 증가되었지만, 이런 성공의 대부분은 당시 이방인 사제들이 부패와 탐욕에 빠지고 왕후(王侯)들에게 아첨함으로써 자초한 경멸 때문이라고 할 수 있다. 로마 교회의 종교도 부분적으로는 그와 같은 원인으로 인해 영국을 비롯한 대부분의 그리스도교 국가에서 폐지되었다. 목자의 타

로마 교황 요한 바오로 2세(1920~2005)
제264대 교황(재위 1978~2005). 교회 안팎의 문제, 신·구교 일치운동에 많은 힘을 썼다.

락은 국민의 신앙을 타락시킬 정도였다. 또한 부분적으로는 아리스토텔레스의 철학과 학설을 스콜라 학자들이 종교에 도입함에 따라 몹시 많은 모순과 불합리가 발생하였다. 그 때문에 성직자들은 무지할 뿐 아니라 불순한 의도를 가지고 있다는 비난이 자자했고, 민심이 떠나기 시작했다. 민심의 이탈은 프랑스와 네덜란드에서는 왕후의 의지에 반하는 형태로, 영국에서는 왕후의 의지와 함께 성직자에게서 떠나가는 형태로 나타났다.

마지막으로, 로마 교회가 구원에 필요하다고 선언한 교리 중에는 교황과 다른 그리스도교도 왕후의 영토에 살고 있는 교황의 영적 신하들에게 유리

한 내용이 분명히 많았다. 이로 인해 왕후들 사이에 경쟁이 벌어졌는데, 이런 경쟁이 없었더라면, 영국에서처럼 전쟁이나 분쟁 없이도 외세를 쉽게 물리칠 수 있었을 것이다. 주교가 왕관을 씌워 주지 않으면 왕은 그 권위를 그리스도로부터 받지 못한다고 믿는 교리가 과연 누구를 위한 것인지 모를 사람이 어디 있겠는가? 왕이 성직자이면 결혼할 수 없다든가, 왕자가 합법적 결혼에 의해 태어났는지 여부는 로마 교황의 권위에 의해 판단해야 한다든가, 로마의 법정에서 이단이라 판결받은 왕에게는 신하와 국민의 충성과 의무가 면제된다든가, (자카리아스 교황이 프랑스 왕 키르페리히*39를 그렇게 한 것처럼) 교황이 왕을 까닭 없이 폐위시키고 나라를 빼앗아 자기 신하에게 준다든가, 어느 나라에서든 성직자와 수도자는 죄를 저질러도 그들 나라의 사법권 적용 대상에서 제외된다는 따위의 교리가 과연 누구를 위한 것인지는 삼척동자도 다 안다. 또한 개인적 미사의 헌금과 연옥에서의 팁이*40 누구 주머니로 들어가는지 모를 사람이 어디 있겠는가? 그런 것들은 개인적 이해(利害)의 표시임과 동시에 정치나 관습이 (앞에서 말한 것처럼) 그들의 스승에 대해 신성하고 현명하고 성실하다고 뒷받침해 주지 않으면 제아무리 활기찬 신앙이라도 손상을 입기에 충분하다. 그러므로 나는 이 세상 종교의 모든 변질은 단 한 가지 원인, 즉 못된 성직자 탓이라고 생각한다. 이런 못된 성직자들은 가톨릭 교도뿐 아니라, 종교개혁에 가장 적극적으로 앞장 선 교회 안에도 있다.

---

*39 성 자카리아스는 재위 741~752년의 교황으로 그와 싸웠던 프랑스 왕은 메로빙거 왕조의 마지막 왕인 키르데리히 3세(재위 741~751)인데, 홉스는 42장에서도 키르페리히라고 하고 있다.

*40 Vales of Purgatory는 직역하면 '연옥의 골짜기'이다. 그러나 Vailes로 되어 있는 판(예를 들면 초판B)도 있으므로 팁으로 하는 것이 옳다고 본다. 가톨릭 교회에서는 참회의 헌금을 이렇게 불렀다.

13 인간의 자연상태

사람은 날 때부터 평등하다 자연은 인류를 육체적·정신적 능력에서 평등하게 창조했다. 따라서 남보다 더 강한 육체적 능력을 지닌 사람도 이따금 있고, 두뇌 회전이 남보다 빠른 경우도 더러 있지만, 모든 능력을 종합해 보면, 인간들 사이의 능력 차이는 거의 없다. 있다 하더라도 다른 사람보다 더 많은 편리와 이익을 주장할 수 있을 만큼 두드러지지는 않다. 육체적으로 아무리 약한 사람이라도 음모를 꾸미거나 같은 위험에 처해 있는 약자들끼리 공모하면 아무리 강한 사람도 충분히 쓰러뜨릴 수 있기 때문이다.

정신적 능력의 경우에는 체력보다도 더 큰 평등성이 있다고 나는 생각한다. 물론 예외는 있다. 언어를 도구로 하는 여러 학예, 특히 과학이라는 확실한 보편적 규칙에 따라 일을 처리하는 기량에는 사람마다 차이가 있다. 하지만 이런 기량을 지닌 사람은 극소수에 불과하고, 또 그 능력이 발휘될 수 있는 영역도 매우 제한되어 있다. 왜냐하면 이런 능력들은 타고난 자연적 능력도 아니고, 분별력처럼 다른 무언가를 추구하는 사이에 저절로 생기는 능력도 아니기 때문이다. 인간의 분별력은 경험에서 생기므로 같은 시간 동안 똑같이 몰두한 일에 대해서는 모든 사람에게 똑같이 이루어진다. 이런 평등성을 부정하는 것은 사람이 자신의 지혜에 대해서 갖는 자만일 뿐이다. 거의 모든 사람들이 이런 자만에 빠져 자신이 보통사람들보다 더 현명하다고 생각한다. 특별히 이름난 사람이나 경쟁에 의해 뛰어남을 인정받은 소수의 사람들에 대해서만 예외를 인정할 뿐이다. 즉 자기보다 더 아는 것이 많고 웅변에 능하며, 학식이 뛰어난 사람들이 많다는 사실은 인정하면서도, 남들도 모두 자기 못지않게 현명하다는 사실은 좀처럼 믿으려 하지 않는 것이 인간의 본성이다. 자기의 지혜는 가까이서 보고, 남의 재주는 멀리서 보기 때문이다. 그러나 이 점이 바로 인간이 얼마나 평등한지를 증명한다. 평등한 분배에 있어서는 보통사람들이 각자 자기 몫에 만족하고 있다는 사실 이상의 증거가 없기 때문이다.

평등에서 불신이 생긴다 이런 능력의 평등에서 목적 달성에 대한 희망의 평등이 생긴다. 즉 누구든지 똑같은 수준의 기대와 희망을 품고 목적을 설정하고, 그 목적을 이룩하기 위해 노력한다. 두 사람이 서로 같은 것을 원하지만 그것을 똑같이 누릴 수 없다면 그 둘은 서로 적이 되어 상대편을 무너뜨리거나 굴복시키려 하게 된다. 파괴와 정복을 피할 수 없게 만드는 경쟁의 주된 목적은 자기보존과 때로는 파괴와 정복에서 오는 쾌감 자체이다. 그리하여 다음과 같은 일이 일어난다. 즉 침입자가 타인의 단독의 힘 이외에는 두려워할 필요 없는 상황에서는, 누군가 농사를 짓거나 안락한 거처를 마련해 놓으면 다른 사람들이 몰려와서 그를 쫓아내고 노동의 열매뿐만 아니라 심지어는 생명이나 자유까지 빼앗을 가능성을 예상할 수 있다. 그리고 그 침략자 역시 다른 침략자에 의해 같은 위험에 놓이게 된다.

불신에서 전쟁이 발생한다 이와 같이 서로 불신하는 상황에서 누구나 닥쳐올 위협으로부터 자신을 안전하게 보존하려면 선수를 치는 것 외에는 타당한 방법이 없다. 곧 폭력이나 계략을 써서 되도록 모든 사람들을 오랫동안 지배하여 더 이상 자신을 위협하지 못하도록 무력화하는 일이다. 이것은 오로지 자신을 보호하는 데 필요한 범위를 넘어서지 않기 때문에 일반적으로 허용되어 있다. 또한 어떤 사람들은 자신의 안전에 필요한 범위를 넘어선 정복 행위를 통하여 자신의 권력을 과시하고 쾌감을 느끼기 때문에, 안전하기만 하다면 일정한 범위 안에서 만족하려는 사람들조차도 힘을 증대시키지 않고 수비만 해서는 생존이 보장되지 않는다. 따라서 선량한 사람들조차도 침략을 통한 권력 부풀리기에 나서는 것이다. 이처럼 타인의 지배를 위해 힘을 키우는 것은 자기보호를 위해 필요한 일이므로 누구에게나 허용되어야 한다.

또한 인간은 그들 모두를 위압할 수 있는 힘이 없는 곳에서는 벗을 사귀는 기쁨을 누릴 수 없다(반대로 큰 슬픔을 느낀다). 인간은 누구나 자기 자신에 대해 갖고 있는 것과 똑같은 수준으로 벗들이 자기를 높이 평가해 주기를 바란다. 따라서 자기를 경멸하거나 과소평가하는 낌새가 보일 때, 그럴 마음만 먹으면(이것은 그들을 제압할 공통된 권력을 지니지 않은 사람들 사이에선 서로를 망가뜨리기에 충분하다) 자기를 경멸한 사람을 공격하여 해를 가하고, 다른 사람들에게는 하나의 본보기로 삼음으로써 더 큰 평가를 강제로 얻으려 노력한다. 이것은 매우 자연스러운 것이다.

그러므로 우리는 인간의 본성 속에서 분쟁을 일으키는 세 가지 주된 원인을 찾을 수 있다. 첫째는 경쟁(*competition*)이며, 두 번째는 불신(*diffidence*)이고, 세 번째는 공명심(*glory*)이다.

인간은 첫째, 이득을 위해 침략하고, 둘째, 안전을 바라서, 셋째, 공명심 때문에 명예수호를 위한 공격자가 되는 것이다. 첫째는 타인과 그들의 처자권속 및 가축들의 지배자가 되기 위해 폭력을 사용하고, 둘째는 자기 방어를 위해, 셋째는 한 마디 말 또는 단 한 번의 웃음, 의견 차이 등 직접적으로 그들을 향한 것이거나 간접적으로 그들의 친척·벗·민족·직업·가문을 불문하고 그것을 얕잡아 보는 사소한 표현들 때문에 폭력을 동원한다.

정치국가들 외부에는 언제나 만인의 만인에 대한 전쟁이 존재한다 이로써 다음 사실이 분명해진다. 즉 인간은 그들 모두를 위압하는 공통 권력이 없이 살아갈 때는 전쟁상태로 들어간다는 것이다. 이 전쟁은 만인에 대한 만인의 전쟁이다. 즉 전쟁은 단순히 전투 또는 투쟁행위의 존재 유무만으로 판단하는 것이 아니다. 일정한 기간에 걸쳐 전투 의지가 존재하는 것이 확실하다면, 그 기간 동안은 전쟁상태에 놓여 있는 것이다. 그러므로 전쟁의 본성에는 날씨의 본성과 마찬가지로 '시간'의 개념이 고려되어야 한다. 한두 번 내리는 소나기에 의해서가 아니라 여러 날에 걸쳐 비가 오락가락할 때 날씨가 좋지 않다고 하는 것과 마찬가지로 전쟁의 본질도 실제 전투행위에 있는 것이 아니라 전투가 벌어질 가능성이 있느냐 없느냐, 전투가 벌어지지 않는다는 보장이 있느냐 없느냐에 달려 있다. 그 밖의 기간이 평화이다.

그와 같은 전쟁의 여러 가지 불편함 따라서 만인이 만인에 대해 적(敵)인 상태, 즉 전쟁상태에서 벌어지는 모든 일은 자기 자신의 힘과 노력 이외에는 어떤 안전대책도 존재하지 않는 상태에서도 똑같이 발생할 수 있다. 그런 상태에서는 노동에 대한 결과가 불확실하기 때문에 땀 흘려 일한 데 대한 보상이 불투명하다. 따라서 토지의 경작이나 항해, 해상무역, 편리한 건축물, 이동을 위한 도구 및 무거운 물건을 운반하는 기계, 지표(地表)에 대한 지식, 시간의 계산도 없고, 예술이나 학문도 없으며, 사회도 없다. 그리고 가장 나쁜 것은 끊임없는 두려움과 폭력에 의한 삶과 죽음의 갈림길에서 인간의 삶은 외롭고, 가난하고, 비참하고, 잔인하고, 그리고 짧다는 것이다.

이런 일들을 자세히 생각해 보지 않은 사람들에게는, 이처럼 자연이 인간들을 뿔뿔이 흩어놓고 서로 침략하고 파괴하도록 만든다는 것을 의아하게 생각할지도 모른다. 그런 사람들은 인간의 정념으로부터 이끌어 낸 나의 추론을 믿지 않고 이것이 경험으로 뒷받침될 수 있기를 바랄 것이다. 그렇다면, 경험적 증거를 제시하기 위하여 우선 나의 추론에 의심을 품는 그 사람 자신의 행동을 살펴보기로 하자. 여행을 떠날 때는 무장하고, 여러 사람과 함께 가려고 한다. 잠자리에 들기 전에는 반드시 문단속을 하고, 집에 있을 때에도 금고에 자물쇠를 단단히 채워 둔다. 더구나 그것은 그에게 가해질 침해에 복수하기 위한 법과 무장한 경찰이 있음을 알고서 하는 행동이다. 여행지에서 만나는 사람들도 모두 한 나라 국민인데, 그들을 도대체 어떻게 생각하기에 단단히 무장하고서야 말 등에 올라타는 것일까? 이웃 사람들을 어떻게 생각하기에 문단속을 그토록 철저히 하는 것일까? 집안 사람들과 하인들을 어떻게 여기기에 금고 문을 잠가 두는 것일까? 내가 말로써 인류를 비난하는 것과 마찬가지로 그 사람들은 행동으로써 인류를 비난하고 있는 것은 아닐까? 그러나 우리 중 어느 누구도 그로 인해 인간의 본성을 비난하는 것은 아니다. 인간의 욕망과 그 밖의 여러 정념들은 그 자체로는 결코 죄가 아니다. 그런 정념에서 생기는 행동들도 사람들이[*1] 그것을 금지하는 법이 있다는 것을 알기 전까지는 죄가 아니다. 그런 행동들을 금지하는 법이 만들어지기 전에는 결코 법의 내용을 알 수 없으며, 그 법을 만들 인격에 대한 합의가 이루어지기 전에는 결코 어떤 법도 만들어질 수 없다.

그런 전쟁의 시대와 상태는 과거 어느 시기에도 결코 존재한 일이 없었다고 생각할지도 모르겠다. 나도 온 세계에 걸쳐 보편적으로 그러했다고 생각하지 않는다. 하지만 오늘날 그렇게 살고 있는 지역들이 많다. 아메리카 대륙 곳곳에서 많은 야만인들이 지금도 여전히 국가가 없는 상태에서, 앞에서 말한 것같이 잔인한 방식으로 살아가고 있다. 기껏 몇몇 가족들이 모여 본능적 욕망에 따라 일시적으로 화합하는 소가족의 통치를 해나갈 뿐이다. 어쨌든, 두려워할 만한 공통 권력이 존재하지 않는 곳에서 인간의 생활 양식이

---

*1 여기서부터 인간이 복수 대명사가 된다.

어떨 것인지는 과거 평화
로운 통치 아래에서 살다
가 내란에 빠져들곤 했던
인간의 역사를 살펴보는
것으로도 충분하다.

그러나 개인들 사이에
적대하는 전쟁상태가 과
거 역사상 결코 존재한 일
이 없었다 할지라도, 시대
를 막론하고 군주나 통치
자들은 자국의 독립을 지
키기 위해 끊임없이 경계
하며, 무기를 들고 서로
노려보는 검투사 같은 자
세를 취하고 있다. 그들의
국경지대에 요새를 건설
하고, 총포와 수비대를 배
치하고, 스파이를 침투시
켜 주변국의 정세를 염탐
하는 것, 이것이 바로 전쟁

요새를 공격하는 몽골 군사들
《세계 정복자의 역사》의 삽화.

준비 태세이다. 그러나 바
로 이렇게 자국 국민들의
생업을 보장하기 때문에, 결코 거기서 개인의 자유에 따른 비참함은 발생하
지 않는다.

이러한 전쟁에서는 어떤 것도 부당하지 않다　모든 사람이 모든 사람에 대하
여 전쟁을 하는 상황에서는 그 어떤 것도 부당한 것이 될 수 없다. 옳고 그
름의 관념, 정의와 불의의 관념은 존재하지 않기 때문이다. 공통 권력이 없
는 곳에는 법도 존재하지 않으며 법이 없는 곳에는 불의(*injustice*)[즉 불법)도
존재하지 않는다. 전쟁에서 요구되는 덕은 오로지 폭력과 속임이다. 정의·불
의는 육체 또는 정신의 어떤 능력에도 속하지 않는다. 만일 정의·불의가 감

각이나 정념처럼 인간의 육체적 및 정신적 능력의 일부라면, 이 세상에 사는 단 하나뿐인 인간에게도 있어야 할 것이다. 정의·불의는 고립된 인간들이 아니라 사회 속에 있는 인간들에게 관계된 성질이다. 또한 그런 전쟁상태에서는 소유(*propriety*)도,*2 지배(*dominion*)도, '내 것'과 '네 것'의 구별도 존재하지 않는다. 저마다 획득할 수 있는 것만이 자기 것이며, 그것도 자기 것으로 유지 가능한 기간 동안 자기 것이다. 인간이 실제로 처하는 자연상태가 얼마나 가혹한지는 지금까지의 설명으로 충분할 것이다. 그러나 인간이 그런 가혹 상태로부터 벗어날 가능성이 없는 것은 아니다. 그 가능성의 일부는 인간의 정념에, 일부는 인간의 이성에 있다.

사람들을 평화로 향하게 하는 정념들　인간을 평화로 향하게 하는 정념은 죽음에 대한 두려움, 쾌적한 생활에 필요한 각종 생활용품에 대한 욕망, 그런 생활용품을 자신의 노력으로 얻을 수 있다는 희망 등이다. 그리고 이성은 인간들이 서로 협정을 이끌어 낼 수 있는 적절한 평화의 조항들을 시사한다. '자연법(*Laws of Nature*)'이라고 불리는 이런 조항들에 대해서는 다음 2개 장에서 더욱 자세히 살펴보기로 하겠다.

---

*2 Propriety는 각자에게 고유한 것으로서 주어진 소유를, Dominion은 힘으로 얻은 소유를 가리킨다. 다만 홉스는, 소유는 주권이 정하는 것으로서 그 전에는 각자에게 고유한 재산은 없다고 했다.

14 제1 자연법, 제2 자연법과 그 계약

자연의 권리란 무엇인가 일반적으로 저술가들이 '자연권(*jus naturale*)'이라고 부르는 '자연적 권리(*right of nature*)'는 모든 사람이 그 자신의 본성, 즉 자신의 생명을 유지하기 위해 자기 힘을 뜻대로 사용할 수 있는 각자가 가진 자유이며, 따라서 자신의 판단과 이성에 따라 가장 적합한 수단으로 판단되는 모든 일을 할 수 있는 자유를 말한다.

자유란 무엇인가 자유(*liberty*)란 말의 고유 의미는 외부적 방해가 없다는 뜻이다. 외부적 방해가 있을 경우에는 인간이 자기 뜻대로 힘을 사용하는 데 제한을 받기는 하지만, 자신의 판단력과 이성이 지시하는 바에 따라 사용 가능한 힘을 행사하는 것까지 막을 수는 없다.

자연법이란 무엇인가 자연법(*lex naturalis*)이란 인간의 이성이 발견해낸 계율(*precept*) 즉 일반적 원칙(*general rule*)이다. 이 자연법에 의해 인간은 그 생명을 파괴하는 행위나 자신의 생명을 유지하는 수단을 박탈하는 행위를 하거나, 또한 생명을 보존하기에 가장 적합하다고 생각되는 행위를 게을리하는 것이 금지된다. 이 문제를 논의할 때 사람들은 흔히 '권리(*jus*)'와 '법(*lex*)'을 같은 뜻으로 혼동하기 쉬운데, 이 둘은 구별되어야 마땅하다. 권리는 어떤 일을 하거나 또는 하지 않을 자유를 말한다. 반면, 법은 어떤 일을 하도록 지시하거나 또는 하지 못하도록 금지하는 것이다. 그러므로 법과 권리는 의무(*obligation*)와 자유만큼이나 다르며, 똑같은 사항에 대해서는 양자가 일치하지 않는다.

만인은 자연적으로 모든 것에 대하여 권리를 갖는다 앞 장에서 말했듯이, 인간의 상태는 모든 사람에 대한 모든 사람의 전쟁상태이기 때문에, 누구나 오직 자신의 이성에 의해 지배당할 뿐이며, 그가 이용할 수 있는 힘 가운데 적으로부터 자기의 생명을 지키는 데 도움이 되지 않는 것은[*1] 아무것도 없다.

[*1] '적들에 대해 자기의 생명을 유지하는 데 도움이 되는 것으로서 그가 이용해선 안 되는 것은 아무것도 없다'고 하는 편이 이해하기 쉽다.

따라서 그런 상태에서 모든 사람은 만물에 대한 권리를 가지며, 심지어는 서로의 몸에 대해서까지도 권리를 갖는다. 이와 같이 모든 사람의 만물에 대한 자연권이 존속하는 한, 어느 누구도 자연이 허락한 삶의 시간을 누릴 수 있다는 보장이 없다. 그가 제아무리 힘이 세고 지혜가 있어도 예외가 아니다. 그리하여 다음과 같은 이성의 계율 또는 일반적 원칙이 나온다. '모든 사람은 평화를 획득할 가망이 있는 한 그것을 얻기 위해 노력해야 한다. 평화 달성이 불가능할 경우에는 전쟁에서 이기기 위한 어떤 수단이라도 바라거나 사용해도 좋다.' 이 원칙의 앞부분은 1차적이고 기본적인 자연법을 나타내는 것으로서 '평화를 추구하고 그것을 따르라'는 것이고, 뒷부분은 자연권의 요지를 나타내는 것으로서 '할 수 있는 모든 수단을 다하여 자신을 방어할 권리'이다.

제2의 자연법　평화를 위해 노력하도록 명령한 이 기본 자연법에서 다음과 같은 제2의 자연법이 도출된다. '인간은 평화와 자기 방어를 위해 그가 필요하다고 판단하는 한, 또한 다른 사람들도 모두 그럴 경우에는 만물에 대한 이 권리를 기꺼이 포기하고,*2 자신이 타인에게 허락한 만큼의 자유를 갖는 것으로 만족해야 한다.' 왜냐하면 모든 사람이 무엇이든지 자기 뜻대로 할 수 있는 이 권리를 보유하는 한, 모든 인간은 전쟁상태에 놓이기 때문이다. 그러나 다른 사람들에게 그런 권리를 포기할 의사가 없는 경우에는 자신의 권리를 포기할 이유가 어디에도 없다. 그것은 자신의 평화를 이룩하는*3 일이 아니라 스스로를 남의 먹이로 내던지는 일이기 때문이다. 어느 누구도 그런 구속은 받지 않는다. 그러므로 《복음서》에 이르기를, '무엇이든지 남에게 대접을 받고자 하는 대로 너희도 남을 대접하라'라고 하였으며,*4 '남이 너에게 행하기를 원치 않는 일은 너도 남에게 행하지 말라(*Quod tibi fieri non vis, alteri ne feceris*)'는 것이 모든 사람의 법이 된 것이다.*5

권리를 버린다는 것은 무엇인가　인간이 어떤 것에 대한 '권리'를 '버린다(*lay down*)'는 것은 다른 사람이 그 권리로부터 얻는 편익을 방해할 '자유'를 버

＊2 초판C에는 '포기해야 하는 be willing'이 '버려도 좋은 may be willing'으로 되어 있다.

＊3 to expose himselfe to Prey와 to dispose himself to Peace의 대치.

＊4 마태복음 7장 12절, 누가복음 6장 31절.

＊5 Scriptores historiae augustae의 《알렉산더 세베루스 전(傳)》 제51장.

《민중을 이끄는 자유의 여신》
1830년 프랑스의 7월혁명을 묘사한 들라크루아 작품.

리는 것이다. 어떤 사람이 자기의 권리를 방치하거나 양도했다고 해서 그에게 전에 없던 권리를 남에게 주는 것은 아니다. 모든 사람은 자연적으로 모든 권리를 가지고 있기 때문에 새로 생길 권리는 없다. 그는 다만 한켠으로 물러서서 타인이 자신의 방해를 받지 않고 그 자신의 근본적 권리를 누릴 수 있게 할 따름이다. 그렇다고 해서 제삼자의 방해까지 받지 않는 것은 아니다. 따라서 어떤 사람이 자기 권리를 포기할 경우에 돌아오는 결과는 다른 사람들이 자기 권리를 행사하는데 장애물이 그만큼 줄어들었다는 것뿐이다.

　　권리를 방치한다는 것은 무엇인가　권리는 포기하거나 또는 그것을 다른 사람에게 양도함으로써 없어진다. 포기한다(*renounce*)는 것은 결과적으로 누구에게 편익이 돌아가는지 고려하지 않고 '일방적으로' 자기의 권리를 버리는 것을 말한다. 양도(*transfer*)는 어느 특정인(들)에게 이익이 되리라는 의도로 자기의 권리를 버리는 것을 말한다. 둘 중 어느 한 가지 방식으로든 권리를 제거하고 나면, 그로부터 이익을 얻을 사람의 권리행사를 방해하지 않을 의무(*obliged*)를 지거나 또는 속박(*bound*)당하게 된다. 그는 자신의 의지에 따른 이 행동을 무효화해선 '안 된다'. 그것이 바로 그의 책무(*duty*)이다. 그런 방해행위는 불의(不義)이며, 그럴 '권리가 없으므로(*sine jure*)' 권리침해(*injury*)에*6 해당한다. 방해할 권리를 이미 내다 버렸거나 양도했기 때문이다. 스콜라 학자들의 논쟁에서 자주 등장하는 침해와 부정의 개념을 빌리자면, 이른바 '불합리(*absurdity*)'에 해당한다. 논쟁에서는 처음에 했던 주장을 뒤집으면 이를 불합리라고 한다. 행동의 세계에서도 자발적으로 한 행동을 나중에 뒤집어 모순 관계를 나타내면, 이것이 바로 '불의'이며, '권리침해'가 되는 것이다. 자신의 권리를 포기하거나 또는 양도하는 방식으로는 선언 또는 명시가 있다. 명시란 권리를 포기하거나 양도한다는 사실을, 또는 이미 포기했거나 다른 사람에게 양도했다는 사실을 분명한 기호로 나타내는 것을 말한다. 이 기호는 말일 수도 있고, 행위일 수도 있으며, 또 흔히 그러하듯이 말과 행위를 병용할 수도 있다. 증서도 마찬가지로 그런 구속과 의무를 나타낸다. 증서가 지니는 힘은 증서 자체에서 나오는 것이 아니라(사람의 말(약속)만큼 쉽게 뒤집히는 것은 없기 때문에), 그것을 어기는 행위에 따라올 해로운 결과에 대한 두려움에서 오는 것이다.

모든 권리를 양도할 수 있는 것은 아니다　인간이 자신의 권리를 양도하거나 포기할 때는 다 까닭이 있다. 그렇게 하면 어떤 반대급부가 자기에게 돌아오거나, 다른 어떤 이익을 기대할 수 있기 때문이다. 왜냐하면 그것은 자발적 행위이고, 모든 자발적 행위는 '자신의 이익'을 목적으로 한다. 그러므로 누구에게나 어떤 서약이나 다른 표시에 의해서도 결코 포기 또는 양도된 것으로 볼 수 없는 몇 가지 권리가 있다. 첫째, 힘으로 생명을 빼앗으려는 자들에게 저항할 권리는 누구도 포기할 수 없다. 왜냐하면 그렇게 함으로써 그가 어떤 이익을 도모했다고 볼 수 없기 때문이다. 상해·구금·투옥의 경우도 똑같다. 구금이나 투옥의 경우, 그것을 견디어 넘으로써 돌아오는 이익은 아무것도 없다. 상해의 경우에도 폭력적 공격자가 살해할 의사가 있는지 어떤지 알 수 없기 때문에 살해의 초기단계로 여길 수밖에 없다. 마지막으로 권리

---

*6 번역문으로는 표현할 수 없었지만, Injury는 권리(Jus)가 없는 행위(불법행위)라는 의미에서의 타인에 대한 침해이므로 Sine Jure와 Injury는 서로 연관된다.

의 방치와 양도가 일어나는 동기와 목적은 자신의 생명을 보존하고, 생명보존의 수단들을 안전하게 확보하여 삶이 고달퍼지지 않도록 하는 것이다. 따라서 말이나 또는 다른 표시로 그런 목적을 포기하는 듯한 의사표시를 한 경우에도 의사와 표시가 일치하지 않는 의사표시 또는 진의가 아닌 의사표시로 보아야 하며, 다만 그들은 그런 말과 행위가 어떻게 해석되는지에 대하여 무지한 것일 뿐이다.

계약이란 무엇인가 권리를 서로에게 양도하는 것을 계약(contract)이라한다.

사물에 대한 권리의 양도와, 사물 자체를 양도 및 교부, 즉 인도하는 것에는 차이가 있다. 사물의 인도는, 현금으로 이루어지는 매매나 재화 및 토지의 교환처럼 권리이행과 동시에 이루어질 수도 있고, 그 이후에 이루어질 수도 있다.

신약(信約)이란 무엇인가 또한 계약당사자 중 한쪽이 약정 물품을 상대에게 인도하고, 상대에게 일정 기간이 지난 뒤 채무를 이행하도록, 신뢰하고 기다릴 수 있다. 이런 종류의 계약은, 채무를 먼저 이행한 선이행자(先履行者)의 입장에서 보면 협정(pact) 또는 신약(信約, covenant)에 해당한다. 또한 양쪽이 저마다 채무를 나중에 이행하기로 계약할 수도 있다. 이런 경우에는, 장차 채무가 이행될 것으로 신뢰하는 상태이기 때문에, 그의 채무이행은 '약속 준수(keeping of promise)' 또는 성실(faith)에 따른 것이며, 불이행은 (자발적 의사로 이루어진 경우) '성실의 파기(violation of faith)'에 해당한다.

권리의 양도가 양쪽 모두에게 의무적인 것이 아니라 일방적인 경우도 있다. 일방적 권리양도는 벗의 우정을 얻기 위해, 편의를 제공받기 위해, 자비롭고 아량이 넓다는 명성을 얻기 위해, 동정심을 이기지 못하거나, 하늘나라에서의 대가를 기대하여 이루어질 수 있다. 이때는 계약이 아니라 증여(贈與)·무상증여(無償贈與)·은혜이며 이 세 낱말은 모두 같은 것을 나타낸다.

계약의 표시는 '의사표시를 드러낸(express)'것과 '추측에 의한(by inference)'것이 있다. 의사표시를 명백히 드러낸 것은 자기가 하는 말의 의미를 이해한 상태에서 말로 표현하는 것을 말한다. '준다, 승낙한다, 주었다, 승낙했다, 이것이 너의 것이 되기를 희망한다'와 같은 명시는 현재 또는 과거에 대한 것이며, '주겠다, 승낙하겠다'와 같은 명시는 미래에 대한 것이다. 미래에 대한 그런 말은 약속(*promise*)이라고 한다.

추측에 의한 계약의 표시 추측에 의한 표시는 말(*words*)의 결과일 때도 있고, 침묵의 결과일 때도 있고, 행위의 결과일 때도 있고, 어떤 행위를 억누른 결과일 때도 있다. 일반적으로 어떤 계약에서든 이런 추측에 의한 표시도 계약자의 의사를 충분히 증거하는 것으로 볼 수 있다.

무상증여는 현재 또는 과거의 말에 의해 이행된다 말의 내용이 장래의 약속으로만 되어 있을 경우에는, 무상증여의 불완전한 표시로서 결코 채무이행의 의무가 있다고 할 수 없다. 예를 들어, 양도할 대상물이 아직 양도되지 않은 상태에서 '내일 주겠다'고 말했을 때, 그것은 내가 아직 양도하지 않았다는 표시이고, 따라서 명시적 양도의 행위가 있을 때까지는 내 권리가 아직 양도되지 않고 남아 있다는 표시이다. 그러나 '주었다'거나 '내일 인도하기로 하고 지금 준다'는 말처럼 현재나 과거에 대한 말일 때는 그 말 자체만으로 대상에 대한 권리가 이미 오늘 양도된 것으로서, 증여의사에 대한 다른 증명이 더 이상 필요치 않다. 그리고 '나는 이것이 내일 당신의 것이 되기를 희망한다(*I will that this be thine tomorrow*)'는 말과, '나는 이것을 내일 당신에게 주겠다(*I will give it thee tomorrow*)'는 말은 전혀 다른 의미의 말이다. 전자에서 '*I will*'은 현재의 자발적 행위(*will*)를 나타내지만, 후자에서 '*I will*'은 장래의 자발적 행위(*give*)에 대한 약속의지(*will*)를 나타낸다. 따라서 전자의 말은 현재에 대한 것이기 때문에 미래의 권리를 양도하고, 후자는 미래에 대한 것이기 때문에 아무것도 양도하지 않는다. 그러나 만일 말 이외에 권리양도 의지를 나타내는 다른 표시가 있다면, 무상증여라 하더라도 그 권리는 미래에 대한 말에 의해 이전되는 것으로 볼 수도 있다. 예를 들면, 경기에서 결승점에 가장 먼저 이른 자에게 상을 주겠다고 제안하는 것처럼 증여는 무상이며, 이 말이 비록 미래에 대한 것일지라도 권리는 이전된다. 왜냐하면 자기가 한 말이 그렇게 이해되기를 바라지 않았다면, 그런 말을 하지 않았을 것이기 때문이다.

계약의 표시는 과거, 현재, 미래에 대한 말이다 계약에 있어서 권리의 이전은 말이 현재 또는 과거에 대한 경우뿐 아니라 미래에 대한 경우에도 이루어진다. 왜냐하면 모든 계약은 권리의 상호 이행 또는 변경이기 때문이다. 그러므로 계약 당사자 가운데 한쪽은 약속만 하고 아직 자신의 채무를 이행

14세기 제노바의 은행가·환전상들의 모습
대규모 상업 활동이 출현하면서 중세 유럽 주요 도시들은 막대한 부를 얻었다.

하지 않은 상태이고, 상대는 계약 내용을 이미 이행한 경우에도, 약속만 한 쪽이 권리의 이동을 의도한 것으로 이해되어야 한다. 왜냐하면 그가 자신의 말이 그렇게 해석되는 것을 마뜩지 않게 여겼다면, 상대도 자신의 채무를 먼저 이행하려 들지 않았을 것이기 때문이다. 바로 그런 이유 때문에 매매를 비롯한 그 밖의 계약행위에서 약속은 곧 신약과 같으며, 따라서 의무적인 것이다.

계약 이행을 받을 자격이 있다는 것은 어떤 것인가 계약의 경우, 먼저 계약 내용을 지킨 사람은 상대의 채무이행에 의해 발생할 이익을 누릴 자격(merit)이 있다고 한다. 이것은 선이행자의 '당연한 권리'이다. 또한 승자에게 상을 주겠다고 여러 사람에게 제안했을 경우나, 대중 앞에 돈을 뿌리고 먼저 주운 사람이 갖도록 한 경우, 이것은 무상증여이긴 하지만 승자 또는 돈을 주운 사람은 현상물 또는 주운 돈을 가질 '자격'이 있으며 그것은 당연한 권리(due)이다. 왜냐하면 현상광고를 한 바로 그 순간, 돈을 뿌린 순간, 권리가 양도되기 때문이다. 다만 누가 권리를 갖는지는 경쟁의 결과로만 결정된다. 그러나 계약에서의 자격과 무상증여에서의 자격에는 다음 같은 차이가 난다. 즉 계약의 경우에는 나 자신의 능력과 계약상대의 필요 때문에 자격이 발생하지만, 무상증여의 경우에는 다만 수여자의 자비에 의해 자격이 생긴다. 계약의 경우에는 권리가 계약상대의 손을 떠나는 순간 나에게 자격이 주어지지만, 증여의 경우에는 수여자가 그의 권리를 내놓은 것만으로는 자격이 일어나지 않는다. 증여된 권리가 타인의 것이 아니라 나의 것이 되어야 비로소 자격이 발생한다. 나는 이것이 스콜라 학자들이 말하는 '승인에 의한 자격(meritum congrui)'과 '가치에 의한 자격(meritum condigni)'의 구별과 같은 것이라고 생각한다. 전능하신 하느님은 그가 정한 계율과 제한에 따라 육욕과 싸우면서 이 세상을 살아가는 사람들에게 낙원을 약속했으므로, 이 경우 하느님의 '승인에 의해(ex congruo)' 낙원에 갈 자격이 생긴다고 스콜라 학자들은 말한다. 그러나 그 누구도 자신의 정의로움이나 자신이 가진 다른 어떤 능력을 내세워 낙원에 갈 권리를 요구할 수는 없다. 즉 아무도 자신의 '가치에 의해(ex condigno)' 낙원에 갈 수 없다. 오로지 하느님의 무상의 은혜로만 그 자격이 주어질 뿐이다. 나는 바로 이것이 스콜라 학자들이 사용하는 두 가지 개념의 구별이라고 생각한다. 그러나 논쟁적인 학자들은 저마다 자기주장에 부합하는 뜻으로만 용어를 쓰려 하기 때문에, 내가 그 용어의 의미를 단정할 생각은 없다. 다만 내가 말하고 싶은 것은 증여가 경쟁에 대한 상처럼 불특정적으로 주어지는 경우, 승자는 그 상을 받을 자격이 있으며, 그것을 청구할 수 있는 당연한 권리를 갖는다는 것이다.

상호 신뢰에 의한 계약이 무효인 경우 당사자 양쪽이 현재는 계약 내용을 이행하지 않은 상태에서 서로 신뢰를 바탕으로 한 신약이 자연상태, 즉 모든 사람에 대한 모든 사람의 전쟁상태에서 맺어졌다면, 이 계약은 무효이다. 그러나 그들 위에 채무 이행을 강제할 충분한 권리와 힘을 가진 공통 권력이 존재한다면 무효가 아니다. 자연상태에서는 그런 강제적 힘을 기대할 수 없다. 즉 모든 사람이 평등하고, 각자가 품은 두려움의 정당성에 대한 판단도 각자 하게 되는 경우 말이다. 강제적 힘에 대한 두려움이 없는 말의 속박은 인간의 야심·탐욕·분노 및 다른 정념을 이겨내기에는 지나치게 힘이 약하기 때문이다. 따라서 채무의 선이행자는 상대가 나중에 이행할 것이라는 보증을 받을 수 없다. 이런 보증이 없는 상태에서 채무를 먼저 이행하는 것은 생명과 생존수단의 방어라는, 결코 포기할 수 없는 권리에 어긋나는 것으로서 자신을 적에게 넘겨주는 것과 다를 바 없다.

그러나 반(反)신의행위를 하는 자를 규제하는 권력이 존재하는 사회상태에서는 그런 걱정을 할 이유가 없다. 사회상태에서는 어느 한쪽에게 채무의 선이행이 의무로 규정되어 있다.

신약을 무효화시키는 두려움의 원인은 신약을 맺은 이후에[*7] 발생한 일이어야 한다. 즉 어떤 새로운 사실이나, 채무의 이행을 거부하는 의사표시 같

모세와 10계판

은 것들이다. 다시 말해 계약체결 전에 일어난 사유는 신약을 무효로 돌릴 수 없다. 계약 체결을 막을 수 없었던 사유를 불이행의 사유로 인정할 수 없기 때문이다.

목적에 대한 권리는 수단에 대한 권리를 포함한다 어떤 권리든 양도되면 그 권리를 누릴 수단(에 대한 권리)마저 양도된다. 그러므로 권리를 양도한 자는 자신의 힘이 미치는 범위 안에서, 양도된 권리를 향유하기 위해 필요한 모든 수단까지 함께 양도해야 한다. 토지를 매각한 사람은 목초 등 그 토지에서 자라는 모든 것들도 함께 판 것이며, 물방앗간을 팔면 물레방아를 움직이는 개울물(의 사용권리)도 함께 판 것이다. 마찬가지로, 어떤 사람에게 주권자로서 국가의 통치권을 부여했을 때는 군대유지에 필요한 돈을 징수

---

*7 초판C에는 '이루어진 신약 이후에'로 되어 있다.

하고, 사법 행정에 필요한 관리를 임명할 권리를 그에게 부여한 것으로 이해된다.

짐승과의 신약(信約)은 없다   이성이 없는 짐승과 신약을 맺는 것은 불가능하다. 짐승들은 우리가 하는 말을 알아듣지 못할뿐더러, 권리에 대한 어떤 이행도 이해하거나 받아들이지 못하고, 그러한 권리를 타인에게 양도할 수도 없기 때문이다. 서로 받아들이지 않으면 신약도 없다.

특별한 계시가 없다면 하느님과의 신약도 없다   하느님과의 신약은 초자연적 계시에 의하거나 또는 그의 밑에서 그의 이름으로 다스리는 대리인을 매개로 이루어진 경우가 아니면 불가능하다.[*8] 그런 경우가 아니라면 우리의 신약이 받아들여졌는지를 알 수 없기 때문이다. 그러므로 자연법에 어긋나는 맹세를 하는 사람들은 내용을 막론하고 헛노릇을 하고 있는 것이다. 그런 맹세를 하는 것은 부정한 일이기 때문이다. 그리고 그 맹세가 자연법이 명한 것이라면, 그것은 맹세가 아니라 당연히 따라야 할 법이다.

가능한 것이면서 동시에 장래의 것이 아닌 신약(信約)은 없다   신약의 내용 또는 주제는 항상 숙고를 거쳐야 하는 어떤 것이다. 신약은 자발적 의지에 따른 행위, 즉 숙고에 의한 행위, 숙고의 최종적 행위이기 때문이다. 따라서 신약은 장래의 일에 대한 것으로 이해되어야 하며, 계약자는 그 일을 이행할 수 있다고 여겨야 한다.

그러므로 이행 불가능하다는 것을 알고서 하는 약속은 신약이 아니다. 그러나 당시에는 이행 가능하리라고 여겨서 계약을 맺었다가 나중에 불가능함을 알았을 경우, 그 신약은 유효하며 또한 여전히 그 대가에 대한 구속력을 갖는다. 이행 불가능한 채무를 이행해야 한다는 말이 아니라 대가적 급부를 해야 할 [배상]책임이 여전히 존재한다는 말이다. 그것조차 이행 불가능할 경우에는 가능한 모든 노력을 기울여야 한다. 그럼에도 여전히 불가능한 것에 대해서는 어느 누구도 의무를 지지 않는다.

신약은 어떻게 무효가 되는가   신약에서 해방되는 사유는 다음 두 가지이다. 하나는 이행 즉 변상(辨償)이며, 다른 하나는 면제(免除)이다. 왜냐하면

[*8] '하느님이 초자연적인 계시에 의해서 전달한 것과 같은 매개에 의하거나, 하느님 아래서 그의 이름으로 통치하는 그의 대리인들에 의하지 않고서는'으로 하지 않으면 뜻이 통하지 않지만, '계시에 의해'와 '대리인들'이 either로 이어져 있으므로 그렇게는 번역할 수 없다.

뮌스터 회의(1648. 5. 15)
30년 전쟁 끝냄을 위한 평화교섭 회의에서 참석자들이 선서하고 있다.

이행은 당연히 의무의 종결이고, 면제는 자유의 회복으로서 의무이행을 요구할 권리를, 의무를 지운 당사자에게 다시 이전하는 재이전(再移轉) 행위를 말한다.

두려움에 의해 강요된 신약은 유효하다　완전한 자연상태에서 두려움 때문에 맺어진 신약은 지킬 의무가 있다. 예를 들어, 내가 내 생명 대신 적(敵)에게 몸값 또는 노동을 지불하기로 약속했다면 그 계약은 구속력을 지닌다. 이것 또한 일종의 신약으로서, 나는 생명에 대한 편익을 얻고 상대는 내 생명을 빼앗는 대신 돈이나 다른 대가를 받는다는 계약이기 때문이다. 따라서 완전한 자연상태에서처럼 그런 채무 이행을 금지하는 다른 법이 없을 경우, 그 신약은 유효하다. 그러므로 전쟁포로들이 자기들의 몸값을 지불하기로 신약을 맺었다면, 마땅히 그 몸값을 지불해야 한다. 또한 약소국의 군주가 겁에 질려 강대국의 군주와 불평등 평화조약을 맺었을 경우에도, 그 조약을 지킬 의무를 지닌다. 앞서 말한 것처럼, 전쟁을 재개할 만한 정당한 명분이 새로 생기지 않는 한, 그 약속의 구속을 받는다. 또한 코먼웰스 안에서도, 도적에게 돈을 주겠다고 약속한 경우에는, 시민법이 그 강요된 채무를 해제해 줄 때까지는 그 돈을 지불할 의무가 있다. 즉 자유의사대로 어떤 일을 하기로 계약한 것이 합법적인 것처럼, 두려움 때문에 계약한 것도 또한 합법적인 것이다. 합법적으로 이루어진 계약을 합법적으로 위반할 수는 없다.

앞서 맺은 신약은 나중에 맺은 신약을 무효로 만든다 앞서 맺은 신약이 있으면 〔똑같은 대상물에 대한〕 제삼자와의 후약(後約)은 무효이다. 오늘 '갑'에게 권리를 이전한 것을 내일 '을'에게 다시 양도할 수 없다. 그러므로 나중 약속은 어떤 권리도 이전할 수 없으며 무효이다.

인간이 자기 자신을 방어하지 않겠다는 신약은 무효이다 자기방어를 하지 않겠다는 신약이 폭력에 의해 이루어졌다면, 그것은 언제나 무효이다. 앞서 이미 말한 것처럼 누구나 죽음·상해·투옥으로부터 자신을 보호할 권리를 양도하거나 포기할 수는 없기 때문이다. 바로 그런 자기보존 및 자기보호가 모든 권리포기 행위의 목적이기 때문에, 힘에 저항하지 않겠다고 약속하는 신약은 무효로서 아무런 권리도 양도하지 않고 어떤 채무도 일으키지 않는다. '이러저러한 것을 내가 하지 않거든 나를 죽이라'고 신약을 맺을 수는 있지만, '이러저러한 것을 내가 하지 않은 경우에, 나는 당신이 나를 죽이려 할 때 결코 저항하지 않겠다'는 신약을 맺을 수는 없다. 인간은 본성적으로 저항하지 않는 데 따른 죽음이라는 커다란 해악보다 저항에 따른 죽음의 위험이라는 작은 해악을 택하기 마련이다. 범죄자들을 형장이나 감옥으로 끌고 갈 때 호송원들이 무장을 하는 이유가 무엇이겠는가? 그 범죄자들이, 자신을 처벌하는 법에 동의했음에도 저항할 것이 예상되기 때문이다. 모든 사람들이 이렇게 행동하고 있다는 사실은 경험적으로도 확인할 수 있다.

누구도 자신을 고소할 의무는 없다 사면이 보장되지 않는 상황에서 자신을 고소하려는 신약 또한 무효이다. 모든 사람이 재판관인 자연상태에서는 고소의 여지가 없으며, 사회상태에서는 고소는 처벌이 따르고, 그 처벌은 폭력이기 때문이다. 자기를 고소하는 행위는 처벌, 즉 폭력에 대한 저항을 포기하는 행위에 해당한다. 어느 누구도 그렇게 해야 할 의무는 없다. 이것은 아버지나 아내 또는 은인처럼 이들에 대한 유죄판결이 결국 자신을 비참하게 만드는 고소의 경우에도 마찬가지이다.

즉 고소인이 자발적으로 증언하지 않은 경우에는 본질적으로 불순한 것으로 보아야 하며, 따라서 받아들여서는 안 된다. 또한 믿을 만한 증언을 할 수 없는 사람의 경우에도 증언의 의무는 없다. 따라서 고문에 의한 고소도 증언으로 볼 수 없다. 고문은 진실을 밝혀내기 위한 집중심문 과정에서 추측의 수단 및 일종의 등불로만 사용될 수 있다. 왜냐하면 고문에 의한 자백은 피고문자가 고문의 괴로움에서 벗어나기 위해 하는 것일 뿐, 고문하는 자에게 정보를 제공하기 위한 것이 아니기 때문에, 그 자백을 충분한 증언이라고 믿어서는 안 된다. 인간은 자신의 생명을 유지할 권리가 있으므로, 참이든 거짓이든, 자신을 지키는데 도움이 된다고 판단되는 증언을 할 수 있다.

선서의 목적 앞서 말했듯이, 말의 힘만 가지고는 인간이 스스로 맺은 신약을 이행하도록 구속할 수 없다. 다만 인간의 본성 속에, 신약의 이행을 강화시키는 보조수단이 두 가지 있다. 하나는 약속을 지키지 않았을 때 생겨나는 결과에 대한 두려움이고, 다른 하나는 남들에게 약속을 깰 필요가 없는 것처럼 보이려는 명예심 또는 자존심이다. 그러나 후자는 일종의 의협심으로서, 보통 사람들에게서는 거의 찾아보기 힘든 미덕이라서 기대할 바가 못 된다. 특히 부와 권세와 육체적 쾌락을 추구하는 사람들에게서는 전혀 기대할 수 없는 본성이다. 이런 부류의 인간들이 인류의 대부분을 차지한다. 결국 우리가 의지할 수 있는 정념은 두려움인데 그것에는 크게 두 가지의 대상이 존재한다. 하나는 보이지 않는 신령들의 힘이고, 또 하나는 약속의 위반으로 말미암아 분노가 치미는 사람, 즉 계약 상대가 행사하게 될 힘이다. 이 둘 중 앞엣것이 힘은 더 크지만, 사람들은 보통 뒤엣것에 대하여 더 큰 두려움을 느낀다. 앞엣것에 대한 두려움은 저마다 가지고 있는 종교적 신앙심으로서 시민사회가 형성되기 전부터 이미 인간의 본성에 자리잡고 있었다. 그러나 계약 상대에 대한 두려움은 그렇지 않으며 적어도 사람들에게 자신이 한 약속을 이행하도록 만드는 데 충분한 지위도 갖고 있지 않다. 왜냐하면 완전한 자연상태에서는 서로의 힘이 크기는 싸워 본 뒤에만 알 수 있기 때문이다. 그러므로 시민사회 이전이나, 전쟁으로 시민사회가 중단된 기간에는 탐욕·야심·육욕 등의 강력한 욕망의 유혹에 대항하여 이미 합의한 평화계약을 강화할 수 있는 것은 그들이 숭배하는 신이 자기의 배신행위에 대해 보복할지도 모른다는 두려움과 같은, 보이지 않는 힘에 대한 두려움밖에 없다. 따라서 정치 권력에 복종하지 않는 두 사람 사이에서 할 수 있는 일은 서로가 상대가 두려워하는 신(*the God*)의 이름으로 저마다 맹세하게 하는 것뿐이다. 이런 '맹세(*swearing*)' 또는 선서(*oath*)는 '약속에 덧붙여지는 언어형식으로서, 만일 약속한 자가 약속을 지키지 않을 경우 신의 은총을 단념하거나 또는 그에게 보복하도록 신에게 요구한다는 것을 나타내는 것'이다. 이교도의 형식은 '이 약속을 어기면 내가 이 짐승을 죽이듯이 유피테르로 하여금 나를 죽이게 하소서' 하는 것이었다. 우리의 형식도 그와 마찬가지로 '내가 이러이런 일을 할 것이오니, 하느님! 나를 도와 주소서!' 하는 것이다. 그리고 여기 저마다 자기 종교에서 사용하는 의례나 의식이 따르게 되면, 서약 파기에 대한 두려움도 더욱 커지게 된다.

신에 의한 것이 아닌 선서는 없다　이로써 다음과 같은 사실이 분명해진다. 즉 선서는 선서자 자신의 형식 또는 의례에 따라 행해지지 않으면 무효라는 것이다. 또한 선서자가 신으로 여기지 않는 것의 이름을 걸고 하는 선서도 존재할 수 없다. 사람들은 어떤 시대에는 무서워서 또는 아첨하느라 왕의 이름을 걸고 맹세하는 것이 상례였는데, 이것은 그들이 왕에게 신성한 명예를 바친다는 뜻으로 해석할 수 있다. 또한 필요치도 않으면서 신의 이름으로 맹세하는 것은 신의 이름을 모독하는 행위에 불과하며, 사람들이 보통 대화에서 하는 것과 같이, 다른 어떤 것을 두고 맹세하는 것은 맹세가 아니라 이야기에 너무 열중한 나머지 생겨난 불경스러운 관습일 뿐이다.

선서는 의무에 아무것도 덧붙이지 않는다　또한 선서는 의무에 아무것도 덧붙이지 않는다. 왜냐하면 신약이 합법적이라면 신 앞에서는 선서가 따르지 않더라도 선서를 한 것과 똑같은 구속력을 지니며, 합법적이 아니라면 아무리 선서에 의해 확인되었다 해도 구속력이 전혀 없기 때문이다.

15 그 밖의 자연법

제3의 자연법, 정의　인간이 본디 지닌 자연권은 타인에게 양도하지 않고 유보하고 있을 경우 인류의 평화를 저해하고 만다. 그러므로 제1 및 제2의 자연법은 이 권리를 타인에게 양도할 것을 명하는데, 여기서 제3의 자연법이 생겨난다. 그것은 '신약(信約)을 맺었으면 이행해야 한다'는 것이다. 이행해야 할 의무가 없으면 신약은 아무짝에도 쓸모없는 공허한 말(약속)에 지나지 않는다. 그 때 모든 사람에게 만물에 대한 권리가 남아 있기 때문에 우리는 여전히 전쟁상태에 있게 된다.

정의와 불의란 무엇인가　그리고 바로 이 자연법 속에 정의(正義)의 원천이 있다. 신약이 먼저 이루어지지 않으면 어떤 권리도 양도된 것이 아니며, 그리하여 모든 사람이 만물에 대한 권리를 갖기 때문에 어떤 행위도 불의가 될 수 없기 때문이다. 그러나 신약이 맺어지면 이것을 파기하는 것은 '불의(不義)'이다. 그래서 불의란 '신약의 불이행'이라 정의된다. 또한 불의가 아닌 것은 무엇이든지 '정당한 것'이다.

정의와 소유권은 코먼웰스의 설립과 함께 시작된다　그러나 상호신뢰에 의한 신약은, 어느 한 쪽에 불이행에 대한 두려움이 있는 경우에는 무효이기 때문에 정의의 기원이 신약의 성립이기는 하지만, 그런 두려움의 원인이 제거되기 전까지는 실제로 어떤 것도 불의일 수 없다. 즉 그런 두려움이 존재하는 상황에서는 신약을 맺어 놓고 이행하지 않더라도 불의가 되지 않는다. 그런 두려움의 제거는 인간이 전쟁이라는 자연상태에 있는 한 이루어지지 않는다. 그러므로 정의와 불의 개념이 설 자리를 얻기에 앞서, 먼저 어떤 강제적 힘이 존재해야 한다. 이 강제권력이 하는 일은 신약 파기를 통해 기대할 수 있는 이익보다 더 큰 처벌의 두려움을 통하여 신약 당사자들이 각각의 약속을 이행하도록 평등하게 강제하고, 그들이 보편적 권리를 포기한 대가로 상호계약에 의해 획득하는 소유권(*propriety*)[*1]을 확보할 수 있도록 보장하는 것이다. 그런 권력은 코먼웰스가 세워지기 전까지는 존재하지 않는다. 이것은 스콜라 학자들이 말하는 정의의 통상적 개념으로부터도 추론할 수 있다. 그들은 '정의란 각자에게 각자의 것을 부여하려는 변함없는 의지'라고 정의한다. 그러므로 '자기의 것이 없는 곳' 즉 소유권이 없는 곳에는 불의가 없으며, 강제적 권력이 세워져 있지 않은 곳, 즉 코먼웰스가 없는 곳에서는 소유도 없다. 왜냐하면 모든 사람이 만물에 대하여 권리를 갖고 있기 때문이다. 그러므로 코먼웰스가 없는 곳에서는 어떠한 일도 불의가 아니다. 따라서 정의는 유효한 신약을 지키는 데 본질을 두지만, 계약의 유효성은 그 계약의 이행을 충분히 강제할 수 있는 사회 권력의 수립과 함께 시작되며, 그때에야 비로소 소유권도 발생한다.

정의는 이성에 반하지 않는다　어리석은 사람은 마음속으로 정의 따위는 없다고 하고[*2] 때로는 이 말을 입 밖에 내기도 한다. 그는 진지하게 다음과 같이 주장한다. '생명의 보존과 만족은 누구든지 각자 알아서 해결해야 할 일이므로 자신의 생명보존과 만족에 도움이 된다고 판단되는 일을 해서는 안 될 까닭이 없다. 그러므로 계약을 맺거나 맺지 않을 수도 있고, 그 계약을 지키거나 지키지 않을 수도 있다. 어느 쪽이든 자기의 편익에 도움이 되는 쪽으로 행동하는 한 결코 이성에 반하는 것은 아니다.' 이 때 그는 신약(信約)이란 것이 있다는 것, 그 계약은 깨지기도 하고 지켜지기도 한다는 것, 계약 파기는 불의라 하고, 계약 준수는 정의라 한다는 것을 부정하지 않는다. 그러나 어리석은 사람은 속으로 하느님은 없다고 하기 때문에, 하느님에 대한 두려움 같은 것은 처음부터 고려할 대상이 아니라 여기고, 불의라 하더라도 각자 자기에게 이익이 된다면, 이성과 양립하지 않을 이유가 없다. 특히 다른 사람들의 비난과 욕설뿐 아니라 피해를 당한 사람들이 실력행사로 나올 것을 각오하더라도 그렇게 하는 것이 자기의 편익에 도움이 된다고 판단될 경우에는 어떤 불의도 이성과 양립한다고 주장한다. 여기에 '이성은 만인에게 자기에게 좋은 것을 추구하도록 명한다'는 설명을 부연한다.

[*1] propriety와 property는 어원이 같은데, 프랑스어로는 propriété밖에 없는 것도 그 증거이다.

[*2] 시편 14장 1절. "어리석은 자는 그의 마음에 이르기를 하느님은 없다 하는도다. 그들은 부패하고 그 행실이 가증하니 선을 행하는 자가 없도다."

'하느님 나라는 폭력에 의해 획득된다.'[*3] 그런데 만일 그것이 옳지 못한 폭력으로 획득할 수 있는 것이라면, 그렇게 획득함으로 인해 내가 다칠 가능성은 절대로 없다면, 이성에 어긋나는 것인가? 만일 그렇게 하는 것이 이성에 반하는 것이 아니라면, 정의에도 반하지 않는다. 만약 그렇지 않다면 정의를 선이라고 시인할 수 없다.' 이런 추론을 통해 사악(邪惡)이 미덕으로 변신했다. 다른 모든 일에서는 성실의 파기를 결코 용납하지 않았던 사람들도 왕국의 획득 문제에 대해서만은 예외를 인정해 왔다. 또한 이교도들은 유피테르(주피터, 그리스신
화의 제우스 해당)가 그의 아버지 사투르누스[*4]의 왕위를 찬탈하고 폐위시켰다는 것을 알면서도 바로 그 유피테르가 불의를 응징했다고 믿었다. 이것은 코크[*5]의 《리틀턴 주해(註解)》에 등장하는 법과 아주 비슷하다. 그 법에 따르면, 정통 왕위계승자가 반역으로 공권력을 찬탈한 경우에도 왕관은 그의 것이 되며, 그가 왕관을 쓰는 '순간' 왕위찬탈 행위는 없던 일이 된다. 이런 사례를 보고 다음과 같이 추론하기 쉽다. 즉, '어느 왕국의 법정 왕위계승자가 왕국의 소유자 즉 왕을 시해했을 경우, 그 왕이 비록 아버지라 하더라도 이런 시해행위를 불의라 해도 좋고 편한 대로 어떻게 불러도 좋지만, 그래도 이것은 결코 이성에 반하는 행위가 아니다. 인간의 자발적 행위는 모두 자신의 이익을 도모하기 위한 것이며, 그의 목적에 가장 도움이 되는 행위가 가장 이성적인 행위이기 때문이다.' 그러나 그럴듯해 보이는 이 추론은 거짓이다.

즉 문제는 양쪽 어느 쪽이든 약속이 이행되리라 보장하지 않는 곳, 예를 들면 사회 권력이 존재하지 않기 때문에 약속 당사자 어느 쪽에도 약속의

---

*3 마태복음 11장 12절. "세례 요한의 때부터 지금까지 천국은 침노를 당하나니 침노하는 자는 빼앗느니라."

*4 사투르누스는 그리스 신화의 크로노스가 그의 아들 제우스에게 밀려나 라티움으로 왔다고 말한다. 크로노스는 우라누스의 막내아들로서 티탄의 도움으로 아버지를 쓰러뜨리고 세계의 지배자가 되었다. 그와 레아 사이의 자식들 가운데 하나가 그를 무너뜨리리라고 레아가 예언하자, 그는 그들 모두를 삼키려 했지만 제우스만은 레아에 의해 구출된다. 제우스는 크로노스를 공격하여 삼킨 자식들을 토하게 했다. 사투르누스는 고대 이탈리아의 파종과 수확의 신이 되지만, 여기서는 크로노스와 제우스의 관계가 훗날의 사투르누스와 유피테르의 관계로 바뀌어 있다.

*5 코크(Sir Edward Coke, 1552~1634)는 영국의 법학자로 제임스 1세의 왕권신수설에 대해 관습법의 우위를 주장하여 왕권의 절대성을 지지하는 프랜시스 베이컨과 대립했다. 홉스는 주권의 절대성을 주장하기 때문에 코크에 대해서는 비판적이다.

이행이 보장되지 않는 곳에서는 상호간의 약속 자체가 존재할 수 없다. 왜냐하면 그런 약속은 신약이 아니기 때문이다. 그러나 당사자 중 한쪽이 약속을 이미 이행했거나 또는 그에게 이행을 강제할 수 있는 힘이 있을 경우, 다른 한쪽이 자기 채무를 이행하는 것이 이성에 반하는지 즉 그의 이익에 반하는지의 문제가 있다. 내 생각으로는 그것은 결코 이성에 반하지 않는다. 그 이유는 다음과 같다. 첫째, 자기 행위의 결과를 충분히 예측할 수 있음에도 자신을 파괴하는 방향으로 가던 사람에게 전혀 예기치 못한 돌발 사건이 일어나 오히려 전화위복이 되는 경우도 있을 수 있다. 그러나 이런 전화위복이 있다고 하더라도 자기 파괴 행위를 이성적이고 현명한 행위라고 할 수는 없다. 둘째, 모든 사람이 두려워하는 공통의 힘이 없어서, 모든 사람이 모든 사람에 대하여 적인 전쟁상태에서는 그 누구도 동맹자의 도움 없이 자신의 힘과 지력만으로는 파멸에 대한 자기 방어를 기대할 수 없다. 동료들과 동맹하는 방법만이 가능할 뿐이다. 동료들이 그 같은 연합에 응하는 이유는 모두 같은 입장에 놓여 있기 때문이다. 이런 상황에서 자기를 돕는 사람들을 배신하는 것이 오히려 이성적이라고 선언하는 사람은 당연히 자신의 힘으로 얻은 것 이외에는 안전을 위한 어떤 수단도 기대해서는 안 된다. 따라서 신약을 파기하고, 그런 계약파기 행위가 이성에 반하는 것은 아니라고 주장하는 사람은 사회의 구성원이 될 자격이 없다. 자신들의 평화와 방위를 위해 결합한 사회가 만일 그런 사람을 받아들인다면, 그것은 실수의 위험을 모르기 때문이다. 그런 사람은 비록 사회 속에 들었다 하더라도 사회 속에 머무는 동안, 다른 사람들이 계속해서 실수하기를 기대해야 한다. 타인의 실수에 기대어 자기의 안전을 보장받으려는 것은 결코 이성적이라 볼 수 없다. 그러므로 그는 사회 밖에 남겨지거나 사회에서 추방될 것이므로 어느 쪽이든 결국 멸망하고 말 것이다. 운좋게도 다른 사람들의 실수 덕분에 사회생활을 하게 된 경우에도 그 실수는 예견하거나 기대할 수 없는 것이기 때문에, 그의 사회생활이 자기보존을 위한 이성적 행위의 결과라고 볼 수 없다. 다른 사람들이 그를 파멸시키는 데 힘을 쓰지 않는 것은 무엇이 자기에게 이익이 되는지 몰라서 그런 것이다. 즉 오직 무지 때문에 그의 사회생활을 받아들이고 있을 뿐이다.

안전하고 영원한 하늘나라의 지복을 얻는 문제에 대하여 말하자면 그것은 대수롭지 않은 일이다. 생각할 수 있는 길은 하나밖에 없기 때문이며 그것은 신약을 깨뜨리는 것이 아니라 지키는 것이다. 그리고 반란으로 주권을 획득하는 문제에 대하여는, 그런 결과가 일어나기는 하지만 이성적으로 기대할 만한 것이 못된다. 그렇게 하여 주권을 획득하면 하나의 본보기가 되어 다른 사람들도 같은 것을 비슷한 방식으로 얻으려 하므로, 그 시도는 이성에 어긋나는 일이다. 그러므로 정의 곧 신약 준수는 이성의 법칙이며 자연법이다. 우리 자신의 생명을 파멸로 이끄는 어떤 일도 금지된다.

심지어 어떤 사람들은 자연법은 이 세상에서의 생명 보존에 도움이 되는 법칙이 아니라 죽은 뒤 영원한 행복을 얻는 데 도움이 되는 법칙이라고 생각한다. 신약의 파기가 그것에 도움이 될지도 모르고 따라서 올바르고 합리적일 수 있다는 것이다. 이런 사람들은 자기들의 동의에

자기 자식을 잡아먹는 크로노스(사투르누스)
그리스 신화에서 크로노스는 자기 자식 때문에 지배권을 빼앗긴다는 신탁으로, 태어난 자식을 차례로 삼키는데, 마지막 여섯 번째로 제우스가 태어났을 때 레아가 크로노스를 속여 살아남게 한다. 제우스는 마침내 아버지를 추방한다.

의해 옹립한 주권자를 시해하거나 폐위하거나 반란을 일으키는 것도 가치 있는 일이라고 생각하는 사람들이다. 그러나 인간의 사후 세상에 대한 자연적 지식(*natural knowledge*)이 아무것도 없는데, 반신의 행위에 대한 보수가 무엇인지 대체 어떻게 알겠는가? 저 세상의 응보에 대한 속설들은 자연의 법칙을 초월한 신비한 방법, 즉 초자연적으로 알고 있는 다른 사람들의 말을 전해 들었거나, 그런 말을 들은 사람이 전하는 말을 다시 한 다리 두 다리 건너 전해 들었다는 사람들의 터무니없는 이야기에 지나지 않는다. 성실의 파기는 결코 이성 또는 자연의 계율이라고 불릴 수 없다.

신약(信約)은 그 계약 상대의 악덕에 의해 해제되지 않는다 신의성실을 자연법으로 인정하면서도, 특정한 사람들에게는 예외로 해야 한다고 생각하는

사람들도 때때로 있다. 예를 들면, 이방인이나 또는 습관적으로 신약을 이행하지 않는 사람들에게는 신의성실의 의무를 다할 필요가 없다는 것이다. 그러나 이것 또한 이성에 어긋난다. 왜냐하면 계약 상대의 결점이 신약을 해제하기에 충분하다면, 그 결점은 신약의 성립 자체를 방해하는 사유로 여기는 것이 합당하기 때문이다.

인간의 정의 및 행위의 정의란 무엇인가 정당하다(*just*)는 말과 부당하다(*unjust*)는 말은 인간에 대해 사용할 때와 인간의 행위에 대해 사용할 때 의미가 서로 다르다. 인간의 속성을 나타낼 때는 생활 태도의 이성에 대한 일치와 불일치를 나타낸다. 그러나 행위의 속성을 나타낼 때는 태도나 생활양식이 아니라 개별 행위가 이성에 부합하는지 여부를 의미한다. 그러므로 정당한(의로운) 사람은 자기의 모든 행위를 정당하게 하기 위해 모든 주의를 기울이는 사람이며, 부당한(의롭지 못한) 사람은 그것을 등한히 여기는 사람이다. 이처럼 인간의 속성을 나타낼 때는 정당하다, 부당하다는 용어보다는 의미는 같지만 의롭다(*righteous*), 의롭지 못하다(*unrighteous*)고 하는 경우가 더 많다. 그러므로 의로운 사람은 순간의 충동이나 사물 또는 인물에 대한 오해에서 한두 번 의롭지 못한 행위를 하더라도 그 때문에 그 호칭을 잃지는 않는다. 또한 의롭지 못한 사람은 두려움 때문에 한두 번 의로운 행위를 하거나 의롭지 못한 행위를 자제했다 하더라도 본디의 성품이 사라지지는 않는다. 그의 자발적 의지가 정의에 의한 것이 아니라 그 행위를 통해 얻을 수 있는 이익을 위한 것이기 때문이다. 의로운 인간이 하는 의로운 행위에는 용기의 고귀함(*nobleness*)과 우아함(*gallantness*)이 있다. 그래서 요즘 의로운 사람을 찾아보기 어렵기는 하지만, 바로 이런 고귀함과 우아함을 가지고 있기 때문에, 일시적 생활의 만족을 얻기 위해 남을 속이거나 약속을 어기는 태도를 경멸하는 것이다. 정의(*justice*)가 미덕(*virtue*)으로, 불의(*injustice*)는 악덕(*vice*)으로 불리는 경우는 이런 태도를 정의하는 것이다.

그러나 행위의 정의는 그 행위자를 의로운 인간으로 만드는 것이 아니라 '무죄(*guiltlesse*)'라는 이름을 부여한다. 행위의 불의는(침해라고도 한다) 그 행위자에게 '유죄(*guilty*)'라는 이름을 부여한다.

태도의 정의와 행위의 정의 또한 생활 태도의 불의는 타인의 권리를 함부로 침해하려는 성향 또는 경향으로서, 그런 행위를 하기 전부터 이미 불의이다. 그러나 행위의 불의(침해)는 권리가 침해된 개인 즉 신약의 당사자를 전제로 한다. 그러므로 어느 한 사람이 범한 권리침해가 다른 사람에게 손해를 끼치는 경우가 때때로 있다. 예를 들면, 주인이 하인으로 하여금 손님에게 돈을 주라고 지시했는데 하인이 이 지시를 이행하지 않으면, 일차적으로 권리침해를 당한 사람은 주인이다. 하인이 복종을 약속한 신약을 이행하지 않았기 때문이다. 그러나 피해는 여기서 그치지 않고 그 손님에게까지 미친다. 물론 하인은 그 손님에게 아무런 의무도 없지만, 결과적으로 그의 권리를 침해할 수도 없다. 코먼웰스의 경우도 마찬가지이다. 코먼웰스의 사람들은 서로의 채무를 탕감해 줄 수는 있지만 강도나 여타 폭력행위를 용인해서는 안 된다. 왜냐하면 채무의 연대는 계약 당사자에게만 피해가 미치지만, 강도나 폭력은 코먼웰스의 인격에 대한 권리침해 행위이기 때문이다.

어떤 사람에 대한 행위가 그 자신의 동의에 의한 것이라면 그것은 결코 침해일 수 없다 자신에 대한 어떤 행위에 본인이 동의한 경우에는 그 행위는 침해가 아니다. 상대의 동의 아래 어떤 행위를 한 자가 무엇이든 하고 싶은 일을 할 수 있다는 본디의 권리를 선행계약에 따라 양도한 것이 아니라면, 그것은 계약파기가 아니며, 따라서 그가 한 어떤 행위도 권리침해에 해당하지 않는다. 또한 만일 그 행위자가 그런 권리를 양도했다면, [타인의 권리를 침해하지 않을 의무가 발생하지만] 상대가 자기에게 어떤 행위를 해도 좋다는 의사표시를 한 이상 그 신약은 해제된 것이며, 따라서 그의 행위는 권리 침해가 아니다.

교환적 정의와 분배적 정의 저술가들은 행위의 정의(正義)를 '교환적 (*commutative*)'인 것과 '분배적(*distributive*)'인 것으로 나눈다. 그들에 의하면, 교환적 정의는 산술적 비례에, 그리고 분배적 정의는 기하학적 비례에 기초한다. 따라서 교환적 정의는 계약으로 발생한 쌍방의 채무가 똑같은 가치 즉 대가성을 지니는 것을 의미하고, 분배적 정의는 같은 자격을 가진 사람에게 똑같은 편익을 분배하는 것을 의미한다. 예를 들어, 물건을 본래 가격보다 비싸게 파는 행위나, 어떤 사람이 가진 값어치 이상으로 이익을 제공하는 행위가 불의인 것과 같다. 모든 계약 대상물의 가치는 계약자의 욕구에 의해 측정된다. 그러므로 올바른 가치는 계약 당사자들의 만족 여부로 결정된다. 자격(*merit*)은 (신약에서도 한쪽의 채무이행이 상대의 채무이행을 요구할 수 있는 '자격'을 낳는데, 이처럼 교환적 정의에 속하는 개념 말고, 분배적 정의에서 사용되는 개념에만 한정하여 볼 때) 정의의 이름으로 당연히 얻는 것이 아니라 오로지 은혜(*grace*)에 의해서만 생기는 것이다. 그러므로 이런 구별은 학자들의 설명대로라면 '교환적 정의'라는 표현은 옳지 않다. 정확히 말하자면, 교환적 정의는 계약자의 정의이며, 매매·임대차·대차·교환·물물교환 및 그 밖의 계약행위에서 신약을 이행하는 것을 의미한다.

분배적 정의는 중재자의 정의, 즉 무엇이 옳은지를 결정하는 행위이다. 여기에는 중재자에 대한 신뢰가 전제되어 있는데, 중재자가 그 신뢰에 어긋나지 않게 판단할 경우 그는 각자에게 각자의 몫을 분배한다. 이것이 바로 정당한 분배이다. 그러나 분배적 정의라는 용어는 적절치 않다. 이것은 오히려 공정(*equity*)이라 부르는 것이 정확하며, 또한 자연법의 하나이다.

제4의 자연법, 보은　정의가 앞서 이루어진 신약을 전제로 하는 것과 같이 보은(報恩)도 선행된 은혜, 즉 선행된 무상증여를 전제로 한다. 그것은 제4 자연법으로서 다음과 같은 형식으로 생각할 수 있다. '타인으로부터 은혜를 받은 사람은 은혜를 베푼 사람이 자신의 호의에 대해 후회할 만한 일이 생기지 않도록 노력해야 한다.' 즉 누구나 자기에게 돌아올 이익을 의도하지 않고 공짜로 남에게 주지는 않는다. 왜냐하면 증여는 자발적 행위이며, 모든 자발적 행위는 자기의 이익을 추구하기 때문이다. 은혜를 받은 사람들이 자신을 배신하리라는 것을 안다면 자선행위는 결코 시작되지 않을 것이며, 사람들 사이의 신뢰도, 따라서 상호원조도, 화합도 존재하지 않을 것이다. 그렇게 되면 그들은 여전히 '전쟁' 상태에 머무르게 될 것이며, 이것은 '평화를 추구하라'고 명령하는 기본적인 제1 자연법에 반하게 된다. 보은의 원칙을 거스르는 행위는 '배은(背恩)'이라 하는데, 은혜를 저버리는 배은행위는 신약상의 의무를 저버리는 불의와 같은 성격을 지닌다.

제5의 자연법, 서로 간의 순응 또는 순종　제5 자연법은 순종(*compleasance*)으로서 달리 말하면 '모든 사람은 다른 사람에게 순응하기 위해 노력해야 한다'는 것이다. 이것을 이해하려면 다음을 고려해야 한다. 즉 사람의 천성은 다양하기 때문에, 즉 품고 있는 감정이 저마다 다르기 때문에, 사회에 대한 적응과정에서 충돌이 일어날 여지가 있다. 사람이 모여 사회를 이루는 것은 돌멩이를 쌓아 집을 짓는 것과 다를 바 없다. 모양이 울퉁불퉁하고 불규칙하여 다른 돌맹이가 놓여야 할 자리를 빼앗고, 단단해서 쉽게 다듬어지지도 않아 집 짓기에 방해가 되는 돌은 건축가에게 불이익을 끼치는 성가신 것이므로 결국 버릴 수밖에 없다. 그와 마찬가지로, 천성이 모난 사람은 자기에겐 별 것 아니지만 다른 사람들에겐 중요한 것(즉 예의범절)을 갖추도록 노력해야 한다. 고집이 센 탓에 모난 성질을 고치지 않는 사람은 결국 사회로부터 고립되거나 추방될 수밖에 없다. 그런 사람은 사회에 성가신 존재이기 때문이다. 모든 사람이 자기보존에 필요한 것을 얻기 위해 필요

《돌아온 탕아》
늙은 아버지가 사죄하는 아들을 용서하고 받아들이는 장면이다. (누가복음 15장)

한 노력을 다하는 것은 타고난 권리일 뿐만 아니라 자연의 요구이다. 그런데, 하찮은 문제들 때문에 자기보존을 방해받고, 그로 말미암아 전쟁이 일어난다면, 이 전쟁에 대해 유죄임은 물론 '평화를 추구하라'고 한 제1 자연법도 위반하는 것이다. 이런 순종의 원칙을 잘 지키는 사람을 사교적인(*sociable*) 사람, 라틴어로는 '적응력이 있는(*commodi*)' 사람이라고 부르고, 그렇지 않은 사람을 '고집이 센(*stubborn*)', '비사교적인(*insociable*)', '심술궂은(*froward*)', '다루기 힘든 사람(*intractable*)'이라고 부른다.

제6의 자연법, 허용의 용이함　제6 자연법은 다음과 같다. '과거의 잘못을 뉘우치면서 용서를 구할 때는, 다시는 그런 일을 저지르지 않겠다는 다짐을 받고 용서해야 한다.' 용서는 곧 평화를 허용하는 것이다. 적의(敵意)를 버리지 않는 자들에게 평화를 허용하면 그것은 평화가 아니라 두려움이다. 그러나 다시는 그러지 않겠다고 다짐한 사람들에게까지 평화를 허용하지 않는

것은 평화에 대한 혐오의 표시로서 자연법에 위배된다.

제7의 자연법, 복수에 있어서 사람들은 미래의 이익만을 고려한다 제7 자연법은 '악을 악으로 갚는 복수를 할 때는 지나간 악의 크기가 아니라 앞으로 다가올 선의 크기에 주목해야 한다'는 것이다. 그러므로 우리는 범죄자를 처벌할 때 반드시 범죄자의 교정(矯正) 또는 교화(敎化)가 목적이 아닌 어떤 처벌도 금지한다. 왜냐하면 이 원칙은 바로 앞의 용서의 원칙, 즉 미래의 안전 보장에 대한 다짐이 있으면 용서하라는 원칙에서 나온 것이기 때문이다. 미래의 이익을 고려하지 않는 복수는 남을 해치고도 의기양양하거나 자랑하려는 것으로서 이런 것은 목적이 될 수 없다. 목적은 언제나 미래를 위한 것이기 때문이다. 아무런 목적 없는 자랑은 허영이며, 이성에 반하는 것이고, 이유 없이 상해를 가하는 것은 전쟁을 유발한다. 그것은 자연법에도 위배되는 것으로서 보통 '잔혹(cruelty)'이라고 부른다.

제8의 자연법, 오만의 위반 타인을 증오하거나 경멸하는 모든 표시는 아무리 사소한 것이라도 투쟁을 일으킨다. 대부분의 사람들은 이런 행동을 복수하지 않고 그냥 지나치기보다는 목숨을 걸고서라도 투쟁하는 쪽을 택한다. 그러므로 우리는 다음과 같은 계율을 제8 자연법으로 설정할 수 있다. '아무도 행위·언어·표정·몸짓으로 타인에 대한 증오나 경멸을 나타내서는 안 된다.' 이 법을 위반하는 것을 보통 '오만(contumely)'이라 부른다.

제9의 자연법, 자만의 위반 누가 더 훌륭한 사람인가 하는 질문은 완전한 자연상태에서는 성립의 여지가 없다. 왜냐하면 (앞에서 살펴본 것처럼) 자연상태에서는 모든 사람이 평등하기 때문이다. 지금 발생하는 불평등은 시민법에 의해 도입된 것이다. 아리스토텔레스는 그의 《정치학》 제1권에서[6] 지배에 적합한 사람이 따로 있고, 남을 섬기는 데 적합한 사람이 따로 있다고 주장하고 이런 불평등을 학설의 기초로 삼았다. 지배에 적합한 사람이란 철학적 지식이 있는 지혜로운 사람들을 의미하고, 남을 섬기는 데 적합한 사람이란 몸은 강건하지만 철학자가 아닌 사람들을 뜻한다. 즉 누구는 주인이고 누구는 노예인 이유는 그들이 동의해서가 아니라 그들의 지적 능력이 서로 다르기 때문이라는 것이다. 그러나 아리스토텔레스의 이런 주장은 이성에

---

*6 "태어날 때부터…… 어떤 사람은 지배를 받도록, 또 어떤 사람은 지배하도록 정해져 있다." 《정치학》 제1권 제5장.

위배될 뿐만 아니라 경험에도 위배된다. 왜냐하면 자기가 주인이 되기보다 차라리 남의 지배를 받는 것이 낫다고 생각할 바보는 세상 어디에도 없기 때문이다. 또한 스스로 지혜롭다고 자부하는 사람이 그들의 지혜를 믿지 않는 사람과 힘겨루기를 할 때 항상 또는 자주 아니

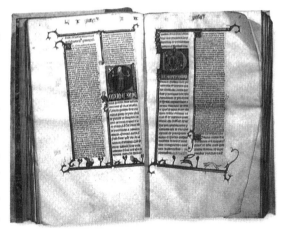

아리스토텔레스의 《자연학 강의》
'자연학'이란 학문은 아리스토텔레스의 작품에서 유래한다.

면 거의 언제나 이기는 것도 아니다. 그러므로 자연이 인간을 평등하게 만들었다면, 그 평등은 인정되어야 한다. 설령 자연이 인간을 불평등하게 만들었다 하더라도 스스로 평등하다고 생각하는 사람들은 평등한 조건에서가 아니면 평화상태로 들어가려고 하지 않으므로 〔사람들을 평화상태로 들여보내기 위해서라도〕 그런 평등은 용인되어야 한다. 그리하여 나는 제9 자연법을 다음과 같이 설정한다. '모든 사람은 타인을 본질적으로 자신과 평등한 존재로 인정해야 한다.' 이 계율의 위반은 '자만(pride)'이다.

제10의 자연법, 거만의 위반   다음의 자연법은 제9 자연법에서 파생되었다. 즉 '평화상태로 들어갈 때 타인에게 결코 허용할 수 없다고 생각하는 권리를 자신에게는 허용해 달라고 해서는 안 된다.' 평화를 추구하는 사람은 누구든지 어느 정도의 자연권, 즉 자기 마음대로 할 자유를 포기할 필요가 있

지만, 다른 한편으로 생명 유지를 위해 반드시 있어야 할 권리도 있다. 즉 자신의 몸을 지배할 권리, 공기를 호흡하고 물을 마실 권리, 몸을 마음대로 움직일 권리, 장소이동을 위해 길을 사용할 권리, 그리고 그것이 없으면 사람이 살아갈 수 없거나 잘 살아갈 수 없는 다른 모든 것들을 누릴 권리가 있다. 평화를 위해 타인에게 결코 허용할 수 없다고 생각하는 권리를 자신에게는 허용해달라고 하는 사람은, 자연적 평등의 인정을 명한 선행 자연법에 어긋나는 행위를 하는 것이며, 따라서 결과적으로 제9 자연법에도 어긋난다.

이 법을 지키는 사람을 '겸허한(*modest*)' 사람이라고 하고, 위반하는 사람은 '오만한(*arrogant*)' 사람이라고 한다. 그리스인들은 이 법을 유린하는 것을 '욕심(πλεονεξία)'이라고 불렀는데, 이것은 자기의 몫 이상의 것에 대한 욕구이다.

제11의 자연법, 공정 또한 '어떤 사람이 인간과 인간 사이를 판정하도록 부탁받았으면 그들 사이를 평등하게 다루어야 한다'는 것도 자연법의 계율이다. 그렇지 않으면 사람들 사이의 논쟁은 전쟁이 아니면 해결되지 않기 때문이다. 그러므로 재판을 불공평하게 하는 사람은 재판관과 중재자를 무용지물로 만들기 때문에 기본 자연법에 어긋나며, 전쟁의 원인이 된다.

이 법의 취지는 당연히 그에게 속하는 것을 평등하게 배분해야 한다는 데 있기 때문에 공정(*equity*) 및 앞에서 말한 것처럼 분배적 정의라 부른다. 이 법을 어기는 것은 '편들기(*acception of persons*, 프로소포렙시아*7 προσωποληψία)'라 부른다.

제12의 자연법, 공유물의 평등한 사용 이 법에서 또 하나의 법이 나온다. '분할할 수 없는 것은 가능하면 공동으로 사용할 것. 만일 그 양이 충분하다면 무제한 사용하고, 그렇지 않다면 권리를 가진 사람의 수에 따라 사용할 것.' 그렇게 하지 않으면 분배는 불평등하게 되고 공정에 어긋나기 때문이다.

제13의 자연법, 추첨에 대하여 그러나 어떤 것은 분할될 수도, 공동으로 향유될 수도 없다. 그럴 때 공평을 규정하는 자연법은 '그 권리의 전체, 또는(번갈아 사용하기로 한 경우) 최초의 점유권을 추첨으로 결정할 것'을 요구한다. 왜냐하면 자연법이 바라는 것은 평등한 분배인데, 이 방법 외에 다른 평등한 분배 수단은 없기 때문이다.

제14의 자연법, 장자상속과 선점에 대하여 '추첨'에는 '임의적'인 것과 '자연적'인 것 두 종류가 있다. 임의적 추첨은 경쟁자들의 협정에 의한 것이며, 자연적 추첨은 '장자상속(*primogeniture*)'*8이나 '선점(先占)'에 의한 것이다. '장자상속'을 그리스인들은 '클레로노미아(κληρονομία)'*9라고 했는데, 그것은 '운(運)에 따라 받는 것'이란 뜻이다. 따라서 공동으로 누릴 수 없고 분할할 수도 없는 것은 운에 의한 결정처럼 최초의 점유자의 것으로 인정하거나, 먼저

---

*7 프로소포렙시아는 프로소폰(얼굴·가면)에 대한 혐오. 특정 인물을 싫어하는 일.
*8 primogeniture는 '최초의 탄생'을 뜻한다.
*9 클레로노미아는 클레로스(추첨)와 노모스(법·질서)의 합성어로 상속재산의 몫을 말한다.

갈릴레이의 재판
1632년 그의 저서에서 새로운 우주론을 내세웠다가 그리스도 교리에 어긋났다 하여 재판을 받는다. 결국 그는 자신의 지동설을 포기하게 된다.

태어난 이의 것으로 결정할 수밖에 없다.

제15의 자연법, 중재자에 대하여 '평화를 중재하는 모든 사람에게는 행동의 안전이 보장되어야 한다'는 것 또한 자연법이다. 왜냐하면 그 '목적'으로서 평화를 명하는 법은 '수단'으로서 중재를 명하고, 중재를 하려면 행동의 안전(*safe conduct*)*[10]이 수단이 되기 때문이다.

제16의 자연법, 중재에 대한 복종에 대하여 그리고 인간이 이런 법들을 지키려고 아무리 애를 쓴다 해도 인간의 행위에 대하여는 다음 같은 문제가 생길 수 있다. 첫째, 정말 그렇게 했는가, 하지 않았는가. 둘째, 그렇게 한 경우 위법인가, 위법이 아닌가 하는 것이다. 전자는 '사실'에 대한 문제이고, 후자는 '권리'에 대한 문제이다. 따라서 만일 그 문제를 놓고 다투는 당사자들이 제삼자의 판결을 지키기로 서로 신약하지 않으면 그들은 여전히 평화와는 거리가 멀다. 제삼자, 즉 그들이 판결에 복종하기로 한 사람은 중재자라고 한다. 그러므로 다음과 같은 것도 자연법에 속한다. '다투는 자는 그들의

---

*10 safe conduct에는 전시의 통행증이라는 의미가 있다.

권리를 중재자의 판결에 맡기고 따라야 한다.'

제17의 자연법, 누구도 자기 자신의 중재자일 수 없다 모든 인간의 행위는 자기의 편리와 이익을 위한 것으로 생각되기 때문에, 어느 누구도 자신의 소송 사건에 대하여는 적절한 중재자가 아니다. 비록 그가 아무리 적합하다 하더라도 공정은 쌍방에게 똑같은 이익을 인정하기 때문에, 어느 한쪽을 재판관으로 허용하면 상대 또한 그렇게 인정되어야 한다. 이렇게 되면 다툼 즉 전쟁의 원인은 자연법에 반하여 존속하게 된다.

제18의 자연법, 불공평한 자연적 원인을 갖고 있는 사람은 누구도 재판관이 될 수 없다 같은 이유로, 어떤 소송에서 한쪽이 다른 한쪽에게 승리할 경우, 그 결과 누구든 막대한 이익이나 명예 또는 쾌락을 얻을 것이 분명한 사람은 중재자로 받아들여서는 안 된다. 그는 불가피하다고는 하지만 뇌물을 받은 것이며, 어느 누구도 그런 사람을 신뢰할 의무는 없기 때문이다. 그렇게 되면 자연법에 반하여 다툼과 전쟁상태가 존속하게 된다.

제19의 자연법, 증인에 대하여 '사실'에 대한 분쟁에서 재판관은 어느 한쪽을 다른 쪽보다 더 신뢰해서는 안 되기 때문에 만일 다른 증거가 없을 경우에는 제삼자를 또는 제삼자와 제사자를 또는 그 이상의 사람들을 신뢰해야 한다. 그렇게 하지 않으면 문제는 결정을 보지 못하고 자연법에 반하여 힘에 맡겨지기 때문이다.

지금까지 말한 것이 군중으로서의 인간에게 자기보존 수단으로서 평화를 지시하는 자연법들이다. 이것은 시민사회에 대한 학설에만 관계된다. 이밖에도 만취라든가, 다른 모든 무절제처럼 개개인을 파멸로 이끄는 것들이 있다. 따라서 이런 것들도 자연법이 금지한 것으로 볼 수 있지만, 하나하나 말할 필요도 없고 또 여기서 다루기에 적당하지도 않다.

자연법을 쉽게 검사할 수 있는 법칙 지금까지 너무 세밀하게 자연법에 대한 연역적 추론을 해서 모든 사람들이 다 주목하지 못할 것처럼 느낄지도 모른다. 대부분의 사람들은 먹고살기에 너무 바쁘고, 나머지 사람들은 너무 게을러서 이해하지 못한다. 그렇기는 하지만 어느 누구도 변명할 수 없도록, 아무리 능력이 모자라는 사람이라도 이해할 수 있도록 이들 자연법을 한 마디로 요약하면 다음과 같다. '남이 너에게 행하기를 원치 않는 일은 너도 남에게 행하지 말라.'*¹¹ 이 말은 자연법의 학습에 즈음하여 다음의 것 이상은 하지 않아도 된다는 것을 나타낸다. 즉 다른 사람의 행위와 자신의 행위를 저울에 달았을 때, 만일 전자가 더 무겁게 생각되거든 그것들을 다른 쪽으로 돌려서 나의 것을 그들의 저울에 놓음으로써 자신의 정념과 자기애가 무게를 더하지 않게 하라는 것이다. 이렇게 하기만 하면 앞에서 말한 자연법 모두가 매우 당연하게 여겨질 것이다.

자연법은 늘 양심을 구속하지만 결과에 대해서는 안전보장이 있을 때만 구속한다 자연법은 '내면의 법정에서(*in foro interno*)' 구속력을 지닌다. 다시 말하면 그것이 제대로 시행되어야 한다는 의욕을 갖도록 구속한다. 그러나 '외부의 법정에서(*in foro externo*)', 즉 행동으로 옮길 때에도 항상 그런 것은 아니다. 겸손하고 순종적인 사람이 아무도 그렇게 하지 않는 때와 장소에서 혼자 모든 약속을 이행한다면, 그는 다른 사람의 먹잇감이 되고, 자신의 파멸을 초래하고 말 것이다. 이것은 자연(이 부여한 생명)의 보존을 지향하는 모든 자연법의 근거에 어긋나기 때문이다. 또한 다른 사람들이 자신에 대해 같은 자연법을 지킬 것이라는 충분한 보증이 있음에도, 그 법을 지키지 않는 사람은 평화가 아니라 전쟁을 바라는 것이고, 그리하여 폭력에 의한 자신의 자연(즉 자신의 생명) 파괴를 부르는 것이다.

'내면의 법정에서' 구속력을 지니는 모든 법은 그 법에 어긋나는 행위에 의해서뿐 아니라, 적법한 행위에 의해서도 파기될 수 있다. 행위가 법에 어긋나는 일이라고 생각하면서 행동한 경우에 그런 일이 발생한다. 왜냐하면 이 경우, 그의 행위는 법에 따른 것일지라도 그 목적이 법에 어긋나기 때문에, 구속력이 존재하는 '내면의 법정에서'는 위법행위를 한 것이다.

자연법은 영원하다 자연법은 불변하고 영원하다. 불의·배은·오만·자만·불공정·편들기 같은 것은 결코 합법적일 수 없다. 왜냐하면 전쟁이 생명을 유지시키고 평화가 생명을 파괴하는 일은 결코 없기 때문이다.

또한 쉽다 이와 같은 자연법은 오직 의욕과 노력만을, 거짓 없고 끊임없는 노력만을 의무로 부과하기 때문에 지키기 어렵지 않다. 노력 이외에는 그 무엇도 요구하지 않기 때문에 그것을 이행하려 노력하는 자는 모두 지킬 수

---

*11 마태복음 7장 12절, 누가복음 6장 31절의 말인데, 이와 같은 금지적 표현의 출전은 불분명하다. 라틴어판에는 '철학자들'의 말이라고 되어 있다.

있으며, 법을 지키는 사람은 의롭다.

이들 법에 대한 학문이 진정한 도덕철학이다 이들 자연법에 대한 학문이야 말로 진정 유일한 도덕철학이다. 왜냐하면 도덕철학은 인간의 사교와 사회생활에서 무엇이 '선'이고 무엇이 '악'인지에 대한 학문이기 때문이다. 선과 악은 우리의 욕구와 혐오를 나타내는 말로서, 기질이나 습관 및 학설에 따라 다르다. 또한 사람들은 미각·후각·청각·촉각·시각 등에 무엇이 유쾌하고 무엇이 불쾌한지에 대한 판단이 저마다 다를 뿐만 아니라, 일상생활의 행위에서도 무엇이 이성과 부합하고, 무엇이 부합하지 않는지에 대한 판단도 다르다. 아니, 같은 사람이라도 때에 따라 다르다. 한때는 칭찬하며 선이라고 부르던 것을 어떤 때는 비난하며 악이라 한다. 바로 여기서 언쟁과 논쟁이 일어나고 마침내 전쟁이 발생하는 것이다. 그래서 개인적 욕구가 선악의 척도가 되는 한, 인간은 완전한 자연상태, 즉 전쟁상태에 있게 된다. 그 결과 모든 인간은 '평화'가 선이라는 사실에 동의하고, 따라서 평화에 이르는 방법 또는 수단도 선이라는 사실에 동의한다. 즉, 앞에서 말한 바와 같은 '정의·보은·겸허·공정·자비' 등과 같은 자연법이 '도덕적인 덕'이며, 그 반대 '악덕'이 악이라는 것에 동의한다. 덕과 악덕에 대한 학문이 도덕철학이므로, 자연법에 대한 참된 학설이야말로 참된 도덕철학이다. 그러나 도덕철학의 저술가들은 그 같은 덕과 악덕은 인정하면서도 그것의 진수(眞髓)가 어디에 있는지 모르며, 자연법이 존중되는 이유가 평화로운 삶, 사교적인 삶, 쾌적한 삶의 수단이기 때문이라는 사실을 알지 못한 채 그 의미를 정념의 중용(中庸)에 있다고 본다. 이것은 대담성의 원인이 꿋꿋함을 만드는 것이 아니라 그 정도가 꿋꿋함을 만든다고 생각하고, 증여의 원인이 후함을 만드는 것이 아니라 증여의 양(量)이 후함을 만든다고 생각하는 것과 같다.

사람들은 이런 이성의 명령을 보통 법이라는 이름으로 부르지만, 이는 적절치 못하다. 왜냐하면 이들 명령은 무엇이 인간의 자기보존과 방어에 도움이 되는가에 대한 결론 또는 정리(定理)일 따름이기 때문이다. 반면 법이라는 것은 본디 권리에 의해 다른 사람을 지배하는 자의 말(word)이다. 그러나 만일 우리가 그와 같은 정리를, 권리로서 만물을 지배하는 하느님의 말씀으로 여긴다면, 그때는 법이라 불러도 좋을 것이다.

16 인격, 본인, 인격화된 것

인격이란 무엇인가 인격(*person*)이란 '말이나 행위가 그 자신의 것으로 여겨지거나 또는 그런 말이나 행위가 타인 또는 다른 사물의 말과 행위를 대표하는 것으로 여겨지는' 사람을 말한다. 여기서 타인 또는 다른 사물의 말과 행위란 '그 말과 행위가 진실로, 또는 의제적(擬制的)으로 그에게 귀속되는' 경우이다.

자연적 인격과 인위적 인격 그 말이나 행위가 자신의 것으로 여겨질 때, 그는 '자연적 인격(*naturall person*)'이라 불린다. 한편 그 말이나 행위가 타인의 말과 행위를 대표하는 것으로 간주된다면 그는 '가상의 인격(*feigned person*)', 또는 '인위적 인격(*artificial person*)'이다.

인격이란 말은 어디서 왔는가 인격이란 말은 라틴어이다. 그 말 대신 그리스 인들은 '프로소폰(πρόσωπον)'이라는 말을 썼는데 이것은 '얼굴(*face*)'을 나타낸다. 이것은 마치 라틴어 '페르소나(*persona*)'가 분장하고 무대에 선 사람의 '가장(假裝)'이나 '외관', 때로는 더 특수하게 가면이나 복면처럼 부분적으로 얼굴을 가장한 것을 나타내는 것과 같다. 이 말이 극장의 무대에서처럼 법정에서도 말과 행위를 대표하는 모든 것을 의미하게 되었다. 그러므로 '인격'이란 무대 위에서나 일상회화에서 '배우(*actor*)'와 같다. '분(扮)한다(*personate*)'는 것은 자기 자신 또는 타인을 '연기'하는 것 즉 '대표'하는 것이다. 타인을 연기하는 사람에 대하여는 그 사람의 인격을 떠맡는다거나 또는 그 사람 이름으로 행동한다고 말한다. 키케로가 그런 의미에서 이렇게 말했다. "나에게는 세 개의 인격이 있다. 나 자신과 나의 적(敵)과 재판관의 인격이다." 그리고 그것은 경우에 따라 다양하게 불린다. 'representer(대표자), representative(대표, 국회의원), lieutenant(대행자, 부관), vicar(대리 목사, 주교 대리), attorney(대리인, 〔소송을 대리하는〕 변호사, 검사), deputy(대리인, 부관, 의원), procurator(소송대리인, 징세관), actor(행위자)' 등이다.

행위자와 본인　인위적 인격 가운데 어떤 것은 그들의 말과 행위가 그 인격에 의해 대표되는 사람들의 것이다. 이때의 인격은 '행위자(배우)'이며, 그의 말과 행동을 소유하는 사람은 본인(*author*)이다. 이 경우 행위자는 본인의 권한에 따라 행동한다.[*1] 즉 재화나 재산에 대하여 '소유자(*owner*)'—라틴어로는 '도미누스(*dominus*)', 그리스어로는: '퀴리오스'[*2](*Κύριος*)—로 불리는 사람을 행위에 대하여 말할 때는 '본인(당사자)'이라고 한다. 그리고 재산에 대한 권리를 지배권(*dominion*)이라고 하듯이, 어떤 행위를 할 권리는 권한(*authority*)이라고 한다. 따라서 권한은 언제나 어떤 행위를 할 권리를 의미하는 것으로 해석된다. '권리에 의해 이루어졌다'는 것은 그 권리의 소유자로부터 위임 또는 허가를 받아 그 행위가 이루어졌다는 뜻이다.

권위에 기초하는 신약은 본인을 구속한다　그러므로 행위자가 권한에 의지하여 신약(信約)을 했을 경우, 본인은 그가 직접 신약한 경우와 똑같이 구속되고, 그 신약의 모든 결과에 종속된다. 따라서 자연의 자격으로 사람과 사람 사이에 맺어진 신약의 성질에 대해 앞(제14장)에서 말한 모든 것은, 그 신약이 본인으로부터 권한을 위임받은 행위자·대표자·대리인에 의해 맺어진 경우에도, 위임의 범위를 넘어서지 않는 한 그 범위 안에서는 진실이다.

그러므로 행위자 또는 대표자에게 위임된 권한의 내용을 모르고 그와 신약을 맺는 사람은 위험을 무릅쓰고 그렇게 하는 것이다. 어느 누구도 자기가 본인이 아닌 신약에 대하여는 의무를 지지 않으며, 따라서 주어진 권한에 위반하거나 그 범위를 넘어서서 맺은 신약에 대해서도 의무를 질 필요가 없기 때문이다.

행위자는 아니다　행위자가 본인의 명령대로 자연법에 위반하는 어떤 일을 할 경우, 만일 그 행위자가 이전의 신약으로 인해 본인의 명령에 복종할 의무가 있다면, 자연법을 어긴 것은 행위자가 아니라 본인이다. 비록 그 행위는 자연법에 어긋나는 것이지만, 그의 행위가 아니며 오히려 그 행위를 거

---

*1 Actor와 Author는 연극에서 연기자와 작자를 나타내는 것처럼, 일상생활에서는 대리인으로 행위하는 사람과, 그 행위의 당사자로서 그것을 자기 것으로 인정하는(*own*) 사람, 권위를 부여하는(*authorize*) 사람을 나타낸다.

*2 퀴리오스는 그리스도의 어원으로 '도미누스'와 마찬가지로 주인·지배자를 나타내며, 권위를 지닌 사람이라는 의미에서 Author와 통한다.

부하는 것이야말로 신약 파기를 금지한 자연법에 어긋나는 것이기 때문이다.

권한은 제시되어야 한다 행위자의 중개로 그가 어떤 권한을 가지고 있는지 모른 채 다만 그의 말만 믿고, 본인과 신약을 맺은 사람은, 행위자의 권한이 어디까지인지 알려 줄 것을 요구하였음에도 명시되지 않은 경우에는 〔그 신약에 따른〕

예수의 세례
세례자 요한에게 세례받는 예수, 비둘기 모습을 한 성령, 예수를 하느님의 아들로서 선언하는 하느님의 소리가 그려져 있다.

의무가 없다. 즉 본인과 맺은 신약은 그의 맞보증(*counter—assurance*)이 없으면 무효이다. 그러나 만일 그와 같이 신약한 사람이 행위자의 말 이외에는 어떤 보증도 기대할 수 없다는 것을 사전에 알고 있었다면 그 계약은 유효하다. 왜냐하면 이 경우에는 행위자의 행위가 바로 본인의 행위이기 때문이다. 그러므로 권한이 분명한 경우의 신약이 행위자가 아닌 본인에게 의무를 부과하는 것처럼, 권한이 허위인 경우에는 행위자 이외에 본인은 존재하지 않으므로 그 신약은 행위자에게만 의무를 부과한다.

인격화된 무생물 거의 모든 것은 의제(擬制)에 의해 대표될 수 있다. 교회·자선시설[*3]·교량과 같은 무생물은 교구 목사·자선원장·교량 감시인에 의해 인격화될 수 있다. 그러나 무생물은 본인일 수 없거니와 따라서 그것들의 행위자에게 권한을 위임할 수도 없다. 그러나 행위자들은 이런 무생물의 소유자나 통치자들로부터 위임된, 그것들을 유지하기 위한 권한은 가질 수 있다. 따라서 그런 무생물은 어떤 시민정부의 상태가 존재하기 전에는 인격화될

---

*3 Hospital이라는 말이 병원만 의미하게 된 것은 비교적 얼마 되지 않았으며, 본디는 순례자나 여행자의 접대소 또는 빈민 등의 구제소였다.

수 없다.

비이성적인 것 마찬가지로 어린이나 백치, 광인처럼 이성을 사용할 수 없는 사람은 보호자나 후견인에 의해 인격화될 수 있지만, 그들이 (나중에 이성을 사용할 수 있게 되어) 그 행위를 사리에 합당한 것으로 판단할 때까지는, 이들 대리인이 그 동안 한 행위의 당사자가 될 수는 없다. 하지만 어리석은 상태에 있는 동안 그들을 통치할 권리를 가진 사람이 보호자에게 권한을 부여할 수는 있다. 그러나 이것 또한 사회상태 안에서만 존재한다. 그런 상태가 되기 이전에는 인격을 지배할 수 없기 때문이다.

거짓된 신들 우상(偶像), 즉 두뇌가 만들어 낸 단순한 허구는 이교도의 신들이 그러했던 것처럼 인격화될 수 있다. 이 신들은 국가가 임명한 관리들에 의해 인격화되었고, 사람들이 계속해서 바친 재산과 재화와 권리를 보유했다. 그러나 우상은 본인일 수 없다. 왜냐하면 우상은 실재하지 않기 때문이다. 그 권한은 국가로부터 비롯하므로 시민정부가 성립되기 전에는 이교도의 신들은 인격화될 수 없었다.

참된 신 참된 신(*true God*)은 인격화될 수 있다. 예를 들면, 첫째, 모세에 의해 인격화되었다. 모세는 이스라엘 민족(그의 국민이 아니라 하느님의 백성이었다)을 '모세가 말하노니(*hoc dicit Moses*)' 하고 말한 것이 아니라, 하느님의 이름으로 즉 '주께서 이르시기를(*hoc dicit Dominus*)'이라고 하며 다스렸다. 둘째, 사람의 아들이자 하느님의 아들인 우리의 축복받으신 구세주 예수 그리스도에 의하여 인격화되었다. 그는 유대인들을 그의 아버지의 왕국으로 되돌려 보내고 모든 민족을 그곳으로 인도하기 위해서 왔는데, 스스로 그렇게 한 것이 아니라 그의 아버지의 보내심을 받고 온 것이었다. 셋째, 사도들 안에서 말하고 활동하는 성령, 즉 위로하는 자(Comforter)[*4]에 의해서 인격화되었다. 이 성령은 스스로 온 것이 아니라 아버지인 신과 아들인 신의 보내심을 받고 생겨난 것이다.

군중이 어떻게 하나의 인격이 되는가 군중이 한 사람 또는 하나의 인격으로 대표될 때, 그것이 그 군중 각자의 개별적인 동의에 의해 성립된 경우 하나의 인격이 된다. 왜냐하면 '하나의' 인격을 이루는 것은 대표자의 '통일성

---

*4 위로하는 자는 성령을 의미한다. 요한복음 16장 7~8절에 나와 있다.

(*unity*)'이지, 대표되는 자의 통일성은 아니기 때문이다. 그 인격을, 그것도 유일한 인격을 떠맡는 것은 대표자이다. 그렇지 않으면 군중의 '통일성'은 이해될 수 없다.

모두가 본인이다　군중은 당연히 '한 사람'이 아니라 '다수'이기 때문에, 그들의 대표자가 그들의 이름으로 말하거나 행동하는 모든 것은 한 사람의 본인이 아니라 다수 본인들의 행위로 이해된다. 그들은 저마다 공통 대표자에게 개별적으로 권한을 부여한다. 그들이 대표자에게 권한을 무제한으로 부여하는 경우에는 대표자가 하는 모든 행위를 자기의 것으로 승인하는 것이다. 그렇지 않고 그들이 무슨 일을 어느 정도까지 그에게 대표하게 할 것인지 제한한 경우에는, 그들 중 어느 누구도 그에게 위임한 행위 이상의 것을 승인하지 않는다.

행위자는 다수의 의견에 의해 통합된 여러 사람일 수 있다　대표자가 여러 사람으로 이루어져 있다면, 다수의 의견을 그들 모두의 의견으로 여겨야 한다. 만일 소수가 찬성하고, 다수가 반대할 경우, 반대의견은 찬성의견을 상쇄하고도 남기 때문이다. 이 상쇄되지 않고 남은 반대의 초과분이 그 대표자의 의견인 것이다.

대표자는, 짝수일 때는 이익이 없다　대표자가 짝수일 때는, 특히 그 수가 많지 않아서 대립하는 의견이 동수를 이루는 경우가 잦을 때에는 때때로 벙어리가 되고 행동불능의 상태에 빠진다. 그러나 몇몇 경우에는 대립의견이 숫자상 같더라도 문제를 해결할 수 있다. 예를 들어 유죄로 할 것인가 무죄로 할 것인가를 판결할 때 의견이 각각 동수라면, 유죄로 판결하지 않았다는 것만으로도 무죄이다. 즉 소송사건을 심리할 때 유죄판결을 내리지 않는 것은 무죄 판결을 하는 것이지만, 반면에 무죄판결을 하지 않는 것은 유죄판결이 아니다. 지금 당장 시행할 것인지, 아니면 나중으로 연기할 것인지를 숙고할 때도 이와 같아서 양쪽 의견이 같은 수일 경우, 시행을 선고하지 않은 것은 연기를 선고한 것이다.

부정적 의견　수가 셋 또는 그 이상의 홀수(의 사람들 또는 여러 합의체)일 경우에도, 저마다 하나의 반대의견으로 나머지 찬성의견 모두를 무효로 만드는 권한을 갖는다면, 이 수는 대표가 아니다. 이는 곧 사람들의 의견이나 이해관계의 다양성으로 인해 자주 그리고 매우 중요한 경우에 벙어리 인격이 되고, 다른 많은 일에서처럼 군중의 통치에, 특히 전시에는 적합하지 않기 때문이다.

'본인'에는 두 종류가 있다. 첫째는 조건이나 단서 없이 순수하게 그렇게 불리는 자인데, 이런 자를 나는 앞에서 남의 행위를 단순히 자기 행위로 승인하는 자로 정의했다. 둘째는 남의 행위나 신약(信約)을 조건부로 자기 것으로 승인하는 자이다. 다시 말해 만약 타인이 일정한 기일 또는 그 이전에 그 일을 하지 않으면 자기가 하겠다고 보증하는 경우이다. 이런 조건부 본인은 보통 보증인(suretyes)이라 부른다. 라틴어로는 '신뢰로서 인정하는 사람(fidejussores)', '약속을 지키는 사람(sponsores)'이라 하는데, 특히 채무에 대한 경우에는 '공적으로 말하는 사람(prædes)', 재판관이나 위정자 앞으로 출두하는 경우에는 '출두자(vades)'라고 한다.

2부
코먼웰스에 대하여

17 코먼웰스의 목적, 생성, 정의

코먼웰스의 목적은 인간의 안전 보장에 있다   태어날 때부터 자유를 사랑하고 타인을 지배하기를 좋아하는 인간이 코먼웰스(commonwealth, 국가) 속에서 스스로를 구속하고 억압하는 궁극적 원인과 목적 그리고 의도는 무엇일까? 그것은 자기보존과 그것을 통해 좀 더 만족스런 삶을 통찰하는 데 있다.

다시 말해 이러한 통찰은 비참한 전쟁상태로부터 벗어나는 데 대한 것이다. 13장에서 본 것처럼, 전쟁이란 인간 본래의 정념들로부터 필연적으로 일어나는 것이다. 그리하여 인간이 보이지 않는 어떤 힘을 두려워하고, 처벌이 두려워 저마다 맺은 신약들을 이행하고, 14장과 15장에서 말한 여러 자연법들을 지키지 않는 한, 전쟁은 피할 수 없다.

자연법으로는 안전을 보장할 수 없다   정의·공평·겸손·자비 등 요컨대 '너희는 남에게서 바라는 대로 남에게 베풀어라'고 하는 자연법 자체는 어떤 권력의 위협 없이는 지켜지지 않는다. 이는 우리의 자연적 정념에 어긋나기 때문이며, 그 정념은 우리를 그 반대 방향, 즉 불공평·자만심·복수심으로 이끈다. 또한 칼 없는 신약(信約)은 다만 말에 불과하며, 인간의 생명을 보장할 힘이 전혀 없다.

따라서 자연법이 있음에도 (사람들은 그것을 지키려는 의지가 있고, 안전하게 지킬 수 있을 때는 그것을 지켜 왔다) 어떤 권력이 세워져 있지 않으면 또는 세워져 있다 하더라도 우리의 안전을 보장하기에 충분할 정도로 강력하지 않으면, 인간은 모든 타인에 대한 경계심에서 자신의 힘과 기량에 의지하게 된다. 그것은 합법적인 일이다.

사실상 사람들이 소가족으로 생활했던 모든 곳에서 강탈과 약탈은 하나의 생업이었고, 자연법에 어긋난다고 여겨지기는커녕 오히려 약탈품이 많으면 많을수록 명예롭게 여겼다. 그들은 명예법 외에는 어떤 법도 지키지 않았다. 이 명예법은 잔학행위는 삼가도록 하고, 약탈을 하더라도 목숨과 농사 도구는 빼앗지 않도록 했다. 당시 소가족이 그러했던 것처럼, 오늘날은 여러 가족이 확장된 것에 불과한 도시나 왕국이 그렇게 하고 있으며, 그들은 침략의 위험, 침략할 우려 또는 침략자를 도와 줄 우려가 있다는 온갖 구실로 영토를 확장한다. 또한 그들은 공공연한 무력행사나 은밀한 계책으로 이웃 도시나 국가를 가능한 한 제압하고 약화시키려고 모든 노력을 기울인다. 그러나 이 또한 달리 적을 경계할 방법이 없으므로 정당한 행위이며, 따라서 그 명예가 후세에까지 남는다.

인간의 안전은 소수의 사람들 또는 소가족의 결합으로도 보장할 수 없다 또한 소수의 결합이 안전을 보장하지도 않는다. 소수의 경우에는 어느 한 쪽에 약간의 힘만 더 보태도 우월한 힘이 되어 쉽게 승리를 얻을 수 있기 때문에 오히려 침략을 부추긴다. 안전하다고 믿기에 충분한 사람의 수는 어떤 일정한 수에 의해서가 아니라 우리가 두려워하는 적(敵)과의 비교에 의해 결정된다. 적의 우세가 전쟁의 승패를 결정하는 데 뚜렷한 중요성을 갖지 않아서 적이 전쟁을 일으킬 마음이 들 정도가 아닐 때, 비로소 충분하다고 할 수 있다.

다수의 사람이라 하더라도, 단일한 판단에 의해 통치되지 않는 한 안전은 보장할 수 없다 그리고 아무리 다수의 사람들이 있더라도 저마다 개별적인 판단과 욕구에 따라 행동한다면 그들은 공동의 적에 대해서도, 서로의 침해에 대해서도 어떤 방위나 보호를 기대할 수 없다. 자신들의 힘을 최대한 발휘하는 방법에 대해 의견이 분분할 경우에는 서로 돕는 것이 아니라 오히려 방해가 되고, 상호 대립으로 말미암아 힘을 소진하기 때문이다. 따라서 극소수가 단결한 집단한테도 쉽게 제압당할 뿐만 아니라, 공동의 적이 없을 때에는 서로의 개별적인 이해관계 때문에 전쟁이 벌어진다. 즉 다수의 인간이 그들 모두를 두려워하게 만드는 권력이 없어도 정의나 그 밖의 자연법을 준수하기로 동의한다고 가정할 수 있다면, 인류 전체도 그렇게 할 수 있다고 가정할 수 있다. 그렇다면 복종이 따르지 않는 평화가 있기 때문에 어떤 시민정부도, 코먼웰스도 존재하지 않을 것이고 존재할 필요도 없을 것이다.

단일한 판단이 지속되지 않는 한 안전은 보장할 수 없다 단일한 판단에 의해 통치된다고 하더라도 한 번의 전쟁이나 전투처럼 제한된 기간 동안에만 존재한다면 인간이 원하는 안전은 충분히 보장되지 않는다. 인간은 안전이 평생 보장되기를 원하기 때문이다. 일치된 노력으로 외적을 물리치고 승리를 얻는다 하더라도 이후 공동의 적이 없거나 또는 어떤 사람들이 적으로 생각하고 있는 자를 다른 사람들은 벗으로 여기거나 하면, 이해관계의 차이로 인

동물과 인간
벌이나 개미들은 하나의 사회를 이루어 사이좋게 살아가기는 하지만, 그들에게 선악을 구분하는 이성은 없다. 그래도 그들은 서로 경쟁하지도 않고 분열하지도 않는다.

하여 그들은 해체가 불가피해지고 다시금 내란의 구렁텅이에 빠지게 된다.

이성이나 말이 없는 몇몇 동물들이 명령 없이도 사회생활을 영위하는 것은 어째서인가? 분명 벌이나 개미 같은 몇몇 동물들은 서로 사이좋게 살아가고 있다. (그래서 아리스토텔레스는 이들을 정치적 동물 속에 포함시켰다)[*1] 이 동물들은 자신들의 개별적 판단이나 욕구 이외에는 따라야 할 명령이 아무것도 없으며, 각 개체가 공동의 이익에 도움이 된다고 생각하는 바를 다른 개체에게 알릴 언어도 없다. 그렇다면 인간이라는 동물은 왜 그렇게 하지 못하는지 그 이유가 궁금할 것이다. 그것에 대한 나의 답변은 다음과 같다.

첫째, 인간은 끊임없이 명예와 지위를 추구하며 경쟁하지만 이 동물들은 그렇지 않다. 그 결과 인간들 사이에는 그에 기반한 선망과 증오가 발생하고 결국 전쟁이 일어나지만 이 동물들 사이에서는 그렇지 않다.

둘째, 동물들에게는 공동의 이익과 개인적 이익이 다르지 않다. 그들은 본능적으로 개인적 이익을 좇도록 되어 있으며, 그렇게 함으로써 공동의 이익을 가져온다. 그러나 인간은 자기를 남과 비교하는 데에서 기쁨을 얻기 때문

---

*1 아리스토텔레스의 《정치학》 제1장에서는 '확실히 인간은 벌이나 군집생활을 하는 모든 동물보다 국가적인 동물이다'라고 말하고 있다.

에 우월감 이외에는 아무것도 좋아하지 않는다.

셋째, 동물들은 인간처럼 이성을 사용할 수 없으므로 공동의 일을 해 나가면서 결함을 찾아내는 일도 없고 또한 결함이 있다고 생각하지도 않는다. 그러나 인간들 중에는 자기가 남들보다 현명해서 공동체를 다스리는 일에 유능하다고 자부하는 사람들이 매우 많다. 이들은 저마다 자기 방식대로 공동체의 개혁과 혁신을 추진하려 애쓰며 이로 인해 혼란과 내란이 초래된다.

넷째, 이들 동물들은 서로에게 자신의 욕망이나 그 밖의 감정들을 알리기 위해 어느 정도 소리를 사용할 수는 있지만, 말이라는 기술을 사용할 줄은 모른다. 그러나 어떤 사람들은 말의 기술을 이용하여 선을 악처럼 악을 선처럼 보이게 할 수 있으며, 이렇게 선악의 외견상의 크기를 더하거나 줄임으로써 자기 마음대로 사람들에게 불만을 품게 하여 그들의 평화를 어지럽힌다.

다섯째, 이성이 없는 동물들은 권리침해와 손해를 구별할 수 없으므로 자기가 안락하기만 하면 동료들에게 반감을 갖지 않는다. 이에 반해 인간은 가장 안락할 때 가장 심술 사나워진다. 왜냐하면 이럴 때 그들은 자신의 지혜를 과시하고 코먼웰스를 통치하는 사람들의 행동들을 통제하고 싶어하기 때문이다.

끝으로 동물들의 화합은 자연적이지만, 인간의 화합은 오직 인위적인 신약(信約)에 의해서만 이루어진다. 따라서 그들의 화합을 항상적으로 그리고 영속적으로 유지하기 위해 신약 이외의 어떤 것이 요구된다 하더라도 이상할 것은 없다. 요구되는 것이란 바로 인간을 두렵게 하고 공동이익에 맞게 행동하도록 지도하는 공통 권력이다.

코먼웰스의 생성　공통 권력은 그들을 외적의 침입이나 서로의 침해로부터 방위함으로써 안전을 보장하고, 그들이 스스로의 노동과 대지의 산물로 일용할 양식을 마련하여 만족스런 삶을 살 수 있도록 하기 위한 것이다. 그런 능력이 있는 공통의 권력을 확고하게 세우는 유일한 길은 그들 모두의 의지를 다수결에 의해 하나의 의지로 결집하는 것, 즉 그들이 지닌 모든 권력과 힘을 '한 사람' 또는 '하나의 합의체'*2에 부여하는 것이다. 다시 말하면,

---

*2 Assembly, Assemble에는 라틴어의 simul(함께, 동시에)의 의미가 있을 뿐, '합의'라고 할 정도는 아니지만, 홉스는 다만 모이기만 한 사람들은 군중이지 국민은 아니라고 보았고, 또 프랑스에는 Assemblée Legislative, Assemblée Nationale와 같은 용례도 있으므로 앞으로는 Assembly는

한 사람 또는 합의체를 임명하여 자신들의 인격을 위임하고, 그 위임받은 자가 공공의 평화와 안전을 위해 스스로 어떤 행위를 하든 또는 국민에게 어떤 행위를 하게 하든, 각자는 그 모든 행위의 당사자가 되고, 또한 당사자임을 인정함으로써 개개인의 의지를 그의 의지에, 개개인의 판단을 그의 단 하나의 판단에 맡기는 것이다. 이것은 동의나 화합 이상의 것이며, 사람이 사람과 서로 신약을 맺음으로써 인간이 단 하나의 동일 인격으로 결합되는 참된 통일이다. 이것은 마치 모든 사람이 모든 사람을 향해 다음과 같이 말하는 것과 같다.

《리바이어던》 초판 속표지

"나는 이 사람 또는 이 합의체에 권위를 부여하여 나를 다스릴 권리를 완전히 양도할 것을 승인한다. 그러나 그것은 그대도 나와 마찬가지로 그대의 권리를 그에게 양도하여 그의 활동에 권위를 부여한다는 조건 아래서이다."

이것이 실행되어 다수의 사람들이 하나의 인격으로 결합되어 통일되었을 때 그것을 코먼웰스(Commonwealth), 라틴어로는 키비타스(Civitas)라고 한다. 이리하여 위대한 리바이어던(Leviathan)이 탄생한다. 아니, 좀 더 경건하게 말하자면 '영원불멸한 하느님(immortal God)'의 가호 아래, 우리의 평화와 방위를 보장하는 '지상의 신(mortal God)'이 탄생하는 것이다. 코먼웰스 안에 살

'합의체', Assemble은 '합의하다(때로는 집합하다, 소집하다)'로 번역하기로 한다.

고 있는 모든 개인이 부여한 권한으로 이 지상의 신은 강대한 권력과 힘을 사용하여 대내적으로는 국내의 평화를 유지하고, 대외적으로는 단결된 힘으로 외적을 물리치기 위해 사람들을 위협함으로써 모두의 의지를 하나의 의지로 만들어 낸다. 바로 여기에 코먼웰스의 본질이 있다. 코먼웰스의 정의는 다음과 같다.

코먼웰스의 정의 "그것은 많은 사람들이 서로 신약(信約)을 맺어 세운 하나의 인격으로서, 그들 각자가 그 인격이 한 행위의 당사자가 됨으로써 그들의 평화와 공동방위를 위해 가장 적합하다고 판단되는 바에 따라 모든 사람의 힘과 수단을 그 인격이 사용할 수 있도록 한 것"이다.

주권자 그리고 국민이란 무엇인가 그리고 이 인격을 맡는 사람을 주권자라 하며 '주권적 권력'을 지니고 있다고 말한다. 그 밖의 사람은 모두 그의 국민이다.

주권적 권력을 얻는 데는 두 가지 방법이 있다. 하나는 자연적 힘에 의한 것으로서[*3] 예컨대 자식이나 자손들을 복종시키고 지배하면서 복종을 거부하면 그들을 파멸시킬 수 있으며, 또는 전쟁으로 적을 정복하여 자신의 통치에 따르게 하고 복종을 조건으로 목숨을 살려 주는 경우가 여기에 속한다. 또 하나는 다른 모든 사람들로부터 자신을 지켜줄 것을 믿고 각자가 어떤 사람 또는 합의체에 대한 자발적 복종에 동의하는 경우이다. 후자는 정치적 코먼웰스 또는 '설립(institution)'에 의한 코먼웰스라고 할 수 있고, 전자는 '획득(acquisition)'에 의한 코먼웰스라고 할 수 있다. 우리는 먼저 설립에 의한 코먼웰스에 대해 살펴보기로 하자.

---

*3 '자연적인 힘'에 의한 주권도 20장에서 기술하는 것처럼 부모와 자식 또는 승리자와 패배자 사이의 계약에 의해 성립한다. 그러므로 주권성립을 위한 계약에는 복종계약과 결합계약이 있는데, 이 두 가지가 저마다 정복국가와 설립국가에 대응하는 것인지 아닌지는 홉스 해석의 쟁점 가운데 하나이다.

18 주권자의 권리

코먼웰스의 설립이란 어떤 것인가? 코먼웰스가 설립되었다고 말할 수 있는 것은 다음과 같은 경우이다. 다수의 인간이 합의 및 각자 사이의 계약[*1]에 의해 모든 사람의 인격[*2]을 나타내는(대표자로서의) 권리가 한 개인이나 합의체에 다수결에 의해 주어지고, 그 사람 또는 합의체에 찬성투표한 자나 반대투표한 자가 모두 똑같이 그의 행위와 판단을 마치 자기 자신의 그것인 것처럼 승인하며, 그렇게 함으로써 서로 평화롭게 살며 다른 사람으로부터 보호받는 것을 목적으로 했을 때이다.

이러한 설립이 가져오는 것은 무엇인가 합의하는 사람들의 동의에 의해 주권을 부여받은 사람 또는 사람들의 모든 권리와 권능은 이런 코먼웰스의 설립에서 비롯된다.

1. 국민은 통치의 형태를 변경할 수 없다 첫째, 그들은 신약을 맺는 것이므로 비록 이전에 다른 신약을 맺었다 하더라도, 이것과 모순되는 것은 지킬 의무가 없다고 이해해야 한다. 그리고 이미 코먼웰스를 설립한 사람들은 신약에 의해 주권자의 행위와 판단을 자신의 것으로 인정할 의무가 있으므로, 그의 허락 없이는 어떤 사안에 대해서도 다른 누군가에게 복종하는 새로운 신약을 맺는 것은 합법적일 수 없다. 따라서 군주의 국민이 된 사람들은 그의 허가 없이는 군주제를 폐지하고 무질서한 군중의 혼란으로 되돌아갈 수 없으며 또한 현재 자신들의 인격을 맡은 자에게서 인격을 돌려받아 다른 사람 또는 그들의 합의체에 넘겨 줄 수도 없다. 왜냐하면 그들은 이미 그들의

[*1] 여기서는 코먼웰스 설립의 계약은 국민 되는 사람들의 상호계약(결합계약)이며, 주권자와의 지배계약 또는 복종계약은 존재하지 않는다. 그러나 홉스의 국가론에 후자가 있는지 없는지에 대해서는 논란이 있다.

[*2] '그들 모두의 인격(the Person of them all)'이라 할 때, 인격이 단수인 점에 주의. 인격 및 대표개념에 대해서는 16장 참조.

주권자가 할 모든 일 또는 하는 것이 적당하다고 판단하는 모든 일을 자신의 것으로 인정하고, 자기가 그 행위와 판단의 당사자가 되기로 이미 모든 사람에 대해 의무를 지고 있기 때문이다. 따라서 누구 한 사람이라도 반대하는 사람이 있어서, 나머지 모든 사람들이 그 사람과 맺은 신약을 파기해야 한다면 이것은 옳지 못하다.

또한 모든 사람이 자신의 인격을 맡은 자에게 주권을 주었으므로 그를 폐위하는 것은 그들 스스로 자신의 인격을 박탈하는 것이 된다. 따라서 이 것도 또한 불의가 된다. 더욱이 주권자의 폐위를 꾀하다가 주권자에 의해 처형되거나 처벌을 받을 경우, 이 처벌을 내린 것은 자기 자신이다. 왜냐하면 그 자신이 주권자가 하는 모든 행위의 당사자이기 때문이다. 또한 자기 자신의 권위에 따라 자기가 처벌받을 만한 일을 하는 것은 불의이기 때문에, 이 것 또한 위의 근거에 따라 불법이다. 어떤 사람들은 주권자에 대한 불복종의 근거로서, 인간이 아닌 하느님과 맺은 새로운 신약을 구실로 내세우는데 이것 또한 불법이다. 왜냐하면 하느님의 인격을 대리하는 자의 중개 없이는 하느님과의 신약은 있을 수 없기 때문이다. 이 일을 할 수 있는 사람은 하느님의 가호 아래 주권을 지니고 있는 하느님의 대리인 이외에는 아무도 없다. 그러나 하느님과의 신약을 구실로 내세우는 것은 그렇게 주장하는 자 자신의 양심에 비추어서도 분명한 허위이기 때문에 부정한 성향의 행위일 뿐만 아니라 비열하고 사내답지 못한 행위로 여겨진다.

2. 주권은 박탈할 수 없다 둘째, 사람들의 모든 인격을 떠맡는 권리가 주권자에게 부여된 것은 만인 상호의 신약에 의해서만 이루어지며 주권자와 어느 한 사람 사이에서 이루어지는 일이 아니기 때문에 주권자 측에서 신약을 파기하는 일은 있을 수 없다. 따라서 그 국민들 가운데 어느 누구도 박탈을 위한 어떤 구실에 의해서도 복종의 의무로부터 자유로울 수 없다. 주권자가 된 자가 미리 그의 국민들과 어떤 신약도 맺지 않은 것은 분명하다. 만일 그런 신약이 존재한다면 그가 다수 전체를 한쪽 당사자로 하여 신약을 맺었거나, 아니면 각자와 개별적으로 신약을 맺었거나 둘 중 하나일 것이다. 그러나 다수 전체를 한쪽 당사자로 하는 것은 그들이 하나의 인격이 아니기 때문에 불가능하다. 그리고 만일 그가 전체를 구성하는 모든 사람들과 개별적인 신약들을 맺었다면 그런 신약은 그가 주권을 얻은 뒤에는 무효가 된다.

영국 국왕 찰스 1세(재위 1625~1649)
의회 의원들이 국왕의 전제정치를 비판하면서 영국 정치계는 국왕파(국교회, 장로파)와 의회파(청교도)로 분열되었다. 장로파를 몰아낸 의회파는 국왕을 재판에 회부하였으며, 1649년 찰스 1세는 반역자로 처형되었다. 반다이크가 그린 찰스 1세의 전면, 좌우 모습이 함께 그려진 초상.

왜냐하면 그들 중 누군가가 주권자의 온갖 행위를 신약 위반이라고 주장한다 하더라도, 주권자의 행위는 주권자 자신의 행위이자 동시에 그들 각자의 개별적 인격과 권리를 바탕으로 이루어진 행위이기 때문이다. 또한 그들 중 어느 한 사람이 주권자가 설립 당시 맺은 신약을 어겼다고 주장하고, 주권자의 국민들 중 다른 한 사람 또는 사람들 또는 주권자 자신은 그런 위반이 없었다고 주장한다면, 이 분쟁을 해결할 재판관은 없다. 따라서 다시 칼〔전쟁 상태〕로 되돌아가며, 모든 사람은 코먼웰스 설립 당초에 가졌던 의도에 반하여 자기 자신의 힘으로 자기를 보호할 권리를 회복한다. 그러므로 앞서 맺었던 신약을 근거로 주권을 부여한다는 것은 무의미하다.

군주가 권력을 갖는 것은 신약에 의한 것이라는, 따라서 그 권력은 조건부 권력이라는 견해는 다음과 같은 단순한 진리에 대한 이해가 부족한 데서 생긴다. 신약은 말과 호흡에 불과하므로 공공의 칼이 없으면, 아무에게도 의무를 부과할 수 없고 아무도 억제하거나 강제할 수 없으며 보호할 수도 없다. 그 강력한 힘은 주권을 지닌 한 사람 또는 사람들의 합의체의 손을 속박하지 않을 때 생기며, 주권자의 행위는 모든 사람이 승인한 것이고 모든 사람의 힘이 단결되어 이루어지고 있는 것이다. 주권의 설립에 즈음하여 그런 신약이 성립한다는 주장이 얼마나 어리석은 주장인지는 합의체가 주권자인 경우를 생각해보면 쉽게 알 수 있다. 예컨대 로마 시민이 이러저러한 조건 아래서 주권을 갖는다는 신약을 로마 국민들과 맺고, 그것이 이행되지 않으면 로마 국민들은 로마 시민을 합법적으로 내쫓을 수 있다는, 이런 바보 같은 말을 할 사람은 없기 때문이다.[*3] 군주정치나 민중적 통치(*popular government*)나 이치는 같다는 것을 사람들이 이해하지 못하는 것은 자기가 누릴 길이 전혀 없는 군주정보다는 참여할 희망이 있는 합의체에 마음이 더 기울어지는 사람들의 야심 때문이다.

3. 다수의 사람들에 의해 선포된 주권 설립에 대하여 항의하는 것은 불의이다 셋째, 다수의 사람들이 동의하여 주권을 선포한 것이므로, 반대한 자도 나머지 사람들에게 동의해야 한다. 다시 말하면, 그도 주권자의 모든 행위를 기꺼이 인정해야 하며 그렇게 하지 않으면 나머지 사람들에 의해 정당하게 살해될 수 있다. 왜냐하면 합의한 사람들의 집회에 그가 만일 자발적으로 참가했다면 이로써 그는 다수의 결정을 준수할 의지를 충분히 표시한 것이므로(따라서 묵시적으로 신약을 맺었으므로), 그 결정의 준수를 거부하거나 다수자가 결정한 법령에 항의한다면 이것은 그 자신이 맺은 신약에 반하는 것이며 따라서 불법을 저지르는 것이다. 그리고 그가 그 집합체에 속하건 아니건, 그리고 동의를 요청받았건 안 받았건, 그들의 명령에 복종하거나 아니면 과거 그가 처했던 전쟁상태 그대로 있어야 한다. 전쟁상태에서는 누군가 그를 살해한다 해도 불의가 아니다.

4. 주권자의 행위를 국민이 비난하는 것은 부당하다 넷째, 주권을 세움에 있어서 모든 국민은 주권자가 행하는 모든 행위와 판단의 당사자이기 때문에, 주권자가 무엇을 하든지 그것은 그의 국민 중 누구에게도 권리침해가 될 수 없으며, 또한 국민들로부터 불의를 저질렀다는 비난도 받지 않는다. 타인으로

[*3] 주권자로서의 로마 시민과, 그 속령과의 관계를 가리킨다.

부터 위임받은 권한에 근거하여 행동하는 것은 그 권한을 위임한 타인에 대한 권리침해가 되지 않기 때문이다. 코먼웰스의 설립에 의해 각 개인은 주권자의 모든 행위의 당사자인 것이며, 주권자로부터 권리침해를 당했다고 불평하는 것은 자신이 당사자인 행위에 대해 불평하는 것과 같다. 그러므로 그는 자신 이외의 어느 누구도 비난해선 안 되며, 또한 권리침해에 대해 자신에게 책임을 물을 수도 없다. 자기가 자기의 권리를 침해하는 것은 불가능하기 때문이다. 분명 주권자의 권력을 쥔 사람이 불공평한 행위를 할 수는 있을 것이다. 그러나 원초적인 의미에서의 불의나 권리침해를 하는 경우는 없다.

5. 국민은 주권자의 어떠한 행위도 처벌할 수 없다　다섯째, 위에서 말한 내용의 결과로서 주권을 가진 사람은 국민에 의해서 처형되거나 또는 그 밖의 방식으로 처벌될 수 없다. 그런 처벌은 부당하다. 모든 국민은 주권자가 행하는 모든 행위의 당사자라고 한다면 그는 자신의 행위에 대하여 타인을 처벌하는 것이 되기 때문이다.

6. 주권자는 국민의 평화와 방위에 무엇이 필요한지를 판단한다　코먼웰스는 모든 국민의 평화와 방위에 목적을 두고 설립되었기 때문에 이 목적에 대한 권리를 가진 자는 누구나 그 수단에 대한 권리도 갖는다. 따라서 주권을 가진 사람 또는 합의체도 다음 권리를 갖는다. 평화와 방위의 수단 및 그것에 장애 또는 방해가 되는 것에 대한 판단, 또한 평화와 안전을 지키기 위해 국내의 소란 및 국외로부터의 적대행위 예방 등을 위하여 필요하다고 생각되는 모든 대책을 강구하는 것, 나아가 평화와 안전을 빼앗긴 경우에는 그것을 회복하기 위해 필요하다고 생각되는 모든 행동을 하는 일이 그것이다.

또한 주권자는 국민이 어떠한 교육을 받아야 하는지를 판단한다　여섯째, 어떤 의견이나 학설이 평화에 반대하는지 이바지하는지에 대한 판단을 내리는 것이 주권에 속한다. 따라서 사람들이 어떤 경우에 어느 정도로 무엇을 다수의 국민들에게 말해도 좋은지에 대한 판단 또한 책을 펴내기 전에 누가 그 내용에 대해 검열해야 할지에 대해서도 그러하다. 왜냐하면 인간의 행위는 그들이 지닌 사상에서 나오는 것이며, 평화와 화합을 위해 사람들의 행동을 규제하려면 그들의 사상부터 잘 다스릴 필요가 있다.*4 물론 이론상 문제에

---

*4 홉스는 다른 곳에서는 자주 정치권력은 행위만을 대상으로 하며 마음속까지는 미치지 않는다고 말하고 있다.

대해서는 진리 이외에는 아무것도 존중할 필요가 없지만, 평화를 위해 사상을 규제하는 일과 진리의 존중이 서로 대립하는 것은 아니다. 평화와 화합이 자연법에 어긋날 수 없는 것과 마찬가지로 평화에 반대하는 이론이 진리일 수 없기 때문이다. 하나의 코먼웰스에서 지배자나 교사들이 게으르거나 미숙하여 잘못된 이론을 일반에게 널리 퍼트린 경우, 그와 상반되는 진리는 분명 사람들의 반발을 초래할 것이다. 그러나 새로운 진리가 너무나도 갑작스럽고 거칠게 등장한다고 해서 평화가 파괴되는 것은 결코 아니며 다만 때때로 전쟁을 초래할 뿐이다. 통치가 느슨한 틈을 타서 어떤 사상을 옹호하거나 도입하기 위해 감히 무기를 드는 자들은 아직도 전쟁상태에 있기 때문이다. 그들은 평화 상태가 아니라 서로에 대한 두려움 때문에 휴전상태에 머물 뿐이며, 말하자면 그들은 계속 전투지역에 살고 있는 것이다. 따라서 이론이나 사상에 대해 판단하고, 이를 위한 재판관을 두는 것은 불화와 내란을 막을 평화를 위해 필요한, 주권을 지닌 자에 속한다.

7. 어떤 국민도 정당한 방법으로는 빼앗을 수 없는 개인의 불가침한 권리란 무엇인지를 국민 저마다에게 이해시키기 위한 규칙을 제정할 권리 일곱째, 주권자는 국민 각자가 동포 국민의 방해 없이 누릴 수 있는 재산이 무엇이며, 할 수 있는 활동이 무엇인지를 알 수 있는 규칙을 제정할 모든 권한을 가진다. 그 규칙이 바로 사람들이 '소유권'이라 부르는 것이다. 주권자의 권력이 설정되기 이전에는 앞에서 살펴본 것처럼 모든 사람이 만물에 대해 권리를 가지고 있었고 그것은 필연적으로 전쟁을 일으켰다. 따라서 소유권은 평화를 위해 필요하고 주권에 의존하고 있으며, 공공평화를 목적으로 이루어지는 주권의 행동이다. 소유권(즉 '내 것'과 '네 것') 및 국민들의 모든 행동의 선과 악, 합법과 불법에 대한 규칙이 곧 시민법이다. 바꿔 말하면 모든 개별적인 코먼웰스의 법이다. 시민법이라는 이름은 오늘날에는 로마 시의 고대 시민법을 가리키는 말로 한정되어 있지만, 로마 시는 세계의 드넓은 지역의 수도였기 때문에 그 법률이 그 무렵 이들 지역에서는 시민법이었던 것이다.

8. 주권자는 또한 모든 분쟁에 대해 심리하고 결정할 권리를 갖는다 여덟째, 주권에 속하는 것은 사법권 즉 시민법이나 자연법 또는 사실에 관하여 발생할 수 있는 모든 분쟁에 대해 심리하고 결정하는 권리이다. 분쟁에 대한 결정이 없으면 국민들 사이에 일어나는 권리침해에 대하여 보호가 이루어지지

않으며, '내 것'과 '네 것'에 대한 법률도 소용이 없고, 모든 사람은 자기보존이라는 자연적이고 필연적인 욕구를 바탕으로 자기 힘으로 스스로를 지킬 권리가 존속하게 되는데, 그것은 전쟁상태이며 코먼웰스를 설립한 목적에 어긋나는 것이기 때문이다.

9. 주권자는 또한 그가 가장 좋다고 생각하는 바에 따라 전쟁과 평화를 도모할 권리를 갖는다 아홉째, 주권자에게 속하는 권리에는 다른 민족이나 다른 코먼웰스에 대한 전쟁 또는 평화가 있다. 이것은 다시 말하면, 그렇게 하는 것이 언제 공공의 이익이 되는지

영국 여왕 엘리자베스 1세(재위 1558~1603)
영국이 세계적으로 두각을 나타낸 시기의 여왕으로, 에스파냐의 무적함대 공격이나 이복 언니 메리를 지지하는 가톨릭 교도의 암살시도 등에 직면하면서도 훌륭하게 국가 통일을 이루어 냈다.

를 판단하고, 그 목적을 위해 거대한 병력을 결집하고 무장하는 방법과 소요예산을 판단할 권리이며, 이에 충당할 비용을 국민에게서 세금으로 걷을 권리이다.[5] 국민을 지키는 힘은 군대에 있고, 군대의 힘은 단일한 지휘권 아래 힘을 결집하는 데 있다. 그 지휘권은 주권자가 세운 것이며 따라서 주권자가 그 지휘권을 갖는다. 군사 지휘권은 별도의 제도가 없어도 그 지휘권을 가진 자를 주권자로 만들기 때문이다. 따라서 누가 군대의 사령관이 되든지 언제나 주권을 지닌 자가 최고사령관이다.

10. 평상시와 전쟁시를 불문하고 고문관이나 장관을 선임할 권리 열째, 평상시

---

[5] 국왕의 과세권은 영국혁명의 쟁점 가운데 하나였다.

와 전쟁시를 불문하고 모든 고문관·장관·행정관·관리를 선임할 권리는 주권자에게 있다. 주권자는 공공의 평화와 방위를 이룩할 임무를 띠므로, 그는 주어진 임무수행을 위한 최적의 수단을 사용할 권리도 갖는 것으로 이해되기 때문이다.

11. 상을 주거나 처벌할 권리, (그 방법을 정한 법률이 없을 때는) 자유로이 재량할 권리 열하나째, 주권자에게는 사전에 제정해둔 법에 따라 재산이나 높은 벼슬로 상을 주거나 신체적·금전적인 처벌이나 작위 박탈 등으로 처벌할 권리가 있다. 또한 정해진 법률이 없을 때에는 사람들이 코먼웰스에 봉사하도록 장려하고, 해로운 행위를 저지하는 데 가장 유익하다고 판단하는 바에 따라 이를 재량할 권력을 가진다.

12. 작위와 서열을 결정할 권리 마지막으로, 인간은 태어날 때부터 자신에게 가치를 부여하려 하거나, 타인으로부터 존경을 받으려 하거나, 타인에 대하여는 낮게 평가하려고 한다. 이로 인해 경쟁과 분쟁, 당파싸움이 끊임없이 벌어지고 결국 전쟁이 일어나 서로를 파괴하며, 공동의 적에 대한 그들의 힘을 감소시키기까지 한다. 이런 점을 고려할 때 공훈에 따라 벼슬을 내리는 데 대한 법률이 필요하다. 즉 코먼웰스에 공이 있거나 상 받을 만한 가치가 있는 사람들에 대하여 공적(公的) 평가기준이 있어야 하고 또한 이 법을 실시하는 데 필요한 힘이 누군가의 손에 맡겨져야 한다. 그런데 코먼웰스의 모든 군사력 즉 병력뿐만 아니라 모든 분쟁에 대한 사법권도 주권자에게 속한다는 것은 이미 살펴본 바 있다. 따라서 작위의 칭호를 부여하는 일과 저마다 가질 지위와 위계의 서열을 정하는 일, 그리고 공적·사적 모임에서 서로 보여야 할 존경의 표시 등을 결정하는 것도 주권자에게 속한다.

이들 주권은 분할할 수 없다 위에서 말한 것들이 주권의 본질을 이루는 여러 권한이며, 어떤 사람 또는 사람들의 합의체에 주권이 있는지를 분간할 수 있게 하기 위한 표시이다. 왜냐하면 이런 권리들은 남에게 전수할 수도 없고 나누어 가질 수도 없기 때문이다. 화폐 주조권, 미성년 상속자의 재산과 인격을 처리할 권리, 시장에서의 선매권(先買權), 그 밖의 모든 대권사항이 주권자에 의해 양도될 수도 있지만 국민을 보호하는 권력은 주권자가 보유한다. 그러나 주권자가 '군사권(軍事權)'을 양도한다면 법이 집행되지 않기 때문에 사법권을 보유하고 있어도 소용이 없다. 또한 만일 그가 화폐를 조달하는 권한을 양도한다면 '군사권'은 무용지물이 되며, 또 만일 학설에 대한 통제를 포기한다면 영적인 것들에 대한 공포감 때문에 사람들은 반란을 일으킨다. 앞에서 말한 권리들에 대하여 고찰해 보면, 그 중 어느 하나라도 없으면 아무리 나머지 모든 권리를 가지고 있어도 코먼웰스의 설립 목표인 평화와 정의의 유지는 효과적으로 이루어질 수 없음을 알게 된다. '분할된 왕국은 존립할 수 없다'[*6]고 한 것도 이런 주권의 분할에 대해 말한 것이다.

주권이 분할되지 않는 한, 군대의 분열과 대립은 결코 일어나지 않기 때문이다. 영국의 대부분 지역에서, 이들 권력이 국왕과 귀족들과 평민원으로 분할된다는 의견이 받아들여지지 않았더라면, 국민이 분열되어 내란에 빠지는 일은 결코 없었을 것이다. 내란은 처음에는 정치적 견해를 달리하는 사람들 사이에서, 나중에는 종교의 자유에 관하여 의견을 달리하는 사람들(Dissenters)[*7] 사이에서 발생했다. 그것은 주권의 권리에 대해 사람들에게 큰 가르침을 주었다. 주권자의 권리는 분리가 불가능하다는 것, 다시 평화가 찾아오면 이 권리가 일반적으로 인정되리라는 것, 사람들이 내란의 비참함을 망각하기 전까지는 주권자의 권리에 대한 인정이 계속되리라는 것, 그리고 평민들이 지금까지 받아온 교육보다 더 훌륭한 교육을 받지 않는 이상 계속되지는 않으리라는 것, 이제 영국에는 이런 사실들을 이해하지 못하는 사람은 거의 없다.

이들 권리는 주권자가 직접 포기하지 않는 이상 결코 양도될 수 없다 그리고 이들 권리는 본질적이며 분리가 불가능한 권리이므로 반드시 다음과 같은 일이 발생한다. 즉 어떤 말에 의해 이들 권리 가운데 어떤 것이 다른 사람에게 수여된 것처럼 보인다 하더라도, 주권 자체가 직접적인 용어에 의해 포기된 것이 아니고 또한 그런 권리를 양도한 자, 즉 기존의 주권자가 주권자의 명칭을 피양도자, 즉 국민들로부터 더 이상 부여받을 수 없는 상태가 아닌 한 그 양도는 무효이다. 다시 말해 주권자가 모든 것을 양도한 경우, 만일 국민들이 그 주권을 다시 반환한다면 모든 것은 그것과 불가분하게 연관된 것

[*6] "또 만일 나라가 스스로 분쟁하면 그 나라가 설 수 없다."(마가복음 3장 24절) 아울러 〈마태복음〉 12장 25절 및 〈누가복음〉 11장 17절을 보라.

[*7] 디센터(Dissenters)란 영국 국교회에 대하여 동의하지 않는 사람들을 총칭하지만, 여기서는 특정 집단을 가리키는 것은 아니다.

으로서 회복되는 것이다.

주권자의 권력 앞에서는 국민의 권력과 명예도 사라진다 이 위대한 권한은 쪼갤 수 없으며 주권과 단단히 연관되어 있으므로 '국왕은 국민 개개인보다는 큰 힘을 갖는 좀더 큰 개체이기는 하지만, 국민 전체보다는 작은 힘을 갖는 좀더 작은 보편자이다'라는 견해는 근거가 없다. '전체'라는 말은 하나의 인격으로서의 집합체를 의미하거나 아니면 '각자'를 의미한다. 우선 전체라는 말이 '각자'의 의미라면 위의 견해는 그 자체로 이치에 맞지 않는다. 그러나 만일 '전체'라는 말이 (주권자가 지닌 인격과 같은) 하나의 인격을 나타내고 있다면, 전체 권력이란 곧 주권자의 권력과 똑같은 것이므로 이 또한 불합리한 말이다. 사람들은 주권이 국민의 합의체에 있을 때는 그 불합리성을 잘 알지만, 주권이 한 사람의 군주에게 있을 때는 그 말이 불합리한 줄을 모른다. 그러나 누구에게 있건 주권자의 권력은 똑같은 것이다.

권력이 그런 것과 마찬가지로 주권자의 명예도 그 어떤 국민의 명예보다 또한 국민 전체의 명예보다 더 위대해야 한다. 왜냐하면 주권이야말로 명예의 근원이기 때문이다. 영주·백작·공작·후작·왕후(王侯) 등의 위계는 주권자가 만드는 것이다. 주인 앞에서 종들은 평등하고 어떤 명예도 가지지 못한다. 주권자 앞에서는 국민도 그와 마찬가지이다. 주권자의 모습이 보이지 않는 곳에서는 그들 중 어떤 자는 크게 또 어떤 자는 작게 빛날지라도, 주권자 앞에서는 모두 태양 앞의 별무리에 불과하다.

주권이 없는 경우에 비하면 강대한 권력도 결코 유해하지 않다. 해악은 대부분 소수자에게 흔쾌히 복종하지 않는 데서 발생한다 그러나 어떤 사람은 이에 대해 다음과 같은 반론을 제기할지도 모른다. 국민들이 그렇게 무한한 권력을 지닌 자들의 정욕과 변덕스런 정념에 좌우된다면 너무 비참하다고. 보편적으로 군주정 아래서 살고 있는 사람들은 그 비참함을 군주정의 결함으로 여기고, 민주정이나 그 밖의 주권을 지닌 합의체의 통치 아래 살고 있는 사람들은 모든 불편을 코먼웰스의 통치형태 탓으로 여긴다. 하지만 통치형태가 무엇이든 국민을 보호하기에 충분할 정도로 완전하다면 권력은 같은 것이다. 인간에겐 어떤 경우도 불편이 전혀 없을 수는 없다. 그리고 통치형태를 불문하고 일반 민중에게 생길 가능성이 있는 가장 큰 불편도 내란에 따르는 비참함과 끔찍한 재난에 비하면 또는 법에 대한 복종도 없고 약탈과 복수를 하지 못하도록 그들을 속박하는 강제력도 없는, 즉 지배자 없이 살아가는 사람들의 분열 상태에 따르는 비참함과 두려움에 비하면 아무것도 아니다. 주권을 지닌 통치자들이 국민들에게 가혹한 억압을 가하는 경우에도, 국민들에게 해(害)를 가하고 국민들을 약화시킴으로써 기대할 수 있는 즐거움이나 이익 때문에 그런 것은 아니다. 주권자의 힘과 영광은 국민의 활력에 있다. 주권자가 강압적 권력을 행사하는 것은, 자신을 방어하는 일에 마지못해 비용을 대고 힘을 다하지 않으려는 국민들의 반항적 태도 때문이다. 통치자가 평화시에도 국민들로부터 최대한 세금을 거두는 이유는 위급한 경우나 갑자기 필요할 때, 적에게 대항하거나 선수를 치기 위한 수단을 강구하기 위한 것이다. 앞서 말한 반론은 이런 문제들에 대해 깊이 생각하지 않기 때문에 나오는 것이다. 모든 인간은 두 개의 확대경을 가지고 태어난다. 하나는 정념이고 다른 하나는 자기애이다. 이 확대경으로 보면 작은 희생이 큰 괴로움으로 보여서 불평하게 된다. 그러나 그들은 망원경으로 볼 줄 모른다. 망원경으로 멀리 내다보면, 즉 도덕과 사회의 학문으로 보면 그런 희생 없이는 도저히 피할 수 없는 비참함이 코앞에 닥쳐 있음을 알 수 있다.

19 코먼웰스의 종류와 주권의 승계

코먼웰스의 형태는 세 종류밖에 없다 코먼웰스의 형태는 주권자, 즉 국민 전체 및 각 사람을 대표하는 인격에 따라 다르다. 그리고 주권은 한 사람 또는 두 사람 이상의 사람들로 이루어진 합의체에 있고, 이 합의체는 모든 사람이 가입할 권리를 가진 경우와, 특정한 사람들만이 가입할 수 있는 권리를 가진 경우로 나눌 수 있으므로 결국 코먼웰스가 세 종류밖에 없다는 것은 분명하다. 즉 대표자는 한 사람이거나 2인 이상이 분명하고, 2인 이상일 경우에는 전체의 합의체이거나 일부 사람들의 합의체이다. 대표자가 한 사람일 경우 그 코먼웰스는 군주정이고, 그곳에 모일 의사가 있는 모든 사람의 집단인 경우에는 민주정 즉 민중적 코먼웰스이며, 일부로만 구성된 합의체의 경우에는 귀족정이라고 불린다. 이 밖에 다른 종류의 코먼웰스는 존재할 수 없다. 왜냐하면 한 사람이거나 그 이상이거나, 모두인 것 가운데 하나가 주권(나눌 수 없는 것이라고 나는 밝혔다) 전체를 소유해야만 하기 때문이다.

폭정이나 과두정치(寡頭政治)는 군주정치나 귀족정치의 다른 명칭일 뿐이다 역사기술이나 정치서적에는 '폭정(*Tyranny*)'이나 '과두지배(*Oligarchy*)' 같은 통치 명칭들이 나온다. 이들은 별다른 통치형태의 명칭이 아니라 형태는 똑같지만 그 통치형태를 싫어하던 때의 명칭이다. 즉 '군주정치' 아래에서 그것에 불만을 가진 사람들은 그것을 '폭정'이라고 부르고, '귀족정치'를 달가워하지 않는 사람들은 그것을 '과두정치'라고 부른다. 마찬가지로 '민주정치' 아래에서 자신들이 고통받고 있다고 생각하는 사람들은 그것을 '무정부'라고 부른다. 무정부란 통치가 없다는 뜻이다. 그러나 통치의 부재를 통치형태의 일종이라고 믿을 사람은 없으리라고 생각한다. 같은 이유에서 사람들이 어떤 통치형태를 탐탁해할 때와 탐탁해하지 않을 때, 또는 통치자의 억압을 받을 때를 각각 다른 종류의 통치형태로 볼 필요는 없다고 생각한다.

종속적인 대표자들은 위험하다 절대적인 자유 상태에 있는 사람들에게 그럴 의사가 있다면 한 사람에게 권한을 주어서 그들 각자를 대표하게 할 수도 있고, 마찬가지로 여러 명으로 구성된 합의체에 이 권한을 부여할 수도 있다는 것은 분명하다. 따라서 그들이 좋다고 한다면 군주에게 절대적 복종을 할 수도 있고, 다른 대표자에게 할 수도 있다. 그러므로 이미 주권이 세워진 곳에서는 주권자가 정한 특정한 목적을 위해 다른 대표자를 두는 경우 외에는 똑같은 국민을 위한 다른 대표자가 있을 수 없다. 그렇지 않으면 2명의 주권자가 존재하므로, 각자의 인격이 2명의 대리인에 의해 대표되고, 그 결과 양자가 서로 대항함으로써 주권의 분할이 불가피해진다. 그러나 (사람들이 평화롭게 살고자 한다면) 그것은 불가능하다. 주권이 분할되면 다수의 사람들은 주권설립의 목적에 반하는 전쟁상태에 빠지게 된다. 그러므로 주권을 지닌 합의체가 영토 안의 국민에게 국민들 자신의 건의나 요구를 알릴 대표자들을 보내도록 요청했다고 가정할 경우에 이 대표자들이 주권적 합의체보다 더 절대적인 국민의 대표자로 여겨져야 한다고 주장하는 것은 부당하다. 군주정의 경우에도 마찬가지로 그렇게 주장할 수 없다. 그런데 이렇게 분명한 진리가 요즈음에는 왜 완전히 무시당하는지 알 수가 없다. 하나의 군주국에서 600년의 세습에 의해 주권을 가진 자만이[1] 주권자로 불려왔으며, 모든 국민들로부터 폐하의 칭호를 들으면서 국왕으로 인정받았음에도 어째서 그는 그들의 대표로는 여겨지지 않았는지 나는 모른다. 대표라는 명칭은 국민이, 주권자의 명령에 따라 자신들의 청원서를 전달하기 위해, 또한 (그가 허락한다면) 자신들의 조언을 그에게 전하기 위하여 파견한 사람들의 칭호로서 모순 없이 통용되었던 것이다. 이것은 국민의 참되고 절대적인 대표자들에게 교훈으로서 도움이 될 것이다. 즉, 만일 그들이 부여받은 책임을 다하려면, 그 직무의 성질에 대하여 사람들에게 가르쳐야 하며 무슨 일에든 다른 일반적 대표를 어느 정도 허용할 수 있을지에 주의해야 한다는 것이다.

군주정치와 권력을 가진 합의체의 비교　이런 세 종류의 코먼웰스 사이의

---

[1] 노르만 정복(1066) 이후 잉글랜드의 여러 왕조를 가리키는 것으로 짐작된다. 이 책을 펴낼 (1651) 때까지의 왕조는 Normandy(1066~1135), Blois(1135~1154), Plantagenet(1154~1199), Lancaster(1399~1461), York(1461~1485), Tudor(1485~1603), Early Stuart(1603~1649)이므로 '600년의 세습'은 지나치다.

차이는 권력의 차이에 있는 것이 아니라, 그것들의 설립 목적인 국민의 평화와 안전을 보장하기 위한 편의와 적합성의 차이에 있다. 그리고 군주정치와 다른 두 개의 통치형태를 비교해 보면 우리는 다음과 같은 점을 발견할 수 있다. 첫째, 국민의 인격을 떠맡고 있는 자, 또는 그것을 떠맡고 있는 합의체의 성원인 자는 누구나 동시에 자신의 자연적인 인격도 떠맡는다. 그러므로 그는 정치적 인격으로서 공공의 이익을 획득하기 위하여 세심한 주의를 기울이는 한편, 자신이나 가족 또는 친척이나 벗들의 사적 이익을 얻기 위해서는 그보다 더 깊은 주의를 기울인다. 그리고 공적 이익과 사적 이익이 맞서는 경우 대부분 사적 이익을 우선한다. 인간의 정념은 흔히 이성보다 강하기 때문이다. 그러므로 공익(公益)과 사익(私益)이 더욱더 긴밀하게 연관되어 있을 때 공적 이익은 더 큰 추진력을 얻는다. 그런데 군주정의 경우에는 사익이 공익과 일치한다. 군주의 재산·권력·명예는 국민들의 힘과 재산 및 명성에서만 생겨난다. 국민들이 가난하거나 열등하거나, 또는 결핍이나 의견 차이 때문에 적과 전쟁을 수행할 수 없을 정도로 허약하다면, 군주의 부(富)도 영광도 안전도 없다. 한편 민주정치나 귀족정치에서는 공공의 번영은 거짓된 충고나 배임행위 또는 내란이 자주 그러하듯이 부패한 야심가들의 사적 재산을 늘려주지는 않는다.

둘째, 군주는 그가 원한다면 때와 장소, 사람을 불문하고 조언을 구할 수 있다. 따라서 그는 현재 숙고 중인 문제에 정통한 사람들로부터 지위와 자격의 높고 낮음을 막론하고 의견을 들을 수 있으며, 실행에 옮기기 전까지 원하는 만큼 그 문제를 비밀에 부칠 수도 있다. 그러나 주권을 보유한 합의체가 조언을 필요로 할 때는 처음부터 조언할 권리를 지닌 사람들 외에는 아무도 허용되지 않는다. 이 사람들은 보통 지식보다는 부의 획득에 정통한 자들로서 긴 시간의 토론을 거쳐 조언을 하지만 통치에 도움을 주기는커녕 오히려 사람들의 행동을 부추기기 일쑤이다. 왜냐하면 '이해력'은 정념의 불꽃에 휩싸이면 밝아지는 것이 아니라 현혹되기 때문이다. 또한 합의체 자체가 다수이기 때문에 비밀리에 조언을 구할 장소도 시간도 없다.

셋째, 군주의 결의는 인간의 본성에서 오는 것 이외에는 어떤 불안정성에도 지배되는 일이 없다. 그러나 합의체의 경우에는 인간의 본성과 동시에 수(數)에서 오는 불안정성이 있다. 한번 결의하면 그 결의를 고수하려는 몇몇 사람들이 결석하는 일도 있고(이런 일은 방심이나 태만 또는 개인적인 사정 때문에 생길 수 있다), 반대 의견을 가진 소수의 사람들이 어제 결정된 일을 오늘은 번복하려고 부지런히 출석하는 일도 있기 때문이다.

넷째, 군주가 시기심이나 이해관계 때문에 자신에게 동의하지 않는 일은 있을 수 없다. 그러나 합의체에서는 그럴 수 있으며 그것도 내란을 일으킬 정도로까지 심각해질 수 있다.

다섯째, 군주정치에는 다음과 같은 불편이 따른다. 즉 한 사람의 권력자가 총애하는 신하나 아첨꾼의 배를 불려주려고 국민의 소유물을 무엇이든 마음대로 빼앗을 수도 있는 것이다. 이것은 정말 엄청난, 피할 수 없는 불편이라는 것을 나도 인정한다. 하지만 주권이 합의체에 있는 경우에도 똑같은 일이 일어날 수 있다. 왜냐하면 군주가 간신들에게 좌우되는 것처럼, 그들의 권력 또한 사악한 조언에 끌려 다니거나 웅변가들의 부추김에 넘어가기 쉽고, 아첨꾼이

네로 황제(재위 54~68)
로마의 제5대 황제로, 치세 초기에는 해방노예의 중용, 감세, 원로원 존중 등의 선정을 베풀었으나, 점차 폭정으로 변하여 동생과 어머니, 아내를 차례로 살해했다. 64년에 로마 대화재가 발생하자, 그 책임을 그리스도교에 전가시켜 박해했다. 이때 사도 성 바울 등이 순교하는 등 타격을 입었으며, 네로는 그리스도 교인들에 의해 폭군으로 불리게 되었다.

되어 서로의 탐욕과 야망에 번갈아가며 봉사하기 때문이다. 또한 군주들은 총애하는 자가 적고 자신의 친족 이외에는 달리 중용할 사람이 없지만, 합의체가 총애하는 자는 많고 친족의 수도 군주의 경우보다 훨씬 많다. 그 밖에도 군주가 총애하는 신하는 적에게 해를 가할 수도 있고 벗을 도울 수도 있지만, 웅변가들 즉 주권적 합의체의 총신들은 남을 해칠 힘은 커도 구할 힘은 작다. 비난을 하려면 인간의 본성상 변론할 때보다 웅변이 필요하지 않으며 유죄선고는 무죄판결보다 더 정의로워 보이기 때문이다.

여섯째, 군주정치에서는 미성년자나 선악을 구별하지 못하는 자에게 주권이 계승될 수도 있다는 불편이 따른다. 이런 경우 그는 주권의 행사를 다

른 사람 또는 합의체에 위임하여 통치해야만 하며, 다른 사람 또는 합의체란 그의 인격과 권위를 관리하는 자나 보호하는 자를 말한다. 이처럼 주권의 행사를 다른 사람 또는 합의체에 위임해야 하는 것에 불편이 있다고 하는 것은 모든 통치는 혼란이나 내란보다 불편한 것이라고 주장하는 것과 같다. 명예와 이익이 있는 지위를 놓고 사람들이 서로 경쟁하고 투쟁하는 일이 발생할 수 있다. 우리가 군주정치라고 부르는 통치형태에서는 그런 문제들이 생기지 않는다는 것을 분명히 하기 위해 우리는 다음과 같은 경우를 생각해 볼 필요가 있다. 전임 군주가 미성년인 왕위 계승자의 보호감독자로 누군가를 임명했다고 하자. 이것은 유언에 따라 명시적으로 이루어질 수도 또는 이런 경우에 적용되는 관습에 따라 암묵적으로 이루어질 수도 있다. 이때 만일 혼란이나 내란과 같은 문제가 생긴다면 그것은 군주정치에 원인이 있는 것이 아니라 국민들의 야심과 부정 때문이다. 그런 일은 국민이 자신들의 의무와 주권자의 권리에 대해 충분한 교육을 받지 못한 경우 어느 종류의 통치형태에서나 똑같이 생길 수 있다. 또는 전임 군주가 보호감독에 대해 아무런 조처를 해두지 않았다고 하면 이 경우에는 자연법이 다음과 같은 충분한 규칙을 정해 놓았다. 그것은 이 미성년자의 권한 유지에 본디부터 가장 크게 관심을 갖고 있으며, 그의 죽음이나 권한의 축소로 인해 거의 이익을 얻을 수 없는 자가 보호자가 되어야 한다는 것이다. 왜냐하면 모든 인간은 날 때부터 자신의 이익과 승진을 추구한다는 점에서 생각해 볼 때, 미성년자를 파멸시키거나 손해를 입혀 승진하려는 자들의 손에 미성년자를 맡기는 것은 보호가 아니라 반역이기 때문이다. 그러므로 어린 왕을 섬김에 있어 일어날 법한 통치에 대한 모든 시비에 대해서도 충분한 준비가 되어 있다면 공공의 평화를 저해하는 투쟁이 일어날지라도, 이것은 군주정치라는 통치형태 때문이 아니라 국민들의 야심과 그들의 의무에 대한 무지 때문으로 보아야 한다.

한편, 주권이 대규모의 합의체에 있는 코먼웰스의 경우에도 강화·전쟁·입법 등에 대해 협의할 때는 마치 미성년자의 통치 아래 있는 것과 같은 상태가 된다. 미성년자가 주어진 조언에 이의를 제기할 만한 판단력이 없기 때문에 보호자의 조언을 받아들이지 않을 수 없는 것처럼, 합의체도 그것이 좋건 나쁘건 다수의 조언에 이의를 제기할 자유가 없다. 또한 미성년자가 인격과 권한을 지키기 위하여 지도자나 보호자가 필요한 것처럼 규모가 큰 코먼웰스의 경우 합의체도 중대한 위기나 어려움이 있을 때에는 항상 '자유 수호자', 다시 말해 독재관들[*2]이나 권한 보호자들을 필요로 한다. 그들은 임시 군주와 마찬가지로 모든 권력을 일시적으로 위임받아 행사하는데 그 기간이 끝나면 합의체는 '자유 수호자'에게 권력을 빼앗기는 일이 때때로 일어난다. 이것은 미성년의 군주가 보호자나 섭정, 그 밖의 지도자들에게 권력을 찬탈당하는 일보다 더 자주 일어났었다.

지금까지 살펴본 것처럼 주권은 세 가지 종류밖에 없다. 즉 한 사람이 주권을 갖는 '군주정치', 국민 전체의 합의체가 주권을 갖는 '민주정치', 지명 또는 별도의 방법에 의해

공동 황제인 두 사람의 단결을 나타내는 조각
3세기 말에 디오클레티아누스 황제의 발안으로 사분통치제가 실시되었다. 디오클레티아누스 황제와 막시미아누스 황제가 정제(正帝)가 되었으며, 그들은 각각 부제(副帝)를 두었다.

나머지 사람들과 구별된 특정인들의 합의체가 주권을 지니는 '귀족정치'이다. 그러나 세계에 지금까지 존재했고, 또 현존하는 개개의 코먼웰스에 대해 고찰하는 사람이라면 그것들을 쉽사리 위의 세 종류로 환원하려 하지는 않을 것이며, 따라서 이들의 혼합으로부터 생기는, 또 다른 형태가 있다고 생각하기 쉽다. 예를 들면, 왕이 일정한 기간만 주권을 위임받는 선거왕정(選擧王政)이나 왕이 제한된 권력만 갖는 왕정은 대부분의 저술가들에 의해 군주정으로 불리고 있으며, 마찬가지로 민주적 또는 귀족적 코먼웰스가 적국을 정복한 뒤 총독이나 행정관 또는 지사를 두어 통치하는 경우는, 얼핏 보기에 민주적 또는 귀족적 통치인 것처럼 보일 것이다. 그러나 사실은 그렇지

[*2] 딕타토르(dictator)는 로마의 비상시 독재관이고, 이때부터 명령자를 의미하는 이 말이 근대 정치에서의 독재자로 전용(轉用)되기에 이르렀다.

않다. 선거로 뽑힌 왕은 주권자가 아니라 주권자의 대행자에 불과하고 권력이 제한된 왕도 주권자가 아니라 주권을 지닌 자의 대행자에 불과하며 민주적 또는 귀족적 코먼웰스가 지배하는 속주(屬州)들은 민주정 또는 귀족정이 아니라 군주정의 통치를 받고 있기 때문이다.

첫째, 선거왕(選擧王)에 대해 말하자면 그 권력은 일대(一代)에 한정된 경우와 일정한 연수(年數) 또는 월수(月數)에 한정된 경우가 있다. 전자는 오늘날 그리스도교 세계의 여러 지역에서 볼 수 있으며, 후자는 로마인들 사이에 존재했던 독재관의 권력에서 찾아볼 수 있다. 만일 그가 후계자를 임명할 권리를 가지고 있다면, 그는 선거군주가 아니라 세습군주이다. 그러나 만일 그에게 후계자를 임명할 권리가 없다면, 그의 사후에 새로운 왕을 선임할 수 있는 다른 사람 또는 합의체가 반드시 존재한다. 그렇지 않으면, 코먼웰스는 왕의 죽음과 동시에 사멸하고 해체되어 다시 전쟁상태로 돌아간다. 왕이 죽은 뒤 주권을 부여할 권리를 가진 사람이 있다면, 바로 그 사람이 그 이전의 주권 소유자임을 쉽게 알 수 있다. 왜냐하면 누구든 소유 및 보유할 권리가 없는데 마음대로 남에게 줄 권리가 있을 리 없기 때문이다. 그러나 맨 처음 선출된 자가 죽은 뒤 주권을 부여할 자가 없는 경우에는 그에게 후계자를 확정할 권한이 있다. 아니, 더 정확하게 말하면 그렇게 할 의무가 있다. 왜냐하면 그에게 통치를 맡긴 사람들을 내란이라는 비참한 상태로 다시 몰아넣지 않도록 배려할 권한은 자연법의 명령이기 때문이다. 그리고 그 결과 그는 선출된 순간 이미 절대적 주권자였던 것이다.

둘째, 권력이 제한된 군주는 그 힘을 제한하는 사람이나 사람들보다 우월할 수 없다. 그리고 우월하지 않은 자는 최고의 존재 즉 주권자가 아니다. 따라서 주권은 항상 그를 제한할 권리를 지닌 합의체에 있으며 그러므로 이 통치형태는 당연히 군주정치가 아니라, 민주정치이거나 귀족정치이다. 그것은 고대 스파르타에서 군대를 통솔하는 특권은 군주에게 있었지만 주권은 5명의 민선관에게 있었던 것과 같다.

셋째, 로마인은 예전에 유대인의 나라를 통치하면서 총독을 두었지만, 그렇다고 해서 유대가 민주정치였던 것은 아니다. 왜냐하면 그들은 모든 유대인이 가입할 권리가 있는 어떤 합의체에 의해 통치된 것은 아니기 때문이다. 또한 귀족정치도 아니었다. 선거를 통해 누구나 가입할 수 있는 합의체에 의해 통치된 것이 아니기 때문이다. 사실 그들은 하나의 인격에 의해 통치되었으며, 로마 시민의 경우 통치권력이 시민의 합의체에 있었으므로 민주정치였지만, 통치에 가담할 권리가 전혀 없는 유대인의 경우는 군주정치였다. 국민이 그들 가운데서 뽑은 합의체에 의해 통치될 때에는 민주정치 또는 귀족정치라고 불리지만 스스로 뽑지 않은 '외부의' 합의체에 의해 통치될 때에는 군주정치이다. 이 경우에는 한 사람이 다른 사람을 지배하는 형태가 아니라 한 민족이 다른 민족을 지배하는 형태의 군주정치이다.

계승권에 대하여　이 모든 통치형태의 재료인 인간은 반드시 죽음을 맞이하며 군주와 합의체 또한 언젠가는 사라진다. 그러므로 인간의 평화를 유지하기 위해서는 생명의 인공적 영원성을 보장해 줄 질서가 필요하다.[*3] 그런 질서가 없다면 합의체에 의해 통치되는 사람들은 임기가 끝날 때마다 전쟁 상태로 돌아가게 될 것이며, 한 사람의 통치를 받는 사람들은 통치자가 사망하는 바로 그 순간 그렇게 될 것이다. 이런 인공적 영원성이 바로 사람들이 '계승권(繼承權)'이라 부르는 것이다.

계승의 문제를 담당할 권력이 현재의 주권자에게 있지 않은 경우, 그것은 완전한 통치형태가 아니다. 만일 그 힘이 주권자 이외의 다른 특정 개인 또는 사적인 합의체에 있을 경우, 그 힘을 가진 개인 또는 합의체는 주권자에게 종속된 인격이기 때문에 주권자가 그 권리를 빼앗을 수 있고, 따라서 주권자 자신이 계승결정권을 갖게 된다. 계승결정권이 특정한 개인에게 있지 않고 새로 선정되어야 한다면 주권자가 죽는 순간 코먼웰스는 해체되고, 계승결정권은 이를 획득할 능력을 가진 자가 갖게 된다. 그러나 이것은 코먼웰스를 세운 사람들의 의도, 일시적 안전이 아니라 영속적 안전을 보장받고자 했던 의도와 맞지 않는다.

민주정치의 경우에는 통치받을 군중이 없어지지 않는 한 합의체가 사라지는 일은 없다. 따라서 이 통치형태에서는 계승권과 관련된 문제가 발생할 여지가 전혀 없다.

귀족정치의 경우에는 합의체의 누군가가 사망했을 때 그의 빈 자리를 채우기 위한 선거는 주권자인 합의체에 속하며, 고문관과 관리를 선출하는 권

[*3] 이 책의 머리말에서 홉스는 국가를 인공적 인간에 비유했다.

한도 합의체에 있다. 즉 대의원이 대리인으로서 행하는 것은 국민 각자가 당사자로서 행하는 것이다. 또한 주권을 지닌 합의체가 그들의 궁정으로 보낼 새로운 인물들을 선발할 권한을 다른 사람들에게 부여한다고 해도, 이 선발 역시 합의체의 권한에 의해 이루어진다. 또한 대중의 요구가 있을 경우에는 똑같은 권한 아래 선발이 취소될 수도 있다.

현재의 군주가 계승을 결정할 권리를 갖는다　군주정치는 계승권에 대한 가장 큰 어려움을 지닌다. 누가 계승자를 임명해야 하는지, 또한 그가 임명한 자가 누구인지 언뜻 보아서 분명하지 않을 때가 때때로 있기 때문이다. 이 두 가지 경우에는 보통 사람들의 상식적인 추론 이상의 정밀한 추론이 요구된다. 주권자의 권한을 갖는 군주의 후계자를 누가 임명해야 하는가, 다시 말해 상속권(선거왕후들은 주권자의 소유물이 아니라 사용물로서만 가지고 있을 뿐이다)을 결정할 권리는 누구에게 있는가 하는 문제를 풀기 위해서는, 현재 주권을 차지하고 있는 자가 계승결정권도 갖는 것인지, 아니면 해체된 다수에게 주권이 다시 돌아가는지에 대해 고찰해야 한다. 주권을 소유물로서 지니고 있던 자가 죽으면 다수의 사람들은 전혀 주권자가 없는 상태에 놓이게 된다. 즉, 군중이 결합하여 하나의 행동을 하기 위해서 필요한 대표자가 전혀 없는 방치된 상태에 놓이게 된다. 따라서 그들은 새 군주를 선출할 수도 없으며, 각자는 자기를 가장 잘 보호할 수 있으리라고 생각되는 힘을 소유한 자에게 스스로를 복종시킬 평등한 권리를 지니게 된다. 또한 가능하다면 자기의 칼로 자신을 보호하는 평등한 권리를 갖는데 이것은 혼란상태로의 복귀, 즉 모든 사람들의 모든 사람들에 대한 투쟁상태로 복귀하는 것을 의미한다. 이런 상태는 군주정치가 처음 설립될 당시의 목적에 어긋난다. 그러므로 군주정치의 설립에 즈음하여 계승결정권은 언제나 현재의 주권 소유자의 판단과 의지에 달려 있다는 것이 분명하다.

또한 주권의 소유자인 군주가 자신의 권력 계승자 및 상속인으로 누구를 예정하고 있었는가 하는 문제도 이따금 발생한다. 이 경우에는 그가 명시적으로 표현한 말이나 유서, 또는 그의 의사를 충분히 알 수 있는 여러 가지 무언의 표시에 따라 결정된다.

계승은 명시적인 말에 의해 인정된다　명시적으로 표현된 말 또는 유서란, 군주가 살아 있을 때 구두(口頭), 또는 서면으로 선언한 것을 말한다. 예를 들면, 로마의 초대 황제들이 계승자에 대해 선언한 경우가 여기에 속한다. 계승자란 그의 자녀나 가장 가까운 친척을 의미하는 것이 아니라, 그가 지위를 계승할 것이라 선언한 사람을 의미한다. 따라서 군주가 구두 또는 서면으로 누군가를 계승자로 명시하여 선언한 경우, 군주가 죽으면 즉각 그에게 군주의 권리가 부여된다.

또는 관례를 억제하지 않음으로써 그러나 유언도 하지 않고, 명시적으로 나타내지 않았을 경우에는 의지의 자연적 표시들을 따라야 한다. 그 표시들 중 하나는 관례이다. 따라서 가장 가까운 친척이 계승하는 것이 절대적 관례일 경우에는 가장 가까운 친척이 계승권을 가진다. 만일 주권 소유자의 의지가 이와 달랐다면, 그는 생전에 그

제임스 1세(재위 1603~1625)
어머니 메리의 퇴위로 인하여, 한 살의 나이로 스코틀랜드 왕위에 올랐다. 1603년 엘리자베스 1세가 세상을 떠나자, 제임스 1세로 잉글랜드 및 아일랜드 왕으로 즉위했다. 그의 치세에는 온갖 재정 위기가 발생했고, 왕권을 강화하기 위해 제도개혁을 추진하다가 암살당했다.

뜻을 쉽게 밝힐 수 있었을 것이기 때문이다. 마찬가지로 가장 가까운 남자 친척이 계승하는 것이 관례일 경우에는 같은 이유로 계승권도 그에게 있다. 여자를 우선시킬 때에도 마찬가지이다. 관례가 어떠하든 사람이 말로 그 관례를 억제할 수 있으며, 더구나 아무 말도 하지 않았다는 것은 그 관례를 존속시키겠다는 의지의 자연적 표시인 것이다.

또는 자연적 애착을 추정함으로써 관례도 없고 유언도 하지 않은 경우에

는 다음과 같이 이해해야 한다. 첫째, 군주의 의지는 군주정치의 통치가 계속되기를 바라고 있다. 왜냐하면 그 자신이 그런 통치형태를 시인했기 때문이다. 둘째, 남녀를 불문하고 그의 자녀들이 다른 사람들보다 우선한다. 인간은 날 때부터 다른 사람의 자식들보다 자기 자식을, 또한 딸보다 아들을 우선하려는 경향이 있다고 추정되기 때문이다. 딸보다 아들을 선호하는 이유는 선천적으로 남자가 힘든 일과 위험이 따르는 행동에 더 적합하기 때문이라고 추정된다. 셋째, 군주의 직계 자손이 없는 경우에는 남보다는 형제를, 형제 중에서도 혈연이 가까운 사람을 우선한다. 조금이라도 더 가까운 친척이 애착도 다르다고 추정되기 때문이며, 또한 가까운 혈족이 위대한 사람이면 자신도 덩달아 큰 명예를 얻는다는 것은 분명한 사실이기 때문이다.

외국인 군주를 계승자로 정하더라도 불법은 아니다　군주가 계약 또는 유언에 의해 계승문제를 처리하는 것은 합법적이지만, 사람들은 그렇게 할 경우 큰 폐단이 있다는 이유로 반대할 것이다. 폐단이란 군주가 통치권을 외국인에게 팔거나 양도할지도 모르는데 외국인들(똑같은 통치 아래에서 살지도 않고, 언어도 서로 다른 사람들)은 대개 상대를 과소평가하기 때문에 외국인이 군주가 되면 국민들이 억압받을 수도 있다. 이것은 확실히 큰 폐단이지만 그렇다고 이것이 외국인의 통치에 대한 복종으로부터 생기는 것이 아니라, 정치의 진정한 규칙들을 알지 못하는 통치자의 미숙함에서 생기는 것이다. 그러므로 로마인들은 다른 나라들을 정복했을 때, 피정복민의 불만을 없애고 그들의 통치를 쉽게 받아들이게 하기 위해 필요하다고 생각되는 모든 것을 항상 제거하였다. 때로는 피정복민 전체에게, 때로는 그 나라의 주요 인사들에게 로마인의 특권뿐만 아니라 명칭을 부여하기도 하고, 또 그들 가운데 다수를 원로원이나 로마시의 책임 있는 관직에 채용하기도 하였다. 우리 역사상 가장 현명한 군주였던 제임스 왕[*4]이 두 개의 영토 즉 잉글랜드와 스코틀랜드를 통합하려 애쓰던 때 목표로 했던 것도 바로 이것이었다. 만일 그가 그것을 이룩했더라면 어쩌면 내란을 막을 수 있었을 것이고, 두 나라

[*4] 1603년 스코틀랜드 왕 제임스 6세가 잉글랜드 왕위에 올라 제임스 1세가 되고, 이로써 스튜어트 왕조가 시작되었다. 여기서 홉스는 제임스가 젠트리의 지지를 얻기 위해 귀족을 함부로 만들어 낸 것을 말하려 한 듯하다. 그러나 제임스는 이 정책으로 인해 옛 귀족과 부르주아 양쪽으로부터 협공을 당하게 되었다.

가 지금처럼 비참해지지는 않았을 것이다. 그러므로 왕공(王公)들의 잘못으로 이따금 폐단을 낳기도 했지만, 군주가 자기 의지대로 계승문제를 처리한다고 해서 국민에 대한 권리침해가 되는 것은 아니다. 그 합법성에 대하여는 다음 같은 논리도 성립한다. 즉 왕국을 외국인에게 양도함으로써 생길 수 있는 모든 폐단은 외국인과 결혼했을 경우에도 똑같이 일어난다. 외국인과 결혼하면 계승권은 외국인에게 넘어간다. 더구나 사람들은 이런 결혼을 합법적인 것으로 여긴다.

20 부권적 지배와 전제적 지배

획득에 의한 코먼웰스　획득(*acquisition*)에 의한 코먼웰스란 주권이 강력한 힘에 의해 획득된 코먼웰스를 말한다. 주권이 힘에 의해 획득되는 것은 죽음이나 속박에 대한 두려움 때문에, 사람들이 개별적으로 또는 다수결에 의해 전체적으로, 자신들의 생명과 자유를 장악하고 있는 사람 또는 합의체의 모든 행동에 권한을 부여할 때이다.

설립에 의한 코먼웰스와의 차이점　이런 종류의 지배나 주권이 설립에 의한 주권과 다른 점은 다음과 같은 단 한 가지뿐이다. 다시 말해 설립에 의한 코먼웰스는 사람들이 서로에 대한 두려움 때문에 주권자를 선택하는 데 반하여, 획득에 의한 코먼웰스는 설립하는 사람에 대한 두려움 때문이 아니라 자기들이 두려워하는 바로 그 사람에게 복종하는 것이다. 어느 쪽이든 모두 두려움 때문에 이루어지며, 죽음이나 폭력에 대한 두려움 때문에 맺은 신약은 모두 무효라고 주장하는 사람들은 이 점에 주목해야 한다. 만일 그들의 견해가 맞다면, 어떤 종류의 코먼웰스에 사는 어떤 사람도 복종의 의무를 갖지 않기 때문이다. 일단 코먼웰스가 설립되거나 획득되고 나면, 죽음이나 폭력에 대한 두려움에서 맺은 약속은 그 내용이 법률에 어긋나는 경우 신약이 아니므로 이행할 의무도 없다. 그러나 그것은 약속이 두려움에서 비롯되었기 때문이 아니라, 신약 당사자가 그 약속 사항에 관하여 권리가 없기 때문이다. 또한 그가 합법적으로 약속을 이행할 수 있는 데도 그렇게 하지 않는 경우, 그의 불이행을 허용하는 것은 신약의 무효성이 아니라 주권자의 판결이다. 그렇지 않으면 합법적으로 약속하고도 언제든지 법을 어기고 이를 파기할 수 있게 된다. 그러나 대리인인 주권자가 그의 의무이행을 면제한다면, 그때는 그에게 약속을 강제한 자는 그런 면제의 당사자로서 그를 방면하는 것이다.

주권의 권리는 양쪽이 같다　그러나 주권의 권리와 결과는 양쪽이 같다. 주권자의 권리는 그의 동의 없이는 타인에게 양도될 수 없으며 또한 몰수되지도 아니한다. 그는 어떤 국민에게서도 권리침해를 이유로 비난받을 수 없으며, 또한 처벌되지도 아니한다. 그는 평화를 위해 무엇이 필요한지를 판단하는 심판관이자 여러 학설의 심판관이다. 그는 유일한 입법자이고 전쟁과 평화의 시기 및 기회를 판단하는 최고심판관이다. 행정관·충고자,[*1] 사령관을 비롯한 모든 관리와 대행자[*2]의 선임·상벌·명예와 서열을 결정하는 것은 그에게 속한 권리이다. 그 이유는 앞장에서, 설립에 의한 주권의 권리와 결과에 대해 말한 것과 같다.

부권적 지배는 어떻게 획득되는가 지배권의 획득에는 두 가지 방법이 있다. 하나는 '출생(*generation*)'에 의한 것이고 다른 하나는 '정복(*conquest*)'에 의한 것이다. 출생에 의한 지배권은 부모가 자식들에 대해 갖는 것으로 부권적(父權的) 지배권이라고 불린다.

출생이 아닌 계약에 의해 획득된다 이 권리는 부모가 자식을 낳았다는 이유에서 즉 출생에서 생기는 것이 아니라, 명시적으로 또는 다른 충분한 증거에 의해 선언된 자식의 동의에서 생긴다. 출생에 관해서 하느님은 남자에게 배우자를 설정하셨기 때문에 항상 부모는 두 사람이다. 따라서 자식에 대한 지배권은 두 사람에게 똑같이 속해야 하며, 자식은 두 사람에게 똑같이 복종해야 하지만 아무도 두 명의 주인에게 복종할 수는 없으므로 그것은 불가능하다. 어떤 사람들은 남성이 우세한 성(性)이기 때문이라며 자식에 대한 지배권을 남성에게만 귀속시키지만 이것은 오산이다. 남녀 사이에는 전쟁 없이 권리가 결정될 만큼, 힘이나 생각의 차이가 항상 존재하는 것은 아니기 때문이다. 코먼웰스에서는 이 문제는 시민법에 의해 결정되는데, 판결은 대체로 (항상 그렇지는 않지만) 아버지를 지지한다. 대부분의 경우 코먼웰스는 가족 중 어머니보다는 아버지에 의해 설립되었기 때문이다. 그러나 지금 내가 문제삼는 것은 완전한 자연상태의 경우이다. 자연법과 이성(異性)에 대한, 또한 자녀에 대한 자연적인 경향 외에는 결혼이나 자녀교육에 대한 어떤 법

---

*1 Counsellour는 고문관으로 번역하는 편이 이 경우에는 적당하겠지만, 제25장(충고에 대하여)과의 관계에서 원칙적으로 충고자로 한다.

*2 Minister를 장관이나 사절로 번역하지 않는 것도 제23장(주권의 공적 대행자에 관하여)과의 관계를 고려한 때문이다.

도 없는 것으로 가정할 때, 완전한 자연상태에서 부모는 자식들에 대한 지배권을 서로간의 계약으로 해결하거나 아니면 전혀 해결하지 못한다. 만일 그들이 그것을 해결한다면 지배권은 그 계약에 따라 이전된다. 역사를 통해 보면 아마존*³ 사람들은 자손을 얻으려는 이웃 나라 남자들과 계약을 맺어 남자아이는 돌려보내고 여자아이만 자신들 곁에 머물게 했다. 따라서 여자아이에 대한 지배권은 어머니가 가졌던 것이다.

또는 양육에 의해 획득된다 계약이 없는 경우라면 지배권은 어머니에게 있다. 왜냐하면 결혼법이 없는 완전한 자연상태에서는 아버지가 누구인지 어머니가 선언하지 않는 한 알 수 없기 때문이다. 그러므로 자식에 대한 지배권은 어머니의 의사에 달려 있으며 따라서 어머니의 것이다. 또한 아이는 태어나자마자 어머니의 품 안에 놓이며 어머니는 그 아이를 양육할 수도 있고 내다 버릴 수도 있다. 만일 어머니가 양육한다면 그 아이의 생명은 어머니에게 받은 것이며, 따라서 그 아이는 다른 누구에게보다도 어머니에게 복종할 의무가 있다. 그 결과 아이에 대한 지배권은 어머니의 것이다. 그러나 어머니가 아이를 내다 버리고 다른 사람이 주워 키운 경우에는 양육자가 지배권을 갖게 된다. 왜냐하면 자신을 보호해 준 사람에게 복종할 의무가 있기 때문이다. 사람이 타인에게 복종하는 것은 생명유지에 그 목적이 있기 때문에, 자신을 구할 수도 또 버릴 수도 있는 사람에게 복종하는 것은 지극히 당연하다.

또는 부모의 한쪽이 다른 쪽에 이미 종속되어 있는 데서 획득된다 만일 어머니가 아버지 아래 종속되어 있다면 자식도 아버지의 권력하에 있다. 그리고 아버지가 어머니에게 종속되어 있으면 (예를 들어 주권자인 여왕이 국민의 한 사람과 결혼한 경우) 자식은 어머니에게 종속된다. 아버지도 여왕의 국민이기 때문이다.

두 개의 서로 다른 왕국의 군주인 남성과 여성이 결혼하여 자식을 낳았을 경우, 그 아이를 누가 지배할 것인가에 대해 계약을 한다면 그 계약에 따라 지배권이 이전된다. 그들이 계약을 맺지 않으면 그 아이가 사는 장소에 따라 지배권을 결정한다. 한 나라의 주권자는 그 나라 안에 사는 모든 사람

---

*3 Amazons는 그리스의 전설적 여인국이다. 헤로도토스《역사》4 : 110~117 참조.

에 대한 지배권을 갖기 때문이다.

자식에 대해 지배권을 갖는 사람은 그 자식의 자식들, 즉 손자손녀에 대하여도, 또한 손자손녀의 자식들에 대하여도 지배권을 갖는다. 어떤 사람의 인격에 대해 지배권을 갖는 사람은 그가 지닌 모든 것에 대해서도 지배권을 발휘한다. 그렇지 않다면 지배권은 아무 효력도 없는 명칭에 불과하기 때문이다.

아킬레우스와 펜테실레이아
그리스 신화에서 여자 무사족 아마존의 여왕 펜테실레이아와 아킬레우스와의 싸움. 아마존은 여자만으로 나라를 이루고, 자식에 대한 지배권은 어머니에게 있었다.

계승권은 소유권의 법칙을 따른다 부권적 지배의 계승권은 군주의 계승권과 똑같은 형태로 생겨난다. 나는 이미 앞장에서 이에 대하여 충분히 설명했다.

전제적 지배는 어떻게 이루어지는가 정복이나 전쟁의 승리에 의해 획득된 지배권을 일부 학자들은, 주군(lord)이나 주인(master)을 나타내는 '데스포테스(Δεσπότης)'에 따라서 전제적(despotical) 지배권이라고 부른다. 이는 하인에 대한 주인의 지배권을 가리킨다. 정복자가 이 지배권을 획득하는 것은 피정복자가 당면한 죽음을 피하기 위해 명시적인 말이나 그 밖의 충분한 의사표시로 자신의 생명과 몸의 자유가 허락되는 한 정복자의 뜻에 복종하겠다고 신약을 맺었을 때이다. 이런 신약이 이루어지면 피정복자는 하인(servant)이 되며, 그 전에는 하인이 아니다. 하인이라는 말은 (이 말이 '봉사하다(Servire)'에서 나왔는지, '구하다(Servare)'에서 나왔는지는 문법학자에게 맡기기로 하겠다) 포로(captive)를 가리키는 것은 아니다. 포로는 그를 사로잡은 자 또는 그를 사로잡은 자로부터 사들인 자가 그 사람을 어떻게 처리할 것인지 결정할 때까지 감옥에 가두어 두거나 묶어 둔 자이다(흔히 노예라 불리는 이 사람들은, 어떤 의무도 지지 아니하며 사슬을 끊어버릴 수도 있고, 탈옥할 수도 있고,

주인을 죽이거나 포로로 삼아 데리고 도망갈 수도 있다. 그렇게 해도 정당한 것이다). 그러나 하인은 사로잡혀 있지만, 몸의 자유를 누리는 자로서, 도주하지 아니하고 주인에게 폭력을 가하지 아니한다는 약속 아래 주인의 신임을 받는 자를 말한다.

전제적 지배는 승리가 아니라 피정복자의 동의에 의해 이루어진다 따라서 피정복자에 대한 지배권은 승리에 의해서가 아니라 피정복자 자신의 신약에 의해 생겨난다. 그는 정복당했기 때문에, 즉 패전하여 사로잡혔거나 도망쳤기 때문이 아니라, 자진하여 찾아와 복종했기 때문에 의무가 생긴 것이다. 또한 정복자는 적이 (목숨을 살려 주겠다고 약속하지 않았음에도 불구하고) 항복했다는 이유로, 그를 살려 주어야 할 의무가 생기지는 않는다. 정복자는 항복한 적을 자기 재량으로 적당히 처분하는 것 외에 어떤 의무도 지지 않는다.

그리고 사람들이 항복자의 '구명(救命)'(그리스어로는 '조그리아(Ζωγρία'라고 하며 '생포하다'의 뜻이다)을 요구할 때, 그들이 하는 것은 복종을 통해 승리자의 분노를 피하고, 몸값이나 노역으로 목숨의 대가를 지불하는 것이다. 그러므로 구명을 얻은 자는 그의 목숨을 허락받은 것이 아니라, 정복자가 어떻게 처리할 것인지 결정내릴 때까지 그 처리가 연기된 것이다. 왜냐하면 살려 줄 것을 조건으로 항복한 것이 아니라 완전히 그의 재량에 맡긴 것이기 때문이다. 그의 생명은 저당잡혔을 뿐이며 승리자가 그를 신뢰하고 몸의 자유를 부여해야 비로소 그의 생명은 보장되고 그 대신 봉사할 의무가 생긴다. 그러나 감옥이나 족쇄가 채워진 상태에서 일하는 노예는 노역의 의무가 있는 것이 아니라 감독의 가혹행위를 피하기 위해 그렇게 하는 것이다.

하인의 주인은 그 하인의 소유물 전체 즉 하인의 재산·노동·하인 및 자녀들의 주인이기도 하며, 그것의 이용을 그가 적당하다고 생각하는 만큼 몇 번이고 강요할 수 있다. 왜냐하면 하인은 복종의 신약을 통해 주인의 모든 행위를 자신의 행위로 승인할 것을 약속하고 그 대가로 목숨을 유지하기 때문이다. 따라서 만일 하인이 복종을 거부하여 주인이 불복종을 이유로 그를 죽이거나 결박하거나 그 밖의 방법으로 처벌하더라도, 하인 자신이 그 행위의 당사자이기 때문에 권리침해를 이유로 주인을 비난할 수 없다.

요컨대 부권적 및 전제적 지배의 권리와 그 결과는 모두 설립에 의한 주권의 경우와 완전히 똑같으며 그 이유도 똑같다. 그 이유는 앞장에서 이미 설명했다. 따라서 여러 나라의 군주이며 한편으로는 국민들의 합의에 의해 세운 주권을 지니고 있고, 다른 한편으로는 정복에 의해 즉 사람들이 죽음이나 사슬을 피하기 위해 복종한 결과로 주권을 지닌 자가, 피정복지의 국민들에게 정복자의 이름으로 (즉 그들이 정복된 사람들이라는 이유로) 전자의 국민들에게보다 더 많은 것을 요구한다면, 이것

전제적 지배권
전쟁의 승리에 의해 획득된 지배권은 하인에 대한 주인의 지배권과 동일하다.

은 주권자의 권리를 모르는 행위이다. 주권자는 쌍방에 대해 똑같이 절대적이며 그렇지 않으면 그곳에 주권은 전혀 존재하지 않는다. 이 경우에는 모든 사람은 스스로 자신을 보호하는 것이 합법적이고, 만일 그가 할 수 있다면 자기의 칼로써 자신을 보호하는 것이 허용되는데 이는 곧 전쟁상태인 것이다.

가족과 군주국의 차이점 여기에서 다음 사실이 분명해진다. 즉 어떤 코먼웰스의 일부가 아닌 대가족은 그 자체로 하나의 작은 군주국이며, 그 가족의 구성원이 한 남자와 자녀이건 또는 한 남자와 그의 하인들이건 또는 한 남자와 그의 자녀들과 하인들이건 모두 그러하며, 그 경우 아버지 또는 남편이 주권자이다. 그러나 가족은 그 구성원의 수나 그 밖의 편의사항으로 인해 전쟁의 위험을 무릅쓰지 않고서는 정복할 수 없을 정도로 큰 힘을 가지고 있지 않을 경우, 참된 의미에서의 코먼웰스는 아니다. 아무리 사람들이 단결하여 싸운다 해도 자신들을 방어하기에 역부족인 것이 분명한 경우에

는, 위험이 닥치면 저마다 자기 목숨을 구하기 위해 달아나거나, 적에게 항복하거나, 자신이 최선이라고 생각되는 바에 따라 이성을 사용할 것이다. 이것은 마치 소규모 병력이 일개 군단의 습격을 받았을 때, 칼끝의 이슬이 되기보다 무기를 버리고 구명을 요청하거나 달아나는 것과 같다. 사람들이 코먼웰스를 세우고, 보호받기에 충분한 힘을 군주 또는 합의체에 맡기고 그 지배 아래 들어가게 된 경위를 인간의 본성과 필요와 의도에 대한 고찰을 통하여 밝히고, 그로부터 주권자의 권리를 이끌어 낸 것에 대하여는 이것으로 충분할 것이다.

《성경》에서 보이는 군주정치의 권리 여기에서 우리는 이 문제에 대한 《성경》의 가르침을 살펴보도록 하자. 이스라엘 자손들은 모세에게 다음과 같이 말하고 있다. "당신이 우리에게 말씀하소서. 우리가 들으리이다. 하느님이 우리에게 말씀하지 말게 하소서. 우리가 죽을까 하나이다."[*4](출애굽기 20장 19절)

이것은 모세에 대한 절대적 복종이다. 또한 왕의 권리에 대하여는 하느님 스스로 사무엘의 입을 통해 이렇게 말하고 있다. "이르되 너희를 다스릴 왕의 제도는 이러하니라. 그가 너희 아들들을 데려다가 그의 병거(兵車)와 말을 몰게 하리니 그들이 그 병거 앞에서 달릴 것이며, 그가 또 너희의 아들들을 천부장과 오십부장을 삼을 것이며, 자기 밭을 갈게 하고 자기 추수를 하게 할 것이며, 자기 무기와 병거의 장비도 만들게 할 것이며, 그가 또 너희의 딸들을 데려다가 향료 만드는 자와 요리하는 자와 떡 굽는 자로 삼을 것이며, 그가 또 너희의 밭과 포도원과 감람원에서 가장 좋은 것을 가져다가 자기의 신하들에게 줄 것이며, 그가 또 너희의 곡식과 포도원 소산의 십일조를 거두어 자기의 관리와 신하에게 줄 것이며, 그가 또 너희의 노비와 가장 아름다운 소년과 나귀들을 끌어다가 자기 일을 시킬 것이며, 너희의 양 떼의 십분의 일을 거두어 가리니 너희가 그의 종이 될 것이라."[*5](사무엘상 8장

[*4] 시나이 산에서 야훼의 말을 듣고 돌아온 모세에게 사람들이 이렇게 말한다.

[*5] 사무엘의 자식들이 부정으로 말미암아 이스라엘 인들의 신망을 잃자 이스라엘인들은 사무엘에게 자기들에게 왕을 달라고 했다. 사무엘은 이 말이 못마땅하여 하느님에게 기도하자 하느님은 "국민이 너에게 한 모든 말에 대하여 국민의 말을 들어라. ……그러나 그들을 혹독하게 다그치고, 그들을 통제하는 다스림을 그들에게 보여라"라고 명령했다. 그래서 사무엘은 왕이란 어떤 것인지를 본문과 같이 밝힌다.

11~17절)

이것은 절대 권력이며 마지막 구절인 "너희가 그의 종이 될 것이라"는 말에 요약되어 있다. 또한 이스라엘 국민들은 왕이 어떤 권력을 갖게 될지 들었을 때 이에 동의하면서 다음과 같이 말하고 있다. "우리도 우리 왕이 있어야 하리니, 우리도 다른 나라들같이 되어 우리의 왕이 우리를 다스리며 우리 앞에 나가서 우리의 싸움을 싸워야 할 것이니이다."(사무엘상 8장 19~20절)

주권자가 군사 및 사법권을 가지고 있음을 여기에서 확인할 수 있으며, 또한 여기에는 한 사람의 인간이 타인에게 양도할 수 있는 모든 절대적 권력이 포함되어 있다. 또한 솔로몬 왕은 하느님에게 이렇게 기도하였다. "듣는 마음을 종에게 주사 주의 국민을 재판하여 선악을 분별하게 하옵소서."(열왕기상 3장 9절)

모세
이스라엘 자손들은 모세에게 "당신은 우리에게 말씀하소서. 우리가 들으리이다"라고 했다. 이는 모세에 대한 절대적 복종이다.

그러므로 주권자에게는 국민을 재판하고 선악을 분별하는 각종 규칙을 만들 수 있는 권리가 있다. 이 규칙은 바로 법이며, 따라서 주권자에게는 입법권이 있다. 사울은 다윗의 목숨을 빼앗으려고 했다. 그러나 다윗은 사울을 죽일 수 있었음에도 자기 부하들이 기회를 틈타 사울을 죽이려고 하자 이렇게 말하면서 그들을 제지했다. "내가 손을 들어 여호와의 기름 부음을 받은 내 주를 치는 것은 여호와께서 금하시는 것이니, 그는 여호와의 기름

부음을 받은 자가 됨이니라."(사무엘상 24장 6절)

또한 종들의 복종에 관하여 사도 바울은 말한다. "종들아, 모든 일에 육신의 상전들에게 순종하되 사람을 기쁘게 하는 자와 같이 눈가림만 하지 말고 오직 주를 두려워하여 성실한 마음으로 하라."(골로새서 3장 22절)

"자녀들아 모든 일에 부모에게 순종하라 이는 주 안에서 기쁘게 하는 것이니라."(골로새서 3장 20절)

부권적 또는 전제적 지배 아래 있는 자들에게는 오직 복종만이 있을 뿐이다. 또한 "서기관들과 바리새인들이 모두 모세의 자리에 앉았으니, 그러므로 무엇이든지 그들이 말하는 바는 행하고 지키라."*[6](마태복음 23장 2~3절)

여기에서도 또한 복종만이 있을 뿐이다. 그리고 사도 바울은 말한다. "너는 그들로 하여금 통치자들과 권세 잡은 자들에게 복종하며 순종하며 모든 선한 일 행하기를 준비하게 하며"(디도서 3장 1절) 여기에서도 오로지 복종이다. 마지막으로, 우리 구주 예수도 국민은 왕이 부과한 세금을 바쳐야 한다는 것을 인정했다. "가이사의 것은 가이사에게"(마태복음 22장 21절) 그리고 그 자신도 세금을 바쳤다. 또한 왕은 필요한 경우에 어떤 국민에게서나 무엇이든 가져갈 수 있고 그 필요를 판단하는 것은 왕이라고 하였다. 왜냐하면 그 자신도 유대인의 왕으로서 그의 제자들에게 다음과 같이 명하여 예루살렘까지 타고 갈 나귀와 나귀새끼들을 끌고 오라고 명하였기 때문이다. "너희는 맞은편 마을로 가라. 그리하면 곧 매인 나귀와 나귀새끼가 함께 있는 것을 보리니 풀어 내게로 끌고 오라. 만일 누가 무슨 말을 하거든 주가 쓰시겠다 하라. 그리하면 즉시 보내리라 하시니."(마태복음 21장 2~3절)

제자들은 '주가 쓰시겠다'는 것만으로 충분한 권리의 원천이 되는지, 그가 그런 필요의 판단자인지 물으려고도 하지 않고, 예수의 뜻을 따랐다.

여기에 〈창세기〉의 몇 구절을 더 추가할 수 있을 것이다. "너희가 그것을 먹는 날에는 너희 눈이 밝아져 하느님과 같이 되어 선악을 알 줄 하느님이 아심이니라."(창세기 3장 5절)

"누가 너의 벗었음을 네게 알렸느냐? 내가 네게 먹지 말라 명한 그 나무 열매를 네가 먹었느냐!"(창세기 3장 11절)

---

*6 이 인용에 이어 "그러나 그들이 하는 행위는 본받지 말라. 그들은 말만 하고 행하지는 않는다."

선악을 식별 또는 판정하는*[7] 일에 대하여 하느님은 선악과의 이름을 붙이시고, 아담의 복종을 위한 시련으로 금지하셨던 것이다. 그런데 악마가 이미 그 열매를 탐스럽게 여기던 여자를 유혹하기 위해, 그것을 먹는 날에는 '선'과 '악'을 알게 되어 하느님처럼 된다고 일러주었다. 이리하여 두 사람은 그 열매를 먹게 되었고 하느님의 일 즉 선악의 판단을 떠맡게 되었다. 그러나 그들은 선악을 올바르게 식별할 수 있는 새로운 능력을 얻은 것은 아니었다. 선악과를

아담과 이브
악마의 유혹으로 두 사람은 선악과를 먹게 되었고, 그 결과로 선악의 판단을 떠맡게 되었다. 뒤러의 1504년 작품.

먹고 나서 그들의 눈이 밝아져 자기들이 알몸인 줄을 알게 되었다고 하는데, 아무도 그들이 그 이전에는 맹인이었기 때문에 자기들의 벗은 몸을 알지 못하였다고 이 구절을 해석하는 사람은 없었다. 그 의미는 분명히 다음과 같다. 즉 그들은 그때에야 비로소 벌거벗은 몸을 (그와 같이 창조한 것은 하느님의 뜻이었다) 부끄러워함으로써 하느님을 암묵적으로 비난했다는 것이다. 이에 대해 하느님은 이렇게 물었다. "내가 네게 먹지 말라 명한 그 나무 열매를 네가 먹었느냐!" 이것은 나에게 복종해야 할 너희가 나의 명을 심판하려 하느냐고 물은 것이나 마찬가지이다. (비유적이기는 하지만) 여기에서 분명히 알 수 있는 것은 명령권을 쥔 자의 명령은 어떤 국민도 비난할 수 없으며 논의할 수도 없다는 사실이다.

주권은 모든 코먼웰스에서 절대적이어야 한다 따라서 내가 이해한 바로는,

---

*[7] Cognisance or Judicature는 선악을 식별하는 것과 악을 물리치고 선을 받아들이는 것을 구별한 용어법이다.

이성적 추론과 성경의 어느 쪽으로 보나 주권자의 힘은 인간이 만들기 위해 상상할 수 있는 최대 권력이라는 사실은 분명하다. 이것은 주권이 군주정치처럼 한 사람의 손에 있건, 민주정치 또는 귀족정치처럼 합의체에 있건 다르지 않다. 그처럼 무제한의 권력에 대해 사람들은 여러 가지 나쁜 결과를 상상할 수도 있겠지만, 권력의 부재로 인해 생기는 결과 즉 모든 사람이 자기의 이웃과 영원한 전쟁상태에 있는 것에 비하면 훨씬 낫다. 현세에서의 인간의 삶에 아무런 불편도 없을 수는 없다. 그러나 어떤 코먼웰스에서도 국민의 불복종과 코먼웰스의 존재의 밑바탕이 되는 신약의 파기로 말미암아 생기는 것보다 더 큰 불편은 생기지 않는다. 그리고 주권이 너무 크다고 여겨져 이를 약화시키려 하는 자는 그것을 제한할 수 있는 권력, 즉 그것보다 더 큰 권력에 스스로 복종해야만 하는 것이다.

최대의 반론은 실제 생활에서 그런 일이 있었느냐는 반문이다. 즉 언제, 어디에서 국민들이 그런 권력을 인정했느냐는 것이다. 그러나 이번에는 내가 그들에게, 오랫동안 폭동과 내란으로부터 동떨어져 있었던 나라가 언제 어디에 있었는지를 묻고 싶다. 코먼웰스의 역사가 길고, 외국과의 전쟁이 아니고는 멸망한 일이 없는 나라들에서는 국민들이 결코 주권에 대해 왈가왈부하지 않았다. 코먼웰스의 목적과 본질을 철저히 연구한 일도, 정확한 이성으로 비교 검토해 본 일도 없으면서, 무지에서 생기는 저 비참한 상황에 날마다 괴로움을 겪고 있는 사람들의 주장은, 아무리 실제 경험을 바탕으로 한 논증이라 하더라도 효력이 없다. 세계의 모든 지역에서 사람들이 모래 위에 집을 짓는다 하더라도, 그로부터 그렇게 해야 한다는 추론이 성립되지는 않기 때문이다. 코먼웰스를 만들고 유지하는 능력은 산술이나 기하학처럼 확실한 규칙을 따라야지 (테니스 경기처럼) 실제 경험에만 기대선 안 된다. 가난한 사람들은 짬이 없어서 이 규칙을 알아내지 못했고, 여가 있는 사람들도 이제까지 지적 호기심이 없거나 방법을 몰라서 이 규칙을 알아내지 못했다.

21 국민의 자유

자유란 무엇인가 자유(*liberty or freedom*)란 본디 저항의 부재를 뜻한다. 여기서 저항이란 운동의 외적 장애를 말한다. 이것은 이성을 지닌 인간뿐만 아니라 이성이 없는 생물이나 무생물에도 적용된다. 왜냐하면 속박당하고 포위당한 모든 것은 한정된 공간 안에서만 움직일 수 있고 더욱이, 이 공간이 외부 물체의 저항에 의해 한정되어 있을 때는 밖으로 나갈 자유가 없다고 할 수 있기 때문이다. 마찬가지로 동물이 벽이나 사슬로 갇히거나 구속된 경우 또는 더 넓은 공간으로 흘러갈 수 있는 물이 제방이나 용기에 갇힌 경우에도 그렇게 말할 수 있다. 이런 경우 외적 장애가 없을 때처럼 움직일수는 없기 때문에 그렇게 움직일 자유가 없다고 말하는 것이 보통이다. 그러나 운동을 막는 장애가 물체 자체의 구조 안에 있을 때는 자유가 없다고 하지 않고, 움직일 힘이 없다고 하는 것이 보통이다. 돌이 움직이지 않고 가만히 있는 경우나, 사람이 병이 나서 꼼짝 않고 침대에 누워 있는 경우가 이에 해당한다.

자유롭다는 것은 어떤 것인가 널리 받아들여지고 있는 의미에서의 자유인이란 '자신의 힘과 지력으로 할 수 있는 일에 대하여 자기가 하고자 하는 것을 방해받지 않는 인간'을 의미한다. 그러나 '자유로운'이라는 말이나 '자유'라는 말을 '물체' 이외의 것에 적용하는 것은 그 말의 남용이다. 운동하지 않는 것은 방해를 받을 일도 없기 때문이다. 그러므로 그 길은 자유롭다(*the way is free*)고 말할 경우, 그것은 방해받지 않고 걸어갈 수 있다는 뜻이기 때문에 길의 자유를 말하는 것이 아니라 그곳을 지나는 사람의 자유를 말하는 것이다. 또한 선물이 자유롭다고(*a gift is free*)[*1] 말할 때에도, 이 말은 선물을 주라고 명령하는 법률이나 계약의 구속을 받지 않고 자유롭게 선물을

[*1] free gift는 무상 증여를 의미한다.

줄 수 있다는 뜻이므로, 선물 자체가 아니라 선물하는 사람이 자유를 가진다는 뜻이다. 또한 우리들이 '자유롭게 말한다'고 할 경우, 자유로운 것은 목소리나 발음이 아니라 인간이다. 말하고 싶은 것과 다르게 말하도록 법제화한 일은 없기 때문이다. 마지막으로 '자유의지'라는 것도 의지·의욕·성향의 자유를 말하는 것이 아니라 인간의 자유를 가리킨다. 즉 그것은 의지·의욕·성향을 가지고 어떤 일을 하는 데 어떤 제지도 받지 않는다는 것을 뜻한다.

두려움과 자유는 양립한다 두려움과 자유는 양립한다. 배가 침몰할지도 모른다는 '두려움' 때문에 재산을 모두 바다에 버리기로 했다고 하자. 이것은 매우 자발적인 행위이며, 만일 원치 않는다면 그렇게 하지 않을 수도 있다. 그러므로 그것은 '자유로운' 인간의 행위이다. 마찬가지로 감금에 대한 '두려움' 때문에 빚을 갚는 경우에 아무도 그에게 연체를 방해하지는 않았으므로 그것은 '자유'를 지닌 인간의 행위이다. 보편적으로 코먼웰스 안에서 법에 대한 '두려움' 때문에 이루어지는 모든 행위는 그렇게 하지 않을 수 있는 '자유'를 포함한 행위이다.

자유와 필연은 양립한다 자유와 필연은 양립한다. 물은 물길을 따라 흘러내려갈 '자유'뿐만 아니라 '필연성'도 지니는 것처럼 인간의 자발적인 여러 행위도 이와 같다. 사람의 행위는 그의 의지, 즉 '자유'에서 비롯되는 것이지만 다른 한편으론 '필연성'에서 비롯된다고 할 수 있다. 왜냐하면 인간의 의지에서 비롯되는 모든 행위 및 의욕, 성향은 어떤 원인에서 비롯되고, 그리고 그 원인은 또한 다른 원인에서 비롯되는 등 (그 최초의 고리는 제1 원인인 하느님의 손 안에 있다) 이렇게 계속 원인이 사슬처럼 이어져 있기 때문이다. 그러므로 이 원인들의 연쇄를 알 수 있는 자의 관점에선 인간의 모든 자발적 행위가 '필연적'임이 분명하다. 그러므로 인간이 자기 생각대로 행하는 '자유'는 신의 의지에 따라 행하는 '필연성'이 따르며, 그 이상도 그 이하도 아니라는 것을 모든 일을 주관하는 하느님은 알고 계시다. 인간은 하느님이 명하지도 않았으므로 하느님이 그 행위의 당사자도 아닌 많은 일을 할 수 있지만, 그럼에도 하느님의 의지로부터 일어난 욕구 이외에는 그 어떤 것에 대해서도 정념이나 욕구를 지닐 수 없다. 만일 하느님의 의지가 인간 의지의 '필연성'을, 즉 인간의 의지에서 비롯되는 모든 것의 '필연성'을 보증하는 것이 아니라면, 인간의 '자유'는 하느님의 전능(全能)과 '자유'에 대한 모순이자 장애일 것이다. '자유'라 불릴 수 있는 유일한 자격을 지닌 자연적 '자유'에 대하여는 (당면 문제에 대한 한) 이 정도면 충분할 것이다.

인공적 족쇄, 즉 신약(信約) 그러나 인간은 평화를 획득하고 자신의 생명을 지키기 위해 코먼웰스라는 인공(人工) 인간을 만들었으며, 또한 '시민법'이라는 인공적 사슬도 만들었다. 그리고 그들 스스로 상호 신약을 통해, 사슬의 한쪽 끝은 주권을 부여한 사람 또는 합의체의 입에 연결하고, 다른 한쪽 끝은 자기들의 귀에 연결하였다. 이 족쇄는 그 자체로는 약하지만 그럼에도 사슬을 끊었을 때 생기는

낡은 가치관에 의하여 빼앗긴 자유
니체에 의하면, 뛰어난 사람은 그들을 일반대중과 같이 두려는 평등사상에 의해 자유를 빼앗긴다. 이 그림은 '일요일'이 교회와 국가의 가치관에 의해 빼앗겼다는 것을 표현하고 있다.

위험 때문에 지속된다. 결코 사슬을 끊기가 어려워서가 아니다.

국민의 자유는 신약에서 발생한 자유이다 이런 사슬과 관련하여 내가 말하고자 하는 것은 다만 '국민의 자유'에 대해서이다. 이 세상 어디에도 인간의 모든 언행을 규제하기에 충분한 규칙을 정해놓은 코먼웰스는 없다. 그것은 불가능하다. 따라서 필연적으로 다음과 같은 일이 발생한다. 즉 법률이 묵과한 모든 종류의 행위에 대하여 인간은 자신의 이성이 가장 유리하다고 판단하는 것을 행할 자유를 지닌다. 만일 자유라는 말의 본디 뜻이 육체적 자유, 즉 사슬이나 감옥으로부터의 자유라고 한다면 그것은 이미 우리가 누리고 있기 때문에, 분명히 누리고 있는 자유를 달라고 외치는 것은 이치에 맞지 않는다. 또한 만일 자유라는 말을 법의 면제로 이해한다면, 이 또한 불합

리한 일이다. 왜냐하면 이런 자유의 요구는 다른 모든 사람들이 자신의 생명의 주인이 될 수 있는 자유의 요구와 같기 때문이다. 또한 한 사람이나 다수의 손 안에 칼이 없으면, 법은 사람을 보호할 힘을 전혀 발휘하지 못한다는 것을 모르고서 오로지 법의 시행만을 요구하는 것도 마찬가지로 불합리하다. 그러므로 국민의 자유는 주권자가 그들의 행위를 규제하면서 묵과한 일들에 대하여만 존재한다. 예를 들면, 매매의 자유 또는 상호간 계약의 자유, 주거·먹을거리·직업의 선택, 자녀를 자신의 뜻에 따라 교육하는 것 등이 자유이다.

국민의 자유는 주권자의 무한한 권력과 양립한다 그러나 이런 자유로 인해 생사에 대한 주권자의 권한이 폐지되거나 제한된다고 생각해서는 안 된다. 앞에서 이미 말한 것처럼, 주권을 가진 대표자가 국민들에게 행하는 것은 어떤 경우에도 불의나 권리침해가 되지는 않는데, 그것은 국민 저마다가 주권자의 모든 행위에 대한 당사자이기[*2] 때문이다. 주권자의 권리에 제한이 있다면, 주권자 자신도 하느님의 국민으로서 자연법을 준수해야 한다는 것뿐이다. 따라서 코먼웰스에서는 국민이 주권자의 명령에 의해 사형을 당할 수도 있고, 가끔 그런 일이 일어나지만, 그 어느 쪽도 상대에 대하여 불의를 저지르는 것은 아니다.

그것은 입다(*Jeptha*)가 자신의 딸을 바치기로 한 것과[*3] 같은 것이다. 이 경우 또는 이와 비슷한 상황에서 죽음을 당하는 사람은 자신의 죽음을 초래한 행위의 자유를 가지고 있었고, 그로 인해 사형을 당했다 하더라도 어떤 권리침해를 당한 것도 아니다. 주권을 가진 왕공이 죄 없는 신하를 죽인 경

---

*2 대리의 이론에 관하여는 16장을 참조.

*3 Jeptha, Jephthah는 이스라엘의 길르앗과 창녀의 아들로 본처의 아들들에게 쫓겨나 돕(시리아)에서 살았다. 이스라엘 인과 암몬인과의 싸움에 즈음하여 길르앗의 장로들은 입다가 지휘관이 되기를 바랐다. 이때, 그는 여호와께 이렇게 맹세했다. "주께서 과연 암몬 자손을 내 손에 넘겨 주시면, 내가 암몬 자손에게서 평안히 돌아올 때에 누구든지 내 집 문에서 나와서 나를 영접하는 그는 여호와께 돌릴 것이니 내가 그를 번제물로 드리겠나이다." 이리하여 입다는 전투에서 이기고 집으로 돌아왔는데, 그때 그를 맞이한 것은 그의 외동딸이었다. 입다는 야훼께 한 맹세를 탄식했지만, 딸은 자진하여 제물이 되었다(사사기 11장). 다만, 입다의 약속 내용에 관하여는 히브리 어의 해석상 문제가 있고, 또한 이와 같은 말이 '맹세'로 성립하는지에 대해서도 의문으로 남는다. 따라서 입다가 딸을 바쳤는지, 바쳤다 해도 태워서 바쳤는지의 여부는 쟁점으로 남아 있다.

자발적인 상거래
사람은 노동의 당연한 결과로서 재산을 소유하고, 그것을 자유롭게 처분할 권리를 갖는다. 이 그림은 런던의 스미스필드의 가축시장에서 상인들이 상거래하는 모습이 그려져 있다.

우에도 마찬가지이다. 그런 행위는 확실히 공평의 원리에 어긋나고, 따라서 자연법에 반하는 것이기는 하다. 하지만 다윗 왕이 우리야를 죽인 것[*4]을 예로 들자면, 다윗 왕은 우리야에 대해서가 아니라 하느님에 대해 권리침해를 한 것이다. 우리야에 대해 권리침해를 하지는 않았다고 한 이유는, 다윗이 하고 싶은 대로 할 권리를 우리야 스스로 부여했기 때문이다. 그런데 하느님에 대해서는 권리침해를 했다고 한 것은, 다윗도 하느님의 국민이므로 자연법을 준수할 의무가 있고, 따라서 모든 불공정한 행위가 금지되어 있었기 때문이다. 다윗 자신도 이 일을 참회할 때 그런 점을 분명히 확인하고 "내가 당신(주)께 죄를 지었소"라고 말했다.

[*4] 〈사무엘하〉 11~12장. 다윗은 예루살렘에서 우리야의 아내 밧세바가 목욕하는 것을 보고 그녀를 차지하려 했다. 그래서 그는 우리야를 전투의 선봉에 세우고 고립시켜 싸우다 죽게 했다. 그리고 애도기간이 지나자 다윗은 사람을 보내 그녀를 데려왔다. 그녀는 그의 아내가 되어 아들을 낳는데 여호와는 다윗이 한 일을 기뻐하지 않으셨다. 훗날 다윗은 이 일에 대해 여호와의 사자 나단의 책망을 받고, "내가 여호와께 죄를 지었소"라고 말했던 것이다.

마찬가지로 아테네 시민들은 그들의 코먼웰스의 최고 유력자를 10년 동안 추방했을 때 어떤 불의도 저지르지 않았다고 생각했으며, 또한 그가 어떤 죄를 지었는지 결코 묻지 않고 어떤 해를 끼칠 것인지를 문제삼았다. 뿐만 아니라 그들은 자신들이 잘 알지도 못하는 사람에게 추방 명령을 내리기도 하였다. 시민들 모두 자기가 추방하고 싶은 사람의 이름을 조개껍질에 썼는데, 아리스티데스[*5]는 비난받을 일이 있어서가 아니라 오히려 의롭다는 평판 때문에 추방하였으며, 히페르볼루스와[*6] 같은 천한 광대는 조롱할 목적으로 추방하기도 했다. 그렇다고 해서 아테네의 주권자들에게 그들을 추방할 권리가 없었다고 말할 수는 없으며, 또한 조롱할 자유가 없었다거나 또는 그렇게 하는 것이 정당하지 않았다고 말할 수는 없다.

저술가들이 칭찬하는 자유는 주권자의 자유이지, 사적인 인간의 자유가 아니다　고대 그리스인과 로마인의 역사나 철학에서, 또는 그들에게서 정치학 지식을 익힌 사람들의 책이나 담화에서 자유는 매우 고귀한 것으로 일컬어져 왔다. 하지만 그 자유는 개인의 자유가 아니라 코먼웰스의 자유이다. 그것은 시민법이나 코먼웰스가 전혀 존재하지 않았던 시대에 개인이 저마다 가졌던 자유와 같은 것이며, 또한 그로부터 발생하는 효과도 같다. 지배자를 갖지 못한 사람들 사이에는 각자의 이웃에 대한 영원한 투쟁이 존재한다. 자식에게 물려줄 유산도, 아버지로부터 바랄 수 있는 상속재산도 없고, 재화나 토지에 대한 소유권도 없고 안전을 보장할 수단도 없다. 오직 개개인

---

*5 아리스티데스(Aristides c. BC 530~460) : 아테네의 중산계급 출신 정치가로 귀족파에 속하여 '정의'라는 별칭을 얻었다. 그는 테미스토클레스의 해군주의에 반대하여 보수적 정책을 폈지만, 이 당쟁의 결과 BC 485년에서 BC 482년 동안(정확한 시기는 불명에) '조개껍데기 추방'을 당했다. 그때, 다음과 같은 사건이 있었다고 한다. 즉, 그를 모르는 어떤 투표자가 그에게 와서 조개껍데기에 아리스티데스라는 이름을 써달라고 부탁했다. 그는 부탁하는 사람에게 "아리스티데스가 당신에게 어떤 나쁜 일을 하였는가?"라고 묻자 그는 "아니 그렇지 않으며, 무엇보다 나는 그를 알지도 못하오. 그렇지만 그가 무슨 일에건 정의롭다는 소리를 듣자 울화통이 치밀었소"라고 대답했다. 아울러 '조개껍데기'는 오역으로 실제로는 도자기 조각(陶片)을 사용했다.

*6 아테네에서 니키아스와 알키비아데스의 당쟁이 치열하던 때에 두 사람을 조개껍데기 투표에 부쳐 어느 한쪽을 추방하는 대신 히페르볼루스(Hyperbolus)를 추방하여 일시적으로 화해했다(BC 417). 히페르볼루스 자신은 '데마고그'라고 불렸지만, 이 경우 추방의 이유가 되는 범죄를 직접 저지른 것은 아니다.

의 완전하고 절대적인 자유만이 있을 뿐인데, 그와 마찬가지로 서로 신뢰가 없는 국가들 또는 코먼웰스들 사이에서 각 코먼웰스는 (개인이 아니다) 자기의 이익에 가장 도움이 된다고 판단(코먼웰스를 대표하는 개인 또는 합의체의 판단)하는 대로 행동할 절대적 자유를 지닌다. 하지만 동시에 그들은 끊임없는 전쟁상태에서 살고 있다. 주변국을 향해 대포를 설치해 놓고 국경을 지키면서 언제든지 전투상태에 들어갈 준비를 갖추고 있는 것이다. 아테네 인들과 로마인들은 자유로웠다. 즉 자유로운 코먼웰스였는데 이것은 개개인이 대표자에게 저항할 자유를 가지고 있었다는 뜻이 아니라, 대표자들 자신이 다른 나라 국민들에게 저항하거나 침략할 자유를 가지고 있었다는 뜻이다.

지금도 루카 시의 성탑에는[7] 자유(*libertas*)라는 큰 글자가 새겨져 있다. 그렇다고 해서 루카의 시민 저마다가 콘스탄티노폴리스의 시민보다 더 많은 자유를 지니고 있다거나 코먼웰스에 대한 봉사를 면제받고 있다고 추론할 수는 없다. 코먼웰스가 군주정치이건 민주정치이건 자유는 똑같은 것이다.

그러나 인간은 자유라는 그럴듯한 이름에 속기 쉽고, 식별할 판단능력이 결여되어 공공(公共)의 권리인 자유를 개인적 상속재산이나 생득권인 것처럼 착각하기도 한다. 그리고 이런 오해가 이 문제에 대한 책으로 평판을 얻고 있는 사람들의 높은 권위에 의해 강화될 경우, 폭동이나 정부의 변혁을 일으킨다 해도 조금도 이상한 일이 아니다. 서반구에 사는 우리들은 코먼웰스의 제도와 권리에 대한 우리의 생각을 아리스토텔레스,[8] 키케로 그 밖의 그리스와 로마 학자들로부터 받아들이게 마련이다. 그리고 이들은 자연의 원리로부터 이들 권리를 도출한 것이 아니라, 그들 자신이 살던 민주적 코먼웰스에서 실제로 행해지던 것을 바탕으로 이론을 구성하여 책으로 남겼다.

이것은 문법학자들이 그 시대의 관행에 따라 언어의 규칙을 기술하고, 호메로스나 베르길리우스의 시를 기초로 하여 시의 규칙을 기술하는 것과 같다. 그리고 아테네인들은 (사람들이 정치적 변혁을 바라지 않도록 하기 위해서) 자신들은 자유인이며, 군주정 아래 살고 있는 사람들은 모두 노예라고 교육

---

[7] 라틴어판에는 '성탑'이 '문과 벽'으로 되어 있지만 성탑이 옳다. 홉스는 루카에 간 적이 있는 것으로 추측되므로 라틴어판은 기억의 희미함을 나타내는(따라서 영어판이 앞섬) 것인지도 모른다.

[8] 플라톤을 들지 않은 것은 홉스가 아리스토텔레스주의라는 증거이다.

받았다. 그 결과 아리스토텔레스는 그의 《정치학》(제6권 제2장)에서 이렇게 썼다. "민주정에는 자유가 존재하는 것으로 여겨진다. 왜냐하면 다른 통치형태에서는 자유로운 사람은 아무도 없다고 보통 믿고 있기 때문이다."[*9] 아리스토텔레스와 마찬가지로 키케로나 다른 저술가들도 군주정치를 혐오하도록 교육받았던 로마인들의 견해를 기초로 그들의 정치학설을 세웠다. 로마인들은 처음에는 자기들의 주권자를 없애고 로마의 주권을 자기들끼리 나누어 가진 자들에 의해, 나중에는 그들의 후계자들에 의해 군주정을 혐오하도록 교육받았다. 그리고 이들 그리스·라틴의 저서들을 읽음으로써 사람들은 어려서부터 자유라는 잘못된 이름 아래 걸핏하면 소요를 일으키고, 주권자의 행위를 함부로 규제하며,[*10] 나아가 많은 피를 흘리면서 그 규제자들을 또다시 규제하는 습관을 갖게 되었다. 장담하건대, 서방의 여러 지역은 그리스와 라틴의 지식을 사느라 지금까지 없었던 값비싼 지불을 해야 했다.

국민의 자유는 어떻게 측정되는가 그러면 국민의 참된 자유의 세부항목들, 즉 주권자의 명령이라 하더라도 국민이 정당하게 거부할 수 있는 것은 무엇인가 하는 문제에 대해 살펴보자. 즉 우리들이 코먼웰스를 만들 때 어떤 권리를 넘겨 주는가 또는 (같은 말이지만) 우리가 주권자로 세운 사람 또는 합의체의 모든 행위를 (단 하나의 예외도 없이) 우리 자신의 행위로 승인함으로써[*11] 우리 스스로 어떤 자유를 부정하게 되는가 하는 점들을 살펴보자. '복종'이라는 행위 속에는 '의무'와 '자유'가 함께 들어 있으므로 의무와 자유에 대한 논증 또한 그로부터 추론하지 않으면 안 된다. 어느 누구든 자신의 행위로부터 비롯되지 않는 의무는 단 하나도 갖지 않는다. 모든 인간은 날 때부터 똑같이 자유로운 존재이기 때문이다. 그리고 그와 같은 논리는 '나는 주권자의 모든 행위에 권위를 부여한다'고 하는 명시적인 말로부터, 또는 주권자의 권력에 복종하기로 한 의도로부터 (이 의도는 그가 주권자에게 복종하는 목적으로 이해될 수 있다) 근거를 따져야 하기 때문에, 국민의 자유와 의무는 그런 말(또는 그에 상당하는 것에서) 또는 주권설립의 목적, 즉 국민들

[*9] "민주주의 국가의 근본원리는 자유이다. 왜냐하면 이 국가에서만 자유를 누릴 수 있다고 사람들이 늘 말하기 때문이다."

[*10] 제어(control)에는 비난·공격·배제의 뜻이 있다.

[*11] 자기의 것으로 하다(own), 권위를 부여하다(authorize)는 16장의, 대리의 이론으로 설명된다.

서로의 평화와 공동의 적에 대한 방위에서 찾아내야 한다.

국민은 합법적인 침략에 대해서도 자신의 몸을 방위할 자유를 갖는다 따라서 첫째, 설립에 의한 주권이 모든 사람에 대한 모든 사람의 신약(信約)에 의한 것이며, 또한 획득에 의한 주권이 승리자에 대한 패배자의 신약, 또는 부모에 대한 자식의 신약에 의한 것임을 알면, 그런 권리는 어떤 신약으로도 양도할 수 없는 일에 대하여 분명히 자유를 갖는다. 나는 앞의 14장에서 자신의 몸을 지키지 않기로 하는 계약은 무효라는 것을 밝힌 바 있다.

그러므로 만일 주권자가 어떤 사람에게 (정당하게 유죄판결을 받은 자라 할지라도) 스스로 목숨을 끊으라고 또는 자해하라고 또는 불구가 되라고 명하거나, 공격을 가하는 자에게 저항하지 말라고 명하거나 또는 음식물이나 공기, 약품 등 생존에 필수적인 것들을 금지하라고 명령한다면 그에 따르지 않을 자유가 있다.

국민은 자기 자신에게 위해를 가하도록 구속받지 않는다 또한 자신이 저지른 죄에 대하여 주권자 또는 그의 권한 대행자로부터*12 심문받을 경우, 사면이 보장되지 않는 한 자백할 의무는 없다. 왜냐하면 (또한 14장에서 밝힌 바와 같이) 그 어떤 신약도 자신을 고소할 의무를 낳지는 않기 때문이다.

나아가 주권자의 권력에 대한 국민의 동의는 다음 같은 말에 포함되어 있다. "나는 주권자의 모든 행위에 권위를 부여하고, 나 자신의 행위로 여긴다." 그러나 이 말은 국민이 처음부터 지니고 있던 자연적 자유에 대한 제한은 포함하지 않는다. 즉, 주권자에게 '나를 죽이라'고 허락했다 하더라도, 죽으라는 명령을 받았을 때 스스로 목숨을 버릴 의무는 없다. '원한다면 나와 내 벗을 죽여도 좋다'는 말과, '나는 나 자신을, 또는 벗을 죽이겠다'는 말은 전혀 다른 말이다.

그러므로, 어느 누구도 (주권설립에 동의한) 말 자체에 의해서 자신이나 타인을 죽여야 할 의무를 지지는 않는다. 따라서 주권자가 위험하거나 불명예스러운 직무를 집행하도록 명령하였을 때, 명령을 받은 자를 구속하는 것은 복종을 약속한 말이 아니라, 그런 명령을 내린 목적에 비추어 판단할 수 있는 그 명령의 의도이다. 그러므로 만일 복종을 거부하는 것이 주권을 규정

---

*12 authority는 여기서는 주권자에 의해 권위를 부여받은 사람, 즉 대리인을 말한다.

하는 목적을 파괴하는 것이라면, 거부할 자유가 없다. 하지만 그렇지 않은 경우에는 거부할 자유가 있다.

국민은 자발적으로 참가하는 경우 말고는 전쟁을 하도록 구속받지도 않는다 이러한 근거에 따라, 병사로서 적과 싸우라는 명령을 받은 자는 많은 경우 그 명령을 정당하게 거부할 수 있다. 만일 이를 거부할 경우 그의 주권자가 사형에 처할 권리를 가지고 있다 하더라도 말이다. 예를 들면, 자기 대신에 다른 유능한 병사로 대치하는 경우가 그러하며, 이 경우 그는 코먼웰스에 대한 의무를 저버린 것은 아니다. 또한 타고나기를 겁이 많은 사람의 경우에도 거부가 정당화될 수 있다. 이것은 여성(맨처음에 그와 같은 위험한 의무를 수행할 것으로 기대되지 않는)들뿐만 아니라 여성적 성향을 지닌 남성에게도 적용된다. 전투가 시작되면 한쪽 또는 양쪽에 도망자가 나오기 마련이다. 그러나 그 도망자가 배반행위를 하기 위해서가 아니라 두려움 때문에 탈주한 것이라면, 그것은 부당한 행위가 아니다. 단지 불명예스러운 행동으로 여겨져야 한다. 같은 이유로, 전투를 회피하는 것도 부당한 행위는 아니며 다만 겁쟁이의 행동일 따름이다. 그러나 병사로 등록되어 있는 자나 또는 징병의 대가를 받은 자의 경우에는 타고나기를 겁이 많다는 것이 전투의 거부 또는 회피의 구실이 될 수 없다. 그런 사람들은 전쟁터로 나가야 할 뿐만 아니라 상관의 허락 없이 전장을 이탈하지 말아야 할 의무가 있다. 또한 코먼웰스를 방위하기 위해 무기를 들 수 있는 모든 사람의 협력이 즉각 필요할 때에는 모든 사람에게 그렇게 할 의무가 있다. 그렇게 하지 않는다면, 즉 유지할 의도도 용기도 없는 코먼웰스의 설립이란 무의미하기 때문이다.

죄가 있고 없고를 불문하고, 어느 누구도 타인을 방위하기 위해 코먼웰스의 칼에 저항할 자유는 없다. 그같은 자유를 인정할 경우, 주권자는 우리들을 보호할 수단을 상실해 버리고 그로 인해 통치의 본질이 파괴되기 때문이다. 그러면 다수의 사람들이 하나가 되어 부당하게 주권자의 권력에 저항했거나 또는 사형에 해당하는 중죄를 범하여 그들 모두 사형에 처해질 것이 분명한 경우, 그들 모두가 단결하고 협력하여 자신들의 목숨을 지킬 자유는 없는 것일까? 이 경우 그럴 자유가 분명히 있다.[13] 자신들의 생명을 지키는

---

[13] 이것은 혁명권의 소극적 시인을 의미한다.

일이며, 죄가 있고 없고를 떠나서 모든 인간에게 허락된 자유이기 때문이다. 처음에 의무를 어긴 것은 분명히 잘못이다. 이어서 무기를 든 것은 이미 저지른 일을 지키기 위해서였지만, 결코 부당행위는 아니다. 그러나 위법행위를 두고 일부 사람들이 사면받은 경우에는 더 이상 자기방위를 구실로 내세울 수 없다. 따라서 사면받은 자가 나머지 사람들을 계속해서 돕거나 방위하는 것은 불법행위이다.

국민 최대의 자유는 법의 침묵에 달려 있다   그 밖의 자유들은 모두 법의 침묵에 달려 있다. 즉 주권자가 그에 대한 별도의 법을 정하지 않은 경우에 국민은 자기의 재량에 따라 행동할 자유가 있다. 따라서 이같은 자유는 주권자가 가장 편리하다고 생각하는 바에 따라서 혹은 때와 장소에 따라 다르다. 예를 들면 잉글랜드에서는 자신의 토지를 무단점유한 자가 나타날 경우, 강제로 들어가 무력으로 쫓아낼 수 있던 시대가 있었다. 그러나 그 뒤 이런 강제진입의 자유는 의회에서 (왕에 의해)[14] 제정된 법령에 의해 부인되었다. 또한 세계의 어느 곳에서는 한 남자가 여러 아내를 거느릴 자유가 있지만, 다른 곳에서는 인정되지 않는다.

국민은 주권자를 상대로 채무에 대하여, 또는 토지나 재화의 소유권에 대하여, 또는 그에게 요구된 복무에 대하여, 또는 신체형이나 벌금형에 대하여 쟁송을 벌일 수도 있다. 이 쟁송이 기존의 법을 근거로 한 경우 국민 사이의 다툼에서처럼 자기의 권리를 위해 소송을 제기할 자유가 있으며, 이 소송은 주권자가 임명한 재판관 앞에서 행하여진다. 왜냐하면 주권자가 자기의 권력에 의해서가 아니라 기존의 법에 의거해 국민에게 무엇인가를 요구한 경우, 이것은 법에 비추어 정당하다고 여겨지는 것 이상은 요구하지 않는다는 것을 선언한 것이므로, 국민이 주권자를 상대로 제기한 소송은 주권자의 의지에 어긋나는 것이 아니기 때문이다. 따라서 국민은 소송사건에 대한 심리와 법에 따른 판결을 요구할 자유가 있다. 그러나 주권자가 자신의 권력을 이유로 무엇인가를 요구하거나 가져간 경우에는 국민은 소송을 제기할 수 없다. 주권자가 자신의 권한에 의해 행하는 모든 것은 국민 자신의 권한에

---

[14] Statute made (*by the King*) in Parliament라는 것은 당시 영국의 주권논쟁의 용어에서 온 것이다. 주권 또는 입법권은 왕에게 있지만, 그것은 의회 안에서의 왕에게 한정한다는 의미이다. 그러나 물론 이 견해와 홉스의 주권론에는 거리가 있다.

의해 행해지는 것이며, 따라서 주권자에 대해 소송을 제기하는 것은 자신에 대해 제기하는 것이기 때문이다.

만일 군주 또는 주권을 지닌 합의체가 국민 전체 또는 어떤 사람에게 자유와 그 자유의 존속을 허용하였는데, 그로 인해 국민의 안전을 지킬 수 없게 된 경우에는, 주권자가 주권을 직접 포기하거나 또는 다른 사람에게 양도하지 않는 한 앞서 허락한 자유는 무효이다. 왜냐하면 이같은 경우 만일 주권자에게 그럴 뜻이 있었다면 공개적으로 분명한 말로 주권을 양도하거나 포기할 수도 있었으나 그렇게 하지 않았기 때문이다. 그런 자유를 허락한 것은 그의 의지가 아니라, 그 자유와 주권자의 권력 사이의 모순을 알지 못했기 때문에 일어난 일로 보아야 하기 때문이다. 따라서 주권은 여전히 그에게 있고, 그 귀결로서 주권행사에 필요한 모든 권력, 즉 선전포고·강화(講和)의 권한, 사법권, 관리 및 고문관의 임명권, 징세권, 그 밖의 18장에서 다루었던 모든 권력도 그대로 유지된다.

국민은 어떤 경우에 주권자에 대한 복종에서 면제되는가?　주권자에 대한 국민의 의무는 주권자에게 국민을 보호할 수 있는 권력이 존속하는 한 계속된다. 인간은 달리 아무도 보호해줄 자가 없는 경우 자기보존의 자연적 권리를 지니고, 이 권리는 어떤 신약(信約)으로도 양도할 수 없기 때문이다. 주권은 코먼웰스의 영혼이다. 영혼이 일단 몸으로부터 분리되고 나면, 몸의 각 기관은 더 이상 영혼으로부터 운동명령을 받을 수 없다. 복종은 보호를 얻는 걸 목적으로 삼는다. 보호를 자신의 칼로 얻든, 타인의 칼로 얻든, 자연은 인간으로 하여금 자신을 보호해주는 힘에 복종하게 하고 그 힘을 유지하기 위해 노력하게 한다. 그리고 주권은 이를 세운 사람들의 의도로 따지면 결코 멸하지 않지만, 그 자신의 성질로 보면 외국과 벌어진 전쟁으로 폭력사(暴力死)할 수도 있을 뿐만 아니라, 사람들의 무지와 정념들 때문에 설립 당시부터 내재한 내분의 불씨가 자라나 자연사(自然死)할 수도 있다.

노예의 경우　어떤 국민이 전쟁에서 포로가 되거나 그의 몸이나 생활수단이 적의 감시 아래 놓이게 되었을 때, 승리자의 국민이 된다는 조건으로 생명과 몸의 자유가 허락된다면 그는 그 조건을 수락할 자유가 있다. 그리고 달리 자기를 지킬 방법이 없어서 일단 그 조건을 수락한 경우에는 그를 사로잡은 자의 국민이 된다. 외국에서 같은 조건으로 억류된 때에도 사정은 마찬가지이다. 그러나 투옥당하고 결박당하여 몸의 자유가 없는 경우에는, 신약에 의한 복종의 의무가 있다고 할 수 없으므로 가능한 모든 수단을 동원하여 도망쳐도 된다.

주권자가 자신과 그 후계자의 통치권을 포기한 경우　군주가 스스로 통치권을 포기하거나 후계자에게 승계를 포기한 경우, 국민은 자연상태의 절대적 자유로 돌아간다. 왜냐하면 누가 군주의 자식이며 누가 가장 가까운 혈연인지를 누구나 쉽게 알 수 있다 하더라도, 누가 그의 후계자인가 하는 것은 (이미 앞장에서 말한 것처럼) 군주 자신의 의지에 달려 있기 때문이다. 그리하여 군주가 후계자를 원치 않는다면, 주권도 복종도 사라진다. 알려진 친족도 없고, 후계자 선고도 없이 주권자가 죽은 경우에도 마찬가지이다. 왜냐하면 이 경우 후계자가 누구인지 알 수 없으므로 당연히 복종도 없기 때문이다.

추방의 경우　주권자가 그의 국민을 추방했다면, 추방기간 중에는 그는 국민이 아니다. 그러나 사절로 파견되었거나 허가를 얻어 외국을 여행하고 있는 자는 여전히 국민이다. 그러나 이것은 주권자 사이의 계약에 따른 것이지, 복종의 신약(信約)에 의한 것은 아니다. 타인의 영토에 들어가는 자는 누구든 그곳의 법을 지켜야 하기 때문이다. 다만 주권자 사이의 수호조약에 의해 또는 특별한 허가로써 특권을 부여받은 자는 예외이다.

주권자가 다른 사람의 국민이 되는 경우　전쟁에서 패배한 군주가 승리자의 국민이 된 때에는 그의 국민들도 이전의 복종의 의무는 해제되고, 새로 승리한 사람의 국민이 되어 그 사람에 대한 복종의 의무를 지닌다. 그러나 주권자가 포로로 잡혀 있거나 몸의 자유가 없는 상태에 있을 때는 주권자의 권리를 포기한 것으로 볼 수 없다. 따라서 국민들은 예전에 군주로부터 임명을 받아 군주의 이름으로 통치하는 행정관리들에게 복종할 의무를 지닌다. 군주의 권리는 여전히 남아 있으며, 다만 운영 즉 행정상의 문제가 있을 뿐이기 때문이다. 바로 행정관리들을 새로 임용 또는 면직할 수 없다는 문제뿐이다. 군주가 새 행정관리들을 임명할 수단이 없을 때에는 과거에 임명한 사람들을 계속 승인하는 것으로 간주해야 한다.

22 국민의 정치적 단체 사적 단체

다양한 종류의 국민의 단체 이제까지 코먼웰스의 발생과 형태 및 권력에 대해 알아보았으므로, 다음은 코먼웰스의 하부체계를 살펴보자. 먼저 단체를 보자. 단체는 자연인의 몸에 비유하면 근육에 해당한다. 즉 단체와 근육은 유사기관이다. 단체란, 단일 성격의 이익과 일을 중심으로 상당수의 인간이 결합한 것이다. 단체에는 '정규(*regular*)'[*1] 단체가 있고 또 '비정규(*irregular*)' 단체가 있다. '정규' 단체는 한 사람 또는 여러 명으로 구성된 합의체가 전체를 대표하는 단체를 말한다. 그 밖의 모든 단체는 '비정규' 단체이다.

정규단체 가운데 어떤 단체는 '절대적'이고 '독립적'이다. 이 단체의 구성원들은 자기들의 대표를 제외한 그 어떤 것에도 복종하지 않는다. 그런 것은 바로 코먼웰스뿐이고, 이에 대해서는 앞의 5개 장(17~21장)에서 이미 설명했다. 그 외의 다른 단체들은 비독립적이다. 즉 이들은 어떤 주권에 종속되어 있으며, 단체의 구성원은 그들의 대표자와 마찬가지로 모두 그 주권에 복종해야 한다.

종속적 단체에는 '정치적(*political*)'인 것(이것은 '정치체(政治體)' 또는 '법인(法人)'이라고도 불린다)과 '사적(*private*)'인 것이 있다. '정치적'인 것은 코먼웰스 주권자의 권력에서 나오는 권한에 의해 만들어진다. '사적'인 것은 국민들에 의해 그들 사이에서 또는 외국인의 권한에 의해 만들어진다. 왜냐하면 외국의 권력에 의한 권위는 타국의 영토 안에서는 공적인 것이 아니라 사적인 것이기 때문이다.

사적 단체 중에서도 어떤 것은 '합법적'이고 어떤 것은 '비합법적'이다. '합법적'인 것은 코먼웰스의 승인을 받은 것을 말한다. 그 밖의 것은 모두 '비합

[*1] 여기서 '정규의(*regular*)'라는 말은 단체에 대표자가 있음으로써 단체 본디의 성격을 갖추고 있음을 뜻한다. 그 단체의 합법·비합법과는 관계가 없다.

법적'인 것이다. '비정규' 단체는 대표 없이 사람들의 집합만으로 이루어진 것으로서 (예를 들면, 시장에 모인 사람들이나 공연장에 모인 사람들, 또는 해롭지 않은 어떤 목적을 위해 모인 사람들처럼) 코먼웰스가 금지하지 않고 또한 나쁜 의도로 조성되지 않은 경우에는 합법적이다. 그러나 부도덕한 의도를 지니거나 또는 (상당수의 사람들이 모였는데) 모인 의도가 불분명한 때에는 비합법적이다.

레다와 백조
코먼웰스가 자연인의 몸체라면 단체는 그 근육에 해당한다.
레오나르도 다 빈치의 소묘(1504).

모든 정치체에서 대표자의 권력에는 한계가 있다 정치체에서 대표자의 권력은 언제나 한계가 있다. 그리고 주권자의 권력이 그 한계를 정한다. 권력을 무제한 허용하면 절대적 주권이 되기 때문이다. 어떤 코먼웰스에서도 주권자는 모든 국민의 절대적 대표자이다. 따라서 다른 이들은 주권자가 허용하는 한도 안에서만 국민의 어떤 부분에 대하여 대표자가 될 수 있다. 국민의 정치체에게 모든 의도와 목적에 대한 절대적 대표자를 가지도록 허락하는 것은 바로 코먼웰스의 통치를 포기하는 것이며, 지배를 나누고 국민의 평화와 방위에 반하는 것이다. 이런 일은 주권자가 분명하고 직접적으로 국민들의 복종의무를 해제하지 않는 한, 어떤 허가로도 일어날 수 없다. 말이 가져온 결과가 그 말 이외의 다른 일이 가져온 결과들과 정반대의 현상을 보인다면, 그 말은 주권자의 의지의 표시가 아니라 착오와 오산의 표시일 뿐이며, 이것은 누구나 할 수 있는 실수이다.

정치체의 대표자가 누리는 권력에 대한 한계는 두 가지를 통해 알 수 있다. 하나는 그들의 영장(令狀) 즉 주권자가 교부한 증서이다. 또 다른 하나는 코먼웰스의 법률이다.

공개 증서에 의하여　독립적 단체인 코먼웰스를 세우거나 얻은 경우에는 문서를 작성할 필요가 없다. 왜냐하면 대표자의 권력은 불문(不文)의 자연법이 설정한 한계 이외에는 어떤 제한도 받지 않기 때문이다. 그러나 종속적 단체일 때에는 그 업무·시간·장소에 대한 서로 다른 제한들이 필요하다. 이런 제한의 내용은 매우 다양하여서 증서 없이는 하나하나 다 기억할 수 없다. 만일 사람들이 읽을 수 있도록 공개되고,[*2] 옥새나 그 밖의 주권자의 권한을 상징하는 영구적 표시가 날인 또는 증명되어 있는 증서가 없다면 알지 못할 정도이다.

법률에 의하여　이런 제한을 문서에 기재하는 것이 쉬운 일은 아니다. 때로는 불가능할 수도 있다. 그러므로 증서 안에 아무 언급이 되어 있지 않은 일에 대해서는 모든 국민에게 공통 적용되는 일반 법률들이, 대표자가 합법적으로 할 수 있는 일이 무엇인지를 결정한다.

대표자로서의 자격 없이 한 행위는 그의 개인적인 행위일 뿐이다　이처럼 정치체의 대표자가 한 사람인 경우, 그가 단체의 인격으로 한 행위가 증서로 보나 법률로 보나 정당하지 못할 때에는, 그것은 그의 행위일 뿐이지 단체의 행위가 아니며, 단체 구성원 어느 누구의 행위도 아니다. 왜냐하면 증서나 법률이 인정하는 범위를 벗어난 후에 그는 자신 이외의 어느 누구의 인격도 대표하지 않기 때문이다. 그러나 증서나 법률에 따른 그의 행위는 모두의 행위이다. 왜냐하면 주권자는 모든 사람의 절대적 대표자이고, 각자는 그(주권자)의 행위를 산출한 당사자이며, 따라서 주권자의 교부증서에 반하지 않는 대표자의 행위는 주권자 자신의 행위이며, 따라서 단체 모든 구성원이 대표자 행위의 당사자이기 때문이다.

합의체인 경우에는 찬성한 사람들만의 행위이다　그러나 대표자가 한 사람이 아니라 합의체인 경우, 대표자에게 교부된 증서나 법률의 범위를 넘는 명령을 내린다면, 이것은 그 합의체 또는 정치체의 행위이다. 그러나 그런 명령의 결정에 찬성투표한 저마다의 행위일 뿐, 출석하여 반대투표를 한 자나 위임투표를 하지 않은 부재자의 행위는 아니다. 하지만 다수표에 의해 가결되었기 때문에 합의체의 행위이다. 따라서 만일 그것이 범죄라면 합의체는 해

[*2] Patent letter는 보통 특허장이라고 번역되지만, 여기서는 분명히 라틴어의 patens의 뜻으로 쓰였으므로 공개증서로 번역했다.

체나 증서의 몰수 등 여러 방법에 의해 처벌받을 수 있다. (이것은 인공적·의제적(擬制的) 단체에는 치명적이다) 또는 이 합의체에 공동 재산이 있고, 그 재산에 대한 선의의 소유권자가 없는 경우에는 벌금이 부과될 수도 있다. 정치체를 대상으로 신체적 처벌은 할 수 없기 때문이다. 따라서 투표를 하지 않은 사람은 무죄이다. 왜냐하면 합의체는 증서에서 허용하지 않은 일에 대하여는 어느 누구도 대표할 수 없으므로 그들은 그 투표와는 무관하기 때문이다.

대표자가 한 사람인 경우, 그가 돈을 빌리거나 계약

문서의 증명
유럽의 관리는 각종 문서를 작성하고 공적·사적 문서를 증명하는 일을 했다. 관리가 되려면 법률에 관한 전문교육을 받아야 한다. 이 그림은 공증인 양성학교를 그린 16세기 프랑스의 사본 삽화이다.

에 따라 지불할 책임이 있을 때에, 그 책임은 그에게만 있으며 다른 성원에게는 없다 정치체의 인격이 오직 한 사람에게 있고, 그가 국외자(즉 그 단체의 구성원이 아닌 사람)에게서 돈을 빌린 때에는 (어떤 증서도 그것을 제한할 필요는 없다. 왜냐하면 사람들 각자의 의향이 돈을 빌리는 것을 제한하고 있기 때문이다.) 대표자가 그 채무를 진다. 왜냐하면 만일 그가 증서를 가지고 자신이 빌린 돈을 성원들에게 지불하도록 할 권한이 있다면 그는 그들에 대한 주권을 지니고 있어야 하기 때문이다. 그러므로 만일 대표자에게 그런 권리가 주어졌다면, 누구든지 저지를 수 있는 주권자의 실수에서 생겨난 것이고 불충분한 의사표시이기 때문에 무효이다. 수여자가 그 내용을 승인하였다면 대표자가 최고주권자가 된다. 이 경우는 이 문제의 범위에 속하지 않는다. 지금 여기서 다루는 문제는 종속적 단체에 대한 것이다. 그러므로 대표자 개인이 아닌 어느 성원도 변제할 의무는 없다. 왜냐하면 돈을 빌려 준 사람은 단체가 지니고 있는 증서나 자격에 대하여는 알지 못하며, 그가 돈을 빌려 준 사람들만을 채무자로 생각하고 있기 때문이다. 또한 대표자만이 그런 약속을 할 수 있을 뿐 다른 어느 누구도 그렇게 할 수 없다. 그러므로 돈을 빌려 준 사람이 볼 때 채무자는 그 대표자뿐이다. 그리하여 그 대표자가 진 빚은 공동재산이 있으면 그것으로 갚고, 공동재산이 없으면 개인재산으로 갚아야 한다.

그 대표자가 계약 또는 벌금에 의해 빚을 졌을 때에도 상황은 마찬가지이다.

합의체인 경우에는 찬성한 사람들에게만 책임이 있다 그러나 대표자가 합의체이고, 채무가 국외자에 대한 것인 경우 차용(借用) 또는 지불계약에 대해 또는 벌금을 부과받은 사실에[3] 대해서는 오직 찬성투표한 사람들에게만 책임이 있다. 그들은 저마다 투표에 의해 채무의 변제를 약속했으므로 당연히 차용행위의 당사자가 된다. 따라서 그들에게 모든 채무를 변제할 의무가 있다. 타인이 대신 변제한 경우에만 그 의무에서 벗어날 수 있다.

채무가 합의체의 어느 한 사람에 대한 것일 때는 그 단체에게만 변제할 의무가 있다 그러나 채무가 합의체의 어느 한 사람에 대한 것인 때에는 그 합의체만이 변제 의무를 지며, 공동재산이 있을 경우 그것으로 갚아야 한다. 왜냐하면 투표의 자유가 있는 상황에서 그가 (합의체의) 차입(借入)에 찬성투표를 하였다면, 그것은 대금(貸金)에 찬성한 것이나 마찬가지이기 때문이다. 만일 차입할 필요가 없다고 투표하였거나 출석하지 않은 경우에도 돈을 빌려 주면서 차입에 찬성하였다면 그는 이전과는 모순되게 투표한 셈이다. 이런 경우 후자의 투표에 대해 책임을 져야 한다. 즉 그는 채무자이자 채권자가 되는 것이다. 따라서 자기가 빌려 준 돈에 대하여 상환기일이 되었을 때 어느 누구에게도 변제를 요구할 수 없다. 다만 그 단체의 공동재산에 의한 변제만을 요구할 수 있다. 이것이 불가능할 경우, 자신을 원망할 수밖에 없다. 합의체의 활동과 변제수단에 대한 사정을 충분히 알고 있는 상황에서 어떤 강

---

[3] fact는 facio(행하다), factum(행위)에서 온 것으로 흔히 말하는 '사실'보다는 '행해진 일'을 의미한다.

제도 없이 오로지 자신의 어리석음 때문에 돈을 빌려 주었기 때문이다.

정치체의 명령에 대한 항의는 때때로 합법적이지만 주권에 대한 항의는 결코 합법적이지 않다 이로써 다음 같은 점이 분명해진다. 즉 주권에 복종해야 하는 종속적 정치체에서는 대표자인 합의체의 명령에 어느 개인, 즉 합의체의 일원이 공개적으로 항의하고 반대의견을 기록하여 그에 대한 증명을 요구하는 것은 때에 따라서는 합법적일 뿐만 아니라 적절한 일이 될 수도 있다. 그렇게 하지 않으면 남들이 맺은 계약 때문에 채무를 지거나, 남들이 저지른 범죄에 대해 책임을 지게 될 가능성이 있기 때문이다. 그러나 주권을 지닌 합의체에서는 이런 자유가 허락되지 않는다. 첫째, 여기서 항의

왕립평의회
이 17세기 삽화에 나오는 왕립평의회는 재판을 하거나 국왕에게 진언을 하는 기관으로서 에스파냐령 아메리카에 세워졌다. 이 평의회는 총독이라는 지위와 함께 에스파냐 식민지의 행정·통치의 골격을 구성하게 되었다.

하게 되면 그들의 주권을 부정하는 것이 된다. 둘째, 주권자의 권력에 의한 명령은 무엇이든지 정당하다. 국민과 관련된 (하느님의 시각에서 보면 반드시 그렇지는 않지만) 주권자의 명령은 국민 각자가 그 행위의 당사자이기 때문이다.

지방주, 식민지, 도시의 통치를 위한 정치체 정치체는 거의 무한하게 다양하다. 왜냐하면 설립 목적에 따라, 즉 수행하는 업무(하나하나 열거할 수 없을 정도로 많다)에 따라 구별할 수도 있으므로 이것만 해도 헤아릴 수 없다. 또한 때와 장소와 성원(成員), 즉 정치체의 설립에 영향을 미치는 제한요소들은 서로 다르다. 업무에 대해 말하자면, 어떤 단체는 통치를 위해 존재한다. 예를 들어 먼저 지방주(地方州, province)를 보자. 지방주는 모든 결정을 다수결에 맡기는 합의체에 위임되어 통치될 수 있다. 이때 합의체는 정치체이며, 그

권력은 위임에 의해 제한된다. '지방주'라는 말은 업무의 부담 또는 감독이라는 뜻이다. 그 업무를 맡은 자가 자신을 위해 또는 자신의 감독 아래 그 업무를 대신해 줄 사람에게 위임하여 관리하는 것을 의미한다.*4 따라서 하나의 코먼웰스에 여러 지방이 있고, 지방들은 저마다 서로 다른 법률을 지니거나 또는 지역적으로 서로 멀리 떨어져 있을 때에는 정부 통치가 여러 사람에게 맡겨진다. 이렇듯 주권자가 그곳에 상주하지 않으면서 위임에 의해 통치되는 지방들을 지방주라 한다.

그러나 지방주 안에 있는 합의체에 의해 지방주의 통치가 이루어지는 경우는 매우 적다. 로마인들은 여러 지방주에 대한 주권을 가지고 있었지만 항상 총독이나 지방장관을*5 통해 관할하였으며, 로마 시나 인접 영토처럼 합의체에 의해 관할하지 않았다. 마찬가지로 잉글랜드로부터 버지니아나 소머 제도에 식민이 이루어졌을 때에도*6 통치는 런던에 있는 합의체가 맡았다. 그러나 이들 합의체는 지방의*7 어떤 합의체에도 결코 위임하지 않고 각 식민지에 총독을 파견하여 통치했다.*8 왜냐하면 자신이 직접 갈 수 있는 곳이라면 통치에 참여하고 싶어하지만 갈 수 없는 곳에는 자신들의 공동이익의 관리를 민주적 형태의 통치보다는 오히려 군주정 형태의 통치에 위임하려는 본능적인 경향이 있기 때문이다. 이런 점은 거대한 사유지를 소유한 사람에게서도 잘 드러난다. 자신이 직접 사유지를 관리하느라 애쓸 마음이 없을 때는 벗이나 하인들의 합의체에 위임하지 않고 한 사람의 하인에게 위임하는 쪽을 선택한다. 그러나 사실이 어떻든 우리는 지방주나 식민지의 통치를 합의체에 위임하는 경우도 가정해 볼 수 있다. 이런 경우 내가 여기서 말하고 싶은 것은 다음과 같다. 이 합의체가 어떤 채무계약을 맺거나 불법

---

*4 provincia는 책임·의무를 의미한다. 바로 뒤에 나오는 것처럼 로마에서는 이탈리아 바깥의 여러 영방(領邦)의 통치를 가리킨다.

*5 praesidens는 보호자·통치자. praetor도 장관을 의미하지만 특수하게는 기원전 367년에 설치된 로마의 재판관을 가리킨다.

*6 1584년 월터 롤리가 버지니아 지방을 점령하고 이듬해 리처드 글렌빌에 의해 180명의 식민이 이루어졌다. 소머 제도(Sommer Islands)는 버뮤다 군도를 말한다.

*7 '그 지방'은 식민지를 말한다.

*8 당시 영국의 식민은 특허회사에 의한 기업이었고, 식민지의 행정은 이 회사가 장악하고 있었다. 그러므로 지방총독이란 말은 이 회사의 대리인이지 주권자의 대리인은 아니다.

적 법령을 제정하더라도 그 행위는 동의한 사람들만 가질 뿐, 동의하지 않았거나 또는 그 자리에 없었던 사람들은 아무런 책임을 지지 않는다는 것이다. 이유는 앞에서 설명한 바와 같다. 또한 합의체가 관할 식민지의 경계 밖에 있는 경우, 식민지 이외의 어떤 장소에서도 식민지 사람들의 몸이나 재산에 대해 권력을 행사하는 것은 불가능하다. 또한 채무나 그 밖의 의무의 이행을 위해 그들을 구류할 수도 없다. 왜냐하면 그 지역의 법이 그들에게 허락한 구제조치 외에 식민지 이외의 장소에서는 그들에게 사법권 재판도, 정치적 권한도 없기 때문이다. 다만 그 지역의 법이 그들에게 허락한 구제조치가 있을 뿐이다. 또한 합의체는 그들이 제정한 법령을 어기는 성원에게 벌금을 부과할 권리가 있지만, 그 식민지의 바깥에서는 그 권리를 행사할 수 없다. 그리고 지금까지 말한 지방주나 식민지의 통치를 위한 합의체의 권리는 도시·대학·단과대학·교회 등의 통치를 위해 설치된 합의체는 물론 사람들의 관리에 대한 어떤 통치에나 똑같이 적용된다.

보편적으로 모든 정치체에서 특정 구성원이 단체 자체에 의해 권리를 침해당했을 때, 단체 자체가 재판권을 가질 수는 없다. 그 소송사건의 재판관은 주권자이거나, 주권자가 이런 소송사건의 재판관으로 정해놓은 사람들이거나, 또는 그 소송사건의 재판을 위해 주권자가 특별히 정한 사람들이다. 이 경우 그 단체 전체가 소송을 제기한 사람과 동등한 국민이기 때문이다. 다만 그 단체가 주권을 가진 합의체일 때에는 상황이 다르다. 왜냐하면 이 경우 주권자 자신에 대한 소송사건이 발생했을 때 주권자가 재판관이 될 수 없다고 한다면 아예 재판관을 정할 수 없기 때문이다.

원활한 무역을 위한 정치체　외국과의 무역을 원활히 하기 위한 정치체의 경우, 가장 적합한 대표는 모든 구성원의 합의체이다. 다시 말해서, 돈을 투자한 모든 사람이 원할 때 단체의 모든 심의와 결정에 출석할 수 있는 합의체가 가장 적합하다. 이 점을 증명하기 위해 상품의 매매나 수출입을 자신의 자유로운 판단에 따라 할 수 있는 상인들이 조합을 결성하여 왜 스스로 구속당하는지 그 목적이 무엇인지를 생각해 보자. 국내에서 상품을 사들이기 위해 배 한 척을 세낼 수 있는 상인은 거의 없다. 외국에서 사들인 상품을 수입하는 경우도 마찬가지이다. 따라서 그들은 결속하여 하나의 단체를 결성할 필요가 있다. 그리고 이 단체의 모든 사람들은 각자의 투자 비율에 따라 이익을 나누거나 또는 저마다 수출 또는 수입한 상품을 적당한 값으로 팔 수 있다. 그러나 이것은 정치체가 아니다. 왜냐하면 모든 국민에게 공통적으로 적용되는 법 이외의 다른 법으로 그들에게 의무를 지울 공통의 대표자가 없기 때문이다. 그들이 조합을 결성하는 목적은 더 많은 이익을 얻기 위한 것이며, 이를 이룩하는 방법은 두 가지이다. 첫째는 국내외에서의 독점적 구매, 둘째는 독점적인 판매가 바로 그것이다. 그러므로 상인들에게 조합 또는 정치체의 결성을 허가하는 것은 바로 그들에게 이중의 독점을 허가하는 일이 된다. 즉 그들이 독점구매자와 독점판매자가 되는 것이다. 왜냐하면 특정 외국에 대하여 조합을 결성한 단체가 있어 그들만이 그 나라에서 판매될 상품을 독점 수출하는 경우, 이것은 곧 국내에서의 독점구매와 국외에서의 독점판매이다. 즉 국내에도 단 하나의 구매자밖에 없고, 국외에도 단 하나의 판매자밖에 없다. 따라서 상인들은 국내에서 싼값으로 사서 국외에서는 비싼 값으로 팔 수 있으므로 큰 이득을 얻을 수 있다. 또한 국외에서는 유일한 외국상품 구매자이며 국내에서는 유일한 외국상품 판매자이기 때문에 투자자들에게도 유리하다.

이런 이중 독점은 한편으로는 국내의 국민에게, 다른 한편으로는 외국인에게 불리하다. 왜냐하면 국내에서는 수출을 독점함으로써 국민의 농업이나 수공업에 대해 원하는 대로 값을 정할 수 있다. 또한 수입을 독점함으로써 국민이 필요로 하는 모든 수입품의 값을 원하는 대로 할 수 있다. 이런 상황은 국민에게 불리하다. 한편 그들은 국산품의 국외판매를 독점하고, 현지 외국상품 구입을 독점한다. 전자는 값을 올려 받고 후자는 값을 내려 사게 된다. 이로써 외국인들은 손해를 보게 된다. 왜냐하면 판매자가 독점하는 곳에서는 상품가격은 상승하고, 구입자가 독점하는 곳에서는 상품가격이 하락하기 때문이다. 그러므로 이런 조합이 바로 독점회사이다. 그러나 만일 그들이 외국시장에서는 하나의 단체로서 결속하고, 국내에서는 저마다 자유롭게 값을 정하여 구입과 판매를 할 수 있다면, 코먼웰스에는 매우 유익하다고 볼 수 있다.

이런 상인단체들은 단체 전체의 공동이익이 아니라(선박의 건조·구입·식품저장·선원배치 등을 위해 투자자에게서 공제하는 돈을 제외하면, 공동재산이 없다) 각 투자자의 개인적 이익에 그 목적을 둔다. 그러므로 투자자 개개인이 자신의 투자금을 어떻게 사용하는 것이 좋은지에 대해 잘 알고 있는 것이 당연하다. 즉 투자자 모두가 합의체에 속하여 투자금 사용에 대한 권리를 가지는 것이 합당하다고 할 수 있다. 이들은 또한 경영관리 문제에 대해서도 잘 알고 있어야 하는 것이 당연하다. 그러므로 이런 단체의 대표는 반드시 합의체여야 하며, 모든 구성원이 원한다면 사업의 협의에 참석할 수 있어야 한다.

상인의 정치체가 이를 대표하는 합의체의 행위를 통해 단체 외의 그 누구와 채

독점무역
네덜란드 동인도회사의 상선 함대. 1602년에 설립된 이 회사는 향료무역으로 짭짤한 수익을 올렸다.

무계약을 맺은 때, 각 구성원은 채무 전체에 대해 책임을 진다. 왜냐하면 단체 외의 그 누구도 단체 안의 규칙을 알 수 없으며,*9 단체 성원 모두 저마다 채무 전체에 대한 변제의 의무가 있는 것으로 여길 수밖에 없기 때문이다. 단 합의체의 구성원 중 어느 한 사람이 이 채무를 변제하면 나머지 구성원들의 채무는 사라진다. 그러나 채무가 그 단체의 누군가에 대한 것이라면, 채권자는 채권자임과 동시에 단체의 일원으로서 그 자신에 대한 채무자가 되며, 따라서 채무의 이행을 요구할 수 없다. 다만 공동재산이 있을 경우 공동재산에 의한 변제를 요구할 수 있을 뿐 다른 방법이 없다.

만일 코먼웰스가 단체에 세금을 부과한다면, 이 경우 그 단체의 각 구성원의 개별적인 투자에 비례하여 각 구성원에게 세금이 부과된 것으로 볼 수

---

*9 their private Lawes란 상인 단체 내부의 규칙을 말한다.

있다. 왜냐하면 이 경우 개인적 투자로 이루어진 것 이외에는 다른 공동재산이 없기 때문이다.

만일 어떤 불법행위 때문에 단체가 벌금을 물게 된 경우에는 그 행위가 이루어지도록 투표한 사람들이나 그 실행을 도운 사람들에게만 책임이 따른다. 왜냐하면 그 밖의 사람들은 그 단체에 속해 있다는 것 외에는 다른 불법 행위를 저지르지 않았기 때문이다. 설령 죄를 저질렀다 하더라도 그 단체는 코먼웰스의 권위에 의해 세워졌기 때문에 죄가 되지 않는다.

만일 단체의 구성원 하나가 단체에 대한 채무가 있는데도 변제하지 않을 경우, 단체는 그를 상대로 소송을 제기할 수 있다. 그러나 단체의 권한으로 그의 재산을 몰수하거나 사람을 감금하는 것은 불가능하다. 오직 코먼웰스에만 그럴 권리가 있다. 왜냐하면 단체의 권한으로 그렇게 할 수 있다면 채무의 변제 의무에 대한 판결을 단체가 할 수 있다는 말이 되기 때문이다. 이리하면 자신의 소송사건을 자신이 판결하는 것이나 마찬가지이다.*10

주권자에게 조언을 하는 정치체 국민의 통치나 교역 관리를 위한 이런 단체들은 영구적이거나 문서에 규정된 기간 동안만 활동한다. 그러나 다만 업무의 성격 때문에 활동기간이 제한된 단체도 있다. 예를 들면, 주권자인 군주 또는 합의체가 도시나 기타 그들의 영지*11의 곳곳에 명령을 내려 대표자를 소집하여 이들로부터 국민들의 형편이나 필요에 대해 듣고, 훌륭한 입법 또는 그 밖의 목적을 위해 조언을 받는다고 해 보자. 이때 그 대표자들은 소집 일자와 장소가 지정되어 있을 것이므로 그 기간 및 장소에 한하여 영토 안의 모든 국민들을 대표하는 정치체가 된다. 그러나 이 단체는 주권자의 권한으로 파견을 요청한 사람 또는 합의체가 그들에게 건의할 사항들에 대해서만 성립된다. 더 이상 제안이 없거나 토의사항이 없을 때는 그 단체는 해산된다. 왜냐하면 만일 그들이 국민의 절대적 대표자라면, 이 단체는 주권을 지닌 합의체가 된다. 그렇다면 주권을 지닌 두 개의 주권자적 합의체 또는 두 명의 주권자가 동일 국민에 대하여 존재하는 결과가 된다. 그리고 이것은 국민의 평화와 일치할 수 없다. 그러므로 일단 주권이 존재하는 곳에서는 그 주권을 지닌 주권자를 빼고는 국민의 절대적 대표자란 존재하

*10 이것은 17장의 자연법에 어긋난다.
*11 '그들의 영지'의 '그들'은 다음에 나오는 '그'와 함께 주권자를 가리킨다.

지 않는다. 그리고 이들 단체가 어느 정도 모든 국민을 대표하는가 하는 한계는 그들의 파견을 요청한 문서에 이미 밝혀져 있다. 왜냐하면 국민은 주권자가 문서로 지시한 것 이외의 다른 목적으로 그들의 대표를 선출할 수는 없기 때문이다.

가족과 같이, 정규단체이면서 합법적인 사적 단체　정규단체 가운데 합법적인 사적 단체는 모든 국민들이 공통적으로 준수하는 법 외에 증서나 기타 문서가 없다. 이 단체의 구성원은 대표자인 한 사람의 인격으로 맺어져 있기 때문에 정규단체로 간주된다. 예를 들면, 가족이 그러하다. 가족의 경우 아버지나 가장이 가족 전체를 관리한다. 그는 법이 허락하는 범위, 즉 법을 넘어서지 않는 범위 안에서 자식들이나 하인들에게 의무를 부여한다. 가족 구성원 중 누구도 법이 금지하는 행위까지 복종할 의무는 없기 때문이다. 그러나 그 이외의 방면에는 가족 구성원으로 있는 한, 아버지나 가장을 직접적인 주권자로 여기고 복종한다. 왜냐하면 아버지나 가장은 코먼웰스가 세워지기 전에는 가족의 절대주권자이며, 코먼웰스가 세워진 이후에도 잃어버린 권한은 코먼웰스의 법이 가져간 한계를 넘지 않는다.

정규단체이기는 하지만 비합법적인 사적 단체　정규단체이기는 하지만 비합법적 사적 단체는 한 사람의 대표자로 결합되어 있다. 하지만 아무런 공적 (公的) 권한도 갖지 않는다. 예를 들어, 거지나 도적, 집시 등과 같이 구걸이나 도둑질을 더 잘하기 위해 모인 단체들이 여기에 해당한다. 또한 외국인이 타인의 영토, 즉 다른 나라에서 단체를 만들었으나 코먼웰스의 권력에 반대하는 학설을 퍼뜨리거나 당파를 결성하려고[*12] 하는 단체도 비합법적 사적 단체에 속한다.

사적 동맹과 같은 비정규 단체　비정규 단체는 그 성질상 동맹에 지나지 않거나 때로는 사람들의 무리에 불과하다. 이는 특수한 의도가 있어서 모인 것도, 서로에 의무가 있어서 모인 것도 아니다. 다만 의지와 성향이 비슷해서 모인 것이다. 그 성질이 합법적인가 비합법적인가 하는 것은 저마다 사람들의 의도가 합법적인가 비합법적인가를 보면 알 수 있다. 각 개인의 목적은 당시 상황을 보면 알 수 있다.

---

*12 이 두 경우는 특히 영국에서의 로마 가톨릭의 정치활동을 시사하는 것으로 짐작된다.

동맹은 보통 상호방위를 위해 결성된다. 그런데 코먼웰스 자체가 모든 국민들이 함께 결성한 동맹이므로 국민들의 동맹은 코먼웰스 안에서는 거의 필요가 없다. 그러므로 이런 종류의 동맹은 그 목적에 불순한 기미를 띤다. 그래서 이 동맹은 비합법단체가 된다. 따라서 일반적으로 도당(徒黨)이나 음모단이라 칭한다. 동맹은 신약(信約)으로 맺어진 관계이기 때문에, 어떤 사람이나 합의체에도 (단순한 자연상태처럼) 이행을 강제할 권한이 주어지지 않은 경우에는, 정당한 불신(不信)의 이유가 생기지 않는 한 유효하다. 그러므로 코먼웰스 상호간의 동맹은 그들 위에 군림하여 사람들 모두를 경외심을 갖게 하는 인간적 권력은 없지만, 동맹이 유지되는 동안에는 합법적일 뿐만 아니라 유익하다. 그러나 한 코먼웰스에 속한 각 구성원들의 권리는 주권을 통해 얻어지는 것이므로, 구성원들이 평화와 정의의 유지를 위해 동맹을 결성한다면 그 동맹은 불필요하며, 동맹의 의도가 사악하거나 또는 코먼웰스에 알려져 있지 않은 때에는 비합법이다. 모든 개개인의 힘이 결집했을 때 그 의도가 사악하다면 불법이다. 그 의도가 불분명한 경우 공중(公衆)에게 위험스런 말을 불법적으로 숨기기 때문이다.

비밀 도당 주권이 대규모 합의체에 있을 때, 그럴 권한이 없는 일부 사람들이 나머지 사람들을 지휘할 목적으로 자기들끼리 협의하는 것은 비합법적 도당이고 음모단이다. 이는 자신들의 사익을 위해 합의체를 속이는 사기행위이기 때문이다. 그러나 어떤 사람의 사익을 놓고 합의체에서 토론하거나 심사할 때 자기편을 가능한 한 많이 만들기 위해 노력하는 일은 불법행위가 아니다. 이 경우 그는 합의체의 분파가 아니기 때문이다. 또한 설령 그가 자기편을 돈으로 매수한다고 하더라도 (이를 분명히 금지하는 법률이 존재하지 않는 한) 또한 불법행위라고 할 수 없다. 왜냐하면 사람들의 관습이 그렇듯 돈 없이는 재판을 받을 수 없으며, 또한 누구라도 자신의 주장에 심리와 판결이 내려지기 전까지는 자신의 이유가 정당하다고 믿기 때문이다.

사적인 가족들 사이의 분열 어떤 코먼웰스에서도 한 개인이 자신의 영지의 관리와 그 영지의 합법적 사용에 필요한 것 이상으로 하인을 둔다면, 이것은 비합법적인 도당(徒黨)을 만드는 것이다. 왜냐하면 그는 코먼웰스로부터 보호받고 있으므로 개인적 무력에 의한 방위가 필요하지 않기 때문이다. 문명화가 덜 된 나라들에서는 몇몇 대가족이 서로를 적대시해 왔고, 사병

(私兵)을 거느리고 서로 침략을 일삼았는데, 이것은 너무나도 명백하게도 부당하다. 그게 아니라면 그들에게 코먼웰스는 존재하지 않았다.

통치를 위한 당파 혈연에 의한 도당이 부당한 것과 마찬가지로, 교황파·신교파 등과 같이 종교에 대한 통치를 위한 당파들도 부당하고, 또한 고대 로마의 귀족파와 평민파, 고대 그리스의 귀족파와 민주파처럼 국가 통치를 위한 당파들 또한 부당하다. 이런 당파들은 국민의 평화와 안전과 대치되고 주권자의 손에서 칼을 빼앗기 때문이다.

국민의 집합 사람들의 모임은 일종의 비정규단체이다. 그것의 합법성 및 비합법성은 모인 목적과 인원수로 결정된다. 만일 모인 이유가 합법적이고 분명하다면 그 모임은 합법적이다. 예를 들어, 교회나 공연장처럼 일반적인 모임에 일반적인 수의 사람들이 모인 경우이다. 그러나 인원수가 비정상적으로 많으면 모인 이유가 불분명해진다. 따라서 자신이 거기에 가담한 이유를 충분히 설명하지 못하는 자는 비합법적이며 불온한 뜻을 품고 있는 것으로 간주된다. 재판관 또는 행정관에게 청원을 제출하기 위해 1000명이 참가하는 것은 합법적이지만, 그 청원서를 제출하기 위해 1000명이 모였다면 이는 불온한 합의체이다. 그런 일에는 한두 사람이면 목적을 이룩할 수 있기 때문이다. 그러나 이런 상황에서 그 집회의 비합법성을 결정하는 것은 특정한 인원수가 아니라, 현장의 관리들이 이들을 통제할 수 없게 될 때이다.

평소와 달리 많은 군중이 누군가를 고소하기 위해 모인 때에도 이 집회는 비합법적 난동이 된다. 고소장을 행정관에게 전달하는 데는 몇 명 또는 한 명만 있어도 되기 때문이다. 에베소에서 사도 바울이 당한 사건이[*13] 바로

---

*13 바울이 아시아에서 전도할 때, 데메드리오라는 은장이가 은으로 여신 아데미의 신당 모형들을 만들어 직공들에게 큰 돈벌이를 시켜주고 있었는데, 하루는 자기 직공들과 동업자들을 한자리에 불러놓고 이런 말을 했다. "여러분도 알거니와 우리의 풍족한 생활이 이 생업에 있는데, 이 바울이 에베소뿐 아니라 거의 전 아시아를 통하여 수많은 사람을 권유하여 말하되, 사람의 손으로 만든 것들은 신이 아니라 하니 이는 그대들도 보고 들은 것이라. 우리의 이 영업이 천하여질 위험이 있을 뿐 아니라 큰 여신 아데미의 신전도 무시당하게 되고 온 아시아와 천하가 위하는 그의 위엄도 떨어질까 하노라." 이 말을 들은 사람들이 격분하여 "크다, 에베소 사람의 아데미여!" 하고 아우성쳤고, 그 소리와 함께 온 도시가 소란해졌다. 사람들은 바울의 동행인 마케도니아 사람 가이오와 아리스다고를 붙들어 떼지어 극장으로 몰려갔다. 그때 바울이 그 군중 속으로 뛰어들려고 하였으나 신도들이 그를 말렸다. 바울과 가까이 지내던 몇몇 아시아 지방장관들도 전갈을 보내어 바울더러 극장에 들어

그러하다. 데메드리오와 더불어 무리를 이룬 자들은 "크다, 에베소 사람의 아데미여!"라고 한 목소리로 외치면서 바울과 일행 두 사람을 행정관 앞으로 데리고 갔다. 그들은 바울 일행이 자신들의 종교와 생업에 어긋나는 교리를 사람들에게 가르친 데 대해 재판해 줄 것을 요구했다. 당시 사람들의 법률에 비추어 보면 이 일은 정당했다. 그러나 그 집회는 비합법이라는 판결을 받았고 행정관은 다음같이 그들을 나무랐다.

"만일 데메드리오와 그와 함께 있는 직공들이 누구에게 고발할 것이 있으면 재판날도 있고 총독들도 있으니 피차 고소할 것이요, 만일 그 외에 무엇을 원하면 정식으로 민회에서 결정할지라. 오늘 아무 까닭도 없는 이 일에 우리가 소요 사건으로 책망받을 위험이 있고 우리는 이 불법집회에 관하여 보고할 자료가 없다."(사도행전 19장 38~40절)

여기에서 행정관은 '정당한 이유가 없는' 집회, 모인 사람들이 책임을 지지 못하는 집회를 '소요'라고 불렀다. 단체와 사람들의 집회에 대해 내가 하고 싶은 이야기는 이상이다. 앞에서 이야기했듯이, 이것은 몸의 각 부분으로 비유할 수도 있다. 합법적 단체는 근육에 해당하고, 비합법적 단체는 나쁜 체액이 부자연스럽게 모여 생기는 종기·담즙·농양에 해당한다.

가지 말라고 간청했다. 극장에 모인 사람들이 저마다 이러니저러니 하고 떠드는 바람에 장내는 온통 뒤범벅이 되어 대부분의 사람들은 무엇 때문에 모여들었는지조차 알지 못했다. 그 때 유대인들이 알렉산더라는 사람을 앞으로 밀어내자, 군중 가운데서 몇 사람이 그를 끌어내 세웠다. 그래서 알렉산더가 군중들에게 조용히 해 달라고 손짓을 하며 자기를 변명하려고 했다. 그러나 군중들은 그가 유대인인 것을 알고는 큰소리로 일제히 "크다, 에베소 사람의 아데미여!" 하고 두 시간 동안이나 외쳤다. 드디어 서기장이 무리를 진정시키고 나서 이렇게 말했다. "에베소 사람들아, 에베소 시가 큰 아데미와 제우스에게서 내려온 우상의 신전지기가 된 줄을 누가 알지 못하겠느냐. 이 일이 그렇지 않다 할 수 없으니 너희가 가만히 있어서 무엇이든지 경솔히 아니하여야 하리라. 신전의 물건을 도둑질하지도 아니하였고 우리 여신을 비방하지도 아니한 이 사람들을 너희가 붙잡아 왔느니라."(사도행전 19장 24~37절) 에베소는 현재 터키령 쿠사다시.

23 주권의 공적 대행자

앞에서 코먼웰스를 인체의 비슷한 여러 부분에 비유했다. 여기서는 유기적인*[1] 부분, 즉 공적 대행자에 대해 살펴보기로 하자.

공적 대행자란 누구인가? 공적 대행자란 군주이건 합의체이건 주권을 지닌 자에 의해 어떤 업무를 맡아 코먼웰스의 인격을 대표할 수 있는 권한을 가진 사람을 말한다. 주권을 보유한 인물 또는 합의체는 두 개의 인격을 대표한다. 더욱 일반적인 말로 나타내면, 하나는 자연적인 것이고 또 하나는 정치적인 두 개의 신분을 가진다. 예를 들어 군주는 코먼웰스의 인격을 대표하는 동시에 한 사람의 인간으로서의 인격도 보유하고 있다. 또한 주권을 지닌 합의체는 코먼웰스의 인격과 합의체의 인격을 동시에 지닌다. 따라서 주권자가 자연적 자격으로 아랫사람을 거느릴 경우, 그들은 공적 대행자가 아니다. 공무를 위해 주권자로부터 부림을 받는 자들만이 공적 대행자라 할 수 있다. 그러므로 귀족정치나 민주정치에서 모인 사람들의 편의를 위해 합의체를 위해 일하는 안내인이나 수위 및 기타 직원들은 공적 대행자가 아니다. 또한 군주정에서 군주의 사저(私邸)에서 일하는 집사·시종·출납원 및 기타 직원들도 공적 대행자가 아니다.

일반행정을 위한 대행자들 공적 대행자들 가운데는 전 영토 또는 일부에 대한 행정을 전적으로 위임받은 사람들이 있다. 전 영토에 대한 경우를 예를 들자면 어린 왕이 즉위하게 되었을 때 미성년 기간 동안 어린 왕의 보호자 또는 섭정의 자격으로 선왕(先王)에게서 왕국의 모든 행정을 위임받는 경우가 있다. 이 경우에는 그가 제정하는 법령과 그가 내린 명령이 왕의 이름

---

*1 Organicall은 보통은 '유기적'으로 해석되지만, 여기서는 그리스어의 오르가논 본디의 의미(도구)에 따른다. 홉스는 기관적 부분은 동종적 부분과 달리 저마다 독자의 기능을 가졌음을 여기서 말하려는 것이다. 투리코에 따르면 이 구별은 아리스토텔레스에서 시작되었다 (*Historia Animalium*, I,6,491a 25~26).

으로 시행되며, 주권과 충돌하지 않는 한 모든 국민들은 복종할 의무가 있다. 일부 또는 지방주에 대한 것으로는, 군주 또는 주권을 지닌 합의체가 총독·총독대리·지방장관·부왕(副王) 등에게 지방의 모든 관리를 맡기는 경우가 있다. 그리고 이 경우도 해당 지방주 사람들은 그가 주권자의 이름으로 행하는, 주권자의 권리와 충돌하지 않는 모든 사항에 대하여 복종할 의무가 있다. 이와 같은 보호자·부왕(副王)·총독 등의 권리는 주권자의 의지로 결정되는 권리이다. 만일, 명확한 표현으로 주권양도를 하지 않는 한, 주권양도의 선언으로 해석할 수는 없다. 이런 종류의 공적 대행자들은 자연인의 몸에 비유하면 팔다리를 움직이는 신경이나 힘줄과 같다.

경제와 같은 특수행정을 위한 것　　그 밖에 공적 대행자는 특수행정, 즉 국내외의 어떤 특수한 업무를 관장하기도 한다. 국내에서는 첫째, 코먼웰스의 경제에 대한 것을 들 수 있다. 공물·과세·지세[*2]·상납금 또는 기타 공공 수입 등 '재무'에 관하여 이를 징수·수납·지급하거나 계산·정리를 하는 이들은 모두 공적 대행자들이다. 이들이 '대행자'인 이유는 주권의 대표자 인격에 봉사하는 자로서 그의 명령에 어긋나거나 권한이 없는 일은 전혀 하지 않기 때문이다.

그리고 이들이 '공적'인 이유는 정치적 자격의 주권자에게 봉사하기 때문이다. 둘째, 군사 관련의 권한을 지닌 사람들이다. 무기·요새·항만 관리, 병사의 징집·급료·지휘 또는 바다와 육지의 전투에 필요한 군수품의 조달 등을 맡은 사람들은 공적 대행자들이다. 그러나 명령권을 갖지 않은 병사들은 코먼웰스를 위해 전투를 하기는 하지만, 코먼웰스의 인격을 대표하는 것은 아니다. 이들에게는 대표할 상대가 없다. 명령권을 지닌 자는 그가 명령을 내리는 사람들에 대해서만 코먼웰스의 인격을 대표할 수 있다.

국민의 교육을 위한 것　　주권에 대한 의무를 국민에게 가르치거나 또는 그 일을 할 교사를 가르치는 것 또한 국민을 가르쳐 옳고 그른 것을 깨닫게 함으로써 그들이 서로 경건하고 평화롭게 생활하게 하고, 공공의 적에 저항하게 만드는 권한을 가진 사람들도 공적 대행자들이다. 이들이 대행자인 이유

---

*2 Rents는 대차료 일반을 의미하므로 이자·가옥임대·지대(地代) 등의 모든 것을 포함하는데, 여기서는 공적인 수입에 관하여 다루고 있으므로 '지세'라고 하는 것이 가장 적당하다고 본다.

는 자신의 권한에 의해서
가 아닌 타인의 권한에 의
해 일을 하기 때문이다. 또
한 공적으로는 오직 주권
자의 권한에 의해서만 그
업무를 수행해야 하기 때
문이다. 군주 또는 주권을
지닌 합의체만이 신으로부
터 국민을 교육하고 지도
할 권한을 직접 받는다. 또
한 주권자만이 그의 권력
을 '신의 은혜에 의해' 부여
받을 수 있으며, 그를 제외
한 나머지 모든 사람들의
권력은 신과 주권자의 은
혜와 섭리에 의해 부여받
을 수 있다. 예를 들어 군
주정의 경우, '신의 은혜와
왕의 은혜에 의해서' 또는
'신의 뜻과 왕의 의지에 의
해' 권력을 부여받는다.

대의제(대표제)
영국 의회의 하원을 묘사한 판화. 1640년 4월 13일 웨스트
민스터에서 열린 의회는 국왕의 전제를 강하게 비판한 탓에
해산되었다. 국왕 찰스 1세는 의회와 심하게 대립한 끝에 내
란에서 패배하고, 결국 의회의 결정에 따라 처형되었다.

사법을 위한 것 사법을 관장하는 사람들 또한 공적 대행자들이다. 그들
은 법정에서 주권자의 인격을 대표하므로 그들의 판결은 주권자의 판결이
다. 앞에서 이야기했듯이 사법권은 본질적으로 주권의 범위에 속하기 때문
이다. 따라서 모든 재판관은 주권자의 대행자이다. 그리고 쟁송에는 두 종류
가 있다. 하나는 '사실'에 대한 것이고, 또 하나는 '법률'에 대한 것이다. 따라
서 판결도 어떤 것은 사실에 대한 것이고, 어떤 것은 법률에 대한 것이다. 그
러므로 똑같은 쟁송에 대해 두 명의 재판관이 저마다 사실심과 법률심을 담
당할 수도 있다.

그리고 사실심이든 법률심이든 재판을 받는 쪽과 재판을 하는 쪽 사이

에서 논쟁이 일어날 수도 있다. 그들은 양쪽 다 주권자인 국민이므로 쌍방이 동의한 사람들이 재판을 맡아 공정(公正)을 기해야 한다. 어느 누구도 자신의 소송에 대해 재판관이 될 수는 없다. 그러나 주권자는 이미 쌍방의 동의를 얻은 재판관이므로 그 사건을 직접 심리하여 판결하거나, 쌍방이 동의하는 자를 재판관으로 임명해야 한다. 쌍방의 동의는 여러 방법으로 성립될 수 있다. 첫째, 만일 재판관들 중 사건과 이해관계로 얽혀 있기 때문에 불공평한 재판을 할 우려가 있는 사람을 피고가 기피할 수 있다면, (원고의 경우에는 이미 자신의 재판관을 선택했으므로) 피고가 기피하지 않은 재판관은 피고가 동의한 재판관이다. 둘째, 그가 만일 다른 재판관에게 항소를 제기한 경우 더 이상의 상소는 인정되지 않는다. 항소는 그가 선택한 것이기 때문이다. 셋째, 그가 주권자 자신에게 항소하여, 주권자 자신에 의해, 또는 쌍방이 동의한 대리인이 판결을 내린 경우는 그 판결은 최종판결이다. 왜냐하면 이 경우, 피고는 자신의 재판관, 즉 자기 자신에 의해 판결받은 것이기 때문이다.

사법권이 공정하고 합리적이기 위해 갖추어야 할 속성들에 대해 고찰했을 때, 나는 영국의 민사법정 및 형사법정이 매우 뛰어난 조직을 갖추고 있다는 사실에 주목하지 않을 수 없다. '민사재판'이란 원고와 피고가 모두 국민인 경우이고, '형사재판('왕좌재판'이라고도 한다)'이란 원고가 주권자인 경우이다. 영국에는 두 계급의 사람들이 있었다. 즉 '귀족'과 '평민'이 있었다. 귀족들이 재판받을 때에는 다음 같은 특권을 누렸다. 즉 사형에 해당하는 죄를 저지른 경우 오직 귀족만을 재판관으로 할 수 있었고, 그것도 원하는 대로 많은 수의 재판관들로부터 재판을 받을 수 있었다. 이것은 일종의 특권으로 인식되었으므로 귀족들은 자신들이 원하는 대로 재판관을 선택할 수 있었다. 그리고 모든 분쟁에서 모든 국민은 (귀족들도 민사소송의 경우에는 마찬가지이다) 문제가 발생한 지방의 사람들을 재판관으로 삼았으며, 그렇지 않을 때에는 이의를 제기할 수 있었다. 그들은 자신이 원하는 재판관의 수가 12명이 될 때까지 재판부를 기피할 수 있었으며, 이렇게 결정된 12명의 재판관들로부터 재판을 받았다. 누구나 자신의 재판관을 선택할 수 있었으므로 당사자는 그 판결이 최종심이어선 안 된다고 주장할 수는 없었다. 이처럼 주권으로부터 국민을 지도하고 재판하는 권한을 부여받은 공적 인격은

영국 최초 중국 대사 파견
1793년 중국을 방문하는 최초의 영국 대사 매카트니 경의 환영식. 건륭제 측근들의 모습이 묘사
되어 있다.

코먼웰스의 구성원으로서 인체의 발성기관에 비유될 수 있다.

집행을 위한 것 판결의 집행, 주권자의 명령 공포(公布), 소요의 진압, 죄인
의 체포 및 수감, 기타 평화 유지를 관장할 권한을 부여받은 사람들 또한 공
적 대행자이다. 왜냐하면 이들이 이런 권한에 의해 행하는 모든 행위는 코먼
웰스의 행위이며 이들의 직무는 인체에서 손(手)에 비유할 수 있다.

국외에서의 공적 대행자란 외국에 대해 주권자의 인격을 대표하는 사람
들을 말한다. 공적 권한에 의해 공무를 위해서 파견된 대사·사절·대리인·특
사 등이 그것이다.

그러나 내분 중인 나라에서 어떤 사적 당파만의 권위로써 파견된 사람들
은 접대를 받을 수는 있어도 코먼웰스의 공적 대행자도 사적 대행자도 아니
다. 그들의 행위는 그들이 속한 코먼웰스의 행위가 될 수 없다. 왜냐하면 그
들의 모든 행위는 코먼웰스에서 부여받은 권한에 의한 것이 아니기 때문이
다. 마찬가지로 축하 또는 조문(弔問)을 위해 또는 행사에 참석하기 위해 파
견한 대사도 권한은 공적이지만 직무는 사적이고, 그를 파견한 왕후의 자연
적 자격에 의한 것이기 때문에 사적 인격이다. 동시에 타국의 계획이나 병력
을 탐지하기 위해 비밀리에 파견된 사람은 그 권한이나 직무가 공적이기는

하지만, 상대는 그의 인격 외에 공적 인격을 알 수 없으므로 그는 사적 대행자일 뿐이다. 그렇다 해도 그는 그 코먼웰스의 대행자이며, 인체의 눈[目]에 해당한다. 또한 국민의 청원서 및 기타 소장을 받는 자는 이른바 공공의 귀[耳]이다. 이들은 공적 대행자이며 그 직무상 주권자를 대표한다.

자문 이외의 업무가 없는 고문관은 공적 대행자가 아니다 고문관이나 국가평의회는 사법이나 명령의 권한이 인정되지 않으며 주권자의 요구가 있을 때에는 자문하고 요구가 없을 때에는 제안할 권한만 있는 자는 공적 대행자가 아니다. 왜냐하면 자문은 주권자에 대해서만 이루어지는 것인데, 주권자가 있는 곳에서 타인이 주권자의 인격을 대표할 수는 없기 때문이다. 그러나 고문관들로 구성된 단체는 사법 또는 직접적 행정에 관하여 어느 정도 기타 권한을 가진다. 예를 들면, 군주정치의 경우 고문관들의 직무는 군주의 명령을 전달할 때 군주를 대표하는 것이다. 민주정치의 경우, 의회 또는 원로원이 심의 결과를 의견으로서 국민들에게 제안할 때에는 하나의 고문단에 불과하다. 그러나 그들이 재판관을 임명하거나, 소송사건을 심리하거나 또는 대사를 접견할 때에는 국민의 대행자 자격으로서 일을 수행하는 것이다. 그리고 귀족정치의 경우, 국가평의회는 바로 주권을 지닌 합의체이므로 자신이 아닌 다른 이들에게 자문을 할 필요가 없다.

24 코먼웰스의 영양과 생식

코먼웰스의 영양 물질은 육지와 바다의 산물이다 코먼웰스의 영양(營養)은 생활에 도움을 주는 소재들의 풍부함과 분배에 있다. 즉 생활에 도움을 주는 것들을 적절하게 '조합'[*1]하거나 '조정'하여 공공이 사용할 수 있도록 편리한 통로로 '수송'하는 것이다.

물질의 풍부함은 자연으로부터 제한을 당한다. 우리가 공유하는 어머니의 두 개의 젖가슴이라 할 육지와 바다로부터 하느님이 인간에게 보통은 무상으로 또는 노동의 대가로 영양을 주는 것이다.

이런 영양 물질은 동물과 식물 및 광물로 이루어지며, 하느님께서 우리 앞에, 대지 표면이나 표면 언저리에 아낌없이 놓아두었기 때문에, 노동과 부지런함만 있으면 얼마든지 얻을 수 있다. 따라서 물질의 풍요는 (하느님 은혜 다음으로) 오로지 인간의 노동과 부지런함에 달려 있다.

보통 재화라 불리는 이 물질에는 '국산'과 '외국산'이 있다. 국산은 코먼웰스의 영토 안에서 얻는 것이고, 외국산은 외부에서 수입된 것이다. 영토가 아주 드넓은 경우를 제외하면, 어떤 코먼웰스도 전체의 유지와 활동에 필요한 모든 것을 자국의 영토 안에서 생산할 수는 없다. 또한 필요 이상으로 어떤 것을 산출하는 일도 드물므로 국내에서 얻을 수 있는 잉여 산물이라도 결코 불필요한 것이 아니다. 국내에서 부족한 것은 외국에서 수입하여 공급하는데, 이 수입은 교환이나 정당한 전쟁 또는 노동에 의해 이루어진다. 왜냐하면 인간의 노동도 다른 것처럼 이익을 얻기 위해 교환할 수 있는 재화이기 때문

---

*1 Concoction은 라틴어의 con-coquere에서 온 것으로 '함께 넣어 조리하는 것' '소화하는 것'을 의미한다. 그러므로 생산보다 소비에 적합하도록 완성하고 조제하는 것을 포함한다. 고대 생리학에서는 위장에서의 소화, 그에 따라서 생겨난 유액의 혈액으로의 변화, 분비의 3단계를 총칭하여 Concoction이라고 했다. 밀턴에도 'Concoction의 제1단계'라는 용례가 있으므로 홉스가 '화폐는 코먼웰스의 혈액이다'라고 한 경우에는 분명 그와 같은 생리학직 비유로서 이 말을 쓰고 있는 것이다.

이다. 영토의 크기가 국민들이 살기에도 빠듯한 크기인 코먼웰스들도, 한 지방에서 다른 지방으로 교역을 하는 노동에 의해 또는 다른 지역에서 들여온 원료로 제품을 만들어 판매함으로써 국력을 유지하고 확장시켜 왔다.

또한 코먼웰스의 영양은 산물의 공정한 분배이다 이런 영양 물질들의 분배는 '내 것'과 '네 것' 및 '그의 것' 즉 한 마디로 말해 소유권을 설정하는 것이며, 이것은 모든 종류의 코먼웰스에서 주권자의 권력에 속한다. 코먼웰스가 없는 곳에서는 (앞서 말한 것처럼) 이웃에 대한 모든 사람의 영원한 전쟁이 따를 뿐이며, 따라서 모든 것은 힘으로 얻고 유지하는 사람의 것이다. 이 것은 소유권도 아니고 공동소유도 아니다. 불안정성일 뿐이다. 이런 사실은 (열렬한 자유 옹호자였던) 키케로를 보더라도 분명히 알 수 있다. 그는 공개변론을 통해[2] 모든 소유권이 시민법에서 나온다고 말했다.

"시민법이 폐기되었다고 가정해 보자. 또는 소홀히 취급되지는 않는다 하더라도 거의 보호를 받지 못한다고 생각해 보자. 조상으로부터 무엇을 물려받을 수 있을 것이며 자손에게 무엇을 물려 줄 수 있을지 아무도 확신할 수 없을 것이다." 또한 그는 이렇게 말했다. "시민법을 없애면 무엇이 자기 것이고 무엇이 남의 것인지를 알 수 없다."

따라서 '소유권'의 도입은 코먼웰스가 세워진 결과이며, 코먼웰스는 이를 대표하는 인격을 통해서만 행동하기 때문에 그것은 오직 주권자만이 할 수 있는 행위이다. 또한 주권을 지닌 사람 말고는 아무도 만들 수 없는 법에 뿌리를 두고 있다. 예로부터 사람들은 이 사실을 잘 알고 있었는데 우리가 법이라고 부르는 것을 옛 사람들은 '노모스'[3](즉 '분배')라고 하였으며, 각자에게 '그의 것'을 '분배'하는 것이라 정의했다.

모든 사적 토지 재산은 본디 주권자의 자의적 분배에서 발생한다 분배에 대한 제1의 법은 토지의 분할에 대한 것이다. 즉 주권자는 모든 사람에게 자기 몫의 토지를 나누어 주는데, 어떤 국민 또는 다수 국민의 판단에 따르는 것이 아니라 주권자 자신이 공평과 공익에 부합한다고 판단하는 바에 따라 나누어 주었다. 이스라엘 자손들이 광야에서 코먼웰스 생활을 하는 동안 대지의 산물이 모자랐다. 그들이 약속의 땅을 지배하게 될 때까지 그러하였다. 약

---

*2 여기서 말하는 공개변론이란 '카에키나의 변호(Pro Caecina)' XXV.
*3 노모스는 각자의 사용 또는 점유에 할당된 것으로서 '법'을 의미한다.

속의 땅은 그들 재
량으로 나눈 것이
아니라 제사장 엘
르아살과 장군 여
호수아의 판단에
따라 나누었다. 모
두 12지파가 있었
는데 요셉 자손이
다시 둘로 나뉘어
13지파가 되었다.
하지만 토지는 12
로 분할하였다. 레
위 자손은 토지를

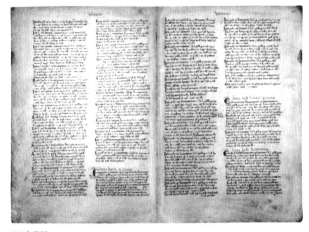

토지대장
정복왕 윌리엄 1세는 1085년에 토지대장 《둠즈데이북(Domesday book)》을 작성하도록 명령했다. 이 토지대장에는 세금을 부과할 수 있는 국내 재화와 자원이 자세히 기록되어 있다.

받지 않는 대신 모든 수확의 10분의 1을 갖도록 하였다. 따라서 이런 토지 분할은 자의적이었다. 또한 한 민족이 전쟁으로 다른 나라를 점령한 경우에도 (유대인들이 그러했던 것처럼)*4 언제나 그 지역의 원주민들을 완전히 없앤 것은 아니었다. 그들 중 다수나 대부분 또는 모두에게 그 소유지를 빼앗지 않고 남겨 주었다. 그럼에도 훗날 주민들은 잉글랜드 국민들이 그들의 모든 것을 정복왕 윌리엄이 나누어 준 것으로 생각했던 것처럼, 승리자가 토지를 분배해 준 것으로 생각했다.

국민의 소유권은 주권자의 지배를 배제하지 않으며 다른 국민의 지배만을 배제한다 여기서 우리가 추론할 수 있는 것은, 한 국민이 자신의 토지에 대해 지닌 소유권은 다른 국민들이 그것을 쓰지 못하도록 배제하는 권리이며, 합의체든 군주든 그들의 주권자를 배제하는 권리는 아니라는 것이다. 주권자 즉 (그가 그 인격을 대표하는) 코먼웰스는 공동의 평화와 안전을 위한 것이 아니면 어떤 것도 하지 않으며, 토지의 분배도 또한 같은 목적을 위해 이루어

---

*4 〈민수기〉에 다음과 같이 나와 있다. "여리고 맞은편 요단강가 모압 평지에서 여호와께서 모세에게 말씀하여 이르되, 이스라엘 자손에게 말하여 그들에게 이르라. 너희가 요단 강을 건너 가나안 땅에 들어가거든, 그 땅에 사는 주민을 너희 앞에서 다 몰아내고, 그 새긴 석상과 부어 만든 우상을 다 깨뜨리며 산당을 다 헐고"(민수기 33장 50~52절)

지는 것으로 해석되어야 한다. 그러므로 이 목적에 해로움을 주는 분배는 모두 국민, 자신의 평화와 안전을 주권자의 판단과 양심에 맡기고 있는 국민의 의지에 어긋나는 것이며, 따라서 국민들 모두의 의지에 의해 무효로 여겨질 수 있다. 주권자인 군주 또는 합의체의 대부분이 자신의 양심을 저버리고 자신들의 정념에 이끌려 일을 처리하기도 하는 것은 사실이다. 이런 행위는 분명 배신이며 자연법 위반이다. 그렇다고 하더라도 국민들이 주권자를 상대로 전쟁을 일으키거나, 부당하다고 고소하거나, 어떤 방식으로든 그를 비난할 권한이 생기지는 않는다. 국민들은 주권자의 모든 행위를 승인하였으며 주권을 부여할 때 그의 행위를 자신들의 행위로 인정하였기 때문이다. 그러면 어떤 경우에 주권자의 명령이 공정함이나 자연법에 어긋나는지는 나중에 다른 기회에 살펴보기로 하겠다.

공공체에는 정량의 식사를 주어서는 안 된다 토지를 분배하면서 코먼웰스 자체도 일정한 몫, 즉 공동의 평화와 방위에 불가피하게 요구되는 비용 모두를 충당하기에 충분한 몫을 갖고 그것을 그들의 대표자가 점유 및 개량하는 것도 생각해 볼 수 있다. 만일 인간적인 정념이나 동요가 없는 대표자가 존재할 수 있다면, 그렇게 하는 것이 분명 사리에 맞다. 그러나 인간의 본성은 현실이 보여 주는 것처럼, 공공지(公共地)나 일정한 수입을 정해 코먼웰스에 주는 것은 아무 소용없는 짓이다. 비용문제에 무신경하거나 또는 위험을 무릅쓰고 공공재산을 장기적이거나 비용이 많이 드는 전쟁에 쏟아 붓는 그런 군주나 합의체의 손에 주권이 주어지는 순간, 통치는 해체되고 완전한 자연상태와 전쟁상태로 이어질 것이기 때문이다. 그것은 너무나 모험적이라 코먼웰스는 정량의 식사로는 유지할 수 없다. 코먼웰스에 드는 비용은 그 자신의 욕구가 아닌 외부적인 우발사건과 주변국들의 욕구에 따라 결정되므로 공공재산은 긴급사태가 필요로 하리란 것 이외의 어떤 사정에 의해서도 제한받지 않는다.

그런데 잉글랜드 정복자 윌리엄은 (자신의 오락을 위해 또는 목재의 보존을 위해 삼림과 사냥터를 차지한 것 외에) 자기가 쓰기 위해 많은 토지를 차지했으며, 국민들에게 토지를 나누어 주면서도 갖가지 부역을 부과했다. 그러나 이런 일은 공적 자격으로가 아니라 자연적 자격으로 자신을 지키기 위한 것으로 생각된다. 왜냐하면 그와 그의 후계자들은 거기서 멈추지 않고, 자신들이 필요하다고 판단될 때마다 모든 국민들의 토지에 멋대로 세금을 부과했기 때문이다. 만일 이들 공공의 토지나 부역이 코먼웰스의 충분한 유지를 위해 결정된 것이었다면, 그것은 (추가 부과된 과세가 보여 주는 것처럼) 불충분하였으며 또한 (최근의 부실한 왕실 수입이 보여 주는 것처럼) 토지를 내다 파는 바람에 왕실 재정이 감소하고 있으므로 설립 목적에 어긋나는 것이었다.[*5] 따라서 코먼웰스에 일정한 토지를 할당하는 것은 쓸데없는 일이다. 코먼웰스는 그것을 팔거나 양도할 수 있거니와 실제로 그 대표자의 손에 의해 팔리거나 양도되고 있다.

무역을 할 장소와 내용은 분배와 마찬가지로 주권자에 의해 결정된다 국내의 토지분배처럼 국민들이 외국과 무역을 할 경우에도 어느 곳의 어떤 산물을 다루어야 하는지를 결정하는 일은 주권자 임무에 속한다. 만일 이 일이 사적 개인의 재량에 속해 있다면, 이익에 이끌려 코먼웰스를 해치는 수단을 적에게 넘겨 주거나 또는 사람들의 구미에는 맞지만 자신들에게 이로울 것이 전혀 없는 것들을 수입하여 스스로 코먼웰스를 해칠 수도 있기 때문이다. 그러므로 대외무역 장소와 내용을 두고 옳고 그름의 여부를 결정하는 일은 오직 코먼웰스 (즉 주권자의 권한)에 속한다.

소유권의 양도에 관한 법률 또한 주권자에게 속해 있다 모든 사람들이 자기 몫의 토지와 약간의 재산에 대한 소유권을 지니고 또는 여러 쓸모 있는 기술에 대한 적성을 날 때부터 지니고 있다 할지라도, 이것만으로는 코먼웰스의 유지에 불충분하다. 또한 세상의 기술 가운데 모든 개인의 생존과 복지에 필요치 않은 것은 없다. 이 두 가지 사항을 고려할 때, 사람들은 교환이나 서로 간의 계약을 통해 자기들에게 남는 것을 서로 나누고 소유권을 양도해야 할 필요를 느낀다. 따라서 국민들 사이에 모든 종류의 계약(매매·교환·금전대차·임대차 등)은 어떻게 이루어져야 하는지 또한 어떤 용어와 기호로 이루어져야 유효한지에 대해 정하는 것도 코먼웰스, 즉 주권자의 권리에 속한다. 코먼웰스의 성원 저마다에 대한 영양의 내용과 분배에 대해서는 (전체적인 작업의 모양에 비추어 볼 때) 이것으로 충분하다.

[*5] 본디 영국에서는 일찍이 용지(用地) 및 특권수입이 국왕의 권력 기초가 아니었으며, 특히 제임스 1세 및 찰스 1세는 의회의 조세협찬권에 의존하기를 피하고, 왕의 영지를 내놓아 전쟁 비용을 충당했으므로 내란이 일어난 해에는 연간수입이 겨우 12만 파운드에 불과했다.

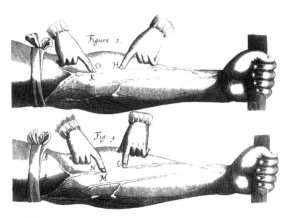

혈액순환
혈관은 혈액을 심장의 박동에 의해 온몸으로 보내 영양을 공급하고, 다시 온몸의 노폐물을 거두어 심장으로 보낸다. 이는 코먼웰스의 금·은과 화폐의 역할과 같다. 하비의 《심장의 운동》 (1628)에 그려진 삽화.

화폐는 코먼웰스의 혈액이다 조리(調理)란, 내가 이해하기로는, 지금 소비되고 있는 것이 아니라 미래의 영양을 위해 보존되는 모든 산물을 같은 가치의 물건으로, 장소를 이동할 때 방해가 되지 않도록 운반이 가능한 것으로 환원하는 것이다. 이렇게 하면 어디서든지 그곳에서 제공하는 영양물을 자유롭게 손에 넣을 수 있다. 거기에 적합한 것은 금·은과 화폐뿐이다. 금과 은은 세계 거의 모든 나라에서 귀중하게 여겨지며 국가들 사이에서도 다른 모든 것의 가치를 측정하는 편리한 척도로 사용되고 있기 때문이다. 또한 화폐는 (코먼웰스의 주권자가 어떤 물질로 주조하든) 그 코먼웰스의 국민들 사이에는 모든 것의 충분한 척도가 된다. 이런 척도 덕분에 모든 재화는 동산·부동산을 막론하고 통상적 거주지의 안팎 어디로든지 사람이 가는 곳이면 가지고 갈 수 있다. 이런 화폐는 코먼웰스 안에서 이 사람에게서 저 사람으로 옮겨 다니며 가는 곳마다 영양을 공급하여 순환시킨다. 그러므로 조리는 말하자면 코먼웰스의 혈액순환이다. 이것은 대지의 수확으로 자연의 혈액이 만들어진 다음, 순환하면서 몸 각 부분에 영양을 공급하는 것과 같은 이치이다.

그리고 금과 은은 그 물질 자체에 가치가 있기 때문에 다음 같은 특권을 지닌다. 첫째, 하나 또는 소수의 코먼웰스의 주권으로 그 가치를 바꿀 수 없으며, 그것은 금과 은이 모든 지방에서 나는 재화의 공통척도이기 때문이다. 그러나 저질 화폐는 그 가치가 쉽게 오르내린다. 둘째, 금과 은은 코먼웰스를 움직이고 필요한 경우에는 외국에까지 팔을*6 뻗도록 도와 준다. 또한 개

---

*6 arm(팔)에는 병기라는 의미도 있으므로 다음 줄의 군대(army)에 대응한다.

인 자격으로 여행하는 국민들뿐만 아니라 전 군대에 식량을 공급할 특권을 갖는다. 그러나 화폐의 경우에는 그곳의 각인(刻印)이 없으면 물질로서 그다지 가치가 없으며 환경의 변화를 이겨내지 못하므로 국내에서만 효력을 지닌다. 하지만 국내 효력도 법이 바뀌면 따라 바뀌며, 법으로써 가치가 감소되어 그것을 지니고 있는 사람에게 손해를 끼치기도 한다.[7]

화폐가 공공으로 사용되기까지의 통로와 도로　화폐가 공공으로 사용되도록 전달해 주는 통로와 도로에는 두 종류가 있다. 하나는 화폐를 국고로 옮기는 것이고, 다른 하나는 공공지출을 위해 그 돈을 다시 지급하는 것이다. 전자는 징수관·수납관·재무관이 맡고, 후자는 재무관이나 공적·사적 대행자의 지출업무를 위해 임명된 관리들이 맡는다. 여기서도 인공적 인간은 자연인과의 유사성을 유지한다. 그들의 혈관은 몸의 각 부분으로부터 혈액을 받아 이를 심장으로 보내고, 거기서 다시 활력을 얻은 혈액을 박동을 따라 내보내 몸의 모든 부분에 활력을 주어 몸이 운동할 수 있게 한다.

코먼웰스의 자녀는 이민이다　코먼웰스의 생식 또는 자녀는 보통 우리들이 식민(植民) 또는 이민이라고 부르는 것이다. 이것은 애초부터 주민이 살지 않거나, 전쟁 때문에 주민이 없어진 외국으로 코먼웰스로부터 사람들이 이주하여 지휘자 또는 총독의 통치를 받으며 사는 것을 말한다. 일단 이민이 정착되면, 자신들의 코먼웰스를 새로 세워 자신들을 보낸 주권자에 대한 복종의 의무로부터 벗어날 수 있다(고대의 많은 코먼웰스가 그랬던 것처럼). 이 경우 그들을 보낸 코먼웰스는 모국(母國)[8] 또는 어머니라 불리는데, 모국은 그들에게 기껏해야 가족의 통치로부터 벗어나 자유를 맛본 자녀에게 아버지가 요구하는 것 정도를 요구한다. 즉 존경과 우정 정도에 머문다. 이렇게 하지 않고 본국과 계속 결합을 유지하는 경우도 있으며, 로마 국민들이 세운 식민지들이 이에 속한다. 이 경우에는 자신들의 코먼웰스가 따로 있는 것이 아니라 그들을 보낸 코먼웰스의 지방주 또는 일부분에 불과하다. 따라서 이민단의 권리는 (모국을 향한 존경과 동맹을 빼면) 순전히 주권자가 이민을 허락한 허가증 또는 증서에 달려 있다.

---

[7] 화폐의 주조는 그즈음 중요한 재정정책의 하나였다.
[8] Metropolis는 어머니 도시를 의미한다.

25 조언

조언이란 무엇인가 조언(助言)과 명령(命令)이 한 가지로 명령형 화법을 사용하기 때문에, 이 둘이 혼동되는 경우가 때때로 있다. 이런 혼동이 일어나는 것을 보면, 일상적인 말 그리고 불확실한 말을 써서 사물의 본질을 판단하는 것이 얼마나 잘못된 것인지 분명히 알 수 있다. '이것을 하라'는 말은 명령하는 말일 뿐만 아니라, 조언하거나 권고하는 말이기도 하다. 또한 그렇게 말하는 사람이 누구인지, 누구에게 그 말을 하는 것인지, 어떤 상황인지 알 때는 어느 쪽인지 쉽게 구별할 수 있다. 그러나 이런 표현이 글로 나타난 경우, 앞뒤 사정을 알 수 없거나 알려고 하지 않으면 조언자의 가르침을 명령자의 것으로 착각하거나, 그 반대의 잘못을 저지르기도 한다. 이런 경우 자신들이 이끌어내고 싶은 결론이나 동의하는 행동을 승인하는 방향으로 해석을 내린다. 이런 잘못을 피하고 명령, 조언, 권고 등의 용어에 적절하고 분명한 고유의 의미를 부여하기 위해 나는 그것들을 다음과 같이 정의한다.

명령과 조언의 차이점 명령이란 명령을 내리는 사람의 의지 외에 뭔가 다른 이유를 예상하지 않고 '이것을 하라' 또는 '하지 말라'고 하는 경우이다. 이로부터 분명히 알 수 있는 것은 명령하는 사람이 그 명령으로 자신의 이익을 바라고 있다는 점이다. 왜냐하면 그렇게 명령한 이유는 그 자신의 의지뿐이며, 모든 인간 의지의 원래 목적은 자신을 위한 어떤 이익이기 때문이다.

조언은 상대에게 생기는 이익을 위하여 '이것을 하라' 또는 '하지 말라'고 하는 경우이다. 이로부터 조언자는 (그의 의도가 어떠하든) 조언 상대의 이익을 바라고 있다는 점을 분명하게 알 수 있다.

따라서 조언과 명령의 커다란 차이점은, 명령은 명령자 자신의 이익을 지향하고, 조언은 타인의 이익을 지향한다는 점이다. 그리고 여기서 또 하나의 차이가 생겨난다. 명령을 받았을 때는 복종 계약을 맺었을 때처럼 그에 따를 의무가 있지만, 조언을 받았을 때는 그대로 행동할 의무는 없다. 왜냐하면 조언에 따르지 않아서 발생하는 손해는 그 자신의 것이기 때문이다. 만일 그가 조언에 따르기로 계약했다면 그때는 조언이 명령의 성격으로 바뀐다. 조언과 명령의 세 번째 차이점은 어느 누구도 타인의 조언자가 될 권리를 주장할 수 없다는 점이다. 그 이유는 조언을 통해 생기는 이익을 자기의 것으로 주장할 수는 없기 때문이다. 또한 타인에게 조언할 권리를 요구하는 자는 그 사람의 의도를 알아내려는 속셈이 있거나 또는 자신에게 이로운 어떤 것을 얻고자 하는 의지가 있다는 증거이다. 자신에게 이로운 어떤 것은 (내가 앞에서 말한 것처럼) 모든 인간 의지의 본디 목적이다.

조언이 무엇이든 조언을 구하는 자는 그 조언을 비난하거나 처벌할 수 없다는 것 역시 조언의 본질에 들어간다. 왜냐하면 타인에게 조언을 구한다는 것은 곧 조언자가 최선이라고 생각하는 것을 조언하도록 허락하는 것이기 때문이다. 따라서 주권자(군주이든 합의체이든)가 조언을 요청한 경우, 그의 조언과 대다수의 의견의 일치 여부를 떠나서 또한 논의 대상과의 여부를 떠나 그 조언을 이유로 조언자를 처벌하는 것은 공정하지 않다. 합의체의 의향을 토의 종료 전에 알 수 있다면, 더 이상 조언을 바라지도 듣지도 않을 것이기 때문이다. 즉 합의체의 의향은 토론을 결정짓고, 모든 심의를 종결시키는 것이다. 또한 조언을 구하는 사람은 보편적으로 그 조언의 본인이므로 그 조언 때문에 조언자를 처벌할 수 없으며, 주권자가 할 수 없는 일은 다른 누구도 할 수 없다. 그러나 만일 국민 한 사람이 다른 국민 한 사람에게 범법행위를 하도록 조언한다면, 이 조언이 나쁜 의도에서 나온 것이건 무지에서 나온 것이건 상관없이 코먼웰스에 의해 처벌받을 수 있다. 왜냐하면 모든 사람들은 국민으로서 지켜야 할 법을 알아야 할 의무가 있으므로 법에 대한 무지는 충분한 변명이 될 수 없기 때문이다.

권고와 간언이란 무엇인가 권고와 간언은 그에 따라주기를 바라는 조언자의 간절한 욕구의 표시가 함축되어 있는 조언이다. 좀 더 간단히 말하면 '강하게 압박하는 조언'이다. 권고하는 자는 그가 조언하는 바를 따를 경우 결과가 어떻게 될 것인지 엄밀하고 정확하게 추론하는 것이 아니라, 그가 조언하는 대로 행동하도록 용기를 북돋우는 것이다. 이것은 간언하는 사람이 상대가 어떤 일을 하지 못하도록 말리는 것과 같다. 따라서 그런 사람들은, 간절히 권고하거나 간언할 때, 사람들의 공통된 정념이나 의견을 존중하면서 그들이 그렇게 말하는 이유를 설명한다. 또한 조언에 따를 경우 어떻게 효용·명예·정의를 얻는지에 대해 설득하기 위해 비유·은유·사례 기타 웅변에 필요한 여러 가지 수단들을 이용한다.

이로써 다음 같은 사실들을 추론할 수 있다. 첫째, 권고 또는 간언은 이를 원하는 사람의 이익이 아니라 권하는 사람 또는 간언하는 사람의 이익을 지향한다. 이는 조언자의 의무에 어긋난다. 왜냐하면 (조언의 정의에서 보듯이) 조언자는 자신의 이익이 아니라 조언을 받는 상대의 이익을 중시해야 하기 때문이다. 그런데 끈질기고 강하게 설득하려 하거나 또는 억지로 그렇게 하는 것은 그가 자신의 이익을 위해 조언하고 있음을 분명히 보여 주는 일이다. 이것은 그에게 요구된 일이 아니다. 이것은 자신의 필요에서 나왔으므로 자신의 이익을 으뜸으로 지향하고, 조언을 구한 자의 이익은 우발적으로 지향하거나 또는 전혀 지향하지 않는다.

둘째, 권고와 간언은 여러 사람을 상대로 하는 경우에만 유효하다. 왜냐하면 상대가 한 사람인 경우 듣는 사람이 도중에 간언을 가로막을 수도 있고, 또 그렇게 간언하는 이유에 대해 좀 더 엄밀히 검토할 수도 있기 때문이다. 그러나 그것이 여러 사람 속에서 이루어질 때는 불가능하다. 그들 모두를 향해 무차별적으로 말하는 사람을 상대로 토론이나 대화를 하기에는 수가 너무 많기 때문이다.

셋째, 조언의 요청을 받았을 때 무엇을 하거나 하지 말도록 간언하는 자는 타락한*1 조언자라고 할 수 있다. 말하자면 자신의 이해관계에 따라 매수된 자이다. 그가 하는 조언의 내용이 매우 좋은 것이라 하더라도 그는 역시 훌륭한 조언자라 할 수 없다. 이것은 보수를 생각해서 판결을 내리는 자가 올바른 재판관이 아닌 것과 같다. 그러나 한 가정의 아버지나 군대의 통솔자처럼 합법적으로 명령을 내릴 수 있는 경우, 그의 권고나 간언은 합법적일 뿐만 아니라 필요하기도 하며 칭찬할 만한 일이다. 그런데 이 경우 그것은 이미 조언이라기보다는 명령이다. 특히 고된 노동을 하도록 하기 위한 경우에는 격려로 마음을 어루만지고, 말을 할 때도 거친 명령조가 아니라 조언하듯이 하는 것이 때로는 필요하다. 그렇게 하는 것이 인도적이다.

---

*1 corrupt는 부패, 타락을 의미함과 동시에 매수된 것을 뜻한다.

또한 《성경》에 나와 있는 다양한 표현에서 명령과 조언의 차이점의 예를 찾아볼 수 있다. "너희는 내 앞에서 다른 신들을 섬기지 말라." "너희는 너희가 섬기려고 우상을 만들지 말라." "너희는 주 너의 하느님의 이름을 함부로 부르지 말라." "너희는 안식일을 거룩하게 지켜라." "너희 부모를 공경하여라." "살인하지 말라." "도둑질하지 말라." 이것은 모두 명령이다.*2 우리가 이 말씀에 따라야 하는 까닭은, 우리의 왕이신 하느님의 의지로부터 나온 것이기 때문이다. 그러나 "네가 있는 것을 다 팔아, 가난한 자들에게 주라. 그리고 와서 나를 따르라"*3(마가복음 10장 21절)와 같은 말은 조언이다. 우리가 이 말씀에 따르는 이유는 그렇게 하는 것이 우리에게 이익이 되기 때문이다. 그 이익은 '하늘의 보화'가 우리들에게 있다는 것이다. "너희는 맞은편 마을로 가라. 그리하면 곧 매인 나귀와 나귀새끼가 함께 있는 것을 보리니 풀어 내게로 끌고 오라"(마태복음 21장 2절)와 같은 말씀은 명령이다. 주의 의지에서 나온 말씀이기 때문이다. 그러나 "너희가 회개하여 각각 예수 그리스도의 이름으로 세례를 받고 죄사함을 받으라"(사도행전 2장 38절)라는 말씀은 조언이다. 왜냐하면 우리들이 그렇게 해야 하는 이유가 전능하신 하느님의 이익이 아니라 우리 자신의 이익에 도움이 되기 때문이다. 우리가 어떤 배신을 하더라도 하느님은 여전히 왕이시며, 우리는 스스로의 죄로 인해 받게 될 처벌을 피할 수단이 달리 없다.

적절한 조언자와 부적절한 조언자의 차이 이제까지 조언의 본질을 통해 조언과 명령의 차이를 추론해 보았는데, 적절한 조언자와 부적절한 조언자의 차이도 역시 조언의 본질로부터 추론할 수 있다. 조언은 조언자가 제안하는 행동의 필연적 또는 개연적 결과가 조언을 받은 사람에게 이로울 것인지 해

---

*2 모세의 십계 가운데 1~6과 8. 이 가운데 7의 '간음하지 말라'는 라틴어판에 '매춘부와 관계해선 안 된다'로 나와 있다. 9는 '거짓 증언 하지 말라', 10은 '이웃의 재물을 탐내지 말라.'

*3 "예수께서 길에 나가실새 한 사람이 달려와서 꿇어 앉아 묻자오되 선한 선생님이여. 내가 무엇을 하여야 영생을 얻으리이까. 예수께서 이르시되 네가 어찌하여 나를 선하다 일컫느냐. 하느님 한 분 외에는 선한 이가 없느니라. 네가 계명을 아나니 살인하지 말라, 간음하지 말라, 도둑질하지 말라, 거짓 증언 하지 말라, 속여 빼앗지 말라, 네 부모를 공경하라 하였느니라. 그가 여짜오되 선생님이여, 이것은 내가 어려서부터 다 지켰나이다. 예수께서 그를 보시고 사랑하사 이르시되 네게 오히려 한 가지 부족한 것이 있으니 가서 네게 있는 것을 다 팔아 가난한 자들에게 주라. 그리하면 하늘에서 보화가 네게 있으리라. 그리고 와서 나를 따르라 하시니."(마가복음 10장 17~21절)

모세의 십계
이스라엘 백성을 구출한 모세에게 하느님이 십계를 내려 주고 있는 장면. 십계는 하느님의 명령이다. 석관 부조(340).

로울 것인지를 추론하는 데 본질을 둔다. 경험이란 이전에 관찰한 유사 행위의 결과들에 대한 기억일 뿐이며, 조언이란 그런 경험을 다른 사람에게 알려 주는 말일 뿐이므로 조언의 효용 및 결함은 지적인 효용 및 결함과 같다. 그리고 코먼웰스의 조언자들은 그 코먼웰스의 인격에서 기억과 마음의 대화에 해당하는 자리에서 일하는 사람들이다. 코먼웰스와 자연인은 이처럼 비슷하지만, 한 가지 매우 중요한 차이점을 지닌다. 자연인의 경험은 감각의 자연적 대상으로부터 받아들이는 것이며, 그 대상은 그들 자신의 정념이나 이해관계도 없이 그에게 작용하는 것이다. 그에 반해 코먼웰스의 대표적 인격에게 조언하는 자들은 그들 나름의 목적과 정념을 가지고 있을 수도 있으며, 그 조언은 언제나 의심스럽고 사실상 불성실한 경우가 많다.

따라서 훌륭한 조언자의 첫째 조건은 '조언자의 목적이나 이해관계가 조언을 받는 자의 목적이나 이해관계와 모순되지 않아야 한다'는 것이다.

둘째, 조언자의 직무는 어떤 행위를 고려할 때 그 귀결이 어떻게 될 것인지, 정확하고 분명히 알 수 있도록 해 주는 것이기 때문에, 조언자는 진실을 가장 분명히 드러낼 수 있는 형태의 말로 조언해야 한다. 다시 말해, 확실한 증거의 범위 안에서 확고한 추론과 의미 있고 적절한 말로 간결하게 해야 한다. 따라서 '경솔하고 증거가 불충분한 추론'(예를 들면, 실례나 책의 권위에

의지하여 사실이나 의견에 대한 증언만 있을 뿐 선악에 대한 논증이 없는 조언)
이나, '모호하고 혼란스러운 뭇사람들의 표현'이나, '정념을 격동시키는 비유
적 화법' 같은 것은 (그런 추론이나 표현들은 조언받는 자를 속여 그의 본디 목
적과는 다른 방향으로 행동하도록 유도할 때에나 유용하므로) '조언자의 직무
에 위배되는 일'이다.

셋째, 조언 능력은 경험과 오랜 연구로부터 나오며, 아무도 방대한 코먼웰
스의 통치를 위해 필요한 모든 일에 대한 경험을 가지고 있다고 추정할 수
는 없다. 그러므로 '그 문제에 대해 정통해 있을 뿐만 아니라 깊이 있게 성찰
하고 고찰해본 사람 이외에는 누구도 좋은 조언자라고는 생각할 수 없다.'
코먼웰스의 임무는 대내적으로는 국민의 평화를 유지하고, 대외적으로는 외
국의 침략으로부터 국민을 보호하는 데 있다. 우리는 이를 위해서 인간의 성
향, 통치자의 권리, 나아가 공평·법률·정의·명예 등의 본질에 대하여, 연구
없이는 얻어질 수 없는 방대한 지식이 필요하다는 것을 알 것이다. 또한 자
국뿐만 아니라 주변 국가들의 힘, 재화, 지역에 밝아야 하고, 나아가 자국의
국민들을 괴롭힐지도 모르는 모든 외국 국민들의 성향과 의도도 잘 알고 있
어야 한다. 풍부한 경험이 없으면 이런 것들을 쉽게 얻을 수 없다. 이 모든
것은 물론 개별적 사안에 대해서도 정통하려면 오랜 세월에 걸쳐 연륜을 쌓
고 남다른 연구와 관찰을 해야 한다. 조언에 요구되는 지력(知力)은 앞(8장)에
서 말한 것처럼 바로 판단력이다. 그리고 인간의 판단력은 교육의 차이로부
터 차이가 발생한다. 즉 어떤 일 또는 어떤 연구에 대해 교육을 받았느냐에
따라 저마다 서로 다른 판단력을 지니게 된다. 어떤 일을 하는 데 무오류의
규칙(기관(機關)이나 건축에서의 기하학의 법칙과 같은)이 있다면, 세상의 어
떤 경험도 그 법칙을 배우거나 발견한 사람을 당할 수 없다. 그러나 그런 규
칙이 없을 때에는 각 사안에 대하여 경험이 가장 풍부한 사람이 그 일에 대
한 최선의 판단력을 가지며 따라서 최선의 조언자이다.

넷째, 다른 코먼웰스와 관련된 일을 조언할 수 있으려면, 그 나라에서 오
는 '정보와 문서' 및 양국 간의 '조약과 결정 등의 모든 기록을 잘 알고 있을
필요가 있다.' 이것은 코먼웰스의 대표자가 적당하다고 생각하는 사람 이외
에는 할 수 없는 일이다. 이로써 우리는 조언의 소명을 받지 않은 사람은 그
런 일에 대해 이렇다 할 조언을 할 수 없다는 사실을 알 수 있다.

다섯째, 조언자의 수가 일정한 경우에는 한 곳에 모아놓고 조언을 듣는 것보다는 따로따로 듣는 것이 낫다. 그 이유는 여러 가지이다. 첫째로 따로따로 들으면 모든 사람의 조언을 들을 수 있지만 모아놓고 들으면 조언자들 중 대부분이 '가부'의 형태로 또는 손발로 의사표시를 하게 된다. 자기 생각을 말하기보다는 다른 사람의 웅변에 마음이 움직여서 그렇게 할 수도 있고, 반대의견을 내놓았다가 앞에 말한 사람이나 다른 사람들 전체를 불쾌하게 할까 두려워서 그렇게 할 수도 있으며, 자기와 반대되는 의견에 찬성한 사람들에 비해 이해력이 뒤떨어지는 사람으로 보일까 봐 두려워서 그렇게 할 수도 있다. 둘째로 사람이 여럿이면 공공의 이익과 자신의 이익이 대치되는 사람이 반드시 있게 마련이다. 이런 사람들은 자신의 이익 때문에 감정이 격앙되고, 격앙된 감정으로부터 웅변이 나오며, 이 웅변이 다른 사람들을 이끌어 자기와 같은 조언을 하도록 만든다. 인간의 정념은 서로 멀리 떨어져 있을 때에는 한 조각의 숯불처럼 그 열이 미미하지만, 한데 모이면 숯덩이를 모아 놓은 숯불처럼 서로서로 불을 붙여 (특히 서로 웅변으로 부채질을 할 때는) 조언한다는 구실 아래 코먼웰스를 불바다로 만든다. 셋째로 따로따로 들으면 조언을 듣는 중간에 (필요하면) 그렇게 해야 할 이유와 근거를 따져 물을 수도 있고, 그 조언의 진실성과 확실성을 검토하기 위해 반대의견을 말해 볼 수도 있다. 그러나 모아놓고 들으면 그렇게 할 수 없다. 여러 사람을 모아놓으면 (어려운 문제 하나하나에 대해) 저마다 의견을 내놓아 조언자가 취할 길을 알기보다는 오히려 당황하게 되고 혼란스러워진다. 더욱이 조언을 들으려고 여러 사람을 모아놓으면, 자신의 말솜씨와 정치학적 식견을 과시하려는 사람이 반드시 있다. 이런 사람들은 제기된 일에 대해 조언이 필요한지는 제대로 생각하지 않고, 여러 저자들의 현란한 문구들을 인용하여 잡다한 이야기를 늘어놓고는 남들로부터 칭찬을 받으려 한다. 이것은 귀중한 토의시간을 빼앗는 쓸데없는 행동이다. 따로따로 조언을 듣는 방식을 택하면 이런 일은 쉽게 피할 수 있다. 넷째로 비밀로 해야 하는 사안을 심의할 때 (공적인 일에는 이런 경우가 많다) 여러 조언자, 특히 합의체 조언자는 위험하다. 그러므로 큰 합의체는 그런 일을 그 문제에 가장 정통하면서도 성실성을 믿을 수 있는 소수의 사람들에게 맡겨야 한다.

　결론을 말하자면, 자녀들의 결혼이나 토지의 처분, 가계(家計)의 운영, 사적 재산의 관리 등과 같은 문제에 대해, 조언을 청한 사람의 고통을 바라거나 기꺼이 받아들일 대규모의 합의체에게 조언을 구하는 것이 좋다고 누가 생각하겠는가? 그들 중 조언을 구한 사람의 번영을 바라지 않는 사람이 있다면 더더욱 그렇다. 여러 신중한 조언자로부터 저마다 정통한 영역에 대해 따로따로 조언을 받으면서 일하는 사람이 최선의 성과를 얻는다. 이것은 테니스를 칠 때 적절한 위치에 배치된 유능한 도우미들로부터 도움을 받는 것과 같다. 자기의 판단에만 의지하여 일을 하는 사람은 차선이다. 이것은 도우미 없이 테니스를 치는 것과 같다. 그러나 합의체가 제시한 조언의 틀 속에서 이리저리 흔들리면서 일하는 사람은 최악이다. 그 틀은 과반수의 찬성을 얻어야만 변경할 수 있고, 그 조언을 실행에 옮기고자 해도 보통 (시기심과 이해관계 때문에) 반대파의 방해를 받는다. 이런 사람은 훌륭한 선수들 때문에 공이 있는 곳까지 가기는 하지만, 손수레나 차체가 무거운 수레를 타고 있는 사람과 같으며, 차를 끄는 사람들 저마다의 판단과 수고 탓에 방해를 당한다. 손수레를 잡은 손이 많으면 많을수록 사정은 더 악화된다. 그중 그를 실패하게 만들려는 마음을 먹은 자가 있을 때 상황은 최악을 맞이한다. 눈(眼)이 많으면 더 많은 것을 보기도 한다. 그러나 조언자가 많은 것을 그렇게 이해할 수는 없다. 다만 최종 결정을 한 사람이 쥐고 있을 때에는 그렇다고 할 수 있다. 그 밖의 경우에는 그 많은 눈이 같은 것을 여러 각도에서 보기는 하지만, 저마다 사적 이익에 기울어 시선이 어긋나기 쉽다. 그러므로 과녁을 놓치지 않으려는 사람은 두 눈으로 살피지만, 조준할 때는 한 눈만 사용하는 것이다. 따라서 규모가 큰 민중적 코먼웰스는 외적에 대한 단결에 의해 또는 그들 가운데 탁월한 인물의 명성에 의해 또는 소수의 비밀스런 조언에 의해 또는 세력이 엇비슷한 당파 사이의 공포에 의해 유지되었을 뿐, 합의체의 공개적 협의를 통해 유지된 적은 단 한 번도 없었다. 아주 작은 코먼웰스의 경우에도—그것이 민주정이든 군주정이든—코먼웰스의 유지에는 제아무리 잘난 인간의 지혜도 강력한 주변국가 사이의 지속적 질투심을 넘지는 못한다.

26 시민법

시민법이란 무엇인가   내가 이해하는 시민법(civill lawes)이란 인간이 이것저것 어느 특정한 코먼웰스가 아니라 코먼웰스 일반의 구성원이기 때문에 반드시 지켜야 할 의무가 있는 법률이다. 따라서 특수한 법률에 대한 지식은 몇몇 나라의 법률 연구가 직업인 사람들의 분야에 속하지만, 시민법 일반에 대한 지식은 모든 사람에게 관련된 사항이다.

로마의 고대법은 코먼웰스를 의미하는 '키비타스(Civitas)'에서 유래되어 시민법이라고 불렀다. 그리고 로마제국의 통치 아래 그 법의 지배를 받았던 나라들은 그 뒤에도 자신들에게 적당하다고 생각하는 일부 법률을 지금까지도 그대로 유지하며, 이를 자신들이 만든 법률들과 구별하여 시민법이라고 부르고 있다. 그러나 내가 지금 여기서 논의하고자 하는 것은 그런 법률에 대해서가 아니다. 나의 의도는 이러저러한 법률을 보여 주는 것이 아니라 법이란 무엇인가를 보여주는 데 있다. 그것은 플라톤·아리스토텔레스·키케로와 같은 사람들이 법률을 전문으로 연구하는 사람들은 아니었지만, 법률을 연구했던 것과 같다.

우선 분명한 것은 법이란 일반적으로 조언이 아니고 명령이라는 점이다. 또한 불특정인이 불특정인에게 내리는 명령이 아니라 이미 복종할 의무를 지닌 사람을 상대로 명령권자가 내리는 명령에 한한다. 그리고 시민법은 단지 그 명령을 발하는 인격, 즉 도시의 인격(Persona Civitatis), 다시 말해 코먼웰스의 인격의 이름을 덧붙이기만 하면 된다.

이러한 점을 고려하여 나는 시민법을 다음과 같이 정의한다. 시민법이란 '모든 국민들에게 코먼웰스가 말·문서 기타 의지를 표현하기에 충분한 표지(標識)를 통해 선악의 구별, 즉 무엇이 규칙에 위배되고 무엇이 규칙에 합당한지를 구별하는 데 이용하기 위해 명령한 규칙들이다.'

이 정의에 분명하지 않은 것은 없다. 즉 어떤 법률은 일반국민을 대상으로 하고 어떤 법률은 개별적 지방주에, 그리고 어떤 법률은 특정 직업을, 어떤 법률은 특정 사람들을 대상으로 한다는 것을 알 수 있기 때문이다. 따라서 법률의 명령은 지정하는 대상이 있으며, 그 밖의 사람들에게는 해당되지 않는다. 동시에 법률은 정의와 불의에 대한 규칙이므로, 어떤 법률에 저촉되지 않는 한 부당하다고 간주되지는 않는다는 것을 안다. 그리고 우리 국민들은 오직 코먼웰스에만 복종하기 때문에 코먼웰스 이외에는 어느 누구도 법을 제정할 수 없다. 또한 명령은 충분한 방법으로 표현되지 않으면 어떻게 복종해야 할지 알 수 없다. 그러므로 이 정의로부터 필연적 결과로서 추론할 수 있는 것은 모두 진리로 인정해야 한다. 나는 여기서 다음과 같이 추론한다.

주권자는 입법자이다 1. 모든 코먼웰스에서 주권자가 군주정치에서처럼 한 사람이든, 민주정치나 귀족정치에서처럼 다수의 합의체이든 유일한 입법자는 주권자이다. 입법자란 곧 법을 만드는 사람이고, 코먼웰스만이 우리가 법이라 부르는 여러 규칙을 정하고 그 준수를 명령하기 때문이다. 따라서 코먼웰스는 입법자이다. 그러나 코먼웰스는 인격이 아니며, 대표자를 통하지 않고는 아무것도 할 수 없다. 그리고 대표자가 바로 주권자이므로 주권자야말로 유일한 입법자이다. 마찬가지로 주권자 이외에는 어느 누구도 제정된 법을 폐지할 수 없다. 왜냐하면 하나의 법은 그 법의 시행을 금지하는 다른 법에 의하지 않고서는 폐지될 수 없기 때문이다.

주권자는 시민법을 따르지 않는다 2. 코먼웰스의 주권자는 합의체이건 개인이건 시민법에 따를 의무가 없다. 주권자에게는 입법권과 폐지권이 있으므로 자신을 곤란하게 만드는 법이 있으면 언제든지 이를 폐지하고 새로운 법을 제정할 수 있다. 그렇다면 그는 처음부터 그 법의 구속을 받지 않는다. 왜냐하면 원하지 않는 법으로부터 언제든지 벗어날 수 있기 때문이다. 원하기만 하면 자유를 얻을 수 있는 자는 처음부터 자유로운 자이다. 또한 어느 누구도 자신을 속박하는 것은 불가능한데, 그것은 스스로를 속박할 수 있는 자는 스스로를 해방시킬 수도 있기 때문이다. 따라서 오직 자신에게만 속박을 받는 자는 속박을 받지 않는 자이다.

관습은 시간이 아니라 주권자의 동의에 의해 법이 된다 3. 오랜 관습이 법의 권위를 획득하는 경우 그것은 시간의 길이에 의해 그렇게 되는 것이 아니라 주권자가 침묵으로써 나타낸 의지에 의해서이다. 왜냐하면 침묵은 때로는

동의의 증거이기 때문이다. 즉 관습은 주권자가 침묵하지 않을 때에는 법이
될 수 없다. 그러므로 만일 주권자가 그의 현재의 의지로써가 아니라 기존
법률을 토대로 한 국민들의 어떤 권리에 의문을 갖는다면, 시간의 길이는 주
권자의 권리에 해를 초래할 수 없으며, 그 의문은 공정한 원칙에 의해 판단
을 받아야 한다. 부당한 소송이나 불공정한 판결은 옛날부터 지금까지 통제
없이 통용되었기 때문이다. 우리 나라의 법률가들은*1 합리적이지 않은 관
습은 법으로 치지 않으며, 악습은 폐기되어야 한다고 주장한다. 단 어떤 것
이 합리적이고 어떤 것이 폐기되어야 하는가는 입법자, 즉 주권을 지닌 합의
체 또는 군주의 권한에 속한다.

자연법과 시민법은 서로 상대를 포함한다　4. 자연법과 시민법은 서로 포함
관계이며 그 범위는 같다. 자연법은 공정·정의·감사 및 그에 따른 여러 도덕
에서 산출된다. 완전한 자연상태에서 보면 이러한 자연법은 (이미 15장 끝부
분에서 언급한 바와 같이) 정식적인 법이 아니라 오히려 인간으로 하여금 평
화와 복종을 지향하게 하는 성질을 갖는다. 코먼웰스가 일단 설립되고 나면
그것들은 실제적인 법이 되지만, 그 전까지는 법이 아니다. 코먼웰스가 설립
된 때 자연법이 코먼웰스의 명령이 되고, 시민법이 되며, 사람들로 하여금 이
들 법에 복종하도록 만드는 것이 바로 주권자 권력이기 때문이다. 국민들 사
이에 분쟁이 있을 때 무엇이 공정이고, 무엇이 정의인지, 그리고 무엇이 도덕
적 선인지를 선고하고, 구속력을 지니게 하려면 주권자의 명령이 필요하고,
위반자에 대한 처벌을 규정해야 한다. 따라서 이들 명령은 시민법의 일부이
다. 이러한 이유에서 자연법은 세계의 모든 코먼웰스에서 시민법의 일부이

---

*1 17세기 전반의 잉글랜드에는 법률을 둘러싸고 3가지 의견의 대립이 있었다. 하나는 여기서
　말하는 법률가(예를 들면 뒤에 나오는 쿡), 다른 하나는 절대주의 관료(예를 들면 베이컨), 나
　아가 이들 둘을 공격하는 혁명파이다. 홉스는 스튜어트 절대주의를 지지했는지 여부와는 상
　관없이, 주권자가 법을 제정한다고 한 점에서는 베이컨을 계승했다고 해도 무방하다. 여기서
　홉스는 관습과 법률가의 이성(쿡이 말하는 인공적 이성)을 대립시키고 있는데, 이 이성이 관
　습법의 유일하고 합리적인 해석자라는 것이 쿡의 주장이다. 그러나 이에 대해서는 홉스처럼
　주권자의 이성을 주장하는 입장뿐만 아니라, 관습은 민중의 생활이므로 민중이 바로 해석
　자라는 비판이 나온다. 그 한 예가 노르만정복 전의 앵글로색슨의 자유를 강조하는 '노르만
　멍에'라는 사고이다. 홉스의 쿡 비판은 여기와 15장 첫머리에도 나오지만, 만년에 저술한 이
　저서에서도 그러하다. A dialogue between a philosopher and a student of the common laws of
　England, London 1681.

며, 바꿔 말하자면 시민법도 자
연의 명령들의 일부이다. 정의,
즉 계약을 지키는 것과 각자에
게 각자의 것을 주는 것은 자연
법의 지시 가운데 하나인데, 코
먼웰스의 모든 국민들은 시민
법에 복종하기로 신약(信約)을
맺고 있다. 그러므로 이 계약
이 공동의 대표자를 정하기 위
해 합의한 경우처럼 서로가 체
결한 것이건, 무력에 굴복하여
생명과의 교환조건으로 복종을
맹세한 것이건 관계없이 시민법
에 대한 복종 또한 자연법의 일
부이다. 시민법과 자연법은 다
른 종류의 법이 아니라, 법의

함무라비 법전
입법자는 주권자이다. 따라서 코먼웰스는 입법자이다.
기원전 18세기 바빌로니아의 함무라비 왕이 제정한 세
계에서 가장 오래된 성문법이다. 법전비 하단부에 법
률이 빼곡히 적혀 있다.

서로 다른 부분이다. 즉 하나는
성문화되어 있으므로 '시민(법)'
이라 부르고, 다른 하나는 불문
의 형태로 존재하기 때문에 '자연(법)'이라 부른다. 그러나 인간의 자연적 권
리, 즉 천부적 자유는 시민법에 의해 축소되거나 제한될 수 있다. 오히려 법
을 만드는 목적 자체가 그 권리를 제한하기 위한 것이라고 할 수 있다. 그러
한 제한 없이는 어떠한 평화도 존재할 수 없기 때문이다. 법이 세상에 도입
된 이유는 개개인의 천부적 자유를 제한하여, 서로 상대를 해치지 않고 함
께 돕고 협동하여 공동의 적에 대항할 수 있도록 하기 위해서이다.

지방주의 법은 관습이 아니라 주권자의 권력에 의해 만들어진다 5. 만일 어떤
코먼웰스의 주권자가 다른 성문법 아래에서 살던 국민을 정복한 뒤에도 이
전에 그들을 지배했던 똑같은 법으로 그들을 다스릴 경우, 이 법은 승리자
의 시민법이지 정복당한 코먼웰스의 법이 아니다. 왜냐하면 입법자란 자신
의 권한으로 맨 처음 법을 만든 사람이 아니라 그 법을 현재까지 여전히 유

효하게 할 권한을 가진 자이기 때문이다. 그러므로 하나의 코먼웰스 안에 여러 지방주들이 있고, 지방주마다 이른바 관습이라 불리는 다양한 법이 있을 경우, 그 관습이 효력을 지니는 것은 오래 되었기 때문만이 아니라, 이들 지방의 주권자가 칙령(*Constitutions*) 또는 법령(*Statutes*)으로*2 성문화했거나 다른 방법으로 공포했기 때문이라고 보아야 한다. 그리고 현재 그것이 법으로 성립하는 이유는 오랜 관습이기 때문이 아니라 현재의 주권자가 칙령에 의해 그것을 법으로 만들었기 때문이라고 보아야 한다. 그러나 어떤 불문법이 영토 안의 모든 지방에서 일반적으로 지켜지고 있고, 시행 중에 어떠한 불공평한 상황도 나타나지 않는다면, 그 법은 전 인류에게 동일한 의무를 부과하는 자연법이다.

입법에 대한 법률가들의 어리석은 견해 6. 그러므로 모든 법률은 성문법이건 불문법이건 그 권한과 효력이 코먼웰스의 의지에서, 즉 대표자의 의지에서 오는 것이다. 대표자란 군주정치에서는 군주이고, 다른 코먼웰스에서는 주권을 지닌 합의체이다. 그렇다면 몇몇 코먼웰스의 뛰어난 법률가들의 저작에서 볼 수 있는 것처럼, 입법권을 직접 또는 간접적으로 사적 개인이나 하급재판관에게서 찾는 견해는 어디에서 온 것인지 궁금할 것이다. 먼저 '관습법(*Common Law*)은*3 오직 의회만이 통제권을 갖는다'는 말부터 살펴보자. 사실 이 말은 의회가 주권을 지니며, 소집이나 재량이 의회의 재량에 의해서만 가능한 곳에서만 성립할 수 있다. 만일 다른 어떤 사람에게 의회를 해산할 권리가 있다면, 의회를 통제할 권리도 갖게 되고 결국 의회의 통제를 통제할 권리를 소유하게 된다. 만일 그와 같은 권리를 가진 자가 없다면, 법의 통제자는 '의회(*parlamentum*)'가 아니라 '의회의 왕(*rex in parlamento*)'*4이다. 그리고 의회가 주권자인 경우 어떠한 이유를 근거로 그 의회의 지배를 받는 지방에서 아무리 많은 사람들을 소집했다 하더라도, 또는 아무리 현명한 사

---

*2 로마법에선 황제의 법령을 constitutiones라고 한다. statutes는 보통 성문법.

*3 Common Law 관습법은 보통법이라고도 하는데, 지방관습법에 맞서서 일반(전국 공통)관습법이라는 의미에서 Common이라는 이름이 붙었다. 또한 이 말은 형평법, 제정법, 로마법, 교회법 등과 구별하기 위하여 쓰이기도 하는데, 그 내용은 각각의 경우에 따라 다르다.

*4 '의회의 왕' rex in parlamento은 국왕주권론과 의회주권론과의 타협형태라고 할 만한 개념으로서 주권은 국왕에게 있지만, 국왕 단독이 아니라 의회와 함께 있는 국왕만이 그것을 행사할 수 있다는 의미.

람들을 소집했다 하더라도, 그 결과 만들어진 합의체가 입법권을 획득했다고 여길 이는 아무도 없을 것이다. 그리고 또 '무력과 법률은 국가의 두 팔이다'라는 견해가 있다. 무력은 왕에게, 법률은 의회에 존재한다. 이처럼 법률을 집행하거나 명령할 권한이 없는 자가 무력을 갖는 코먼웰스는 존재할 수 없다.

7. 법은 절대 이성(理性)에 반하지 않는다는 점에 대해서는 우리 나라의 법률가들도 동의한다. 또한 문자(즉 그것을 구성하는 각 부분)가 아니라 입법자의 의도에 따르는

나폴레옹 법전
1804년 나폴레옹 1세 때 제정 공포된 민법전으로, 근대 시민법의 기본원리가 되었다. 그림은 나폴레옹 권력을 상징적으로 표현한 것으로, 아래에 법전이 펼쳐져 있다. 토리노 국립도서관 소장.

것이 법이라는 점에 대해서도 마찬가지이다. 이것은 진리이다. 그러나 문제는 누구의 이성을 법으로서 따를 것인가이다. 이것은 한 개인의 이성을 의미하는 것은 아니다. 개인적 이성이 법이라면 스콜라 학파들이 그러하듯이 여러 법들 사이에 수많은 모순이 생길 것이기 때문이다.

에드워드 쿡 경의 리틀턴 주해 97장 b 에드워드 쿡 경은 '장기간의 연구와 관찰과 경험을 통해 인위적으로 완성된 이성'이 법이라고 주장하였지만, 그것이 법이 될 수는 없다. 오랜 연구는 오히려 오판을 증가시키고 그것을 공고하게 만들 가능성이 있다. 부실한 기초 위에 건물을 지으면, 건물이 높아질수록 더 크게 무너지는 법이다. 또한 같은 시간 똑같이 부지런하게 연구하고 관찰했다 하더라도 그 추론과 결론은 결코 일치될 수 없다. 그러므로 법을 제정하는 것은 '법적 사려'[*5] 또는 하급재판관의 지혜가 아니라 우리가

[*5] Julisprudence 즉 법학.

인위적으로 만든 인간, 즉 코먼웰스의 이성과 그의 명령인 것이다. 코먼웰스의 대표자는 하나의 인격이므로 그가 제정한 여러 법률들 사이에는 거의 모순이 생기지 않는다. 모순이 발생했다 하더라도 동일 이성이기 때문에 해석을 통하여, 또는 수정을 통하여 쉽게 제거할 수 있다. 모든 법정에서 재판을 하는 자는 주권자이다(그는 코먼웰스의 인격이다). 종속적 재판관은 주권자를 움직여 그 법을 만들게 한 이성을 존중하고 그와 부합하는 판결을 내려야 한다. 이렇게 할 경우에만 그의 판결은 주권자의 판결이 된다. 그렇지 않으면 그것은 그 자신의 판결이며 부당한 판결이 된다.

법이 만들어져 있어도 알려지지 않았다면 그것은 법이 아니다 8. 법은 명령이다. 명령은 음성이나 문서 및 기타 충분한 증거를 통해 명령자의 의지가 선고 또는 명시된 것이다. 이러한 점에서 코먼웰스의 명령은 그것을 이해할 수 있는 사람들에게만 법이 될 수 있음을 알 수 있다. 선천적 백치나 어린이, 미친 사람에게는 짐승과 마찬가지로 법이 존재하지 않는다. 또한 이들은 정의나 불의라는 단어를 쓸 수도 없다. 이들에게는 근본적으로 계약을 체결하거나 계약의 결과를 이해하는 능력이 없어서 코먼웰스를 구성하는 자로서의 필수적인 의무, 즉 주권자의 행위에 스스로 권위를 부여하는 것이 불가능하기 때문이다. 선천적 또는 사고로 인하여 법이 무엇인지 알지 못하게 된 사람들과 마찬가지로, 자신의 잘못이 아니라 어떤 사고로 인하여 특정 법률을 알 수단을 빼앗긴 사람은 그 법을 준수하지 않더라도 추궁당하지 않는다. 정확하게 말하면, 그 법은 그에게 있어서는 법이 아니다. 그러므로 여기에서 무엇이 법인가, 다시 말해 통치형태가 군주정치이건 다른 체제이건 상관없이 주권자의 의지를 충분히 알 수 있는 증거와 표지가 무엇인가 하는 문제를 고찰할 필요가 있다.

문서화되지 않은 모든 법은 자연법이다 첫째, 모든 국민에게 예외 없이 의무를 지울 때, 그 법이 문서화되어 있지도 않고 사람들이 알 수 있는 곳에 공포된 적도 없다면, 그것은 자연법이다. 왜냐하면 다른 사람의 말에 의해서가 아니라 저마다 자신의 이성에 비추어 법적 확신을 가질 수 있는 것은 모든 사람의 이성에 합치할 것이 틀림없다는 점에서 그것은 자연법 이외의 어떤 법도 구비하고 있지 않기 때문이다. 그러므로 자연법은 공포될 필요도 없고, 포고(布告)될 필요도 없다. 왜냐하면 모든 세상 사람들이 인정하는 이 하

나의 문장에[*6] 들어 있기 때문이다. '내가 싫어하는 것은 남에게도 강요하지 마라.'

둘째, 문서화되지도 않고 공포되지도 않았을지라도 특별한 상태에 놓인 사람에게는 어떤 의무가 생기는데, 이 의무가 바로 자연법이다. 그들이 다른 국민들과는 다른 특별한 상황에 놓여 있음을 알려 주는 증거와 표지 자체가 그들이 따라야 할 자연법이 있다는 증거이자 표지이다. 그 법을 만든 사람이 법의 내용을 문서화하지도 않았고 공포한 적도 없다면 그 법의 내용은 복종의 의무가 있는 사람의 이성을 통해서만 알 수 있다. 따라서 그 법은 시민법일 뿐만 아니라 자연법이기도 하다. 예를 들어 주권자가 공적 대행자를 임명했는데 문서로 된 지시가 없다면, 그는 이성의 명령을 지시로 삼아야 한다. 그가 재판관이라면 자신의 판결이 항상 공정한 것으로 이해되는 주권자의 이성에 부합하도록 주의해야 하며, 자연법을 따를 의무가 생긴다. 그가 대사(大使)라면 문서로 된 지시가 없는 모든 문제들에 대해 이성의 명령에 따라 주권자에게 가장 이익이 되는 방침을 지시로 삼아야 한다. 이상에서 설명한 내용들은 모든 공적·사적 대행자들에게 있어서도 마찬가지이다. 자연적 이성에서 나오는 이러한 모든 지시는 '성실(*fidelity*)'이라는 한 단어에 포함할 수 있으며, 이는 자연적 정의(正義)의 한 부문이다.

자연법 이외의 모든 법은, 주권자의 권한에서 나왔다는 것을 명백히 알 수 있는 말이나 문서, 행위 등의 방법으로 그 법을 준수할 의무가 있는 모든 사람들에게 알려 주어야 한다. 왜냐하면 다른 사람의 의지는 그의 말이나 행동, 또는 그의 시야와 목적을 보고 추측하지 않으면 알 수 없기 때문이다. 코먼웰스의 인격은 항상 공정하고 이성에 부합하는 것으로 여겨져야 한다. 그리고 옛날, 문자가 보편적으로 사용되기 전에는 법이 자주 시로 만들어졌다. 그렇게 하면 배우지 못한 사람들도 즐겁게 노래하거나 암송하면서 그 내용을 쉽게 기억할 수 있기 때문이었다. 같은 이유로 솔로몬은 십계명을 열 손가락에 하나씩 연결하여 외우라고 권했다(잠언 7장 3절).[*7] 그리고 모세 또한 언약의 갱신 때 이스라엘 국민에게 율법을 부여하면서 그것을 자녀들

[*6] 란프리디우스의 격언.

[*7] "내 아들아, 내 말을 지키며 내 계명을 간직하라. 내 계명을 지켜 살며 내 법을 네 눈동자처럼 지키라. 이것을 네 손가락에 매며 이것을 네 마음판에 새기라."(잠언 7장 1~3절)

에게 가르치되 집에 앉아 있을 때나 길을 갈 때나, 누워 있을 때나 일어나 있을 때나, 언제든지 율법을 강론하고(신명기 11장 19절) 또한 문설주와 문에 써 붙일 것이며, 남녀노소를 막론하고 사람들을 모아 듣고 배우게 하라고(신명기 31장 12절) 명하고 있다.

입법자를 알 수 없는 것은 법이 아니다 또한 법은 단순한 성문화와 공포만으로는 충분하지 않고, 주권자의 의지에서 나온 것이라는 분명한 증거가 있어야 한다. 사적 개인이 힘을 가지고 있거나, 혹은 자신이 가진 힘으로 불의한 목적을 달성할 수 있다고 여기고 무사히 그 야심을 실현할 수 있을 때 입법권도 없으면서 또는 기존의 입법권을 위반하고 제멋대로 법을 공포할지도 모르기 때문이다. 그러므로 법의 공포뿐만 아니라 입법자와 입법권에 대한 충분한 표지가 꼭 필요하다. 어떤 코먼웰스든 입안자나 입법자가 누구인지는 분명하다. 주권자가 바로 입법자이다. 그는 모두의 동의 아래 정해졌으며, 모두가 그러한 사실을 알고 있기 때문이다. 인간의 우매함과 소홀함 때문에 그들은 코먼웰스가 최초에 어떻게 세워졌는지에 대한 기억이 사라져감에 따라 누가 외적의 침략을 막아 주는지, 누가 먹고 살 길을 보호해 주는지, 피해를 입었을 때 누가 권리를 되찾아 주는지를 잊고 산다. 그러나 자세히 생각해 보면 아무도 이에 대해 의문을 품을 수 없으며, 주권의 소재에 대한 무지는 어떠한 경우에도 용서받을 수 없다. 동시에 자신을 타인으로부터 지켜 달라고 스스로 요구하고 기꺼이 받아들인 권력을 어느 누구도 약화시켜서는 안 된다는 것은 자연적 이성의[8] 명령이며, 따라서 이것 역시 명백한 자연법이다. 따라서 누가 주권자인가에 대한 문제는 자신의 과실에 의한 것이 아니라면 (사악한 인간들이 뭐라고 하든지) 어떠한 의심도 존재하지 않을 것이다. 문제는 주권자의 권위가 어디에서 나왔는지를 증명하는 것이다. 이것은 공문서의 기록, 공적(公的) 회의, 공적 대행자, 공적 인감(印鑑)에 대한 지식에 달려 있으며 모든 법은 이것으로 충분히 입증된다.

입증과 권위의 차이 그러나 나는 입증이 곧 권위라고 말하는 것은 아니다. 입증은 증명과 기록에 지나지 않으며 법률의 권위가 아니다. 법의 권위는 오

---

[8] natural reason은 '타고난 이성'으로도 번역할 수 있지만, 홉스의 경우에는 이성이 타고난 것이라는 생각을 일단 부정하고 있다. "추리는 감각 및 기억처럼 우리가 타고나는 것이 아니라, 또 숙고처럼 경험으로만 얻어지는 것이 아니라 근면에 의해 획득된다."

직 주권자의 명령에만 있다.

법은 하급 재판관에 의해 입증된다 그러므로 만일 어떤 사람이 권리를 침해당했다면, 그리고 그것이 자연법에 대한 문제, 즉 누구에게나 적용되어야 할 공정에 대한 문제라면 그러한 소송사건을 심리할 권한을 위임받은 재판관의 판결은 그 소송사건에서 자연법은 충분히 입증된다. 전문으로 법을 연구하는 사람의 조언이 논쟁을 피하는 데 도움이 될 수 있어도, 그것은 조언에 불과하다. 논쟁을 심리하고 사람들에게 법이 무엇인지를 밝히는 것은 재판관의 몫이기 때문이다.

공공의 기록에 의하여 그러나 문제가 성문법상의 권리침해나 범죄에 대한 것일 때는 스스로 또는 다른 사람을 통하여 기록을 살펴봄으로써, 그러한 행위가 권리침해에 해당하는지의 여부를 (그가 원한다면) 충분히 알 수 있다. 아니, 그렇게 해야 할 의무가 있다. 왜냐하면 자신이 하려는 행위가 정당한지 부당한지에 대해 알 수 있을 때, 알아보지도 않고 그러한 행위를 하는 것은 불법이기 때문이다. 마찬가지로 권리침해를 당했다고 여기는 사람은 그에 대한 법조문을 직접 또는 다른 사람을 통하여 살펴보고 어떻게 할 것인지 생각할 수 있다. 만일 그가 침해당한 권리에 대해 성문법에 어떤 규정이 있는지 살펴보지도 않고 불평부터 한다면, 그것은 권리를 주장하는 일이 아니라 다른 사람을 괴롭히려는 의도를 가지고 있음을 폭로하는 것이다.

공개 증서 및 공공의 인감에 의해서 만일 문제가 관리(官吏)에 대한 복종에 대한 것이라면, 인감이 찍힌 위임장을 보거나 그 내용을 듣고 또는 이 위임서의 내용을 알 수 있는 다른 수단들을 통하여 그의 권위는 충분히 입증된다. 누구나 자신의 장래 행위와 관련될 수 있는 모든 성문법을 익히는 데 최선의 노력을 기울일 의무가 있기 때문이다.

법의 해석은 주권자에게 달려 있다 입법자가 알려져 있고, 그 법이 명문화되어 있거나 자연의 원인에 의해 충분히 공포되어 있더라도 구속력이 있는 법이 되기 위해서는 매우 중요한 요건이 한 가지 더 필요하다. 법의 본질은 문자상이 아닌 의도 또는 의미, 즉 법의 권위 있는 해석(즉 입법자의 뜻)에 있기 때문이다. 그러므로 모든 법의 해석은 주권자에게 달려 있고, 법의 해석자는 국민들이 유일하게 복종하는 주권자가 임명하는 사람만이 될 수 있다. 그렇게 하지 않으면 법의 해석자가 잔꾀를 부려 주권자의 뜻과는 반대되는 해석을 내릴 수도 있으며, 이런 수단을 이용해 법의 해석자가 입법자가 되기 때문이다.

모든 법은 해석이 필요하다　모든 법은 성문법이든 불문법이든 해석이 필요하다. 불문(不文)의 자연법은, 편견이나 정념(情念)에 치우치지 않고 자연적 이성을 운용하는 사람은 매우 지키기 쉬우므로 이를 위반할 경우 변명의 여지가 없다. 그러나 경우에 따라 자기애(自己愛)나 기타 정념 때문에 눈이 멀지 않는 사람은 거의 없거나 전혀 없다는 사실을 고려하면, 자연법은 법 가운데서 가장 모호한 법이라 할 수 있고, 따라서 유능한 해석자를 가장 필요로 하는 법이라고 할 수 있다. 성문법에서 법조문이 짧은 경우에는 한두 단어의 다양한 의미 때문에 곡해되기 쉽고, 법조문이 긴 경우에는 여러 단어의 다양한 의미 때문에 더욱 모호해진다. 그러므로 성문법은 단어 수의 많고 적음을 떠나서 그 법이 제정된 궁극적 목적을 완전히 이해하지 않고는 제대로 이해할 수 없을 정도이다. 입법자는 그 궁극적 목적을 알고 있다. 따라서 입법자는 그 법 안에 들어 있는 어떠한 매듭도 다 풀 수 있다. 그 법을 제정할 당시의 목적을 실마리 삼아 풀 수도 있고, 자신의 입법권을 사용하여 자신이 원하는 새로운 목적(알렉산더가 고르디우스의 매듭을 칼로 끊은 것처럼)을 실마리 삼아 풀 수도 있다. 이것은 다른 어떠한 해석자라 해도 불가능하다.

법의 권위 있는 해석이란 저술가들의 그것이 아니다　코먼웰스에서 자연법의 해석은 도덕철학 서적에 의존하지 않는다. 저작자들의 견해가 아무리 진리라 해도 그들의 권위만으로는 코먼웰스의 권위가 지지하지 않는 이상 법이 될 수 없다. 나는 이 논문에서 여러 덕성에 관하여, 또한 그것이 평화의 달성과 유지를 위해 얼마나 필요한지에 대해 쓴 것이 분명한 진리라 하더라도, 이것만으로는 즉시 법이 될 수 없으며 세계의 모든 코먼웰스에서 그것이 시민법의 일부이기 때문에 법이 되는 것이다. 비록 당연한 합리성을 지녔다 할지라도, 주권자의 권력을 통해서만 법이 될 수 있다. 그렇지 않다면 자연법을 불문법이라고 하는 것은 크나큰 오류이다. 우리는 이 문제를 다룬 책이 많이 출간된 것을 볼 수 있지만, 책끼리 또는 하나의 책 안에서도 서로 모순이 있는 경우가 부지기수이다.

자연법의 해석자는 각각의 소송사건에서 구두로 판결을 내리는 재판관이다　자

연법의 해석은 주권자가 임명
한 재판관의 판결과 당해 사
건에 대한 그 법의 적용을 통
해 이루어진다. 사법권을 행
사할 때에는 당사자의 요구가
자연적 이성과 공정의 원리에
부합하는지를 고려할 뿐이므
로 그의 판결이 바로 자연법
의 해석이다.

어떤 판결이 그 뒤의 비슷
한 소송 사건에서 비슷한 판결
을 내리도록, 그 재판관이나 다
른 재판관을 강제할 수는 없
다 그의 판결이 권위있는

십계명
솔로몬은 십계명을 열 손가락에 하나씩 연결하여 외우도
록 했다.

해석이 되는 이유는 그것이 사적 판결이 아니라 주권자가 권위에 의한 판결
이기 때문이다. 즉 그의 판결은 곧 주권자의 판결이며, 소송 진행 당시의 소
송 당사자에 대한 법이다.

그러나 하급재판관이나 주권자의 공정에 대한 판결에서 오류가 발생하지
않는다고 할 수는 없다. 그러므로 만일 그 이후의 비슷한 소송사건에서 이
전의 판결과 반대되는 판결을 내리는 것이 더욱 공정하다는 것을 안 때에는
재판관은 그렇게 할 의무가 있다. 어느 누구도 자신의 과오를 법으로 삼을
수는 없으며, 그 오류를 고수하도록 강제할 수도 없다. 동일한 이유로 다른
재판관들도 이 판결에 따르기로 서약을 했다 해도 법이 될 수는 없다. 가변
적인 법의 경우에는, 설령 주권자의 권한에 의해 내려진 판결이 잘못되었다
하더라도, 주권자가 이를 알고 허락한다면, 사소한 정황까지 동일한 사건에
대해 그 판결이 곧 새 법의 제정과 다름없다.

그러나 자연법처럼 불가변적인 법의 경우에는 이전의 판결이 그 판결을
내렸던 재판관이나 또는 다른 재판관에게 그 뒤의 비슷한 사건에 대한 영원
한 법이 될 수 없다. 군주도 대물림을 하고 재판관도 퇴임하며 하늘과 땅도
변한다. 그러나 자연법의 근원은 조금도 변하지 않는다. 자연법은 신의 영원

한 법이기 때문이다. 그러므로 지금까지 있었던 선임 재판관들의 모든 판결문을 다 모은다 해도 자연적 공정성에서 벗어나는 법을 만들 수는 없다. 또한 선임 재판관들의 어떠한 선례도 불합리한 판결을 정당화하거나 현직 재판관들이 자신의 자연적 이성의 원칙들에 기초하여 (그가 판결해야 할 경우에) 무엇이 공정한가를 연구하는 수고를 덜어 주지 않는다. 예컨대, '무고한 사람을 처벌하는 것'은 자연법에 어긋난다. 무고한 사람이란 무죄 선고를 받고, 재판관이 무죄라고 여기는 사람이다. 다음과 같은 경우를 가정해 보자. 어떤 사람이 사형에 해당하는 중죄 혐의로 기소되었는데 적(敵)이 지닌 권력과 악의, 그리고 재판관들의 탐욕과 편파성을 알고서, 재판 결과가 두려워 도주했다가 체포되어 재판에 회부되었다. 후에 무죄라는 사실이 충분히 입증되어 석방이 되었으나, 그럼에도 불구하고 재산몰수라는 판결을 받았다. 이것은 분명히 무고한 사람을 처벌한 것이다. 세상 어느 곳에도 이것을 자연법의 해석이라 간주할 수 있는 나라는 없으며 또한 선임 재판관들의 판례가 그러하다고 해서 그것을 법으로 만드는 나라도 있을 수 없다고 나는 확신한다. 왜냐하면 그런 판결을 처음 내린 재판관이 불공정한 재판을 한 것이기 때문에 어떤 불의도 후임 재판관들이 따라야 할 판결의 모범이 될 수 없기 때문이다. 성문법에 무고한 자의 도주를 금지하는 규정을 둘 수도 있으며, 이로 인한 도주에 대해 처벌할 수도 있다. 그러나 재판을 통해 이미 무죄가 확인된 뒤에 불공정한 재판이 두려워 도주한 것을 유죄추정의 근거로 삼는 것은 추정의 본질에 반한다. 추정은 판결이 내려진 뒤에는 설 곳이 없기 때문이다. 그럼에도 불구하고 어떤 위대한 법률가는 이것이 영국의 관습법이라고 주장하면서 이렇게 말한다.

"만일 무고한 자가 중죄 혐의로 기소된 뒤 유죄판결이 내려질까 두려워 도주했다면, 설령 그가 적법하게 무죄선고를 받았다 하더라도, 중죄 혐의 때문에 도주한 사실이 알려질 경우, 그는 무죄이지만 그의 재화(*goods*)·토지임차권(*chattells*)[9]·채권(*debts*)·직무(*duties*)는 모두 몰수해야 한다. 이러한 몰수와

---

[9] chattells는 대인소송에 의해서만 보호를 받은 재산의 총칭으로 chattels real과 chattels personal 로 나뉜다. 전자는 토지에 대한 물권(*freehold estate*), 후자는 동산을 의미하는데, 후자는 다시 chattels corporeal과 chattels incorporeal로 나뉜다. goods와 debts는 각각 이 뒤의 둘 중 일부이 다. 따라서 본문과 같이 세 개를 열거한 경우의 chattels는 최초의 것만을 가리키는 것으로

관련하여, 법은 그의 도주를 근거로 유죄 추정한 것에 대하여는 어떠한 반증도 허락지 않는다." 여기서 볼 수 있듯 '적법하게 무죄가 입증된 무고한 사람이 그의 무죄에도 불구하고'(그 어떤 성문법에도 도주를 금지하는 규정이 없는 경우에) 풀려난 뒤에도 '법의 추정에 입각하여' 그가 가진 모든 재화를 몰수당한다는 선고를 받고 있다. 만일 법이 그의 도주를 근거로 범행 즉 사형 죄에 해당하는 범죄를 추정했다면 사형판결을 내렸어야 한다. 그 추정이 범행에 대한 것이 아니었다면 그는 어째서 재화를 몰수

자연법의 정의
아리스토텔레스는 자연법은 항상 똑같은 효력을 지니므로, 인간의 판단에 근거한 실정법의 정의와 항상 일치하는 것은 아니라고 보았다. 그림의 왼쪽은 플라톤, 오른쪽이 아리스토텔레스이다.

당해야 하는가? 따라서 이것은 결코 영국의 법도 아니고, 법의 추정에 근거한 판결도 아닌, 오로지 재판관의 추정에 근거한 판결일 뿐이다. 동시에 법의 추정에 대해서는 어떠한 반증도 허락지 않는다는 것도 법에 어긋난다. 왜냐하면 주권자이든 하급재판관이든 재판관이 증언의 청취를 거부한다면, 그것은 부당한 판단이기 때문이다. 설령 그 판결이 정당하다 할지라도 제출된 증언을 청취하지 않고 유죄를 선고하는 재판관은 불공정한 재판관이다. 그의 추정은 선입견에 불과하며 재판하는 자리에서는 어느 누구도 그런 선입견을 가져서는 안 된다. 어떤 선행 판결이나 판례도 그런 선입견을 정당화하는 구실이 될 수 없다. 사람들이 선례를 신뢰함으로써 그 판단이 왜곡되는 경우는 그 밖에도 많지만, 지금까지 말한 것만으로도 다음 같은 사실을

생각된다. 또한 goods는 동산이고, 가축을 포함하지 않는 것이 원칙이지만, 거꾸로 가축을 가리키는 경우도 있다. debts는 금전채권을 의미한다.

충분히 증명할 수 있다. 즉 재판관의 판결은 소송 당사자들에게는 법이지만, 그 직무를 계승한 다른 재판관들에게는 법이 될 수 없다.

마찬가지로 성문법의 법조문의 의미에 대해 논란이 생길 경우, 그에 대한 주석(註釋)을 쓴 사람이 그 법의 해석자는 아니다. 주석은 보통 법조문보다도 트집잡히기 쉽고, 다른 주석이 더 필요하게 된다. 이리하여 해석의 문제는 한없이 계속된다. 그러므로 주권자가 한 사람의 해석자에게 권위를 부여했다면, 하급재판관들은 그의 해석을 따라야 할 것이다. 그러나 이런 경우를 제외하면, 성문법의 해석자는 불문법의 경우처럼 보통의 재판관들이다. 따라서 그들의 판결은 당해 소송사건의 당사자들이 따라야 할 법이 되지만, 기타 유사한 사건에서 유사한 판결을 내리도록 다른 재판관들을 구속하지는 않는다. 왜냐하면 재판관은 성문법의 해석에서조차 오류를 저지를 수 있지만, 하급재판관의 오류는 주권자의 일반적 판결문인 법을 변경할 수는 없기 때문이다.

법조문과 취지의 차이점　성문법의 경우, 사람들은 때때로 법조문과 취지를 구별한다. 만일 조문이 단순히 단어 자체에서 추측될 수 있는 것이라면, 그것은 매우 분명하다. 그러나 거의 모든 단어는 문자 그대로의 의미로 사용하건 비유적으로 사용하건, 그 뜻이 모호하여 보편적으로는 여러 의미를 놓고 논란을 빚을 수 있지만, 법률상에서의 의미는 단 하나뿐이다. 그러나 만일 조문이 문구 그대로의 의미라면 조문과 법의 취지 또는 의도는 완전히 똑같다. 문구의 의미란 입법자가 법 조문을 통해 나타내고자 의도한 것이기 때문이다. 입법자의 의도는 언제나 공정한 것으로 추정되므로 재판관이 주권자에 대해 다른 견해를 갖는 것은 지극한 오만이다. 그러므로 재판관은 법조문만으로 합리적인 판결을 내릴 수 없을 때에는 자연법으로 이를 보충해야 한다. 사건이 복잡한 것일 때에는 더욱 광범위한 권위를 부여받을 때까지 재판을 연기해야 한다. 예컨대 성문법의 규정에 따르면, 자기 집에서 무력에 의해 쫓겨난 사람은 무력으로 되찾을 수 있다. 그러나 부주의로 집을 비웠다가 무력으로 귀가를 저지당하는 일이 발생한 경우에 관해서는 법에 특별한 규정이 없다. 그러나 이러한 경우도 그 법에 포함되어 있음이 분명하다. 그렇지 않으면 그를 위한 아무런 구제책도 없게 되는데, 이는 입법자의 의도에 반하는 것으로 생각되기 때문이다. 또한 법조문은 증거에 의거하여 재판하도록 명하고 있다. 어떤 사람이 어떤 사실[범행] 때문에 무고하게 기소되었는데 재판관도 그러한 사실을 목격했다고 하자. 이 경우 법조문을 따라서 무고한 사람을 처벌해서는 안 된다. 또한 재판관은 증인이 제시한 증거를 무시하고 판결을 내려서도 안 된다. 이러한 행위는 법조문상의 규정에 위반되기 때문이다. 재판관은 주권자에게 요청하여 재판관을 다른 사람으로 바꾸고 자신은 증인이 되어야 한다. 이와 같이 성문법의 단어 그 자체[의 다의성]에 따르는 불편 때문에 재판관은 법의 의도까지 이끌어 낼 수 있어야 하며, 그 결과 같은 조문을 놓고 더욱 훌륭한 해석이 나오기도 한다. 그러나 (성문법의 해석에) 아무리 불편함이 있다고 해도 법을 거스르는 판결은 허용되지 않는다. 왜냐하면 시비를 가리는 재판관이 모두 코먼웰스에 무엇이 편리하고, 무엇이 불편한지를 판결할 수는 없기 때문이다.

재판관에게 필요한 능력 법의 훌륭한 해석자, 즉 훌륭한 재판관이 갖춰야 할 능력은 변호사와는 달리 법률에 대한 연구가 아니다. 재판관은 오로지 증인을 통해 사실을 심리하고, 주권자의 법령과 칙령을 통해 법을 알면 된다. 주권자의 법령과 칙령은 변론을 통해 주장되거나 또는 주권자로부터 해석의 권한을 받은 자가 선포한다. 또한 재판관은 어떻게 판결해야 하는지 미리부터 걱정할 필요가 없다. 사실에 대한 것은 증인이 제공하고, 법에 대한 것은 변론에서 나오며, 해석의 권한을 가지고 그 자리에 배석한 사람들의 유권적 해석을 바탕으로 판정하면 된다. 잉글랜드에서는 귀족원 의원이 재판관이었고, 가장 어려운 소송사건은 그들이 심리하고 결정해 왔다. 그러나 그들 가운데 법에 정통한 사람은 소수였으며, 그것을 직업으로 삼았던 사람은 거의 없었다. 그들은 법률 자문을 위해 그 자리에 출석하도록 임명된 법률가들과 상의하기는 했지만, 판결의 권한은 오로지 그들만이 가지고 있었다. 마찬가지로 권리에 대한 통상적인 재판에서는 12명의 평민이 재판관으로서 사실심리뿐만 아니라 권리에 대한 판결까지 선고한다. 그리고 단순히 원고 또는 피고에게 유리한 선고를 내린다. 다시 말하면 그들은 사실뿐만 아니라 권리에 관해서도 재판관이다. 형사사건의 경우에서는 범행이 있었는지의 여부를 결정할 뿐만 아니라 그것이 '모살(謀殺)'인지, '치사(致死)'인지, '중죄(重罪)'인지, '폭행'인지 등을 결정하는데 이런 것이 법의 판결이다. 그러나 그들이 법을 잘 알고 있으리란 법은 없으므로 각 사건마다 한 사람씩 그들에게 법을 알려 주는 권한을 갖는다. 그러나 그들이 알려 주는 대로 재판을 하지 않는다고 하더라도, 자기의 양심을 거스르며 재판을 했다거나 또는 뇌물에 매수되었다는 사실이 명백하게 증명할 수 없는 경우, 이로 인해 어떤 처벌을 받지는 않는다.

훌륭한 재판관 또는 훌륭한 법 해석자가 되기 위한 조건은 다음과 같다. 첫째, '공정'이라는 주요한 자연법에 대해 올바르게 이해하는 자질을 갖추는 것이다. 이것은 다른 사람의 저서를 읽는 것이 아니라, 그 사람의 자연적 이성과 성찰의 우수성에 달려 있기 때문에 사람들은 그 문제를 성찰할 수 있는 여가시간이 가장 많고, 그 문제를 성찰하려는 성향이 가장 강한 사람에게 가장 깊은 이해가 있다고 추정한다. 둘째, '불필요한 재산과 승진에 대한 경멸'이다. 셋째, '판결 중에는 모든 공포심·분노·증오·애착·연민을 초탈할 수 있어야' 한다. 넷째, 마지막으로 '심리에 대한 인내, 세심한 주의력, 심리한 것을 보관하고 이해하고 적용할 수 있는 기억력'이다.

법의 분류　법의 종류와 분류는 법에 관한 저술가들이 사용한 방법의 차이에 따라 여러 방식으로 이루어져왔다. 왜냐하면 그것은 본질에 달린 문제가 아니라 저술가의 관점에 달린 문제인 데다가 저마다 고유의 방식을 따르기 때문이다. 《유스티니아누스 법전》에는 시민법이 7가지로 나누어져 있다.

1. 군주, 즉 황제의 포고(布告), 칙령 및 서한. 왜냐하면 국민의 모든 권력이 모두 군주에게 있었기 때문이다. 잉글랜드 국왕의 포고도 비슷하다.

2. 원로원의 질의에 응한 경우의 '로마 국민(원로원을 포함한다) 고시(告示).' 이것은 처음에는 국민이 가진 주권이 법률이 된 것이다. 그 중 황제들이 폐지하지 않은 것들은 황제의 권위에 의해 계속 법으로 존속하였다. 구속력을 갖는 모든 법은 그 법을 폐지할 수 있는 힘을 지닌 사람의 권한에 의해 법으로 존속된다고 이해되기 때문이다. 이것과 얼마간 비슷한 것이 잉글랜드 의회의 법령이다.

3. 호민관(護民官)의[*10] 질의에 응한 '일반 국민(원로원은 제외된다)의 여러 고시.' 그 중 황제가 폐지하지 않은 것들은 황제의 권한에 의해 법으로 존속

---

*10 기원전 444~366년 로마의 3~8명의 국가최고관직 명칭으로서, 이 가운데 평민에 의해 뽑힌 사람을 tribunus plebis라고 불리게 되었다.

하였다. 잉글랜드 하원의 훈령이 이와 비슷하다.

4. '세나투스 콘술툼(*Senatus consultum*),*11 즉 원로원의 권고가 그것이다.' 로마 국민의 수가 너무 많아져서 그들을 합의에 이르게 하는 것이 어려워지자, 황제는 국민 전체와 상의하는 대신 원로원과 상의하는 것이 편리하다고 생각했다. 이것은 고문(顧問)회의의 법령과 비슷하다.

5. '사법장관의 포고(*edicts of praetors*).'*12 경우에 따라서는 '공안관(公安官)*13의 포고.' 이 관직들은 잉글랜드 법정에서 재판장과 같다.

6. '레스폰사 프루덴툼(*Responsa prudentum*).' 로마 황제는 몇몇 법률가들에게 조언이 필요한 법률문제에 대한 해석의 권한을 주고 그들의 대답을 요청했는데, 법률가들의 판결과 의견이 바로 '레스폰사 프루덴툼'이다. 황제의 칙령에 의해 재판관들은 판결을 내릴 때 꼭 이 '레스폰사 프루덴툼'을 따를 의무가 있었다. 만일 다른 재판관들이 반드시 이 판결기록을 따르도록 잉글랜드 법으로 의무화되어 있다면 판결기록이 이와 비슷한 것이라 할 수 있다. 잉글랜드에서 관습법의 재판관은 정식 재판관이 아니라 '법학자들'*14이다. 재판관이 귀족이든 지방에서 선출된 12명의*15 평민이든 그들에게 법률적인 자문을 받아야 하기 때문이다.

7. 또한 '불문의 관습.' 이를테면 법의 모방이다. 자연법에 어긋나지 않는 경우 황제의 암묵적 동의 아래 곧바로 법이 된다.

또 다른 법의 분류로는 '자연법'과 '실정법'이 있다. '자연법'은 태초부터 존재해 온 법으로서, '도덕법'이라고도 한다. 정의, 공평 및 평화와 자비에 이바지하는 모든 정신적 습관 같은 도덕적 미덕으로 이루어져 있기 때문이다. 이에 대해서는 14장과 15장에서 이미 살펴본 바 있다.

'실정법'이란 태초부터 존재해 온 것이 아니라 다른 사람들에 대한 주권을 소유한 사람들의 의지에 따라 만들어진 법이다. 보통 성문화되어 있거나

---

*11 이 경우의 consultum은 '충고'보다 의미가 강하다.

*12 Praetor는 기원전 367년 만들어진 로마의 사법관. 264년부터 2명이 되었다.

*13 공안관은 본디 건축물 또는 공공사업을 관리하는 공무원이다.

*14 Jure Consulti, Juris Consulti라고도 한다. 법률가, 법률고문.

*15 Twelve men of the Country. 그 지방에서 선출된 12명의 평민재판관.

또는 입법자의 의지를 나타내는 다른 어떤 증거를 통해 사람들에게 알려져 있다.

또 한 가지 법의 분류 실정법 가운데 어떤 것은 '인간이 정한' 것이며, 어떤 것은 '신이 정한' 것이다. 인간이 만든 실정법 중 일부는 '분배법'이고, 일부는 '형법'이다. '분배법'이란 국민의 권리를 결정하는 법으로서 모든 사람을 대상으로 토지나 재화의 소유권 및 행위의 권리 또는 자유를 어떻게 얻고 유지하는지 선언한다. 이것은 모든 국민을 대상으로 선고하는 것이다. '형법'은 법을 위반할 경우 어떤 형벌을 받아야 하는지를 선언하는 법이며, 법의 집행을 위해 임명된 대행자와 관리들을 대상으로 공포된 것이다. 모든 사람은 법을 어길 경우 정해진 처벌에 대하여 사전에 알아야 마땅하지만, 그 명령은 위반자(그가 자신을 성실하게 처벌할 것이라 기대할 수 없기 때문에)를 대상으로 공포된 것이 아니라 형벌의 집행을 감독하기 위해 임명된 공적 대행자를 대상으로 한다. 그리고 이러한 형법은 대개 분배법과 마찬가지로 대부분 성문화되어 있으며, 때로는 판결이라 불리기도 한다. 모든 법은 입법자의 일반적 판례 즉 판결문이다. 이것은 마치 각 개별적 판결이 사건 당사자에게 법인 것과 같기 때문이다.

신이 정한 실정법은 어떻게 법인지 알 수 있는가? '신이 정한 실정법'은 (자연법은 영원하고 보편적이기 때문에 모두 신이 정한 것이다) 하느님의 율법이지만, 태초부터 존재한 것도 아니고, 모든 사람에게 보편적으로 공포된 것도 아니라, 특정한 민족과 특정한 인격에게만 공포된 것이므로 하느님이 그것을 공포할 권한을 부여한 사람들에 의해 공포된다. 그러나 하느님이 정한 이러한 실정법이 무엇인지를 공포하는 사람의 권한은 어떻게 알 수 있는가? 하느님은 어떤 사람에게 법을 다른 사람들에게 전달하도록 초자연적인 방법으로 명령하는지도 모른다. 그런데 복종의 의무가 있는 사람은 그 법이 하느님으로부터 왔다는 것을 자연적으로 알지 못한다. 그렇다면 그 법을 공포하는 사람의 권한을 확고하게 믿어야 한다는 것은 법의 본질에 속하는 문제이다. 그렇다면, '초자연적 계시를 받지 못한 사람은 법을 공포한 자가 받은 계시를 어떻게 확신할 수 있는가?' 그리고 '그는 왜 그 법에 복종할 의무가 있는가?'

첫 번째 문제, 즉 직접 계시를 받은 적이 없는 사람이 어떻게 다른 사람이 받은 계시를 확신하는가 하는 것은 분명히 불가능하다. 기적을 행하는 것을 보고, 또는 그의 삶이 특별히 신성함을 보고, 또는 그의 행동이 매우 지혜롭고 복된 것을 보고 그에게 계시가 있었다고 믿는 사람이 있을지도 모른다. 하지만 이것은 그를 향한 하느님의 은혜가 특별함을 나타내는 것일 뿐, 그가 어떤 특별한 계시를 받았다는 확실한 보증이나 증거가 될 수는 없다. 기적은 놀라운 일이지만, 나에게 놀라운 일이라 해서 남에게도 반드시 그러한 것은 아니다. 신성함은 가식일지도 모르며, 눈에 보이는 이 세상의 행복도 대부분 자연의 일상적 원인에 의한 하느님의 작품이다. 그러므로 누구도 자연적인 이성

유스티니아누스
비잔틴 제국의 황제(재위 527~565)로 《유스티니아누스 법전》을 편찬했으며, 뒤에 신법으로 이루어진 《로마법대전》을 완성했다.

을 통해서는 다른 사람이 하느님의 의지를 초자연적으로 계시받았다는 것을 알 수 없다. 그것은 신앙에 지나지 않는다. 사람들은 그 징후를 크게 보느냐 작게 보느냐에 따라 확고하거나 약한 신앙을 가지게 된다.

그러나 두 번째 문제, 즉 초자연적 계시를 받지 못할 사람이 그 법에 복종할 의무는 어떻게 일어나는가 하는 것은 그다지 어렵지 않다. 만일 공포된 법이 자연법(이것은 의심할 것도 없이 하느님의 법이다)에 반하지 않는다면, 그리고 그 법에 따를 것을 수락한다면 그 행위에 대한 복종의 의무가 발생한다. 내가 말하는 의무는 그것에 따를 의무이지, 믿어야 할 의무는 아니다. 인간의 신앙과 내면의 사유는 명령으로 통제되는 것이 아닌, 오로지 하느님의 통상적인 또는 특별한 섭리에 복종하는 것이기 때문이다. 초자연적 법에 대한 신앙은 그것의 수행이 아니라 그것에 대한 동의일 뿐이다. 이것은 우리

가 하느님에 대해 바쳐야 할 어떤 의무가 아니라 그분이 어여뻐 여기시는 자에게 무상으로 주는 선물이다. 마찬가지로 불신앙도 그분의 율법을 깨뜨리는 것이 아니라, 다만 자연법을 뺀 모든 법을 거부하는 것이다. 내가 한 말은 이와 관련된 《성경》의 실례와 증거를 통하여 더욱 분명해질 것이다. 하느님이 아브라함과 초자연적 방법으로 맺은 언약은 이러하다. "너희 중 남자는 다 할례를 받으라. 이것이 나와 너희와 너희 후손 사이에 지킬 내 언약이니라."[*16]

아브라함의 후손은 이러한 계시를 받지 못했고, 당시에는 아직 존재하지도 않았지만 그들은 그 언약의 당사자가 되었고 아브라함이 하느님의 법이라고 그들에게 공포한 것을 지킬 의무가 있다. 그들이 부모에게 순종할 의무가 없었더라면 이러한 의무도 없었을 것이다. 부모들은 아브라함의 경우에서 보는 것처럼(다른 지상 권력에 종속되지 않는 한) 자식과 하인들에 대해 주권을 갖는다. 또한 하느님은 아브라함에게 이렇게 말했다. "아브라함은 강대한 나라가 되고 그로 말미암아 복을 받게 될 것이 아니냐. 내가 그로 그 자식과 권속에게 명하여 여호와의 도를 지켜 의와 공도를 행하게 하려고 그를 택하였나니, 이는 나 여호와가 아브라함에 대하여 말한 일을 이루려 함이니라."[*17]

여기에서 분명히 알 수 있듯이, 계시를 받지 못한 자손들의 순종은 그들의 주권자에 대한 순종이라는 근본적 의무에서 나온 것이다. 시나이 산에서 하느님 앞으로 올라간 사람은 모세뿐이었다. 다른 이스라엘 국민들은 가까이 가면 죽음의 벌을 받게 된다는 경고를 받아 접근이 금지되었다. 그러나 그들은 모세가 신의 법이라고 공포한 모든 법에 따를 의무가 있었다. 그들은 모세에게 이렇게 말했다. "당신이 우리에게 말씀하소서. 우리가 들으리이다. 하느님이 우리에게 말씀하시지 말게 하소서. 우리가 죽을까 하나이다."[*18]

---

*16 창세기 17장 10절.
*17 창세기 18장 18~19절. 여호와가 소돔을 멸망시키려 할 때 한 말. "여호와께서 이르시되 내가 하려는 것을 아브라함에게 숨기겠느냐. 아브라함은 강대한 나라가 되고 천하 만민은 그로 말미암아 복을 받게 될 것이 아니냐."(17~18절)
*18 출애굽기 20장 19절.

이 두 가지 경우로 충분히 이해할 수 있다시피 코먼웰스의 국민은 하느님의 의지에 대해 자신이 직접 계시받지 못했다 하더라도 코먼웰스의 명령을 하느님의 율법으로 여기고 복종해야 한다. 만일 사람들이 자기의 꿈이나 상상 또는 다른 사람의 꿈이나 상상을 하느님의 율법으로 여길 자유가 있다면, 하느님의 율법이 무엇인가에 대해 단 두 사람도 의견일치를 보기 어려울 것이다. 저마다 자기의 꿈과 상상만을 존중하고 코먼웰스의 명령은 대수롭지 않게 여길 것이다. 그러므로 나는 다음 같은 결론을 내린다.

도덕법(즉 자연법)에 어긋나지 않는 모든 것에 대해서, 모든 국민은 코먼웰스의 법을 통해 신의 법으로 공포된 것에 따를 의무가 있다. 이것은 그 누구의 이성에 비추어보더라도 분명하다. 왜냐하면 자연법에 반하지 않는 것은 무엇이든 주권자의 이름으로 법으로 제정될 수 있으며, 그 법이 하느님의 이름으로 선포되었다 해서 복종의 의무가 줄어들 까닭이 전혀 없기 때문이다. 그 외에도 세상 어디에도 코먼웰스에 의해 하느님의 율법으로 공포된 것 이외의 다른 것을 감히 하느님의 율법이라고 이르도록 허락된 곳은 없다. 그리스도교 국가들은 그리스도교에 반항하는 자들을 처벌하며, 다른 모든 나라들도 그들이 금지한 종교를 세우는 자들을 처벌한다. 즉 어느 나라에서든 코먼웰스가 규제하지 않는 것에 대해서는 공정함(자연법이며, 따라서 하느님의 영원한 법)에 의해 모든 사람이 평등하게 자유를 누린다.

또 다른 법의 분류   또한 법을 '기본법'과 '비기본법'으로 나눌 수도 있다. 그러나 나는 아직까지 기본법이 무엇인지를 논한 저술가를 보지 못했다. 그럼에도 불구하고 법을 이와 같이 구분하는 것은 매우 합리적일 수 있다.

기본법이란 무엇인가   모든 코먼웰스에서 이 기본법이 제거되면 건물의 기초가 무너지듯이 코먼웰스는 무너지고 완전히 해체된다. 그러므로 기본법이란, 군주이건 합의체 주권이건 주권자에게 주어진 권한을 지지하도록 모든 국민들을 구속하는 법이다. 이 권한이 없으면 코먼웰스는 유지될 수 없다. 여기에는 전쟁과 강화의 권한, 사법권, 관리선임권 및 공공의 이익을 위해 필요하다고 여겨지는 것은 무엇이든 할 수 있는 권한이 포함된다. 비기본법이란 그것을 폐기해도 그로 인해 코먼웰스가 해체되지는 않는 법이다. 예를 들면 국민과 국민 사이의 분쟁에 대한 여러 가지 법을 말한다. 법의 분류는 이 정도로 그치기로 한다.

법과 권리의 차이점　나는 최고의 학식을 자랑하는 저술가들조차 '시민법' 과 '시민권'을 동일한 것으로 혼동하는 경우가 있다는 것을 발견했다. 그래선 안 된다. 왜냐하면 '권리'는 '자유', 즉 시민법이 우리들에게 남겨 준 자유를 말한다. 반면, '시민법'은 '의무'이며, 자연법이 우리에게 부여한 자유를 없앤 다. 자연은 모든 사람에게 스스로의 힘으로 자기를 보호하고, 예방차원에서 의심스러운 이웃을 공격할 권리를 부여한다. 그러나 시민법은 법의 보호가 안전하게 지속될 경우, 그 자유를 빼앗는다. '법'과 '권리'는 '의무'와 '자유'가 다른 만큼이나 서로 다르다.

마찬가지로 '법'과 '특허장'도 동일한 것으로 혼동되고 있다. 특허장이란 주권자의 기증(*donation*)이며, 법이 아니라 법의 면제이다. 법의 어법은 '나는 명한다', '나는 부과한다'이고, 특허장의 어법은 '나는 부여했다', '나는 허가 했다'이다. 어떤 사람에게 부여되거나 허가된 것은 그에게 법으로 강제된 것 은 아니다. 법은 코먼웰스의 모든 국민을 구속하도록 제정될 수 있지만, 자 유, 즉 특허는 국민 가운데 단 한 사람, 또는 일부의 사람들에게만 해당한다. 코먼웰스의 모든 국민이 어떤 일에 대해 자유를 가진다고 말하는 것은, 그 것에 대해 법이 전혀 제정되지 않았다거나, 아니면 과거에는 제정했는데 지 금은 폐지되었다는 뜻이다.

27 범죄, 면죄 및 죄의 경감

죄란 무엇인가 죄란 단순히 법을 위반하는 것이 아니라 입법자에 대한 일종의 경멸이기도 하다. 그러한 경멸은 그가 만든 모든 법을 동시에 위반하는 것이며, 따라서 이것은 법으로 금지된 행위와 언행의 '수행'과 '발언'으로 나타날 수도 있고, 법이 명하는 것을 '회피'하는 것으로 나타날 수도 있다. 또한 위반하려는 '의도' 또는 결의로 나타날 수도 있다. 법을 위반하려는 마음의 움직임은 법의 시행을 감독하는 사람을 어느 정도 경멸하는 것이기도 하기 때문이다.

이를테면 타인의 재산이나 하인, 또는 아내를 힘이나 사기에 의해 실제로 빼앗으려는 의도 없이, 다만 그것을 차지하는 상상만으로 즐거워하는 것은 '탐내지 말라'고 한 법을 위반하는 것은 아니다. 또한 생존으로부터 손해와 불쾌감밖에 기대할 것이 없는 사람에 대해, 그의 죽음을 상상하거나 꿈꾸면서 즐거워하는 것도 죄가 아니다. 그러나 그런 행위를 실행하고자 결심하는 것은 유죄이다. 만일 실제로 그러하다면 남을 유쾌하게 하는 것을 상상하면서 유쾌하게 느끼는 것은 인간뿐만 아니라 모든 생물의 본성에 뿌리박고 있는 정념인데, 그런 것을 죄라 부른다면 인간으로 존재하는 것 자체를 죄로 여기는 것과 같다. 이러한 점을 고려할 때, 마음의 최초의 움직임이(하느님에 대한 두려움 때문에 억제된다 하더라도) 죄라고 고집하는 사람들은 자신이나 다른 사람들에게 너무 가혹하다는 생각이 든다. 나는 상상의 잘못이 실행의 잘못보다는 안전하다고 본다.

범죄란 무엇인가 범죄란, 법이 금지하는 것을 (행동이나 말로) 실천에 옮기거나, 법이 명한 것을 회피하는 하나의 죄이다. 그러므로 모든 범죄는 죄이지만, 모든 죄가 다 범죄는 아니다. 훔치거나 죽이려는 뜻을 품는 것은 비록 그것이 말이나 사실로 나타나지 않더라도 죄이다. 왜냐하면 인간의 머릿속을 들여다보고 있는 하느님이 그 책임을 물을 수 있기 때문이다. 그러나 그것이

행위나 말로 나타나서 재판관이 그러한 의도를 입증할 수 있을 때까지는 범죄라고 하지 않는다. 그리스인들은 이러한 구별을 '하마르테마(*ἁμάρτημα*)' '헤클레마(*ἔγκλημα*)' 또는 '헤티아(*αἰτία*)'라는 말로 나타냈다. (죄라고 번역되는) 앞의 것은 모든 종류의 법으로부터의 일탈(逸脫)을 나타내고, (범죄로 번역되는) 뒤의 두 단어는 타인을 고소할 수 있는 죄만을 나타낸다. 그러나 어떠한 외부적인 행위로도 나타나지 않는 의도에 대해서는 고소할 여지가 없다. 마찬가지로 라틴 사람들은 죄를 뜻하는 '페카툼(*peccatum*)'으로 모든 방식의 탈법을, '크리멘(*crimen*)'은 (그들은 이 말을 '지각한다'는 뜻의 '케르노(*cerno*)'에서 뽑아 냈다) 단순한 의도가 아니라 재판관 앞에서 증명될 수 있는 죄만을 의미한다.

시민법이 없는 곳에 범죄는 없다 이러한 죄의 법에 대한 관계 그리고 범죄와 시민법의 관계로부터 다음을 추론할 수 있다. 첫째, 법이 소멸하면 죄도 소멸한다. 그러나 자연법은 영원하기 때문에 신약(信約)의 유린, 배은(背恩), 오만, 기타 도덕에 반하는 모든 사실이 죄가 되지 않는 일은 결코 없다. 둘째, 시민법이 소멸하면 범죄도 소멸한다. 자연법만이 남게 되므로 고소의 여지가 없고, 만인은 자신의 재판관이 되며, 자신의 양심에 의해서만 고소를 당하고, 자신의 의도의 고결성 때문에 결백해지기 때문이다. 그러므로 의도가 올바르다면 그의 행위는 죄가 되지 않으며, 만일 의도가 올바르지 않다면, 그의 행위는 죄이기는 하나 범죄는 아니다. 셋째, 주권이 소멸하면 범죄 또한 소멸한다. 그러한 권력이 존재하지 않는 곳에서는 법으로 보장되는 보호도 존재하지 않으며, 따라서 저마다 스스로의 힘으로 자기를 보호하면 된다. 왜냐하면, 누구든 주권을 설립함에 있어 자신의 신체를 보존할 권리를 양도한다고는 상정할 수 없으며, 주권을 설립한 목적 자체가 신체의 안전이기 때문이다. 그러나 이것은 그들을 보호했던 권력의 제거에 공헌하지 않은 사람들에게만 적용되어야 한다. 왜냐하면 그렇게 하는 것은 처음부터 범죄이기 때문이다.

자연법에 대한 무지는 누구에게도 면죄이유가 될 수 없다 모든 범죄의 원인은 이해력의 부족이나 추론상의 오류 또는 정념의 충동적인 힘으로부터 나온다. 이해력의 부족은 무지(無知)이며, 추론상의 오류는 잘못된 의견이다. 무지에는 세 종류가 있다. 즉 법에 대한 무지, 주권자에 대한 무지, 형벌에 대한 무지이다. 자연법에 대한 무지는 누구도 면죄해주지 않는다. 왜냐하면 이성을 사용할 수 있는 사람은 누구나 '남이 자기에게 행하기를 원치 않는 일은 자기도 남에게 행하지 말아야 한다'는 것을 알고 있다고 보기 때문이다. 따라서 어디에 가든지 그 법에 어긋나는 행위를 하면 그것은 범죄이다. 인도에서 이곳 영국에 온 사람이 새 종교를 받아들이라고 이곳 사람들을 설득하거나, 이 나라의 법에 대하여 불복종이 될만한 어떤 사항을 가르친다면, 설령 그가 자신이 가르치고자 하는 것의 진실성에 대해 아무리 깊이 확신한다 하더라도, 그는 범죄를 저지르는 것이며 그로 인해 처벌받아 마땅하다. 그것은 그의 주장이 허위여서가 아니라 다른 사람의 경우, 즉 여기에서 그곳으로 간 사람이 그곳의 종교를 바꾸어 놓으려 할 때 그는 그것을 인정하지 않으면서, 자신은 그 행위를 하기 때문이다. 그러나 시민법에 대한 무지는 외국에서 온 사람에게는, 그가 그에 대해 고지받을 때까지는 면죄이다. 그때까지는 어떠한 시민법도 구속력을 갖지 않기 때문이다.

시민법을 모르는 것은 때로는 면죄이유가 된다 마찬가지로 자기 나라의 시민법이, 그가 알려고 하면 알 수 있을 정도로 충분히 고지되지 않았거나 그의 행위가 자연법에 반하지 않았다면 무지는 충분한 면죄사유가 된다. 그 밖의 경우 시민법에 대한 무지는 면죄이유를 만들 수 없다.

주권자에 대한 무지는 면죄이유가 되지 않는다 주권자의 권력에 대한 무지는 통상적 거주지에 있는 사람에게는 면죄이유가 될 수 없다. 그 거주지에서 자신을 보호하는 권력에 당연히 조심해야 하기 때문이다.

형벌에 대한 무지도 면죄이유가 되지 않는다 형벌에 대한 무지는 법이 공포된 곳에서는 누구의 면죄사유도 될 수 없다. 법을 어길 때 뒤따르는 형벌의 공포가 없다면 그것은 법이 아니라 공허한 말에 지나지 않을 것이다. 범법자는 그 형벌이 무엇인지 모르더라도 처벌을 받는다. 왜냐하면 스스로 나서서 어떤 행동을 하는 사람은 그 행위에 수반하는 모든 알려진 결과를 수용해야 하는데, 모든 코먼웰스에서 법을 어길 경우 처벌을 받는다는 결과는 널리 알려져 있기 때문이다. 법에 형벌 규정이 있으면 그는 그 형벌을 받고, 규정이 없으면 그때는 자의적(恣意的) 형벌을 받는다. 자신의 의지 이외의 어떤 제약도 받지 않은 상태에서 법을 어기는 사람은, 그로써 자기의 법을 침해당한 사람의 의지 외에는 어떠한 제약도 없는 처벌을 받는 것이 이치에 합당하기 때문이다.

범행 전에 미리 알려진 형벌이 있으면 범행 후 그보다 무거운 형벌은 받지 않는다 그러나 어떤 범죄에 대해 법으로 정한 형벌 규정이 있거나, 비슷한 범죄에 대해 이제까지 대체적으로 가해지던 형벌이 있을 경우, 범법자는 그보다 무거운 형벌을 받지는 않는다. 즉, 미리 알려진 형벌이 사람들의 범행을 예방할 수 있을 정도로 무겁지 않다면, 그것은 그러한 범행을 하도록 유혹한다. 사람들은 부정한 행위로부터 얻을 수 있는 이익을 형벌의 손해와 비교하여 자신에게 최선으로

엄한 형벌
홉스는 법을 어기는 자를 엄히 벌하는 것은 최고 권력자의 책임이라고 주장했다. 이 목판화의 그림은 1660년 찰스 2세의 즉위로 왕제가 부활한 후, 찰스 1세에 대한 반역자가 처형되는 장면이다.

보이는 것을 선택하기 때문이다. 그러므로 법에 이미 정해진 형벌을 넘어서 무겁게 처벌을 하거나, 똑같은 범죄를 두고 다른 범법자보다 무겁게 처벌한다면, 법이 그들을 범죄로 유혹한 것이며, 결국 법이 그들을 속이는 것이다.

범행 후에 제정된 법에 의해서는 범죄로 규정되지 않는다 행위가 있고 난 뒤 제정된 법은 그 행위를 범죄로 규정할 수 없다. 만일 그 행위가 자연법에 어긋나는 것이라면, 그 행위 이전에 이미 법이 있었던 것이고, 실정법은 제정되기 전에는 그 존재를 알 수 없고, 의무를 지울 수도 없다. 그러나 어떤 행위를 금지하는 법이 그 행위가 있기 전에 제정된 경우, 만일 그 뒤에 정해진 처벌보다 가벼운 처벌이 문서나 전례에 의해 미리 고지되어 있지 않았다면 그 행위는 나중에 정해진 처벌을 받아야 하며, 이유는 바로 앞에서 말한 것과 같다.

옳고 그름에 대한 잘못된 원리들은 범죄의 원인이다 인간은 추론상의 결함 (즉 오류) 때문에 법을 어기기 쉽다. 이것은 다음 같은 세 가지 방식으로 나타난다. 첫째, 그릇된 원리의 추정에 의한 경우이다. 언제 어느 곳에서나 힘

을 가진 자, 승리한 자는 아무리 부정한 행위를 해도 정당화되는 것을 보고 서 또한 힘 있는 사람들이 그 나라의 낡은 법망을 빠져 나가고, 약자나 또는 계획에 실패한 사람들만 범죄자로 간주되는 것을 보고 이를 추론의 근거로 삼아 다음 같은 원칙을 세우는 사람들이 있다. '정의란 공허한 말에 불과하다. 자신의 근로와 모험으로 얻을 수 있는 것은 모두 자기 것이고 국민 전체의 습관인 것은 불의가 아니라는 것, 과거의 전례들은 현재 그렇게 해도 좋다는 훌륭한 근거라는 것' 이러한 종류의 추론을 받아들이고 나면, 어떤 행위도 그 자체로는 범죄일 수 없으며 (법에 의해서가 아니라) 그 행위를 한 사람들의 성공여부에 의해 범죄가 구성된다. 같은 행위가 운명이 원하는 바에 따라 미덕이 되기도 하고 악덕이 되기도 한다. 따라서 마리우스가 범죄로 규정한 것을 술라는 공적이라고 칭찬하고, 카이사르는 (법은 그대로인데) 다시 그것을 범죄로 뒤집음으로써 코먼웰스의 평화에 끝없는 방해를 초래하는 것이다.*1

사이비 교사들의 잘못된 자연법 해석에 대하여　둘째, 사이비 교사들에 의한 것인데, 그들은 자연법을 잘못 해석하여 시민법과 모순되게 하거나, 국민의 의무와 양립할 수 없는 그들 자신의 학설이나 이전 시대의 전통을 법이라고 가르치는 경우이다.

교사들이 올바른 원리로부터 잘못된 추론을 하는 경우　셋째, 원칙은 옳지만 추론이 잘못된 경우이다. 이런 일은 보통 무엇을 해야 하는가에 대해 성급하고 경솔하게 결론을 내리고 결심하는 사람들에게서 생긴다. 예를 들면 그들 자신의 이해력을 과대평가하는 동시에, 이런 성질의 일은 애써 연구할 필요가 없고 다만 누구나 갖춘 일상적 경험과 천부의 뛰어난 지력만 있으면 된다고 생각하는 사람들이 있는데, 그런데 옳고 그름에 대한 이론적 지식에 대해서는 누구도 다년간 방대하게 연구하지 않고는 그런 지식을 갖추었다고 주장하지 않는다. 자기 일은 자기가 알아서 관리할 수 있다고 주장하는 사람들에게서 나타나는 이러한 추론상의 결함 중에서, 범행에 대한 면죄 사유

---

*1 마리우스(Caius Marius, BC 156~86)와 술라(Lucius Corrnelius Sulla, BC 138~78)는 로마공화정 말기에 각각 평민파와 귀족파의 지도자로서 대립했다. 마리우스는 기원전 107년 정권을 잡았고, 93년에는 술라가 정권을 잡았지만, 얼마 되지 않아 카이사르와 폼페이우스가 서마다 평민과 귀족을 배경으로 다투어 기원전 45년에 카이사르 독재가 수립된다.

가 될 수 있는 것은 아무것도 없다. 공무 수행의 임무가 있는 사람들의 경우에는 더더욱 그러하다. 이성을 지녔다고 주장하는 사람들이 이성의 결핍으로 면죄의 기초를 닦으려 하는 것이기 때문이다.

그들의 정념에 따라 범죄의 원인이 되는 가장 흔한 정념 가운데 하나는 허영(*vainglory*)이다. 즉 자신의 가치를 과대평가하는 것이다. 그에 따르면, 가치의 차이는 지력이나 재산이나 혈통, 또는 그 밖의 타고난 자질의 결과이지 주권자의 권위를 지닌 사람들의 의지에 달린 문제는 아닌 듯하다. 여기에서 다음과 같은 추정이 나온다. 즉 법에 규정된, 모든 국민에게 보편적으로 적용되는 처벌을 일반대중, 즉 가난하고 이름 없는 단순한 사람들에게 적용하는 것과 똑같은 엄격함으로 자기들에게 적용해서는 안 된다는 것이다.

재산에 대한 교만한 생각 그러므로 자기소유의 부의 규모로 자신을 평가하는 사람들은 공공의 정의를 매수하거나, 또는 금전이나 다른 보상으로 용서를 얻을 수 있다는 희망을 가지고 범죄를 저지르는 경우가 잦다.

친구에 대한 교만한 생각 그리고 다수의 유력한 친척이 있거나, 대중에게 평판을 얻어 인기 있는 사람들도 법을 어기기 쉽다. 그들은 법 집행이 속해 있는 권력자에게 압력을 넣을 수 있으리라고 생각하기 때문이다.

지혜에 대한 교만 또한 자기의 지혜를 크게 착각하는 사람들도 법을 교란한다. 이들은 통치하는 사람들의 행동을 비난하고, 그들의 권위에 감히 이의를 제기하며, 범죄란 통치자들이 자기들에게 필요하기 때문에 정해 놓은 것에 불과하다는 주장을 숨김없이 펼친다. 또한 이런 사람들은 대개 교활할 뿐만 아니라, 이웃을 속이는 온갖 범죄를 저지르기 쉽다. 그들은 자기들의 속셈이 너무나 교묘하여 남들이 알아챌 수 없다고 생각하기 때문이다. 이 모든 것이 그들 자신의 지혜에 대한 잘못된 추정에서 비롯된다. 그러나 코먼웰스를 방해한(이것은 내란 없이는 결코 발생할 수 없다) 처음 주동자들 가운데 그들의 새로운 계획이 성공하는 것을 볼 정도로 오래 사는 사람은 매우 드물며, 따라서 그들이 저지른 범죄의 이익은 후세 사람들과 그것을 가장 바라지 않았던 사람들에게 돌아간다. 이것은 그들이 스스로 생각하는 것만큼 현명하지는 않다는 증거이다. 남들이 모르리란 희망에 근거하여 남을 속이는 사람은 대개 자기를 속이고 있는 것이며, (자기들을 가려 주고 있다고 믿는 어둠은 그들 자신의 맹목일 뿐이므로) 자기 눈을 가리고 모든 것이 가려졌다고 생각하는 아이들보다 조금도 지혜롭지 않다.

그리고 보통 허영심이 많은 사람들은 (소심하지 않다면) 화를 잘 낸다. 그것은 사람들이 대화에서 일상적으로 쓰는 거리낌 없는 표현을 듣고 자기를 무시한다고 해석하는 경향이 남들보다 강하기 때문이며, 대부분의 범죄는 이런 분노에서 발생한다.

증오·정욕·야심·탐욕은 범죄의 원인이다 증오·정욕·야심 및 탐욕의 정념에 대해서 말하자면, 그것들이 어떤 범죄를 낳기 쉬운가 하는 것은, 각자의 경험과 이해력에 비추어 볼 때 너무나도 분명하기 때문에 더 이상 말할 필요가 없다. 하지만 다음 한 가지만 말해 보자. 이 같은 정념들은 인간이나 다른 모든 생물의 천성에 밀접하게 따라다니는 약점이며, 이성을 비범하게 사용하거나 지속적이고 가혹한 처벌을 하지 않고서는, 그로부터 생겨나는 범죄를 막을 수 없다는 점이다. 인간이 어느 대상을 증오하는 이유는 그것이 자기에게 지속적이고, 피할 수 없는 방해물이기 때문이다. 이 경우 인간은 꾸준한 인내심을 갖거나 또는 자기에게 훼방을 놓는 힘을 제거해야 마음이 편해진다. 전자는 어렵고, 후자는 대개 법을 위반하지 않고서는 불가능하다. 야심과 탐욕 또한, 인간의 마음속에 늘 있으면서 인간을 끊임없이 압박하는 정념이며, 반면에 이성은 이것들에 저항하기 위해 항상 존재하는 것은 아니다. 언제든 처벌을 피할 수 있다는 희망이 보이면 그 정념들이 발동하여 범죄를 일으킨다. 그리고 정욕은 지속성은 없으나, 가볍거나 불확실한 처벌이 예상될 경우, 그것들을 제압할 수 있을 만큼 격렬하다.

위험이 실제로 존재하지 않거나 육체적인 것이 아닐 때, 공포는 때로 범죄의 원인이 된다 인간의 모든 정념 가운데 위법행위를 가장 적게 하도록 만드는 것은 공포이다. 아니, (본성이 고매한 일부 사람들을 제외하면) 공포는 (법을 위반함으로써 이익과 쾌락이 예상되는 경우에) 유일하게 사람들로 하여금 법을 지키도록 만드는 것이다. 그러나 공포가 범죄를 일으키는 경우도 많다.

모든 공포가 그로부터 비롯된 행위를 정당화되는 것은 아니다. 신체적 위해에 대한 공포에서 야기된 행위만 정당화될 수 있다. 우리는 그것을 신체적인 공포라 부르며, 사람들은 그 행위를 하지 않고서는 신체적 위해를 피할 방법을 모른다. 어떤 사람이 다른 사람의 공격을 받아 죽음의 공포에 맞닥뜨려, 그를 해치지 않고서는 도저히 죽음을 피할 길이 없을 때, 그를 해쳐

공포
인간의 정념 가운데 위법행위를 가장 적게 만드는 것은 공포이다. 그러나 그로 인해 법을 위반하거나 법적 의무를 회피하는 경우는 공포를 이유로 면죄되지 않는다. 그림은 뭉크의 《절규》(1893).

죽게 하여도 이것은 범죄가 아니다. 코먼웰스를 세울 때, 법이 그를 도울 수 있는 충분한 시간적 여유가 없는 경우에조차 자신의 생명이나 몸의 방위를 포기한 것으로 볼 수는 없기 때문이다.

그러나 다른 사람의 행위나 위협과 맞닥뜨려 '그가, 그렇게 할 수 있을 때는 나를 죽일 것이다'라고 추론할 수 있다고 하여 (주권의 보호를 요청할 시간적 여유와 방법이 있음을 알면서도) 살인을 하면, 이것은 범죄가 된다. 또한 모욕적 말을 듣거나 사소한 침해를 받았을 때, (입법자들은 이에 대해 처벌 규정을 두지도 않았고, 이성을 지닌 사람은 신경 쓸 가치가 없는 일이라고 생각했지만) 자기가 복수하지 않으면 경멸당할 것이고, 결국 같은 침해를 받기 쉬우리라는 우려 아래 법을 어기면서 사적 복수의 위협으로 미래의 자신을 보호했다면, 이것은 범죄이다. 왜냐하면 그 위해는 신체적인 것이 아니라, 공상적인 것이기 때문이다. (세계 한쪽에서는 몇 년 전부터 허영심이 강한 젊은이들 사이에서 이런 것이 관습으로 쉽게 인정되었지만) 용감한 사람과 자신의 용기를 확신하고 있는 사람은 알아채지 못할 정도로 경미한 것이기 때문이다.

또한 인간은 자기의 미신이나, 남이 들려준 이상한 꿈이나 환영 이야기를 지나치게 믿어 유령에 대한 공포에 사로잡힐 수도 있다. 이런 사람들은, 어떤 일을 실행하거나 또는 회피하면, 그러한 유령이 자기를 해칠 것이라고 생각하여 위법행위임에도 불구하고 어떤 일을 실행하거나 또는 회피한다. 이런 공포는 결코 면죄사유가 될 수 없으며, 그런 이유로 실행하거나 피한 행위는 범죄가 된다.

즉 (2장에서 이미 말한 것처럼) 꿈이란 본디 우리의 감각이 깨어 있을 때 받았던 인상 가운데 잠 속에까지 남아 있는 상상에 불과하며, 사람이 어떤 연유로 자기가 잠들었다는 사실을 확신하지 않는 경우에 정말로 환영으로 보이는 것이다. 그러므로 자기 또는 타인의 꿈이나 거짓된 환영 때문에 또는 보이지 않는 유령의 힘에 대한 환각 때문에, 코먼웰스가 허락한 것을 넘어서 위법행위를 하는 것은 자연법을 저버리는 것이고, 이것은 자연법에 대한 일종의 위반이다. 그는 자기나 타인의 두뇌가 만든 영상(影像)을 따르지만, 그것이 무슨 의미가 있는지 전혀 알지 못하며, 자기에게 꿈 이야기를 해준 사람이 사실을 말하는 것인지, 거짓을 말하는 것인지도 전혀 알지 못한다. 이런 일이 모든 사적 개인에게 허락된다면 (어느 한 사람에게 허락된다면 자연법에 의해 모든 사람에게 허락되어야 할 것이므로) 어떤 법도 성립하지 않을 것이며, 결국 모든 코먼웰스는 해체되고 말 것이다.

범죄는 동등하지 않다　범죄의 원천이 이처럼 다양하므로, 모든 범죄는 근본적으로 같다고 한 것은 (고대 스토아 학파가 주장한 것처럼) 틀렸다는 사실을 알 수 있다. 거기에는 면죄의 여지가 있으며 범죄로 보였던 행위도 그로 인해 범죄가 되지 않을 뿐만 아니라, 정상 참작의 여지가 있으면 무거웠던 죄가 경감되기도 한다. 직선으로부터 벗어난 모든 선은 굽었다는 점에서 똑같듯이, 모든 범죄는 하나같이 불의의 낙인을 받아 마땅하다. 이 점은 스토아 학파의 관찰이 옳다. 그러나 그렇다고 모든 범죄가 갖는 불의의 정도가 다 똑같다고 할 수는 없다. 이것은 모든 굽은 선들이 굽은 정도까지 모두 같다고 말할 수 없는 것과 같다. 스토아 학파는 이것을 몰랐기 때문에, 암탉을 죽인 것이나 아버지를 살해한 것이나 똑같이 중대 범죄라고 주장했다.

완전한 범죄　어떤 행위를 두고 전면적으로 죄를 면하고 범죄의 성격을 없애는 것은 동시에 법에 대한 의무를 없애는 것이다. 왜냐하면 일단 법을 어기고 자행된 행위는 그것을 저지른 사람이 그 법에 대한 의무가 있다면 범죄이기 때문이다.

그 법을 알기 위한 수단의 결여는 전면적인 면제의 이유로 타당하다. 왜냐하면 그것에 대하여 알 수단이 없는 법은 의무적이지 않기 때문이다. 그러나 법을 알고자 하는 노력의 결여는 수단의 결여로 간주되어선 안 된다. 또한 충분한 이성을 지녔다고 자처하여 자신의 일을 스스로 돌보는 사람은 누구나 자연법을 알 수단을 가진 것으로 여겨진다. 그가 지녔다고 자처하는 그 이성이 곧 수단이기 때문이다. 오직 어린이와 정신 이상자만이 자연법에 대한 위반행위에서 면죄된다.

포로가 되었거나 적의 지배 아래 있는 사람은(신병이나 생활수단이 적의 지배 아래 있을 경우, 그는 적의 지배 아래 있는 사람이다), 만일 그것이 자신의 잘못 때문에 생긴 것이 아니라면 법에 대한 의무는 없어진다. 그는 적에게 복종해야 하며, 그렇지 않으면 죽어야 하기 때문이다. 따라서 그러한 복종은 범죄가 아니다. 누구든지 (법의 보호가 없을 경우) 최선의 수단을 써서 스스로를 보호하는 일을 방해받지 않기 때문이다.

만일 눈앞에 닥친 죽음의 위협 때문에 위법행위를 하도록 강제된 경우, 그는 전면적으로 면죄된다. 왜냐하면 그 어떤 법도 인간이 자기보존을 포기하도록 의무를 지우지는 않기 때문이다. 만일 그런 의무를 지우는 법이 존재하더라도, 누구든 이런 추론을 하게 될 것이다. '만일 자신이 그 위법 행위를 하지 않으면 지금 즉시 죽고, 그 행위를 하면 나중에 죽는다면 그 행위를 하는 것이 조금 더 오래 사는 길이다.' 따라서 자연이 그에게 그런 행위를 강제하는 것이다.

식품이나 기타 생활필수품이 떨어져 위법행위를 하지 않고서는 도저히 자기를 보존할 수 없을 때, 예를 들면, 심한 기근이 들어 돈으로도 구걸로도 구할 수 없는 먹을거리를, 힘으로 빼앗거나 훔친 경우 또는 자신의 목숨을 지키기 위해 다른 사람의 칼을 빼앗은 경우, 바로 앞 절에서 말한 이유에 의해 그는 완전히 면죄된다.

본인에 대한 면죄 또한 타인의 권한에 의해 이루어진 위법행위는, 그 권한에 의해, 본인에 대해서는 면죄된다. 그 누구도 자기가 한 행위를 두고, 단지 자기의 도구에 불과한 타인을 비난해선 안 되기 때문이다. 그러나 그로 인해 침해를 당한 제삼자에 대해서는 면죄되지 아니한다. 위법행위를 한 점에서는 본인도 행위자도 범죄자이기 때문이다.

이로부터 다음 같은 사실을 이끌어 낼 수 있다. 즉 주권을 가진 사람 또는 합의체가 어떤 사람에게 기존의 법에 위반하는 행위를 명령한 경우, 그 명령에 따른 행위는 완전히 면죄되는 것이다. 이 경우, 그 행위를 저지른 본인은 주권자 자신이므로 주권자가 자신에게 유죄판결을 내릴 수는 없으며,

또한 주권자가 정당하게 유죄판결을 내릴 수 없는 것에 대해서는 그 누구도 정당하게는 처벌할 수 없기 때문이다. 게다가 주권자가 자신의 기존의 법에 어긋나는 행위를 하도록 명령한 경우, 그 특정 행위에 관해서는, 그 명령은 법의 폐기를 뜻한다.

주권자 권력을 가진 사람 또는 합의체가 주권에 있어 본질적인 어떤 권리를 포기한 결과, 주권, 즉 코먼웰스의 존재 자체와 양립할 수 없는 어떤 자유가 국민에게 발생한다 해도 국민이 무슨 일에 대해서든 주권자의 명령에 복종하기를 거부한다면, 이 또한 죄이며, 국민의 의무를 위반하는 것이다. 왜냐하면 주권은 국민의 동의에 의해, 자신의 방위를 위해 수립되었기 때문에 국민은 무엇이 주권과 양립하지 않는지를 알아야 하고, 주권과 양립하지 않는 자유는 주권자가 그러한 자유의 허용이 부를 나쁜 결과에 대한 무지로 인해 국민에게 부여되었다는 것을 알아야 하기 때문이다. 여기서 그가 불복종에서 멈추지 않고, 명령을 내리는 공적 대행자에게 저항한다면 그것은 범죄이다. 그는 (평화를 조금도 어지럽히지 않고) 이의를 제기함으로써 권리를 회복할 수도 있었을 것이기 때문이다.

범죄의 무게는 여러 기준에 의해 판가름된다. 첫째로 범죄의 뿌리나 원인의 악의성에 의해, 둘째로 그러한 실제 범죄 사례의 전염성에 의해, 셋째로 결과가 미치는 해악에 의해, 그리고 넷째로 시간과 장소와 인물과의 공존관계에 의해 측정된다.

힘을 이용하여 이루어진 범죄는 죄가 무거워진다 동일한 범법행위일지라도, 자기의 힘과 재산과 친구를 믿고 법 집행자에게 저항할 생각으로 저지른 경우에는, 발각되지 않을 것이라 생각하거나, 또는 도주하여 처벌을 모면할 생각에서 저지른 경우보다 죄가 무겁다. 왜냐하면 힘으로 죄를 모면할 수 있다고 추정하는 것은 어떤 경우에든, 또한 그 원인이 무엇이든 모든 법에 대한 경멸이 발생하는 근원인 반면, 후자의 경우에는 처벌의 위험에 대한 깨달음이 장래에 그가 법을 더 잘 지키도록 만들기 때문이다. 그것이 범죄임을 알고 저지른 범죄는, 그것이 합법적인 줄로 잘못 알고 저지른 범죄보다 죄가 무겁다. 왜냐하면 자신의 양심을 어기고 범행한 사람은 자신의 힘이나 그 밖의 힘을 믿고 있는 것이며, 그것은 동일한 범죄를 다시 저지르게 할 가능성이 있지만, 오류로 인해 범행한 사람은 그 오류를 깨닫고 나면 법을 지키기 때문이다.

나쁜 교사에 의한 경우에는 경감된다 공적 권위를 부여받은 교사나 법 해석자의 권위에서 비롯된 잘못은, 자신만의 원칙이나 추론에서 비롯된 잘못에 비해 죄가 크지 않다. 왜냐하면 공적 권위를 지닌 자의 가르침은 곧 코먼웰스의 가르침이며, 코먼웰스가 그 잘못된 가르침을 바로잡을 때까지는 법과 유사한 것이기 때문이다. 그리고 주권에 대한 부인이나 명백한 법 위반도 아닌 범죄에 대해서는 전면적으로 면죄된다. 반면에 자신의 판단에 따라 모든 행동을 한 사람은 그 행위가 옳은지 그른지에 따라, 잘못인지 아닌지에 따라 유죄여부가 결정된다.

사면된 전례가 많으면 죄는 경감된다 동일한 행위라 하더라도 항상 처벌이 이루어졌을 때는, 사면된 전례가 많은 경우에 비해 죄가 무겁다. 이러한 사면의 전례는 범법자의 사면을 기대하게 하는데, 이는 주권자 자신이 초래한 것이며, 사면을 기대하게 하여 위반행위를 조장한 만큼, 주권자에게도 책임이 있으며, 따라서 위반자에게만 모든 책임을 묻는 것은 합리적일 수 없기 때문이다.

계획적인 범행은 죄를 무겁게 한다 돌발적인 정념이 일으킨 범죄는 장기간의 계획에서 비롯된 범죄에 비해 죄가 크지 않다. 전자는 인간의 본성이 지닌 일반적인 약점에서 비롯된 것이기 때문에 정상 참작의 여지가 있다. 그러나 계획적 범행은 법에 대해, 처벌에 대해 그리고 그 범행이 인간사회에 가져올 결과에 대해 용의주도하게 관찰한 끝에 범행한 것이며, 이 모든 것을 대수롭지 않게 여기고 자기의 욕구만을 앞세워 범행했기 때문에 정상 참작의 여지가 없다.

하지만 완전히 죄에서 벗어날 수 있는 돌발적 정념은 없다. 처음 그 법을 안 순간부터 범행을 저지를 때까지의 시간은 숙고의 시간으로 보아야 하며, 법에 대한 숙고를 통해 자신의 불규칙적인 정념을 바로잡아야 하기 때문이다.

법이 모든 사람 앞에서 공개적으로 그리고 간절한 마음으로 낭독되고 해석되는 곳도 있는 반면 그러한 지도를 받지 못해 법을 아는 것이 힘들거나, 불확실하거나, 생업에 지장을 가져오고, 공적 권위가 없는 사적 개인들을 통해 법을 알도록 방치된 곳도 있다. 동일한 범행의 경우, 전자의 상황에서 저질러진 범행이 후자의 상황에서 저질러진 범행보다 무겁다. 왜냐하면 후자의 경우 잘못의 일부는 일반적인 불확실성에서 비롯된 것이지만, 전자의 경우에는 범죄행위자의 태만이 분명히 존재하며, 여기에는 반드시 주권자를 향한 경멸이 섞여 있기 때문이다.

주권자의 묵시적인 승인은 죄를 경감한다 법에는 유죄로 분명하게 명시되어 있지만, 입법자가 그 밖에 자신의 명백한 의사표시로써 묵시적으로 승인하는 행위는, 동일한 행위에 대해 법과 입법자 모두 유죄로 판정하는 경우보다 죄가 가볍다. 입법자의 의지가 법임을 고려하면, 이런 경우 서로 모순되는 2개의 법이 나타났기 때문이며, 주권자의 명령 이외의 다른 증거들을 보고 어떤 행위에 대한 주권자의 묵인 사실을 알아야 할 의무가 사람들에게 있다면, 그러한 행위를 한 자는 완전히 면죄된다. 법을 위반했을 때 뿐만 아니라 법을 지켜도 처벌받는 상황이라면, 위반의 원인을 제공한 책임이 주권자에게 있는 것이며, 따라서 모든 죄를 위반자에게 전가하는 것은 결코 합리적이지 못하다. 예를 들어, 결투는 유죄이고 이를 위반했을 때에는 사형을 당한다. 반면 결투를 거부하는 자는 경멸과 조소의 대상이 되며, 이에 대한 법적 구제는 없다. 때로는 주권자 자신조차 그런 사람에게는 전쟁에서 중책을 맡기지 않으려 하고, 승진도 시키지 않으려 한다. 이런 상황에서 그가 주권자로부터 호평을 받기 위해 노력하는 것을 합법적이라 여겨 결투를 받아들였다면, 그는 당연히 엄격한 처벌을 받아선 안 된다. 처벌자에게도 부분적 귀책사유가 있기 때문이다. 내가 이렇게 말하는 이유는 사적 복수의 자유나 다른 어떤 종류의 불복종을 바라서가 아니며, 통치자들이 직접 금지한 것을 간접적으로 장려하지 않기를 바라서이다. 군주들의 실제 사례는 그들을 보고 있는 사람들에게는 하나의 본보기로서 법보다 더 큰 위력을 지니고 그들의 행동을 지배하는데, 과거에도 그러했고, 지금도 그러하다. 비록 우리의 의무가 군주의 행실이 아니라 군주의 말을 따르는 데 있다 하더라도, 그 계율을 따를 수 있도록 하느님께서 인간에게 초자연적인 놀라운 은혜를 내리실 때까지는 그러한 의무는 결코 지켜지지 않을 것이다.

결과로부터 살펴본 범죄의 비교 범죄를 그로부터 비롯된 결과의 해로움에 따라 비교한다면, 첫째, 동일한 행위가 다수에게 손해를 끼치는 경우에는 소수에게 손해가 되는 경우보다 죄가 무거우며, 따라서 현재뿐만 아니라 (모방

범죄의 발생으로) 미래에도 피해를 주는 경우에는 현재에만 피해를 주는 경우보다도 더욱 무거운 범죄이다. 왜냐하면 전자는 다산성 범죄로서 많은 사람에게 해가 되지만, 후자는 불임성 범죄이기 때문이다. 코먼웰스에서 확립된 종교에 위배되는 주장을 공인된 자가 한 경우, 동일 행위를 사적 개인이 한 경우보다 잘못이 크다. 이것은 신성모독적이고 무절제한 생활, 모든 비종교적 행위에 대해서도 그러하다. 마찬가지로 법 연구를 직업으로 하는 자가 주권자의 권력을 약화시키는 경향이 있는 주장이나 행동을 한 경우, 다른 사람의 경우보다 더 큰 범죄가 된다. 또한 많은 사람들이 그의 충고를 따르거나 그의 행위를 모방할 정도로 명망 있는 사람이 저지른 위법행위는 다른 사람의 동일 행위보다 더 큰 범죄이다. 그런 사람들은 범죄를 저지르는 데 그치지 않고, 다른 모든 사람들에게 그것이 법이라고 가르치기 때문이다.

그리고 보통 모든 범죄는 비행(卑行)의 정도가 크면 클수록 더 커진다. 스스로 길을 찾아가는 것이 아니라 남이 앞에서 들고 가는 등불을 보고 그 뒤를 따라 길을 가는 세상의 약자들에게 덫이 되기 때문이다.

불경죄 또한 코먼웰스의 현재의 고위직에 대한 적대행위도 동일 행위가 사적 개인에게 행해진 것보다 죄가 크다. 그 해는 만인에게 미치기 때문이다. 적에게 코먼웰스의 병력을 팔거나 기밀을 누설하는 행위, 군주이건 합의체이건 코먼웰스를 대표하는 사람을 공격하는 모든 행위나, 그들의 대표자 또는 후계자의 권위를 훼손하는 말과 행위 등이 여기에 속한다. 이러한 범죄를 라틴 사람들은 '존엄을 훼손하는 범죄'로 여겼으며, 이것은 기본법에 반하는 기도(企圖)나 행위를 말한다.

수뢰와 위증 마찬가지로 판결의 효과를 무효로 만드는 범죄는 한 사람 또는 몇 사람의 인격을 침해하는 것보다 죄가 크다. 예를 들어, 뇌물을 받고 거짓된 판결을 내리거나 위증하는 것은, 똑같은 금액 또는 그 이상의 금액을 받고 다른 방법으로 사람을 속이는 경우보다 죄가 크다. 왜냐하면 이러한 판결에 의해 패소한 자가 손해를 입을 뿐만 아니라 모든 판결이 무용지물이 되어, 폭력과 사적 복수가 힘을 얻기 때문이다.

공금 횡령 또한 국고나 공공의 수입을 강탈하거나 횡령하는 것도 사적 개인의 재산에 대한 강탈이나 사기보다 죄가 무겁다. 공공재산의 강탈은 다수의 재산을 한꺼번에 빼앗는 것이기 때문이다.

검투사
주권자로부터 합법적이라 여겨 결투를 벌였다면 엄격한 처벌을 받아서는 안 된다. 처벌자에게도
부분적으로 귀책사유가 있기 때문이다.

공직 사칭　또한 공직을 사칭하거나, 공공의 인감(印鑑)이나 주화를 위조
하는 것은 사적 개인의 신분을 사칭하거나, 그의 인감을 위조하는 것보다
더 큰 범죄이다. 이러한 사기는 파장이 커서 많은 사람에게 피해를 입히기
때문이다.

사적 개인에 대한 범죄들의 비교　사적 개인에게 행해지는 위법행위 가운데
사람들에게 그 피해가 쉽게 감지되는 것이 죄가 크다.

법을 어기며 살인하는 것은 생명이 유지되는 다른 어떤 침해보다도 죄가
크다.

고통을 가하여 죽이는 것은 단순한 살인보다 죄가 크다.

손발을 끊는 것은 재물을 약탈하는 것보다 죄가 크다.

살해하거나 위협하여 재물을 약탈하는 것은 은밀한 횡령보다 죄가 크다.

은밀한 횡령은 동의를 얻은 사취(詐取)보다 죄가 크다.

폭력을 써서 정조를 유린하는 것은 달콤한 말로 정조를 유린하는 것보다
죄가 크다.

기혼여성의 정조를 유린하는 것은 미혼여성의 정조를 유린하는 것보다 죄

가 크다.

왜냐하면 동일한 범행에 대해 어떤 사람은 보다 크게, 또 어떤 사람은 작게 감지하기는 하지만, 위에서 말한 것들은 모두 보통 그렇게 평가되기 때문이다. 법은 인류의 개별적 성향이 아니라 일반적 성향에 대한 것이다.

따라서 모욕적인 말과 행동은, 모욕을 당한 사람에게 즉각적인 분노나 치욕에 의한 슬픔 이외에 어떠한 해도 발생하지 않은 경우 그리스나 로마, 기타 고금의 코먼웰스의 법에서는 무시되어 왔다. 그러한 분노나 슬픔은 모욕적인 말과 행동에 그 진정한 원인이 있는 것이 아니라 (자신의 능력을 알고 있는 사람에게는 모욕이 들어설 자리가 없다) 모욕을 당했다고 생각하는 사람의 소심함에 있다고 보았기 때문이다.

또한 사적 개인에 대한 범죄도 인물, 시간, 장소에 따라서 죄의 크기가 달라진다. 존속살해는 타인을 살해하는 것보다 죄가 크다. 왜냐하면 존속은 본디 비속에 대한 자연적 주권자였기 때문에 (비록 그가 자기의 권력을 시민법에 양도했다 할지라도) 주권자의 명예를 마땅히 가져야 하기 때문이다. 그리고 가난한 사람의 재물을 빼앗은 것은 부자의 재물을 빼앗는 것보다 죄가 크다. 가난한 사람이 느끼는 피해가 더 크기 때문이다.

신께 예배를 드리기로 정한 시간이나 장소에서 자행된 범죄는, 다른 시간과 장소에서 저지른 범죄보다 죄가 크다. 법을 경멸하는 마음이 그만큼 크기 때문이다.

이 밖에도 가중처벌의 사유와 정상 참작의 사유가 많겠지만, 지금까지 내가 말한 것으로도 범죄의 크고작음을 가리는 방법을 누구나 분명히 알 수 있을 것이다.

공적 범죄란 무엇인가 마지막으로 거의 모든 범죄는 사적 개인에 대한 권리침해일 뿐만 아니라 코먼웰스에 대해서도 권리침해가 이루어진 것이므로, 같은 범죄라 하더라도 코먼웰스의 이름으로 기소된 경우에는 공적 범죄라 하고, 사적 개인의 이름으로 기소된 경우에는 사적 범죄라 한다. 또한 재판도 그에 따라 전자는 '공적 재판' 또는 '왕좌 재판'이라 하고, 후자는 '사적 소송'이라고 한다. 예를 들어 살인죄의 고소에서 고소인이 사적 개인이면, 그 재판은 '사적 재판'이고, 고소인이 주권자이면 그 재판은 '공적 재판'이다.

28 형벌과 보상

형벌의 정의　형벌이란 '어떤 사람이 행하거나 회피한 사항이 공적 권위에 의해 위법으로 판단되는 경우, 같은 권위자에 의해 그 행위자에게 부과되는 응징'을 말한다.

인간을 처벌하는 권리는 어디서 나오는가　이 정의로부터 어떤 추론을 하기 전에 대답해야 할 매우 중요한 문제가 한 가지 있다. 바로 처벌의 권리 또는 권한은 어디서 나오는가 하는 것이다. 이제까지 말한 것처럼, 누구도 폭력에 저항하지 않도록 신약에 의해 의무가 주어져 있다고는 상정할 수 없으므로, 따라서 그가 다른 사람에게 자기의 신체에 폭력을 가할 어떠한 권리를 부여했다고 생각할 수는 없다.

코먼웰스를 세우면서 저마다 타인을 지킬 권리를 포기했을 뿐, 자신을 지킬 권리는 포기하지 않았다. 또한 주권자가 타인을 처벌할 때는 주권자를 도울 의무가 따르지만, 자신이 처벌을 받을 때에는 그럴 의무를 지지 않는다. 그러나 주권자가 타인에게 해를 가할 때 돕겠다는 신약(信約)을 맺었다고 하더라도, 신약을 맺는 자에게 처벌의 권리가 없는 한, 이 신약에 의해 주권자에게 형벌권이 주어지지는 않는다.

따라서 다음 사실이 분명하다. 코먼웰스(이를 대표하는 사람 또는 사람들)가 지닌 형벌권은 국민의 양보나 증여에 기초를 두는 것이 아니다. 이미 앞에서 말한 것처럼, 모든 사람은 코먼웰스가 세워지기 전에는 자기보존에 필요하다고 생각되는 일은 무엇이든지 할 권리, 그 목적을 위해서라면 타인을 굴복시키거나, 상해를 입히고, 살해할 권리를 가지고 있었다. 바로 이것이 모든 코먼웰스에서 이루어지는 형벌권의 기초이다.

즉 국민들은 주권자에게 그러한 권리를 부여한 것이 아니라 단지 그들 자신의 권리를 포기함으로써, 주권자가 그들 전체의 보존을 위해 적당하다고 판단하는 바에 따라 자신의 권리를 행사할 수 있도록 강화시켜 준 것이다.

따라서 형벌권은 주권자에게 부여된 것이 아니라 주권자에게만 남겨진 것으로, (자연법이 정한 한계를 제외하면) 완전한 자연상태, 즉 만인에 대한 만인의 투쟁 상태처럼 완전한 형태로 남겨진 것이다.

사적인 복수나 침해는 처벌이 아니다 처벌의 정의로부터 다음의 것들을 추론할 수 있다.

첫째, 사적 개인들의 사적 복수나 침해행위는 정당한 처벌이라 할 수 없다. 그것들은 공적 권위에서 비롯되는 것이 아니기 때문이다.

승진되지 못하는 것도 처벌이 아니다 둘째, 주권자가 등용하지 않거나 호의를 베풀지 않는 것은 형벌이 아니다. 그것이 누구에게도 새로운 해악을 가하는 것은 아니기 때문이다. 그는 단지 이전의 지위에 그대로 남을 뿐이다.

공적인 심리 없이 가해지는 고통도 처벌이 아니다 셋째, 공적 권위에 의해 가해진 해(害)가 공적 유죄선고 없이 행해진 경우에는 처벌이 아니라 '적대행위'라고 불러야 한다. 왜냐하면 처벌을 받게 되는 행위는 처벌에 앞서 공적 권위에 의해 위법행위라는 판결부터 받아야 하기 때문이다.

찬탈된 권력에 의해 가해지는 고통도 처벌이 아니다 넷째, 찬탈한 권력과 주권자로부터 권한을 부여받지 못한 재판관에 의해 가해지는 해도 처벌이 아니라 적대행위이다. 찬탈한 권력행위들은 유죄선고를 받은 인격을 그 행위의 당사자로 삼을 수 없기 때문이며, 따라서 그것은 공적 권위의 행위가 아니다.

미래의 이익을 고려하지 않고 가해지는 고통도 처벌이 아니다 다섯째, 범법자나 또는 (그를 흉내내는) 다른 사람들로 하여금 법을 더 잘 지키도록 한다는 의도나 가능성 없이 가해지는 모든 해도 처벌이 아니라 적대행위이다. 그러한 목적이 없다면 어떤 상해도 처벌에 포함되지 않기 때문이다.

자연적으로 발생한 나쁜 결과는 처벌이 아니다 여섯째, 일정한 행위에는 자연적 여러 유해한 결과가 따른다. 예를 들면, 타인을 폭행하다가 도리어 살해되거나 부상당할 수도 있고, 불법행위를 하다가 병에 걸릴 수도 있다. 이러한 해는 자연을 창조하신 하느님과 관련하여 생각하면 벌을 내린 것, 즉 천벌이라 할 수 있다. 그러나 인간의 측면에서 보면 이런 것은 인간의 권한에 의해 가해진 것이 아니기 때문에 처벌의 이름에 속하지 않는다.

가해지는 해가 범죄에 의해 얻은 이익보다 작은 경우는 처벌이 아니다 일곱째,

가해지는 해가 범죄에 자연적으로 따르는 이익이나[*1] 만족보다 작다면, 그 해는 처벌의 정의에 해당되지 않으며, 범죄에 대한 처벌이라기보다는 범죄의 대가 또는 보상이다. 처벌의 본질적 목적은 인간으로 하여금 법을 지키도록 하는 것인데 (만일 그러한 처벌의 해가 범죄의 이익보다 작다면), 그 해는 그와 같은 목적을 이루지 못하고 오히려 역효과를 낳기 때문이다.

처벌이 법으로 규정되어 있을 때, 그보다 큰 처벌은 처벌이 아니라 적대행위이다 여덟째, 처벌이 법으로 규정되어 있음에도 불구하고 범죄가 일어난 뒤 그보다 큰 처벌을 내린다면, 그 초과분은 처벌이 아니라 적대행위이다. 처벌의 목적은 복수가 아니고 위협

왕좌재판소
권력을 강화한 왕들 아래에서 중세 유럽 사회는 급속히 변모해 갔다. 잉글랜드 고등법원 왕좌재판소는 본디 왕이 참석해야만 열릴 수 있었다. 잉글랜드 왕좌재판소를 그린 1460년대의 삽화.

인데, 알려지지 않은 막대한 처벌의 위협은 그보다 작은 처벌의 선고에 의해 쓸모가 없어진다. 그러므로 예기하지 못한 추가분은 처벌에 포함되지 않는다. 그러나 처벌의 내용이 전혀 법에 규정되지 않을 경우에는 모든 가해가 처벌의 성질을 가진다. 처벌이 정해지지 않은 위법행위를 저지른 사람은 확정되지 않은 처벌, 즉 자의적 처벌을 예기하기 때문이다.

법이 제정되기 전에 이루어진 행위에 대하여 가해지는 해는 처벌이 아니다 아홉째, 그 행위를 금지하는 법이 존재하기 이전에 이루어진 행위에 대해 가해지는 해는 처벌이 아니라 적대행위이다. 즉 법이 있어야 그 법의 위반도 생기

[*1] 케임브리지 잉글리시 클래식스 판에는 or가 of로 되어 있으므로 '만족의 이익'이 된다.

기 때문이다. 그러나 처벌은 어떤 행위가 위법행위로 판결되었다는 것을 전제하며, 그리하여 법이 제정되기 이전의 행위에 대해 가해지는 해는 처벌이 아니라 적대행위이다.

코먼웰스의 대표자는 처벌될 수 없다 열째, 코먼웰스의 대표자에게 가해지는 해는 처벌이 아니라 적대행위이다. 처벌의 본질은 공적 권위가 벌을 내리는 데 있는데, 공적 권위는 대표자 자신의 권위뿐이기 때문이다.

반역을 한 국민에게 가해지는 해는 처벌이 아니라 전쟁권에 의한다 마지막으로, 적이라고 선언된 사람에게 향하는 가해는 처벌의 범주에 들지 않는다. 그들은 이제껏 준법의 의무가 없는 사람들이었기 때문에 법을 위반할 수가 없거나, 또는 이제까지는 준법의 의무가 있었으나 더 이상은 그 의무를 지지 않겠다고 공언함으로써 자기들에게는 법의 위반이 적용될 수 없다고 주장하는 사람들이다. 따라서 그들에게 가해질 수 있는 모든 해는 적대행위로 간주되어야 한다. 그러나 선포된 적대행위에 대해서는 어떠한 해를 가해도 합법적이다.

그렇기 때문에, 만일 어떤 국민이 행동이나 말로써 코먼웰스의 대표자의 권위를 고의적으로 부인한다면 (반역죄에 대한 기존의 형벌규정이 무엇이든), 대표자의 뜻에 따라 그에게 어떤 처벌이 내려지더라도 합법적일 수 있다. 준법의 의무를 부인한 것은 곧 법에 의해 규정된 처벌도 부인하는 것이며, 따라서 코먼웰스의 적으로서, 즉 대표자의 의지에 따라 처벌을 받는 것이다. 법으로 정해진 처벌은 국민을 대상으로 하는 것이지, 적을 대상으로 하는 것은 아니기 때문이다. 자신의 행위로 인해 국민이 되었음에도 불구하고, 일부러 반역하여 주권자의 권력을 부인하는 사람은 적에 해당한다.

처벌은 일차적으로, 그리고 가장 보편적으로 하느님의 처벌과 인간의 처벌로 나누어진다. 전자에 대해서는 나중에 적당한 곳에서 다시 말할 기회가 올 것이다.

인간적인 처벌이란 인간의 법에 따라 내리는 처벌로서 신체적인 것, 금전적인 것, 치욕, 감금, 추방 또는 이들이 섞여 나타나는 것들이 있다.

신체적인 처벌 '신체적인' 처벌이란 형을 내리는 사람의 의도에 따라 신체에 직접적으로 가해지는 벌이다. 예를 들면 태형, 상해 또는 합법적으로 누렸던 신체적 쾌락의 박탈 등이 있다.

치명적인 것 또한, 신체적인 처벌에는 치명적인 것과 치명적이지 않은 것이 있다. 치명적인 것이란 죽음을 내리는 것으로 단순히 죽이기도 하고, 고통과 함께 죽이기도 한다. 치명적이지 않은 것은 태형, 상해, 족쇄 및 그 밖의 육체적 고통이며, 성질상 죽음에 이를 만한 것은 아니다. 처벌을 내린 사람에게는 죽일 의도가 없었는데, 처벌을 받던 자가 사망한 경우, 예기치 못한 우발적인 사정 때문에 죽음에 이른다 하더라도 그 처벌은 치명적인 것으로 볼 수 없다. 이런 경우, 죽음은 내려진 것이 아니라 앞당겨진 것이다.

금전적인 처벌 '금전적인' 처벌은 일정액의 화폐뿐만 아니라 보통 금전으로 매매되는 토지나 그 밖의 각종 재화를 박탈하는 벌이다. 만일 그 법을 위반하는 사람들에게서 금전을 모으기 위해 그러한 처벌을 규정한 법이 제정되었다면, 이 경우에는 처벌이 아니라 특권의 대가이며, 법의 면제의 대가이다. 그 법은 그 같은 행위를 절대 금지하는 것이 아니라 그 돈을 지불할 능력이 없는 사람들에 대해서만 금지하는 것이다. 그러나 그 법이 자연법이거나 종교의 일부인 경우에는 다르다. 그 경우 그것은 법의 면제가 아니라 법의 위반이기 때문이다.

예컨대 하느님의 이름을 남용하는 자에게 법이 벌금을 부과한 경우, 벌금의 지불은 신의 이름을 입에 담는 것에 대한 면제의 대가가 아니라, 면제할 수 없는 법 위반에 대한 처벌이다. 마찬가지로 법이 피해자에게 일정액의 금전을 지불하라고 한다면, 이것은 그가 당한 피해에 대한 배상에 불과하며, 피해자의 고소를 없애지만 위법자의 범죄를 소멸시키는 것은 아니다.

치욕 '치욕'은 불명예스러운 해악을 가하거나, 코먼웰스에 의해 명예로운 것으로 규정된 이익을 박탈하는 것이다. 명예로운 것 중에는 자연적인 것도 있고, 코먼웰스에 의해 정해진 것도 있다. 전자는 용기·아량·힘·지혜 및 기타 심신 능력의 효과를 말하고, 후자는 기념장(紀念章)·칭호·직무 및 주권자의 호의를 나타내는 특수한 표지 같은 것들이다. 전자의 명예는 (자연적으로 또는 우발적인 사정에 의해 쇠약해질 수는 있어도) 법에 의해 제거되지는 않으며, 따라서 그러한 것들의 상실은 처벌이 아니다. 그러나 후자의 명예는 그것들을 명예로운 것으로 정한 공적 권위에 의해 제거될 수 있으며 그것은 본디 처벌이다. 예를 들면, 유죄선고를 받은 사람의 기념장·칭호·직무의 환수 또는 앞으로 그와 같은 것들을 지닐 자격이 없다고 선언하는 것 등이다.

감금 '감금'은 공적 권위에 의해 자유를 빼앗기는 경우이며 두 가지 목적에서 이루어진다. 하나는 고소를 당한 사람의 예방구류(豫防拘留)이며, 다른 하나는 유죄선고를 받은 사람에게 고통을 부과하는 것이다. 전자는 처벌이 아니다. 처벌은 적법한 심리를 통해 유죄로 선고된 뒤에 이루어지기 때문이다. 그러므로 소송의 심리에 들어가기 전에 그의 신병을 확실히 보전하는데 필요한 정도 이상으로 차꼬나 속박으로 그에게 해를 가하는 것은 자연법에 위배된다.

그러나 후자는 처벌이다. 공적 권위에 의해 위법이라 판결받은 행위를 두고 공적 권위가 부과하는 엄연한 해이기 때문이다.

내가 말하는 감금은 외적 방해가 일으키는, 모든 운동의 속박을 포함한다. 외적 방해란 흔히 감옥이라 부르는 건물일 수도 있고, 사람을 유폐시키는 섬일 수도 있고, 고대의 수형자들이 노역하던 채석장이나 오늘날의 수형자들이 노역하는 갤리선과 같이 노동을 요구하는 노역장일 수도 있고 또는 족쇄와 같은 형구(刑具)일 수도 있다.

추방 '추방'은 범죄자로 하여금 코먼웰스의 영토 또는 특정지역으로부터 벗어나 예정된 기간 또는 영원히, 돌아오지 못하도록 하는 처벌이다. 다른 사정이 없다면, 이것은 그 자체로 처벌이 아니라 도주 또는 처벌을 피하기 위하여 도망치라는 공적 명령처럼 보인다.

키케로는 로마 시에선 그런 처벌은 규정된 적이 결코 없었다면서, 그것은 처벌이 아니라 위험에 처한 사람의 도피라고 불렀다.[*2] 만일 추방된 사람이 쫓겨났음에도 불구하고 그의 재산과 토지 수입을 누리도록 허락된다면, 환경의 변화만으로는 처벌이 될 수 없으며, 또한 그것은 모든 처벌의 이유인 코먼웰스의 편익(다시 말해, 법을 준수하도록 인간의 의지를 개조하는 것)에도 맞지 않고, 오히려 코먼웰스에 손해를 끼치는 경우가 많다. 추방당한 사람은 그를 추방한 코먼웰스의 합법적인 적(敵)이며, 더 이상 그 코먼웰스의 구성원이 아니기 때문이다. 그러나 추방과 더불어 그의 토지나 재산을 몰수한다면, 그 처벌은 추방이 아니라 금전형이라 해야 한다.

무고한 국민을 처벌하는 것은 자연법에 어긋난다 무고한 국민에 대한 모든

---

*2 Pro Caecina (BC 69), §100.

처벌은 그 경중을 막론하고 자연법에 어긋난다. 처벌은 오직 위법행위만을 대상으로 삼으며, 따라서 무고한 사람을 처벌하는 일은 있을 수 없기 때문이다. 그러므로 무고한 사람을 처벌하는 것은 첫째, 복수할 때 미래의 선(이익) 이외의 어떠한 추구도 금지한 자연법에 어긋나는 행위이다. 무고한 사람을 처벌하여 코먼웰스가 얻을 것은 아무것도 없기 때문이다.

둘째, 배은(背恩)을 금지하는 자연법의 유린이다. 본디 모든 주권은 국민이 된 모든 사람들의 동의에 의해 그들이 법을 준수하는 한, 그 권력의 보호를 받는다는 목적 때문에 주권자에게 부여된 것이며, 무고한 사람을 처벌하는 것은 선을 악으로 갚는 것이기 때문이다.

셋째, 공정을 명하는 자연법의 유린이다. 무고한 사람의 처벌로는 그 법, 즉 정의의 공정한 분배가 지켜지지 않는다.

낙원 추방
추방은 범죄자로 하여금 코먼웰스의 영토로부터 벗어나 일정 기간 또는 영원히 돌아오지 못하도록 하는 처벌이다. 마사치오의 《낙원 추방》(1427).

전쟁에서 무고한 사람에게 가해지는 손상은 자연법에 어긋나지 않는다 그러나 자국의 국민이 아닌 무고한 사람에 대해서는, 만일 그것이 코먼웰스의 이익을 위한 것이며, 또한 이전에 체결한 신약(信約)을 위반한 것이 아니라면, 어떤 해를 가해도 자연법 위반이 아니다. 국민이 아닌 모든 사람은 적이거나, 아니면 선행하는 신약에 의해 적이 되지 않기로 한 사람들이기 때문이다. 그러나 코먼웰스가 판단하는 적과 전쟁을 하는 것은 본원적 자연권에 의해 합법적이다. 이 전쟁은 칼로써 재판하는 것도 아니고, 승리자가 과거의 일을 놓고 죄의 유무를 따지는 것도 아니며, 자국민의 이익에 도움이 되는 것 이외에는 어떠한 자비도 품을 필요가 없는 것이다. 그리고 이러한 근거 아래 다음 같은 일이 벌어질 수 있다.

반역을 선언한 자에 대한 경우에도 자연법에 어긋나지 않는다 즉 확립된 코먼웰스의 권위를 일부러 부인하는 국민에 대해서도 코먼웰스의 보복은 그의 아버지뿐만 아니라, 아직 존재하지 않으며 따라서 보복의 사유가 된 행위와 아무 관계가 없는 3대, 4대의 후손들에게까지 합법적으로 확대될 수 있다. 이러한 위반의 본질은 복종계약의 방치 즉 흔히 반란이라고 부르는 전쟁상태로 되돌아가는 것이며, 이러한 범죄를 저지르는 자는 국민이 아니라 적으로서 처벌되기 때문이다. 다시 말해 '반란'은 다시 시작된 전쟁일 뿐이다.*3

보수는 급여나 은혜이다 보수(報酬)는 증여나, 계약의 형식으로 이루어진다. 계약에 의한 것은 급료와 임금으로 불리며, 이것은 이미 수행되었거나 또는 수행을 약속한 봉사에 대해 당연히 주어져야 할 이익이다. 증여에 의한 것은 베푸는 사람의 은혜에서 비롯되는 이익으로서, 사람들로 하여금 그에게 봉사하도록 격려하기 위한 것이다.

그러므로 코먼웰스의 주권자가 어떤 공직에 대하여 급료를 지정한 경우 그것을 받는 사람은 정의에 따라 그 직무를 수행할 의무가 있다. 그렇지 않으면 그는 명예에 따라 단지 감사와 보답의 노력을 할 의무만을 지닌다. 왜냐하면 국민들이 코먼웰스로부터 자신의 사적인 일을 중단하고 보수나 급료 없이 공공을 위해 봉사하도록 명령받은 경우, 비록 이를 거부할 합법적 구제책은 없다 할지라도, 이 명령에 따르도록 자연법으로 구속되어 있지는 않으며, 그 봉사가 다른 방식으로는 수행될 수 없는 경우를 제외하면 코먼웰스의 제도에 의해 구속되지도 않는다. 주권자는 국민의 모든 자원을 동원할 수 있기 때문에, 예를 들면, 계급이 낮은 병사라 할지라도 주권자에게 전투의 대가로 급료의 지불을 요구할 수 있다.

두려움 때문에 주어지는 이익은 보수가 아니다 어떤 국민이 지닌 힘이나 능력이 코먼웰스에 해를 끼칠 것이 두려워 주권자가 그에게 주는 이익은 보수에 해당하지 않는다. 왜냐하면 그것은 급료도 아니고, 은혜도 아니기 때문이다. 급료가 아닌 이유는, 모든 사람은 이미 코먼웰스에 해를 끼치지 않을

---

*3 Rebellion의 어원은 re-bellum 즉, 다시 전쟁을 한다는 데서 왔다. 이 마지막 문장은 라틴어판에는 없다.

의무를 지고 있으므로, 이 경우 어떤 계약도 있었다고 볼 수 없기 때문이다. 또한 그것은 주권자에게 결코 있어서는 안 될 일이지만, 두려움에 의해 빼앗긴 것이기 때문에 은혜도 아니다. 그것은 (코먼웰스의 인격으로서가 아니라 자연적 인격으로서 고찰된) 주권자가 드리는 일종의 제물로서, 자신보다도 더 유력하다고 여겨지는 사람의 불만을 가라앉히기 위한 것이다. 그러나 이러한 제물은 복종을 붙든는 것이 아니라 오히려 강탈을 지속시키고 증대에 힘을 실어 줄 뿐이다.

고정급료와 임시급료 또한 급료에는 정기적으로 국고에서 나가는 것도 있고, 직무가 수행될 때마다 그때그때 지불되는 임시적인 것도 있다. 후자는 사법(司法)의 경우처럼 어떤 때에는 코먼웰스에 해롭다. 왜냐하면 재판관이나 법정 대행자의 이익이 그들이 심리하는 소송사건의 수에 따라 증가한다면, 반드시 다음 같은 두 가지 폐단이 생기기 때문이다. 하나는 소송의 조장(助長)인데, 소송이 많을수록 이득이 많아지기 때문이며, 또 하나는 그에 따른 재판관할권에 대한 경쟁인데 각 재판소가 되도록 많은 소송사건을 자신의 법정으로 가져가려 할 것이기 때문이다. 그러나 형을 집행하는 직무의 경우에는 그와 같은 폐단은 생기지 않는다. 그들이 아무리 애써도 그들의 업무가 늘어나지는 않기 때문이다. 처벌과 보수에 대하여는 이것으로 충분하리라 사려된다. 그것들은 이른바 코먼웰스의 팔다리와 관절을 움직이는 신경과 힘줄인 것이다.

나는 지금까지 인간의 본성(그의 자만심과 정념들이 그를 강요하여 스스로 코먼웰스에 복종하게 하는)을 그의 통치자의 막대한 힘과 함께 살펴보았다. 나는 통치자를 리바이어던(*Leviathan*)에 비유했는데, 이 용어는 〈욥기〉 제41장의 마지막 2개 절(33~34)에서 따 왔다. 하느님은 '리바이어던'의 강대한 힘을 일컬어, 교만한 자들의 왕이라고 하였다. "세상에는 그것과 비할 것이 없으니 그것은 두려움이 없는 것으로 지음받았구나. 그것은 모든 높은 자를 내려다보며 모든 교만한 자들에게 군림하는 왕이니라." 그러나 다른 모든 지상의 피조물들처럼 그 역시 죽게 마련이고 쇠퇴하게 마련이라서, 또한 하늘에는 (지상에선 아니지만) 그가 두려워해야 할 분이 존재하고, 그가 따라야 할 법이 존재한다. 따라서 나는 다음 몇 장에 걸쳐 그의 질병과 죽음의 원인들에 대해, 그리고 그가 어떤 자연법을 따라야 하는지에 대해 살펴보려 한다.

29 코먼웰스의 약화와 해체를 촉진하는 요인들

코먼웰스의 해체는 그 불완전한 설립에서 발생한다 반드시 죽게 되어 있는 인간이 만드는 모든 것 역시 불멸일 수는 없다. 그러나 인간이 스스로 소유하고 있다고 말하는 그 이성(理性)을 사용한다면 그들의 코먼웰스는 적어도 내적인 질병에 의한 멸망은 막을 수 있을 것이다. 코먼웰스는 그 설립의 본질에 의하면, 그것에 생명을 주는 인간과 자연법들 또는 정의 그 자체만큼 오래 살도록 되어 있기 때문이다.

그러므로 코먼웰스가 외부의 폭력에 의해서가 아니라, 내부의 무질서에 의해 해체되기에 이를 때는 그 결함은 소재로서의 인간에게 있는 것이 아니라 코먼웰스의 제작자 및 질서 부여자로서의 인간에게 있다. 인간들은 무질서하게 서로 약탈하고 살인하는 데 지쳐, 하나의 튼튼하고 영속적인 건축물을 지어 함께 살 것을 아무리 간절히 원해도, 그와 동시에 그들의 행위를 규제할 적당한 법을 만드는 기술이 부족하고, 또한 지금 그들에게 솟아 있는 옹이들을 깎아내는 고통을 참아낼 겸손과 인내가 부족하여, 매우 유능한 건축가가 도와주지 않고서는 부실한 건물밖엔 짓지 못하기 때문이다. 이런 건물은 그들 자신의 시대를 넘어서서 영속하지 못하고, 그들 후손의 머리 위로 틀림없이 붕괴할 것이다.

그러므로 코먼웰스의 결함들 가운데, 나는 첫 번째로 불완전한 설립에서 비롯되는 결함들을 들고자 한다. 이것은 자연인의 결함 있는 생식에서 비롯되는 인체의 질병과 비슷하다.

절대권력의 결여 그 중 하나는 이런 것이다. '왕국을 손에 넣으려는 자가 때때로 코먼웰스의 평화와 방위를 위해 반드시 요구되는 권력보다도 작은 권력에 만족한다'는 점이다. 이로부터 다음 같은 일이 벌어진다. 즉 보류되었던 권력의 행사가 공공의 안전을 위해 회복된 경우, 그것은 부당한 행위처럼 여겨지고, 따라서 대다수의 사람들로 하여금 (기회가 주어지면) 반란을 일으키도록 부추긴다. 이것은 마치 병을 가진 부모에게서 태어난 아이가 일찍 죽는 것과 같고, 악성 수태에서 생긴 나쁜 체질을 정화하기 위해 담즙이 배출되거나 옴이 돋음으로써 구제되는 것과 같다.

필요한 권력을 군주가 스스로 부인하는 것은 그들이 수행하는 직무에 무엇이 필요한지를 몰라서가 아니라(때로는 그렇기도 하지만), 여러 가지 경우 그들이 원할 때 권력을 다시 회복할 수 있다는 희망 때문이다. 그러나 이것은 잘못된 추리이다. 왜냐하면 왕을 그 약속에 구속하려는 사람들은 외국의 도움을 받으면서 군주에게 계속 저항하기 때문이다. 외국의 코먼웰스들은 자국 국민들의 이익을 위하여 이웃 나라의 국세를 약화시킬 수 있는 아주 작은 기회도 결코 놓치지 않는다.

캔터베리 대주교 토머스 베켓[1]이 그러했다. 그는 교황의 지지를 받아 헨리2세에게 항거하였다. 코먼웰스를 향한 성직자들의 복종의무는 정복왕 윌리엄이 교회의 자유를 침해하지 않겠다고 서약[2]했을 때부터 사라지고 말았다. 또한 윌리엄 루퍼스[3]가 그의 맏형을 밀치고 왕위를 계승할 수 있도록 도운 귀족들도 그러했다.[4] 왕위계승을 도운 공로로 말미암아 이들 세력은 주권자의 권력과 양립할 수 없을 정도로 강대해졌고, 존 왕 시절에는 프랑스의 지원을 받아 반란을 일으키는 상태에 이르렀다.

---

*1 Thomas Becket(1118~1170). 그는 1162년에 캔터베리 대주교가 되어 종교규율과 성직자의 이익을 확보하기 위해 헨리 2세와 싸웠다. 1165년에 왕의 요구를 거부하고 나라 밖으로 피신하여 교황에게 호소했다. 1170년에 왕의 허락을 받아 귀국했지만, 왕의 명령에 복종하지 않자 국왕의 기사에 의해 캔터베리 사원의 제단 앞에서 살해되었다. 1172년에는 순교자로 성자의 반열에 올랐고, 헨리는 그 무덤 앞에서 공식 사과를 했다. 캔터베리 순례는 베켓의 무덤 참배로 시작된다.

*2 William the Conquerer(1027~1087). 그는 노르망디 공(公) 로베르 3세의 서자로 1066년 영국 왕 에드워드가 죽자 계승권을 주장하며 쳐들어와, 같은 해 웨스트민스터에서 왕위에 올랐다. 이로써 노르만 왕조가 시작되고, 노르만 봉건제가 이식되었다.

*3 William Rufus(1056~1101). 정복왕 윌리엄의 셋째아들. 차남의 요절로 아버지가 죽었을 당시에는 상속순위 2위였다. 아버지는 장남보다 삼남을 아껴 그에게 영국 왕위를 주었고 장남은 노르망디 공이 되었다. 본문에서 언급하는 것은 당시의 왕위계승 다툼이다.

*4 King John, Lackland(재위 1196~1216)는 1207년에서 1213년에 걸쳐 캔터베리 대주교의 서임을 둘러싸고 교황과 싸웠으나, 굴복하고 국토를 교황이 내리는 봉토로 받게 되었다. 교황에게 굴복한 뒤, 얼마 안 있어 그는 귀족 및 시민에게도 양보하여 마그나카르타에 서명했다 (1215).

이런 일은 군주정에서만 일어나는 것은 아니다. 고대 로마 코먼웰스는 그 명칭이 '원로원과 로마 국민'이었는데, 원로원도 국민도 전권을 지녀야 한다고 주장하지 않았다. 그러나 이로 말미암아 우선 티베리우스 그라쿠스(*Tiberius Gracchus*), 가이우스 그라쿠스(*Caius Gracchus*), 루키우스 사투르니누스(*Lucius Saturninus*)와 같은 자들이 소요를 일으켰고,*⁵ 나중에는 원로원과 국민이 마리우스 편과 술라 편으로 갈려 전쟁이 벌어졌으며, 또다시 폼페이우스 편과 카이사르 편으로 갈린 나머지 그들의 민주정은 무너지고, 군주정이 시작되었던 것이다.

아테네 시민은 단 한 가지 금기사항을 정해 놓고 있었다. 누구도 살라미스 섬을 위해 전쟁을 다시 벌이자고 제안해서는 안 된다는 것이었다.*⁶ 그런 제안을 하는 사람은 사형에 처하기로 되어 있었다. 그런데 이때 솔론은 사람들에게 자기가 미쳤다는 소문을 냈고, 미치광이처럼 행동하면서 자기 주변에 모인 사람들에게 시(詩)를 낭독하여 전쟁을 다시 벌일 것을 제안했다. 만일 솔론이 그렇게 하지 않았더라면, 호시탐탐 노리고 있던 적(敵)이 그들 도시의 성문까지 밀고 들어왔을 것이다. 자신들의 권력을 다소나마 제한한 모든 코먼웰스는 그러한 해 또는 책략에 빠지는 것이다.

선악에 대한 사적인 판단 둘째, 나는 선동적 학설이라는 해독(害毒)에서 비롯되는 코먼웰스의 질병들을 주목하고자 한다. 그 중 하나는 '각자가 행위의 선악에 대한 판단자'라는 학설이다. 이것은 시민법이 존재하지 않는 완전한 자연상태에서는 진실이며, 또한 시민정부 하에서도 선악이 법에 의해 결정되어 있지 않은 경우에는 진실이다. 그러나 그 밖의 경우에는 행위의 선악에 대한 척도는 분명히 시민법이며, 판결하는 자는 입법자, 즉 항상 코먼웰스의 대표자이다. 그러한 잘못된 학설 때문에 사람들은 코먼웰스의 명령에

---

*5 티베리우스(BC 162~131)와 가이우스(BC 153~121)는 형제로서 전자는 BC 133년, 후자는 BC 123년에 호민관이 되었다. 전자는 농지법을 개정하여 농민의 몰락을 막으려 했지만, 귀족파의 습격을 받아 죽었다. 동생도 형의 뜻을 이어 평민파를 지휘했으나 정쟁에 져서 자살했다. 루키우스 사투르니우스는 BC 100년경의 로마 정치가로 역시 농지법 문제로 분쟁을 일으켰다.

*6 Solon(BC 639~558). 그리스 7현인의 한 사람으로 아테네의 개혁자. 아테네와 메가라와의 전쟁 때, 처음으로 정치적 수완을 발휘했다고 한다. 여기에 나오는 일화는 플루타르코스《대비열전》'솔론' 8에 나온다. 살라미스 섬은 아테네와 메가라 사이에 있다.

대해 옳고 그름을 가리려 하고, 논쟁하고, 자신들의 판단에 따라 그 명령에 복종하거나 또는 불복하는 일이 생긴다. 이로 인해 코먼웰스는 혼란에 빠지고 약해진다.

잘못된 양심 시민사회에 어긋나는 또 하나의 학설은 '자신의 양심에 어긋나는 행위는 무엇이든 죄악'이라는 것이다. 이 학설은 자신이 선악의 판단자라는 교만함에 근거한다. 왜냐하면 어떤 사람의 양심과 그의 판단은 같은 것이며, 판단과 마찬가지로 그의 양심도 오류를 범할 수 있기 때문이다. 그러므로 어떠한 시민법에도 복종하지 않는 사람은 자신의 이성 이외에는 달리 따를 규칙이 없으므로 자신의 양심에 어긋나는 모든 행동이 죄가 되겠지만, 코먼웰스에서 살아가는 사람의

성 토머스 베켓(1118~1170)의 죽음
캔터베리 대주교로 선출된 베켓은 왕권으로부터의 교회 독립을 주장, 잉글랜드 왕 헨리 2세와 대립한 결과 국외로 추방되었다. 1170년에 다시 돌아온 베켓은 친국왕파 주교들을 해임하여 국왕의 노여움을 사 대성당에서 왕의 기사에게 살해당했다. 베켓의 살해를 그린 14세기 사본 삽화.

경우에는 그렇지 않다. 법이 곧 공적 양심이며, 이 공적 양심의 지도를 받겠다고 그는 이미 약속했기 때문이다. 그렇게 하지 않으면 사적 의견에 지나지 않는 사적 양심에 존재하는 다양성 속에서 코먼웰스는 혼란에 빠질 것이 분명하며, 모든 사람들이 자기 눈에 선으로 보이는 것 외에는 더 이상 주권에 복종하지 않을 것이다.

영감을 가장하는 것 또한 널리 퍼진 학설 중에 이런 것이 있다. '신앙과 신성함은 연구와 추론을 통해 얻을 수 있는 것이 아니고, 초자연적 영감 또는 주입을(Inspiration, or Infusion)*7 통해 얻어야 한다'는 것이다. 이 말이 옳다면,

---

*7 Inspiration, Infusion과 함께 '고취' '주입'을 말한다.

사람들이 자기가 신앙을 가진 이유를 왜 설명하는지, 또한 왜 모든 그리스도 교도가 동시에 예언자가 아닌 것인지, 또한 왜 자신의 영감이 아니라 자국의 법을 행위의 규범으로 삼는지 나는 이해할 수 없다. 이러한 생각 때문에 우리는 또다시 우리 자신을 선악의 판단자로 착각하는 오류 또는 초자연적 영감을 부여받았다고 주장하는 사적 개인들을 선악의 판단자로 삼는 오류에 빠져들고, 결국 시민정부를 해체시키기에 이르는 것이다.

신앙은 들음으로써 생기며, 듣는 것은 우리를 설교자 앞으로 이끄는 사건들에 의해 생긴다. 이러한 사건들은 모두 전능하신 하느님에 의해 만들어지는 것이지만, 초자연적이지는 않고, 각각의 결과에 매우 많은 사건들이 경합을 벌이기 때문에 우리 눈에 보이지 않을 따름이다. 신앙과 신성함은 흔히 발생하는 것은 분명 아니지만 그것은 기적이 아니라 교육, 훈련, 교정 및 기타 자연적인 수단에 의해 생기는 것이다. 하느님은 이러한 수단에 의해 그분이 선택한 사람들에게, 그분이 적당하다고 생각하는 때에 작용하는 것이다. 평화와 통치에 몹시 위험한 이들 3가지 견해는 주로 제대로 배우지 못한 성직자들의 혀와 펜에서 생겨난다. 이들이 《성경》 말씀들을 이성적으로 이해할 수 없는 방법으로 엮어서, 사람들로 하여금 신성함과 자연적 이성은 양립할 수 없다는 것을 믿게 만드는 것이다.

주권을 시민법에 복속시키자는 사상 코먼웰스의 본질에 어긋나는 네 번째 견해는 '주권자 권력을 지닌 사람도 시민법에 복종해야 한다'는 것이다. 주권자도 자연법의 지배를 받는다는 것은 분명하다. 자연법은 하느님이 만드셨으며, 그 어떤 인간이나 코먼웰스에 의해서도 폐기될 수 없기 때문이다. 그러나 주권자 자신, 즉 코먼웰스가 제정한 법에 대해서는 그는 복종할 의무를 지지 않는다. 왜냐하면 법에 복종한다는 것은 코먼웰스에, 즉 주권의 대표자에게, 즉 그 자신에게 복종한다는 말이기 때문이며, 그것은 복종이 아니라 법으로부터의 자유를 의미한다. 그것은 법을 주권자보다 위에 두기 때문에 발생하는 오류이며, 그 오류는 재판관도 주권자 위에 두고, 그를 처벌하는 권력도 주권자 위에 둔다. 이것은 새로운 주권자를 만드는 것이며, 같은 이유로 제2의 주권자를 처벌하기 위한 제3의 주권자를 만들고, 이러한 일이 끝없이 지속되면 코먼웰스는 혼란에 빠져 붕괴되고 만다.

절대적인 소유권은 국민에게 있다는 사상 코먼웰스 해체를 부르는 다섯 번째 학설은 '모든 개인은 자신의 재화에 대해 주권자 권리를 배제하는 절대적 소유권을 가지고 있다'는 것이다. 각자는 분명 다른 국민의 권리를 배제하는 소유권을 갖는다. 그는 그 권리를 오로지 주권자에게서만 받으며, 주권자의 보호가 없다면 다른 모든 사람들이 그에 대한 동등한 권리를 가질 것이다. 그러나 만일 그에 대한 주권자의 권리 또한 배제된다면, 주권자는 국민들이 그에게 준 직무를 수행할 수 없게 된다. 이 직무는 국민들을 외적과 서로의 침해로부터 지켜 주는 것이므로, 주권자가 그 직무를 수행할 수 없게 되면, 결국 코먼웰스는 더 이상 존재하지 않게 된다.

그리고 국민들의 소유권이 그들의 재화에 대한 주권자의 권리를 배제하지 않는다면, 사법 또는 처벌을 위한 직무에 대해서도 주권자의 권리는 배제되지 않는다는 것은 말할 필요도 없다. 왜냐하면 이들 직무는 주권자 자신을 대표하기 때문이다.

주권분할설 코먼웰스의 본질에 분명하게, 그리고 직접적으로 어긋나는 여섯 번째 학설은 '주권은 분할될 수 있다'는 것이다. 분할된 권력은 서로를 파괴하기 때문에 코먼웰스의 권력을 분할한다는 것은 코먼웰스를 해체하는 것이다. 이러한 학설들은 주로 법 연구를 직업으로 하는 사람들 사이에서 나오는데, 이들은 입법자의 권력이 아니라 자신들의 학식에 따라 법을 만드는 일에 주목하는 사람들이다.

이웃 국민의 모방 그리고 허위 학설과 마찬가지로 이웃 나라의 통치형태가 사람들의 변덕을 부르기도 한다. 즉 자기들의 통치형태와 다른 이웃 나라의 통치형태를 보고서, 자국의 현 체제를 바꿔보려는 유혹을 받는 것이다. 바로 이런 이유 때문에 유대민족은 하느님을 거부하고, 예언자 사무엘에게 자기들에게도 다른 나라들처럼 왕을 세워달라고 호소했다.[*8] 그리스의 작은 도시들이 귀족파와 민주파의 선동으로 끊임없이 혼란에 빠진 것도 같은 이유 때문이다. 거의 모든 코먼웰스에서 일부는 라케다이몬(*Lacedaemon*) 사람들을 모방하려 하고, 나머지는 아테네 사람들을 모방하려 한다.

또한 최근 잉글랜드에서 일어나는 분쟁들에 대해서도 많은 사람들이 흡족한 눈으로 바라보고 있는데, 이는 저지대의 국가(네덜란드)를 모방하려는

---

*8 〈사무엘상〉 8장. 이 말은 12장에도 언급되어 있다.

마음에서 그런 것임에 틀림없다. 즉 그들은 네덜란드 사람들이 한 것처럼, 통치형태를 바꾸기만 하면 당장 부유해질 것이라 믿는 것이다. 새것에 끌리는 것은 인지상정이다. 그러므로 새로운 방식으로 부유해진 이웃을 보고 자극받았을 때, 변화를 부추기는 사람들의 유혹을 뿌리치기란 거의 불가능하다. 계속되는 무질서로 슬픔이 밀려와도 그 시작을 즐기는 것이다. 이것은 마치 성마른 사람이 옴이 올랐을 때, 그 통증을 참을 수 없을 때까지 계속 손톱으로 긁는 것과 같다.

그리스인과 로마인의 모방　특히 군주정치에 대한 반란일 때에는 가장 흔한 원인 중 하나가 고대 그리스인과 로마인이 쓴 정치서적이나 역사서적을 읽는 것이다. 그런 서적들을 읽음으로써 젊은이들, 그리고 확고한 이성이라는 해독제를 갖추지 못한 사람들은 그리스와 로마의 군대 지휘관들이 세운 혁혁한 전공(戰功)에 강렬하고 매혹적인 인상을 받은 나머지, 그들이 한 그 밖의 모든 일에 호감을 갖고, 또한 그들의 위대한 번영이 개개인들의 경쟁에서 비롯된 것이 아니라, 민중적 정치형태 덕분이라는 생각을 하게 된다. 이때 그들은 빈번한 소동이나 내란이 그들의 정치체제가 불완전함에서 탄생했다는 점은 고려하지 않는다.

자기들의 왕을 시해하려는 기도들도, 단언하건대 모두 그런 책의 영향을 받은 것이다. 왜냐하면 그리스와 라틴의 저술가들은 정치에 대한 책이나 강론을 통해 왕을 한번 폭군으로 규정하면, 그를 살해하는 것은 합법적이며, 찬사할 만한 일이라고 주장하기 때문이다.

즉 그들에 따르면, 그것은 '왕을 살해'하는 것이 아니라, 폭군을 죽이는 '폭군살해'이기 때문에 합법적이라는 것이다. 군주정치 아래에서 사는 사람들은 그런 책을 읽으면서 민중적 코먼웰스에서 사는 국민들은 자유를 누리는데, 자기들은 군주정치 아래에서 모두 노예라는 생각을 품는다. 다시 말하면 군주정치 아래에서 사는 사람들이 그런 생각을 품지, 민중적 정치체제 아래에서 사는 사람들은 그런 생각을 하지 않는다. 그런 일이 없기 때문이다.

요컨대, 사람들이 이런 책들을 읽도록 내버려 두는 것이야말로 군주정치에 가장 해로운 것이다. 그러므로 이런 책에 대해서는 그 독을 제거하기 위한 해독제로서 반드시 분별 있는 교사들의 지도를 받도록 해야 한다. 단언

국가의 병폐
군주정치에 대한 비방을 계속하여 학습받게 되면 강력한 군주를 혐오할 수밖에 없다. 따라서 그를 살해하는 것은 합법적이라고 주장하게 된다. 아이기스토스를 살해하는 오레스테스. 베를린 소장.

하건대, 이 독은 '미친갯병', 의사들이 '공수병(恐水病)', 즉 '물에 대한 공포증'이라고 부르는 질병과 같다. 미친 개에게 물리는데 비교하는 것을 나는 이상하게 여기지 않는다. 미친 개에게 물린 사람은 계속되는 갈증 때문에 고통스러워하면서도 물을 혐오하고, 마치 그 독이 자기를 개로 만들고 있는 것 같은 상태에 빠져든다. 마찬가지로 군주정도 끊임없이 으르렁거리는 민주적 저술가들에게 한 번 깊숙이 물리고 나면, 더 강력한 군주가 필요함에도 불구하고, 일종의 '폭군 공포증', 즉 강력한 통치에 대한 공포 때문에 강력한 군주가 들어섰을 때, 그를 혐오하는 것이다.

인간에게 세 개의 영혼이 있다고 주장하는 사람들이 있었던 것처럼, 코먼웰스에도 하나 이상의 영혼(즉 통치자)이 있을 수 있다고 생각하는 사람들이 있다. 이들은 '주권(통치권)'에 대해서는 '지상권(至上權)'을, '법'에 대해서는 '교회법'을, 그리고 '시민적 권위'에 대해서는 '영적 권위'를 내세운다. 이들은 그것 자체로는 아무 의미도 없는 말이나 대비로 사람들의 마음을 파고드는데, 그러한 말이나 대비는 결국 '요정의 왕국' 같은 또 다른 왕국이 어둠 속에서 (그들에 따르면 눈에 보이지 않게) 떠돌고 있다는 것이다. 시민적 권력과 코먼웰스의 권력은 동일하다. 그리고 지상권, 교회법 제정권, 종교적 기능들을 허용하는 것은 하나의 코먼웰스를 뜻함이 분명하다. 그렇다면 주권자와 입법자와 교회법 제정자가 따로 존재한다는 말이 되는데, 똑같은 국민에 대하여 반드시 두 개의 코먼웰스가 있어야만 이것이 가능하다. 이것은 분열된 왕국이며, 존재할 수 없는 나라이다.

다시 말해 '현세적'인 것과 '영적'인 것이라는 아무 의미도 없는 구별임에도 불구하고 그것들은 역시 두 개의 왕국이며, 모든 국민은 두 주인을 섬기고 있는 것이다. 무엇이 죄인가를 선언하는 권리가 '영적' 권력이라면, 그것은 곧 무엇이 법인가를 선언하는 권리를 주장하는 것이다. (죄는 곧 법을 위반하는 것이기 때문이다)

다른 한편에서는 시민적 권력이 무엇이 법인가를 선언할 권리를 주장하기 때문에 이제 모든 국민은 두 주인을 섬겨야 하고, 두 주인 모두 자신의 명령이 법으로 지켜질 것을 바라지만, 그것은 불가능하다.

그렇지 아니하고 만일 그것이 하나의 왕국이라면 '시민적' 권력, 즉 코먼웰스의 권력이 '영적' 권력에 종속되어 '영적 권력' 이외의 주권은 존재하지 않거나 또는 '영적' 권력이 '현세적' 권력에 종속되어 '현세적' 권력 이외의 지상권은 있을 수 없게 된다. 따라서 이 두 개의 권력이 서로 대립할 경우, 코먼웰스는 내란과 해체라는 커다란 위험에 처하게 된다. 왜냐하면 시민적 권위는 쉽게 눈에 보이고, 자연적 이성의 밝은 빛 속에 있기 때문에 시대를 막론하고 상당수의 국민을 자기편으로 끌어들이고, 영적 권위는 스콜라적 구별과 난해한 말들의 어둠 속에 있기는 하지만, 어둠과 유령에 대한 공포는 다른 공포들보다 더 크기 때문에, 코먼웰스를 괴롭히고, 때로는 파괴하기에 충분한 당파를 형성하는 데 부족함이 없기 때문이다.

이것은 자연인의 육체의 간질(癎疾) 또는 전간(癲癇)에 (유대인들은 이것을 일종의 신들림이라고 생각했다) 비유해도 손색이 없는 질병이다. 비정상적인 정령 또는 바람이 머릿속 신경근(神經根)에 장애를 가져와 격렬하게 움직이게 하고, 두뇌에 들어 있는 혼의 힘에 따라 움직여야 할 운동을 어긋나게 해 신체 각 부분에 발작이라는 격렬하고 불규칙적인 운동을 일으킨다. 이 병에 걸린 사람은 감각을 잃어버린 사람처럼 때로는 물속으로, 때로는 불속으로 뛰어들기도 하는데, 이와 마찬가지로 정치체의 경우도 시민적 권력(코먼웰스의 혼)에 의해 움직여야 할 코먼웰스의 구성원들이, 영적 권력이 행사하는 처벌의 위협과 보수의 기대(코먼웰스의 신경)에 따라 움직이기 시작하고, 또한 난해한 말로 인해 이해력이 질식되는 경우, 국민들은 혼란에 빠지게 마련이고, 이로써 코먼웰스를 제압하거나 또는 코먼웰스를 내란의 불길 속으로 내던지는 것과 같다.

혼합통치　때로는 순수한 시민통치의 정부에도 하나 이상의 혼이 존재한다. 예를 들면, 세금징수권(영양의 기능)은 전체적 합의체에 있고, 지휘권과 명령권(운동의 기능)은 한 사람에게 있으며, 입법권(이성적 기능)은 이들 양자의 동의뿐만 아니라 제삼자의 동의에 있는 경우가 그러하다. 이런 코먼웰스는, 때로는 훌륭한 법률에 대한 동의의 결여 때문에, 그러나 대개의 경우 생명과 운동에 필요한 영양의 결핍 때문에 위험에 빠진다.

그러한 통치는 통치가 아니라 코먼웰스를 세 개의 당파로 분할한 것으로 생각하고 그것을 혼합군주정이라고 부르지만, 그것은 사실상 하나의 독립적 코먼웰스가 아니고 세 개의 독립적 당파이며, 하나의 대표적 인격이 아니라 세 개의 대표적 인격인 것이다. 하느님의 나라에서는 세 개의 독립적 인격이 *9 있을 수 있으며, 그들은 통치하는 하느님의 통일성을 파괴하지 않는다. 그러나 서로 다른 의견을 주장하는 습성을 지닌 인간이 통치하는 곳에서는 그럴 수가 없다. 그러므로 왕이 국민의 인격을 지니고, 전체적인 합의체 또한 국민의 인격을 지니며, 다른 하나의 합의체가 국민 일부의 인격을 지닌다면, 그들은 하나의 인격도 아니요, 하나의 주권자도 아니며, 세 개의 인격과 세 사람의 주권자인 것이다.

코먼웰스의 이러한 기형성을 자연인 몸의 어떤 질병에 비유해야 적당할지 모르겠다. 나는 어떤 사람의 옆구리에서 또 하나의 인간이 자라나 머리와 팔과 가슴과 배를 지닌 것을 본 적이 있다. 만일 반대편 옆구리에서도 또 다른 인간이 자라난다면, 이런 사람에 비유하면 정확할 것 같다.

화폐의 결핍　지금까지 나는 코먼웰스의 질병들 중 가장 위험하고 직접적인 것들을 살펴보았다. 이 밖에도 그 정도로 위험이 크지는 않지만 그냥 지나칠 수는 없는 질병들이 몇 개 더 있다.

---

*9 아버지이신 하느님과 아들인 그리스도 그리고 성령의 삼위일체.

첫째, 코먼웰스에 필요한 만큼의 금전을 조달하기 어려운 경우이다. 이런 일은 특히 전쟁이 임박한 경우에는 문제가 심각해진다. 이러한 어려움은, 모든 국민이 자신의 토지나 재화에 대해 갖는 소유권은 그것들을 사용하는 주권자의 권리를 배제한다는 그릇된 견해 때문에 생긴다. 금전조달이 어려워지면 다음 같은 일이 발생한다. (완강한 국민들 때문에 금전이 국고로 들어오는 길이 막히는 것을 보고,) 코먼웰스의 필요와 위험을 예견한 주권자는 마땅히 처음부터 있는 힘을 다해 그 위험과 정면으로 맞서고 예방해야 하지만, 오히려 지출을 줄일 수 있을 때까지 줄인다. 더 이상 줄일 수 없다면, 작은 금액이라도 얻으려 법망을 이용하여 국민들과 싸운다. 그 액수로 충분하지 않으면 마침내 폭력을 휘둘러 공급할 길을 열거나, 아니면 멸망하는 수밖에 없다. 이러한 극단적인 상황이 자주 발생하면 마침내 국민들의 인내심은 한계에 닿고, 이로써 반란이 일어나 코먼웰스는 멸망하게 된다.

이러한 혼란은 학질(瘧疾)에 비유될 수 있다. 육질(肉質)이 응결되거나 또는 독성물질의 방해를 받으면, 심장으로 혈액을 보내는 정맥은 동맥으로부터 (받아야 할) 혈액을 공급받지 못하게 된다. 혈액의 공급이 중단되면 처음에는 수축현상이 일어나고 손발이 차가워져 떨리게 되고, 다음으로 뜨거워진 심장은 혈액을 보낼 통로를 열기 위해 필사적인 노력을 하게 된다. 그렇게 될 때까지는 일시적이나마 찬 것으로 힘을 얻어 만족한다. (체력이 강할 경우) 심장은 마침내 장애가 일어난 부분의 완강한 저항을 물리치고, 독성을 땀으로 발산시킨다. 반면 (체력이 약할 경우) 환자가 죽음에 이르고 만다.

독점 또는 징수인의 직권 남용 또한 코먼웰스에는 때때로 늑막염과 비슷한 질병이 있다. 그것은 코먼웰스의 재산이 독점이나 공공수입의 초과 징수에 의해 정당한 경로에서 유출되어, 한 사람 또는 소수의 사적 개인이 막대한 부를 쌓도록 집중되는 현상이다. 이것은 늑막염에 걸렸을 때, 혈액이 폐의 박막으로 몰려 열과 통증을 수반하는 팽창이 일어나는 것과 같다.

인기 있는 사람들 또한 유력한 국민의 인기도 (코먼웰스가 그의 충성심을 단단히 경계하지 않으면) 위험한 질병이다. 왜냐하면 (주권자의 지시에 따라 움직여야 할 국민들이) 야심가의 감언이설과 평판에 홀리면, 그 인물됨과 속셈에 대한 아무런 지식 없이 그 사람을 추종하여 법을 벗어나기 때문이다.

그리고 이런 일은 보통 군주정치보다는 민중적 통치체제에서 더 위험하다. 힘이 막강하고 숫자가 많은 군대는, 자기들이 바로 국민이라고 착각하기 쉽다. 이것이 바로 율리우스 카이사르의 수법이었다. 원로원에 대항하여 국민들을 내세운 그는 군대의 사랑을 얻었기 때문에, 마침내 원로원과 국민 모두의 지배자가 되었다. 인기 있고 야심을 지닌 사람들의 이러한 행동은 분명히 반역이며, 마법의 효과와 비슷하다고 할 수 있겠다.

도시가 지나치게 크고, 조합이 너무 많은 것 코먼웰스에 생길 수 있는 또 다른 병은 하나의 도시가 지나치게 비대해지는 것이다. 즉 대군을 유지하기 위한 병력과 경비를 스스로 조달할 수 있을 정도로 도시가 커지는 경우이다. 조합의 수가 아주 많은 경우도 그러하다. 이들은 자연인의 내장에 들어 있는 기생충 같은 것으로서, 큰 코먼웰스의 뱃속에 작은 코먼웰스들이 들어앉는 꼴이다.

플라톤(BC 427~347)
플라톤은 영혼을 크게 불멸하는 영혼과 사멸하는 영혼 두 가지로 나누고, 이를 다시 머리·가슴·배의 신체 각 부분으로 배치했다. 영혼의 능력으로는, 머리에 사고능력의 이성, 가슴에 감정 또는 정서, 배에는 욕구능력 등 세 가지가 자리잡고 있다고 했다.

주권자 권력에 반박하는 자유 여기에 한 가지 덧붙인다면 정치적 사려가 깊다고[10] 자부하는 자들이 절대권력에 대해 논쟁하는 것을 그냥 내버려두는 것도 하나의 병이다. 그들은 대부분 국민의 쓰레기 속에서 자라났지만, 그릇된 학설을 통해 활력을 얻으며, 끊임없이 기본법들에 대해 간섭하여 코먼웰스를 훼방한다. 이들은 의사들이 '회충'이라 부르는 기생충과 같다.

이 밖에도 몇 가지가 더 있다. '다식증(多食症)'에 해당하는 만족할 줄 모르는 영토확장의 욕구가 있는데, 이로 인해 적으로부터 자주 치료 불가능한 '상처'를 입는다. 또한 '혹'에 해당하는 정복지들이 흩어져 있을 수 있다. 그것

---

[10] Juris prudence가 '법학'인 것처럼 Political prudence도 '정치학'이라고 해석해도 좋을 것이다.

은 때때로 무거운 짐이 되며 유지하는 것보다는 차라리 버리는 편이 위험이 적다. 또한 '기면증(嗜眠症)에 해당하는 안일(安逸), '폐병'에 해당하는 낭비 등이 있다.

코먼웰스의 해체　마지막으로, 전쟁이 벌어져 (내전이든 외란이든) 적이 최종 승리를 거둔 경우, (코먼웰스의 군대가 더 이상 전선(戰線)을 유지할 수 없어) 충성스런 국민들을 더 이상 보호할 수 없게 되었을 때 코먼웰스는 해체되고, 모든 사람은 자신의 재량에 따라 스스로를 보호할 자유를 얻는다.

주권자는 코먼웰스에 생명과 운동을 부여하는 공공의 혼인데, 이 혼이 소멸하면 구성원들은 더 이상 그것의 지배를 받지 않기 때문이다. 이것은 일단 사람의 몸에서 혼이 떠나면 (불멸의 혼이라 할지라도) 시신이 더 이상 혼의 지배를 받지 않는 것과 같다. 즉 주권자인 군주의 권리는 다른 사람의 행위에 의해 소멸될 수 없는 것이기는 하지만, 구성원의 의무는 소멸될 수 있다.

보호를 구하는 자는 그것을 어디에 요청해도 되며, 원하는 보호를 얻었을 때에는 새 주권자가 자기를 보호해 줄 수 있는 한, 새 주권자를 보호할 의무가 있기 때문이다. (두려움 때문에 굴복했다는 이유를 내세워 겉으로만 복종하는 척하면 이것은 기만이다) 그러나 합의체의 주권이 일단 붕괴되면, 합의체의 권리도 완전히 사라진다. 합의체 자체가 절멸했기 때문이며, 결국 주권이 다시 그 합의체로 들어갈 가능성이 없기 때문이다.

30 주권을 지닌 대표자의 직무

국민의 이익 획득　주권자(통치자)의 직무는 (군주든 합의체든) 그가 주권을 위임받은 목적, 즉 '국민 안전'의 획득에 있다. 그것은 자연법에 의해 그렇게 하도록 부과된 의무이며, 그는 자연법의 창조자인 오직 하느님에 대해서만 그 책임을 지도록 의무가 부여되어 있다. 그러나 여기서 말하는 안전은 단순한 생명의 유지가 아니라 생활상의 만족, 즉 모든 사람이 코먼웰스에 위험이나 해를 가하지 않고, 합법적 근로에 의해 모든 생활상의 만족도 획득할 수 있는 것을 의미한다.

지도와 법에 따라　이러한 직무는 개개인에 대한 보호가 아니라, 보편적 배려의 형태로 수행되어야 한다. 개개인에 대한 보호는 그들이 불평을 호소할 경우 권리침해를 막아 주는 데 그친다. 보편적 배려는 학설과 사례를 통한 공공적 지도와 우수한 개개인이 자신의 상황을 적용시킬 수 있는 좋은 법의 제정 및 집행을 통해 나타난다.

주권자가 근본적인 권리를 포기하는 것은 그 의무에 어긋난다　주권의 근본적 권리(18장에서 자세히 논했던)가 제거되면 코먼웰스는 해체되고, 만인은 만인에 대한 투쟁 상태와 그 참화로 되돌아간다. 이것은 이 세상에서 일어날 수 있는 최대의 재난이다. 그러므로 그러한 권리를 완전히 유지하는 것이 주권자의 직무이다.

따라서 첫째, 그 권리 가운데 어느 하나라도 타인에게 양도하거나 포기하는 것은 그의 의무에 위배된다. 왜냐하면 수단을 포기하는 것은 곧 목적을 포기하는 것이기 때문이다. 스스로 주권자이면서 그 수단을 포기하는 것은 그 자신이 시민법에 복종하는 것을 인정하고, 나아가서 다음의 권력을 포기하는 것을 의미한다. 즉 최고의 사법권력, 자신의 권한에 의해 전쟁을 일으키거나 강화(講和)하는 권력, 코먼웰스에 필요한 것을 판단하는 권력, 자신의 양심에 따라 필요하다고 판단하는 때에 필요한 만큼의 화폐를 징수하고 병사를 징집하는 권력, 전시와 평시를 막론하고 관리와 대행자를 임명하는 권력, 교사를 임명하고 국민의 방위와 평화 및 이익에 부합하는 학설과 위배되는 학설을 심사하는 권력을 포기하는 것이다.

주권자의 권리에 대한 근거를 국민이 알도록 주의하지 않은 것도 의무에 어긋난다 둘째, 주권자의 근본적 권리에 대한 근거 및 이유를 국민에게 알리지 않거나, 잘못 알도록 내버려 두는 것도 주권자의 의무에 반하는 일이다. 왜냐하면 그와 같이 내버려 둘 경우, 코먼웰스가 그 권리의 사용과 행사를 필요로 할 때, 국민은 저항의 유혹에 빠져들기 쉽기 때문이다.

그리고 이러한 권리의 근거를 열심히 그리고 올바르게 가르칠 필요가 있다. 왜냐하면 그것은 어떤 시민법이나 법적 처벌의 위협으로도 유지될 수 없는 것이기 때문이다. 반란(기타 주권자의 근본적 권리에 대한 모든 저항)을 금지하는 시민법은 시민법에 의한 의무가 아니라, 성실의 유린을 금지하는 자연법에 의해서만 의무가 된다. 만일 사람들이 이 자연적 의무를 모른다면, 그들은 주권자가 제정하는 어떠한 법에 대한 권리도 알 수 없게 된다. 그리고 처벌에 대해서도 적대행위로만 여기고, 자기들이 충분한 힘을 갖고 있다고 생각하는 경우에는 적대행위로써 그 처벌을 피하려고 노력할 것이다.

절대주권을 변호하는 어떠한 이성적 원리로 있을 수 없다고 하는 사람들의 반대 어떤 이들은 이렇게 주장한다. '정의라는 것은 실체가 없는 빈말일 뿐이다. 자기의 힘과 재주로 얻을 수 있는 것은 무엇이든 자기 것이다. 전쟁상태에서뿐만 아니라 코먼웰스에서도 그렇다.' 나는 이것이 허위임을 이미 보여주었다.

또 이렇게 주장하는 사람들도 있다. '주권의 근본적 권리들이 절대적인 것이라고 인정할 근거도 없고, 이성의 원리도 없다. 만일 그런 것이 있다면 이미 어디에선가 발견되었을 터인데, 지금까지 그러한 권리가 인정되거나 논의된 코먼웰스는 아무데도 없다.'

이 주장도 잘못된 것이다. 마치 아메리카 야만인들이 지금까지 무거운 자재들로 지어진 집을 한 번도 본 일이 없기 때문에, 그런 자재들로 오랫동안 견딜 수 있는 집을 지을 수 있는 근거나 또는 이성의 원리는 존재하지 않는다고 부정하는 것이나 마찬가지이다. 시간과 노동은 날마다 새로운 지식을 생산한다. 훌륭한 건축기술은 이성의 원리에서 생긴다. 이것은 인류가 (서툴

게나마) 집을 짓기 시작한 이래, 자재의 성질이나 형태와 균형의 다양한 효과에 대하여 오랫동안 연구한 부지런한 사람들의 관찰에 의해 밝혀진 것이다. 마찬가지로 오랜 세월 동안 인간이 세운 코먼웰스들이 불완전하고 무질서로 되돌아가기 쉬웠다 하더라도, 근면하

이성의 원리
훌륭한 건축기술은 이성의 원리에서 생긴다. 근면한 자에게는 영속적 구조를 지닌 국가를 세울 수 있는 이성의 원리가 펼쳐질 것이다. 카를 대제가 교회 건설 진행 상황을 둘러보고 있는 장면(1497).

게 성찰하는 자에게는 (외부의 폭력에 의한 경우를 제외하고) 영속적인 구조를 지닌 코먼웰스를 세울 수 있는 이성의 원리들이 발견될 것이다.

내가 이 글에서 설명해 온 것이 바로 그러한 원리들이었다. 이러한 이성의 원리들이 이것을 활용할 능력이 있는 권력자의 눈에 띄거나, 아니면 그들이 이를 무시할 수도 있지만, 그것은 현재 나의 관심사가 아니다. 그러나 내가 제시한 원리들이 설령 이성의 원리가 아니라고 할지라도, 나는 이것들이 《성경》의 권위에서 나온 원리라고 확신한다. 이 점에 대해서는 모세가 통치한 하느님의 나라, 즉 언약에 의한 하느님의 특별한 국민인 유대민족에 대해 논의할 때 분명히 설명할 것이다.

대중의 무능력을 이유로 하는 반대 그들은 또한 '설령 그 원리들이 옳다고 할지라도 일반대중은 그것을 이해할 만한 충분한 능력을 갖고 있지 않다'고 말한다. 바라건대, 왕국의 부유하고 유력한 국민들이나 가장 박식하다는 사람들이 일반대중보다 무식하지 않다면 좋으련만. 이러한 종류의 학설을 이해하지 못하는 것은 문제가 어려워서가 아니라, 배워야 할 사람의 이해관계 때문이라는 사실을 모르는 사람은 없다.

힘이 있는 사람들은 그들의 정념을 억제하는 권력의 수립은 무엇이든 이해하지 못하고, 박식한 사람들은 그들의 오류가 드러남으로써 권위가 훼손되는 것은 무엇이든 이해하지 못한다. 반면 일반대중의 정신은, 힘 있는 사람들에 대한 의존으로 오염되거나, 박사들이 자기들 의견을 낙서해 놓지 않은 한 백지와 같아서 공적 권위에 의해 명기된 것은 무엇이든 쉽게 받아들인다.

온 국민에게 이성을 초월한 그리스도교의 위대한 신비에 '묵묵히 따르게' 하고, 수백만의 사람들에게 동일 성체(聖體)가 같은 시간에 곳곳에 존재할 수 있다는, 역시 이성에 반하는 교리를 믿게 하는 마당에, 편견 없는 사람이라면 듣는 즉시 이해가 될 이성에 부합하는 것을 법으로 보호된 가르침과 설교를 통해 대중들에게 가르치는 것이 무엇이 그리 어렵겠는가?

그리하여 나는 다음 같은 결론을 내린다. 국민에게 주권의 근본적 권리(자연법이자 기본법인)들을 가르치는 일은, (주권자가 완전한 권력을 가지고 있는 한) 조금도 어렵지 않다. 어려움이 있다면, 주권자 자신의 허물에서 비롯되거나, 또는 그가 코먼웰스의 운영을 믿고 맡긴 사람들의 허물에서 비롯될 뿐이다. 그러므로 주권의 근본적 권리들을 국민들에게 가르치는 것은 그의 의무이다. 의무일 뿐 아니라 그의 이익이기도 하며, 반란으로 인해 그의 자연적 인격에 가해질 수 있는 위험에 대한 안전보장이다.

국민들이 통치형태의 변경을 바람직하게 여기지 않도록 가르쳐야 한다 구체적으로 살펴보면 첫째, 이웃 나라들의 통치형태를 보고 자기들 것보다 더 좋다고 생각하지 않도록 국민들을 가르쳐야 한다. 또한 (이웃 나라가 지금 아무리 번영을 누리고 있더라도) 그들을 본받아 통치형태를 바꾸려는 생각을 하지 않도록 해야 한다. 귀족적 또는 민주적 합의체에 의해 통치되는 국민의 번영은 귀족정치나 민주정치에서 오는 것이 아니라 국민들의 복종과 화합에서 오기 때문이며, 군주정치 아래의 국민이 번영을 누리는 것은 한 사람이 통치권을 쥐고 있어서가 아니라, 그들이 그에게 복종하고 있기 때문이다.

어떤 국가든, 복종이 (즉 국민의 화합이) 사라지면 그들은 번영하지 못할 뿐 아니라 얼마 가지 않아 해체될 것이다. 그리고 코먼웰스를 개혁할 목적으로 불복종을 자행하는 사람들은 그것이 코먼웰스를 파괴하는 일임을 알게 될 것이다. 이것은 (신화에 나오는) 펠리아스의 어리석은 딸들이 노쇠한 아버지의 회춘을 위해서 메디아(Medea)의 처방에 따라, 아버지의 몸을 잘라 이상한 약초와 함께 끓였으나, 아버지를 새 사람으로 만들어 내지 못한 것과 같다. 이 같은 변화의 갈망은 하느님의 십계명 가운데 제1계명을*¹ 위반하는 것과 마찬가지이다. 하느님이 이르시되, "너는 나 외에는 다른 신들을 네게 두지 말라"고 했는데, 다른 곳에서는 '왕들'이 바로 '신들'이라고 했다.

(주권자에 대립하여) 명망있는 사람들에게 복종하지 않는 것 둘째, 동포 국민 가운데 코먼웰스에서 아무리 탁월하고 빛나는 인물이 있다 하더라도, 또한 (주권 합의체 이외의) 그 어떤 합의체가 그렇더라도, 그의 미덕을 칭송한 나머지, 오직 주권자에게만 바쳐야 할 복종과 존경을 그에게 바쳐서는 안 된다는 것을 국민에게 가르쳐야 한다. 그들은 (각자의 지위에서) 주권자의 대리자일 뿐이다. 따라서 국민들은, 그들이 주권자의 권한에 근거하여 그들에게 전달하는 것밖에는 어떠한 영향도 받아서는 안 된다.

국민들이 명망가들의 감언이설에 속아 자신에 대한 충성심이 희박해지는 것을 보고도 질투하지 않고 묵인한다면, 그런 주권자는 결코 국민을 사랑한다고 할 수 없다. 국민들은 지금까지 때때로 그래왔던 것처럼 비밀리에, 심지어는 공공연하게 왕에 대한 충성을 버리고 '교회의 문앞에서', 설교자의 주재 아래 명망가들과의 결혼을 선언하고, 나아가 그 사실을 큰길에서 공표하기까지 한다. 이것은 십계명 중 제2계명의*² 유린에 비유될 수 있다.

주권자의 권력에 대하여 논박하지 않을 것 셋째, 위에서 말한 내용의 당연한 귀결로서 주권을 지닌 대표자(한 사람이든 합의체이든)를 헐뜯거나 그의 권력에 대해 논의 또는 논박하거나, 그의 이름을 불경하게 사용하는 것이 얼마나 큰 잘못인지를 국민들에게 반드시 알려야 한다. 그런 일이 일어나면 국민들은 주권자를 업신여기게 되고, 국민의 복종(코먼웰스의 안전은 이 안에 있다)이 약화된다. 이 교의는 제3계명과*³ 비슷하다.

---

*¹ 모세 십계 가운데 첫 번째 "너는 나 외에는 다른 신들을 네게 두지 말라."(출애굽기 20장 3절)

*² "너를 위하여 새긴 우상을 만들지 말고 또 위로 하늘에 있는 것이나 아래로 땅에 있는 것이나 땅 아래 물 속에 있는 것의 어떤 형상도 만들지 말며, 그것들에게 절하지 말며 그것들을 섬기지 말라. 나 네 하느님 여호와는 질투하는 하느님인즉 나를 미워하는 자의 죄를 갚되 아버지로부터 아들에게로 삼사대까지 이르게 하거니와, 나를 사랑하고 내 계명을 지키는 자에게는 천 대까지 은혜를 베푸느니라."(출애굽기 20장 4~6절)

*³ "너는 네 하느님 여호와의 이름을 망령되게 부르지 말라. 여호와는 그의 이름을 망령되게 부르는 자를 죄 없다 하지 아니하리라."(출애굽기 20장 7절)

국민들에게 의무를 교육할 시간을 별도로 마련할 것   넷째, 국민을 교육시키기 위해 그들의 일상적인 노동과 다른 별도의 시간을 마련하고 그 시간에는 그들을 가르치도록 임명된 교사들에게 가서 배우게 해야 한다. 그렇게 하지 않으면 국민들은 이것을 배울 수 없으며, 배웠다 하더라도 기억하지 못하고, 나아가 한 세대가 지나면 주권적 권력이 누구에게 있는지조차 모르게 된다. 교육시간이 정해지고, 그 시간에 모두 모이면 (먼저 주권자들의 주권자이신 하느님께 기도하고 찬양한 뒤) 국민들에게 그들의 의무를 들려주고, 그들 모두에게 보편적으로 관계된 실정법을 읽어주고 설명해주고, 그 법을 만든 권력자가 누구인지를 마음에 새기게 할 필요가 있다.

이러한 목적을 위해 유대인들은 이렛날을 '안식일'로 정하여, 율법을 낭독하고 설명했다. 그들은 이러한 엄숙한 의식을 통하여 그들의 왕이 하느님이라는 것, 하느님은 엿새 동안 세상을 창조하고, 일곱째 날에 쉬었다는 것을 마음에 새겼으며, 그날은 아무 일도 하지 않고 휴식함으로써, 바로 그 하느님이 그들의 왕으로서 그들을 이집트, 즉 노예가 되어 고통스런 노역을 하던 곳으로부터 인도하여 내고, 하느님의 영광을 찬양한 뒤에는 합법적인 유흥 시간을 즐길 수 있게 해 주었음을 마음에 새겼다.*4

이렇듯 십계명의 첫째 돌판에는*5 하느님의 절대 권력의 요지(要旨)가 새겨져 있는데, 이 권력은 하느님으로서의 권력뿐만 아니라, 특히 약속(pact)에 의한 유대인의 왕으로서의 권력이다. 따라서 이 돌판은 사람들의 동의에 의해 주권적 권력을 부여받은 사람들이 국민들에게 어떠한 학설을 가르쳐야 하는가를 알려 주는 빛이 된다.

부모를 공경할 것   자녀들의 최초 교육은 부모의 보살핌에 달려 있으므로 자녀들은 부모 슬하에 있는 동안에는 부모에게 순종할 필요가 있다. 또한 나중에도, (보은의 자연법이 가르치는바)*6 자녀들은 겉으로 드러나는 존경의 표시를 통해 부모의 교육이 주는 편익을 인정해야 한다.

이를 위해 자녀에게 가르쳐야 할 것은, 모든 아버지는 본디 자녀들에 대해 생사여탈권을 가진 자녀의 주권자였다는 점, 각 가족의 아버지들은 코먼웰

---

*4 십계의 네 번째는, "안식일을 기억하여 거룩하게 지키라."(출애굽기 20장 8절)
*5 The First Table of the Commantdements. 이것은 십계의 전반을 가리킨다.
*6 보은(Gratitude)은 제4 자연법이다.

스를 세울 때 절대권력을 양도한 경우에도 그들이 베푼 교육의 대가로 자녀로부터 마땅히 받아야 할 존경의 권리까지 포기한 것은 아니라는 점 등이다. 왜냐하면 그러한 권리의 포기는 주권 설립에 필요하지도 않거니와, 만일 자녀가 성장한 뒤 그로부터 받는 이익이 다른 사람으로부터 받는 이익과 다르지 않다면, 자녀를 낳고 싶어할 이유도 없고, 키우고 가르치느라 노심초사할 이유도 없을 것이기 때문이다. 이것은 제5계명에*7 부합한다.

침해 행위를 하지 않을 것 또한 모든 주권자는 국민들이 정의를 배우도록 해야 한다. 정의란, 다른 사람의 것을 빼앗지 않는 것이다. 바꿔 말하면, 주권자의 권위에 의해 인정된 이웃의 것을 폭력이나 사기로 빼앗지 않도록 가르쳐야 한다. 소유권에 따라 지니고 있는 것 가운데 가장 귀중한 것은 자신의 생명과 몸이

이아손과 메디아

신화에 나오는 펠리아스는 이아손의 왕위를 찬탈한 이아손의 숙부로, 그는 이아손에게 황금양털을 구해오면 왕위를 내어주겠노라고 약속한다. 갖은 고초 끝에 마녀 메디아의 도움을 얻어 황금양털을 구해 왔으나, 펠리아스는 약속을 지키지 않는다. 그러자 마녀 메디아는 그의 딸들에게 아버지의 회춘을 위한 처방을 일러 준다.

며, 그 다음 중요한 것은 (대부분의 사람에게) 부부의 애정과 관련된 것이고, 그 다음이 재산과 생활수단이다.

그러므로 국민에게 가르쳐야 할 것은, 개인적 복수를 위해 다른 사람의 몸에 폭력을 가하지 말 것, 부부의 정조를 짓밟지 말 것, 남의 재물을 강탈

---

*7 "네 부모를 공경하라. 그리하면 네 하느님 여호와가 네게 준 땅에서 네 생명이 길리라."(출애굽기 20장 12절)

하거나 사기에 의해 횡령하지 말 것 등이다. 이러한 목적을 위해 국민들에게 재판관의 수뢰(受賂)나 허위 증언으로 인한 잘못된 판결이 어떤 해로운 결과를 불러오는지를 보여 줄 필요가 있다. 그렇게 되면 소유권의 구별이 사라지고, 판결은 효과를 잃고 만다. 지금까지 말한 것들은 제6, 7, 8, 9계명과*8 밀접하다.

이 모든 것들을 진심으로 성실히 수행할 것 마지막으로 국민들에게 가르쳐야 할 것은, 옳지 못한 행위뿐만 아니라 그러한 행위를 하려는 계획이나 의도 자체도 (우연에 의해 실행되지 않았다 하더라도) 불의라는 것이다. 행위의 비정규성과 마찬가지로 의지의 타락도 불의이다. 이것이 바로 제10계명이*9 가르치는 바이며, 둘째 돌판의 요지이다. 그것은 "네 이웃을 네 자신과 같이 사랑하라"는 서로 사랑하고 아끼라는 계명으로 요약된다. 첫째 돌판의 요지가, 그들이 그때 새로이 왕으로 영접한 '하느님에 대한 사랑'으로 요약되듯이.

대학의 효용 그러면 국민은 어떤 수단과 과정을 통해 이러한 가르침을 받을 수 있는가? 이를 알려면 우리는 먼저 인류의 평화와 대치되는 수많은 견해들이 박약한 근거와 잘못된 원리에 기초한 것임에도 불구하고, 국민들 사이에 어떻게 그토록 깊이 뿌리내렸는지 그 수단부터 살펴보아야 한다.

그릇된 견해들이란 앞장[29장]에서 자세히 말한 다음과 같은 것들이다. 즉 무엇이 합법적이고 무엇이 비합법적인지를 판단하는 것은 법이 아니라 자신의 양심, 즉 자신의 판단력으로 판단해야 한다는 주장, 국민이 코먼웰스의 명령에 따른다고 할지라도 스스로 먼저 합법적이라고 판단하지 않은 경우에는 죄를 짓는 일이라는 주장, 자기 재산에 대한 소유권은 배타적인 것으로서 이에 대한 주권자의 지배권을 배제한다는 주장, 국민들이 폭군으로 규정한 자를 살해하는 것은 그들로서는 합법적이라는 주장, 주권자 권력은 나누어질 수 있다는 주장 및 이와 유사한 주장들이다. 이것이 국민들 사이에 주입되는 과정은 다음과 같다.

---

*8 "살인하지 말라. 간음하지 말라. 도둑질하지 말라. 네 이웃에 대하여 거짓 증거하지 말라."(출애굽기 20장 13~16절)

*9 "네 이웃의 집을 탐내지 말라. 네 이웃의 아내나 그의 남종이나 그의 여종이나 그의 소나 그의 나귀나 무릇 네 이웃의 소유를 탐내지 말라."(출애굽기 20장 17절)

필요 또는 탐욕으로 인해 자신의 사업과 노동에 열중하는 사람들과 반대로 재산이 남아돌거나 게으름 때문에 감각적 쾌락을 탐닉하는 사람들(이 두 부류의 사람들이 인류의 대부분을 차지한다)은, 자연적 정의(正義) 문제를 포함한 모든 학문에 있어서의 진리 탐구에 반드시 요구되는 깊은 성찰과는 거리가 멀다. 따라서 그들은 주로 설교대의 성직자들에게서 그들의 의무를 배운다. 또 부분적으로는 그들의 이웃이나 친지 가운데 말주변이 좋아 똑똑해 보이고, 법과 양심 문제에 대해 아는 것이 많아 보이는 자들에게서 배운다. 그리고 성직자 및 학식을 자랑하는 이들은 그들의 지식을 대학과 법률학교에서, 또는 그러한 법률학교와 대학의 저명한 사람들이 펴낸 책에서 얻는다. 이로써 다음 사실을 분명히 알 수 있다. 국민의 교육은 오로지 대학에서 젊은이들을 올바르게 가르치는 일에 달려 있다(이렇게 말할 사람이 있을지도 모르겠다).

'영국의 대학들은 그럴 만한 충분한 학식을 이미 갖추고 있지 않은가?' 또는 '그러면 당신이 대학들을 가르치겠다는 것인가?' 어려운 질문이긴 하지만, 첫 번째 질문에 대해서는 주저 없이 이렇게 대답할 수 있다. 헨리 8세 말까지 코먼웰스의 권력과 대립되는 교황권을 옹호한 것은 주로 대학들이었다. 그곳에서 교육을 받은 수많은 설교자와 법률가 및 기타 인사들이 왕의 주권에 반대하는 학설을 주장한 점은, 대학이 그러한 잘못된 학설의 발원지는 아니었다 할지라도, 적어도 진리를 어떻게 심어야 하는지를 모르고 있었다는 충분한 증거이다. 대학에서 그들을 충분히 가르치지 못했기 때문에 그와 같은 상반된 의견이 난무하는 것이다. 그러므로 그들이 대학에서 처음 맛들인, 시민적 권위에 반항하는 미묘한 맛의 술을 지금까지 즐기고 있는 것도 전혀 이상할 것이 없다. 그러나 두 번째 질문에 대해서는 긍정이든 부정이든 내가 답변하는 것은 적절하지도 않고 필요하지도 않다. 내가 지금 무엇을 하고 있는지를 보는 사람은 누구나 내가 무슨 생각을 하고 있는지 쉽게 알 수 있을 것이기 때문이다.

국민의 안전을 위해서는 주권자의 공평한 재판이 있어야 한다　또한 국민의 안전을 위해, 주권을 가진 사람(들)은 모든 계층의 국민들이 평등한 재판을 받을 수 있도록 해야 한다. 다시 말하면 부유하고 권세 있는 사람들이나, 가난하고 이름 없는 사람들도 모두 침해당한 권리를 회복할 수 있어야 한다. 상층민이 하층민에게 폭력을 가하고 불명예를 안기거나 그 밖에 어떤 침해를 한 경우, 하층민이 상층민에게 가한 것보다 가벼운 처벌을 받을 것으로 기대하게 해서는 안 된다. 왜냐하면 바로 여기에 공정성이 있기 때문이다. 공정성은 자연법의 계율이기 때문에, 주권자로부터 최하층의 비천한 국민에 이르기까지 모두 복종해야 한다.

모든 범법행위는 코먼웰스에 대한 범죄이지만, 그 중 일부는 동시에 사적 개인에 대한 범죄이기도 하다. 코먼웰스에만 관계된 범죄는 공정성의 원칙을 무너뜨리지 않고도 사면될 수 있다. 누구든 자기가 당한 일에 대해서는 자신의 재량에 따라 용서해도 되기 때문이다. 그러나 사적 개인에 대한 범죄는 공정성의 원칙상, 피해자의 동의나 합리적인 배상 없이는 사면이 허용되지 않는다.

국민들의 불평등은 주권자 권력의 법령에서 나오므로 주권자 앞, 즉 법정에서는 국민들 사이에 불평등이 존재할 여지가 없다. 이것은 왕 중의 왕, 바로 하느님 앞에서는 코먼웰스의 왕과 국민 사이에 불평등이 존재하지 않는 것과 같다.

상층민의 명예는 그들이 하층계급 사람들에게 어느 정도 은혜와 도움을 베푸는가에 따라 가치가 매겨져야 한다. 그렇지 않으면 어떠한 명예도 없다. 그리고 그들이 행한 폭력, 억압 기타 침해행위는 상층민이기 때문에, 죄가 경감되지 않고 오히려 가중된다. 그들은 그런 죄를 저지를 필요가 훨씬 적기 때문이다. 상층민을 옹호하면 다음 같은 결과가 생긴다. 사면은 상층민의 오만을 낳고, 오만은 하층민의 증오를 낳으며, 증오는 모든 억압적이고 오만불손한 상층민을, 설령 코먼웰스의 파멸을 수반한다 해도, 타도하려는 노력을 낳는다.

조세의 평등 평등한 정의는 평등한 과세를 포함한다. 과세의 평등은 재산에 대한 평등이 아니라 저마다 자기의 방위에 대해 코먼웰스에 진 채무의 평등에 근거한다. 노동만으로 인간의 생명이 유지되지는 않는다. 필요하면 노동의 안전을 확보하기 위해 싸워야 할 때도 있다. 유대인들은 포로생활에서 풀려나 귀환한 뒤 한 손으로는 신전을 재건하고, 다른 손에는 칼을 들거나 아니면 자기를 위해 싸워 줄 사람들을 고용해야 했다. 즉 주권자가 국민에게 부과하는 모든 세금은 개개인이 저마다 사업과 직분을 실행하는 것을 지키기 위해 공공의 칼을 든 사람들에게 당연히 지불해야 할 임금이다. 이러한 공공의 칼 덕분에 각자가 생명의 혜택을 누리는 것이며, 이것은 가난한 사람에게나 부자에게나 똑같이 고귀한 것이다. 따라서 자기의 생명을 지켜주는 자들에 대해서는 가난한 사람의 부채나 부자의 부채가 전적으로 같다. 단지 부자의 경우, 가난한 사람의 서비스를 받고 있기 때문에 자신의 인격에 대한 부채를 지고 있다는 점이 다르다.

이 점을 고려할 때, 과세의 평등은 동일한 소비에 대해 동일한 과세를 매기는 소비의 동등성에 기초한 것이지 소비하는 자의 재산이 동일하다고 해서 동일한 과세를 매기는 재산의 동등성에 기초한 과세는 아니다. 왜냐하면 더 많은 노동을 하고, 노동의 과실을 더 많이 저축하고 절약한 사람이, 게을러서 소득이 적고, 버는 대로 다 써버리는 사람보다 더 많은 세금을 내야 할 이유가, 앞사람이 뒷사람보다 코먼웰스의 보호를 더 많이 받는 것도 아님을 생각할 때 도대체 어디 있겠는가? 개개인이 소비한 것에 대해 세금을 부과하면 모든 사람이 자기가 사용한 것에 대해 평등하게 지불하는 것이고, 코먼웰스 또한 개인들의 사치스런 낭비에 의해 사취당할 염려도 없다.

공공에 의한 구제　또한 피치못할 사유로 인해 자신의 노동으로 생활을 꾸려갈 수 없게 된 사람들이 많은데, 이런 사람들은 사적 개인들의 자선행위에 맡겨 놓을 것이 아니라, 코먼웰스의 법으로 최소한의 생활필수품을 지급받도록 해야 한다. 왜냐하면 무능력자를 외면하는 것이 무자비한 일인 것처럼, 코먼웰스의 주권자가 그들을 불확실한 자선의 변덕에 버려두는 것 또한 무자비한 짓이기 때문이다.

태만의 예방　그러나 몸이 튼튼한 사람들의 경우에는 사정이 다르다. 그들은 노동을 하도록 강제해야 하며, 일거리가 없다는 변명을 하지 못하도록 해운·농업·어업 및 노동을 요구하는 모든 수공업 기술을 장려하는 법률이 있어야 한다.

그럼에도 신체 강건한 빈민의 수가 계속 증가할 경우 그들을 인구가 적은 나라로 이주시켜야 한다. 하지만 그들이 그곳에 이미 살고 있는 사람들을 몰살해서는 안 된다. 함께 살 수 있는 여지를 확보하는 데 그쳐야 한다. 또한 광대한 지역을 배회하면서 식량을 얻으려고 할 것이 아니라, 작은 토지를 노동과 기술로써 일궈, 계절에 맞는 수확을 하도록 강제해야 한다. 그리고 전

세계가 인구과잉이 된 경우, 최후의 구제책은 전쟁이다. 전쟁은 모두에게 승리 아니면 죽음을 안긴다.

우수한 법이란 무엇인가 우수한 법의 제정도 주권자가 해야 할 일 가운데 하나이다. 그러면 우수한 법이란 어떤 법인가? 내가 말하는 우수한 법은 정의로운 법이 아니다. 정의롭지 않은 법은 있을 수 없기 때문이다. 법은 주권자가 만들며, 주권자가 하는 모든 행위는 국민 각자가 승인한 일이며, 또한 각자가 그 행위의 당사자이다. 따라서 이러한 행위에 대해 불의라고 말할 수 있는 사람은 아무도 없다. 코먼웰스의 법은 경기의 규칙과 같다. 모든 경기자가 합의한 규칙은 그들 가운데 어느 누구에게도 불의가 아니다. 우수한 법이란 '국민의 선'을 위해 '필요한' 동시에 '이해하기 쉬운' 법을 말한다.

필요한 것 법(그것은 권위를 부여한 규칙이다)의 효용은 국민의 자유의사에 따른 활동을 구속하는 것이 아니라, 그들이 충동적인 욕구나 성급함, 무분별함 때문에 다치는 일이 없도록 그들을 지도하고, 행동 범위를 제한하는 데 있다. 이것은 꼭 울타리가 보행자의 길을 가로막기 위해서가 아니라, 길을 따라 걷게 하기 위해 세워져 있는 것과 같다. 따라서 불필요한 법은 법의 진정한 목적을 지니지 않으므로 우수한 법이 아니다.

어떤 법이 주권자에게 이익이 된다면 국민들에게는 필요 없다 해도 우수한 법이라고 생각할 수도 있겠지만, 그것은 그렇지 않다. 왜냐하면 주권자의 행복과 국민의 행복은 서로 나뉠 수 없기 때문이다. 약한 국민을 거느린 자는 약한 주권자이며, 약한 국민이란 자신의 의지대로 지배하기 위한 권력이 결여된 주권자 아래에 있는 사람들이다.

불필요한 법은 우수한 법이 아니라, 주권자의 부를 쌓기 위한 책략일 뿐이다. 주권자의 권리가 인정된 곳에서 그러한 책략은 불필요하며, 그것이 인정되지 않은 곳에서는 국민을 보호하기에 불충분하다.

명료성 명료성은 법의 이해하기 쉬운 조문 자체에 있는 것이 아니라, 입법의 취지와 동기를 분명히 밝히는 데 있다. 즉 입법자의 의도가 분명히 드러난 법이 명료한 법이다. 입법자의 의도가 분명하려면, 법은 단어 수가 많은 것보다는 적은 편이 이해하기 쉽다. 왜냐하면 모든 단어는 중의적으로 해석되기 쉬우며, 따라서 법 본문의 단어 수가 증가하면 중의성도 증가하기 때문이다. 게다가 용어 선택이 지나치게 세심하면, 조문에 언급되지 않은 사

성물을 약탈해 가는 로마군
유대인들은 포로생활에서 풀려나자, 한 손은 신전을 재건하고 다른 한 손에는 칼을 들어야 했다. 70년 유대−로마전쟁에서 티투스가 이끄는 로마군에게 패한 예루살렘은 철저히 파괴되었으며, 유대인들은 포로로 끌려가 각지로 흩어졌다(디아스포라의 시작). 사진은 로마군이 예루살렘 성전에서 성물 메노라를 탈취해 가는 모습을 묘사한 티투스 개선문의 부조이다(로마).

람은 그 법의 규제 대상이 아니라고 암시하는 것처럼 보인다. 그리고 이것이 불필요한 소송을 양산하는 원인이다. 고대의 법은 무척이나 짧았는데, 그 법이 어찌하여 점차 길어졌는지를 생각하노라면, 그동안 있었을 법을 둘러싼 처벌자와 변론인의 논쟁이 눈에 보이는 듯하다. 처벌자는 변론인을 틀 안에 가두어 두려 하고, 변론인은 그 틀을 벗어나려 하고, 그러다 마침내 변론인이 승리하는 광경. 그러므로 입법자 (한 사람이든 합의체이든, 모든 코먼웰스의 최고대표자)의 직무 가운데 하나는, 그 법을 제정한 이유를 명확히 밝히고, 법의 본문은 가능하면 짧게, 그러나 정확하고 의미 있는 용어로 나타내는 것이다.

　　처벌　처벌과 보수를 올바로 적용하는 것도 주권자의 직무에 속한다. 처벌의 목적은 복수나 분풀이가 아니라 범법자의 교정 및 처벌의 실례를 통해 다른 사람들을 바로잡는 것이므로, 가장 무거운 처벌은 공공(公共)에 가장 위험한 범죄들에 가해져야 한다. 예를 들면, 기존의 통치에 대한 악의에서 비롯된 범죄, 재판에 대한 경멸에서 비롯된 범죄, 대중의 분노를 야기하는 범죄 등이다. 또한 처벌하지 않으면 권력으로부터 비호받고 있다는 인상을 줄 우려가 있는 범죄, 즉 권력자의 자식이나 하인, 또는 총애를 받는 자들이 지은 범죄들도 반드시 엄중하게 처벌해야 한다. 이들을 처벌하지 않으면 대중의 분노는 그러한 범법 행위를 한 행위자와 본인에게 그치지 아니하고, 그들을 감싸주고 있는 것처럼 보이는 모든 권력에 대한 분노로 확대되기 때문이다.

타르퀴니우스의*10 경우가 좋은 예이다. 그는 아들의 오만한 행동 때문에 로마에서 추방되었고, 결국 군주정치 자체가 붕괴되기에 이르렀던 것이다. 그러나 결함에 의한 범죄들, 예를 들면 중대한 도발이나 극심한 두려움, 극단적 궁핍에서 비롯된 범죄 또는 그 행위가 중대범죄인지 모르는 상태에서 저지른 범죄 등의 경우에는 코먼웰스에 해를 끼치는 일 없이 관용을 베풀 여지가 때때로 있다. 관용의 여지가 있으면 관대한 처벌을 하는 것이 바로 자연법의 요구이다. 폭동이 일어났을 때에는, 선동에 넘어가 폭동에 가담하게 된 가난한 국민이 아니라, 주동자와 교사들을 처벌하여 실례로 삼아야 코먼웰스가 실익을 얻을 수 있다. 국민을 가혹하게 처벌하는 것은 대부분 주권자의 허물일 수 있는 그들의 무지를 처벌하는 것이고, 그들을 제대로 지도하지 못한 것은 주권자의 책임이다.

보수 마찬가지로 코먼웰스에 이익이 되도록 보수를 적절히 부여하는 것도 주권자의 직무이자 의무이다. 보수의 효용과 목적이 바로 그것이며, 다음 같은 경우 그 목적은 이루어진다. 즉, 코먼웰스에 훌륭히 봉사한 사람들이 되도록 적은 국고 비용으로 충분한 보수를 받고, 다른 사람들도 이에 고무되어 코먼웰스를 위해 최선을 다해 성실히 일할 뿐만 아니라, 더 잘하기 위해 여러 기술들을 배우려는 용기를 얻는 경우이다.

대중들에게 인기가 있고 야심찬 국민을 돈이나 승진으로 매수하여 침묵을 지키게 하고, 국민들 앞에서 주권자를 비방하지 않게 하려는 것은 보수의 본질과 거리가 멀다. 보수는 과거의 봉사에 대해 주는 것이다. 해악의 위협이 두려워 주는 것은 보수도 아니고, 감사의 표시도 아니다. 그것은 두려움의 표시일 뿐이며, 공공에 이익이 되기는커녕 손해를 초래한다. 그것은 야심과의

---

*10 Lucius Tarquinius(BC 534~510). 로마 건국시기의 마지막 왕으로, 아들 섹스투스 Sextus가 루크레티아 Lucretia를 능욕한 까닭에 국민의 분노를 사서 일족 전체가 추방되었다.

싸움으로서, 헤라클레스와 괴물 히드라와의 싸움과 비슷하다. 히드라는 머리가 여럿이었는데, 하나가 떨어져 나갈 때마다 세 개씩 새로 돋아났다.

마찬가지로 명망가의 고약한 심사를 보수로 덮어 버리면, 이를 본보기 삼아 비슷한 이익을 노리고 같은 악행을 저지르는 사람들이 줄을 잇는다. 모든 수공업 제품이 그러하듯이, 악의도 판매 시장이 있으면 생산이 증가한다. 그러한 방법으로 내란이 연기되는 경우가 간혹 있다 하더라도 위험은 점점 더 커지고, 공공의 파멸은 더욱 확실해진다. 그러므로 자국의 평화를 어지럽혀 위대해지려고 열망하는 사람들에게 보수를 주는 것은 공공의 안전을 책임지는 주권자의 의무에 어긋나는 것이다. 그러한 사람들은 일찌감치 진압하면 위험이 적지만, 진압을 미루면 위험이 커진다.

조언자　주권자가 할 또 하나의 일은 우수한 조언자들을 선택하는 것이다. 조언자란, 코먼웰스의 통치에 도움이 되는 조언을 해 줄 사람을 말한다. '조언'의 라틴어 어원인 '콘실리움(consilium)'은 '콘시디움(considium)'에서 온 말인데, 뜻의 범위가 넓다. 장차 할 일을 논의하기 위한 모임에 참석한 사람들을 뜻하기도 하고, 과거의 행위나 현재의 법을 논의하기 위해 모임에 참석한 사람들의 온갖 합의체를 포함한다.

여기서는 그 말을 전자의 뜻으로만 사용하겠다. 그런 의미로 사용할 경우, 민주정치나 귀족정치에는 조언의 선정이 없다. 조언을 하는 인격이 곧 조언을 받는 인격의 구성원이기 때문이다. 그러므로 조언자 선정은 군주정치 고유의 것이며, 군주정치의 주권자가 각 분야에서 가장 유능한 조언자들을 뽑기 위해 노력하지 않으면, 그 주권자는 마땅히 해야 할 직무를 이행하지 않는 것이 된다.

가장 유능한 조언자는 간사한 조언으로 이익을 얻을 가망이 가장 적고, 코먼웰스의 평화와 방위에 유익한 일들에 대해 가장 많은 지식을 가지고 있는 사람이다. 공공의 분쟁으로부터 누가 이익을 기대하고 있는지를 알기란 어렵지만, 정당한 혐의를 가져도 좋을 만한 징후들은 있다. 억울한 일을 당했거나 구제받을 길이 없어 슬픔에 빠진 국민들을 보고, 이들을 위로하는 자가 자신의 재산이 부족하여 일상 경비를 충당하기 어려운 자인 경우 등 관심을 가지고 지켜보면 누구든 그 징후를 쉽게 관찰할 수 있다.

그러나 공공의 업무에 대해 누가 가장 많은 지식을 가지고 있는가를 알기

는 더욱 어렵다. 그러한 사람들이 누구인지 아는 사람들은 그들을 필요로
하는 경우가 훨씬 적다. 왜냐하면 어떤 종류의 기술이 뛰어난 사람을 알아
보는 일은, 바로 그 기술 자체에 대해 상당한 지식이 있는 사람에게나 가능
하기 때문이다. 즉 그 기술을 배워서 이미 알고 있는 사람 외에는 다른 사람
의 기술의 우수성을 확신할 수 없다. 그러나 어떤 기술이 있다는 것을 알 수
있는 가장 좋은 방법은 그 문제에 대해 많은 대화를 나눠보고, 그의 조언이
계속해서 좋은 성과를 내는지 관찰하는 것이다.

훌륭한 조언을 할 수 있는 능력은 당첨에 의해 생기는 것도 아니요, 상속
을 통해 생기는 것도 아니다. 그러므로 부유하거나 신분이 높다고 해서 나
랏일에 대해 더 훌륭한 조언을 하리라고 기대할 이유가 없다. 그런 기대는
방법이 필요하지만, 정치학 연구에는 (기하학 연구가 그러하듯이) 관찰만으로
충분하며 다른 방법은 필요없다고 생각한다면 그럴 수도 있다. 그러나 사실
은 그렇지 않다. 정치학은 기하학보다 더 어려운 학문이다.

유럽에서도 우리들의 지방에서는 상속에 의해 국가 최고회의에 참석하는
것이 일부 사람들의 당연한 권리라고 생각되어 왔다. 이것은 고대 게르만 민
족에게서 온 전통이다. 그 무렵 다른 나라를 정복하기 위해 다수의 절대 영
주들이 연합하였는데, 그들은 연합에 가담하는 조건으로 자신의 후손들이
여느 국민의 후손들과는 다른 미래에 누릴 수 있는 특권을 요구했다. 이러
한 특권들은 주권자 권력과 양립할 수 없다. 따라서 주권자가 호의를 베풀
때는 유지되는 것처럼 보이지만, 그것을 자기들의 권리라고 주장하면서 투쟁
할 경우, 그 특권을 점차 잃게 될 것이 틀림없으며, 결국 자신들의 능력에 본
디부터 부착되어 있는 명예 이외에는 어떠한 명예도 갖지 못하게 될 것이다.

그리고 어떤 문제에 대해서 조언자가 아무리 유능하다 할지라도 그들이
집회에서 연설하는 것보다는 한 사람 한 사람에게 자기의 의견을 말하고,
그 이유를 하나하나 설명하는 쪽이 조언의 이익이 크다. 또한 즉흥적으로
말하는 것보다는 사전에 충분히 생각한 다음 말하는 쪽이 이익이 크다. 그
이유는 그가 권고한 행동이 가져올 결과들에 대해 생각할 수 있는 시간이
더 많고, 의견 차이에서 발생하는 질투, 경쟁심, 기타 정념들 때문에 의견대
립에 빠지는 일이 더 적기 때문이다.

다른 나라와는 무관하고, 내부의 법률 등에 의해 오직 국민들의 안락과

편익에만 관련된 문제들에 대하여는, 각 지방주의 국민들이 제공하는 일반 정보와 불만이 최고의 조언이다. 그들이야말로 자신들에게 필요한 것이 무엇인지 가장 잘 알고 있기 때문에, 그들의 요구를 주의 깊이 들어야 한다. 단 주권의 근본적 권리들을 손상시키는 요구에 대해서는 주의해야 한다. 그러한 주권의 근본적 권리들이 없으면, (앞에서도 여러 번 이야기한 것처럼) 코먼웰스는 존립할 수 없기 때문이다.

지휘관들 군대의 최고지휘관이 인기가 없는 인물이라면, 휘하 장병들은 그를 사랑하지도 두려워하지도 않을 것이므로 그는 직무를 성공적으로 수행할 수 없다. 따라서 그는 유능할 뿐만 아니라 병사들을 사랑하고 있다는

히드라와 싸우는 헤라클레스
그리스 신화에서 제우스와 인간 사이에 태어난 헤라클레스는 헤라의 간계에 걸려들어 성공 가망성이 없는 모험, 즉 '12가지 노역'을 명령받는다. 그 두 번째 노역이 샘을 지키고 있는 9개의 머리를 가진 불사의 히드라를 죽이는 일이었다.

평판을 얻을 수 있을 정도로 근면하고, 용맹하고, 상냥하고, 관대하고, 행운이 뒤따라야 한다. 이것이 바로 인기이며 지휘관이 인기가 있을 경우, 병사들은 그의 사랑을 받고 싶은 의욕과 용기를 기르고, 반항하거나 게으른 병사가 (필요한 경우) 처벌을 받아도 가혹하다고 불평하지 않는다.

그러나 지휘관에 대한 병사들의 이러한 사랑은 (만일 지휘관의 충성심에 대해 경계를 하지 않는다면) 주권자에게 위험한 것이다. 특히 주권이 인기 없는 합의체의 수중에 있을 경우 그 위험은 더욱 커진다. 그러므로 주권자로부터

군대를 맡은 사람은, 국민의 안전을 위해 훌륭한 지휘관이자 동시에 충성스런 신하여야 한다.

그러나 주권자 자신이 인기가 있는 경우, 즉 국민에게서 존경과 사랑을 받고 있는 경우에는 한 신하의 인기로 인한 위험이 전혀 없다. 병사들이 아무리 자기들의 대장을 사랑한다 해도, 그들이 주권자의 인격과 아울러 대의명분까지 사랑하고 있을 때에는 주권자를 배반하면서까지 자기들 대장 편에 설 정도로, 그렇게 전반적으로 불의하지 않기 때문이다. 이런 이유로 인하여, 폭력으로 합법적 주권자의 권력을 억압한 자들은 주권자의 지위에 오를 때까지는 국민들이 그들을 주권자로 받아들이는 것을 치욕으로 느끼지 않도록 하기 위해, 자신들의 자격을 어느 위치에 둘지 항상 고심해왔던 것이다. 주권자 권력으로 확고한 권리를 소유하는 것은 그 자체로 매우 인기 있는 자격이기 때문에, 그것을 소유하는 자는 두 가지 일에만 성공하면 국민들의 마음을 자기에게 돌릴 수 있다. 자신의 아군에 대하여는, 자신의 가족을 통치하는 데 절대적 능력이 있음을 보며, 적들에 대하여는, 적의 군대 해체만이 필요한 것이다. 인류 최대의 나아가 가장 활동적인 부분인 군대는 지금까지 현재 상태에 만족해 온 경우가 결코 없었다.

한 주권자의 다른 주권자에 대한 직무는 보통 '국제법'이라고 부르는 법에 포함되어 있는데, 그것에 대해서는 여기에서 다룰 필요가 없다. 왜냐하면 국제법과 자연법은 같기 때문이다. 모든 주권자가 그의 국민의 안전을 확보하기 위해 갖는 권리는, 모든 사람이 자기 신체의 안전을 확보하기 위해 갖는 권리와 같다. 시민정부 아래에 있지 않은 사람들에게 그들이 서로 무엇을 해야 하고, 무엇을 해서는 안 되는지를 명하는 바로 그 법이 코먼웰스들, 즉 주권자 군주들과 주권을 가진 합의체들의 양심에게도 같은 것을 명한다. 자연적 정의의 법정은 오로지 양심 속에만 존재하며, 그곳에선 인간이 아니라 하느님이 다스린다. 하느님의 법(모든 인간에게 의무를 부과하는)이 '자연적'인 이유는 하느님이 자연의 창조자이기 때문이며, 그 법이 '법'인 이유는 그가 왕 중의 왕이기 때문이다. 그러나 왕 중의 왕으로서, 또한 특정 국민의 왕으로서 하느님이 통치하는 왕국에 대해서는 이 논의의 나머지 부분에서 살펴보겠다.

31 자연에 의한 하느님의 나라

이하 여러 장의 목적 완전한 자연상태, 즉 주권자도 없고 국민도 없는 절대적 자유의 상태는 무정부상태이며 또 전쟁상태라는 것, 그 상태를 피할 수 있도록 인도하는 계율은 자연법이라는 것, 코먼웰스는 주권자 권력이 없으면 실체가 없는 공허한 말에 불과하며 존립할 수 없다는 것, 국민은 그 복종이 하느님의 법에 어긋나지 않는 한, 모든 사항에 대하여 주권자에게 단순히 복종해야 한다는 것 등은 이미 앞의 논의에서 충분히 증명했다.

이제 시민적 의무가 무엇인지를 완전히 알기 위해 남은 것은, 하느님의 법이 무엇인지를 아는 것뿐이다. 그것을 알지 못하면 시민적 권력으로부터 어떤 명령을 받았을 때, 그것이 하느님의 법에 어긋나는지 어떤지를 알지 못한다. 그리고 그 결과 시민적 복종이 지나쳐 하느님의 존엄을 훼손하거나, 아니면 하느님을 거역할까 두려워 코먼웰스의 법을 어기게 될 것이다. 이 두 가지 암호를 피하려면 하느님의 법이 무엇인지 알 필요가 있다. 법에 대한 모든 지식은 곧 주권자 권력에 대한 지식에 의존하는 것이므로 나는 이제 하느님의 나라(Kingdome of God)에 대해 잠시 논하고자 한다.

〈시편〉의 작자 다윗왕은 말했다. "여호와께서 다스리시나니 땅은 즐거워하며 허다한 섬은 기뻐할지어다."(시편 97편 1절) "여호와께서 다스리시니 만민이 떨 것이요 여호와께서 그룹 사이에 좌정하시니 땅이 흔들릴 것이로다." (시편 97편 1절)

하느님 나라의 국민은 누구인가 인간은 자신의 의지와 무관하게 언제나 하느님의 권력에 복종해야 한다. 하느님의 존재나 섭리를 부정함으로써 자신의 안락을 내팽개칠 수는 있어도 그들에게 지운 멍에를 벗을 수는 없다. 그러나 인간은 물론, 동물과 식물과 무생물에까지 미치는 하느님의 권능을 왕국이라는 이름으로 부르는 것은 언어의 비유적 사용에 불과하다. 왜냐하면 자기 국민에게 자기 입으로 복종하는 자에게 보수를 약속하고, 거역하는 자는 처벌로 위협함으로써 국민을 통치하는 것만이 정당한 다스림이기 때문이다.

그러므로 하느님의 왕국의 국민은 무생물도 아니고, 비이성적 동물도 아니다. 이들은 하느님의 계율을 이해할 수 없기 때문이다. 또한 무신론자도 국민이 될 수 없고, 하느님이 인간의 만사를 주관하고 있음을 믿지 않는 사람들도 그러하다. 왜냐하면 이들은 하느님의 말을 인정하지 않으며, 그의 보수에 대한 기대도, 위협에 대한 공포도 없기 때문이다. 그러므로 세상을 통치하고, 인류에게 계율을 내렸으며, 보수와 처벌을 내리는 신이 존재한다고 믿는 사람들만 하느님의 국민이며, 그 나머지는 모두 적(敵)으로 이해되어야 한다.

하느님의 세 가지 말, 이성·계시·예언 말로써 지배하려면 그 말이 명시적으로 나타나야 한다. 그렇지 않으면 그것들은 법이 아니기 때문이다. 법은 본질적으로 '몰랐다'는 변명의 여지가 없도록, 충분하고 명백하게 공포되어야 한다. 인간의 법에서 그 방법은 오직 한 가지밖에 없다. 인간의 목소리로 선포 또는 공포하는 것이다.

그러나 하느님은 그의 법을 세 가지 방식으로 선포한다. '자연적 이성'의 명령에 의해, '계시'에 의해, 그리고 기적을 일으켜 다른 사람들로부터 믿음을 산 어떤 '사람의 목소리'에 의해서이다. 그러므로 하느님의 말씀에는 세 가지, 즉 '이성적인 것', '감각되는 것', '예언적인 것'이 있고, 이를 듣는 방식에도 '올바른 이성', '초자연적 감각', '신앙'이라는 세 가지가 있다. 계시 또는 영감에 존재하는 초자연적 감각에 대해서는 아직까지 어떠한 보편적 법칙도 주어져 있지 않다. 하느님은 어떤 법칙에 따라 말하는 것이 아니라, 개개인 저마다에게 서로 다른 말을 하기 때문이다.

하느님의 두 가지 왕국인 자연적 왕국과 예언적 왕국 하느님의 말씀 가운데 나머지 두 종류인 이성적인 것과 예언적인 것의 차이에서 하느님이 이중의 왕국, 즉 자연적 왕국과 예언적 왕국을 통치하고 있음을 알 수 있다.

자연적이란 그의 섭리를 인정하는 많은 사람들을 올바른 이성의 자연적 명령으로 통치하는 것이며, 예언적이란 하나의 특수한 민족(유대인)을 국민으로 선택하여 오직 그들만을 자연이성에 의해서뿐 아니라, 그의 신성한 예언자의 입을 통하여 그들에게 부여한 실정법에 의해 통치하는 것이다.

이 장에서는 하느님의 자연적 왕국에 대해 살펴보겠다.

하느님의 주권은 그 전능하심에서 유래한다 하느님이 인간을 다스리고 법을 어기는 사람들을 처벌하는 자연적 권리는, 그분이 인간을 창조한 은혜에 대한 보답으로서 그가 복종을 요구하기 때문에 생기는 것이 아니라, 그분이 가진 '저항할 수 없는 힘'에서 생긴다. 나는 앞에서 주권자의 권리가 약정에 의해 어떻게 발생하는지를 밝혔다. 주권자의 권리가 자연적으로 발생한다는 점을 입증하려면, 어떤 경우에도 그 권리가 결

하느님(신)
자연적 왕국에서 하느님은 자연적 이성의 명령으로 인류를 통치한다. 미켈란젤로의 《천지창조》에서 인류를 창조한 여호와를 묘사한 작품(1508~1512).

코 제거되지 않는다는 것을 입증하는 것으로 충분하다.

모든 사람은 본디부터 모든 것에 대한 권리를 가지고 있었으므로 그들은 저마다 다른 모든 사람들을 다스릴 권리를 가지고 있었다. 그러나 이러한 권리는 폭력으로 얻을 수 있는 것이 아니었기 때문에, 만인이 자신을 방위하기 위하여 이 권리를 포기하고, 공통의 동의로써 자신들을 다스리고 보호해 줄 (주권자로서의 권한을 가진) 사람을 세웠던 것이다. 만일 저항할 수 없는 힘을 가진 사람이 있다면, 그가 그 힘으로, 자신의 재량에 따라, 자기와 그들을 지배하고 보호하지 못할 이유는 전혀 없었을 것이다.

그러므로 저항할 수 없는 힘을 가진 사람들에게는 그 힘의 우월성으로 인해 모든 사람에 대한 지배권이 자연적으로 따른다. 전능하신 하느님이 인간 앞에서 왕으로서의 통치권 및 자신의 뜻에 따라 인간에게 고통을 줄 수 있는 권리를 자연적으로 가지는 것은 바로 이러한 힘에서 비롯된다. 즉 창조자로서, 그리고 은혜를 베푼 자로서가 아니라 전능한 신으로서 갖는 권리이다. 그리고 처벌이라는 말은 죄로 인한 고통을 의미하기 때문에 죄에 대해서만

적용되는 것이지만, 고통을 내릴 권리는 반드시 인간의 죄로부터만 나오는 것이 아니라 하느님의 권능에서도 나온다.

죄가 모든 고뇌의 원인은 아니다 '왜 악한 사람이 때때로 부귀를 누리고, 선한 사람이 곤경에 처하는가?' 이 문제는 예부터 자주 논란거리가 되어 왔다. 이것은 우리가 가진 다음 문제와 같다. '하느님은 무엇을 기준으로 이 세상에서 누구에게는 번영을, 누구에게는 역경을 주는 것일까?' 이 문제는 '하느님의 섭리'에 대한, 일반대중은 물론 철학자, 심지어는 성자(聖者)들의 신앙까지도 동요시킬 정도로 어려운 문제이다.

다윗은 이렇게 말했다. "하느님이 참으로 이스라엘 중 마음이 정결한 자에게 선을 행하시나, 나는 거의 넘어질 뻔하였고 나의 걸음이 미끄러질 뻔하였으니, 이는 내가 악인의 형통함을 보고 오만한 자를 질투하였음이로다."(시편 73편 1∼3절)

그리고 욥은 그의 의로움에도 불구하고 그가 겪는 많은 고통에 대하여 매우 진지하게 하느님께 간언하고 있다. 욥의 경우에는 욥이 죄를 지어서가 아니라, 그분의 힘에 의해 그렇게 결정되었다.

욥의 친구들은 그가 당하는 고통을 보고 그의 죄를 논증하였고, 욥은 결코 자신이 죄를 짓지 않았음을 양심을 걸고 호소하였지만, 하느님은 이 문제를 두고 이렇게 말했다. "내가 땅의 기초를 놓을 때에 네가 어디 있었느냐?"(욥기 38장 4절) 이와 같이 욥의 고통을 정당화하고, 무죄를 인정함과 동시에 친구들의 그릇된 의견들을 나무랐다. 이것은 욥의 고통이 그분의 힘에서 비롯된 것임을 증명하는 것이다. 우리 구주가 날 때부터 눈먼 사람에 대해 하신 말씀은 이러한 주장에 들어맞는다. "이 사람이나 그 부모의 죄로 인한 것이 아니라 그에게서 하느님이 하시는 일을 나타내고자 하심이라."(요한복음 9장 3절) 그리고 "죄로 말미암아 사망이 들어왔다"*1고 되어 있지만, (아담이 죄를 짓지 않았더라면, 그는 절대 죽지 않았으리라는 것, 즉 영혼과 육체가 분리되는 고통을 당하지 않았으리라는 뜻이다) 그렇다고 해서 죄를 짓지 않은 사람에게 하느님이 고통을 주는 것은 정당하지 않다고 말할 수는 없다. 그것은 죄를 지을 수 없는 다른 살아 있는 피조물들에게 하느님이 고통을 주

---

*1 〈로마서〉 5장 12절.

는 것과 같은 것이다.

하느님의 법 오직 자연에 기초한 권리로서의 하느님의 주권에 대해 알아보았으므로, 이제 하느님의 법, 즉 자연적 이성의 명령이 무엇인지를 살펴볼 차례이다. 이 법은 사람들끼리의 자연적 의무 및 우리의 신성한 주권자가 마땅히 받아야할 존경에 대한 것이다. 전자는 자연법과 같은 것으로서 이미 이 책의 14장과 15장에서 이야기한 공정·정의·자비·겸손 및 기타 덕성들이다. 그러므로 남은 문제는 존엄하신 하느님에 대한 공경과 숭배에 관하여, 하느님의 다른 언급이 없는 상태에서 인간의 자연적 이성이 명하는 계율이 무엇인지를 살펴보는 것이다.

다윗(BC ?~961)
고대 이스라엘 제2대 왕. 유대교를 확립하였으며, 수금(하프)의 명수. 구약성경 시편의 상당수를 지은 것으로 알려졌다.

공경과 숭배란 무엇인가 공경은 타인의 힘과 선량함에 대한 내면적 사고 및 평가 속에 있다. 그러므로 하느님을 공경하는 것은 그분의 힘과 선하심을 가능한 한 높이 평가하는 것이다. 그러한 평가가 사람들의 말이나 행동으로 나타난 외적 증표가 숭배(*worship*)이다. 이것을 라틴어로는 '쿨투스(*cultus*)'[2]라고 하는데, 이 말의 참뜻은 인간이 이익을 얻을 목적으로 어떤 일에 투입하는 노동을 가리키며, 항상 그런 뜻으로 사용되어 왔다.

우리가 이익을 얻는 대상은, 우리에게 종속된 상태에서 우리가 그 대상에 들인 노동의 자연적인 열매로서 생기는 이익을 수반하는 것도 있고, 우리에게 종속되어 있지는 않으나, 그들 스스로의 의지대로 우리의 노동에 보답하

---

[2] Cultus는 노동, 배려, 경작, 훈련, 교육, 문화, 생활태도, 존경 등을 의미한다.

는 것도 있다.

전자의 의미로서 대지에 투입된 노동은 '육성(culture)'이라고 하고, 자녀 교육도 그들의 정신의 '육성'이다. 후자는 사람들의 의지가 강제에 의해서가 아니라, 우리들의 목적을 위해 기꺼이 움직이는 것을 말한다. 이런 의미의 '쿨투스'는 구애(求愛)와 같다. 즉 최선을 다해 상대의 호의를 얻는 것이다. 칭찬을 하고 그의 힘을 인정하는 등 우리가 어떤 편익을 바라는 상대를 기쁘게 하는 모든 행동들이 여기에 해당한다. 바로 이것이 숭배의 본뜻이다. 이러한 의미에서 '푸블리콜라(publicola)'*3는 국민의 숭배자를 뜻하며, '쿨투스 데이(cultus Dei)'는 하느님에 대한 숭배로 이해할 수 있다.

공경의 다양한 표시 힘과 선량함에 대한 평가를 뜻하는 내적 공경에서 세 가지 정념이 생겨난다. 선량함에 관련된 '사랑', 힘에 관련된 '희망'과 '공포'가 바로 그것이다. 그리고 '칭찬, 찬미, 축복'이라는 세 가지 외부적 숭배의 요소가 생겨난다. 칭찬의 주체는 선량함이며, 찬미와 축복의 주체는 힘이고, 그에 따르는 효과는 행복이다. 칭찬과 찬미는 말로도 나타낼 수 있고, 행동으로도 나타낼 수 있다. 말로 나타내는 때는 어떤 사람이 선량하다, 또는 위대하다고 말하는 경우이며, 그가 베풀어 준 자애에 감사를 표하고, 그의 힘에 복종하는 것은 행동으로 나타내는 경우이다. 타인의 행복에 대한 평가는 말로만 표현할 수 있다.

자연적 숭배와 자의적 숭배 어떤 사람이 '선량함, 의로움, 관대함' 등의 속성을 가지고 있을 때 그에 대한 공경은 (속성과 행위에 있어서) 자연스럽게 생긴다. '기도, 감사, 복종' 등이 공경하는 마음을 가지고 있을 때 자연스럽게 나오는 행동인 것과 마찬가지이다. 그 밖에 인간의 제도나 관습에 따라 공경의 마음 또는 행동으로 여겨지는 것들이 있다. 이런 것들은 때와 장소에 따라 공경의 표시인 경우도 있고, 불경한 행동인 경우도 있으며, 그런 것과는 전혀 무관한 행동일 때도 있다. 예를 들면, 인사나 기도나 감사를 나타내는 몸짓 등은 때와 곳에 따라 다양하게 쓰인다. 앞엣것은 '자연적' 숭배이고, 뒤엣것은 '자의적(恣意的)' 숭배이다.

명령된 숭배와 자발적 숭배 자의적 숭배에는 두 가지가 있다. 때로는 '명령

---

*3 푸블리콜라는 publicus(국민, 공공)의 어간 publi에 colō(숭배하다)를 붙인 합성어. 어그리콜라가 농지숭배에서 농업을 의미하게 된 것과 같다.

된' 숭배이고, 때로는 '자발적' 숭배이다. 명령된 것이란 숭배를 받는 자가 요구한 대로의 숭배를 말하며, 자발적인 것은 숭배하는 사람이 적합하다고 생각한 대로의 숭배를 말한다. 명령된 숭배의 경우에는 말이나 행동이 아니라 복종이 숭배이다. 그러나 자발적 숭배의 경우에는 관찰자의 의견에 달려 있다. 우리가 공경을 나타내고자 하는 언어나 행위가 그들에게 엉뚱하고 무례하게 보인다면, 그것은 숭배가 아니다. 공경의 표시가 아니기 때문이다. 표시란 그 표시를 나타내는 사람에 대한 것이 아니라 그 표시를 보는 사람에게 하는 것이기 때문에, 관찰자가 그것을 그렇게 받아들이지 않는다면 공경의 표시가 될 수 없다.

공적 숭배와 사적 숭배 또한 '공적'인 숭배와 '사적'인 숭배가 있다. 공적 숭배는 코먼웰스가 하나의 인격으로서 수행하는 숭배이며, 사적 숭배는 사적 개인이 나타내는 숭배이다. 공적 숭배는 코먼웰스 전체의 입장에서는 자유롭지만, 개개인의 입장에서는 그렇지 않다. 사적 숭배는 남몰래 하는 것은 자유이지만, 군중이 보는 앞에서 할 경우에는 법 또는 다른 사람들의 의견에 따른 어떤 제한을 받지 않고는 결코 존재할 수 없다. 이러한 제약은 자유의 본질에 어긋난다.

숭배의 목적 사람들 사이에서 이루어지는 숭배의 목적은 힘이다. 다른 사람의 숭배를 받는 사람을 보면, 그에게 힘이 있다고 생각하여 쉽게 복종하게 되는데, 이로써 그의 힘은 강화된다. 그러나 하느님은 아무런 목적도 갖고 있지 않다. 우리의 그분에 대한 숭배는 의무에서 나오는 것이다. 이 숭배는 우리의 능력과 이성이 명하는 공경의 법칙에 의해 이루어진다. 이성이 명하는 공경의 법칙이란, 약자는 이익을 기대하거나 손해가 두려워서, 또는 이미 받은 이익에 대한 감사의 표시로서 강자를 공경해야 한다는 것이다.

하느님에 대한 숭배의 속성들 자연의 빛이 우리들에게 하느님에 대한 숭배가 어떤 것인지를 가르쳐 주는 바를 알기 위해, 우선 그분의 속성부터 살펴보도록 한다.

첫째, 우리는 그분에게 '실재(實在)'의 속성을 부여해야 한다. 어느 누구도 존재하지 않는다고 여겨지는 것에 공경을 표시하지는 않기 때문이다.

둘째, 세계 또는 세계의 혼이 바로 하느님이라고 말한 철학자들은 그분에게 부적합한 발언을 한 것이고, 그분의 '실재'를 부인한 것이다. 왜냐하면 하느님은 세계의 원인인데, 세계를 하느님이라고 말하는 것은 그것의 원인이 없다는 뜻으로, 곧 하느님이 없다는 말이 되기 때문이다.

셋째, 세계는 창조된 것이 아니고 영원한 것이라는 말은, 영원한 것은 아무런 원인을 갖지 않음으로 하느님이 있다는 것을 부인하는 것이다.

넷째, 하느님 덕분에 안락을 누린다고 생각하고 안락을 하느님의 속성으로 여기는 사람들은 그분의 인류에 대한 배려를 부정하는 것이며, 그분이 받아야 할 공경을 그에게서 제거하는 것이다. 왜냐하면 그것은 곧 그분에 대한 인간들의 사랑과 공포를 제거하는 것인데, 이 두 가지는 공경의 근원이기 때문이다.

다섯째, 하느님의 위대함과 힘을 나타낼 때, 그분이 '유한하다'고 말하는 것은 그분을 공경하지 않는 것이다. 우리가 할 수 있는 것보다 하느님을 더 작게 평가하는 것은 그분을 공경하는 의지의 표시가 아니기 때문이다. 유한한 것에는 무언가를 더 추가하기가 쉽기 때문에, 모든 유한한 것은 우리가 할 수 있는 것보다 더 작다.

그러므로 그분에게 '형상(*Figure*)'을 입히는 것은 공경이 아니다. 모든 형상은 유한하기 때문이다.

그분에 대한 개념이나 상상이나 '관념'을 가지고 있다고 말해서도 안 된다. 우리가 생각하는 것은 모두 유한하기 때문이다.

그분에게 '부분'이나 '전체'의 속성이 있다고 해서도 안 된다. 부분이나 전체는 오직 유한한 사물만의 속성이기 때문이다.

또한 그분이 이 '곳'이나 저 '곳'에 있다고 말해도 안 된다. 장소를 지니는 것은 모두 한정된 유한한 것이기 때문이다.

그분이 '움직인다'거나 '쉰다'고 해서도 안 된다. 둘 다 그분에게 장소적 속성을 갖게 하기 때문이다.

신이 여럿 있다고 해서도 안 된다. 이는 그들 모두가 유한하다는 것을 암시하기 때문이다. 무한한 것은 하나 이상은 존재할 수 없다.

'후회, 분노, 비애' 같은 슬픔에 대한 정념이나, '욕구, 희망, 의욕'처럼 욕망과 관계된 정념 또는 기타 어떠한 수동적 정념도 (그 정념의 효과를 비유적으로 사용할 수는 있어도) 그분의 속성으로 생각해서는 안 된다. 정념은 다른 것에 의해 제한된 힘이기 때문이다.

따라서 하느님이 '의지'의 속성을 지녔다 할지라도, 그것은 인간의 의지처럼 '이성적인 욕구'가 아니라, 만물을 창조하는 그분의 힘으로 이해해야 한다.

그분에게 '보는 것'을 비롯한 기타 감각행위나, '지식'이나 '이해력'이 있다고 하는 경우도 마찬가지이다. 우리에게 그와 같은 것들은 외부의 사물이 신체기관을 압박하여 생긴 정신의 움직임일 뿐이기 때문이다. 하느님에게는 그러한 것들이 전혀 없으며 이처럼 자연적 원인으로 생기는 일들은 그분의 속성이 될 수 없다.

자연적 이성에 의해 보증되는 것만을 하느님의 속성으로 생각하려는 사람은 '무한한, 불멸의, 헤아릴 길 없는' 같은 부정적 속성을 사용하거나, '최고, 최대' 같은 최상급 속성을 사용하거나, 아니면 '선량한, 의로운, 신성한, 창조자' 같은 무한정의 속성을 사용해야 한다. 이러한 용어를 사용할 경우에도 그분이 무엇인지를 규정하려는 의도에서가 아니라, (왜냐하면 그것은 그분을 우리의 상상의 한계 속에 가두는 것이므로) 우리가 얼마나 그분을 우러르며, 얼마나 기꺼이 복종하고자 하는지를 나타내기 위해 해야 한다. 이것은 우리가 할 수 있는 최대한의 겸손의 표시이며, 그분을 공경하는 의지의 표현이다. 즉 그분의 본성에 대한 우리의 개념을 나타내는 유일한 문장은 '나는 존재한다'는 것이고, 그분과 우리의 관계를 나타내는 유일한 단어는 '하느님'이다. 이 이름 속에 '아버지, 왕, 주(*Lord*)'의 뜻이 모두 들어 있다.

하느님에 대한 숭배를 나타내는 행위 하느님을 숭배하는 행위들과 관련하여, 그것들이 하느님을 공경하는 의사표시여야 한다는 것은 가장 보편적인 이성의 계율이다. 예를 들면, 첫째, '기도'가 있다. 조각가가 조각상을 만들었을 때, 그것은 조각가가 아니라 바로 그 우상에 '기도한' 사람들에 의해서 신(神)이 되었다.

둘째, '감사표시(*thanksgiving*)'가 있다. 기도는 편익에 앞서고, 감사는 편익에 뒤따른다는 점을 제외하면 하느님에 대한 숭배라는 점에서 감사와 기도는 차이가 없다. 기도와 감사의 목적은 과거와 미래를 막론하고 모든 편익의 창조자인 하느님을 기리는 것이다.

셋째, '바침', 즉 '산 제물(祭物)'과 '봉납(奉納)'은 (이것들이 최상의 것이라면) 공경의 표시이다. 감사의 표시이기 때문이다.

넷째, '하느님 이외의 어느 누구에게도 맹세하지 않는 것'은 당연히 공경의 표시이다. 이것은 하느님만이 사람의 마음을 알고 있으며, 맹세를 깨뜨린 사람에 대한 하느님의 복수에 대하여 인간을 보호할 지혜와 힘을 가진 자는 결코 없다는 고백이기 때문이다.

다섯째, 하느님을 말할 때 신중을 기하는 것도 이성적 숭배에 속한다. 그것은 그분에 대한 두려움의 증거이고, 두려움은 그분의 힘을 용인하는 것이기 때문이다. 이로부터 하느님의 이름을 성급하게 목적도 없이 사용해서는 안 된다는 것을 알 수 있다. 남용이기 때문이다. 맹세의 수단이자 코먼웰스의 명령에 의해, 판결의 확실성을 위해 또는 코먼웰스 사이의 전쟁을 피하기 위해 사용하는 것이 아니라면, 목적이 없는 것이다. 또한 하느님의 본질에 대해 토론하는 것도 하느님의 공경에 어긋난다. 왜냐하면 하느님의 자연적 왕국에서 우리는 자연적 이성, 즉 자연과학의 여러 원칙들을 통해 유일하게 지식을 얻는데, 이들 자연과학은 하느님의 본질뿐만 아니라 심지어 우리 인간의 본질이나 하찮은 미물의 본질에 대해서까지도 가르쳐 주지 않기 때문이다. 그러므로 자연적 이성의 여러 원리들을 가지고 하느님의 속성을 토론하는 것은 그분에 대한 불경한 태도일 뿐이다. 하느님에게 어떤 속성을 부여할 때는 철학적 진리를 밝히는 자세로서가 아니라, 그분에게 우리가 할 수 있는 최대한의 공경을 표시하기 위한 경건한 자세로 해야 한다. 그러한 사려가 부족하여 하느님의 본질에 대해 논란하는 수많은 서적들이 나왔는데, 이 서적들은 그분에 대한 공경이 아니라, 자신의 지혜와 학식에 대한 공경을 나타내는 것이며, 그분의 신성한 이름을 무분별하고 경솔하게 악용하고 있을 따름이다.

여섯째, '기도', '감사표시', '헌납', '제물'의 경우, 그것들은 각각의 종류 가운데 최상의 것이어야 하고, 공경을 가장 잘 나타낼 수 있어야 한다는 것이 자연이성의 명령이다. 예를 들면, 기도와 감사표시는 즉흥적이거나 경박하거나 비속한 단어나 문구가 아니라, 아름답고 짜임새 있는 것이어야 한다. 그렇지 않으면 우리가 할 수 있는 최대의 공경을 하느님에게 나타내는 것이 아니기 때문이다. 그러므로 이교도들은 터무니없이 우상을 신으로 숭배했지만, 그것을 시와 음악으로, 목소리와 악기로 한 것은 이치에 합당한 것이었다. 또한 그들이 제물로 바친 짐승, 봉납, 숭배 행위는 복종으로 가득 차 있고, 그들이 받은 축복을 기념하는 것이었다는 점도 그 신을 공경하려는 의도에서 나온 것인 만큼 이성적인 것이었다.

일곱째, 하느님은 내밀(內密)하게, 공개적으로, 나아가서는 많은 사람들의 눈앞에서 숭배해야 한다고 이성은 명령한다. 공개적 숭배는 (공경의 대상이 되는 것은 가장 쉽게 받아들여질 수 있으므로) 다른 사람들에게 그분을 공경하도록 촉진하기 때문이다.

마지막으로 하느님의 법(즉, 이 경우에는 자연법)에 대한 복종은 모든 숭배 가운데 으뜸이다. 하느님에게는 복종이 제물보다 더 흡족한 것이기 때문이다.[*4] 마찬가지로 그분의 계명을 지키지 않는 것은 가장 큰 오만이다. 지금까지 말한 것들이 모두 자연적 이성이 개개인에게 명하는 하느님에 대한 공경의 법이다.

숭배의 표시
기도, 감사표시, 맹세 등으로 신을 숭배한다. 대성년 2000년을 맞아 신에게 감사드리고, 신과 국민과의 화해를, 전인류의 평화를 기원하는 요한 바오로 2세.

공공의 숭배는 그 통일성에 있다   그러나 코먼웰스는 단 하나의 인격을 가지고 있으므로, 하느님에 대한 숭배도 하나의 형태로 나타나야 한다. 이것은 코먼웰스가 개개인에게 하느님에 대한 숭배 행위를 공개적으로 나타내도록 명령할 경우에 이루어진다. 이것이 바로 공적 숭배이며, 그것의 고유성은 '통일성'이다. 저마다 다른 방식으로 이루어지는 행위들은 공적 숭배라고 하지 않는다. 그러므로 사람들마다 다양한 종교에서 비롯된 수많은 종류의 숭배가 허락되어 있는 곳에는 공적 숭배가 존재한다고 할 수 없으며, 그 코먼웰

---

*4 〈사무엘상〉 15장 22절.

스는 어떠한 종교도 가지고 있다고 할 수 없다.

모든 속성은 시민법에 기초한다 말의 뜻은 사람들이 합의하여 정하므로 하느님의 속성들도 동의와 설정에 의하여 정할 수 있다. 그러므로 어떤 속성을 나타내는 말에 공경의 의미를 부여하기로 합의하면, 그런 의미로 쓰이게 된다. 이성 이외에는 법이 없는 곳에서 개개인이 자기 의지에 따라 할 수 있는 모든 일은 코먼웰스의 의지나 시민법을 통해서도 이루어질 수 있다. 코먼웰스의 의지는 곧 주권자 권력을 가진 사람(들)의 의지이기 때문에, 주권자가 하느님을 숭배할 때 어떤 속성들을 사용할 것인가를 정할 수 있다. 이러한 공경의 표시가 정해지고 나면, 개개인들은 공적 숭배에서 그것을 사용해야 한다.

모든 행위가 공경의 표시가 되는 것은 아니다 그러나 그렇게 하기로 정한다고 해서 모든 행위가 공경의 표시가 되는 것은 아니다. 어떤 행위는 자연적으로 공경의 표시가 되고, 다른 행위는 오만의 표시가 된다. 오만한 행위를 (자기가 존경하는 사람 앞에서 그런 행위를 했다면 누구나 부끄러워할 행위들이 있을 것이다) 인간의 힘으로 하느님을 숭배하는 행위로 삼을 수는 없다. 또한 예의 바르고, 정숙하고, 겸손한 행위들은 하느님을 공경하는 행위와 결코 뗄 수 없다.

그러나 어느 쪽으로도 의미가 정해져 있지 않은 여러 가지 행동과 몸짓, 손짓 가운데 코먼웰스가 공경의 표시로 하느님을 숭배할 때 모든 사람이 공개적으로 사용하도록 명령한 것에는, 국민이 따라야 한다. 《성경》에 "여호와께 피하는 것이 사람을 신뢰하는 것보다 낫다"[5]고 되어 있는데, 이것은 약속에 의한 하느님 나라에 해당하는 말이지, 자연에 의한 하느님 나라가 아니다.

자연적 처벌 지금까지 하느님의 자연적 왕국과 그분의 자연법에 대하여 대략 살펴보았는데 나는 여기에 한 가지만 더 짤막하게 덧붙이고자 한다. 그것은 그분의 자연적 처벌에 대한 것이다.

이 세상 인간의 모든 행동은 길고 긴 연쇄의 시작이다. 아무리 선견지명이 뛰어난 사람이라도, 이 연쇄의 끝을 내다보지 못한다. 이러한 연쇄 속에는

---

[5] 〈사도행전〉 5장 29절.

유쾌한 사건과 불쾌한 사건이 한데 얽혀 있으므로, 쾌락을 얻기 위해 어떤 일을 하려는 사람은 그에 따르는 모든 고통도 견뎌내야 한다. 이러한 고통은 선이 아니라 해악의 시작이 되는 모든 행위의 자연적 처벌이다.

무절제에는 질병의 벌이 저절로 내려지며, 성급함에는 기회상실의 벌이, 불의에는 적의 폭력의 벌이, 자만에는 파멸의 벌이, 비겁에는 억압의 벌이, 군주의 태만한 통치에는 반란의 벌이, 그리고 반란에는 살육의 벌이 따른다. 법을 어기면 반드시 처벌이 따르듯이 자연법을 위반하면 반드시 자연의 벌을 받는다. 따라서 자연의 벌은 자연적으로 그것들에 수반하는 결과이지 아무렇게나 나타나는 결과가 결코 아니다.

제2부의 결론　지금까지 나는 주권자의 설립과 본질 및 권리에 대해, 그리고 자연적 이성의 원리에 입각한 국민의 의무에 대해 살펴보았다. 그러나 이 학설이 세계의 대부분, 특히 로마와 아테네로부터 도덕상의 학식을 물려받은 서유럽의 여러 나라들에서 실제로 행해지는 것과 얼마나 큰 차이가 있는지를 살펴보고, 또한 주권자 권력을 운영하는 사람들에게 얼마나 깊은 도덕 철학이 요구되는지를 생각하면, 이 저작에 기울인 나의 노력이 플라톤의 국가론처럼 무용하지는 않을 것이라는 생각마저 든다. 주권자가 철인(哲人)이 되기 전에는 국가의 무질서와 내란에 의한 통치 변경을 결코 막을 길이 없다는 것이 플라톤의 견해였다.

그러나 자연적 정의(正義)에 대한 학문이 주권자와 그 주요한 대행자들에게 필요한 유일한 학문이라는 점, 플라톤처럼 그들에게 수학적 학문들까지 배우라고 할 필요는 없고, 단지 좋은 법률로써 그러한 학문들의 연구를 장려하면 된다는 점, 지금까지 플라톤을 비롯한 그 어떤 철학자도 도덕학설의 모든 이론을 정리하고, 충분히 또는 대략적으로나마 증명하여 사람들에게 통치하는 법과 복종하는 법을 모두 배울 수 있도록 하지 못했다는 점을 생각하면, 다시 희망이 솟는다. 그 희망이란 나의 이 저술이 언젠가 어느 주권자의 손에 들어가, 그가 스스로 생각하고 (이 저작은 짧고 명료하다고 생각하므로), 사심이 있거나 질투심이 많은 해석자에게 현혹되지만 않는다면, 또한 그가 전권을 행사하여 이것이 공적으로 교육될 수 있도록 보호한다면, 이 사색의 진리는 실제적으로 쓸모가 있는 것으로 바뀌리라는 것이다.

3부
그리스도교 코먼웰스에 대하여

32 그리스도교의 정치원리

예언자들에 의해 전해진 하느님의 말씀이 그리스도교 정치학의 주요 원리이다   나는 주권의 권리와 국민의 의무를 이제까지 오직 경험에 의해 증명되거나 단어 사용법상 바르다고 인정된 자연의 원리에서만 찾아냈다. 다시 말해, 경험하여 알 수 있는 인간의 본성 및 (모든 정치적 추론에 필수적인 단어들에 관하여) 보편적으로 인정된 정의(定義)에서 찾아낸 것이다.

그러나 지금부터 이야기하려는 것은 그리스도교 코먼웰스(*Christian commonwealth*)의 본질과 권리이다. 이 문제는 하느님의 의지인 초자연적 계시에 기초를 두고 있기 때문에, 하느님의 자연적인 말씀과 더불어 예언적인 말씀도 내 논의의 근거가 될 것이다.

그렇다고 자연적 이성을 포기해서는 안 된다   그렇다고 해서 우리의 감각과 경험을 포기해서는 안 되며, 또한 (의심할 바 없는 하느님의 말씀인) 우리의 자연적 이성도 포기해서는 안 된다. 우리의 이 재능은 하느님이 주신 것으로,[*1] 축복받은 예수 그리스도가 다시 오실 때까지 우리는 그것으로 문제를 해결하며 살아가야 한다. 그러므로 이 능력들은 맹신의 냅킨에[*2] 싸서 둘 것이 아니라, 정의와 평화와 진정한 종교를 얻는 데 활용해야 한다.

확실히 하느님 말씀 가운데에는 이성을 초월하고 있어 자연적 이성으로는 증명할 수도 없고 논박할 수 없는 것들이 많다. 그러나 실은 자연적 이성에 어긋나는 것은 하나도 없다. 만일 그런 것이 있는 것처럼 보인다면 문제는 우리의 서툰 해석에 있거나 잘못된 추론에 있을 것이다.

---

*1 talents는 재능을 뜻함과 동시에 고대 로마의 화폐단위이다. 〈마태복음〉 25장 14~29절에 "천국은 어떤 사람이 타국에 갈 때 그 종들을 불러 자기 소유를 맡김과 같다"고 하여 종들이 맡아둔 달란트(재능)를 주인이 없는 동안에 사업에 써서 늘리고, 돌아온 주인에게 칭찬을 받는 내용이 나와 있다.

*2 the Napkin of an Implicite faith의 냅킨은 implicate가 감싼다는 의미를 가진 데서 쓴 말이지만, '맹신'은 교의를 검토·이해하지 않고 믿는 것에 대해 당시에, 특히 영국에서 사용된 말이다.

따라서 《성경》에 기록된 내용을 검증할 때 너무나 어려운 문제가 있을 경우, 그 말씀에 우리의 이해력을 맞춰야 한다. 논리적인 방법을 사용해서 이해할 수도 없고 자연과학의 어떠한 법칙으로도 설명할 수 없는 신비함에서 철학적 진리를 추출하려고 해서는 안 된다. 종교의 신비는 환자를 위한 유익한 알약과도 같은 것이다. 통째로 삼키면 효험이 있지만, 씹으면 거의 다시 토해 내게 되어 효과가 없다.

이해력을 밀착시킨다는 것은 어떠한 것인가　우리의 이해력을 밀착시킨다는 것은 자신의 지적 능력을 다른 사람의 의견에 종속시키자는 것이 아니라, 마땅히 복종해야 할 경우에 의지를 복종하도록 만들어야 한다는 뜻이다. 왜냐하면 감각·기억·이해력·이성 및 의견은 우리의 능력으로 바꿀 수 있는 것이 아니라, 영원히 그리고 필연적으로 우리가 보고 듣고 생각한 대로 우리에게 나타나기 때문이다. 그렇다면 그것들은 우리의 의지의 결과가 아니라 그것들의 결과가 우리의 의지이다. 우리가 이해력과 이성을 밀착시켜야 하는 경우는 모순을 견디어 내야 할 때, 합법적 권위에 의해 명령한 대로 말해야 할 때, 또한 그에 맞추어 살아야 할 때 등이다. 요컨대, 그 말만으로는 어떤 개념도 가질 수 없지만, 그렇게 말한 사람에 대한 믿음과 신앙을 가지는 것이 바로 이해력을 밀착시키는 것(captivity)이다.

하느님께서는 인간에게 어떻게 말씀하시는가　하느님께서 인간에게 말할 때는 분명히 직접 또는 다른 사람을 통하여 하느님의 말을 전하게 할 것이 틀림없다. 하느님의 말을 직접 들은 사람은 그 말을 충분히 이해할 수 있을 것이다. 그러나 그것을 다른 사람이 아는 것은 불가능하지는 않아도 몹시 어려운 일이다. 즉 어떤 사람이 하느님이 자기에게 초자연적으로 직접 말했다고 주장하지만 나는 그것을 의심한다고 볼 때, 그가 그것을 믿게 할 만한 어떤 증거를 나에게 제시할 수 있을 것인지 나로서는 쉽게 상상이 되지 않는다. 만일 그가 나의 주권자라면, 그는 나에게 복종의 의무를 지울 수 있다. 즉 내 이성의 생각까지 변화시킬 수는 없지만, 그를 불신하는 말이나 행동은 못하도록 할 수 있다. 그러나 나에 대하여 그러한 지위에 있지 않은 사람이 그런 것을 주장한다면, 내게는 그것을 믿을 이유도, 복종할 이유도 없다.

《성경》에 하느님이 그렇게 말씀하셨다고 하는 것은 자기에게 하느님이 직접 말했다는 것이 아니다. 그것은 예언자나 사도나 교회를 매개로 하여 그분이 모든 그리스도교도들에게 한 말이다. 꿈속에서 하느님의 말씀을 들었다고 하는 것도 하느님이 자기에게 말하는 꿈을 꾸었다는 뜻에 지나지 않는다. 꿈이라는 것이 대부분 자연적 현상이며, 이전에 품었던 생각에서 발생한다는 것을 아는 사람들을 설복시킬 수 없다. 그런 꿈을 꾸는 사람들은 자기가 믿음이 깊고 덕이 많아서 특별한 계시의 은혜를 받을 만한 자격이 있기 때문에 그런 꿈을 꾸었다고 생각하는데, 이것은 자기기만이며 어리석은 자만이자 잘못된 생각이다. 다시

예언자 예레미야
자신이 예언한 대로 예루살렘과 성전이 파괴되는 것을 슬퍼하고 있는 모습.

말해 환영(幻影)을 보거나 목소리를 들었다는 것은 비몽사몽간에 꿈을 꾸었다는 뜻이다. 자기가 졸았다는 사실을 알지 못할 경우, 꿈을 꾼 것을 자연스럽게 환영을 본 것으로 자주 착각한다.[*3] 자기가 초자연적 영감을 얻어 말하는 것이라고 주장하는 것도, 자연적인 근거를 충분히 댈 수 없는 어떤 이야기를 하고 싶은 강렬한 욕구 또는 스스로에 대하여 강렬한 의견을 가지고 있다는 뜻이다. 그러므로 전능하신 하느님이 꿈·환영·목소리 및 영감을 통해 인간에게 말할 수는 있지만, 그분이 자기에게 그렇게 했다고 주장하는 사람의 이야기를 믿어야 할 의무는 없다. 그는 평범한 인간이므로 착각했을 수도 있고, 심지어는 거짓말을 할 수도 있기 때문이다.

예언자들을 알아볼 수 있는 표시는 무엇인가 그러면 하느님의 계시를 직접 받지 못한 사람들은, 자칭 예언자들의 말에 복종해야 할 때와 복종하지 말

---

*3 꿈에 대해서는 제1부 2장에 자세히 나와 있다.

아야 할 때를 (자연적 이성을 거치지 않고) 어떻게 알아낼 수 있을까? (열왕기상 22장) 이스라엘 왕(아합)이 길르앗의 라못을 칠 것인가 말 것인가에 대해 400명의 예언자들에게 조언을 구했지만 그 중에서 미가야만이 참예언자였다.[*4] 또한 (열왕기상 13장) 여로보암이 차려놓은 제단에 가서 재앙을 예고한 예언자도[*5] 참예언자였는데, 그는 그 자리에서 두 가지 기적을 행하였기 때문에 하느님께서 보낸 예언자임을 알 수 있다. 그러나 그는 늙은 예언자에게 속았으며, 늙은 예언자는 그에게 하느님의 입을 빌려 먹고 마시도록 설득했던 것이다. 이처럼 예언자들 사이에 서로 속고 속이는 일까지 벌어지는 상황이라면, 이성에 의한 것 말고 하느님의 뜻을 알 수 있는 확실한 방법이 무엇이 있겠는가? 나는 이 문제에 대한 답을 《성경》에서 찾고자 한다. 참예언자를 알아볼 수 있는 두 가지 징표가 있는데, 이것은 따로따로가 아니라 동시에 나타나야 한다. 하나는 기적을 행하는 것이고, 다른 하나는 이미 세워진 종교 이외의 어떤 종교도 가르치지 않는 것이다. 단언컨대, 한 가지만으로는 충분하지 않다.

"너희 중에 선지자나 꿈꾸는 자가 일어나서 이적과 기사를 네게 보이고, 그가 네게 말한 그 이적과 기사가 이루어지고 너희가 알지 못하던 다른 신들을 우리가 따라 섬기자고 말할지라도, 너는 그 선지자나 꿈꾸는 자의 말을 청종하지 말라. 이는 너희의 하느님 여호와께서 너희가 마음을 다하고 뜻을 다하여 너희의 하느님 여호와를 사랑하는 여부를 알려 하사 너희를 시험하심이니라. ……그런 선지자나 꿈꾸는 자는 죽이라. 이는 그가 너희에게 너희를 애굽 땅에서 인도하여 내시며 종 되었던 집에서 속량하신 너희의 하느님 여호와를 배반하게 하려 하며 너희의 하느님 여호와께서 네게 행하라 명령하신 도에서 너를 꾀어 내려고 말하였음이라. 너는 이같이 하여 너희 중에서 악을 제할지니라."(신명기 13장 1~5절)

이 말에서 두 가지가 관찰된다.

[*4] 아람에게 빼앗긴 길르앗의 라못을 되찾기 위한 전쟁에 즈음하여 이스라엘의 왕의 자문을 받은 400명의 예언자는 전쟁할 것을 권하고 승리를 예언했지만, 미가야만이 그 예언은 왕을 현혹케 하여 전사하게 만들 것이라는 하느님의 뜻에 바탕한 것이라고 아뢰었다.

[*5] 이스라엘의 왕 여로보암이 금송아지를 신으로 모시고 벧엘과 산당에 안치했다. 그것을 벌하기 위하여 "하느님이 보낸 사람이 명령에 따라 유다에서 벧엘로 갔다."

12명의 예언자들
성경은 구세주 시대 이래로 모든 예언을 대신하고 있으며, 예언의 부족한 부분을 메우고 있다.

첫째, 하느님은 기적을 예언자의 소명을 증명하는 데만 사용하는 것이 아니다. (신명기 13장 3절에서 보는 것처럼) 우리의 귀의의 항상성을 위한 시험으로 사용하기도 한다는 것이다. 이집트의 마술사들도 모세만큼 위대하지는 않더라도 역시 훌륭한 기적을 보였다.

둘째, 아무리 훌륭한 기적이라 할지라도, 왕에 대하여 또는 왕의 권위에 따라 통치하는 자에 대한 반역을 선동하는 경향을 지녔다면, 그런 기적을 행하는 사람은 충성심을 시험하기 위해 보내진 것으로 간주할 수밖에 없다는 것이다.

'당신들의 주 하느님을 배반한다'는 말은 여기에서는 '당신들의 왕을 배반한다'는 말과 같다. 왜냐하면 그들은 시나이 산 기슭의 약속을 통해 하느님을 왕으로 모시기로 하였고, 하느님은 오직 모세를 통하여 그들을 통치했기 때문이다. 그러므로 오직 모세만이 하느님과 직접 소통할 수 있었으며, 때때로 하느님의 계명을 국민들에게 공포했던 것이다. 마찬가지로 우리 구세주 그리스도는 제자들에게 그가 메시아라는 것을 알렸지만, (유대민족은 하느님께서 그의 머리에 기름을 부은 자를 그들의 왕이라 여기고 날마다 기다렸으나, 정작 그 구세주가 왔을 때는 왕으로 받아들이지 않았다) 그들에게 기적의 위험에 대해서도 빠짐없이 경고했다.

"거짓 그리스도들과 거짓 선지자들이 일어나 큰 표적과 기사를 보여, 할 수만 있으면 택하신 자들도 미혹하리라."(마태복음 24장 24절)

여기서 알 수 있다시피, 거짓 예언자들도 기적을 행할 능력을 지닐 수가 있지만, 그들의 주장을 하느님 말씀으로 받아들여서는 안 된다. 또한 성 바울도 갈라디아 사람들에게 이렇게 말하고 있다.

"그러나 우리나 혹은 하늘로부터 온 천사라도 우리가 너희에게 전한 복음 외에 다른 복음을 전하면 저주를 받을지어다."(갈라디아서 1장 8절)

여기서 우리가 전한 복음이란 그리스도가 왕이라는 것이다. 그의 설교는 예수를 그리스도로 즉 유대인의 왕으로 이미 받아들인 사람을 상대로 한 것이므로, 그리스도를 왕으로 받아들인 이상 그의 권력에 반대하는 모든 설교는, 성 바울의 말에 따르면 그의 저주를 받게 된다.

《성경》에서의 예언자의 표시는 기적을 행하는 것과 《성경》에 부합하는 교리를 주장하는 것이다 기적은 있으되 하느님이 세운 교리에 대한 설교를 수반하지 않는 경우와 마찬가지로, 참된 교리의 설교도 기적의 행함이 따르지 않으면, 이것 역시 직접적 계시의 충분한 증거가 될 수 없다. 다시 말해 그릇된 교리를 가르치지는 않으나, 아무런 기적도 내보이지 않으면서 스스로 예언자라고 주장할 경우, 그런 사람도 예언자로 간주해선 안 된다. 〈신명기〉 18장 21~22절에 그 명백한 근거가 있다.

"네가 마음속으로 이르기를 그 말이 여호와께서 이르신 말씀인지 우리가 어떻게 알리요 하리라. 만일 선지자가 있어 여호와의 이름으로 말한 일에 증험도 없고 성취함도 없으면 이는 여호와께서 말씀하신 것이 아니요, 그 선지자가 제 마음대로 한 말이니 너는 그를 두려워하지 말지니라."

그러나 '예언자가 한 말이 실현되는지 여부를 어떻게 아느냐'는 질문이 나올 수 있다. 왜냐하면 예언자는 먼 훗날의 일을, 때로는 인간의 수명보다 더 먼 미래의 일을 예언하기도 하고 또는 막연하게 언젠가는 이루어질 것이라고 예언할 수도 있기 때문이다. 이러한 예언은 예언자의 징표에는 도움이 되지 않는다. 그 자리에서, 또는 곧 확인될 수 있는 기적을 보일 때만 그를 예언자라 믿을 수 있다. 이로써 분명히 알 수 있다시피, 《성경》에서 찾을 수 있는 참예언자의 유일한 징표는, 하느님이 세운 종교를 가르칠 것과 눈앞에서 기적을 행해 보일 것, 이 두 가지인데 반드시 동시에 나타나는 경우에만 계시를 직접 받은 것으로 인정될 수 있다. 둘 중 한 가지만으로는 그가 한 말을 지키도록 사람들에게 의무를 부과할 수 없다.

기적과 예언자들은 사라지고 《성경》이 그것들을 대신한다　오늘날에는 더 이상 기적은 일어나지 않는다. 어떤 사람이 계시나 영감을 받았다고 주장할지라도, 이를 인정할 징표는 아무것도 없다. 또한 《성경》과 부합하는 교리 이외에는 귀를 기울일 의무가 없다. 《성경》은 우리 구세주 시대 이래로 모든 예언을 대신하고 있으며, 예언의 부족한 부분을 충분히 메우고 있다. 《성경》 속에는 하느님과 인간에 대한 우리의 의무에 대하여 알려 주는 모든 규칙과 계율이 들어 있다. 이것은 종교적 열광(熱狂)이나 초자연적 영감이 없어도, 현명하고 해박한 해석과 주의 깊은 추론을 통해 쉽게 알아낼 수 있다. 그리고 바로 이 《성경》 속에서, 이제부터 그리스도교 코먼웰스에 대하여, 지상의 최고통치자의 권리에 관하여, 또한 주권자에 대한 그리스도교도 국민의 의무에 관하여 찾아보고자 한다. 이를 위해 다음 장에서는 《성경》 낱권들과 저자, 의도 및 권위에 대해 논할 것이다.

33 《성경》의 편수, 저작시기, 의도, 권위 및 해석자들

《성경》의 낱권들에 대하여 《성경》의 낱권들이란, '정경(正經 : 공인된교리)', 즉 그리스도교인의 삶의 규범이라 불리는 책이다. 그것을 지키도록 양심을 구속한다는 점에서 생활규범은 모두 법이기 때문에 《성경》에 대한 문제는 그리스도교 세계 전체에 걸쳐서 자연법은 무엇이며, 시민법은 무엇인지에 대한 문제이다. 《성경》은 비록 모든 그리스도교인인 왕이 자기의 영토 안에서 반드시 제정해야 할 법이 무엇인가를 규정하고 있지는 않지만, 제정해서는 안 되는 법에 대해서는 규정하고 있다. 따라서 앞에서 이미 증명한 것처럼 주권자가 자신의 영토 안에서 유일한 입법자이므로 어느 나라에서든지, 주권자가 그 권위를 통해 정경으로 인정한 책만 '정경'이고 법이 된다. 그리고 실로 하느님은 모든 주권자들의 주권자이므로 모든 국민은 설령 지상의 군주의 명령을 어기는 한이 있어도 하느님의 말씀에 따라야 한다.

그러나 문제는 하느님에 대한 복종이 아니라, 하느님이 '언제, 무엇'이라고 말했는가이다. 왜냐하면 그런 것은 초자연적 계시를 받지 못한 국민들로서는 자연적 이성을 통하지 않고는 알 수가 없는 것이고, 더욱이 자연적 이성은 모든 국민에게 평화와 정의를 얻기 위해 코먼웰스의 권위, 즉 합법적 주권자의 권위에 복종하도록 가르치고 있기 때문이다.

따라서 나는 이 당연한 의무에 의거해 잉글랜드 교회(Church of England)가 정경으로 인정하도록 명한 것만 《성경》으로 인정하고, 《구약》의 다른 책들은 《성경》으로 인정할 수 없다. 그 낱권이 어떤 것인지는 모두 잘 알고 있을 것이므로, 그 목록을 여기에 열거할 필요는 없을 것이다. 성 히에로니무스[*1]도 지금 우리가 인정하는 책들만 정경으로 인정하고, 그 나머지 즉, 〈지혜서〉, 〈집회서〉, 〈유딧〉, 〈토비트〉, 〈마카베오상〉, 〈마카베오하〉(그가 본 〈마

[*1] Eusebius Sophronius Hieronimus(340?~420)는 라틴어역 성경(우르가타)의 완성자.

카베오상〉은 히브리어였지만), 〈에스드라3서〉, 〈에스드라4서〉 등은 모두 외경(外經)으로 보았다. 도미티아누스 황제 때 저술 활동을 한 유대인 학자 요세푸스[2]는 정경의 권수를 히브리어 알파벳 수와 일치시켜 '22권'으로 계산했다. 성 히에로니무스가 인정한 정경의 권수도 마찬가지로 22권이었는데, 계산 방식은 서로 달랐다. 왜냐하면 요세푸스의 22권은 '모세 5경', 저마다 당대의 역사를 기록한 '예언자서 13권'(이것이 《성경》에 기록된 예언자들의 저작과 부합하는지의 여부는 나중에 살펴볼 것이다), '성가(聖歌)'와 도덕률 4권'이다. 그러나 성 히에로니무스의 22권은 '모세 5경', '예언자서 8권' 및 기타 '성경 9권'이다. 그는 기타 성경을 '하기오그라파(άγιογραφα)'[3]라고 불렀다. 이집트 왕 프톨레마이오스는 히브리어로 된 유대 율법서를 그리스어로 번역하기 위해 70명[4]의 유대교 학자를 불러들였다. 이 '70인역(The Septuagint)'은 언어만 그리스어일 뿐, 현재 잉글랜드 교회가 쓰고 있는 《성경》과 같은 것이다.

《신약성경》의 경우 낱권 가운데 어느 하나라도 정경으로서 받아들이는 모든 그리스도교 교회와 종파들이 동일한 책들을 똑같이 정경으로 인정하고 있다.

《성경》의 일부 책들이 쓰인 시대 《성경》의 일부 책들은 원저자[5]가 누구인지에 대해서는 (사실 문제에 대한 유일한 증거라 할 수 있는) 역사적 기록이 불충분하여 분명하지 않다. 동시에 이런 문제를 자연적 이성으로 증명할 수는 없다. 이성은 (사실에 대한 진리가 아니라) 귀결[6]에 대한 진리를 아는 데 유용할 뿐이다. 따라서 이 문제를 두고 우리를 인도할 실마리는 《성경》의 낱권 그 자체에서 찾아야 한다. 이 실마리는 모든 책의 저자를 알려줄 수는 없지만, 그 책이 쓰인 시대를 아는 데는 쓸모가 있다.

첫째, 《모세 5경》(Pentateuch)에 대해 논해 보자. 책 이름이 모세 5경이라서 그것을 모세가 썼다고 주장하기에는 증거가 충분하지 않다. 이것은 '여호

---

*2 Flavius Josephus(37/38~?)는 유대인 역사가로 청년 시절에는 대(對) 로마저항운동의 지도자였으나 베스파시아누스 황제에게 항복하고 로마에서 저술활동을 했다.

*3 Hagiographa는 '신성한 책'을 의미하고, 구약성경 정전 가운데 법률서(모세 5경)와 예언자의 서를 뺀 부분들을 가리킨다.

*4 이 70명은 Septuaginta(70)라고 불릴 뿐만 아니라, 그들이 번역한 성경도 그렇게 불린다.

*5 홉스가 authors가 아니라 writers라는 단어를 사용한 것에 주의해야 한다.

*6 consequence는 논리적 전개를 의미한다. 제1편 5장 첫머리를 보라.

수아, 사사기, 룻기, 열왕기' 등의 제목을 가진 책들의 저자가 저마다 '여호수아, 사사, 룻, 열왕'이 썼음을 충분히 증명할 수 없는 것과 같다. 책 제목이 저자를 나타내는 경우도 있지만, 주제를 나타내는 경우도 많기 때문이다. 예를 들면, 《리비우스*7의 역사》는 저자를 의미하지만, 《스칸데르베그*8의 역사》는 주제에서 따온 제목이다.

《모세 5경》은 모세가 쓴 것이 아니다 〈신명기〉*9 마지막 장 6절은 모세의 무덤에 관해 이렇게 언급하고 있다. "오늘까지 그의 묻힌 곳을 아는 자가 없느니라"(신명기 34장 6절)라고 되어 있는데 여기에서 '오늘까지'라는 말은 '이 문장을 쓰던 날까지'라는 뜻이다. 여기서 이 문장은 모세가 매장된 뒤 쓴 것이라는 것을 분명히 알 수 있다. 모세가 아무리 예언자였다고 한들, 자기 무덤에 대해(예언에 의해서이기는 하지만), '내가 살아 있는 이 날까지 아는 자가 없다'고 말했다는 것은 기묘한 해석이기 때문이다. 그러나 '〈신명기〉 전체가 아니라 마지막 장만 다른 사람이 썼고, 나머지는 그렇지 않다'고 주장할 사람이 나올지도 모른다.

그러면 〈창세기〉의 한 구절을 보자.

"아브라함이 그 땅을 지나 세겜 땅 모레 상수리나무에 이르니 그 때에 가나안 사람이 그 땅에 거주하였더라."(창세기 12장 6절)

이 말은 가나안 사람들이 더 이상 그 땅에 살지 않게 된 때 한 말이 틀림없으며, 따라서 그곳에 오기 전에 죽은 모세의 말일 수는 없다. 마찬가지로 〈민수기〉 제21장 14절에서도 저자는 《주의 전쟁기(The Book of the Wars of the Lord)》라는 더 오래된 책을 인용하고 있는데, 여기에는 모세가 홍해와 아르논 골짜기에서 한 일들이 나와 있다. 따라서 '모세 5경'은 모세의 시대로부터 얼마나 시간이 흐른 뒤에 기록된 것인지는 분명치 않지만, 훗날 기록된 것임은 분명하다.

그러나 오늘날 우리가 보고 있는 것과 같은 형태로 5경 전체를 만든 것은

---

*7 Titus Livius(BC 59~AD 17). 로마의 역사가. '리비우스의 역사'란 그의 주요저서인 〈도시건설 이후 Ab urbe condita〉를 가리킨다.

*8 George Castrota Scanderbeg(Iskander Beg, 1404~1468)는 알바니아의 국민적 영웅으로 대 터키 방어전쟁을 10년에 걸쳐 지휘했다.

*9 Deuteronomy=Deuteronómion은 제2의 법을 의미한다.

모세가 아닐지라도, 그 가운데 그가 썼다고 되어 있는 부분은 모두 모세가 쓴 것이다. 예를 들면, 〈신명기〉 제11장부터 27장까지 나와 있는 율법 조항들은 모세가 쓴 것이다. 이것은 그들이 가나안 땅으로 들어갈 때 돌판에 새기라고 명령받은 것이기도 하다. 모세는 그 율법을 직접 책에 적은 뒤 이스라엘 제사장과 장로들에게 건네주고서, 초막절(草幕節)에*10 온 이스라엘 백성 앞에서 읽어 주도록 하였다(신명기 31장 9~10절). 이 율법이야말로 바로 하느님께서 명령한 법이며, 이 법에 따라 그들의 왕은 (그러한 통치 형태가 확립되고 나서) 제사장

성 히에로니무스(345~419)
라틴 4대 교부 중 한 사람. 가톨릭 성인. 그리스어 역본인 70인역 성경을 토대로 〈시편〉 등의 라틴어 역본을 개정하였다.

과 레위 사람들로부터 그 율법의 사본(寫本)을 받았으며, 모세가 명령한 대로 제사장과 레위 사람들은 그 율법책을 언약궤 옆에 두었던 것이다(신명기 31장 26절). 이 율법책은 분실되었다가 오랜 세월이 흐른 뒤 힐기야가*11 다시 찾아내어 요시야 왕에게 전달했고(열왕기하 22장 8절), 요시야 왕은 이 율법을 모든 국민에게 읽어 줌으로써(열왕기하 23장 1~3절), 하느님과의 언약을 다시 세웠다.

〈여호수아기〉는 여호수아 시대 뒤에 쓰여졌다 또한 〈여호수아기〉 역시 여호수아 시대 훨씬 뒤에 쓰여졌으며, 그 증거는 〈여호수아기〉의 많은 부분에서

---

*10 the feast of Tabernacles는 고대 유대인들이 팔레스타인에 정착할 때까지의 방랑을 기념하는 가을 축제로 유대력 1월 15일 밤부터 8일(나중에 9일) 동안이다.

*11 힐기야는 요시야 왕의 대제사장으로서 신전에서 율법책을 발견하여 왕에게 주었다.

찾아볼 수 있다. 여호수아는 그들이 그곳을 지나갔다는 것을 기념하기 위해 요르단에 12개의 돌을 세웠는데, 이 일에 대해 〈여호수아기〉의 저자는 다음과 같이 쓰고 있다.

"돌 열둘을 세웠더니 오늘까지 거기에 있더라."(여호수아 4장 9절)

여기에서 '오늘까지'라는 말은 인간의 기억이 미치지 않는 과거의 어느 시기를 나타내는 말이다. 또한 주께서, 유대민족이 이집트에서 받은 수치를 내가 없애 버렸다고 한 데 대하여 이렇게 쓰고 있다.

"그 곳 이름을 오늘까지 길갈이라고 하느니라."(여호수아 5장 9절)

여호수아 시대에 그렇게 말했다는 것은 부적당하다. 또한 아간이 군의 진영 안에서 일으킨 문제 때문에 "그 곳 이름을 오늘까지 아골 골짜기라 부르더라"(여호수아 7장 26절)고 쓰고 있다. 따라서 이것은 여호수아 시대 훨씬 뒤에 쓰여진 것이 분명하다. 이러한 증거는 이 밖에도 많다. 예를 들면, 〈여호수아기〉 8장 29절, 13장 13절, 14장 14절, 15장 63절 등에서도 찾아볼 수 있다.

〈사사기〉와 〈룻기〉는 그들이 사로잡힌 시기보다 훨씬 나중에 쓰여졌다 마찬가지로 〈사사기〉 1장 21절, 26절, 6장 24절, 10장 4절, 15장 19절, 17장 6절 및 〈룻기〉 1장 1절 등은 같은 논리에 따라 나중에 쓰인 것이 분명하다. 특히 〈사사기〉 18장 30절에서 더욱 분명히 드러나는데, '요나단과 그 자손은 단 지파의 제사장이 되어, 이 백성이 사로잡히는 날까지 이르렀더라'고 되어 있다.

〈사무엘기〉 역시 마찬가지이다 〈사무엘기〉 역시 사무엘의 시대가 지난 뒤 쓰였음을 알 수 있는 유사한 증거들이 있다. 〈사무엘상〉 5장 5절, 7장 13절, 15절, 27장 6절 및 30장 25절 등이 그것이다. 30장 25절에서는 다윗이 군수품을 지킨 사람들에게 전투한 사람들과 똑같은 몫의 전리품을 나누도록 결정한 일에 대해 저자는 이렇게 적고 있다. "그 날부터 다윗이 이것으로 이스라엘의 율례와 규례를 삼았더니 오늘날까지 이르니라." 또한 다윗이 (손을 내밀어 언약궤를 꼭 붙든 웃사를 하느님이 죽였을 때 그것을 불쾌하게 여기고) 화를 내면서 그곳 이름을 베레스 웃사라 부른 뒤, '오늘까지' 그렇게 불린다고 되어 있다(사무엘하 6장 8절). 따라서 이 책을 쓴 시기는 그 일이 발생한 시점보다 훨씬 뒤, 즉 다윗 시대의 훨씬 뒤임이 틀림없다.

〈열왕기상·하〉 및 〈역대지상·하〉 〈열왕기상·하〉 및 〈역대지상·하〉의 경우, 저자가 여러 가지 기념물들을 두고 "오늘까지도 여전히 남아 있다"고 말한 곳 외에도, "오늘까지도 여전히 그렇다"고 말한 곳이 많다. 예를 들면, 〈열왕기상〉 9장 13절, 9장 21절, 10장 12절, 12장 19절, 〈열왕기하〉 2장 22절, 8장 22절, 10장 27절, 14장 7절, 16장 6절, 17장 23절, 17장 34절, 17장 41절 및 〈역대지상〉 4장 41절, 5장 26절 등이 그러하다. '오늘까지 그렇다'고 언급한 것은, 이 책들이 바빌론 유수 이후 쓰였음을 알 수 있는 충분한 증거이다. 왜냐하면 기록된 사실은 항상 기록한 때보다 오래된 일이며 또한 그 기록에 언급되거나 인용된 책보다도 훨

〈마카베오상〉
유대인들과 시리아의 그리스인들 사이에 벌어진 전투 이야기가 많이 실려 있다.

씬 더 이른 시기의 일이기 때문이다. 이러한 사실들은 유대 왕들의 역대지, 이스라엘 왕들의 역대지, 예언자 사무엘의 책, 예언자 나단의 책, 예언자 아히야의 책, 예도의 환상, 예언자 세르비아 및 예언자 아도의 책 등에서도 확인할 수 있다.

〈에스라기〉와 〈느헤미야기〉 〈에스라기〉와 〈느헤미야기〉도 그들이 바빌론 유수에서 돌아온 뒤 쓴 것이다. 그들의 귀환, 예루살렘 성벽과 건축의 재건, 신약의 갱신, 정치 질서 바로잡기 등에 대한 내용이 기록되어 있기 때문이다.

〈에스더기〉 에스더[*12] 왕비의 역사는 바빌론 유수 시대의 일이다. 따라서 그 저자는 동시대인이거나 또는 그 후세 사람이다.

〈욥기〉 〈욥기〉에서는 그 책의 저작 시기를 가늠케 하는 아무런 단서도

[*12] Esther는 바빌론의 포로였던 유대인의 딸로서 페르시아 왕 크세르크세스(아하수에로스)의 왕비가 되어 유대인을 학살로부터 구해냈다. 〈에스더〉에 자세히 나온다.

찾아볼 수 없다. 그가 가공의 인물이 아니었다는 것은 확실해 보인다(에스겔 14장 14절, 야고보서 5장 11절). 하지만 그 책은 역사를 기록한 것이 아니라, 예부터 자주 논쟁거리가 되었던 문제, 즉 왜 악한 사람은 성공하고, 착한 사람은 고생을 하는가 하는 문제에 대한 한 편의 논문처럼 보인다. 이러한 추측은 처음부터 3장 3절까지, 즉 욥의 불평이 시작되는 데까지는 (성 히에로니무스*13가 입증한 것처럼) 히브리어가 산문으로 되어 있고, 그 장부터 마지막 장의 6절까지는 육보격(六步格)의 운문(韻文), 그 장의 나머지는 다시 산문으로 되어 있다는 점 때문에 한층 타당하게 보인다. 즉 논쟁은 모두 운문으로 쓰여 있고, 산문은 시작 부분에 서문으로, 그리고 마지막 부분에 결어로 덧붙여져 있다. 그런데 욥처럼 큰 고통을 겪고 있는 사람들이나, 또는 그를 위로하러 찾아온 사람들의 말이 보통 쓰이는 문체가 아닌 운문으로 되어 있다는 것은 매우 특이한 일이다. 그러나 고대 철학, 특히 도덕철학에서는 그런 문체를 자주 사용했다.

〈시편〉 〈시편〉의 대부분은 다윗에 의해 쓰였는데, 성가대에서 사용하기 위한 것이었다. 여기에는 모세와 기타 성인(聖人)들의 노래가 몇 편 추가되어 있다. 그 중 일부는, 137편 및 126편처럼 바빌론 유수에서 돌아온 뒤 추가된 것이다. 이런 점으로 미루어 볼 때 〈시편〉이 오늘과 같은 형태를 이룬 것은 유대민족이 바빌론에서 돌아온 뒤의 일이 분명하다.

〈잠언〉 〈잠언〉은 지혜롭고 신앙심 깊은 말을 모아놓은 것이다. 일부는 솔로몬에게서, 일부는 야게의 아들 아굴에게서, 일부는 르무엘 왕의 어머니에게서 나온 것이다. 이것을 솔로몬이 모았다고는 도저히 생각할 수 없고, 마찬가지로 아굴이나 르무엘의 어머니가 모았다고도 생각할 수 없다. 더욱이 그 문장이 그들에게서 나왔다 하더라도, 그것을 모아 한 권의 책으로 만든 것은 그들보다 나중에 살았던 어느 신앙심 깊은 사람이 한 일이었다.

〈전도서〉와 〈아가〉 〈전도서〉와 〈아가〉는 제목 또는 밝혀져 있는 이름(記銘)을 빼고는 모두 솔로몬이 쓴 것이다. 왜냐하면 '다윗의 아들 예루살렘 왕 전도자의 말'*14 '솔로몬의 가장 아름다운 노래'*15 등의 표현은, 그 뒤 《성경》

---

*13 히에로니무스는 욥기의 운율에 대하여 Praefactio on Librum Job이라고 쓰고 있다.
*14 "다윗의 아들 예루살렘 왕 전도자의 말씀"은 〈전도서〉의 첫 구절이다.
*15 "솔로몬의 아가라"는 〈아가〉의 첫 구절이다.

의 낱권들이 한 권의 법으로 만들어질 당시 교리뿐만 아니라 저자가 누구인지도 남도록 구별하기 위한 것으로 보인다.

예언자들의 서 예언자 가운데서 가장 오래된 사람은 스바냐, 요나, 아모스, 호세아, 이사야, 미가야 등이며, 그들은 유대민족의 왕 아마샤, 아사(또는 웃시야) 시대의 사람들이다. 그러나 〈요나서〉는 그의 예언을 정식으로 기록해 놓은 것이 아니었다. 그의 예언은 '40일만 지나면 니느웨*16가 무너진다'는 말밖에

예언자 이사야

없기 때문이다. 이 책은 하느님의 명령에 대한 그의 고집과 논쟁의 역사 또는 이야기를 적은 것이다. 요나는 이 논쟁의 등장인물이므로, 미루어 짐작건대 그가 이 책의 저자일 가능성은 별로 없다. 그러나 〈아모스서〉는 그의 예언이다.

예레미야, 오바댜, 나훔, 하박국은 요시야 시대에 예언했다.

에스겔, 다니엘, 학개, 스가랴는 바빌론 유수 시대에 예언했다.

요엘과 말라기가 언제 예언했는지는 그들의 글을 보아도 분명하지 않다. 그러나 책의 기명(記銘)이나 제목을 고찰해 보면,《구약성경》이 오늘날과 같은 형태로 발표된 것은 유대민족이 바빌론 유수에서 돌아온 이후, 그리고 프톨레마이오스 필라델포스의 시대보다 이전이라는 것을 충분히 알 수 있다. 프톨레마이오스는 유대로부터 70명의 학자를 초청하여 그것을 그리스어로 번역해 줄 것을 요청했기 때문이다. 그리고 만일 외경(外經)의 낱권들도

---

*16 아시리아 제국의 수도.

(이 책들은 교회가 정경으로 인정하지는 않았지만, 우리의 교육에 있어서 유익한 책이라고 추천하고 있다) 그들이 히브리어를 그리스어로 번역했다는 것을 믿을 수 있다면, 이 성경을 우리가 가지고 있는 것과 같은 형태로 발표한 사람은 에스드라(에스라)이다. 이것은 〈외경〉, 〈에스드라 후서〉*17 14장 21절, 22절 등을 보면 분명해진다. 여기서 에스드라는 하느님께 이렇게 말하고 있다.

"당신의 법은 불타고 말았습니다. 따라서 아무도 당신이 행한 일과, 앞으로 벌어질 일을 알지 못합니다. 그러나 저에게 은혜를 주셔서 성령을 내리십시오. 그러면, 창세 이래 이 세상에서 행해진 모든 일, 즉 당신의 법에 적혀 있는 것을 모두 써서 사람들이 당신의 길을 찾아낼 수 있도록 할 것이며, 후세 사람들이 살아갈 수 있도록 하겠습니다."

또한 45절에서는 다음처럼 쓰고 있다. "그리고 40일이 지나자 높으신 이가 다음같이 말했다. '그대가 쓴 최초의 것은 널리 알려 귀한 자나 천한 자나 모두 그것을 읽도록 하라. 그러나 마지막 70은 간직하고 있다가 국민 중 지혜로운 사람들에게만 나누어 주어라.'"《구약성경》낱권들이 언제 지어졌는지는 이로써 마친다.

《신약성경》《신약성경》의 저자들은 모두 그리스도 승천 후 한 세대 이내에 살았던 사람들이며, 성 바울과 성 누가를 제외한 그들 모두는 우리 구주를 본 적이 있는 사람이거나 아니면 그의 제자였다. 따라서 그들이 지은 책은 모두 사도들의 시대와 마찬가지로 오랜 것이다. 그러나 교회가 《신약성경》의 낱권들을 그들의 저작으로 인정하고 받아들인 것은 그리 오래된 일이 아니다. 《구약성경》의 낱권들이 한 번 분실되었다가 하느님의 영에 인도된 에스드라(에스라) 때에 와서야 완성되어 우리에게 전해진 것처럼, 《신약성경》의 경우 역시 사본(寫本)도 많지 않았으며, 어느 한 사람이 그 모든 책들을 수집하는 것도 쉽지 않았다. 그러므로 《신약성경》의 낱권도 교회 통치자들이 현재 알려진 사도들과 제자들의 저작으로서 수집하고 승인해서 우리에게 추천해 준 것이 틀림없다. 따라서 모든 《신약성경》의 기원은 이보다 이를 수 없다.

---

*17 에스드라 후서 또는 제2 에스드라서는 '에스드라 4서'와 같은 것이다. 전자는 에스드라서 가운데 2개의 외전만을 셀 경우, 후자는 정전인 에스드라와 느헤미야까지 포함하여 셀 경우의 번호이다.

《신약성경》과 《구약성경》을 이루는 모든 낱권들을 모아 처음 이를 사도들의 정전으로 목록화한 사람은 (베드로의 후임이었던) 로마 주교 클레멘스 1세로[18] 추정된다. 그러나 그것은 단지 추정에 지나지 않으며, 많은 사람들이 이에 대해 의문을 제기하고 있다. 그리스도교 교회에 처음 《성경》을 예언자와 사도들의 저작으로 추천한 것은 라오디게이아 회의에서였다고 우리는 알고 있다. 이 회의는 그리스도 사후 364년에 있었다. 그즈음 교회의 위대한 박사들은 야심에 지배당해, 황제조차도 그가 비록 그리스도교도라 하더라도 국민들의 목자(牧者)로 보기보다는 오히려 인도해야 할 양(羊)으로 여겼으며, 그리스도교도가 아닐 경우에는 이리(狼)로 여겼다. 또한 그들의 교리를 설교자의 조언이나 지식으로서가 아니라 절대적 통치자의 법으로 통용시키려고 힘썼다. 그리고 사람들을 그리스도교 교리에 한층 더 복종시키기 위한 기만(欺瞞)을 경건한 것이라고 생각하지만, 나는 그들이 《성경》을 위조하지 않았다고 확신한다. 비록 성직자들만이 《신약성경》의 낱권들 사본을 가지고 있었음에도 불구하고 나는 그렇게 확신한다. 왜냐하면 만일 그들이 그럴 의도가 있었다면, 그리스도교도 군주나 시민적 주권에 대한 그들의 권력을 현재보다 더 유리하게 제어할 수도 있었기 때문이다.

그러므로 나는 지금 우리가 가지고 있는 《구약성경》과 《신약성경》이 예언자들과 사도들의 언행(言行)을 충실하게 기록해 놓은 책이라는 것을 의심할 이유를 찾아낼 수 없다. 그리고 〈외경〉으로 불리는 책 가운데 일부도 아마 마찬가지일 것이다. 이들이 정경의 바깥으로 밀려난 이유는, 그 교리가 다른 정경과 일치하지 않기 때문이 아니라, 단지 히브리어 원본이 발견되지 않았기 때문이다. 왜냐하면 알렉산더 대왕이 아시아를 정복한 뒤 학식 있는 유대인들 가운데 그리스어에 능통하지 못한 사람은 거의 없었다. 《신약성경》을 그리스어로 번역한 70인의 역자들 모두 히브리 사람들이었다. 현재 필론과[19] 요세푸스 두 유대인 학자가 유창한 그리스어로 쓴 저작들이 남아 있다.

---

*18 Clementius I(~97)는 사도의 직제자 교부 Apostlic Fathers의 한 사람으로 제4대 로마교황이다. 96년에 고린도 교회의 분열에 즈음하여 교회의 위계제도와 로마교회의 우월성을 다룬 편지를 보냈다.

*19 Philon(BC 10~AD 50)은 알렉산드리아의 유대인 철학자로 '모세 5경'의 해설로 유명하다.

《성경》 일부 책들의 의도 그러나 어떤 책을 정경으로 삼을 것인지를 결정하는 것은 그 책의 저자가 아니라, 교회의 권한이다. 그리고 이 책들이 여러 저자에 의해 쓰였다 하더라도, 저자들 모두 똑같은 정신을 부여받은 것은 명백하다. 왜냐하면 그들의 목적은 성부이며, 성자이며, 성령이신 하느님께서 그의 나라에서 가지는 권리를 공포하는 것이라는 완전히 동일한 목적을 위해 협력했기 때문이다.

즉 〈창세기〉는 천지창조에서 이집트 행에 이르기까지 하느님의 국민의 발생사를 추론한다. 모세의 나머지 4편은 하느님을 그들의 왕으로서 선택한 것, 그들의 통치를 위해 그분이 제정한 법을 내용으로 하고 있다.

〈여호수아기〉·〈사사기〉·〈룻기〉·〈사무엘기〉는 '사울 왕' 시대에 이르기까지, 즉 그들이 하느님의 멍에를 벗어 버리고 이웃 나라들처럼 왕을 세워 달라고 요구한 때에 이르기까지 하느님의 국민들이 한 일들을 서술하고 있다.

《구약성경》의 나머지 역사서들은 다윗 왕의 혈통 계승을 더듬어 바빌론 유수에 이르기까지 다루고 있다. 이 혈통 가운데서 하느님 나라를 회복할 자와, 축복받은 우리 구주 아들 그리스도가 태어난다. 구주의 강림은 예언자들이 쓴 책에 미리 예고되어 있고, 구주의 사후에는 복음서의 저자들이 그가 지상에서 살던 동안의 생애와 행적, 그리고 왕국에 대한 그의 권리 주장을 기록하였다. 마지막으로 사도들의 행전과 편지들은 성령이신 예수님의 재림을 예고하고, 그분이 유대민족을 인도하고, 이방인들을 초대하도록 사도들과 그 후계자들에게 권위를 부여했다는 것을 밝히고 있다.

요컨대, 《구약성경》의 역사서와 예언서, 그리고 《신약성경》의 복음서와 편지들은 모두 같은 목적을 지니고 있었는데, 그것은 바로 인간들을 하느님에게 복종토록 하는 것이었다. 하느님에 대한 복종이란, 첫째로 모세와 제사장들에게, 둘째로 인간 예수에게, 셋째로 사도들과 사도권력의 후계자들에 대한 복종을 말한다. 이 세 가지는 저마다 다른 시기에 하느님의 인격을 대표하였다. 모세와 그의 계승자인 유대민족의 제사장들과 왕들은 《구약》 시대에, 또한 그리스도가 지상에 계신 동안에는 그리스도 자신이, 사도들과 그의 계승자들은 오순절(五旬節)^(성령이 그들에게 강림한 날)로부터 오늘에 이르기까지 그분을 대표하고 있는 것이다.

《성경》의 권위에 대한 문제 제시 그리스도교의 다양한 종파들 사이에서

바빌론 유수
바빌론에 포로로 잡혀
갔던 유대인들이 예루살
렘으로 돌아온 기쁨을
〈시편〉에 표현했다.

'《성경》의 권위는 어디서 오는가' 하는 것은 자주 일어나는 논란거리이다. 이 것은 때로는 다른 용어로 제기되기도 한다. 예를 들어 '그것이 하느님의 말 씀인 것을 어떻게 아느냐, 또는 우리는 왜 그것을 하느님의 말씀으로 믿어야 하는가' 하는 것 등이다. 이 문제를 해결하기가 어려운 가장 큰 이유는 문제 자체를 표현하는 말이 부적절하기 때문이다. 왜냐하면 《성경》의 최초의 저 자이자 본디 '저자'가 하느님이라는 것은 모든 측면에서 분명하기 때문에 그 것이 문제가 될 수는 없다.

게다가 《성경》이 하느님 말씀이라는 것은 (비록 모든 독실한 그리스도교도 들이 그렇게 믿고(*believe*) 있다 할지라도) 하느님께서 초자연적 계시를 내린 사람들 외에는 아무도 그것을 알(*know*) 수 없다. 따라서 그 문제에 대한 우 리들의 '지식(*knowledge*)'을 묻는 것은 적절한 질문이 아니다. 마지막으로 그 문제가 우리들의 '믿음'에 대한 것이라면, 사람마다 서로 다른 이유가 있기 때문에, 그 질문에 대한 단 하나의 보편적인 대답은 있을 수 없다. 따라서 올 바르게 제시된 문제는 '어떤 권위로써 그것들이 법이 되는가' 하는 것이다.

《성경》의 권위와 해석 《성경》이 자연법과 다르지 않은 한, 그것들이 자연 이성을 갖춘 사람이라면 누구나 읽을 수 있는 하느님의 법이며, 권위를 지녔 다는 것은 의심의 여지가 없다. 그러나 이러한 권위는 자연적 이성과 일치하 는 다른 도덕률의 권위에 지나지 않는다. 이 명령은 제정된 것이 아니라 영원히 존재하는 법이다.

만일 이 법을 하느님 자신이 제정한 것이라면, 그것은 성문법의 성격을 갖추고 있다. 즉 그것이 법인 것은 오직, 아무도 그것이 법인 줄 몰랐다는 핑계를 대지 못할 정도로 하느님이 충분히 공포한 사람들에 대해서이다.

따라서 하느님으로부터 초자연적 계시를 받지 못해 《성경》이 그분의 것이라는 것을 알지 못하거나, 또는 《성경》을 공포한 사람들이 그분이 보낸 사람들이라는 것을 알지 못하는 사람은 그에 따라야 할 의무가 없다. 다시 말해 그 명령이 이미 법의 효력을 갖고 있는 사람 이외의 어떤 권위에 의해서도 그것들에 복종할 의무는 없다. 이러한 권위는 오직 코먼웰스, 즉 입법권을 가진 유일한 존재인 주권자에게만 있다.

만일 그것이 코먼웰스의 입법권에 의해 법이 된 것이 아니라면, 그것은 하느님께 부여받은 사적 권위 또는 공적 권위여야만 한다.

그것이 사적 권위라면, 하느님의 계시를 받은 특정한 사람들만이 복종의 의무를 갖는다. 따라서 일부 사람들이 받았다고 주장하는 개인적 영감이나 계시를 구실로 모든 사람에게 복종을 강요할 수는 없다. (왜냐하면 어떤 사람은 자만 또는 무지로부터 자신의 꿈이나 터무니없는 환각이나 광기를 하느님의 영이 내린 것이라고 주장할 수도 있고 또는 어떤 사람은 야심 때문에 하느님의 말씀을 들었다고 주장하며 자신의 양심을 속일 수도 있기 때문이다)

이런 일이 일어나면 하느님의 법이 무엇인지 아는 것은 불가능하다. 《성경》을 법으로 만든 것이 공적 권위라면, 그것은 코먼웰스의 권위이거나 아니면 교회의 권위이다. 그러나 만일 교회가 통일된 인격이라면, 그것은 곧 그리스도교도들의 코먼웰스와 같은 것이다. 코먼웰스라 부르는 이유는 사람들이 주권자라는 하나의 인격 아래 통일되어 있기 때문이다. 마찬가지로 교회라 부르는 이유는 그리스도교도들이 하나의 그리스도교도 주권자 아래 통일되어 있기 때문이다. 그러나 교회가 하나의 인격이 아니라면, 권위는 존재하지 않으며, 명령을 내릴 수도 다른 어떤 행동을 추구할 수도 없다. 또한 그 어떤 것에 대한 권력도, 권리도 가질 수 없으며, 의지, 이성, 목소리도 가질 수 없다. 왜냐하면 이 모든 능력들은 오로지 인격만이 소유할 수 있기 때문이다. 만일 모든 그리스도교도가 하나의 코먼웰스 안에 존재하지 않는다면, 그들은 통일된 인격이 아니며, 그들 모두를 통치할 권위를 지닌 통일된 보편적 교회도 존재하지 않는다. 따라서 《성경》은 보편적 교회에 의해 제정되는 법이 아니다. 만일 모든 그리스도교도가 하나의 코먼웰스 안에 들어 있다면, 모든 그리스도교도 군주와 국가는 모두 사적 인격으로서 국민이 되고, 모든 그리스도교계의 보편적 주권자가 이들을 재판하고, 폐위하고, 처벌할 수 있게 된다. 그러므로 《성경》의 권위에 대한 문제는 결국 다음 같은 문제로 귀착된다. 즉 '그리스도교도 왕들 및 그리스도교 코먼웰스의 주권적 합의체들은 하느님 직속으로 자신들의 영토 안에서 절대적 주권을 갖거나 아니면 보편적 교회 전체에서 주권을 가지는 교황 한 사람이 공공의 이익을 위해 편의 또는 필요에 따라 그들을 재판하거나, 단죄하거나, 폐위시키거나 또는 사형선고를 내릴 수 있는가' 하는 것이다.

이 문제는 하느님 나라에 대해 좀더 자세히 고찰하지 않고는 해결되지 않는다. 마찬가지로 《성경》을 해석하는 권위를 판정하는 문제도 결국 이 문제에 달려 있다. 왜냐하면 어떤 작품을 법으로 제정할 수 있는 합법적 권력을 가진 자는 그 작품의 해석을 승인하거나 부인하는 권력도 가지기 때문이다.

34 《성경》에서 성령, 천사 및 성령감응의 의의

물체와 영(靈)을 《성경》에서는 어떻게 생각하고 있는가   모든 이성적 추론의 올바른 기초는 단어의 의미를 일정하게 사용하는 데 있으며, 지금부터의 논의에서 단어의 의미는 (자연과학에서처럼) 저자의 뜻에도, (일상대화에서처럼) 통속적 용법에도 의존하지 않고 오직 《성경》에서 갖는 의미를 따른다. 따라서 논의를 진행하기 전에 먼저 몇몇 단어에 대해 《성경》에 기초하여 명확한 정의를 내려둘 필요가 있다. 왜냐하면 이 단어들의 의미가 모호하면 나의 논의와 추론이 모호해지거나 논쟁을 일으킬 여지가 있기 때문이다. 나는 먼저 물체(*body*)와 영(*spirit*)이라는 단어에서부터 시작하고자 한다. 스콜라 학파에서는 이것을 각각 '유형의 물질'과 '무형의 물질'이라고 부른다.

'물체'라는 말은 가장 보편적 용법에 따르면, 일정 공간 또는 가상의 장소를 채우거나 점유하는 것을 가리킨다. 이것은 우리의 상상에 의존하는 것이 아니라, 우리가 우주(*universe*)라고 부르는 것의 일부분을 의미한다. 왜냐하면 '우주'는 모든 물체가 모인 것이므로, 물체가 아니면서 우주의 일부분이 될 수는 없으며, (모든 물체가 모인) 우주의 일부분이 아니면서 물체일 수도 없기 때문이다.

또한 모든 물체는 쉽게 변화하기 때문에 생명체의 감각기관에 여러 다양한 모습으로 나타날 수 있다. 따라서 그 물체의 고유성을 나타내기 때문에 '물질'이라고 불리기도 한다. 이 물질은 다양한 '우유(偶有)적 속성(사물이 일시적으로 우연히 가지게 된 성질)'을 지닌다. 예를 들면, 움직이기도 하고, 멈추기도 하고, 우리의 감각에 뜨겁게 또는 차갑게 느껴지기도 한다. 때로는 색깔, 냄새, 맛, 소리 등을 가지기도 한다.

이러한 겉모습의 다양성(물체가 우리의 감각기관에 작용하는 방식의 다양성 때문에 생겨난다)을 우리는 그 물체가 가진 속성에서 비롯된 변화들이라고 생각하여, 그 물체의 '우유적 속성'이라 부른다. 따라서 물질이라는 말의 보

세계를 창조하는 신
아담과 이브가 만들어지고, 새와 물고기의 창조, 그리고 동물에게 이름을 지어주고 있는 아담이 그려져 있다. 에스파냐에서 만들어진 태피스트리에 그려진 그림.

편적 용법에 따르면, 물질과 물체는 같은 것을 의미하며, '무형'이란 말과 '물질'이라는 말을 함께 사용하여 '무형의 물질'이라고 말할 경우 두 단어는 서로 모순되어 의미를 잃어버린다. 이것은 '무형의 물체'라는 말이 성립할 수 없는 것과 같다.

그렇지만 보통사람들의 감각으로는 우주 전체를 물체라고 부르지는 않고, 그 안에서 촉각으로 저항을 인식할 수 있는 것이나, 그것들을 구별할 수 있는 부분 또는 시야를 가로막는 것만을 물체라고 부른다. 그러므로 일상언어로는 공기나 기체 같은 물질은 보통 물체라고 하지 않으며, 감각으로 느낄 수 있는 효과만 바람, 호흡, 영(靈, *spirits*) 등으로 부른다. (영이라는 말은 '호흡'을 뜻하는 라틴어 '스피리투스(*spiritus*)'에서 나온 말이다) 예를 들면, 살아 있는 피조물의 신체에 생명과 운동을 부여하는 공기 같은 물질을 '생명적' 및 '정신적'인 영이라고 부른다. 그러나 거울에 비친 상이나 꿈속에 나타난 상처럼 물질이 없으면서 물체처럼 보이는 환영(幻影)이 뇌리에 나타날 때가 있다. 또는 깨어 있을 때에도 어지러운 망상에 사로잡혔을 때 뇌리에 나타나기도 한다. 이런 환영은 (한 사도가 모든 환영을 두고 일반적으로 말한 것처럼)*1 아무것도 아니다. 단지 있는 것처럼 보일 뿐, 그곳에는 아무것도 없다. 그리고 뇌리에는 대상의 작용 또는 감각기관의 무질서한 동요가 일으키는 혼란이 있을 뿐이다. 그러나 그 원인을 탐구하는 일과 무관한 일에 종사하는 사람들은 그러한 환영을 뭐라 불러야 할지 모른다. 그래서 자신이 매우 존경하는 사람들이 알려 주는 것을 쉽게 믿어 버린다.

어떤 사람은 그 환영이 눈으로 볼 수 있는 유형적 대상이라서 물체라 부르고, 초자연적 힘에 의해 응집된 공기로 이루어져 있다고 생각한다. 또 어떤 사람은 그 상이 나타나는 곳을 손으로 만져보아도 아무런 저항이 느껴지지 않기 때문에 영이라고 부른다. 일상 대화에서 '영'이라는 말은 희박하고 유동적이며 눈에 보이지 않는 물체를 가리키거나 또는 유령을 가리키거나, 아니면 상상이 빚어낸 상이나 환영을 가리키는 말이다. 그러나 비유적으로는 여러 가지 뜻으로 쓰인다. 왜냐하면 마음의 성향이나 경향을 '영'이라고 하는 경우도 있기 때문이다. 예를 들면, 다른 사람들의 말을 간섭하는 성품은 '대립의 영', '불결한 성향'은 '불결한 영', '고집스러운 성품'은 '완고한 영', '음울한 성품'은 '음습한 영', '깊은 신앙심 또는 하느님에 대한 봉사의 경향'은 '하느님의 영'이라고 부른다. 또한 탁월한 능력이나 비정상적 정념 또는 마음의 병을 '영'이라 하기도 한다. 예를 들면, '위대한 지혜'를 '지혜의 영'이라 하고, '미친 사람'을 '영에 들렸다'고 한다.

'영(靈)'이라는 말의 다른 의미를 나는 어디서도 어떤 것도 본 적이 없다. 지금까지 말한 영의 의미로 《성경》에 나오는 영이라는 말을 해석할 수 없는 곳이 있다면, 그 부분은 인간의 이해범위를 벗어난 것이다. 그곳에선 우리의 신앙은 의견에 있는 것이 아니라 복종에 있다. 예를 들어 하느님이 '영'이라고 되어 있거나, '하느님의 영'이 하느님 자신이라고 되어 있는 곳 등이 바로 그런 부분이다. 왜냐하면 하느님의 본성은 이해할 수 없기 때문이다. 다시 말해 우리는 '그분이 어떤 존재인가(what He is)' 하는 것은 알 수 없으며, 오로지 '그분이 존재한다(He is)'는 것만을 알 수 있을 뿐이다. 따라서 우리가 그분에게 속성을 부여할 때는 '그분이 어떤 존재인가'를 서로 이야기

---

*1 "그런즉 내가 무엇을 말하느냐. 우상의 제물은 무엇이며 우상은 무엇이냐?"(고린도전서 10장 19절)

하기 위해 또는 그분의 본성에 대한 의견을 나타내기 위해서가 아니라, 우리가 생각하는 가장 고귀한 칭호로서 명예를 부여하려는 의욕을 표현해야 한다.

첫째, 하느님의 영(靈)은 《성경》에서는 때때로 바람이나 호흡으로 해석된다 〈창세기〉 1장 2절에는 "하느님의 영은 수면 위에 운행하시니라"는 말이 나온다. 여기에서 '하느님의 영'이 하느님 자신을 의미한다면, 그 경우에는 '운동'이 하느님의 속성이 되는데, 이는 '장소'라는 속성이 부여되어 있기 때문이다. 그러나 운동이나 장소는 물체에 대해서나 있을 수 있는 속성이지, 무형의 물질이 갖는 속성은 아니다. 따라서 이 부분은 우리가 이해할 수 있는 범위를 넘어선다. 우리는 장소를 바꾸지 않는 것, 또는 넓이를 갖지 않는 어떤 것이 움직였다는 말을 이해하지 못한다. 넓이를 갖는 것은 모두 물체이기 때문이다. 그러나 영이 무엇인지는 〈창세기〉 8장 1절을 보면 분명히 드러나 있다. 태초에 그러했던 것처럼, 온 땅이 물로 뒤덮여 있을 때, 하느님은 물을 잦아들게 하여 마른 땅이 드러나게 하려고 그와 비슷한 말을 사용한다. "땅 위에 나의 영(Spirit)을 일으킬 것이니, 물이 줄어들 것이다." 여기에서 '영'은 '바람' (즉 움직이는 공기 또는 호흡)이다. 이것은 하느님이 하시는 일이었으므로 〈창세기〉 1장 2절에서와 마찬가지로, 그것을 하느님의 영이라고 한 것이다.

둘째, 이해력의 특출한 능력으로 여긴다 〈창세기〉 41장 38절에서 파라오는 '요셉의 지혜'를 '하느님의 영'이라고 부른다. 즉 요셉이 파라오에게 지혜롭고 사려깊은 사람을 얻어 이집트 땅의 통치를 맡기라고 권고하자, 파라오는 요셉에게 이렇게 말한다. "하느님의 영이 함께 하는 사람을 이 사람 말고 어디에서 또 찾을 수 있겠느냐?" 〈출애굽기〉 28장 3절에서는 하느님이 이렇게 말하고 있다. "너는 무릇 마음에 지혜 있는 모든 자 곧 내가 지혜로운 영으로 채운 자들에게 말하여 아론의 옷을 지어 그를 거룩하게 하여 내게 제사장 직분을 행하게 하라." 여기서는 비록 옷을 짓는 능력에 불과하지만 특출한 능력, 즉 하느님께서 주신 재능을 뜻하므로 하느님의 영이라고 불린다. 〈출애굽기〉 31장 3, 4, 5, 6절 및 35장 31절에서도[*2] 찾아볼 수 있다. 그리고

[*2] "하느님의 영을 그에게 충만하게 하여 지혜와 총명과 지식을 여러 가지 재주로 정교한 일을 연구하여 금과 은과 놋으로 만들게 하며, 보석을 깎아 물리며 여러 가지 기술로 나무를 새

〈이사야서〉 11장 2, 3절에서는 예언자가 메시아에 대해 이렇게 말한다. "그의 위에 여호와의 영 곧 지혜와 총명의 영이요 모략과 재능의 영이요 지식과 여호와를 경외하는 영이 강림하시리니." 여기에서 영은 유령이 아니라 하느님께서 그에게 주고자 한 탁월한 은총을 의미한다.

셋째, 특별한 애정으로 여긴다 〈사사기〉에서는 하느님의 국민을 지키려는 걸출한 열정과 용기를 하느님의 '영'으로 부르고 있다. 〈사사기〉 3장 10절, 6장 34절, 11장 29절, 13장 25절, 14장 6절 및 19절에서 하느님의 영이 내리자 옷니엘, 기드온, 입다, 삼손은 전쟁에서 승리하여 하느님의 국민을 노예 상태로부터 해방시킨다. 사울의 경우에도 암몬 사람들이 길르앗의 야베스 사람들을 모욕한 이야기를 듣고 있을 때 "사울이 이 말을 들을 때에 하느님의 영에게 크게 감동되매 그의 노(anger)가 크게 일어났다."(사무엘상 11장 6절) 여기에서도 '영'은 유령을 뜻하는 것이 아니라, 암몬 사람들의 잔혹함을 벌하고자 하는 걸출한 '열정'을 나타낸다. 마찬가지로 사울이 노래와 음악으로 하느님을 찬양하던 예언자들 가운데 있을 때, 그에게 내린 하느님의 '영'(사무엘상 19장 23절)도 유령이 아니라, 예언자들의 찬송에 참여토록 만든 예상하지 못한 갑작스러운 '열정'으로 이해할 수밖에 없다.

넷째, 꿈 또는 환영에 의한 예언의 능력으로 거짓 예언자 시드기야는 미가야에게 이렇게 말한다. "여호와의 영이 나를 떠나 어디로 가서 네게 말씀하시더냐?"(열왕기상 22장 24절) 여기에서 이 '영'은 결코 유령으로 이해해서는 안 된다. 미가야는 그가 본 환영에 의해 이스라엘과 유대 왕들 앞에서 전쟁이 어떻게 될 것인지에 대해 공언한 것이지, 그의 안에서 말하는 '영'에 의한 것이 아니기 때문이다.

예언자들의 글에서도 마찬가지이다. 예언자들은 '하느님의 영'에 의해, 다시 말해 예언이라는 특별한 은총을 받아 말하고 있지만, 그렇다 해도 미래에 대한 그들의 지식은 그들 안에 유령이 있어서 말하는 것이 아니라, 초자연적 꿈이나 환영에 의한 것이었음이 분명하다.

다섯째, 생명으로 "여호와 하느님이 땅의 흙으로 사람을 지으시고 생기를 그 코에 불어넣으시니 사람이 생령이 되니라."(창세기 2장 7절) 여기에서 하느

겨 만들게 하리라."(출애굽기 31장 3~5절)

요셉과 파라오 왕
히브리인 요셉은 파라오의 꿈을 해석할 수 있는 유일한 인물이었다. 그의 지혜에 감동하여 파라오는 그를 통치자로 임명했다.

님이 불어넣은 '생기'는 하느님이 그에게 준 생명 이상의 어떤 것도 의미하지 않는다. 그리고 "나의 호흡이 아직 내 속에 완전히 있고 하느님의 숨결이 아직도 내 코에 있느니라"(욥기 27장 3절)라는 말은 '내가 살아 있는 한'이란 뜻이다. 마찬가지로 〈에스겔서〉 1장 20절의 "생물의 영이 그 바퀴들 가운데에 있음이니라"는 말은 '그 바퀴들이 살아 있었다'는 뜻이다. "그 영이 내게 임하사, 나를 일으켜 세웠다"(에스겔 2장 2절)는 말도 '나의 생명력을 다시 회복했다'는 말이지, 유령이나 무형의 물질이 그의 몸속으로 들어가서 그의 몸을 차지했다는 말이 아니다.

여섯째, 권위에 대한 종속으로 〈민수기〉 11장 17절에서 하느님은 이렇게 말하고 있다. "네게 임한 영을 그들에게도 임하게 하리니, 그들이 너와 함께 국민의 짐을 담당하고 너 혼자 담당하지 아니하리라." 여기에서 그들이란 70명의 장로를 가리킨다. 그 70명 중 2명은 막사 안에서 예언하고 있었다고 하며, 이에 대해 누군가 불평하자, 여호수아가 모세에게 그들이 예언하는 일을 금하라고 하였지만 모세는 그렇게 하지 않았다. 이 점으로 미루어 볼 때 여호수아는 그 두 사람의 장로가 그렇게 할 권위를 얻었다는 것, 모세의 마음을 따라, 즉 모세의 '영'에 종속된 '영' 또는 '권위'에 따라 예언했다는 것을 몰랐음이 명백해진다.

마찬가지로 "모세가 눈의 아들 여호수아에게 안수하였으므로, 그에게 지혜의 영이 충만하였다"(신명기 34장 9절)는 말은 여호수아가 모세에게서, 모세가 시작했으나 죽음이 닥쳐와 끝내지 못하게 된 사업(즉 하느님의 국민을 약속의 땅으로 데려가는 일)을 완수하도록 명령받았던 것이다.

또한 "누구든지 그리스도의 영이 없으면, 그리스도의 사람이 아닙니다"(로 마서 8장 9절)는 말에서 그리스도의 영은 그리스도의 유령이라는 의미가 아니라, 그리스도의 가르침에 대한 복종을 뜻한다. 또한 "이로써 너희가 하느님의 영을 알거니 곧 예수 그리스도께서 육체로 오신 것을 시인하는 영마다 하느님께 속한 것이요."(요한1서 4장 2절) 여기에서도 마찬가지로 영도 진실한 그리스도교 정신, 즉 예수가 그리스도임을 믿는 것을 말한다. 이것은 그리스도교 신앙의 주요 개조(個條)에 대한 복종을 의미하는 것이지, 유령에 대한 것으로 해석할 수는 없다.

마찬가지로, "예수께서 성령(*Holy Ghost*)의 충만함을 입어"(누가복음 4장 1절)라는 말은, 아버지 하느님이 그를 보내면서 하라고 한 일에 대한 '열정이 가득하여'의 뜻이다. 여기서 '성령(*Holy Ghost*)'은 〈마태복음〉 4장 1절과 마가복음〉 1장 12절에서도 나타나 있듯이 'Holy Spirit'를 뜻한다. 만일 '성령'을 유령(*a ghost*)으로 해석한다면, 하느님 자신(우리의 구주는 하느님이었으므로)이 하느님으로 가득하였다는 기묘한 표현이 되고 만다. '유령(*ghosts*)'이라는 말은 아무 뜻도 없는 말이며, 하늘에도 없고 땅에도 없다. 다만 사람의 뇌리에만 서식하는 존재 이외에 어떤 것도 의미하지 않는다. 그런데 어찌하여 '영(*spirits*)'이라는 말을 유령(*ghosts*)이라는 말로 번역하였는지에 대해서는 검토하지 않겠다. 다만 《성경》 원전의 '영'은 '유령'을 의미하는 것이 아니라, 본디는 실재하는 물질이거나 또는 비유적인 뜻으로는 정신 또는 육체의 비범한 능력 또는 감정을 나타낸다는 점만 밝혀두겠다.

일곱째, 공기와 같은 물체로 그리스도의 제자들은 그가 바다 위를 걷는 것을 보고, 그가 '영(靈)'이라고 추측했는데(마태복음 14장 26절, 마가복음 6장 49절), 이는 공기 같은 '물체'로 생각했다는 뜻이지 결코 환영(*phantasm*)을 보았다는 뜻은 아니다. 왜냐하면 그들 모두가 보았다고 말하고 있으므로 그것은 결코 뇌리에 생긴 망상이 아니라, 실제로 물체를 본 것으로 이해해야 한다(뇌리에 생기는 망상은 여러 사람에게 동시에 생길 수 없으며, 상상의 차이 때문에 개별적이다). 오직 눈으로 볼 수 있는 물체만이 여러 사람이 동시에 볼 수 있다. 그 사도들이 유령(*a spirit*)을 보는 것으로 생각한 때도(누가복음 24장 37절) 마찬가지이다. 성 베드로가 감옥에서 풀려났을 때에도 사람들은 이를 믿으려 하지 않았다. 대문 앞에 베드로가 서 있다고 여종이 알리자, 사람들은 베드로의 '천사'일 거라고 말했다(사도행전 12장 15절). 여기서 알 수 있다시피 그들이 생각하는 천사는 형태를 가진 물질을 의미한 것이 분명하며, 그게 아니라면 예수의 제자들도 유대 사람들과 이방인들의 견해를 따랐다고 말할 수밖에 없다. 그즈음 사람들은 유령은 상상에서 나온 것이 아니라 실재하며, 인간의 상상력에 의존할 필요가 없다고 생각하고 있었다. 유대 사람들은 그리스인들이 그것을 악마라는 이름으로 불렸던 것처럼, 선 또는 악의 '정령(*spirits*)' 및 '천사(*angels*)'라고 불렀다. 그러한 유령 가운데 어떤 것의 출현은 진실된 것일 수도 있고, 또 실재하는 것일 수도 있다. 즉 하

천사와 씨름하는 야곱
이스라엘 대통령 관저에 있는 스테인드글라스.

느님이 만물을 창조하신 바로 그 권능으로 불가사의한 물체를 만들고, 그분의 뜻을 초자연적 방법으로 전달하고 집행하고자 원할 때 그런 대리자나 사자(즉 천사)를 보낼 수도 있다. 그러나 그가 그렇게 만든 경우에는 그들은 크기를 가지게 되어서 공간을 차지하며, 다른 곳으로 이동하는 것도 가능하게 되는데, 이것은 곧 물체의 특징이다. 따라서 그들은 결코 형체 없는 유령이 아니다. 즉 '어느 공간에 존재하지 않는다'고 해서 '아무 데도 없다'는

뜻은 아니며, 따라서 '존재를 가진 것처럼 보이면서' 실제로 '존재하지 않는' 정령은 없다. 그러나 만일 유형이라는 말이 통속적 표현대로 우리들의 외적 감각으로 지각할 수 있는 물질을 의미한다면, 무형의 물질도 상상 속에 존재하는 것이 아니라 실재하는 것임을 알 수 있다. 다시 말해서 희박한 물질로서 보이지 않지만 부피가 매우 큰 물체가 차지하는 넓이를 차지하는 것이다.

천사란 무엇인가 천사(天使)는 보통 '전령(messenger)'을 뜻하지만 흔히 '하느님의 사자'를 가리킨다. 그리고 하느님의 사자는 그분의 비범한 존재를 알리고자 할 때, 즉 그분의 권능을 비범한 방식으로 나타내고자 할 때 등장하는데, 특히 꿈이나 환영으로 나타난다.

'천사'의 창조에 대해서는 《성경》에 아무런 언급이 없다. 그들이 영이라는 이야기는 자주 되풀이된다. 그러나 영이라는 말은, 《성경》에서도 통속적인 의미로도, 동시에 유대 사람들 사이에서도, 이방인들 사이에서도 희박한 물체를 의미한다. 예를 들면 공기, 바람, 생물이나 동물의 정신(spirits) 같은 것, 또 때로는 꿈이나 환영으로 떠오르는 영상을 가리키는 말로 사용되기도 한다. 후자의 영상은 물질이 없는 것으로서 꿈이나 환영보다 조금도 오래 지속되지 않는다. 이 영상은 비록 물질은 없지만, 뇌리에서 일어나는 우발적인 현상으로서 하느님이 초자연적으로 그분의 뜻을 알리고자 할 때 나타나는 것이므로, 그것을 하느님의 사자, 즉 그분의 '천사'라고 부르는 것이 결코 부적절하지는 않을 것이다.

그리고 이방인들은 일반적으로 뇌리의 영상이 상상에 의존하는 것이 아니라 실재한다고 생각했기 때문에 그들의 견해대로 신령(good demons)과 악령(bad demons)을 만들어 냈다. 그들이 실재하는 것처럼 보였으므로 '물질'이라고 불렀으며, 손으로 만져지지 않았으므로 '무형'이라고 불렀다. 마찬가지로 유대 사람들 또한 (사두가이파 사람들을 제외하면) 같은 의견이었다. 《구약성경》에 그렇게 여길 근거가 하나도 없음에도, 뇌리에 나타나는 영상들도 물질이라고 생각했으므로, 하느님이 필요할 때마다 사람들의 환각 속에 그들을 나타나게 한다고 믿었기 때문에 그분의 '천사'라 불렀다. 즉 그러한 영상들도 상상에 의존한 것이 아니라 하느님의 영구적인 피조물이라고 생각했던 것이다. 그들 중 자기들을 이롭게 하는 천사는 '하느님의 천사'로, 해를 입히는 천사는 '악한 천사' 또는 '악한 귀신(*evil spirits*)'이라고 일컬었다. 예를 들면, 신들린 사람이나 미치광이, 정신병자, 간질환자 등은 악한 귀신이 달라붙어 그렇게 되었다고 여겨, 그들 모두 '귀신들린 사람(*demoniacs*)'*3으로 간주했다.

그러나 《구약성경》에서 천사가 언급된 부분들을 고찰해 보면, 거의 대부분의 경우 천사란 사람의 환각 속에 초자연적으로 등장하는 어떤 영상으로 이해되는데, 하느님이 초자연적인 일의 수행에 즈음하여 나타났다는 것을 보여 주려고 할 때 천사가 등장한다. 그러므로 나머지 경우에도, 즉 천사라는 말만 나오고 그 성

아브라함과 이삭
아브라함은 하느님의 부름으로 아들 이삭을 제물로 바치고자 한다. 칼을 쳐든 순간 천사의 목소리가 들려 왔다.

질을 언급하지 않을 때도 같은 방식으로 이해하면 된다.

〈창세기〉 16장에 보면, '천사'가 나타나는데, 천사로 불릴 뿐만 아니라 '하느님'이라고 부르는 것을 볼 수 있는 구절이 있다. 주님의 '천사'가 나타나서 (창세기 16장 7절) 하갈에게 "내가 네 씨를 크게 번성하여 그 수가 많아 셀 수 없게 하리라"(창세기 16장 10절)고 했는데, 이 말은 천사가 하느님의 인격으로 말한 것이다. 여기에서 천사는 형태를 지닌 상상물이 아니라 목소리로 나타났다. 이로 미루어 보건대, 그 천사는 하갈에게 하늘의 목소리를 들려주기 위해 초자연적으로 나타난 바로 하느님 자신이라는 것을 분명히 알 수

---

*3 귀신들린 사람에 대해서는 〈사도행전〉 16장 16~18절에서 다음과 같이 이야기하고 있다. "우리가 기도하는 곳으로 가다가, 점치는 귀신 들린 여종 하나를 만나니, ……바울이 심히 괴로워하여 돌이켜 그 귀신에게 이르되 예수 그리스도의 이름으로 내가 네게 명하노니 그에게서 나오라 하니 귀신이 즉시 나오니라."

있다. 어쩌면 하느님이 특별히 그곳에 나타났다는 증거를 보여 주기 위해 초자연적인 목소리를 들려 주었을 수도 있다. 〈창세기〉 19장 12절에서 롯 앞에 나타난 천사는 둘이었는데 롯은 마치 그들이 한 사람인 것처럼 이야기하고 있으며, 하느님에게 말하듯이 대화하고 있다. "롯이 그들에게 이르되, 내 주여 그리 마옵소서."(창세기 19장 18절) 그렇다면, 이 천사들은 인간의 형상을 하고 초자연적인 환각 속에 나타난 것이며, 앞의 천사는 환청이었다고 이해하지 못할 이유가 어디 있겠는가?

아브라함이 이삭을 번제물로 바치기 위해 죽이려 했을 때, 하늘에서 천사가 그를 불러 그 손을 멈추라 했다(창세기 22장 11절). 모습을 나타내지는 않고 목소리만 있었다. 그럼에도 불구하고 그 목소리는 하느님의 사자 또는 천사라고 부르는 것이 적절하다. 왜냐하면 그것은 하느님의 뜻을 초자연적으로 나타냈으며, 영구적인 유령이라고 잘못 가정하는 수고를 덜어 주기 때문이다. 야곱은 꿈속에서 하늘까지 닿은 사다리에서 천사의 환영을 보았다(창세기 28장 12절). 그러므로 공상이자 꿈에 지나지 않는다. 그러나 이것은 초자연적인 것이고, 하느님의 특별한 출현을 나타내는 징표이기 때문에 천사라 부를 수 있다. "꿈에 하느님의 사자가 내게 말씀하시기를 야곱아 하기로 내가 대답하기를 여기 있나이다 하매"(창세기 31장 11절)라고 한 야곱의 말도 이런 방식으로 이해할 수 있다. 자연적이건 초자연적이건, 꿈이란 자는 동안에 영상이 나타나는 것이기 때문이다. 그리고 야곱이 천사라고 부른 이는 바로 하느님 자신이었다. 그 천사가 '나는 벧엘의 하느님이다'(창세기 31장 13절)고 말하고 있기 때문이다.

또한 홍해를 향해 이스라엘군의 앞을 인도하다가 다시 뒤로 간 천사도 하느님 자신이었다(출애굽기 14장 19절). 그분은 아름다운 인간의 모습으로 나타난 것이 아니라, 낮에는 '구름기둥'으로, 밤에는 '불기둥'으로 나타났다(출애굽기 13장 21절). 이런 기둥의 모습으로만 나타났지만, 천사는 모세에게 군대의 안내를 약속했다. 이를 위해 이 구름기둥은 모세가 장막에 들어서면 내려와서 장막 어귀에 서고, 모세와 이야기를 나누었다고(출애굽기 33장 9절) 한다.

일반적으로 천사의 속성에는 운동(motion)과 언어(speech)가 있는데, 여기서는 구름이 움직이고, 말하는 것을 볼 수 있다. 왜냐하면 그 구름은 하느님

출현을 나타내는 징표였기 때문이다. 천사라고 해서 반드시 매우 아름다운 모습으로 나타나는 것도 아니고, 날개를 달고 등장하는 것도 아니다. 또한 날개 달린 천사는 사람들에게 허위로 가르치기 위해 날개를 그려 넣은 것이다. 천사를 이루는 것은 그의 형상이 아니라 그가 하는 일이다. 즉 초자연적 작용으로 하느님의 출현을 알리는 것이 바로 천사이다. 그러므로 모세가 하느님께 자기들과 함께 장막으로 가 달라고 요청할 때마다, 하느님은 언제나 (그들이 금

대천사 미가엘과 가브리엘

송아지를 만들기 전까지는 그가 항상 그랬다시피) "내가 가겠다(I will go)"거나 또는 "나 대신 천사를 보내겠다"고 하지 않고, "내가 친히 너와 함께 가겠다 (My presence shall go with thee)"(출애굽기 33장 14절)고 했던 것이다.

《구약성경》에서 천사의 이름이 나오는 곳을 여기서 모두 다루기엔 너무 길다. 그것들 모두를 한 번에 이해하기 위한 다음과 같은 원문은 잉글랜드 교회가 정전으로 삼는 《구약성경》의 어느 곳에도 찾아볼 수 없다. 그 원문이란 거기서 우리가 양(量)을 갖지 않고 분할되지 않는 것으로 이해하는('영'이나 '천사'라는 이름으로 이해하는) 어떤 영속적인 것이 존재한다거나 창조되었다는 결론을 내릴 수 있는 원문이다. 분할되지 않은 것으로 이해되는 것은 바꿔 말하자면 부분적으로 고찰될 수 없는 것을 뜻한다. 부분으로 나누어지는 것만이 한 부분은 이곳에, 다른 부분은 저곳에 있을 수 있다고 고찰할 수 있다. 요컨대, (물체 등에 의해서 어딘가에 존재하는) 유형적인 존재는 아니다. 그러나 천사를 사자(使者)로 해석하면 적절하게 뜻이 통한다. 그러므로 세례자 요한을 천사라 하였고, 그리스도를 언약의 천사라 하였으며, (같은 비유로) 비둘기와 불의 혀도 하느님의 특별한 출현을 알려 주는 징표였기 때문

에 천사라고 부를 수 있었던 것이다.*4

〈다니엘서〉에 보면, 두 천사 즉 '가브리엘'과 '미가엘'이라는 이름이 나온다(다니엘 12장 1절). 하지만 그 구절을 자세히 살펴보면, '미가엘'은 천사가 아니라 군주로서의 그리스도라는 것을 알 수 있으며, '가브리엘' 역시 (다른 성스러운 사람들의 꿈에 비슷한 모습으로 나타난 것과 같은) 초자연적 환상에 지나지 않았다. 그 환상으로 인해 다니엘은 꿈속에서 2명의 성자가 서로 말하는 것을 들었는데, 그 중 하나가 상대에게 "가브리엘아, 이 사람에게 그 환상을 알려 주어라"고 말했던 것이다. 하느님 나라의 종복들은 이름으로 구별할 필요가 없다. 이름은 반드시 죽게 마련인 자들의 짧은 기억에나 쓸모가 있다. 《신약성경》에도 천사가 (하느님의 말을 전하는 사자와 그분의 일을 대행하고 있을 뿐) 영원한 존재이면서 동시에 무형의 존재라는 것을 증명할 수 있는 구절은 아무 데도 없다. 그들이 영원한 존재라는 것은 우리 구주가 한 말에서 추측할 수 있다. 그는 세상 끝날에 사악한 자들에게 내려질 명령에 대해 이렇게 말하고 있다.

"저주받은 자들아, 나를 떠나 마귀와 그 사자들을 위하여 예비된 영원한 불에 들어가라."(마태복음 25장 41절)

이로써 ('마귀와 그 사자들'이라는 것이 교회의 적(敵)과 그들의 하수인을 가리킨다고 생각하지 않는 한) 악한 천사들이 영속적인 존재라는 것은 분명히 알 수 있지만, 그들의 비물질성과는 일치하지 않는다. 왜냐하면 모든 무형의 존재들처럼 고통을 느끼지 않는 물질들에겐 영원한 불이 결코 형벌이 되지 못하기 때문이다. 따라서 천사가 무형의 존재라는 것은 증명되지 않는다. 마찬가지로 성 바울이 "우리가 천사를 판단할 것을 너희가 알지 못하느냐"(고린도전서 6장 3절) 하고 말한 것이나, 〈베드로후서〉 2장 4절에 "하느님이 범죄한 천사들을 용서하지 아니하시고 지옥에 던져"라고 한 것이나, "또 자기 지위를 지키지 아니하고 자기 처소를 떠난 천사들을 큰 날의 심판까지 영원한 결박으로 흑암에 가두셨으며"(유다서 1장 6절)라고 한 것 등은 모두 천사의 본성인 영구성을 증명하기는 하지만, 한편으로는 그들의 물질성을 확실하게 증명하는 것이기도 하다. 또한 "부활할 때에는 장가도 아니 가고, 시집도 아

<hr>

*4 이 4가지 사례는 각각 〈마태복음〉 11장 10절, 〈말라기〉 3장 1절, 〈마태복음〉 3장 16절, 〈사도행전〉 2장 3절에 있다.

니 가고, 하늘에 있는 천사들과 같다"(마태복음 22장 30절)고 했는데, 부활한 사람은 영원한 존재가 되는 것이지 무형적이지는 않은 것이다. 천사들도 또한 그러하다.

똑같은 결론을 얻을 수 있는 곳이 그 밖에도 많다. '물질'이라는 말과 '무형'이라는 말의 의미를 이해하는 사람에게 ('무형'이라는 말은 희박한 물체를 가리키는 것이 아니라 '물체'가 아닌 것을 가리키므로) 그 두 단어는 모순관계에 놓인다. 그리하여 천사 또는 영(그런 의미에서의)이 무형의 물질이라는 말은 결국 천사도 없고, 영도 없다는 말과 같은 의미가 된다. 그러므로 《구약성경》에 나오는 천사라는 말의 의미와, 사람들에게 자연스럽고 통상적인 방법으로 생길 수 있는 꿈과 환상의 성질을 생각할 때, 그 문제에 대해 나는 이러한 견해를 가지게 되었다. 즉 천사는 하느님의 특별하고 기이한 작용에 의해 초자연적으로 출현하는 환각에 지나지 않으며, 하느님은 이를 통해 그분의 출현과 계율을 인간들에게, 주로 그분 자신의 국민들에게 알린다. 그러나 《신약성경》의 여러 부분과 우리 구주가 직접 한 말, 그리고 누군가가 악의적으로 고쳤다고 의심할 여지가 전혀 없는 《성경》의 원문들을 보건대, 나의 모자란 이성으로는, 물질적이고 영속적인 천사들도 존재한다는 사실을 인정하고 믿지 않을 수 없다. 그러나 (비록 간접적일지라도) 사람들이 말하는 것처럼, 천사가 무형의 존재라는 주장은 천사가 어느 장소에도 없다, 곧 아무 데도 없다, 따라서 아무것도 아니라는 주장인데, 이것은 《성경》에 명시되어 있지 않다.

영감이란 무엇인가 영감(靈感)이라는 말은 '영(靈)'이라는 말이 무엇을 의미하는지에 따라 달라진다. 그것은 우선 정확하게 고찰해야만 하는 것으로서 이 경우에는 숨을 불어 공기주머니를 채우듯이 희박한 공기나 바람을 인간 안에 불어넣는 것이다. 그런데 만일 영이 형체를 가진 것이 아니라 환상속에만 존재하는 것이라면, 영감은 곧 환영을 불어넣는 것을 의미하게 된다. 이런 말은 부적절하거니 불가능한 일이다. 환영은 어떤 물체가 아니라 단지 있는 것처럼 보일 뿐, 실제로는 존재하지 않기 때문이다. 그러므로 그 말은 《성경》에서 오직 비유적으로만 사용된다. 예를 들면, 하느님이 사람에게 생명의 기운을 '불어넣으시니(inspired)'(창세기 2장 7절)는 말은 하느님이 사람에게 생명적 운동을 부여했다는 뜻이다. 이 기운이 진짜이든 가짜이든 관계

없이 하느님이 생명의 기운을 먼저 만들어 놓고, 그 다음 아담을 만들고, 아담에게 그 생명의 기운을 불어넣었다고 생각할 수는 없기 때문에, "이는 만민에게 생명과 호흡과 만물을 친히 주시는 자이심이라"(사도행전 17장 25절)는 말에서처럼 인간을 살아 있는 피조물로 만들었다는 뜻으로 이해해야 한다. "모든 성경은 하느님의 감동으로 된 것으로"(디모데후서 3장 16절)라는 말도 하느님이 《구약성경》의 저자들의 영 또는 정신을 일깨워 사람들을 가르치고, 꾸짖으며, 잘못을 바로 잡아주고 이끌어 주어 올바른 삶을 사는 데 유익한 글을 쓰게 하였다는 것을 알기 쉽게 비유적으로 나타낸 것이다.

그러나 성 베드로가 "예언은 언제든지 사람의 뜻에서 낸 것이 아니요, 오직 성령의 감동하심을 받은 사람들이 하느님께 받아 말한 것임이라"(베드로후서 1장 21절)라고 했을 때, 여기에서 성령은 하느님의 목소리가 꿈이나 초자연적 환영 속에 나타난 것을 의미하지 '영감'의 의미가 아니다. 또한 우리 구주가 제자들에게 숨결을 불어넣으면서 "성령을 받으라"고 했을 때, 그 숨결 역시 영이 아니라, 그들에게 준 영적 은혜의 징표이다. 그리고 많은 사람들에 대하여, 또한 우리 구주에 대하여, '성령'으로 충만해 있었다는 말을 하는데, 여기에서 충만해 있었다는 말은 하느님의 물질이 '주입'된 것으로 이해해선 안 되고, 그분이 내리신 은총의 축적으로 이해해야 한다. 예를 들면, 생명이나 말의 고결함 같은 자질 등이 그러하다. 이것은 초자연적인 방식으로 획득될 수도 있고, 연구와 노력을 통해 얻어질 수도 있다.

그러나 어느 경우든 이런 것은 하느님이 내리신 은총이다. 마찬가지로 하느님이 "그 후에 내가 내 영을 만민에게 부어 주리니, 너희 자녀들이 장래 일을 말할 것이며 너희 늙은이는 꿈을 꾸며 너희 젊은이는 이상을 볼 것이며"(요엘 2장 28절)라고 한 말도 글자대로 해석하여, 그분의 영이 물처럼 흘러들어오고 나가는 것으로 이해해서는 안 되며, 하느님이 예언적인 꿈과 환영을 주겠다고 약속한 것으로 이해해야 한다. 하느님의 은총에 대해서 말할 때, '주입되었다'는 말을 쓰는 것은 엄밀히 따지면 언어의 오용이다. 하느님의 은총은 여러 미덕을 말하는 것이지, 물체처럼 이리저리 옮겨다니는 것이 아니며, 통 속에 붓듯이 사람들에게 부을 수 있는 것도 아니기 때문이다.

마찬가지로 영감이란 말을 본디의 뜻으로 이해하거나, 또는 착한 영이 들어가 예언하게 되었다고 말하거나, 또는 악령에 들려 정신착란자, 미치광이,

간질환자가 되었다고 말하는 것은 그 말을 《성경》의 의미로 이해한 것이 아니다. 왜냐하면 《성경》에서의 영은 우리들이 알 수 없는 원인들에 의해 작용하는 하느님의 권능을 가리키는 말이기 때문이다. 또한 오순절이 되어 사도들이 한 곳에 모였을 때, 온 집안을 가득 채운 바람(사도행전 2장 2절)은 성령이 아니라 그들의 마음에 작용하는 하느님의 특별한 외적 징표로 이해해야 한다. 즉 그들이 사도로서의 직분을 수행하는 데 필요하다고 판단한 내면적 은총과 신성한 덕성을 그들에게 준 것이다.

35 《성경》에서 하느님의 나라, 거룩함, 봉헌 및 성례의 의미

하느님의 나라는 성직자들에 의해 비유적으로 해석되었으나, 《성경》에서는 본디의 의미로 해석된다 '하느님의 나라(kingdom of God)'는 성직자들의 저작, 특히 신앙에 대한 설교나 논문을 보면, 보통 이 세상 다음에 올 가장 높은 천국에서의[*1] 영원한 행복을 가리키는 말로 쓰이고, 그들은 그것을 영광의 나라라고 부르기도 한다. 또한 때로는 성화(聖化, 영원한 행복의 보증)를 가리키는 말로도 쓰이고, 은총의 나라라고 하기도 한다. 그러나 이것이 군주정, 즉 국민들의 동의에 의해 이루어진 하느님의 주권을 가리키는 경우는 결코 없다. 그것이 바로 왕국(kingdom)의 진정한 의미이다.

《성경》의 곳곳에서 하느님의 나라(kingdom of God)는 본디의 뜻 그대로 왕국임을 알 수 있다. 즉 그것은 이스라엘 백성들이 특별한 방식의 투표로 세운 왕국이다. 그들은 신약(信約)을 맺음으로써 하느님을 자신들의 왕으로 선택했으며, 하느님은 그들에게 가나안 땅의 소유를 약속했다. 그리고 하느님 나라라는 말이 비유적으로 쓰인 경우는 드물며 그런 경우에는 죄에 대한 지배를 의미한다(《신약성경》에서만). 왜냐하면 하느님 나라에서 모든 국민은 저지른 죄에 대해 마땅히 다스림을 받아야 하며, 주권자의 권리를 침해하는 일이 없어야 하기 때문이다.

하느님은 천지를 창조한 바로 그 순간부터 모든 인간을 그의 권능에 의해 자연적으로 통치했을 뿐만 아니라, '특정' 국민들에게도 통치권을 행사했는데, 이들에게는 사람들끼리 말하듯이 목소리로 명령을 내렸다. 하느님은 그런 방식으로 아담을 통치했고, 그에게 선과 악을 알게 하는 나무를 가까이하지 말라고 명령했다. 그러나 아담은 순종하지 아니하고, 그 열매를 맛보고 스스로 하느님이 되고자 했으며, 선과 악을 창조자의 계율을 따라서가 아니

[*1] 천국에 단계가 있다는 생각은 38장에도 나오는데, 그리스나 유대에서 스콜라 신학으로 흘러 들어간 것이라고 한다.

라 자신의 판단에 따라 알게 되었다. 이때 그에게 내려진 벌은 처음 하느님이 그를 창조할 때 부여했던 영원한 생명을 박탈하는 것이었다. 나중에 하느님은 악덕을 행한 그의 자손들을, 대홍수를 일으켜 8명을 제외하고 모두 벌했다. 그리고 당시 이 8명 가운데 하느님의 나라가 있었던 것이다.

하느님 나라의 시작　그 뒤 하느님은 아브라함에게 말하여 다음 같은 신약을 맺었다. "내가 내 언약을 나와 너 및 네 대대 후손 사이에 세워서 영원한 언약을 삼고 너와 네 후손의 하느님이 되리라. 내가 너와 네 후손에게 네가 거류하는 이 땅 곧 가나안 온 땅을 주어 영원한 기업이 되게 하고 나는 그들의 하느님이 되리라."(창세기 17장 7~8절) 이 신약을 통해 아브라함과 그의 자손들은 하느님에 대한 복종을 약속했고, 하느님은 그에게 가나안 땅을 영원한 소유로 주겠다고 약속한다. 그리고 이 신약의 기념 및 증표로서 하느님은 할례를 명령했다(창세기 17장 11절). 이것이 바로 '옛 언약', 즉 '구약'으로서 하느님과 아브라함 사이에 맺은 계약을 내용으로 한다. 이로써 아브라함과 그의 자손에게는 특별한 방식으로 하느님의 실정법에 복종하도록, 충성의 서약에 의한 것과 마찬가지로 의무가 주어졌다. 왜냐하면 도덕법에 대해서는 충성을 맹세했을 때 이미 지킬 의무가 있었기 때문이다.[*2]

'왕'의 명칭은 아직 하느님에게 부여되지 않았고, '왕국'의 명칭도 아브라함과 그의 자손에게 부여되지 않았지만, 그래도 사정은 달라진 것이 없다. 즉 아브라함의 자손에 대한 하느님의 특별한 주권이 약속에 의해 세워진 것이다. 이 신약이 시나이 산에서 모세에 의해 다시 세워질 때, 명백히 유대민족에 대해 '하느님 나라'라는 특별한 이름이 등장했다. 그리고 성 바울은 (모세에 대해서가 아니라) 아브라함에 대해서 그가 '모든 믿는 사람의 아버지', 즉 하느님에게 맹세한 충성을 저버리지 않는 모든 사람의 아버지라고 말했다(로마서 4장 11절). 할례는 당시 이러한 충성의 표시였으며, 그 뒤 '새 언약 (*new covenant*)'에서는 세례였다.

하느님의 나라는 사실, 하느님이 계약에 의해 특정한 민족에 대하여 갖는 정치적 주권이다　이 신약은 시나이 산기슭에서 모세에 의해 다시 세워졌고, 이

[*2] 런던에 있는 자필 원고에는, '왜냐하면…… 의무가 있었기 때문이다'가 ( )안에 들어 있다고 한다. 그 쪽이 이론적으로 옳다. ( )가 없으면 '충성의 서약에 의한 것과 마찬가지로'가 도덕법에 대한 의무가 있다는 것(또는 실정법에 대한 의무가 있는 것과도)과 관계가 있게 된다.

때 하느님은 국민들에게 이렇게 말하라고 모세에게 명령하였다. "이제 너희가 정말로 나의 말을 듣고, 내가 세워 준 언약을 지키면, 너희는 나에게 특별한 민족이 될 것이다. 온 세상이 다 나의 것이다. 그러므로 너희는 내가 선택한 국민이 되고, 너희의 나라는 나를 섬기는 제사장 왕국이 되고, 너희는 거룩한 민족이 될 것이다."(출애굽기 19장 5절) 여기에서 '특별한 민족'이란 말이 라틴어 《불가타 성경》에는 'peculium de cunctis populis'로 되어 있는데, 제임스 왕 때 번역된 영어 《성경》에는 "모든 민족 가운데서 나의 특별한 보물(*peculiar treasure unto me*)"로 되어 있고, 《제네바 성경》의 프랑스어판에는 "모든 민족 가운데 가장 귀중한 보석"으로 되어 있다. 이 중 가장 참된 번역은 처음 것이다.

왜냐하면 그것은 성 바울이 한 말을 통해 확인할 수 있기 때문이다. 성 바울은 이 부분과 관련하여 축복받은 우리 구주는 "우리를 위하여 자기 몸을 내주셨는데, 이것은 우리를 깨끗하게 하셔서, 특별한 (즉 평범하지 않은) 국민으로 삼으시려는 것이라"(디도서 2장 14절)고 말한다. 여기에서 '특별한'이라는 말이 그리스어로는 '페리우시오스(περίούσιος)'인데, 이 말은 '헤피우시오스(ἐπιούσιος)'와 대치되는 말로서, '헤피우시오스'는 '보통의' '일상의' 또는 (《주기도문》에서 보는 바와 같이) '일용의'라는 뜻이다. 그 반대말인 '페리우시오스'는 '잉여의' '저축된' '특별한 방식으로 누리는' 것을 뜻하며, 이것이 바로 라틴 사람들이 '재산(*peculium*)'이라고 하는 것이다.

그 부분이 이런 뜻을 갖는 이유는 그 뒤에 바로 이어지는 하느님의 말씀을 통해 확인할 수 있다. 하느님은 "너희는 나에게 특별한 민족이 될 것이라"고 말한 다음, "온 세상이 다 나의 것이라"고 덧붙이고 있다. 이 말을 풀이하면 이렇다. "세상의 모든 민족이 다 나의 것이다. 하지만 너희가 나의 국민인 이유는 그것 때문이 아니라, '특별한 방식으로' 그렇게 된 것이다. 즉 나의 권능으로 인해 모든 민족이 다 나의 것이지만, 너희는 너희의 동의와 언약에 의해 나의 것이 되었다." 이것은 그분이 모든 민족에 대해 가지는 통상적 권리에 한 가지가 더 추가된 것이다.

이것은 앞에서 말한 바로 그 구절로 다시 한 번 명백하게 확인할 수 있다. "너희의 나라는 나를 섬기는 제사장 왕국(*sacerdotal kingdom*)이 되고, 거룩한 민족이 될 것이라"고 했는데, 라틴어 《불가타 성경》에는 'regnum sacerdotale(제사장 왕국)'으로 되어 있다. 이 말은 〈베드로전서〉 2장 9절에 언급된 '왕과 같은 제사장(*regale sacerdotium*)'과 뜻이 같다. 제도 자체 또한 대제사장 이외에는 아무도 '지성소(至聖所)'에 들어가지 못하게 되어 있다. 즉 대제사장 이외에는 아무도 하느님의 뜻을 그분에게 직접 물어볼 수 없도록 되어 있었던 것이다. 영어 번역본은 《제네바 성경》을 따라 '제사장들의 왕국(*kingdom of priests*)'으로 되어 있다. 이 말이 대제사장의 계승을 가리키는 말이라면 이해가 되지만, 그렇지 않다면 이것은 성 베드로가 한 말과도 맞지 않고, 대제사장이 하는 일과도 맞지 않는다. 왜냐하면 오직 대제사장만이 하느님의 뜻을 국민들에게 알릴 수 있었고, 제사장들은 그 누구라도 '지성소'에 들어갈 수 없었기 때문이다.

또한 '거룩한 민족'이라는 칭호로도 같은 것을 확인할 수 있다. '거룩하다'는 것은 보편적 권리가 아니라 특별한 권리에 의해 하느님의 것임을 의미하기 때문이다. 《성경》에 나와 있는 것처럼 온 세상이 모두 하느님의 것이지만, 온 세상이 다 거룩하다고 불리는 것은 아니고, 유대민족이 그랬던 것처럼 하느님에 대한 특별한 봉사를 위해 따로 떼어진 자들만이 거룩한 것이다. 이것 한 가지만 보더라도 '하느님의 나라'는 엄밀한 의미에서 다음 같은 코먼웰스라는 것을 분명하게 알 수 있다. 이 코먼웰스는 정치적 통치를 위해 국민들이 동의하여 세운 것으로서, 그들의 왕인 하느님에 대한 국민들의 행동을 규제할 뿐만 아니라, 국민들 서로의 정의를 실현하며, 다른 나라들에 대해서는 전쟁과 평화의 문제를 규제한다. 따라서 엄밀히 따지면 이 코먼웰스야말로 하느님을 왕으로 모시는 왕국이었으며, (모세가 죽은 뒤에는) 제사장이 유일한 부왕(副王) 또는 하느님의 대리자인 왕국이었던 것이다.

이러한 사실을 명료하게 증명하는 성경 구절은 이 밖에도 많다. 우선, 이스라엘 장로들이 사무엘의 아들들의 부정(不正)을 탄식하면서 왕을 세워 달라고 했을 때, 사무엘은 이를 못마땅하게 여기어 주께 기도드렸다. 그러자 주께서 답하시어 사무엘에게 이렇게 말했다. "백성이 네게 한 말을 다 들으라. 이는 그들이 너를 버림이 아니요, 나를 버려 자기들의 왕이 되지 못하게 함이니라."(사무엘상 8장 7절) 이로써 명백하듯이, 당시에는 하느님 자신이 그들의 왕이었으며, 사무엘은 국민들에게 명령한 것이 아니라 하느님이 명령을 내리실 때마다 이를 국민들에게 전달했을 뿐이다.

또한 사무엘은 국민들에게 이렇게 말했다. "너희가 암몬 자손의 왕 나하스가 너희를 치러 옴을 보고 너희의 하느님 여호와께서는 너희의 왕이 되심에도 불구하고 너희가 내게 이르기를 아니라 우리를 다스릴 왕이 있어야 하겠다 하였도다."(사무엘상 12장 12절) 여기서도 하느님이 그들의 왕이었다는 것, 그리고 그들의 코먼웰스라는 정치국가를 통치했다는 것을 명백히 알 수 있다.

그리고 이스라엘 사람들이 하느님을 버린 뒤, 예언자들은 그분의 복위(復位)를 예언했다. 예를 들면, "그 때에 달이 수치를 당하고 해가 부끄러워하리니 이는 만군의 여호와께서 시온 산과 예루살렘에서 왕이 되시고 그 장로들 앞에서 영광을 나타내실 것임이라."(이사야 24장 23절) 여기에서도 시온과 예루살렘에 대한, 즉 지상에서의 그분의 통치에 대하여 언급하고 있다. 또한 "나 여호와가 시온 산에서 이제부터 영원까지 그들을 다스리리라."(미가 4장 7절)고 했는데, 이 시온 산은 땅 위에, 즉 예루살렘에 있다. 또한 "내가 나의 삶을 두고 맹세하노니 내가 능한 손과 편 팔로 분노를 쏟아 너희를 반드시 다스릴지라"(에스겔 20장 33절)고 했고, "내가 너희를 막대기 아래로 지나가게 하며 언약의 줄로 매려니와"(에스겔 20장 37절)라고 했다. 이것은 곧 너희가 모세를 통해 나와 맺었고, 사무엘의 시대에 나를 반역하고 다른 왕을 세워 깨뜨린 언약을 다시 너희에게 지키게 할 것이라는 말이다.

《신약성경》에서는 천사 가브리엘이 마리아에게 우리 구주에 대해 이렇게 말하고 있다. "그가 큰 자가 되고 지극히 높으신 이의 아들이라 일컬어질 것이요 주 하느님께서 그 조상 다윗의 왕위를 그에게 주시리니 영원히 야곱의 집을 왕으로 다스리실 것이며 그 나라가 무궁하리라."(누가복음 1장 32~33절) 이것 역시 지상의 왕국을 말한 것이며, 그것에 대한 청구권 때문에 그는 카이사르의 적이 되어 죽임을 당한 것이다. 그의 십자가에 걸린 칭호는 '유대인의 왕 나사렛 예수'였고, 그를 조롱하기 위해 가시면류관을 왕관으로 씌웠다. 그리고 예수에 대해 선포했다는 이유로 제자들은 이런 비난을 받았다. "이 사람들이 다 가이사의 명을 거역하여 말하되 다른 임금 곧 예수라 하는 이가 있다 하더이다."(사도행전 17장 7절) 그러므로 하느님 나라는 현실의 나라이며 결코 비유적인 나라가 아니다. 《구약성경》뿐만 아니라, 《신약성경》에서도 그러하다. 우리가 '나라와 권세와 영광이 아버지께 영원히 있사옵니다'*3라고 할 때, 이 나라는 우리들의 언약에 의해 세워진 하느님의 나라로 이해해야 한다. 이것은 결코 하느님의 권능에서 자연적으로 생기는 권리로써 생긴 왕국이 아니다. 그런 왕국은 하느님이 항상 가지고 있던 왕국이기 때문이다.

그러므로 '나라이 임하옵시며' 하고 말하는 것은 이스라엘 사람들이 하느님을 배반하고 사울을 왕으로 세움으로써 중단되었던 바로 그 하느님의 나라로 그리스도가 복위(復位)하는 것을 뜻한다. 만일 하느님 나라가 지금까지 계속되었다면, '하늘나라가 가까이 왔다'*4는 말이나, '나라이 임하옵시며' 하는 기도는 부적절한 말이 되었을 것이다.

모세와 십계명
시나이 산기슭에서 모세는 십계명이 담긴 판을 내보인다. 그 뒤 모세는 시나이 산에서 토라(모세 5경) 전체를 받았다고 전해진다.

이러한 해석을 확인할 수 있는 성경 구절은 이 밖에도 무수히 많기 때문에, 이것을 모른다면, 그것이 오히려 이상한 일이다. 이러한 해석은 그리스도교도인 왕들에게 교회를 통치하는 권리를 아는데 너무나 많은 빛을 던져준다. 그들은 이러한 사실을 알고 있기 때문에, '제사적 왕국' 대신 '제사장들의 왕국'이라고 번역하고 있다. 그렇다면 성 베드로가 말한 '왕인 제사장 신분'도 '왕들의 제사장 신분'으로 번역될 수도 있을 것이다. 한편, 어떤 장군의 특정한 연대나 중대를 그 장군의 귀중한 보석 또는 보물이라고 부를 수 있는 것처럼, 그들은 특별한 국민에 대해서 '귀중한 보석' 또는 '보물'이라고 부를 수 있다.

---

*3 〈마태복음〉 6장 13절. 그리스도교의 기도문 끝에 이 말이 자주 쓰인다.
*4 〈마태복음〉 3장 2절.

요컨대 하느님 나라는 정치적 왕국으로서, 처음 이스라엘 백성들은 모세가 시나이 산에서 받아온 법을 따라야 했고, 나중에 얼마 동안은 대제사장이 '지성소'의 케르빔 앞에서*5 국민들에게 지켜야 할 법을 알려 주었다. 그 뒤 사울을 왕으로 세웠을 때 왕국은 중단되었으며, 예언자들은 그리스도가 왕국을 다시 일으킬 것이라고 예언했고, 우리는 날마다 '나라이 임하옵시며'라고, 주기도문을 외면서 그리스도의 부흥을 기도하고 있다. 또한 '나라와 권세와 영광이 아버지께 영원히 있사옵나이다. 아멘' 하고 덧붙이는 말은 그리스도의 왕권을 인정하는 것이다. 사도들의 설교는 바로 그러한 사실을 선포한 것이며, '복음'을 전하는 교사들이 이를 준비하고 있다. 이 '복음'을 받아들이는 것 (즉 하느님의 통치에 복종할 것을 약속하는 것)은 '은총의 나라'에 들어가는 것이다. 왜냐하면 하느님은 '은총(gratis)'을 내려 하느님 국민, 즉 아들이 될 수 있게 하였으며, 이 나라는 그리스도가 위엄으로써 이 세상을 심판하고, 실제로 그분의 국민들을 통치할 때 이루어진다. 이것이 바로 '영광의 나라'이다. 만일 하느님 나라가 (그 보좌에 영광과 찬미가 가득하여 하늘나라라고도 한다) 하느님이 대리자 또는 대행자를 통해 국민들에게 명령을 전달하고 통치하는 지상의 왕국이 아니라면, 하느님의 명령을 전달하는 대행자가 누구인지에 대해 그토록 많은 논쟁과 전쟁을 벌일 필요가 없었을 것이며, 제사장들도 영적 사법권을 놓고 고민할 필요도 없었을 것이며, 왕들도 그것을 거부할 이유가 없었을 것이다.

거룩하다는 것은 어떤 것인가 이와 같이 '하느님 나라'를 글자 그대로 해석할 때, 거룩하다(Holy)는 말의 참된 해석도 가능하다. 그것은 사람들이 그들의 나라에서 '공공(public)' 또는 '왕들'을 부르는 데 쓰는 말에 대응하는 하느님 나라의 말이기 때문이다.

모든 나라의 왕은 '공공의' 인격이며, 즉 자기의 모든 국민을 대표하는 자이다. 그리고 이스라엘의 왕인 하느님은 이스라엘의 '거룩한 왕'이었다. 지상의 한 주권자의 통치를 받는 민족은 그 주권자의 민족, 즉 그 공적 인격의 민족이다. 따라서 하느님의 국민이었던 유대 사람들은 '거룩한 민족'(출애굽기 19장 6절)이라고 불렸다. 왜냐하면 거룩하다는 말은 언제나 하느님 자신

---

*5 〈출애굽기〉 25장 22절. 케르빔은 본디 천사의 이름이지만, 이 경우는 신의 힘을 상징하는 영물(靈物)을 뜻한다.

을 나타내거나 또는 소유권이 하느님에게 있는 것을 나타낼 때 사용되는 말이며 이것은 '공적'이라는 말이 항상 코먼웰스 자신의 인격을 나타내거나, 또는 코먼웰스가 소유권을 가진 것, 즉 사적 개인이 어떠한 소유권도 주장할 수 없는 것을 나타낼 때 사용되는 것과 같기 때문이다.

그러므로 안식일(하느님의 날)은 '거룩한 날'이며, 신전(하느님의 집)은 '거룩한 집'이며, 번제·십일조·제물(하느

지성소
폼페이우스가 지성소에 침입한 것을 그린 세밀화. 첫 성전 파괴시에 언약궤가 이미 사라지고 없다.

님께 바치는 세금)은 '거룩한 의무'이며, 그리스도 아래에 있는 제사장과 예언자, 기름부음을 받은 왕은 하느님의 대행자이기에 '거룩한 사람'이며, 하늘에서 심부름하는 영(하느님의 사자)은 '거룩한 천사'이며 나머지도 마찬가지이다. '거룩한'이라는 말이 엄격히 쓰인 곳에는 반드시 동의하여 얻은 소유권을 뜻하는 어떤 것이 있다. '이름이 거룩히 여김을 받으시오며'라는 말은, 그분 이외의 다른 신들을 섬기지 않겠다는 제1계명을 지킬 수 있도록 은총을 베풀어 달라고 하느님께 기도하는 것일 뿐이다. 인류는 하느님이 소유하는 국민이다. 그러나 오직 유대 사람들만이 '거룩한 국민'이었다. 그것은 이 언약에 의해 하느님의 소유가 되었기 때문이다.

그리고 '세속의(profane)'라는 말은 《성경》에서 일반적으로 '공통의(common)'와 같은 뜻으로 풀이된다. 그 반대말은 '거룩한(holy)' 및 '고유한(proper)'이며, 이것은 하느님 나라를 나타내는 말이어야 한다. 그러나 형용할 때는 세속적 욕심을 모두 버리고, 오로지 하느님께 헌신하여 독실한 신앙생활을 하는 사람들도 '거룩하다'고 한다. 본디 의미로는 하느님이 몸소 사용하기 위하여 영유 또는 분리해 놓음으로써 거룩해진 것을 하느님에 의해 '거

룩해졌다(*sanctified*)'고 한다. 예를 들면, 제4계명에서 일곱째 날이 그렇거니와, 《신약성경》에서는 신앙심이 깊은 영을 받은 자들을 '거룩해졌다'고 하는 것도 마찬가지이다.

신성하다는 것은 어떤 것인가 그리고 하느님께 바침으로써 '거룩하게' 된 것, 즉 오직 그분에 대한 공공의 예배에만 쓰게 되어 있는 것 또한 신성한(*sacred*) 것이라고 하며, 신에게 바쳐진(*consecrated*) 것이라고도 한다. 신전이나 그 밖의 기도를 위한 공공 건물, 그곳에서 사용하는 기구, 제사장, 사역자, 희생, 제물, 성례에 쓰는 물품들 등을 그와 같이 말한다.

거룩함의 정도 '거룩함(*holiness*)'에는 정도가 있다. 하느님께 드리기 위해 마련된 것 가운데 어떤 것은 좀더 일찍, 좀더 특별한 예배를 위해서 마련된 것일 수도 있기 때문이다. 이스라엘 민족은 모두 하느님에게 거룩한 국민이었지만, 레위 지파는*6 이스라엘 민족 중에서도 가장 거룩한 지파였다. 레위 지파 중에서도 제사장들은 더 한층 거룩한 사람들이었고, 제사장 중에서도 대제사장은 가장 거룩한 사람이었다. 마찬가지로 유대 땅은 거룩한 곳이었지만, 그 중에서도 하느님께 예배를 드리는 성도(聖都)는 더욱 거룩한 곳이었다. 나아가 성전(聖殿)은 성도보다 더욱 거룩한 곳이었고, 성전에서도 지성소(至聖所 : 구약시대에 신전 앞의 하느님이 임재해 있는 가장 신성한 곳)가 가장 거룩한 곳이었다.

성례 성례(聖禮)란 눈에 보이는 어떤 것을 통상의 쓰임으로부터 분리하여, 하느님께 예배하기 위해 바치는 것을 말한다. 이것은 우리가 하느님 나라에 들어갈 수 있도록, 그의 특별한 국민이 될 수 있도록 허가받은 것을 나타내거나 기념하기 위한 것이다. 이러한 허가의 표적은 《구약성경》에서는 '할례'였으며, 《신약성경》에서는 '세례'이다. 《구약성경》에서는 유월절(逾越節)에 '양고기를 먹는 것'으로써 그것을 기념하였는데, 이로써 그들은 이집트의 속박에서 구출된 밤을 마음에 기렸다. 《신약성경》에서는 '주의 만찬'을 기리는 성찬례를 한다. 이 행사를 통해 우리는, 축복받은 우리 구주가 십자가에 달려 죽음으로써 우리가 죄의 속박에서 구원받은 것을 마음에 새긴다. 입국 허가의 성례는 단 한 번이면 된다. 왜냐하면 허가는 단 한 번만으로 충분하기 때문이다. 그러나 우리는 우리가 얻은 구원과 충성을 자주 마음에 새길

---

*6 "여호와께서 또 모세에게 말씀하여 이르시되 레위 지파는 나아가 제사장 아론 앞에 서서 그에게 시종하게 하라."(민수기 3장 5~6절)

필요가 있기 때문에, 기념 성례는 반드시 되풀이해야만 한다. 지금까지 말한 것이 주요한 성례들이다. 말하자면 이것은 우리의 충성에 대해서 행하는 엄숙한 서약이다. 성례라는 말이 하느님께 바치는 것만을 의미한다면, 이밖에도 성례라고 부를 수 있는 것이 더 있을 것이다. 그러나 하느님에 대한 충성의 맹세 또는 서약의 의미로는 《구약성경》에는 '할례'와 '유월절'이 있을 뿐이고, 《신약성경》에는 '세례'와 '주의 만찬'이 있을 뿐이다.

36 하느님의 말씀과 예언자

말이란 무엇인가 '하느님 말씀' 또는 '사람의 말'은 품사(品詞)가 아니라 완전한 담화 또는 담론이다. 품사, 즉 문법학자들이 명사 또는 동사라고 부르는 낱말이나 단순한 소리는 다른 단어들과 조합될 때에만 뜻을 가지지만, 완전한 담화 또는 담론은 말하는 사람의 '긍정·부정·명령·약속·위협·희망·질문' 등을 나타낸다. 이러한 의미에서 그것은 '낱말(*vocabulum*)'이 아니라, '설화(說話, 그리스어로 로고스 *λόγος*)', 즉 '담화'이며, '담론'이자 '진술'이다.

'하느님이 하신 말씀'도 '하느님에 대한 말'도 《성경》에서는 모두 '하느님의 말씀'이라고 한다 '하느님 말씀' 또는 '사람의 말'이라고 하면, 보통 화자(話者)가 하느님 또는 사람인 것으로 이해된다. 예를 들면, '마태복음'이라는 말은 그 복음서의 저자가 성 마태오라는 뜻으로 이해하는 것이다. 그러나 때로는 주제에 대한 말로 이해되기도 한다. 예를 들면, 《신약성경》에 나오는 '이스라엘 왕 또는 유대 왕들의 시대의 말'[*1]이라는 말은, 그 말의 주제가 그 시대의 행위들에 대한 것이라는 뜻이다. 히브리 어투가 많이 들어 있는 그리스어 《성경》에는 하느님이 한 말씀이 아니라, 하느님과 그분의 통치에 대한 말, 다시 말해 종교학설이 하느님의 말씀이라고 되어 있어서 '하느님의 로고스(*λόγος Θεοῦ*)'란 것이 '테올로기아(*theologia*)'와 완전히 같은 말로 보일 정도이다. 테올로기아는 우리가 보통 '신학(神學)'이라고 부르는 학설을 나타내는 말이다. 다음 성경 구절을 보면 명백해진다. "바울과 바나바가 담대히 말하여 이르되 하느님의 말씀을 마땅히 먼저 너희에게 전할 것이로되 너희가 그것을 버

---

*1 "여로보암의 그 남은 행적 곧 그가 어떻게 싸웠는지와 어떻게 다스렸는지는 이스라엘 왕 역대지략에 기록되니라."(열왕기상 14장 19절) "르호보암의 남은 사적과 그가 행한 모든 일은 유다 왕 역대지략에 기록되지 아니하였느냐."(열왕기상 14장 29절) 이 두 문장 가운데 역대지략(歷代誌略) 즉 '역사책'이 라틴어판에는 '매일의 말' verborum dierum regum Israel ; sermonum dierum regnum Iuda로 되어 있음을 가리킨다.

리고 영생을 얻기에 합당하지 않은 자로 자처하기로 우리가 이방인에게로 향하노라."(사도행전 13장 46절) 여기서 바울과 바나바가 '하느님의 말씀'이라고 한 것은 명백히 그리스도교의 학설이었다. 또한 천사가 사도들에게 "가서 성전에 서서 이 생명의 말씀을 다 국민에게 말하라"(사도행전 5장 20절)고 한 구절에서 이 생명의 말씀은 곧 복음을 뜻한다.

《신의 나라》
성 아우구스티누스가 지은 《신의 나라》 사본

이것은 그들이 성전에서 한 일을 보면 분명하게 알 수 있는데, 같은 장 마지막 절에 그들이 실제로 한 일이 나와 있다. "그들이 날마다 성전에 있든지 집에 있든지 예수는 그리스도라고 가르치기와 전도하기를 그치지 아니하니라."(사도행전 5장 42절) 여기에서 명백히 알 수 있는바, 예수 그리스도가 이 '생명의 말씀'의 주제, 즉 (같은 말이지만) 우리 구주가 그들에게 알려 준 '영원한 이 생명'에 대한 '말씀'이었던 것이다. 이처럼 하느님 말씀은 그리스도 왕국에 대한 학설을 포함하고 있기 때문에 '복음의 말씀(the word of the Gospel)'(사도행전 15장 7절)이라고 불리기도 하고, 그리스도가 와서 죽은 자 가운데서 다시 살아났다는 학설을 포함하고 있기 때문에 있는 그대로 믿어야 하는 '믿음의 말씀'(로마서 10장 8~9절)이라고 불리기도 한다. 마찬가지로 "아무나 천국 말씀을 듣고"(마태복음 13장 19절)라는 구절에서도 이 말씀은 그리스도가 가르친 하늘나라에 대한 학설을 뜻한다. 또한 하느님 말씀이 "하느님의 말씀은 흥왕하여 더하더라"(사도행전 12장 24절)고 했는데, 그것이 복음의 학설이라면 이해가 가지만, 하느님의 목소리, 즉 하느님이 직접 하신 말씀을 뜻한다면, 이해하기 어려운 이상한 말이 되고 만다. 그런 의미에서 '악마의 교훈'(디모데전서 4장 1절)이라는 말도 악마가 한 말을 뜻하는 것이 아니라, 악마에 대한 이교도들의 학설과, 그들이 신으로 숭배하는 유령들에 대한 학설을 말한다.

《성경》에서 하느님의 말씀(Word of God)은 이처럼 두 가지 뜻을 지니기 때문에, 뒤의 뜻, 즉 그리스도교의 교리라는 뜻으로 풀이할 경우에는 《성경》 전체가 하느님의 말씀이 분명하지만, 앞의 뜻으로 보면 그렇지 않다. 예를 들어 "나는 주 너희 하느님이다"에서 시작하여 십계명의 마지막까지는 하느님이 모세에게 직접 한 말씀이지만, 머리말로 나오는 "이 모든 말씀은 하느님이 하신 말씀이다" 하는 구절은 신성한 역사를 기록한 저자가 한 말로 이해해야 한다. '하느님의 말씀'은 '본래적인 뜻으로' 그분이 하신 말씀을 뜻하는 경우도 있지만, 때로는 '비유적으로' 쓰이기도 한다. 하느님이 그분의 예언자들에게 하신 말씀은 '본디의 뜻으로' 하느님의 말씀이다. 그러나 세상을 만드신 그분의 지혜와 권능과 영원한 율례를 하느님의 말씀이라고 할 경우에는 '비유적으로' 사용된 것이다. 이러한 비유적 의미로 "빛이 생겨라, 창공이 생겨라, 사람을 만들자"(창세기 1장) 등의 명령은 하느님의 말씀이다. 또한 "만물이 그로 말미암아 지은 바 되었으니 지은 것이 하나도 그가 없이는 된 것이 없느니라"(요한복음 1장 3절)는 말이나, "그의 능력의 말씀으로 만물을 붙드시며"(히브리서 1장 3절)라는 말은 그의 말씀의 능력으로, 즉 그의 권능으로 그렇게 하셨다는 뜻이다. "세계가 하느님 말씀으로 지어진 줄을"(히브리서 11장 3절)은 말도 마찬가지이다. 이런 곳은 수없이 많다. 이것은 마치 라틴어에서 '운명(fate)'이라는 말의 본디 뜻은 '신(神)이 한 말'인데, 비유적으로 신의 권능을 뜻하는 것과 같다.

말의 효과로서　둘째, 그 말의 효과, 즉 사태 자체를 뜻한다. 그의 예언의 실현, 명령의 이행, 위협이 효과를 내는 것, 약속의 실현 등이다. 예를 들면, 요셉은 "곧 여호와의 말씀이 응할 때까지라."(시편 105편 19절) 감옥에 갇혀 있었는데, 이것은 요셉이 예언한 일(창세기 40장 13절), 즉 파라오의 시종이 그의 직책으로 복귀할 것이라고 했던 예언이 실현될 때까지를 뜻한다. 왜냐하면 그의 말이 이루어진다는 것은 그것이 사실로 나타난다는 뜻이기 때문이다. 또한 엘리야는 하느님께 "내가 주의 말씀대로, (또는 명령대로) 이 모든 일을 하고 있다"고 하지 않고, "내가 주의 말씀대로 이 모든 일을 행하는 것을"(열왕기상 18장 36절)이라고 기도했으며, '주님이 위협한 것이 어디에 나타 났느냐'고 하지 않고, "여호와의 말씀이 어디 있느냐"(예레미야 17장 15절)고 되물었다. 또한 "나의 말이 하나도 다시 더디지 아니할지니"(에스겔 12장 28 절)라고 되어 있다. 여기서 '말'은 하느님이 그의 국민에게 약속한 '일'을 가 리킨다.

또한 《신약성경》에서도 "천자는 없어질지언정 내 말은 없어지지 아니하리 라"(마태복음 24장 35절)고 되어 있다. 이 말은 내가 약속하고 예언한 것 가운 데 실현되지 않을 것은 아무것도 없다는 뜻이다. 이러한 의미에서 복음 전 도자 성 요한은, 내가 알기로는 성 요한만이, 우리 구주를 육신이 된 '하느님 의 말씀'이라고 불렀다. 즉 성 요한은 "말씀은 육신이 되어"(요한복음 1장 14 절)라고 했는데, 이것은 "그가 태초에 하느님과 함께 계셨고"(요한복음 1장 2 절)라는 말씀 또는 약속이 그리스도의 모습으로 이 세상에 오셨다는 뜻이 다. 즉 아들 하느님을 이 세상에 보내 사람들에게 영생의 길을 깨닫게 하는 것이 아버지 하느님의 뜻이었으며, 그것이 말씀으로만 있을 때에는 아직 그 일은 실행되지 않았고, 실제 육신을 입지도 않았다. 그리하여 우리 구주는 '말씀'이라고 불렸다. 즉 그가 약속한 것이 아니라, 약속된 일이 바로 우리 구주였던 것이다. 이 부분을 논의하는 사람들은 흔히 그를 하느님의 동사 (動詞)라고 하는데 그런 해석은 원문을 더욱 모호하게 만들 뿐이다. 그를 하 느님의 명사(名詞)라고 불러도 마찬가지이다. 명사든 동사든 그런 것은 품사, 목소리, 소리에 불과하기 때문이다. 그것은 긍정도, 부정도, 명령도, 약속도 아니며, 유형의 물질도, 영적 물질도 아니므로 하느님이 될 수도, 사람이 될 수도 없다. 하지만 우리 구주는 하느님이자 사람이다. 성 요한이 〈요한복음〉 1장 1절에서 하느님과 함께 계셨다고 한 그 '말씀'은 '생명의 말씀'이며, '영생' 이며, '아버지와 함께 계셨다'고(제2절) 했다. 따라서 그 '말씀'이 육신이 되어 '우리에게 와서 영생을 줄 때'에만 그것은 '영생'이라고 불릴 수 있고, '말씀' 이라고 불릴 수 있다. 또한 사도 요한은 그리스도가 피로 물든 옷을 입었고, 그의 이름은 '하느님의 말씀'이라고 했다(요한계시록 19장 13절). 이 말은 '태 초부터 하느님이 가지고 계시던 뜻에 따라, 예언자들에게 준 그분의 말씀과 약속에 따라 육신이 되어 이 세상에 왔다'는 뜻으로 이해해야 한다. 이처럼 여기서는 말의 육화(肉化)는 찾아볼 수 없고, 다만 아들 하느님의 육화가 있을 뿐이며, 그의 육화는 약속의 이행이었으므로 '말씀'이라고 한 것이다. 이 것은 '성령'을 '약속'이라고 하는 것(사도행전 1장 4절, 누가복음 24장 49절)과 같다.

이성과 공정함의 말로서 또한 《성경》에는 예언자나 성자가 한 말이 아니더라도 이성이나 공정함과 일치하는 말이 '하느님의 말씀'으로 불리는 경우가 있다. 예를 들면, 이집트의 느고 왕은 우상 숭배자였지만, 유프라테스 강가에 있는 갈그미스를 치려고 올라갔을 때, 유다의 선량한 왕 요시야가 그것을 막으러 나오자 요시야 왕에게 전령을 보내 갈그미스에 대한 공격을 막지 말라고 하면서, 이것은 하느님의 말씀이라고 하였다. 요시야 왕은 하느님께서 느고를 시켜서 하시는 그 말에 귀를 기울이지 않았기 때문에 이 싸움에서 전사하였다. 이 내용은 〈역대하〉 35장 21~23절에 자세히 나와 있다. 같은 내용이 〈에스드라 전서〉에도 나오는데 여기서는 이집트 왕이 아니라 예레미야가 요시야에게 이집트 왕과 싸우지 말라는 하느님의 말씀을 전하는 것으로 되어 있다. 그러나 《외경》에 무엇이라고 적혀 있든 우리는 정경(正經)인 《성경》을 믿어야 할 것이다. 즉 이성과 공정의 명령을 '하느님의 말씀'이라고 하고 있으며, 《성경》에는 가슴에 새겨야 할 것들도 그렇게 부르고 있다. 예컨대, 〈시편〉 37편 31절, 〈예레미야〉 31장 33절, 〈신명기〉 30장 11절 및 14절 등이다.

예언자라는 말의 다양한 해석법 《성경》에서 예언자(*prophet*)라는 말은 때로 '대변자(代辯者)'를 뜻한다. 대변자는 하느님의 말을 사람에게, 또는 사람의 말을 하느님께 대신 해주는 사람이다. 때로는 예보자(*predictor, foreteller*), 즉 다가올 일을 미리 알려주는 사람을 말한다. 또 어떤 때는 정신나간 사람처럼 앞뒤 맞지 않는 말을 하는 사람을 가리킨다. 이 중 하느님의 말을 국민들에게 전하는 사람이라는 뜻이 가장 많이 쓰인다. 이런 의미에서 모세, 사무엘, 엘리야, 이사야, 예레미야 등이 '예언자'였다. 또한 대제사장도 '예언자'였다. 왜냐하면 대제사장만이 '지성소'에 들어가 하느님께 묻고, 하느님의 뜻을 국민들에게 알려줄 수 있었기 때문이다. 그리하여 가야바가 한 사람이 국민을 위해 죽는 것이 낫다고 했을 때, 성 요한은 이렇게 말했다. "이 말은 스스로 함이 아니요 그 해의 대제사장이므로 예수께서 그 민족을 위하시고 …… 죽으실 것을 미리 말함이러라."(요한복음 11장 51절) 또한 그리스도교도 집회에서 국민을 가르친 사람들에 대해서도 예언한다고 한다(고린도전서 14장 3절). 그런 뜻에서 하느님은 아론에 대해 모세에게 이렇게 말했다. "그가 너의 대변자(*spokesman*)가 되어 국민에게 말을 할 것이다. 그는 너의 말을 대신 전달할 것이요, 너는 그에게 하느님 같이 될 것이다."(출애굽기 4장 16절) 여기서 '대변자'라고 한 것이 〈출애굽기〉 7장 1절에는 예언자로 되어 있다. "보아라, 나는 네가 파라오에게 하느님처럼 되게 하고, 너의 형 아론이 너의 예언자(*prophet*)가 되게 하겠다." 아브라함이 예언자라고 불리는 것은 하느님께 말하는 사람이었기 때문이다. 하느님은 그랄 왕 아비멜렉의 꿈속에 나타나 이렇게 말했다. "이제 그 사람의 아내를 돌려 보내라. 그는 선지자라

마태
아일랜드의 다로 수도원에서 작성된 7세기의 복음서 세밀화.

그가 너를 위하여 기도하리니 네가 살려니와 네가 돌려보내지 아니하면 너와 네게 속한 자가 다 반드시 죽을 줄 알지니라."(창세기 20장 7절) 그렇다면 그리스도교 교회의 공공집회에서 회중을 대신하여 기도하는 사람도 예언자라 불릴 수 있다. 사울이 사무엘의 말을 듣고 하느님의 산으로 갔을 때 작은 북을 치고 피리를 불고 하프를 뜯으면서 하느님의 산에서 내려오는 예언자 무리를 만났는데, 이때 사울도 그들처럼 예언하였다(사무엘상 10장 5~6, 10절). 여기서 예언했다는 말은 하느님을 공개적으로 찬양했다는 뜻이다. 그런 의미에서 미리암도 여예언자였다(출애굽기 15장 20절). 또한 성 바울이 "남자가 머리에 무엇을 쓰고 기도하거나 예언하는 것…… 여자가 머리에 무엇을

쓰지 않은 채로 기도하거나 예언하는 것"(고린도전서 11장 4~5절)에 관해 언급한 것도 같은 뜻이다. 즉 여기서 말하는 예언도 시와 성가로 하느님을 찬양하는 것을 말한다. 여자들은 교회에서는 그럴 수 있었으나, 집회에서는 그럴 수 없었다. 그리고 이런 의미에서 이교도 시인들이 그들의 신을 찬양하는 노래나 시를 지으면 그들을 '와테스(vates)', 즉 예언자라고 하였는데, 이것은 이방인들에 대한 책을 읽어 본 사람이라면 누구나 알고 있는 사실이다. 또한 성 바울이 크레타 사람들에 대해 말하면서, '크레타 사람 중 예언자라 하는 사람이 크레타 사람은 모두 다 거짓말쟁이라고 하였다'고 한 것(디도서 1장 12절)으로도 알 수 있다. 그러나 성 바울은 그 시인들을 예언자로 간주한 것이 아니라, 예언자라는 말이 시와 노래로 하느님을 찬양하는 사람들을 가리키는 말로 널리 사용되고 있음을 인정한 것이다.

미래의 우발적인 사건들을 미리 알리는 것이 반드시 예언은 아니다   예언이라는 말이 미래의 우발적 사건들을 미리 알리는 것, 즉 사전에 내다보는 것을 뜻한다면, 하느님의 대변자로서 하느님이 자신에게 미리 알려 준 것을 다른 사람에게 말해 주는 사람들만 예언자가 아니라, 귀신의 도움이나 과거의 사건에 대한 미신적인 점술을 통해 또는 거짓된 근거를 내세워 앞날을 예언하는 사기꾼들도 모두 예언자이다. 여기에는 (이미 이 책 12장에서 자세히 밝힌 것처럼) 여러 종류가 있다. 이들은 다른 일에 대해서는 아무리 많이 틀려도 자기들의 목적에 맞는 한 가지만 우연히 알아맞히면 사람들에게서 예언을 한다는 명성을 얻는다. 예언은 기술(art)이 아니다. (그것을 예보라고 해석하는 경우에는) 항상적인 직업도 아니라 하느님이 특별히, 그리고 일시적으로 맡기는 임무이다. 무릇 선량한 사람들에게 맡기지만, 때로는 악한 사람에게 맡기기도 한다.

엔돌의 여인은,[2] 망령을 불러내는 여자 무당으로서, 망령을 부르는 술법을 써서 사무엘의 환영을 불러내어 사울의 죽음을 예견했다. 그 여인이 그렇다고 예언자는 아니었다. 여인은 그러한 환영을 불러낼 수 있는 어떤 학문을

---

*2 "여호와께서 꿈으로도, 우림으로도, 선지자로도 그에게 대답하지 아니하므로, 사울이 그의 신하들에게 이르되 나를 위하여 신접한 여인을 찾으라 내가 그리로 가서 그에게 물으리라 하니 그의 신하들이 그에게 이르되 보소서 엔돌에 신접한 여인이 있나이다."(사무엘상 28장 6~8절)

지녔던 것도 아니요, 하느님의 명령에 따라 불러낸 것도 아니었다. 사울의 공포와 낙담을 이용하여 결국 그의 패주(敗走)를 예견한 일종의 속임수였을 뿐이다. 그리고 일관성이 없는 말도 이교도들 사이에서는 일종의 예언으로 받아들여졌다. 신탁을 맡은 예언자들은 망령에 사로잡혀, 즉 델포이의 신탁소 동굴에 피워놓은 증기에 취하여 그 순간만은 정말 정신이 나가 미치광이처럼 말했기 때문이다. 그들은 종잡을 수 없는 말을 했기 때문에 어떤 사건에도 다 들어맞는 의미를 지어낼 수 있었다. 예를 들면, 모든 물체는 '제1물질(*materia prima*)'로 만들어져 있다는 식이었다. 《성경》에도 그렇게 풀이되어 있다. "하느님이 보내신 악령이 사울에게 내려덮치자, 사울은 궁궐에서 예언하였다(*prophesied*)."(사무엘상 18장 10절)

하느님이 예언자들에게 말씀하신 방법 이와 같이 《성경》에 나오는 '예언자'라는 말이 여러 의미로 쓰인다고 하더라도, 보통은 하느님의 말을 직접 듣고 그 말을 다른 사람 또는 국민들에게 전하는 사람을 뜻한다. 그렇다면 여기서 이런 물음을 가질 수 있다. 하느님은 어떤 방식으로 예언자에게 말씀하시는가 하는 것이다. 하느님은 사람처럼 혀나 기타 감각기관을 지니지 못했다.

그렇다면 하느님에게 목소리와 언어가 있다고 주장하는 것이 옳은가? 예언자 다윗은 말한다. "귀를 지으신 이가 듣지 아니하시랴 눈을 만드신 이가 보지 아니하시랴."(시편 94편 9절) 그러나 이 말은 (보편적으로) 하느님의 본성을 드러내기 위해서가 아니라, 그분을 공경하기 위한 것으로 보아야 할 것이다. 즉 '보는' 것과 '듣는' 것은 명예로운 것이므로 하느님의 전능한 힘을 (우리의 능력이 마음에 그려낼 수 있는 한) 나타내는 것이라면, 그렇다고 할 수 있다. 또한 좀더 엄밀하게 말하면, 하느님이 사람 몸의 모든 부분을 만드셨기 때문에, 하느님은 우리와 마찬가지로 모든 감각기관들을 이용할 수 있다는 것이다. 그러나 하느님에게도 그런 감각기관이 있다고 말하는 것은 하느님에 대해 무례를 범하는 것이며, 이 세상에서 가장 큰 모독일 것이다. 따라서 하느님이 사람에게 직접 말했다는 것은, 그것이 무엇이든 그분의 뜻을 그들이 이해할 수 있는 방식으로 알렸다는 의미로 풀이해야 한다. 그것엔 여러 가지 방식이 있는데, 오직 《성경》에 나와 있는 것만 인정할 수 있다. 《성경》에는 어떻게 했는지는 구체적으로 밝히지 않은 채 하느님이 이런 저런 사람에게 말씀하셨다는 구절이 많지만, 하느님의 현존과 명령을 확인할 수 있는 표시들을 전달하는 구절도 수없이 많으므로, 이를 통하여 하느님이 어떻게 말하는지에 대해 알 수 있다.

《구약성경》의 특별한 예언자들에게 하느님은 꿈이나 환영을 통해 말씀하셨다. 하느님이 어떤 방식으로 아담과 이브, 카인과 노아에게 말했는지는 분명하게 나와 있지 않으며, 또한 아브라함에게도 어떻게 말했는지 분명하지 않다. 다만 아브라함이 자기가 살던 땅을 떠나 가나안 땅 세겜에 이르렀을 때, 하느님이 아브라함에게 '나타난' 것으로 되어 있다(창세기 12장 7절). 이로써 하느님이 그 존재를 나타내는 방식 중 하나는 직접 나타나거나 환영으로 보이는 것임을 알 수 있다. 그리고 "여호와의 말씀이 환상 중에 아브라함에게 임하여 이르시되"(창세기 15장 1절)라고 했는데, 이것은 하느님의 현존의 표적으로서 하느님의 사자가 그에게 나타나 말한 것이다. 또한 세 천사의 모습으로 아브라함에게 나타나기도 했고(창세기 18장 1절), 아비멜렉에게는 꿈속에(창세기 20장 3절) 나타나셨다. 롯에게는 두 천사의 모습으로(창세기 19장 1절), 하갈에게는 천사의 모습으로(창세기 21장 17절), 또다시 아브라함에게는 하늘에서 들려오는 목소리로(창세기 22장 11절), 이삭에게는 밤에(창세기 26장 24절), 즉 잠자는 사이에 또는 꿈에 나타나셨다. 야곱에게는 꿈에 나타난 경우도 있고 (원문을 그대로 인용하자면 "꿈에 본즉 사닥다리가 땅 위에 서 있는데……"(창세기 28장 12절 등) 천사들의 모습으로(창세기 32장 1절) 나타난 경우도 있다. 모세에게는 떨기의 불꽃으로 나타나셨다(출애굽기 3장 2절). 모세 시대 이후에는 (하느님이 사람에게 직접 말하는 방식이 《구약성경》에 명시되어 있다) 그는 항상 환영이나 꿈으로 나타나셨는데, 기드온·사무엘·엘리야·엘리사·이사야·에스겔 및 기타 예언자들이 그러하다. 《신약성경》에서도 때때로 그러했는데, 요셉·성 베드로·성 바울·요한계시록에서의 전도자 성 요한의 경우와 같다.

하느님은 모세에게는 보다 특별한 방식으로 말씀하셨는데, 시나이 산에서 초막절 때 말씀하셨고, 대제사장에게도 초막절 때, 신전의 지성소에서 말씀하셨다. 모세와 그의 뒤를 이은 대제사장들은 하느님의 각별한 은총을 받았다. 하느님은 다른 예언자들에게는 꿈과 환영으로 알려주지만, 그의 종 모세에게는 마치 사람이 자기 친구에게 말하듯 말해 준다고 직접 말씀하셨다.

세 천사를 대접하는 아
브라함

《성경》 원문은 다음과 같다.

"너희 중에 선지자가 있으면 나 여호와가 환상으로 나를 그에게 알리기도 하고 꿈으로 그와 말하기도 하거니와 내 종 모세와는 그렇지 아니하니 그는 내 온 집에 충성함이라. 그와는 내가 대면하여 명백히 말하고 은밀한 말로 하지 아니하며 그는 또 여호와의 형상을 보거늘"(민수기 12장 6~8절) "사람이 자기의 친구와 이야기함 같이 여호와께서는 모세와 대면하여 말씀하시며."(출애굽기 33장 11절)

그런데 〈사도행전〉 7장 35절 및 53절, 〈갈라디아서〉 3장 19절에는 하느님이 모세에게 천사 또는 천사들의 매개에 의해 말한 것으로 되어 있다.*3

즉 다른 예언자들에게 나타난 환영보다는 매우 또렷한 모습이었겠지만, 어쨌든 환영임에는 틀림없다. 이것을 뒷받침하는 구절이 〈신명기〉 13장 1절에 나온다. 하느님이 말씀하시길, "너희 중에 선지자나 꿈꾸는 자가 일어나서……"라고 했는데, 여기서 '꿈꾸는 자'는 앞의 '선지자'를 풀이한 말에 지나지 않는다. 또한 "너희 자녀들이 장래 일을 말할 것이며 너희 늙은이는 꿈을 꾸며 너희 젊은이는 이상을 볼 것이며"(요엘 2장 28절)라고 했는데, 여기에

---

*3 "그들의 말이 누가 너를 관리와 재판장으로 세웠느냐 하며 거절하던 그 모세를 하느님은 가시나무 떨기 가운데서 보이던 천사의 손으로 관리와 속량하는 자로서 보내셨으니"(사도행전 7장 35절) "너희는 천사가 전한 율법을 받고도 지키지 아니하였도다."(사도행전 7장 53절) "그런즉 율법은 무엇이냐 범법하므로 더하여진 것이라. 천사들을 통하여 한 중보자의 손으로 베푸신 것인데"(갈라디아서 3장 19절)

서도 '예언'이라는 말이 '꿈'과 '환영'으로 설명되어 있다. 또한 하느님이 솔로몬에게 지혜와 부와 명예를 약속할 때에도 같은 방식으로 말했다. "솔로몬이 깨어 보니 꿈이더라."(열왕기상 3장 15절) 그러므로 일반적으로 《구약성경》에 나타난 특별한 예언자들의 경우, 하느님의 말씀을 꿈이나 환영으로 들었다. 즉 잠자는 동안 또는 환각에서 생긴 상상을 통해서만 들었다. 이러한 상상은 참예언자들에게는 초자연적으로 일어난 것이었지만, 거짓 예언자의 경우에는 자연적인 것 아니면 가짜였다.

그럼에도 불구하고 모든 예언자가 영을 받아 말했다고 한다. 한 예언자는 유대 사람들에 대해 이렇게 말했다. "그 마음을 금강석 같게 하여 율법과 만군의 여호와가 그의 영으로 옛 선지자들을 통하여 전한 말을 듣지 아니하므로……"(스가랴 7장 12절) 이로써 명백히 알 수 있는 것은, 하느님의 말하는 방식이 '영' 또는 '영감'에 의해 말하는 것과 환영을 통해 말하는 것이 따로 있지 않다는 것이다. '영'에 의해 말한 특별한 예언자들은 하느님이 전할 말이 있을 때마다 그때그때 임무를 받았다. 다시 말해 일이 생길 때마다 새로운 꿈을 꾸거나 환영을 보았던 것이다.

영원한 소명에 의한 최고의 예언자들에게는, 하느님은 《구약성경》에서는 자비의 자리에서 《성경》에 명시되지 않은 방법으로 말씀하셨다 《구약성경》에서 예언이 그들의 영원한 소명이었던 예언자들 중 일부는 '최고'의 지위에, 또 일부는 '종속적' 지위에 있었다. 최고의 지위에 있던 예언자는 모세를 비롯하여 그의 뒤를 이은 대제사장들이었는데, 대제사장들은 저마다 그 시대의 왕과 같은 지위에 있었다. 유대 국민이 하느님을 거부하여 하느님이 더 이상 그들을 통치하지 않게 된 뒤에는 하느님의 통치에 스스로 복종한 왕들이 하느님의 최고의 예언자가 되었고, 대제사장의 직무는 대행자 역할에 머무르게 되었다. 하느님의 뜻을 구할 때는 대제사장이 왕의 명령에 따라 제복(祭服)을 입고 주님께 물었는데, 왕이 적절하다고 판단하면 대제사장의 직무를 박탈하기도 했다. 사울 왕은 자신이 직접 번제를 올리기 위해 번제물을 가져오라고 명령하고(사무엘상 13장 9절), 제사장에게 하느님의 법궤를 가지고 오라고 명령했으며(사무엘상 14장 18절), 전세(戰勢)가 자신에게 유리해지자 제사장에게 법궤를 가지고 오지 말라고 명령한다(사무엘상 14장 19절). 또한 사울은 하느님께 조언을 청하기도 한다. 마찬가지로, 다윗 왕도 아직 왕국을 소유하기 전이었지만 기름부음을 받은 뒤에는 그일라에서 블레셋 족속을 쳐도 되는지에 대해 "주님께 여쭈었다"고 하고(사무엘상 23장 2절), 제사장에게 에봇(*ephod*)을 가져오도록 명하여(사무엘상 23장 9절) 그가 그일라에 머물러도 좋을지를 하느님께 여쭈어 보았다. 솔로몬 왕은 아비아달을 제사장 직에서 파면하여 내쫓고(열왕기상 2장 27절) 그 자리에 사독을 임명했다(열왕기상 2장 35절). 그러므로 모세와 대제사장들, 신실한 왕들은 어떤 특별한 일이 있을 때마다 어떻게 해야 하며, 앞으로 어떤 일이 벌어질 것인지를 하느님께 여쭈어 보았는데, 이들은 모두 주권적 예언자였다. 그러나 하느님이 어떤 방식으로 그들에게 응답했는지는 명백하지 않다. 모세가 시나이 산 속 하느님이 계신 곳으로 올라갔을 때, 그것이 다른 예언자들의 경우처럼 꿈 또는 환영이었다고 주장하는 것은, 하느님이 모세를 다른 예언자와 구별한 것과 맞지 않는다(민수기 12장 6~8절). 또한 말을 하거나 나타나는 것이 하느님이 본디부터 가진 본성이라는 주장은, 그분의 무한성(無限性), 불가시성(不可視性), 포괄불가능성*4을 부정하는 것이다. 영감 또는 '성령'의 주입에 의해 말했다는 것은, '성령'은 곧 신성을 나타내므로, 모세를 그리스도와 대등하게 만드는 일이다. 성 바울이 말한 것처럼, 신성이 몸이 되어 머무시는 분은 그리스도뿐이다(골로새서 2장 9절). 마지막으로 그가 '성령'에 의해 말했다는 것은, 그것이 곧 성령의 은총 또는 은사를 뜻하므로 이 경우 하느님은 어떠한 초자연적 속성도 갖지 않는다. 왜냐하면 하느님은 사람들로 하여금 경건·정의·자비·진실·성실 등을 비롯한 모든 도덕적·지적 덕성을 추구하게 하고, 교훈과 실례, 자연적 기회 및 일상적 기회를 통해 이를 이루기 때문이다.

그러나 이러한 방법들이 하느님이 시나이 산에서 모세에게 말한 것이나, 속죄판 위에서 대제사장들에게 말한 것에 적용될 수 없는 것처럼 《구약성경》의 주권적 예언자들, 즉 하느님께 여쭙는 직무를 맡았던 사람들에게 하느님이 어떤 방식으로 말했는지는 알 수 없다. 《신약성경》의 시대에는 우리 구주 외에 주권적 예언자가 아무도 없었다. 우리 구주는 말하는 하느님이기도 했고 하느님의 말을 듣는 예언자이기도 했다.

영원한 소명을 지녔으나 종속적인 예언자들에 대해서는, 하느님은 영에 의해 말

---

*4 Incomprehensibility. 한계를 알 수 없는 것.

씀하셨다 영원한 소명을 지닌 종속적 예언자에게 하느님이 초자연적으로 말했다는 증거는 《성경》에서 찾아볼 수 없다. 단지 그가 사람들의 마음을 자연적으로 경건·믿음·공의(公義) 등의 덕성을 지향하게 했을 뿐이다. 이것은 예언자들에게만이 아니라 다른 모든 그리스도교도들에게도 해당된다. 이러한 덕성의 함양은 소질과 지도와 교육, 또한 그리스도교적 덕성에 대해 느끼는 필요와 계기에 달려 있지만, 그래도 역시 하느님의 영 또는 '성령(*Holy Spirit, Holy Ghost*)'의 작용에 의한 것이다. 왜냐하면 모든 선량한 마음은 하느님의 작용으로 생기기 때문이다. 그러나 이러한 작용들이 항상 초자연적이지는 않다. 그러므로 어떤 예언자가 영을 받아 또는 '하느님의 영'에 의해 말한다고 할 때, 이것은 다만 최고 예언자가 밝힌 하느님의 뜻에 따라 말한다는 뜻으로 이해해야 할 것이다. 왜냐하면 영(*spirit*)이라는 말의 가장 보편적 의미는 사람의 의도, 정신 또는 성향을 나타내기 때문이다.

모세 시대에는 이스라엘 진영에서 예언했던 사람이 모세 외에도 70명이 더 있었다. 하느님이 이들에게 어떻게 말했는지는 〈민수기〉 11장 25절에 잘 나와 있다. "여호와께서 구름 가운데 강림하사 모세에게 말씀하시고 그에게 임한 신을 칠십 장로에게도 임하게 하시니 신이 임하실 때에 그들이 예언을 하다가 다시는 아니하였더라." 이로써 확실한 것은 첫째, 70명의 장로가 국민들에게 예언하는 것은 모세가 예언하는 것에 종속된 보조적인 것이었다. 왜냐하면 하느님이 모세에게 내린 영을 그들에게 내린 것이므로, 그들은 모세가 원하는 대로 예언하였으며, 모세가 원하지 않으면 전혀 예언할 수 없었기 때문이다. 그들이 예언하는 것을 두고 불평이 일어나자, 여호수아는 모세에게 그들을 말리라고 하였지만 모세는 그렇게 하지 않고, 오히려 이렇게 말했다. "네가 나를 두고 시기하느냐."(민수기 11장 27절) 둘째, 여기서 '하느님의 영'은 모세의 통치에 복종하고 협조하는 마음과 의향*5을 의미한다. 만일 그것이 물질적인 '하느님의 영'이라면, 즉 신의 본성이 그들에게 내린 것이라면, 그들은 그리스도에게 못지않은 지위가 되었을 것이다. 그러나 하느님의 영이 육신에 깃들어 있는 분은 그리스도뿐이다. 따라서 그것은 하느님의 은

---

*5 마음과 의향(Mind and Disposition)은 번역어의 통일에는 어긋나지만, 라틴어판에서 둘을 합쳐서 의욕voluntas라는 단어로 사용하고 있는 것에서도 알 수 있듯이 '마음과 의향'으로 할 수밖에 없다.

사와 은총이 그들에게 임하사, 그들에게 모세의 영을 받아 모세를 돕게 했다는 뜻이다. 그들은 모세가 국민들의 장로 또는 지도자로 임명할 사람들이었다. 즉, "네가 국민의 장로들 또는 그 지도자라고 알고 있는 사람들 70명을 나에게로 불러오라"고 했는데(민수기 11장 16절), 여기서 '네가 알고 있는'이란 말은 '네가 그렇게 임명할' 또는 '임명한'이란 뜻이다. 왜냐하면 모세는 그의 장인 이드로의 충고에 따라 하느님을 두려워

옥 중의 베드로에게 나타난 천사

하는 사람들을 국민의 지도자와 재판관으로 이미 뽑아 놓았기 때문이다(출애굽기 18장 24절). 그리고 이 중 70명에게 하느님이 모세의 영을 내려, 모세의 왕국 통치를 도울 마음이 내키게 한 것이다. 사무엘이 다윗에게 기름부을 때 하느님의 영이 다윗에게 내렸고, 사울에게서는 떠나갔다고 한(사무엘상 16장 13~14절) 구절도 그런 의미로 이해해야 한다. 하느님은 그의 국민을 통치하도록 선택한 자에게 은총을 내리고, 그가 버린 사람에게는 은총을 거두기 때문이다. 그러므로 영은 하느님에게 봉사하려는 마음이 들게 하는 것이지, 결코 초자연적 계시가 아니다.

하느님은 때때로 제비뽑기를 통해서도 말씀하셨다 하느님은 제비뽑기를 통해 말한 적도 여러 번 있다. 이 제비뽑기는 하느님이 그의 국민에 대한 통치권을 맡긴 사람이 주관했다. 예를 들면, 사울의 아들 요나단이 블레셋과의 싸움에서 이기기 전에는 아무것도 먹지 않겠다고 한 군인들의 맹세를 저버리고 꿀을 찍어 먹었을 때, 사울은 제비뽑기를 통해 이 사실을 밝혀 냈다(사무엘상 14장 43절). 또한 하느님이 이스라엘 자손의 각 지파에게 가나안 땅을 분배할 때도 "여호수아는 실로에서 그들의 몫을 결정하려고 야훼 앞

에서 추첨을 하였다."(여호수아 18장 10절) 제물로 드려야 할 전리품을 횡령한 아간의 죄를 밝힐 때도 하느님은 이런 방식을 사용한 것으로 보인다(여호수아 7장 16절). 이것이 《구약성경》에서 하느님이 그의 뜻을 나타내는 방식이었다.

그러한 모든 방식을 《신약성경》에서도 그대로 사용했다. 동정녀 마리아에게는 천사의 환영으로, 요셉에게는 꿈속에서, 다마스쿠스로 가던 바울에게는 우리 구주의 환영으로 나타났다. 베드로에게는 하늘에서 내려온 보자기의 환영으로 나타났다. 보자기 안에는 여러 종류의 고기가 들어 있었는데 정결한 것도 있었고, 정결하지 않은 것도 있었다. 또한 베드로가 감옥에 갇혔을 때는 천사의 환영으로 나타났다. 사도들과 《신약성경》의 모든 저자들에게는 '은총의 영'으로 나타났다. 그리고 (가롯 유다가 떠난 뒤, 그 자리에 맛디아를 사도로 뽑을 때) 제비뽑기로 결정했다.

국민들은 저마다 예언자가 소명이라고 주장하는 것이 사실인지를 검토해야만 한다 이처럼 모든 예언은 환영이나 꿈(자연적으로 발생하였을 때 환영과 꿈은 같다) 또는 어떤 특별한 하느님의 은사가 있어야 하는데, 이것은 인류에게 몹시 드문 일이므로 이런 일이 생기면 누구나 감탄하게 된다. 특별한 꿈과 환영 같은 하느님의 은사는 그의 초자연적이고 직접적인 작용에 의한 것일 수도 있고, 자연적 작용에 의해, 그리고 부차적 원인들의 매개에 의해서도 생길 수 있다. 그러므로 꿈이나 환영이 자연적인 것인지, 초자연적인 것인지, 그리고 자연적 은사인지, 초자연적 은사인지를 구별하기 위한 이성적 판단이 필요하다. 그러므로 스스로 예언자라 부르는 사람의 말은 매우 신중하게 들어야 한다. 그들은 하느님의 이름으로 행복의 길이 무엇인지를 설교하면서, 자신의 설교를 따르는 것이 하느님께 순종하는 것이라고 주장한다. 사람들에게 행복의 길을 가르쳐 준다고 주장하는 것은 그 사람들을 통치하겠다는 것이다. 다시 말해 그들을 지배하고 그들 위에 군림하겠다는 것이다.

인간은 본성적으로 남을 지배하고 싶어하므로, 그럴 야심과 거짓으로 하느님을 내세우는 것은 아닌지 살펴볼 필요가 있다. 그러므로 그런 사람의 말에 따르기 전에 저마다 잘 검토하고 검증해야 한다. 다만, 코먼웰스가 수립되면서 이미 복종을 약속한 경우에는 사정이 달라진다. 즉 예언자가 정치적 주권자이거나, 정치적 주권에 의해 승인된 사람인 경우에는 그의 말에 복종해야 한다. 예언자와 신령에 대한 이러한 검토가 국민들 저마다에게 허락되어 있지 않다면, 누구 말을 듣고, 누구 말은 듣지 말아야 하는지에 대해 사람마다 구별할 수 있는 표시를 정해 둔다 하더라도 아무 소용이 없을 것이다. 참예언자를 알 수 있는 표시(신명기 13장 1절 이하)와, 하느님의 영을 알 수 있는 표시(요한1서 4장 1절 이하)에 대한 이야기를 비롯하여,[*6] 《구약성경》에 예언에 대한 이야기가 그토록 많고, 《신약성경》에는 거짓 예언자를 주의하라는 설교가 그렇게나 많고, 거짓 예언자가 참예언자보다 훨씬 많다는 점을 보면, 스스로 예언자라 부르는 사람들의 말을 섣불리 믿으면 위험하다는 것을 알 수 있다.

우선 거짓 예언자가 참예언자보다 훨씬 많았다는 것은, 이스라엘 왕 아합이 길르앗의 라못을 칠 것인가 말 것인가에 대해 조언을 구한 400명의 예언자 가운데 미가야 한 사람을 제외한 나머지는 모두 사기꾼이었다(열왕기상 22장)는 사실만 봐도 알 수 있다. 또한 바빌론 유수(幽囚, captivity) 직전의 예언자들은 대부분 거짓말쟁이였다.

"선지자들이 내 이름으로 거짓 예언을 하도다. 나는 그들을 보내지도 아니하였고 그들에게 명령하거나 이르지 아니하였거늘 그들이 거짓 계시와 점술과 헛된 것과 자기 마음의 거짓으로 너희에게 예언하는도다."(예레미야 14장 14절)

하느님이 예언자 예레미야의 입을 통하여 국민들에게 그들을 믿지 말라고 명령할 정도였다.

"너희에게 예언하는 선지자들의 말을 듣지 말라. 그들은 너희에게 헛된 것을 가르치나니 그들이 말한 묵시는 자기 마음으로 말미암은 것이요 여호와의 입에서 나온 것이 아니라."(예레미야 23장 16절)

주권적 예언자의 것을 제외한 모든 예언은 국민 각자에 의해 검토되어야 한다 《구약성경》 시대에는 예언자들끼리 서로 자기가 주님의 환영을 보았다고 다투었다. 예를 들면, 400명의 예언자 가운데 누군가가 "주님의 영이 언제 나를 떠나 네게로 건너가서 말씀하시더냐?" 하고 서로를 힐난하며 (예레

[*6] 요한의 편지에는 "예수 그리스도를 고백하는 영은 모두 하느님에게서 받은 것"이라고 하여 확실하게 영을 구별하는 표지를 제공하고 있지만, 〈신명기〉에는 거짓 예언자를 좇지 말라는 말뿐, 표지는 고사하고 거짓에 속는 자로 나와 있다.

미야 14장 14절에서 보는 바와 같이) 서로 거짓말을 했다. 또한 오늘날 《신약성경》에서도 주님의 영을 받았다는 예언자들 사이에 그러한 논란이 벌어지고 있음을 보면, 사람들은 예나 지금이나 모든 예언을 자신의 자연적 이성에 비추어 보아야 한다. 이것은 곧 참과 거짓을 구별하라고 하느님이 우리에게 주신 규칙들에 적용해 보는 것이다. 《구약성경》의 경우 그 규칙 중 하나는 주권적 예언자인 모세가 그들에게 가르쳐 준 교훈에 일치하는가 하는 것이고, 다른 하나는 하느님이 하시려고 하는 일들을 예언하는 기적 같은 능력이 있는가 하는 것이다. 이 문제에 대해선 이미 〈신명기〉 13장 1절 등을 인용하면서 살펴본 바 있다.

《신약성경》에는 표시가 단 하나밖에 없으니 그것은 '예수가 그리스도(구세주)라는 것', 즉 예수가 《구약성경》에서 약속된 유대인들의 왕이라는 교리를 가르치고 있는가 하는 것이다. 누구든 이 신조를 부정한다면 아무리 큰 기적을 일으킬 것처럼 보여도 모두 거짓 예언자였고, 그렇게 가르치는 사람은 참예언자였다. 성 요한은 하느님의 영인지 아닌지를 알아보는 방법을 분명하게 말하고 있다. 그는 거짓 예언자들이 잇따라 나타날 것이라고 말한 다음, 이렇게 말했다. "너희가 하느님의 영을 알지니 곧 예수 그리스도께서 육체로 오신 것을 시인하는 영마다 하느님께 속한 것이요."(요한1서 4장 2절 이하) 즉 그런 영만이 하느님의 예언자로 승인을 얻고 허락을 받는다고 했다. 그러나 이것은 그가 신앙심이 깊은 사람이라는 뜻도 아니요, 예수가 그리스도임을 고백하고, 공언하고, 설교하기 위해 선택된 자라는 뜻도 아니다. 다만 그가 공공연한 예언자라는 것을 의미할 뿐이다. 왜냐하면 하느님은 때로 그가 용인하지 않았던 예언자를 통해서 말하기도 하기 때문이다. 예를 들면, 발람을 통해 말한 적도 있고, 엔돌의 무녀를 통해 사울에게 그의 죽음을 예시한 적도 있다.[*7] 성 요한은 계속 이렇게 말했다.

"예수를 시인하지 아니하는 영마다 하느님께 속한 것이 아니니 이것이 곧 적그리스도(*Anti-christ*)의 영이니라."

이 규칙은 양쪽으로 완벽하다. 즉 메시아가 예수의 몸으로 왔다고 설교하는 자는 참예언자이며, 그가 왔음을 부인하고 예수는 나중에 명예를 거짓으

[*7] 발람에 대해서는 〈민수기〉 22~24장을, 엔돌의 무녀에 대해서는 〈사무엘상〉 28장 5절을 보라. 모두 하느님이 인정한 예언자가 아니다.

로 얻은 사기꾼임이 드러날 것이라며 예수를 미래의 사기꾼 반열에 넣는 이는 거짓 예언자인 것이다. 이러한 거짓 예언자를 사도들은 적그리스도라고 부르는데, 이것은 합당한 말이다. 그러므로 사람들은 저마다 누가 주권적 예언자인가, 다시 말하면 지상에서 하느님의 대리자가 누구인가, 하느님 다음으로 그리스도교도들을 통치할 권한을 가진 자가 누구인가를 깊이 생각해야 한다. 또한 그가 하느님의 이름으로 가르치도록 명령한 교리를 규칙으로 지켜야 하며, 스스로 예언자라 부르는 사람들의 설교에 대해서는, 그가 기적을 일으켰건 아니건, 그 규칙에 비추어 검토하고 검증하여 진실성을 밝혀야 한다.

만일 그 규칙에 어긋나는 것이 있으면, 예언의 권한이 있는지 의심스러운 자가 군대 안에서 예언하자 모세에게 와서 알렸던 사람들처럼, 이를 주권자에게 알려야 한다. 또한 그들이 모세에게 한 것처럼 지지할 것인지 금지할 것인지에 대한 판단을 주권자에게 맡겨야 한다. 주권자가 그들을 인정하지 않으면 더 이상 그들의 말에 따를 필요가 없으며, 인정할 경우에는 하느님께서 주권자의 영의 일부를 준 사람으로 여기고 그들의 말에 따라야 한다. 왜냐하면 그리스도교도가 그리스도교도 주권자를 하느님의 예언자로 생각하지 않는다면, 그들은 저마다 자기의 꿈을 예언으로 해석하고 그에 따를 것이며, 저마다 마음의 동요를 하느님의 영으로 풀이할 것이 틀림없기 때문이다. 아니면 외국의 군주나 또는 동포 가운데 누군가에게 끌려다니게 된다. 때때로 거두는 놀라운 성공과 처벌을 받지 않는다는 점 외에는 그들의 소명을 확인할 다른 기적이 없는데도, 그들은 정부를 헐뜯고 국민들을 홀려 반란을 일으키도록 부추긴다. 이런 일이 벌어지면 하느님의 법이건 인간의 법이건 모조리 파괴될 것이며, 질서와 통치와 사회는 없어지고, 폭력과 내란이라는 맨 처음의 혼란으로 되돌아갈 것이 분명하다.

37 기적 그 효용

기적이란 경탄스러운 일이다 기적(*miracles*)이란 하느님이 일으킨 경탄스러운[1] 일들이다. 따라서 '경이(*wonders*)'라고도 한다. 기적은 대부분 그것이 없으면 무엇이 하느님의 명령이고 무엇이 그렇지 않은지 사람들이 (저마다 개인적이고 자연적인 추론을 통해) 의심할 경우에 하느님의 명령을 나타내기 위해 일어난다. 그러므로 《성경》에서는 이것을 흔히 '징표(*signs*)'라고 하는데 전능하신 분이 장차 하려고 하는 일을 미리 알려주는 것을 뜻하므로[2] 라틴어의 '오스텐타(*ostenta*, 표시)' 또는 '포르텐타(*portenta*, 현시)'라 불리는 것과 의미가 같다.

그러므로 기적은 드물어야 하고, 자연적 원인을 알 수 없는 것이어야 한다 그러므로 기적이 무엇인지를 알려면, 먼저 우리가 어떤 일을 놀랍고 신기하게 여기는지, 어떤 일에 경탄하는지를 알아야 한다. 사람들이 놀랍고 신기하게 여기는 일은 두 가지밖에 없다. 첫째, 낯선 일, 즉 한 번도 본 적이 없거나 매우 드문 일이다. 둘째, 자연적 수단에 의한 현상이라고는 도저히 믿을 수 없고, 하느님의 손으로 직접 이룬 일이라고밖에 상상할 수 없는 일이다.

그러나 그 일의 자연적 원인과 개연성을 알게 되면, 그와 같은 일이 과거에는 매우 드문 일이었다 하더라도, 또는 그런 일을 과거에 자주 보면서도 그것에 대한 자연적 수단을 상상하는 것이 아무리 불가능하다 해도 우리는 더 이상 기적이라고 경탄하지도 존경하지도 않는다.

말이나 소가 말을 하면 그것은 기적이다. 그런 일은 한번도 없었을 뿐만 아니라 그 자연적 원인을 상상하기도 어렵기 때문이다. 자연의 비정상적 일탈로 새로운 형태의 생명체가 나타난 경우도 기적이다. 그러나 사람 또는 동물이 자신과 비슷한 생명체를 낳는 것은 기적이 아니다. 이유를 모르기는

---

[1] Admirable에는 칭송뿐 아니라 신기하게 여긴다는 뜻이 들어 있다.
[2] Ostentum과 Portentum은 모두 징표를 뜻하며, 불가사의한 징표라는 의미를 포함한다.

마찬가지이지만, 뒤의 경우는 통상적인 일이기 때문이다. 마찬가지로 사람이 돌이나 기둥으로 변하면 그것은 신기한 일이므로 기적이다. 그러나 나무 조각이 돌이나 기둥으로 변했다면, 흔히 볼 수 있는 일이기 때문에 기적이 아니다. 하지만 하느님이 어떻게 작용하여 그런 일이 벌어지는지에 대해서 앞의 경우보다 많이 아는 것도 아니다.

　세상에 처음 나타난 무지개는[*3] 처음 보는 신기한 것이었기 때문에 기적이었다. 이것은 하늘에 계신 하느님이 보인 징표였다. 이 무지개를 통해 다시는 홍수를 일으켜서 세상의 모든 것을 물로 멸하는 일이 없을 것이라고 그의 백성들에게 약속했다. 그러나 오늘날에는 무지개를 흔히 볼 수 있기 때문에 무지개의 자연적 원인을 아는 사람이나 모르는 사람에게도 더 이상 기적이 아니다. 또한 사람의 기술로 만들어 낸 일 중에는 희귀한 것들도 많다. 그러나 그러한 일이 이루어질 수 있다는 것을 알면, 어떻게 이루어지는지 방법도 알고 있기 때문에 그것을 기적으로 여기지 않는다. 하느님의 손으로 직접 이루어진 일이 아니라, 인간의 노동을 매개로 만들어지기 때문이다.

어떤 사람이 기적으로 생각하는 일이 다른 사람에게는 그렇지 않을 수도 있다　또한 경탄과 경이는 그 사람이 가진 지식이나 경험과 필연적인 관련이 있다. 지식과 경험은 사람마다 주어진 정도가 다르다는 점을 감안하면 누군가에게 기적으로 보이는 일이 다른 사람에게는 그렇지 않을 수도 있다. 그러므로 무지하고 미신적인 사람은, 자연현상으로 일어나는 일이란 것을 아는 사람이라면 조금도 경탄하지 않을 일을 보고, 신기하고 놀랍게 여기는 일이 생긴다. 하느님은 직접 그 자리에서 자연현상을 일으키는 것이 아니라, 일상적으로 하시는 일이다. 예를 들면, 일식이나 월식은 많은 사람들이 초자연적 현상으로 여겼지만, 그럼에도 불구하고 어떤 사람들은 그것의 자연적 원인을 알고 그 현상이 일어날 정확한 시간까지 예측할 수 있었다. 또한 다른 사람과의 공모나 비밀정보를 토대로 무지하고 부주의한 사람의 사생활을 속속들이 알 수도 있다. 이를 통해 그의 과거의 행적을 알아맞히면, 그에게는 기적으로 보이겠지만, 똑똑하고 주도면밀한 사람에게는 통하지 않는다.

기적의 목적　하느님은 기적을 통하여 사자나 대행자나 예언자를 보냈다

---

*3 〈창세기〉 9장 13절. 홍수 뒤에 하느님이 '세상과의 언약의 증거'로서 무지개를 띄웠다고 한다.

는 사실을 알린다. 그래야 그들의 말을 한결 잘 듣기 때문이다. 이것이 기적의 본질이다. 그러므로 이 세상의 창조와 그 뒤 대홍수로 모든 생물들이 사라진 일이 비록 경탄할 만한 일이기는 하지만, 하느님의 예언자나 대행자를 사람들이 믿게 하려고 이루어진 일이 아니기 때문에 기적이라고 하지 않는 것이 보통이다. 아무리 경탄스러운 일이라 하더라도, 그 일이 일어난 것 자체가 아니라 사람들이 기도하거나 말한 일을 하느님이 그대로 이루어 주는 것이 경탄스러운 것이다. 사람들은 당연히 전능하신 분은 무엇이든 할 수 있다고 믿기 때문이다. 그러므로 모세의 손을 통해 하느님이 이집트에서 한 일이야말로 진정한 의미의 기적이었다. 왜냐하면 그 기적들은 모세가 자신의 이익을 위해서가 아니라, 하느님이 보내서 왔다는 것을 이스라엘 백성들로 하여금 믿도록 하기 위해 행해졌기 때문이다. 그러므로 하느님은 모세에게 이스라엘 사람들을 이집트의 속박에서 구해 낼 것을 명령한 뒤, 모세가 "그들이 나를 믿지 아니하며 내 말을 듣지 아니하고 이르기를 여호와께서 네게 나타나지 아니하셨다 하리이다"(출애굽기 4장 1절) 하고 걱정하자, 그에게 능력을 주어 모세가 손에 들고 있던 지팡이를 뱀으로 변하게 하고, 다시 그 뱀을 지팡이로 변하게 하였으며, 모세가 손을 품에 넣자 손에 문둥병이 걸렸다가, 다시 손을 품에 넣었다가 빼내자 손의 살이 본디 모습으로 돌아오게 하였다. 이러한 일들은 〈출애굽기〉 4장 5절에 나와 있는 것처럼, 이스라엘 자손들로 하여금 그들 조상의 하느님이 모세에게 나타났음을 믿게 하기 위해서였다. 그것으로 불충분할 것에 대비하여 하느님은 모세에게 물을 피로 변하게 하는 능력까지 주었다. 모세가 사람들 앞에서 이러한 기적들을 일으키자 "백성이 그들을 믿었다"(출애굽기 4장 31절)고 한다.

그런데도 이스라엘 백성들은 파라오가 두려워 감히 모세를 따르지 못했다. 이에 모세는 이스라엘 백성들에게 자기를 믿게 하기 위해 파라오와 이집트 사람들에게 여러 가지 재앙을 내렸으니 이 일들이 진정한 기적이었다. 바빌론 유수 전까지 모세를 비롯한 다른 모든 예언자들이 일으킨 기적들과 그 뒤 우리 구주와 사도들이 일으킨 기적들을 놓고 볼 때, 이러한 기적들의 목적은 언제나 사람들로 하여금 예언자들을 믿게 하기 위함이다. 즉 그 예언자들이 사심을 가진 자들이 아니요, 하느님이 보낸 사람이라는 것을 믿게 하는 데 있었음을 알 수 있다. 또한 우리는 《성경》을 통하여, 기적의 목적이

기적과 무지개
대홍수 뒤에 처음 나타난 무지개는 기적으로 보였으며, 하느님이 또다시 홍수를 일으켜 인류에게 재앙을 주지 않는다는 약속이기도 했다. 코흐 그림(1803).

선택된 자들이나 버림받은 자들 모두를 믿게 하는 데 있는 것이 아니라, 오직 선택된 자들, 즉 하느님이 그의 국민이 되도록 정해 놓은 자들만을 믿게 하는 데 있음을 알 수 있다.

즉 이집트에서의 모든 재앙의 기적들은 파라오의 개종을 목적으로 일으킨 것은 아니었다. 왜냐하면 하느님은 일찍이 모세에게, 파라오가 고집을 부려 이스라엘 백성들을 놓아주지 않도록 만들겠다고 말했기 때문이다. 그리고 그가 마침내 그들을 놓아주었을 때, 이것은 기적 때문이 아니라 재앙이 그렇게 하도록 강제한 것이었다. 또한 우리 구주에 대해서도, 〈마태복음〉 13장 58절에 그의 고향에서는 그들의 불신앙 때문에 기적을 많이 행하지 않았다고 기록되어 있고, 〈마가복음〉 6장 5절에는 "기적을 많이 행하지 않았다"는 말 대신 "아무 기적도 행할 수 없었다"고 되어 있다. 이것은 결코 그의 능력이 모자라서가 아니었다. 그렇게 말하는 것은 하느님에 대한 모독이다. 사실 모세와 예언자들과 우리 구주와 사도들은 많은 사람들을 개종시키기 위해서 기적을 일으켰다. 그러나 그 목적이 그리스도를 믿지 않는 모든 사람들을 믿도록 만드는 데 있는 것은 아니다. 그들이 기적을 행사한 목적은 사람들을 교회로 이끄는 데 있었던 것은 (모든 사람을 대상으로 한 것이 아니라) 오직 구원받기로 예정된 사람들, 즉 하느님에 의해 선택된 사람들만을 대상으로 한 것이었다. 우리 구주는 하느님이 보내서 왔기 때문에 그의 권능을 하느님이 버린 사람들을 개종시키기 위해 사용할 수 없었던 것이다.

성 마가의 이 말을 놓고, '행할 수 없었다'는 말은 '행하지 않았다'는 말과 같은 뜻이라고 설명하는 사람들이 있다. 이것은 그리스어를 몰라서 하는 소리이다. 그리스어에서는 의지가 없는 무생물에 대하여 '할 수 없었다' 대신 '하려 하지 않았다'를 사용하는 경우는 있어도, '하려 하지 않았다' 대신 '할 수 없었다'를 사용하는 경우는 결코 없다. 그런 해석은 그리스도가 믿는 자들 앞이 아니면 기적을 절대 행하실 수 없는 것처럼 보이게 하여 신앙심이 약한 그리스도교인들 앞에 올무를 놓는 행위이다.

기적의 정의 기적의 본질과 효용에 대해 지금까지 논의한 내용을 토대로 다음 같은 정의를 내릴 수 있을 것이다. 기적이란 '선택한 자들을 구원하기 위해 보낸 특별한 대행자의 사명을 명백하게 하기 위해 하느님이 하는 일이다.'

그리고 이 정의로부터 다음 같이 추론할 수 있다. 첫째, 기적으로 나타난 일은 그 기적을 일으킨 예언자가 지닌 어떤 덕성의 효과로 생긴 일이 아니다. 왜냐하면 그것은 하느님께서 직접 한 일, 즉 그 예언자를 종속적 원인으로 쓰지 않고 행한 일이기 때문이다.

둘째, 악마나 천사, 그 밖의 창조된 영은 기적을 행할 수 없다. 기적은 자연과학적 힘에 의해서나 또는 주문(呪文), 즉 말의 능력을 통해 일어난다. 만일 주술가가 본디부터 지니고 있던 힘으로 기적을 일으킨다면, 그것은 하느님에게서 비롯되지 않은 어떤 능력이 존재한다는 것인데, 아무도 이런 힘이 있다고는 인정하지 않을 것이다. 그리고 주술가가 〔하느님으로부터〕 부여받은 힘으로 기적을 일으킨다면, 이것은 하느님의 손으로 직접 이루어진 것이 아니라 자연적인 것이므로[*4] 기적이 아니다.

《성경》에 보면, 하느님만이 경이를 일으키는 힘을 지닌 것이 아니라, 마법

---

*4 자연과학과 마술(주문)이 이 문장의 전반에는 구별되어 있지만, 끝 부분에는 동일시된다.

이나 주문을 통해서도 그런 일이 일어나는 듯 보이는 구절들이 몇 개 있다. 예를 들면, 아론이 바닥에 던진 모세의 지팡이가 뱀으로 변하자, "바로도 현인들과 마술사들을 부르매 그 애굽 요술사들도 그들의 요술(enchantments)로 그와 같이 행하되"(출애굽기 7장 11절) 또한 모세가 애굽(이집트)의 강과 연못과 물웅덩이의 모든 물을 피로 변하게 하자, "애굽 요술사들도 자기들의 요술로 그와 같이 행하므로"(출애굽기 7장 22절) 모세가 하느님의 능력으로 개구리들을 땅 위로 올라오게 하자, "요술사들도 자기 요술대로 그와 같이 행하여 개구리가 애굽 땅에 올라오게 하였더라."(출애굽기 8장 7절) 이러한 구절들을 보면, 기적이 주문(呪文)에 의해, 즉 말소리의 효과에 의해 일어나는 것으로 여겨지지 않겠는가? 그리고 성경 구절이 바로 그것을 입증하고 있다고 여겨지지 않겠는가? 하지만, 《성경》에 주술이 무엇인지 설명한 대목은 없다. 많은 사람들은, 주술이란 주문과 말소리가 가져오는 미지의 효과 작용이라고 믿는다. 그러나 만일 그렇지 않고 일상적 수법에 의해 만들어지는 사기와 속임수에 불과하며 사기꾼들은 그것을 행할 때 자연적 원인에 대해 깊이 연구할 필요 없이, 단지 사람들의 일반적 무지와 어리석음과 미신만 잘 연구하면 될 정도로 그것이 초자연적인 것과는 거리가 멀다면, 마술과 마법과 술법의 힘을 인정하는 듯 보이는 성경 구절들은 언뜻 보고 이해되는 것과는 다른 의미를 지니고 있음이 틀림없다.

사람은 거짓된 기적에 속기 쉽다 말은 그것을 이해하는 사람에게만 효력을 발휘한다. 그 경우 말은 화자(話者)의 의도와 정념을 나타내므로, 이로써 듣는 사람에게 희망이나 공포, 기타 여러 정념과 개념들을 낳게 한다. 따라서 지팡이가 뱀으로 보이고, 물이 피로 보이는 등 기적이 주문에 의해 이루어진 것처럼 보일 때, 만일 그것이 하느님이 그의 국민을 교화하기 위해 일으킨 것이 아니라면 마법에 걸린 것, 즉 말(주문)의 효과를 입은 것은 지팡이나 물이 아니라 관객이다. 이것이 바로 마술사들이 일으키는 기적의 본질이다. 이것은 기적이 아니라 속임수이며, 매우 쉽게 할 수 있는 일이다.

모든 사람은 보편적으로 지닌 무지와 착각의 성향 때문에 이런 속임수에 속아 넘어가기 쉽다. 특히 자연적 원인에 대한 지식과 인간의 본성과 이해관계에 대한 지식이 별로 없는 사람들이 속기 쉽다. 이들을 속일 수 있는 방법은 수없이 많다. 항성의 운행에 대한 과학이 알려지기 전, 누군가가 이 날 또는 이 시각에 태양이 어두워질 것이라고 사람들에게 말했다면, 그에게 기적을 일으키는 힘이 있다는 평판을 얻을 수 있지 않았을까? 요즘은 술잔이나 기타 하찮은 것을 능숙하게 다루는 요술쟁이들이 흔하지만, 옛날 같았으면 악마의 힘으로 그런 놀라운 일을 하고 있다고 생각했을 것이다. 입을 움직이지 않고 숨을 감추며 말하는 기술을 익힌 사람이 (옛날에는 이런 사람들을 '복화술사(腹話術師)'라고 했다) 발성기관을 약하게 떨어 작은 목소리를 내면, 마치 먼 곳에서 말하는 소리처럼 들린다. 그리하여 이런 사람들은 자기가 하고 싶은 말을 마치 하늘에서 들려오는 목소리처럼 들리게 하여 많은 사람들을 속일 수 있다.

또한 사람들이 과거에 겪었던 여러 행동이나 모험에 대해 통상적으로 다른 사람들과 주고받는 사적인 비밀이나 고백을 교묘하게 탐지한 뒤, 보거나 듣지 않고 꼭 알아맞힌 듯이 그들에게 그 내용을 말하는 것은 어려운 일이 아니다. 이런 방법 말고도 마술사라는 명성을 얻는 방법은 많을 것이다. 그리스 인들이 '기적을 일으키는 사람들' 즉 놀라운 일을 하는 사람들이라고 부른 이들을 종류대로 여기서 길게 나열할 필요는 없지만, 그들은 저마다 자기 나름의 기술을 가지고 있었다. 그러나 서로 공모하여 속인다면, 도저히 믿지 못할 어떤 일이라도 해낼 수 있다. 예를 들어 두 사람이 공모하여 한 사람은 절름발이 행세를 하고, 다른 한 사람이 마술로 그를 치료한 것처럼 보이면 많은 사람들이 속아넘어갈 것이다. 나아가 여러 사람이 공모하여 한 사람은 절름발이 행세를 하고 다른 한 사람은 그를 치료하고 나머지 사람들이 증인이 되면, 훨씬 더 많은 사람들이 속을 것이다.

거짓된 기적에 대한 경계 인류에겐 기적이라고 일컫는 것을 너무 성급하게 믿는 경향이 있다. 이에 대한 경고(警告)로 (내가 앞장에서 이미 말한 것처럼) 하느님이 〈신명기〉 13장 첫머리와 18장 끝머리에서 모세를 통하여 말한 것보다 더 좋은 것은 없으며, 내가 알기로 그 밖의 다른 경고는 없다. 즉 우리는, 하느님의 대리인이 (그 당시에는 모세였다) 세운 종교 이외의 다른 종교를 전도하는 사람은 그 누구도 예언자로 인정해서는 안 된다. 또한 그 종교를 전도한다 하더라도, 그의 예견이 이루어지는 것을 보기 전에는 아무도 예언자로 보아서는 안 된다. 그러므로 기적을 일으키거나 예언하는 자가 있으면, 그가 한 설교에 대해 교회의 수장(首長)에게 먼저 조언을 구한 다음 믿을

지의 여부를 결정해야 한다. 교회의 수장은 예전에는 모세였고, 그 다음에는 아론과 그의 후계자들이었고, 지금은 하느님 바로 아래에서 하느님의 국민을 통치하는 주권적 통치자이다. 그런 다음, 그가 기적이라고 주장하는 것이 이루어지는지를 보고, 그것이 정말로 이루어졌는지를 가능한 모든 수단을 동원하여 확인해야 한다. 뿐만 아니라, 정말 그 일이 사람의 자연적인 힘으로는 결코 할 수 없고, 오직 하느님이 직접 손을 대어야만 할 수 있는 일인지 확인해야 한다. 그리고 이 일을 할 때도 반드시 하느님의 대리자를 통해야 한다. 하느님의 대리자는 모든 의심스러운 경우에 우리의 사적 판단을 대신해 주는 사람이다. 예를 들면, 어떤 사람이 떡 한 조각을 놓고 주문을 읊조린 뒤, 하느님이 그것을 떡이 아니라 신이나 사람으로, 또는 신과 사람 양쪽 모두로 만들었다고 주장한다고 가정해 보자. 그런데 떡 조각이 전과 똑같은 떡 조각 그대로라면, 그 사람의 말대로 실제 이루어졌다고 믿을 이유가 없다. 그리고 그 일이 이루어졌는지 아닌지에 대해, 하느님의 대행자 또는 대리자를 통해서 하느님께 물어보기 전에는 그를 두려워할 이유도 없다. 물어 본 결과, 아니라면 그때는 모세가 말한 대로 하면 된다.

"선지자가 제 마음대로 한 말이니 너는 그를 두려워하지 말지니라."(신명기 18장 22절)

그가 말한 대로 이루어질 것이라는 대답을 들으면, 그때는 그의 말을 부정해선 안 된다. 또한 우리가 어떤 기적을 직접 눈으로 보는 것이 아니라 이야기를 전해 들은 것에 불과하다면, 그 이야기를 전하는 사람의 말을 어디까지 믿어야 하는지에 대해 합법적 교회, 즉 합법적 수장에게 조언을 청해야 한다. 이것은 오늘날 그리스도교도인 주권자 아래에서 살고 있는 사람들에게 주로 해당된다. 과연 이 시대에, 평범한 이성밖에 갖지 못한 사람이 초자연적인 것으로 생각할 정도의 경이로운 일이 사람의 주문으로 또는 말이나 주술로 일어날 수 있을까? 나는 어느 누구로부터도 그런 일을 보았다는 말을 듣지 못했다. 그러므로 우리가 보고 있는 것이 기적인가 아닌가, 우리가 듣거나 읽는 기적이 사실인지, 아니면 혀와 펜의 놀림에 불과한 것인지 하는 것은 더는 문제가 아니다. 쉽게 말하자면 그 보고가 진실인가 거짓인가 하는 것이 바로 문제인 것이다. 이런 문제들을 판단할 때는 저마다의 사적 이성이나 양심이 아닌, 공적 이성, 즉 하느님의 최고 대리인의 이성을 판관으로 두어야 한다. 우리의 평화와 방위를 위해 요구되는 모든 주권적 권력을 그에게 부여한 이상, 그런 문제들에 대한 판단도 그에게 맡긴 것이기 때문이다.

기적이라고 제시된 행위들을 믿을 것인가 말 것인가는 개개인의 자유에 속한다(사고는 자유이므로). 그것을 믿을 경우, 기적이라고 주장하는 행위를 한 사람들이 어떤 이익을 누리게 되는지를 잘 생각해 보면, 그것이 기적인지 거짓말인지를 짐작할 수 있다.

그러나 그러한 신앙을 고백하고 나면 개인의 이성은 공적 이성, 즉 하느님의 대리인에게 종속되어야 한다. 누가 하느님의 대리인이자 교회의 수장인지에 대해서는 나중에 적당한 곳에서 살펴볼 것이다.

38 《성경》에서 말하는 영원한 생명
지옥, 구원, 내세, 속죄의 의미

시민사회의 유지는 정의에 달려 있다. 그 정의는 코먼웰스의 주권자가 지닌 삶과 죽음의 권한 및 그것보다 작은 기타 상벌(*rewards and punishments*)의 권한에 달려 있다. 따라서 주권자 이외의 누군가가 생명보다 더 큰 보수를 줄 수 있고, 죽음보다 더 큰 처벌을 내릴 수 있는 권한을 갖고 있는 곳에서는 코먼웰스의 존립이 불가능하다.

'영원한 생명(*eternal life*)'은 '현세의 생명'보다 더 큰 보수이며, '영원한 고통 (*eternal torment*)'은 '현세에서의 죽음'보다 더 큰 형벌이다. 그러므로 (주권자의 권위에 복종함으로써) 혼란과 내란의 재앙을 피하고자 하는 사람들에게 다음 같은 내용들은 충분히 살펴볼 만한 가치가 있다.

즉 《성경》에서 '영원한 생명'과 '영원한 고통'은 무엇을 의미하는가? 누구에게 무슨 잘못을 저질렀을 때 '영원한 고통'을 당하는가? 어떤 일을 했을 때 '영생'을 얻는가?

만일 아담이 죄를 짓지 않았다면 그가 영생을 누릴 장소는 바로 이 지상의 낙원이었다 먼저 아담은 그가 하느님의 계율을 깨지 않았더라면 에덴의 낙원에서 영원한 생명을 누릴 수 있는 상태로 창조되었다. 즉 에덴동산에는 '생명나무'가 있었던 것이다. 그는 그 나무의 열매를 두고두고 따먹을 수 있었다. 하지만 선악을 알게 하는 나무 열매는 먹지 못하도록 금지당했다. 그러나 아담이 이를 어기고 선악과를 따 먹자 하느님은 그를 낙원에서 추방하시고, "그가 손을 들어 생명나무 열매도 따 먹고 영생할까 하노라"(창세기 3장 22절)고 하셨다. 이 구절로 미루어 보아, (이 구절의 해석이나, 《성경》에 의해 결정되는 모든 문제에 관하여 나는 코먼웰스의 국민이므로 코먼웰스가 공인한 성경 해석에 따른다) 아담이 죄를 범하지 않았더라면 땅 위에서 영원한 생명을 누렸을 것인데, 바로 이 죄 때문에 그와 그의 자손까지 죽어야 할 운명이 되었다고 생각한다.

실제 아담은 그날 죽지는 않았다. 그날 죽었다면 아담은 자식을 낳지 못했을 것이다. 아담은 그 뒤 오랫동안 살았으며, 죽기 전까지 많은 자식을 낳았다. 그러므로 "선악을 알게 하는 나무 열매는 먹지 말라. 네가 먹는 날에는 반드시 죽으리라"(창세기 2장 17절)는 말은, 그는 반드시 죽을 운명이라는 것, 즉 죽음의 확실성을 의미하는 것이 틀림없다. 영생을 잃어버린 것이 아담이 지은 죄의 대가였다면, 그 죄의 대가를 취소하는 길은 영생을 회복하는 것이리라. 예수 그리스도는 그를 믿는 사람들의 죄를 속죄했으며, 따라서 모든 신자들에게 아담의 죄 때문에 잃었던 영원한 생명을 되돌려 주었다. 그런 의미에서 성 바울의 비교는 타당하다. "한 범죄로 많은 사람이 정죄에 이른 것 같이 한 의로운 행위로 말미암아 많은 사람이 의롭다 하심을 받아 생명에 이르렀느니라."(로마서 5장 18~19절) 〈고린도전서〉는 같은 내용을 좀더 분명하게 말하고 있다. "사망이 한 사람으로 말미암았으니 죽은 자의 부활도 한 사람으로 말미암는도다. 아담 안에서 모든 사람이 죽은 것 같이 그리스도 안에서 모든 사람이 삶을 얻으리라."(고린도전서 15장 21~22절)

그리스도교 신자들을 위한 영생의 장소에 대한 《성경》 구절 사람들은 그리스도로 말미암아 얻은 영생을 어느 곳에서 누리는가? 바로 위에서 인용한 바울의 말을 보면, 그곳은 지상의 장소인 것 같다. 아담의 죗값이 죽음 즉, 낙원을 잃고 지상에서의 영생의 상실이었다면, 그리스도 안에서 모든 사람이 살아나게 될 경우에도 모두 지상에서 살게 될 것이기 때문이다. 그렇지 않다면 바울의 비교는 적절하지 않기 때문이다. 〈시편〉의 저자도 이와 일치하는 말을 남겼다. "헐몬의 이슬이 시온의 산들에 내림 같도다. 거기서 여호와께서 복을 명령하셨나니 곧 영생이로다."(시편 133편 3절) 시온은 예루살렘, 즉 지상에 있다. 또한 성 요한도 같은 취지의 말을 했다. "이기는 그에게는 내가 하느님의 낙원에 있는 생명나무의 열매를 주어 먹게 하리라."(요한계시록 2장 7절) 이 생명나무는 아담의 영생의 나무였으니, 그 생명은 지상의 생명이었다. 성 요한은 이러한 사실을 다시 한 번 확인해 준다. "또 내가 보매 거룩한 성 새 예루살렘이 하느님께로부터 하늘에서 내려오니 그 준비한 것이 신부가 남편을 위하여 단장한 것 같더라."(요한계시록 21장 2절) 〈요한계시록〉 21장 10절에도 같은 내용이 있다. '새 '예루살렘', 즉 하느님 낙원이 그리스도가

재림할 때 하늘로부터 하느님 백성에게 내려올 것이다. 백성들이 땅에서 하늘로 올라가는 것이 아니다.'

그리스도의 승천을 지켜보고 있던 사도들에게 흰옷 입은 두 사람이 (즉 두 천사가) 말하기를, "너희 가운데서 하늘로 올려지신 이 예수는 하늘로 가심을 본 그대로 오시리라"(사도행전 1장 11

아담과 이브
선악을 알게 하는 나무 열매는 먹지 말라. 네가 먹는 날에는 반드시 죽으리라.

절)고 한 것 역시 같은 뜻이다. 이 말은 그가 하느님 아래서 영원히 그들을 통치하기 위해 이곳으로 내려온 것이지, 그들을 하늘로 데리고 올라가서 통치하는 것은 아니라는 말로 들린다. 이것은 모세 아래 설립되었던 하늘나라의 재건과도 일치한다. 그 왕국은 지상에서의 유대인들의 정치적인 통치였다. 또한 예수 그리스도가 "부활 때에는 장가도 아니 가고 시집도 아니 가고 하늘에 있는 천사들과 같으니라"(마태복음 22장 30절)고 한 말도, 아담이 상실한 영생을 결혼의 관점에서 이야기한 것이다. 왜냐하면 아담과 이브가 죄를 짓지 않았더라면, 두 사람이 지상에서 영원히 살았을 것이고, 종족을 끊임없이 번식시키지는 않았을 것이기 때문이다. 만일 죽지 않는 생명체가 지금 인간처럼 계속 번식한다면, 지구는 순식간에 발 디딜 틈 없이 되고 말 것이다.

예수 그리스도에게, "여러 형제와 결혼한 여자는 부활 때에 누구의 아내가 되느냐"고 물었던 유대인들은 영원한 생명의 귀결이 무엇을 의미하는지 모르고 있었다. 그래서 예수 그리스도는 그들에게 영원히 죽지 않는 것이 무엇을 뜻하는지 설명하면서 하늘의 천사들처럼 생식도 없고 결혼도 없다고 한 것이다. 아담이 잃어버린 영생과, 예수 그리스도가 죽음을 이겨내고 되찾은 영생의 비교는 다음과 같은 내용에도 적용된다.

즉 아담이 죄를 지음으로써 영원한 생명을 잃고도 한동안 살았던 것처럼, 독실한 그리스도교도는 그리스도의 수난으로 인해 영생을 되찾지만, 일단 자연적 죽음을 맞이한 뒤, 얼마 동안 죽은 채로 있다가 부활하는 것이다. 왜냐하면 아담은 죽음이란 형벌을 선고받은 것이지, 즉시 처형된 것은 아니었기 때문이다. 마찬가지로 그리스도가 약속한 생명도 사면을 뜻하는 것이지, 그리스도가 선택한 자들의 즉각적인 부활을 의미하지는 않는다.

승천 부활 뒤 사람들이 영원히 살게 될 곳이 하늘이라고 하는 주장은 내가 아는 한 《성경》에서 근거를 찾기 어렵다. 이때의 하늘은 지상으로부터 아주 멀리 떨어진 별들이 있는 곳이거나 또는 별보다 더 높은 하늘, 이른바 '최고천(最高天)' 같은 곳을 의미한다. 하늘나라는 하늘의 임금이 다스리는 나라를 뜻한다. 그 나라 백성은 이스라엘 민족이었고, 그는 그들을 그의 대리인인 예언자들을 통해 지배했다.

처음에 그의 대리자는 모세였고, 그 다음에는 엘르아살이었고, 주권적 제사장들이었다. 사무엘 시대에 국민들이 반란을 일으켜 다른 나라 방식을 본떠 죽지 않는 하느님 대신 죽을 수밖에 없는 사람을 왕으로 세웠던 것이다. 그리고 예수 그리스도가 그의 대행자들의 전도를 통해 유대인들을 설득하여 다시 복종하게 하고, 이방인들 또한 불러모아 그에게 복종하도록 만들었을 때, 바로 여기에 하늘의 새 왕국이 등장하는 것이다.

왜냐하면 이 경우 우리의 왕은 하느님이며, 하늘은 '보좌(寶座)'이기 때문이다. 그러나 《성경》 어디에서도 사람이 행복을 누리기 위해 하느님의 '발판'인 지상보다 더 높이 올라가야 할 필요성은 찾아볼 수 없다. 반대로 《성경》에는 이렇게 적혀 있다. "하늘에서 내려온 자 곧 인자 외에는 하늘에 올라간 이가 없느니라."(요한복음 3장 13절) 그런데 이 말은, 바로 앞엣말과는 달리 예수 그리스도의 말씀이 아니라 성 요한의 말이다. 왜냐하면 당시(바로 앞에 있는 말을 했을 때)에 그리스도는 하늘에 있지 않고 지상에 있었기 때문이다.

다윗에 대한 언급 중에도 이와 같은 것이 있다(사도행전 2장 34절). 시편의 저자가 "이는 주께서 내 영혼을 스올에 버리지 아니 하시며 주의 거룩한 자를 멸망시키지 않으실 것임이니이다"(시편 16장 10절) 하고 말했는데, 성 베드로가 그리스도의 승천을 증명하기 위해 이 말을 사용하면서 그것은 (다윗에 대한 것이 아니라) 그리스도에 대한 말이라고 말했다. 그것을 증명하기 위해,

베드로는 "다윗은 하늘에 올라가지 못하였기 때문"이라고 덧붙이고 있다.

그러나 이에 대해 다음 같이 수월하게 대답할 수도 있을 것이다. '비록 육신은 심판의 날까지 승천하지 않는다 하더라도, 영혼은 육신을 떠나는 즉시 하늘로 올라간다.' 예수 그리스도가 부활을 증명하기 위해 인용한 모세 이야기를 보면, 이런 대답이 그럴듯하게 보인다.

"죽은 자가 살아난다는 것은 모세도 가시나무 떨기에 관한 글에서 주를 아브라함의 하느님이요 이삭의 하느님이요 야곱의 하느님이시라 칭하였나니, 하느님은 죽은 자의 하느님이 아니요 살아 있는 자의 하느님이시라 하느님에게는 모든 사람이 살았느니라."(누가복음 20장 37~38절)

그러나 이 말이 영혼의 불멸성하고만 관계되는 것으로 이해하면, 예수 그리스도가 증명하려고 의도

그리스도의 승천

했던 것을 전혀 증명하지 못한다. 예수 그리스도가 의도한 것은 육신의 부활, 즉 사람의 불멸성이었다. 예수 그리스도가 말하고자 한 바는, 그들의 조상들이 불멸의 존재가 되었다는 것이다. 인간의 본질과 본성으로서의 고유성에 의해서가 아니라, 하느님이 전적인 은총으로 신앙이 깊은 자에게 '영생'을 베풀어 그렇게 되었다는 것이다. 비록 그 당시에 그 족장들(아브라함, 이삭, 야곱과 같은)을 비롯한 믿음이 두터운 자들이 '죽어' 있었다 하더라도, 성

경 구절에 나와 있는 것처럼 그들은 '하느님과의 관계 속에서 살고 있었다.' 즉 그들은 죄를 용서받은 다른 사람들과 함께 '생명책(*Book of Life*)'에 적혀 있었고, 부활을 통해 영원히 살도록 정해져 있었던 것이다.

인간의 영혼은 본디 영원하고, 육신에 의존하지 않고 존재할 수 있는 생명체라는 주장이나, 마지막 날에 부활을 통하지 않고도 인간이 불멸의 존재라는 주장은 (에녹과 엘리야를 제외하고)[*1] 《성경》에 분명하게 나와 있는 교리가 아니다. 〈욥기〉 14장은 욥의 친구들이 한 말이 아니라 전부 욥 자신이 한 말이다. 죽을 수밖에 없는 인간의 본성을 탄식하고 있지만, 부활을 통한 불멸성과 모순되는 말은 아니다.

욥은 이렇게 말했다. "나무는 희망이 있나니 찍힐지라도 다시 움이 나서 연한 가지가 끊이지 아니하며, 그 뿌리가 땅에서 늙고 줄기가 흙에서 죽을지라도, 물 기운에 움이 돋고 가지가 뻗어서 새로 심은 것과 같거니와, 장정이라도 죽으면 소멸되나니 인생이 숨을 거두면 그가 어디 있느냐."(욥기 14장 7~10절)[*2] 또한 12절에서는 "사람이 누우면 다시 일어나지 못하고 하늘이 없어지기까지 눈을 뜨지 못하며 잠을 깨지 못하느니라"라고 했다. 그러면, 하늘이 없어지는 때는 언제인가?

성 베드로는 모든 것이 부활하는 날이라고 말한다. 〈베드로후서〉 3장 7절에서 그는 이렇게 말하고 있다. "이제 하늘과 땅은 그 동일한 말씀으로 불사르기 위하여 보호하신 바 되어 경건하지 아니한 사람들의 심판과 멸망의 날까지 보존하여 두신 것이니라." 또한 12절에서는 이렇게 말하고 있다. "하느님의 날이 임하기를 바라보고 간절히 사모하라 그날에 하늘이 불에 타서 풀어지고 물질이 뜨거운 불에 녹아지려니와 우리는 그의 약속대로 의가 있는 곳인 새 하늘과 새 땅을 바라보도다."(베드로후서 3장 12~13절)

그러므로 욥이 "하늘이 없어지기까지 사람은 [한 번 죽으면] 눈을 뜨지 못하며 잠을 깨지 못한다"고 한 말은, 결국 부활과 심판의 날에 이르러서야 사

---

*1 "에녹이 하느님과 동행하더니 하느님이 그를 데려가시므로 세상에 있지 아니하였더라."(창세기 5장 24절), "엘리야가 회오리바람으로 하늘로 올라가더라."(열왕기상 2장 11절) "믿음으로 에녹은 죽음을 보지 않고 옮겨졌느니"(히브리서 11장 5절) 등에 의해 두 사람은 죽지 않고 승천했다는 설이 있다.

*2 〈욥기〉 14장 7~10절을 약간 생략한 인용이다. '숨을 거두면'이라는 것은 홉스의 독특한 해석이다.

람의 죽지 않는 생명(《성경》에서 영혼과 생명은 보통 같은 뜻으로 쓰인다)이 시작되며, 인간의 특수한 본성과 생식에 의해서가 아니라 약속에 의해 그렇게 된다는 말이다. 이것은 성 베드로가 '약속에 따라'('본성에 따라'가 아니다) "새 하늘과 새 땅을 기다리고 있다"고 한 말로 알 수 있다.

마지막으로, 하느님의 나라는 정치적 코먼웰스로서 처음에는 '옛 언약'에 의해, 나중에는 '새 언약'에 의해 하느님이 주권자이며, 그의 대행자 또는 대리자를 통해 통치한다는 것을 나는 이 책 35장에서, 《성경》 속의 여러 가지 분명한 증거를 통해 증명했다. 이러한

그리스도의 부활

사실을 증명하는 성경 구절들은 예수 그리스도가 위엄과 영광 속에 재림한 뒤 실제적으로 그리고 영원히 다스릴 하느님의 나라가 땅 위에 있음을 증명하기도 한다. 그러나 이것은 《성경》 곳곳에 나와 있는 분명한 증거를 통해 증명되었음에도 불구하고 대다수 사람들에게 신기하게 보일 것이기 때문에, 나는 이 교리를 제시하는 데 그치고자 한다. 나는 종교상의 다른 주장을 할 생각은 조금도 없으며, 다만 칼의 논쟁(나의 동포들 사이에서 벌어지는)의[3] 결말에 주목할 뿐이다. 이 논쟁은 권한에 대한 것이다. 즉 누가 모든 교리에 대한 승인과 거부의 권한을 지니는지, 모든 사람이 그들의 법의[4] 보호를 받기 위해 (사적 개인들이 어떻게 생각하든) 말에 의한 것이든 문서에 의한 것이든 누구의 명령에 복종해야 하는지에 대한 논쟁인데, 아직 결정을 보지 못하고

---

[3] 영국혁명(1640~1660)을 가리킨다.
[4] '그들의 법'은 their Lawes이고, '권한(Authority)'이 단수이므로 사람들이 정치권력＝권한을 만들고, 그 법에 의해서라는 의미에서 '그들의 법'으로 해석하는 수밖에 없다.

있다. 하느님의 나라에 대한 교리의 논점은 내용 하나 하나가 인간 왕국에 매우 큰 영향을 미치기 때문에, 하느님 아래서 주권을 가진 사람들 이외에는 어느 누구도 이를 결정할 수 없다.

하느님의 나라에 있지 않았던 사람들 또는 그곳에 있었으나 추방당한 사람들이 심판 후에 있을 장소　하느님의 나라와 영생이 그러한 것처럼, 《성경》에 따르면, 하느님의 적(敵)들이 심판 뒤에 고통을 받을 곳도 바로 이 지상인 듯하다. 첫째, 부활이 올 때까지 모든 사람들이 머무는 곳은 (땅 속에 묻혀 있거나 또는 땅이 삼키거나 하여) 《성경》에서 보통 '지하(地下)'를 나타내는 말로 불린다. 그것을 라틴 사람들은 '인페르누스(Infernus, 지하)' 또는 '인페르니(Inferni, 지하의 사람들)'라고 하였고, 그리스인들은 '하데스($\dddot{a}\delta\eta\varsigma$)'라고 했는데, 그것은 사람의 눈으로 볼 수 없는 곳, 예를 들어 무덤 속이나 깊은 땅 속 같은 곳을 말한다.

그러나 영원한 죄의 판결을 받은 사람들이 부활 후 어디로 가는지에 대한 단서는 《구약성경》에도 《신약성경》에도 나오지 않는다. 단지 그와 비슷한 무리들이 가는 곳이 나와 있을 뿐이다. 《구약성경》에서 하느님은 놀랍고 기적적인 방법으로 사악한 사람들을 지상에서 멸절시킨 적이 있다. 고라와 다단과 아비람[*5]을 산 채로 땅 속으로 삼킨 것이다. 그들은 '지옥(Inferno)'이나, '나락(Tartarus)' 또는 무저갱(無底坑)[*6]에 있다고 한다. 부활 후 영원한 죄의 판결을 받은 사람들도 이런 곳에 갈 것이다. 그리스의 귀신학(鬼神學), 즉 귀신에 대한 학설에서는 이곳을 '타르타로스'라고 불렀고, 로마인들도 그렇게 불렀다. 《성경》의 저자들은 유한할 뿐만 아니라 (별들의 높이에 비하면) 크기도 보잘 것 없는 지구에 '타르타로스' 같은 무저갱(無底坑), 즉 끝없이 깊은 구멍이 있다고 믿으라고 한 것이 아니다. 베르길리우스는 타르타로스에 대해 이렇게 말한다.[*7]

[*5] "고라는 다단과 아비람과 공모하여 모세에게 반역하였다. ……땅은 그 구덩이를 벌려서 그들과 그 일족, 또 고라에 속하는 모든 것……을 삼켰다."(《민수기》 16장 1~33절)

[*6] '무저갱'은 〈요한계시록〉 20장 1절의 '끝없는 구덩이'. 다음에 나오는 '타르타로스'는 〈베드로 후서〉 2장 4절의 지옥.

[*7] 베르길리우스 〈아에네이스〉 6−578~579.

깎아지른 벼랑이 어둠의 땅 속으로 뻗어 내려가
하늘로 솟은 올림포스를 올려다보는 높이의 두 배.

즉 그것은 하늘과 땅의 비율로 가늠할 수 있는 곳이 아니므로, 하느님이 본보기로 벌을 내린 자들이 있는 곳에, 그들이 무기한으로 있다고 믿어야 한다는 것이다.

거인족의 모임 둘째, 홍수 이전의 노아 시대에 땅 위에는 용사(勇士)들이 살고 있었다. 그리스인들은 이들을 '영웅(*heroes*)'이라고 불렀고, 《성경》에서는 '거인족(*giants*)'이라고 부른다. 그들은 하느님의 아들들과 사람의 딸들 사이에서 태어났다고 한다. 하느님은 이들의 생활이 사악함을 보고 대홍수를 일으켜 그들을 멸했다. 따라서 영원한 벌을 받은 자들도 멸망한 거인족과 같은 무리로서, 그들이 있는 곳에 간다는 성경 구절도 있다. 예를 들면, 〈잠언〉 21장 16절에 "명철의 길을 떠난 사람은 사망의 화중에 거하리라"고 했고, 〈욥기〉 26장 5절에서는 "죽은 자의 영들이 물 밑에서 떨며 물에서 사는 것들도"라고 했는데, 여기에서 저주받은 자들이 가는 곳은 물 밑이다. 〈이사야서〉 14장 9절에는 "스올이 너로 말미암아 소동하여 비가 오는 것을 영접하되 그것이 세상의 모든 영웅을 너로 말미암아 움직이게 하며"라고 되어 있다. 여기에서 영원한 벌을 받은 자가 가는 곳은 (글자 그대로 해석하면) 물 밑이 된다.

불바다 셋째, 하느님은 소돔과 고모라 사람들의 사악함을 보고 격노하여 그 두 도시를 불과 유황으로 멸하고, 그들과 함께 이웃 나라들을 악취나는 역청 바다로 만든 적이 있다. 영원한 벌을 받은 자들이 가는 곳은 때로 이런 불타는 곳, 즉 불바다로 표현되어 있다. 예를 들어, 〈요한계시록〉 21장 8절은 다음과 같다. "그러나 두려워하는 자들과 믿지 아니하는 자들과 흉악한 자들과 살인자들과 음행하는 자들과 점술가들과 우상숭배자들과 거짓말하는 모든 자들은 불과 유황으로 타는 못에 던져지리니 이것이 둘째 사망이라." 소돔의 불은 진짜 불이었지만, 지옥불은 비유적인 표현으로서, 고통받는 곳을 나타내는 것이 아니라 무기한의 파멸로 해석해야 한다. 예를 들면, 〈요한계시록〉 20장 14절에 "사망과 음부(陰府, 저승)도 불못에 던져지니"라고 했는데, 이 말은 폐기되고 파괴되었다는 뜻이다. 이 말은 심판의 날 뒤에는 더 이상 죽음도 없고, 지옥에 가는 일도 없다는 말처럼 보인다. 즉 죽은 자의 나라 '하데스'에 가는 일이 없다는 말은 (영어의 'hell'은 'Hades'에서 나온 말일 것이다) 더 이상 죽음이 없다는 말과 같다.

칠흑 같은 어둠 넷째, 이집트 사람들에게 내린 어둠의 재앙으로 "그동안은 사람들이 서로 볼 수 없으며 자기 처소에서 일어나는 자가 없으되 온 이스라엘 자손들이 거주하는 곳에는 빛이 있었더라"(출애굽기 10장 23절)고 했다. 심판 뒤의 사악한 자들이 머무는 곳은 '칠흑 같은 어둠' 또는 태초의 어둠, (원문이 그러하다시피) '바깥 어둠'이라는 것을 이로부터 알 수 있다. 왕이 종복들에게 분부할 때도 그런 표현이 사용되었으니, "혼인 예복을 입지 않은 이 사람의 손발을 묶어서, 바깥 어두운 데로(εἰς τὸ σκότος τὸ ἐξώτερον) 내던져라"(마태복음 22장 13절)고 했다. '바깥 어둠' 또는 '외부의 어둠', '칠흑 같은 어둠'은 그것이 '어디'에 있는지를 의미하는 것이지, 그 암흑이 얼마나 대단한가는 중요하지 않다. 즉 그곳은 하느님이 선택한 자들이 '사는 곳의 바깥'을 의미한다.

게헨나와 도벳 마지막으로, 유대인들은 예루살렘 근처의 '힌놈의 아들 골짜기'에 있는 도벳이란 곳에서 자녀들을 불태워 몰렉에게 바치는 통탄할 우상숭배를 하였는데, 하느님은 이에 대해 매우 가혹한 벌로서 고통을 주었다. 즉 〈열왕기하〉 23장에 나와 있는 것처럼, 요시야 왕이 몰렉의 제사장들을 제단 위에서 불살라 죽였던 것이다. 나중에 이곳은 예루살렘 성에서 나오는 오물과 음식 찌꺼기를 버리는 곳으로 쓰였다. 그리고 그곳에는 고기 썩는 악취를 없애고 공기를 정화하기 위한 불이 끊임없이 타올랐다. 이처럼 끔찍한 곳으로 변하자, '힌놈의 골짜기'를 뜻하는 '게헨나(Gehenna)'라는 말은 영원한 벌을 받은 자들이 가는 곳을 가리키는 말이 되었다. 지금은 이 말이 보통 지옥(hell)으로 번역되며, 밤낮으로 타오르는 불에서 우리는 지옥에 대해 '영원히 계속되는', '꺼지지 않는 불'이라는 개념을 갖게 되었다.[*8]

지옥에 관한 《성명》의 글자 그대로의 의미 그러나 《성경》을 해석하는 사람들 중에, 심판의 날 뒤에 사악한 자들은 모두 '힌놈의 골짜기'에서 영원한 벌

[*8] 게헨나는 히브리어의 힌놈의 아들 골짜기 Gē Ben-Hinnōm, 도벳은 화로 Tōpheth를 말한다. 도벳은 산 제물의 비명을 없애기 위한 북 Toph에서 왔다는 설도 있다.

을 받는다고 주장하거나, 그들을 다시 깨워 지하나 물 밑으로 영원히 보낸다고 주장하는 사람, 부활 뒤에는 그들은 더 이상 서로 볼 수도, 한 곳에서 다른 곳으로 움직일 수도 없다고 주장하는 사람이 없는 것을 보면, 내 생각으로 지옥불 이야기는 비유임에 틀림없다. 그러므로 (모든 비유에는 실제적인 근거가 있고 올바른 말로 표현될 수 있으므로) '지옥'이 '어디'에 있고, '지옥에서의 고통'은 어떠한 것이며, '고통을 가하는 자'의 본성에 대해서도 의미를 탐구해 볼 필요가 있다.

사탄이나 마귀는 고유명사가 아닌 보통명사이다　먼저 고통을 가하는 자에 대해서는, 이들을 부르는 여러 가지 이름이 이들의 본성과 고유성을 잘 나타내 주고 있다. '사탄(*Satan*)'이라는 이름은 '적(*Enemy*)'을 뜻하고, '마귀(*Diabolus, devil*)'라는 이름은 '고발자(*Accuser*)'를 뜻하며, '아바돈(*Abaddon*)'*9은 '파괴자(*Destroyer*)'라는 뜻이다. '사탄', '마귀', '아바돈'이라는 의미심장한 명칭은 고유명사가 항상 그러하듯 개별적 인물을 나타내는 것이 아니라, 단지 직무 또는 자격을 나타내는 보통명사였다. 라틴어 《성경》 및 근대 《성경》에서 그러한 것처럼 원어를 그대로 남겨둘 것이 아니라 번역하는 것이 옳았다. 이 용어들을 원어 그대로 사용하는 바람에 그것이 저마다 귀신들(*demons*)의 이름을 나타내는 고유명사처럼 보이고, 이 때문에 사람들은 더욱 귀신 이야기에 현혹되고 있다. 이런 귀신 이야기는 그즈음 이방인의 종교였으며, 모세와 그리스도의 가르침에 어긋나는 것이었다.

'적', '고발자', '파괴자'가 의미하는 것은 하느님 나라에 있을 사람들의 적이다. 그러므로 부활 뒤 하느님의 나라가 만일 (앞장에서 내가 《성경》에 근거하여 제안한 것처럼) 지상에 있다면, '적'과 그들의 나라도 지상에 있어야 한다. 유대인들이 하느님을 저버리기 전의 시대에도 그러했다. 왜냐하면 하느님 나라는 팔레스타인에 있었으며, 그 주변 여러 나라들이 '적'의 왕국이었다. 따라서 '사탄'은 지상에 존재하는 교회의 모든 적을 의미한다.

지옥의 고통　지옥의 고통은 〈마태복음〉 8장 12절에는 '울며 이를 가는' 고

---

*9 적, 고발자, 파괴자는 〈요한계시록〉의 다음 용례에 따른다. "그들에게 왕이 있으니 무지갱의 사자라. 히브리어로는 그 이름이 아바돈이요 헬라어로는 그 이름이 아볼루온이더라."(요한계시록 9장 11절) '우리 형제들을 고발하던 자.'(12장 10절) '악마요, 사탄인 용.'(20장 2절)

통으로 나와 있다. 〈이사야〉 66장 24절 및 〈마가복음〉 9장 44, 46, 48절에는*10 '양심의 벌레(the worm of conscience)'로 표현되어 있고 또한 불로 표현된 곳도 있다. 방금 말한 장과 절에서는 "그 벌레가 죽지 않으며, 그 불이 꺼지지 않는다"고 했다. 또한 〈다니엘서〉 12장 2절에는 "땅의 티끌 가운데에서 자는 자 중에서 많은 사람이 깨어나 영생을 받은 자도 있겠고, 수치를 당하여서 영원히 부끄러움을 당할 자도 있을 것이며"라고 했으니, 이처럼 '수치와 부끄러움'으로 표현되기도 한다. 이러한 표현들은 믿지 않고 복종하지 아니한 자들이, 다른 사람들이 영원한 복을 누리는 것을 보면서 느낄 슬픔과 불만을 비유적으로 나타내고 있다. 다른 사람들의 그러한 행복은 자신의 비참한 상태와의 비교를 통해서만 느낄 수 있으므로, 그들이 겪게 될 육체적 고통과 재앙은 다음과 같은 사람들에게 쉽게 일어난다. 즉 사악하고 가혹한 통치자 아래에서 살아가면서, 성도들의 영원한 왕이신 전능하신 하느님을 적으로 가진 사람들이다.

그리고 모든 사악한 자들이 받게 되는 두 번째 죽음도 그러한 육체적 고통 중 하나로 보아야 할 것이다. 왜냐하면 《성경》은 보편적인 부활을 명백하게 나타내고 있다 하더라도, 하느님에게 버림받은 사람에게까지 영생이 약속된 것은 아니기 때문이다. 성 바울은 사람이 부활하면 어떤 몸으로 다시 살아나느냐는 질문에 이렇게 대답했다. "썩을 것으로 심고 썩지 아니할 것으로 다시 살아나며, 욕된 것으로 심고 영광스러운 것으로 다시 살아나며 약한 것으로 심고 강한 것으로 다시 살아나며."(고린도전서 15장 42~43절) 그러나 이러한 영광과 힘은 사악한 자들의 몸에는 적용되지 않으며, '두 번째 죽음'이라는 것도 결코 한 번밖에 죽을 수 없는 사람에게는 해당되지 않는다. 재앙으로 가득한 삶을 비유적인 말로 영원한 죽음이라고 불러도 된다고는 하지만, '두 번째 죽음'이란 말에 대해서는 도저히 이해가 가지 않는다.

사악한 자들에게 예비된 불은 꺼지지 않는 영원한 불이다. 다시 말하면 부활 뒤에 그들의 몸과 마음이 모두 영원히 고통을 받을 것이다. 그런 뜻에

---

*10 "그들은 나가서 내게 패역한 자들의 치세들을 볼 것이라. 그 벌레가 죽지 아니하며 그 불이 꺼지지 아니하여 모든 혈육에게 가증함이 되리라."(이사야 66장 24절) "거기에서는 구더기도 죽지 않고 불도 꺼지지 아니하느니라."(마가복음 9장 48절) 현행 성경에는 44, 46절이 없고 절 번호가 뛰어넘어가 있지만, 킹 제임스 판에는 48과 같은 내용의 44, 46절이 있다.

서 그 불은 꺼지지 않으며, 고통은 끝없이 이어진다. 그러나 그 불 속에 던져지거나 그러한 고통을 받게 된 자가, 불과 고통을 영원히 견디어 내며 저항하여 파멸되지 않고, 죽지도 않는다고 추론할 수는 없다. 꺼지지 않는 불 속에서 영원히 고통받을 것이라는(그 불 속으로 한 사람씩 한 사람씩 차례대로 계속 던져질 것이다) 구절은 여러 곳에 나온다. 하지만 어느 구절에서도 그 불 속에서 영원히 사는 사람이 존재한다는 사실을 찾을 수 없다. 반면 영원한 죽음, 그것이 바로 두 번째 죽음이다. "사망과 음부도 그 가운데에서 죽은 자들을 내주매 각 사람이 자기의 행위대로 심판을 받고, 사망과 음부도 불못에 던져지니 이것은 둘째 사망 곧 불못이라."(요한계시록 20장 13~14절) 이로써 명백한 것은 심판의 날에 죄가 있다고 판정을 받는 모든 사람들이 두 번째 죽음을 맞이하게 되리란 것이며, 그 이후에는 더 이상 죽지 않을 것이다.

영생의 기쁨과 구원은 같은 것이다 《성경》에서 영생의 다양한 기쁨은 구원 또는 '구원받음'이라는 말로 포괄된다. 구원받는다는 말은 보호를 받는 것, 즉 특정 해악들에 대하여 따로따로 보호를 받거나 또는 결핍이나 질병 및 죽음 자체를 포함한 모든 악으로부터 절대적으로 보호를 받는 것을 의미한다. 인간이 처음 창조되었을 때는 죽지 않는 존재였다. 따라서 썩지도 않았고, 그의 본성을 해체시키는 경향이 있는 어떤 일도 일어날 수 없었으나, 아담의 죄로 인하여 그 행복을 모두 잃어버리고 말았다. 따라서 '구원받는다'는 것은 당연히 죄 때문에 생긴 모든 해악과 재앙으로부터 구원된다는 뜻이다.

그러므로 《성경》에서 죄사함을 받는 것과 죽음 및 참담함으로부터 구원받는 것은 같은 것이다. 이것은 예수 그리스도가 한 말에서 분명히 알 수 있다. 그는 중풍병자를 치료하면서 "작은 자야 안심하라. 네 죄사함을 받았느니라"(마태복음 9장 2절)고 말했다. 그리고 율법학자들이 "이 사람이 신성을 모독하도다"라고 속으로 생각하고 있는 것을 알고서 이렇게 반문했다. "네 죄사함받았느니라 하는 말과 일어나 걸어가라 하는 말 중에 어느 것이 쉽겠느냐?"(마태복은 9장 5절) 환자를 구원하는 문제에 있어서 "네 죄가 용서받았다"고 하는 것과 "일어나서 걸어가라"고 하는 것은 같은 의미를 지닌다는 것이다. 예수 그리스도가 후자의 화법을 사용한 이유는 그에게 죄를 용서할 수 있는 권세가 있다는 것을 보이기 위해서였다. 또한 죽음과 참담함은 죄에 대한 처벌이었기 때문에, 죄를 풀어 주는 것은 죽음과 참담함의 면제가 되어야 한다는 것도 당연한 이치이다. 다시 말하면 심판의 날 이후에 신자들이 예수 그리스도의 권능과 보살핌에 의해 누리는 절대적 구원이어야 하며, 그것이 예수 그리스도가 구주(救主)라고 불리는 이유이다.

《성경》에는 "이스라엘을 구원하신 여호와의 살아계심"(사무엘상 14장 39절), 즉 당시의 적들로부터의 구원도 있고, "나의 구원자이시라 나를 폭력에서 구원하셨도다"(사무엘하 22장 3절)라고 한 구원, "여호와께서 이에 구원자를 이스라엘에게 주시매, 이스라엘 자손이 아람사람의 손에서 벗어나"(열왕기하 13장 5절)라고 한 구원 등 기타 이와 비슷한 개별적인 구원들이 많지만, 이에 대해 일일이 언급할 필요는 없다. 이러한 종류의 구원에 대해서는 본문의 해석에 어려움도 없고, 이해관계에 따라 내용을 왜곡할 세력도 없기 때문이다.

영원한 구원의 장소　그러나 보편적 구원은 분명 하늘나라에서 이루어지기 때문에, 그 장소가 어디인가에 대해 큰 어려움이 따른다. 한편 '왕국'(그것은 적과 곤핍함으로부터 영원한 안전을 보장받기 위해 사람들이 정해 놓은 영토)에 의해 구원은 지상에서 이루어져야 한다. 구원이란 우리의 왕이 정복을 통해 영광스러운 지배를 할 때 우리에게 찾아오는 것이지, 도망을 통해 안전을 꾀하는 것이 아니다. 그러므로 구원을 바랄 때, 우리는 개선(凱旋)을 바랄 것이 틀림없고, 개선에 앞서 승리를, 승리에 앞서 전투를 바랄 것이 분명하다. 이런 일이 하늘에서 벌어진다고 생각하기는 어렵다. 그러나 이런 생각이 지극히 이치에 합당하다 하더라도, 나는 《성경》의 분명한 근거 없이는 그것을 믿고 싶지 않다. 구원의 상태에 대해서는 〈이사야서〉 33장 20~24절에 자세히 나온다.

"우리 절기의 시온 성을 보라. 네 눈이 안정된 처소인 예루살렘을 보리니 그것은 옮겨지지 아니할 장막이라 그 말뚝이 영영히 뽑히지 아니할 것이요 그 줄이 하나도 끊어지지 아니할 것이며, 여호와는 거기에 위엄 중에 우리와 함께 계시리니 그 곳에는 여러 강과 큰 호수가 있으나 노젓는 배나 큰 배가 통행하지 못하리라. 대저 여호와는 우리 재판장이시요, 여호와는 우리에게 율법을 세우신 이요, 여호와는 우리의 왕이시니 그가 우리를 구원하실 것임이라. 네 돛대 줄이 풀렸으니 돛대의 밑을 튼튼히 하지 못하였고 돛을 달지 못하였느니라. 때가 되면 많은 재물을 탈취하여 나누리니 저는 자도 그 재물을 취할 것이며, 그 거주민은 내가 병들었노라 하지 아니할 것이라 거기에 사는 백성이 사죄함을 받으리라."

여기서 구원이 시작되는 장소는 '평온한 곳, 예루살렘'이다. '옮겨지지 아니할 장막의 제전' 등은 그 구원의 영원성을 나타낸다. 구원자는 '주님'이며, 그들의 '재판장'이며, 그들에게 '율법을 세우신 분'이며, 그들의 '왕'이다. 그가 '우리를 구원하실' 것이다. 구원의 내용은 '주님께서 급류가 흐르는 외호(外濠)가 되어 그들을 보호한다' 등이다. 적의 상태는 "돛대 줄이 풀려 돛대의 밑을 튼튼히 하지 못하였고…… 저는 자도 재물을 취한다." 구원받은 자의 상태는 "그 거주민은 내가 병들었노라 하지 아니할 것이라." 마지막으로 이 모든 것은 죄를 용서받는 일에 포함되어 있다. "거기에 사는 백성이 사죄함을 받으리라." 이로써 구원은 지상에서 이루어지며, 그때 그리스도가 예루살렘에 재림하시리라는 것, 그리하여 예루살렘을 시작으로 하느님의 나라에 들어올 이방인의 구원이 진행되리라는 것을 명백히 알 수 있다. 예언자 이사야는 이에 대해 분명하게 선언하고 있다.

"이스라엘 자손이 예물을 깨끗한 그릇에 담아 여호와의 집에 드림같이 그들이 너희 모든 형제를 뭇 나라에서 나의 성산 예루살렘으로 말과 수레와 교자와 노새와 낙타에 태워다가 여호와께 예물로 드릴 것이요. 나는 그 가운데에서 택하여 제사장과 레위인을 삼으리라. 여호와의 말이니라."(이사야 66장 20~21절)

이로써 분명한 것은 하느님 나라의 중심지는 예루살렘이라는 것이다. 이곳에서 구원이 시작되어 이방인이었던 우리들의 구원도 이어질 것이다. 이러한 사실은 예수 그리스도의 말씀으로도 확인할 수 있다. 사마리아 여인이 하느님께 예배드리는 장소에 관해 물었을 때, 예수 그리스도께서는 사마리아 사람들은 그들이 알지 못하는 것을 예배했으나, 유대 사람들은 그들이 아는 분을 예배한다고 한 뒤, "구원이 유대인에게 남이라"(요한복음 4장 22절)라고 말씀하셨다. 여기서 '유대인에게서'(ex Judaeis)라는 말은 유대 사람들부터 시작된다는 뜻이다. 이 말은 곧 다음 뜻이다. '너희는 하느님께 예배하지만, 너희를 구원할 자가 누구인지 알지 못한다. 그러나 우리는 알고 있다. 유다 지파의 한 사람, 즉 사마리아 인이 아니라, 어떤 유대인에 의해 구원이 이루어질 것이다.' 그러자 그 여인이 예수께 조심스럽게 대답했다. "메시아 곧 그리스도라 하는 이가 오실 줄을 내가 압니다." 따라서 예수 그리스도가 "구원은 유대 사람들에게서 난다"고 한 말은, 바울이 한 다음 말과 같다. "이 복음은 모든 믿는 자에게 구원을 주시는 하느님의 능력이 됨이라. 먼저는 유대인에게요 그리고 헬라인에게로다. 복음에는 하느님의 의가 나타나서 믿음으로 믿음에 이르게 합니다." 이것은 유대 사람들의 믿음에서 비롯하여 이방인들의 믿음에까지 이른다는 뜻이다. 비슷한 의미로 예언자 요엘은 심판의 날을 이렇게 적고 있다. 하느님께서 "이적(기적)을 하늘과 땅에 베풀리니 곧 피와 불과 연기 기둥이라. 여호와의 크고 두려운 날이 이르기 전에 해가 어두워지고 달이 핏빛같이 변할 것이다."(요엘 2장 30~31절) 계속해서 그는 이렇게 말했다. "누구든지 여호와의 이름을 부르는 자는 구원을 얻으리니 이는 나 여호와의 말대로 시온 산과 예루살렘에서 피할 자가 있을 것임이라." (요엘 2장 32절)

〈오바댜서〉 17절에도 같은 내용이 나온다. "오직 시온 산에서 피할 자가 있으리니 그 산이 거룩할 것이요, 야곱 족속은 자기 기업을 누릴 것이다." 여기서 기업은 '이교도'의 영토가 된 땅을 말한다. 이어서 오바댜는 이 '영토'를 '에서의 산악지대', '블레셋 땅', '에브라임의 영토', '사마리아의 영토', '길르앗' '남쪽의 여러 성읍' 등 매우 구체적으로 표현하고, 다음 같은 결론을 내린다. "나라가 여호와께 속하리라." 이 지역들이 심판날에 구원될 곳들이며 하느님의 나라가 임할 곳들인데 모두 지상에 퍼져 왔다. 한편, 나는 《성경》의 본문 가운데에서 성도들의 승천을 입증할 만한, 즉 성도들이 '최고천'이나 또는 에테르가 있는 곳으로 승천한다고 생각할 수 있는 어떤 구절도 찾아내지 못했다. 다만 그곳이 하늘나라(*kingdom of heaven*)로 불릴 뿐이다. 다음 같은 이유에서 그렇게 불리게 되었는지도 모른다. 유대 사람들의 왕이었던 하느님은 하늘에서 천사를 보내 모세에게 명령을 내림으로써 그들을 통치했다. 그들이 반역한 뒤에는 그들을 다시 복종시키기 위해 하늘에서 그분의 아들을 보냈다. 그리고 심판날에는 그곳에서 그들 및 믿음이 깊은 다른 모든 사람들을 영원히 지배하기 위해 그를 다시 보낼 것이다. 아니면, 우리의 위대한 왕(*our great king*)의 보좌는 하늘에 있고, 이 땅은 다만 그분의 발판이기 때문에 그럴 수도 있다. 그러나 하느님의 백성이 그분의 보좌가 있는 곳까지 올라가거나, 그분의 발판보다 높은 곳으로 올라가는 것은 왕의 위엄을 무너뜨리는 일로 생각될 뿐만 아니라, 그것을 지지하는 명백한 증거를 《성경》에서 찾을 수도 없다.

지금까지 하느님의 나라와 구원에 대해 살펴보았다. 이로부터 다가올 내세(來世)가 의미하는 바를 해석하기란 어렵지 않다. 《성경》에는 3개의 세상이 나온다. '옛 세상', '지금 세상', '내세'가 그것이다. 첫 번째 세상에 대해 성 베드로는 이렇게 말한다. "옛 세상을 용서하지 아니하시고 오직 의를 전파하는 노아와 그 일곱 식구를 보존하시고 경건하지 아니한 자들의 세상에 홍수를 내리셨으며"(베드로후서 2장 5절) 그러므로 첫 번째 세상은 아담으로부터 대홍수까지였다. 지금 세상에 대해서는 예수 그리스도가 '내 나라는 이 세상에 속한 것이 아니다'(요한복음 18장 36절)라고 말씀하셨다. 예수 그리스도가 이 세상에 온 것은 단지 사람들에게 구원의 길을 알려주고, 그의 아버지의 왕국을 새롭게 하기 위해서였다. 내세에 대해서는 성 베드로가 이렇게 말하고 있다. "우리는 그의 약속대로 의가 있는 곳인 새 하늘과 새 땅을 바라보도다."(베드로후서 3장 13절) 이것이 그리스도가 위대한 권세를 가지고 하늘로부터 구름에 싸여 영광스럽게 내려오실 저 세상이다. 그리스도는 천사들을 보내 사방에서, 지상의 가장 먼 곳에서 그의 선민들을 불러모을 것이며, 그날 이후로 그들을 그의 아버지 아래서 영원히 지배할 것이다.

속죄 죄인의 '구원'에는 속죄가 우선해야 한다. 일단 유죄 판결을 받으면 그에 상응하는 벌을 받아야 하고, 배상해야 한다. 이 배상은 자신이 직접(또는 다른 사람이 대신하여) 피해자가 요구하는 대로, 자기를 지배하는 사람이 요구하는 대로 해야 한다. 현재의 피해자는 모든 것을 지배하시는 전능하신 하느님이므로, 하느님이 요구하는 대로 배상한 뒤에야 구원받을 수 있다. 그러나 이렇게 배상한다 해도 권리를 침해한 죄가 모두 없어지는 것은 아니다. 그 어느 죄인도 이런 일을 할 수 없으며, 아무리 의로운 사람도 대신할 수 없다. 남에게 끼친 손해는 반환이나 보상에 의해 갚을 수 있지만, 지은 죄는 보상해도 사라지지 않는다. 죄를 짓고도 보상만 하면 사면받을 수 있다면, 그것은 죄지을 자유를 마치 사고파는 물건처럼 만드는 일이다. 그러나 죄를 회개할 경우에는 '무상으로' 또는 하느님이 기꺼이 용납할 만한 형벌과 맞바꾸어 용서받는다. 《구약성경》에서 하느님이 일반적으로 받아들인 것은 산 제물(*sacrifice*) 즉 봉헌이었다. 죄지으면 벌을 내리겠다고 위협했다 하더라도, 죄지은 자를 용서하는 것이 의롭지 못한 행동은 아니다. 사람들 사이에서도 이익을 약속한 경우에는 그 약속이 약속한 자를 구속하지만, 위협 즉 해악을 약속한 경우에는 구속하지 않는 법이다. 하물며 사람에 비할 바 없이 자비로우신 하느님을 그것들이 구속하는 일은 없을 것이다. 그러므로 예수 그리스도가 우리 대신 '속죄'했다고 하더라도, 우리 죄가 완전히 없어지는 것은 아니다. 그의 죽음만으로 완전히 용서될 죄였다면, 그러한 죄인들을 영원한 죽음으로 처벌하겠다고 한 하느님의 처사가 오히려 부당한 것이 될 수 있다. 예수 그리스도는 처음 이 땅에 왔을 때 자신의 몸을 '산 제물'로 바쳤다. 하느님이 이것을 받아들이며, 그가 두 번째로 이 세상에 올 때까지 그를 믿고 회개하는 자들에 한하여 구원해주겠다고 한 것이다. 우리를 위한 이 '속죄' 행위는 《성경》에서 '산 제물' 또는 '봉헌'으로만 불리는 것이 아니라, 때로는 '대가(代價)'라고 불린다. 그러나 그것은 그리스도가 그의 하느님에게 '대가'를 치렀으므로 우리를 용서해야 한다고 주장할 수 있는 그런 종류의 '대가'로 이해해선 안 된다. 하느님께서 베푸는 자비를 통하여 그 대가를 요구한 것뿐이다.

39 《성경》에 나오는 교회라는 말의 의미

교회란 하느님의 집이다 '교회(*Ecclesia*, 집회)'라는 말은 《성경》에서 다양한 의미로 사용된다. 때로는 '하느님의 집', 즉 신전이라는 의미이며 그리스도교 도들이 기도와 찬양 등을 공개적으로 드리기 위해 모이는 장소를 가리킨다. 〈고린도전서〉 14장 34절에는 "여자는 교회에서 잠잠하라"고 되어 있다. 그러나 이것은 그곳에 모인 사람들을 비유적으로 가리키는 말이다.[*1] 나중에는 그리스도교의 신전과 우상숭배자의 신전을 구별하기 위해 건물 자체를 가리키게 되었다. 예루살렘의 신전은 '하느님의 집'이고, 기도하는 곳이었다. 마찬가지로 그리스도교도들이 그리스도를 숭배하기 위해 바친 건물은 모두 '그리스도의 집'이다. 그러므로 그리스 신부들은 그것을 '퀴리아케(*Kυρόαxή*)', 즉 '하느님의 집'이라고 불렀다. 영어로는 그것을 'kyrke(kirk)' 및[*2] 'church'라고 하게 되었다.

집회란 본디 무엇인가 교회는 '하느님의 집'이라는 의미가 아닐 때 그리스 코먼웰스에서 '에클레시아'가 나타내는 것처럼, 위정자의 말을 듣기 위해 소집된 시민들 또는 집회를 가리킨다. 로마 코먼웰스에서는 이를 '콘키오(*concio*)'라 불렀고, 말하는 사람은 '에클레시아스테스(*ecclesiastes*)' 또는 '콘키오나토르(*concionator*)'라고 불렀다. 그들이 합법적 권위에 의해 소집되었을 때는 '에클레시아 레기티마(*Ecclesia legitima*)', 즉 '합법적 교회(*ἔrρομος ἐxxλησία*)'라고 하였다(사도행전 19장 39절). 그러나 그 집회가 선동적 주장으로 소란스러워진 경우에는 '혼란한 교회(*ἐxxλησία συγxxυμένη*)'라고 불렀다.

때로는 실제로 모이지 않더라도 회중의 일원으로서의 권리를 가진 모든 사람으로 해석되었다. 즉 아무리 멀리 떨어져 있어도 그리스도교도 전체를

[*1] 이 인용에선 '교회 안에서'이므로 비유적으로 쓰인 것이 아니다.
[*2] kyrke, kirk는 노퍽 이북의 영어로 church와 같은 뜻을 가지며, 스코틀랜드에서는 지금도 쓰이고 있다.

가리키는 경우이며 "사울이 교회를 잔멸할새 각집에 들어가 남녀를 끌어다가 옥에 넘기니라"(사도행전 8장 3절)고 한 것이 그 예이다. 그리고 그런 의미에서는 그리스도는 '교회'의 수장이다.

때로는 그리스도교도 일부를 가리키기도 한다. 〈골로새서〉 4장 15절에서 "라오디게아에 있는 형제들과 눔바와 그 여자의 집에 있는 교회를 문안하라"라고 한 경우이다. 또 어떤 때는 선민(選民)만을 가리키기도 한다. "자기 앞에 영광스러운 교회로 세우사, 티나 주름잡힌 것이나 이런 것들 없이 거룩하고 흠이 없게 하려 하심이라"(에베소서 5장 27절)는 말씀은 '승리한 교회' 또는 '장차 올 교회'를 뜻한다. 때로는 그리스도교 신앙을 고백한 사람들의 모임을 의미한다. 그러나 여기서 고백의 진실성 여부는 상관이 없다. 예를 들면, 〈마태복음〉 18장 17절에 이런 구절이 있다. "교회에 말하고 교회의 말도 듣지 않거든, 이방인과 세리와 같이 여기라."

어떤 의미에서 교회는 하나의 인격인가   그리고 앞서 말한 마지막 의미에서 '교회'는 인격을 가진 대상으로 해석될 수 있다. 즉 교회는 의지·선언·명령·복종·입법과 같은 행동을 할 수 있는 인격체인 것이다. 합법적인 모임으로서의 권위가 없으면 모인 사람들이 어떤 행위를 하든, 그것은 개별적 행위일 뿐이다. 그들 저마다의 행위를 하나의 단체가 한 행위로 보아서는 안 된다. 하물며 그곳에 없었던 사람이나 그곳에 있었지만 그 행위에 동의하지 않은 사람들이 한 행위는 더더욱 그러하다.

교회의 정의   이에 따라 나는 교회(Church)를 다음과 같이 정의한다. '한 명의 주권자에 의해 통일된, 그리스도교 신앙을 고백하는 사람들의 집단, 그의 명령에 따라 모이고, 그의 권위 없이 모여선 안 된다.' 그리고 모든 코먼웰스에서 정치적 주권자의 허가가 없는 합의체는 불법이므로 코먼웰스가 모임을 금지한 경우에는 교회 또한 불법적 합의체가 된다.

그리스도교 코먼웰스와 교회는 완전히 같은 것이다   따라서 지상에는 모든 그리스도교도가 복종해야 하는 절대적인 교회는 존재하지 않는다. 왜냐하면 지상에는 모든 코먼웰스들이 복종해야 하는 권력은 없기 때문이다. 군주와 국가의 영토 안에 그리스도교도들이 있을 뿐이다. 그러나 그들은 자신이 속한 코먼웰스에 복종해야 하므로 다른 어떠한 인격의 명령도 따를 수 없다.

교회가 명령·판결·사면·단죄 등을 할 수 있다면, 그 교회는 그리스도교도들로 구성된 정치적 코먼웰스와 같다. 코먼웰스가 '시민 국가'라고 불리는 이유는 그 백성이 '인간'이기 때문이며, '교회'라고 불리는 이유는 그 백성이 '그리스도교도'이기 때문이다. '현세적'이거나 '영적'인 통치는 사람

올리브 산의 게세마네 교회

들에게 그들의 '합법적 주권자'를 둘이라고 생각하고 오해하도록 하기 위해 생겨난 말에 지나지 않는다. 신자들의 육체는 부활 뒤에는 영적이며 영원하겠지만, 이 세상에서는 썩어 들어가는 천한 것일 뿐이다. 그러므로 이 세상에서는 국가나 종교에 대한 현세적 통치 이외에 다른 통치는 없으며, 국가와 종교의 통치자가 어떤 교리의 가르침을 금지하면, 그 교리를 백성들에게 가르칠 수 없다. 또한 통치자는 하나여야만 한다. 그렇지 않으면 코먼웰스 내에 반드시 분파와 내란이 발생한다. '교회'와 '국가' 사이에, '영을 내세우는 사람들'과 '현세를 내세우는 사람들' 사이에, '정의의 칼'과 '신앙의 방패' 사이에, 나아가 그리스도교도인 인간 각자의 가슴 속에서, 그리고 '그리스도교도'와 '인간' 사이에 대립이 생긴다.

교회의 박사들을 목사(牧師)라고 하는데, 정치적 주권자들 또한 목사라고 볼 수 있다. 목사들은 한 사람의 수석 목사를 비롯한 위계질서에 따라야 한다. 그렇지 않으면 사람들에게 서로 상반된 교리를 가르치게 될 것이다.

이 경우 어느 한쪽은 반드시 거짓일 것이며, 혹은 둘 다 거짓일 수도 있다. 그러나 누가 수장인지는 자연법에 따라 이미 정해져 있다. 바로 정치적 주권자이다. 《성경》이 누구에게 그 직무를 맡겼는지 다음 장에서 살펴보기로 한다.

40 아브라함, 모세, 대제사장들, 그리고 유대 왕들과 하느님 나라에서의 권리

아브라함의 주권적 권리들 신앙이 깊은 사람들의 아버지이자 신약에 의한 하느님 나라의 첫 백성은 아브라함이었다. 즉 아브라함이 최초로 하느님과 신약을 맺었으며, 이로써 그와 그의 자손은 하느님의 명령을 인정하고 따라야 할 의무를 갖게 되었다. 그 명령은 자연적(도덕법칙)으로 알 수 있는 것뿐만 아니라 하느님이 특별한 방법으로 꿈과 환영을 통해 그에게 전달한 것도 있다.

도덕법칙은 당연히 준수해야 하는 의무였고, 하느님이 그들에게 가나안 땅을 주겠다고 약속했으므로 더 이상의 계약은 필요하지 않았다. 모든 사람이 전능하신 하느님께 복종해야 할 자연적 의무에 내용을 추가하거나 강화하는 어떠한 계약도 없었던 것이다. 아브라함이 하느님과 맺은 신약은 하느님이 꿈속에서 또는 환영으로 나타나 명령한 것을 하느님의 명령으로 받아들이고, 그것을 그의 가족들에게 알려 지키게 한다는 것이었다.

하느님이 아브라함과 맺은 이 계약에서 우리는 하느님의 백성에 대한 통치와 관련하여 세 가지 중요한 사실을 발견할 수 있다. 첫째, 계약을 맺을 때 하느님은 오직 아브라함에게만 말했다는 사실이다. 그런데도 이 계약이 그의 가족이나 자손들에게도 적용되는 이유는 무엇인가? 그것은 계약체결 이전부터 이미 그들의 의지(이것이 모든 신약의 본질이다)가 아브라함의 의지 속에 포함되어 있었기 때문이다. 그러므로 아브라함은 그가 계약한 모든 것을 그의 가족과 자손들이 이행하도록 강제할 수 있는 합법적 권력을 가지고 있었다고 보아야 한다. 이 문제에 대해 하느님은 이렇게 말하고 있다.

"아브라함은 강대한 나라가 되고 천하 만민은 그로 말미암아 복을 받게 될 것이 아니냐. 내가 그로 그 자식과 권속에게 명하여 여호와의 도를 지켜 공의와 정의를 행하게 하려고 그를 택하였나니, 이는 나 여호와가 아브라함

에게 대하여 말한 일을 이루려 함이니라."(창세기 18장 18~19절)

오직 아브라함만이 그의 가족과 자손들의 종교에 대해 명령할 권력을 가지고 있었다 여기서 다음과 같은 결론을 내릴 수 있다. 아브라함의 가족과 자손들이 그들의 아버지이자 주이며, 정치적 주권자인 아브라함으로부터 하느님의 명령을 받은 것처럼, 하느님의 말씀을 직접 듣지 못한 사람들도 자신들의 주권자로부터 하느님의 실증적 명령을 받아야 한다는 것이다.

아브라함
아브라함이 최초로 하느님과 신약을 맺었다.

그러므로 그렇게 하지 말라는 초자연적 계시를 받은 일이 없는 모든 코먼웰스의 사람들은 겉으로 드러나는 종교적 행위와 신앙고백을 할 때 자기들의 주권자가 정한 법에 따라야 한다. 사람들의 내면적 '사상'과 '신앙'에 대해서는 (오직 하느님만이 마음속을 들여다볼 수 있으므로) 인간인 통치자가 알 수는 없다. 내면의 사상과 신앙은 자유의지로 되는 것도 아니고, 법이 효과를 내지도 않는다. 그것은 계시되지 않은 하느님의 의지와 권능에 속하는 것이다. 따라서 이 문제에 대해서는 어떠한 의무도 부과할 수 없다.

아브라함의 종교에 대하여 사적인 영을 주장할 수는 없다 이로부터 또 하나의 논점이 발생한다. 아브라함의 백성 가운데 누군가가 하느님의 계시를 받았다거나, 사적인 환상을 보았다거나, 하느님의 영이 내렸다고 주장하면서 아브라함이 정한 교리를 어길 경우, 또한 이들을 추종하거나 집착하는 자가 있을 경우의 문제이다. 그러나 아브라함은 이들을 합법적으로 처벌할 수 있었다. 따라서 지금은 자신의 사적인 영을 내세워 법에 맞서는 자가 있으면 주권자가 이들을 합법적으로 처벌할 수 있다. 왜냐하면 코먼웰스에서 주권자의 지위는 아브라함이 그의 가족 안에서 지녔던 지위와 같기 때문이다.

아브라함만이 하느님의 말씀에 대한 판정자이며 해석자였다　여기서 다시 세 번째 논점이 나온다. 아브라함의 가족 중에서 오직 그만이 무엇이 하느님의 말씀이고 무엇이 하느님의 말씀이 아닌지를 알 수 있었던 것처럼 그리스도교 코먼웰스에서는 오직 주권자만이 그렇게 할 수가 있다. 왜냐하면 하느님은 오직 아브라함에게만 말했으므로 아브라함만이 하느님의 말씀을 알 수 있었고, 그의 가족에게 해석해 줄 수 있었기 때문이다. 결국 코먼웰스에서 아브라함의 지위를 가진 자는 하느님의 말씀에 대한 유일한 해석자인 것이다.

모세의 권한은 이것에 기초한다　하느님이 아브라함과 맺은 신약은 이삭과 갱신되었으며, 다시 야곱과 갱신되었다. 그 다음의 갱신은 이스라엘 백성들이 이집트인들로부터 해방되어 시나이산 기슭에 다다랐을 때 모세와 이루어졌다. 이에 대해서는 35장에서 말한 바 있다. 모세와의 신약 갱신을 통해, 그들은 그때 이후로 하느님의 특별한 왕국이 되었으며, 모세 시대에 하느님의 대리자는 모세였다. 대리자의 직무는 모세 이후 아론에게, 그리고 아론의 후계자들에게 계승되었으며, 이스라엘 왕국은 영원히 하느님에 대한 제사장 왕국이 되었다.

이러한 설립에 의해 하느님의 나라가 이루어졌다. 그러나 모세는 아브라함의 권리를 승계한 것은 아니기 때문에 계승자 자격으로 이스라엘 백성들을 통치할 권한은 없었다. 그래서 하느님이 모세에게 직접 명령을 내렸다는 것을 백성들이 믿기 전에는 그를 하느님의 대리자로 여겨야 할 의무는 없었던 것으로 보인다. 그러므로 그의 권위는 (그들이 하느님과 맺은 신약에도 불구하고) 이스라엘 백성들이 그의 신성함과 그가 진정으로 하느님을 만났는지, 그가 일으킨 기적의 진실성에 대해 어떤 의견을 가지고 있느냐에 달려 있었다.

다시 말해서 아무리 모세가 하느님의 이름으로 하느님의 법을 선포했다 하더라도, 백성들이 그를 믿지 않으면 모세의 말을 하느님의 말씀으로 따라야 할 의무는 없었던 것이다. 그러므로 우리는 그들이 복종의 의무 이외의 어떤 근거에서 모세에게 복종하게 되었는지를 살펴보아야 한다. 하느님이 그들에게 직접 명령한 것이 아니라 모세를 통해서 전했으므로 이스라엘 백성들이 하느님의 명령에 의해 의무를 부여받았다고는 할 수 없기 때문이다. 예수 그리스도는 "내가 만일 나를 위하여 증언하면 내 증언은 참되지 아니하다"(요한복음 5장 31절)고 말한 바 있는데, 하물며 모세가 자기 자신에 대해 증언한다면 (특히 하느님의 백성들에 대한 왕으로서의 권력을 지녔다고 주장할 경우) 그의 증언은 더더욱 받아들여질 수 없었을 것이다. 그러므로 모세의 권위는 다른 모든 군주들의 경우와 마찬가지로 백성들의 동의와 복종하겠다는 그들의 약속에서 그 근거를 찾아야 한다. 사실이 그러했다. "뭇 백성이 우레와 번개와 나팔 소리와 산의 연기를 본지라, 그들이 볼

모세와 아론

때에 떨며 멀리 서서 모세에게 이르되, '당신이 우리에게 말씀하소서. 우리가 들으리이다. 하느님이 우리에게 말씀하시지 말게 하소서. 우리가 죽을까 하나이다.'"(출애굽기 20장 18~19절) 이와 같은 복종의 약속이 있었으므로 그들은 모세가 하느님의 명령으로 전달하는 것에 대하여 복종해야 할 의무가 생겨난 것이다.

아론이 제사장이었음에도 불구하고, 모세는 (하느님 아래에서) 그의 생애 동안 이스라엘 백성들의 주권자였다 신약에 의해 아론에게 세습되는 제사장 왕국이 설립됐지만, 그러한 계승은 모세가 죽은 후부터 이루어진다고 이해해야 한다. 왜냐하면 코먼웰스의 최초의 설립자로서 (왕정이든 귀족정이든 민주정이든) 정치질서를 세우는 사람은 그 일을 하는 동안에는 반드시 백성에 대한 주권적 권력을 가져야 하기 때문이다. 모세가 그의 시대 전반에 걸쳐 그러한 권력을 가지고 있었다는 것은《성경》을 통해 확실히 알 수 있다.

첫째, 바로 앞에 인용한 성경 구절에서 본 것처럼 백성들은 아론이 아니라 모세에게 복종을 약속했다. 둘째, "모세에게 이르시되, 너는 아론과 나답

과 아비후와 이스라엘 장로 칠십 명과 함께 여호와께로 올라와 멀리서 경배하고, 너 모세만 여호와께 가까이 나아오고 그들은 가까이 나아오지 말며 백성은 너와 함께 올라오지 말지니라"(출애굽기 24장 1~2절)고 하였다. 이로써 알 수 있는 것은 하느님의 부름을 받은 사람은 오직 모세(아론도 아니고 다른 제사장들과 70장로도 아니며, 올라가는 것 자체가 금지된 백성들도 아니라)뿐이었다. 그러므로 그는 이스라엘 백성에 대해 하느님의 인격을 대표하는 유일한 사람, 모세는 하느님 아래에서 유일무이한 그들의 주권자였던 것이다.

나중에 "모세는 아론과 나답과 아비후와 이스라엘 장로 칠십 인이 올라가서 이스라엘 하느님을 보니 그의 발 아래에는 청옥을 편 듯하고 하늘같이 청명하더라"(출애굽기 24장 9~10절)고 했지만, 이것은 모세가 먼저 하느님을 만나 말씀을 듣고, 이를 백성들에게 전한 뒤의 이야기이다. 모세만이 백성들의 일(business)로 산으로 올라갔고, 나머지 사람들은 그의 수행 귀족으로서 백성들에게는 허락되지 않았던 특별한 은총을 입는 영광을 누렸던 것이다. 이것은 (그 다음 절인 제11절에 나와 있는 바와 같이) 하느님이 살아 계심을 보도록 하기 위한 것이었다. "하느님이 이스라엘의 존귀한 자들에게 손을 대지 아니하셨고, 그들은 하느님을 보고 먹고 마셨더라."(즉 살아 있었다) 그러나 그들에게는 백성들에 대한 어떠한 명령도 전하지 않았다.

또한 〈출애굽기〉 25~31장과 〈레위기〉 전반에 나타나 있듯이, 통치에 대한 다른 모든 일뿐만 아니라 종교의식의 절차에 대한 문제도 항상 '주께서 모세에게 말씀하셨다.' 아론에게 말했다는 구절은 찾아보기 어렵다. 아론이 만든 송아지상을 모세는 불 속에 던져 버렸다.

마지막으로 아론의 권위에 대한 문제를 살펴보면, 아론과 미리암이 모세를 비방했을 때 하느님은 모세를 지지하는 판결을 내렸다(민수기 12장). 모세와 백성들 사이에 누가 백성들에 대한 통치권을 가지고 있는가 하는 문제가 발생했을 때도 마찬가지였다. 고라와 다단과 아비람과 회중의 대표로 뽑힌 250명의 왕후(王侯)들이 "모여서 모세와 아론을 거슬러 그들에 이르되, '너희가 분수에 지나도다. 회중이 다 거룩하고 여호와께서도 그들 중에 계시거늘, 너희가 어찌하여 여호와의 총회 위에 스스로 높이느냐.'"(민수기 16장 3절) 하자, 하느님은 땅의 입을 벌려 고라와 다단과 아비람을 그들의 모든 소유물과 함께 산 채로 삼켜 버렸고, 250명의 왕후를 불살라 버렸다.

이스라엘 백성에 대한 주권을 가진 사람은 아론이나 백성들, 나아가 백성의 중심적 인물인 왕족들로 구성된 어떠한 귀족제도도 아니었다. 오직 모세만이 하느님 버금가는 이스라엘인에 대한 주권자였던 것이다. 정치에 관해서만 그러했던 것이 아니라, 종교 문제에 관해서도 그러했다. 오직 모세만이 하느님과 직접 말했으며, 하느님의 원하는 바가 무엇인지 백성들에게 말해줄 수 있었다. "너는 백성을 위하여 경계를 정하고 이르기를, 너희는 삼가 산에 오르거나 그 경계를 침범하지 말지니, 산을 침범하는 자는 반드시 죽임을 당할 것이라."(출애굽기 19장 12절) 하느님이 이렇게 말했으므로, 어느 누구도 죽음이라는 벌을 무릅쓰면서까지 하느님과 모세가 대화하는 산에 가까이 갈 엄두를 내지 못했을 것이다. 또한 하느님은 "내려가서 백성을 경고하라. 백성이 밀고 들어와 나 여호와에게로 와서 보려고 하다가 많이 죽을까 하노라"(출애굽기 19장 21절)고 하였다.

이로부터 우리는 그리스도교 코먼웰스에서 모세의 지위에 있는 사람은 누구든 하느님의 유일한 사자요, 하느님의 명령의 유일한 해석자라는 결론을 내릴 수 있다. 그러므로 누구든지 그러한 주권자가 설정한 경계를 넘어서 《성경》을 해석하려고 해서는 안 된다. 현재로서는 하느님이 《성경》을 통해 말하고 있으므로, 《성경》이 바로 시나이 산이며, 그 경계는 지상에서 하느님의 인격을 대표하고 있는 사람들이 정한 법률이다. 《성경》을 읽고 그 속에 나와 있는 하느님의 놀라운 역사를 보고 하느님에 대한 두려움을 가질 수는 있다. 그러나 《성경》을 해석하는 일은 하느님이 대리자로 임명한 사람에게 무슨 말을 하였는지를 엿보는 일이며, 그가 하느님이 명령한 대로 통치하고 있는지에 대해 제멋대로 심판하는 것이다. 이것은 하느님이 설정한 경계에 대한 침범이자 하느님을 불경하게 바라보는 일이다.

모든 영은 모세의 영에 종속한다 모세 시대에는 모세가 승인하고 권위를 부여한 사람 이외에는 예언자가 없었으며, 자칭 하느님의 영을 지녔다고 하는 사람도 없었다. 모세 시대에 하느님의 영에 의해 예언한 이들은 70명뿐이었으며, 이들은 모두 모세가 선발한 사람들이었다. 그들에 대하여 하느님은 모세에게 이렇게 말씀하셨다. "이스라엘 노인 중에 네가 알기로 백성의 장로와 지도자가 될 만한 자 칠십 명을 모아 내게 데리고 와 회막에 이르러 너와 함께 서게 하라."(민수기 11장 16절) 이 명령에 따라 모세가 선발한 사람들에게 하느님의 영이 내렸는데, 그것은 모세에게 내린 영과 다르지 않았다. 왜냐하면 "여호와께서 구름 가운데 강림하사 모세에게 말씀하시고, 그에게 임한 영을 칠십 장로에게 임하게 하셨기"(민수기 11장 25절) 때문이다.

　그러나 내가 36장에서 말한 것처럼, '영(*spirit*)'이 의미하는 것은 곧 '정신(*mind*)'이므로, 이 구절의 뜻은 다음과 같다. 하느님은 그들에게 모세의 정신에 순응하고 복종하는 정신을 내려줌으로써 그들이 예언할 수 있도록, (모세의 권위에 의해 모세의 대행자로서) 모세의 교리와 일치하는 교리를 하느님의 이름으로 백성들에게 말할 수 있게 했다는 것을 의미한다. 결국 그들은 모세의 대행자에 지나지 않았다. 그러므로 그들 중 두 사람이 막사에서 예언했을 때, 이것은 낯설고, 그래서는 안 될 일로 여겨졌다. 그리하여 〈민수기〉 11장 27~28절에서 보는 바와 같이, 그들은 비난을 샀고, 여호수아는 그들이 모세의 영에 의해 예언하고 있는 것을 몰랐기 때문에 모세에게 그들의 예언을 말리라고 조언했다. 이로써 분명한 것은 하느님으로부터 모세의 지위를 부여받은 사람이 세운 교리에 대해서는 어떤 백성도 그에 어긋나는 예언이나 영을 지녔다고 내세워서는 안 된다는 것이다.

　모세 다음에는 주권은 제사장에게 있었다　아론이 죽고 모세도 죽자 이 제사장 왕국은 신약에 따라 아론의 아들인 대제사장 엘르아살에게 계승되었다. 하느님은 그를 (하느님 버금가는) 주권자라고 선언하고 아울러 여호수아를 군대의 총사령관에 임명했다. 하느님은 여호수아에 대해 이렇게 언명하고 있다. "그는 제사장 엘르아살 앞에 설 것이요, 엘르아살은 그를 위하여 우림의 판결로써 여호와 앞에 물을 것이며, 그와 온 이스라엘 자손 곧 온 회중은 엘르아살의 말을 따라 나가며 들어올 것이니라."(민수기 27장 21절) 따라서 강화(講和)와 전쟁을 결정할 최고 권력은 대제사장에게 있었다. 최고 사법권 역시 그러했다. 왜냐하면 율법서를 대제사장이 가지고 있었으며 제사장들과 레위 사람들은 〈신명기〉 17장 8~10절에 나와 있는 바와 같이 민사 사건의 종속적 재판관에 불과했기 때문이다. 그리고 하느님을 숭배하는 방식과 대제사장이 최고 권위를 가진다는 점에 대해, 후에 이스라엘의 왕이 된 사울 때까지는 아무도 의문을 품지 않았다. 그러므로 정치적·종교적 권력은 하나이며, 결코 둘이 될 수 없는 인격으로 대제사장에게 결합되어 있었다. 신성한 권리, 즉 하느님으로부터 직접 받은 권위에 의해 통치할 경우에는 모두가 그러했다.

여호수아와 사울 시대 사이의 주권에 대하여 여호수아가 죽은 뒤 사울 때까지의 시기에는 '여호수아와 사울 시대 사이에는 이스라엘에 왕이 없었다'고 〈사사기〉에 여러 번

사울 왕과 다윗
주권은 모세에 이어 대제사장, 판관 시대를 거쳐 왕정 시대에 들어 간다. 사무엘에 의해 추대된 사울이 첫 왕이 된다. 그림은 사울 왕 앞에서 다음의 왕이 될 다윗이 수금(하프)을 뜯고 있다.

언급되어 있으며, '사람들은 각기 자기의 소견에 옳은 대로 행하였다'고 덧붙인 곳도 있다. 이스라엘에 '왕이 없었다'는 말은 '주권적 권력이 없었다'는 뜻으로 풀이해야 한다. 주권적 권력의 행위 및 행사에 대해 고찰할 때 사실이 그러했다. 왜냐하면 여호수아와 엘르아살이 죽은 뒤의 다른 세대는 "여호와를 알지 못하며 여호와께서 이스라엘을 위하여 행하신 일도 알지 못하였더라. 이스라엘 자손이 여호와의 목전에 악을 행하여 바알들을 섬겼다." (사사기 2장 10~11절) 그리고 유대민족은 성 바울이 지적한 대로 '징표를 요구하는' 성질을 가지고 있었다.[1] 모세의 통치에 복종하기 전에도 그랬고, 복종으로 의무가 생긴 뒤에도 역시 그러했다. 하지만 징표나 기적은 사람들의 신앙심을 확보하기 위한 것이지, 신앙을 갖고 있는 사람이 신앙을 버리지 않게 하는 것이 목적은 아니다. 왜냐하면 일단 신앙을 갖게 된 사람은 자연법에 의해 의무가 생기기 때문이다. 그러나 통치의 행사가 아니라 그 권리에 관해 살펴보면, 주권은 여전히 대제사장에게 있었다. 그러므로 사사(士師,

---

[1] "유대인은 표적을 구하고, 헬라인은 지혜를 찾는다."(고린도전서 1장 22절)

판관)들(하느님이 자신을 반역한 백성들을 적의 손에서 구하기 위해 특별히 선택한 사람들)의 판단에 모두가 복종한다 하더라도, 정치와 종교의 모든 문제에 대해 대제사장이 가지고 있는 주권적 권력에 도전하는 판단을 내릴 수는 없다. 사무엘을 비롯한 사사들도 통치에 대한 특별한 소명을 가지고 있었지만, 이스라엘 백성들이 사사들에게 복종한 것은 의무에서가 아니라, 그들의 지혜와 용기, 복됨 속에 나타난 하느님의 은총을 존경했기 때문이었다. 그러므로 이때까지는 정치와 종교 모두를 규제할 수 있는 권리가 분리될 수 없었다.

이스라엘 왕들 권력에 대하여 사사 시대의 뒤를 이어 왕정(王政)이 들어섰다. 전에는 종교와 정치의 모든 권력이 대제사장에게 있었던 데 반해 이제는 왕이 모든 권력을 갖게 되었다. 왜냐하면 전에는 백성들에 대한 주권이, 설정한 권력에 의해, 그리고 이스라엘 백성들이 하느님과 맺은 개별적 약속에 의해 하느님 버금가는 대제사장에게 있었지만, 백성들은 이러한 하느님의 대리자를 버렸고 하느님도 이에 동의했기 때문이다. 백성들은 사무엘에게 "모든 나라와 같이 우리에게 왕을 세워 우리를 다스리게 하소서"(사무엘상 8장 5절) 하고 요청했다. 이것은 대제사장이 하느님의 이름으로 내리는 명령에 따르지 않고, 다른 나라들과 같은 방식으로 지배하는 자의 명령을 따르겠다는 뜻이다. 왕권을 지닌 대제사장을 배척하는 것은 곧 하느님의 특별한 통치를 배척하는 것이었다.

그러나 하느님은 사무엘에게 이렇게 말하면서 동의했다. "백성이 네게 한 말을 다 들으라. 이는 그들이 너를 버림이 아니요, 나를 버려 자기들의 왕이 되지 못하게 함이니라."(사무엘상 8장 7절) 하느님을 거부한 이상, 하느님이 준 권리로 통치하던 제사장들의 권위도 소멸된다. 제사장들에게는 왕이 허락하는 권한 외에는 남아 있지 않았다. 그 권한은 선한 왕인가 악한 왕인가에 따라 남거나 사라졌다. 정치적 문제에 대한 모든 통치권은 명백히 왕의 수중에 있었다. 〈사무엘상〉 8장에서 그들은 이방의 모든 나라들처럼 되고 싶다고 말하고 있다. 왕이 그들의 재판관이며, 그들의 선두에 서서 전쟁에서 싸워야 한다(사무엘상 8장 20절). 즉 왕이 전쟁과 평화의 모든 권력을 가져야 한다는 것이다. 여기에는 종교질서에 대한 권력도 포함되어 있다. 왜냐하면 당시에는 모세율법 외에는 종교를 규제하는 하느님의 말씀이 없었고, 그것이 그들의 시민법이었기 때문이다.

또한 솔로몬 왕이 "아비아달을 쫓아내어 여호와의 제사장 직분을 파면했다"(열왕기상 2장 27절)고 했는데, 이로써 솔로몬이 다른 어떠한 백성들에 대해서와 마찬가지로 대제사장에 대해서도 권한을 가지고 있었음을 알 수 있다. 그가 종교에서도 지상 최고의 권력을 갖고 있었다는 뚜렷한 증거이다.

또한 솔로몬은 신전을 지어 바치고, 백성들의 복을 빌고, 몸소 훌륭한 기도문을 지어 모든 교회와 예배당에서 이를 성별(聖別)할 때 사용했다(열왕기상 8장). 이러한 일 역시 그가 종교에서 최고 권력을 가지고 있었다는 뚜렷한 증거이다. 또한 성전에서 율법책이 발견되는 문제가 발생했을 때, 대제사장이 아니라 요시야 왕이 이를 결정했다. 요시야는 대제사장을 비롯한 몇몇 사람들을 보내 여예언자 훌다에게 물어 보라고 했다(열왕기하 22장). 이것 역시 왕이 종교에서도 최고 권력을 가지고 있었다는 증거이다.

마지막으로 다윗 왕은 헤브론 사람 하사뱌와 그의 형제를 요단 강 서쪽의 이스라엘 관리로 임명하여 "여호와의 모든 일과 왕을 섬기는 직임을 맡도록"(역대상 26장 30절) 했다. 또한 그는 다른 헤브론 사람들을 "르우벤·갓·므낫세 반 지파(요단강 너머에 살던 나머지 이스라엘 사람들)의 관리자로 세워 하느님의 모든 일과 왕의 일을 다스리게 하였다."(역대상 26장 32절) 이 완전한 권력은 그것을 분리하고자 했던 사람들이 부르는 대로라면 '현세적'임과 동시에 '영적'이지 않은가?

결론적으로 말해서 하느님의 나라가 최초에 설립되어 유수(幽囚) 시기에 이르기까지 종교상 최고 권력은 정치적 주권을 가진 자의 수중에 있었다. 사울이 왕으로 뽑힌 후부터 제사장은 통치자(*Magisteriall*)가 아니라 대행자(*Ministeriall*)[2]의 직무를 수행하였던 것이다.

종교의 지상권은 왕정 시대에는 그 권리에 따라 행사되지 않았다　정치와 종교 두 영역의 통치권은 처음의 대제사장 시대에 이어 왕정 시대에도 그 권리가 결합되어 있었음에도 불구하고, 그들의 신성한 역사를 살펴보면 백성들은 그것을 이해하지 못했다. 그들 대부분은 통치자가 기적이나 기적과 같은 위대한 능력을 보여 줄 때만 또는 통치자가 한 일이 복을 가져다 줄 때에만 그

---

[2] Magisteriall은 magis(훨씬 많게)에서, Ministeriall은 minus(훨씬 적게)에서 왔다.

통치자를 받아들였다. 모세의 명성이나 대제사장이 하느님에게 받은 명령도 그다지 믿지 않았으므로, 통치자가 마음에 들지 않을 때마다 기회를 틈타 때때로 정치와 종교를 비난하며 마음대로 통치자를 바꾸기도 하고 복종의 의무를 저버리고 반역하기도 했다. 이로 말미암아 종종 정치적 분쟁, 분열, 재앙이 발생했다.

예를 들면, 엘르아살과 요시야가 죽은 다음의 세대는 하느님의 기적을 믿지 않고 자신들의 허약한 이성(理性)에 의지했다. 그들은 신약에 의한 제사장 왕국으로서의 의무를 알지 못했기 때문에 제사장의 명령과 모세의 율법을 존중하지 않고, 각자 자기가 옳다고 판단한 대로 행동했다. 정치적 문제에서도 때때로 그들은 자기들을 억압하는 이웃 나라 백성들에게서 해방시켜 줄 수 있다고 생각한 사람에게 복종했다. 또한 미래를 예측할 때도 하느님과 의논하지 않고, 그들 눈에 예언자로 보이는 사람들과 상의했다. 게다가 자기들의 예배당에 버젓이 우상을 모셔놓고도, 레위 사람들이 예배당에 오면 이스라엘의 하느님을 숭배하고 있다고 변명했다.

후에 다른 나라들이 하는 식으로 왕을 세워달라고 요구했을 때만 해도 그들의 왕인 하느님을 모시지 않을 의도에서 그런 것이 아니라, 사무엘의 아들들의 재판에 절망했기 때문이었다. 즉 민사소송을 왕이 재판해 주기를 바랐을 뿐,[3] 모세가 가르쳐 준 종교를 왕이 마음대로 바꿔도 좋다고 생각한 것은 아니었다. 그러나 그들은 정의나 종교적 구실만 있으면 언제나 복종의 의무에서 벗어나려고 했다.

사무엘은 왕을 원하는 백성들의 태도를 못마땅하게 생각하였지만 (하느님이 이미 그들의 왕이었고, 사무엘은 하느님의 통치 아래에서만 권한을 가지고 있으므로), 사울이 아말렉 왕 아각을 진멸(殄滅)하라는 하느님의 명령을 수행하면서 사무엘의 충고에 따르지 않자 다른 왕, 바로 다윗에게 기름을 부어 사울의 후손들이 왕위를 계승하지 못하게 했다.[4] 르호보암은 우상숭배자는 아니었지만 억압 정치를 했다. 그러자 10지파는 그를 떠나 우상숭배자

---

[3] "사무엘이 늙으매 그의 아들들을 이스라엘 사사로 삼으니"(사무엘상 8장 1절) "그의 아들들이 자기 아버지의 행위를 따르지 아니하고 이익을 따라 뇌물을 받고 판결을 굽게 하니라."(사무엘상 8장 3절)
[4] 〈사무엘상〉 15장 2절~16장 13절.

인 여로보암을 섬겼다.*⁵ 일반적으로 왕정 시대 전반에 걸쳐, 유다의 경우에도 이스라엘과 마찬가지로 언제나 예언자가 있어서 왕이 종교적 탈선을 하지 않도록 통제하고, 때로는 국정의 잘못을 지적했다. 예를 들면, 예언자 예후는 여호사밧이 이스라엘 왕을 도와 시리아를 친 일을 나무랐고(역대하 19장 2절), 이사야는 히스기야가 바빌로니아에서 온 대사들에게 보물창고를 보여 준 일을 꾸짖었다.*⁶

이러한 사례들로 알 수 있듯이, 정치적 권력과 종교적 권력은 모두 왕에게 있었지만 권력의 행사에서는 그들 모두 통제를 받았으며, 단지 특별한 은혜를 입어 타고난 능력이 뛰어나거나 특별히 복받은 왕들만이 예외였다. 그러므로 그 시대의 관행으로 볼 때, 종교상의 최고 권력이 국왕에게 없었다는 결론을 내릴 수는 없다. 히스기야가 케르빔 앞에서 주님께 기도해도 그 자리에서 응답을 얻지 못하고, 나중에 예언자 이사야를 통해 응답을 받았다고 해서 이사야가 교회의 최고 우두머리였다고 할 수는 없다. 또한 요시야가 율법책에 관해 여예언자 훌다에게 물어 보았다고 해서 종교문제에 대한 최고 권력자가 요시야도 아니고 대제사장도 아닌 훌다였다고 결론지을*⁷ 수 없는 노릇이다. 내가 알기로는 그런 결론을 내리는 박사는 아무도 없다.

포로 시절 뒤 유대인들에게는 일정한 코먼웰스가 없었다　바빌로니아의 포로 시절(바빌론 유수) 동안 유대인들은 코먼웰스를 전혀 이룰 수 없었다. 귀환한 뒤에 하느님과의 신약을 갱신하긴 했지만 복종에 대해 이루어진 약속은 없었다. 에스드라(에스라)나 다른 어느 누구에게도 하느님은 아무런 약속을 하지 않았다. 그 후 곧*⁸ 그들은 그리스의 백성이 되었다(그리스인들의 관습과 귀신학에 물들고, 유대 신비주의 교리의 영향을 받아 그들의 종교는 크게 부패했다). 정치와 종교의 혼란으로 최고 권위가 누구에게 있는지 전혀 알 수 없게 되고 말았다.

---

*5 르호보암은 하느님을 거역한 솔로몬 왕의 아들로서 솔로몬이 죽은 뒤에 이스라엘의 왕이 되었지만, 압제정치를 하여 민심을 잃었다. 대신 왕위에 오른 사람이 하느님께 선택되어 솔로몬에게 반역했던 신하 여로보암이었다. 〈열왕기상〉 11장 26절~12장 25절, 〈역대하〉 10장 1절~13장 20절.

*6 〈열왕기하〉 20장 16~18절, 〈이사야〉 39장 5~7절.

*7 〈역대하〉 34장 21~28절.

*8 바빌론 유수에서의 귀환과 그리스에의 복종 사이에는 2세기의 간격이 있다.

《구약성경》에 대한 한 우리는 다음과 같은 결론을 내릴 수 있다. 유대인들의 코먼웰스에서 주권을 가진 자는 누가 되었건 하느님을 숭배하는 의례적인 행위에서도 최고 권위를 가지며, 아버지인 신의 인격을 대표했다. 물론 '아버지'라는 이름은 인류를 죄에서 구원하고, 그의 영원한 나라로 그들을 인도하여 영원히 구원하기 위하여 그의 아들 예수 그리스도를 이 땅에 보내신 다음에 생긴 이름이다. 다음 장에서 이에 대해 살펴보기로 한다.

41 축복받은 구세주의 직무

그리스도의 세 가지 직무 《성경》에서는 구세주(*Messiah*)의 세 가지 직무를 찾아볼 수 있다. 첫째는 '속죄자(*Redeemer*, 구제해 주는 사람)', 즉 '구원자(*Saviour*)'로서의 직무이다. 둘째는 '목자(*pastor*)' 및 '조언자(*counsellor*)' 또는 '교사(*teacher*)'로서의 직무인데, 하느님이 구원하기로 결정한 사람들을 개종시키기 위해서 하느님이 보낸 예언자로서의 직무이다. 셋째는 '왕', '영원한 왕'으로서의 직무인데, 이것은 '아버지' 밑에서 수행하는 직무로서, 모세와 대제사장들이 그들의 시대에서 수행했던 일과 같다. 이 세 가지 직무에는 상응하는 각각의 시대가 있다. 그가 이 세상에 처음 왔을 때 우리의 죗값으로 십자가에 자신을 바쳐 희생함으로써 그가 행한 우리의 속죄(贖罪). 일부는 그가 당시에 했고, 일부는 현재 그의 대행자들이 하고 있으며, 그가 재림할 때까지 계속될 우리의 개종. 마지막으로 그가 다시 온 뒤에는 선민들에 대하여 그의 영광스러운 지배가 시작되어 영원히 계속되는 것이다.

속죄자로서의 직무 '속죄자'로서의 직무, 즉 죄의 대가(죽음)를 치르는 자로서의 직무는 그가 자신을 희생함으로써 우리의 죄악을 하느님이 요구한 속죄의 방법으로 행하여 이루어졌다. 엄밀히 말하자면, 전혀 죄가 없다고는 하나 단 한 사람의 죽음이 모든 사람의 죄를 거두어 가는 데 충분하다고는 할 수 없다. 그러나 하느님은 자비를 베풀어 그의 희생을 죗값으로 받아들이겠다고 한 것이다.

구법에서는(《레위기》16장에서 보는 바와 같이) 제사장들을 포함한 모든 이스라엘 사람들은 속죄하기 위해 해마다 한 차례씩 제물을 바쳐야 했다. 아론만이 자신과 제사장들을 위해 거세한 수송아지 한 마리를 바쳤고, 나머지 사람들은 숫염소 두 마리를 바쳤는데, 아론이 이를 대신 받아서 하느님께 올렸다. 숫염소 두 마리 중 한 마리는 속제(贖祭)의 제물로 바쳤고, 다른 한 마리는 '속죄양(*scape goat*)'이 되었다. 아론은 그 염소의 머리에 양손을 얹고 이스라엘 백성의 죄를 고백함으로써 모든 죄악을 그 염소에게 이양한 뒤 광야에 '풀어 주어(escape)', 이 염소가 모든 죄악을 지고 가도록 해야 했다.

위글 이처럼 한 마리의 염소가 모든 이스라엘 백성들의 죗값으로 충분한 값어치가 있었던 것과 같이 하느님이 구세주의 죽음 역시 모든 인류의 죗값으로 충분하다. 그 이상은 하느님이 요구한 것이 없었기 때문이다.

이삭의 봉헌이나[1] 또는 《구약성경》에서 묘사되는 다른 사람들의 봉헌을 생각해 보면, 우리 구세주 그리스도가 왜 고난을 당하게 됐는지를 명확히 알 수 있다. 그는 제물로 바쳐진 염소이자 속죄양이었던 것이다. "그는 실로 우리의 질고를 지고 우리의 슬픔을 당하였다."(이사야 53장 4절) "여호와께서는 우리 모두의 죄악을 그에게 담당시키셨도다"(이사야 53장 6절)에서 그는 '속죄양'의 모습으로 나타난다. "그가 곤욕을 당하여 괴로울 때에도 그의 입을 열지 아니하였음이여, 마치 도수장으로 끌려가는 어린 양과 털 깎는 자 앞에서 잠잠한 양 같이 그의 입을 열지 아니하였도다."(이사야 53장 7절) "그는 곤욕과 심문을 당하고 끌려갔으나 그 세대 중에 누가 생각하기를 그가 살아 있는 자들의 땅에서 끊어짐은 마땅히 형벌 받을 내 백성의 허물 때문이라 하였으리요."(이사야 53장 8절) 여기에서는 '속제의 제물로 바쳐진 염소'에 해당되며, "나의 의로운 종이 자기 지식으로 많은 사람을 의롭게 하며 또 그들의 죄악을 친히 담당하리로다"(이사야 53장 11절)에서는 또다시 '속죄양'이 된다.

이렇게 하느님의 어린 양은 두 마리의 염소에 해당된다. 그는 속죄 제물이 된 염소처럼 죽었고 풀려난 염소처럼 부활했다. 때가 되자 그의 아버지에 의해 일어난 뒤 승천하여 사람이 사는 땅을 떠났다.

그리스도 왕국은 현세의 것이 아니다 그러므로 '속죄하는' 자는 배상을 마치기 전까지는 속죄 대상물에 대한 권리를 가질 수 없다. 우리 구세주의 경우 그가 지불해야 했던 배상은 그 자신의 죽음이었기 때문에, 그가 인간의 육체를 가지고 인간의 삶을 살던 동안에는 그가 죗값을 대신 갚아 준 사람들의 왕이 아니었음이 분명하다. 내 말은, 당시에 신자들이 그에게 세례를 받음으로써 약정을 맺게 된 시점에 현세의 왕이 된 것은 아니라는 것이다.

---

[1] "여호와께서 이르시되. '네 아들 네 사랑하는 독자 이삭을 데리고 모리아 땅으로 가서 내가 네게 일러 준 한 산, 거기서 그를 번제로 드리라.'"(창세기 22장 2절)

그럼에도 불구하고 세례를 통해 하느님과의 약정을 갱신했기 때문에, 그가 나라를 다스릴 경우에는 하느님 아래에서 그를 왕으로 모시고 복종할 의무가 생긴다. 이에 대해 우리 구세주는 이렇게 말한다. "내 나라는 이 세상에 속한 것이 아니다."(요한복음 18장 36절)

그런데 《성경》에는 오직 두 개의 세상만이 언급된다. 하나는 최후의 날이라고도 불리는 심판의 날까지 계속될 지금 이 세상이다. 그리고 다른 하나는 심판의 날 이후 새로운 하늘과 땅이 열리며 나타나는 새 세상이다. 그리스도의 왕국은 보편적인 부활이 있기까지는 시작되지 않

그리스도의 직무
그리스도의 세 가지 직무는 '구원자, 예언자, 영원한 왕'이다.

는 것이다. 이에 대해 우리 구주는 이렇게 말한다. "인자가 아버지의 영광으로 그 천사들과 함께 오리니 그 때에 각 사람이 행한대로 갚으리라."(마태복음 16장 27절) 각자에게 행실대로 갚아 주는 것은 왕의 직무를 수행하는 것으로, 이 일은 그가 하느님의 영광 속에 천사들을 거느리고 강림한 뒤에 이루어진다. 우리 구세주는 "서기관들과 바리새인들이 모세의 자리에 앉았으니 그러므로 무엇이든지 그들이 말하는 바는 행하고 지키라"(마태복음 23장 2절)고 했는데, 이 말에서 그는 왕권을 자신이 아니라 그들에게 귀속시키고 있다. 또한 같은 취지에서 "이 사람아, 누가 나를 너희의 재판장이나 물건 나누는 자로 세웠느냐"(누가복음 12장 14절)고 되물었으며, "내가 온 것은, 세상을 심판하려 함이 아니요, 세상을 구원하려 함이로다"(요한복음 12장 47절)라고 말했다.

그러나 우리 구세주가 이 세상에 온 것은 장차 올 세상에서 왕과 재판관

이 되기 위해서였다. 그는 메시아, 즉 그리스도였으며, 하느님의 기름 부음을 받은 제사장으로서 주권적 예언자였기 때문이다. 다시 말해 그는 예언자 모세와 모세의 뒤를 이은 대제사장들과 제사장들의 뒤를 이은 왕들이 지녔던 권력을 모두 가지게 될 것이다. 그러므로 성 요한은 이렇게 밝히고 있다. "아버지께서는 아무도 심판하지 아니하시고 심판을 다 아들에게 맡기셨다."(요한복음 5장 22절) 이 말은 '이 세상을 심판하려고 온 것이 아니라'는 앞의 말과 상치되는 것처럼 보인다. 그러나 앞의 말은 현재의 세상에 대한 것이고, 뒤의 말은 장차 올 세상에 대한 말이다. 그리스도의 재림에 즈음하여 다음과 같이 말하는 경우도 마찬가지이다. "세상이 새롭게 되어 인자가 자기 영광의 보좌에 앉을 때에, 나를 따르는 너희도 열두 보좌에 앉아 이스라엘의 열두 지파를 심판하리라."(마태복음 19장 28절)

그리스도가 온 목적은 하느님 나라의 계약을 갱신하고, 선택받은 국민들이 그것을 받아들이도록 설득하는 것이었다. 이것이 그의 두 번째 직무였다 그리스도가 지상에 머무르던 동안에 이 세상에서 나라를 가지지 않았다면, 그가 최초로 이 세상에 강림한 목적은 무엇이었을까? 그것은 새로운 신약(信約)으로 하느님의 나라를 되찾기 위해서였다. 그 나라는 이미 오래 전에 신약을 통해 하느님의 나라가 되었지만, 사울을 왕으로 선출한 이스라엘 백성들이 반역을 일으켜 하느님으로부터 떨어져 나갔던 것이다. 나라를 되찾기 위해 우리 구세주는 자신이 메시아이며 예언자들이 약속했던 바로 그 왕이라는 것을 사람들에게 알려야 했고, 자신을 믿고 따르는 자들의 죄를 대신 갚기 위해 자신을 희생해야 했다. 만약 이스라엘 민족이 그를 거부할 경우에는 이방인들 중에서 자신을 믿고 따를 자들을 찾아야 했다.

그러므로 지상에 머무르는 동안 우리 구세주의 임무는 두 가지로 정리된다. 하나는 자신이 그리스도임을 세상에 알리는 일이며, 또 하나는 설교와 기적을 통해 사람들을 복종시켜, 그가 그의 아버지의 왕국을 수령하기 위해 다시 올 때부터 영생을 누릴 수 있도록 그들을 설득하고 준비시키는 것이었다. 그러므로 그는 자신의 설교 시간을 '재생(再生)'[2]이라고 불렀다. 그러나 이것은 진정한 왕국이 아니었기에 당시의 지배자들에 대한 복종을 거부

---

[2] 복음서에서 재생(Regeneration)이라는 낱말은 〈마태복음〉 19장 28절에서만 쓰였을 뿐이다.

할 근거도 없었다. 왜냐하면 그는 모세의 자리에 있는 사람들에게 복종하고, 황제에게 세금을 내라고 명령했기 때문이다.*³ 이것은 하느님의 은총을 받은 그의 제자들과 그를 믿는 사람들에게 장차 올 세상에 대한 전조에 지나지 않았다. 바로 이런 이유로 믿음이 두터운 사람들은 천상의 왕국에 귀화(歸化)하기라도 한 것처럼, 이미 '은총의 나라'에 있다고 하는 것이다.

그리스도의 설교는 그때 유대인들의 법이나 카이사르의 법에 어긋나지 않는다 지금까지 살펴본 것처럼 그리스도가 했거나 가르친 일 중에는 유대인들이나 황제의 정치적 권리를 감소시킬 수 있는 것은 아무것도 없다. 당시 유대인들의 코먼웰스에서 지배자들이나 지배를 받던 사람들 모두 메시아와 하느님의 나라를 기다리고 있었다. 메시아가 왔을 때 그가 자신을 메시아라고 밝히는 일이 금지되어 있었다면, 그들이 메시아를 기대하는 것 자체가 불가능했을 것이다. 따라서 그리스도가 설교와 기적을 통해 자신이 메시아라는 것을 증명하려 한 것 외에 유대인들의 법에 위반되는 것은 아무것도 없었다. 그가 자기의 것이라고 주장한 나라는 다른 세상에 있는 것이었다. 그 때까지는 모든 사람들에게 모세의 자리에 있는 이들에게 복종하라고 가르쳤고 황제에게 세금을 바치라고 했으며, 자신이 재판관이 되는 것을 거부했다. 그런데 어떻게 그의 말과 행동이 선동적인 것이었고, 당시의 정부를 전복시키려는 경향이 있었다고 할 수 있겠는가? 하지만 하느님은 그분의 선민들을 이전의 신약에 의한 복종 관계로 되돌리기 위해 그를 희생하기로 결정하였기 때문에, 그들의 악의와 배은(背恩)을 이용한 것이었다. 이것은 황제의 법을 위반하는 것도 아니었다. 빌라도는 유대인들을 진정시키기 위해 그리스도를 십자가에 못 박도록 넘겨주긴 했다. 그러나 그렇게 하기 전에 그는 그리스도에게서 아무런 죄도 찾지 못하였다고 공개적으로 말했다. 또한 단죄의 근거로 유대인들이 요구한 대로 '왕을 참칭(僭稱)하였다'고 하지 않고 '유대인들의 왕이었다'고 썼으며, 유대인들이 유죄사유를 고쳐달라고 아우성 치자 이를 거부하고 '나는 쓸 것을 썼다'고 하였다.

그리스도의 세 번째 직무는 선택된 백성들의 왕이 되는 것이다 구세주의 세 번째 직무인 왕이 되는 것에 대해서는 새 세상의 부활이 이루어진 뒤에 시

---

*3 〈마태복음〉 23장 2~3절.

작될 것이라고 앞에서 이미 말한 바 있다. '왕'이라는 의미는 그의 전능함으로 앞으로도 이 세상 전체의 왕이 된다는 것이다. 동시에 세례라는 자신의 선민들과 특별히 맺은 약정으로 그가 선택한 백성들의 왕이 된다. 예수 그리스도는 "인자가 자기의 영광의 보좌에 앉고"(마태복음 19장 28절) 그의 사도들도 열두 보좌에 앉아서 이스라엘의 열두 지파를 심판할 것이라고 말하고 있는데, 이것은 그때 그가 자신의 인간적 본성에 의해 통치하리라는 것을 나타낸다. 그러므로 "인자가 아버지의 영광으로 그 천사들과 함께 오리니 그때에 각 사람이 행한 대로 갚으리라."(마태복음 16장 27절) 같은 내용이 〈마가복음서〉 13장 26절과 14장 62절에 나와 있고, 〈누가복음서〉 22장 29~30절에는 그 시점이 분명하게 나와 있다. "내 아버지께서 나라를 내게 맡기신 것같이 나도 너희에게 맡겨, 너희로 내 나라에 있어 내 상에서 먹고 마시며 또는 보좌에 앉아 이스라엘의 열두 지파를 다스리게 하노라." 여기서 분명히 알 수 있는 것은 그의 아버지가 그리스도에게 맡긴 왕국은 사람의 아들이 영광에 싸여 와서, 그의 사도들을 이스라엘 열두 지파의 심판자로 삼을 때 시작되는 것이다. 그러나 여기서 사람들은 이렇게 물을지도 모르겠다. 하늘나라에는 결혼 같은 것은 없다고 했는데, 사람들이 먹고 마시기는 하느냐고. 여기에서 먹고 마시는 것은 무엇을 뜻하느냐고 말이다. 이에 대해서는 그리스도가 한 말로 설명할 수 있다. "썩는 양식을 위하여 일하지 말고 영생하도록 있는 양식을 위하여 하라. 이 양식은 인자가 너희에게 주리니 인자는 아버지 하느님의 인치신 자니라."(요한복음 6장 27절) 그러므로 그리스도의 식탁에서 먹는다는 의미는 생명의 나무를 먹는 것, 즉 사람의 아들의 나라에서 영생을 누리는 것이다. 이외의 부분에서도 예수 그리스도의 왕국이 그의 인간적 본성에 따라 다스려진다는 것을 확인할 수 있다.

하느님 나라에서 그리스도의 권한은 그의 아버지의 권한에 종속한다 그는 왕이기는 하지만, 모세가 광야에서 그러했고 사울이 통치하기 이전에 대제사장들이 그러했으며 사울 이후의 왕들이 그러했듯이 하느님 아버지 아래에서의 대행자에 지나지 않는다. 그리스도의 본분이 모세의 본분과 비슷하다는 것은 그리스도에 대한 예언 중 하나이다. 주께서 모세에게 이렇게 말씀하셨다. "내가 그들의 형제 중에서 너와 같은 선지자 하나를 그들을 위하여 일으키고 내 말을 그 입에 두리라."(신명기 18장 18절)

모세와의 이러한 유사함은 그리스도가 지상에 머물던 동안에 행한 일을 보더라도 분명하게 알 수 있다. 모세가 그의 밑에서 통치할 12명의 두령을 선택하여 각 지파를 다스린 것처럼 그리스도도 12명의 사도를 선택했고, 나중에 이들이 보좌에 앉아 이스라엘 열두 지파를 심판하게 된다. 또한 모세는 하느님의 영을 받아 백성들에게 예언했는데, 이미 앞에서 말했듯이 하느님의 이름으로 말했다. 그리고 그리스도도 70명의 제자를 보내 모든 나라에서 그의 나라와 구원에 대해 설교하게 했다. 또한 70명의 장로 가운데 일부가 이스라엘의 장막에서 예언하는 것을 본 사람이 불만을 품자, 모세는 그들을 두둔하여 말하기를 자신의 통치를 돕고 있는 것이라고 했다. 그리스도도 성 요한에게서 어떤 사람이 예수의 이름으로 귀신을 쫓고 있다는 말을 듣고 그 사람을 두둔하여 말하기를, "금하지 말라. 너희를 반대하지 않는 자는 너희를 위하는 자니라"(누가복음 9장 50절)라고 했다.

또한 그리스도는 하느님 나라로의 입국을 '허락'하는 일과 그의 선민을 비참한 고난의 상태에서 해방시킨 것을 '기념'하는 일, 이 두 가지 성례(聖禮)를 확립한 것도 모세와 비슷하다. 이스라엘의 어린이들은 모세 시대 이전에는 하느님 나라에 들어가기 위한 성례로서 '할례(割禮)'를 했다. 이 의식은 광야에서는 생략되었지만, 그들이 '약속의 땅'에 이르자마자 곧 부활되었다. 이와 마찬가지로 유대인들은 그리스도가 오기 전에 '세례', 즉 이방인으로서 이스라엘의 하느님을 섬기는 모든 사람들을 물로 씻는 의식을 가지고 있었다. 세례자 요한은 이를 그리스도에게 자기 이름을 아뢰는 사람들을*4 받아들이는 의식으로 행하였고, 그 그리스도는 이미 이 세상에 와 있다고 설명했다. 그리고 그리스도는 이 의식을 그를 믿는 모든 사람들에게 행해져야 할 성례로 규정했다.

세례의식이 생겨난 유래에 대해서는 《성경》에 명확히 나와 있지는 않지만 모세율법에 나오는 나병 치료법을 모방했다고 보아도 무방할 것이다. 모세율법에 따르면, 나병환자는 일정한 기간 동안 이스라엘의 장막 바깥에 격리 수용하도록 되어 있었고, 그 기간이 끝난 뒤 제사장이 청결하다고 판단하면 물로 씻는 엄숙한 의식을 행한 뒤에 다시 장막으로 들어왔다. 아마도 이

---

*4 give one's name은 등록하는 것, 어떤 단체에 참가하는 것을 말함. 라틴어 'nomen dare'의 직역.

것이 물로 씻는 세례의식의 원형인 것으로 보인다. 죄라는 나병에 걸린 사람들이 신앙에 의해 깨끗해진 뒤, 세례라는 엄숙한 의식을 거쳐 교회로 들어간다.

세례가 이방인들의 의식에서 비롯되었다는 다른 추측도 있다. 이방인들은 죽은 줄 알았던 사람이 다시 살아나는 일이 발생하면, 갓 태어난 아기의 지저분한 몸을 물로 씻는 것처럼 그를 씻긴 후에 받아들였다. 그렇지 않은 경우 유령과 교류하는 것처럼 간주했기 때문이다. 즉 일종의 새로운 탄생이었다. 그리스인들의 이러한 의례는 유대지역이 알렉산더를 비롯한 그리스인들의 지배 아래 있던 시절에 유대인들의 종교 속으로 스며들었을 가능성이 있다. 그러나 예수 그리스도가 이교도의 의식을 장려했을 것 같지는 않으므로, 나병이 나은 다음 물로 씻는 율법상의 의식에서 비롯되었을 가능성이 매우 크다.

또 하나의 성례인 '주의 만찬(*Lord's Supper*)' 성례는 유월절에 양고기를 먹는 의식에서 나온 것이 분명하다. '주의 만찬' 성례는 빵을 나누고 포도주를 따르는 의식인데, 그리스도의 수난을 대가로 우리가 죄에서 풀려난 것을 기념하는 것이다. 이것은 유월절에 양고기를 먹는 것이 이집트의 속박에서 유대인들이 풀려난 것을 기억하려는 것과 같다. 이와 같이 모세는 단지 하느님의 대리자로서 그의 권위는 하느님에게 종속되어 있었으며, 그리스도 역시 인간으로서의 권위는 그의 아버지에게 종속되어 있었다. 이것은 그가 우리에게 가르쳐 준 기도말에서도 나타난다. '하늘에 계신 우리 아버지…… 나라가 임하시오며'에서도 알 수 있고, '나라와 권세와 영광이 아버지께 영원히 있사옵나이다'에서도 알 수 있고, '인자가 아버지의 영광으로'(마태복음 16장 27절)에서도 알 수 있고, 성 바울이 한 말에서도 알 수 있다. "그 후에는 마지막이니 그가 모든 통치와 모든 권세와 능력을 멸하시고 나라를 아버지 하느님께 바칠 것이다."(고린도전서 15장 24절) 또한 이밖에도 많은 곳에서 찾아볼 수 있다.

그러므로 그리스도는 백성에 대한 가르침과 지배적인 면에서 모세가 했던 것과 마찬가지로 하느님의 인격을 대표한다. 하느님은 그리스도의 탄생과 죽음 이후로 아버지라고 불리지만 그 전에는 아니었다. 하느님은 하나의 동일한 실체이지만, 모세로 대표된 인격과 그의 아들 그리스도로 대표된 인격은 서로 다르다. 여기서 인격은 '대표자'와의 관계를 나타내는 것이므로,[5] 복수의 대표자가 존재할 경우 동일한 인격이라 하더라도 그에 따라 복수의 인격으로 보아야 할 것이다.

---

[5] 인격과 대표자에 대해서는 16장 참조.

42 교권

교권(敎權)이란 무엇이며 누구에게 있는지를 알려면, 구세주가 승천한 이후부터 지금까지를 두 시기로 나누어서 생각해야 한다. 첫 번째 시기는 왕과 같은 주권적 정치권력을 가진 자들이 개종하기 이전의 시기이며, 두 번째 시기는 그들이 개종한 뒤의 시기이다. 정치적 주권자들이 그리스도교를 받아들이고 그리스도교의 가르침을 공식적으로 허용한 것은 그리스도가 승천하고 오랜 시간이 지난 뒤였기 때문이다.

사도들에게 내려진 성령에 대하여 이 사이의 시기에는 '교권'이 사도들에게 있었던 것은 명백하다. 그 다음에는 그들의 명령을 받아 사람들에게 복음을 전하여 그리스도교를 믿게 하고 그들을 구원의 길로 인도하는 후임자들에게 있었다. 이들이 다시 후임자를 정해 교권을 전달했는데, 그것은 후임자로 지정된 사람의 머리 위에 손을 얹는 것을 통해 이루어졌다. 이것은 하느님의 나라를 이끌어야 할 대리자로 지정된 사람들에게 성령, 즉 하느님의 영을 부여하는 의식이었다. 따라서 손을 얹는 것은 다름 아닌 그리스도를 알리고, 그 교리를 가르치는 것에 대한 위임의 징표였다. 이 안수의식을 통해 성령이 내리게 하는 것은 모세의 의례를 본뜬 것이었다. 모세가 그의 대행자 여호수아에게 이 안수하는 의식을 한 것을 〈신명기〉 34장 9절에서 읽을 수 있다. "모세가 눈의 아들 여호수아에게 안수하였으므로, 그에게 지혜의 영이 충만했다."

예수 그리스도도 부활하여 승천하기 전에 그의 영을 사도들에게 주었다. 처음에는 그들에게 숨을 내뿜으면서 "성령을 받으라"(요한복음 20장 22절) 말했고, 승천한 뒤에는 '급하고 강한 바람…… 마치 불의 혀처럼 갈라지는 것들'을 보내 성령으로 충만하게 하였지만(사도행전 2장 2~4절), 안수를 한 것은 아니었으며 하느님도 모세에게 안수한 일은 없었다. 아무튼 사도들은 모세가 여호수아에게 한 것처럼 손을 얹음으로서 성령을 전해 주었다. 이로써 그리스도교 코먼웰스가 전혀 존재하지 않았던 초기에 교권이 누구에게 어떻게 이어져 왔는지 분명히 알 수 있다. 즉 사도들로부터 안수를 통해 성령을 계승한 사람들에게 있었던 것이다.

삼위일체에 대하여 여기에서 세 번째 하느님의 인격이 발견된다. 모세와 대제사장들은 구약 시대에 하느님의 대리인이었고, 그리스도가 인간의 몸으로 이 땅에 머물던 동안에는 그가 하느님의 대리인이었다. 그 다음의 대리인이 바로 성령, 다시 말해 성령을 받은 사도들과 설교와 교화의 임무를 맡은 그 후임자들이다. 그런데 하나의 인격은 (16장에서 말한 것처럼) 그것에 의해 대표되는 사람을 말하는데, 대표될 때마다 각각의 인격이 형성된다. 그러므로 세 차례 대표된(인격화된) 하느님은 비록 《성경》에 하느님을 가리키는 말로 '인격(Person)'이나, '삼위일체(Trinity)' 같은 단어는 나오지 않지만 세 개의 인격을 가진 것으로 보아도 정당할 것이다. 성 요한은 확실히 "증언하는 이가 셋이니, 성령과 물과 피라 또한 이 셋은 합하여 하나이니라"(요한1서 5장 7~8절)고 말했다. 그러니 이 셋은 인격이라는 말의 올바른 의미, 다른 사람에 의해 대표되는 것이라는 의미에서 볼 때, 세 개의 인격과 모순되지 않고 오히려 적절하게 대응한다. 즉 아버지 하느님은 모세로부터 대표된 하나의 인격이 있고, 그의 아들로부터 대표된 또 하나의 인격이 있으며 사도들과 이들이 부여한 권한에 의해 가르침을 받은 박사들로 대표되는 세 번째 인격이 있다. 이 모든 인격은 동일한 하느님의 인격이다. 그러면 이들 셋은 무엇을 증언했던 것일까? 성 요한은 우리에게 그 증언은 "하느님이 우리에게 영생을 주신 것과 이 생명이 그의 아들 안에 있는 그것이니라"(요한1서 5장 11절)고 말하고 있다.

그러면 이를 증명할 증거는 어디에 있는가? 이 문제의 대답은 간단하다. 하느님은 기적을 일으켜 이를 증명했다. 처음에는 모세를 통해, 그 다음에는 하느님의 아들을 통해, 마지막에는 성령을 받은 그의 사도들이 행한 그 기적을 통해 증명했다. 그들은 모두 각자의 시대에 하느님의 인격을 대표했으며 예수 그리스도를 예언하거나 또는 설교했다. 12사도의 경우, 그들 최초의 임무는 그리스도의 부활을 증언하는 것이었다. 바로 이 점 때문에 그들은 최초의 사도들이자 위대한 사도들이었다. 이 점은 성 베드로가 가룻의 유다의 자리를 채울 때 사도를 뽑기에 앞서 한 말에서 명백하게 알 수 있다.

"요한의 세례로부터 우리 가운데서 올려져 가신 날까지 주 예수께서 우리 가운데 출입하실 때에, 항상 우리와 함께 다니던 사람 중에 하나를 세워 우리와 더불어 예수께서 부활하심을 증언할 사람이 되게 하여야 하리라."(사도행전 1장 21~22절) 이것이 바로 성 요한이 말한 '증언(bearing of Witness)'의 내용이다. 같은 부분에서 또 다른 삼위일체의 증거가 언급된다. 앞에서도 봤지만 그는 "증언하는 이가 셋이니, 성령과 물과 피라 또한 이 셋은 합하여 하나이니라"(요한1서 5장 7~8절)고 말하고 있다. 다시 말해서 이 셋은 각각 성령의 은총과 두 가지 성례인 세례와 '주의 만찬'을 뜻하는데, 세 가지 모두 신자들에게 영생을 보증하는 증언이라는 점에서 일치한다. 그 증언에 대하여 베드로는 이렇게 말한다.

"하느님의 아들을 믿는 자는 자기 안에 증거가 있다."(요한1서 5장 10절)

이 땅에서의 삼위일체의 통일성은 물질의 그것과는 다르다. 영과 물과 피는 다 똑같은 증거이긴 하지만, 같은 물질은 아니기 때문이다. 그러나 하늘에서의 삼위일체는 각 인격이 각각 다른 세 시기와 기회를 대표하기는 하지만, 모두 동일한 하느님의 인격들이다. 결론적으로, 삼위일체의 교리는 《성경》으로부터 직접 추론하면 실제로는 다음과 같다. 하느님은 언제나 하나이며 동일하다. 모세로 대표된 인격, 육신을 가진 아들로 대표된 인격, 12사도로 대표된 인격, 이 셋이 모두 하느님의 인격이다. 사도들로 대표된 성령이라는 인격이 바로 하느님이다. 그의 아들이 대표한 인격은 하느님이자 사람이었는데, 그 아들이 하느님이다. 모세와 대제사장들로 대표된 인격은 예수 그리스도의 아버지로, 우리의 하느님이다. 이로써 우리는 하느님을 나타내는 이름들—'아버지, 아들, 성령'—이 《구약성경》에는 사용되지 않는 이유를 추측할 수 있다. 왜냐하면 그 셋은 인격을 가리키는 말이므로 그 인격을 대표하는 자가 있을 때에야 비로소 이름을 갖기 때문이다. 즉 하느님 아래에서 지배하거나 지도하는 사람들이 나타나서 하느님의 인격을 대표하기 전에는 이름이 생길 수가 없었던 것이다.

이렇게 해서 우리는 지금까지 교권이 예수 그리스도로부터 12사도에게 어떻게 이어졌는지, (그들이 그 권력을 더욱 잘 행사할 수 있도록) 어떻게 성령을 받았는지 알아보았다.

《신약성경》에서는 성령을 '파라클레토스(paracletus)'라고 부르기도 한다. 흔히 '보혜사(保惠師)'로 번역되지만, 원뜻은 '원조자(assister)', 혹은 도움을 받기 위해 부른 사람이라는 뜻이다. 이번엔 교권이 무엇인지에 대해, 누구에게 행사되는 것인지를 고찰해 보자.

교권이란 가르치는 권력일 뿐이다 교회 학자인 벨라르미노 추기경[*1]은 자신의 세 번째 〈일반 논전〉편에서 로마교황의 교권에 대한 수많은 문제를 다루고 있다. 여기서 그는 교

사도들의 임무
사도들의 임무는 하느님 나라가 가까이 왔음을 설교하고, 기쁜 소식을 전파하고, 세례를 주는 일이다. 최후의 만찬에서 제자들에게 발을 씻어 주는 장면. 지오토.

권이 군주제적 성격을 지녀야 하는지, 아니면 귀족제적이어야 하는지 또는 민주제적이어야 하는지에 대한 논의로 글을 시작하고 있다. 그러한 종류의 권력은 모두 주권적이자 강제적이다. 예수 그리스도는 교회 지도자들에게 어떠한 강제 권력도 남기지 않았다. 그리스도의 나라를 널리 알리고 그 나라에 복종하도록 사람들을 설득하고, 하느님 나라에 들어가기 위해서는 어떻게 해야 하는지를 계율과 충고로써 이끄는 권력만이 남아 있다. 그러므로 12사도와 다른 복음의 대행자들은 교사들이지 지휘관이 아니며, 그들의 가르침은 법이 아니라 유익한 충고에 지나지 않는다. 벨라르미노 추기경의 논

---

*1 S. Roberto Frencesco Romolo Bellarmino(1542~1621). 토스카나 출신의 제수이트 신학자. 제임스 1세의 왕권신수설에 반대했지만, 한편으로는 로마교황은 정치적 통치자에 대하여 간접적인 지배권을 가진데 불과하다고 함으로써 교황 식스투스 5세와도 대립했다. 여기서 홉스가 언급하고 있는 것은 그의 주저인 Disputationes de controversiis christianae fidei adversus hujus temporis haereticos, 3 vols., Ingolstadt 1581, 1582, 1593(발간 연도에 대해서는 서로 다른 설이 있다)인데, 이 가운데서 교황의 정치권력을 가장 강하게 주장한 것은 1권인 일반논쟁 III(Tertia controversia generalis, de svmmo pontifice)이다. 이 밖에 De potestate summi pontificis in rebus temporalibus adversus Gulielmum Barclaium, Roma 1610이 있다.

의는 전부 헛수고인 셈이다.

그리스도 자신의 권력이 그에 대한 논거이다 나는 이미 그리스도의 왕국은 이 세상의 것이 아님을 밝혔다. 따라서 그의 대행자들도 그들이 국왕이 아닌 한 그리스도의 이름으로 복종을 요구할 수 없다. 가장 높은 지위에 있는 왕이 이 세상에서 그 같은 권력이 없다면 어떻게 신하들에게 복종을 요구할 수 있겠는가? 우리 구세주도 "아버지께서 나를 보내신 것과 같이, 나도 너희를 보내노라"(요한복음 20장 21절)고 하셨다. 그러나 하느님께서 그의 아들을 보내신 이유는 유대인들을 아버지의 나라로 돌아오도록 설득하고 이방인들에게 그 나라를 받아들이도록 권하기 위한 것이었지, 심판의 날이 올 때까지 하느님을 대신하여 왕의 주권으로 통치하라고 한 것은 아니었다.

재생이라는 명칭으로부터 승천과 보편적 부활 사이의 기간은 지배가 아니라 재생(再生)이라고 한다. 이 기간 동안 사람들은 영광에 싸여 오실 그리스도의 두 번째 오심을 맞이할 준비를 해야 한다. 이것은 우리 구세주의 말에서도 알 수 있다. "세상이 새롭게 되어 인자가 자기 영광의 보좌에 앉을 때에 나를 따르는 너희도 열두 보좌에 앉아"(마태복음 19장 28절) 성 바울도 "평안의 복음이 준비한 것으로 신을 신으라"(에베소서 6장 15절)고 했다.

그리고 물고기를 잡는 것, 누룩과 곡식 씨앗을 뿌리는 준비를 한다 예수 그리스도는 그것을 고기잡이에 비유하고 있다. 강제와 처벌을 통해서가 아닌 설득을 통해 복종을 얻어내라고 한 것이다. 그래서 그는 사도들에게 '사람을 낚는 어부'가 되게 하겠다고 했지, 인간 사냥꾼인 수많은 니므롯(Nimrods)으로 만들겠다고는 하지 않았다. 또한 누룩과 씨 뿌리는 것에도 비유하고, 겨자씨 한 알이 자라 곡식이 되는 것에도 비유했다. 이 모든 비유에 강제는 배제되어 있다. 따라서 그 기간 동안에 실질적인 지배는 없는 것이다. 그리스도의 대행자들의 의무는 복음전도로서 그리스도의 이름을 알리고, 그의 재림을 위한 준비이다. 이것은 예수가 이 땅에 처음 오실 때 세례자 요한이 복음을 전하여 그를 맞이할 준비를 한 것과 같다.

신앙의 본질에서 그리고 사람들이 그리스도를 믿고 신앙을 갖도록 하는 것이다. 그러나 신앙은 강제나 명령과는 전혀 관계가 없다. 이성이나 자신이 기존에 가지고 있는 믿음으로 판단한 증거의 확실성 또는 가능성에만 의존한다. 그러므로 이 세상에서 그리스도의 대행자들은 자신들의 말을 믿지 않거나 반대하는 사람을 처벌할 권한이 없다. 내 말은 그리스도의 대행자로서 처벌할 수 없다는 뜻이다. 만일 그들이 정치적으로 주권적 권력을 가지고 있다면 법을 위반한 자들을 합법적으로 처벌할 수 있다. 성 바울은 자신을 포함한 당시의 복음전도자들에 대해 이렇게 말한다. "우리가 너희 믿음을 주관하려는 것이 아니요, 오직 너희의 기쁨을 돕는 자가 되려 함이다."(고린도후서 1장 24절)

그리스도가 정치적 군주들에게 맡겨둔 권위에서 그리스도의 대행자들이 명령할 권한을 지니지 않는다는 또 하나의 논거는 그리스도가 그리스도교이건 아니건 상관 없이 모든 군주들에게 동일하게 위임한 합법적 권위에서 찾아볼 수 있다. 성 바울은 이렇게

성 삼위일체

말한다. "자녀들아. 모든 일에 부모에게 순종하라. 이는 주 안에서 기쁘게 하는 것이니라."(골로새서 3장 20절) 또한 "종들아. 모든 일에 육신의 상전들에게 순종하되 사람을 기쁘게 하는 자와 같이 눈가림만 하지 말고 오직 주를 두려워하여 성실한 마음으로 하라"(골로새서 3장 22절)고 했다. 이 말은 그리스도를 믿지 않는 자를 주인으로 둔 사람들에게 한 말인데도, '모든 일에' 복종하라고 말하고 있다. 그리고 군주에게 복종하는 문제에 대해서는 '위에 있는 권세에 복종하라'고 훈계했는데, 그 이유는 '모든 권세가 하느님께로부터 온 것'이기 때문이다. 또한 "진노 때문에 할 것이 아니라 양심을 따라 할 것이라"(로마서 13장 1~6절)고 말하고 있다. 성 베드로는 이렇게 말했다. "인간

의 모든 제도를 주를 위하여 순종하되 혹은 위에 있는 왕이나 혹은 그가 악행하는 자를 징벌하고 선행하는 자를 포상하기 위하여 보낸 총독에게 하라…… 그것이 하느님의 뜻이라."(베드로전서 2장 13~15절) 성 바울 역시 〔디도에게〕 말하기를, "너는 그들로 하여금 통치자들과 권세 잡은 자들에게 복종하며 순종하며"(디도서 3장 1절)라고 했다. 여기에서 성 베드로와 성 바울이 말한 통치자와 집권자는 모두 그리스도를 믿지 않는 자였다. 불신자에 대해서도 이러한 것을 보면, 하느님께서 주권을 부여한 그리스도교도 통치자와 집권자에 대한 복종은 당연하다. 그렇다면 그리스도의 대행자가 명령한 것이 우리가 구성원으로서 보호를 받고 있는 코먼웰스의 왕이나 기타 주권적 대표자의 명령과 어긋날 경우 그의 명령에 따라야 하는가? 이를 통해 분명히 알 수 있겠지만, 그리스도는 자신의 대행자들에게 다른 사람을 지배할 어떠한 정치적 권한도 준 일이 없다.

박해를 피하기 위해 그리스도교도들은 무엇을 할 수 있나 왕이나 원로원 같은 기타 주권자가 그리스도를 믿지 말라고 금지할 경우에는 어떻게 해야 하느냐고 물을 사람이 있을지도 모른다. 하지만 이런 금지명령은 아무런 효과가 없다. 믿고 안 믿고는 결코 인간의 명령으로 결정할 수 없기 때문이다. 신앙은 하느님께서 주신 선물이고 믿음은 보상의 약속으로 줄 수 있는 것도 아니요, 고문 같은 협박으로 부여하거나 뺏을 수 있는 것도 아니다. 그러면 우리의 합법적 군주가 명령하기를, 우리 자신의 입으로 믿지 않는다는 고백을 하라고 하면 어떻게 해야 할까? 다행히도 입으로 하는 고백은 표면적인 행동에 불과하다. 이것은 우리의 복종을 나타내는 다른 몸짓들과 다를 게 없다. 그리스도교도는 예언자 엘리사가 시리아 사람 나아만에게 허락했던 것처럼, 그리스도에 대한 신앙을 견지하면서도 입으로 그런 고백을 할 자유가 있다. 나아만은 이스라엘의 신을 마음 깊이 믿게 된 후 이렇게 말했다.

"이제부터는 종이 번제물과 다른 희생제사를 여호와 외 다른 신에게는 드리지 아니하고 다만 여호와께 드리겠나이다. 오직 한 가지 일이 있사오니 여호와께서 당신의 종을 용서하시기를 원하나이다. 곧 내 주인께서 림몬의 신당에 들어가 거기서 경배하며 그가 내 손을 의지하시매 내가 림몬의 신당에서 몸을 굽히오니, 내가 림몬의 신당에서 몸을 굽힐 때에 여호와께서 이 일에 대하여 당신의 종을 용서하시기를 원하나이다."(열왕기하 5장 17~18절)

예언자는 "좋소, 안심하고 가시오" 하고 그의 청을 받아들였고 그가 평화를 지킬 수 있게 했다. 여기에서 보듯이 나아만은 마음속으로는 하느님을 믿었다. 그러나 우상 림몬 앞에서 허리를 굽혔으므로 겉으로는 하느님을 부정했던 것이다. 입술로 하는 것도 마찬가지이다. 그러면 예수 그리스도가 말씀하신 "누구든지 사람 앞에서 나를 부인하면, 나도 하늘에 계신 내 아버지 앞에서 그를 부인하리라"(마태복음 10장 33절)고 하신 말씀에는 어떻게 대답해야 할 것인가? 나아만의 경우처럼 코먼웰스의 백성들은 모든 일이 주권자에게 복종하도록 강제된다. 이것은 자신의 마음에서 우러나온 것이 아니라 그 나라의 국법에 따른 것이므로 그 행위는 그의 행위가 아니라 그의 주권자의 행위이다. 따라서 그가 사람들 앞에서 그리스도를 부인한 경우, 부인 행위를 한 것은 말한 자가 아니라 그의 통치자요, 그 나라의 국법이다.

만약 누군가가 내 주장이 그리스도교의 진실하고 거짓 없는 교리에 반한다고 비난한다면 그에게 묻겠다. 그리스도교 코먼웰스에서 사는 한 백성이 마음속으로 이슬람교를 믿고 있는데, 그의 주권자가 그리스도 교회의 예배에 출석하라고 명령하고 불복하면 사형에 처하겠다고 하는 경우, 어떻게 해야 하는가? 그 이슬람 교도는 그의 합법적 군주의 명령에 따르지 말고 대의를 위해 죽음을 무릅쓰고 양심에 따라야 한다고 생각하는가? 죽음을 각오해야 한다고 주장한다면, 누구든지 자신의 종교가 참인지 거짓인지를 불문하고 군주의 명령을 거역할 수 있다는 이야기가 된다. 반대로 군주의 명령에 복종해야 한다고 주장한다면, 그는 남에게는 금지한 것을 자기에게는 허용하는 것이 된다. 이것은 예수 그리스도의 "남에게 대접을 받고자 하는 대로 너희도 남을 대접하라"(누가복음 6장 31절)는 말씀에도 어긋나고, '남이 너에게 행하기를 원치 않는 일은 너도 남에게 행하지 말라'는 자연법(이것은 의심할 여지없는 영원한 하느님의 법이다)에 어긋난다.

순교자들에 대하여 그러면 우리가 교회의 역사에서 읽을 수 있는 그 많은 순교자들은 쓸데없이 목숨을 내던진 것인가? 이 문제에 답하기 위해서는 신앙이라는 대의를 위해 목숨을 잃은 사람들을 다음과 같이 구분해야 한다. 어떤 사람들은 그리스도의 왕국을 널리 알리고 신앙을 고백할 소명을 받았고, 그 외의 사람들은 자기 자신의 신앙 이상의 것을 요구받지 않았다. 전자의 경우, 예수가 죽은 자들 가운데서 다시 살아났다는 것을 증언했다는 이유로 사형에 처해졌다면 그들은 진정한 순교자이다. 따라서 '순교자'란 말을 제대로 정의를 내리자면 구세주 예수의 부활을 증언하는 자를 말한다. 그러므로 예수가 이 땅에 머무를 때 그와 대화를 나누었고, 부활한 뒤에 그를 본 이들 외에는 증인이 될 수 없다. 왜냐하면 증인은 반드시 자기가 본 것을 증언해야 하며, 그렇지 않은 증언은 신빙성이 없기 때문이다. 그리고 그런 사람이 아니면 그리스도의 순교자라고 불릴 수 없다고 성 베드로도 말하고 있다. "이러하므로 요한의 세례로부터 우리 가운데서 올려져 가신 날까지, 주 예수께서 우리 가운데 출입하실 때에 항상 우리와 함께 다니던 사람 중에 하나를 세워, 우리와 더불어 예수께서 부활하심을 증언할 사람이 되게 하여야 하리라."(사도행전 1장 21~22절) 여기서 우리는 그리스도 부활의 진실, 즉 예수가 그리스도였다는 것을 간파할 수 있다.[*2] 그리스도교의 근본적인 신조라고 할 수 있는 이 말을 증언할 자격이 있는 자는 예수와 대화를 나누고, 예수가 부활하기 전과 부활한 뒤에 그를 본 제자가 아니면 안 된다는 것이다. 이런 자격을 갖춘 사람은 예수의 12사도밖에 없다. 이에 반해 그 밖의 사람들이 할 수 있는 증언은 선행자가 한 말이 무엇인가 하는 것뿐이다. 결국 그들은 다른 사람들의 증언에 대한 증인에 지나지 않으며, 2차적 순교자이거나 그리스도의 증인을 위한 순교자일 뿐이다.

예수 그리스도의 생애와 사도들의 행적 및 편지글에서 자기가 이끌어 낸 교리를 내세우거나 어떤 사적 개인의 권위에서 자기가 믿는 교리를 내세우더라도 시민국가의 법과 권위에 도전하는 자는 결코 그리스도의 순교자나 그리스도의 순교자들을 위한 순교자라 할 수 없다. 오직 '예수가 그리스도'라는 신조를 위해 죽은 자만이 그 영광스러운 칭호를 받을 자격이 있다. 다시 말해 그가 우리를 위해 대속하였으며, 그의 영광스러운 나라에서 영생을 누릴 수 있도록 우리를 구원하기 위해 다시 온다는 신조이다. 성직자들의 야심이나 이익을 채우기 위한 교리를 위해 죽을 필요는 없다. 순교자는 증인의 죽음이 아니라 그 증언 내용이 만든다. 왜냐하면 순교자라는 말은 증언하는 사람을 가리키는 말일 뿐, 그 증언 때문에 사형을 당했는가와는 상관없기 때문이다.

[*2] 그리스도는 기름부음을 받은 사람, 산 제물을 의미하고, 인류의 죄를 대신 짊어진 자로서의 구세주이다.

또한 이 근본 신조를 전도할 소명은 없지만 자기 스스로의 판단으로 믿음을 가진 사람이, 자기 신앙의 증언으로 인해 죽임을 당할 처지에 이른 경우, (그리스도의 1차적 증인으로서의 순교자이거나, 그의 사도나 제자들 또는 계승자들의 2차적 증인으로서의 순교자를 막론하고) 그에게는 죽어야 할 의무가 없다. 그것은 그의 소명이 아니므로 반드시 그가 그 일을 해야 할 필요는 없기 때문이다. 시키지도 않은 일을 자발적으로 한 이상, 대가를 기대해서는 안 되며, 대가를 얻지 못하더라도 불평해서는 안 된다. 그러

베드로의 순교
순교자란 예수 그리스도의 부활을 증언하는 자를 말한다. 카라바조 그림(1600).

므로 그리스도가 사람의 몸으로 왔다는 것을 설교할 권능을 갖지 않은 자, 즉 불신자들을 개종시킬 의무를 가진 자들을 제외한 이들은 1차적 순교자나 2차적 순교자가 될 수 없다. 왜냐하면 이미 믿고 있는 자에게는 증언이 필요하지 않으므로 증인이 될 수 없기 때문이다. 오직 그리스도를 부정하고 의심하거나 들어본 일이 없는 자들에 대해서만 증인이 될 수 있다. 그리스도는 12사도와 70명의 제자에게만 설교의 권능을 부여하여 불신자들에게 보냈을 뿐 믿는 자 모두에게 그런 권능을 준 것이 아니다. 그리고 "보라. 내가 너희를 보냄이 양을 이리 가운데로 보냄과 같도다"(마태복음 10장 16절)라고 하였다. 양 떼 가운데로 양을 보낸 것이 아니다.

그들에게 위임된 항목으로부터의 논증　마지막으로, 성경에도 분명히 나와 있다시피 그들에게 위임된 항목 그 어느 것도 신도들을 지배할 권한을 포함한 것은 없다.

우리는 12사도가 '이스라엘 민족의 잃어버린 양들'에게 가서, '하늘나라가 가까이 왔다'고 설교하라는 명령을 받았음을 알 수 있다(마태복음 10장 6~7절). 설교란 선포자나 사자(使者), 기타 관리가 왕의 존재를 공개적으로 알리는 것을 말한다. 그러나 선포자는 누구에게 명령할 권한을 갖지 않는다. 70명의 제자들은 '추수하는 주인에게 추수할 일꾼'(누가복음 10장 2절)으로서 '하느님의 나라가 너희에게 가까이 왔다'(누가복음 10장 9절)고 말하도록 명령받고 있다. 여기에서 '나라'가 의미하는 것은 은총의 나라가 아니라 영광의 나라이다. 왜냐하면 그들을 받아들이지 않는 동네 사람들에게는 "그 날에 소돔이 그 동네보다 견디기 쉬우리라"(누가복음 10장 11절)고 경고하라는 명령을 받았기 때문이다. 또한 예수 그리스도는 지위의 우월성을 추구한 제자들에게, "인자가 온 것은 섬김을 받으려 함이 아니라 도리어 섬기려 왔으니"(마태복음 20장 28절) 그들의 직무가 섬기는(Minister)[*3] 것이라고 말했다. 그러므로 설교자들은 위정자의 권력(Magisteriall)을 가지는 것이 아니라 봉사자의 권한(Mimisteriall power)를 갖는다. 이것은 우리 구세주가 "지도자라 칭함을 받지 말라. 너희의 지도자는 한 분이시니 곧 그리스도시니라"(마태복음 23장 10절)고 한 것에서도 알 수 있다.

가르치는 것 그들의 다른 사명은 '모든 민족을 제자로 삼는'(마태복음 28장 19절) 일이며, '온 천하에 다니며 만민에게 복음을 전파하는'(마가복음 16장 15절) 일이다. 그러므로 가르치는 것과 설교하는 것은 동일한 일이다. 왕이 왔다고 알리는 사람은 그 왕이 어떤 권리를 가지고 왔는지도 알려야 사람들이 그에게 복종할 것이다. 예를 들어, 성 바울은 데살로니가의 유대 사람들과 "세 안식일에 성경을 가지고 강론하며 뜻을 풀어, 그리스도가 해를 받고 죽은 자 가운데서 다시 살아나야 할 것을 증언하고 이르되, 내가 너희에게 전하는 이 예수가 곧 그리스도이다"(사도행전 17장 2~3절)라고 했다. 그러나 《구약》을 근거로 하여 예수가 그리스도이자 왕이며 죽은 자들 가운데서 다시 살아났다고 가르칠 경우, 가르침을 받은 사람들은 그것을 믿는다고 하더라도, 주권자가 제정한 법과 명령을 어기면서까지 그들의 말에 따를 의무는 없다. 지혜롭게 인내와 신앙을 마음속에 품고, 현재의 위정자들에게 복

[*3] Minister는 원칙적으로 대행자로 번역하는데, 이는 종, 봉사자에서 온 말로, 교회에서는 목사를 의미한다.

종하며 앞으로 오실 그리스도를 기다려야 할 것이다.

세례를 주는 것　그들의 또 하나의 사명은 '성부와 성자와 성령'의 이름으로 '세례를 주는' 일이다. 세례란 물에 담그는 것을 말한다. 누군가의 이름으로 사람을 물에 담그는 것은 왜일까? 세례는 그가 이제 새 사람이 되고 하느님의 충성스런 백성이 되었다는 표시로 물에 담기거나 씻겨지는 것이다. 하느님이 유대 사람들을 지배하던 옛날에는 모세와 대제사장들이 하느님의 인격을 대표했다. 그리고 지금은 하느님의 아들이자 하느님이며 인간으로 우리 죄를 대속하신 예수 그리스도가 하느님의 인격을 대표한다. 예수 그리스도는 부활의 날 이후에 들어설 영원한 나라에서 인간적 본성으로서 인격을 대표할 것이다. 12사도는 우리가 성령의 도움으로 하느님의 나라에 이를 수 있게 하는 안내인들이다. 세례란 이들의 가르침이 그 왕국에 이르는 유일한 길임을 알려주고, 새 사람이자 하느님의 충성스러운 백성이 된다는 표시이다. 이것이 세례를 통해 우리가 하는 약속이다. 그러나 성 바울도 확실히 말했듯이, 지상의 주권자의 권위는 심판의 날까지 계속될 것이다.

"아담 안에서 모든 사람이 죽은 것 같이 그리스도 안에서 모든 사람이 삶을 얻으리라. 그러나 저마다 자기 차례대로 되리니 먼저는 첫 열매인 그리스도요, 다음에는 그가 강림하실 때에 그리스도에게 속한 자요, 그 후에는 마지막이니 그가 모든 통치와 모든 권세와 능력을 멸하시고, 나라를 아버지 하느님께 바칠 때이다."(고린도전서 15장 22~24절)

이로써 우리가 세례를 받는 것은 이 세상에서 우리의 외적 행위를 규제하는 새로운 권한을 수립하기 위함이 아니라, 12사도의 가르침을 영생에 이르는 길로 받아들이겠다는 약속이라는 것이 명백하다.

죄를 사면하거나 보류해 두는 것　'죄의 사면'과 '보류'의 권력은 '해제'와 '구속'의 권력이라고도 하고, 때로는 '하늘나라로 가는 열쇠'라고도 불린다. 이것은 세례를 주거나 또는 거부할 수 있는 권한으로 귀결된다. 왜냐하면 세례는 죄를 사면받아 하느님의 나라, 다시 말해 영원한 생명의 나라에 들어가게 된 사람들이 충성을 다짐하는 성례(聖禮)이기 때문이다. 인간의 죄로 인하여 영생을 잃어버린 만큼, 죄의 사면으로 영생을 되찾는 것이다. 세례의 목적은 죄의 사면이다. 그러므로 성 베드로는 오순절에 그의 설교를 듣고 개종한 사람들이 이제 어떻게 하면 좋겠는가를 묻자 이렇게 조언했다. "회개하여 저마다 예수 그리스도의 이름으로 세례를 받고 죄 사함을 받으라.'(사도행전 2장 38절) 그러므로 세례를 주는 것은 하느님의 나라에 들어갈 수 있다는 허락이며, 세례를 거부하는 것은 그들을 배척한다는 선언이므로, 사도들과 그들의 대행자 및 계승자들은 입국의 허가 여부를 가리는 권력을 가진 것이다. 그러므로 우리 구주는 사도들에게 숨을 내뿜으면서 '성령을 받아라' 한 다음, 이어서 이렇게 말씀하셨다. "너희가 누구의 죄든지 사하면 사하여질 것이요, 누구의 죄든지 그대로 두면 그대로 있으리라."(요한복음 20장 23절)

그러나 이 구절을 단순히 그들에게 절대적인 권한이 부여됐다는 뜻으로 해석해선 안 된다. 그의 회개와 개종의 진실성을 아시는 하느님만이 용서와 보류를 판단할 수 있다. 그들에게는 회개한 자들에게만 행사할 수 있는 조건부 권한이 부여된 것이다. 그리고 이러한 용서나 해제는, 거짓참회로 용서받을 경우 해제(解除)한 사람이 별도의 행위나 판결을 하지 않더라도 무효가 되어 구원의 효력이 전혀 없고 오히려 죄가 가중된다. 따라서 사도들과 그 후계자들은 겉으로 드러난 회개의 표시에 따라 권한을 행사해야 한다. 회개의 표시가 겉으로 드러나 있으면 해제를 거부할 수 없으며, 나타나지 않으면 해제할 권한이 없다. 세례의 경우도 마찬가지이다. 개종한 유대 사람이나 이방인에 대하여 세례를 거부할 권한은 없었으며, 회개하지 않는 사람들에게 세례를 줄 권한도 없었다. 어느 누구도 다른 사람의 회개의 진실성을 그의 말이나 행위와 같은, 겉으로 드러난 표시를 넘어서 판단하는 것은 불가능하다. 그들의 언동이 거짓일 가능성도 있다는 데서 다시 의문이 생길 수 있다. 회개의 표시를 심판하도록 정해진 사람이 누구인가 하는 것이다. 이에 대한 대답은 우리 구주의 말씀에서 찾을 수 있다.

"네 형제가 죄를 범하거든 너와 그 사람과만 상대하여 권고하라. 만일 들으면 네가 네 형제를 얻은 것이요, 만일 듣지 않거든 한두 사람을 더 데리고 가서 두세 증인의 입으로 말마다 확증하게 하라. 만일 그들의 말도 듣지 않거든 교회에 말하고 교회의 말도 듣지 않거든 이방인과 세리와 같이 여기라."(마태복음 18장 15~17절) 이로써 회개의 진실성에 대한 심판의 권한은 어느 한 사람에게 속하지 않고, 교회와 같은 신앙심 깊은 사람들의 합의체나 교회 대표자의 권위를 가진 사람들에게 속한다는 것을 분명히 알 수 있다. 그러나 심판한 다음에는 선고도 필요하다. 이 선고는 항상 의장(議長)으로서의 사도 또는 교회의 목사가 했다. 이 문제에 대해 우리 구주는 이렇게 말했다. "무엇이든지 너희가 땅에서 매면 하늘에서도 매일 것이요, 무엇이든지 땅에서 풀면 하늘에서도 풀리리라.'(마태복음 18장 18절) 성 바울은 이 말을 그대로 실천했으며, 다음과 같이 말했다.

"내가 실로 몸으로는 떠나 있으나 영으로는 함께 있어서 거기 있는 것 같이 이런 일 행한 자를 이미 판단하였노라. 주 예수의 이름으로 너희가 내 영과 함께 모여서 우리 주 예수의 능력으로 이런 자를 사탄에게 내주었으니, 이는 육신은 멸하고 영은 주 예수의 날에 구원을 받게 하려 함이라."(고린도전서 5장 3~5절)

바꿔 말하자면 죄를 용서받지 못한 사람으로서 교회 밖으로 추방했다는 뜻이다. 바울은 여기서 판결문을 선고하고 있지만 신도들의 모임에서 먼저 심리를 했고(바울은 그 자리에 없었기 때문에), 그런 다음 그에게 유죄판결을 내린 것이다. 이런 경우 심판은 합의체에 귀속됨을 좀더 확실히 알 수 있는 구절이 〈고린도전서〉 5장 11~12절에 있다.

"이제 내가 너희에게 쓴 것은 만일 어떤 형제라 일컫는 자가 음행하거나 탐욕을 부리거나 우상숭배를 하거나 모욕하거나 술 취하거나 속여 빼앗거든 사귀지도 말고 그런 자와는 함께 먹지도 말라 함이라. 밖에 있는 사람들을 판단하는 것이야 내게 무슨 상관이 있으리요마는 교회 안에 있는 사람들이야 너희가 판단하지 아니하랴."

그러므로 교회 밖으로 추방하는 판결문은 사도나 목자가 선고했을지라도 사건의 시비에 대해 심판할 권한은 교회에, 즉(그때는 왕 또는 코먼웰스의 주권을 가진 사람들이 개종하기 이전이었기 때문에) 같은 동네에 사는 신도들의 합의체에 있었다. 예를 들어 고린도의 경우, 고린도의 그리스도교 신자들의 합의체에 그러한 권한이 있었다.

파문에 대하여 열쇠*4의 권력에 의해 하느님의 나라로부터 사람을 쫓아내는 것을 '파문(破門)'이라고 한다. '파문하다'는 말의 어원은 '회당에서 쫓아내다(ἀποσυν ἀγωγον ποιεῖν)'이다. 예배하는 장소에서 내쫓는다는 말이다. 이 말은 유대 사람들의 관습에서 파생된 말로써, 유대 사람들은 어떤 사람의

---

*4 〈마태복음〉 16장 19절에서 그리스도가 베드로에게 천국의 열쇠를 건넸다는 데서 교회권력을 열쇠라고 부른다.

태도나 교리가 문제가 있다고 판단되면 회당에서 쫓아냈다. 이것은 나병환자들을 모세율법에 따라 이스라엘 사람들로부터 격리시켰다가 제사장이 깨끗해졌다고 선언한 다음에 받아들인 것과 같다.

정치권력을 동반하지 않는 파문의 효용 파문의 효용과 효과는 정치권력에 의해 강화되지 않는 한, 파문당하지 않은 사람들은 파문당한 사람들과 상종하지 말라는 것이었다. 그들을 과거에 그리스도교도가 된 적이 없는 이교도로 여기는 것만으로는 충분하지 않다. 이교도와는 함께 먹고 마셔도 되지만 성 바울이 말했다시피, 파문당한 사람들과는 그렇게 하면 안 되었기 때문이다. 성 바울은 신도들에게 '음행하는 자들과 상종하지 말라'고 했는데, 그러나 이 세상 밖으로 나가지 않고서는 이를 지킬 수 없으므로 적용범위를 제한했다(고린도전서 5장 10~11절). 형제나 자매라고 일컫는 사람이 음행하는 자이거나, 다른 이유로 타락한 자이거나 하면, '그런 사람과는' 함께 '먹지도 말라'고 한 것이다. 이것은 예수 그리스도가 한 말과 다르지 않다. "이방인과 세리와 같이 여기라."(마태복음 18장 17절) 세리(코먼웰스의 세금을 징수하는 사람들)에게 세금을 내야만 해던 유대 사람들은 그들을 극도로 싫어하고 미워했기 때문에, 그들 사이에선 '세리'와 '죄인'은 같은 말로 해석되었다. 예를 들면, 예수 그리스도가 세리 삭개오의 초대를 받았을 때,[*5] 그를 개종시키기 위한 것이었음에도 불구하고 사람들이 이를 범죄로 여겨 반대했을 정도였다. 따라서 그리스도가 '이교도'에 '세리'를 추가한 것은 사람들에게 파문된 사람과는 함께 먹는 것을 금지한 것이다.

그들을 회당(會堂)과 같은 합의의 장소에 들어오지 못하게 하는 일에 대해 말하자면, 그리스도교도이건 이교도이건 간에 그 장소의 소유자만이 그런 권력을 가지고 있었다. 그리고 모든 장소는 당연히 코먼웰스의 영토 내에 있으므로 파문당한 사람이건, 과거 세례받은 적이 없는 사람이건 모두 위정자로부터 권한을 위임받은 경우에는 그곳에 들어갈 수 있었다. 바울은 개종하기 이전에 대제사장의 위임을 받아 다마스쿠스에 있는 그들의 회당에 들어가 그리스도교를 믿는 사람은 남녀를 가리지 않고 잡아서 예루살렘으로 끌고 가려 했다(사도행전 9장 2절).

---

*5 〈누가복음〉 19장 5절.

순교자에게는 아무 소용 없다   여기서 알 수 있듯이 그리스도교를 배신한 사람은 정치권력이 그리스도교를 박해하거나 그리스도교와 거리를 두는 한, 파문이 그의 삶에 손해를 입히지도 않고 두려움을 주지도 않는다. 믿지 않으므로 (지옥에 대한) 두려움이 없을 것이고, 속세에 이득이 되는 삶의 방식으로 돌아왔기 때문에 손해도 없다. 앞으로 올 세상에서 그들의 상황이 아무리 나빠진다고 말한다 해도 믿었던 적이 없는 사람들보다 좋지 않을리는 없기 때문이다. 손해는 도리어 교회가 입는다. 파문당한 사람은 쫓겨난 데에 앙심을 품고 더욱 자유롭게 악덕을 실행할 것이다.

오직 믿음이 강한 자들에게만 소용이 있다   따라서 파문의 효과는 '믿는 사람들'에게만 해당한다. 즉 예수 그리스도가 산 자와 죽은 자를 모두 심판하기 위해 영광에 싸여 다시 올 것이며, 교회로부터 파문당한 자는 하느님의 나라에 들어오지 못하게 한다는 것을 믿는 사람이다. 성 바울이 '파문'을 가리켜 그 사람을 사탄에게 인도하는 것이라고 했던 것은 이 때문이다. 심판의 날 이후에는 그리스도의 나라 이외의 다른 모든 나라는 사탄의 나라에 속한다. 이것이 신자들이 파문을 당하여 죄를 용서받지 못하는 상태로 머무는 것을 두려워하는 이유이다. 이로써 우리는 그리스도교가 정치권력에 의해 권위를 인정받기 이전에는 파문이 주장의 오류를 교정하기 위해서가 아니라 태도를 교정하기 위해 사용되었다는 사실을 알 수 있다. 왜냐하면 예수가 세상을 심판하기 위해 다시 오리라는 것을 믿지 않는 사람에게 파문은 전혀 의미 없는 처벌이며, 그것을 믿는 사람들 역시 구원받기 위해서는 올바르게 사는 것 외에 어떤 방법도 없기 때문이다.

어떤 실수를 저지르면 파문되는가   불의를 저지르면 파문된다. 예를 들면 너의 형제가 너에게 잘못을 했다면 단 둘이 있는 자리에서 그에게 충고하고, 그 다음은 한두 사람을 더 데리고 가서 말할 것이며, 마지막으로 교회에 말한다. 그래도 듣지 않으면, "그를 이방인과 세리와 같이 여기라"(마태복음 18장 15~17절)고 했다. 또한 생활이 문란하면 파문된다. 예를 들면 "만일 어떤 형제라 일컫는 자가 음행하거나 탐욕을 부리거나 우상숭배를 하거나 모욕하거나 술취하거나 속여 빼앗거든, 사귀지도 말고 그런 자와는 함께 먹지도 말라 함이라"(고린도전서 5장 11절)고 했다. 그러나 '예수가 그리스도'라는 이 근본적인 믿음을 가진 사람의 경우에는 다른 문제에 대해 의견의 차이가 있다 하더라도, 그 의견이 근본적 믿음을 파괴하지 않는다면 파문할 수 없다. 이에 대해서는 《성경》이나 사도들의 예에서도 찾아볼 수 없다. 그런데 이것은 성 바울의 말과 서로 반대되는 것처럼 보인다. "분파를 일으키는 사람(heretic)은 한두 번 타이른 뒤에 물리쳐라(reject)."(디도서 3장 10절)

여기서 분파를 일으키는 사람이란 교회의 구성원이면서도 교회가 금지한 개인적 주장을 하는 사람을 말한다. 그런 사람은 한두 번 타이른 뒤에 '물리치라'고 한 것은 그 사람을 파문하라는 뜻이 아니라 타이르기를 그만두어 그를 혼자 내버려두고 그와 더불어 논쟁하지 말라는 뜻이다. 자기 생각만 옳다고 믿는 사람에게 그렇게 하듯이. 사도 바울은 "어리석고 무식한 논쟁을 멀리하라(avoid)"(디모데후서 2장 23절)고 말했다. 앞의 '물리치라'는 말과 뒤의 '멀리하라'는 말은 원어로는 같은 '파레투(παραῖτου)'이다. 그러나 어리석은 논쟁은 파문하지 않더라도 멀리할 수 있다. 〈디도서〉 3장 9절에서는 "어리석은 논쟁은…… 피하라(avoid)"고 했다. 여기서 '피하다'의 원어는 '페리스타소(περιστασο, 그것들을 배제하다)'로서 앞에 나온 '물리치다'와 같은 뜻이다. 근본적인 믿음을 가지고 있는 신앙심 깊은 사람을 (선량하고 경건한 양심에서 그러더라도) 그들의 독자적인 상부구조 유지를 위해, 교회에서 추방하는 데에 이처럼 명확한 부분이 어디 있을까. 그러나 오히려 사실은 그 반대이다. 그런 논쟁을 피하라고 명령한 구절들은 디모데나 디도 같은 목자들을 위한 교훈이다. 논쟁을 세세하게 판단하여 새로운 신앙 조건들을 만들어 내지 말라고 훈계한 것이다. 이것은 사람들에게 불필요한 양심의 부담을 느끼게 하거나, 그들을 도발시켜 교회의 통일을 깨뜨리기 때문이다. 사도들은 이러한 교훈을 잘 지켰다. 〈갈라디아서〉 2장 11절에서 보는 바와 같이, 성 베드로와 성 바울의 논쟁은 극심했지만, 상대를 교회 밖으로 추방하지 않았다. 하지만 사도들이 활동하던 시대에도 이러한 금기를 지키지 않은 목자들이 있었다. 예를 들면 디오드레베는 자신이 으뜸이 되고 싶어 성 요한이 천거한 사람을 교회에 받아들이지 않고 추방했다(요한3서 9절). 이미 그리스도 교회에 허영과 야심이 스몄던 것이다.

파문해야 할 사람에 대하여 누군가를 파문하려면 많은 조건이 필요하다. 첫째로는 그가 파문과 관련한 심판의 권한을 가지고 있는 합법적 단체, 즉 그리스도 교회의 구성원이어야 한다. 왜냐하면 공동체가 없는 곳에는 파문

(공동체로부터의 배제)도 없으며, 심판의 권력이 없는 곳에는 판결을 선고할 어떠한 권력도 존재할 수 없기 때문이다.

여기서 추론할 수 있는 것은, 교회가 다른 교회를 파문할 수는 없다는 것이다. 왜냐하면 교회들이 서로를 파문할 수 있는 대등한 권력을 가지고 있다면, 이러한 상황에서의 파문은 징벌이나 권위 있는 행위가 아니라 단지 종파의 분열이고, 박애의 와해일 뿐이다. 한편 한 교회가 다른 교회에 종속되어 한 목소리를 낸다면, 결국 그들은 하나의 교회에 지나지 않는다. 그리고 이때 파문되는 대상은 하나의 교회가 아니라 타락한 개인들일 뿐이다.

그리고 파문의 내용은, 파문된 사람과는 교제하지 말고 함께 먹지도 말라고 충고하는 것이므로, 주권을 가진 군주나 합의체가 파문을 당한 경우에는 아무런 효력이 없다. 왜냐하면 모든 백성은 자연법에 따라 자기의 주권자가 부르면 그 부름에 응해야 할 의무가 있기 때문이다. 게다가 세속적인 곳이든 거룩한 곳이든 백성이 주권자를 주권자 자신의 영지에서 추방할 수도 없으며, 그 영지에서 나가려 해도 주권자의 허락을 얻지 않으면 안 된다. 그러므로 주권자가 함께 식사할 수 있는 영광을 베풀 경우 이를 거절하는 것은 불가능하다. 그리고 다른 나라의 군주나 국가에 대해서는, 그들이 동일한 단체가 아니므로 파문된 나라와 함께 어울리는 것을 금지하는 선고는 필요하지 않다. 원래 공동체의 설립 자체가 여러 사람들을 하나의 공동체로 통일함과 동시에 다른 공동체로부터 분리되는 것이기 때문이다. 그러므로 각각의 왕과 국가들을 흩어놓기 위한 파문은 필요하지 않다. 군주들이 서로 전쟁하도록 조장하기 위한 것이 아니라면, 파문은 정치 그 자체의 본질 속에 있는 효과 외에는 어떠한 효과도 없다.

또한 그리스도교도인 백성이 그의 주권자가 그리스도교도이건 이교도이건 그의 법에 복종하고 있을 경우, 그를 파문하는 것도 아무런 효과가 없다. 왜냐하면 만약 그가 '예수가 그리스도임'을 믿는다면 '다 하느님께 난 자이며'(요한1서 5장 1절), '하느님이 그의 안에 거하시고 그도 하느님 안에 거하기'(요한1서 4장 15절) 때문이다. 하느님의 자녀, 하느님 안에서 사는 사람, 하느님께서 그 안에 머무르는 사람은 파문에 의해 아무런 해도 입지 않는다. 그러므로 예수가 그리스도임을 믿는 사람은 파문의 위협으로부터 자유롭다. 그것을 믿지 않는 사람은 그리스도교도가 아니다. 그러므로 진실되고 성실한 그리스도교도는 파문당할 수 없다. 또는 자신이 그리스도교도라고 거짓 고백한 사람도 그의 위선적인 태도가 밝혀지기 전까지는, 즉 생활태도의 규칙인 주권자의 법에 반하는 행위를 할 때까지는 파문 대상이 될 수 없다. 그리스도와 그의 사도들은 주권자의 법에 따르라고 우리에게 명령했다. 왜냐하면 교회는 겉으로 나타난 행위로만 사람의 태도를 판단하는 수밖에 없으며, 이 행동이 코먼웰스의 법에 어긋나지 않는 경우에는 결코 불법이 아니기 때문이다.

만약 어떤 사람의 아버지나 어머니 또는 주인이 파문당한 경우에는 그 자녀들이 그들과 어울리거나 함께 먹는 것을 금지할 수 없다. 대개의 경우 자녀들은 스스로 음식을 얻을 방법이 없기 때문에 이를 금지하는 것은 곧 아무것도 먹지 말라고 명령하는 것이다. 그리고 이것은 사도들의 가르침에 어긋나는 것이며, 그들의 부모와 남편에게 복종하지 말라고 명령하는 것이다.

요컨대 파문의 권력은 교회의 사도들과 목자들이 예수 그리스도로부터 받은 사명의 목적을 넘어서 확대 해석할 수 없다. 그 사명이란 명령과 강제로 지배하는 것이 아니라 앞으로 올 세상에서 구원을 얻도록 사람들을 이끌고 지도하는 것이다. 학생이 교사의 말을 끝까지 듣지 않을 경우 교사는 제자를 포기해도 상관없지만, 학생에게 교사의 말을 들어야 할 의무가 있는 것은 아니므로 학생이 불의를 저질렀다고 비난할 수는 없다. 마찬가지로 그리스도교 교리를 가르치는 교사도 비그리스도교적 생활을 완고하게 계속하는 제자를 포기할 수 있다. 그러나 그가 잘못했다고 말할 수는 없으니, 제자에게 그의 말에 복종해야 할 의무가 있는 것은 아니기 때문이다. 그런 불평을 하는 교사들은 하느님께서 사무엘에게 하신 말씀을 적용할 수가 있을 것이다. "그들이 너를 버림이 아니요, 나를 버려······"(사무엘상 8장 7절) 그러므로 정치권력의 도움이 결여된 파문은 전혀 효과가 없으며, 어떠한 두려움도 줄 수 없다. 이것은 어떤 그리스도교 국가나 군주를 다른 나라가 자기들의 권위로 파문해 봐야 아무런 소용이 없는 것과 같다. '파문의 벼락(Fulmen excommunicationis)'이라는 말은 그것을 최초로 사용한 로마 주교의 상상에서 유래된 말이다. 이는 유피테르를 신들의 왕으로 여긴 이교도들이 그들의 시나 그림에서 자신의 권력을 거부하는 거인족을 정복하고 벌하기 위해 벼락을 사용하는 것과 마찬가지였다. 이러한 상상은 두 가지 오류를 범하고 있다. 첫째, 그리스도의 나라가 이 세상의 것이라고 여긴 것으로, 이는 우리 구주가 "내 나라는 이 세상에 속한 것이 아니라"(요한복음 18장 36절)라고 한 말에 반한다. 둘째, 자신이 자신의 백성들뿐만 아니라 이 세상의 모든 그리스도교도들에 대한 그리스도의 대리자(*vicar*)로 여긴 것이지만, 이에 대해 《성경》에는 입증할 그 어떠한 근거도 없다. 오히려 그 반대이다. 이에 대해서는 적당한 곳에서 설명하도록 하겠다.

바울 상

정치적 주권자가 그리스도교도가 되기 전의 성경의 해석자에 대하여 성 바울은 유대인 회당이 있었던 데살로니가로 찾아가서 "자기의 관례대로 그들에게로 들어가서 세 안식일에 성경을 가지고 강론하며 뜻을 풀어, 그리스도가 해를 받고 죽은 자 가운데서 다시 살아나야 할 것을 증언하고 이르되, '내가 너희에게 전하는 이 예수가 곧 그리스도라' 했다."(사도행전 17장 2~3절) 여기에 언급된 《성경》은 유대인의 성경, 즉 《구약성경》이었다. 성 바울이 예수가 그리스도이며, 죽은 사람들 가운데서 다시 살아났다는 것을 증명하고자 한 상대도 역시 유대인이었다. 그들은 이미 《구약》이 하느님의 말씀이라는 것을 믿고 있었다. 그들 가운데 어떤 이들은 성 바울의 말을 믿었고 어떤 이들은 믿지 않았다(사도행전 17장 4~5절). 즉 모두가 《성경》을 믿고 있었지만 동일하게 믿은 것이 아니라서 성 바울의 해석을 놓고 어떤 사람은 인정하고 어떤 사람은 인정하지 않는 일이 벌어진 것이다. 이처럼 저마다 다른 해석을 한 까닭은 무엇일까? 그 이유는 다음과 같다.

성 바울은 아무런 법적 권한의 위임 없이 명령이 아니라 설득하려 했다. 그가 동일한 믿음을 얻기 위해서는 모세가 이집트에서 이스라엘 사람들에게 했던 것처럼 기적을 통해 그의 권위를 보여 줘야 했다. 아니면 이미 유대인들에게 인정받고 있던 《성경》에서 그의 교리의 진실성을 추론할 수밖에 없었던 것이다. 기록된 원칙들로부터 추론하여 남을 설득할 때는 상대편이 그 원칙들의 의미와 그것들을 근거로 하는 추리의 타당성에 대해서도 판단자가 된다. 만일 데살로니가의 유대인들이 판단자가 아니라면, 성 바울이 성경으로부터 주장한 것에 대해 누가 판단자가 될 수 있는가? 만일 성 바울이 판단자라면, 자신의 교리를 입증하기 위해 성경 구절을 인용할 필요가 있었을까? 그냥 이렇게 말하는 것으로 충분하다. "나는 《성경》에 그렇게 쓰여 있는 것을 발견했다. 《성경》은 여러분의 법이고, 나는 그리스도가 보낸 그 법의 해석자이다." 데살로니가의 유대인들이 반드시 따라야 할 그런 해석자는 없었다. 따라서 각자 자신의 의견이 성 바울의 주장에 일치하는지의 여부에 따라 믿을 수도 있고 믿지 않을 수도 있었던 것이다. 일반적으로 세상의 어떤 일이든 어떤 증거를 제시한 사람은 자신의 말을 듣고 있는 상대편을 판단자로 여긴다. 그 당시 유대인들의 경우는 이스라엘의 제사장과 재판관이 명시적으로 내린 결정에 대해서만 따를 의무가 있었다(신명기 17장). 그러나 이것은 아직 개종하기 이전의 유대인들의 경우라고 이해해야 한다.

이방인들을 개종시키기 위해서 그들이 믿지도 않는 《성경》을 근거로 주장하는 것은 효과가 없었다. 그래서 사도들은 그들의 우상숭배를 이성(理性)으로 깨뜨리고자 노력했으며, 그 뒤에 그리스도의 삶과 부활에 대한 사도들의 증언을 통해 그리스도에 대한 믿음을 갖도록 설득했다. 누구나 믿지 않는 동안에는 국법에 대한 주권자의 해석을 따라야 하지만, 《성경》에 대해서는 어떠한 사람의 어떤 책의 해석에도 따라야 할 의무가 없기 때문에 《성경》을 해석할 권한이 누구에게 있는지에 대한 논란도 있을 수가 없었다.

다음으로, 개종에 대해 고찰해 보고 어떤 의무가 왜 생기는지 살펴보기로 하자. 개종은 '예수가 그리스도'라는 설교를 사도들이 믿는 것이다. 그들을 구원하고 장차 올 세상에서 영원히 그들을 지배할 왕이라는 것이다. 그가 죽지 않았으며, 죽은 자 가운데서 살아나 하늘로 올라갔다는 것, 이 세상(사람들 역시 심판받기 위해 다시 한 번 살아난다)을 심판하러 다시 온다는 것, 각자 자기가 한 일에 따라 대가를 받는다는 것들이다. 사도 가운데 어느 한 사람도 자기나 다른 어떤 사도가 성경의 해석자이고, 모든 그리스도교도들은 그의 해석을 법으로 여겨 따를 의무가 있다고 한 일이 없다. 법을 해석하는 것은 현존하는 국가 행정에 속한 것이지 사도들의 할 일은 아니었기 때문이다. 그리하여 사도들과 목자들은 줄곧 '당신의 나라가 오게 하소서' 하고 기도했고, 개종자들에게는 각자의 이교도 군주에게 복종하라고 권고했다. 그때는 《신약》이 아직 한 권의 책으로 간행되지 않았다. 복음전도자 각자가 자신이 전하는 복음의 해석자였으며, 각 사도가 자신이 쓴 편지의 해석자였다. 《구약성경》에 대해서 예수 그리스도는 유대인들에게 이렇게 말했다.

"너희가 성경에서 영생을 얻는 줄 생각하고 성경을 연구하거니와 이 성경이 곧 내게 대하여 증언하는 것이니라."(요한복음 5장 39절) 만약 이것이 성경을 해석해 보라는 뜻이 아니었다면, 그가 그리스도라는 증거를 성경에서 찾아보라고 하지 않았을 것이다. 그가 직접 해석해 주거나 또는 제사장들의 해석에 따르도록 했을 것이다.

어려운 일이 생겼을 때는 교회의 사도들과 장로들이 함께 모여서 무엇을 설교하고 가르칠 것인가를 합의하고, 성경을 어떻게 해석해야 하는지를 결정했지만, 국민들이 스스로 성경을 읽고 해석할 자유를 빼앗지는 않았다. 사도들은 각 교회에 여러 통의 편지와 지도서들을 보냈다. 만일 각 교회가 그 글들의 의미에 대해 해석할 자유가 없었다면, 그것은 소용이 없는 일이었을 것이다. 사도 시대의 이러한 상황은 단 한 사람의 해석자에게 권위를 부여하는 목자들이 등장할 때까지 계속되었을 것이며, 그때 이 해석자들의 해석은 보편적으로 고수되었을 것이다. 그러나 이렇게 자유로운 해석은 왕이 목자이거나, 목자가 왕이 되었을 때에는 불가능했다.

성경을 법으로 만드는 권력에 대하여 어떤 저서가 '정경(正經)이다(canonical)'라는 말에는 두 가지 뜻이 있다. '캐논(canon)'은 규칙을 의미한다. 규칙이란 사람의 모든 행동을 인도하고 지도하는 계율이다. 이러한 계율은 스승이 제자에게 부여할 수도 있고, 조언자로써 친구에게 부여할 수도 있다. 이것은 지켜야 할 의무를 강제적으로 부과하지는 않지만, 그럼에도 불구하고 그것은 '규칙'이다. '규칙'을 받은 사람이 그 '규칙'을 부여한 사람에게 복종할 의무가 있을 때에는 그 '규칙'은 법이기도 하다. 그러므로 여기에서의 문제는 그리스도교 신앙의 규칙인 《성경》을 법으로 만든 권력에 대한 것이다.

십계명에 대하여 《성경》에서 최초로 법이 되었던 부분은 십계명이다. 하느님께서 이를 돌판 두 개에 새겨 모세에게 주었으며, 모세가 사람들에게 알렸다. 그 이전에는 하느님의 성문법이 없었으며, 하느님께서는 아직 그 어떤 민족도 자신의 왕국 국민으로 택하지 않았기 때문에 자연법, 즉 각자 자신의 심장에 적힌 자연적인 이성의 계율 외에는 어떠한 법도 주어져 있지 않았다.

두 돌판 중 첫째 돌판에는 주권에 대한 법이 담겨 있다. (1)다른 민족들의 신들을 섬기지 못한다는 것이다. '너희는 내 앞에서 다른 신들을 섬기지 말라'고 함으로써 하느님 이외의 다른 신을 왕이나 통치자로 세워서 복종하거나 경배하는 것을 금지한 것이다. 이때 하느님은 모세를 통해 말했고, 나중에는 대제사장을 통해 말했다. (2)'하느님을 나타내는 어떠한 우상도 만들어서는 안 된다'는 것이다. 하늘에 있는 것이든 땅에 있는 것이든 그들의 상상에 의한 어떠한 대표자*6도 세울 수 없으며, 하느님이 그 직무에 임명한 모세와 아론에게만 복종해야 한다는 것이다. (3)'하느님의 이름을 망령되이 부르지 말라'는 것이다. 그들의 왕의 이름을 경솔하게 부르거나 그의 권위에 대해서, 그의 대리자인 모세와 아론의 사명에 대해 논쟁을 해서는 안 된다는 것이다. (4)'이렛날은 어떤 일도 해서는 안 된다.' 그날은 하느님을 공개적으로 찬양하는 데 쓰라는 것이다.

두 번째 돌판에는 '부모를 공경하라', '살인하지 마라', '간음하지 마라', '도둑질하지 마라', '거짓 증언으로 재판을 더럽히지 마라', 마지막으로 '너희 이웃의 재물을 탐내지 마라' 등으로 타인에 대한 의무를 담고 있다.

여기에서 문제는 이 돌판의 법들에 구속력을 부여한 것은 누구인가 하는 것이다. 이 법을 하느님 자신이 만들었다는 데는 의심의 여지가 없다. 그러나 법은 그것을 주권자의 행위로서 인정한 사람들을 제외하면 구속력이 없다. 하느님이 모세에게 하는 말을 듣지 못하도록 산에 접근하는 것이 금지되어 있던 이스라엘 민족은 하느님께서 모세에게 말씀하신 것을 듣지 못했

---

*6 대표하다(*represent*)에는 표현하다, 그려내다라는 의미도 있어 여기서는 우상숭배를 의미한다.

다. 이런 상황에서 왜 그들이 모세가 제시한 법에 복종할 것을 의무로 삼을 수 있는가? 십계명 중 일부는 둘째 돌판의 모든 계명이 그러하듯이 확실히 자연법에 속한 것이다. 그러므로 그것들은 비단 이스라엘 사람들에게만이 아니라 모든 민족에게도 하느님의 법으로 인정된다. 그러나 첫째 돌판의 계명들처럼 이스라엘 사람들에게만 적용되는 사항의 문제가 남아 있다. 어떻게 설명할 것인가? 모세가 그들에게 그 법을 제시하자 그들은 이렇게 말했다. "당신이 우리에게 말씀하소서. 우리가 들으리이다. 하느님이 우리에게 말씀하시지 말게 하소서. 우리가 죽을까 하나이다."(출애굽기 20장 19절) 따라서 지상에서 짧은 십계명을 이스라엘 코먼웰스의 법으로 만들 권력을 가지고 있던 이는 모세뿐이었고, 그 이후에는 제사장들에게로 전해졌다. 신은 모세를 통해 그들의 특별한 왕국을 관리하도록 선고했다. 그러나 모세와 아론과 후임 대제사장들은 모두 정치적 주권자였다. 그러므로 이때까지는 정치적 주권자가 《성경》을 정경화(正經化), 즉 법이 되게 했던 것이다.

판결법과 의례법에 대하여 판결법(*Judiciall Law*)은 하느님이 이스라엘의 위정자들에게 재판할 때 규칙으로 삼도록 정해 준 법이다. 여기에는 사람들 사이에 다툼이 생겼을 때 내려야 할 선고와 판결의 규칙으로서의 판결법과 제사장과 레위 사람들이 주관하는[*7] 의식과 예식에 관해 하느님이 정해 준 의례법이 있다. 이 두 가지 법은 모두 모세를 통해 그들에게 전해졌고, 모세에 대한 복종서약에 의해 법이 되었다. 이 법들이 당시에 성문법이었는지, 아니면 성문법이 아니라 모세가 시나이 산에서 하느님을 만났던 40일 뒤에 말로써 사람들에게 선포한 것인지는 분명하지 않다. 그러나 두 가지 법 모두 실정법이었으며, 《성경》과 마찬가지로 정치적 주권자인 모세에 의해 규범적인 것이 되었다.

제2율법 이스라엘 사람들이 여리고 맞은편에 있는 모압 평원에 도착하여 '약속의 땅'에 들어가기 직전에 모세는 기존의 율법에 여러 가지 내용을 추가했다. 그래서 그 율법의 이름은 '제2율법'[*8](*Deuteronomy*)이다. 그리고 《성경》에 쓰여 있는 것처럼, "호렙에서 이스라엘 자손과 세우신 언약 외에 여호와께서 모압 땅에서 그들과 세우신 언약의 말씀이다."(신명기 29장 1절) 이전

[*7] 〈민수기〉 8장 6~26절에 있는 것처럼 레위 인(人)은 제전(祭典)의 보조자로 정해졌다.
[*8] 〈신명기〉의 본디 이름인 Deuteronomy는 그리스어로 '제2의 법'을 의미한다.

의 율법은 〈신명기〉 앞부분에 설명되어 있고, 그는 〈신명기〉의 12장부터 시작하여 26장의 마지막까지 다른 율법을 추가했다. 이스라엘 백성들은 요단강을 건너가면 석회를 바른 큰 바위 위에 율법의 말씀을 모두 기록하라는 명령을 받았다(신명기 27장 3절). 모세 자신은 이 율법을 한 권의 책으로 기록하여 '제사장들과 이스라엘의 모든 장로에게' 주었으며(신명기 31장 9절), '언약궤 곁에 두라'고 명령했다(신명기 31장 26절). 언약궤 안에는 '십계명' 외에는 아무것도 들어 있지 않았다. 이것이 바로 모세가 이스라엘의 왕들에게 복사본을 간직하도록 명령한 그 율법이다(신명기 17장 18절). 이 율법책은 오랫동안 분실됐다가 요시야 왕 때 성전에서 다시 발견되었고, 그의 권위에 의해 다시 하느님의 법이 되었다. 그 율법을 기록한 모세와 그것을 다시 발견한 요시야 왕은 모두 정치적 주권을 지니고 있었다. 그러므로 이때까지 《성경》을 정경으로 만들 권력이 정치적 주권자에게 있었다.

이 율법책을 제외하고는 모세 시대 이후 바빌론 유수에 이르기까지 유대인들이 하느님의 율법으로 받든 것은 없었다. 예언자들은 유수 직전에 죽은 일부를 제외하고는 대부분 유수 때까지 살아 있었다. 이들의 예언은 보편적인 법으로 받아들여지기는커녕 오히려 거짓 예언자들과 거짓 예언자들에게 홀린 왕들로부터 박해를 받기까지 했다. 나중에 요시야 왕에 의해 하느님의 율법으로 인정된 그 율법책도 바빌론 유수와 예루살렘 약탈 당시에 잃어버렸던 것이다. 〈에스드라후서〉 14장 21절에서[*9] 이런 사실을 알 수 있다. "주의 율법은 불타 없어지고, 주께서 하신 일과 하실 일을 아무도 알지 못하더라." 또한 바빌론 유수 전 그 율법책이 소실되어《성경》에 정확한 시기는 나와 있지 않지만 르호보암 왕 때, 즉 이집트의 시삭 왕이 성전을 약탈하던 때(열왕기상 14장 26절)로 추정된다) 그 후 요시야 왕 때에 다시 발견되기까지, 이스라엘 민족에게는 기록된 하느님의 율법이 전혀 없었지만 왕들은 자신의 재량에 따라 또는 예언자로 존경받는 사람들의 조언에 따라 통치했다.

[*9] 〈에스드라(에스라)서〉는 1장에서 4장까지 있고, 2장의 에스드라서라고 할 때는 현행 정전(正典)인 에스라와 느헤미야를 합친 것, 느헤미야만, 울가타(라틴어 성경)의 제4 에스라 또는 1~2장만 가리키는 것으로서 매우 헷갈리지만, 영어 성경은 울가타의 4장을 2장으로 하고, 홉스는 이 편성에 따르고 있다. 이곳의 인용문은 The new English Bible, the Apocrypha, O.U.P. & C.U.P., 1970, p.64(2 Esdras 14, 21)에 있다.

구약은 언제 규범적인 것이 되었는가 여기서 우리는 다음과 같이 추론할 수 있다. 오늘날 우리가 가지고 있는《구약성경》은 유대인들이 바빌론 유수에서 풀려나 하느님과의 신약을 갱신하고, 에스드라 아래서 그들의 코먼웰스를 재건할 때까지는, 정경도 아니고 율법도 아니었다는 것이다. 에스드라 시대에 이르러서야 유대인의 율법이 되었고, 70명의 유대 장로들이 이를 그리스어로 번역하여 알렉산드리아에 있는 프톨레마이오스 도서관에 소장되었으며, 하느님의 말씀으로 승인된 것이다. 당시 에스드라는 대제사장이었고, 대제사장은 정치적 주권자였으므로, 결국《성경》은 주권자의 정치권력에 의하지 않고는 결코 법이 될 수 없었음이 명백해진다.

신약은 그리스도교도인 주권자들에 의하여 처음으로 규범적인 것이 되었다 콘스탄티누스 황제가 그리스도교를 공인하기 전 시대에 살았던 교부들의 저작을 보면, 오늘날 우리가 가지고 있는《성경》을 당시의 그리스도교도들은 성령의 계시로, 신앙의 규범 또는 규칙으로 여겼다는 것을 알 수 있다. (이를 받아들이지 않는 사람들도 있었지만, 소수에 지나지 않았기 때문에 이단(*Haeretiques*)으로 불렸고,*10 이들을 제외한 대다수의 사람들은 가톨릭(*Catholic*, 보편적) 교회라고 불렸다. 일반적으로 첫 가르침을 주는 스승에 대해 제자는 큰 존경심을 갖게 된다. 그리스도교도들이 그들의 스승에게 품은 경외와 존경도 마찬가지였다. 따라서 성 바울이 그가 개종시킨 교회에 편지를 보내거나 또는 다른 그리스도의 사도나 제자 가운데 누군가가 그리스도를 신봉하는 사람들에게 편지를 보내면, 그들은 그 글을 그리스도교의 참된 교리로 받아들였다. 그들이 그것들을 교리로서 받아들이게 된 것은 스승의 권력이나 권한에 의한 것이 아니라, 듣는 사람들의 믿음에 의한 것이었다. 사도들이 자신들의 글을 정경으로 만든 것이 아니라 개종자들이 스스로 정경으로 삼았던 것이다.

그러나 여기에서 문제는 그리스도교도들이 무엇을 율법이나 '규칙'으로 삼았는가 하는 것이 아니다. 그들은 그 율법을 받아들일 수 있었지만, 동일하게 다시 거부할 수도 있었다. 무엇이 그들에게 '규칙'이 되었나 하는 것이다. '규칙'은 누구나 반드시 지켜야 할 법으로서, 이를 어길 경우 불의(不義)

---

*10 이단자(*Haeretiques*)의 그리스어 어원은 선택을 의미하므로 이단자란 특수한 (선택된) 소수 자이고, 학파였다.

가 된다. 그러므로 《신약》이 이러한 의미에서 정경의 지위를 얻었다면, 코먼웰스의 법으로 그렇게 하지도 않았는데 법이 되었다면, 이것은 법의 본질에 반한다. 왜냐하면 법은 앞에서 지적했다시피 우리가 주권을 부여한 사람 또는 합의체의 명령이기 때문이다. 그 권위는 우리 행동 방향을 결정하고, 이를 어길 경우 처벌을 하는 규칙이다. 그러므로 주권적 지배자가 규정해 놓지 않은 규칙들을 제시한다면 그것은 조언이나 충고에 지나지 않는다. 그러한 규칙들은 좋은 것이든 나쁜 것이든 거부하여도 불법행위가 아니며, 기존의 법과 상충될 경우에는 아무리 좋은 것이라 생각되어도 이를 따르면 불법행위가 된다. 이런 경우에 행동이나 타인과의 대화에서 그 규칙을 따라서는 안 된다는 것이다. 다만 그가 자신의 개인적 스승을 믿는 것은 상관없다. 그 충고를 따를 자유가 있기를 바라고 그것이 공적으로 인정된 법이기를 바라는 것은 상관없다. 내재적 신앙은 본질적으로 보이지 않고, 따라서 모든 인간적 재판의 대상에서 제외되어 있다.

이에 반해 그로부터 나온 언행은 시민으로서의 복종 의무를 어기는 것이기 때문에 하느님에 대해서도 인간에 대해서도 불의가 된다. 우리 구주는 그의 나라가 이 세상에 속한 것이 아니라고 했고, 또한 세상을 심판하기 위해서가 아니라 구원하기 위해서 왔다고 한 것을 보면 코먼웰스의 법 이외의 다른 법을 따르라고 한 것은 아니었다. 그는 유대인들에게 모세의 율법을 따르도록 했으며, "(율법을) 폐하러 온 것이 아니요 완전하게 하려 함이라"(마태복음 5장 17절)고 했다. 다른 민족들은 각자 자기 나라의 주권자의 법을, 모든 사람은 자연법을 따르도록 했다. 자연법에 따르는 것이야말로 최후의 날에 영원한 나라로 들어가 보호받고 영생을 누리기 위한 필요조건이라는 것이 예수 그리스도의 가르침이자 사도들의 가르침이었다. 이처럼 예수 그리스도와 사도들은, 이 세상에서 우리가 지켜야 할 새 법을 남긴 것이 아니라, 다음 세상을 맞이할 채비를 하도록 새로운 교리를 남긴 것이었다. 그러므로 그 교리가 담긴 《신약》은 하느님께서 지상의 입법자로서의 권한을 부여받은 사람들이 복종하라고 명령하기 전까지는, 결코 의무적 '규범', 즉 법이 아니라 선량하고 안전한 충고에 지나지 않았다. 이 충고는 죄인들에게 구원에 이르는 길을 알려주고 있다. 사람들은 이 충고를 받아들일 수도 있었고, 위험을 무릅쓰고 물리칠 수도 있다. 그러나 어떻게 하든 불의는 아니다.

게다가 예수 그리스도가 사도들과 제자들에게 준 사명은 현재의 나라가 아닌 앞으로 올 나라를 널리 알릴 것이었다. 그리고 모든 민족을 가르칠 것, 믿는 자에게 세례를 줄 것, 그들을 받아들이는 사람들의 집에 들어갈 것. 그러나 그들을 받아들이지 않는 사람들을 만나면 발에 묻은 먼지를 털어 버리고 떠날 것[*11]이며, 그들을 멸망시키기 위해 하늘의 불을 부르라고 하지도 않았고, 칼로 그들의 복종을 강요하라고 하지도 않았다. 그들이 받은 사명 가운데 권력에 의한 것은 없으며, 오직 설득만이 있을 뿐이었다. 그리스도가 그들을 보낸 것은 양을 이리 떼 가운데 보낸 것이지, 왕을 국민에게 보낸 것이 아니다. 그들에게는 법을 만들라는 사명도 없었다. 단지 기존의 법에 복종할 것과, 복종하도록 가르칠 사명이 있었을 뿐이다. 그 결과 그들은 자신들의 글을 주권적 정치권력의 도움 없이 의무적인 '규칙'으로 만들 수가 없었다. 그러므로 《신약성경》은 합법적 정치권력이 그것을 법으로 삼는 곳에서만 법이다. 또한 그것을 법이라고 선포한 왕 또는 주권자는 그것을 자신들의 법으로 삼음으로써, 자신을 개종시킨 박사나 사도에게 복종할 의무가 생기는 것이 아니라, 사도들이 했던 것처럼 하느님과 예수 그리스도에게 직접적으로 복종하는 것이다.

성경을 법으로 하라는 조언의 힘에 대하여　그리스도교 교리를 받아들인 사람들이 박해를 받아가면서까지 《신약》을 법으로 여기도록 하는 것은 교회회의에서 스스로 만든 교령(敎令)이다. 사도와 장로들 및 전체 교회가 조언회의(councell)를 하는 방식은 〈사도행전〉 15장 28절을 보면 알 수 있다. "성령과 우리는 이 요긴한 것들 외에는 아무 짐도 너희에게 지우지 아니하는 것이 옳은 줄로 알았노니" 등이 그것이다. 여기서 볼 수 있듯이 교회회의는 교리를 받아들인 자에게 짐을 지우는 권력을 나타낸 표현방식이다. 여기에서 '짐을 지운다'는 말은 '의무를 부과한다'는 말과 같은 뜻으로 생각된다. 따라서 교회회의의 결정은 당시의 그리스도교도들에게는 법이었다. 그럼에도 불구하고 이것은 마치 '회개하라', '세례를 받으라', '계율을 지켜라', '복음을 믿으라', '나에게로 오라', '너희가 가진 모든 것을 팔아서 가난한 자에게 나누

---

*11 "누구든지 너희를 영접하지도 아니하고 너희 말을 듣지도 아니하거든 그 집이나 성에서 나가 너희 발의 먼지를 떨어 버리라."(마태복음 10장 14절) 발의 먼지를 턴다는 것은 그곳에 다시는 발걸음을 하지 않는다는 뜻이다.

어 주어라', '나를 따르라' 등과 같은 계율 이상의 법은 아니었다. 이 계율들은 명령이 아니라 초대이자 부름으로, 이사야가 "오호라. 너희 모든 목마른 자들아, 물로 나오라. 돈 없는 자도 오라. 너희는 와서 사 먹되 돈 없이, 값 없이 와서 포도주와 젖을 사라"(이사야 55장 1절)고 한 것과 같다.

첫째, 사도들의 권력은 예수 그리스도의 그것과 마찬가지로 하느님의 나라를 믿는 자들을 초대하는 것이었다. 그 나라가 현세의 나라가 아니라 앞으로 올 나라인 것은 그들 스스로도 인정했다. 나라가 없는 사람들은 어떤 법도 만들 수가 없다. 둘째, 교회회의의 결정이 곧 법이었다면, 이에 따르지 않는 것은 죄를 짓지 않고는 불가능했다. 그러나 《성경》 어디에도 그리스도의 교리를 받아들이지 않아서 죄를 범한 것이 되었다는 말은 없으며, 그들이 죄 때문에 죽었다는 말만 있을 뿐이다. 이것은 마땅히 복종해야 할 법을 위반한 그들의 죄가 용서받지 못했다는 것이다. 그리고 여기에서 법이란 자연법과 국가의 시민법을 말하는데, 모든 그리스도교도들은 약정에 의해 그 세속의 법에 복종하기로 한 것이다. 그러므로 사도들이 개종시킨 사람들에게 지운 짐은, 법이 아니라 구원을 바란 사람들에게 제시한 조건들이라고 이해해야 한다. 신도들은 위험을 각오하고 이 조건들을 받아들일 수도 있었고, 거부할 수도 있었다. 거부한다고 해서 새로운 죄를 짓는 것은 아니었다. 그러나 과거에 지은 죄로 인해 심판을 받고 하느님의 나라에서 쫓겨날 가능성이 없는 것은 아니었다. 그러므로 성 요한은 불신자들에 대해 말하기를, 하느님의 분노가 그들에게 '내릴 것(come)'이라고 하지 않고, "도리어 하느님의 진노가 그 위에 머물러 있느니라"(요한복음 3장 36절)라고 했으며, 그들이 심판을 받을 것이라고 하지 않고, "믿지 아니하는 자는 ……벌써 심판을 받은 것이니라"(요한복음 3장 18절)라고 했다. 믿어서 생기는 이익이 '죄의 사면'이라면, 믿지 않아 생길 손해는 '그 죄를 용서받지 못하고 그대로 남아 있는 것'이라고 생각할 수밖에 없다.

그러면 어떤 이들은 이렇게 물을지도 모른다. 사도들 및 사도 시대 이후의 교회 목사들이 신도들의 신앙과 생활태도에 대해 어떤 교리를 가르칠 것인지 협의하기 위해 모였지만, 정했다 하더라도, 아무도 그 교령을 지킬 의무가 없다면, 그들의 목적은 무엇인가? 이에 대해서는 다음과 같이 대답할 수 있을 것이다. 회의를 연 사도들과 장로들은 그 회의에 참석했기 때문에, 가르쳐야 한다고 선포된 교리가 그들이 복종해야 할 의무가 있는 기존의 법에 어긋나지 않는 한, 그 회의에서 결정된 교리를 가르쳐야 할 의무가 있었다. 그렇다고 해서 다른 모든 그리스도교도들이 그 교리를 반드시 지키도록 할 의무는 없다. 왜냐하면 회의를 연 사람들은 각자 자신들이 무엇을 가르칠 것인가를 고민할 수는 있지만, 다른 사람들이 무엇을 해야 하는지를 심의하는 것은 그 회의가 입법권을 가지고 있지 않는 한 불가능했기 때문이다. 입법권을 갖는 것은 오로지 정치적 주권자만 가능했다. 즉 하느님은 세상 전체의 주권자이지만 우리가 하느님의 이름을 내세운 모든 주장을 하느님의 율법으로 받아들일 의무는 없으며, 그 주장이 시민법에 어긋나는 경우도 받아들일 필요가 없다. 하느님은 분명히 시민법에 복종하라고 명령했기 때문이다.

이처럼 교회회의의 결의가 그때는 법이 아닌 조언에 지나지 않았던 것을 볼 수 있다. 하물며 사도 시대 이후 지금까지 그 어떤 박사들이나 교회회의의 결의들도 정치적 주권자의 권한 없이 합의한 것이라면 결코 법이 아니다. 결과적으로, 《신약》이 비록 가장 완벽한 그리스도교 교리라고 하더라도, 왕 또는 주권적 합의체의 권위 이외에는 어떠한 권위로도 법이 될 수 없다.

오늘날의 《성경》을 정경으로 처음 결정한 최초의 회의[*12]는 어떤 것인지 분명치 않다. 성 베드로의 뒤를 이어 최초로 로마 주교가 된 클레멘스가 사도들의 정전(正典)들을 모아 한 권으로 묶었다는 설이 있으나 의문이 남는다. 왜냐하면 그 책에는 '성직자와 평신도를 가리지 않고 모두 이 책을 받들어야 한다' 등의 말이 나오는데, 성 베드로의 시기에는 성직자와 평신도의 구별을 포함해서, 평신도라는 말을 사용하지 않았기 때문이다. 기록으로 남아 있는 것 가운데 정전 성경을 결정하기 위한 최초의 회의는[*13] 라오디게아 회의[*14]이다. 회의에서 결정된 교회법 제59조에 따르면, 교회에서 성경을 제외한 다른 책은 읽어서는 안 된다고 금지되어 있다. 이것은 모든 그리스도교

---

*12 "최초 회의의 결의는 남아 있지 않다"는 뜻이다.

*13 이것도 앞의 '주'와 마찬가지로 '회의의 결의'라고 하는 편이 이해하기 쉽다. '결의'가 있으면 '라오디게아의 그것'은 '결의'를 가리키고, 따라서 교회법 59를 가리킨다.

*14 라오디게아는 터키의 구사다시(에페소스) 인근에 있었던 부유한 도시로서 초기 그리스도교 세력의 교회가 있었다. 〈요한계시록〉 1장 11절 및 3장 14절 참조.

도에게 해당되는 명령이 아니라 교회에서 공공연히 책을 낭독할 권한을 가진 사람들, 즉 성직자들에게만 내린 명령이다.

사도 시대의 교직자들을 설정하는 권한에 대하여 사도 시대의 교직자들 가운데 어떤 이는 위정자적 권한을, 다른 어떤 이는 대행자적 권한을 가지고 있었다. 위정자적 권한을 가진 이의 직무는 불신자들에게 하느님 나라에 대한 복음을 설교하는 것, 성례와 예배를 관리하는 것, 개종자들에게 신앙의 규칙과 생활태도를 가르치는 것 등이 있었다. 대행자적 권한을 가진 직위로는 집사를 들 수 있다. 집사들은 교회의 세속적인 일들을 관리하기 위해 임명되었으며, 신도들이 자발적으로 낸 헌금을 공동경비로 사용하여 생활하였다.

위정자적 직위를 가진 이들 가운데 가장 중요한 것은 사도들이었다. 사도 수는 최초 12명밖에 없었다. 이들은 예수 그리스도에게 직접 선택된 사람들이었다. 이들의 임무는 설교하는 것, 가르치는 것, 세례 주는 것뿐만 아니라 순교자(예수 부활의 증인)가 되는 것이기도 했다. 바로 이러한 증언을 한다는 것이 사도의 특별하고 본질적인 징표로서, 다른 교회 위정자들과 구별되는 점이었다. 사도가 된 사람들은 우리 구주가 부활한 뒤에 그를 보았거나 또는 부활 전에 예수 그리스도와 함께 지내면서 예수 그리스도가 이룬 일이나 기타 그의 신성(神性)의 증거를 본 적이 있어야 했다. 그래야 그런 증언을 할 자격이 생기기 때문이다. 그러므로 가롯 유다를 대신할 새 사도를 선출하면서 성 베드로는 이렇게 말했다. "요한의 세례로부터 우리 가운데서 올려져 가신 날까지 주 예수께서 우리 가운데 출입하실 때에, 항상 우리와 함께 다니던 사람 중에 하나를 세워 우리와 더불어 예수께서 부활하심을 증언할 사람이 되게 하여야 하리라."(사도행전 1장 21~22절) 여기에서 '되게 하여야 한다'는 말은 사도가 되는 데에 필요한 조건을 의미하며, 그 조건은 예수가 육신을 가지고 세상에 나타났을 때 최초의 사도들과 함께 다닌 사람이어야 한다는 것이다.

맛디아는 합의체에 의하여 사도가 되었다 그리스도가 이 땅에 있을 때 직접 선택한 사도들 외에 처음으로 사도가 된 사람은 다음과 같이 선출된 맛디아였다. 약 120명의 신도들이 예루살렘에 모였다(사도행전 1장 15절). 이들이 의인 요셉과 맛디아 두 사람을 앞세우고 제비를 뽑게 했다(사도행전 1장

23절). "제비 뽑아 맛디아를 얻으니 그가 열한 사도의 수에 들어가니라."(사도행전 1장 26절) 즉 맛디아를 사도로 선출한 것은 성 베드로도 아니고, 11명의 사도도 아니라 바로 합의체의 결정이었다. 11명의 사도는 그저 그 합의체를 구성하는 구성원이었을 뿐이다.

바울과 바나바는 안디옥 교회에 의하여 사도가 되었다 그 후 바울과 바나바 외에는 아무도 사도로 선임되지 않았다. 이들이 사도가 된 과정은 《성경》에 다음과 같이 나와 있다.

안디옥의 동굴교회
바울과 바나바는 안디옥 교회에 의하여 사도로 선출되고 권위를 부여받았다.

"안디옥 교회에 선지자들과 교사들이 있으니, 곧 바나바와 니게르라 하는 시므온과 구레네 사람 루기오와 분봉왕 헤롯의 젖동생 마나엔과 사울이라. 주를 섬겨 금식할 때에 성령이 이르시되, '내가 불러 시키는 일을 위하여 바나바와 사울을 따로 세우라' 하시니 이에 금식하며 기도하고 두 사람에게 안수하여 보내리라."(사도행전 13장 1~3절)

이로써 소명을 내린 것은 성령이지만, 그 소명을 그들에게 알리고 그 사명에 권위를 부여한 것은 안디옥 교회였다는 것을 명백히 알 수 있다. 그리고 그들이 받은 소명이 사도의 직분이었다는 것은 두 사람을 사도라고 불렀다(사도행전 14장 14절)는 데에서 분명해진다. 안디옥 교회의 이러한 결정에 의해 그들이 사도가 되었다는 것은 성 바울이 한 말에서도 알 수 있다. 성 바울은 성령이 소명을 내릴 때 하신 말씀, 즉 '내가 불러 시키는 바나바와 사울을 따로 세우라'는 말씀을 인용하면서, 자기가 "사도로 부르심을 받아 하느님의 복음을 위하여 택정함을 입었다."(로마서 1장 1절)라고 분명하게 말하고 있다. 그렇다면 여기서 다음과 같은 의문을 제기할 사람도 있을 것이다.

앞에서 사도의 본분은 그리스도의 부활을 증언하는 것이라고 했는데, 수난 이전의 예수와 함께 이야기 해 본 적이 없는 바울이 어떻게 그리스도의 부활을 알 수 있었는가? 이 의문에는 다음과 같이 쉽게 대답할 수 있다. 승천 후 우리 구주는 다마스쿠스로 가던 바울 앞에, 하늘에서부터 모습을 드러내었고, "이 사람은 내 이름을 이방인과 임금들과 이스라엘 자손들에게 전하기 위하여 택한 나의 그릇이다"(사도행전 9장 15절)[15]라고 말했다. 따라서 바울은 그리스도의 수난 뒤에 주를 보았으므로 그리스도의 부활을 증언할 충분한 자격이 있다. 바나바의 경우, 그는 수난 이전에 이미 그리스도의 제자였다. 이로써 바울과 바나바를 사도로 선출하고 권위를 부여한 것은 최초의 사도들이 아니라 안디옥 교회였음을 분명히 알 수 있다. 이는 예루살렘 교회가 맛디아를 사도로 뽑아 그 직분을 준 것과 마찬가지이다.

교회의 어떠한 직분이 위정자적인 것인가 우리나라 말 중 '주교(主敎, bishop)'[16]라는 말은 그리스어 '에피스코포스($E\pi i\sigma\kappa o\pi o\varsigma$)'에서 유래된 말로써, 어떤 일의 감독자 또는 관리자를 뜻하는데, 특히 목자 또는 목양자(shepherd)를 가리킨다. 이 말이 비유적으로 쓰여 본디부터 양치기로 쓰였던 유대인들뿐만 아니라, 이교도들 사이에서도 법이나 교리 등으로 사람들을 지배하는 왕 또는 그 밖의 국민의 통치자, 안내자 등을 가리키는 말이 되었다. 그리고 사도들은 그리스도가 직접 정한 그리스도교 최초의 주교들이었다. 그런 의미에서 유다의 사도직을 '주교직(bishoprick)'이라고 불렀다(이사야 1장 20절). 그 뒤 그리스도교 교회 내에 장로들이 생겨나고, 이들이 교의와 조언을 통해 그리스도교의 양들을 이끌 책임을 맡게 되자 이 장로들 역시 주교라고 불리게 된다. 디모데는 장로(《신약성경》에서 장로(elder)라는 말은 나이든 사람을 가리키는 말일 뿐만 아니라 교직의 명칭이기도 하다)임과 동시에 주교이기도 했다. 그리고 주교들은 당시 장로라는 호칭에 만족했다. 아니 오히려 우리 주에게 사랑받던 사도 성 요한 자신은 '장로인 나는 택하심을 받은 부녀와'라는 말로 〈요한 2서〉를 시작하고 있다.

이로써 명백히 알 수 있는 것은 주교·목사·장로·박사 즉 교사라는 호칭

---

[15] 그리스도교도의 박해자였던 타르소스의 사울은 다마스쿠스로 가던 도중 그리스도의 음성을 듣고 개종하여 사도 바울이 된다.

[16] episcop→biscop→bishop으로 바뀌었다.

518 리바이어던

은 사도 시대에는 동일한 직무의 여러 호칭에 불과했다. 왜냐하면 당시에는 강제력에 의한 통치는 없었고, 오직 교리와 설득에 의한 것만 있었기 때문이다. 하느님 나라는 앞으로 다가 올 새로운 세상이었다. 따라서 코먼웰스가 그리스도교 신앙을 받아들이기 전까지는 그 어떤 교회도 강제력의 행사 권한은 없었다. 따라서 직분의 다양성은 있어도 권한의 다양성은 없었다.

교회에 있어서 사도·주교·장로·목사·박사 등 위정자적 지위에 있었던 사람들의 소명은 유대인과 불신자에게 그리스도를 선포하고, 믿는 자들을 지도하고 가르치는 것이었는데, 《신약성경》에는 이러한 직무 이외에는 언급되지 않는다. '복음전도자(evangelists)', '예언자(prophets)' 등의 말이 나오기는 하지만, 이는 직무가 아니라 그 사람이 가진 자질(gifts)을 나타내는 말이다. 이러한 자질을 가진 사람들이 교회에 유익했다. 예수 그리스도의 생애와 행적을 기록함으로써 교회에 도움을 주는 복음전도자들이 그러했다. 예를 들면, 사도였던 성 마태와 성 요한, 제자였던 성 마가와 성 누가, 그 밖에도 그러한 글을 남긴 사람들이다. (성 도마와 성 바나바도 그러한 기록을 남겼다고 하지만, 현재 교회에서는 그 책들을*[17] 인정하지 않는다) 예언자들은 《구약성경》을 해석하는 자질로 교회에 기여했고, 때로는 그들이 받은 특별한 계시를 교회에 알려 주었다. 즉 이 재능들 모두, 또한 방언의 은사, 악귀를 쫓거나 병을 고치는 은사 등의 재능을 가진 모든 사람들에게 가르침이라는 책 속에 합당한 소명을 선택하는 것이었을 뿐, 교회에 별도의 직책을 두는 것은 아니었다.

교직자들의 서임　맛디아, 바울, 바나바는 예수 그리스도가 직접 임명한 사도가 아니라 교회에 의해, 즉 그리스도교도들의 합의체에 의해 사도가 되었다. 맛디아는 예루살렘 교회에서, 바울과 바나바는 안디옥 교회가 임명한 것처럼 다른 성읍의 '장로들'과 '목사들'도 그 도시의 교회에 의해 뽑혔다. 이를 입증하기 위해 먼저 성 바울이 바나바와 함께 사도의 지위를 받은 직후에, 그가 개종시킨 사람들이 살던 성읍에서 장로 서임을 어떻게 했는지 고찰해 보자.

《성경》에는 '그들을 위해서 각 교회에서 장로들을 임명했다'(사도행전 14장 23절)고 되어 있다. 얼핏 보기에는 성 바울과 바나바가 장로들을 직접 선발

---

*[17] 성 토마스와 성 바나바도 12사도에 속한다. 그 책들이란 토마스행전, 바나바복음, 바나바의 편지, 바나바행전을 가리킨다.

하고 그들의 권한을 준 것으로 생각되기도 한다. 그러나 《성경》의 원문을 보면, 각 도시의 그리스도교도들의 합의체가 선발하고, 권한을 부여했음을 알 수 있다. 왜냐하면 원문에는 '각 교회에서 장로들을 택하여(χειροτονήσαντεϛα᾿υτ ὸϛ πρεσβυτέρουϛ κατ᾿ ἐϰϰλησίαν)'로 되어 있다. 이제 우리는 모든 도시에서 교직자를 뽑는 방식은 신도들의 다수결 투표였다는 사실을 잘 알 수 있다. 그리고 찬반의 표시는 보통 거수 방식으로 어떤 도시에서든 교직자를 임명할 때는 신도들을 모아놓고 일인일표로 다수결 투표를 했다. 거수표시, 목소리 표시를 하든 구슬이나 콩·잔돌 등을 찬반 표시를 한 각각의 그릇에 던져 넣든 모두 마찬가지였다. 그는 각 지방의 풍습이 서로 달랐기 때문이었다. 그러므로 각 교회의 신도들의 합의체가 장로를 정했고, 사도들은 그 합의체의 의장(president)에 불과했으며, 선거 회의를 소집하거나, 선발된 자를 선언, 그들에게 축복을 내리는 일을 했으며, 오늘날에는 이를 성별(聖別, consecration)이라고 한다. 그리고 이런 연유로 사도가 없을 때에는 장로가 그러했듯이 합의체의 사회자는 '프로에스토테스(προεστῶτεϛ)', 라틴어로 '안티스티테스(Antistites)'라고 불렀다. 이는 합의체의 주요 인물을 뜻하는 말로서, 그가 하는 일은 표를 세어 누가 당선되었는지를 선언하는 일이었다. 이때 찬반 동수일 경우에는 자신의 표를 행사하여 찬반을 결정하였다. 이것이 바로 회의에서 사회자가 하는 일이다.

모든 교회에서 장로들을 접하는 방식이 같으므로, '세우다(constitute)'라는 말은 같은 뜻으로 이해해야 한다. 예컨대 〈디도서〉 제1장 5절에 '내가 너를 그레데에 남겨 둔 이유는 남은 일을 정리하고 내가 명한 대로 각 성에 장로들을 세우게 하려 함이니(῞ʹα ϰαταστῇσῃϛ ϰατὰ πόλιν πρεσβυτέρουϛ)'라는 구절이 있다. 이처럼 '세우다'는 말은 신앙이 두터운 사람들을 모아, 다수결 투표에 의해 장로들을 임명한다는 의미로 이해해야 할 것이다. 어떤 위정자라도 합의체의 선발이라는 방식 외에 다른 방식을 본 적 없는 성읍의 사람들이 그리스도교도가 된 뒤에 그들의 교사와 지도자, 즉 장로를 세울 때, 성 바울의 '거수에 의해'(Χειροτονήσαντεϛ)라는 말에서 암시된 다수결 투표 이외의 방식을 생각했다면, 오히려 그것이 이상했을 것이다. 또한 주교를 뽑는 것도 황제가 주교들 간의 평화를 유지하기 위해 주교들을 규제할 필요성을 느끼기 전까지는 다른 방식으로 주교를 선출한 적도 없었을 것이다.

이는 오늘날까지 계속되고 있는 로마 주교들[18] 선출방식의 관행에서도 확인할 수 있다. 예를 들어 어느 지역의 주교가 다른 지역으로 가서 새로 주교직을 세우게 됨에 따라 본디 주교직이 공석이 되어 그 후임자를 세워야 한다고 생각해 보자. 그때 그 주교가 선발권을 가지고 있었다면, 그 주교는 죽기 전에 자신의 후임자를 임명할 수 있는 권리도 당연히 가지고 있었을 것이다. 그러나 로마의 그 어떤 주교도 자신의 후임자를 임명한 적이 없다. 즉 그들은 오랫동안 로마 사람들에 의해 선출됐으니 이는 다마수스와 우르시키누스의 선거에서 벌어진 혼란을 통해서도 알 수 있다.[19] 암미아누스 마르셀리누스(*Ammianus Marcellinus*)[20]에 따르면, 사태가 커지자 유벤티우스(*Juventius*) 지사(知事)는 치안유지에 실패하여 어쩔 수 없이 로마를 떠나야 했으며, 교회 자체 내에서만 100명 이상의 사망자가 생겼을 정도였다. 그리하여 주교를 로마의 모든 성직자들이 뽑다가, 후에는 추기경이 선출하기는 했지만 선임자가 후임자를 임명한 일은 결코 없었다. 따라서 만약 주교가 자신의 후임자를 결정할 권한이 없었다면, 그가 새로운 권한을 부여받지 않고서는 다른 지역의 주교를 임명할 권한도 없었다고 보는 것이 타당할 것이다. 그 권한을 교회에서 빼앗을 수 있는 자는 교회를 가르칠 권한과 교회에 명령을 내릴 수 있는 합법적인 권한을 가진 사람 뿐인데, 이러한 권한을 가진 자는 정치적 주권자뿐이었다.

교회의 대행자들이란 누구인가 '대행자(*Minister*)'라는 말의 원어는 '디아코노스(*Διάκονος*)'로, 다른 사람의 일을 자발적으로 대행하는 사람을 말한다. 이때 시종과 다른 점은 단 한 가지, 즉 시종은 신분 자체가 주인의 명령에 따를 의무가 있다는 점이다. 반면 대행자는 자신이 맡은 일에 대해서만 그 일을 할 의무가 있으며, 따라서 자신이 맡은 일 이상에 대해서는 구속받지 않는다. 그러므로 하느님의 말씀을 가르치는 사람도, 교회의 세속적 업무를 관리하는 사람도 대행자이지만, 그들은 서로 다른 인격의 대행자들이다. 교

---

[18] 로마 주교란 교황을 가리킨다.

[19] 우르시키누스는 우르시누스의 잘못된 말. 성 다마수스 1세(Damasus, 306?~384)는 로마교황. 성직자 소수파는 우르시누스(Ursinus)를 뽑고, 우르시누스는 이를 받아들여 다마수스에게 대항하였으나(366~367), 결국 로마에서 추방되어 다마수스의 지위가 확정되었다.

[20] Ammianus Marcellinus(BC 330~BC 395)는 로마제정 말기의 역사가로, 주저서는 《31권사 (Rerum gestarum libri) XXXI》.

회의 목자, 즉 '말씀을 섬기는'(사도행전 6장 4절) 일에 헌신하는 자는 그리스도의 대행자이며, 그들의 말이 곧 그리스도의 말씀이다. 그러나 부제의 직무, 즉 '음식 베푸는 일'(사도행전 6장 2절)은 교회의 신도들 또는 회중에게 베푸는 봉사이다. 그러므로 목자는 어느 한 교인의 대행자도 아니며, 교회 전체의 대행자도 아니다. 그러나 부제는 그들이 무슨 일을 하든 모든 회중의 대행자라 할 수 있다. 즉 그것이 음식 봉사일 수도 있고 그리스도교도들이 각자의 도시에서 공동재산 또는 탁발로 생활하던 초대 교회 시절에 그러했던 것처럼, 공동경비를 관리하는 일일 수도 있다. 또한 예배당을 관리하는 일, 교회 수입을 관리하는 일, 교회의 기타 현세적 업무를 관리하는 일 등이 모두 그러하다.

즉 부제의 직무는 회중에 봉사하는 것이었지만 때로는 각자 지닌 자질에 따라 복음을 전도하거나 그리스도의 교리를 전파하기도 했다. 스데반이나 빌립이 그러했다. 빌립은 사마리아 성에 내려가서, 사람들에게 그리스도를 전파했을 뿐만 아니라(사도행전 8장 5절), 환관에게 세례를 주기도 했다(사도행전 8장 38절). 이 빌립은 사도 빌립이 아니라 집사 빌립이다. 왜냐하면 빌립이 사마리아에서 그리스도를 전하고 있을 때, 사도들은 모두 예루살렘에 있었고(사도행전 8장 14절), "예루살렘에 있는 사도들이 사마리아도 하느님의 말씀을 받았다 함을 듣고 베드로와 요한을 보내며"(사도행전 8장 14절)라고 기록되어 있기 때문이다. 베드로와 요한은 세례받은 사람들이 성령을 받을 수 있게 (빌립으로부터 세례받을 때 성령까지 받지는 못했다) 기도했다(사도행전 8장 15절). 왜냐하면 성령을 받기 위해서는 교회의 대행자가 아닌 말씀의 대행자가 세례를 주관할 필요가 있었기 때문이다. 그러므로 집사 빌립이 세례를 준 사람들의 세례를 확인하기 위하여 예루살렘에 있던 사도들은 베드로와 요한 사도를 사마리아로 보냈고, 두 사람은 전에 단지 세례만 받았던 사람들에게 성령의 표적인 은혜를 받게 했고, 그 당시에는 진실된 신도들에게는 모두 성령을 받은 표적이 나타나는 은혜가 따른다. 이 표적이 무엇인가는 성 마가의 말을 보면 이해할 수 있다.

"믿는 자들에게는 이런 표적이 따르리니 곧 그들이 내 이름으로 귀신을 쫓아내며 새 방언을 말하여 뱀을 집어 올리며 무슨 독을 마실지라도 해를 받지 아니하며 병든 사람에게 손을 얹은즉 나으리라 하시더라."(마가복음 16

이러한 성령의 은혜를 빌립은 줄 수 없었으며, 오직 사도들만이 줄 수 있었고 사도들이 한 것과 같이 진실된 신도들은 모두 이러한 은혜를 받았으며 그리스도의 대행자에게 직접 세례를 받았다. 이 시대의 그리스도의 대행자들은 이런 능력을 주지 못하는 사람이거나, 아니면 진실된 신도가 거의 없거나, 그리스도에 대행자가 너무 적어서 그럴 수도 있다.

그들은 어떻게 선출되었나? 최초의 집사들은 사도들에 의해서가 아니라 제자들의 모임, 즉 그리스도교도들로 구성된 모든 종류의 모임에 의해 선출되었다. 이 점은 〈사도행전〉 제6장에 분명하게 나와 있다. 제자들이 점점 불어나자 '12사도'가 제자들을 모두 불러놓고 말하기를, 자기들이 하느님의 말씀을 전하는 일을 제쳐두고 음식 베푸는 일에 힘쓰는 것은 적절치 못하니, "형제들아 너희 가운데서 성령과 지혜가 충만하여 칭찬받는 사람 일곱을 택하라 우리가 이 일을 그들에게 맡기고"(사도행전 6장 3절)라고 했다. 그러자 "온 무리가 이 말을 기뻐하여 믿음과 성령이 충만한 사람 스데반과 또 빌립과 브로고로와 나가르노와 디몬과 바메나와 유대교에 입교했던 안디옥 사람 니골라를 택하였다."(사도행전 6장 5절) 이 구절들을 보면 집사로 뽑힌 사람들을 선포한 것은 사도들이지만, 그들을 집사로 뽑은 것은 사람들의 뜻임을 분명히 알 수 있다.

모세 법 아래에서의 교회수입에 대하여 《구약성경》에서는 레위 지파만이 제사장의 지위 및 교회의 기타 하급 성직을 담당할 수 있었다. 토지는 레위 지파를 제외한 다른 지파에게 분배되었는데, 요셉 지파가 에브라임 지파와 므딘세 지파로 나뉘어져 있었으므로 모두 열둘로 나뉘었다. 레위 지파는 그들이 거주하기 위한 일정한 도시들과 함께 가축을 먹일 수 있는 풀밭을 받았다. 그러나 그들을 위한 재산은 없었고, 그 대신 레위 지파는 그들의 형제들 땅에서 수확한 것의 10분의 1을 가진다. 그리고 제사장들은 그 10분의 1의 10분의 1과 이스라엘 자손이 하느님께 바친 봉헌과 제물의 일부를 생활경비로 받았다. 왜냐하면 하느님은 아론에게 "여호와께서 또 아론에게 이르시되 너는 이스라엘 자손의 땅에 기업도 없겠고 그들 중에 아무 분깃도 없을 것이나 내가 이스라엘 자손 중에 네 분깃이요 네 기업이니라"(민수기 18장 20절)라고 말씀하셨기 때문이다. 당시 하느님은 왕이었고, 레위 지파를 자신의 공적 대행자로 세웠으므로 그들에게 생활경비로 공적 수입, 즉 자신을 위해 남겨둔 몫을 주셨던 것이다. 그가 바로 십일조와 봉납이다. 그러므로 하느님이 '네가 차지할 유산은 바로 나'라고 말씀하신 것이다. 그러므로 레위 지파를 클레로스($K\lambda\eta\rho o s$)라는 말에서 온 성직자(clergy)라 칭한 것은 적당하다. '클레로스'는 몫, 또는 세습재산을 나타내는 말이다. 그것은 그들만이 하느님 나라의 상속자라는 말이 아니라, 하느님의 세습재산이 곧 그들의 생활경비였기 때문이다. 이 시대에는 하느님이 그들의 왕이었고, 모세와 아론, 후임 제사장들이 그의 대리자였다. 따라서 십일조와 봉납에 대한 권리는 정치권력에 의해 설정된 것이 분명하다.

그들이 왕을 세워 달라고 요구함으로써 레위 지파는 하느님을 거부한 뒤에도 여전히 십일조와 제물을 받았다. 그것은 왕들이 그들에게서 그러한 권리를 빼앗지 않았기에 가능했던 일이다. 왜냐하면 공공수입을 처리할 권리는 공공의 인격에게 있었기 때문이고, 바빌론 유수에서 풀려날 때까지는 왕이 공공의 인격이었기 때문이다. 그리고 다시 바빌론에서 돌아온 뒤에도 그들은 그 전처럼 제사장에게 십일조를 바쳤다. 그러므로 이때까지는 교회 급여가 정치적 주권자에 의해 결정되었던 것이다.

예수 그리스도의 시대와 그 후의 시대에 대하여 예수와 사도들의 생계에 대해서는 그들이 단 하나의 돈주머니를 (가롯 유다가 돈주머니를 맡아 가지고 있었다) 가지고 있었다는 것만을 알 수 있다. 사도들 중에서 어부 등 직업을 가진 사람들은 자신의 생업으로 생계를 충당했다. 예수 그리스도는 복음을 전하라고 12사도를 보내면서, "너희 전대에 금이나 은이나 동을 가지지 말고 여행을 위하여 배낭이나 두 벌 옷이나 신이나 지팡이를 가지지 말라 이는 일꾼이 자기의 먹을 것 받는 것이 마땅함이라"(마태복음 10장 9~10절)고 했다. 이 구절로 미루어 보건대 아마도 그들의 직업으로 생계를 충당하는 것이 부족하지만은 않았던 듯하다. 왜냐하면 그들의 일이란 '거저 받았으니 거저 주라'(마태복음 10장 8절)이며, 그들은 구주 메시아가 온다는 기쁜 소식을 믿은 사람들의 '무상의 증여'로 살아갔다. 거기에 우리는 예수에게서 치유받은 사람들이 감사의 뜻으로 내놓은 재산도 포함될 것이다. 이 헌납에 대해서는 이렇게 써 있다. "또한 악귀를 쫓아내심과 병 고침을 받은 어떤 여자들 곧 일곱 귀신이 나간 자 막달라 사람이라 하는 마리아와 또 헤롯의 청지기 구사의 아내 요안나와 또 수산나와 다른 여러 여자가 함께 하여 자기들의 소유로 저희를 섬기더라."(누가복음 8장 2~3절)

예수가 승천한 뒤, 각 도시의 그리스도교도들은 땅이나 집을 팔아서 그 판 돈을 사도들의 발 앞에 놓았는데(사도행전 4장 34~35절), 그는 의무적이 아닌 선의에서 나온 행동이며 그들은 그 돈으로 공동생활을 했다. 이는 성 베드로가 아나니아에게 한 말로 알 수 있다. "땅이 그대로 있을 때에는 네 땅이 아니며 판 후에도 네 마음대로 할 수 없더냐. 어찌하여 이 일을 네 마음에 두었느냐 사람에게 거짓말한 것이 아니요 하느님께로다."(사도행전 5장 4절) 즉, 아나니아는 스스로 원하지 않으면 토지든 돈이든 내어놓지 않아도 됐다. 거짓말로 자기 토지나 돈을 지킬 필요는 없었다는 말이다. 사도들의 시대에 그러했듯이 콘스탄티누스 대제 이후에 이르기까지 그리스도 교회의 주교와 목사들은 신도들의 자발적인 헌금으로 생활했음을 알 수 있다. 거기에는 아직 십일조에 대한 언급은 없으며, 콘스탄티누스 대제와 그 아들들의 시대에는 그리스도교도들이 주교를 추앙했기 때문에 많은 헌금을 냈다. 특히 기혼 부인들이 많은 헌금을 내 그 시절의 주교들은 마차를 타고 다니며, 호의호식을 누리는 사치스런 생활을 했다. 암미아누스 마르켈리누스의 기록으로 알 수 있듯이(다마수스와 우르시키누스가 로마 주교직을 놓고 다투면서 소란이 일어났다고 한다) 주교직은 탐낼 만한 자리였다.

복음 대행자들은 신도들의 자선에 의해 생활했다 당시 목사들은 신도들의 자선으로, 즉 자발적으로 낸 헌금으로 살았다고 주장하는 사람도 있을지 모른다. 예컨대 성 바울은 이렇게 말하고 있다. "누가 자기 비용으로 군 복무를 하겠느냐 누가 포도를 심고 그 열매를 먹지 않겠느냐 누가 양 떼를 기르고 그 양 떼의 젖을 먹지 않겠느냐."(고린도전서 9장 7절) 또한 그는 이렇게 말하고 있다. "성전의 일을 하는 이들은 성전에서 나는 것을 먹으며 제단에서 섬기는 이들은 제단과 함께 나누는 것을 너희가 알지 못하느냐?"(고린도전서 9장 13절) 즉, 제단에 바쳐진 제물의 일부로 그들이 살아간다는 뜻이다. 결론적으로 바울은 이렇게 말한다. "이와 같이 주께서도 복음 전하는 자들이 복음으로 말미암아 살리라 명하셨느니라."(고린도전서 9장 14절) 이러한 구절들을 보면, 분명 교회의 목사들을 먹여 살릴 의무가 신도들에게 있었다고 생각할 수도 있지만, 목사들이 자신들이 받게 될 급여의 양이나 종류를 결정하고, 자신들의 식량을 분배했다고 생각할 수는 없다. 따라서 그들의 급여는 필연적으로 신도들 개개인의 감사 및 호의에 의해 결정되거나, 아니면 군중에 의해 결정되었음이 틀림없다.

그런데 군중은 그런 결정을 할 수 없었다. 왜냐하면 당시에는 그들의 결정이 법이 아니었기 때문이다. 그러므로 목사들의 생계는 황제와 정치적 주권자가 법으로 정하기 전까지는 오직 신도들의 희사(benevolence)로 유지되었다고 보아야 한다. 제단 일을 맡아보는 사람들은 제단에 바쳐진 제물로 먹고 살았다. 이처럼 목사들은 신도들이 바친 것을 가질 수는 있지만 바치지도 않은 것을 강제로 빼앗아선 안 된다. 재판관이 없는데 어느 법정에 소송을 낼 것인가? 중재자가 있어 이 문제에 대한 중재 판결을 내렸다 하더라도 집행관을 무장시킬 권력이 없는데 누가 이 판결을 집행할 수 있었겠는가? 그러므로 교회 목사들에게도 군중에게서 비롯된 것 외에는 일정한 생활비의 할당은 없었다. 그것은 군중의 결정이(규범이 아니라) '법'의 힘을 가졌을 때 뿐이었다. 이러한 법은 황제나 왕 또는 그 밖의 정치적 주권자만이 만들수 있었다. 따라서 모세율법 아래 십일조의 권리는 당시 복음전도자들에게는 적용되지 않았다. 모세와 대제사장들은 하느님의 지배 아래 국민들을 이끄는 정치적 주권자였고, 유대인들의 하느님 나라는 이 땅에 존재하고 있었지만 그리스도의 하느님 나라는 앞으로의 것이었기 때문이다.

지금까지 살펴본 내용은 다음과 같다. 교회의 목사란 어떤 사람이며, 그의 사명은 무엇인가(설교하고, 가르치고, 세례를 주고, 군중의 의장이 되는 것과 같은), 교회에 의한 비난, 즉 파문이란 무엇인가? 다시 말하면 그리스도교가 시민법에 의해 금지된 곳에서는 신도들이 파문된 사람과 더 이상 상종하지 않는 것이고, 그리스도교가 시민법에 의해 명령으로 정해진 곳에서는 파문된 자를 그리스도교도의 회중에서 쫓아내는 것이란 무엇인가? 누가 교회목사와 대행자를 뽑았는가(회중이 뽑았다), 그들을 성별(聖別)하고 축복해 준 사람은 누구인가(목사였다), 그들의 정당한 수입은 무엇이었나(본디 가지고 있던 소유재산, 자기 자신의 노동, 신도들의 자발적 헌금만이 그들의 수입이었다).

이번엔 정치적 주권자가 그리스도교를 신봉하는 사람일 경우, 그가 교회에서 어떤 직무를 맡게 되는지를 살펴보기로 하자. 우선 떠올려야 할 것은 어떤 교리가 평화에 적합한지, 어떤 교리를 국민들에게 가르쳐야 하는지를 판단할 권한은 (18장에서 이미 증명한 것처럼) 모든 코먼웰스에서 주권적 정치권력(그것이 한 사람이든 합의체이든)에 불가분 관련되어 있다는 점이다. 사람의 행위는 그에게 돌아올 이해(利害)에 대한 의견에서 나오고, 따라서 주권적 권력에 복종하는 것이 불복하는 것보다 유해하리라는 의견에 사로잡힌 사람들은 법에 복종하지 않을 것이며, 코먼웰스를 전복시켜 혼란과 내란을 일으킬 것이다. 이런 이치를 모를 사람은 아무도 없다. 시민정부는 바로 이런 혼란과 내란을 막기 위해 생겨났다. 그러므로 이교도들의 코먼웰스에서는 모두 주권자를 국민의 목사라고 불렀다. 주권자로부터 허가와 권한을 위임받지 않고서는 어느 누구도 국민들을 합법적으로 가르칠 수 없었기 때문이다.

이교도 왕들의 이러한 권리가 그가 그리스도교 신앙으로 개종한다고 해서 박탈될 수는 없다. 그리스도는 결코 왕들이 자기를 믿었다고 해서 폐위되어야 한다, 그리스도 이외의 누군가에게 복종해야 한다고 한 적도 없으며, 국민들 사이의 평화 유지와 외적의 방어에 필요한 권력을 버려야 한다고 규정한 적도 없다. 그러므로 왕은 그리스도교도가 되었다고 하더라도 여전히 국민을 지휘하는 최고 목사이며, 교회를 인도할 목사들을 그가 원하는 대로 임명하고, 그들에게 신도들을 가르칠 책무를 부과할 권한을 갖는다.

물론 왕이 개종하기 전까지는 교회가 목사를 선발했다. 사도 시대 또한 그러했다는 것은 이미 앞에서 살펴보았다. 그렇더라도 정치적 주권자가 그리스도교도가 되면, 그 권리는 정치적 주권자에게 돌아간다. 그가 그리스도교도라서 교회에서의 가르침을 허락하고, 그가 주권자라서 (곧 교회를 대표하며, 따라서) 그가 선출하는 교사들은 교회의 교사가 된다. 그러므로 그리스도교 코먼웰스에서 그리스도교도의 합의체가 목사를 뽑을 경우, 그를 목사로 선출하는 것은 주권자이다. 왜냐하면 그것은 주권자의 권한대로 이루어지는 일이기 때문이다. 도시에서 시장을 뽑는 것도 마찬가지로 주권을 가진 자의 행위이다. 모든 행위는 그의 동의가 없으면 무효가 되기 때문이다. 그러므로 과거 역사에서 국민이나 성직자가 목사를 뽑은 사례들이 아무리 많다 하더라도, 그 사례들은 정치적 주권자의 권리에 반대하는 증거가 될 수는 없다. 왜냐하면 목사들을 선출한 사람들은 정치적 주권자의 권한에 의해 그렇게 했기 때문이다.

모든 그리스도교 코먼웰스에서 정치적 주권자가 최고 목사이며, 그에게는 자기의 국민들이라는 양 떼를 돌볼 책임이 있고, 따라서 그의 권한에 의해 다른 모든 목사들이 세워지며, 그들에게 목사직의 수행에 요구되는 권한이 주어지기 때문에, 가르침과 전도, 그 밖에 목사직의 수행과 관련된 모든 권리는 정치적 주권자로부터 나온다고 할 수 있다. 목사들은 정치적 주권자의 대행자에 지나지 않으며 그것은 도시의 위정자나 법정의 재판관, 군대의 사령관이 모두 코먼웰스의 대행자에 불과한 것과 같다. 코먼웰스 전체의 위정자, 모든 소송의 재판관, 군대 전체의 사령관은 언제나 정치적 주권자라는 것이다. 가르치는 사람이 그의 국민이어서가 아니라, 배우는 사람들이 그의 국민이기 때문이다. 가령 그리스도교도인 왕이 자기 영토 안의 목사 임명권을 다른 나라의 왕에게 (여러 그리스도교도 왕들이 그 권리를 교황에게 위임하듯이) 위임했다고 가정해 보자. 이렇게 위임했다고 해서 그가 자기 위에 새 목사를 세우는 것은 아니며, 자기 국민들 위에 또 다른 주권적 목사를 세우는 것도 아니다. 왜냐하면 그것은 그에게서 정치적 권력을 빼앗는 결과가 되기 때문이다. 그 정치적 권력은 그에 대한 국민들의 충성심과 저 세상에서 받게 될 처벌에 대한 두려움에 달려 있으므로, 그 어떤 종류의 인간보다 야심으로 가득 차 있고 무지하기 짝이 없는 박사들의 말재주와 충성심에 의존하게 될 것이다. 그러므로 외부인이 교사 임명권을 가진 경우, 이 권한은 그가 가르치고 있는 영토의 주권자에 의해 주어진 것이다. 그리스도교 박사들은 그리스도교에 대한 우리의 학교 교사이다. 그러나 왕은 가족들의 아버지이며, 자기 국민을 가르칠 교사들을 임명할 때 외부인의 추천을 받아들일 수는 있지만 외부인이 명령할 수는 없다. 그 교사가 자신을 추천한 사람의 이익만을 꾀하여 국민들을 그릇되게 가르칠 염려가 있기 때문이다. 그 교사가 공익에 도움을 주지 않음에도 불구하고 그대로 두어야 할 의무는 없다. 주권자가 주권자로서의 본질적인 권리를 갖고 있는 한 공익을 돌보는 일은 당연히 해야 할 일이기 때문이다.

오직 주권자의 목사적 권한만이 신권(神權)에 의한 것이며 다른 목사들의 권한은 세속적 권리에 의한 것이다　　대제사장들과 장로들이 우리 구주에게 이렇게 물은 일이 있다. "네가 무슨 권위로 이런 일을 하느냐? 또 누가 이 권위를 주었느냐?"(마태복음 21장 23절) 자기의 직분을 다하고 있는 어떤 목사에게 이런 질문을 할 경우, 그가 할 수 있는 올바른 대답은 이것이다. 바로 코먼웰스를 대표하는 왕 또는 합의체로부터 받은 코먼웰스의 권한으로 수행한다는 것이다. 최고 목사를 뺀 모든 목사들은 정치적 주권자의 권리에 의해, 즉 그의 권위에 의해 목회의 권리를 받았으므로 그 권리는 '정치적 권리'이다. 그러나 왕 및 기타의 주권자들은 하느님으로부터 직접 받은 권한으로, 다시 말해 '하느님의 권리', 즉 '하느님이 준 권리'로 그 책무를 수행한다. 그러므로 왕 이외에는 어느 누구도 그들의 칭호 속에 '하느님의 은혜를 받은 왕(Dei gratiâ Rex)'을 넣어선 안 된다. 이 말은 오직 하느님에게만 복종한다는 뜻이기 때문이다. 주교들은 신자에게 보내는 편지(Mandates) 첫머리에 이렇게 써야 한다. "국왕폐하의 은총으로, ○○교구의 주교는……", 또는 정치적 대행자들처럼 "폐하의 이름으로……"라고 해야 한다. "하느님의 섭리로(Divinâ providentiâ)"라고 해서는 안 된다. 이 말은 위장되어 있기는 하지만 '하느님의 은혜로(Dei gratiâ)'와 같은 말로서 그 권한을 시민국가로부터 받았다는 사실을 부정하며, 정치적 복종의 목줄을 교활하게 벗어던지는 것이다. 이것은 코먼웰스의 일치와 방어에 어긋나는 일이다.

그리스도교도인 왕은 목사의 기능을 모든 방법으로 시행할 권리를 갖는다 그리스도교도인 왕이 자기 국민을 위한 최고 목사라면, 설교는 물론 (이것은 아마 누구도 부정하지 않을 것이다) 세례 주는 일과, '주의 만찬' 성례를 주관하는 일과, 하느님께 바친 성전과 목사들을 신에 대한 봉사를 위해 성별하는 일 등, 이 모든 권한들을 가진 것으로 보인다. 그것에 대해서는 대부분의 사람들이 부정을 하며 그 까닭의 일부는 왕이 늘 그런 일을 하지는 않기 때문이기도 하고, 또 일부는 성례를 주관하는 일과 신성한 용도를 위한 사람과 장소를 구별하는 일은 다음과 같은 사람들의 안수가 필요하기 때문이다. 그 사람들이란 역시 안수에 의해 사도 시대 이래 그 일을 맡아 온 사람들이다. 그러므로 그리스도교도인 왕에게 세례와 성별의 권한이 있다는 것을 증명하기 위해, 나는 다음에서 왜 왕이 그런 일을 하지 않았는지 그 까닭을 살펴보고, 통상적인 안수의식을 하지 않더라도 왕이 원할 경우 성례와 성별을 할 수 있었다는 것을 보이고자 한다.

왕은 대학 교수의 임명권을 가지며, 만일 자신이 학문에 조예가 깊다면, 그 임명권에 의해 대학에서 직접 강의할 수도 있다. 그러나 코먼웰스의 업무가 그의 시간을 모두 빼앗기 때문에, 그가 직접 강의에 나서는 것은 어려웠다. 또한 재판관 임명권이 왕에게 있는 것과 마찬가지로, 왕은 원한다면 나라 안의 모든 소송을 심리하고 결정하기 위하여 직접 재판을 해도 괜찮다. 그러나 왕은 나라를 지휘하고 통치해야 하므로, 주요 국정만 맡아서 결정하고 나머지는 대행자를 임명하여 처리의 권한을 위임하는 것이다. 그와 마찬가지로 (세례의 권한을 가진) 그리스도도 직접 세례를 베푼 적이 없으며, 사도들과 제자들을 보내 세례를 주게 했던 것이다(요한복음 4장 2절). 또한 성바울도 여러 먼 지방으로 다니면서 복음을 전하느라 세례는 조금밖에 주지 않았다. 고린도 사람 가운데 그에게 세례받은 사람은 그리스보와 가이오와 스데바나 가족뿐이었는데(고린도전서 1장 14, 16절), 이것은 바울의 주된 임무가 복음을 전하는 일이었기 때문이다(고린도전서 1장 17절). 이로써 분명한 것은 (교회 통치와 같은) 막중한 책무를 진 사람에게는 비교적 덜 중요한 일에 대한 책무는 면제된다는 것이다. 그리스도교도 왕이 직접 세례를 주지 않았던 것도 바로 이런 이유임이 분명하며, 오늘날 주교가 세례 주는 일이 지극히 적고, 교황이 직접 세례 주는 일은 더욱 적은 것도 같은 이유에서이다.

다음으로 왕에게 세례를 주거나 성별할 권위를 부여할 때 안수의식이 필요한지에 대해 살펴보기로 하자.

안수는 유대인들 사이에서 매우 오래된 공공의식이었다. 기도하거나, 축복하거나, 제물을 바치거나, 성별하거나, 단죄하거나, 그 밖의 말을 할 때, 손을 얹으면 그 대상이 되는 인물이나 사물이 명확히 구별되는 효과가 있었다. 그러므로 야곱도 요셉의 아들들을 축복하면서, "이스라엘이 오른손을 펴서 차남 에브라임의 머리에 얹고 왼손을 펴서 므낫세의 머리에 얹으니 므낫세는 장자라도 팔을 엇바꾸어 얹었더라."(창세기 48장 14절) 야곱은 (요셉이 그의 아들들을 야곱의 좌우에 세우면서 큰 아들을 오른쪽에, 작은 아들을 왼쪽에 세웠기 때문) 그의 팔을 엇갈리게 내밀어 안수했는데, 이것은 그가 누구에게 더 큰 축복을 주려 했는지를 분명히 보여 주기 위해서였다. 번제물을 바칠 때에도 안수했다. 아론은 "송아지 머리에 안수할지라"(출애굽기 29장 10절) "숫양의 머리 위에 안수할지라"(출애굽기 29장 15절)는 명령을 받았다.

〈레위기〉 1장 4절 및 8장 14절에도 같은 내용이 나와 있다. 마찬가지로 모

세는 여호수아를 이스라엘 사람들의 군사령관에 임명할 때 그를 하느님이
쓰시도록 성별하면서, "자기의 손을 여호수아에게 얹어서, 그에게 〔군사령관
의〕 책무를 맡겼다."(민수기 27장 23절) 이것 또한 전쟁터에서 그들이 따라야
하는 사람이 누구인지를 모든 회중에게 분명하게 보여 주기 위한 것이었다.
또한 하느님은 레위 사람을 성별할 때에도 "이스라엘 자손이 레위 사람에게
그들의 손을 얹으라"(민수기 8장 10절)고 명령했다. 또한 하느님은 주의 이름
을 모독한 자를 단죄할 때에도, "그 저주한 사람을 진영 밖으로 끌어내어 그
것을 들은 모든 사람이 그들의 손을 머리에 얹게 하고 온 회중이 돌로 그를
칠지니라"(레위기 24장 14절)고 했다. 어째서, 제사장이나 레위 사람이나 재
판관이 아니라 하느님을 모독하는 자의 말을 들은 사람들만이 그에게 안수
해야 했을까? 그것은 누가 하느님을 모독하고 죽을 죄를 지었는지를 회중의
눈앞에 똑똑히 보여 줄 사람은 그들뿐이었기 때문이다. 그리고 사람이든 사
물이든 대상을 지목할 때 이름을 불러 귀로 듣는 것보다, 머리 위에 손을 얹
어 눈에 보이게 명시하는 것이 실수가 적다.

　그리고 이 의식은 전체 회중을 한꺼번에 축복할 때에도 자주 쓰였다. 다
만 전체 회중의 머리 위에 일일이 손을 얹을 수는 없으므로, 아론은 "백성을

향하여 손을 들어 축복하였다."(레위기 9장 22절) 이런 의식은 이교도들에게도 있어서, 그들이 신전을 지어 성별하면서, 의식이 진행되는 내내 성직자가 신전 기둥에 손을 대고 헌사를 읊었다는 기록이 있다. 손을 얹어 대상을 보여 주는 것이 말로 들려 주는 것보다 개별적인 것을 분명하게 명시하기 때문에, 하느님을 공공적으로 섬기는 일(예배)에 이런 의식이 쓰인 것은 자연스러운 일이라고 할 수 있다.

그러므로 이런 의식은 예수 시대에는 새삼스런 일이 아니었다. 예를 들어 야이로는 딸이 병들자 예수에게 (치료해 달라고 한 것이 아니라) "그 위에 손을 얹으사 그로 구원을 받아 살게 하소서"(마가복음 5장 23절)라고 했다. 또한 "사람들이 예수께서 안수하고 기도해 주심을 바라고, 어린 아이들을 데리고 왔다."(마태복음 19장 13절)

사도나 장로 또는 장로회의가 목사로 임명한 사람들에게 손을 얹어 성령을 받으라고 기도한 것은 바로 이 오랜 전례를 따른 것이었다. 그것도 단 한 번이 아니라 필요할 때는 여러 번 안수하기도 했지만 목적은 역시 같았다. 즉 일반적인 목사의 책무 또는 하나의 특정 사명을 맡긴 인물에 대한 움직일 수 없는 종교적 명시였다. 그러므로 사도들은 일곱 장로를 그들 앞에 세워놓고 기도하고, "그들에게 안수하였다."(사도행전 6장 6절) 이 안수는 그들에게 성령을 주기 위한 것이 아니라, (왜냐하면 그들은 장로로 뽑히기 전에 이미 성령이 충만한 사람들(사도행전 6장 3절)이었으므로) 그들의 직무를 확실히 하기 위해서였다. 그리고 집사 빌립이 사마리아에서 사람들을 개종시킨 뒤, 베드로와 요한이 그곳으로 내려가 "그들에게 안수하매, 그들이 성령을 받았다."(사도행전 8장 17절) 사도뿐만 아니라, 장로들도 안수할 권한을 가졌다. 성 바울은 디모데에게 이렇게 충고하고 있다. "아무에게나 경솔하게 안수하지 마십시오."(디모데전서 5장 22절) 이 말은 성급하게 아무에게나 목사직을 맡겨선 안 된다는 충고였다.

〈디모데전서〉 4장 14절에는 장로들의 모임 전체가 디모데에게 안수한 것으로 되어 있는데, 이것은 장로회의가 임명한 누군가가 안수한 것으로 이해해야 할 것이다. 그 사람은 아마 장로회의의 '프로에스토스($\pi\rho\sigma\epsilon\sigma\tau\dot{\omega}\varsigma$)', 즉 의장이었을 가능성이 매우 크므로, 안수한 사람은 바울이었을 것이다. 〈디모데후서〉 1장 6절에 그 근거가 있다. 바울은 디모데에게 이렇게 말하고 있다.

"내가 나의 안수함으로 네 속에 있는 하느님의 은사를 다시 불일듯하게 하기 위하여 너로 생각하게 한다." 그런데 여기에서 성령에 의하여 의도되는 것이 삼위일체 가운데 제3의 인격이 아니라, 목사의 직무를 수행하는 데 필요한 은사(자질)를 가리킨다는 점에 유의해야 한다. 또한 성 바울도 안수를 두 번 받았다. 한 번은 다마스쿠스에서 아나니아에게(사도행전 9장 17~18절), 또 한 번은 안디옥에서 처음으로 파송될 때(사도행전 13장 3절)였다. 그즈음 목사를 임명하면서 이런 의식을 한 이유는 그에게 그런 권한을 준다는 것을 분명하게 보여 주기 위해서였다.

그러나 이미 가르칠 권한을 가진 사람이 세례를 받아 그리스도교도가 된 경우, 세례를 통해 그가 새로 부여받은 권한은 없으며, 이때 세례는 그가 가지고 있는 권한을 올바르게 사용하여 진실한 교리를 전하라고 한 것에 지나지 않는다. 따라서 안수할 필요는 없었으며, 세례만으로 충분했다. 그러나 모든 주권자는 그리스도교 신앙을 갖기 전부터 이미 가르칠 권한과 교사임명권을 가지고 있었으므로 그리스도교가 그들에게 새로운 권한을 부여한 것은 아니며, 다만 그들을 진리를 가르치는 길로 인도했을 뿐이다. 그러므로 (세례 이외에) 안수를 받아야 할 필요는 없었다. 이미 그들은 세례만으로도 목사로서의 모든 기능, 즉 세례 주는 일과 성별하는 일 등을 할 수 있었다. 그리고 《구약》 시대, 주권이 대제사장에게 있던 시절에는 오직 제사장만이 성별의 권한을 가졌지만, 주권이 왕에게 있을 때는 그렇지 않았다. 솔로몬은 국민들을 축복했으며, 성전을 성별했고, 오늘날 교회나 예배당을 거룩하게 구별하는 데 모범이 되는 공공의 기도를 선언했다(열왕기상 8장). 이로써 분명하게 알 수 있는 것은 그리스도교 국가의 주권자는 국가통치의 권한뿐만 아니라 교회기능을 행사할 권한도 가지고 있었다는 것이다.

정치적 주권자가 만약 그리스도 교인이라면 그는 자신의 영토에 있는 교회의 대표자이다 그리스도교도인 주권자는 정치적 권리와 교회적 권리의 이러한 통합(*consolidation*)을 통하여 인간이 가질 수 있는 모든 권력을 사용하여 정치적으로나 종교적으로나 국민들의 외적 행위를 다스릴 수 있으며, 국민을 통치하는 데 필요한 법을 제정할 수 있다. 국가와 교회는 동일한 사람들로 구성되어 있기 때문에, 주권자는 코먼웰스의 국민을 다스리는 동시에 교회의 신도들을 다스린다.

그러므로 그리스도교도인 주권자는 원한다면 (현재 많은 그리스도교도 왕들이 그러하듯) 자신의 국민들에 대한 종교적 통치를 교황에게 위임할 수도 있다. 그러나 이때 교황은 그 일에 있어서는, 주권자에게 종속되어 주권자의 영토 안에서 그 직무를 수행한다. 이 직무에 관련하여 교황은 정치적 주권자의 권한, 즉 '정치적 권한(*jure civili*)'을 갖는 것이지 하느님의 권한, 즉 '하느님이 준 권한(*jure divino*)'을 수행하는 것은 아니다. 그러므로 주권자가 자기 국민들의 이익을 위하여 필요하다고 판단한다면 교황에게 맡긴 직무를 해제할 수 있다.

또한 종교적 업무를 최고 목사 한 사람에게 또는 목사들의 합의체에 맡길 수도 있다. 목사들에게 교회에 대한 모든 지배권을 줄 수도 있고, 임의대로 목사들 간에 위계를 정할 수도 있다. 또한 주교·대주교·제사장·장로 등과 같은 명예로운 칭호를 마음대로 부여해도 되며, 그들의 생계를 위해 십일조를 정할 수도 있는 등 마음대로 법을 제정할 수 있다. 이러한 일을 그들은 자신의 진실한 양심에 따라 하며, 그 양심의 심판자는 오직 하느님뿐이다.

심판자(재판관)를 임명하는 것과 《성경》의 해석자를 임명하는 것도 정치적 주권자의 권한이다. 그는 그 판결과 해석을 법으로 만들기 때문이다. 파문에 대하여 권한을 부여하는 것도 바로 정치적 주권자이다. 법과 벌이 있어야만 파문은 고집스런 자유파들(*libertines*)을 길들여 신실한 신도들과 하나가 되게 할 수 있다. 그렇지 않으면 파문은 웃음거리가 되고 만다.

요컨대 정치적 주권자는 교회적 문제이건 정치적 문제이건, 모든 소송에서 행동과 말에 관한 한 최고권력을 가진다. 우리가 알 수 있는 것은 행동과 말뿐이기 때문에, 그것만이 기소(비난)의 대상이 될 수 있다. 비난할 수가 없는 것에 대하여는, 인간의 마음을 알고 계시는 하느님만이 심판할 수 있다. 군주이건 합의체이건, 주권자라면 누구나 이 모든 권리들을 갖는다. 왜냐하면 그리스도교 국민의 대표자는 교회의 대표자이며, 그리스도교 국민으로 이루어진 코먼웰스와 교회는 동일한 것이기 때문이다.

벨라르미노 추기경의 《최고주교론》에 대한 고찰 지금까지의 논의로 볼 때, 최고의 교권이 그리스도교도인 주권자에게 있다는 것은 충분히 입증되었다고 생각하지만, 로마교황에게 보편적 권력이 있다는 반론이 있고, 그 중 가장 강력하다고 여겨지는 주장이 바로 벨라르미노 추기경의 《최고주교론*De*

Summo Ponitifice》에 제기되어 있으므로, 그의 주장의 근거들과 타당성 여부를 간단히 살펴볼 필요가 있다.

제1권 이 주제에 대해 그가 쓴 5권 중 제1권은 3개의 질문을 내용으로 한다. 하나는 '군주정'과 '귀족정'과 '민주정' 중에서 어느 것이 최고의 통치 형태인가 하는 것이다. 그의 결론은 셋 중 어느 것도 아니고, 셋을 모두 혼합한 정부가 최선이라는 것이다. 또 하나는 이 중 어느 것이 가장 우수한 교회통치인가[21] 하는 것이며, 이에 대해서도 혼합되어 있으나 군주정의 요소를 가장 많이 포함하고 있는 것이라고 주장한다. 셋째는 혼합 군주정(*Mixed monarchy*) 체제에서 성 베드로가 군주의 지위에 있었는지 여부이다. 첫 번째 결론에 대해서는, 나는 이미(18장) 모든 정부는 하나의 절대적 권한을 가지며, 국민들은 이에 복종해야 한다는 것을 충분히 증명했다. 군주정의 경우, 오직 한 사람만이 최고의 지위에 있으며, 그 밖의 사람들이 국가 안에서 가지는 다른 권력들은 모두 그의 위임에 의해, 그가 바라는 동안 소유하며, 그의 이름으로 집행한다. 귀족정과 민주정의 경우에는 단 하나의 최고 합의체가 있으며, 군주정에서 군주가 갖는 권력과 똑같은 권력을 가진다. 그것은 혼합주권이 아니라 절대주권이다.

이들 셋 가운데서 어느 것이 최선인가는, 이미 그들 중 어느 한 형태의 정부가 수립되어 있는 곳에서는 논의할 필요가 없으며, 현존하는 그 정부를 최선으로 여기며 지지하고 옹호해야 한다. 어떤 형태의 정부든 그것을 교란하는 것은 자연법과 하느님의 실정법 쌍방에 어긋나는 일이기 때문이다. 게다가 어떤 통치형태가 최선인가 하는 것은 목사의 권한문제와는 아무 상관이 없다(그 목사가 정치적 주권을 갖지 않는 한). 왜냐하면 목사의 소명은 명령으로 사람들을 통치하는 일이 아니라, 논증으로 가르치고 설득하는 일이며, 배운 교의를 받아들일 것인지 거부할 것인지는 저마다의 판단에 맡겨야 하기 때문이다. 군주정·귀족정·민주정은 주권자의 종류를 셋으로 구별한 것이지 목사를 구별한 것이 아니다. 말하자면, 가족을 거느린 가장(家長)의 세 종류이지, 아이들을 가르치는 교사의 세 종류가 아니다.

---

[21] 벨라르미노에 의하자면, 교회통치는 "첫째, 국민의 것이 아니다. 둘째, 현세 왕후의 것이 아니다. 셋째, 특히 교회적 왕후의 것이 아니다. 넷째, 그는 모든 교회의 주재자이자 최고주교인 한 사람의 것이다."

그러므로 두 번째 결론, 즉 가장 우수한 교회의 통치형태는 무엇인가 하는 것은 자신의 영토 밖에서의 교황의 권한문제와는 아무런 상관이 없다. 그의 영토 밖의 모든 코먼웰스에서 그가 가질 수 있는 유일한 권한은 (만일 그에게 얼마간이나마 권한이 있다면) 학교 교사로서의 권한이지, 가장으로서의 권한은 아니다.

성 베드로가 교회의 수장이었다는 세 번째 결론에 대하여 그가 제시한 주요 논거는 〈마태복음〉 16장 18~19절이다.*22 "너는 베드로라. 내가 이 반석 위에 내 교회를 세우리니…… 내가 천국 열쇠를 네게 주리니 네가 땅에서 무엇이든지 매면 하늘에서도 매일 것이요, 네가 땅에서 무엇이든지 풀면 하늘에서도 풀리리라." 이 말은 잘 살펴보면, 베드로가 모든 사도들을 대표하여 신앙고백을 하자, 예수가 대답한 것으로서, 그리스도의 교회가 반석으로 삼아야 할 것이 오직 하나의 신조라는 것을 증명하고 있을 뿐이다. 그것은 바로 "예수가 그리스도였다"는 신조이다. 이것이 예수의 가르침이요, 세례자 요한의 가르침이요, 사도들의 가르침이었다는 것을 우리는 쉽게 알 수 있다. 여기에 바탕을 둔 것 이외에는 어떤 신조도 필요하지 않다.

맨 먼저 요한이 "천국이 가까이 왔느니라"(마태복음 3장 2절)고 복음을 전했다. 그 다음, 예수가 같은 말을 했으며(마태복음 4장 17절), 12사도에게 권한을 줄 때, 언급한 신조도 그것뿐이었다(마태복음 10장 7절). 이것이 바로 근본 신조, 즉 교회신앙의 주춧돌이었다. 사도들이 나중에 다시 예수에게 돌아왔을 때, 예수는 베드로뿐만 아니라 모든 사도들에게 이렇게 물었다. "사람들이 인자를 누구라 하느냐?"(마태복음 16장 13절) 이에 그들이 대답하기를, "세례자 요한이라고 하는 사람들도 있고, 엘리야라고 하는 사람들도 있고, 예레미야나 예언자들 가운데 한 분이라고 하는 사람들도 있습니다"라고 하였다. 그러자 예수는 다시 (베드로뿐만 아니라) 그들 모두에게 물었다. "너희는 나를 누구라 하느냐?"(마태복음 16장 15절) 그러자 베드로는 (그들 모두를 대변하여) "주는 그리스도이시요, 살아 계신 하느님의 아들이시니이다"라고 대답했다. 이것을 나는 교회 전체의 신앙의 주춧돌이라고 말한 것이다. 이 대답

---

*22 로마 교회는 베드로가 창설했으므로 로마교황은 그의 후계자가 된다. 따라서 베드로의 지위와 권한이 교황의 지위와 권한의 근거가 된다. 베드로가 보통명사로서 돌이라는 뜻을 갖는 것은 홉스가 설명하는 바와 같다.

을 듣자, 예수는 "이 반석 위에 내 교회를 세우겠다"고 말한 것이다.

여기에서 교회의 반석이 의미하는 것은 교회신앙의 근본신조였음이 분명하다. 그럼 왜 예수는 "너는 베드로다"라는 말을 했을까? 이 구절의 그리스어 원문이 정확히 번역되었더라면, 그 이유는 쉽게 밝혀졌을 것이다. 사도 시몬의 이름*23이 '돌'(시리아어로는 '게바(Cephas)', 그리스어로는 '페트로스(Πετρος)')이었음을 고려해야 한다. 예수는 베드로가 근본신조를 고백하자, 그의 이름이 가진

예수로부터 천국(교회)의 열쇠를 받는 베드로

뜻을 염두에 두고서, "너는 '돌'이다. 이 '돌' 위에 내 교회를 세우겠다"고 말한 것이다. 이 말은 곧 "내가 그리스도라는 이 신조가 내 교회의 교인이 되고자 하는 사람들에게 내가 바라는 모든 신앙의 기초다" 하는 뜻이다. 일상 대화에서도 상대의 이름이 가진 뜻을 염두에 두고 대화하는 경우는 드물지 않다. 만일 예수가 베드로라는 사람(Person) 위에 교회를 세울 의도로 "너는 돌이다. 이 돌 위에 내 교회를 세우겠다"고 말했다면, 그것은 낯설고 모호한 말이 되고 말았을 것이다. 그런 경우에는 "나는 내 교회를 네 위에 세우겠다"고 하는 편이 모호하지 않고 명백했을 것이며, 이렇게 말했다 하더라도 그의 이름이 가진 뜻을 똑같이 떠올렸을 것이다.

그리고 그 다음 구절, "내가 천국 열쇠를 네게 주리니"라고 한 말에 대해 살펴보면, 이 말은 예수가 제자들 모두에게 한 말, "네가 땅에서 무엇이든지

*23 〈마태복음〉 10장 2절에 나온다. "열두 사도의 이름은 이러하니 베드로라 하는 시몬을 비롯하여 그의 형제 안드레와 세베대의 아들 야고보와 그의 형제 요한……"

매면 하늘에서도 매일 것이요, 땅에서 무엇이든지 풀면 하늘에서도 풀리리라"(마태복음 18장 18절)는 말 이상은 아니다. 그러나 이 구절을 어떻게 해석하든, 여기서 부여된 권한이 그리스도교도인 정치적 주권자가 자신의 영토 안에서 최고 목사라는, 그러한 그에게 속한다는 사실만은 의심할 여지가 없다. 설령 성 베드로가 또는 예수가 어떤 정치적 주권자를 개종시켜 그의 나라를 인정하게 하였다고 하더라도, 그 나라는 이 세상에 속한 것이 아니므로, 그는 주권자의 국민을 개종시킬 최고 책임을 여전히 주권자에게 남겨두었을 것이다. 그렇지 않았다면 틀림없이 그의 주권을 박탈했을 것이며, 가르칠 권한은 주권과 불가분의 관계에 있는 것이다. 성 베드로가 교회의 보편적 군주, 다시 말하면 이 세상 모든 그리스도교도들의 군주였다는 것을 증명하고자 한 벨라르미노의 제1권에 대한 반론은 이것으로 마친다.

제2권 제2권에는 두 가지 주장이 나온다. 하나는 성 베드로가 로마 주교였고, 거기에서 사망했다는 것이고, 다른 하나는 로마교황들이 그의 계승자라는 것이다. 둘 다 많은 논란 속에 휩싸여 왔다. 설령 그것이 사실이라 하더라도 만일 로마 주교라는 명칭이 교회의 군주, 또는 최고 목사를 의미한다면, 로마 주교는 실베스테르[*24]가 아니라 (최초의 그리스도교도 황제였던) 콘스탄티누스였다고 해야 한다. 콘스탄티누스와 마찬가지로 그 밖의 모든 그리스도교도 황제들도 마땅한 권리로서 저마다 로마제국의 최고 주교였다고 해야 한다. 내 말은 모든 그리스도교 국가의 최고 주교였다는 뜻이 아니라, 로마제국의 최고 주교였다는 뜻이다. 왜냐하면 다른 그리스도교도 주권자들은 저마다 자기 영토 안에서 그들의 주권에 본질적으로 따르는 하나의 직무에 대하여 동일한 권리를 갖고 있었기 때문이다. 이것으로 제2권에 대한 대답으로 도움이 되었으리라 생각한다.

제3권 제3권에서는 교황이 반(反)그리스도(Antichrist)인지의 문제를 다룬다. 나로서는 교황이 《성경》에서 말하는 반그리스도라는 것을 증명하는 논

[*24] 실베스테르 1세는 314~335에 재위했던 교황. 콘스탄티누스 대제는 서로마제국의 황제에 오르자마자 밀라노칙령(313년)에 의해 그리스도교 금지를 해제하고, 324년의 동서제국 통일에 즈음해서는 그리스도교 수호자로서 싸웠다. 이리하여 그리스도교가 로마제국의 국교가 되었다. 실베스테르 1세의 세례에 의해 콘스탄티누스의 나병을 치료하고 황제의 양보를 얻어냈다는 설이 있는데, 현재는 거짓이라 판명됐지만, 홉스는 이를 전제로 반론하는 것인지도 모른다.

거는 찾을 수 없다. 또한 교황이 다른 군주 또는 국가의 영지 안에서 행사하는, 또는 지금까지 행사해 온 권한과 반그리스도의 성격을 비교해 보더라도 교황이 반그리스도라는 증거는 끌어 낼 수 없다.

《구약성경》의 예언자들이 메시아, 즉 그리스도가 오실 것을 예고하고, 유대인들이 그를 기다렸던 것은 분명하다. 그 메시아는 바로 사무엘 시대 유대인들이 다른 나라들처럼 왕을 세워달라고 요구하면서 거부했던 하느님 나라를 그들 가운데 재건할 메시아였다. 유대인들은 이러한 기대를 품고 있었기 때문에, 왕국을 얻고자 하는 야심을 가진 자들이, 거짓 기적이나 위선적인 생활 또는 그럴듯한 웅변과 교리로 기만할 경우, 그들에게 넘어가기 쉬웠다. 그래서 예수 그리스도와 사도들은 거짓 예언자와 거짓 그리스도에 대해 사람들에게 미리 경고했다. 거짓 그리스도란 스스로 '그리스도'라 부르지만 실제로는 아닌 자들로서, '반그리스도(Antichrists)'라고 하는 것이 옳다. 교황이 2명 선출되어 교회가 둘로 분열되면, 서로 상대를 '교황의 적(Antipapa)' 또는 가짜 교황이라고 부르는 것과 같은 뜻에서이다. 따라서 올바른 뜻에서의 반그리스도는 두 가지 불가결한 특징이 있다. 하나는 예수가 그리스도라는 것을 부정하는 것이고, 또 하나는 자신이 그리스도라고 공언하는 것이다.

첫 번째 특징은 〈요한1서〉 4장 3절에 나와 있다. "예수를 시인하지 아니하는 영마다 하느님께 속한 것이 아니니, 이것이 곧 그리스도의 영이니라." 다른 하나의 특징은 예수가 직접 한 말 중에 있다. "많은 사람이 내 이름으로 와서 이르되 나는 그리스도라 하여 많은 사람을 미혹하리라."(마태복음 24장 5절) "그때에 사람이 너희에게 말하되 보라 그리스도가 여기 있다 혹은 저기 있다 하여도 믿지 말라."(마태복음 24장 23절) 그러므로 반그리스도는 가짜 그리스도, 즉 그리스도를 자처하는 자를 가리키는 말임에 틀림없다. 그리고 '예수가 그리스도라는 것을 부정하는 것'과 '자신이 그리스도라고 단언하는 것', 이 두 가지 특징으로부터 필연적으로 그가 '진정한 그리스도인 예수의 적'이라는 사실을 알 수 있다. 이것이 반그리스도라는 말의 통상적 의미이다.

그런데 여러 반그리스도들 가운데 '하나의 특별한 반그리스도(ὁ Ἀντίχριστος)'가 있다. 이 반그리스도는 부정적 반그리스도가 아니다. 로마교황은 그리스도를 자처하지도 않고, 예수가 그리스도라는 것을 부정하지도 않는다.

그러므로 그를 반그리스도라고 부를 수는 없다. 그것이 의미하는 것은 그리스도를 사칭하는 자이지, 그리스도의 '대리(*lieutenant*)' 또는 '총대리(*vicar general*)'를 사칭하는 자가 아니다. 이 특별한 '반그리스도'는 또 때(*time*)와 관련한 특징을 지닌다. 예를 들면 예언자 다니엘이 말한 바(다니엘 9장 27절), 가증스러운 파괴자가 거룩한 곳에 설 때(마태복음 24장 15절), 세상 처음부터 이제까지 없었고, 앞으로도 없을 그런 환난이 닥칠 때, "선택받은 사람들을 위하여 하느님께서 그날들을 줄여 주지 않으시면, 구원받을 사람이 하나도 없을" 정도로 환난이 계속될 때(마태복음 24장 22절), 반그리스도가 등장한다.

그러나 그러한 환난은 아직 오지 않았다. 왜냐하면 그날 환난 후에 즉시 해가 어두워지며 달이 빛을 내지 아니하며 별들이 하늘에서 떨어지며 하늘의 권능들이 흔들리고, 인자가 구름을 타고 능력과 큰 영광으로 오실 것이기 때문이다(마태복음 24장 29절). 그러므로 교황들은 여러 번 오고 갔지만, 반그리스도는 아직 오지 않았다. 교황이 모든 그리스도교도 왕들과 국민에게, 그리고 다른 나라에 자신의 법을 세우는 것은 그리스도가 그에게 주지도 않은 이 세상의 하나의 나라를 가로채는 짓인 것은 분명하다. 그러나 '그리스도로서' 그렇게 하는 것이 아니라, '그리스도를 대신하여' 그렇게 하는 것이므로 그가 반그리스도는 아니다.

제4권　제4권은 교황이 신앙과 생활태도에 대한 모든 문제의 최고 심판자라는 것(그것은 이 세상 모든 그리스도교도들의 절대군주라는 말과 같다)을 요지로 삼는다. 이를 증명하기 위해 그(벨라르미노)는 세 가지 명제를 제시한다. 첫째, 교황의 판단에는 실수가 없다는 것, 둘째로 교황은 법을 제정할 수 있으며, 그 법을 지키지 않는 자를 처벌할 수 있다는 것, 셋째로 예수 그리스도가 로마교황에게 교회 재판권을 부여했다는 것이다.

신앙의 항목들에 대한 교황의 판단에 실수가 없다는 것을 지지하는 본분　교황의 판단에 실수가 없다는 것을 증명하기 위해 그는 《성경》의 여러 구절들을 제시하고 있다. 첫째, 〈누가복음〉 22장 31~32절이다. "시몬아, 시몬아, 보라. 사탄이 너희를 밀 까부르듯 하려고 요구하였으나, 그러나 내가 너를 위하여 네 믿음이 떨어지지 않기를 기도하였노니 너는 돌이킨 후에 네 형제를 굳게 하라." 벨라르미노의 설명에 따르면, 그리스도는 여기에서 시몬 베드로에게 두 가지 특권을 주었다는 것이다. 하나는 그의 믿음이 변치 않는다는 것이요, 또 하나는 신앙과 생활문제에 대해 그릇된 판단을 내리는 일이 없다는 것이다. 그리하여 그의 후계자인 후임 교황들도 마찬가지이며, 후임 교황들은 전임 교황이 정한 규정을 어기지 않는다는 것이다. 이것은 이치에 맞지도 않는 말을 억지로 가져다 붙인 해석이다. 그러나 주의 깊게 읽어 보면, 이 구절이야말로 성경 전체에서 교황의 권위에 가장 어긋나는 부분이다.

제사장들과 율법학자들은 유월절이 다가오자 예수를 죽이려고 계획하고, 유다는 예수를 배신할 마음을 먹고 있었다. 유월절 양을 잡는 날이 오자, 예수도 사도들과 같이 유월절 음식을 먹었다. 이 자리에서 그는 하느님 나라가 오기 전까지 자신은 더 이상 유월절 음식을 먹을 일이 없을 것이라고 말하고, 사도들에게 그들 가운데 한 사람이 자신을 배신할 것이라고 말했다. 그러자 그들은 그것이 자기들 가운데 누구냐고 묻고(다음 유월절에는 자기들의 스승이 왕이 될 것이 분명하다고 생각하면서) 그때 자기들 가운데서 누구를 가장 큰 사람으로 칠 것인가 하는 문제를 놓고 말다툼이 벌어졌다.

그러자 예수께서 그들에게 말했다. "나라마다 지배하는 왕들은 국민들 위에 군림하며, (히브리어로) 은인으로 불리고 있으나, 너희는 그래서는 안 된다. 너희는 서로 섬기도록 힘써야 한다. 내 아버지께서 내게 왕권을 주신 것과 같이, 나도 너희에게 왕권을 준다. 그 나라는 나의 피를 주고 사는 나라지만 내가 다시 올 때까지는 내 것이 아니다. 그때가 되면, 너희로 하여금 내 나라에 있으면서 내 밥상에서 먹고 마시게 하고, 보좌에 앉아서 이스라엘의 12지파를 심판하게 하겠다." 그리고 베드로를 보면서 "시몬아, 시몬아" 하고 부르고서, 사탄이 현재의 지배를 암시함으로써 너의 미래에 대한 신앙을 약화시키려 하지만, 너의 믿음이 꺾이지 않도록 내가 너를 위하여 기도하였으니, 내가 돌아올 때에는 (내 나라가 새로 올 세상에 있다는 것을 명심하고) 네 형제들의 믿음을 굳세게 하라고 하신 것이다. 그러자 베드로는 (더이상 이 세상에서의 어떠한 권력도 기대하지 않는 자로서) 이렇게 대답했다. "주님, 나는 감옥에도, 죽는 자리에도, 주님과 함께 갈 각오가 되어 있습니다."

이로써 베드로는 이 세상에서의 어떠한 사법권도 갖고 있지 않았음을 분명히 알 수 있다. 오히려 자신들에게 어떠한 사법권도 없을 뿐만 아니라 그것을 다른 사도들에게 가르치는 것이 그의 책무였다. 그리고 신앙 문제와 관런한 성 베드로의 결정적 판결의 무오류성에 관하여 우리가 이 구절로부터 알 수 있는 것은 심판의 날에 그리스도가 다시 와서 나라를 세운다는 믿음을 베드로가 계속 유지한다는 것뿐이다. 그러나 그것이 그의 계승자 모두에게 적용되는 것은 아니었다. 보는 것처럼, 오늘날의 교황들은 올 세상에서가 아니라 지금 세상에서 권력을 요구하고 있기 때문이다.

둘째, 〈마태복음〉 16장 18절이다. "너는 베드로라. 내가 이 반석 위에 내 교회를 세우리니, 음부의 권세가 이기지 못하리라." 이 구절이 입증하는 것은, (앞에서 말한 것처럼) "예수는 하느님의 아들 그리스도이다" 하고 베드로가 고백한 계기가 된 믿음, 바로 이 믿음을 죽음의 세력도 이기지 못할 것이라고 말한 것일 뿐이다.

셋째, 〈요한복음〉 21장 16~17절이다. "내 양을 쳐라." 이것은 가르칠 권한을 위임한 것일 뿐이다. 이 구절에서 '양'이라는 말 속에 다른 사도들도 모두 포함된다고 해석한다면, 베드로에게 가르침에 대한 최고권력이 부여된 것이라고 할 수 있다. 그러나 그것은 최고권력을 가진 그리스도교도 주권자가 없던 시기에만 가능한 일이다. 그런데 앞에서 이미 증명한 것처럼, 그리스도교도 주권자는 자신의 영토 안에서 최고 목사이며, 세례를 받음으로써 달리 안수가 없어도 최고 목사의 지위에 놓이게 된다. 왜냐하면 안수는 대상자를 분명하게 보여 주는 의식이므로, 주권자가 이미 국민들에 대한 절대권력의 지위에 오름으로써 그의 임의대로 가르칠 권한이 있다는 것이 명시되어 있는 경우에는 필요하지 않다. 즉 앞에서 증명했던 것처럼, 주권자는 그의 직무에 의하여 (총체적인) 최고의 교사이며, (그들이 세례받을 경우) 그리스도의 교리를 가르칠 의무를 가지게 된다. 다른 사람이 자신의 국민들을 가르치도록 허용하는 경우, 그로 인해 발생하는 위험은 오로지 그의 책임이다. 왜냐하면 하느님께서는 가장(家長)의 손에 자식들과 자손을 지도할 책임을 맡겼기 때문이다. "내가 그로 그 자식과 권속에 명하여 여호와의 도를 지켜 의와 공도를 행하게 하려고 그를 택하였나니."(창세기 18장 19절) 하느님은 이 말씀을 아브라함에게 한 것이지, 아브라함의 고용인에게 한 것이 아니다.

넷째, 〈출애굽기〉 28장 30절이다. "너는 우림과 둠밈을 판결 흉패 안에 넣어라." 이 구절의 '우림과 둠밈'이 《70인역 성경》에는 '증거와 진실($\delta \tilde{\eta} \lambda \omega \sigma \iota \nu \ \varkappa \alpha \acute{\iota} \ \alpha' \lambda \acute{\eta} \theta \epsilon \iota \alpha \nu$)'로 해석되어 있다. 이를 근거로 벨라르미노는 하느님께서 대제사

장에게 증거와 진실을 주었고 따라서 무오류라고 결론을 내리고 있다. 정말로 증거와 진실을 주었다 하더라도, 또는 확실하게 알고 올바르게 판단하도록 노력하라고 제사장에게 충고한 것일 뿐이더라도 대제사장에게 준 것이며, 그즈음 이스라엘 코먼웰스의 대제사장은 하느님 다음이었으므로, 곧 그 권한은 정치적 주권자에게 준 것이다. 따라서 이 구절은 국민들에 대한 최고 교권이 정치적 주권자에게 있음을 보여 주는 증거이며, 교황이 그런 권력을 지닌다는 주장이 진실이 아님을 보여 준다. 지금까지 살펴본 성경 구절들이 신앙의 관점에서 교황의 판단에 오류가 없다는 것을 증명하기 위해 그가 제시한 논거들이다.

생활태도에 대한 교황의 판단에는 오류가 없다는 주장을 지지하면서 벨라르미노가 제시한 근거는 〈요한복음〉 16장 13절이다. "진리의 성령이 오시면, 그가 너희를 모든 진리 가운데로 인도하실 것이다." 여기에서 '모든 진리'가 의미하는 것은 적어도 '구원에 필요한 모든 진리'이다. 그러나 이렇게 완화시켜 교황에게 오류가 없다는 것을 주장한다면, 그리스도교 신앙을 고백하고 단죄를 피하게 된 모든 사람에게도 오류가 없다고 해야 한다. 어떤 잘못도 저지르지 않는 것이 구원에 필요한 사항이라면, 누구든지 잘못을 저지르는 사람은 구원받는 것이 불가능하기 때문이다. 왜냐하면 오직 그것만이 구원에 필요하며, 그것 없이는 구원은 불가능하기 때문이다. 어떤 잘못들이 여기에 해당하는가에 대해서는 다음 장에서 《성경》에 근거하여 자세히 논의하겠다. 여기서는 한 가지만 지적해 보자. 즉 교황이 설령 잘못 가르칠 가능성이 없다 하더라도, 다른 나라 영토 안에서의 재판관할권이 생기지는 않는다는 것이다. 그의 논리대로라면 일은 언제나 가장 뛰어난 일꾼에게 맡겨야 한다는 양심의 의무가 있으므로, 이미 그 일을 누군가에게 맡기기로 약속한 경우에도 소용이 없다는 말이 된다.

아울러 그는 이런 추론까지 제시한다. 교회는 교황의 지시를 따르라는 것이 그리스도의 명령이므로 만일 교황이 필수사항에 대해 오류를 일으킬 수 있다면, 그리스도가 교회를 구원하기 위한 준비를 제대로 하지 않은 셈이 된다는 것이다. 그러나 이 추론은 그리스도가 언제 어디에서 그런 명령을 내렸는지, 또한 교황에 대해 조금이라도 언급한 것을 입증하지 못하는 한 무효이다. 설령 성 베드로에게 준 권한을 모두 교황에게 주었다 해도 《성경》에는 성 베드로에게 복종하라는 명령이 없기 때문에, 교황의 명령이 자신의 합법적 주권자의 명령에 어긋날 경우, 교황의 명령에 복종하는 것은 부당하다.

마지막으로, 교회가 교황을 두고 이 세상 모든 그리스도교도들의 정치적 주권자라고 선고한 일도 없거니와, 교황 자신도 그렇게 선언한 적이 없으므로 모든 그리스도교도가 생활태도의 문제에 대한 그의 관할권(Jurisdiction)을 받아들여야 할 의무는 없다. 왜냐하면 정치적 주권과 생활태도 문제에 대한 최고의 사법권은 같은 것이기 때문이다. 시민법의 입법자는 행동의 정의와 불의를 선고하는 자일 뿐만 아니라 그것을 정하는 자이기도 하다. 어떤 것이 의로운 생활태도이며, 어떤 것이 불의한 것인가는 오로지 주권자가 정한 법에 달려 있다. 그러므로 생활태도 문제에 대한 논쟁에서 최고권력을 다투는 교황이 정치적 주권자에게 불복종하라고 가르치는 것은 그릇된 교리이며, 예수와 사도들이 우리에게 준, 《성경》의 계율에 어긋난다.

벨라르미노는 입법권이 교황에게 있음을 증명하기 위해 다음 같은 성경 구절을 근거로 제시하고 있다.

첫째, 〈신명기〉 17장 12절의 모세가 하느님으로부터 받은 계명이다. "사람이 만일 무법하게 행하고 네 하느님 여호와 앞에 서서 섬기는 제사장이나 재판장에게 듣지 아니하거든 그 사람을 죽여 이스라엘 중에서 악을 제하여 버리라." 이에 대한 대답으로서 우리는 대제사장은 하느님 바로 다음의 정치적 주권자였으며, 모든 재판관은 정치적 주권자가 세웠다는 사실을 기억해야 한다. 그리하여 이 구절을 풀어 보면 이렇게 들린다. "지금의 정치적 주권자의 말을 듣지 않으려 한다든지, 그가 임명한 관리의 직무 집행을 거역하려는 사람은 죽여야 한다." 그 구절은 분명 교황의 보편적 권력에 반대하여 그가 정치적 주권자임을 지지하고 있다.

둘째, 〈마태복음〉 16장 19절의 '네가 땅에서 무엇이든지 매면(bind)······'을 예로 들어, 그것을 율법학자들과 바리새파 사람들에 대해 "또 무거운 짐을 묶어(bind) 사람의 어깨에 지우되"(마태복음 23장 4절)에 나오는 '묶다'와 같은 뜻으로 해석하고, 따라서 교황에게 입법권이 있다고 결론을 내린다. 그러나 이 구절 역시 정치적 주권자의 입법권을 증명하는 데만 유리할 뿐이다. 율법학자들과 바리새파 사람들은 모세의 자리에 앉아 있었는데, 모세는 하느님 다음가는 이스라엘 백성의 주권자였다. 그러므로 예수 그리스도는 그들에게, 율법학자들과 바리새파 사람들이 말하는 것은 무엇이든지 다 실행하고 지키되, 그들의 행실은 본받지 말라고 명령한 것이다. 즉 그들이 정한 법은 지키되, 그들의 생활은 따르지 말라고 한 것이다.

셋째, 〈요한복음〉 21장 16절이다. "내 양을 쳐라." 이 말은 입법권을 준다는 것이 아니라, 가르치라는 명령이다. 입법권은 가장(家長)에게 있으며 그는 자신의 생각과 판단에 따라 예배당의 목사를 선택한다. 이것은 자기의 자녀들을 가르칠 교사를 선택하는 것과 같다.

넷째, 〈요한복음〉 20장 21절은 오히려 그의 주장이 틀렸음을 보여 준다. "아버지께서 나를 보내신 것과 같이, 나도 너희를 보낸다." 예수 그리스도는 믿는 자들을 (그의 죽음에 의해) 대속하고, 그 자신과 사도들의 설교에 의해 그들이 그의 나라에 들어갈 채비를 하도록 하기 위해 온 것이다. 그는 우리에게 그 나라가 이 세상에 속한 것이 아니라고 하고, 앞으로 있을 그 나라의 도래를 위하여 기도하라고 가르쳤다. 그 나라가 언제 오느냐는 사도들의 물음에는 대답하지 않았지만, 그 나라가 오면 12사도는 열두 보좌에 앉아 (아마 모든 사도들이 성 베드로와 같은 높이의 자리에 앉을 것이다) 이스라엘의 12지파를 심판하게 되리라고 했다(사도행전 1장 6~7절). 따라서 아버지이신 하느님이 이 세상의 법을 만들기 위하여 예수를 보낸 것이 아니라면, 예수가 베드로를 보낸 것도 법을 만들기 위해서가 아니라, 굳센 믿음으로 예수의 재림을 기다리도록 사람들을 가르치기 위한 것이라고 결론지을 수 있다. 즉 국민들에게는 그날이 올 때까지 자신의 군주에게 복종하라고 가르치고, 또한 군주들에게는 자신도 그리스도를 믿고, 마찬가지로 국민들도 그리스도를 믿게 하는 데 최선을 다하라고 설득하기 위한 것이었다. 이것은 곧 주교의 본분이다. 그러므로 이 구절은 벨라르미노 추기경이 인용하여 주장한 것과는 반대로, 최고 교권이 정치적 주권자에게 있음을 분명히 보여 준다.

다섯째, 〈사도행전〉 15장 28절이다. "성령과 우리는 이 긴요한 것들 외에는 아무 짐도 지우지 아니하는 것이 옳은 줄 알았노니, 우상의 제물과 피와 목매어 죽인 것과 음행을 멀리할지니라." 여기서 그는 '짐을 지운다'는 말이 입법권력을 가리킨다고 해설하고 있다. 그러나 이 구절을 읽고, 사도들의 이런 말투가 흔히 입법에서 쓰이는 것처럼 적절하게, 사도들이 조언할 때도 사용할 수 있다고 말하지 못할 이유가 무엇인가? 법조문의 표현 형식은 "우리는 〔……할 것을〕 명령한다"이다. 반면에 "우리는 〔……하는 것이〕 좋다고 생각한다"는, 충고하는 사람들이 보통 쓰는 표현 형식이다. 그리고 충고하는 사람들은, 충고를 듣는 사람에게 조건적이긴 하지만 짐을 지운다. 즉 자신의 목적을 이루고 싶으면 그 충고를 들으라는 것이다. 목매어 죽인 것과 피를 멀리하라는 짐을 지우긴 했지만, 이것은 절대적인 것은 아니다. '잘못을 저지르고 싶지 않으면' 그렇게 하라는 것이다. 법과 조언의 차이는 앞에서(25장) 이미 말한 바 있다. 즉 법은 그것을 정하는 사람의 의도와 이익을 위해 만들어지지만, 조언은 그것을 받는 사람의 의도와 이익을 위해 생긴다. 위의 성경 구절에서 사도들은 개종한 이방인들의 이익, 즉 그들의 구원만을 바란 것이며 결코 자신들의 이익을 바란 것이 아니다. 사도들은 그렇게 노력함으로써 이미 자신들의 할 일을 다한 셈이다. 그 충고를 그들이 따르고, 따르지 않고는 별개의 문제이다. 그러므로 사도회의의 그러한 결정은 법이 아니라 조언이었다.

여섯째, 〈로마서〉 13장 1절이다. "각 사람은 위에 있는 권세들에게 복종하라. 권세는 하느님으로부터 나지 않음이 없나니." 그는 이 구절이 세속 군주뿐만 아니라 교회 군주에게도 해당한다고 주장한다. 그에 대한 나의 대답은 이렇다. 우선, 교회 군주는 없다. 교회 군주를 겸하는 정치적 주권자가 있을 뿐이다. 그리고 그의 교회 군주로서의 권한도 정치적 주권의 범위를 넘지 못한다. 그의 영토를 벗어나면 그는 박사 대접은 받을 수 있을지 몰라도, 군주로 인정받을 수는 없다. 사도들이 우리에게, 군주에게도 교황에게도 모두 복종하라고 가르쳤다면, 그것은 그리스도가 우리에게 하지 말라고 가르친 교리를 가르친 것이다. 즉, 두 주인을 섬기게 되는 것이다. 사도 바울은 이렇게 말하고 있다. "내가 떠나 있을 때에 이렇게 쓰는 것은 대면할 때에 주께서 너희를 넘어뜨리려 하지 않고 세우려 하여 내게 주신 그 권한을 따라 엄하지 않게 하려 함이라."(고린도후서 13장 10절) 하지만 여기에서 '주께서 주신 권한'은 신도를 죽이고, 투옥하고, 추방하고, 매질하고 또는 벌금에 처하는 권한, 즉 처벌의 권한이 아니라, 파문의 권한이었다. 파문은 (정치적 권력 없이는) 더 이상 그와 어울리지 않는 것을 의미할 뿐이다. 즉 그를 이교도나 세리(稅吏)처럼 대하는 것뿐이다. 여러 경우 파문은, 파문당한 사람보다도 파문하는 사람에게 더 큰 고통을 주었을지도 모른다.

일곱째, 〈고린도전서〉 4장 21절이다. "내가 매를 가지고 너희에게 나아가랴 사랑과 온유한 마음으로 나아가랴." 여기에서도 '매'는 범법자를 처벌하는 위정자의 권한이 아니라, 파문의 권한만을 의미한다. 파문은 본질적으로 처벌이 아니라 그리스도가 심판의 날에 그의 나라를 소유할 때 내리는 처벌에 대한 경고이다. 그것은 법을 어긴 국민에 대한 처벌이 아니라, 예수 그리스도의 왕권을 부정하는 적(敵) 또는 반역자를 처벌하는 복수인 것이다. 그러므로 그 구절이 정치적 권력을 동시에 갖지 않은 주교의 입법권을 증명하지는 않는다.

여덟째, 〈디모데전서〉 3장 2절이다. "그러므로 주교는 한 아내의 남편이며, 절제하며, 신중해야 한다." 그는 이것이 법이었다고 주장한다. 나는 교회의 군주였던 성 베드로 외에는 법을 만들 수 있는 사람이 아무도 없다고 생각했다. 그러나 만약 이 계율이 성 베드로의 권위로써 만들어진 것이라 하더라도, 이것을 충고가 아니라 법으로 보는 까닭을 나는 모르겠다. 디모데는 성 바울의 국민이 아니라 제자였고, 또 그의 디모데가 책임을 맡던 교회의 신도들도 왕국의 국민들이 아니라 그리스도 학교의 학생들이다. 그가 디모데에게 준 모든 계율들이 법이었다면, "이제부터는 물만 마시지 말고, 네 위장과 자주 나는 병을 위하여는 포도주를 조금씩 쓰라"(디모데전서 5장 23절)는 말도 법 아닌가? 훌륭한 의사가 내린 처방들도 모두 법이라고 해야 한다. 계율을 법으로 만드는 것은 그 계율의 명령적인 화법이 아니라, 그 계율을 정한 인격에 대한 절대적인 복종이다.

마찬가지로, 아홉째, 〈디모데전서〉 5장 19절의 "장로에 대한 고발은 두세 증인이 없으면 받지 말 것이요"라는 것도 현명한 계율이지 법은 아니다.

열째, 〈누가복음〉 10장 16절이다. "너희 말을 듣는 자는 곧 내 말을 듣는 것이요, 너희를 저버리는 자는 곧 나를 저버리는 것이요." 그리스도가 보낸 사람들의 조언을 저버리는 것은 곧 그리스도의 조언을 저버리는 것과 같다. 그러면, 합법적 권위에 의해 목사에 임명된 사람들 외에 그리스도가 보낸 사람이 지금 누가 있는가? 주권자인 목사가 임명하지 않았는데 합법적으로 임명된 사람이 누가 있는가? 하나의 그리스도교 코먼웰스에서 주권자의 권위에 의해서 임명된 것이 아니라, 주권자인 목사에 의해 임명되는 사람이 누가 있는가? 그러므로 그 구절로부터 다음과 같은 당연한 결론을 내릴 수 있다. 그리스도교도인 주권자의 말을 듣는 사람은 그리스도의 말을 듣는 것이고, 그리스도교도인 그의 왕이 정한 교리를 배척하는 사람은 그리스도의 교리를 배척하는 것이다(이것은 벨라르미노가 증명하려 한 것과는 정반대의 결론이다). 그러나 이 모든 것은 법과는 아무 관계도 없다. 그렇기는커녕 그리스도교도 왕은 국민의 목사나 교사라 하더라도, 교리를 법으로 만들지는 못한다. 그는 국민들이 그 교리를 믿도록 구속할(oblige) 수는 없다. 정치적 주권자로서 그는 자신의 교리에 적합한 법을 만들 수 있을 뿐이다. 그 교리는 사람들에게 일정한 행위를 하도록 의무를 부과하고, 때로는 스스로 나서서 하지는 않을 행위들을 하도록 의무를 지울 수는 있다. 그러나 그 교리를 지키라고 명령해서는 안 된다. 그럼에도 불구하고 그런 명령을 내린다면, 그 교리는 법이 된다. 이러한 경우, 내면적 시인을 수반하지 않고 이루어진 외면적 행위들은 주권자의 행위이며 국민은 자기 스스로는 아무런 운동도 하지 않는 하나의 도구와 같다. 하느님이 주권자에게 복종하라고 명령했기 때문에 그렇게 할 뿐이다.

열한 번째, 사람들이 보통 명령할 때 사용하는 말을 사도가 조언으로서 한 경우 또는 그 조언을 받아들이는 것을 순종(obedience)이라는 말로 표현한 곳 등이다. 예를 들면 〈고린도전서〉 11장 2절이 있다. "내가 너희에게 전하여 준 대로 그 전통을 너희가 지키므로 너희를 칭찬하노라."[*25] 그리스어 원문은 이렇게 되어 있다. "나는 여러분이, 내가 여러분에게 전해 준 것들을 내가 전해 준 대로 지키고 있는 것을 칭찬합니다." '내가 여러분에게 전해 준 것들'이 법이었다는 것 또는 훌륭한 조언 이외에는 달리 추론할 근거가 없다. 다음으로 〈데살로니가전서〉 4장 2절이다. "우리가 주 예수로 말미암아 너희에게 무슨 명령으로 준 것을 너희가 아느니라." 그리스어 원문은 'παραγγελίας ἐδώκαμεν'로, 이것은 "우리가 여러분에게 전해 준 것(παρεδώκαμεν)"과 같은 말이다. 바로 앞에서와 마찬가지로, 여기에서도 사도들이 전해 준 것이 조언이 아니라 법이었음을 뒷받침하지는 않는다. 4장 8절에서, "저버리는 자는 사람을 저버림이 아니요 너희에게 그의 성령을 주신 하느님을 저버림이니라"

---

*25 이것은 벨라르미노의 인용문으로 홉스가 지적하는 바와 같이 성경의 곡해이다.

고 한다 해도 그러하다. 왜냐하면 예수 그리스도는 심판하기 위해, 즉 왕이 되기 위해서 이 세상에 오신 것이 아니라 죄인들의 죄를 대속하고, 교회에 박사들을 남겨 두어 사람들이 그리스도에 대해 마음에서 우러난 믿음을 갖도록 인도하기 위한 것이었지, 사람들을 그리스도에게로 몰아세우기 위해서 온 것이 아니기 때문이다. 그것은 법이 할 일이 아니라 조언과 교리가 할 일이다. 그리스도는 결코 강요된 행위(그것이 법이 낳는 모든 것이다)는 받아들이지 않는다.

또한 〈데살로니가후서〉 3장 14절을 보라. "누가 이 편지에 한 우리 말을 순종하지 아니하거든 그 사람을 지목하여 사귀지 말고 그로 하여금 부끄럽게 하라." 그는 여기에 나오는 '순종'이란 말을 근거로 이 편지가 데살로니가 사람들에 대한 하나의 법이었다고 주장한다. 황제가 쓴 편지는 확실히 법이었다. 그러므로 성 바울의 편지 또한 법이었다면, 데살로니가 사람들은 두 주인을 섬겨야 하는 처지가 된다. '순종'으로 번역된 그리스어 '히파쿠에이(ν) παкούει)'는 '귀 기울여 듣다' 또는 '실천에 옮기다'란 뜻이다. 이 말은 처벌의 권한을 가진 사람이 명령할 때나 선의의 충고를 할 때나 모두 쓸 수 있다. 성 바울은 순종하지 않는 사람을 죽이라고 명령하지 않았으며, 때리라고도, 감옥에 가두라고도, 벌금을 매기라고도 하지 않았다. 그것은 모두 입법자가 할 일이다. 바울은 오직 그런 사람과는 사귀지 말라고, 그래서 그가 부끄러움을 느끼게 하라고 했을 뿐이다. 이로써 분명한 것은, 그리스도교도들은 한 사람의 사도의 제국을 두려워한 것이 아니라, 신도들 사이에 자신의 평판이 나빠질까 두려워했던 것이다.

끝으로 〈히브리서〉 13장 17절이다. "너희를 인도하는 자들에게 순종하고 복종하라. 그들은 너희 영혼을 위하여 경성하기를 자신들이 청산할 자인 것 같이 하느니라." 여기에서도 복종이 의도하는 것은 조언에 따르는 것이다. 즉 우리가 복종해야 하는 이유는 목사의 의지와 명령 때문이 아니라, 우리 자신의 편의와 이익, 즉 그들이 지켜 보는 것이 우리 영혼의 구원이지 그들 자신의 권세와 권위를 드높이기 위해서가 아니기 때문이다.

사도들의 가르침을 모두 법이라고 해석할 경우, 교황뿐 아니라 모든 목사들이 자신의 교구 안에서 입법권을 가졌을 것이 틀림없다. 만일 목사들에게 이런 권한이 있다면, 그에 복종할 의무가 있는 신도들은 그의 명령에 대해 왈가왈부할 권한이 없다. 그렇다면, 성 요한이 "사랑하는 자들아 영을 다 믿지 말고 오직 영들이 하느님께 속하였나 분별하라. 많은 거짓 선지자가 세상에 나왔음이라"(요한1서 4장 1절)고 당부한 말은 어떻게 받아들여야 하는가? 이로써 분명한 것은, 우리는 목사의 교리에 대해서는 옳고 그름을 논해도 되지만, 누구도 법에 대해서는 그렇게 할 수 없다는 것이다. 정치적 주권자의 명령은 모든 측면에서 법으로 간주된다. 정치적 주권자 외에 법을 만들 수 있는 사람이 또 있다고 한다면, 코먼웰스는 존재할 수 없고, 따라서 평화와 정의도 존재할 수 없다. 이것은 하느님의 법에도, 인간의 법에도 어긋난다. 그러므로 벨라르미노가 제시한 그 어떤 성경 구절도 교황의 포고가 법이라는 것을 증명하지 못하고 있다. 그가 정치적 주권자임과 동시에 교황이 아닌 한 그러하다.

교황과 다른 주교들 사이의 우월성 문제 벨라르미노가 증명하려 했던 마지막 주장은 "예수 그리스도는 교회의 관할권을 오직 교황에게만 직접 위임하였다"는 것이다. 이것은 교황과 그리스도교도 주권자 사이의 문제가 아니라, 교황과 다른 주교들과의 우월성의 문제이다. 우선 그는, 주교의 관할권이 개괄적으로는 '하느님이 준 권리(de jure divino)'라는 것은 보편적으로 인정된다고 주장한다. 그 근거로 그는 성 바울의 〈에베소서〉 4장 11절을 제시한다. 거기서 바울은, 그리스도는 승천 후 "어떤 사람은 사도로, 어떤 사람은 선지자로, 어떤 사람은 복음 전하는 자로, 또 어떤 사람은 목사와 교사로 삼으셨습니다"라고 한다. 이 구절을 근거로 벨라르미노는 그들이 가진 재판권이 하느님의 권리라고 추론하면서도, 그들의 권리가 하느님으로부터 직접 받은 것이라고는 인정하려 하지 않고, 교황으로부터 받은 것이라고 주장한다. 그러나 만일, 직접 받은 것은 아니지만 '하느님이 준 권리' 같은 것이 있다면, 그리스도교 코먼웰스에 존재하는 합법적 관할권임과 동시에 '하느님이 준 권리'가 아니겠는가? 즉, 그리스도교도 왕은 그들의 정치적 권력을 하느님으로부터 직접 받은 것이며, 그 휘하의 위정자들은 여러 가지 책무를 위임받아 행사한다. 그럴 경우 주교가 교황의 임명으로 '하느님이 간접적으로 준 권리(de jure divino mediato)'를 갖는다면, 모든 신하들도 마찬가지로 '하느님이 간접적으로 준 권리'를 갖는다고 말 못할 이유가 없다. 모든 합법적 권한은 하느님으로부터 비롯된 것이며, 최고통치자에게는 직접 부여되고, 그의 신하들에게는 간접적으로 부여된다. 그러므로 그의 논리대로라면, 국가의 모든 신하(constable)들이 하느님의 권리에 따라 그 지위에 있다고 인정해야 한다. 그게 아니라면, 그는 모든 주교들이 하느님의 권리에 따라 그 지위에 있는 것이 아니며, 오직 교황만이 그렇다고 해야 마땅하다.*26

그러나 그리스도가 교황에게만 관할권을 주었는지 또는 다른 주교들에게도 주었는지에 대한 모든 논쟁은, 교황이 정치적 주권자가 아닌 곳에서는 '산양의 털에 관한(de lana caprina)' 논쟁*27일 뿐이다. 왜냐하면 교황이든 주교든 (그들이 주권자가 아닌 곳에서는) 그 어떤 재판관할권도 없기 때문이다. 재판권이란, 사람들 사이의 소송을 심리하고 결정하는 권한이다. 이러한 권한은 옳고 그름의 기준을 정하는 권한, 즉 입법권을 가진 사람의 판결 또는 그가 임명한 재판관이 내린 판결에 따르도록 정의의 칼로써 강제할 수 있는 사람만이 가질 수 있으며, 이런 일은 정치적 주권자 외에는 아무도 합법적으로 할 수 없다.

그러므로 벨라르미노는 〈누가복음〉 6장의 내용, 즉 우리 구주가 제자들을 불러 모으고 그 중 열둘을 뽑아 사도에 임명했다고 주장할 때, 그가 입증하는 것은 구주는 사도들을 (맛디아, 바울, 바나바를 제외하고) 뽑아서 그들에게 그리스도를 전파할 권한과 지휘권을 주신 것이지, 사람들 사이의 소송을 재판할 권한을 준 것은 아니다. 그런 권한은 예수 그리스도가 스스로 거부한 권한이기 때문이다. 예수는 "누가 나를 너희의 재판장이나 물건 나누는 자로 세웠느냐"(누가복음 12장 14절)라고 하고, "내 나라는 이 세상에 속한 것이 아니다"(요한복음 18장 36절)라고 말했다. 사람들 사이의 소송사건을 심리할 권한을 갖지 않은 자는 아무런 재판권도 가지고 있다고 할 수 없다. 그렇다 하더라도, 예수가 사도들에게 세상 어느 곳에서든 그리스도를 전하고 세례할 권한을 부여했다는 사실에는 변함이 없다. 단 합법적 주권자가 그런 일을 금지하지 않았다는 전제 아래에서만 그렇게 할 권한이 있었다. 왜냐하

---

*26 마지막 문장의 '그'는 벨라르미노를 가리키는 것으로 볼 수도 있다. 그럴 경우에는 "인정해야 마땅하다"는 "양보하고 인정해야 한다"가 되고, 앞부분은 "교황 이외의 어떠한 주교라도 그런 식으로 직무를 유지한다는 것을 주장해서는 안 되고"가 된다.

*27 "산양의 털에 대한 논쟁 de lana caprina rixari"(호라티우스 〈편지〉 1.18.15)란 '쓸데없는 일에 대한 논쟁'을 뜻한다.

면 무슨 일이든 주권자에게 복종하라고 그리스도 자신과 그의 사도들이 여러 차례에 걸쳐 분명하게 말했기 때문이다.

주교들의 재판권이 교황의 위임에 의한 것이라는 그의 논증은 (교황 자신조차 다른 군주의 영토에서는 어떠한 재판권도 갖지 않았다는 사실에 비추어 볼 때) 터무니없다. 그러나 그가 제시한 논거들은 반대로, 모든 주교들이 정치적 주권자로부터 재판권을 위임받고 있다는 것을 증명하고 있으므로 그 논거들에 대해 자세히 살펴보고자 한다.

첫째 논거는 〈민수기〉 11장의 내용이다. 모세 혼자서 이스라엘 백성들의 일을 감당하기가 어려워지자, 장로 70명을 데려오게 한 다음, 모세에게 준 영을 그들에게도 나누어 주었다. 이것은 하느님이 모세의 영을 약화시킨 것은 아니었다. 그것은 그를 마음놓게 하는 일은 전혀 아니었기 때문이다. 그것은 70명의 장로 모두가 모세로부터 권한을 부여받은 것으로서 이 부분에 대한 벨라르미노의 해석은 올바르다고 할 수 있다. 그러나 그즈음 모세는 유대인들의 코먼웰스에서 완전한 주권을 가지고 있었기 때문에, 모세로부터 권한을 부여받았다는 것이 곧 정치적 주권자로부터 권한을 위임받았다는 것을 나타내는 것은 분명하다. 그러므로 이 구절이 증명하는 것은 모든 그리스도교 코먼웰스의 주교들은 그들의 권한을 정치적 주권자로부터 부여받는다는 사실이다. 교황의 영지 안에 있는 주교들만 교황으로부터 그러한 권한을 부여받을 뿐, 다른 나라의 주교들은 아니라는 것이다.

둘째 논거는 군주정의 본질과 관련된 것이다. 군주정은 모든 권위가 한 사람에게 있고, 다른 사람들의 권위는 모두 그로부터 비롯되는 체제이다. 벨라르미노는 교회의 통치가 군주정의 성격을 갖는다고 말한다. 이 이야기는 그리스도교적인 군주들에게도 도움이 된다. 그리스도교도 군주야말로 국민의 군주, 교회의 ('교회'와 '그리스도교도'는 같은 것이므로) 군주이기 때문이다. 반면에 교황의 권력은 성 베드로의 경우에도 군주로서의 권력이 아니며, '수장적(首長的)' 권력도, '지배자적(cratical)' 권력도 아니다. 그것은 '교사적(didactical)' 권력에 지나지 않는다. 하느님은 자발적 복종을 수용할 뿐 강요된 복종은 받아들이지 않기 때문이다.

셋째 논거는 성 키프리아누스의 주장을 인용한 것인데, 성 베드로의 '주교직'은 '머리'요, '근원'이요, '뿌리'요, '태양'으로서, 여기서 다른 주교들의 권한이 나온다는 것이다. 그러나 자연법에 따르면, 모든 코먼웰스에서 '머리'요 '근원'이요 '뿌리'요 '태양'은 정치적 주권자이며 그로부터 모든 재판권이 나온다. 그러므로 자연법(그것은 옳고 그름에 대한 원칙으로서 한낱 인간일 뿐인 박사들의 말에 비할 바가 아니다)에 따르면 주교들의 재판권은 정치적 주권자로부터 나온다.

넷째 논거는 재판관할권의 불평등성과 관련된 것이다. 그 주장은 다음과 같다. 만일 하느님이 직접 그들에게 재판권을 주었다면, 지위와 마찬가지로 평등하게*28 재판권을 주었을 것이다. 그러나 우리가 현실에서 보는 바로는 한 성읍의 주교도 있고, 백 개 성읍의 주교도 있고, 한 나라 전체의 주교도 있다. 이러한 차등은 하느님이 정해 준 것이 아니다. 그러므로 주교의 재판권은 하느님에게서 온 것이 아니라 사람에게서 온 것이다. 즉 교회의 왕후(*the Prince of the Church*) 임의대로 어떤 사람은 큰 지역의 재판권을, 또 어떤 사람은 작은 지역의 재판권을 주었다. 만약 그가 이 주장에 앞서, 모든 그리스도교도에 대한 교황의 보편적 재판권을 증명했더라면 그의 목적에 도움이 되었을 것이다. 그러나 그런 증명도 없거니와, 교황의 광범위한 재판권은 로마 황제가 주었다는 것이 악명 높게 알려져 있음을 감안하면 (왜냐하면 콘스탄티노플의 총대주교(Patriarch)는 제국의 수도이자 황제 소재지의 주교라는 자격을 내세워 로마교황과 대등하다고 주장하였기 때문이다) 모든 주교들은 자신의 재판권을 각 관할지역의 주권자로부터 받은 것이 된다. 결코 '하느님이 준 권리'가 아니다. 교황조차도 그가 동시에 정치적 주권자인 경우를 제외하면, 그의 재판권을 '하느님이 준 권리'로서 가지고 있는 것은 아니다.

그의 다섯째 논거는 다음과 같다. "주교들이 그들의 재판권을 직접 하느님으로부터 받은 것이라면, 교황은 그것을 마음대로 빼앗지 못했을 것이다. 하느님의 명령(*ordination*)*29을 거역하는 일이기 때문이다." 이 주장은 훌륭하고 충분히 입증되어 있다. 그는 계속해서 이렇게 말한다. "그러나 교황은 그렇게 할 수 있고, 그렇게 해 왔다." 이 역시 사실이라 하더라도, 그는 자신의

---

*28 "지위가 같다"는 말은 주교가 관할의 크기에 관계없이 주교의 지위에 관해서는 평등하다는 것이다.

*29 ordination은 정리, 배열과 동시에 성직 임명을 의미한다.

영지 또는 그 나라 군주로부터 그런 권력을 위임받은 경우에만 그렇게 할 수 있다. 그러나 그런 권리는 교황의 신분에서 나오는 보편적 권리가 아니라, 각 지역의 그리스도교도 주권자에게 속하는 것으로서 주권과 뗄 수 없는 관계에 있다. 이스라엘 백성이 (하느님이 사무엘에게 한 명령에 따라) 다른 나라 방식을 본떠 왕을 세우기 이전에는 대제사장이 국정의 최고책임자였다. 그리고 나머지 제사장들의 임면권(任免權)도 그에게 있었다. 그러나 그 뒤 이 권한은 왕에게 넘어갔다. 이것은 벨라르미노의 논증에서도 알 수 있다. 제사장이(그가 대제사장이든 누구든) 재판권을 하느님으로부터 직접 받은 것이라면, 왕도 그에게서 이를 빼앗을 수 없었을 것이다. 하느님의 명령을 거역하는 일이기 때문이다. 그렇지만 솔로몬 왕은 아비아달 대제사장을 파면하고(열왕기상 2장 26~27절), 그 자리에 사독을 임명했다(열왕기상 2장 35절). 그러므로 왕은 이러한 방식으로 국민의 통치를 위해 필요하다고 판단되면 언제든지 주교를 임명하거나 파면할 수 있다.

그의 여섯째 논거는 이러하다. 만일 주교들의 재판권이 '하느님이 준 권리'(즉 하느님으로부터 직접 받은 권리)라면, 이것을 주장하는 사람들은 이를 입증할 수 있는 하느님의 말씀을 제시해야 하는데 그러지 못하고 있다. 이 논증은 타당하기 때문에 나는 그것에 대해 이의가 없다. 그러나 이 논거는 교황에게도 적용된다. 즉 이 논거에 의해 교황도 다른 군주가 지배하는 영토에 대해서는 재판권을 갖지 못한다는 주장이 성립한다.

마지막으로 그는 2명의 교황, 즉 이노센트와 레오의 증언을 논거로 제시하고 있다. 그들 2명뿐만 아니라 성 베드로 이래 모든 교황의 증언이 다 그의 주장을 지지하는 내용일 것이다. 권력에 대한 애착은 날 때부터 인간의 심성에 뿌리박혀 있기 때문에, 누가 교황이 되든 그는 동일한 주장을 하고픈 유혹을 받았을 것이기 때문이다. 하지만 이들의 증언은 이노센트나 레오의 증언과 마찬가지로, 자기 자신에 대한 증언에 불과하며, 따라서 증언으로서의 효력이 없다.

교황의 현세적 권력에 대하여 제5권에서 그는 네 개의 결론을 제시한다. 첫째로 '교황은 전세계의 주(Lord)는 아니다.' 둘째로 '교황은 그리스도교 세계 전체의 주는 아니다.' 셋째로 '교황은 (자기 영토 밖에서는) 어떠한 현세적 재판권도 직접적으로는 가지지 않는다.' 이 세 가지 주장은 쉽게 납득할 수 있다. 넷째로 '교황은 (다른 군주들의 영토 내에서는) 최고의 현세적 권력을 간접적으로*30 가진다'인데 이 주장은 납득할 수 없다. 단 여기에서 간접적이라는 말이 간접적 수단에 의해 권력을 가진다는 것을 의미한다면 납득한다. 하지만 내가 보기엔, 그가 간접적으로 가진다고 말한 뜻은 현세적 재판권이 교황에게 속하기는 하지만, 이는 단지 그의 목사 권한에서 파생되는 권리이므로, 그는 목사의 권한을 가지고 있을 때에만 권리를 행사할 수 있다는

교황 성 레오1세(재위 440~461)

의미로 보인다. 그러므로 그는 정치적 최고 권력은 필연적으로 목사의 권력 (그는 그것을 영적 권력이라고 말한다)에 결부되어 있으며, 따라서 그는 영혼의 구원을 위해 도움이 된다고 판단한 경우에는 왕국을 교체하거나 박탈할 권리가 있다고 주장하고 있다.

이 주장을 입증하기 위해 그가 제시한 논거들을 살펴보기 전에, 그러한 주장이 어떤 결과를 초래하는지 짚고 넘어가기로 하자. 각 코먼웰스에서 정치적 주권을 가진 군주와 국가들은 그 주장을 받아들이는 것이 그들에게 유리한 것인지, 그리고 심판의 날에 그 결정에 대해 〔하느님에게〕 책임을 져야 하는 국민들의 이익이 되는지 잘 생각해 보고 결정해야 한다.

교황이 최고의 정치권력을 (다른 나라의 영토 내에서는) '직접적으로 갖지는 않는다'는 말은 다음과 같은 뜻으로 이해해야 한다. 즉 교황은 정치적 주권자가 국민들에게 요구하는 것과 동일한 종류의 복종을 요구하지는 않는

---

*30 '간접적으로(indirectly)'에는 '부정하게', '음모에 의해서'라는 의미도 있었다.

다는 것이다. 왜냐하면 이 논문에서 이미 충분히 증명된 것처럼, 모든 주권자의 권리는 피통치자 전원의 동의에서 생겨나기 때문이다. 그들이 주권 설립에 동의한 이유는, 자신들을 보호하기 위해 사람 또는 합의체를 임명함으로써 외적을 공동으로 방어하기 위한 것일 수도 있고, 적에게 정복당했을 때 목숨을 부지하기 위한 것일 수도 있다. 따라서 교황이 다른 나라에 대한 최고 정치권을 놓고 직접 다투지 않는다는 말은 권리가 그러한 경로를 통해 생기지는 않는다고 인정한다는 뜻이다. 그런데도 그는 여전히 다른 경로를 통해 권리를 요구한다. 다른 경로란(피통치자의 동의 없이) 하느님이 준 권리에 의해(그는 이것을 간접적이라고 부른다) 그가 교황에 임명되었을 때 생긴다는 것이다. 그러나 방식이 어떻든, 그 권력은 같다. 왜냐하면 교황은 영혼의 구원을 위해 필요하다고 판단되면 군주나 국가를 그의 임의대로 계속 바꿀 수 있다고 주장하고, 또한 영혼의 구원을 위해 도움이 되는지를 판단하는 일은 교황만이 가지는 권한이라고 주장하기 때문이다.

이러한 교리를 주장하는 것은 벨라르미노만이 아니다. 많은 박사들이 설교와 책으로 이러한 교리를 가르치고 있을 뿐만 아니라 교회회의를 통해 교회법으로 정해 놓았으며, 이에 따라 교황들은 기회가 유리할 때는 이 교리를 실행에 옮겼다. 교황 인노켄티우스 3세의 주도 아래 열린 제4차 라테란 회의에서는[31] 다음과 같은 규정을 교회법('이단자에 대하여(*De Hereticis*)' 3장)에 명시했다.

'왕이 교황의 권고를 받고서도 자국 내에서 이단자를 추방하지 않으면 파문에 처한다. 파문 후 1년 내에 참회의 고행을 하지 않으면 그의 국민들은 그에 대한 복종이 해제된다.'

그리고 지금까지 이러한 일은 여러 번 있었다. 프랑스 왕 실페릭은 폐위되었고 로마제국은 샤를마뉴에게 양도되었으며 잉글랜드 왕 존은 억압을 받게 된다. 또한 나바르 왕국은 이양되었으며,[32] 근년에는 프랑스 왕 앙리3세를 압박하는 구교(舊敎) 동맹이 결성되는 등의 일은 자주 발생했다. 나는 이런 일을 부당하고 경우에 어긋나는 일이라고 여기지 않는 군주는 거의 없으

---

*31 제4차 라테란 회의는 1215년. 라테라노 공회의.
*32 교황 식스투스 5세가 나바르 공 앙리(나중의 앙리 4세)를 파문한 일(1585)을 가리킨다. 당시에 이는 에스파냐 왕의 나바르 병합 야심을 돕기 위해서라고 했다.

리라 생각한다. 그런 처지에 있는 군주들은 모두 왕이나 백성, 하나를 선택하길 희망한다. 국민들은 두 주인을 섬길 수는 없다. 따라서 그들은 백성들의 통치권을 완전히 장악하든지, 아니면 교황에게 백성들의 권한을 완전히 넘겨주어 순종하기를 희망하는 국민들이 자발적 복종의 대가로 보호받도록 해야 한다. 즉 현세적 권력과 영적 권력의 구분은 말뿐의 것이다. 권력을 다른 간접적 권력과 나누어 갖게 되면 직접적 권력의 분유(分有)와 마찬가지로 실제 권력은 양분되어, 모든

교황 인노켄티우스3세의 꿈
인노켄티우스3세(재위 1198~1216)가 악몽을 꾸고 있는 교회. 무너지려고 하는 교회를 성프란체스코 수도사가 떠받치고 있는 비유적인 그림.

일에 해로운 결과를 초래한다. 이제 벨라르미노가 제시한 논거들을 살펴보기로 하자.

첫째, '정치적 권력은 영적 권력에 종속된다. 따라서 최고의 영적 권력을 가진 자는 현세적 군주에게 명령할 권한과 영적인 것을 위해 현세적 권력을 처분할 권한을 가진다.' 현세적인 것과 영적인 것의 구별과 관련하여 '현세적 또는 정치적 권력이 영적 권력에 종속된다'는 말이 어떤 뜻으로 이해되는지를 살펴보기로 하자. 이 말이 의미를 가지려면 두 가지 방법 밖에 없다. 즉 우리가 '하나의 권력이 다른 권력에 종속된다'고 할 때, 그 의미는 'A권력을 가진 자가 B권력을 가진 자에게 종속된다'는 말이거나, 'A권력과 B권력의 관계가 수단과 목적의 관계와 같다'는 말이다. 왜냐하면 '하나의 권력이 다른 하나의 권력에 대해 권력을 가진다'거나, 'A권력은 B권력에 대한 권리 또는 지휘권을 가질 수 있다'는 말을 우리는 이해할 수 없으며 복종·지휘·권리·권력은 여러 권력이 아니라 여러 인격의 우유성(偶有性)이기 때문이다. 마

구(馬具) 기술이 기수의 기술에 종속되는 것처럼[33] 하나의 권력은 다른 권력에 종속될지도 모른다. 그런 경우, 정치적 통치가 우리의 영적 행복을 위한 수단이라고 가정해 보자. 그렇다고 해서, 정치적 권력을 가진 왕이 영적 권력을 가진 교황에게 당연히 복종할 의무가 있다고 결론지을 순 없다. 즉 마구 기술을 가진 사람이 각 기수에게 따르는 것 이상으로 교황에게 복종할 의무는 생기지 않는다. 기술의 종속성으로부터 그 기술을 가진 전문가의 종속성을 이끌어 낼 수 없는 것처럼 통치의 종속성으로부터 통치자의 종속성을 이끌어 낼 수는 없다. 벨라르미노는 '정치적 권력은 영적 권력에 종속된다'는 말을 '정치적 주권자는 영적 주권자에게 종속된다'는 뜻으로 사용하여 다음과 같은 논거를 제시한다.

'정치적 권력은 영적 권력에 종속된다. 그러므로 영적 군주는 현세적 군주를 지휘할 수 있다.' 결론은 그가 증명했던 앞의 사항과 같다. 그는 그것을 증명하기 위해 다음과 같은 이유를 든다. '왕과 교황, 성직자와 세속인은 하나의 코먼웰스, 즉 하나의 교회를 만든다. 그리고 모든 단체의 구성원은 서로 의존한다. 그러나 영적인 것은 현세적인 것에 의존하지 않으므로 현세적인 것이 영적인 것에 의존하며, 따라서 현세적인 것은 영적인 것에 종속된다.'[34] 이 논거에는 두 가지 오류가 있다.

하나는 그리스도교도인 왕과 교황, 성직자 및 모든 그리스도교도들이 단하나의 코먼웰스를 만든다는 주장이다. 왜냐하면 프랑스, 에스파냐, 베네치아는 분명 각각 하나의 코먼웰스이기 때문이다. 그리고 이들은 모두 그리스도교도로부터 성립되므로, 각각의 그리스도교도 단체, 즉 각각의 교회인 것이다. 각각의 코먼웰스를 대표하는 각각의 주권자가 존재함으로 인해 그들은 자연인과 마찬가지로 명령과 복종, 행위와 경험의 주체들이 된다. 그러나 일반적인 교회 또는 보편적인 교회는 하나의 대표자를 가지기 전까지 행위의 주체는 존재하지 않는다. 그러한 대표자가 이곳 지상에는 없다. 만약 그런 대표자가 있다면, 모든 그리스도교 세계가 하나의 코먼웰스이며, 그 주권자는 영적 권력과 현세적 권력을 동시에 보유했을 것이다. 교황은 이러한 대표자가 되기에는 세 가지 결여된 점이 있다. '지휘'의 권한, '심판'의 권한, '처

---

[33] 마구기술과 승마기사의 비유는 벨라르미노의 것이다.
[34] 벨라르미노는 이를 뒷받침하기 위해 〈로마서〉 12장, 〈고린도전서〉 12장을 들고 있다.

벌'의 권한이다. 이 셋 중 예수 그리스도는 어느 것도 그에게 준 일이 없다. 다만 파문의 권한을 주었을 뿐이다. 파문은 그의 말을 듣지 않으려는 사람들을 멀리하는 것이다. 즉 교황이 그리스도의 유일한 대리자였다고 하더라도 그는 예수가 다시 올 때까지 통치권을 행사할 수 없으며, 예수 그리스도가 다시 왔을 때는 세상의 심판자는 교황이 아니라 베드로를 비롯한 사도들이다.

이 논거에 들어 있는 또 하나의 오류는, 각 코먼웰스의 구성원들이 하나의 자연적 육체의 부분들처럼 서로 의존한다는 주장이다. 그들이 결합해 있는 것은 사실이지만 그들은 코먼웰스의 영혼인 주권자에게만 의존하고 있으며, 주권자가 없으면 코먼웰스는 해체되고 내란이 발생한다. 알려진 주권자에 대한 공통적 의존이 없기 때문에 사람들 간의 결합도 사라진다. 마치 인체의 각 부분들을 한데 묶고 있는 영혼이 사라지면 인체는 해체되어 흙이 되는 것과 같다. 그러므로 인체의 비유를 들어 세속인의 성직자에 대한 의존 또는 현세적 관료들의 영적 신하들에 대한 의존을 논급할 필요는 없다. 둘 다 정치적 주권자에게 의존해 있을 뿐이다. 정치적 주권자는 그의 정치적 지휘권을 당연히 영혼의 구원을 위해 사용해야 하는데, 그로 인해 하느님 이외에는 어느 누구에게도 종속되지 않는다.

이제 여러분은 그의 첫째 논거의 오류를 보았다. 목적으로의 행선지에서 여러 행위의 종속관계와 운영수단인 하나의 인격의 다른 인격에 대한 종속성을 혼동하는 사람들을 속이기 위해서인 것이다. 모든 목적에서, 그 목적을 달성하는 수단은 자연 또는 하느님에 의해 초자연적으로 결정된다. 그러나 사람으로 하여금 그러한 수단을 사용하게 하는 권력은 모든 국민의 (사람들에게 그들이 부여한 신의를 배신하는 것을 금지한 자연법에 따라) 정치적 주권자에게 맡겨진다.

그의 둘째 논거는 다음과 같다. '각 코먼웰스는 (그 자체로서 완전하고 충분한 것으로 여겨지기 때문에) 그에 종속되지 않은 모든 코먼웰스에 대해 통치 운영을 바꾸도록 강제해도 되며, 또한 자국의 이익을 침해하려고 하는 군주에 대하여 스스로를 방위할 다른 방법이 없으면 그를 폐하고 다른 군주를 세워도 무방하다. 마찬가지로 영적 코먼웰스는 현세적 코먼웰스에 대해 영적 이익을 지킬 다른 방법이 없으면 통치 운영의 변경을 명령할 수 있고, 그

를 폐하고 다른 군주를 세울 수도 있다.'

코먼웰스가 여러 가지 침해로부터 자신을 보호하기 위해 모든 것을 합법적으로 할 수 있다는 말은 맞다. 그것은 앞에서 이미 충분히 논의되었다. 그리고 이 세상에 정치적 코먼웰스와는 구별된 영적 코먼웰스라는 것이 있다면, 그 코먼웰스의 군주는 자신에게 가해졌거나 또는 앞으로 가해질 가능성이 있는 침해에 대한 자신의 주의력 결핍에 대하여 이를 복구하거나 예방하기 위해 전쟁을 일으킬 수 있다. 즉 다른 나라의 군주를 굴복시키거나, 폐위, 살해할 수 있고, 그 밖의 어떠한 적대 행위도 가능하다. 그러나 정치적 주권자도 그와 같은 침해 또는 침해의 위험이 있을 경우 영적 주권자를 상대로 전쟁을 일으키는 것은 앞에서 서술한 바와 같이 합법적인 것이다. 그는 벨라르미노 추기경이 자신의 명제로부터 이끌어 내려 한 것을 넘어섰다고 생각한다.

그러나 영적 코먼웰스는 이 세상에 존재하지 않는다. 영적 코먼웰스는 곧 그리스도의 나라와 동일한 것이기 때문이며, 그리스도께서 직접 말하기를, 그 나라는 이 세상에 속한 것이 아니라 다음 세상에서 부활과 더불어 온다고 했다. 그날이 되면 의롭게 살면서 그가 그리스도임을 믿은 사람들은 ('몸'은 죽었다 하더라도) '영적인 육신'으로 다시 일어날 것이다.*35 그리고 그때 예수 그리스도는 세상을 심판하고, 그의 적대자들을 무찌르며, 영적 코먼웰스를 세우게 된다. 그날이 올 때까지 지상에는 육신이 영적인 사람은 아무도 없기 때문에, 육(肉)의 형태를 띠고 있는 사람들 사이에 영적 코먼웰스는 있을 수 없다. 복음전도의 사명을 받고, 사람들에게 부활의 날에 그리스도의 나라에 들어갈 채비를 하라고 설교하는 전도자들을 하나의 코먼웰스라고 부르지 않는 한, 영적 코먼웰스는 없다. 나는 이미 앞에서 그러한 코먼웰스는 존재하지 않는다는 것을 증명했다.

셋째 논거는 다음과 같다. '불신자 또는 이단자인 왕이 그리스도교도들을 이단이나 불신앙으로 끌어들이려고 하는 경우, 그리스도교도들이 이들을 관용하는 것은 합법적이지 않다. 왕이 국민들에게 이단을 가르치는지의 여부는 교황이 판단한다. 그러므로 군주의 폐위 여부를 결정할 권한은 교황에

---

*35 〈고린도전서〉 15장 44절에서 바울이 육의 몸과 신령한 몸으로 나누고 있다.

게 있다.'

　두 가지 주장 모두 틀린 말이다. 그리스도교도들(또는 다른 종교를 믿는 사람들이라 해도)이 어떤 법을 제정하든—그것이 설령 종교에 대한 것이라 할지라도—자신들의 왕을 받아들이지 않는 것은 신의를 저버리는*36 것이다. 이는 자연법에도 어긋날 뿐만 아니라, 하느님의 실정법에도 어긋난다. 그리고 국민들의 이단을 심판할 수 있는 사람은 정치적 주권자밖에 없다. 왜냐하면 '이단이란, 공적 인격(즉 코먼웰스의 대표자)이 가르침을 명한 교리에 어긋나는, 집요한 사적 의견'이기 때문이다. 그로서 명백한 것은 가르침을 받는 자로서 공공적으로 지시된 의견은 이단이어서는 안 되고, 그것을 승인한 주권자 군주도 이단자여선 안된다는 사실이다. 왜냐하면 이단자란 합법적 주권자가 금지한 교리임에도 불구하고 완고히 옹호하려는 사적 개인들을 가리키는 말이기 때문이다.

　그러나 그리스도교도들은 불신자 또는 이단자인 왕을 관용해서는 안 된다는 주장을 증명하기 위해 그는 〈신명기〉 17장 15절, 즉 하느님이 유대인들에게 그들의 위에 왕을 세울 경우에 낯선 사람(*stranger*)을 왕으로 세우지 말라고 한 구절을 근거로 제시한다. 이 구절을 근거로 그는 그리스도교도들이 그리스도교도가 아닌 왕을 세우는 것은 불법이라 주장한다. 그리스도교도인 사람, 즉 예수가 다시 오실 때 그를 왕으로 받아들일 의무를 스스로 지운 사람이 불신자인 사람을 이 세상의 왕으로 세우는 것은 하느님을 시험하는 일이다. 불신자인 사람이 왕이 되면, 공포와 설득을 통해 그리스도교도들에게 그리스도에 대한 믿음을*37 버리도록 강요하리란 것은 뻔한 일이다.

　그런데 그는, 그리스도교도가 아닌 사람을 왕으로 세우는 것과, 그를 폐위하지 않는 것은 똑같은 위험성이 있다고 주장한다. 그러나 나는, 문제는 방치의 위험이 아니라 폐위의 정당성이라고 본다. 불신자를 왕으로 세우는 것은 경우에 따라서 정당하지 못한 일일 수도 있지만 일단 왕이 된 사람을 폐위하는 것은 어떠한 경우일지라도 옳지 않다. 그것은 신의를 저버리는 행위이며, 결과적으로 하느님의 영원한 법인 자연법에도 어긋나기 때문이다. 사도 시대, 로마황제 시대에도 교황이 로마의 정치적 주권을 쥐기에 이를 때

---

*36 주권설정 계약에 있어서의 신의.
*37 faith는 신앙임과 동시에 약속에 대한 신의 성실도 의미한다.

까지, 그리스도교 교리 중에 그러한 교리가 존재했다는 것은 금시초문이다.

그러나 이에 대해 그는 답한다. 즉 옛날 그리스도교도들이 네로·디오클레 티아누스·유리아누스·아리아 인(人) 발렌스 등의 황제들을 폐위하지 않았 던 이유는 오직 한 가지, 그들을 쫓아 낼 힘이 현실적으로 없었기 때문이라 는 것이다. 맞는 말이다. 하지만 자신을 도울 12군단의 불사불패(不死不敗) 의 천사를 부를 수 있었던 예수 그리스도는 카이사르를 몰아낼 힘이 없었을 까? 그리스도에게 아무런 잘못이 없음을 알면서도, 그리스도를 유대인들에 게 넘겨 주어 십자가에 못 박히도록 한 빌라도를 몰아 낼 힘조차 없었을까? 사도들에게 네로를 몰아 낼 현실적 힘이 없었다 하자. 그렇다면 사도들은 새 신도들에게 편지를 보내, 사람들 위에 있는 권세에(즉 네로에게) 복종하라는 (그들이 실제로 그러했던 것처럼) 가르침이, 그리고 진노가 두려워서가 아닌, 양심 때문에 복종해야 한다는 가르침이 과연 필요했을까? 사도들이 힘이 없 었기 때문에 위에 있는 권세에 복종했을 뿐만 아니라, 의도하지 않았던 것 을 가르치기라도 했단 말인가? 그렇기 때문에 그리스도교도들이 이교도인 군주 또는 잘못된 가르침을 승인한 군주(나는 자신의 교리가 공공의 교리인 사람을 이단자라고 부를 수는 없으므로)를 수용하는 것은 힘이 없어서가 아니 라 양심 때문인 것이다. 또한 그는 교황의 현세적 권력과 관련하여 성 바울 이 당시 이교도 군주가 통치하고 있던 지역에서 군주가 임명하지도 않은 재 판관을 임의로 임명했다(고린도전서 6장)고 주장하는데, 이것은 사실과 다르 다. 왜냐하면 성 바울은 신도들 사이에서 다툼이 있을 경우, 이교도 재판관 앞에서 서로 고소하기보다는 신도들 중 몇 사람을 중재자로 세워 해결할 것 을 신도들에게 충고했을 뿐이다. 이는 건전한 명령이었고 자비를 베풀라는 교훈이었으며, 그리스도교 코먼웰스에 걸맞는 훌륭한 관행이었다. 그리고 국 민들이 이교도 군주나 잘못된 교리를 가진 군주를 수용함으로써 발생할 수 있는 종교적 위험에 대해서는 국민의 입장에서 논할 문제가 아니다. 국민이 교리의 잘잘못을 논할 자격이 있다면, 교황의 통치를 받는 국민들도 교황의 교리에 대해서 잘잘못을 논해도 무방할 것이다. 이미 앞에서 증명한 바와 같이, 교황이 그의 국민들에게 최고의 목사인 것처럼, 모든 그리스도교 군주 들 역시 자기 국민들에게 최고의 목사이기 때문이다.

넷째 논거는, 왕이 세례받는 것과 관련된 것이다. 세례를 받음으로써 왕은 그리스도교교도가 되어, 왕홀(王笏)을 그리스도에 기초하고, 그리스도교 신앙을 유지하고 보호하기로 약속한다는 것이다. 이는 사실이다. 그리스도교교도 왕도 결국 그리스도의 국민이기 때문이다. 그들은 교황과 대등한 지위일 수 있다. 왜냐하면 그들은 여전히 자기 국민에게는 최고 목사이며, 교황은 로마에서만 왕이자 목사일 뿐, 그 이상은 아니기 때문이다.

다섯째 논거는, 예수 그리스도가 "내 양을 쳐라"라고 한 말씀과 관련된 것이다. 이로써 목사에게 필요한 모든 권력이 부여되었다는 것이며, 그 권력이란 이단자라는 이리를 내쫓을 권한, 사악한(그리스도교도이기는 하지만) 왕을 의미하는 미친 양이나 또는 다른 양을 뿔로 들이받는 경우에는 어린 양을 가둘 권한, 양 떼에게 좋은 먹이를 줄 권한이다. 성 베드로가 이 세 가지 권한을 그리스도로부터 받았다는 것이다. 그에 대하여 나는 셋 중 마지막 것은 가르칠 권한이라기보다 오히려 가르칠 것을 명령함에 지나지 않는다고 답하겠다. 먼저 이리, 즉 이단자를 내쫓을 권한에 대해 그가 인용하는 곳은 〈마태복음〉 7장 15절이다. "거짓 선지자들을 삼가라. 양의 옷을 입고 너희에게 나오나 속에는 노략질하는 이리라." 그러나 이단자는 거짓 예언자가 아닐뿐더러 어떠한 예언자도 아니며, 또한 (그 구절에서 이리가 이단자를 가리킨 말이라 하더라도) 그를 죽이라고, 그가 왕일 경우에는 몰아내라고 사도들에게 명령하지는 않았다. 단지 경계하고, 피해 다니라 했을 뿐이다. 또한 거짓 예언자를 경계하라는 말은 성 베드로에게 한 조언도 아닐뿐더러, 다른 어떤 사도에게 한 말도 아니다. 그를 따라 산으로 올라온 유대인 무리를 향해 한 말로, 그들 대부분이 아직 개종하지 않은 사람들이었다. 따라서 이 말이 왕을 몰아낼 권한을 부여한 것이라면, 이러한 권한은 사적 개인들뿐만 아니라 그리스도교도가 아닌 사람들에게도 있다. 그리고 미쳐 날뛰는 어린 양을 격리시켜 가둘 권한(그는 로마의 목사(교황)에게 순종하지 않는 그리스도교교도 왕을 '미쳐 날뛰는 어린 양'으로 보고 있다)을 주장하는데, 예수는 그러한 권한을 스스로 거부하였으며, 오히려 심판의 날까지 밀과 가라지를 함께 자라도록 두라고 충고하였다. 더구나 베드로에게 한 말도 아니었기 때문에, 베드로는 그 권한을 교황들에게 줄 수 없다. 성 베드로를 비롯한 모든 목사들에게 준 말은 교회에 순종하지 않는 그리스도교교도들, 즉 그리스도교교도 주권자에게 복종하지 않는 사람들을 이교도나 세리와 같이 여기라는 것이었다. 그런데 사람들이 교황에게 이교도 군주에 대해 어떠한 권한도 주장하지 않는다면, 이교도로 간주된 사람들에 대해서도 아무런 권한이 없다 해야 할 것이다.

그러나 그는 가르칠 권한만으로도 교황이 왕에게 강제력을 행사할 수 있다고 주장한다. 그에 따르면 양치기는 자신의 양 떼에게 좋은 먹이를 줘야 한다. 그러므로 교황은 왕들에게 그들의 의무를 이행하도록 강제력을 행사해도 무방하며, 또 행사해야 한다는 것이다. 말하자면, 교황은 당연히 모든 그리스도교도들의 목사로서 왕들의 왕이라는 것이 된다. 모든 그리스도교도 왕들은 이 주장을 받아들이는 것과, 스스로 자신의 영토 내에서 최고 양치기로서의 책임을 다하는 것 중에서 양자택일을 해야 한다.

마지막으로 여섯째 논거는 사례들로 구성된다. 그것에 대하여 나는 이렇게 대답한다. 첫째, 사례들은 아무것도 증명하지 않는다. 둘째, 그가 내세운 사례들은 정의와는 거리가 멀다. 여호야다가 아달랴를 죽인 일은(열왕기하 11장) 요아스 왕의 지시에 따른 것이기는 하지만, 대제사장이 저지른 끔찍한 범죄행위였다. 대제사장은 사울 왕이 들어선 이후에는 줄곧 한낱 국민일 뿐이었다. 성 암브로시우스가 테오도시우스 황제를 파문한 행위는(정말로 그가 그렇게 했다면) 중대 범죄였다. 교황 그레고리오 1세, 그레고리오 2세, 자카리아, 레오 3세가 정한 교회 규정들은 당사자인 자신이 소송 사건에서 내린 판결들이었으므로 무효이며, 그 교리에 따라 저질러진 행위들은 (특히 자카리아가 저지른 일) 인간이 저지를 수 있는 최대의 범죄행위이다. '교권'에 대해서는 이것으로 마친다. 여기에서 나는 벨라르미노의 논증을 그리스도교도 군주들과 국가들에 대항하는 교황파 전사로서가 아니라, 사적 개인으로서의 논거로 보고 비교적 짧게 검토했음을 밝힌다.

43 인간이 하늘나라에 들어가는 데 필요한 것

하느님과 인간에게 동시에 복종해야 하는 어려움　하느님의 율법과 인간의 율법이 서로 대립할 때, 하느님과 인간에게 동시에 복종하기란 매우 어려운 일이며, 그것은 아직도 충분한 해결을 보지 못하고 있다. 이제껏 그리스도교 코먼웰스에서 소요와 내란에 이용되는 구실은 대부분 이 문제와 관련된 것이었다. 한 사람이 두 가지 상반된 명령을 받았을 때, 그 중 하나가 하느님의 명령임을 안다면 그는 하느님의 명령에 따라야 하며, 다른 하나가 아무리 합법적인 주권자(군주든 주권적 합의체든)나 아버지의 명령이라 하더라도 그것에 복종해서는 안 된다는 것은 누가 보아도 명백한 사실이다.

따라서 문제는 하느님의 이름으로 명령을 받았을 때 그것을 어떻게 알 수 있는가 하는 것이다. 하느님의 이름으로 내려진 명령 중에는 정말 하느님의 명령도 있지만, 그 명령을 전하는 자가 자신의 개인적 이익을 추구하기 위해 하느님의 이름을 악용하는 경우도 있기 때문이다. 유대인들의 교회에서 많은 거짓 예언자들이 나타나 지어낸 꿈과 환영으로 명성을 얻으려 했던 것처럼, 그리스도의 교회에서도 어느 시대에나 명성을 얻으려는 거짓 교사들이 늘 환상적인 거짓 교리를 퍼뜨려 왔고, 그 명성으로(그것이 야심의 본질이므로), 사사로운 이익을 위해 사람들을 지배하려 한 것이다.

그것은 구제에 무엇이 필요하고 무엇이 필요하지 않은지를 구별할 줄 아는 사람에게는 문제가 되지 않는다　그러나 하느님과 지상의 정치적 주권자에게 동시에 복종하는 어려움은 '하느님 나라에 들어가기 위해 꼭 필요한 것'과 '필요하지 않은 것'을 구별할 줄 아는 사람에게는 조금도 중요하지 않다. 왜냐하면 정치적 주권자의 명령이 영생을 얻는 데 지장 없이 복종할 수 있는 것이라면, 그것에 복종하지 않는 것은 부정한 일이기 때문이다. '종들이여, 모든 일에 주인에게 복종하라.' '자녀들이여, 모든 일에서 부모를 따르라.' 이것이 바로 사도 바울의 가르침이고,[*1] 구세주의 가르침도 '율법학자들과 바리새파 사람들은 모세의 자리에 앉은 사람들이니, 그들이 너희에게 말하는 것은 무엇이든지 다 실행하고 지켜라'[*2] 하는 것이었다. 그러나 정치적 주권자의 명령이 영원한 죽음을 무릅쓰지 않고는 따를 수 없는 것이라면 그 명령에 복종하는 것은 정신나간 짓이다. 구세주는 '몸은 죽여도 영혼은 능히 죽이지 못하는 자들을 두려워하지 말라'(마태복음 10장 28절)고 말했다. 그러므로 지상의 주권자에게 복종하지 않았을 때 이 세상에서 받게 될 처벌도 피하고, 하느님께 복종하지 않아서 장차 도래할 세상에서 받게 될 처벌도 피하려는 사람은 영원한 구원에 반드시 필요한 것과 필요하지 않은 것이 무엇인지 잘 구별할 줄 알아야 한다.

구원에 필요한 모든 것은 신앙과 복종 속에 들어 있다 '구원'에 필요한 모든 것은 '그리스도에 대한 믿음'과 '법에 대한 복종'이라는 두 가지 덕성 안에 포함되어 있다. 이 가운데 '법에 대한 복종'이 완전하다면 우리에게는 그것만으로 충분했을 것이다. 그러나 우리는 모두 아담의 원죄에서부터 우리 자신이 실제로 저지르는 계율위반에 이르기까지 하느님의 율법을 어긴 죄인들이므로 지금 우리의 손으로 우리의 남은 인생 동안 하느님의 율법에 '복종'할 뿐만 아니라 과거에 지은 죄도 '용서'받아야 한다. 그 사면은 그리스도에 대한 신앙의 대가로 주어진다. 구원에 반드시 필요한 것은 이것밖에 없다는 것은 하늘나라가 죄인, 즉 율법을 따르지 않거나 어긴 자 외에는 누구에게나 열려 있고, 만약 죄인이었다 하더라도 회개하고 구원에 필요한 신조를 믿으면 그들에게도 역시 열려 있다는 점에서 명백하다.

어떤 복종이 필요한가 하느님이 우리에게 요구하는 것은 하느님께 복종하려는 성실한 노력이다. 하느님은 우리의 행위 의지를 실행으로 받아들이기 때문에 그에게 복종하려는 진지한 노력을 복종으로 여긴다. 복종의 노력을 나타내는 모든 것이 복종에 해당한다. 그러므로 복종은 때로는 '박애'와 '사랑'이라는 이름으로 불리기도 하는데, 그 이유는 그것이 복종에 대한 의지를 뜻하기 때문이다. 구세주도 하느님을 사랑하고 이웃을 사랑하면 그것이 곧 법 전체를 충족하는 것이라고 했다. 때로는 그것은 '의로움'이라는 이

---

*1 〈골로새서〉 3장 22절 및 3장 20절.
*2 〈마태복음〉 23장 2~3절.

름으로도 불린다. 의로움은 자기 것을 남에게 주려는 의지로서, 바꿔 말하면 법에 복종하려는 의지이기 때문이다. '회개'도 복종이다. 회개는 죄로부터 몸을 돌려 멀어지려는 것을 뜻하며, 복종하려는 의지로 복귀하는 것과 같기 때문이다. 그러므로 하느님의 계율을 거짓없이 이행하고자 하는 사람, 자신의 계율위반을 진심으로 뉘우치는 사람, 마음을 다해 하느님을 사랑하고 이웃을 제 몸처럼 아끼는 사람은 모두 하늘나라에 들어가는 데 필요한 복종을 다하는 사람들이다. 왜냐하면 만일 하느님이 완전한 순결을 요구한다면, 구원받을 육신은 아무도 없을 것이기 때문이다.

그리고 어떤 법에 대해서인가 그러면 하느님이 우리에게 준 율법이란 어떤 것일까? 모세를 통해 유대인들에게 주어진 율법이 모두가 하느님의 율법인가? 만약 그렇다면 왜 그리스도교도들에게 그 율법에 따르라고 하지 않는가? 또 만약 그렇지 않다면 자연법 이외에 무엇이 하느님의 율법인가? 구세주 그리스도는 우리에게 새로운 법을 주신 것이 아니라, 우리가 따라야 할 법들, 즉 자연법과 주권자의 법을 잘 지키라고 가르쳤다. 그는 또한 산상설교에서도 유대인들에게 새 법을 만들어 준 것이 아니라, 그들이 전에 지키던 모세 율법을 설명해 주었을 뿐이다. 그러므로 하느님의 법은 결국 자연법이고, 그 핵심은 우리가 자신의 신앙(성실)을 유린해서는 안 된다는 것, 즉 우리가 상호 협약을 통해 우리 위에 세운 정치적 주권자에게 복종하라는 계율이다. 시민법에 복종할 것을 명하는 이 하느님의 법은, 그 귀결로서 《성경》의 모든 계율에 복종할 것을 명한다. 《성경》의 계율들은 (앞 장에서 증명한 바와 같이) 정치적 주권자가 그것을 법으로 정한 곳에서만 법이며, 그렇지 않은 곳에서는 조언에 불과하다. 위험에 처했을 때 그 조언을 따르지 않더라도 불의(不義)는 아니다.

그리스도교도의 신앙에서 믿어야 믿을 수 있는 인격은 누구인가 이제 구원에 필요한 복종이 무엇인지, 누구에게 복종해야 하는지를 알았으므로 이번에는 믿음과 관련하여 누구를, 무슨 까닭으로 믿어야 하는지, 구원될 사람들이 반드시 믿어야 할 신앙개조 또는 항목이 무엇인지 살펴보겠다.

우리가 어떤 사람을 믿을 때는 우선 그 사람이 무슨 말을 하는지 알기 전에는 어떠한 인격도 믿을 수 없으므로, 그가 말하는 것을 들어 본 적이 있는 사람이어야 한다. 따라서 아브라함·이삭·야곱·모세 같은 예언자들이 믿었던 인격은 그들에게 초자연적으로 말을 걸었던 하느님 자신이었다. 그리스도와 함께 지냈던 사도들과 제자들은 예수 그리스도를 믿었다. 그러나 하느님 아버지나 구세주의 말씀을 직접 들은 일이 없는 사람들은 하느님을 믿었다고 말할 수 없다. 그들은 사도들을 믿었고, 사도 시대 이후에는 교회의 목사와 박사들을 믿었다. 후자는 《구약성경》과 《신약성경》을 믿으라고 그들에게 권했다. 그러므로 우리의 구세주 시대 때부터 줄곧 그리스도교도들의 신앙의 기초가 된 것은 처음에는 목사들의 명성이었고, 나중에는 《구약성경》과 《신약성경》을 신앙의 규칙으로 정한 사람들의 권위였다. 《구약성경》과 《신약성경》을 신앙의 규칙으로 정하는 것은 그리스도교적 주권자 외에는 아무도 할 수 없었으므로 이들이 최고의 목자이며, 오늘날 하느님이 초자연적으로 말을 거는 사람들을 제외하면 현재로서는 그리스도교도들이 하느님의 말씀을 전해 듣는 유일한 인격이다. 그러나 '세상에 나타난' 거짓 예언자들이 많기 때문에, 성 요한이 충고한 대로 "그 영들이 하느님께 속하였나"(요한1서 4장 1절) 검토해야 한다. 그리고 교리를 검토하는 일은 최고 목자의 권한이므로, 하느님의 특별한 계시를 받지 못하는 모든 사람들이 믿어야 할 인격은 (어떤 코먼웰스에서든) 최고의 목자, 즉 정치적 주권자이다.

그리스도교 신앙의 여러 원인 사람들이 그리스도교의 교리를 믿는 이유는 다양하다. 믿음은 하느님이 주시는 선물이며, 하느님은 그것을 각자에게 저마다 어울리는 방식으로 불어넣기 때문이다. 그리스도교 신앙을 갖게 되는 가장 흔하고 직접적인 원인은, 《성경》이 하느님의 말씀임을 믿는다는 데 있다. 그러나 우리가 왜 《성경》을 하느님 말씀이라고 믿는지에 대해서는, 제대로 설명되지 않은 모든 질문이 반드시 그러한 것처럼 논란이 많다. 왜냐하면 사람들은 '우리는 왜 그것을 믿는가'라고 묻지 않고, 마치 '믿는 것'과 '아는 것'이 완전히 같은 것인 듯이 '우리는 어떻게 그것을 아는가'하고 묻기 때문이다. 그러므로 한쪽에서는 그들의 지식의 기초를 교회의 무류성에 두고, 다른 쪽에서는 자신들이 경험한 영적 증거에 두고 논쟁을 벌이지만, 어느 쪽도 자신이 주장하는 것에 결론을 이끌어 내지 못하고 있다. 먼저 《성경》의 무류성에 대해 알지 못하고서 어떻게 교회의 무류성을 알 것인가? 또한 자신의 사적인 영이, 교사가 가르쳐 주었거나 교사의 권위에서 비롯된 믿음이 아니라는 점, 자신이 하느님으로부터 선물받았다고 추정한 것이 아니라는 점을 어떻게 아는가? 게다가 《성경》에는 교회의 무류성을 추론할 수 있는 근거가 아무 것도 없다. 특정 교회의 무류성에 대해서는 말할 것도 없고, 특정인의 무류성을 주장할 수 있는 근거도 눈을 씻고 보아도 없다.

믿음은 들음에서 난다 그러므로 그리스도교도들은 《성경》이 하느님의 말씀임을 알고 있는 것이 아니라, 단지 그렇게 믿는 것에 지나지 않은 것은 명백하다. 그리고 그런 믿음을 가지게 만드는 수단은 곧 교사의 가르침이다. 이

산상설교
신의 법은 결국 자연의 법이다.

것은 하느님이 인간에게 준 통상적 방법, 즉 자연적 방법이다. 그리스도교 신앙 일반에 대한 성 바울의 교리는 "믿음은 들음에서 난다."(로마서 10장 17절) 즉 합법적 목사들의 설교를 들음으로써 믿음이 생긴다는 것이다. 성 바울은 또 이렇게 말했다. "듣지도 못한 이를 어찌 믿으료, 전파하는 자가 없이 어찌 들으료, 보내심을 받지 아니하였으면 어찌 전파하리요."(로마서 10장 14~15절) 이로써 명백한 것은, 《성경》이 하느님의 말씀이라고 믿는 일반적 이유는 다른 그리스도교 교리를 믿는 이유와 같은 것, 즉 부모가 가정에서, 목사가 교회에서 그러한 것처럼 우리에게 가르치도록 법적으로 허용되고 임명된 교사로부터 들었기 때문이다. 이러한 사실은 경험에 의해 더욱 명백해진다. 그리스도교의 모든 코먼웰스에서는 모든 사람들이 《성경》이 하느님의 말씀이라고 믿거나 또는 적어도 믿는다고 말하지만, 다른 코먼웰스에서는 그런 사람이 거의 없다. 그리스도교 코먼웰스에서는 어릴 때부터 그렇게 가르치고, 다른 곳에서는 다르게 가르치는 것 외에 무엇으로 그 차이를 설명할 수 있겠는가.

그러나 만일 가르침이 믿음의 원인이라면, 왜 모든 사람이 믿지 않는 것일까? 그래서 믿음은 분명히 하느님의 선물이며 하느님은 그것을 자신이 주고 싶은 사람에게만 주는 것이다. 그런데 하느님이 믿음을 주실 때는 교사를 통해서 주시기 때문에 믿음의 직접적 원인은 듣는 것이다. 학교에서는 많은 사람들이 배우지만, 배움의 이익을 얻는 자도 있고 얻지 못하는 자도 있는데, 이때 이익을 얻은 사람의 학식의 원인은 교사이다. 하지만 그렇다고 해서 학식은 하느님의 선물이 아니라고 추론할 수는 없다. 모든 선한 것은 하느님으로부터 온다. 그래도 그것을 가진 모든 사람들이 자기들은 하느님으로부터 영감을 얻었다고 말할 수는 없다. 왜냐하면 그것은 초자연적 선물, 하느님이 직접적인 도움을 의미하는 것이며, 그렇게 말하는 것은 곧 자신이 예언자라고 주장하는 것과 같은 것으로, 교회의 시험을 거쳐야 하는 사항이다.

《성경》이 하느님의 말씀이라는 것을 '알고' 있든 '믿고' 있든 또는 '인정하고' 있든 사람들은 내가 여기서 《성경》을 근거로 구원에 반드시 필요한 신조가 무엇인지 그리고 그것만 있으면 된다는 점을 분명히 보여 주면 그 사람들은 내 말이 옳다는 것을 '알고', '믿고', '인정해야' 한다.

그리스도교 신앙의 유일한 신조 《성경》에서 구원에 필요로 하는 유일한 신조는 (단 하나의 '필수조항(unum neccessarium)',[*3] '예수는 그리스도'라는 것이다. '그리스도'는 하느님이 《구약성경》의 예언자들을 통해 이 세상에 보내겠다고 약속한 왕이다. 그 그리스도가 이 세상에 와서 하느님 자신 곁에서 영원히 (유대인들과 다른 모든 민족 가운데 만약 그를 믿는 사람이 있으면 그 사람을) 다스리고, 아담이 죄를 지은 뒤 잃어버렸던 영원한 생명을 주게 될 거라고 약속한 것이다. 우선 《성경》을 통해 이러한 사실을 증명한 뒤에 다른 신조들이 어떤 경우에 어떤 의미에서 '필요한' 것인지를 살펴보고자 한다.

복음전도자들의 의도에서 증명된다 '예수는 그리스도'라는 것이 구원에 필요한 단 하나의 신조라는 증거로서의 나의 첫 번째 논거는 복음전도자들의 의도에서 알 수 있다. 그것은 구세주의 생애를 서술함으로써 '예수는 그리스도'라는 하나의 신조를 확립하기 위한 것이었다. 성 마태오가 기록한 〈마태복음〉의 요점은 다음과 같다.

[*3] Unum Necessarium은 〈누가복음〉 10장 42절에 있다. 현행 영역 성경에는 but one thing is necessary로 되어 있다.

예수는 다윗의 자손으로 동정 녀에게서 태어났다. 이것이 진정한 그리스도의 징표이다. 동방박사들이 그를 유대인들의 왕으로 경배하기 위해 온 것, 헤롯 왕이 같은 이유로 그를 죽이려 한 것, 세례자 요한이 그가 그리스도 라고 선포한 것, 그가 직접 자신이 왕이라고 가르쳤으며, 사도들도 그렇게 가르친 것, 그가 율법학자로서가 아니라 권위 있는 사람으로서 율법을 가르친 것, 말씀만으로 병을 고치고, 그 밖에도 많은 기적을 행했으며 그리스도가 이렇게 할 것이라고 전부터 예언되어 있던 것, 그가 예루살렘에 들어갔을 때 왕으로 영접을 받은 것, 그리스도를 자처하는

성 마태오와 천사(카르파초, 1598)

거짓 그리스도를 경계하라고 미리 경고한 것, 왕을 참칭했다는 이유로 잡혀가서 고소당하고 끝내 죽임을 당한 것, 십자가에 기록된 죄목이 '나사렛 예수', '유대인들의 왕'이었던 것 등 이러한 내용들을 기록한 목적은 오직 하나, 예수가 그리스도라는 것을 사람들로 하여금 믿게 하려는 것이었다. 따라서 이것이 바로 〈마태복음〉의 의도였다.

다른 모든 복음서들도 (읽어 보면 알 수 있듯이) 의도는 같았다. 따라서 모든 복음서의 의도는 그 유일한 신조를 확립하는 것이었다. 성 요한은 명시적으로 그것을 그의 결론으로 삼고 있다. "오직 이것을 기록함은 너희로 예수께서 하느님의 아들 그리스도이심을 믿게 하려 함이다."(요한복음 20장 31절)

사도들의 설교에서 알 수 있다 나의 두 번째 논거는 구세주가 지상에 살아 있었을 때와 승천한 뒤의 사도들의 설교 주제를 보면 알 수 있다. 구세주가 이 땅에 있었을 때에 하느님은 사도들을 보내 하느님의 나라를 선포하게 하

였다(누가복음 9장 2절). 이것은 〈마태복음〉 10장 7절에서도 확인된다. "가면서 전파하여 말하되 천국이 가까이 왔다 하라." 즉 예수가 예견된 '메시아'요, '그리스도'요, '왕'이라는 것이다. 예수가 승천한 뒤에도 그들의 설교가 같았다는 것은 〈사도행전〉 17장 6절에서도 명백하다. 성 누가는 이렇게 말했다. "그들은 야손과 신도 몇 사람을 성읍의 관원들에게 끌고 가서, 큰 소리로 외쳤다. '세상을 소란하게 한 그 사람들이 여기에도 나타났습니다. 그런데 야손이 그들을 영접하였습니다. 그 사람들은 모두 예수라는 또 다른 왕이 있다고 말하면서, 황제의 명령을 거슬러 행동을 합니다.'" 또 같은 장의 2, 3절에서도 알 수 있는데 거기서는 이렇게 말하고 있다. "성 바울은 자기 관례대로 회당으로 그들을 찾아가서, 세 안식일에 걸쳐, 성경을 가지고 그들과 토론하였다. 그는 그리스도께서 반드시 고난을 당하고, 죽은 사람들 가운데서 살아나야 한다는 것을 해석하고 증명하면서 '내가 여러분에게 전하고 있는 예수가 바로 그 그리스도이십니다' 하고 말하였다."

그 쉬운 교리에서 알 수 있다   세 번째 논거는 《성경》의 여러 곳에서, 구원에 필요한 믿음은 지키기 쉬워야 한다고 말한 것으로 알 수 있다. 만약 오늘날 교회에서 가르치는 모든 교리(그 가장 중요한 부분은 논란의 대상이 되고 있다)에 대한 내면적 동의가 있어야만 구원을 얻을 수 있다고 한다면, 이 세상에서 그리스도교도가 되기보다 더 어려운 일은 없을 것이다. 십자가에 매달려 있던 도둑은 아무리 회개하더라도, "예수님, 예수님께서 그 나라에 들어가실 때에 나를 기억해 주십시오" 하는 말 한 마디로는 구원받지 못했을 것이다. 그는 그 말로 '예수가 왕이다' 하는 단 하나의 믿음밖에 없음을 보여주고 있을 뿐이다. 또한 〈마태복음〉에서도 "내 멍에는 쉽고 내 짐은 가벼우니라"(마태복음 11장 30절)고 말하지 않았을 것이고, "나를 믿는 이 작은 자"(마태복음 18장 6절) 이야기도 하지 않았을 것이다. 또한 성 바울도 "하느님께서 전도의 미련한 것으로 믿는 자들을 구원하시기를 기뻐하셨도다"(고린도전서 1장 21절)고 말하지 않았을 것이고, 바울 자신도 구원을 얻지 못했을 것이며, 나아가 그렇게 갑자기 교회의 위대한 박사가 되지도 못했을 것이다. 아마도 바울은 오늘날 교회에서 강요되고 있는 화체설(化體說)*4이니 연옥이니

---

*4 화체설(化體說)은 포도주와 빵이 그리스도의 피와 살이 된다는 것.

하는 따위의 교리에 대해서도 생각조차 해 본 일이 없었을 것이다.

정식으로 기록된 명백한 본문에서 알 수 있다 이 네 번째 논거는, 명시적이고 해석상 논란의 여지가 없는 분명한 말로 기록되어 있는 데서 알 수 있다.

⑴ 〈요한복음〉 5장 39절에서 구세주는 이렇게 말하고 있다. "너희가 성경에서 영생을 얻는 줄 생각하고 성경을 연구하거니와 이 성경이 곧 내게 대하여 증언하는 것이니라." 여기서 구세주가 말한 《성경》은 《구약성경》이다. 당시에는 《신약성경》은 아직 기록본이 없었으므로, 유대인들은 《신약성경》을 연구할 수 없었기 때문이다. 그러나 《구약성경》에는 그리스도가 왔을 때 그를 알아볼 수 있는 표적 외에는 아무것도 나와 있지 않다. 그 표적은 예를 들면, 그는 다윗의 자손일 것이고, 베들레헴에서 동정녀에게서 태어날 것이며, 여러 가지 기적들을 행하리라는 것과 그와 유사한 것들이다. 그러므로 이 예수가 바로 그였다고 믿는 것만으로 영원한 생명을 얻기에 충분했다. 충분한 것 이상은 필요치 않으므로 다른 신조는 요구되지 않는다.

⑵ "무릇 살아서 나를 믿는 자는 영원히 죽지 아니하리니 이것을 네가 믿느냐"(요한복음 11장 26절) 했으니 그리스도를 믿는 것만으로도 영생을 얻기에 충분한 신앙이다. 따라서 그 귀결로서 그 밖의 다른 믿음은 필요하지 않다. 그런데 예수를 믿는 것과 예수가 그리스도임을 믿는 것은 바로 뒤에 이어지는 성경 구절들로 알 수 있듯이 완전히 같은 것이다. 구세주가 마르다에게 "(살아서 나를 믿는 자는 영원히 죽지 않을 것이다.) 이것을 네가 믿느냐" 하고 물었을 때 마르다는 이렇게 말했다. "주여 그러하외다. 주는 그리스도시요 세상에 오시는 하느님의 아들이신 줄 내가 믿나이다."(요한복음 11장 27절) 그러므로 이 신조 하나만으로 영생을 얻기에 충분한 믿음이 되며, 충분한 것 이상은 필요하지 않다.

⑶ 〈요한복음〉 20장 31절의 기록이다. "오직 이것을 기록함은 너희로 예수께서 하느님의 아들 그리스도이심을 믿게 하려함이요 또 너희로 믿고 그 이름을 힘입어 생명을 얻게 하려 함이니라." 여기서 보듯이, 예수가 그리스도임을 믿는 것이 생명을 얻기에 충분한 믿음이며, 따라서 다른 신조는 필요하지 않다.

⑷ 〈요한 1서〉 4장 2절의 기록이다. "예수 그리스도께서 육체로 오신 것을 시인하는 영마다 하느님께 속한 것이다." 또한 〈요한 1서〉 5장 1절, '예수께서

그리스도임을 믿는 자마다 하느님께로부터 난 자이다." 그리고 5절, "예수께서 하느님의 아들이심을 믿는 자가 아니면 세상을 이기는 자가 누구냐."

(5) 〈사도행전〉 8장 36~37절에, 내시가 "보라 물이 있으니 내가 세례를 받음에 무슨 거리낌이 있느냐" 하고 묻자, 빌립이 "네가 마음을 온전히 하여 믿으면 된다"고 하니 그가 대답하여 말하기를, "내가 예수 그리스도께서 하느님 아들임을 믿나이다" 했다. 그러므로 예수가 그리스도라는 신조 하나면 세례를 받기에, 즉 하느님의 나라에 들어가기에 충분하기 때문에 필요한 신조는 그것뿐이다. 그리고 우리 구세주는 "네 믿음이 너를 구원하였다"고 말한 적이 여러 번 있는데, 그것은 일반적으로*5 예수가 그리스도라는 것을 직접 고백했거나 또는 결론적으로 그 말 속에 그런 뜻이 들어 있는 경우에 그렇게 말했다.

그것이 다른 모든 신조의 기본인 것에서 알 수 있다 마지막 논거는 이 신조가 모든 그리스도교 신앙의 기본이라는 사실이다. 이 기본을 받드는 사람은 당연히 구원받는다. 이것을 확인할 수 있는 성경 구절은 다음과 같다.

(1) 〈마태복음〉 24장 23절이다. "그때에 사람이 너희에게 말하되 '보라. 그리스도가 여기 있다' 혹은 '저기 있다' 하여도 믿지 말라. 거짓 그리스도들과 거짓 선지자들이 일어나 큰 표적과 기사를 보여 줄 것이니." 즉 큰 기적을 행하면서 예수가 그리스도가 아니라고 가르치는 자가 있더라도 그를 믿지 말고, 예수가 그리스도임을 믿어야 한다는 것이다.

(2) 〈갈라디아서〉 1장 8절이다. "그러나 우리나 혹은 하늘로부터 온 천사라도 우리가 너희에게 전한 복음 외에 다른 복음을 전하면 저주를 받을지어다." 여기서 바울을 비롯한 사도들이 전한 복음은 오직 예수는 그리스도라는 것뿐이었다. 그러므로 이 신조를 지키고, 이와 다른 것을 전하는 자가 있으면 하늘에서 온 천사의 권위라도 거부해야 하는데 하물며 유한한 생명을 지닌 인간의 권위는 말할 나위도 없다. 따라서 이것은 그리스도교 신앙의 기본 신조이다.

(3) 〈요한 1서〉 4장 1~2절이다. "사랑하는 자들아, 영을 다 믿지 말라. 이로써 너희가 하느님의 영을 알지니 곧 예수 그리스도께서 육체로 오신 것을

---

*5 이 '일반적으로(generally)'는 '예외도 있지만 원칙적으로'가 아니라, '예외 없이, 보편적으로'라는 뜻이다.

시인하는 영마다 하느님께 속한
것이요." 이 구절에서도 그 신조
가 다른 모든 신조들을 평가하
고 시험하는 척도이자 기준임을
분명하게 알 수 있으며 따라서
근본이 되는 유일한 신조이다.

(4) 〈마태복음〉 16장 18절이다.
베드로가 구세주에게 "주는 그리
스도시요 살아계신 하느님의 아
들이시다" 하고 말하자, 구세주
는 "너는 베드로라. 내가 이 반석
위에 내 교회를 세우리니" 하고
대답하였다. 여기서 내가 추론할
수 있는 것은 교회의 다른 모든
교리는 그 신조의 기초 위에 세
워져 있다는 것이다.

(5) 〈고린도전서〉 3장 11~15절

4명의 사도(뒤러, 1526)
왼쪽부터 요한·베드로·마가·바울.

이다. '이 닦아 둔 것 외에 능히 다른 터를 닦아 둘 자가 없으니, 이 터는 곧
예수 그리스도라, 만일 누구든지 금이나 은이나 보석이나 나무나 풀이나 짚
으로 이 터 위에 세우면, 각 사람의 공적이 나타날 터인데, 그 날이 공적을
밝히리니, 이는 불로 나타내고 그 불이 각 사람의 공적이 어떠한 것을 시험
할 것임이라, 만일 누구든지 그 위에 세운 공적이 그대로 있으면 상을 받고,
누구든지 그 공적이 불타면 해를 받으리니, 그러나 자신은 구원을 받되 불
가운데서 받은 것 같으리라." 이 구절은 부분적으로는 평이하고 이해하기 쉽
지만, 한편으로는 비유적이고 어려우므로 평이한 부분에서 추론할 수 있는
것은 예수는 그리스도임을 가르치는 목사들은, 설령 다른 교리를 잘못 가르
쳤다 하더라도(누구나 때로는 이런 잘못을 저지를 수 있다) 구원받을 수 있고,
하물며 목사가 아닌 청중, 즉 합법적 목사들이 가르치는 대로 믿는 사람들
은 더욱더 구원받을 수 있다는 것이다. 그러므로 그 신조만 믿으면 충분하
며 그 귀결로서 구원에 필연적으로 요구되는 신조는 그것 말고는 아무것도

없다.

그런데 '불이 각 사람의 공적이 어떠한 것을 시험할 것임이라…… 자신은 구원을 받되 불 가운데서 받은 것 같으리라'(그리스어 원문에는 '불 속을 거쳐'로 되어 있으므로)라고 한 비유적인 구절들도 내가 앞에서 추론하여 내린 결론에 반하는 것은 아무것도 없다. 그런데도 이 구절을 근거로 연옥불 이야기를 하는 사람들이 있기 때문에, 여기서 여러분에게 교리를 시험한다는 것과 불 속을 거치게 한 후 구원한다는 말의 의미에 대하여 나의 추측을 제시하겠다. 여기서 천사는 13장 8, 9절에서 하느님 나라의 부활에 대해 다음과 같이 말한 예언자 스가랴의 말을 암시한 것으로 보인다.

"3분의 2는 멸망하고 3분의 1은 거기 남으리니, 그 3분의 1을 불 가운데에 던져 은같이 연단하며 금같이 시험할 것이라. 그들이 내 이름을 부르리니 내가 들을 것이다."(스가랴 13장 8~9절)

심판의 날은 하느님 나라가 부활하는 날이다. 베드로는 우리에게 바로 이날 큰 불이 일어나 세상을 뒤덮고, 사악한 자들은 멸망할 것이라고 말했다(베드로후서 3장 7~12절). 그러나 하느님이 구원하기로 한 나머지 사람들은 불 속에서도 다치지 않는다. 그 안에서(금과 은은 불에 정련되어 불순물이 제거되듯이) 시험을 받고, 우상숭배를 버리도록 순화(정련)된 다음, 진정한 신인 하느님의 이름을 부르게 될 것이다. 그것을 암시하여 베드로는 여기서 이렇게 말했다. '그날'(심판의 날, 구세주가 이스라엘에서 하느님 나라를 재건하기 위해 오시는 위대한 날)에는 모든 사람의 교리를 시험하여 어느 것이 금인지, 은인지, 보석인지, 나무인지, 풀인지, 짚인지를 심판하실 것이다. 이때 진정한 기초 위에 잘못된 교리들을 쌓아올린 자들은 그로 인한 죗값을 받겠지만, 그럼에도 그들 자신은 온 세상을 태우는 불 속에서도 다치지 않고 살아남아, 영원히 살면서 단 하나의 진정한 신인 하느님의 이름을 부를 것이다. 그런 의미에서 거기에는 성경의 다른 부분과 일치하지 않는 것은 아무것도 없고, 연옥불은 희미한 불빛조차 없는 것이다.

어떤 의미에서 다른 신조가 필요한가 그러나 여기서 이렇게 되묻는 사람이 있을지도 모른다. 하느님이 이 세상의 전지전능한 창조자라는 것, 예수 그리스도가 부활한 것, 모든 사람들이 마지막 날에 죽은 자 가운데에서 다시 살아나리라는 것을 믿는 것은 예수가 그리스도라고 믿는 것과 마찬가지로 구원에 필요하지 않을까? 거기에 대해 나는 다음과 같이 대답하겠다. 그것들에 대한 믿음도 필요하지만 그 모든 것은 '예수가 그리스도'라는 신조 하나에 다 들어 있고, 어려움이 많고 적은 차이는 있지만, 거기서부터 추리할 수 있는 것이다. 이스라엘 사람들은 만물의 전지전능한 창조자를 하느님으로 섬기고 있다. 그렇다면 예수가 이스라엘 하느님의 아들임을 믿는 사람은 곧 하느님이 만물의 전지전능한 창조자라고 믿는 사람임을 모를 사람이 누가 있겠는가? 또한 예수가 죽은 자 가운데에서 다시 살아났다는 것을 믿지 않고서, 어떻게 왕으로 오셔서 영원히 다스린다는 것을 믿을 수 있겠는가? 죽은 사람은 왕의 직무를 수행할 수 없기 때문이다. 요컨대, '예수가 그리스도'라는 이 기초를 믿는 사람은 그로부터 올바르게 추리되었음을 아는 모든 신조를 명시적으로 지지하는 것이고, 그로부터 귀결되는 모든 신조를 분별할 수 있는 충분한 능력이 없다 해도 묵시적으로 믿는 사람이다. 그러므로 여전히 그 신조 하나면 '회개한 사람'으로서 죄를 용서받고, 따라서 하늘나라에 들어가기에 충분한 믿음이라는 점은 여전히 타당하다.

신앙과 복종, 둘 다 구원에 필요하다는 것 지금까지 구원에 요구되는 모든 복종은 하느님의 율법을 따르려는 의지, 즉 회개이며, 구원에 요구되는 모든 믿음은 '예수가 그리스도'라는 신조 하나에 포함되어 있음을 밝혔다. 다음으로 복음 속에서, 구원에 필요한 모든 것은 이 둘을 결합한 것 속에 있음을 증명하는 대목을 제시하고자 한다.

(1) 구세주가 승천한 뒤에 맞이한 오순절에, 성 베드로의 설교를 들은 사람들이 "형제들아, 우리가 어찌할꼬?"(사도행전 2장 37절) 하고 베드로와 다른 사도들에게 물었다. 성 베드로는 이렇게 대답했다. "너희가 회개하여 각각 예수 그리스도의 이름으로 세례를 받고 죄 사함을 받으라. 그리하면 성령의 선물을 받으리니."(사도행전 2장 38절) 그러므로 회개와 세례, 즉 '예수가 그리스도'라는 믿음이 구원에 필요한 모든 것이다.

(2) 어떤 관료가 구세주에게 "내가 무엇을 하여야 영생을 얻으리이까?"(누가복음 18장 18절) 하고 물었다. 예수께서 대답하셨다. "네가 계명을 아나니 간음하지 말라, 살인하지 말라, 도둑질하지 말라, 거짓 증언하지 말라, 네 부모를 공경하라 하였느니라."(누가복음 18장 20절) 그가 그 모든 것을 다 지켜 왔다고 대답하자, 예수께서 이렇게 덧붙이셨다. "네게 있는 것을 다 팔아 가

난한 자들에게 나눠 주라. 그러고 나서 나를 따라라."(누가복음 18장 22절) 이 말은 왕인 나에게 의지하라는 것과 같은 말이었다. 따라서 율법을 지키고, 예수가 왕임을 믿는 것이 영원한 생명을 얻는 데 요구되는 모든 것이다.

(3) 성 바울이 말했다. "의인은 믿음으로 말미암아 살리라."(로마서 1장 17절) 모든 사람이 아니라 '의로운' 사람이 그렇다는 것이다. 그러므로 '믿음'과 '정의'(즉 '의롭고자 하는 의지' 또는 '회개'이다)가 영원한 생명에 필요한 모든 것이다.

(4) 구세주는 이렇게 말했다. "때가 찼고 하느님의 나라가 가까이 왔으니 회개하고 복음을 믿으라."(마가복음 1장 15절) 여기서 복음은 그리스도가 왔다는 기쁜 소식을 말한다. 그러므로 회개하는 것과 예수가 그리스도임을 믿는 것이 구원에 필요한 전부이다.

믿음과 복종(회개라는 말 속에 포함되어 있다)이 둘 다 있어야 구원에 이를 수 있기 때문에, 둘 중 어느 것에 의해 죄를 용서받는가(*justified*) 하는 문제로 논란하는 것은 쓸데없는 짓이다. 그러나 그 둘이 어떤 방식으로 각각 그것에 공헌하는지, 믿음으로 죄를 용서받는다는 말과 복종으로 죄를 용서받는다는 말의 의미가 각각 무엇인지 살펴보는 것은 부질없는 일이 아닐 것이다. 우선 의로움(*righteousness*)이라는 것이 행한 일 자체의 정의(*justice*)를 의미한다면 구원받을 수 있는 사람은 아무도 없다. 하느님의 율법을 어긴 적이 없는 사람은 아무도 없기 때문이다. 그러므로 각자 한 일에 따라 의로움을 평가받는다고 할 경우, 여기서 한 일이란 그 일을 할 때 품은 의지(意志)로 보아야 한다. 하느님은 의인의 행위이건, 악인의 행위이건, 언제나 그 의지를 행위 자체로 대신하여 받아들인다. 이러한 의미에서만 어떤 사람이 '의롭다(*just*)' 또는 '의롭지 않다(*unjust*)'고 할 수 있고, 그의 의로움으로 인해 죄를 용서받는다는 말을 할 수 있다. 하느님께서 어떤 사람을 '의롭다' 하실 때는 바로 이런 뜻에서의 의로움이며, 이 의로움으로 인해 그는 예전과는 다르게 '믿음에 따라 살 수 있게' 된다. 그러므로 정의(*justice*)가 죄의 용서(*justify*)를 가져온다. 여기서 그의 죄를 용서하는 것과 그를 의롭다고 부르는 것은 같은 의미이다. '그가 율법을 다 지켰으므로 그를 죄인으로 처벌하는 것은 의롭지 않다'는 의미가 아니다.

그러나 변명이 그 자체만으로는 충분하지 않더라도, 하느님이 그를 받아

바울의 소명
바울(히브리어 사울)은 열렬한 바리새인으로서 그리스도 교회를 핍박하는 데 앞장섰다. 그러나 다메섹에서 강렬한 빛이 비치는 가운데 그리스도의 음성을 듣게 되었고, 그때부터 그리스도의 복음을 전도하는 사도가 되었다.

들인 경우에는 죄를 용서받았다고 할 수 있다. 율법에 따르려는 의지와 노력이 있었다고 변명하고, 잘못을 회개하고, 하느님이 그것을 수행 자체를 대신하여 받아들여 주는 경우를 말한다. 그러나 하느님은 신앙이 깊은 사람이 아니면 의지를 실행으로 받아들이지 않기 때문에, 변명이 효과가 있으려면 믿음이 있어야 한다. 즉 오로지 믿음만이 죄의 용서를 가져온다. 그러므로 '믿음'과 '복종'은 둘 다 구원에 필요하지만, 죄의 용서와 관련된 의미는 각각 다르다.

하느님과 정치적 주권자에 대한 복종은 양립할 수 없는 것이 아니다. 그 주권자가 그리스도교도라 해도 지금까지 구원에 필요한 것이 무엇인지 살펴보았으므로, 이로써 알 수 있듯이 하느님에 대한 복종과 정치적 주권자에 대한 복종을 조화시키는 것은, 정치적 주권자가 그리스도교도든 불신자든 그리 어려운 일이 아니다. 그가 그리스도교도라면 '예수가 그리스도'라는 신조 및 그 속에 포함되어 있거나 그로부터 논리적으로 이끌어 낼 수 있는 다른 신조들을 믿는 것을 허락할 것이다. 그것이 구원에 필요한 믿음의 전부이다. 그리고 그는 주권자이므로 자신이 제정한 모든 법, 즉 모든 시민법에 대한 복종을 요구할 것이다. 그 안에는 모든 자연법, 즉 하느님의 모든 율법도 포함된다. 자연법과 시민법의 일부인 교회법(법을 만들 수 있는 교회는 곧 코먼웰스이므로) 외에 하느님의 법은 없기 때문이다. 그러므로 그리스도교도 주권자에게 복종하는 사람은 누구든지 하느님을 믿고, 하느님께 복종하는 일에 방해를 받지 않는다.

그러나 그리스도교도 왕이 '예수는 그리스도'라는 기초에서 어떤 거짓 교리를 이끌어 낼 경우, 즉 풀이나 짚으로 상부 구조를 만들고, 이를 가르치도록 명령한다고 가정하자. 성 바울의 말에 비추어 보면 그래도 그는 구원받을 것이므로, 그의 명령에 따라 잘못된 교리를 가르친 사람 역시 구원을 받을 것이다. 하물며 가르친 일도 없고, 단지 자신의 합법적 교사의 가르침을 받아 이를 믿었을 뿐인 사람의 경우야 더 말할 나위가 없다. 그렇다면, 정치적 주권자가 국민들에게 자기들의 의견 가운데 어떤 것을 공개적으로 말하지 못하도록 금지한 경우, 무슨 근거로 그에게 불복할 수 있겠는가? 그리스도교도 왕이 교리를 잘못 세울 수도 있는데, 누가 그 판단을 내릴 것인가? 문제가 자기 자신의 복종에 대한 것일 때, 한 개인이 판결을 내릴 수 있는가? 교회가 임명한 자, 즉 교회를 대표하는 정치적 주권자가 임명한 자 이외에 누가 판단을 내릴 수 있겠는가? 교황이나 사도에게 맡겨야 한다면 이들은 잘못된 교리를 세울 가능성이 전혀 없을까? 성 바울이 성 베드로를 정면으로 거역했을 때, 둘 중 하나는 잘못된 상부 구조를 세웠다는 것이 아닌가? 그러므로 하느님의 법과 그리스도교 코먼웰스의 법 사이에는 어떠한 모순도 있을 수 없다.

주권자가 불신자일 때 정치적 주권자가 불신자인 경우, 그에게 저항하는 국민은 모두 하느님의 율법(그것은 곧 자연법이므로)을 어기고 죄를 짓는 것이며, 모든 그리스도교도는 군주에게 복종하고, 모든 자녀와 종들은 모든 일에서 부모와 주인에게 복종하라고 권하는 사도들의 가르침을 저버리는 것이다. 그들의 '믿음'은 내면적이고, 눈에 보이지 않는 것이다. 그들은 나아만이 허락받은 자유를 가지고 있으며, 믿음으로 인해 자기 자신을 위험에 빠뜨릴 필요가 없다. 그러나 만약 자신의 믿음을 나타낸다면 그는 하늘에서 보상을 기대해야 한다. 합법적 주권자에게 불평해선 안 되며, 하물며 그를 상대로 전쟁을 일으켜선 더더욱 안 된다. 즉, 순교를 기꺼이 받아들이지 않는 사람은, 실제로는 그가 공언한 믿음이 없으면서 자신의 교만에 색칠을 하기 위해 믿음을 가지고 있다고 내세울 뿐이다. 그리스도교도들은 현재의 세상이 불탄 뒤에 그리스도의 재림을 기다리며, 그에게 복종할 생각을 하고 있다. 이것은 예수가 그리스도라는 것을 믿는 의도이다. 그동안 그들은 왕이 불신자라 하더라도 그의 법에 복종하도록 구속되어 있다고 생각하고 있다. 모든 그리스도교도들은 양심에 따라 그렇게 할 의무가 있기 때문이다. 자기 국민이 이렇다는 것을 알면서, 그 국민을 죽이거나 박해할 정도로 비이성적인 불신자 왕이 어디에 있겠는가?

하느님 나라와 교회 정치에 대해서는 이 정도면 충분하리라고 생각한다. 여기서 나는 다만 정치적 주권자의 권리와 국민의 의무를 확인하기 위해, 그리스도교 정치의 원리들, 즉《성경》으로부터 연역할 수 있다고 생각되는 귀결들을 보여 주고자 했을 뿐, 나의 어떠한 개인적 의견도 감히 제시하려 하지 않았다. 그리고《성경》을 인용할 때는 뜻이 모호하거나 해석에 논란의 여지가 있는 구절은 피하고, 성경의 목적은 하느님 나라의 재건이므로 내용이 매우 평이하고《성경》전체의 조화와 의도에 명백하게 일치하는 것만 고르려고 노력했다. 내가 그런 노력을 한 이유는 어떤 저작이든 그것을 해석하는 진정한 빛은 그 저작에 나오는 말이 아니라 저자의 목적이기 때문이다. 주된 목적은 생각하지 않고 일언일구에 얽매이는 자들은 거기서 아무것도 찾아내지 못한다.《성경》의 모든 원자(原子)를 사람들의 눈앞에 티끌처럼 던지면서 모든 것을 실제보다 모호하게 만들기 때문이다. 이것은 진리를 추구하는 것이 아니라 자기의 이익을 추구하는 사람들이 흔히 쓰는 기교이다.

4부
어둠의 나라에 대하여

44 《성경》의 그릇된 해석에서 오는 영적 어둠

어둠의 나라란 무엇인가　지금까지 논의한 '신성'하고 '인간적'인 주권 외에, 《성경》은 또 하나의 권력에 대해 언급하고 있다. 그것은 이른바 '어둠의 세상 지배자들'의 권력(에베소서 6장 12절), '사탄의 나라'(마태복음 12장 26절) 및 '귀신의 왕 바알세불'(마태복음 9장 34절)이다. 이 권력은 공중에 나타나는 유령들을 지배하므로 사탄은 '공중의 권세를 잡은 자'(에베소서 2장 2절)라고 불리기도 한다. 또한 이 세상의 어둠을 지배하기 때문에 '이 세상의 임금'(요한복음 16장 11절)이라고도 불린다. 그러므로 신앙심이 깊은 사람들을 '빛의 자녀'라고 하는 것과 대조적으로 사탄의 지배 아래 있는 사람들을 '어둠의 자식'이라고 한다. 바알세불을 유령의 지배자라고 한 것으로 보아, 그가 통치하는 공중과 어두운 세상의 주민, 어둠의 자식, 악마, 유령, 거짓된 영 등은 모두 같은 것을 비유적으로 나타내는 말이다. 그렇다면, 《성경》의 여러 곳에 나오는 어둠의 왕국은 결국 '이 세상 사람들에 대한 지배를 획득하기 위해 사악하고 그릇된 교리로 사람들 속에 있는 자연의 빛과 복음의 빛을 차단하고, 그 결과 사람들이 장차 도래할 하느님의 나라에 들어가지 못하게 하는 사기꾼의 무리'이다.

교회는 아직도 어둠에서 완전히 벗어나지 못했다　태어날 때부터 앞이 보이지 않는 사람은 빛에 대한 관념이 없는 것처럼, 자신의 외적 감각으로 지각한 빛보다 더 강한 빛을 상상할 수 있는 사람은 아무도 없다. 복음의 빛과 오성의 빛도 마찬가지여서 자신이 이미 도달한 것보다 조금이라도 더 높은 수준이 있다는 것은 아무도 생각하지 못하는 것이다. 그렇다면 어둠에 대해서도 같을 수 있으리라. 즉 지금까지 자신이 겪은 예기치 못했던 불행을 통해 미루어 짐작하는 것 외에는 자신의 어둠을 인식할 방법이 없다는 것이다. 사탄의 나라에서 가장 어두운 곳은 '하느님의 교회' 밖에 있는 지역, 즉 예수 그리스도를 믿지 않는 사람들이 사는 곳이다. 그렇다면 교회는 어떤

가? 하느님이 우리에게 명하신 일을 수행하는 데 필요한 모든 빛을 누리고 있다고 할 수 있을까? 결코 그렇지 않다. 교회도 고센*¹의 땅은 아니다. 그리스도교 세계에서도 사도 시대 때부터 지금까지 서로 상대를 밀어 내리는 전쟁과 내란이 그친 날이 없었으니, 자기의 처지가 조금이라도 고달파지거나 다른 사람의 지위가 조금이라도 높아지면 부정한 짓을 서슴지 않았다. '더없는 행복'이라는 동일한 목표를 가진 사람들이 이렇게 서로 다른 길로 돌진하고 있는데, 우리가 밤의 어둠 속에 있거나 적어도 안개 속에 있지 않고서야 어떻게 이런 일이 벌어질 수 있겠는가?

영적 어둠의 네 가지 원인 적(敵)은 우리의 타고난 무지라는 어둠 속에 둥지를 틀고 영적 오류라는 독풀을 심어 왔다. 그것은 첫째, 《성경》의 빛을 악용하고 꺼뜨렸다. 《성경》을 알지 못한 탓에 잘못을 저지르기 때문이다. 둘째, 이교도 시인들의 귀신론, 즉 귀신에 대한 비현실적인 학설을 끌어들였다. 귀신은 인간의 머리로 만들어 낸 환상이요 유령일 뿐으로, 인간이 생각하는 것과 달리 어떠한 실제적 본성도 없다. 예를 들면, 사자(死者)의 망령이나 요정(妖精)처럼 나이든 아낙들의 이야깃거리에나 등장하는 것들이다. 셋째, 그리스도교의 다양한 유물과 공허하고 그릇된 그리스 철학, 특히 아리스토텔레스의 철학을 《성경》에 섞어 넣었다. 넷째, 이들 양쪽에 거짓 또는 불확실한 전설을 더하여 꾸며내거나 믿을 수 없는 역사까지 혼합했다. 그리하여 우리는 우리를 혼란케 하는 영들에 홀리고, 귀신의 가르침을 따라 잘못을 저지르게 된다. 그들의 가르침은 양심이 마비되어 고의로 거짓말을 하는 (원문에 따르면, '거짓말하는 자들의') 위선적인 거짓말에서 나온다(디모데전서 4장 1~2절). 이 장에서는 이 넷 가운데 첫 번째 것, 즉 《성경》을 악용하여 사람들을 홀리는 것에 대하여 간단하게 살펴보고자 한다.

성경에 나오는 하느님 나라에 대한 그릇된 해석에 의한 오류 가장 심각하면서도 주요한 일반적 악용은 《성경》에 나오는 하느님의 나라에 대한 그릇된 해석이다. 나머지 모든 악용은 여기서 비롯되거나 이에 영합하는 것들이다. 이 해석에 따르면, 성경에 그토록 자주 언급되어 있는 하느님의 나라가 지금

---

*1 고센 땅이란 이집트를 탈출하기 전에 이스라엘 사람들이 살던 비옥한 땅으로, 하느님이 모세를 통해 이집트를 어둠으로 뒤덮었을 때, 그곳에만 빛이 있었다(출애굽기 9장 26절 및 10장 23절).

의 교회를 말한다든가 지금 살아 있는 (또는 죽었다가 마지막 날에 다시 살아나게 될) 그리스도교도들의 집합이라는 것인데, 이것은 성경을 왜곡하는 것으로 엄연한 잘못이다. 하느님의 나라는 맨 처음 모세를 대행자로 하여 유대인들로만 이루어진 나라였다. 그러기에 유대인들은 그의 특별한 백성이라고 했다. 그 뒤 사울 왕이 뽑히면서 그 나라는 없어졌다. 하느님에 의한 통치를 거부하고, 다른 나라들처럼 한 사람의 왕을 세워달라는 백성들의 요구를 하느님이 받아들인 것이다. 이 문제에 대해서는 35장에서 자세히 논한 바 있다. 그 뒤로는 이 세상에 어떤 약속에 의한 것이든 또는 다른 방식으로도 하느님의 나라는 없었다. 물론

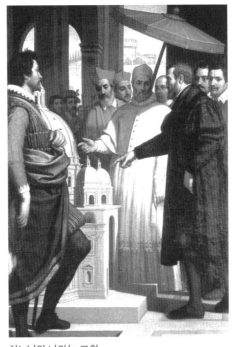

하느님의 나라는 교회

성 베드로 성당을 통해 번득이는 천재성을 발휘한 건축가들로는, 특히 그 성당의 설계도를 그린 브라만테, 둥근 천장을 계획했던 미켈란젤로, 베르니니가 있었다. 왼쪽은 교황 바울로 4세와 함께 있는 미켈란젤로.

하느님은 모든 사람과 모든 피조물의 왕으로서 자신의 뜻한 대로 전능한 힘으로 세상을 다스리는 존재이다. 이것은 과거에도 그러했고, 현재에도 그러하며, 미래에도 그러할 것이다. 그런데도 하느님은 예언자를 통해 자신의 통치를 다시 회복하겠다고 유대인들에게 약속했다. 그의 은밀한 계획에 따라 정해 놓은 시기가 오면, 그리고 유대인들이 회개하고 생활을 바로잡아 그에게 다시 돌아오면 그렇게 하겠다는 것이다. 그뿐 아니라 하느님은 이교도들도 불렀다. 개종과 회개를 조건으로 그에게 들어오면 그의 통치 아래 행복을 누리게 해 주겠다고 약속했다. 또 하느님은 자신의 아들을 이 세상에 보내 그의 죽음으로써 그들의 모든 죄를 대속하게 하여, 그의 설교를 듣고, 그가 이 세상에 다시 올 때 그를 맞이할 채비를 하도록 하겠다고 약속했다. 그

가 아직 재림하지 않았으므로 하느님의 나라는 아직 오지 않은 것이며, 현재 우리는 정치적 주권자 외에 약속에 의해 세워놓은 다른 왕은 없다. 다만 그리스도교도들은 그가 다시 올 때 하느님의 나라에 들어가기로 약속이 되어 있으므로, 그런 의미에서 그들은 이미 은총의 나라에 있다고 할 수 있다는 것이다.

하느님의 나라는 지금의 교회라는 것　현재의 교회가 그리스도의 나라라는 그릇된 주장을 하면 반드시 다음과 같은 일이 발생한다. 즉 지금은 하늘에 있는 구세주의 말씀과 율법을 전해 줄 어떤 한 사람 또는 합의체가 있어야 하는 것이다. 또 그 한 사람 또는 합의체가 모든 그리스도교도들에게 구세주의 인격을 대표하거나, 그리스도교 세계에 속한 나라마다 개별적으로 그런 사람이나 합의체가 있어야 한다. 그리스도 아래서 세상을 지배하는 왕의 권한을 놓고, 교황은 자기에게 보편적 권력이 있다고 주장하고, 각 코먼웰스의 목사들은 자기 나라의 왕권은 당연히 자기들에게 있다고 주장하며 격렬한 논쟁을 벌이고 있다. 그러나 《성경》은 이 권력을 정치적 주권자 외에는 누구에게도 주지 않았다. 이로써 자연의 빛을 꺼뜨릴 정도로 치열한 논쟁을 벌인 탓에 사람들의 오성 속에 커다란 혼란을 불러일으켰고, 그로 인해 도대체 누구에게 복종하기로 약속했는지 알 수 없는 지경에 이르고 말았다.

교황이 그리스도의 총대행자라는 것　복음서에서 말하는 그리스도의 나라는 현재의 교회이고, 교황은 그리스도의 총대행자*2라는 주장은 다음과 같은 교리로 귀결된다. 즉 그리스도교도인 왕은 주교로부터 왕관을 받아야 한다는 것이다. 마치 그러한 의식을 거치기 때문에 왕의 칭호에 '하느님의 은총에 의한(Dei gratia)'이라는 구절*3을 사용하고 있다는 듯하다. 또한 이 세상에서 하느님의 권력을 대행하는 보편적 대행자의 권위에 따라 왕관을 받을 때만 '하느님의 은총에 의한 왕'이 될 수 있으며, 모든 주교는 그의 주권자가 누구든, 성별(聖別)을 할 때 교황에 대한 절대적 복종을 맹세해야 한

---

*2 Vicar는 대행자인데, 교회에서는 하느님의 대행자로서의 교황을 가리키는 경우와, 교황 또는 사제의 대행자를 가리키는 경우가 있다.

*3 Victoria Dei gratia Britanniarum regina 같은 식으로 국왕의 의례적인 칭호 속에 이 말을 넣는다.

하느님의 대리자 교황
교황 성 실베스테르 1세(재위 314~335)와 콘스탄티누스 황제(재위 부제 306. 황제 324~337)의 평화의 만남·협력.

다는 것이다. 같은 논리에 따라, 교황 인노켄티우스 3세*⁴의 주도 아래 열린 제4차 라테란 회의에서는 다음과 같은 규정을 교회법(〈이단자에 대하여 *De Hereticis*〉 제3장)에 명시했다. '왕이 교황의 경고를 받고도 그의 나라에서 이단을 추방하지 않아 그로 인해 파문을 당한 뒤 1년 안에 참회고행을 하지 않으면, 그의 국민들은 그에 대한 복종 의무에서 해방된다.'*⁵ 여기서 이단은 로마교회가 금지한 모든 교리를 말한다. 이로 인해 교황과 다른 그리스도교 군주들의 정치적 의도가 충돌할 때마다, 국민들은 합법적 왕좌를 차지한 엉뚱한 사람과 그들 스스로 세운 군주를 구별하지 못한 채 안개 속을 헤매기 일쑤였고, 그 안개로 인해 그들은 제3자의 야심에 놀아나 적과 동지를 구별

---

*4 Innocentius Ⅲ(1160?~1216)는 이탈리아 출신의 교황. 교회가 인간의 어떠한 조직보다 우월하다는 것과 교황이 성속(聖俗) 쌍방의 지배자임을 주장하고, 제4회 라테란 회의에서는 대 사라센 십자군 개시를 결정했으며, 알비 파를 이단으로 선고하고, 성변화(聖變化)라는 용어를 공인했다.
*5 제42장에 거의 같은 문장의 인용이 있다.

하지 못하고 서로 싸움을 일삼으며 어둠 속으로 빠져들었던 것이다.

목사는 성직자라는 것 현재의 교회가 하느님의 나라라는 의견에서 다음과 같은 것이 생겨난다. 즉 목사, 교회집사 및 다른 모든 교회의 대행자들이 스스로 'Clergy(성직자)'가 되고, 다른 그리스도교도들은 'Laity(세속인)', 즉 '일반국민'이 된다는 것이다.*6 '성직자'는 하느님의 세습재산을 생계비로 받는 사람들, 즉 레위 인들을 일컫는 말이었다.*7 하느님이 이스라엘 백성을 다스릴 때, 레위 지파는 하느님을 섬기는 제사 의식을 담당했다. 그들은 다른 동포와 달리 하느님으로부터 먹고 살 땅(몫)을 나누어 받지 못한 대신 하느님 앞으로 남겨놓은 몫을 유산으로 받았다. 그러므로 현재의 교회가 당시의 이스라엘 왕국과 같은 하느님의 나라라면, 교황을 비롯한 그의 대행자들이 하느님의 세습재산으로서 똑같은 수입을 가져야 한다고 주장하므로 이들을 '성직자'라고 부르는 것은 걸맞은 것이었다.*8 그 후 교회인(Ecclesiastiques)들은 오랫동안 레위 지파가 신권(神權), 즉 하느님의 권리로 이스라엘 사람들에게서 받은 십일조와 공물을 그리스도교도들로부터 거두어들였다. 이 때문에 국민들은 어딜 가나 세금을 이중으로 내야 했다. 국가에도 내야 했고 성직자에게도 내야 했다. 성직자에게 낸 것이 수입의 10분의 1이었으므로 당시 아테네 왕이(아마도 참주였으리라고 추정되는) 공공경비를 조달하기 위해 자신의 백성들에게서 거두어들인 세금의 2배에 해당한다. 아테네 왕은 세금으로 20분의 1만 거두고도 코먼웰스를 넉넉하게 다스렸다. 또한 유대 왕국에서도, 하느님이 직접 다스렸던 때는*9 십일조와 봉납이 공공수입의 전부였다.

현재의 교회가 하느님의 나라라는 이러한 오해에서 시민법과 교회법의 구별이 생겼다. 시민법은 주권자들이 만든 법령으로서 그들의 영토 안에서 효력이 있고, 교회법은 교황이 만든 법령으로서 교황의 영지 안에서 효력이 있다. 교회법은 '캐논', 즉 '제안된 규칙'에 불과했으며, 카를 대제가 제국의 황제가 될 때까지는 그리스도교 군주들의 자유의지에 따라 받아들여졌다. 이

---

*6 Clergy와 Laity는 전문가·학식 있는 사람과 일반민중.

*7 레위족은 이스라엘 사람들에 속하지 못하고, '언약의 성막'을 지키라는 명을 받았다. 〈민수기〉 1장 47~53절.

*8 Clegy와 클레로스(세습재산)의 관계에 대해서는 42장 참조.

*9 하느님의 제사적(祭司的) 지배에 대해서는 40장 참조.

후 교황권이 커지면서 교회법은 '명령된 규칙'이 되었고, 황제 스스로 눈 먼 국민들이 빠져들지 모르는 더 큰 악영향을 막기 위해 그것을 국법으로 시행하지 않을 수 없었다.

그 뒤 교황의 교회권력을 전적으로 인정한 모든 나라에서는 유대인·투르크인·이방인들이 자신의 신앙고백 또는 종교적 행사를 치르더라도 정치권력에 도전하지만 않으면 로마교회에서는 그것을 묵인하고 있다. 반면 그리스도교도에게는 외국인이라 하더라도 로마의 종교적 교리를 따르지 않을 경우 사형에 해당하는 죄로 처벌했다. 이것은 교황이 세상의 모든 그리스도교도들을 자기 국민이라고 주장하고 있기 때문이다. 그렇지 않고서야 그리스도교도인 방문자가 자기 나라의 종교적 신념(로마교황이 이단으로 규정한 그리스도교 신념)을 고백했다고 해서 어찌 처형할 수 있단 말인가? 그런 박해는 불신자를 박해하는 것과 마찬가지로 국제법 위반이 될 것이다. 아니, 그리스도에 반대하지 않는 한 그들은 그리스도와 함께 있으므로, 오히려 그 이상일 것이다.

같은 전제에 입각하여 모든 그리스도교 국가에서 일부 사람들이 교회인의 자유(*ecclesiastical liberty*)에 의해 세금을 면제받고 치외법권을 누리게 된다. 수사(修士)나 탁발수사(托鉢修士)가 아닌 교구에 거주하는 성직자들도 이러한 자유를 누렸다. 많은 지역에서 이들의 숫자가 엄청나게 늘어나 일반대중에 비해 매우 큰 비율을 차지했기 때문에 필요하다면 이들만으로 군대를 만들어 자기 나라의 군주나 다른 나라의 군주를 상대로 충분히 전쟁을 벌일 수 있을 정도였다.

성별을 마법으로 둔갑시키는 데서 오는 오류 《성경》에 대한 두 번째 일반적 악용은 성별(聖別, *consecration*)을 마법이나 마술로 둔갑시키는 것이다. 《성경》에서 '성별'은 경건하고 예의바른 언행으로 사람이나 물건을 보통의 것과 구별하여 하느님께 바치는 일, 즉 그것에 신성을 부여하는 일 또는 하느님의 것으로 만드는 일을 말한다. 성별된 것들은 하느님이 그의 공적 대행자로 임명한 사람들만이 사용할 수 있는 것으로 한다(이미 35장에서 자세히 증명한 것처럼). 그렇게 함으로써 성별된 물건 자체가 변화하는 것이 아니라 단지 그 사용법이 변하게 된다. 다시 말해, 세속적이고 공통적인 물건이 아니라 오직 하느님을 섬기는 데만 쓰는 거룩한 물건으로 바뀌는 것이다. 그러나 성별이 그 물건의 본성이나 속성을 변화시킨다고 주장할 경우, 그것은 더 이상 성별이 아니라 하느님의 놀라운 기적이거나, 공허하고 불경스런 마술에 지나지 않는다. 그런데도 성별이 본질을 변화시킨다고 주장하는 일이 잦은 것을 보면, 그것은 하느님의 놀라운 기적이 아니라 '주문(呪文)'이나 '마법'일 뿐이다. 그것은 눈이나 다른 모든 감각으로는 전혀 확인할 수 없음에도, 본질의 변화가 이루어졌다고 사람들로 하여금 믿게 하려는 술수에 지나지 않는다.

예를 들어, 주교가 주의 만찬성례를 주재하면서 떡과 포도주를 하느님께 바치기 위해 성별할 때, (그리스도가 우리의 죄 때문에 십자가에 매달려 살이 찢기고 피가 흐르는 고난을 당함으로써 우리의 죄를 대속하신 것을 상기하기 위해 떡과 포도주를 나누어 먹는 것이 만찬성례이다. 이때 사용되는 떡과 포도주는 일상적인 사용과는 다르다) 우리 구세주가 한 말 그대로 "이것은 나의 몸이요, 이것은 나의 피다" 하면서 떡이 그의 몸으로 변했다고 주장하지만, 눈과 다른 감각으로 판단할 때 성별하기 전에 보이지 않던 것은 성별한 뒤에도 아무것도 보이지 않는 데도 거기에 빵의 본성은 더 이상 없으며, 바로 그리스도의 육체가 있다고 말하는 경우가 그것이다. 이집트의 마술사들은 지팡이를 뱀으로 바꾸고, 물을 피로 바꿨다고 한다. 그것은 사물의 거짓 외관에 의해 보는 사람의 감각을 속인 것에 불과하다고 생각된다. 그런데도 그들은 존경받는 마술사인 것이다. 그러나 지팡이가 뱀처럼 보이지 않고, 물이 피처럼 또는 물이 아닌 다른 것처럼 보이지 않는 상태에서 그 마술사들이 왕에게, 이것은 지팡이처럼 보이는 뱀이고, 물처럼 보이는 피라고 말했다면, 우리는 그들을 어떻게 생각했겠는가? 그것은 왕을 속이는 마술이고 거짓말이었을 뿐이다.

오늘날 주교들은 거룩한 말을 주문(呪文)처럼 외며 그런 짓을 일상적으로 하고 있다. 감각에 아무런 변화가 없는데도, 그들은 떡이 사람으로 변했다. 심지어는 하느님으로 변했다고 으름장을 놓는다. 그러면서 그것이 마치 하느님과 사람을 나타내는 우리의 구세주 자신인 것처럼 그것을 섬기라고 요구하고 있으니 이런 터무니없는 우상숭배가 어디 있단 말인가? 그것이 떡이 아니라 하느님이기 때문에 우상숭배가 아니라는 논리를 편다면, 이집트 사람들의 우상숭배도 같은 논리로 얼마든지 정당화될 수 있다. 이집트 사람들도 부추와 양파를 섬기면서, 진짜 부추와 양파를 숭배하는 것이 아니라 그

속에 신성이 깃들어 있다고 우겼다. '이것은 내 몸이다'라는 말은, '이것은 내 몸을 의미한다 또는 대표한다'는 말과 같은 뜻으로서, 일상적으로 흔히 쓰는 비유이다. 그런데 그 말을 글자 그대로 받아들이면 언어의 악용이거니와, 설령 글자 그대로 받아들인다 해도 그리스도가 직접 성별한 떡에만 해당할 뿐, 그 이상으로 확대할 수는 없다. 왜냐하면 그리스도는 주교가 어떤 떡이든 그것을 놓고 "이것은 내 몸이다" 또는 "이것은 그리스도의 몸이다" 하고 말하기만 하면 그 즉시 성변화(聖變化)가 일어난다고 말한 적이 없기 때문이다.

로마교회에서는 인노켄티우스 3세 이전에는 이런 교리가 없었다. 성변화설이 확립된 것은 지금으로부터 불과 500년 전의 일이다. 그때 교황의 권력은 절정에 달했고 시대의 어둠도 그만큼 깊어서 사람들은 먹으라고 준 떡에 십자가에 매달린 그리스도의 모습이라도 새겨져 있으면, 그것을 떡이 아니라고 생각했을 정도였다. 교황들이 성찬례를 하면서 떡이 그리스도의 몸으로 변했고, 심지어는 십자가가 나무로 변했다고 믿게 만들고, 그 둘을 함께 먹었기 때문이다.

세례 의식에서의 주문　그러한 주문은 성별뿐만 아니라, 세례에서도 사용된다. 세례 의식에서는 하느님의 이름을 악용하여 주문을 만든다. 즉 하느님을 각 인격의 이름으로, 그리고 삼위일체의 이름으로 부르고 성호(聖號)를 그으면서 주문을 왼다. 먼저, 성수(聖水)를 만들 때 사제는 이렇게 말한다. "전능하신 아버지 하느님의 이름으로, 그분의 유일한 아들이신 우리 주 예수 그리스도의 이름으로, 그리고 성령의 힘으로 피조물인 너 물(水)에게 명하노니, 적의 모든 권세를 물리치고, 적을 없애고, 적을 몰아내라." 그리고 물에 섞을 소금을 축성할 때에도 이렇게 말하는 것이다. "이 소금이 뿌려지는 곳에서 모든 유령이 순식간에 사라지고, 귀신의 간계와 악행이 떠나게 하소서. 모든 더러운 영은 산 자와 죽은 자를 심판하러 오실 분의 힘으로 깨끗하게 하소서." 또 향유(香油)를 축성하면서도 마찬가지로 "적의 모든 권세와 모든 악귀의 무리와 사탄의 모든 공격과 유령을 이 향유라는 피조물이 몰아내게 하소서"라고 말한다. 유아에게 세례 줄 때는 더 많은 주문을 건다. 주교는 우선 교회 문 앞에서 아이의 얼굴에 숨을 세 번 불고 이렇게 말한다. "더러운 영아 떠나라, 위안을 주시는 성령께서 오신다." 마치 주교가 숨을 불어넣기 전까지는 모든 아이들이 귀신에 들려 있기라도 한 것처럼 말한다. 그리고 그가 교회로 들어가기 직전에 다시 한 번 같은 말을 반복한다. "내가 너에게 명하노니 나가라, 떠나라, 하느님의 종에게서 물러나라." 이러한 귀신물리기 (exorcism) 의식은 아이가 세례받을 때 다시 되풀이된다. 바로 이러한 것들이 세례와 주의 만찬성례를 하면서 축성과 성별 대신 사용되는 주문들이다. 거룩한 용도에 도움이 되는 모든 것을(주교의 더러운 침[타액]은 제외하고) 구별할 때마다 귀신물리기 의식이 등장한다.

혼인, 병문안 및 장소의 성별에서　혼례 의식과, 임종 의식, 병문안, 교회당과 묘지의 성별에서도 주문은 빠지지 않는다. 이때도 향유와 물에 주문을 걸고, 십자가 및 다윗의 거룩한 기도—"주여, 우슬초로 내 죄를 정결케 해주십시오(asperges me Domine hyssopo)"*10 — 를 악용한다. 마법에 걸린 향유와 물이 유령과 상상 속의 유령을 몰아내는 데 효과가 있다면서 사용하고 있다.

영원한 삶과 영겁의 죽음을 오해하는 데서 오는 오류　또 하나의 일반적 오류는 '영원한 생명', '영원한 죽음', '두 번째 죽음' 등의 말을 잘못 해석하는 데서 오는 것이다. 《성경》을 읽으면 우리는 다음과 같은 것을 명백히 알 수 있다. 하느님은 아담을 만들면서 영원히 살게 해 주었는데, 단 하느님의 계명을 어기지 않는다는 조건을 달았다. 다시 말해 영원한 생명은 인간의 본성에 본질적으로 깃들어 있는 것이 아니라, 생명나무의 열매를 먹으면서 이어가는 것이었다. 이 열매는 죄를 짓지 않는 한 언제든지 자유롭게 따먹을 수 있었다. 그러나 죄를 지은 아담은 더 이상 생명나무 열매를 먹을 수 없도록 '낙원'에서 쫓겨났고, 영원히 살 수 없게 되었다. '그리스도의 수난'은 그를 믿는 모든 사람들의 죄를 대속해 주었고, 따라서 오직 신앙심 깊은 신자들만이 다시 영생을 얻을 수 있게 되었다. 그런데도 이 교리는 이미 오래 전부터 변질되어 지금은 전혀 다른 것이 되고 말았다.

인간의 영혼은 불멸하기 때문에 모든 사람은 본성적으로 생명의 영원성을 가지고 있다는 것이다. 그러므로 '낙원'의 입구에 있는 불칼은 사람이 생명나무에 이르는 길을 막고 있지만, 인간의 죄로 인해 하느님에게 빼앗긴 불멸성은 인간의 본성 속에 그대로 있으며, 이 불멸성의 회복을 위해 그리스

---

*10 〈시편〉 51장 7절. '나를 정결하게'로 이어진다. 히솝(hyssopo, 우슬초)은 꿀풀과에 속하며 줄기가 곧고 향기가 매우 좋은 식물이다. 영적으로 맑고 깨끗함을 상징한다.

도의 희생은 필요하지 않다는 것이다. 따라서 신앙심 깊고 의로운 사람만 영생을 누리는 것이 아니라, 사악한 자들이나 이교도들도 죽지 않고 영생을 누리며 하물며 두 번째 죽음이니 영원한 죽음이니 하는 것은 더더욱 존재하지 않는다는 것이다. 두 번째 죽음, 영원한 죽음이라는 말은 고통을 받으면서 살아가는 두 번째 생명, 또는 영원한 삶을 나타내며, 오직 이 경우가 아니면 결코 쓰이지 않는 비유이다.

　이러한 교리는 《신약성경》에 있는 특히 모호한 몇몇 구절에 근거할 뿐이다. 그러나 《성경》 전체의 의도를 살펴 해석하면 그런 뜻이 아니라는 것을 알 수 있거니와, 그런 교리는 그리스도교 신앙에 필요하지도 않다는 것을 분명히 알 수 있다. 사람이 죽을 때 시체만 남는다고 가정하면, 말씀으로 생명 없는 먼지와 흙을 모아 생명체를 만드신 하느님이 또 하나의 말씀으로 그 시체에 생명을 불어넣어 영원히 살도록 하거나 다시 죽게 만들지 못할 이유가 무엇인가? 《성경》에서 '영혼'이라는 말은 언제나 생명 또는 생명 있는 피조물을 나타낸다. 육신과 혼이 하나가 되어 '살아 있는 몸'이 되는 것이다. 천지창조의 다섯째 날에 하느님은 이렇게 말했다. "물은 살아 있는 영혼을 가진 기어다니는 것들을 번성하게 하라." 여기서 '살아 있는 영혼을 가진'은 영어로 '생명을 가진'으로 번역되어 있다. 그리고 하느님은 커다란 바다짐승과 '모든 살아 있는 영혼', 영어로는 '살아 있는 모든 생명체'를 창조하였다. 마찬가지로 사람에 대해서도 하느님이 땅의 흙으로 사람을 만들어 그 얼굴에 생명의 기운을 불어넣으니 '사람이 살아 있는 영혼이 되었다.' 즉 '사람이 생명체가 되었다.'*11 노아가 방주에서 나온 뒤 하느님은 "다시는 '모든 살아 있는 영혼' 즉 모든 살아 있는 피조물을 멸망시키지 않겠다"고*12 했다. 또한 "(소, 양, 노루, 사슴 등의) 그 피는 먹지 말라. 피는 그 생명인즉"(신명기 12장 23절)이라고 했다. 이러한 구절들을 보건대, '영혼'이 만일 '무형의 실체'로서 몸과 분리되어 실재를 가진 무형의 실체라면, (영혼불멸의 주장은) 비단 사람에게만 적용할 것이 아니라, 다른 모든 생명체에도 적용할 수 있을지도 모른다. 그러나 깊은 신앙심을 가진 사람들의 영혼은 본질상 그러한 것이 아니라 하느님의 특별한 은총으로 부활 이후부터 영원토록 육신에 깃들어 있게 되는

---

*11 〈창세기〉 1장 20~2장 7절.
*12 〈창세기〉 8장 21절.

것이다. 이 문제에 대해서는 38장에서 《성경》을 근거로 충분히 증명했다고 생각한다. 그리고 《신약성경》에서 어떠한 인간도 육신과 영혼이 지옥불에 던져질 것이라고 말했을 때 이것은 육신과 생명을 가리킨다. 즉 그들은 산 채로 '게헨나'의 영원한 불 속에 던져진다는 말이다.

연옥의 교리, 귀신물리기, 성인 불러내기　이러한 창(窓)을 통해 첫째, 영원한 고통에 대한 교리, 다음으로 연옥(煉獄)에 대한 교리, 즉 죽은 자의 유령이 특히 성별된 외진 장소, 어두운 장소에 떠돈다는 음습한 교리가 파고든다. 이러한 교리에 따라 귀신물리기, 유령에게 주문 걸기, 죽은 사람의 영혼을 부르는 초사(招詞) 등이 생겨난 것이다. 면죄부 교리도 마찬가지이다. 면죄부를 받으면, 이 무형의 실체를 불태워 천국에 들어갈 수 있도록 정화되어[13] 연옥불로부터 일시적으로 또는 영원히 벗어날 수 있다고 한다. 구세주 시대 이전 사람들은 일반적으로 그리스인들의 귀신론에 감염되어 있었기 때문에 인간의 영혼과 육신은 별개의 실체라고 생각했다. 그러므로 육신이 죽으면 모든 사람의 영혼은, 신앙이 깊은 사람이건 사악한 사람이건, 자기 본성의 힘에 의해 어딘가에 살아 있다고 생각했다. 하느님의 초자연적 선물이 거기에 깃든다는 것은 전혀 인정하지 않았다. 교회의 박사들도 사람이 죽은 뒤 부활하여 육신과 다시 결합할 때까지 어디에 머무는지에 대해 오랫동안 의문을 품어 왔다. 한동안은 그 영혼이 제단 밑에 누워 있다는 교리를 믿었지만, 나중에 로마교회에서는 사람들을 종교적으로 지배하는 데 연옥이라는 장소를 만드는 것이 더 유리함을 알았다. 최근 들어서는 이 연옥교리를 부정하는 교회들도 생겼다.[14]

앞에서 말한 모든 교리를 위해 인용된 성경 구절을 이미 살펴보았다　여기서 내가 지금까지 지적한 세 가지 일반적 오류를 확인할 수 있는 성경 구절들을 살펴보도록 하겠다. 벨라르미노 추기경의 주장, 즉 교황의 통치를 받는 현세가 바로 하느님의 나라라는 주장—이 문제에 대한 최고의 논증을 보여 주고 있는—에 대해서는 나는 이미 충분히 답변했고, 모세가 세운 하느님의 나라는 사울 왕이 들어서면서[15] 끝났다는 것을 밝혔다. 그 뒤에는 제

---

*13 Purgatory는 깨끗하게 하는 것을 의미한다.

*14 종교개혁을 가리킨다.

*15 〈사무엘상〉 8장 12절.

사장의 권한으로 왕을 폐위
한 일이 없었다. 대제사장이
아달랴 여왕을 죽인 것은 자
신의 권한으로 한 것이 아니
라, 아달랴의 아들인 젊은 왕
요아스의 권한으로 한 일이었
다. 그러나 솔로몬은 그 자신
의 권한으로 대제사장 아비
아달을 쫓아내고 다른 사람
을 그 자리에 앉혔다. 그리스
도에 의한 하느님의 나라가
이미 이 세상에 있다는 것을
증명하기 위해 제시된 벨라
르미노의 논증이나 로마교회
의 논증을 반박하는 것은 어
렵지 않다. 그러나 베자가*16
주장한 내용은 반박하기 어

음부(저승)의 그리스도
도메미코 베카루미(1535).

렵다. 그는 하느님의 나라는 그리스도가 부활한 때로부터 존재하기 시작했
다고 주장한다. 이런 주장을 하는 이유가, 제네바 코먼웰스에서 최고 교권을
(따라서 다른 모든 코먼웰스에서도 그렇게 하도록) 장로회에 주도록 의도한 것
인지, 아니면 군주와 기타 정치적 주권자에게 주려는 것인지는 알 수 없다.
왜냐하면 장로회의는, 교회 정부의 형태를 가진 코먼웰스에서는 장로들이
왕들을 파문하고, 종교 문제에 대한 최고 조정권을 요구했기 때문이다. 이것
은 보편적 교권을 요구하는 교황의 주장에 버금가는 주장이다.*17

베자가 그리스도의 왕국은 부활에서 시작되었다고 추론한 성경 구절에 대한 답

---

*16 Theodorus Beza, 1519~1602. 칼뱅의 제자로 모나르코마키의 대표자의 한 사람. 주요저서는
　　Theodori Bezae Vezelii, volumen Tractationum theologicarum, 3 vols., Genevae 1570~1582. Dv
　　droit des magistrats svr levrs svbiets, s.l. [Lyon] 1574.
*17 제네바와 스코틀랜드에서 있었던 폭군방벌론(暴君放伐論)을 가리킨다. 앞에 나온 베자 외
　　에 유베르 랑게, 프랑수아 오트만, 조지 뷰캐넌 등.

변 베자가 그리스도의 나라는 그의 부활에서부터 시작되었다고 추론한 성경 구절은 〈마가복음〉 9장 1절이다. "내가 진실로 너희에게 이르노니 여기서 있는 사람 중에는 죽기 전에 하느님의 나라가 권능으로 임하는 것을 볼자들도 있느니라." 이 구절을 문법 그대로 해석하면, 그때 그리스도 곁에 있던 사람들 가운데 일부가 아직 살아 있거나, 아니면 하느님의 나라가 지금 이 세상에 있어야 한다. 그리고 더욱 해석하기 어려운 구절이 있다. 구세주가 부활한 뒤 승천하기 직전에 사도들이 구세주에게 물었다. "주님, 주께서 이스라엘을 위하여 나라를 되찾아 주실 때가 바로 지금입니까?" 이에 예수는 이렇게 대답했다. "때나 시기는 아버지께서 아버지의 권한으로 정하신 것이니, 너희가 알 바가 아니다. 그러나 성령이 너희에게 내리시면, 너희는 권능을 받고, 예루살렘과 온 유대와 사마리아에서, 그리고 마침내 땅 끝에까지, 나의 증인이 될 것이다."(사도행전 1장 6절)

이 말을 풀이하면 다음과 같다. 내 나라는 아직 오지 않았고, 언제 올지 너희들은 미리 알지 못할 것이다. 그날은 밤에 도둑이 오는 것처럼 올 것이기 때문이다. 그러나 나는 너희에게 성령을 보낼 것이며, 너희들은 그 성령의 힘으로 온 세상에 증언할 능력을 얻게 되어 내가 부활한 것과 내가 한 일과 내가 가르친 교리를 알리고, 이로써 사람들이 나를 믿고, 내가 다시 올때 영원한 생명을 기대하게 될 것이다. 그리스도의 나라가 부활의 시점에 도래했다면, 이 구절과는 앞뒤가 맞지 않는다. 그리고 성 바울이 말하기를, "그들은 우상을 버리고 하느님께로 돌아와서 살아계시고 참되신 하느님을 섬기며, 그의 아들이 하늘로부터 강림하실 것을 기다리고 있다"(데살로니가 전서 1장 9~10절)고 했는데, 여기서 '그의 아들이 하늘로부터 강림하실 것을 기다리고 있다'는 말은 예수가 권세 있는 왕이 되기 위하여 오시기를 기다린다는 말이다.

만일 그리스도의 나라가 그때 이미 현존하고 있었다면, 이런 말은 할 필요가 없다. 또한 하느님의 나라가 (베자가 〈마가복음〉 9장 1절을 근거로 주장한 것처럼) 부활을 기점으로 시작되었다면, 그리스도교도들이 그리스도가 부활한 이후 지금까지 계속 '그 나라가 오게 하소서' 하고 기도하는 이유는 무엇인가? 그러므로 성 마르코의 말을 베자처럼 해석해서는 안 된다. 구세주도, 여기에 서 있는 사람들 가운데 어떤 사람은 하느님의 나라가 권능을 떨치며 오는 것을 보기 전에는 죽음을 경험하지 않으리라고 했다. 그 나라가 그리스도가 부활했을 때 이미 와 있었다면, '그들의 일부'가 아니라 '모두'라고 했어야 하지 않은가? 그들은 모두 예수가 부활했을 때 살아 있었기 때문이다.

마가복음 9장의 설명 〈마가복음〉 9장 1절에 대한 정확한 해석을 바라는 사람은 다음 구절을 해석해 보기 바란다. 구세주는 성 베드로에게 성 요한에 대해 이렇게 말했다. "내가 올 때까지 그를 머물게 하고자 할지라도 네가 무슨 상관이냐?"(요한복음 21장 22절) 이 말을 근거로 요한은 죽지 않는다는 소문이 돌았다.

산상변모
예수가 베드로와 야고보, 요한을 데리고 높은 산에 올라가 기도할 때 그의 용모가 변화되고, 입은 옷이 희어져 광채가 났다.

그러나 이 소문은 진실로 확인되지도 않았고, 거짓이라고 반박당하지도 않은 채 여전히 이해하기 어려운 말로 남아 있다. 〈마가복음〉 9장 1절도 마찬가지이다. 똑같은 내용이 〈누가복음〉에도[18] 있는데, 그 구절에 이어 다음과 같이 기록되어 있는 것을 보면 내 짐작으로는 현성용(顯聖容, transfiguation)과 관계 있어 보인다. "엿새 후에 예수께서 베드로와 야고보와 요한을 데리시고 (즉 그들 전부가 아니라 몇몇만 데리고) 따로 높은 산에 올라가셨더니 그들 앞에서 변형되사 그 옷이 광채가 나며 세상에서 빨래하는 자가 그렇게 희게 할 수 없을 만큼 매우 희어졌더라. 이에 엘리야가 모세와 함께 그들에게 나타나 예수와 더불어 말했다" 등이 그것이다. 그리하여 그들은 그리스도가 다시 올 때처럼 영광과 위엄에 싸인 모습을 본 것이다. 이 광경을 보고 '그들

---

[18] 〈마가복음〉 9장 2~4절 및 〈마태복음〉 17장 1~3절, 〈누가복음〉 9장 28~30절. 〈마가복음〉과 〈마태복음〉에는 6일, 〈누가복음〉에는 8일로 되어 있어 세세한 점은 다르다.

은 몹시 무서워하였다.' 구세주의 약속이 '환상(*vision*)'으로 실현된 것이다. 이렇게 말할 수 있는 근거는, 같은 내용이 기록되어 있는 〈누가복음〉에 있다. 〈누가복음〉에 따르면, 이때 예수와 함께 있던 베드로와 그 일행은 잠을 이기지 못해서 졸았다고[19] 되어 있다. 같은 내용이 나오는 〈마태복음〉 17장 9절을 보면, 그것이 '환상'이라고 단정할 수 있는 가장 확실한 근거가 나온다. 산에서 내려올 때에 구세주가 그들에게 이렇게 명령했기 때문이다. "인자가 죽은 자 가운데 살아나기 전에는 본 것을 아무에게도 알리지 말라." 이 구절을 어떻게 해석하든, 그것은 하느님의 나라가 심판의 날 이전에 시작되리란 것을 증명할 어떠한 증거도 되지 못한다.

교황의 권력을 옹호하기 위한 다른 성경 구절의 악용　정치적 주권자에 대한 교황의 지배권을 증명하기 위해 (벨라르미노가 제시한 논거 외에도) 동원되는 성경 구절들이 있다. 예를 들면, 그리스도와 사도들이 갖고 있던 두 자루의 칼은[20] 영적 칼과 세속의 칼이었는데, 이 칼은 베드로가 그리스도로부터 받았다는 것이다. 또한 두 줄기의 빛[21] 가운데 강한 빛은 교황이고, 약한 빛은 왕이라고 한다. 이런 식으로 말하면, 《성경》의 첫 구절을 가지고도 하늘은 교황, 땅은 왕을 의미한다고 주장할 수 있을 것이다. 이런 주장은 《성경》에 대한 논의가 아니라, 군주들에 대한 불경스러운 모욕이다. 그런 주장들은 교황의 권력이 그리스도교도 왕들을 함부로 대할 수 있을 만큼 커진 뒤에 나온 것이다. 또한 〈시편〉 91장 13절의 "네가 사자와 독사를 밟으며, 젊은 사자와 뱀을 발로 누르리로다" 하는 구절을 내세워 황제들의 목을 짓밟는 것은[22] 황제들과 《성경》을 동시에 기만하는 일이다.

성경에 나오는 성별 의식의 방법에 귀신물리기는 없었다　성별(聖別) 의식은 《성경》에 따라 하는 것이 아니라 대부분 교회 지도자의 판단과 재량으로 하는 것이다. 그러나 성별 의식을 할 때 통치자들은 그 의식의 본질에 맞도록 예식과 말과 태도에 품위가 있고 의미가 있어야 하며 적어도 그 의식에 걸

---

[19] 〈누가복음〉 9장 32절. 마가와 마태오에 따르면 베드로는 잠들지 않았다.

[20] 〈누가복음〉 22장 36~38절에 나오는 두 자루의 칼은 11세기 이후 많은 신학자에 의해 이용되었다.

[21] 〈창세기〉 1장 16절에 "큰 빛으로 낮을, 작은 빛으로 밤을 다스리게 하셨다"고 나와 있다.

[22] 1177년에 교황 알렉산더 3세가 베네치아에서 황제 프리드리히 바르바로사의 목을 짓밟았다.

맞아야 한다. 모세가 성막과 제단, 제기(祭器)들을 성별할 때, 그는 하느님이 그것을 목적으로 만들도록 명한 예식용 기름을 발랐고, 이로써 그것들이 거룩하게 되었다(출애굽기 40장 9절). 거기에는 유령을 쫓는 귀신물리기 같은 것은 없었다. 또한 모세는 (이스라엘의 정치적 주권자로서) 대제사장 아론과 그의 아들들을 성별할 때 물(귀신물리기를 한 물이 아니다)로 씻게 한 다음, 제사장 예복을 입히고, 그 위에 기름을 부었다. 이렇게 하여 그들은 제사장으로서 하느님을 섬길 수 있도록 신성해졌다. 모세는 그들을 하느님의 종으로 하느님께 바치기 전에 그들을 다만 깨끗하게 씻기고 복장을 단정하게 하도록 했을 뿐이다. 이스라엘의 정치적 주권자였던 솔로몬 왕은, 자신이 세운 성전을 성별할 때 이스라엘의 모든 회중 앞에 서서 그들을 축복하면서, 그의 아버지 다윗에게 성전을 지을 마음이 들게 해 주고, 자신에게 은총을 베풀어 성전을 완성할 수 있도록 해 준 하느님께 감사를 드렸다(열왕기상 8절). 그리고 하느님께 기도했다. 이 성전이 하느님의 무한한 위대함에 걸맞지는 않지만 받아 주실 것과 이곳에서 또는 다른 곳에서 성전을 바라보면서 기도할 종들의 기도를 들어주실 것을 빈 것이다.

마지막으로 감사의 제물을 바치고 성전을 봉헌하였다. 어떠한 행렬도 없었다. 솔로몬은 처음부터 끝까지 같은 자리에 서 있었다. 귀신물리기를 한 물도 없었고, '아스페르제스 메(asperges me, 저에게 물을 뿌려주십시오)' 따위도, 다른 때에 쓰는 말의 부적절한 사용도 없었다. 새로 지은 성전을 하느님께 봉헌하는 일에 어울리는 품위 있고 온당한 말을 했을 뿐이다.

성 요한이 요단강의 물에 귀신물리기를 했다는 이야기도 《성경》에 없다. 빌립이 내시에게 세례를 내릴 때 강물에 그렇게 했다는 이야기도 없다. 사도 시대에 세례받을 사람의 코에 자기 침을 바르고 '주께 드리는 감미로운 향기' 운운한 목사도 아무도 없었다. 침을 바르는 의식은[*23] 그 불결함 때문에, 《성경》을 그렇게 적용하는 것은 그 경솔함 때문에, 인간의 어떠한 권리로도 정당화될 수 없다.

성경에 의해 인간의 영혼의 불멸성은 본성에 의한 것이 아니라 은총에 의한 것임이 증명된다 다음으로 육신에서 분리된 영혼이 영원히 산다는 주장, 선택받

[*23] '침을 바르는 의식'은 〈마가복음〉 7장 33절에 있는 예수의 행위에서 비롯되었다.

은 자들의 영혼만이 아니라 버림받은 자들의 영혼도 영원히 산다는 주장에 대해 살펴보자.

선택받은 자들의 영혼은 하느님의 특별한 은혜로 영원한 생명을 얻는다. 아담이 죄를 지어 잃어버린 영원한 생명을 구세주가 자신을 희생하여 독실한 신자들에게 돌려주었기 때문이다. 그러나〔그들의 주장에 따르면〕영혼의 불멸성은 인류의 본성에 자연적으로 깃들어 있는 속성이기 때문에, 버림받은 자들의 영혼도 영원히 산다는 것이다. 《성경》에는 얼핏 보아 이러한 주장을 뒷받침하는 것으로 보이는 구절들이 많다. 그러나 〈욥기〉 14장에 나오는 욥의 말에 대해 내가 이 책 제38장에서 달리 해석한 것처럼, 이 구절들도 달리 해석할 수 있는 여지가 많다.

먼저 솔로몬의 말부터 살펴보자. "흙〔육신〕은 여전히 땅으로 돌아가고, 영은 그것을 주신 하느님께로 돌아간다."(전도서 12장 7절) 이 말은 (만약 이것에 직접적으로 반박하는 다른 본문이 없다면) 이렇게 해석될 수 있다. 즉 사람이 죽었을 때, 그의 영혼이 어떻게 되는지는 오직 하느님만이 안다는(인간은 모른다) 것이다. 솔로몬은 같은 말을 〈전도서〉의 다른 곳에서도 하고 있는데, 내가 해석한 뜻으로 말하고 있다. "다 흙으로 말미암았으므로 다 흙으로 돌아가나이다. 한 곳으로 가거니와 인생들의 혼은 위로 올라가고 짐승의 혼은 아래 곧 땅으로 내려가는 줄을 누가 알랴?"(전도서 3장 20~21절) 즉 하느님 외에는 아무도 모른다는 것이다. 우리가 알지 못하는 것들에 대해서는 "하느님은 그것을 알고 계신다", "하느님은 그곳을 알고 계신다"고 충분히 말할 수 있다. "에녹이 하느님과 동행하더니 하느님이 그를 데려가시므로 세상에 있지 아니하였더라"(창세기 5장 24절)고 했는데, 이에 대한 해설이 〈히브리서〉 11장 5절에 나와 있다. "에녹은 죽음을 보지 않고 옮겨졌으니 하느님이 그를 옮기심으로 다시 보이지 아니하였느니라. 그는 옮겨지기 전에 하느님을 기쁘게 하는 자라 하는 증거를 받았느니라."

인간의 영혼이 불멸이듯이 육신도 불멸인데, 그러한 옮겨감은 하느님을 기쁘게 해 드린 사람들에게만 특별히 주는 은혜이지, 사악한 자들까지 다 그렇게 되는 것은 아니라는 것이다. 다시 말해 은총에 의존하는 것이지, 자연에 의존하는 것은 아님을 증명한다. 그러나 반대로 솔로몬의 다음과 같은 말을 글자 그대로의 뜻 외에 어떤 해석을 내릴 수 있을까? "인생이 당하는

일을 짐승도 당하
나니, 그들이 당하
는 일이 일반이라
다 동일한 호흡이
있어서 짐승이 죽
음 같이 사람도 죽
으니 사람이 짐승
보다 뛰어남이 없
음은 모든 것이 헛
됨이로다."(전도서 3
장 19절) 글자 그대
로 해석하면 여기
에 영혼의 자연적
불멸성은 없다. 그
러나 선택받은 자
들이 은혜에 의해

나사로의 부활
예수가 나사로를 살린 일을 본 많은 유대인들은 예수를 믿었다. 그 중
어떤 자는 바리새인들에게 가서 예수가 한 일을 알렸다. 지오토(1267)

영원한 생명을 누린다는 것과 모순되는 것도 없다. 그리고 "이들보다도 아직
출생하지 아니한 자가 더 복되도다"(전도서 4장 3절)라고 했는데, 만일 살다
가 죽은 모든 사람의 영혼이 불멸이라면 이 말은 이해하기 어려운 말이 되
고 만다. 왜냐하면 불멸의 영혼을 갖는 것이 아예 영혼을 갖지 않는 것보다
못하다는 뜻이 되기 때문이다. 또한 "산 자들은 죽을 줄을 알되 죽은 자들
은 아무것도 모른다"(전도서 9장 5절)고 한 말은, 죽은 사람은 자연적으로는,
즉 육신이 부활하기 전에는 모른다는 뜻이다.

　영혼의 자연적 불멸성을 뒷받침하는 것처럼 보이는 또 다른 구절은 구세
주가 아브라함, 이삭, 야곱 등이 살아 있다고 말한 대목이다. 그러나 이것은
하느님의 약속에 대하여, 그리고 그들이 반드시 다시 살아난다는 확실성에
대해서 한 말이지, 당시에 실제로 있었던 생명에 대해서가 아니다. 하느님이
아담에게 금단의 열매를 먹는 날에는 반드시 죽을 것이라고 한 것과 같은
어법이다. 금단의 열매를 먹은 뒤 아담은 죽음의 선고를 받았다. 그러나 처형
에 의해서 죽는 것이 아니라 그 후 1000년 가까이 살다가 죽었다. 마찬가지

로 아브라함, 이삭, 야곱은 하느님으로부터 삶의 약속을 받아놓은 상태였기 때문에 구세주가 그렇게 말했던 것이다. 그 약속은 부활의 날에 실현된다. 그리고 '디베스와 나사로' 이야기는*24 《성경》에 있는 그대로(실제로 그러한 것처럼), 즉 우화(寓話)로 보면 내가 위에서 말한 것과 모순되지 않는다.

그러나 《신약성경》에는 사악한 자들의 불멸성을 분명하게 언급한 것처럼 보이는 구절들이 많이 있다. 사악한 자들도 심판받기 위해 다시 살아날 것이 명백하기 때문이다. 게다가 다음과 같은 이야기를 여러 곳에서 볼 수 있다. 그들은 '영원한 불', '영원한 고통', '영원한 형벌'에 들 것이며, 또한 '양심의 고뇌는 결코 죽지 않는다'고 되어 있다. 즉 그들은 '영원한 죽음'을 받게 된다는 것인데, 보통 이 말은 '고통 속에서 살아가는 영원한 삶'으로 해석된다. 그러나 나는 《성경》 어디에서도 영원한 고통 속에서 살게 될 사람이 누구인지에 대한 언급을 찾을 수가 없다. 또한 하느님께서 그렇게 하실 것 같지도 않다. 하느님은 자비의 아버지이고, 하늘과 땅에서 뜻하신 모든 것을 이루며, 사람의 마음도 마음대로 움직이고, 사람이 하는 일과 의지에도 작용한다. 인간은 그가 거저 주신 선물 없이는 선한 의지를 갖는 것도, 악행을 뉘우치는 것도 불가능하다. 이러하신 하느님이 인간이 율법을 어겼다고 해서, 그에 대한 처벌로 인간이 상상할 수 있는 가장 극단적인 고통, 아니 그 이상의 고통을 무기한으로 줄 리가 없다. 그렇다면, 《성경》에 나오는 '영원한 불'이라든가 그와 유사하게 에둘러서 말한 구절들은 무엇을 의미하는가?

앞에서 이미 말한 것처럼, 그리스도가 통치하는 하느님의 나라는 심판의 날에 시작된다. 그날 신자들은 영광스럽고 영적인 몸으로 다시 일어나 그 나라의 국민이 되고, 그 나라는 영원히 계속된다. 사람들은 자연적인 육체가 하는 것처럼 장가를 가거나 시집을 가지도 않고, 먹거나 마시는 일도 결코 없다. 생식을 통해 종(種)이 보존되는 것이 아니라, 개별적인 자기 인격으로 영원히 산다. 선택받은 자들 가운데 그날 지상에 살아 있던 사람은 육신

---

*24 나사로의 부활은 〈요한복음〉 11장 1~44절에 있고, 그리스도의 최대 기적의 하나로 여겨진다. 디베스와 나사로는 〈누가복음〉 16장 19~25절에 나오는 죽은 부자와 가난한 사람이다. 디베스는 라틴어로, 부자를 뜻하는 보통명사가 고유명사인 것처럼 나사로와 대치된 것이고, 나아가 부자와 가난한 사람을 '디베스와 나자로' '다이베스와 나자라스'라고 부르게 되었다. 초서에 그 용례가 있다.

에 갑작스러운 변화가 일어나 영적인 존재, 불멸의 존재가 된다. 마찬가지로 버림받은 자들도 죄에 따른 벌을 받기 위해 다시 살아난다. 그러나 버림받은 자들의 경우, 사탄의 나라에서 살게 되는 것은 분명하지만, 영광스럽고 영적인 몸이 되며, 하느님의 사자들처럼 먹지도 마시지도 번식하지도 않고, 신자들의 생명이 그러한 것처럼 자기 몸으로 영원히 산다거나, 죄짓기 이전의 아담처럼 산다고 주장할 수 있는 근거는 《성경》에서 찾을 수 없다. 단지 영원한 고통에 대한 언급이 몇 군데 있을 뿐인데, 이 구절들은 달리 해석할 수 있다.

그러므로 다음과 같이 추측할 수 있을 것이다. 즉 부활 뒤에, 선택받은 자들은 아담이 죄를 짓기 전의 상태로 돌아가지만, 버림받은 자들은 아담과 그의 자손이 죄지은 이후의 상태에 머물 것이다. 다만 하느님은 아담의 자손 가운데 그를 믿고 회개하는 사람들에게는 대속자를 보내 주겠다고 약속했지만, 버림받은 자들처럼 회개하지 않고 죄를 가진 채 죽은 사람들은 여기에 해당하지 않는다.

영원한 고문이란 무엇인가 이러한 사실들을 놓고 볼 때, '영원한 불', '영원한 고통', '영원히 죽지 않는 고뇌'에 대한 본문은, '죽음'이라는 말의 의미를 본디의 자연적인 뜻으로 풀이할 경우 두 번째의 영원한 죽음에 대한 교리와 모순되지 않는다. 사악한 자들을 처벌하기 위해 '게헤나', '도벳' 또는 기타 모든 곳에 준비되어 있는 불 또는 고통은 영원히 계속될 것이다. 그러나 모든 사람이 그곳에서 고통을 받는 것이 아니고, 어느 한 사람도 그곳에 영원히 있는 것은 아니지만 그곳에서 고통받을 사악한 자들은 끊임없이 그곳으로 들어올 것이다. 사악한 자들은 죄지은 뒤의 아담과 같은 상태에 놓이게 되므로 부활해도 예전처럼 결혼하고 아이를 낳으며 살아간다. 그들의 육신은 지금 인류의 육신처럼 썩어서 흙으로 돌아갈 것이다. 따라서 부활 뒤에도 그들은 과거에 했던 것처럼 영원히 생식을 계속할 것이다. 《성경》의 어디에도 그것과 상반되는 구절이 없기 때문이다. 예를 들면, 성 바울도 부활에 대해 언급하면서, 영원한 생명을 얻게 될 부활에 대해서만 말했을 뿐, 영원한 처벌을 받는 부활 이야기는 하지 않았다. 영원한 생명을 얻게 될 부활에 대해 그는 이렇게 말했다.

"죽은 자의 부활도 그와 같으니 썩을 것으로 심고 썩지 아니할 것으로 다시 살아나며, 욕된 것으로 심고 영광스러운 것으로 다시 살아나며, 약한 것으로 심고 강한 것으로 다시 살아나며, 육의 몸으로 심고 신령한 몸으로 다시 살아나나니, 육의 몸이 있은즉 또 영의 몸도 있느니라."(고린도전서 15장 42~44절)

그러나 이것이 처벌을 받기 위해 다시 일어나는 사람들의 몸에 대한 이야기라고는 할 수 없다. 마찬가지로 부활 이후 사람의 본성에 대한 구세주의 말도 부활하여 영원한 생명을 얻을 사람들에 대한 이야기일 뿐, 처벌받을 사람에 대한 것은 아니다. 이것은 〈누가복음〉 20장 34~36절을 보면 확실하게 알 수 있다.

"이 세상 자녀들은 장가도 가고 시집도 가되, 저 세상과 죽은 자 가운데서 부활함을 얻기에 합당히 여김을 받은 자들은 장가가고 시집가는 일이 없으며, 그들은 다시 죽을 수도 없나니, 이는 천사와 동등이요 부활의 자녀로서 하느님의 자녀임이라."

이 세상 사람들은 아담이 물려준 세상에서 살고 있기 때문에 장가도 가고, 시집도 간다. 즉 계속해서 부패하고 생식할 것이다. 그러므로 종(種)으로서의 인간은 불멸이지만, 개개인의 인격은 불멸이 아니다. 그들은 죽은 사람들 가운데서 부활하여 다음 세상에 참여하게 될 사람들과는 달리, 불복종에 상응하는 벌을 받기 위해 아주 짧은 시간 동안만 다음 세상의 기숙자로 살 뿐이다. 오직 선택받은 자들만이 부활의 아들, 즉 영원한 생명의 계승자이며, 이들만이 더 이상 죽지 않는다. 천사와 같고, 하느님의 아들인 것은 그들이다. 그러나 버림받은 자들은 아니다. 버림받은 자들에게는 부활 뒤에 두 번째의 영원한 죽음이 기다리고 있다. 부활에서 두 번째의 영원한 죽음에 이르는 기간은 처벌과 고통의 시간일 뿐이며, 인간의 종족이 번식에 의하여 지속되는 한, 죄인들도 계속해서 나타난다. 그들의 죽음은 영원히 계속되는 것이다.

연옥을 지지하기 위해 인용된 성경 구절에 대한 답변 연옥(煉獄) 교리는 몸에서 분리된 영혼의 자연적인 영원성에 대한 이러한 교리에 (내가 말했다시피) 바탕을 두고 있다. 왜냐하면 은총에 의한 영원한 생명만이 존재한다면, 몸의 생명 외에는 생명이란 없고, 부활 이전에는 불멸도 없기 때문이다. 벨라르미노가 연옥의 근거로 제시한 《구약성경》의 구절은 먼저, 〈사무엘하〉 1장 12

절에서 다윗이 사울과 요나단을 애도하며 금식한 대목과[*25] 〈사무엘상〉 3장 35절에서 다윗이 아브넬의 죽음을 애도하며 금식한 대목이다.[*26] 벨라르미노의 주장에 따르면, 이러한 다윗의 금식은, 그들이 죽은 뒤, 그들을 위해 하느님으로부터 어떤 도움을 얻고자 한 것이었다. 왜냐하면 다윗은 자기 아들이 병들었을 때도 금식하였는데, 아들이 죽었다는 소식을 듣자마자 금식을 중단하고 음식을 차려오게 하였기 때문이다.[*27] 그러므로 영혼은 육신과는 별개로 존재하며, 일단 그 영혼이 하늘이나 지옥으로 가고 나면 금식기도를 해도 아무 소용

연옥
단테의 《신곡》 제4곡에 있는 연옥의 한 장면.

이 없는 것을 보면 영혼 중에는 하늘이나 지옥이 아닌 곳에 있는 영혼들도 있다는 뜻이다. 그 영혼은 제3의 장소에 있으며, 그곳이 바로 연옥이다.

　벨라르미노는 연옥의 존재를 증명하기 위해 열심히 애썼지만, 억지 논리를 펴고 있을 뿐이다. 죽은 자를 위한 애도와 금식의 의식들은, 그의 생존이 애도자에게 별로 이익이 되지 않는 경우에는 죽은 자를 명예롭게 하기 위한 것이고, 그의 생존이 애도자에게 이익이 되는 경우에는 그의 죽음으로 인

---

*25 사울이 블레셋 사람과의 싸움에서 패하여 죽었을 때, 다윗은 "사울과 그의 아들 요나단, 그리고 주의 백성 이스라엘의 집이 싸움에서 패하였으므로 가슴을 치고 통곡했다. 그리고 그들은 저녁때까지 금식했다."

*26 아브넬이 요압에게 죽임을 당했을 때 다윗은 애도의 노래를 짓고 날이 저물 때까지 금식했다.

*27 다윗이 골리앗의 아내 밧세바를 빼앗았다는 이유로 하느님의 노여움을 사서, 밧세바가 낳은 다윗의 아들이 병에 걸렸다. 다윗은 하느님이 아들을 죽이지 않도록 금식했지만, 그 희망이 받아들여지지 않고 아들이 죽자 금식을 중단했다. 〈사무엘하〉 11장 2절~12장 23절.

해 자신이 입게 된 개별적 손실을 슬퍼하는 것이다. 다윗이 사울과 아브넬이 죽었을 때 금식한 것은 그들을 명예롭게 하기 위함이었고, 아들이 죽었을 때 금식을 중단하고 음식을 든 것은 슬픔에서 벗어나 자신을 돌보기 위한 것이었다.

벨라르미노가 《구약성경》에서 연옥의 존재 근거로 제시한 다른 구절에는 연옥이 있다는 증거의 징후라든가 외견 같은 것은 도무지 찾아볼 수 없다. 그는 '분노·불·불태움·쫓아냄·정화' 같은 말이 들어 있기만 하면, 그 구절이 연옥의 존재를 증명한다고 우겼다. 그런 말들은 이미 연옥의 교리를 믿고 있던 교부들이 설교할 때 비유적으로 사용한 말일 뿐이다. 〈시편〉 38장 1절의 "여호와여, 주의 노하심으로 나를 책망하지 마시고 주의 분노하심으로 나를 징계하지 마소서" 한 것이, 만약 아우구스티누스가 '분노'를 지옥불로, '노여움'을 연옥불로 비유하지 않았다면 연옥과 무슨 관계가 있다는 것인가? 또한 〈시편〉 66장 12절의 "우리가 불과 물을 통과하였더니 주께서 우리를 끌어내사 풍부한 곳에 들이셨나이다" 하는 구절과 그와 비슷한 본문(당시의 박사들이 그것을 이용하여 그들의 설교와 주석을 치장하거나 확대하려 했다)으로 자신들의 목적에 맞도록 끌어붙인 것이 연옥과 무슨 관계가 있겠는가?

연옥을 지지하는 신약성경의 구절에 대한 답변 그러나 그가 연옥의 존재 근거로 제시한 《신약성경》 구절들에 대해서는 답변하기가 쉽지 않다.

첫째, 〈마태복음〉 12장 32절이다. "누구든지 말로 인자를 거역하면 사하심을 얻되 누구든지 말로 성령을 거역하면 이 세상과 오는 세상에서도 사하심을 얻지 못하리라." 벨라르미노는 이 구절에서 '오는 세상'이 연옥이라고 주장하는데, 이 세상에서 용서받지 못한 몇 가지 죄를 그곳에서는 용서받을 수 있을지도 모른다고 했다. 그러나 세상은 명백히 세 개밖에 없다. 하나는 《성경》에서 말하는 '옛 세상'으로, 천지창조부터 대홍수까지, 즉 물로 파괴될 때까지의 세상이다. 또 하나는 대홍수부터 심판의 날까지의 세상이다. 이것이 바로 '현재의 세상'으로서 불로 심판받을 것이다. 셋째는 심판의 날부터 영원히 지속될 세상, 즉 '앞으로 다가올 세상'이다. 오는 세상에 연옥이 없다는 것은 모든 사람들이 동의한다. 그러므로 오는 세상과 연옥은 양립할 수 없다. 그렇다면 위의 우리 구세주 말씀은 무슨 뜻인가? 그 말씀은 솔직히 고백하건대, 현재 우리가 이의 없이 받아들인 모든 교리와 일치하지 않는다.

《성경》의 진리는 워낙 심오하여 인간의 짧고 부족한 지식으로 이해하기에는 너무 방대하다고 고백해도 부끄러운 일이 아니다. 하지만 학식 깊은 신학자들의 비평을 기대하며, 그 말씀이 시사하는 바에 대한 내 의견을 제시해 보고자 한다.

먼저 '성령'은 삼위일체의 세 번째 인격이다. 그러므로 성령을 거역하여 말하는 것은, 성령이 머무르는 교회를 거역하여 말하는 것이다. 구세주는 이 세상에서 가르침을 펴는 동안, 즉 그가 이 세상에 있었을 때, 그가 받은 박해에 대해 관용적 태도를 취했다. 이에 비해 구세주 시대 이후의 목사들은, 성령으로부터 받은 그들의 권위에 도전하는 자들에 대해 가혹한 태도를 취했다. 우리 구세주가 한 말은 이 두 가지를 비교한 것으로 보인다. 말하자면 이렇게 말한 것과 같다. '내 권세를 부정하는 자, 아니 나를 십자가에 못 박는 자는 회개하고 나에게 돌아오면 용서해 주겠지만, 나 이후에 성령에 힘입어 너희를 가르치는 사람들의 권세를 부정한다면, 그들은 냉혹해질 것이며, 너를 용서하지 않고 이 세상에서 박해할 것이며, (나에게 돌아온다 하더라도 그들에게 돌아가지 않으면) 죄를 사하지 않은 채 그대로 두어 오는 세상에서도 처벌받도록 (그들이 할 수 있는 한 무겁게) 할 것이다.'

말하자면 그리스도교 교회가 오랫동안 그런 태도를 취할 것을 미리 알고 예언 또는 예보의 말을 한 것으로 볼 수 있다. 그런 뜻이 아니라면(이런 어려운 구절에 대해 의문이 없을 수는 없으므로), 부활 뒤에 일부 죄인들을 회개시키기 위한 장소로 남겼을 수도 있다. 이것과 일치하는 성경 구절이 다른 곳에도 있다. 성 바울의 말이다. "죽은 자들이 도무지 다시 살아나지 못하면 세례를 받는 자들이 무엇을 하겠느냐. 어찌하여 그들을 위하여 세례를 받느냐?"(고린도전서 15장 29절) 이 구절에 대해 이렇게 추측할지도 모른다. 즉 성 바울의 시대에는 죽은 자를 위해 세례를 대신 받는 관습이 있었는데(오늘날 믿음의 능력이 없는 유아의 신앙을 위해 신자가 보증인이나 보호자가 되는 것처럼), 죽은 친구의 인격을 대신하여 세례를 받으면 구세주가 그들의 왕이 되어 다시 오실 때 기꺼이 구세주에게 복종하고 그를 받아들이게 된다는 것이다. 그렇다면 오는 세상에서 죄를 용서받기 위한 연옥은 필요하지 않다. 그러나 이러한 두 가지 해석에는 모두 중대한 자기모순이 있기 때문에, 나는 그것을 믿지 않으며, 그것들과 대립하는 더욱 명백한 곳이 없는지 《성경》에 정통한 분들이 살펴줄 것을 제안한다.

그러나 나는 이제까지 살펴본 바에 따라 이것만은 분명하게 말할 수 있다. 즉 《성경》에는 연옥이라는 말도, 연옥이라는 것도 없는 것, 나사로가 나흘 동안 죽어 있었을 때 그의 영혼을 위해서도, 또 로마교회가 지금 연옥에서 고통받고 있다고 주장하는 영혼을 위해서도, 육신 없는 영혼을 위한 장소의 필요성을 증명할 수 있는 것은 아무것도 없다는 것이다. 왜냐하면 한 줌의 흙에도 생명을 줄 수 있었던 하느님은 그 권능으로 죽은 자에게 다시 생명을 부여하고, 썩은 시체를 되살려 영광스러운 몸, 신령한 몸, 불멸의 몸으로 만드실 수 있기 때문이다.

둘째, 〈고린도전서〉 3장 11~12절[28]에서 진정한 기초 위에 지푸라기나 짚으로 집짓는 자는 그 작품이 다 사라지고 말 것이나, "자신은 구원을 받되 불 가운데서 받은 것 같으리라"고 했다. 이 불이 바로 연옥불이라는 것이다. 이 구절은 앞에서 말한 것처럼 스가랴 13장 9절의 말과[29] 관련이 있다. 스가랴는 이렇게 말했다. "내가 그 삼분의 일을 불 가운데 던져 은같이 연단하며 금같이 시험할 것이라." 이것은 메시아가 권능을 떨치며 영광에 싸여온다고 말한 것이다. 즉 심판의 날에 이 세상은 큰 불에 휩싸이게 된다. 그날 선택받은 자들은 이 불에 타 죽지 않고 순화된다. 다시 말해 그릇된 교리와 배움을 버리고, 말하자면 태워 없애버리고 진정한 하느님의 이름을 부르게 된다. 사도 바울이 한 말도 그런 뜻이다. '예수가 그리스도다'라는 기초만 있으면, 그 위에 설령 잘못된 교리를 세웠더라도 큰 불이 이 세상을 불사를 때 타 죽지 않고 그것을 통하여 구원을 얻는다. 이것은 그들이 그때까지 가지고 있었던 오류들을 깨닫고 버리기 위해서라는 것이다. 교리를 세워 올린 사람은 '목사들'이고, 기초는 '예수가 그리스도'라고 하는 근본신조이다. 짚과 풀은 '무지와 박약한 의지에서 비롯된 과오들'이며, 금·은·보석은 '참된 교리'를 말한다. 순화 또는 정화는 '오류를 제거하는 것'이다. 이 구절을 놓고 무형의 영혼, 즉 아픔을 느낄 수도 없는 영혼이 불태워진다고 주장하는 것

---

[28] 〈고린도전서〉 3장 14~15절. "만일 누구든지 그 위에 세운 공적이 있으면 상을 받고, 누구든지 그 공적이 불타면 해를 받으리라. 그러나 자신은 구원을 받되 불 가운데서 받은 것 같으리라."

[29] 하느님의 말.

은 터무니없는 것이다.

죽은 자를 위한 세례를 어떻게 이해할 것인가 셋째, 앞에서 말한 〈고린도전서〉 15장 29절의 죽은 사람들을 위한 세례에 대한 언급이다. 이 구절에 근거하여 그는 죽은 사람을 위한 기도가 헛된 것은 아니라는 결론을 내리고, 이로부터 연옥불이란 것이 있다고 결론짓는다. 그러나 둘 다 올바른 결론이 아니다. 세례라는 말에 대한 여러 가지 해석 가운데 벨라르미노는 세례가 (비유적으로) 회개의 세례를 의미하며, 그러한 뜻에서 금식하고 기도하고 자선행위를 하는 것은 곧 세례를 받는 것이라고 말한다. 그러므로 죽은 사람을 위한 세례와 기도는 동일한 것이다. 그러나 이것은 비유일 뿐,《성경》어디에도 회개를 곧 세례로 본 사례는 없으며, 그런 말을 일상적으로 하지도 않고,《성경》의 전체적인 의도와 조화를 이루거나, 합치하지도 않는다. 세례라는 말은 그리스도가 십자가 위에서 그랬던 것처럼, 또 많은 사도들이 그리스도를 증언하면서 그랬던 것처럼(마가복음 10장 38절, 누가복음 12장 50절) 자신의 피 속에 잠그는 것에 대해 사용된다. 그러나 기도, 금식, 자선 등의 행위는 잠그는 것과 조금이라도 비슷하다고 말하기는 어렵다. 〈마태복음〉 3장 11절에서는 세례라는 말을 불로 정화한다는 뜻으로 사용하는데,[30] 여기서 말하는 불과 정화는 예언자 스가랴가 "그 삼분의 일을 불 가운데에 던져 연단하리라"[31](스가랴 13장 9절)고 한 것과 같은 뜻일 뿐이다. 이러한 스가랴의 말을 받아서, 성 베드로는 이렇게 말했다. "너희 믿음의 확실함을 불로 연단하여도 없어질 금보다 더 귀하며 예수 그리스도께서 나타나실 때에 칭찬과 영광과 존귀를 얻게 할 것이니라."(베드로전서 1장 7절) 또한 성 바울도 "그 불이 각 사람의 공적이 어떠한 것을 시험할 것임이라"(고린도전서 3장 13절)고 하였다. 그러나 성 베드로와 성 바울은 그리스도가 다시 올 때 있을 큰 불에 대해 말한 것이고, 예언자 스가랴는 심판의 날에 있을 일을 말한 것이다. 그러므로 성 마태오의 말도 같은 뜻으로 해석될 수 있으며, 그러면 연옥불

---

[30] 〈마태복음〉 3장 11절에서 세례 요한은 말한다. "그(그리스도)는 성령과 불로 너희에게 세례를 주실 것이다."

[31] 〈스가랴〉 13장 8~9절. "여호와가 말하노라, 이 온 땅에서 삼분의 이는 멸망하고 삼분의 일은 거기 남으리니, 내가 그 삼분의 일을 불 가운데에 던져 은같이 연단하며 금같이 시험할 것이라."

이 존재해야 할 이유가 없다.

벨라르미노는 앞에서 말한 것처럼 세례를 곧 회개로 보기 때문에, 죽은 사람을 위한 세례도 죽은 사람을 위한 기도와 같은 것으로 여겨, 그것의 유용성을 추론한다. 즉 그리스도에 대해 들어본 적이 없거나 그를 믿지 않은 사람의 경우, 그들이 죽은 뒤에 친구가 그들이 부활할 때까지 대신 기도해 주면, 부활 뒤에 그리스도의 나라에 들어갈 수 있다는 것이다. 물론 하느님은 독실한 신자들의 기도를 듣고서 이전에 그리스도의 설교를 들어본 적이 없는 사람들, 따라서 그리스도를 거부한 적도 없었던 사람들을 개종시킬 수도 있고, 또 신자들의 그런 자선기도를 나무랄 필요도 없다. 그러나 그렇다고 해서 연옥에 유리한 결론은 나오지 않는다. 죽음에서 일어나 생명을 얻는 것과, 연옥에서 일어나 생명을 얻는 것은 전혀 다른 문제이기 때문이다. 후자는 생명에서 일어나 생명이 되는 것, 즉 고통의 삶에서 기쁨의 삶으로 옮겨가는 것이다.

넷째, 〈마태복음〉 5장 25~26절이다. "너를 고발하는 자와 함께 길에 있을 때에 급히 사화(私和, 송사를 화해함)하라. 그 고발하는 자가 너를 재판관에게 내어 주고 재판관이 옥리에게 내어 주어 옥에 가둘까 염려하라. 진실로 네게 이르노니 네가 한 푼이라도 남김이 없이 다 갚기 전에는 결코 거기서 나오지 못하리라." 이 비유에서 고발당한 사람은 '죄인'이고, 고발한 사람과 재판관은 '하느님'이다. 길은 '삶'이고, 감옥은 '무덤'이며, 옥리는 '죽음'이다. 죄인은 죽은 뒤에 다시 두 번째 죽음을 맞이할 뿐, 마지막 한 푼까지 다 갚거나 그리스도가 그의 '수난'으로 대속하기 전에는 영원한 생명을 얻지 못한다. 그리스도의 수난은 모든 종류의 죄에 대한 완전한 대속물이 될 수 있고, 따라서 큰 죄든 작은 죄든 다 용서받을 수 있다.

다섯째, 〈마태복음〉 5장 22절이다. "형제에게 노하는 자마다 심판을 받게 되고, 형제를 대하여 라가(바보)라 하는 자는 공회에 잡혀가게 되고, 미련한 놈이라 하는 자는 지옥불에 들어가게 되리라." 벨라르미노에 따르면, 이 구절에는 세 종류의 죄와 세 종류의 처벌이 있는데, 그 가운데 마지막 것만 빼고 둘 다 지옥불 속에 들어가지 않는다는 것이다. 앞의 두 가지 덜 무거운 죄는 죽은 뒤에 연옥에 가는 것보다는 가벼운 벌을 받는다고 추론한다. 이 구절에 대한 수많은 해석을 보아 왔지만 이런 해석은 본 적이 없다. 구세주

시대에 유대인들 사이에서 범죄의 종류에 따라 심리와 판결을 담당하는 재판관과 회의가 나누어져 있었듯이, 죽은 뒤에도 범죄의 종류에 따라 재판소가 구별되어 있다는 말인가? 모든 재판권은 그리스도와 그의 사도들에게 속한 것이 아닌가? 그러므로 이 구절을 해석할 때는 단독이 아니라 앞뒤를 연결하여 해석해야 한다.

〈마태복음〉 5장에서 구세주는 유대인들에게 모세 율법의 진정한 의미를 설명하고 있다. 유대인들은 모세 율법의 문법적 의미를 어기지 않으면, 아무리 입법자의 정신과 의도에서 벗어난 행동을 하더라도 율법이 이행된 것으로 생각했다. 예를 들면, 사람을 죽이지만 않으면 제6계명을 어기지 않는 것이며, 남의 아내와 동침하지만 않으면 제7계명을 어기는 것이 아니라고 생각했다. 이에 대해 구세주는 형제에 대해 마음속으로 분노를 품는 것도 정당한 이유가 없으면 살인이라고 가르쳤다. 우리 구세주는 이렇게 말했다. "옛사람에게 말한 바 살인하지 말라, 누구든지 살인하면 (재판관 또는 70인 법정에서) 심판을 받게 되리라 하였다는 것을 너희가 들었으나, 나는 너희에게 이르노니, 형제에게 노하는 자마다 심판을 받게 되고, 형제를 대하여 라가라 하는 자는 공회에 잡혀가게 되고, 미련한 놈이라 하는 자는 지옥불에 들어가게 되리라."(마태복음 5장 21~22절)

그러므로 이 구절은, 범죄에도 유형이 있고 재판소가 따로 있으며, 처벌도 각각 다르다고 말하고자 한 것이 아니다. 하느님에 대한 복종의 의지 유무에 따라 죄가 결정되는 것임에도 불구하고, 세속의 법정에서 세워 놓은 기준에 따라 죄를 가리려는 유대인들의 태도를 꾸짖기 위해, 그리고 자기 형제를 해칠 마음을 품은 자는 그 적의를 욕설로 나타내든 감추고 있든 심판의 날에 재판을 받고 지옥불에 던져진다는 것을 그들에게 보여 주기 위해서 사용된 것이었다. 재판관과 법정은 동일하며, 심판 날에 따로 따로 구별된 재판소는 없다. 이 구절에서 연옥을 지지하는 어떤 것을 인용할 수 있는지, 나로선 도무지 이해할 수가 없다.

여섯째, 〈누가복음〉 16장 9절이다. "불의의 재물로 친구를 사귀라. 그리하면 그 재물이 없어질 때에 그들이 너희를 영주할 처소로 영접하리라."[32] 벨

*32 인용문의 '불의의 재물'이란 현세적인 부 자체가 부정(또는 남을 현혹한 것)한 것임을 의미하는데, '없어질 때'가 부의 소실을 뜻하는지, 소유자의 죽음을 가리키는지는 해석이 분분

라르미노는 이 구절을 세상을 떠난 성자(聖者)들의 기도가 있다는 것을 증명하는 데 인용한다. 그러나 이 구절의 의미는 가진 재물로 가난한 사람들을 도와 주고 친구로 삼아 그들이 살아 있는 동안 그들의 기도를 얻으라는 것이다. 즉 '가난한 사람들에게 주는 사람은 곧 주께 빌려 주는 것이다.'

일곱째, 〈누가복음〉 23장 42절이다. "예수여, 당신의 나라에 임하실 때 나를 기억하소서." 벨라르미노는 이 구절을 인용하여 이 세상의 삶이 끝난 뒤에 죄의 사면이 있다고 했지만, 그렇지 않다. 우리 구세주는 바로 그 시점에서 그를 용서했으며, 이를 기억하고 있다가 영광 속에 다시 오실 때 그를 떠올려 영원한 생명을 주실 것이다.

여덟째, 〈사도행전〉 2장 24절의 성 베드로가 그리스도에게 한 말이다. "하느님께서 그를 사망의 고통에서 풀어 살리셨으니 이는 그가 사망에 매여 있을 수 없었음이라." 벨라르미노는 이 구절을 그리스도가 연옥에서 고통을 받고 있는 영혼들을 풀어 주기 위해 그곳으로 내려간 것이라고 해석하고 있지만, 오히려 풀려난 사람은 그리스도였고, 죽음 또는 무덤에 묶여 있을 수 없었던 것은 그리스도였지 연옥에 있는 영혼들이 아니었음은 명백하다. 이 부분에 대한 베자의 주석을 잘 읽어보면, 그것은 '고통'이 아니라 '속박'이어야 한다는 것을 모를 사람은 아무도 없을 것이다. 그러므로 이 구절에서 연옥을 찾을 이유는 없는 것이다.

45 귀신론 및 그 밖의 이방종교의 유물

귀신론의 기원 빛나고 있는 물체에 의해 시각기관에 주어진 인상은 한 줄기 또는 여러 줄기의 직선이 불투명체에 반사된 것일 수도 있고, 투명체를 통과하면서 굴절된 것일 수도 있다. 이 인상이 그 대상에 대한 영상을 만드는데, 하느님으로부터 시각기관을 받은 모든 살아 있는 피조물에게 나타나는 현상이다. 이 영상을 '시각(視覺)'이라고 하며, 그것은 단순한 영상이 아니라 우리의 외부에 있는 그 물체 자체인 것처럼 보인다. 우리가 눈을 세게 압박하면 눈앞에 빛이 나타나지만, 다른 사람은 이 빛을 지각할 수 없는 것과 마찬가지이다. 왜냐하면 외부에 그런 빛이 실제로 있는 것이 아니라, 외부의 압박에 대한 내부기관의 저항운동이 그런 현상을 일으켰기 때문이다. 이러한 압박이 가져온 운동은 그것을 일으킨 대상이 제거된 뒤에도 계속된다. 이것이 '영상(*imagination*)' 및 '기억(*memory*)'이다. 이 운동이 잠자는 동안, 질병이나 흥분으로 감각기관이 혼란스러운 상태에서 나타나면 '꿈'이라고 한다. 그러한 것들에 대해서는 제2장과 제3장에서 간단히 다룬 바 있다.

자연에 대한 지식을 자랑했던 옛 사람들도 이러한 '시각'의 본질은 결코 발견하지 못했다. 하물며 현재의 유용성으로부터 멀리 떨어져 있는 것들을 (자연에 대한 지식이 바로 그러하다) 생각해 보지 않은 사람들은 더 말할 나위가 없다. 그러므로 사람들은 그 영상이 환각이나 감각 속에 있다고 생각하지 못하고, 우리 외부에 실제로 존재하는 것이라고 생각할 수밖에 없었다. 일부 사람들은 그것들을 (그것들이 사라져도 어디로 어떻게 사라졌는지 모르기 때문에) 절대적으로 실체가 없는 비물질적인 것, 다시 말하면 질료가 없는 형상, 색깔과 모습은 있지만, 그 색깔과 그 모습을 띤 몸체는 없는 존재라고 했다. 그들이 우리 앞에 자신의 모습을 나타내고 싶을 때는 희박한 물체를 옷처럼 입는다는 것이다. 한편, 어떤 사람들은 그것이 물체이며 생명체라고 주장한다. 즉 공기 또는 그보다 더 미묘하고 희박한 물질로 만들어진 생명체이기 때문에, 그것이 응축되었을 때 눈에 보인다는 것이다. 이처럼 서로 다른 주장을 하는 사람들도 그것들을 부르는 명칭은 같다. 바로 귀신(demons)이라고 한다. 마치 꿈속에서 만난 사자(死者)가 자신의 두뇌에 살고 있는 것이 아니라, 공중이나 하늘 또는 지옥의 거주자이기라도 한 것처럼, 환영이 아니라 유령이기라도 한 것처럼 말이다. 이것은 다음의 상황과 동일한 발상이다. 거울에 비친 자신의 모습을 보고 자신의 유령을 보았다고 하거나, 강물에 비친 별을 보고 별의 유령을 보았다고 하고, 날마다 떠오르는*1 태양을 보고 온 누리를 밝히는 위대한 태양의 '신령' 또는 유령이라고 하는 것과 마찬가지로 이유가 없다. 그리하여 그 귀신들은 알 수 없는, 즉 무한한 힘으로 사람들을 돕거나 해칠 수 있는 존재가 되었고, 사람들은 이들을 두려워하게 되었다. 때문에 이교도 코먼웰스의 위정자들은 이러한 공포심을 이용하여 귀신론 (demonology)(여기에는 이방종교에서 제사장 노릇을 하며 존경을 받던 시인들이 앞장섰다)을 만들어 냈다. 즉 공공의 평화를 유지하고, 거기에 필요한 백성들의 복종을 얻어내기 위해 일부 귀신들은 '신령(good demons)'으로, 일부 귀신들은 '악령(evil demons)'으로 만들었다. 신령은 복종으로 이끄는 박차였고, 악령은 범법을 방지하는 고삐였던 것이다.

고대인들의 귀신은 어떤 것인가 그들이 어떤 '귀신들'을 섬겼는지는 그리스의 옛 시인 헤시오도스(Hesiodos)가 쓴 《신통기(神統記)》를 비롯한 몇몇 역사책*2에 잘 나와 있다. 귀신들 중 일부는 이 책 제12장에서도 살펴본 바 있다.

그 교리는 어떻게 전파되었나 그리스인들은 식민과 정복을 통하여 그들의 언어와 저작물을 아시아, 이집트, 이탈리아에 전했다. 그 결과로 그들의 '귀신론'도 함께 전해졌다. 성 바울은 이것을 '귀신의 가르침'(디모세전서 4장 1절)*3이라고 불렀다. 이윽고 귀신론은 유다*4와 알렉산드리아에 있던 유대인들에게 옮겨졌고, 다시 그곳에서 그들이 흩어져 살던 사방으로 오염이 파급되었다.

---

*1 apparition은 제2장에서는 환영(幻影)의 의미로 쓰였지만, 여기서는 일식 뒤의 태양의 출현이라는 천문학 용어로 쓰였다.
*2 Hesiodos는 기원전 8세기 무렵의 시인으로 〈신통기〉 및 〈노동과 나날〉이 대표작이다.
*3 "후일에 어떤 사람들이 믿음에서 떠나 미혹하는 영과 귀신의 가르침을 따르리라."(디모데전서 4장 1절)
*4 Judaea는 팔레스타인 남쪽의 고대 로마의 영토로서 유대인의 거주지.

유대인들은 어디까지 수용했나 그리스인들은 신령과 악령을 모두 '귀신'이라고 불렀지만, 유대인들은 악령만 '귀신'이라 부르고 선량한 귀신은 '하느님의 영'이라고 불렀다. 그 하느님의 영이 내린 사람을 예언자로 받들었다. 요컨대, 선량하기만 하면 모든 특이성을 '하느님의 영'에 귀속시키고, 사악한 것은 '카코다이몬(χαχοδάιμων)', 사악한 귀신, 즉 '악령(devil)' 탓으로 돌렸다. 따라서 그들이 말하는 '귀신들린 사람'이란 바로 '악령에 사로잡힌' 사람들로서 미치광이, 정신병자, 간질병으로 발작하는 사람, 정신이 나가 헛소리하는 사람 등을 두루 가리키는 말이었다. 또한 끔찍하게 더러운 사람에 대해서도 불결한 영을 가졌다고 하고, 벙어리를 보고도 벙어리의 악귀가 들렸다고 했다. 세례자 요한이 초인적인 금식을 하자,[*5] 그를 보고도 악귀에 들렸다고 하였다(마태복음 11장 18절). 구세주도 그런 말을 들었다. 구세주가 자신의 말을 지키면 '영원히' 죽음을 겪지 않으리라고 말하자, 유대 사람들은 이렇게 말했다. "지금 네가 귀신들린 줄을 아노라. 아브라함과 선지자들도 죽었거늘."(요한복음 8장 52절) 또한 "어찌하여 나를 죽이려 하느냐"고 하자, 그들은 이렇게 대답했다. "당신은 귀신이 들렸도다. 누가 당신을 죽이려고 하나이까?"(요한복음 7장 19~20절) 이러한 사례를 통해 분명하게 알 수 있는 것은, 유대인들이 환영(幻影)에 대해 동일한 의견을 가지고 있었다는 점이다. 즉 그것은 환영, 곧 두뇌의 우상(偶像)이 아니라 현실의 사물이며, 공상으로부터 독립해 있다는 것이다.

우리의 구세주는 왜 그것을 다스리지 않았나 그 교리가 그릇된 것이었다면, 왜 (이렇게 되묻는 사람이 있을지도 모른다) 우리 구세주는 그것을 바로잡지 않고 내버려두었는가? 아니, 오히려 그 교리를 인정하는 듯한 말씀을 하신 적도 여러 번 있지 않은가? 이에 대해 나는 다음과 같이 대답하겠다. 첫째, 그리스도가 "영은 살과 뼈가 없다"(누가복음 24장 39절)[*6]고 한 것을 보면, 영의 존재를 인정하고는 있지만, 그 영이 물체[*7]임을 부정하지는 않았다. 또

---

*5 요한이 와서 먹지도 않고, 마시지도 않자 사람들이 말했다. "그는 귀신에 들렸기 때문이야." 세례요한이 대답했다. "음식은 메뚜기와 석청이었더라."(마태복음 3장 4절)

*6 "유령은 살과 뼈가 없다. 그러나 나는 너희가 보는 것처럼 살과 뼈를 가지고 있다"고 부활한 그리스도가 말했다.

*7 물론 body는 신체로도 물체로도 번역할 수 있지만, 여기서는 물체인지 아닌지 확실치 않다.

한 성 바울도 "신령한 몸(*spiritual*)으로 다시 살아난다"(고린도전서 15장 44절)고 하여,[*8] 이 물체적 영이라는 한도 안에서 유령의 존재를 인정했다. 그것을 이해하기는 어렵지 않다. 공기나 그 밖의 대부분의 것들은 물체이지만 살과 뼈가 없지 않은가? 눈에 보이는 큰 물체는 아니라도 역시 물체이기 때문이다. 그러나 구세주가 귀신에게 명하기를, 사람에게서 나가라고 했는데, 이 귀신이 정신이상과 같은 질병 또는 형태를 지닌 영을 의미한 것이라면, 부적절한 말이 아닌가? 병(病)이 어떻게 사람의 말을 알아들을 수 있는가? 또는 살이나 뼈를 가지고, 이미 생명적·정신적 영이 가득 차 있는 물체(몸) 속으로 다시 유형의 영이 들어올 수 있을까? 따라서 몸을 지니지 않고, 단순한 상상도 아닌 영은 존재하지 않는 것이 아닐까? 첫 번째 물음에 나는 이렇게 대답한다. 구세주가 명령을 내려 정신병이나 광기를 물리친 것은 그가 열병이나, 바람과 바다를 꾸짖으신 것과 마찬가지로 불합리한 것이 아니다. 그것들도 사람 말을 들을 수 없기는 마찬가지이기 때문이다. 또는 하느님이 빛과 창공과 해와 별을 만들 때, 명령으로 만든 것과 마찬가지로 불합리하지 않다. 하느님이 명령을 내릴 때 그것들은 아직 존재하지 않았으므로의 하느님 말씀을 알아들을 수 없었기 때문이다. 그러나 이것이 바로 하느님의 말씀의 권능을 나타내는 것이므로, 광기나 정신이상을 향해 사람 몸에서 떠나라고 명령한 것은 조금도 불합리한 일이 아니었다. 이때 귀신의 이름을 부른 것은, 당시 사람들이 광기와 정신이상을 모두들 그렇게 이해하고 있었기 때문이다. 두 번째 의문, 즉 유령의 무형성에 대해서는, 나는 이제껏 《성경》 어디에서도 사람이 무형의 유령에 사로잡혔다고 볼 만한 구절을 보지 못했다. 날 때부터 자신의 몸을 움직이게 하는 자기 자신의 영에 대한 이야기밖에 없다.

성경은 영이 무형이라고 가르친 적이 없다 성 마태에 따르면, 구세주는 성령(*holy ghost*)이 한 마리 비둘기의 모습으로 그에게 내려온 직후 "성령에 이끌리어 광야로 갔다."(마태복음 4장 1절) 이것과 같은 내용이 〈누가복음〉 4장 1절에도 나온다. "예수께서 성령의 충만함을 입어 성령에 이끌리시며"[*9] 여기

[*8] "육의 몸으로 심고 신령한 몸으로 다시 살아나나니."(고린도전서 15장 44절)

[*9] "예수께서 성령의 충만함을 입어 요단강에서, 광야에서 사십 일 동안 성령에게 이끌리시며, 마귀에게 시험을 받으시더라."(누가복음 4장 1~2절) 성경에는 성령과 마귀가 구별되어 있지만, 홉스는 동일한 것으로 보고 있는 듯하다.

서 '영'은 명백히 '성령'이다. 이것은 결코 '신들림'으로 해석할 수는 없다. 왜냐하면 그리스도와 성령은 하나이며 동일한 실체이기 때문이다. 하나의 실체 또는 물체가 다른 한쪽에 의해 점유[10]된 것이 아니기 때문이다. 이어서 "마귀가 예수를 이끌고 예루살렘으로 가서 성전 꼭대기에 세웠다"[11]고 되어 있는데, 그러면 이때 그가 악마에게 홀렸거나 강제로 끌려갔다고 해야 할 것인가? 또한 "마귀가 또 예수를 이끌고 올라가서 순식간에 천하만국을 보였다"[12]고 되어 있는데, 이때도 역시 그가 악귀에게 홀렸다거나 강제로 끌려갔다고 생각할 수

나를 만지지 말라
나사렛 예수는 골고다 언덕에서 처참한 처형으로 끝났다. 그러나 예수의 죽음은 끝이 아니라 시작이었다. 예수는 죽은 자 가운데서 부활한 것이다.

는 없다. (글자 그대로 해석하자면) 세상 모든 나라를 다 보여 줄 수 있을 만큼 높은 산이 어디에 있단 말인가? 따라서 이 부분은 이렇게 해석해야 한다. 그는 스스로 광야로 갔고, 그곳에서 도성으로 산으로 오르락내리락한 그의 이러한 이동은 환상(vision)이었던 것이다. 〈누가복음〉 4장 1절에 보면, 그가 '성령에 의해서(by the spirit)'가 아니라, '성령 속에서(in the spirit)' 광야로 가셨다고 되어 있다. 한편 나머지 이야기, 산 위로 올라가신 것이며, 도성 꼭대기로 가신 것 등은 성 마태가 말한 것과 같다. 바로 이 부분이 그것이 환상이었음을 말해 준다.

"열둘 중의 하나인 가룟인이라 부르는 유다에게 사탄이 들어가니, 이에 유다가 대제사장들과 성전 경비대장들에게 가서 예수를 넘겨 줄 방도를 의논

*10 점유possession는 '들리다' possessed by, possessed of와 같다.
*11 〈누가복음〉 4장 9절.
*12 〈누가복음〉 4장 5절.

하였다"(누가복음 22장 3~4절)[13]고 한 대목에서, '사탄'이 그에게로 들어갔다는 것은 곧 자신의 주이자 스승인 예수를 팔아넘기려는 적대적이고 반역적인 마음이 생겼다는 뜻이다. 《성경》에서 '성령'은, 종종 '성령'이 준 은혜와 선량한 의지를 의미하는데, 마찬가지로 사탄이 들어감은 그리스도와 사도들의 적대자들이 꾀하는 사악한 궁리와 계획을 의미하는 것으로 해석되기 때문이다. 다시 말해 유다가 그러한 배신의 계획을 품기 전에는 귀신이 유다에게 들어갔다고 할 수 없다. 마찬가지로 유다가 그러한 배심(背心)을 품고 난 뒤에 귀신이 그에게 들어갔다고 하는 것도 맞지 않다. 그러므로 사탄이 들어갔다는 것과 그의 사악한 목적은 같은 말로 보아야 한다.

그러나 만일 비물질적인 영도 없고, 사람의 몸이 유형의 귀신에 홀리는 일도 없다면, 왜 구세주와 사도들은 그런 내용을 사람들에게 가르치지 않았느냐고 묻는 사람도 있을 것이다. 사람들이 더 이상 의문을 품지 않도록 분명한 말로 설교할 수도 있었지 않았느냐고. 이러한 질문은 그리스도교도인 인간의 구원에 필요한 정도 이상으로 지나친 호기심이다. 그렇다면 사람들은 다음과 같이 물을 수도 있다. 모두에게 믿음과 경건함, 그 밖의 여러 가지 덕성을 줄 수 있었던 그리스도가 왜 모든 사람에게 주지 않고 일부 사람들에게만 주었는가? 그리스도는 자연적 원인과 과학적 지식을 모든 사람에게 초자연적으로 줄 수 있었음에도, 왜 오직 이성적으로 탐구하고 노력하는 사람들만 그것을 가질 수 있게 하였는가? 여기에는 그럴 만한 종교적 이유가 있다고 보아야 할 것이다. 하느님은 이스라엘 민족을 '약속의 땅'으로 데려갔을 때, 주변에 있는 나라들을 정복하여 안전을 보장해 주지 않고 그들의 몸의 가시가 되게 함으로써 이따금 그들이 경건하고 근면해지도록 일깨우기 위해 남겨둔 것이다. 마찬가지로 구세주도 우리를 이끌어 하늘나라로 데려가면서도, 자연적 의문에 대한 어려운 문제들을 그대로 두어 우리의 근면과 이성의 작용에 맡겼다.

그의 설교 목적은, 우리에게 구원에 이르는 분명하고 직접적인 길, 즉 '그가 그리스도라는 것, 살아 있는 하느님의 아들이며 우리 죄를 대속하기 위해 이 세상에 보내심을 받았다는 것, 다시 올 때는 선택받은 자들을 영광스

---

*13 사탄은 히브리어로 '적(敵)'을 의미한다.

럽게 통치하고 적들로부터 영원히 보호한다는 것' 등의 신조를 알려 주기 위해서였다. 유령이나 환영이 사람을 홀린다는 생각이 구원을 방해하지는 않지만, 경우에 따라서는 구원의 길을 벗어나 엉뚱한 길로 가게 되는 원인이 될 수 있다. 《성경》을 통해 하느님의 명령에 따르는 과정에서 우리는 여러 가지 어려움을 마주한다. 그러나 이 모든 문제에 대해 설명을 요구한다면, 모세가 그러한 영들이 창조된 때를 제대로 기록하지 않은 것, 또 땅과 바다와 사람과 짐승이 창조된 때를 제대로 기록하지 않은 것까지도 불평해야 할 것이다. 결론적으로 말해서 《성경》에는 착한 천사와 악한 천사가 있고, 착한 영과 악한 영도 있다. 그러나 이들은 무형의 존재가 아니며 어둠 속이나 꿈, 환상 속에 보이는 허깨비와는 다르다. 라틴 사람들은 이 허깨비를 '유령(spectra)'*14이라고 부르고, '귀신(demons)'이라고 생각했다. 나는 형체를 가진 영이 (미묘하여 눈에 보이지는 않지만) 있다고 보지만, 사람의 몸이 이 영에 홀리거나 들리는 일은 없다. 또한 성자들의 몸은 성 바울이 말한 것처럼 신령한 몸일 것이라고 생각한다.

초기 교회에서의 악귀를 물리치는 힘은 지금은 없다 그런데도 그와 반대되는 교리, 즉 무형의 영들이 있다는 교리가 지금까지 교회에 널리 퍼져 있었고 귀신물리기(주문을 외어 귀신을 물리치는) 의식도 이 교리에 바탕을 두고 있는데, 지금도 (예전처럼 흔하고 공공연하게 이루어지지는 않지만) 완전히 근절되지는 않고 있다. 초기 교회에는 귀신들린 사람이 많았고, 미치광이나 그것과 비슷한 특이한 병에 걸리는 사람은 많지 않았다. 오늘날에는 귀신들린 사람보다 미치광이에 대해 더 많이 듣고 보는 것은 본성이 변한 것이 아니라 이름이 달라진데서 오는 것이다. 전에는 사도들이 그리고 그 후 한동안 목사들이 그런 특이한 병들을 낫게 했는데, 오늘날에는 더 이상 그런 신통력을 볼 수가 없다. 신도들의 경우도 마찬가지이다. 예전의 신도들은 "그리스도의 이름으로 귀신을 쫓아내며, 새 방언을 말하며, 뱀을 집어 올리며, 무슨 독을 마실지라도 해를 받지 아니하며, 병든 사람에게 손을 얹어"(마가복음 16장 17~18절)라 하였으니, 그것도 무슨 주문을 왼 것이 아니라 오직 '예수의 이름으로' 그렇게 했다. 그러나 오늘날의 신도들에게서는 그런 권능을 찾아

---

*14 보이는 것, 상(像), 도깨비.

볼 수 없다. 그 이유는 무엇인가? 짐작컨대, 사람들이 그리스도를 온전하게 믿고, 장차 올 그의 나라에서 행복을 구하던 때는 교회에 그런 특별한 능력이 주어졌지만, 사람들이 이 세상의 왕국에서 권세와 재물을 탐하고, 자기 재주를 믿게 되자, 하느님이 그러한 초자연적 선물(자질)을 다시 거두어 간 것이다.

이방종교의 또 하나의 유산인 형상숭배는 외부에서 들어온 것이 아니라 교회 속에 남겨진 것이다 이방종교의 또 하나의 유산인 '형상숭배(worship of images, 우상숭배)'는 구약 시대에 모세가 세운 것도 아니고, 신약 시대에 그리스도가 세운 것도 아니며, 그렇다고 이방인들에게서 들여온 것도 아니다. 이방인들이 그리스도에게 귀의한 뒤에 그들 사이에 남아 있던 것이다. 그리스도의 가르침을 받기 전에 이방인들은 여러 신을 섬겼다. 이들은 외부 물체가 감각 기관에 준 인상에서 비롯되어 두뇌 속에 남는 형상(images)들이었다. 이러한 형상은, 그 상을 만든 외부 물체의 재현으로서, 일반적으로 '관념(ideas)', '우상(idols)', '환영(phantasms)', '공상(conceits)' 등의 이름으로 불린다. 그러나 그 상에 해당하는 물체가 실재하는 것은 아니다. 이것은 꿈에 나타난 것이 실재하지 않는 것과 같다. 그러므로 성 바울은 "우리가(알기에) 우상은 세상에 아무것도 아니다"(고린도전서 8장 4절) 하고 말했다. 이 말은 금속이나 돌, 나무로 만든 형상이 아무것도 아니라는 뜻이 아니라, 그 형상을 보고 공경하거나 두려워하며 신으로 믿는 것이 단순히 허상에 불과하다는 뜻이다. 그 신은 있는 곳도 없으며, 사는 곳도 없고, 움직이지도 존재하지도 않는 허상으로서, 오직 두뇌의 운동 속에만 존재한다. 이 허상을 신성한 것으로 여겨 섬기는 것을 《성경》에서는 우상숭배(Idolatry) 및 하느님에 대한 반역이라 했다. 왜냐하면 유대인들의 왕은 하느님이고, 그 대리자는 처음에는 모세였다가 나중에는 제사장들이었으므로 백성들이 우상(그들의 공상으로 재현해 낸)을 섬기고 기도하는 것은, 이 세상에 진정한 유일신인 하느님을 저버리는 것이요, 그의 최고 대리자인 모세와 제사장들을 저버리는 것이기 때문이다.

모든 사람이 자신의 욕망에 따라 자기를 다스리면, 통일성의 결여로 인해 코먼웰스는 완전히 무너지게 되고, 그로 인해 자기를 파멸시키는 결과를 가져올 것이기 때문이다. 그러므로 하느님의 첫째 계명은, "너희는 다른 신(alienos deos)을 섬기지 말라"고 한 것이니, 여기서 '다른 신'은 곧 이방민족들

황금송아지에 예배
아론은 금고리를 모아 황금송아지를 만들게 했다. "모세는 돌아와 격분한 나머지 두 판을 산 밑에 내던져 깨뜨렸다. 그는 그들이 만든 금송아지를 부수어 가루로 만들었다."(출애굽기 32 : 19) 왼쪽에 계약판 2개가 모세의 쳐든 손에 들려 있다.

이 섬기는 신을 말한다. 다시 말해, 오직 진정한 신인 하느님만을 섬겨야 하며, 이 하느님은 모세에게 대면을 허락하였고, 모세를 통해 그들에게 율법과 지침을 내려주어 그들이 평화를 유지할 수 있게 함으로써, 적들로부터 살아남게 했다는 것이다. 둘째 계명은, 숭배하기 위해 스스로 우상을 만들어 내지 말라는 것이다. 왜냐하면 다른 왕에게 복종하는 것은, 이웃 나라의 왕을 섬기든 스스로 새 왕을 세우든, 자신이 섬기던 왕을 버린다는 점에선 다르지 않기 때문이다.

형상을 지지하는 것처럼 보이는 성경 구절에 대한 답변 《성경》에는, 숭배하기 위해 형상을 세워놓는 것 또는 하느님을 숭배하는 곳에 형상을 세워놓는 것을 지지한다고 주장되어 있는 것은 첫째로 두 가지 실례를 들 수 있다. 하나는 하느님의 언약궤 위에 세워놓은 케루빈이고,[15] 다른 하나는 놋

---

*15 케루빈(케루빔의 영어 고어)은 하느님이 인간을 에덴동산에서 내쫓은 뒤에 생명나무를 지키게 하기 위해 보낸 천사.(창세기 3장 24절) 하느님은 모세에게 언약궤 위에 금으로 된 케루빈을 놓아두도록 명령한다.(출애굽기 25장 18~22절)

뱀이다.*16 둘째로는 예를 들어 하느님의 발판을 숭배하는 것처럼, 어떤 피조물을 하느님과의 관계 때문에 숭배하라고 명한 구절들*17이다. 마지막으로, 거룩한 것들을 숭배하여 종교적 권위를 부여하라고 한 구절들이다. 그러나 이 구절들이 어떤 의미를 가지는지를 살펴보기 전에 먼저 '숭배하는 것(worshipping)'이 어떤 것인지, '형상'과 '우상'이 무엇인지부터 짚고 넘어가고자 한다.

숭배란 무엇인가　이 책 제20장에서 이미 말했지만, 명예를 부여하는 일은 어떤 사람의 힘을 높이 평가하는 것을 말한다. 그러한 가치는 그를 다른 사람과 비교하는 것으로 나타난다. 그러나 하느님의 권세는 비교 대상이 없기 때문에, 그것을 유한한 어떤 것과 비교하는 것은 그에게 명예를 주는 것이 아니라 불명예를 주는 것이다. 이처럼 명예를 부여하는 일은 그 속성상 마음속에서 은밀히 이루어지는 일이다. 그러나 사람의 내면적 사고는 말과 행동을 통해 나타나고, 이러한 언행이 명예를 부여하는 표시가 된다. 이것이 바로 '숭배(worship)', 라틴어로 '쿨투스(cultus)'이다. 그러므로 그것에 기도하고, 그것의 이름으로 맹세하고, 그것에 복종하고, 그것을 열심히 섬기는 것, 요컨대 화나게 하는 것을 두려워하고, 기쁘게 하려고 애쓰는 모든 언행이 '숭배'이다. 이러한 언행은 마음에서 우러난 것일 수도 있고, 가식일 수도 있다. 어느 쪽이든 명예를 부여하는 표시이기 때문에, 보통 둘 다 '명예(존경)'라고 한다.

신성한 숭배와 정치적 숭배의 구별　우리가 인간에 지나지 않는다고 간주하고 있는 사람에 대한 즉, 왕이나 권세있는 사람들에 대한 숭배는 '정치적 숭배(civil worship)'이다. 그러나 우리가 하느님이라고 생각하는 존재에 대한 숭배는, 그 표시가 언어, 의식(儀式), 태도, 기타 어떤 행위이든 '신성한 숭배(divine worship)'이다. 왕 앞에 엎드린 경우, 그를 한 사람의 인간일 뿐이라고 생각하면 그것은 정치적 숭배이다. 그러나 교회에서 모자를 벗는 단순한 행

---

*16 이집트를 떠난 이스라엘 사람이 에돔으로 향할 때 하느님을 원망했으므로 하느님은 불뱀을 보내 그들을 벌했다. 모세의 기도를 받아들인 하느님은 그에게 놋뱀을 만들게 했고, 그것을 보는 사람들은 뱀의 독에서 풀려났다.(민수기 21장 5~9절)

*17 언약궤는 하느님의 발판이라고 생각하라(역대 상 28장 2절), "우리의 하느님, 주를 숭상하고 그분의 발아래 엎드려라"(시편 99장 5절)고 했다.

위라도 교회가 하느님의 집이라고 생각하여 그렇게 했다면 그것은 신성한 숭배이다. 이처럼 신성한 숭배와 정치적 숭배의 차이는 숭배자의 의도에 있음에도 불구하고, '둘레이아(δουλεία, 신의 노예)'와 '라트레이아(λατρεία, 봉사)'라는 말 속에서 찾으려는 사람은 자기를 기만하는 것이다. 왜냐하면 종에는 두 부류가 있기 때문이다.

하나는 전쟁노예나 그 자손처럼 주인에게 절대적으로 예속된 종이다. 이들은 자기 몸도 마음대로 할 수 없으며, (주인에게 조금만 거슬러도 목숨을 빼앗길 정도로 철저히 예속되어 있다) 동물처럼 매매되기도 한다. 이들이 바로 '둘로이(δοῦλοι)', 즉 본디의 '노예'이며, 이들의 봉사는 '둘레이아(δουλεια)' 즉 '종살이'이다.

또 하나는 의지에 의해 (주인에게 고용되어, 또는 주인으로부터의 반대급부를 기대하고) 스스로 주인을 섬기는 종으로, 이들은 '테테스(θῆτες)', 즉 '가복(家僕)'이다. 이들의 머슴살이에 대해 주인에게는 신약(信約)에 따라 정해진 내용 이상의 권리는 없다.

이 두 부류의 종은 다른 사람의 지시에 따라 일한다는 점에서는 같다. 노예든, 자진하여 일하는 가복이든, 이들을 가리키는 일반적 명칭은 '라테이스(λάτεις)'인데, 다른 사람을 위해 일하는 사람이라는 뜻이다. 그러므로 '라트레이아(λατρεία)'는 모든 종류의 봉사를 나타내지만, '둘레이아'는 노예상태의 종살이를 가리킨다. 《성경》에서는 (하느님에 대한 봉사를 가리킬 때) 이 두 가지 말을 혼용하고 있다. 우리는 하느님의 노예이기 때문에 '둘레이아'라고 하고, 우리가 그를 섬기기 때문에 '라트레이아'라고 한다. 그리고 모든 종류의 봉사에는 복종뿐 아니라 숭배, 즉 '명예'를 나타내는 언행과 태도가 포함되어 있다.

형상이란 무엇인가. 모든 환영(幻影) '형상'은 (이 말의 가장 엄밀한 의미에서) 눈에 보이는 무언가를 본뜬 것이다. 그러므로 시각에 들어오는 물체의 환영적 형태, 또는 겉으로 드러난 모습, 외관 등은 '형상'일 뿐이다. 반사나 굴절에 의해 사람 또는 사물이 물속에 있는 것처럼 보인다든지, 직접적인 환상에 의해 해나 별이 허공에 보일 때 등이 그러하다. 이들은 그 모습 속에 실재하는 것도 아니고, 그 모습이 있는 것처럼 보이는 장소에 있는 것도 아니며 크기와 모양이 실제 대상과 같지도 않다. 또한 시각기관의 변화나 쓰고 있는 안경에 따라 변할 수도 있고, 그 대상이 없을 때는 상상이나 꿈속에 나타날 수도 있다. 또는 공상이 만들어 낸 사물처럼 다른 색깔이나 모양으로 변화되어 나타나기도 한다. 이러한 것들이 '형상'인데, 원래 가장 적절한 표현은 '관념' 및 '우상(idols)'이다. 이 말은 그리스어 '에히도(εἴδω)'에서 파생된 말로, '보다(see)'의 뜻이다. '환영(phantasm)'이라고도 하는데, 이 역시 그리스어 '허깨비(apparition)'에서 온 말이다. 인간의 자연적 능력 가운데 하나인 'imagination(상상, 상상력)'이라는 말도 이 'image(형상, 상)'라는 말에서 파생된 것이다. 따라서 보이지 않는 것으로 만들어진 형상은 아무것도 없으며, 있을 수도 없다.

그러므로 무한한 것의 형상은 있을 수 없다는 점 역시 명백하다. 가시적인 것의 각인(인상)에 의해 만들어진 모든 형상과 환영은 형태가 있는데, 형태는 모든 점에서 정해진 양(量)이기 때문이다. 따라서 하느님의 형상은 있을 수 없으며, 사람의 영혼이나 영의 형상도 있을 수 없다. 가시적 물체, 즉 스스로 빛을 내거나 빛을 받아 반사하는 물체에만 형상이 있을 수 있다.

허상 사람은 한 번도 본 적이 없는 모양을 공상해 낼 수도 있다. 이것은 다양한 피조물의 부분을 조합하여 만드는 것으로, 시인들이 만들어 낸 켄타우로스, 키메라*18 같은 괴물들이 바로 그것이다. 그 형태에 물질을 부여하여 나무나 흙이나 금속으로 만들 수도 있는데, 이것 역시 '형상'이다.

물질적 모든 형상 실제로 존재하는 물체를 본뜬 것은 아니지만, 제작자의 두뇌 속에 살고 있는 환상적 거주자를 본뜬 것이기 때문이다. 그러나 이 우상들은 애당초 머리 속에 있었고, 물질로 채색·조각·주형·주조되었기 때문에 둘 사이에는 유사성이 있다. 그러므로 인간의 기술로 만든 물질적 물체는 자연이 만든 환상적 우상의 형상이라 할 수 있다.

그러나 형상이라는 말의 더욱 넓은 용법에는, 어떤 것을 다른 것으로 재현하는 것도 포함된다. 따라서 세속의 주권자는 하느님의 형상이라고 불릴지도 모르고, 하급 위정자는 세속 주권자의 형상으로 불릴지도 모른다. 이방인들의 우상숭배를 보면, 그들은 상상 속의 우상과 그들이 만든 물질적 우상이 전혀 닮지 않았음에도, 후자를 전자의 형상이라고 했다. 즉 조각되

---

*18 그리스신화에 나오는 괴물로 머리는 사자, 몸통은 산양, 꼬리는 뱀이다.

지 않은 돌을 세워놓고 넵튠*[19]이라고 하는 등 그들이 생각한 신의 모습과는 전혀 다른 것을 신상(神像)으로 삼았다. 오늘날에도 동정녀 마리아나 기타 성자들의 형상이 다양하게 존재하는 것을 볼 수 있다. 이들은 서로 닮지 않았고, 사람들이 상상한 것과도 다르다. 그러나 그것을 세운 목적에는 톡톡히 제 몫을 다하고 있다. 그들은 그 이름만으로 역사 속에 언급된 어떤 인격을 나타내며, 보는 사람은 그 형상에 각자의 심상을 맞추어 보기도 하고 때로는 그렇게 하지 않을 수도 있다. 그러므로 넓은 의미에서 형상은 가시적 물체를 본뜬 것이거나 가시적 물체를 재현한 것, 또는 대부분의 형상들이 그러하듯이 그 두 가지 성질을 모두 가지고 있다.

그러나 우상이라는 말은 《성경》에서는 더욱 확대되어, 태양이나 별, 눈에 보이든 안 보이든 다른 어떠한 피조물도 신으로 숭배받고 있을 때는 모두 우상이라고 부른다.

우상숭배란 무엇인가 '숭배'가 무엇인지, '형상'이 무엇인지 살펴보았으므로, 이제 그 둘을 더하여 《성경》의 제2계명을 비롯한 여러 곳에서 금지하고 있는 우상숭배(*idolatry*)가 무엇인지 살펴보겠다.

어떤 형상을 숭배한다는 것은, 그 형상에 명예를 부여하는 표시가 되는 외적인 행위를 자발적으로 하는 것이다. 그 형상은 나무·돌·금속 그밖에 눈에 보이는 재료로 만든 피조물일 수 있고, 숭배하고자 하는 대상을 본뜬 것이거나, 머릿속의 환상을 표현한 것일 수도 있다. 이 형상의 형태와 모습은 또한 몸과 영혼으로 구성되어 있는 생명체처럼, 형상화된 물질과 환상으로 구성된 살아 있는 물체일 수도 있다.

권력과 권세가 있는 사람 앞에서, 군주의 왕좌(王座) 앞에서 또는 그가 없더라도 그렇게 하도록 정해져 있는 다른 장소에서 모자를 벗는 것은 그 사람 또는 군주를 숭배하는 것, 즉 정치적 숭배이다. 이러한 행동은 의자나 그 장소에 명예를 부여하기 위한 것이 아니라, 그 사람에게 명예를 부여하기 위한 것이므로 우상숭배는 아니다. 그러나 만약 그 의자에 군주의 혼이 들어 있다고 생각한다든지, 그 발판에 소원을 얘기하거나 하면 그것은 신성한 숭배이자 우상숭배이다.

---

*19 로마신화의 바다의 신.

우리가 왕의 능력범위 안에 있는 일을 해 달라고 왕에게 비는 것은, 왕 앞에 엎드려 절하더라도 정치적 숭배일 뿐이다. 그의 인간으로서의 힘만을 인정하고 있기 때문이다. 그러나 그에게 의지적으로 좋은 날씨 또는 하느님만이 할 수 있는 일을 비는 것은 신성한 숭배이고 우상숭배이다. 한편, 왕이 사형이나 가혹한 신체적 형벌로 위협하며 숭배를 강요했다면, 그것은 우상숭배가 아니다. 주권자의 위협에 굴복하여 한 숭배 행위는 마음에서 우러나 그를 신으로 섬긴다는 표시가 아니라, 죽음이나 비참한 삶으로부터 자신을 구하고자 하는 행위이기 때문이다. 겉으로 명예를 부여하는 행위라 하더라도 마음에서 우러난 것이 아니면 숭배가 아니며, 따라서 우상숭배가 아니다. 또는 그런 행동을 하는 사람이 동포에게 실제적인 잘못을 저지르게 하거나,[20] 그 앞에 함정을 파 놓는 것이라고 할 수도 없다. 그런 식으로 숭배하는 사람이 아무리 이름 높은 현자나 학자라 하더라도 그것이 마음에서 우러난 행동이 아니라는 것을 모를 사람이 없기 때문이다. 그것은 공포 때문에 그렇게 한 것이므로 그의 행위가 아니라 그의 주권자의 행위라고밖에 볼 수 없다.

특정한 장소에서 하느님께 예배하는 것 또는 예배할 때 얼굴을 어떤 형상이나 특정 장소로 향하도록 하는 것은, 그 장소나 형상을 숭배하거나 그것에 명예를 부여하는 것이 아니라, 그것을 거룩하게 여긴다는 뜻이다. 즉 그 장소 또는 형상을 일반적인 것과는 달리 거룩한 것임을 인정하는 것이다. 그 것이 '신성한(holy)'이라는 말의[21] 의미이기 때문이다. 그 장소 또는 형상이 어떤 새로운 성질을 가지고 있다는 뜻이 아니라, 하느님의 전용물이 됨으로써 하느님과의 관계가 새로 생겼다는 뜻이다. 그러므로 이것은 우상숭배가 아니다. 이것은 놋뱀 앞에서 하느님께 예배하는 것, 유대인들이 자기 나라 밖에 있을 때 예루살렘 신전을 향해 기도하는 것, 그리고 모세가 시나이산 기슭에서 가시나무 떨기의 불꽃을 보고 신발을 벗은 것이[22] 우상숭배가

---

*20 scandalize, scandal은 '잘못의 근원이 되다'라는 라틴어 scandalum에서 온 것으로, 종교에 관하여 모범이 되어야 할 교회 사람이 나쁜 일로 남에게 잘못을 저지르게 하는 것을 말한다.

*21 holy는 '끄집어 내다' '가져오다'를 뜻한다.

*22 호렙산(시나이산이 아니다)에서 하느님이 피워 올린 가시덤불(관목 숲, 잡목 땔나무로도 번역된다) 불속에서 말했다. "신발을 벗어라. 너는 지금 거룩한 땅 위에 서 있느니라."(출애굽기

아닌 것과 마찬가지이다. 시나이 산은 하느님이 나타나신 곳이며, 이스라엘 백성들에게 율법을 내리기 위하여 선택한 곳이므로 거룩한 곳이다. 그 산이 본디 그런 성질을 가지고 있었던 것이 아니라 하느님이 사용하신 곳이기 때문에 거룩해진 것이다. 그리스도교도들이 교회에서 예배를 드리는 것도 우상숭배가 아니다. 교회는 바로 그 목적을 위해 왕이나 교회 대표자의 권한으로 하느님께 엄숙하게 바쳐진 곳이다. 그러나 그 형상 또는 장소에 생명을 부여하고 신이 그곳에 살고 있는 것처럼 여긴다면, 즉 유한한 장소에 무한한 실체가 들어 있는 것으로서 숭배한다면 그것은 우상숭배이다. 그러한 유한한 신들은 머릿속의 우상일 뿐 실재하지 않기 때문이다. 이런 것들은 《성경》에 따르면, '헛된 것(vanity)'이고, '거짓'이며, '무(無)'라는 이름으로 불린다. 또한 신을 그 장소 또는 형상에 생명을 불어넣는 것으로서나 현존하는 것으로서가 아니라, 그 또는 그가 한 일 속에 있는 어떤 것을 기억하기 위해서라면 이것은 우상숭배가 될 수도 있다. 그 장소와 형상이 우리의 주권적 목사의 권한에 의해서가 아니라 사적인 권위에 의해 하느님께 바쳐지거나 세워진 경우가 그러하다. 왜냐하면 계율은 "너희는 너희 자신을 위해 우상을 만들어서는 안 된다"고 명하고 있기 때문이다. 모세가 놋뱀을 만들어 세운 것은 하느님의 명령에 따른 것이었지, 자신을 위하여 만든 것이 아니었으므로 계율에 위배되지 않는다. 그러나 아론과 그 무리들이 금송아지를 만든 것은 하느님의 권위 없이 이루어진 일이므로 우상숭배였다. 그들은 금송아지를 하느님으로 여겼을 뿐만 아니라, 그들의 주권자인 하느님의 허락도 그의 대리자인 모세의 허락도 없이 종교적인 목적을 위해 사용했기 때문이다.

이방인들은 유피테르를 비롯한 수많은 신을 섬겼다. 그들은 아마도 살아 있을 때 위대하고 영광스러운 행위를 한 사람들이었을 것이다. 그들은 온갖 남녀를 불멸의 신성과 필멸의 인간 사이에 태어난 것으로 가정하고 신의 아들로서 숭배했다. 이것은 우상숭배였다. 왜냐하면 하느님의 허락이 없었기 때문이다. 즉 하느님의 영원한 법인 이성에 따르지도 않고, 그분의 의지가 계시되지도 않은 상태에서 그렇게 했기 때문이다. 그러나 구세주는 사람이었고, 우리는 그를 불멸의 하느님으로, 하느님의 아들로 믿고 있다. 하지만 이

<hr />

3장 1~5절). 시나이산에 대해서 나오는 것은 19장 이후이므로 이곳은 홉스의 기억의 혼란으로 짐작된다.

것은 우상숭배가 아니다. 왜냐하면 그러한 믿음은 우리의 공상이나 판단이 아니라, 《성경》에 계시된 하느님의 말씀 위에 구축된 것이기 때문이다. 성찬례는 "이것은 내 몸이니라"[23]고 한 그리스도의 말씀에 따른 것이다. 그 말씀이 '그리스도가 손에 든 떡으로 보이는 것과 그리고 지금까지 또 앞으로도 언제나 제사장이 성별했고, 또 하게 될 떡 조각으로 보이는 것은 모두 그만한 수의 그리스도의 몸이 될 것이고, 그 모든 것이 오직 한 몸이다'라는 뜻이라면, 성찬례는 우상숭배가 아니다. 그리스도의 승인을 얻은 것이기 때문이다. 그러나 그 말씀이 그런 뜻이 아니라면(성찬례를 하는 근거는 그 말씀 하나밖에 없기 때문에), 그 때는 인간이 만든 숭배이므로 우상숭배가 된다. 하느님은 떡을 그리스도의 몸으로 능히 성변화(聖變化)시킬 수 있다는 주장은 충분한 반론이 되지 못한다. 왜냐하면 이방인들 역시 하느님이 전능하다고 생각했고, 그것을 근거로 나무나 돌을 전능하신 하느님으로 섬기며 우상숭배를 했기 때문이다.

한편, 신성한 영감(*divine inspiration*)은[24] 성령이 초자연적으로 내리는 것이지, 교리와 연구로 얻어지는 하느님의 은총이 아니라고 주장하는 사람들이 있는데, 그들은 매우 위험한 모순 속에 있다. 왜냐하면 자기들이 영감을 받았다고 믿는 사람을 숭배하지 않으면, 하느님의 초자연적 강림을 받들지 않는 불경을 저지르게 되고, 그런 사람을 숭배하면 우상숭배를 저지르는 궁지에 몰리기 때문이다. 사도들조차 우리가 자신들을 숭배하는 일은 결코 허락하지 않았다. 따라서 가장 안전한 해석법은 다음과 같다. 즉 사도들에게 비둘기가 내려왔다는 것, 그리스도가 그들에게서 성령을 주었을 때 그들에게 숨을 불어 넣었다는 것, 손을 얹음으로써 성령을 주었다는 것을, 하느님의 나라를 연구하는 사람들이 설교나 교제를 할 때 빗나가지 않도록, 다른 사람들을 올바른 길로 인도하도록, 하느님께서 기꺼이 도와 주시겠다는 약속으로 사용했거나 사용할 것으로 해석하는 것이다.

비행성 형상숭배　형상을 우상으로 숭배하는 것 외에 비행성(卑行性) 형상숭배가 있다. 이것은 우상숭배는 아니지만 죄를 면할 수는 없다. '우상숭배'는 마음에서 우러나 형상을 섬기는 표시를 나타내는 것이지만, '비행성 형상

---

*23 〈마태복음〉 26장 26절.
*24 Inspiration에 대해서는 34장의 끝부분 참조.

숭배'는 겉치레에 지나지 않기 때문이다. 때로는 숭배하고 있는 형상과 그 형상이 나타내는 귀신 또는 우상에 대해 마음속으로 혐오감을 품고 있으면서, 죽음이나 기타 가혹한 처벌이 두려워 마지못해 그런 행위를 할 수도 있다. 종교 지도자가 그런 행위를 했을 때 그것은 죄가 된다. 사람들이 그의 행동을 본받기 때문이다. 즉 믿음의 길을 가는 사람들을 넘어뜨리는 죄를 짓는 것이다. 반면 우리가 존중하지 않는 사람들이 하는 행동은 별다른 영향을 주지 않고, 우리의 근면과 주의력을 빼앗지 않으므로 넘어지는 원인은 아니다.

사람들을 가르치고 이끌도록 합법적으로 인정받은 목사들이나 지식인으로 높은 평가를 받고 있는 사람들이 두려움 때문에 외면적으로 우상을 섬기는 행위를 할 경우, 그가 두려움과 마지못해 그렇게 하고 있다는 것을 분명히 나타내지 않는 한 우상숭배를 승인하는 것으로 보이기 때문에, 동포들을 넘어뜨리는 것이다. 교사나 지식인으로 인정받는 사람들이 그렇게 행동하는 것을 본 동포들은 그것이 합법적인 것이라는 결론을 내리기 때문이다. 이러한 걸림돌을 놓는 행위는 죄이며, '선례 비행'이다. 그러나 목사도 아니고, 그리스도교 교리에 대한 지식에 대한 탁월한 명성도 없는 사람이 그런 행위를 하고, 다른 사람이 따라 한다면 '선례 비행'이 아니다. 그가 본받을 이유가 없는데도 따라 하기 때문이다. 그런 행위는 변명의 여지를 만들기 위해 비행처럼 보이게 하는 것일 뿐이다. 즉 우상을 숭배하는 왕이나 국가의 지배 아래 있는 배움이 짧은 사람이 우상숭배의 명령을 받고 그것을 거역하면 목숨이 위험한 경우, 마음속으로 그 우상을 혐오하는 것은 훌륭한 행동이다. 만약 그가 그것을 숭배하느니 차라리 죽음을 택하겠다는 결연한 의지를 가지고 있다면, 그것은 더욱 훌륭한 일이다. 그러나 그리스도의 사자로서, 그리스도의 복음을 만방에 전파할 책임이 있는 목사가 그런 행위를 한다면, 그것은 다른 그리스도교도들의 양심에 중죄를 짓는 걸림돌일 뿐만 아니라, 책무의 불성시한 포기이다.

형상숭배에 대해 지금까지 말한 내용을 간추리면 다음과 같다. 어떤 형상 또는 피조물을 숭배하는 자는, 그 숭배 대상이 물질이든, 그 물질에 깃들어 있다고 스스로 생각한 환상이든 또는 그 둘 다이든, 그러한 것들이 눈과 귀가 없어도 자신의 기도를 들어주고, 자신의 헌신을 봐준다고 믿는다면 그는 우상숭배를 범하는 것이다. 그리고 처벌의 두려움 때문에 마지못해 그러한 행위를 하는 자는, 동포들이 그를 보고 본받을 가능성이 있을 경우에는 죄를 범하는 것이다. 그러나 자신이 만들거나 선택한 것이 아니라, 하느님의 말씀에 따라 지정된 장소 또는 지정된 형상 앞에서 창조주를 숭배하는 것은 우상숭배가 아니다. 그러므로 유대인들이 케루빈 앞에서, 한때는 놋뱀 앞에서, 역시 한때에 지나지 않지만 예루살렘 신전에서 또는 예루살렘 신전을 향해 하느님께 예배한 것은 우상숭배가 아니다.

오늘날 로마교회에서 볼 수 있는 성자, 형상, 유물들에 대한 숭배는 하느님의 말씀에 따라 이루어진 것도, 사도들이 가르친 교리에 따라 이루어진 것도 아니다. 나는 그런 숭배행위는 이방인들의 초기 개종과정에 남아 있던 것이 나중에 로마 주교들에 의해 장려되고, 확인되고, 강화된 것이라고 생각한다.

케루빈과 놋뱀에 의한 논의에 대한 답변 형상숭배가 《성경》에 근거한다는 주장, 즉 하느님이 세우라고 명한 형상들의 사례를 내세워 형상숭배를 정당화하려는 주장이 있다. 그러나 그 형상들은 형상 자체를 숭배하기 위하여 세워진 것이 아니라, 그 형상들 앞에서, 즉 언약궤 위의 케루빈 앞에서, 놋뱀 앞에서 하느님을 숭배하라고 세워진 것이다. 왜냐하면 《성경》에 제사장을 비롯한 어느 누구도 케루빈을 숭배했다는 이야기는 없기 때문이다. 오히려 히스기아는 모세가 만든 놋뱀도 산산조각으로 깨뜨려 버렸다.[25] 이스라엘 자손이 그 놋뱀에게 분향하고 있었기 때문이다(열왕기하 18장 4절). 그러므로 그러한 사례들은 임의로 형상을 만들어도 된다는 구실이 될 수 없다. 그 사례를 모방하여 우리 마음대로 형상을 만들어 그 앞에서 하느님을 숭배해도 된다는 뜻이 아니다. 왜냐하면 제2계명인 '너희는 너희 자신을 위해 어떠한 형상도 만들지 말라'고 한 말은 하느님이 세우라고 명한 형상과 우리가 자신을 위하여 세운 형상을 구별하고 있기 때문이다.

따라서 케루빈 또는 놋뱀을 내세워 인간이 제멋대로 만든 형상을 정당화하려는 것과, 하느님이 명한 숭배를 내세워 인간의 의지에 의한 숭배를 정당화하는 것은 그릇된 논의이다. 또한 히스기야가 놋뱀을 산산히 부순 이유는 유대인들이 그 자체를 숭배하자, 더 이상 그렇게 하지 못하도록 하기 위

---

[25] "히스기야가 그의 조상 다윗의 모든 행위와 같이 여호와께서 보시기에 정직하게 행하여." (열왕기하 18장 3절)

한 것이었다는 점도 고려해야 한다. 그러므로 그리스도교도 주권자는 백성들이 습관적으로 숭배해 온 모든 형상을 부수어, 그러한 우상숭배를 할 기회가 두 번 다시 없도록 만들어야 한다. 왜냐하면 오늘날 형상을 숭배하는 무지한 백성들은 그러한 형상 속에 신성한 권능이 들어 있다고 정말로 믿고, 심지어는 그 중 어떤 것이 말을 했다느니, 피를 흘렸다느니, 기적을 일으켰다느니 하는 목사들의 말을 곧이곧대로 믿기 때문이다. 이들은 성자가 그런 일을 했다고 생각하고, 그 형상 자체가 성자이거나, 형상 속에 성자가 깃들어 있다고 생각한다.

이스라엘 사람들은 송아지를 섬기면서 자기들을 이집트로부터 데려온 하느님을 섬기고 있다고 생각했는데, 이것 역시 우상숭배였다. 그 송아지가 곧 하느님이라고, 또는 하느님이 그 송아지 뱃속에 들어 있다고 생각했기 때문이다. 백성들이 형상을 세워놓고 그것을 하느님이나 성자로 여기거나 또는 그런 생각으로 그것을 숭배할 정도로 어리석지는 않다고 주장하는 사람이 있을지도 모른다. 그러나 《성경》의 기록을 보면 그 반대의 경우가 여지없이 드러난다. 금송아지 상을 만들어 세우면서 사람들은 이렇게 외쳤다. "이스라엘아! 이 신이 너희의 신이로다."(출애굽기 32장 4절) 또 라반도 수호신상을 가지고 있었다(창세기 31장 30절).*26 우리가 일상생활의 경험을 통해 익히 알고 있다시피 풍족한 식량과 제 한 몸의 안락만 추구하는 사람들은 아무리 불합리한 이야기를 들어도 스스로 연구하는 수고를 치르기보다는 그냥 믿고 만다. 그들의 믿음은 마치 한사상속(限嗣相續 : 상속인을 한정하여 상속함)으로 물려받은 재산과 같아서, 명시적 신법에 따르지 않고는 양도되지 않는다.

공상을 그림으로 그리는 것은 우상숭배는 아니지만, 그것을 종교적 숭배에 악용하는 것은 우상숭배이다　한편, 《성경》의 일부 구절을 근거로 천사나 하느님을 그림으로 그리는 것은 합법적이라고 추론하는 사람들도 있다. 예를 들면, 하느님이 정원을 거니는 모습이나, 야곱이 사다리 꼭대기에서 하느님을 바라보고 있는 모습, 그밖에 환상이나 꿈속에서 본 것을 그리는 것은 괜찮다는 것이다. 그러나 환상과 꿈은 자연적이건 초자연적이건 환영일 뿐이다. 그런 것을 그리는 사람은 하느님의 형상이 아니라, 자신의 환영을 그리는 것이기

_____

*26 여기서 여러 형상(images)으로 번역되어 있는 테라핌(teraphim)은 집안을 수호하는 신의 이교적인 우상으로, 이것을 소유하는 것은 라반에게 재산상속권을 보증했다.

때문에 우상을 만드는 것이다. 공상을 좇아 그림으로 그리는 것 자체가 죄라는 말이 아니라 그 그림을 하느님의 재현으로 여기는 것은 제2계명을 어기는 것이다. 그런 그림은 숭배의 목적 외에는 아무 쓸모가 없다. 천사나 죽은 사람의 형상을 그리는 것도 마찬가지이다. 다만 친구나 기억할 만한 가치가 있는 사람들을 기념하기 위해 그리는 경우는 별개이다. 그런 그림은 그 형상이 아니라 그 사람을, 현존하는 사람이 아니라 과거에 존재했던 사람을 정치적으로 명예를 부여하는 것이기 때문이다. 그러나 성자의 형상을 그림으로 그려서 섬길 경우, 그 성자는 이미 죽어서 감각이 없는데도 우리의 기도를 듣고, 우리가 그를 섬기는 것을 기뻐하리라고 생각해서 그렇게 한다면, 그것은 그에게 인간 이상의 힘을 부여하는 것이기 때문에 우상숭배이다.

이와 같이 모세의 율법과 복음서에도 사람들이 자신을 위해 세운 하느님의 형상 또는 기타 재현에 대해 종교적으로 뒷받침하는 근거는 어디에도 없다. 즉 하늘에 있는 것이든, 땅에 있는 것이든 또는 땅 속에 있는 것이든, 그 모습을 본뜬 형상을 만들어 숭배해서는 안 된다. 그리고 그리스도교도 왕들은 하느님의 살아 있는 대표자이기는 하지만, 국민들이 그의 권력을 섬길 때는 언젠가는 죽어야 하는 인간이 할 수 있는 범위 이상의 존경을 나타내는 숭배를 해서는 안 된다. 그러므로 현재 널리 행해지는 종교적 숭배는 《성경》에 대한 오해에서 비롯되어 교회로 들어온 것이 아니라, 우상을 숭배하던 이방인들이 개종한 뒤에도 버리지 않고 간직하고 있던 것들이 지금껏 남아 있는 것이다.

우상숭배는 어떻게 교회 속에 남았나 그 이유는, 과거에 우상을 만들어 귀신을 섬기던 사람들은 개종한 뒤에도 그 우상에 지나친 존경과 가치를 부여했기 때문이다. 그들은 그 우상들을 여전히 집안에 모셔 두었는데, 그리스도나 동정녀 마리아, 사도들 또는 초대교회의 목사들에게 경의를 표하기 위해서라는 것이 구실이었다. 그것들에게 새로운 이름을 붙였다. 과거에 비너스와 큐피드로 불렸을 형상들은 동정녀 마리아와 그의 아들 구세주의 형상으로 바뀌었고, 역시 같은 식으로 유피테르 상은 바나바 상으로, 머큐리 상은 바울 상으로 바꾸기는[27] 쉬웠기 때문이다. 또한 목사들도 점차 세속적

---

[27] 〈사도행전〉 14장 12절. 루가오니아 사람들은 바나바와 바울을 신으로 여기고, 제우스 및 헤르메스(머큐리)로 불렀다.

야심에 물들어, 새로 신자가 된 사람들의 환심을 사려고 했고, 죽은 뒤에도 섬김을 받고 있는 사람들을 부러워하여, 자신들도 죽은 뒤에 그런 섬김을 받을 욕심으로 그와 같은 우상숭배를 하도록 조장했다. 이로 인해 그리스도와 그의 사도들의 형상에 대한 숭배는 점점 우상숭배로 변질되어 갔다. 콘스탄티누스 시대 이후 여러 황제와 주교, 공의회가 이러한 우상숭배가 온당치 못함을 주장하고 반대했지만, 이미 너무 늦었거나 힘이 너무 약했다.

성자들의 서열 성자들의 서열(*Canonizing of Saints*)은 이방종교로부터 물려받은 또 하나의 유물이다. 이것은 《성경》에 대한 오해에서 비롯된 것도 아니고, 로마교회가 새로 만들어 낸 것도 아니다. 로마 코먼웰스와 마찬가지로 오랜 관습이었다. 로마에서 가장 먼저 성자의 반열에 오른 사람은 로물루스였다.*28 그가 성자가 된 것은 율리우스 프로클루스의 이야기 때문이었다. 프로클루스는 원로원 앞에서 이렇게 말했다. "죽은 로물루스가 나를 찾아와 말하기를, 그는 지금 천국에 살고 있으며, 그곳에서의 이름은 퀴리누스이고, 우리의 도시 로마가 위대한 도시가 되도록 돕겠다고 했습니다." 이 이야기를 들은 원로원은 그의 신성성에 대하여 '공증(*public testimony*)'을 했다. 율리우스 카이사르와 그 후의 황제들도 그러한 '공증'을 얻었다. 즉 성자의 서열에 들어가게 되었던 것이다. 오늘날의 성자시성은 바로 그러한 선언이며, 이교도들의 '신격화(*αποθέωσις*)'와 같은 것이다.

또한 최고제사장(pontifex maximus)이라는 교황의 이름과 권한도 로마 이교도들로부터 물려받은 것이다. 고대 로마 코먼웰스에서, 원로원과 로마 시민 아래*29 종교에 대한 모든 의식과 교리를 규정하는 최고 권한을 가진 사람이 바로 '최고제사장'이었다. 아우구스투스 카이사르는 나라를 군주국으로 바꾼 뒤, 스스로 이 직무와 호민관의 직무(국가와 종교 양면에서 명실 공히 최고 권력)를 동시에 맡았고, 후임 황제들도 같은 권력을 누렸다. 그러나 최초로 그리스도교를 공인하고 그리스도교도가 된 콘스탄티누스 황제 때는 로마 주교가 황제의 권위 아래 종교적 문제들을 규율하도록 했다. 이것은 그가 믿은 그리스도교 교리와도 일치하는 것이었다. 그들은 그렇게 일찍 '폰티펙스

---

*28 Romulus는 레무스와 쌍둥이로 태어나 늑대의 양육으로 자랐다고 한다. 로마를 건국하고 건국(BC 753) 때 왕이 되었다는 전설이 있다.

*29 고대 로마의 국가제도에서 귀족의 대표는 원로원, 시민의 대표는 민회 및 호민관이었다.

(제사장)'라는 명칭을 얻은 것 같지는 않다. 오히려 뒤이은 주교들이 로마 각 지방의 주교들에 대해 행사했던 권력을 과시하기 위해서 '폰티펙스'를 자칭한 것으로 보인다. 로마 주교들이 다른 지방 주교들에 대해 그러한 지배권을 갖게 된 것은 성 베드로의 특권이 아니라, 로마 시가 가지고 있던 특권 덕분이었다. 황제들은 언제나 자진하여 로마 시의 특권을 보장했다. 그것은 콘스탄티누스가 콘스탄티노플을 (동로마) 제국의 수도로 정했을 때, 콘스탄티노플의 주교가 로마 주교와 서열이 같다고 주장한 것만 보더라도 분명하게 알 수 있다.

결국은 분쟁 끝에 교황이 승리를 거두어 '최고제사장'이 되었지만, 황제의 권력 안에서만 그 권한을 행사할 수 있었으며, 제국의 경계를 넘지는 못했다. 황제가 로마에서의 권력을 상실한 뒤에는 '최고제사장'의 권한도 함께 사라졌다. 물론 황제로부터 권력을 빼앗은 사람은 바로 교황이었다. 이로부터 다음과 같은 사실을 관찰할 수 있다. 즉 다른 주교들에 대한 교황의 우월성은, 교황 자신이 주권자인 영토와 정치적 주권자의 권력을 가진 황제가 교황을 명시적으로 선택하여 최고의 목사로서 자기 아래에서 그리스도교도인 국민들을 인도할 권한을 부여한 영토 외에는, 존재할 곳이 없다는 것이다.

형상의 행렬　형상으로 '행렬'을 지어 행차하는 것도 그리스인과 로마인 종교로부터 물려받은 또 하나의 유물이다. 그들도 역시 자신들의 우상을 특별히 헌납된 일종의 전차에 싣고 운반하고 다녔기 때문이다. 라틴 사람들은 이 전용마차를 '성가(聖駕, thensa)' 또는 '신가(神駕, vehiculum deorum)'라고 불렀다. 그리고 형상은 '페르쿨룸(ferculum)'이라는 궤 또는 감실(龕室) 속에 안치했다. 당시에는 이 행차를 '폼파(pompa)'라고 불렀으나, 지금은 그것을 '행렬(Procession)'이라고 부르고 있다. 원로원이 율리우스 카이사르에게 부여한 신성한 명예 중에도 이러한 행렬이 들어 있었다. 즉 대경기(Circoean games)*30 를 할 때, 카이사르는 '성가'의 '감실'에 올라앉아 행차를 했다. 그것은 신으로서 이곳저곳으로 운반되는 것과 마찬가지였다. 마치 오늘날 교황이 닫집

---

*30 Circoean games란 그리스로마 신화에 나오는 마녀 키르케와 연관된 것으로 Circensian games 의 잘못인지도 모른다. 후자는 서커스(고대 로마의 원형경기장＝키르쿠스)에서의 경기를 말한다.

로물루스와 레무스
로물루스는 BC 753년에 로마를 건설하고 초대 왕이 되었다는 전설적 영웅이다. 레무스와는 쌍둥이 형제로 둘이 함께 티베르 강에 버려졌으나 암이리가 젖을 먹여 살려 주었다고 한다.

아래 앉아 스위스 위병들[31]에 의해 행차하는 것과 같다.

촛불과 횃불　이러한 행차를 할 때, 촛불과 횃불을 들고 걷는 것이 그리스인과 로마인의 관습이었으며, 나중에는 로마 황제의 행차 때도 그렇게 했다. 칼리굴라는 황제로 즉위할 때[32] 미세눔에서 로마까지 행차했다. 그때 타오르는 '횃불'에 에워싸인 길에는 군중들이 늘어서 있었고, 길가에 늘어선 제단에는 동물들이 제물로 바쳐졌다. 또한 카라칼라[33]가 알렉산드리아에 입성할 때는 사람들이 향료와 꽃을 던지고, '다도우키아이($\delta\alpha\delta ov\chi i\alpha\iota$)' 즉 횃불을 들어 맞이했다고 한다. '다도우코이($\Delta\alpha\delta ov\chi o\iota$)'는 그리스인들이 신상행렬(神像行列) 속에서 불붙인 횃불을 들고 가는 사람들을 부르던 말이다. 시간이 지남에 따라 신심이 깊지만 무지한 민중은 주교들을 맞이할 때 촛불을 들고 행렬을 짓곤 했다. 교회에서도 구세주와 성자들의 형상 앞에 촛불을 밝혀 놓는 관습이 생겼다. 그리하여 양초를 사용하게 되었고, 고대 교회에서는 회의를 통해 양초 사용을 공식적으로 결정하게 되었다.

　이교도들은 '청정수(*aqua lustralis*)', 즉 '성수(*holy water*)'를 가지고 있다. 로마

---

*31 스위스인 용병대는 중세 말기부터 근대 초기에 걸쳐 프랑스와 이탈리아에서 활동했지만, 현재는 로마교황의 호위대로 남아 있다.
*32 Caligula는 로마황제(37~41)로서 폭군으로 알려져 있고, 만년에는 자기가 신이라고 주장했다. 티베리우스가 미세느 곳에 있는 별장에서 죽자 칼리굴라는 원로원에서 원수로 지명을 받아 티베리우스의 유해와 함께 로마로 돌아왔다. 이때 시민의 환영이 본문에 나와 있는 그대로였다. Suetonius, De vita caesarum, Caligula 13.
*33 Caracalla는 로마 황제(211~217). 본문의 서술은 Aurelius Victor, caesares, 4,8,8에 따름.

교회는 자기들의 '축일(祝日, holy days)'에도 이교도를 흉내냈다. 그들에겐 주신제(酒神祭, Bacchanalia)'*34가 있었고, 그에 비해 우리에겐 '교회수호성인제(敎會守護聖人祭, wakes)'*35가 있다. 그들에겐 '사투르누스제(Saturnalia, 농신제)'*36가 있었고, 우리에겐 '사육제(carnivals)'와 '참회 화요일(Shrove Tuesday)'의 하인의 자유*37가 있다. 그들에겐 '프리아포스(Priapus)'*38 행렬이 있었고, 우리는 '5월 기둥(Maypole)'*39을 세워놓고 주위를 돌며 춤춘다. 춤은 예배의 일종이다. 그들에겐 '밭돌이 축제(Ambarvalia)'*40가 있었고, 우리는 기도 주간에*41 행렬지어 밭 주변을 돈다. 이게 다가 아니다. 이방인들의 최초의 개종 때부터 그리스도교에 남아 있던 의식은 그 밖에도 많이 있겠지만, 당장 생각나는 것만 해도 이 정도이다. 그리스와 로마의 종교 의례 가운데 역사 속에 전해 내려오는 것을 찬찬히 살펴보면, 로마교회 박사들의 무지와 야심 때문에 이방종교의 낡은 부대에*42 그리스도교의 새 포도주를 담은 사례가 수없이 많다는 것을 알게 될 것이다. 머지않아 새 포도주는 때가 되면 낡은 부대를 터뜨리고 말 것이다.

---

*34 Bacchus는 로마의 주신(酒神).

*35 Wake는 본디 축제 전야의 철야기도를 말하는데, 바뀌어 축제 자체를 의미하는 말이 되었다. 고유명사인 웨이크는 영국 교구에서 그곳 교회의 수호성인의 축제로서 1년에 한 번 열린다. 지인을 대접하고, 게임과 춤을 즐기는 농촌의 휴일이다.

*36 Saturnus는 로마 신화의 농경신.

*37 Shrove-tuesday는 사순절의 단식과 속죄에 들어가기 전 날을 말한다. 사육제는 이날과 그 전 날의 이틀 동안(Shrove-sunday와 Shrove-monday)을 합친 기간의 Shrove-tide의 다른 이름이다. 본디는 황야의 그리스도를 기념하는 사순절 전의 참회의 날이지만, 거꾸로 놀고 즐기는 날이 되었으며 하인에게도 자유가 주어진다.

*38 Priapus는 로마 신화의 남성 생식력의 신.

*39 May-poles는 5월제(메이데이) 때 마을 광장에 세우는 기둥으로 그것을 둘러싸고 춤춘다. 그러나 5월제는 로마 교회의 의식 같지는 않다.

*40 Ambarvalia는 고대 로마의 수확기원제로 보통은 5월 29일에 거행되었다. 로마 땅의 경계를 돈다는 의미에서 행렬 형식을 띠었는데, 국토 확대와 함께 불가능해졌다.

*41 Rogation week는 그리스도 승천제를 포함하는 주간으로 이때 영국 교회에서는 풍년을 기원한다.

*42 bottle은 가죽으로 만든 술 부대.

46 공허한 철학과 허구의 전설에서 나타나는 어둠

철학이란 무엇인가 철학은 '어떤 것의 생성방식에서 그것의 고유성을 알 아내거나, 그 고유성에서 그것이 생성될 수 있는 경로에 도달하는, 추론에 의해 획득된 지식이며, 그것은 물질과 인간의 힘이 허용하는 한, 인간의 생활이 필요로 하는 결과를 생산하는 것을 목표로 한다.' 그러므로 기하학자들은 여러 도형들의 속성을 찾아내고, 그 속성에서 추론에 의해 그 도형을 구성하는 새로운 논리를 알아낸다. 그 결과 수륙(水陸)의 측량이 가능해지고, 기타 수많은 용도에 도움이 된다. 마찬가지로 천문학자들은 해와 별이 하늘에서 뜨고, 지고, 움직이는 것을 보고 낮과 밤의 원인을 알아내고, 계절이 바뀌는 원인을 알아내며, 그것으로 시간을 측정한다. 다른 학문들도 마찬가지이다.

사려는 철학의 일부가 아니다 철학을 이렇게 정의하면, 우리가 경험이라고 부르는 본원적 지식과 경험적 지식으로 구성되는 사려(*prudence*)는 철학에 속한다고 볼 수 없음은 명백하다. 경험적 지식은 추론에 의해 얻어지는 것이 아니기 때문이다. 사려는 인간뿐만 아니라 짐승에게서도 볼 수 있다. 이것은 과거에 있었던 연속적 사건들의 기억에 불과하기 때문이다. 사건의 연속 속에서는 상황에 대한 기억에 단 한 치라도 오차가 있으면, 결과가 크게 달라져 매우 사려 깊은 사람의 기대마저 배신한다. 그러나 올바른 추론으로 얻은 지식은 보편적이고 영구불변인 진리만 낳는다.

허위의 철학은 철학의 일부가 아니다 그러므로 우리는 그릇된 결론에 철학의 이름을 부여할 수는 없다. 자신이 이해한 언어로 올바른 추론을 하는 사람은 결코 그릇된 결론에 도달하지 않기 때문이다.

초자연적인 계시도 마찬가지이다 초자연적 계시를 통해 알게 된 것도 철학이라고 하지 않는다. 그것은 추론에 의해 획득한 것이 아니기 때문이다.

저자에 대한 신용을 바탕으로 얻은 학식도 마찬가지이다 책의 권위를 전제로 추론에 의해 얻어진 것도 철학이라고 하지 않는다. 왜냐하면 그것은 추론에 의해 원인에서 결과를 이끌어 낸 것도 아니고, 결과에서 원인을 추론해 낸 것도 아니며, 지식이 아닌 신앙이기 때문이다.

철학의 시작과 진보에 대하여　추론하는 능력은 언어의 사용에서 생기는 것이므로, 거의 언어와 마찬가지로 오래되었으며 추론으로 발견된 일반적 진리가 없었다면 그것은 가능하지 않았을 것이다. 아메리카 미개인들에게도 훌륭한 도덕적 속담이 약간은 있었고, 간단한 덧셈과 나눗셈 정도는 할 수 있는 산술(算術)도 있었다. 그러나 그렇다고 해서 그들이 철학자인 것은 아니다. 들판에는 곡식과 포도 같은 식물이 자라 있었지만 인간이 그것을 먹고 마실 수 있다는 사실은 알지 못했다. 따라서 곡식을 가꿀 밭을 만들 생각도 못했고, 포도원을 가꿀 생각도 못했다. 그저 들판과 숲에 흩어져 살면서 도토리를 주워 먹고, 물을 마셨다. 그것과 마찬가지로 태초부터 여러 가지 진실의 보편적이고 유익한 사색이 인간 이성의 자생식물처럼 산재해 있었다. 그러나 처음에는 그 수가 적었기 때문에 인간은 여전히 거친 경험에 의존하여 살면서 지식을 생산하는 방법도 모르고 있었다. 즉 오류와 추측이라는 잡초나 평범한 식물과 별도로 지식만을 재배하는 일은 없었던 것이다. 먹고 살기에 바쁘고, 이웃의 침략을 막기에 바빠서 그런 연구를 할 여가가 없었기 때문에 큰 규모의 코먼웰스가 수립될 때까지는 그럴 수밖에 없었다.

'여가'는 '철학'의 어머니이며 코먼웰스는 '평화'와 '여가'의 어머니이다. '도시'가 최초로 크게 번창한 곳, 바로 그곳에서 최초로 '철학' 연구가 이루어졌다. 인도의 '나체 수도자(Gymnosophists)', 페르시아의 '배화교 승려(Magi)', 칼데아와 이집트의 제사장들, 이들은 가장 오랜 철학자들이었다. 그 나라들은 수많은 나라들 가운데 가장 역사가 깊다. 그리스인과 서양의 다른 민족들은 '철학'을 낳지 못했다. 그들의 '코먼웰스'(루카나 제네바보다 크지는 않았을 것이다)에는 상호간의 공포가 같은 때 외에는 평화가 없었고, 서로를 관찰하는 것 외에는 사물을 관찰할 '여가'가 없었다. 그리스 곳곳에 흩어져 있던 작은 도시들이 전쟁을 거쳐 결합하여 몇 개의 큰 도시가 되었을 때야 비로소 그리스 각지에서 등장한 '일곱 사람'*¹이 지혜롭다는 평판을 얻기 시작했다.

---

*1 그리스의 7현인(Seven Sages)이란 플라톤이 〈프로타고라스〉에서 들고 있는 바에 따르면, 비아스·킬론·클레오브로스·페리안드로스·피타코스·솔론·탈레스인데 다른 설도 있다. 어쨌든

아테네의 아카데미
고대 그리스의 유명 철학자들이 망라하여 그려져 있다. 중앙에 나란히 플라톤(왼쪽)과 아리스토텔레스(우측)가 서 있고, 왼쪽에 몇몇 사람을 가르치는 소크라테스가 있다. 바티칸 궁에 있는 벽화, 라파엘로(1508).

'도덕학'과 '정치학'으로 이름 높은 이도 있었고, 칼데아와 이집트의 학문, 즉 '천문학'과 '기하학'으로 이름 높은 이도 있었다. 그러나 우리는 '철학 학교(학파)'가 있었다는 이야기는 들어본 적이 없다.

   아테네인들의 철학 학교에 대하여   아테네인이 페르시아군을 물리침으로써 해상권을 장악한 뒤, 지중해 주변에 흩어져 있던 유럽은 물론 아시아 쪽의 섬들까지 장악하여 부유해지자, 사람들은 국내에서나 국외에서나 일할 필요가 없어졌다. 성 누가가 말한 것처럼, 아테네 사람들은 "새로운 것을 말하고 듣는 것"(사도행전 17장 21절)*² 또는 도시의 젊은이들을 모아놓고 공개적으로 철학을 강론하는 것 외에는 거의 일을 하지 않았다. 각 교사들은 그러한 목적

   기원전 6, 7세기의 그리스문화 융성기 때 그리스 각지의 정치가와 사상가로서 천문학과 기하학으로 유명한 것은 탈레스이다.
*2 "아테네 사람과 그곳에 사는 외국 사람들은 오직 새로운 것을 말하거나 듣는 것으로 시간을 보내는 사람들이었다."

으로 저마다 장소를 차지했다. 플라톤은 아카데모스*3의 이름을 따서 '아카데미아(Academia)'라는 광장에서, 아리스토텔레스는 판(Pan)의 신전 앞길인 '리케이온'*4이라는 곳에서, 어떤 사람은 '회랑(Stoa)',*5 즉 지붕이 덮여 있는 광장이나, 상인들이 육지에 물품을 들여오던 곳에서 사람들을 가르치거나, 의견을 주고받으며 시간을 보냈다. 또한 이야기를 듣기 위해 도시의 젊은이들을 모을 수 있는 곳이면 어디서든 불러모았다. '카르네아데스'*6도 로마 주재 대사 시절에 그렇게 했다. 그 때문에 카토는 그가 젊은이들을 타락시킬지도 모른다고 걱정하여 원로원에 그를 빨리 돌려보내라고 충고했다. 젊은이들은 그가 세련된 것들에 대해 말하는 것을 감탄하며 들었던 것이다.

그들 가운데 어떤 사람이 강의하고 토론하던 장소를 '스콜라(schola)'라고 불렀다. '스콜라'는 그리스어로 '여가'를 의미했다. 또 그들의 토론은 '디아트리베'라고 불렀다. 이것은 '심심풀이'라는 뜻이다. 또한 그 철학자들의 학파를 지칭하는 이름도 생겼으니, 그 중 일부는 그들의 학교 이름을 딴 것이었다. 예를 들면, 플라톤의 가르침에 따르는 사람들은 '아카데미 학파'라고 불렀고, 아리스토텔레스의 추종자들은 '소요학파(Peripatetics)'라고 불렀다. 아리스토텔레스가 걸어다니면서 가르쳤기 때문이다. 제논(Zenon)의 제자들은 '스토아'에서 이름을 따 '스토아 학파(Stoics)'라고 불렀다. 이것은 수다를 떨거나 빈둥거리는 사람을 '광야(Moor-fields)'*7에서 온 사람, '바울 교회'에서 온 사람, '거래소(Exchange)'에서 온 사람이라고 부르는 것과 같다. 그런 곳에 가면 사람들이 모여 잡담을 나누며 빈둥거리고 있었기 때문이다.

그럼에도 많은 사람들이 이러한 관습에 물들었기 때문에, 시간이 흐르자 이러한 '심심풀이'는 유럽 전역과 아프리카 일부 지역으로 확대되어 거의 모든 코먼웰스에서 강의와 토론을 위해 학교를 공공적으로 설립하고 유지하기에 이르렀다.

---

*3 아테네 교외에 영웅 아카데모스에게 바쳐진 광장이 있는데, 그곳에 플라톤은 학교를 열었다.
*4 근처에 아폴론 신전이 있었으며, 리케이온이란 이름은 리케이오스(아폴론의 별칭. 늑대에게서 양 떼를 보호한다는 뜻)에서 왔다.
*5 스토아는 한쪽은 벽에, 다른 쪽은 광장에 잇닿아 있는 가로로 긴 주랑.
*6 Carneades(BC 214~129)는 아카데메이아에서 공부한 회의파 철학자로 155년에 아테네에서 로마로 파견되었다. 같은 문제에 대해 찬반 쌍방의 의견을 전개한 것으로 유명하다.
*7 Moor-Fields는 17세기 런던 시민의 산책 장소로 뒤의 두 곳과 함께 시의 중심부에 있었다.

유대인들의 학교에 대하여

유대인들은 구세주 시대의 이전에도 이후에도 학교를 가지고 있었지만 그 학교는 그들의 율법학교였다. 그것은 '시나고그', 즉 백성들의 집회라고 불렸으며, 안식일마다 율법을 읽고 해설하고 토론했기 때문에 공립학교와 이름만 다를 뿐 성격은 같았다. 그러한 회당은 예루살렘뿐만 아니라 유대인들이 살고 있는 모든 이방인들의 도시에도 있었다. 그런 회당 가운데 하나가 다마스쿠스에 있어서 바울은 그들을 박해하기 위해 거기에 들어갔다.[8] 이 밖에도 안디옥, 이

생보다 죽음을 택한다
스토아 학파에서 자살은 금기가 아니었다. 오히려 자기의 생사는 스스로 결정할 권리가 있다고 여겼다.

고니온, 데살로니가 등지에 회당이 있었으며 바울은 토론을 벌이기 위해서 그곳으로 갔다.[9] 그리고 '구레네'와 '알렉산드리아', '길리기아'와 아시아 출신의 유대인으로 구성된 '리버디노(Libertines)' 회당, 즉 리버디노 학교도 있었다. 여기에 소속된 사람들은 예루살렘에서는 이방인이었다. 성 스데반[10]과 논쟁을 벌인 사람들이 바로 이 학교 사람들이었다.(사도행전 6장 9절)

그리스인들의 학교는 유익하지 않았다 하지만 그런 학파, 그런 학교들이 지

---

[8] 바울은 처음엔 사울로 불리며, 그리스도의 제자들을 박해했으나 다마스쿠스로 가는 길에 하늘에서 내려온 빛에 맞아 쓰러져 시력을 잃었다. 그리스도에게서 영감을 받은 아나니아가 사울에게 손을 얹자, '사울의 눈에서 비늘 같은 것이 떨어져 나가' 눈이 보이게 되었고, 예수의 제자가 되었다. '그는 시나고그(회당)에서 그리스도를 선포했다'고 하나 홉스의 말은 정확하지 않다.(사도행전 8장 1절~9장 22절)

[9] 사도행전 13장 1절~17장 9절.

[10] 사도행전 6장 3~10절.

금 우리에게 무슨 도움이 되었는가? 그들이 독서와 논쟁을 통하여 획득한 학문이 오늘날 존재하는가? 모든 자연과학의 어머니인 기하학에 대해 우리가 가진 지식은 그들 학파와는 아무 관계가 없다. 그리스 최고의 철학자였던 플라톤은 미리 어느 정도의 기하학적 소양을 갖추지 않은 사람은 입학을 금지했다. 그러나 기하학을 연구하여 인류에 공헌한 수많은 사람들 명단에 그들 학파에 속한 사람은 없으며 기하학파는 아예 있지도 않았고, 그들은 철학자라는 명칭으로 통용되지도 않았다. 그 학파들의 자연철학은 과학이라기보다 몽상에 가까웠고, 아무 뜻도 없는 말만 열심히 늘어놓았다. 기하학적 지식이 결여된 상태에서 철학을 가르치는 사람들은 이런 일을 피할 수가 없다. 그것은 자연이 운동에 의해 작용하며, 자연이 작용하는 방향과 정도는 선과 도형의 비율과 속성에 대한 지식 없이는 알 수 없기 때문이다. 또한 그들의 도덕철학은 그들 자신의 정념을 서술한 것에 지나지 않는다. 행위의 규칙은 정부가 없는 곳에서는 자연법이고, 정부가 있는 곳에서는 시민법이다.*11 즉 시민법이 '정직'과 '부정직', '정의'와 '불의', 그리고 일반적인 '선'과 '악'을 결정한다. 그러나 그들은 자신들의 '호오(好惡)'를 '선악'의 기준으로 삼았다. 취향은 사람마다 무척 다르기 때문에, 이런 수단으로 합의에 도달할 수 있는 것은 아무것도 없으며, 각자가 제 눈에 좋아 보이는 대로 행동하면 코먼웰스는 무너지고 만다. 또한 그들의 '논리학'은 추론하는 방법이 아니라 말의 나열일 뿐이고, 자기들을 감히 난처하게 만들려는 사람들을 어떻게 하면 당혹하게 할까 하는 궁리일 뿐이다. 결론적으로 말해서, 옛 철학자들의 주장처럼 터무니없는 것도 없기 때문에 고대 철학자들의(그 한 사람이었던 키케로*12가 말한 것처럼) 주장 가운데 어떤 것도 지지를 받은 적이 없을 정도이다. 내 생각으로는 자연과학에 있어서 아리스토텔레스의 형이상학만큼 이치에 맞지 않는 것도 없고, 또 그의 정치학만큼 통치에 모순되는 것도 없으며, 그의 윤리학만큼 무지한 주장도 없다.

유대인들의 학교도 무익했다 유대인들의 학교는 본디 모세율법을 가르치는 학교였다. 모세는 이렇게 명령했다. "매 칠 년 끝 해 곧 면제년의 초막절에 이 율법을 낭독하여 온 이스라엘에게 듣게 할지니."(신명기 31장 10~11절) 바

---

*11 26장에서는 '자연법과 시민법은 서로 상대를 포함한다'고 되어 있다.

*12 Cicero, *De divinatione*, Ⅱ, 119.

빌론 유수에서 풀려난 뒤에는 안식일마다 율법을 읽었다. 그 목적은 오로지 백성들에게 그들이 따라야 할 계명이 무엇인지 알게 하고, 예언자들의 글을 설명해주는 것이었다. 그러나 구세주가 그들의 율법 해석을 크게 나무란 것을 보면, 그들의 해설이 엉터리였고, 공허한 전설에 의해 왜곡된 것이었음을 알 수 있다. 또한 그들은 예언자들의 말을 제대로 이해하지도 못했고 그 때문에 예언자들이 그리스도에 대해 다 예언해 놓았음에도, 그리스도를 인정하지 않았으며, 그가 한 일도 인정하지 않았다. 이처럼 그들이 회당에서 한 강의와 토론은 율법의 교리를 하느님과 영의 가늠할 길 없는 본질에 대한 공상철학으로 둔갑시켰으며, 그것을 그들은 그리스인들의 공허한 철학과 신학에 그들 자신의 공상을 섞어서 조합해 냈다. 성경의 비교적 애매한 구절을 자신들의 목적을 위해 왜곡하여 끌어다 붙였고, 조상으로부터 물려받은 전설도 끄집어 낸 것이다.

대학이란 무엇인가 오늘날 '대학'이라 불리는 것은 한 도시에 있는 여러 개의 학교들을 합쳐 단일 통치 아래 둔 것으로, 그 가운데 주요 학교들은 세 가지 전공을 가르치도록 되어 있다. 로마종교, 로마법, 의술이 그것이다. 철학은 겨우 로마 종교의 시녀로서의 자리만 유지하고 있었다.*13 그나마도 아리스토텔레스의 권위가 기세등등했기 때문에, 엄밀히 말하면 그것은 본디의 철학이 아니라 아리스토텔레스학이었다. 또한 기하학은 엄격한 진리 외에는 어디에도 종속되지 않기 때문에 대학은 기하학을 위해서는 최근까지도 자리를 내주지 않았다. 그리고 누구라도 타고난 독창성을 발휘하여 기하학적 진리를 밝히는 자가 있으면, 흔히 그를 마술사로 여기고, 그의 학예는 악마적인 것으로 여겼다.

아리스토텔레스의 형이상학에서 종교에 도입된 오류 이제 일부는 아리스토텔레스로부터, 또 일부는 맹목적인 이해력 때문에 대학에 들어오고 대학을 거쳐 교회로 들어가게 된, 공허한 철학의 내용을 하나하나 살펴보기 위해 나는 우선 그 원리들을 고찰하고자 한다. '제1철학'이라는 것이 있어서, 다른 모든 철학은 그것에 의존해야 하며 그것의 주된 내용은 가장 보편적인 것들

---

*13 로마(가톨릭)교회, 영국 교회, 장로회 교회 가운데 어느 것이 당시 영국의 대학에서 지배적이었는가 하면, 로마의 영향은 가장 약했다. 따라서 홉스는 여기서 과거형으로 하든지, 지역을 한정했어야 했다.

의 명칭 또는 명사의 의미를 올바르게 한정하는 데 있다. 이러한 한정은 추론에서 모호성이나 중의성(重義性)을 피할 수 있도록 해 주는데, 흔히 정의(定義)라고 부른다. 예를 들면, 우리가 물체의 본질과 발생에 대한 개념을 설명할 때 필요한 물체·시간·장소·물질·형상·본질·주체·실체·우유성·힘·행동·유한·무한·양·질·운동·작용·정념 등에 대한 정의가 있다. 그러한 용어및 유사한 용어의 의미를 확정하고 설명하는 것을 여러 학파에서는 흔히 '형이상학'이라고 부른다. 이 말은 아리스토텔레스의 철학 일부를 가리키는 말이지만, 그 뜻은 다르다. 왜냐하면 여기서 그것이 가리키는 것은 그가 '자연철학 이후에 쓴 저술 또는 자연철학 다음에 편성되어 있는 저술'뿐이다. 그학파 사람들은 그것을 '초자연적 철학에 대한 저술'로[*14] 여겼기 때문이다. 즉, 형이상학이라는 말의 뜻은 이 두 가지인 것이다. 하기야 대부분의 내용이 도저히 이해할 수가 없고 자연적 이성에 모순되는 것이기 때문에, 누구든거기서 알아야 할 것은 초자연적인 것이라고 생각하지 않을 수 없을 정도이다.

추상적 본질에 대한 오류 이 형이상학이 《성경》과 뒤섞여 스콜라 신학이되었다. 그것에 따르면, 세상에는 물체로부터 분리된 어떤 본질들이 있다는것이다. 그들은 이것을 '추상적 본질' 및 '실체적 형상'이라고 부른다. 이 난해한 말을 해석하려면 보통을 넘어선 주의력이 필요하다. 이런 종류의 논의에 익숙하지 않은 사람들은 내가 좀 어려운 이야기를 하더라도 양해해 주시기 바란다. 세상(내가 의미하는 것은 그것을 사랑하는 사람들을 일컬어 '세속적인 사람들'이라고 하는 그 대지 뿐만 아니라, '우주', 즉 존재하는 모든 것의 집합체이다)은 물질, 즉 물체이다. 그리고 세상은 다차원의 크기, 즉 길이·넓이·깊이를 가지며, 물체의 모든 부분 또한 물체와 마찬가지로 동일한 다차원을 갖는다. 그리고 물체가 아닌 것은 우주에 속하지 않는다. 그런데 우주는 전부이기 때문에, 우주에 속하지 않는 것은 '아무것도 아닌 것'이며, 따라서 '아무 데도 없다'. 그렇다고 해서 영이 '아무것도 아닌 것'이라는 말은 아니다. 보통은 눈에 보이거나 손으로 만질 수 있는 물체, 즉 어느 정도 불투명한 물체들만을 물체라고 부르지만, 영은 다차원의 크기로 존재하며, 그러므로 실

[*14] meta physics는 '자연학 physics 다음에 meta'라는 의미를 지니지만, 메타에는 '초월하여'라는
의미도 있다.

제로 '물체'이다. 그런데 그들은 영을 무형의 것이라고 부르며, 그것이 한층 더 명예로운 이름이라고 생각하여 더욱 경건한 마음으로 하느님에게 귀속시킬 수 있을 것이다. 그러나 하느님의 본질은 우리가 알 수 없는 것이기 때문에, 그 본질을 나타내는 말을 찾으려 할 것이 아니라, 그에게 명예를 부여하고자 하는 우리의 뜻을 가장 잘 표현하는 것이 무엇인지를 고찰해야 한다.

그들이 어떤 근거로 '추상적 본질' 또는 '실체적 형상'이 있다고 주장하는지 알려면 먼저 그들이 사용하는 말들이 본디 무엇을 나타내는지를 살펴봐야 한다. 말의 효용은 우리의 마음속 사고와 개념을 우리 스스로 기록해 두거나 다른 사람에게 나타내 보이는 것이다. 그러한 말 가운데 어떤 것은 감각에 작용하여 상상력 속에 인상을 남기는 모든 물체의 명사처럼 개념이 부여된 말이고, 다른 것은 상상 그 자체의 이름이다. 즉 우리가 보거나 기억하는 모든 사물에 대해 우리가 갖는 관념 또는 심상을 가리킨다. 또 어떤 것은 여러 이름의 이름이거나 또는 담화의 종류를 가리킨다. 예를 들면, '보편적·복수·단수' 등은 이름들의 이름이고, '정의·긍정·부정·진실·허위·삼단논법·의문·약속·언약' 등은 말의 형태에 따른 이름이다. 또 어떤 것은 한 이름의 다른 이름에 대한 귀결관계나 모순관계를 나타낸다. 예를 들면, '사람은 물체다'라고 할 때 그것이 의도하는 것은, '물체'라는 이름은 '사람'이라는 동일물의 여러 가지 이름 중 하나에 불과하므로 '사람'이라는 이름의 필연적 귀결이라는 것이며, 이러한 귀결관계는 두 말을 '이다'로 연결하여 나타낸다. 우리가 동사 'is'를 사용하듯이, 라틴 사람들은 'est'를 사용하고, 그리스인들은 'ἐστι'를 사용한다. 셋 다 형태는 변화한다. 세상의 모든 나라 언어에 그에 대응하는 단어가 있는지는 모르겠지만, 나는 꼭 그래야 할 필요는 없다고 확신한다. 두 개의 이름을 올바르게 나열하는 것으로 귀결관계를 표시할 수도 있기 때문이다. 말의 힘은 관습에서 생기는 것이므로, 관습이 그러하다면 'is, be, are' 등의 말과 마찬가지로 그것의 귀결성을 나타내는 데 도움이 될 수 있다.

또한 'est'나 'is'나 'be'에 대응하는 동사가 없는 언어가 있다고 해도, 그것을 사용하는 사람들은 추론이나 결론 또는 모든 종류의 추리 능력에 있어 그리스인이나 라틴 사람에게 뒤지지 않을 것이다. 그러나 그것에서 파생된 '실재(entity), 본질(essence), 본질적(essential), 본질성(essentiality)' 등의 용어와 그런 말에 의존하며, 그러한 것들과 마찬가지로 매우 흔하게 적용되는 더 많은 용어는 어떨까? 따라서 이들은 사물의 이름이 아니라 표지(signs)이며, 그 것은 어떤 이름 또는 속성과 다른 어떤 이름 또는 속성이 귀결관계를 마음속에 그리고 있음을 알려 주는 것이다. 예를 들어 "인간은 생명체이다"라고 말할 때 우리가 의미하고자 하는 것은 '인간'이 하나의 사물이고, '생명체'가 또 하나의 사물이며, '이다'가 제3의 사물이라는 뜻이 아니라, '인간'과 '생명체'가 동일하다는 뜻이다. 여기서 '이다'는 귀결관계를 보여 주고 있기 때문에, 그 말은 '그가 인간이라면, 그는 생명체이다' 하는 뜻이 되고, 그 귀결관계가 참이기 때문에 그렇게 말할 수 있는 것이다. 그러므로 '물체인 것, 걷는 것, 말하는 것, 사는 것, 보는 것' 및 유사한 부정법, 또한 동일한 것을 나타내는 '형체성, 걷기, 말하기, 생명, 시각' 및 이와 유사한 것은, 내가 다른 곳에서*15 자세히 설명한 것처럼 '아무것도 아닌 것(nothing)'의 명사들이다.

그러나 이런 세세한 구별이 통치와 복종에 대한 교리 이외에 어디에 필요가 있느냐고 되묻는 사람이 있을지도 모르겠다. 그것은 다음과 같은 목적, 즉 사람들이 더 이상 허무맹랑한 이름에 시달리지 않도록 하기 위해서이다. 아리스토텔레스의 공허한 철학 위에 쌓아올린 '분리된 본질'의 교리는 바로 그런 허무맹랑한 이름들로 가득 차 있다. 허수아비에 모자를 씌우고 휘어진 막대기로 위협하여 새를 쫓아내듯이, 이 허무맹랑한 이름들로 위협하여 자기 나라의 법에 복종하려는 사람들을 내쫓고 있다. 그들은 사람이 죽어 땅에 묻히고 나면 그의 영혼이(즉 그의 생명이) 몸에서 분리되어 걸어다닐 수 있으며, 밤에 묘지 주변에 가면 그것을 볼 수 있다고 말하기 때문이다. 또 그들은 같은 근거로 이렇게 말한다. 어떤 장소에 떡은 존재하지 않지만, 그 떡의 모양과 색깔과 맛은 존재한다고 주장하고, 또한 덕이 있는 사람과 그의 덕성을 분리할 수 있다는 듯이, 신앙과 지혜와 같은 덕성들이 사람에게 때로는 '부어넣어'지고, 때로는 '불어넣어'진다고 주장한다. 그밖에도 그들은 자기 나라의 주권자 권력에 대한 국민들의 매우 많은 의존을 감소시키는 주장들을 한다. 만일 사람들이 복종이 자기 속에 '부어넣어'지고 '불어넣어'지기를 기대한다면, 누가 법에 복종하려고 노력하겠는가? 또는 누가 신을 만들 수

---

*15 1부 4~5장.

있는 제사장에게 복종하지 주권자나 하느님에게 복종하려 하겠는가? 유령을 두려워하는 사람이 성수(聖水)를 만들어 그 유령을 물리칠 수 있는 사람들을 어떻게 존경하지 않을 수 있겠는가? 아리스토텔레스의 '실재성'과 '본질'이 교회에 가져온 오류는 이 정도의 예로 충분할 것이다. 아마 아리스토텔레스 자신도 그게 허위의 철학이라는 것을 알고 있었겠지만, 소크라테스의 운명이 될까 두려워, 그 당시의*16 종교에 일치하여, 그 종교에 힘을 실어주도록 썼을 것이다.

일단 이 '분리된 본질'이라는 오류에 빠지면, 그들은 필연적으로 그것과 연결되어 있는 수많은 궤변에 말려든다. 그러한 형상들이 실재하는 것이라고 주장하려면, 그들은 그 형상들이 있는 '장소'를 제시해야 한다. 그러나 그들은 그것들을 양(量)의 모든 차원을 지니지 않는 비형체적인 것으로 생각하기 때문에, 이때부터 사람들은 헷갈리기 시작한다. 왜냐하면 모든 사람은 그 장소는 차원이며, 어떤 형체에 의해서만 인정할 수 있는 것으로 알고 있기 때문이다. 그들은 이 혼란을 수습하기 위해 또 하나의 난삽한 용어를 동원한다. 그 형상들은 '경계한정적(circumscriptive)'이 아니라 '한정적(definitive)'이라는 것이다. 이것은 무의미한 말장난일 뿐 어떤 것도 나타내지 않는다. 라틴어로 하니까 서로 다른 말처럼 보일 뿐이지, 알고 보면 그 말이 그 말이다. 어떤 사물의 경계를 한정한다는 것은 결국 그것이 있는 장소의 결정 또는 장소의 한정일 뿐이며, 따라서 그 두 용어는 결국 같은 말인 것이다. 특히 인간의 본질은 영혼이라고 주장하면서, 영혼은 새끼손가락에도 들어 있고, 몸의 다른 모든 부분에도 들어 있지만, 이들 부분 가운데 어느 한곳에 있는 영혼은 다른 어느 부분에도 없다고 단정한다. 이런 이치에 맞지 않는 생각으로 하느님을 섬기라고 하니, 누가 이를 따를 수 있겠는가? 그럼에도 몸에서 분리된 무형의 영혼의 실재를 믿고자 하는 사람은 반드시 이 모든 것을 믿어야 한다.

그들은 무형의 실체가 어떻게 고통을 느낄 수 있으며, 어떻게 지옥이나 연옥의 불 속에서 고통을 당할 수 있는지 설명해야 할 때는 불이 영혼을 어떻게 태울 수 있는지는 알 수 없다고만 대답한다.

---

*16 그리스인의.

또한 운동은 장소의 변화이며, 무형의 실체는 장소를 가질 수 없는데도 그들은 영혼이 신체도 없이 여기서부터 하늘이나 지옥이나 연옥으로 어떻게 가는지, 또 인간의 유령이 (또는 그들이 입고 나타나는 옷이라고 해도 무방하다) 밤중에 교회나 묘지 같은 곳을 어떻게 걸어다닐 수 있는지, 그것이 가능한 것처럼 설명하기 위해 안간힘을 쓰고 있다. 이 문제에 대해 그들이 어떻게 대답할지 알 수 없지만, 내 생각에 그들이 할 수 있는 대답은 하나밖에 없다. 즉 영혼은 '경계한정적'으로 걷는 것이 아니라 '한정적'으로 걷는다, 또는 '현세적(temporally)'으로 걷는 것이 아니라 '영적'으로 걷는다는 것이다. 어려운 문제가 나올 때마다 그들은 그런 터무니없는 구별을 적용하곤 한다.

정지해 있는 지금 '영원성'의 의미에 대해서 그들은 그것이 시간의 무한한 계속이라고는 생각하지 않을 것이다. 왜냐하면 그럴 경우 그들의 다른 주장과 모순되기 때문이다. 시간이 끝없이 계속된다는 전제 위에서, 우리는 결과에 앞서 유효한 원인이 있다고 생각하고, 행위에 앞서 그 행위자가 있다고 생각한다. 같은 전제에서 우리는 하느님의 의지와 다가올 일에 대한 예정이 먼저 있어야 그 일에 대한 예지(叡知)도 가능하다고 생각한다. 그러나 그들은 이렇게 생각하지 않기 때문에, 또한 하느님의 이해할 수 없는 본질에 대한 자신들의 대담한 의견을 정당화하기 위해 '영원'의 개념을 우리와 다르게 풀이한다. 그들에 따르면, 영원은 현재 시간의 정지이며(스콜라 학파가 일컫는 것처럼) '정지(停止)해 있는 현재(nunc-stans)'이다. 이게 무슨 말인지는, 장소의 무한한 크기를 기리키는 '정지해 있는 여기(hic-stans)'라는 말을 이해하지 못하는 것과 마찬가지로, 그들도 그 밖의 다른 누구도 모르는 것이다.

많은 장소에 있는 하나의 물체와 다른 장소에 동시에 있는 많은 물체 어떤 물체를 놓고 마음속으로 나눌 때는 부분들을 헤아림으로써 분할하고, 부분을 셀 때는 그 물체가 차지하는 공간도 부분으로 나누어 세므로 물체를 여러 부분으로 나누면, 그 물체가 차지한 공간도 여러 부분으로 나누어진다. 그러므로 물체의 부분의 수와 그 물체가 차지한 공간의 부분의 수는 같다. 더 많거나 더 적은 상황은 아무도 생각할 수 없다. 그러나 그들은 하느님의 전능하신 힘에 의해 하나의 물체가 동시에 여러 장소에 있을 수 있고, 여러 개의 물체가 동시에 한 장소에 있을 수 있다는 것을 우리에게 믿게 하려 한다. 그것은 마치 '하느님의 권능'은 존재하는 것을 존재하지 않게 또는 존재하지 않았던 것을 존재했던 것으로 만들 수 있다고 주장하는 것과 같다. 이런 주장들은 그들이 하느님의 이해할 수 없는 본질에 대해 칭찬하고 숭배하는 대신 철학적으로 논의하는 바람에 처하게 된 모순적 이론의 극히 일부에 지나지 않는다. 하느님의 본질은 알 수 없는 것이기 때문에, 그 본질로 하느님의 속성을 정할 수는 없다. 그분을 공경하고자 하는 우리가 생각해 낼 수 있는 최선의 명칭이 곧 그분의 속성이다. 그러나 공경의 속성에서 감히 그분의 본질을 추론하려는 사람들은 첫 시도부터 실패할 수밖에 없고, 실패가 실패를 낳으며 끝없이 계속된다. 그것은 궁정예절을 모르는 사람이 평소 만나던 사람보다 더 높은 사람을 알현하러 와서, 들어서다가 문턱에 걸리고, 넘어지지 않으려고 버둥대다가 외투를 떨어뜨리고, 떨어진 외투를 집으려 하다가 모자를 떨어뜨리는 것처럼 계속되는 혼란에 의해 그의 당황스러움과 촌스러움을 폭로하는 것과 같다.

형상과 목적
미켈란젤로의 미완의 조각 《눈 뜨는 노예》 (1525). 두루뭉술한 형태의 돌에서 사람의 모습이 서서히 나타난다. 이 조각이 존재하기 위해서는 작가의 의도, 구상 조각이라는 행위가 소재인 대리석과 마찬가지로 필요불가결하다.

무게의 원인이 인력이라는 자연철학의

오류 다음으로 '자연학', 즉 자연적 사물과 현상의 종속적이고 2차적인 원인에 대한 지식에서도 그들은 공허한 말 외에는 어떤 것도 제공하지 않는다. 만일 당신이 왜 어떤 물체는 저절로 땅을 향해 떨어지고, 또 어떤 물체는 땅에서 멀어져 위로 올라가느냐고 물어보면, 스콜라 학파는 아리스토텔레스가 가르친 대로 이렇게 대답할 것이다. 아래로 떨어지는 물체는 '무겁기' 때문이며, 이 '무게'가 아래로 떨어뜨리는 원인이라고. 다시 그들에게 '무게'가 무엇이냐고 물으면, 무게란 지구중심으로 향하려는 노력이라고 정의할 것이다. 그것은 물체가 아래로 떨어지거나 위로 올라가는 이유는 그것들이 그렇게 하기 때문이라고 말하는 것과 같다. 그들은 또 이렇게 말할 것이다. 지구중심은 무거운 물체들이 머물면서 휴식하는 장소이기 때문에 그것들이 그곳에 있으려고 노력하는 것이라고. 돌이나 금속이 인간처럼 욕구가 있어서 가고 싶은 장소를 구별한단 말인가? 또는 인간과는 다른 방법으로 휴식을 즐기기라도 한단 말인가? 유리판이 창에 달려 있는 것보다 길바닥에 떨어져 있는 것이 더 안전하다고 판단하여 떨어진단 말인가?

이미 만들어진 물체 속에 담을 수 있는 양 동일한 물체가 (거기에 추가하는 일 없이) 왜 어떤 때는 다른 때보다 더 커 보이느냐고 물으면 그들은 이렇게 대답한다. 작게 보일 때는 '압축되어' 그런 것이고, 크게 보일 때는 '희석되어서' 그런 것이라고. '압축된다'는 것은 무슨 말이고, '희석된다'는 것은 무슨 말인가? 압축된다는 것은 동일한 물질 속에 전보다 적은 양이 있는 경우이고, 희석되었다는 것은 전보다 양이 많은 경우이다. 마치 양이라는 것은 바로 물질의 한계결정인데 어떤 경계확정된 양을 가지지 않는 물질이 있기라도 한 것 같다. 즉, 양이란 물체의 한계결정이며, 그것에 의해 우리는 어떤 물체가 다른 물체보다 이렇게 또는 이만큼 크다느니 작다느니 하는 것이다. 아니면, 양을 전혀 갖지 않는 물체가 있어서 나중에라도 그 밀도를 마음대로 조절할 수 있기라도 한 것처럼 말한다.

영혼의 주입 인간에게 영혼이 있는 이유에 대해 그들은 '부어넣음으로써 창조된다' 및 '창조됨으로써 부어넣어진다'고 설명한다.

나타남의 편재 감각의 원인에 대해서는 종(種)이 편재(遍在)하기 때문이라고 한다. 즉 대상물의 겉모습 또는 출현의 편재 때문이라는 것이다. 그것은 대상물이 눈에 대한 것이면 '시각'이고, 귀에 대한 것일 때는 '청각'이며, 혀에 대해서는 '미각', 코에 대해서는 '후각', 몸의 다른 부분에 있어서는 '촉각'이다.

의지의 원인인 의지 어떤 특정한 행위를 하고자 하는 의지, 즉 '결의'라고 하는 것의 원인에 대해 그들은 그 원인을 '기능(*faculty*)'이라고 한다. 그것은 때에 따라 이런 저런 일을 하고자 뜻할 수 있는 인간의 일반적 능력을 말한다. 즉 그들은 '의지력'을 행위의 '원인'으로 보는 것이다. 그것은 마치, 어떤 사람이 선행 또는 악행을 하는 이유는 그들이 선행 또는 악행을 할 능력이 있기 때문이라는 말과 같다.

신비로운 원인인 의지　또한 많은 경우에 그들은 자신들의 무지를 자연적 사물과 현상의 원인으로, 그 자신들의 무지, 그러나 다른 말로 위장된 무지를 든다. 예컨대, 우연한 사건들의 원인이 우연이라고 하는 경우가 그러하며 이것은 그들이 그 원인을 모른다는 뜻이다. 또한 어떤 현상들은 '신비적인 성질' 때문에 생긴다고 말한다. 이 말은 곧 그 성질을 모른다는 것이고, 자기들의 생각으로는 어느 누구도 알 수 없다는 뜻이다. 그리고 '공감', '반감', '반지속(反持續)', '특정성질' 등과 같은 용어들도 모두 마찬가지이다. 그것은 현상을 낳는 행위자를 가리키는 말도 아니고, 그 현상을 일으키는 작용을 가리키는 말도 아니다.

만일 그러한 형이상학과 자연학이 공허한 철학이 아니었다면, 그것은 결코 존재하지 않았을 것이고 성 바울이 그것을 피하라고 우리에게 경고할 필요도 없었을 것이다.

한쪽은 사물을 불일치하게 하고, 다른쪽은 불일치성을 만든다　그들의 도덕철학과 정치철학도 그와 동일하거나 더 큰 모순을 안고 있다. 사람이 옳지 않은 행위를 할 경우, 즉 율법에 어긋나는 행위를 할 경우, 그들의 말로는, 하느님은 율법의 첫 번째 원인이고, 다른 모든 행동들의 첫 번째 원인이지만 부정(不正)의 원인은 결코 아니며, 불의는 법에 순응하지 못한 행위라는 것이다. 이것은 공허한 철학이다. 어떤 사람이 직선과 곡선을 하나씩 그어 놓고 그 두 선이 일치하지 않도록 만든 것은 다른 사람이라고 주장하는 격이다. 전제(前提)를 알기도 전에 결론을 내리려는 사람들이나, 이해할 수 없는 것을 이해한다고 주장하면서 명예의 속성에서 본질의 속성을 만든다고 주장하는 사람들은 하나같이 그런 철학을 가지고 있다. 그들의 궤변은 자유의지, 즉 하느님의 의지에 종속되지 않은 인간의 의지가 있다는 주장을 지지하기 위해 만들어진 것이기 때문이다.

개인적 욕구가 공적 욕구에 대한 규칙이다　아리스토텔레스나 그 밖의 이교도 철학자들은 인간의 욕구를 기준으로 선과 악을 정의한다. 각자가 자기자신의 법에 따라 지배를 받는다고 생각한다면, 정녕 그 말이 맞다. 자신의 욕구 이외의 다른 법이 없는 상태에서는 선악의 행위에 대한 일반규칙은 존재할 수 없기 때문이다. 그러나 코먼웰스에서는 개인의 욕구가 아니라 국가의 의지와 욕구인 법이 선악을 구별하는 척도이다. 그런데도 이런 학설은 여전히 통용되고 있어서, 사람들은 자신의 정념을 기준으로 자신과 타인의 행위에 대한 선악을 판단하고 있고, 코먼웰스의 행위에 대해서도 그 기준에 따라 선악을 판단하고 있다. 모든 사람이 공공의 법은 조금도 고려하지 않은 채, 제 눈에 선한 것은 선이고, 제 눈에 악한 것은 악이라고 부르고 있다. 다만 수도사와 탁발수도사는 예외여서 이들은 서약에 따라 상좌(上佐) 수도사에게 완전히 복종하도록 되어 있다. 국민들의 경우에도 자연법에 따라 정치적 주권자에게 복종할 의무가 있다. 개인적 척도로 선과 악을 판단하는 이러한 학설은 공허할 뿐만 아니라 국가에도[*17] 해롭다.

합법적인 결혼의 부정(不貞)함에 대하여 성직자에게 결혼을 금지하는 근거로 순결과 금욕을 주장하는 사람들처럼, 결혼을 하는 것은 순결과 금욕에 반하는 것이며, 따라서 도덕적인 죄악이라고 주장하는 것 역시 허무맹랑한 철학이다. 그들 스스로 고백하다시피 금혼은 필요에 따라 생긴 교회의 제도일 뿐이다. 성직자들의 경우, 제단을 돌보고 성찬식을 주관해야 하기 때문에 순결과 금욕과 청결이라는 명분 아래 여자를 가까이하지 못하게 한 것은 교회의 제도 이외에 아무것도 아니기 때문이다. 그러므로 그들은 합법적인 아내를 두는 것을 순결과 금욕의 결여로 단정하고, 결혼을 죄악시하거나 또는 최소한 제단을 돌보지 못하게 할 정도로 불결하고 불순한 일로 여기고 있다. 그런 규칙이 생긴 이유가, 정말로 아내를 두는 일이 방탕한 일이고, 순결에 어긋나기 때문이라면 모든 결혼은 악덕이다. 또한 만일 그것이 하느님의 일을 하도록 성별된 사람에게는 너무나 불결하고 불순한 일이라면, 모든 사람들이 일상적으로 하고 있는 그 밖의 자연스럽고 필수적인 일들도 마찬가지로 불결하므로 사제들이 해서는 안 될 것이다.

그러나 사제의 결혼을 금지한 것은 단순히 이러한 도덕철학상의 오류에서 비롯된 것으로 생각할 정도로 손쉽게 생겨난 것 같지는 않다. 또한 독신이 결혼생활보다 더 바람직하다고 생각한 성 바울의 지혜에서 비롯된 것도 아니다. 성 바울이 그렇게 생각한 이유는, 복음을 전파하는 사람들이 박해를 받았던 그 시대에는 처가 있으면 이 나라 저 나라로 도망다니기 어려웠

---

*17 코먼웰스와 마찬가지로 국가를 말한다. 라틴어의 res publica에서 온 말로 thing public이라고도 한다.

기 때문이다. 여기에는 감추어진 목적이 있다. 후대의 교황과 사제들이 결혼을 금지한 이유는 자신들이 성직자,[18] 즉 이 세상에서 하느님 나라의 유일한 상속자가 되기 위해서였다. 구세주가 말씀하시기를, 하느님의 나라가 오면 하느님의 자손은 '장가도 가지 않고, 시집도 가지 않고, 하늘에 있는 천사들과 같다'고 했으니 그것은 곧, 신령한 몸이 된다는 것이었다. 다시 말해 그들은 스스로 신령한 몸이라고 자임한 이상, (필요가 없는데도) 아내를 두는 것은 불합리한 일이었다.

민중적이지 않은 통치는 모두 압정이라는 주장　아리스토텔레스의 정치철학을 배운 사람들은 민중적(당시 아테네가 그러했던 것처럼)이지 않은 모든 형태의 코먼웰스를 '참주 정치'로 여겼다. 그들은 모든 왕을 참주라고 불렀고, 아테네를 정복한 스파르타의 후원을 받아 귀족정치 체제를[19] 세운 30명의 통치자를 30인의 참주라고 불렀다. 한편 민주정 아래서 살고 있는 사람들은 '자유'의 상태에 있다고 말했다. '참주(*tyrant*)'는 본디 단순히 군주를 뜻하는 말이었다. 그러나 그리스 대부분의 지역에서 왕정이 폐지되고 나자, 그 말에 새로운 뜻이 추가되어 민중적 정부가 왕정에 대해 품고 있던 증오를 나타내기 시작했다. 마찬가지로 로마에서도 왕이 폐지된 뒤 '왕'이라는 말은 비난어로 변했다. 강대한 적이 가진 속성에 대해 결점을 찾아내 비난하고 싶은 것은 인지상정이기 때문이다. 민주정이나 귀족정에서 통치권을 맡은 자들이 못마땅하게 여겨질 때 사람들은 자신들의 분노를 나타내기 위하여 수치스러운 명칭을 찾기보다는 간편하게 전자를 '무정부 상태', 후자를 '과두정치' 또는 '소수의 전제정치'라고 부른다. 사람들은 각자 원하는 대로 살아가도록 내버려두지 않고, 한 사람이든 합의체이든 공적 대표자가 적당하다는 판단 아래 자신들을 통치를 한다는 사실에 대해 화를 낸다. 그러나 이렇게 통치자들을 비난하는 사람들은, 그러한 자주적 정부가 사라질 경우에 사회가 끝없는 내란에 휘말리게 된다는 사실을 모르고 있으며, 내란이 일어난 뒤에도 얼마동안은 그러한 사실을 깨닫지 못할 것이다. 그들은 말과 약속이 아니라 병사와 무기가 법의 힘과 권력을 만든다는 사실을 결코 모른다.

---

*18 clergy의 어원이 세습재산인 것에 대해서는 제3편 42장을 보라.
*19 펠로폰네소스 전쟁에서 아테네를 물리친 스파르타(라케다이몬)는 아테네의 구세력에 의한 30인 평의회에 통치를 맡겼으나, 그들은 1년도 지나지 않아 시민에 의해 추방되었다.

사람이 아니라 법이 통치한다는 주장 그러므로 질서가 제대로 잡혀 있는 코먼웰스에서는 사람(병사)이 아니라 법이 통치해야 한다는 주장은 아리스토텔레스 정치학의 또 하나의 오류이다. 감각기관은 정상이지만 읽을 줄도 쓸 줄도 모르는 사람에게, 그가 복종하지 않으면 죽임을 당하거나 다칠 수 있다는 것을 대체 어떻게 알려줄 것인가? 법이, 즉 사람의 손과 칼을 수반하지 않는 말과 종이가 그를 해칠 수 있다는 것을 어떻게 믿게 할 것인가? 법치 주장은 오류 중에서도 매우 위험한 오류에 속한다. 왜냐하면 이런 학설은 사람들을 부추겨, 통치자가 마음에 들지 않을 때마다 그를 압제자라고 부르면서, 그를 상대로 전쟁을 일으키는 것을 합법적이라고 생각하도록 만들기 때문이다. 그런데도 이런 학설은 성직자들의 설교에 수시로 등장하여 찬양받고 있다.

양심을 지배하는 법 그들의 정치철학에는 또 하나의 오류가 있는데(그들은 이것을 결코 아리스토텔레스나 키케로 또는 다른 이교도에게 배운 것이 아니다), 그것은 법이 행위에 대한 규칙임에도 불구하고 법의 힘으로 사람들의 사고와 양심까지 지배하려 한다는 점이다. 말과 행동이 법에 일치하면 그것으로 충분한데도, 내면의 사고까지 조사하고 '심문'한다. 이로써 사람들은 진심을 말했기 때문에 처벌을 받거나, 처벌이 두려워서 거짓으로 대답하게 된다. 위정자는 가르침을 담당할 대행자를 고용하기에 앞서 이러이러한 교리를 가르칠 수 있겠느냐고 그에게 물어볼 수 있고, 부정적인 답변을 할 경우, 그를 고용하지 않을 수도 있다. 그러나 그가 법으로 금지된 행위를 하지 않는 한, 자신과 다른 의견을 가지고 있다는 이유만으로 그를 단죄하는 것은 자연법에 어긋난다. 사람이 잘못된 그리스도교 신조를 지닌 채 죽으면 영원한 고통을 받게 된다고 가르치는 사람들의 경우에 특히 그러하다. 오류 속에 그렇게 큰 위험이 있음을 알면서 자기 판단대로 하다가 자기 영혼을 위태롭게 만들 사람은 아무도 없다. 하지만 자신의 운명에 대해 가장 관심이 많은 사람은 다른 사람이 아닌 자기 자신 아니겠는가?

법에 대한 개인적인 해석 코먼웰스로부터 권위를 위임받지 않은 한 개인, 즉 코먼웰스의 대표자의 허락을 받지 않은 한 개인이, 자신의 사고에 따라 법을 해석하는 것 역시 하나의 정치학적 오류이다. 그러나 이것은 아리스토텔레스에게서도, 이교도 철학자들에게서도 배운 것이 아니다. 왜냐하면 그들 중 누구도 입법 권력에는 그 법을 해석하는 권력도 포함되어 있다는 것을 부정하지 않기 때문이다. 《성경》도, 그것이 법인 모든 사항에 있어서 코먼웰스의 권위에 의해 법이 되었고, 따라서 시민법의 일부가 아닌가?

코먼웰스가 금지하지 않은 권력을 누군가가 갖는 것을, 주권자 이외의 누군가가 금지하려고 하는 경우도 바로 그런 종류의 오류에 속한다. 예컨대, 복음전파의 자유가 법적으로 허용되어 있음에도, 하나의 특정 계층의 사람들이 독점하는 것이 여기에 해당한다. 국가가 나에게 설교를 허락한다면, 즉 국가가 나의 설교를 금지하지 않는다면 어느 누구도 나의 설교를 금지할 수 없다. 가령 내가 아메리카의 우상숭배자들 속에 있다면 그리스도교도인 내가 예수 그리스도의 복음을 전파하는 경우, 로마로부터 성직을 받지 않고 설교를 했다는 이유로 죄가 되는가? 성직자가 아닌 내가 설교를 한 다음 사람들의 질문에 대답하고 《성경》을 해설해 주면 안 되는 것인가? 즉 나는 그들을 가르치면 안 되는 것인가? 그러나 여기에 대해 이렇게 대답할 사람이 있을지도 모른다. 성례가 필요하니까 성례를 맡는 사람이 있듯이, 그 경우에는 설교하고 가르칠 필요가 있으니까 그렇게 해도 된다고 말이다. 그 말은 맞다. 그러나 필요에 대해 특별면허가 주어져야 한다는 것은, 그것을 금지하는 법이 없다면, 특별 면허도 필요하지 않을 것이다. 그러므로 정치적 주권자가 금지하지도 않은 일을 다른 사람이 금지하는 것은 합법적 자유를 박탈하는 것이며, 그것은 정치적 통치에 대한 학설에 어긋난다.

스콜라 신학자들이 종교 안으로 끌어들인 공허한 철학은 이밖에도 많기 때문에, 조금만 주의 깊게 살펴보면 누구라도 찾아낼 수 있다. 여기서는 한 가지만 더 덧붙이겠다. 스콜라 신학자들의 저술은 대부분 낯설고 조잡한 말이나, 라틴 사람들이 일상적으로 사용하던 것과는 다르게 사용된 말의 의미도 없는 나열일 뿐이어서 키케로나 바로[20] 같은 고대 로마의 문법학자들이 고개를 갸우뚱거릴 말로 가득 차 있다. 직접 확인해 보고 싶은 사람은 (앞에서도 말한 것처럼[21]) 스콜라 신학자들의 주장을 불어나 영어 또는 다른 어떤

---

[20] Marcus Terentius Varro(BC 116~27)는 고대 로마의 언어학자로 저서는 55점이 넘었다고 하지만 현존하는 것은 다음의 두 가지뿐으로, 홉스가 여기서 언급하고 있는 것은 그 중 전자이다. *De lingua latina libri* XXV ; *Rerum rusticorum libri* Ⅲ.

[21] 1부 8장의 끝부분.

언어라도 괜찮으니 근대어로 번역이 되는지 한 번 시도해 보기 바란다. 그들의 라틴어 문장은 라틴 사람들도 뜻을 알 수 없는 문장이다. 뜻을 알 수 없는 말을 허위의 철학이라고 부를 수는 없지만 그런 말은 진리를 덮어버릴 뿐만 아니라, 사람들이 이미 진리를 얻었다고 착각하게 하여, 더 이상의 탐구를 단념하게 하는 성질을 갖고 있다.

전설에서 오는 오류 마지막으로, 날조되거나 불확실한 역사에서 흘러든 오류가 있다. 성자들의 생애와 관련해 지어낸 기적에 대한 모든 전설, 로마교회의 박사들이 주장하는 지옥과 연옥에 대한 이야기, 귀신을 물리치는 능력에 대한 주장 등이 바로 그것이다. 그것은 하나같이 《성경》에도 근거가 없고, 이성적으로도 납득할 수 없는 이야기들이다. 그들은 그것이 기록되지 않은 하느님의 말씀이라고 주장하지만, 어찌 하느님이 그런 헛된 이야기를 했겠는가? 유령의 출몰에 대한 모든 이야기는 그들이 신의 이야기라고 하는 모든 전설과 마찬가지로 할머니의 옛날 이야기와 다를 바 없다. 초대 교부들의 저작에서 그런 이야기를 몇 가지 찾아 볼 수는 있다. 교부들도 인간인 이상, 그릇된 보고들을 쉽게 믿었을 수도 있다. 그러므로 그런 헛된 이야기들을 놓고, 초대 교부들이 믿었던 사실을 진실성의 증거로 제시하는 것은, 초대 교부들이 허위보고를 성급하게 믿는 사람들이었다는 점을 부각시켜 그들의 증언의 신빙성을 떨어뜨리는 결과를 초래한다. 그렇다면 "영을 분별하라"(요한1서 4장 1절)는 성 요한의 충고에 따라,*22 로마교회의 권력에 대한 초대 교부들의 언급까지 다 의심해 보아야 한다. 즉 그 권력의 남용을 미처 생각하지 못한 부분에 대해, 그리고 그러한 권력이 주는 혜택에 대해, 우리는 초대 교부들과 다르게 생각해야 할 것이다. 초대 교부들은 독실한 사람들이었지만 자연과학적 지식은 없었다. 이런 사람들은 거짓말에 쉽게 속는다. 선량한 사람일수록 남을 의심할 줄 모르기 때문이다. 교황 그레고리우스와*23 성 베르나르두스(*St. Bernard*)*24는 유령들의 출몰에 대해, 그들이 연옥에 있

---

*22 "사랑하는 자들아 영을 다 믿지 말고 오직 영들이 하느님께 속하였나 분별하라. 많은 거짓 선지자가 세상에 나왔음이라."

*23 그레고리우스 8세(?~1187)는 교황대법관으로서 토마스 베케트 살해사건을 조사 담당했고, 교황이 된 뒤에는 십자군의 재편에 힘썼으나, 재위 두 달이 지나지 않아 열병으로 죽었다.

*24 클레르보의 성 베르나르두스(Bernardus, 1091~1153)는 프랑스인으로 중세 신비주의의 창시

다는 식으로 말한 바 있고, 비드(*Bede*)*25도 그렇게 말했다. 하지만 나는 그들이 다른 사람으로부터 보고받은 이야기를 전한 것이라고 믿고 있다. 그런 헛된 이야기를 자신의 지식에서 나온 것이라고 주장하는 사람은, 허위보고를 더욱 확인하는 것이 아니라 자신의 결함 또는 기만적 의도를 폭로하게 될 것이다.

이성의 억압 합법적 권한도 없고, 충분한 연구도 하지 않아서 진리의 판단자가 될 자격을 갖추지 않은 사람들이 허무맹랑한 철학을 끌어들인 다음에 하는 일은 바로 진정한 철학을 억압하는 것이다. 그동안의 항해를 통해 지구에는 대척점이 있다는 것이 밝혀졌으며, 해가 바뀌고 날이 바뀌는 것은 지구의 운동 때문이라는 것도 점점 분명해지고 있다. 그런데도 사람들은 저술을 통해 그런 의견을 제시하고, 찬반의 이유를 밝히는 계기로서 그러한 주장을 가정하기만 해도 교회 권력의 처벌을 받아 왔다. 그러나 어떤 처벌의 이유가 있는가? 그런 의견들이 진정한 종교에 반하는 것이기 때문인가? 그 의견들이 진리라면 그런 일은 있을 수가 없다. 그러므로 그런 의견들이 진리인지 아닌지를 판단할 자격이 있는 유능한 사람들로 하여금 조사를 하게 하거나, 아니면 반대 주장을 하는 사람들에게 반박하게 하라. 그것은 그것들이 기성종교에 어긋나기 때문인가? 그것이 이유라면 그런 학설들을 가르치는 교사들이 복종하는 주권자의 법, 즉 시민법으로 그들을 침묵시키면 된다. 왜냐하면 아무리 참된 철학이라 하더라도 법으로 금지한 것을 가르칠 경우에는 합법적으로 처벌할 수 있기 때문이다. 탄압의 이유가 정치 질서를 파괴할 우려가 있고, 반란이나 소요를 일으킬 위험이 있어서인가? 그렇다면 그런 학설을 가르치는 교사들을 침묵시키고 처벌해야 한다. 그러나 이 일은 공공의 안녕을 책임지고 있는 사람이 자신의 권한으로, 즉 정치적 권한으로 해야 한다. 교회가 국가에 종속되어 있는 상황에서, 교회 권력이 하느님의 권한을 내세워 그런 일을 하겠다고 나서는 것은 권력을 가로채는 일밖에 되지 않는다.

자. 아베라르와의 논쟁, 알비파 탄압에도 중요한 역할을 했다.

*25 성 비드(St. Bede, 672~735)는 영국의 역사가·성경학자로, 연대를 표시하는 데 처음으로 anno Domini(주의 해)를 도입했다.

47 그러한 어둠에서 생기는 이익과 그 수익자들

어떤 행위에 의해 이익을 얻는 자는 그 행위의 본인으로 추정된다 키케로는 로마인 가운데 엄격한 재판관이었던 카시우스 가문의 한 인물에 대해 언급하면서 칭찬하고 있다.[*1] 그는 형사사건에서 습관적으로 (목격자의 증언이 불충분할 경우) 고발자에게 "누가 이익을 보는가(*cui bono*)?"라고 물었다고 한다. 다시 말해 이 범죄행위(Fact)로 인해 피고소인이 어떤 이익과 명예와 기타 만족을 얻었는지, 또는 얻을 것으로 기대되는지를 물었던 것이다. 여러 가지 추정 가운데 그 행위의 이익만큼 본인을 명료하게 알려주는 것은 없기 때문이다.

나는 여기서 그리스도교 교리에도 동일한 규칙을 적용해 보고자 한다. 즉 그리스도교 세계의 일부인 우리 나라에서 인류의 평화로운 사회에 어긋나는 그릇된 교리로 그토록 오랫동안 사람들을 얽매어 온 자들이 누구였는지 검토하려는 것이다.

지금 싸우고 있는 교회가 하느님의 나라라는 교리는 로마교회가 처음으로 주장했다 첫째, '지금 지상에서 싸움을 벌이고 있는 현재의 교회는 하느님의 나라'(즉 영광의 나라 또는 약속의 땅이지, 땅의 약속일 뿐인 은총의 나라가 아니다)라고 하는 그릇된 사상에는 다음과 같은 세속적 이익이 결부되어 있다.

우선 교회의 목사와 교사들은 그것에 의해 하느님의 공적 대행자로서 교회를 지배할 권리와 자격이 주어진다. 따라서 그들은 (교회와 코먼웰스는 동일한 인격이므로) 코먼웰스의 지도자와 위정자의 자격을 지닌다. 바로 이러한 자격에 의해 교황은 그리스도교도 군주들의 통치를 받는 모든 국민들을 설복하여 자기를 따르지 않는 것은 곧 그리스도를 따르지 않는 것이라고 믿게 하고, 제 마음에 들지 않는 (군주들도 '영적 권력'이라는 말에 홀려 있다) 합법

[*1] 키케로가 루키우스 카시우스 Lucius Cassius Longinus Ravilla에 대하여 쓴 것. Pro Milone, XII ; Pro Roscio Aer. LXXXVI.

적인 주권자들을 마음대로 갈아치울 수 있다. 그것은 사실상 그리스도교 세계 전체를 지배하는 보편적 군주정인 셈이다. 교황이 그리스도교 교리에 관한 최고 교사의 권한을 처음으로 가지게 된 것은 그리스도교도 황제에 의해서였고, 황제 아래에서 그리고 (그들의 승인을 받은) 로마제국의 영토에서만 그러했다. 이때 그들의 명칭은 '최고제사장(*Pontifex Maximus*)'이었고, 그들 역시 국가권력에 복종해야 하는 신하였다. 그러나 제국이 분할되고 해체된 뒤, 그들에게 국민들의 믿음을 이용하여 또 하나의 자격을 내세우는 것은 그리 어려운 일이 아니었다. 이른바 '성 베드로의 권리'가 그것이었다. 그것은 그들이 참칭하는 권력을 정당화하기 위해, 그리고 로마제국에 통합되지 않은 그리스도교 지역에까지 권력을 넓히기 위해서였다. 이러한 보편적 군주국이 누구에게 이익이 되는지에 대해서는 (인간의 지배욕을 생각해 보면) 다음과 같은 추정이 충분히 가능하다. 즉 그것은 지금 이 땅의 교회가 그리스도의 나라라는 교리를 만든 사람, 그 교리로 인해 더 많은 권력을 주장하고 오랫동안 그 권력을 누려온 교황들이었다고 할 수 있다. 이 땅의 교회가 그리스도의 나라라는 교리가 성립되면, 그리스도의 계명을 우리에게 전해 줄 대리자가 있어야 하며, 교황이 바로 그 적임자라고 주장할 수 있게 된다.

교황의 이러한 보편적 권력을 부정한 몇몇 교회들은 어떻게 되었을까? 그 교회들의 경우, 교황이 주장했던 그 권력을 정치적 주권자들이 되찾았을 것이라고 기대할 것이다. 이것은 이치에 맞는 추론이다. 왜냐하면 그 권력들은 그들이 분별없이 포기하기 전에는 정치적 주권자의 권한이고, 그들의 수중에 있던 권한이었기 때문이다. 영국에서는 실제로 그런 일이 벌어졌다. 예외가 있다면, 국왕으로부터 종교업무를 위임받은 자들이 자신들의 직무를 하느님의 권리라고 주장했고, 정치권력보다 우위에 있다고까지 할 수 없어도 정치권력으로부터 독립성을 가로채는 것처럼 보였다는 점이다. 그러나 이것도 그렇게 보인 것일 뿐이지 실제로 그랬던 것은 아니다. 왜냐하면 그들의 직무를 마음대로 박탈할 권리가 국왕에게 있다는 것을 그들도 인정하고 있었기 때문이다.

장로회에 의해 유지되었다 그러나 장로회가 교권을 장악하고 있는 곳에서는 로마교회의 교리 중 상당부분을 가르치는 것을 금지했지만, 그리스도의 나라가 이미 이 땅에 왔다는 것, 그리고 그것은 우리 구세주의 부활로 시작되었다는 교리만은 그대로 유지했다. 그러나 이 교리로 '누가 이익을 보는가?' 이 교리로 그들은 어떤 이익을 기대한 것일까? 교황들이 기대했던 것과 동일한 이익, 즉 국민들에 대한 주권적 권력을 기대했던 것이다. 즉 국민들을 선동하여 합법적인 왕을 파문하고, 하느님께 예배하는 장소에서 그들을 몰아내며, 무력으로 저항할 경우에는 같은 무력으로 왕을 몰아냈다. 또 정치적 주권자로부터 위임받은 권한도 없으면서 동포들을 마음대로 파문하고, 합법적 권력을 가로채는 등, 불법적 권력을 휘둘렀다. 그러므로 이 종교적 어둠을 일으킨 장본인은 로마의 성직자들과 장로회의 성직자들이었던 것이다.

무류성(無謬性) 이 항목에 나는 그들이 일단 영적 주권을 얻은 뒤, 그것을 계속해서 소유하는 데 도움이 되는 모든 교리도 포함시킨다. 첫째, 교황은 직무 수행에서 오류를 범하지 않는다는 것이다. 이것을 진실이라고 믿으면서 그의 명령에 기꺼이 복종하지 않을 사람이 과연 누가 있겠는가?

주교들의 복종 둘째, 모든 코먼웰스의 주교들은 그 교권을 하느님으로부터 직접 받은 것도 아니고, 정치적 주권자로부터 간접적으로 받은 것도 아니며, 오직 교황으로부터 받았다는 교리이다. 이 교리에 의해 모든 그리스도교 코먼웰스에는 자기 나라의 군주가 아니라 다른 나라의 군주인 교황에게 의존하고, 교황에게 충성을 바치는 수많은 유력자들(즉 주교들)이 존재하게 된다. 이러한 수단에 의해 교황은 자신의 뜻과 이익에 맞게 통치할 수 있도록 그에게 복종하지 않는 나라에 대해 내란을 일으킬 수 있다.

성직자의 면제 셋째, 주교들을 비롯한 모든 사제들과 수도사, 탁발수도사는 시민법이 적용되지 않는 치외법권을 가지고 있다는 것이다. 그들은 이 수단에 의해, 모든 코먼웰스에서 국가권력의 보호를 받고 법의 이익을 누리면서도 세금은 한 푼도 내지 않고, 그들의 범죄에 대한 정당한 처벌에 다른 국민들처럼 복종하지 않는다. 따라서 이들은 교황 외에는 아무도 두려워하지 않으며, 오로지 교황에게만 충성을 바치고, 그의 보편적 왕국을 옹호하려 한다.

제물을 바치는 사람 및 사케르도테스라는 명칭 넷째, 사제들(《신약성경》에서는 장로 즉 노인들)에게 '사케르도테스', 즉 '제물을 바치는 사람(*Sacrificer*)'이라는 명칭을 부여했다. 그것은 유대인들이 하느님을 왕으로 섬기던 시절에 정치적 주권자와 그의 공적 대행자를 가리키던 말이었다. 또한 성찬식, 즉 Sacrifice는 모세와 아론과 대제사장이 유대인들에게 절대 권력을 가지고 있었던 것처럼, 교황이 모든 그리스도교도들에 대해 절대적 권력, 즉 교권과 정치적 권력을 동시에 가지고 있다는 것을 사람들이 믿도록 하는 데 도움이 된다.

혼인의 성례화　다섯째, 혼인을 성례의 하나로 여기는 교리는, 성직자에게 결혼의 합법성을 판단하는 권한을 부여한다. 이로써 세습왕국의 계승권을 대하여 적자(嫡子)가 누구인가를 판단하는 권한도 성직자가 가지게 된다.

사제들의 독신생활　여섯째, 사제들에 대한 결혼 금지는 왕에 대한 교황의 지배권을 더욱 확보하는 데 도움을 준다. 만일 왕이 사제라면 그는 결혼을 해서 자손에게 왕국을 물려줄 수 없기 때문이다. 왕이 사제가 아닐 경우에는 교황은 교권을 내세워 그와 그의 국민들을 지배할 수 있다.

고해성사　일곱째, 고해성사 역시 그들의 권력 강화에 도움이 된다. 이 성사를 통해 군주와 시민국가의 유력자들의 동향에 대해 그들이 교회의 동향에 대해 알 수 있는 것보다 더 많은 정보를 얻기 때문이다.

성자 서열 및 순교자 선고　여덟째, 성자의 반열에 올리는 것과 순교자임을 선포하는 것도 그들의 권력을 강화한다. 교황이 정치적 주권자를 파문하고, 그를 이단자로 또는 교회의 적, 즉 (그들의 해석에 따라) 교황의 적으로 선포한 경우, 사람들은 죽음을 각오하고 그 정치적 주권자의 법과 명령에 완강히 반대하게 된다.

성체화·속죄·사면　아홉째, 그들이 모든 사제들에게 부여하는, 그리스도를 만드는 힘, 속죄를 내리는 힘, 죄를 사면하거나 보류하는 힘에 의해 권력을 강화한다.

연옥·면죄, 외면적인 행위　열째, 연옥, 외면적인 행위에 의한 죄 사함, 그리고 면죄부의 교리에 의해 성직자는 부유해진다.

귀신론과 귀신물리기　열한째, 귀신론과 귀신물리기 의식을 통해 사람들로 하여금 그들의 권력을 더욱더 두려워하게 만든다(또는 그런 효과가 있을 것이라고 생각한다).

스콜라 철학　마지막으로, 아리스토텔레스의 형이상학·윤리학·정치학 및 스콜라 학자들의 세세한 구별, 거친 용어, 애매한 언어를 대학에서 가르침으로써 (모든 대학은 교황의 권위로 세워지고 규제를 받아 왔다), 그들의 오류가 드러나는 것을 막고, 사람들로 하여금 철학의 허무맹랑한 '도깨비불'을 복음의 빛으로 오해하게 만든다.

영적 암흑의 창조자들, 그들은 누구인가 지금까지 살펴본 것으로 충분치 않다면 그들의 다른 음험한 교리들을 더 덧붙일 수도 있다. 즉 그러한 교리들이 가져다 주는 이익은 그리스도교도 국민들의 합법적 주권자 위에 또 하나의 불법적 권력을 세우고, 또는 이미 세워져 있을 때는 그 권력을 유지할 수 있게 해 주고, 그 권력을 지탱하는 사람들의 세속적인 부와 명예와 권력에 공헌한다는 것이다. 따라서 앞에서 말한 '누가 이익을 보는가'의 규칙에 의해 다음과 같이 분명하게 선언할 수 있다.

즉 이 모든 영적 어둠의 장본인들은 교황과 로마 성직자들과 그 밖에 지금 이 땅에 있는 교회가 《구약성경》과 《신약성경》에 나오는 하느님의 나라라는 교리를 사람들의 마음속에 자리잡게 하려고 애쓰는 자들이라는 것이다.

그러나 황제를 비롯한 그리스도교도 주권자들에게도 책임이 있다. 교직을 차지하고 앉은 사람들이 그러한 그릇된 교리를 은밀히 전파하고, 재산과 평화를 교란시킨 책임이 있는 것이다. 그러한 교리들이 장차 어떤 상황을 초래할 것인지 내다보지 못하고, 교사들의 기도에 대한 통찰력이 없었기 때문에, 자기 자신은 물론이고 나라마저 화를 입게 된 것이다. 그들의 권위가 없었다면 그런 선동적 교리는 애초부터 있을 수 없었을 것이기 때문이다. 사람들은 처음에 그것을 저지할 수 있었을지도 모른다. 그러나 때를 놓쳐, 그런 영적인 사람들에게 사로잡히고 나면 어떠한 인간적인 구제방법도 소용이 없게 되고 만다. 이제는 하느님께서 내릴 구제책과 호의를 기다려야 한다. 하느님은 때를 기다려 진리를 거스르는 자들의 모든 간계를 반드시 벌하기 때문이다. 하느님은 때를 기다린다. 적들이 그 야심과 함께 번성하여 크게 성장하면, 그에 따라 폭력도 증가하고 바로 그 폭력이 국민들의 눈을 뜨게 만든다. 선행자들의 신중함으로 인해 닫혀 있던 국민들의 눈이 이때 열리게 된다. 그리고 너무 많은 고기 떼가 걸려들어 찢어진 베드로의 그물처럼,[*2] 모조리 잡으려다 다 놓치는 일이 벌어지고 마는 것이다. 국민들의 눈이 열리기

[*2] 시몬이라 불리던 베드로가 예수의 말에 따라 갈릴리 호수에 그물을 던졌을 때의 일(누가복음 5장 6절)인데, 홉스의 본문에 관한 예증으로서 적절한지는 의문이다.

도 전에 그들의 횡포에 성급하게 저항하는 것은 오히려 상대편의 힘을 증대시켜 줄 뿐이다. 그러므로 나는 프리드리히 황제가 우리 나라 출신의 교황 하드리아누스*3의 등자(鐙子)를 잡은 것(시종 노릇을 한 것)을 비난할 생각은 없다. 당시 국민들의 여론이 그러했기 때문에, 만일 그가 그렇게 하지 않았더라면 그는 제국(신성로마제국)의 황제 자리에 오르지 못했을 수도 있기 때문이다. 그러나 초기, 즉 정치적 주권자로서의 권력이 완전했을 때조차, 자기 영토의 대학을 지배하고 있었을 때조차 그런 교리들이 대학에서 논의되도록 방치하면서, 교황의 시종 노릇을 했던 왕들은 비난받아 마땅하다. 그들이 잡아준 등자를 밟고 모든 그리스도교도 주권자의 왕좌에 오른 교황들은 마음대로 그들과 국민들을 혹사했던 것이다.

그러나 사람이 엮어 놓은 것은 다시 풀 수도 있다. 방법은 같지만 순서는 반대가 된다. 그들의 권력을 낳은 최초의 직물(織物)은 사도들의 덕성이었다. 지혜와 연민과 성실에 사람들은 감동했고, 의무가 아니라 마음에서 우러난 공경심으로 개종했고, 복종했다. 그들의 양심은 자유로웠고 그들의 말과 행위는 정치권력 이외의 어떤 것에 대해서도 복종하지 않았다. 장로들은 (시간이 흘러 그리스도의 양 떼가 늘어났으므로) 가르쳐야 할 교리에 대해 함께 모여 생각하기 시작했고, 장로회의에서 결의한 교리만 가르치기로 합의했다. 신도들은 이 교리에 복종할 의무가 있었고, 복종하지 않을 때는 동료로 인정하는 것을 거부당했다. (이것을 당시에는 파문이라고 불렀다) 즉 불신자이기 때문이 아니라, 그들에게 불복종한 죄로 파문을 당해야 한 것이다. 이것이 바로 신도들의 자유를 속박한 첫 번째 매듭이다. 장로들의 수가 늘어나자 주요 도시 또는 속주의 장로들이 지방의 장로들을 직접 지배하게 되었고, 주교(主敎)라고 칭하게 되었다. 이것이 그리스도교도들의 자유를 속박한 두 번째 매듭이다. 마지막으로 로마 주교는 황제가 있는 수도에 있다는 이유로, 제국의 모든 주교에 대한 지배권을 행사했다. (부분적으로는 '최고제사장'의 이름을 허락한 황제들 자신의 의지도 일조했고, 나중에 황제의 권력이 약화되었을 때는 성 베드로의 특권을 내세웠다) 이것이 바로 마지막인 세 번째 매듭이다. 이로써 교황의 권력(*Pontificial Power*)은 완전하게 '종합'되고, '구성'되었다.

---

*3 Hadrianus IV, 1100?~1159. 영국의 세인트 올번스에서 출생했다고 한다. 황제 프리드리히 바르바로사는 몇 명의 교황들과, 투쟁과 화해를 되풀이했다.

그러므로 '분석' 또는 '분해'는 방법은 같았지만, 우리가 잉글랜드의 초정치적 교회통치의 해체에서 볼 수 있듯이 마지막에 맺어진 매듭에서 시작된다. 첫째, 교황의 권력은 엘리자베스 여왕에 의해[*4] 완전히 해체되었고, 그때까지 교황으로부터 권한을 위임받아 사제직을 수행하던 주교들은 여왕과 그의 계승자들로부터 권한을 위임받아 사제직을 수행했다. 다만 '하느님의 권리에 의해'라는 말을 보류함으로써 그들은 그것을 하느님으로부터 직접 받은 권리에 의해 요구하는 것으로 생각되었다. 이렇게 하여 첫 번째 매듭은 풀렸다. 그 뒤에 영국의 장로들은 최근에 '주교제'를 폐지하는 성과[*5]를 올렸고, 이로써 두 번째 매듭이 풀렸다. 그리고 거의 동시에 장로들의 권력도 박탈되었다. 그리하여 이제 우리는 원시 그리스도교도의 독립성으로[*6] 돌아가 바울을 따르든, 케페우스를 따르든, 아폴론을 따르든, 각자 자기가 원하는 대로 믿을 수 있게 되었다. 신도들이 따르는 목사가 누구냐에 따라, 서로 파를 갈라 싸우거나 그리스도의 교리를 달리 해석하는 일만 (바울 사도는 고린도 교회 사람들의 시기와 싸움을 나무란 적이 있다[*7]) 없다면 가장 좋을 것이다.

첫째, 사람의 양심을 지배하는 힘은 '말씀' 그 자체의 힘밖에 없기 때문이며, 그 말씀의 힘이란 심는 사람이나 물을 주는 사람 뜻대로 되는 것이 아니라, 그것을 자라게 하는 분, 즉 하느님의 뜻에 달려 있을 뿐이다. 둘째, 아무리 작은 오류를 저질러도 큰 위험이 따른다고 가르치는 사람들이 무조건 자기의 이성을 따르라고 하는 것도 불합리한 일이다. 자기 자신의 이성을 가지고 있는 사람들에게 다른 어떤 사람의 이성 또는 다수의 이성에 따르라는 것은 불합리하기 때문이다. 그것은 자신의 구원을 십자가와 화형의 장작불에 맡기는 것보다 나을 것이 없다. 교직자들도 옛날의 권위를 잃어버렸다

---

*4 헨리 8세에 의한 로마와의 단절을 메리 여왕이 복구한 뒤에 엘리자베스 여왕이 다시 단절한 일.

*5 영국혁명에 있어서의 감독제=주교제의 폐지. 이 명칭은 영국 교회의 것이다.

*6 영국혁명의 와중에 교회조직이 장로파에서 독립파로, 다시 평등파로, 해체되어 간 것을 가리키는데, '각자 가장 바라는 대로'라고 하는 무교회주의는 평등파 속에만 있다. 그것을 홉스가 최선으로 보고 있는 것은 주목할 만하다.

*7 바울은 고린도 사람들이 사도들 가운데 누구를 따를 것인지를 놓고 벌이는 다툼을 나무라고 있다(고린도전서 1장 10~13절). 그러나 인격에 애착을 갖고 교리를 꾀한다는 의미는 아니다.

고 못마땅해할 것 없다. 그들은 그런 권력이 처음에 어떻게 해서 생겨났는지 누구보다 잘 알고 있기 때문이다. 그 권력을 유지하기 위해 필요한 것은 지혜와 겸손, 곧은 교리의 명백성과 성실한 교제가 아니었던가? 자연과학을 억압하고, 자연적 이성의 도덕을 억압해야만 권력이 유지되는 것은 아니다. 또한 모호한 말로 사람들을 홀리고, 현학을 과시한다고 해서 될 일도 아니요, 종교를 구실로 삼은 기만으로 될 일도 아니다. 오늘날 하느님 교회의 목사

헨리 8세(1491~1547)
자신의 결혼문제를 로마 교황이 간섭하자, 영국 국교회를 설립하여 종교개혁을 단행하였다.

들이 저지르는 잘못은 그 자체로 과오일 뿐만 아니라, 사람들의 걸림돌이 되어 그들을 넘어지게 하는 비행이다. 권위로 억압하기 때문에 이런 일들이 발생하는 것이다.

교황제와 요정의 나라의 비교 그렇지만 '지금 싸우고 있는 교회가 《구약성경》과 《신약성경》에 나오는 하느님의 나라'라는 교리가 세상에 받아들여진 뒤로 어떤 일이 일어났는지를 보라. 각종 교직을 둘러싼 야심과 운동이 만연하게 되었고, 특히 그리스도의 대행자로서의 군림을 노리고 높은 직책을 차지하기 위한 싸움이 갈수록 심해지고 있다. 또한 공인으로서의 책무를 다해야 할 교직자들의 화려한 겉모습이 도를 넘어서고 있음을 본다. 목자라는 사람들이 이러고도 사람들의 마음에서 우러난 존경을 바라는가? 법치국가의 공직자 가운데 가장 현명한 사람들은 군주의 명령 한 마디에 모두 교직자들로부터 등을 돌렸다고 하지 않은가? 그들의 교리가 너무나도 수준 이하였기 때문이다. 로마의 주교가 성 베드로를 계승한다는 구실로 보편적 주교로서 인정받은 이래 지금까지 그들이 구축한 위계질서, 즉 어둠의 나라는

'요정(妖精)의 나라'에 비유해도 손색이 없다. 요정의 나라는 영국의 노파들이 '지어낸 이야기'로, 유령과 정령들이 밤에 모여 잔치를 여는 이야기이다. 사람들이 지금의 광대한 교회적 영토의 근원이 어디서 왔는지를 생각해 보면, '교황제도'가 사멸한 '로마제국'의 '유령'이 무덤 위에 앉아 왕관을 쓰고 호령하는 것과 다름이 없다는 것을 쉽게 알 수 있을 것이다. 교황제도는 그 이교도 권력의 폐허에서 갑자기 생겨난 것이다.

그들이 교회와 공공적 행위에서 사용하는 언어인 '라틴어'는 오늘날 세계 어느 나라에서도 사용되지 않고 있는데 그렇다면 그것은 옛 '로마어'의 '유령'이 아니고 무엇이겠는가?

'요정'은 어느 나라에 나타나든지 그들의 보편적인 왕은 하나이다. 우리 시대의 몇몇 시인들은 그 왕을 '오베론(Oberon)'이라고 부르는데,*8 《성경》에서는 귀신의 왕 '바알세불'이라고 부른다. 마찬가지로 교직자도 어느 나라에서 교직활동을 하든지 한 명의 보편적 왕, 즉 교황 외에는 인정하지 않는다.

'교직자'는 '영적인' 사람이며 '유령 같은' 신부(神父)이다. 요정은 '정령'이며 '유령'이다. 요정과 유령은 어둠과 고독과 무덤 속에 살며, 교직자는 모호한 교리와 수도원·교회·묘지 속을 거닌다.

교직자들에게는 대성당이 있다. 어느 도시에 세워지건 대성당에서는 성수(聖水)를 만들고, 귀신물리기라고 하는 신통한 능력 덕분에 그 도시를 제국의 중심 도시로 만들어 놓는다. 요정들도 그들이 마법을 건 성(城)과 거대한 유령을 가지고 있으며 그것들이 인근 지역을 지배한다.

요정들은 붙잡을 수가 없으며, 따라서 그들이 끼친 손해에 대해 책임을 물을 길이 없다. 마찬가지로 교직자들도 시민적 재판의 법정에서 홀연히 사라진다.

교직자들은 형이상학과 기적·전설·악용된 성경 구절로 이루어진 신기한 힘으로 젊은이들의 이성을 마비시켜, 그들에게 명령을 이행할 정도의 힘만 남겨 둔다. 마찬가지로 요정들은 요람에서 아기들을 데려가서는 바보로 만들어 놓는다고 한다. 그런 일을 하는 요정을 보통 '개구쟁이 요정(elves)'이라고 하는데 주로 못된 짓만 한다.

---

*8 예를 들면, 셰익스피어의 《한여름 밤의 꿈》.

요정들이 어떤 작업장이나 공방에서 그들의 신비한 힘을 만드는지 노파들은 정하지 않았다. 그러나 성직자들의 작업장은 누구나 알고 있듯이 교황의 권위로부터 규율을 받아들인 대학이다.

요정들은 누군가에게 화가 나면 개구쟁이 요정을 보내 괴롭힌다고 한다. 교직자들은 어떤 정치국가가 마음에 들지 않으면 역시 그들의 개구쟁이 요정, 즉 미신에 사로잡혀 있는 국민들을 홀려 난동을 일으키도록 설교함으로써 그 나라의 군주를 괴롭힌다. 아니면 또 다른 군주를 약속으로 홀려 그 나라의 군주를 괴롭힌다.

요정들은 결혼하지 않지만 개중에는 살과 피가 교접하는 몽중마(夢中魔)가 있다. 사제들도 역시 결혼하지 않는다.

교직자들은 그들을 두려워하는 무지한 사람들로부터 헌납을 받고, 또 십일조를 받아 가장 좋은 땅(cream)을 차지한다. 요정들의 이야기에도 요정들이 젖소 농장에 들어가 우유크림으로 잔치를 벌이는 이야기가 있다.

요정들의 왕국에서 어떤 화폐가 통용되는지는 이야기에 기록되어 있지 않다. 그러나 교직자들은 우리가 사용하는 것과 똑같은 돈을 받는다. 하지만 그들은 지불을 해야 할 때는 성직자 서열·면죄부·미사로 지불한다.

그 밖에 둘 다 환상 속에서만 존재한다는 것 또한 교황 제도와 요정 나라의 비슷한 점이다. 요정은 늙은 노파들 또는 늙은 시인들이 지어낸 이야기로서 무지한 사람들의 환상 속에만 존재하지 실재하지 않는 것과 마찬가지로, 교황의 영적 권력도 (그가 직접 지배하는 영토 밖에서는) 그들에게 속은 사람들이 지어낸 기적과 허위의 전설 또는 왜곡된 《성경》 풀이를 듣고 파문에 대해 품는 공포 속에만 존재한다.

그러므로 헨리 8세와 엘리자베스 여왕이 악마 물리치기를 하여 그들을 쫓아 내는 것은 그리 어려운 일이 아니었다. 하지만 쫓겨 나간 로마의 유령이 전도의 사명을 받고 지금 중국과 일본과 인도 제국의 메마른 땅에서 열매를 찾아 헤매고 있다.[9] 로마의 유령보다 더 가증스런 유령들이 이렇게 깨끗하게 청소해 놓은 집에 다시 들어와 살게 되면 처음보다 상황이 더 나빠

---

*9 프란시스코 자비엘의 동양 전도는 인도의 고어에서 시작되어(1542), 말라카(1545), 몰루카 및 모로타이(1546~1547), 일본(1549~1551)에 이르렀다. 그는 중국 본토에는 도착하지 못하고 죽었는데, 그 뒤 예수회가 동양 전도를 이어갔다.

지지 않으리라고 누가 장담할 수 있겠는가? 하느님의 나라가 이 지상에 있다고 주장하며, 이 세상의 정치국가의 권력과는 다른 권력을 행사하겠다고 나서는 자들이 로마의 성직자들만은 아니기 때문이다. 이 모든 것이 바로 내가 정치에 대해 하고 싶었던 이야기이다. 지금까지 말한 내용을 총괄한 다음, 공론에 부쳐 우리 나라 사람들의 비평을 듣고자 한다.

총괄과 결론

　인간의 여러 정념들이 그러하듯이 정신의 자연적 능력 가운데 어떤 것들은 서로 대립하는 측면이 있음을 고려할 때, 게다가 우리가 사교와 관련된 일에서, 누군가 한 사람이 모든 시민적 의무를 완벽하게 이행하는 것은 불가능하다는 논의가 이루어져 왔다. 예를 들면, 이렇게 말하는 것이다. 엄격한 판단은 비판을 좋아하고 다른 사람의 실수나 결함에 대해 각박한 태도를 취하게 만든다. 반면에 재빠른 상상력은 사람의 생각을 불안정하게 하여 옳고 그른 것을 잘 분별할 수 없게 한다. 또한 깊은 사고와 변론, 견실한 추론 능력은 성급한 결론과 잘못된 판결을 방지하므로 반드시 필요하지만, 강력한 웅변으로 다른 사람의 주목과 동의를 얻지 못하면 효과를 내지 못할 것이다. 이러한 능력들이 성질상 서로 상반되는 것은 사실이다. 판단력이나 추론 능력은 진리의 원칙에 바탕을 두고 있지만, 상상력이나 웅변 능력은 사람들의 의견과 정념과 이해관계에 바탕을 두고 있다. 그런데 사람들의 의견은 옳을 수도 있고 그를 수도 있으며, 또한 사람들의 정념과 이해관계는 저마다 차이가 있고 변하기 쉽다.

　그리고 정념 중에서도 '용기'(다치거나 죽는 것을 가볍게 여기는 것)는 사람들에게 사적인 복수를 불러일으키고, 때로는 공공의 안녕을 해치는 일에 가담하게 만든다. 반면에 '두려움'은 공공의 방위를 포기하려는 마음이 들게 만든다. 그러므로 이 두 가지 정념이 동일한 인격 속에 공존하는 것은 불가능하다고 한다.

　사람들의 의견과 생활태도가 일반적으로 대립적인 것을 고려하면 이 세상에서 그들과 함께 교류하면서 일을 할 수밖에 없는 상황에서, 모든 사람과 변치 않는 시민적 우호관계를 유지하는 것 역시 불가능하다. 대부분 명예와 부와 권력을 얻기 위한 영원한 투쟁일 뿐이다.

　그러나 나는 그런 일들이 매우 어려운 일임은 분명하지만, 불가능한 일은 아니라고 생각한다. 왜냐하면 교육과 규율에 의해 그들은 화해할 수 있으며, 실제로 화해하는 일이 종종 있기 때문이다. 한 사람이 판단력과 상상력을 동시에 가질 수도 있는데, 그것은 목표가 필요로 하는 것에 따라 선택적으로 발휘하면 된다. 이집트에서 이스라엘 사람들도 때로는 벽돌을 굽느라 노동력을 쥐어짜야 했고, 때로는 짚을 주우러 돌아다닌 것과*1 마찬가지로 때로는 판단력으로 숙고하고, 때로는 상상력으로 세상을 정처없이 떠다닐 수도 있다.

이성과 웅변도 (자연과학의 경우에는 그렇지 않겠지만, 도덕과학의 경우에는) 훌륭히 양립할 수 있다. 어디든 오류를 찬양하고 선호할 여지가 있는 곳에서는, 사람들에게 찬양할 진리가 있다면, 진리를 찬양하고 선호할 여지는 훨씬 크기 때문이다. 또한 법을 두려워하는 것과 공공의 적을 두려워하지 않는 것은 양립할 수 있으며, 남의 권리를 침해하지 않는 것과 남의 허물을 용서하는 것도 양립할 수 있다. 그러므로 인간의 본성에는 시민적 의무에 대해 사람들이 생각하는 것과 같은 불일치는 없다. 그러한 덕성들을 모두 갖춘 사람을 나는 알고 있다. 나의 가장 고귀하고 존경하는 친구 시드니 고돌핀은 명쾌한 판단력과 풍부한 상상력, 강력한 이성과 품위 있는 웅변, 전쟁을 위한 용기와 법에 대한 외경심, 이 모든 것을 탁월하게 갖추고 있었으며, 그가 미워하는 사람도 없었고, 그를 미워하는 사람도 없었다. 이렇게 훌륭한 분이 공동체의 불화로 최근에 일어난 내란의 초기에 대상을 가리지 않는, 누구인지도 모르는 손에 의해 불행하게도 희생되고 말았다.

15장에서는 자연법에 대해 밝혔으나, 그때 나는 거기에 다음을 추가하고 싶었다. '모든 사람은 평화시에 자신을 보호해 준 권력이 전쟁을 치를 경우, 가능한 한 그 권력을 도울 자연적 의무가 있다.' 자신의 신체를 보존할 자연권이 있다고 주장하면서, 동시에 자신의 신체를 보존할 수 있도록 도와주는 자를 해칠 자연권을 요구할 수는 없으며, 그런 권리를 요구하는 것은 명백한 모순이다. 이 자연법은 이미 언급한 몇 가지 법으로부터 추론할 수 있

---

*1 출애굽기 1장 14절 및 5장 7~13절에, 이스라엘 백성이 이집트에서 벽돌만들기에 종사한 일, 여호와를 섬기려는 그들에게 파라오가 더 심한 노동을 명령한 일이 나와 있다. 그때 파라오의 명령에 '앞으로는 백성들에게 벽돌을 만들기 위한 짚을 주지 말라. 그들이 직접 가서 짚을 모아 오게 하라'는 것이 있다.

는 것이기는 하지만, 이 시대가*2 그것이 교육되고 기억되는 것을 더욱 요구한다.

　최근 영국에서 출판된 책들을 보면, 내란이 일어났을 때 국민이 어느 시점에서 정복자에게 복종해야 하는지, 정복이란 무엇이며, 정복이 어떻게 사람들에게 법에 복종하게 만드는지에 대한 설명이 부족해 보이기 때문에, 이 문제에 대해 몇 마디 보충하고자 한다. 피정복자가 정복자에게 복종하는 시점은, 그에게 항복할 자유를 가진 상태에서 그의 국민이 되겠다고 명시적인 언어로 또는 기타 충분한 표시로 동의했을 때이다. 어떤 경우에 복종을 선택할 자유를 가지게 되는지는 앞의 21장 끝부분에서 논의한 바 있다. 즉 이전의 주권자에 대해 평범한 국민으로서의 의무밖에 없는 사람이 적에게 사로잡혔을 때, 따라서 그의 생활 수단들이 모두 적의 감시와 통제 아래 놓이게 되었을 때이다. 왜냐하면 그는 더 이상 이전의 주권자로부터 보호를 받지 못하고, 적에게 세금을 바침으로써 보호받기 때문이다. 이러한 납세는(그것이 이적행위라 해도) 어디서나 불가피한 일이므로 합법적인 것이다. 따라서 전면적인 항복도 하나의 이적행위에 불과하며 비합법적인 것으로는 간주될 수 없다. 게다가 항복한 사람들은 자신의 재산 일부로만 적을 돕는 반면, 항복을 거부한 사람들은 자신의 재산 전부로 적을 돕게 된다는 점을*3 감안하면, 그들의 항복 또는 타협을 이적행위라고 할 이유는 없는 것이며 이는 오히려 적에게 손해이다.

　그러나 평범한 국민으로서의 의무 이외에 군인으로서의 의무가 있는 경우에는 새 권력에 복종할 자유가 없다. 이전의 권력이 진지를 유지하고 있는 한, 그리고 군대가 수비대를 두어 그에게 생활수단을 제공하는 한, 군인으로서 보호 및 생활수단의 결여에 불만을 제기할 수 없기 때문이다. 그러나 이러한 것들이 없을 때는 군인이라 하더라도 보호받기 위해 무슨 일이든 할 수 있으며, 새 주인에게 합법적으로 항복할 수 있다. 자신의 의사에 따라 새

---

*2 '이 시대'란 영국혁명 시대를 가리킨다.

*3 마지막까지 저항하면 전 재산을 빼앗기기 때문에 전 재산으로 적을 돕는 결과가 된다는 것. 영국혁명 때 왕당귀족은 재산의 일부를 내놓는다는 조건으로 혁명정권에 항복할 수 있었다. 이것은 홉스가 뒷날 혁명에 대한 자신의 입장을 변명했던 Mr. Hobbes considered in his loyalty, religion, reputation and manners, London 1662에서도 주장되어 있다.

주권자에게 복종하는 것이 합법적인 경우에 대해서는 이 정도면 충분할 것이다. 일단 새 주권자에게 복종하기로 한 경우에는 당연히 성실한 국민으로서의 의무를 지니게 된다. 합법적으로 이루어진 계약을 합법적으로 깨뜨릴 수는 없기 때문이다.

이로써 정복을 당했다고 판단할 시점이 언제인지, 정복의 본질과 정복자의 권리가 무엇인지도 이해할 수 있을 것이다. 이 모든 것은 항복의 개념 속에 포함되어 있다. 승리 자체가 정복이 아니라, 승리로써 백성의 신병에 대한 권리를 획득하는 것이다. 그러므로 살해된 사람은 패한 것이지 정복당한 것은 아니다. 사로잡혀 투옥되거나 오라에 묶인 사람도 패한 것이지 정복당한 것은 아니다. 이들은 여전히 적이며, 할 수만 있다면 도주해도 되기 때문이다. 그러나 복종에 대한 약속을 근거로 목숨과 자유를 보장받으면 정복된 상태가 되며, 이때부터 새 주권자의 국민이 된다. 그 전에는 아니다. 로마인들은 그들의 장군이 어떤 '지방'을 '평정했다'는 표현을 사용했는데, 영어로 말하면 '정복했다'는 뜻이다. 그곳 사람들이 '명령의 이행'을 약속할 때, 즉 '로마인이 그들에게 명령하는 것을 이행하겠다'고 약속했을 때, 그곳은 승리에 의해 '평정되었다'고 말했다. 바로 이것이 정복이다. 그러나 이 약속은 명시적으로 할 수도 있고, 암묵적으로 할 수도 있다. 명시된 것이란 약속에 의한 것이고 암묵적인 것이란 다른 표시에 의한 것이다.

예를 들면, 명시적 약속을 하도록 요청받은 일이 없는 사람이(대상자의 능력이 대수롭지 않은 경우에 보통 그러하다) 그들의 보호를 공공연히 누리면서 살고 있다면, 그는 그 정부에 항복한 것으로 생각된다. 그러나 만약 그가 숨어서 살고 있다면, 그는 그 나라의 적이다. 그러므로 그 나라는 적과 스파이에게 할 수 있는 모든 행동을 그에게 해도 된다. 그가 뭔가 불의를 저지르고 있다는 것이 아니라, (왜냐하면 공개적 적대행위는 결코 불의라는 이름으로 불리지 않으므로) 국가가 그를 죽이더라도 정당하다는 뜻이다. 마찬가지로 자기 나라가 정복되었을 때 외국에 있었다면 그는 정복된 것이 아니며, 따라서 그 나라의 국민도 아니다. 그러나 그가 돌아와서 그 정부에 항복할 경우, 그는 복종의 의무를 갖게 된다. 그러므로 '정복'을 정의하자면, 승리로써 주권을 획득하는 것이다. 그 권리는 국민의 항복으로 얻어지며, 그들은 생명과 자유의 대가로 승리자에게 복종을 약속하는 것이다.

나는 29장에서 코먼웰스가 해체되는 원인의 하나로 불완전한 생성을 든 바 있다. 절대적이고 자주적인 입법 권력이 결여된 경우, 정치적 주권자는 어쩔 수 없이 정의의 칼을 일관성 없이 휘두르게 된다. 그의 칼은 너무 뜨거워 잡고 있을 수 없는 칼과 같다. 이런 일이 발생하는 한 가지 이유는 (29장에서는 논의하지 않았지만) 백이면 백 모두 전쟁을 정당화하려는 데 있다. 권력을 소유에 의해서가 아니라 전쟁을 통해 획득했다는 생각 때문에 주권자로서의 권리가 전쟁의 정당성 여부에 달려 있다고 생각하기 쉽다. 정복왕 윌리엄의 정복이 정당하였고, 대대로 그의 정통성을 인정받은 직계자손이 왕위를 물려받았기 때문에 영국 왕들이 정당한 왕권을 가지고 있다고 생각하는가? 주권의 정당성을 이런 식으로 연관시키려 들면, 오늘날 국민들의 복종을 정당하게 요구할 수 있는 주권자는 세계 어디에도 없을 것이다. 그런 정당화는 필요가 없다. 오히려 반란을 일으켜도 성공만 하면 된다는 생각을 키워 반란을 꿈꾸는 야심가들만 양산할 뿐이다. 정복자가 사람들의 미래의 행위에 대해 항복을 받는 데 그치지 않고, 자기 과거의 모든 행위를 사람들로부터 승인받으려고 하는 것, 바로 이것이 국가의 죽음을 앞당기는 치명적 화근의 하나이다. 코먼웰스의 출발이 양심에 비추어 정당한 경우는 세계에 거의 없다.

폭정이라는 명칭은 주권이 한 사람에게 있건 다수에게 있건 주권의 명칭일 뿐, 그 이상도 그 이하도 아니다. 다만 다른 점은 명칭을 사용하는 사람들은, 그들이 폭군이라고 부르는 사람들에 대해 분노하고 있다는 사실이다. 그들이 폭정에 대해 공공연한 증오를 드러내는 것을 묵과하는 것은 곧 코먼웰스 일반에 대한 증오를 묵과하는 것이며, 앞에서 말한 것과 조금도 다를 바 없는 또 하나의 화근이라고 나는 생각한다. 즉 정복자의 대의명분을 정당화하려면 대체로 피정복자의 대의명분을 비난할 필요가 있다. 그러나 이 두 가지 모두 피정복자의 의무와는 아무 상관이 없다. 1부와 2부의 총괄에 있어서, 내가 말하기에 적절하다고 판단한 것은 이 정도이다.

35장에서 나는 《성경》을 근거로 다음과 같은 사실들을 충분히 명시하였다. 유대인의 코먼웰스에서는 그들과의 협약에 의해 하느님 자신이 주권자였고, 따라서 유대인은 세상의 나머지 다른 사람들과 구별하기 위해 하느님의 '특별한 백성'이라 불렀다. 하느님은 유대인 이외의 사람들에 대해서는 동의에 의해서가 아니라 권능으로 군림했고, 그 나라에서는 모세가 지상에서의 하느님 대행자로서 하느님의 율법을 그들에게 알려 주었다. 한 가지 빠뜨린 것이 있는데, 그것은 형의 집행, 특히 누가 사형을 집행할 것인지 규정하는 문제이다. 그때는 그 문제를 고찰할 필요에 대하여 나중에야 깨달았을[*4] 정도로 중요한 문제라고는 생각하지 않았던 것이다. 우리가 알고 있는 것처럼, 일반적으로 모든 코먼웰스에서 체형의 집행은 경비병과 같은 군인이 맡거나, 아니면 생계가 곤란한 자 중에서 명예를 중시하지 않고, 냉혹한 성품을 가진 사람들이 어쩔 수 없이 그런 일을 맡아 왔다. 그러나 이스라엘 사람들의 경우에는 그들의 주권자인 하느님의 율법에 따라 국민들이 죽을 죄를 지은 자를 돌로 쳐 죽였는데, 증인(목격자)이 맨 먼저 돌로 치고 그 다음에 나머지 국민들이 뒤따라서 돌로 쳤다. 이것이 그들의 주권자인 하느님의 하나의 실정법이었다. 이것은 누가 집행자인지를 정한 법이었다. 회중이 재판관이며, 행형에 앞서 증인의 증언을 들어야 했고, 유죄 판결과 선고가 난 뒤에야 돌을 던질 수 있었다. 그러나 이러한 규정에도 불구하고 회중이 보는 앞에서 저질러진 현행범이나 합법적 재판관의 눈앞에서 저질러진 범죄의 경우에는, 이미 재판관이 증인이므로 별도의 증인이 필요하지 않았다. 경우에 따라서는 격분하여 홧김에 즉 '열의의 권리'에 의해 사람을 죽일 수도 있다는 위험한 주장이 나오는 것은 이러한 행형 절차를 제대로 이해하지 못했기 때문이다. 마치 옛날 하느님의 나라에서는 범법자에 대한 형의 집행이 주권자의 명령에 따라서가 아니라 사사로운 격분으로 이루어졌다는 것과 같은데, 그것은 이런 주장에 유리한 것처럼 보이는 성경 구절들도 자세히 살펴보면 그와 정반대라는 것을 알 수 있다.

첫째, 레위 자손이 금송아지를 만들어 숭배하던 무리를 습격하여 3천 명을 살해한 것은, 〈출애굽기〉 32장 27절에 나와 있다시피 하느님의 입을 대신한 모세의 명령에 따른 것이었다. 또한 〈레위기〉 24장 11~12절에서 보듯이, 이스라엘 여인의 아들이 하느님을 모독했을 때, 그 말을 들은 사람은 그를 죽이지 않고 모세 앞으로 데려갔다. 모세는 그를 가두어 놓고, 하느님이 그에 대한 판결을 내릴 때까지 기다렸다. 또한 비느하스가 시므리와 고스비

[*4] 이것이 찰스 1세의 사형(1649)을 가리킨다면, 《리바이어던》의 해당 부분은 그 전에 쓴 것이 된다.

를 죽인 것도*⁵ 사적인 격분에 의한 일이 아니었다(민수기 25장 6~7절). 그들의 범죄는 온 회중이 보는 앞에서 저질러진 일이었기 때문에 별도의 증인이 필요하지 않았다. 그런 일에 적용할 율법이 이미 정해져 있었고, 당시 비느하스는 주권의 추정 법정 상속인이었다. 그리고 무엇보다 중요한 점은 나중에 모세가 이를 추인함으로써 그의 행위가 합법성을 얻었다는 사실이다. 모세로서는 그의 행위를 의심할 만한 이유가 아무것도 없었다. 사후 승인에 대한 이러한 추정은 때로는 코먼웰스의 안전을 위해 필요하다.

예를 들면, 갑작스레 반란이 일어났을 때, 현지에 있는 사람이 자신의 힘으로 반란을 제압할 수 있는 경우, 그런 권한이 법 규정에도 없고 위임받은 적도 없다 해도 그 일을 합법적으로 할 수 있으며, 그 일을 하는 동안 또는 그 일을 한 뒤에 승인 또는 용인을 받을 수 있도록 준비하는 것은 합법적이다. 또한 《성경》은 "사람을 죽인 모든 자, 곧 살인한 자는 증인들의 말을 따라서 죽일 것이요"(민수기 35장 30절)라고 분명하게 말하고 있다. 여기서 '증인들의 말을 따라서'라는 말은 정식 재판 절차를 거치라는 뜻이니, 따라서 '열의의 권리(Jus Zelotarum)'에 대한 주장은 맞지 않는다는 것을 보여 준다. 모세 율법에 따르면 우상숭배를 부추기는 자, 즉 하느님에 대한 충성을 등한히 하도록 꾀는 자들은 숨겨주지 말고, 반드시 죽이되 증인이 맨 먼저 돌을 던지도록 되어 있다(신명기 13장 8~9절).*⁶ 그러나 그가 유죄판결을 받기 전에는 죽이라는 명령은 없다.

우상숭배자들을 재판하는 절차는 《성경》에 자세히 나와 있다. 하느님은 재판관 자격으로 백성들에게 이렇게 말하고 있다. 즉 우상을 숭배한다고 고발된 자가 있으면 자세히 조사해 보고 그것이 사실로 드러나면 돌로 쳐서 죽이되, 증인이 맨 먼저 돌로 치라는 것이다(신명기 17장 4~7절).*⁷ 이것은 개

---

*⁵ "여호와께서 모세에게 말씀하여 이르시되, 제사장 아론의 손자 엘르아살의 아들 비느하스가 내 질투심으로 질투하여 이스라엘 자손 중에서(시므리와 고스비를 죽임으로써) 내 노를 돌이켜서 내 질투심으로 그들을 소멸하지 않게 하였도다."(민수기 25장 10~11절)

*⁶ "너는 그를 따르지 말며 듣지 말며 긍휼히 여기지 말며 애석히 여기지 말며 덮어 숨기지 말고, 너는 용서 없이 그를 죽이되 죽일 때에 네가 먼저 그에게 손을 대고 후에 뭇 백성이 손을 대라."(신명기 13장 8~9절)

*⁷ "너희 가운데에 어떤 남자나 여자가 네 하느님 여호와의 목전에 악을 행하여 그 언약을 어기고 가서 다른 신들을 섬겨 그것에게 절하며 내가 명령하지 아니한 일월성신에게 절한다

인이 홧김에 하는 것이 아니라 공개재판을 하는 것이다. 마찬가지로 패륜을 저지른 자식을 처벌할 때도 도시의 재판관들 앞으로 데리고 가서, 도시의 모든 사람들이 그를 돌로 쳐서 죽이도록 되어 있다(신명기 21장 18~21절).[*8] 마지막으로 성 스데반을 돌로 쳐서 죽인 것도 이러한 율법을 따른 것이었지, 사적인 열의의 권리를 구실로 한 것은 아니었다. 스데반은 성 밖으로 끌려나가 돌에 맞아 죽기 전에 대제사장 앞에서 변론할 기회가 있었다.[*9] 이러한 사례들을 비롯하여 《성경》 어디를 보더라도 사적인 열의의 권위에 의한 처벌을 장려하는 내용은 없다. 그런 주장은 무지와 정념의 결합일 뿐, 코먼웰스의 정의에도 어긋나고 평화에도 어긋난다.

36장에서 나는 하느님이 모세에게 어떤 방법으로 초자연적으로 말했는지는 《성경》에 명시되어 있지 않다고 말했다. 하느님이 모세에게 다른 예언자들에게 하듯이 꿈이나 환영으로 나타나, 초자연적인 목소리로 말하지 않았기 때문이 아니다. 하느님이 속죄판 위에서[*10] 그에게 말하는 모습은 《성경》에 자세히 나와 있다. "모세가 회막에 들어가서 여호와께 말하려 할 때에 증거궤 위 속죄소 위의 두 그룹 사이에서 자기에게 말씀하시는 목소리를 들었으니 여호와께서 그에게 말씀하심이었더라."(민수기 7장 89절) 문제는 하느님이 모세에게 말하는 방식이 다른 예언자들, 예컨대 사무엘이나 아브라함 등에게 말하는 방식보다 우월한 점이 무엇인지 분명히 나타나 있지 않다는 점이다. 그들에게도 목소리로 (즉 환영으로) 말했기 때문이다. 환영의 명료함에 차이가 있었다면 그것이 차이일 수는 있다. '얼굴을 마주하고', '입에서 입으로'라는 것은, 신성한 본질이라는, 무한하고 포괄할 수 없는 것에 대해 글자 그대로 이해할 수는 없기 때문이다.

하자. 그것이 네게 알려지므로 네가 듣거든 자세히 조사해 볼지니 …… 죽일 자를 두 사람이나 세 사람의 증언으로 죽일 것이요, 한 사람의 증언으로는 죽이지 말 것이며, …… 증인이 먼저 그에게 손을 댄 후에 뭇 백성이 손을 댈지니라."(신명기 17장 2~7절)

[*8] "패역한 아들이 있어 그의 아버지의 말이나 그 어머니의 말을 순종하지 아니하고 부모가 징계하여도 순종하지 아니하거든, 그의 부모가 그를 끌고 성문에 이르러 그 성읍 장로들에게 나아가서, 그 성읍 장로들에게 말하기를, '우리의 이 자식은 완악하고 패역하여 우리 말을 듣지 아니하고 방탕하며 술에 잠긴 자라 하면, 그 성읍의 모든 사람들이 그를 돌로 쳐죽일지니 이같이 네가 너희 중에서 악을 제하라.'(신명기 21장 18~21절).

[*9] 사도행전 6장 1~7, 60절.

[*10] 언약궤의 금으로 된 뚜껑.

지금까지 나는 진실하고 타당한 원칙들과 견실한 추론을 통해 논의를 전개해 왔다고 생각한다. 주권자의 정치적 권리, 국민의 의무와 자유에 대해서는 인류에게 알려져 있는 인간의 자연적 성향과 자연법 조항들 위에 구축되어 있으며, 그것은 한 가족을 다스릴 만한 이성만 있으면 누구라도 알 수 있는 것들이다. 그러한 주권자의 교권에 대한 논의는 확실한 원칙과 《성경》 전체의 의도를 근거로 전개했기 때문에, 마음을 비우고 이 책을 읽으면 많은 것을 배울 수 있으리라고 확신한다. 그러나 책이나 공개토론에 의해 또는 눈에 띄는 행동으로 나와 반대되는 의견을 지지해 온 사람들에게는 내 논의가 만족스럽지 않을 것이다. 책을 읽다가 마음에 들지 않는 대목에서는 반론을 생각하느라고 주의가 산만해지는 것이 당연하기 때문이다. 이해관계의 차이에 따라 (새로운 정부의 수립에 도움이 되는 대부분의 학설들은 옛 정부의 해체를 이끈 학설들과 당연히 상반되지 않을 수 없다는 점에서 보아) 매우 많은 반론이 제기될 수 있다.

　그리스도교 코먼웰스를 다룬 부분에는 몇 가지 새로운 학설이 있다. 어쩌면 내가 제시한 것과 상반되는 학설이 이미 정설로 자리하고 있는 나라에서는 내가 제시한 학설을 허가 없이 공표하는 것은 국민의 도리에 어긋난 행동이 될 수도 있다. 교사의 지위를 자처하고 나서는 일이기 때문이다. 그러나 사람들이 평화뿐 아니라 진리를 원하는 이 시점에서, 내가 진리라고 생각하고 또, 평화와 충성에 도움이 되며, 아직 생각 중인 사람들의 고찰에 도움이 되는 학설을 제시하여 이 분야의 판단을 구하는 일은 새 포도주를 새 부대에 담는 일일 뿐이다. 새 포도주는 새 부대에 담아야 둘 다 오래 보존할 수 있다. 사람들이 이 새로운 진리를 받아들이게 되면 나라 안의 무질서와 혼란은 그칠 것이고, 옛것을 숭배하는 편중 현상에 사로잡혀 새롭고 빈틈없이 증명된 진리를 눈앞에 두고도 낡은 오류를 진리로 여기는 일은 전반적으로 사라질 것이다.

　나는 비록 언변에 능하지는 않지만, 내 논의에 모호한 점은 없다고 확신(인쇄에서 오자가 발생하는 불운은 제외하고)한다. 내가 옛 시인과 웅변가와 철학자를 인용하여 장식하는 것을 오늘날 글 쓰는 이들의 관행과는 달리 경시한 것은 (관행을 경시한 잘잘못을 떠나) 여러 가지 이유에 의한 나의 판단에 따른 것이었다.

첫째, 학설의 모든 진리는 '이성' 또는 '성경'에 의존하고 있으며, 이성과 성경이 학자를 낳는 것이지, 학자가 이성과 성경을 낳는 것은 아니다. 둘째, 내가 다룬 문제들은 '사실'에 관한 것이 아니라 '권리'에 관한 것이기 때문에 '증인(목격자)'이 필요하지 않다. 셋째, 옛 저작자들은 거의 자기모순에 빠져 있거나 아니면 다른 저작자들과 모순을 이루고 있다. 넷째, 옛것은 좋은 것이라며 그것만 신용하는 의견들은 옛 사람을 인용한 사람 고유의 판단이 아니라, 입에서 입으로(하품처럼) 전해오는 말일 뿐이다. 다섯째, 기만적인 의도를 갖고 자신의 부패한 학설에 다른 사람의 지력이라는 향신료를 첨가해서 사람들을 속이는 일이 많다는 점이다. 여섯째, 오늘날 사람들이 즐겨 인용하는 옛 선인들은 그보다 앞선 사람들의 글로 그런 장식을 하지 않았다는 것이다. 일곱째, 그리스어 문장과 라틴어 문장을 제대로 씹지도 않고 대다수가 그러하듯 변경하지도 않고 그대로 토해내는데, 이것은 그들이 소화불량에 걸려 있다는 증거이다. 마지막으로 나도 옛 선인들을 존경한다. 그들 중에는 진리를 밝힌 이들도 있고, 우리 스스로 더 나은 진리를 찾도록 안내해 준 이들도 있다. 그러나 옛것 자체를 존경해야 할 이유는 없다고 생각한다. 나이를 따져 존경하기로 하면, 현재가 가장 오래된 것이다. 고대의 작가라고 존경받는 사람들이 글을 쓰던 당시의 나이와 지금 글을 쓰고 있는 나와 비교하여 일반적으로 어느 쪽이 더 노년인지는 알 수 없다. 잘 살펴보면 알겠지만, 옛 저작자들에 대한 예찬은 죽은 자들에 대한 존경이 아니라 살아 있는 자들끼리의 경쟁과 선망에서 비롯된 것이다.

결론적으로 이 글 속에는, 그리고 같은 주제에 대해 라틴어로 쓴 이전의 글 속에도*11 내가 아는 한, 하느님의 말씀이나 선량한 풍속에 어긋나는 것은 아무것도 없고, 또한 공공의 안녕을 해치는 것도 없다. 그러므로 나는 이 책의 출판이 유익하리라고 생각하거니와, 대학의 당국자들이 필자의 견해에 공감하여 대학에서 이를 가르친다면 더욱 유익하리라고 생각한다. 대학은 정치학과 도덕학의 원천이다. 목사들과 사회 지도층 인사들은 대학에서 물을 길어 그것을 국민에게 (설교를 통해 또는 교제를 통해) 뿌리는 만큼, 그 물이 오염되지 않고 순수하도록 특히 주의를 기울여야 한다. 거기에는 이교도

---

*11 《시민론》은 1642년 파리에서 출판되었다.

정치가들의 독성이 들어 있거나, 기만하는 영들의 주문이 걸려 있어서는 안 된다. 그러한 주의를 기울인다면, 대부분의 사람들이 자신의 의무를 잘 알게 될 것이고, 국가에 반역할 의도를 품은 소수의 야심가들에게 부화뇌동하는 일도 그만큼 줄어들 것이다. 또한 그들의 평화와 방위를 유지하는 데 필요한 세금과 군역에 시달리는 국민들의 자자한 원성도 줄어들 것이며, 위정자들도 외적의 침략과 침해로부터 공공의 자유를 보호하는 데 필요한 만큼의 군대를 유지하는 것 외에는 국민들에게 부담을 강요해야 할 이유가 그만큼 줄어들 것이다.

이것으로 현재의 무질서가 낳은 정치적 및 교회적 통치에 대한 논의를 마치고자 한다. 이에 대하여 나는 불공평함이나 치우침 없이, 사람들의 눈앞에 보호와 의무의 상호관계를 사람들에게 보여 주는 것 외에는 어떠한 의도도 없었다. 이 상호관계에 대해서는 인간의 자연적 상태와 하느님의 법(자연법과 실정법을 합쳐)이 그러한 보호와 복종의 엄격한 준수를 요구하고 있다. 국가의 변혁(*revolution of States*) 속에서는 (낡은 정부를 해체하는 사람들은 분노한 얼굴만 보여 주고, 새 정부를 세우는 사람들은 뒷모습만 보여 주기 때문에) 이런 진리가 태어나기 딱 좋은 조건 같은 건 있을 수 없다. 하지만 나는 현재 시점에서 내 학설을 비난할 공적인 판정자는 없을 것이라고, 또 공공의 평화가 지속되기를 바라는 사람이라면 누구도 내 학설을 비난하지 않을 것이라고 생각한다. 이러한 희망을 품고 나는 (하느님께서 건강만 허락하신다면) 그 사이 중단했던 자연의 물체에 대한 연구를*12 다시 계속할 생각이다. 이 인공적인 물체에 대한 학설로 못마땅함을 안겨준 만큼 이번에는 자연의 물체에 대한 새로운 학설로 기쁨을 줄 수 있기를 희망한다. 어떤 사람의 이익도, 그 어떠한 즐거움도 배반하지 않는 진리는 모든 사람에게 환영받을 것이기 때문이다.

---

*12 《물체론》을 말한다. 홉스의 《철학요강》은 〈제1부 물체론〉, 〈제2부 인간론〉, 〈제3부 시민론〉으로 되어 있는데, 출판 순서는 제3부 1642년, 제1부 1655년, 제2부 1658년이었다.

토머스 홉스의 생애와 사상

　토머스 홉스의 《리바이어던》은 인간 본성에 대한 예리한 통찰 아래 자연상태에서 인간은 만인에 대한 만인의 투쟁 상태로 살아갈 수밖에 없다는 데에서 출발하여 자기 보호를 위해 사회계약론의 기초 위에 근대국가를 세운다는 근대국가론을 주장한 저서이다.

　《리바이어던》원서 표지 그림 오른손에는 검(정치권력), 왼손에는 지팡이(교회권력)를 든, 수많은 사람들로 이루어진 거인(괴물)이 그려져 있다. '리바이어던'은 구약성경 〈욥기〉에 나오는 괴물 이름에서 유래한다. 인간 집합이면서 인간 힘을 월등히 뛰어넘는 괴물＝인공인간＝국가를 풍자적으로 표현하고 있다.

홉스의 생애

캐번디시 집안과 인연을

　토머스 홉스(Thomas Hobbes)는 1588년 4월 5일 잉글랜드 윌트셔주 맘즈베리 근교의 웨스트포트에서 영국국교회 교구목사였던 아버지와 자영농의 딸인 어머니 사이에서 둘째아들로 태어났다. 홉스가 태어날 무렵, 에스파냐의 무적함대가 영국을 침략할 기회를 노리고 있다는 소문이 영국 전역에 돌았다. 그래서 잉글랜드 남부 해안 주민들은 공황상태에 빠져 버렸다. 홉스의 어머니도 겁을 먹고 노심초사하다가 달도 채우지 못하고 그를 낳았던 것이다. 홉스는 뒷날 그런 뜻에서 자신은 공포와 쌍둥이로 태어났다고 자서전에 쓰고 있다.

　또한 그 무렵 두 가지 예언이 영국민의 불안을 부추겼다. 레기오몬타누스

(요한 뮐러)의 예언에 따르면, 동정녀 마리아의 처녀출산으로부터 1588년째 되는 해에 세계적 대혼란이 일어난다는 것이다. 또한 독일의 종교개혁자이자 인문주의자인 멜란히톤은 1518년 루터가 교황에게 반역한 지 70년째 되는 해에 적(敵)그리스도가 무너지고 최후의 심판이 찾아온다고 주장했다.

이처럼 한창 세상이 혼란스러울 때 태어난 홉스는 아버지의 이름을 그대로 따서 토머스라 불리었다. 홉스는 어릴 때부터 어학에 재능을 보였다. 고향의 학교에서 여덟 살 때부터 6년 동안 고전어를 가르친 스승에게 에우리피데스의 희곡《메데이아》를 라틴어 운문으로 번역하여 헌정했다는 일화가 남아 있다. 또한 프랑스어와 이탈리아어도 모국어인 영어와 마찬가지로 자유자재로 읽고 쓰고, 말할 수가 있었다고 한다.

홉스는《메데이아》의 라틴어역을 선물로 남기고 고향을 떠나 열네 살에 옥스퍼드대학의 모들린 칼리지에 입학했다. 그러나 재학 중에 아버지의 실종이라는 충격적인 사건을 경험한다. 아들에게 자기의 이름을 붙여 주었던 아버지 토머스는 기도서와 설교집만 겨우 읽을 수 있었을 뿐 학식이나 교양과는 거의 인연이 없이 술과 카드에 빠져 지낸 사람이었다. 결국 그는 사소한 다툼 때문에 다른 성직자를 폭행하는 사건을 일으켜 그길로 가족과 고향을 버리고 마을을 떠나 버렸다. 그 뒤, 런던에 있던 아버지와 재회할 기회가 홉스에게 있었는지 여부는 분명치 않지만, 그의 평생 바뀌지 않은 '성직자 혐오'는 어쩌면 이 감수성 예민한 시기에 경험한 사건에 영향을 받았는지도 모른다.

남겨진 자식들은 큰아버지 프랜시스 홉스의 손에 맡겨졌다. 프랜시스 홉스는 부유한 장갑 제조업자로 시(市) 평의회 의원이기도 했다. 토머스보다 두 살 위인 형 에드먼드는 큰아버지의 사업을 잇게 된다. 한편 토머스는 1608년까지 옥스퍼드의 모들린 칼리지에서 공부했다.

그런데 홉스는 옥스퍼드에서의 대학생활에 쉽게 적응하지 못했던 것 같다. "논리학과 아리스토텔레스의 자연학을 공부했다"고 본인은 술회하고 있지만, 모두 그의 지적 호기심을 만족시켜 주는 것은 아니었다. 논리학에서 요구되는 삼단논법의 격식을 통째로 외워 공부한 것은, 사물은 결국 자기 자신의 방법으로 증명하는 것이 옳다는 것이고, 아리스토텔레스의 자연학에서 배운 '가감적(可感的) 형상'에 의한 지적 경험의 증명을 비롯한 여러 가지 이론은 도저히 납득하고 받아들일 수 있을 만한 것이 아니었다.

그 무렵 옥스퍼드는 스콜라철학이 지배하고 있었다. 예를 들면 천문·지리학에선 플리니우스가 권위를 누리고, 코페르니쿠스는 완전히 무시당했다. 한편 1607년에 들어서자, 학생들의 퇴폐적인 생활이 절정에 달했다. 따라서 홉스의 학창 시절이 결코 행복했다고는 볼 수 없지만, 1608년 졸업 시즌이 오자 그에게도 행운이 찾아들었다. 모들린 칼리지 학장의 추천으로 하드윅 남작 윌리엄 캐번디시(1618년 이후 초대 데번셔 백작)의 장남 윌리엄의 가정교사가 된 것이다. 홉스의 나이 정확히 스무 살 때, 장차 그의 주인이 되는 제자는 열여덟 살. 이로부터 대귀족 캐번디시 집안과의 일생 동안의 인연이 시작되었다.

기하학과의 사랑

1610년 홉스는 데번셔 백작 집안의 가정교사로서 청년 귀족 데번셔 2대 백작이 된 윌리엄 캐번디시와 함께 프랑스, 독일, 이탈리아를 여행했다. 놀랍게도 옥스퍼드에서 배운 스콜라철학은 대륙에서는 이미 시대에 뒤처진 학문이라는 악평을 받고 있었다. 첫 번째 유럽 방문을 통하여 홉스는 오히려 중세 이전의 고전에 눈뜨게 된다.

귀국한 지 얼마 되지 않아 홉스는 프랜시스 베이컨의 비서로 일하게 된다. 매일 아침 베이컨과 함께 정원을 산책하면서, 베이컨이 읊는 것을 받아 적거나, 몇몇 에세이를 라틴어로 번역했다. 베이컨이 1626년 죽었으므로, 아마도 그 시기는 1620년 전후로 추정된다. 홉스의 최초의 저서는 《더비셔 언덕에 대한 시 *De Mirabilibus Pecci, Being the Wonders of the Peak in Darbyshire*》로 1626~1628년에 쓴 것이다.

1628년 홉스가 마흔 살 때, 청년 백작 데번셔가 죽었다. 홉스의 제자이자 보호자이기도 했던 2대 데번셔 백작의 죽음은 일시적이기는 했지만 홉스를 궁핍하게 만들었다. 고인이 남긴 빚이 너무 많아서 데번셔가가 홉스에게 급료를 지불할 수 없었고, 고인의 부인 크리스티안이 홉스를 좋아하지 않았던 것이 이유였다고 한다. 결국 홉스는 한때 백작 집안을 떠나 있게 된다.

새로 만난 제자는 노팅엄셔의 명문 클립턴가의 자베스였다. 곧 홉스는 자베스 클립턴 경의 요청을 받아 그와 두 번째 유럽여행을 떠나게 된다. 그들은 약 1년 반 동안 파리와 오를레앙에서 보냈으며, 베네치아도 방문할 예정이었지만, 프랑스와 에스파냐 사이에 만토바 계승전쟁이 벌어지면서 단념해야 했다. 결국 두 사람은 그해 안에 귀국했다. 1630년 11월 2일 홉스는 다시 데번셔가의 하드윅 저택으로 돌아갔다.

토머스 홉스(1588~1679)

이 짧은 기간의 대륙여행은 홉스에게 매우 큰 충격을 안겨 주었다. 바로 기하학과의 만남이 그에게 깊은 인상을 남긴 것이다. 홉스는 어느 신사의 서재에서 에우클레이데스의 《기하학 요강》 정리 47이 수록된 부분이 펼쳐져 있는 것을 보고, "이건 절대로 있을 수 없는 것이다"고 외쳤지만, 깊이 읽어 보고 이해한 뒤, "기하학과 사랑에 빠졌다"고 했다.

홉스는 정리를 읽고 처음에는 그것이 진리인지 아닌지를 사람이 알기란 불가능하다고 생각했다고 한다. 그러나 증명을 읽고, 나아가서는 앞의 여러 정리에서 최초의 원리들에까지 거슬러 올라가 보고 그는 그것의 진리성에 대하여 확신하지 않을 수가 없었다. 명확한 정의에서 출발하여 진리를 연역적으로 논증해 나가는 기하학의 방법은 홉스에게 지금까지 너무나 익숙해져 있었던, 다채로운 수사학을 구사하여 독자를 설득해 나가는 '인문주의'의 방법과는 질적으로 전혀 다른 것이었다.

물론 기하학이나 에우클레이데스, 또는 피타고라스의 정리에 대하여 그가 당시까지 아무것도 몰랐었다고 보기는 어렵다. 다만 기하학적 방법의 참된 의의를 처음으로 깨달았다는 것은 충분히 있을 수 있는 일이다. 대학에서 공부한 스콜라철학에도, 최초의 이탈리아 방문 때 마주쳤던 인문주의에도 없었던, 이론의 여지가 없는 확실한 '학지(scientia ; science)'를 획득하는 방법의 실제적인 예가 그곳에 있었던 것이다.

이 무렵부터 홉스는 기하학에 바탕을 둔 정치학의 구축을 계획하게 되었다. 사실상 머랭 메르센은 1646년에 새뮤얼 소르피에르에게 보내는 편지에서 홉스의 《시민론》을 에우클레이데스의 《기하학 요강》에 견주고 있다.

파리로 망명하다

1631년, 마흔세 살이 된 홉스는 3대 데번셔 백작인 윌리엄 캐번디시의 가정교사로 다시 들어갔다. 그는 백작에게 수사학, 논리학, 천문학, 법률 그 밖의 것들을 가르쳤다.

이때 홉스는 2대 포클랜드 자작 루시어스 케리의 모임에 들어 있었다. 주로 옥스퍼드 출신 인사로 이루어진 이 모임은 케리 저택의 지명을 따서 '그레이트 큐 서클'이라 불리었다. 이 모임을 드나드는 사람 가운데, 홉스는 클라랜던 백작 에드워드 하이드와 법학자 존 셀던과 아주 절친하게 지냈다. 하이드는 옥스퍼드대학 후배일 뿐만 아니라, 《내란사》와 《홉스의 '리바이어던'이라는 제목의 저서에서 교회와 국가에 대한 위험하고 해로운 오류에 관한 간결한 견해와 조사》의 저자이기도 했다. 더불어 셀던에 대해서는 《리바이어던》에 언급되어 있다. 셀던이 죽음을 맞아 목사를 불렀을 때, 마침 홉스가 와서 "남자답게 글을 써 오던 당신이 지금은 여자처럼 죽으려 하는가?"라고 하는 바람에 셀던은 목사를 방에 들이지 않았다는 일화가 아직 남아 있다.

홉스는 다른 모임인 '웰벡'에도 참가하고 있었다. 뒷날 뉴캐슬 후작이 된 윌리엄 캐번디시의 웰벡 저택에 모인 사람들로는 벤 존슨, 존 드라이든, 윌리엄 대버넌트 등의 문인이 있었다. 그중 윌리엄의 형 찰스 캐번디시는 홉스에게 아주 특별한 사람이었다. 홉스가 광학 같은 자연과학적 주제에 관심을 가진 것은 찰스와 그 친구들의 영향이었을 것이다.

1634년 마흔여섯 살 때, 홉스는 3대 데번셔 백작을 따라 파리로 건너갔다. 거기에서 데카르트의 친구 메르센이 주재하는 모임의 일원이 되어 새로운 철학이나 학문에 대하여 논의했다.

그로부터 2년 뒤 1936년, 홉스는 피렌체로 갈릴레오 갈릴레이를 찾아갔다. 뒷날 홉스는 갈릴레이를 보편적 자연철학의 문을 연 사람으로 평가했다. 또한 운동에 대한 일반이론으로 감각을 설명하는 기하학적 논문 《소논문 *Little Treatise*》을 발표한 뒤 영국으로 돌아갔다. 이 세 번째 유럽 방문을 통해 홉스는 역사와 사회에 대한 날카로운 통찰력을 새로운 방법과 결합시키고 자기의 학문적 체계에 대한 단서를 포착했다.

캐번디시 집안의 2대 데번셔 백작, 뉴캐슬 후작, 찰스 캐번디시의 세 사람 가운데 데번셔 백작은 이미 세상을 떠났고, 홉스는 3대의 가정교사로 후한 대우를 받고 있었지만, 스무 살짜리 제자와의 사이에 지적 교류라고 할 만한 것은 없

《시민론》(1642) 표지 그림

었다. 따라서 이 시기의 홉스가 뉴캐슬에게 보낸 편지에서 웰벡으로 옮기고 싶다고 거듭 쓴 것도 무리가 아니었다.

1640년 5월 9일, 쉰두 살이 된 홉스는 첫 번째 저작 《법의 원론》을 완성하였다. 곧이어 스코틀랜드 군대가 영국에 침입했고, 그레이트 튜와 웰벡 두 모임의 사람들도 전쟁에 휘말린다. 홉스는 그 뒤 얼마 지나지 않아 몇천 파운드의 재산을 남기고 프랑스로 건너가 1651년 말까지 11년 동안 망명자로 살아가게 된다.

1642년 4월, 파리에서 한 권의 책이 매우 적은 부수로 인쇄되어 관계자들 사이에 배포되었다. 라틴어로 쓰인 그 책의 표지에는 저자명도 출판사 이름도 없고, 내용을 대강 훑어본 사람들 중에는 그것이 망명 중인 영국인이 지난해에 간행된 데카르트의 《성찰》에 대해 '제3의 논박'을 집필한 것인 줄은 모르고, 터무니없게도 데카르트의 저서로 생각하는 사람도 있었다. 제목은

에드워드 하이드(1609~1674)
홉스의 《리바이어던》 비판서를 냈다. 왕당파로, 청교도혁명이 일어나자 1945년 찰스 황태자를 따라 프랑스로 망명했다가 왕정복고 뒤 재무상을 지냈다.

《철학원론》 제3편 〈시민에 대하여〉이다. 이것이 오늘날에는 일반적으로 《시민론》이라는 제목으로 익숙해진, 쉰네 살의 홉스가 철학자로서 대륙에 실질적으로 데뷔한 작품이다.

또한 홉스는 메르센으로부터 피에르 가상디를 소개받았다. 데카르트가 《시민론》을 위험한 책이라고 비난하며 홉스의 감각론이 표절이라고 절교한 것과 달리, 가상디와 홉스는 완전한 우호 관계를 이루었다. 가상디는 정치학 서적을 저술한 적은 없지만, 신학과 자연철학 분야에서 홉스에게 영향을 주었다.

그러나 홉스는 소르비에르가 표제 페이지에 자신을 '황태자의 주임교사'라고 소개한 것에 불안해했다. 1647년 3월 22일 소르비에르에게 보내는 편지에서, 홉스는 자신의 근심을 털어놓고 있다. 결국 위의 소개글은, 대중 사이에서의 황태자의 인기를 떨어뜨리는 데 이용될 것이고, 저자가 영국으로 귀국하는 것을 불가능하게 하리라는 것이었다.

황태자는 영국 안을 여기저기 전전하다가 하이드와 함께 1646년 네덜란드를 거쳐 프랑스로 망명해 왔다. 생제르맹에 있는 그의 궁전은 왕비 헨리에타 마리아의 가톨릭 집단의 지배 아래 있었고, 그곳에선 홉스를 무신론자로 알고 있었으므로 홉스가 궁정 안에서의 황태자의 입장을 걱정한 것도 무리는 아니다.

다만 홉스는 망명자 속에서 고립되지는 않았다. 왕비의 비서 케넬름 딕비

는 오랜 벗이었고,
두 캐번디시가의 사
람들도 망명해 와
있었다.

홉스는 영국에서
망명해 온 사람들의
정보를 많이 수집하
고 있었다. 그러므로
형세가 국왕에게 불
리해지고 있음을 눈
치채고 있었을 것이
다. 찰스 1세는 스코
틀랜드군에 투항하
고, 잉글랜드 의회군
에 넘겨져 1649년 1
월 30일에 처형되었
다. 《리바이어던》은
그로부터 2년 남짓
한 동안에 런던에서

영국 황태자 찰스 2세
홉스는 나중에 찰스 2세(재위 1660~85)가 된 영국의 황태자가 망
명 중일 때 수학을 가르쳤다. 찰스 2세는 의회파가 왕정복고를 받아
들인 1660년 왕위에 올랐다.

출판되었고, 홉스는 1652년에 귀국했다. 데번셔 백작은 이미 몇 년 전에 귀
국하여 몰수를 피하기 위해 의회에 복종하고 있었으므로 홉스도 그것에 자
극받아 귀국했을 것이다. 그러나 하이드는 뒷날, 크롬웰에게 귀국선물을 바
치기 위해 홉스가 《리바이어던》을 출판한 것이라고 비난했다.

《리바이어던》과 홉스

홉스에 따르면 주권자가 국민을 보호할 능력을 잃었을 때, 국민이 자신을
보호해 줄 새로운 주권자에게 복종하는 것은 자연권으로서의 자기보존권의
결과이므로 그의 귀국은 당연한 행동이었다. 그러나 1660년에 스튜어트 왕
조가 부활하자 홉스의 입장은 미묘해진다. 홉스는 박해당했던 것도 아니고,
찰스 2세의 궁정에서 배제되었던 것도 아니지만, 1651~1660년과 1660~1679

년에 이루어진 그의 저술의 출판 상황을 비교하면, 왕정 아래에서 그는 침묵을 강요당한 것으로 짐작된다.

앞 시기에는 《리바이어던》 초판을 비롯하여 《인간성》이 1650~1652년에 5판, 《시민론》 영역 초판, 《물체론》, 《인간론》, 《자유와 필연론》, 《수사학》이 합쳐서 8판, 모두 15건이 있었지만, 뒤 시기에는 투키디데스의 번역 제2판과 호메로스의 번역, 초기의 시 말고는 《홉스에 대한 고찰》(1662)이라는 해명서밖에 없다. 《리바이어던》의 재출판은 허가되지 않았고, 그로 인해 가격이 올라 2개의 가짜판이 나올 정도였다. 또 리바이어던에 대응하는 제목을 가진 영국혁명론 《비히모스 *Behemoth*》(1679)의 4개 판은 저자 허가도, 정부 허가도 받지 않은 해적판이었다.

홉스의 침묵은 공격의 침묵을 뜻하지 않는다. 17세기의 가장 중요한 《리바이어던》 비판서는 옛 친구 하이드가 쓴 유저(遺著)였다. 하이드는 혁명 때는 마지막까지 국왕의 편이었고, 후기 스튜어트 왕정의 지도자였는데도 찰스 2세와 사이가 나빠서 궁정으로부터 퇴거 명령을 받고 1667년부터 루앙에서 죽을 때까지 어쩔 수 없이 두 번째 망명생활을 해야 했다. 홉스에 대한 그의 비판은 《반란·내란사》와 함께 망명지에서 쓴 것이지만, 이미 1659년에 그는 친구 버릭에게 쓴 편지에서 다음과 같이 말했다.

"홉스는 나의 옛 친구이네만 그래도 나는 그가 국왕, 교회, 여러 법령, 국민에게 끼친 해악을 용서할 수가 없네. 그리고 종교, 지혜, 성실의 모든 것을 기존의 여러 법에 대한 맹종으로 치부해 버렸으므로 정치학서를 쓴 사람으로서 정치학에 대해서 할 말이 많네. 그 책은 유럽의 어느 국가나 어느 주의 법률로도 불신앙에다 반역적인 것으로 단죄당해 마땅하다고 나는 감히 말하겠네. 따라서 그것의 근본이 뒤집어지지 않는 것은 견딜 수 없는 일일세."

그즈음 하이드는 국교회가 홉스를 비판해 주기를 기대했던 모양이지만, 델리의 주교 브람홀의 《리바이어던의 포획》은 바로 그해에 출판된다. 브람홀은 프랑스 망명 중에 뉴캐슬의 저택에서 홉스와 알게 된 사람으로 자유 의지에 관하여 논쟁을 벌였다. 뉴캐슬의 권유에 따라 두 사람은 자기의 의견을 논문으로 쓰게 되었는데, 홉스의 논문이 데이비스라는 영국인에 의해 홉스의 허가 없이 출판되었다. 브람홀은 홉스가 자기의 견해만을 공표한 것과, 데이비스가 서문에 '홉스는 단 몇 페이지로 목사들의 방대한 저술보다 많은

일을 해낸다'고 쓴 것에
화가 났던 것이다. 브람홀
의 저서는 당시에 그다지
문제가 되지 않았던 모양
이지만, 홉스가 국교회로
부터 의혹의 눈길을 받은
것은 확실하다.

공격의 세 번째 파도는
솔즈베리의 주교 워드와
옥스퍼드의 기하학 교수
월리스에게서 밀려왔다.
워드도 1649~1661년에는
옥스퍼드의 천문학 교수
였으므로 그들의 홉스 비
판은 수학적 문제뿐만 아
니라 홉스의 대학비판과
도 관계가 있었다. '지식
의 30년 전쟁'이라고도
하는 이 논쟁은 대학비판
에 대한 반론과, 홉스의

《리바이어던》(1651) 표지 그림

종교 비판 외에는 홉스의 수학 및 철학상의 독창성을 무너뜨리는 것으로 향
하고 있었다. 비판자 측에는 왕립학회의 회원이 있었으며 보일도 그 한 사람
이었는데 홉스와의 사이에 진공(眞空)논쟁이 이어졌다. 홉스는 진공 존재를
부정했다. 이러한 논쟁의 결과로 홉스는 왕립학회 가입을 승인받지 못했다.

홉스는 프랑스 망명 시절부터 중풍으로 고생하고 있었다. 만년에는 병세
가 악화되었음에도 수학논쟁과 번역 외에 두 가지의 중요한 정치적 글을 썼
다. 하나는 영국혁명의 원인을 다룬 《비히모스》이고, 다른 하나는 《철학자와
잉글랜드의 보통 법학자와의 대화》였다.

1675년 여든일곱 살 때, 홉스는 런던을 떠나 데번셔 집안의 별장이 있는
더비셔의 하드윅과 채스워스로 이주하여 4대 데번셔 백작의 보호 아래 여생

을 보냈다.

1679년 8월까지는 집필을 계속했다. 그러나 그해 10월부터는 중풍 등의 병을 얻어 앓아눕고 말았다. 결국 12월 4일, 아흔한 살의 일기로 숨을 거두었다.

죽은 뒤 3년 뒤, 옥스퍼드대학에서는 《리바이어던》과 《시민론》을 금서목록에 추가시켰다. 권력은 결국 인민으로부터 나온다는 그릇된 주장과, 인간의 자기보호를 모든 의무에 선행하는 자연관으로 보는 위험 사상이 그의 저작에 포함되어 있다는 이유에서였다. 로마 교황청과 네덜란드 종교회의는 그보다 훨씬 전부터 금서목록에 홉스의 저서를 올려놓고 있었다.

홉스에 대한 호의적인 평가는 세기말의 이신론자(理神論者)들에게서 시작된다. 데이비드 흄은 자신의 첫 저서에 홉스의 그것과 똑같은 제목(《인간본성》)을 붙임으로써 계승 의지를 밝혔다.

홉스의 사상

광학 연구와 기계론적 유물론

홉스는 자신의 학문적 공헌이 두드러졌던 분야로서 뒷날 정치학과 나란히 광학을 들 정도로 광학의 영역에서 자신의 역할에 대해 자신이 있었다. 1658년이 되어 마침내 간행되는 《철학원론》 제2편 《인간론》에는 전체 15장 가운데 무려 8장이 광학적인 내용으로 채워져 있다. 지금 생각하면 인간의 언어, 지식, 정염, 습성 등의 성립을 밝히고 있는 《인간론》에 어째서 광학인가 하고 의아하기도 하겠지만, 당시의 광학은 실천적 측면에선 고성능의 망원경 개발이라는 군사적으로 중요한 의미를 지니는 최신 기술개발로 이어짐과 동시에, 이론적 측면으론 빛과 색은 무엇인가를 탐구하는 물리이론과 시각경험이 어떻게 성립하는지를 밝히는 지각이론을 포괄하는, 이른바 시대의 최첨단 종합과학이었다. 말하자면 그것은 시각을 통한 인간과 세계와의 인터페이스 연구였고, 감각적 경험일반을 성립시키는 인간의 외적 자연과 내적 자연의 관계를 밝힌다는 성격을 띠고 있었던 것이다. 때문에 홉스도 역시 독자적 광학이론을 구축하는 과정에서 자신의 자연관과 인간관을 근본적으로 규정하는 철학적 입장을 확립해 나가게 된다. 그것은 곧 실재적인 세계의 모든 것을 물질과 운동으로 이해하고 설명하려는 기계론적 유물론의 입장이었다.

오직 물질만이 존재한다는 주장을 발전시키면서 홉스는 인간을 포함한 모든 움직이는 대상을, 실로 우주 전체를 이루고 있는 여러 기계와 같은 것이라고 생각하게 되었다. 따라서 그는 근대 형이상학적 유물론의 창시자일 뿐 아니라, 자연에 대한 기계론적 관점을 철저하게 지켜 나간 최초의 철학자라 할 수 있다. 이러한 입장에 따라 홉스는 기계론적인 심리학을 발전시켰다. 이는 물론 인간 정신을 하나의 기계로 여긴다는 점에서 전혀 새로운 것이었다. 홉스의 관점에 따르면 모든 정신적 과정은 개인의 두개골 내부에 있는 물질 운동으로 이루어진다. 유물론적이고 기계론적이며 순수 물리학적인 심리학과 같은 이 모든 생각들은 이후 3세기에 걸쳐 많은 사상가들에 따라 발전되었으며 큰 영향력을 발휘했다. 이러한 생각에 동의하지 않는 사람은 홉스의 견해가 얼마나 독창적인지 인정하기가 쉽지 않을 것이다. 그러나 비록 궁극적으로는 잘못된 것이라 하더라도 그런 생각들은 인간을 이해하기 위한 중요한 단서들을 발전시키는 데 도움을 주었다는 점이 중요하다. 예를 들어 정신적 과정에 대한 명백한 물리학적 기초가 있으며, 이는 물리학적 차원에 대한 고려 없이는 이해될 수 없다. 또한 홉스는 정신을 순전히 추상적인 것이라고 하는 사람들의 생각을 바꾸려고 노력했다.

갈릴레이와의 만남

홉스는 갈릴레이를 만나고부터 특별히 운동 문제에 매료되었다. 그즈음 갈릴레이가 적극적으로 개혁하고자 했던 낡은 아리스토텔레스적인 세계관에 따르면, 정지는 확실히 물리적 물체들의 자연 상태를 뜻한다. 그러나 갈릴레이는 지구 자체를 포함한 모든 물리적 물체들은 예외 없이 운동과 무관할 수 없다고 생각했다. 그리고 자연물은 바깥에서 힘을 가하지 않으면 늘 직선으로 움직인다고 생각했다. 홉스는 갈릴레이의 이러한 생각에서 벗어날 수 없었다.

갈릴레이를 따르는 홉스는 모든 실재가 운동 물질을 이룬다고 생각했으며, 이는 그의 전체적인 개념이 되었다. 만일 사물에 대한 이러한 견해로부

갈릴레오 갈릴레이(1564~1642)
1636년, 홉스는 3대 데번셔 백작과 함께 프랑스 여행시 피렌체로 갈릴레이를 찾아갔다. 홉스는 운동하는 물질에 대하여 갈릴레이와 토론하고 《철학원론》 3부작을 계획했다.

터 홉스에게 가장 큰 영향을 미쳤던 요소를 누군가가 분리시키려 했다면, 그것은 물질이 아니라 운동이다. 홉스는 물질적이고 기계적인 세계 안에 있는 모든 인과성은 추진성의 형태를 갖는다고 말했다. 그리고 그는 이것이 모든 변화가 어떻게 일어나는가에 대한 설명이라고 믿었다.

홉스는 이러한 생각을 자신의 심리학에까지 적용시켰다. 그것이 전진하는 동기이든 아니면 반발하는 동기이든, 그에게 모든 심리학적 동기는 추진성의 하나로 여겨졌다. 이러한 동기의 두 방향은 욕구와 혐오라고 표현할 수도 있다. 이와 비슷한 대립 쌍들은 그 밖에도 많다. 좋아함과 싫어함, 사랑과 증오, 기쁨과 슬픔 등이 이에 해당한다. 그러한 쌍들의 앞 부분은 본질적으로 채워질 수 없으므로 끝이 없다. 따라서 이것은 삶 자체가 멈추기 전까지는 지속되는 인간의 필요와 욕구이다. 이와 반대되는 항, 곧 반발에 해당하는 것 가운데 가장 강한 혐오는 바로 죽음에 대한 공포이다. 저마다 조금씩 차이는 있지만 대부분의 인간들은 이것을 피하려 한다.

인간심리에 대한 홉스의 이와 같은 기본적 관점은 그의 정치철학으로 계속 이어진다. 정치철학은 그의 사상 중에서 가장 오랫동안 영향을 미치게 된다.

데카르트 형이상학의 비판

세 번째 유럽여행 때 홉스는, 그즈음 유럽 각국의 철학자와 과학자들 사이의 광범위한 정보교환 네트워크의 중심이면서, 스스로도 최신 과학적 탐구의 추진자였던 메르센과 친교를 맺는다. 뒷날 친한 친구로서 서로 가장 우수한 이해자가 되기도 하는 수학자 가상디와의 만남도 메르센을 통해서였을 것으로 짐작된다. 근대 에피쿠로스주의의 부흥자가 된 가상디의 유물론 철학으로부터도 홉스는 커다란 영향을 받은 듯하다.

나아가 메르센은 당시 네덜란드에서 칩거하고 있던 데카르트에게도 유럽 학술계와의 유일한

데카르트(1596~1650)
홉스는 데카르트의 저서 《성찰》과 《굴절광학》에 대한 반박물을 집필하고, 서로 편지를 통해 논쟁했다.

'창구'였다. 영국으로 귀국한 뒤, 홉스는 메르센 앞으로 데카르트의 《굴절광학》에 대한 상세한 비판을 써서 보내고, 그것이 인연이 되어 데카르트와의 편지를 통한 논쟁이 전개되기에 이른다. 또한, 메르센에 의해 데카르트가 준비하고 있었던 형이상학의 주요저서 《성찰》에 대한 논박의 글 집필자의 한 사람으로 발탁된다. 홉스의 비판은 《성찰》에 딸린 '논박과 답변' 중의 제3논박으로 1641년에 세상에 나온다.

홉스의 논박은 데카르트에게는 자기의 주장에 대한 몰이해의 산물로밖에는 보이지 않았고, 때문에 지극히 냉담한 응답밖에는 이끌어내지 못하지만, 뒤집어 생각하면 홉스로선 이미 데카르트의 형이상학이나 인식론과는 전혀 이질적인 체계적 입장이 준비되어 있었다는 얘기이다. 간결하게 요약하면, 정신과 물체의 이원론에 대한 유물론, 자유의지의 존재를 부정하는 결정론, 지성보다 감각 지각에 객관적 인식의 기초를 두는 경험주의적인 인식론, 관

념의 명석판명성보다 언어의 기능을 중시한 규약주의적 진리관, 보편적 본질의 실재성을 인정하지 않는 유명론(唯名論), 신의 본질에 관한 불가지론 등을 특징으로 하는 철학체계이다.

홉스 철학 형성에 있어서 가장 결정적이었을 이 시기의 사색을 상세하게 남기고 있는 작품이나 초고는 유감스럽게도 거의 남아 있지 않다. 다만 우리가 알 수 있는 것은 《철학원론》의 기본구상이 지난 몇 년 사이에 이미 가닥이 잡혀 있었다는 것, 그럼에도 불구하고 1640년에 홉스가 저술한 최초의 본격적인 철학적 저서는 도덕철학과 정치철학에 주안점을 둔 영어로 된 《자연법 및 국가법에 대한 원론》(이하 《법의 원론》)이었다는 것, 그리고 첫머리에서도 밝힌 것처럼 《철학원론》 3부작의 완결편에 해당하는 《시민론》이 최초로 출판되었다는 점, 뒷날 홉스가 그 이유로서 모국 영국이 내란의 조짐이라고도 할 수 있는 '주권자의 권리'가 어디까지 미칠 수 있는가 하는 논의로 '끓어올랐던' 점, 그리고 《시민론》의 내용인 도덕철학과 정치철학이 "경험에 의해 알 수 있는 고유의 원리"에 바탕하고 있으며 앞선 부분(《물체론》의 논리학과 자연학, 《인간론》의 광학과 정염론 등)을 반드시 필요로 하지 않는 점을 들었다는 것(《시민론》 '서문') 등일 뿐이다.

어쨌거나 전에는 현실정치에 대한 전통적인 철학의 무력함을 비판하는 '인문주의자'였던 홉스가 이제는 '철학' 자체를 쇄신하고 새로운 도덕철학과 정치철학의 창시자가 되려 하고 있었던 것이 된다.

국민에게서 권력이 나온다

홉스는 죽음에 대한 두려움 때문에 인간이 사회를 이룬다고 믿었다. 그가 말하는 자연 상태란 사회가 없는 상태이다. 즉 지배도 없고 질서도 없으며 정의도 없는 상태에서 삶은 '만인에 대한 만인의 투쟁'이다. 이 모든 결과물은 폭력과 술수 또는 힘과 기만에 따라 결정된다. 홉스는 가장 유명한 저작인 《리바이어던》에서 다음과 같은 말로 그러한 국면에 대해 소름끼치는 묘사를 했다.

"가장 나쁜 것은 지속적인 공포, 곧 폭력에 따른 죽음에 대한 공포이며, 인간의 삶은 고독하고, 가난하며, 추잡하고, 야만적이며 덧없는 것이다."

개인은 저마다 서로 계약과 동맹을 맺음으로써 이 상태에서 벗어나고자 시도할 수 있다. 하지만 홉스는 다음과 같이 말했다.

"무력이 없는 계약은 단지 말일 뿐이다. 따라서 이는 결국 인간을 지키는 힘을 가지고 있지 않다."

왜냐하면 누구든지 유리하다고 생각하면 곧 계약을 깰 것이기 때문이다. 이러한 딜레마에서 벗어날 수 있는 유일한 방법은 계약을 깨는 행동이 누구에게도 이롭지 않은 상황을 만드는 것이다.

이렇게 하기 위해서 홉스는 다음과 같이 주장한다. 즉 '법을 강제하고, 법을 어기는 사람을 단호하게 처벌하는 일을 수행할 심적 권위에 권력을 인계하는 일에 모든 사람이 동의해야 한다'는 것이다. 그러한 권위가 효과를 발휘하기 위해서는 어떠한 개인 또는 개인들의 결사보다도 더 많은 권력을 가져야 한다. 그 안에서 사회는 결코 저항할 수 없는 상태, 즉 절대적 권력을 가지는 상태에 이를 수 있다. 이는 사회를 구성하는 개인들의 자유와 안정을 모두 극대화할 수 있는 유일한 길이다.

홉스는 늘 최고 권력이 어느 경우에나 신에게서 나오는 것도 아니며 어떠한 고대의 더 높은 권위에서 나오는 것도 아니라고 생각했다. 그는 단지 국민에게서 권력이 나온다는 것을 분명히 하려 노력했다. 절대 권력은 주권자를 만족시키기 위한 것이 아니라 모든 사람들의 선을 위해 주권자에게 주어지는 것이다.

홉스는 가장 매서운 독재정치보다도 더 군중들을 두렵게 하는 것은 사회 혼란이라고 생각했다. 따라서 군중들은 혼란을 겪기보다는 전제정치를 더 선호하고 거의 모든 전제정치에 복종한다는 것이다. 우리는 홉스가 활동했던 시대에는 시민전쟁이 일어났고, 왕권신수설을 믿던 왕이 처형당했으며, 국가는 무질서 상태에 빠졌고, 오직 군사 독재를 통해서만 평화를 회복할 수 있었다는 사실에 주목할 필요가 있다. 그리고 홉스는 개인적으로 이러한 사건들 속에서 몇몇 중요한 인물들을 만났다. 《리바이어던》을 집필할 당시 그는 프랑스에 망명해 있었다. 그리고 1651년 이 책이 출판되었을 때, 올리버 크롬웰은 영국의 독재자로서 최고 권력에 올라 있었다. 같은 해 홉스는 크롬웰과 화해하고 영국으로 돌아왔다. 그러나 1660년에 다시 되찾은 군주제는 그에게 큰 행운을 안겨 주었다. 곧 과거 그의 제자였던 찰스 2세가 군주 자리에 올랐던 것이다.

자연상태와 자연권

'인간 몸의 취약함을 생각할 때, 낮은 지위에 있는 자도 우위에 있는 자를 살해하기는 매우 쉬우며, 더구나 그 생명과 함께 어떠한 권력도 지혜도 사라져 버리므로 살인이란 인간상호에 대하여 일어날 수 있는 가장 중대한 일이고, 서로 그런 일을 일으킬 수 있는 사람들끼리는 각자 능력의 격차가 있어도 서로 대등한 자로 간주되어야 한다. 다시 말하면, 인간은 날 때부터 모두 평등하다고 보아야 한다.' 이러한 홉스의 논리는 죽음보다 더 꺼려야 할 것이 있다고 생각하는 사람에게는 어쩌면 아무 의미도 없을 것이다. 하지만 거꾸로 말하면, 서로 죽일 수 있기 때문에 평등하다고 간주해야 한다고 주장함으로써 그는 인간의 날 때부터의 평등성뿐만 아니라 폭력에 의한 죽음이 인간에게 가장 큰 악이라고 하는 가치판단을 사람들로 하여금 승인케 하려는 것이다.

다만 그와 같은 가치판단도 역시 상대적인 것일 수밖에 없음은 홉스도 충분히 알고 있었다. 인간은 신과 이상, 긍지와 명예를 위하여 때로는 너무나 쉽게 생명을 거는 존재임을 그는 결코 도외시하고 있지 않다. 그러나 적어도 자기의 생명이 위협을 받고 있다는 불안과 공포를 아는 사람이라면 똑같은 상황 속에서 '만약 누군가가 자기를 죽음과 고통으로부터 지키기 위하여 갖은 노고를 치르고 있다 해도 그것은 결코 어리석은 일도, 비난받아 마땅한 일도, 올바른 이성에 어긋나는 일도 아니다'에 동의할 수 있지 않겠는가! 따라서 올바른 이성에 어긋나지 않은 일은 정당하며, 권리를 지니고 행해진다고 모두가 말한다. 그렇다면 폭력에 의한 죽음의 공포가 편재하는 상황 속에서 자기의 생명과 몸을 죽음과 고통으로부터 지키기 위하여 필요한 모든 것을 행할 자유를 '권리'로서 결국은 '올바르다'는 것으로서 인정할 수 있다. 이렇게 누구나 동의할 수 있는 옳고 그름에 관한 첫 번째 구별이 이루어진다. 홉스는 그러한 권리를 '자연권', 즉 국가나 체제, 출신과는 전혀 무관하게 성립하는 인간의 생득적인 권리라고 파악하고, 이것을 새로운 윤리의 기초로 두려 하는 것이다.

그러나 설령 자기의 목숨과 몸을 지키기 위하여 필요한 것을 수행할 자유가 '자연권'으로서 정당화된다 해도 각자가 그것을 무제한으로 행사할 수 있는 상태에서는 권리로서 실제로 지켜지고 존중되는 것은 아무것도 없다.

'자연상태'란 각자가 무제한의 자연권을 지니는 상태, 만인이 만물에 대한 권리를 갖는 상태, 즉 다른 사람의 생명과 몸에 대해서조차 그것을 자유롭게 해도 되는 권리를 서로가 지니는 상태이다. 그렇기 때문에 '전쟁상태'나 다름이 없다는 것이 권리론에 의해서도 재확인된다. 그와 같은 상태에 머무는 것은 폭력에 의한 죽음에의 공포라는 정념으로 보아도, 자기의 생명 보전을 꾀하려는 합리적 사유로 보아도, 또한 쾌적하고 안락한 생활을 확보하고자 하는 욕망으로 보아도 도저히 바람직한 일로는 여기지지 않는다. 다시 말하면 '전쟁상태'는 '악'이라는 가치판단에 있어서 일치할 것이다. 그로써 평화야말로 '공동선'이라는 인식도 또한 공유할 수 있음이 틀림없다.

그러면 전쟁상태에서 벗어나 평화를 실현하고 유지하려면 무엇이 필요할까? 인간이성이 거기서 이끌어내는, 평화를 위한 일련의 규칙을 홉스는 '자연법'이라는 이름 아래 제시한다. 본디 '자연법'이란 서양세계의 사상적 전통 속에선 신에 의해 인간이성 속에 새겨진 선악의 공통된 척도, 불문법이며, 만인에게 공통된 보편적인 윤리법칙을 의미하는 개념이었다. 홉스는 그것을, 전쟁상태를 혐오하고, 평화의 실현과 유지를 바라는 인간이 그것을 위해 불가결한 수단으로서 승인하는 일련의 규칙으로 바꿔놓고 있다.

도덕철학으로서의 자연법

먼저 이성의 계율 또는 일반적 규칙은 다음과 같이 규정할 수 있다.

"만인은 평화를 획득할 희망이 있는 이상 그것을 위하여 노력해야만 하며, 그것을 획득하지 못하는 경우에는 전쟁의 온갖 지원과 이점을 추구하고 이용해도 된다."

홉스는 전반부가 '제1의 기본적 자연법'이고, "평화를 바라고 추구하라"고 명령하고 있는데 반해 후반부에선 '자연권'을 요약하고 "그대에게 가능한 온갖 수단을 통하여 그대 자신을 지켜라"고 고하고 있다고 설명하고 있지만, 여기에는 자연법과 자연권 사이의 긴장관계와 함께 후자의 우위가 명료하게 드러나 있다. '공통선'인 평화의 추구를 명령하는 자연법에 따라야 하는 이유는 그것이 각자의 '자연권'을 보장하기 위한 합리적 수단이기 때문이다. 즉 자연법은 자연권을 지키기 위한 제약으로 파악되어 있다. 때문에 그것이 자연권의 보전으로 이어지지 않음이 명백한 경우에는 현실적 행위에 있어서 자연권을 따를 의무는 없어진다. 그러나 한편으론 이미 살펴본 것처럼 각자가 무제한의 자연권을 지니는 것이 '전쟁상태'를 야기하고, 나아가서는 서로의 자연권 자체도 파괴되고 말므로 자연법은 평화를 위해서는 당연히 자연권의 제한을 명령하게 된다. 그것이 '제2의 자연법'이다.

"인간은 평화와 자기방위를 위하여 필요하다고 판단하는 한, 또한 다른 사람들도 그러한 경우에는 만물에 대한 이 권리를 자진하여 내버려야 하며, 다른 사람들에 대하여 지니는 자유에 대해서는 자기 자신에 대해서는 다른 사람들이 지니고 있어도 허용할 수 있을 만큼의 자유로 만족해야 한다."

요컨대 자신도 다른 사람이 지녀도 괜찮다고 허용할 수 있는 범위의 자유에 머물러야 한다는 것이다. 예를 들면 '자연상태'에서는 나의 생명과 몸을 누구나 자유롭게 할 수 있는 권리를 지닌다. 그것이 "만인이 만물에 대한 권리를 지닌다"고 하는 말의 의미였다. 그것은 곤란하다. 다른 사람들은 나의 생명과 몸에 대한 권리를 버리기를 바란다. 그러나 그러려면 자신도 마찬가지로 다른 사람의 생명과 몸에 대한 권리를 버려야만 한다. 저마다 다른 사람의 생명과 몸에 대해서 지니고 있는 권리를 똑같이 버림으로써 나의 생명과 몸을 자유롭게 할 수 있는 권리를 지니는 것은 나뿐이 되고, 당신의 생명과 몸을 자유롭게 할 수 있는 권리를 지니는 것은 당신뿐이다. 이리하여 서로 내버리는, 또는 서로 양도함으로써 서로의 자유에 미치는 범위는 좁아지지만 바로 그 범위 안에서 각자의 자유는 실질적인 '권리'로서 보장된다. 홉스가 '제2의 자연법'에 의해 실현하고 있는 것은 그러한 무제한의 자연권의 상호 양도에 의한 권리의 실질화라는 논리이다.

한편 '권리의 양도'란 단순히 소유권의 대상이 되는 물건을 주고받는 것이 아니다. 예를 들면 어떤 사물에 대한 소유권을 양도한다 함은, 상대가 그것을 자유롭게 이용하는 것에 저항하지 않겠다는 약속을 하는 것이다. 물론 그것을 '계약'이라고 해도 되지만, 홉스는 계약 당사자의 한쪽 또는 쌍방의 이행이 아직 이루어지지 않고, 단순히 미래에 있을 이행을 신용하는데 지나지 않는 상태의 계약을 따로 '신의계약'이라고 하여 구별하고 있다. 그러면 '권리의 상호양도'란 결국 상대가 앞으로도 그것을 계속해서 이행하리라는 신뢰, 또는 단순한 기대에 의해 성립해 있는 '신의계약'인 것이 된다. 그래서 '제3의 자연법'은 '신의계약'의 준수를 명령하게 된다.

이와 같이 그 다음의 《리바이어던》에서 홉스는 "그것들에 대한 학문이야말로 참으로 유일한 도덕철학이다"라고 선언한다. 왜냐하면 도덕철학이란 타인과의 교류에 있어서, 나아가서는 인간사회에 있어서 무엇이 선이고 악인지에 대한 학문에 다름 아니기 때문이다. 사람들이 저마다 그때그때의 선악의 판단에 있어서 일치하는 경우는 아마도 없을 것이다. 그렇지만 저마다 다른 가치관에 바탕하여 살아가는 한, 누군가가 칭찬하는 것, 즉 선이라 부르는 것을 다른 누군가가 악이라고 비난하는 것을 피할 수 없으며, 거기서 반드시 불일치와 분쟁이 일어난다. 그러나 전쟁상태가 악이라는 것, 때문에 평화가 선이라는 공통인식만 얻을 수 있으면 그것을 위하여 필요불가결한 수단으로서의 자연법에 따르는 것 역시 선이라는 것에 합의할 수 있을 것이다. 가치에 관한 상대주의적 입장을 받아들인 홉스로서는 도덕에 대한 '학문과 지식'의 가능성은, 사람들이 단순히 이 '공통선'에 대한 이성적 인식에선 일치한다는 그 한 가지 점에 있어서만 성립하게 된다는 것이다.

사회계약

주권자는 어떤 약속도 지켜지게 할 수 있을 정도로 강대해야 한다. 왜냐하면 홉스가 지적하듯이, 검(劍)이 따르지 않는 신뢰관계는 빈껍데기일 뿐 사람을 지켜 줄 힘이 전혀 없기 때문이다. 주권자의 권력은 사람들이 약속을 지키는 일을 보증한다. 결과적으로 평화로운 사회가 이루어진다.

물론 벌이나 개미 같은 곤충은 상층부의 강제적 명령 없이도 원활하게 운영되는 사회 속에서 살아간다. 이에 대해서 홉스는, 인간이 놓여 있는 상황은 벌이나 개미의 상황과는 매우 다르다고 지적한다. 인간은 늘 명예나 지위를 놓고 싸우다가 마침내는 질투와 증오를 일삼는다. 그것이 축적되어 전쟁이 발생하는 것이다. 개미와 벌에게는 명예나 지위가 아무 의미도 없지만, 인간은 이성의 능력을 지니고 있으므로 그 능력에 따라 자신들이 지배받는 방식을 비판할 수 있다. 그리고 이것이 점점 사회불안을 일으킨다. 개미와 벌에게는 이런 이성적 능력이 없다. 개미와 벌은 서로의 자연적 공통심리로 사회를 이룬다. 그러나 인간은 신뢰관계라는 수단으로 사회를 이루고 있을 뿐이다. 따라서 개미나 벌과는 달리 인간에게는, 약속을 깨뜨리지 않도록 보증해 주는 힘에 의한 강제가 요구된다.

홉스의 사회계약은, 보호를 얻는 대신 자연권을 내버리기 위해 자연상태에서 사람들 사이에 이루어지는 계약이다. 이 계약은 역사적 실재성을 지닐 필요는 없다. 홉스는 "각 나라 역사의 어느 때에 갑자기 모든 구성원이, 싸움은 무의미하며 서로 협력하는 편이 훨씬 낫다는 점을 깨달았다" 하고 주장하지는 않는다. 오히려 그는 정치 체계를 이해하고 정당화하여, 변혁하기 위한 방법을 제공하고 있다. 《리바이어던》에서 홉스는 다음과 같이 주장하고 있다. 즉 만일 현존하고 있는 암묵의 계약 조건들을 없애 버린다면 우리는 '만인의 만인에 대한 투쟁 상태'인 자연상태 아래에서 살아가고 있음을 알게 된다는 것이다. 만일 홉스의 의견이 옳고 자연상태에 대한 그의 묘사가 정확하다면, 《리바이어던》은 "평화를 지키려면 강력한 주권자에 의한 지배가 요구된다"는 것에 대한 설득력 있는 이유를 제시하고 있는 셈이다.

주권자의 의무와 백성의 권리

홉스는 국가를 사람들이 얼마만큼의 주권을 지니는가에 따라 군주제, 귀족제, 민주제의 3가지로 분류하고 있다. 그는 군주제가 가장 현실적이고 우수한 통치형태라고 믿었었지만, 그 주권이론은 다른 체제에도 마찬가지로 적용할 수 있는 방식으로 구성되어 있으며, 민주주의 국가에 적용되었을 경우에는 즉각 인민주권의 절대불가침성을 옹호하는 이론으로 변환되고, 그곳에선 모든 백성은 주권자임과 동시에 자기의 결정에 복종하는 시민이 된다. 뒷날 루소의 정치이론 가운데서 우리는 그 편린을 볼 수 있다.

분명 홉스는 주권자는 백성에 대하여 어떠한 의무도 없으며, 국가에 있어서 주권자의 권리를 제한하는 어떠한 권위도 존재하지 않는다고 주장했다. 그러나 거기서 모든 것을 마음대로 할 수 있는 전제군주 같은 존재를 떠올린다면 그것은 완전한 착각이다. "주권자의 직무는, 그것이 군주이건 합의체건 주권자권력을 위임받은 그 목적에 있다. 즉 백성의 안전을 달성하는 것이 그것이며, 주권자는 자연법에 의해 그렇게 의무지워져 있다." 처음부터 주권의 절대성이라는 요청 자체가 '백성의 안전'이라는 자연법의 목적을 실현하기 위해 없어서는 안 될 조건으로 도출된 것이고, 그 목적에 위배되는 것은 물론 그것과는 전혀 무관한 어떠한 것을 할 권한도 사실은 주권자에게 주어져 있지 않은 것이다.

한편, 홉스에 따르면 인간에게는 어떠한 신의계약에 의해서도(따라서 국가의 내부에 있어서도) 결코 폐기하거나 양도할 수 없는 권리가 있는데, 그중에는 자기의 생명을 빼앗으려 하는 자와 몸에 위해를 가하려는 자에게 저항할 권리뿐만 아니라 공기, 물, 식량, 자기의 몸을 자유롭게 움직이게 하는 것을 비롯한 "인간이 그것 없이는 살아가지 못하거나 또는 제대로 살 수가 없는 그 밖의 모든 것을 누릴 권리"도 포함된다. 역으로 말하면 주권자에게 요구되는 것은(물론 대외적인 안전보장을 전제한 상태에서) 그 기본적인 권리들을 모든 국민에게 보장할만한 정책결정과 권한행사였지 그 이상도 이하도 아닌 것이다. 실제로 홉스는 주권자가 달성해야 할 '백성의 안전'이란 "단순한 생명의 유지뿐만 아니라 각자가 국가에 위험과 해가 없는 합법적인 근로에 의해 스스로 획득하게 될 생명과 기타의 모든 만족도 의미한다"고 쓰고 있다. 즉 그가 구상했던 국가는 '리바이어던'이라는 명칭으로 볼 때, 많은 사람들이 상상하는 그런 독재적 전체주의 군사국가보다는 오히려 오늘날의 자유로운 복지국가에 훨씬 가까웠을 가능성이 있다.

물론 그렇더라도 오늘날의 '기본적 인권'에 관한 표준적인 이해로 본다면 홉스가 인정했던 시민의 권리는 심하게 제약을 받은 것이었고, '백성의 평화와 안전'이라는 목적을 위하여 주권자에게 위임되어 있는 권한이 너무나 컸던 것도 확실하다. 인간의 선함에 대하여 그토록 회의적이었던 홉스가 주권자만큼은 아무런 강제력이 없어도 자연법을 지킨다고, 진심으로 그렇게 믿었는지 여부도 매우 의심스럽다.

다만 그는 "주권자에 대한 백성의 의무는 주권자에게 백성을 보호할 힘이 존속할 때에만 계속된다"고 하고, 그것이 불가능해졌을 경우에는 주권자에 대한 복종의무는 소멸한다고 쓰고 있다. 왜냐하면 "사람들이 날 때부터 지니고 있는, 자신을 보호할 권리는 어느 누구도 그들을 보호할 수가 없을 경우에는 어떠한 신의계약에 의해서도 폐기될 수 없기 때문"이다. 국가가 국민들의 생명과 안전을 이미 보장할 수 없을 때, 그 사람들에게 복종의 의무를 부여했던 신의계약은 자동적으로 해지되고, 국가와의 관계는 자연상태, 즉 전쟁상태로 돌아간다. 그러므로 국가는 국가이기 때문에, 주권자는 주권자이기 때문에 국민의 생명과 안전을 지키기 위하여 할 수 있는 모든 것을 하지 않으면 안 된다. 뒷날의 로크와 달리 시민의 저항권과 혁명권을 결코 개념화하려 하지는 않았지만, 주권자의 행위를 최종적으로 제약하는 것은 홉스에 게도 역시 사람들이 지닌 자연권이었다. 그의 정치이론을 놓고 국왕에게 지나치게 많은 권한을 준다고 비난했던 의회파 투사들보다 국민들에게 너무나 많은 자유를 준다고 위험시했던 신수(神授)권론자들이 사실은 그것의 진정한 혁명성을 깨닫고 있었다고 보아야 한다.

수인(囚人)의 딜레마

'수인의 딜레마'란, 타인과 협력할 때 일어나는 문제를 설명하기 위해 고안된 상상 속의 사태이다.

이를테면 당신과 당신의 동료가 범죄를 저질러서 잡혔다고 가정하자. 두 사람은 현행범으로 잡힌 게 아니며, 각각 다른 방에서 심문을 받고 있어서 당신은 동료가 무엇을 자백했는지 모른다는 것이 조건이다.

이때 다음과 같은 상황을 상상할 수 있다. 만약 두 사람 다 자백하지 않으면 경찰에게는 유죄를 증명할 충분한 증거가 없으므로 두 사람은 석방될 것이다. 이것은 언뜻 보기에 가장 좋은 방법으로 보인다. 그러나 여기에는 문제가 있다. 만약 당신은 계속 침묵했는데 동료가 자백해서 당신에게 죄를 씌운다면, 그는 협력한 공로로 보상을 받아 석방되고 당신은 장기복역 판결을 받을 것이다. 반면에 당신이 자백하고 동료가 자백하지 않았을 때에는 당신이 보상을 받게 된다. 만일 둘 다 자백한다면 둘 다 단기 징역형을 선고받을 것이다. 이런 상황에서는 당신의 공범자가 무엇을 하든, (만약 당신이 자신의 이익을 최대화하길 원한다면) 당신은 자백하는 편이 좋다. 그가 자백하지 않는다면 당신은 그 보상으로 석방될 테고, 혹시 그가 자백하더라도 당신 혼자 죄를 뒤집어쓰고 장기 복역하느니 차라리 단기 징역형을 선고받는 편이 당신에게는 훨씬 유리하기 때문이다. 따라서 두 사람이 최대 보상을 얻고 최소한으로만 복역하려고 한다면 둘 다 자백해 버리는 것이다. 그러나 안타깝게도 이 경우 두 사람은, 둘 다 침묵을 지켰을 때보다 더 나쁜 결과를 얻게 된다.

홉스의 자연상태는 다음과 같은 점에서 '수인의 딜레마'와 비슷하다. 자연상태에서는 누구에게든 항상, 계약을 깨뜨림으로써 이익을 얻으려고 한다면 그 계약을 깨뜨리는 것이 옳다. 계약을 계속 준수하는 것은 위험한 짓이다. 당신이 계약을 지키고 있는데 다른 누군가가 그것을 깨뜨린다면 최악의 상황이 되기 때문이다. 만약 상대가 계약을 지키고 있다면 당신은 그것을 파기함으로써 분명 이익을 얻을 터이다. 만약 상대가 계약을 파기한다면, 당신도 손해 보지 않기 위해 그것을 파기해야 한다. 따라서 어떤 상황에서나 당신은 자신의 약속을 지키지 말아야 하는 셈이다. 이 경우 최선의 결과를 얻고자 하는 이성적인 사람이 보기에, 계약을 지키는 것은 아무런 이익이 안 된다. 그래서 홉스는 주권자의 개념을 도입한다. 사람들에게 계약을 지키도록 하는 강한 주권자가 없으면, 누구나 자기들이 한 약속을 지키려고 하지 않기 때문이다. 각자의 권리를 주권자에게 맡기는 계약은 사람들 사이에서 맺어지지만, 그것을 깨뜨리는 사람은 엄한 벌을 받게 되리라는 점에서 이 계약은 다른 계약과는 다르다. 그러므로 이런 상황에서는 당신은 기본적인 사회계약을 지키려는 강한 동기를 지니게 된다.

죽을 수도 있는 신, 리바이어던의 탄생

홉스에 따르면 도덕법으로서의 자연법은, 단지 그것의 중요성을 인식하기만 해선 여전히 아무 효력도 지니지 못한다. "자연법은 자연상태에 있어서는 침묵한 채이다"(《시민론》 제5장 2절). 예를 들어 어떤 규칙에 따를 때의 이익을 구성원 모두가 이해하고 있지만, 다른 구성원도 또한 그렇게 하리라는 확증이 없는 경우에는 누구나 그 규칙에 따르려 하지 않는 경우가 자주 발생하다시피, 현재 사람들로 하여금 자연법을 준수하도록 강제하는 동기부여 같은 조건이 정비되어 있지 않으면 공통선인 평화도 그림의 떡에 지나지 않는다. 말할 필요도 없이 그 조건이란 '공통권력'인 국가의 설립이며, 그것이 어떻게 가능한지를 보이는 것이 홉스의 국가론이다. 즉 좁은 의미의 '정치학'이 시작되는 것이다.

자연상태에 있다고 상정된 사람들이 평화를 위해서는 자연법의 실현이 필요불가결하다고 인식하면서도 실제로는 그것을 지키기가 어려운 것은, 한편으론 다른 사람들도 또한 자연법이 명하는 '신의계약'을 준수한다는 보장이 전혀 없기 때문이며, 다른 한편으론 도리어 자신이 그것을 파기함으로써 이익을 얻을 가능성이 있기 때문이다. 그러한 '수인(囚人)의 딜레마'적 상황의 해결을 가능케 하는 공통권력의 수립을 위한 단 하나의 방법을 홉스는 다음과 같이 설명한다.

사람들은 한 사람, 또는 여러 사람들의 합의체를 지명하여 자기들을 대표하게 하고, 그 사람이 공통의 평화와 안전에 관한 사항에 대하여 실행하고, 또는 실행하게 하는 모든 것을 자기들 자신이 하는 것으로 인정하고, 그렇게 함으로써 자기들의 의지와 판단을 그 사람의 의지와 판단에 따르게 해야만 한다. 이것은 각자가 서로에게 제3자인 "이 사람 또는 이 사람들의 합의체에 권위를 부여하고, 나 자신을 통치할 권리를 양도한다"고 하는 신의계약을 맺음으로써 실현된다. 그 신의계약에 의해 하나의 인간 또는 하나의 합의체의 권위 아래 합일된 국민이 '국가'이며, 그 권위를 부여받은 자가 국가의 '주권자'이다. 이것이 이른바 '사회계약'에 바탕한 '설립에 의한 국가'의 생성이다.

홉스는 이 주권자와 국민 사이에는 어떠한 신의계약도 없다는 논점과, 주권자의 결정과 행위를 자기 자신의 것으로서 책임을 지는 것은 그 주권자를 자기들의 대표로 삼은 국민 쪽이라는 논점을 되풀이 채용하면서 주권자 권력의 절대성을 증명해 나가지만, 이 논법은 현대 민주주의 사회의 상식을 전제로 할 때, 너무나 약삭빠른 절대주의 옹호로 보인다.

그러나 역사적 문맥으로 되돌아가서 생각해보면, 홉스가 직면하고 있었던 현실은 오히려 재정적 기반이 결여된 채 '왕권신수설'을 내세워 절대군주가 되려 했던 국왕과, 관습법에 의해 전통적으로 인정되던 권리를 방패로 주권자의 명령에 복종하지 않는 백성들과의 적대에 의해 야기된 내전의 비참함이었다. 홉스의 가장 유명한 저서의 제목으로 사용된 '리바이어던'은 구약성경의 〈욥기〉에 따르면, "지상에 비교할 만한 어떤 것도 없으며, 두려움을 모르도록 창조된" 괴물이었는데, 그 리바이어던에 빗대어 "모든 교만한 자들"을 진정시키는 강대한 힘을 지니도록 그가 기대했던 국가는 '죽지 않는 신'이 아닌 '죽을 수 있는 신'이며, 바야흐로 혁명기에는 '가사상태'에 빠지게 된다.

《리바이어던》의 구성

《리바이어던》에서 홉스는 투쟁이나 분쟁의 일반적인 원인을 살펴보고 그

치료법을 찾으려 한다. 이 책의 주요 논점은, 강대한 주권자에 의한 통치에 동의하는 것이 어째서 합리적인가 하는 것이다. 평화는 전원이 사회계약을 받아들일 때 비로소 달성된다. 이 문제에 대한 홉스의 주장이 《리바이어던》의 핵심을 이룬다. 그런데 이 저작은 심리학에서 종교에 걸친 다른 많은 화제도 다루고 있다. 실제로 《리바이어던》의 절반 이상은 종교와 그리스도교 성경에 대한 그의 상세한 의견으로 이루어져 있다. 그러나 이 부분은 오늘날에는 거의 읽히지 않는다. 자유로운 개인은 상대로부터 자신을 지키고 또 외부의 공격으로부터 자신을 보호하는 대신 그들의 자연적인 자유 가운데 일부를 방기하기 위해 계약을 맺는데, 이 계약에 대한 것이 바로 주요 주제다. 홉스는 '만일 사회나 국가가 존재하지 않았다면 사람들의 생활은 어떻게 됐을까?' 하는 분석으로부터 이 계약에 대한 설명을 시작한다.

《리바이어던》은 총 4부로 구성되어 있다.

제1부: 인간에 대하여

인간사회는 언뜻 보기에 차이와 구별로 가득 차 있다. 그러나 벌거벗은 인간을 한번 보라. 인간은 몸과 마음, 모든 능력에 있어서 평등하게 태어났다. 누구나 평등한 권리의식을 갖는 것이다. 그리고 자신의 생존에 유리한 것을 선택하고 불리한 것을 배척한다. 이 욕구를 충족하기 위하여 저마다 행사하는 힘이 상호대립을, 평등의식에 사로잡힌 열등한 자의 우세한 자에 대한 질투가 상호불신을, 그리고 인간 각자의 전쟁상태—'만인의 만인에 대한 투쟁'이, 결국 만인이 함께 망하는 인류 멸망의 위기를 낳는 것이다.

제2부: 코먼웰스에 대하여

인류 멸망의 위기를 막기 위해서는 모든 개인을 초월한 주권을 설정하고 (사회계약) 그 아래에서 평화를 얻어야만 한다. 이 주권자가 바로 인공인간=코먼웰스이다. 국가의 역할은 개인의 자연권, 즉 생존권과 평등권을 보장하는 것이다. 그러기 위해서 모든 개인은 이 국가주권에 절대 복종해야만 한다(자연권의 제한). 만약, 이 주권이 침해되거나 분할된다면 국가 분열의 위기를 불러와 자연 상태보다 더 큰 재앙을 일으킬 것이다.

제3부: 그리스도교 코먼웰스에 대하여

구세주 그리스도는 이 세상의 왕이 되기 위해 찾아온 것이 아니다. 죄인을 회개시켜 하느님나라에서 구원받게 하기 위하여, 인간의 마음을 하느님 교리에 따라 인도하기 위하여, 자기 자신을 희생시키기 위하여 찾아온 것이다. 그것이 그리스도가 이 세상 어떤 법의 강제에도 따르지 않았던 이유이다. 하느님의 주권은 하느님나라에 속한 것이다. 이 세상의 왕은 유일하게 정치권력을 유지하는 국가뿐이다. 교회와 그리스도교도는 각 나라의 정치권력에 따라야만 한다. 그렇다고 해서 신앙의 자유가 부정되는 것은 아니다. 정치권력은 국법에 따를 것을 요구하지만 그것은 태도와 행동에 있어서이지 마음속 자유를 침해하는 것은 아니다.

제4부: 어둠의 나라에 대하여

어둠의 나라란, 성경에서 말하듯이 이 세상 사람들을 지배하기 위하여 사악하고 그릇된 교리를 통해 사람들에게서 자연의 빛과 하느님의 빛을 빼앗아 그들이 하느님나라에 들어가지 못하도록 하려는 사기꾼들 모임이다. 그것은 성경의 잘못된 해석이 부르는 영적 어둠이며, 이교의 잔재, 공허한 철학과 허구의 전설에서 비롯되는 어둠이다. 물론 플라톤철학도 그에 속한다.

결국, 홉스는 인공국가를 상정하고 그것에 따름으로써 개인의 자연권과 그리스도교 교회가 평화로운 존속을 확보할 수 있다는 그의 이론을 통해 역사의 전통 제도나 사고, 기성의 모든 것을 근본부터 부정한다. 그 무렵 커다란 반향, 특히 비난을 불러왔음은 물론이다.

《리바이어던》비판론

인간본성 이해에 오류가 있다

홉스가 설명한 자연상태에 대하여 자주 있는 비판은, 문명국가의 영향 밖에 있는 인간의 본성을 매우 삭막한 것으로 묘사하고 있다는 것이다. 홉스는 인간은 모두 마음속에서부터 이기적이며 언제나 자신들의 욕망을 충족시키려 하고 있다고 생각했다. 그는 또한 엄격한 유물론자이며, 우주 전체와 그곳에 포함되는 모든 것은 운동하는 물체라는 관점에서 설명할 수 있다고 생각했다. 인간은 세련된 기계와도 같으며, 문명의 장식이 벗겨져 버리면 인간이 경쟁하고 투쟁하는 것은 피하기 힘든 일이다. 홉스의 이러한 비관적인 견해와는 대조적으로 좀 더 낙관적인 철학자들은 비교적 공통된 인간의 특성으로서 이타적 행위라는 것이 있으며 권력에 대한 공포가 없어도 사람들의 협동은 가능하다고 주장했다.

그러나 홉스의 이론은 국제 관계에 있어서의 국가 간의 경쟁이나 침략 등을 묘사하고 있는 것 같다. 핵무기 따위는 상호불신만 없으면 필요 없는 것이다. 그러나 홉스 이론이 국가 내부와 마찬가지로 국가 간에도 적용된다면 미래라는 것은 오히려 보잘것없는 것이다. 왜냐하면 국가들 사이에 맺어진 신뢰 관계를 지키도록 할 만한 강대한 주권자가 나타나리라고는 생각할 수 없으며, 그렇게 되면 만국의 만국에 대한 끊임없는 전쟁이 예상되기 때문이다.

무의미한 허구일 뿐인 자연상태

홉스 방식에 대한 근본적인 비판은 그가 말하는 자연 상태가 역사와 아무런 관계도 없는 무의미한 허구라는 것, 그리고 이 허구가, 군주제에 대한 그의 선입관이 마치 이성적 논의의 결과인 것처럼 혼동시킨다는 것이다. 자연 상태라는 이 허구는 그런 식으로 성립되어 있다.

첫 번째 점에 대해서는, 일반적으로 다음과 같은 사정이 알려져 있다. 홉스는 아메리카 원주민들이 자연 상태에 가까운 상태에서 생활하고 있다고 생각했지만, 그렇다고 해서 그가 자연 상태에 대한 자신의 설명이 가설 이상의 것이라고 주장하는 것은 아니다. 그는 만약 주권자가 존재하지 않거나 주권자의 권력이 배제되었다면 사람들의 생활은 어떻게 될 것인가를 지적하는 것이다. 그러나 이미 살펴본 것처럼, 실제로 발생하는 것과 너무 차이가 나는 사고실험은 평가받지 못한다. 바로 그 점에서, 국가란 실제로 어떤 것인지에 대한 그의 추측은 잘못이라고 생각할 수 있다.

주관자는 한 사람의 군주가 아니라 합의체여도 좋다고 홉스가 인정한 점은 미묘하다. 만약 홉스가 단순히 군주주의적인 선입관을 표현했을 뿐이라면, 그가 이러한 가능성도 포함하고 있었다는 것을 어떻게 설명할 수 있을까? 그러나 그는 자신을 보호하기 위해서(이것은 인간 본성은 자기보전을 지향한다는 그의 철학적 견해와 일치한다), 극단적 형태의 군주제를 지지하는 것을 피했을 뿐인지도 모른다.

국가가 모든 사람을 언제나 감시할 수는 없다

사회계약을 파기할 수 있는 경우에도 그것에 따라야 할 이유를 제시하고 있지 않다는 점이 홉스의 설명에 대한 또 하나의 비판이다. 결코 체포될 리 없다고 확신하는 소매치기가 어째서 주권자가 정한 절도에 관한 시민법을 따라야만 하는가? 홉스는 만약 자연 상태에 있는 사람들이 신뢰 관계를 지키도록 하기 위하여 강제가 필요하다면, 그 사람들이 시민법을 지키게 하기 위해서도 강제가 필요할 것이라고 한다. 그러나 국가가 모든 사람을 항상 감시할 수는 없다.

아마도 이러한 비판에 대하여 홉스는 시민법을 지킬 의무를 받아들이지 않고 국가의 보호를 받아선 안 되며, 그것이 하나의 자연법이라고 주장할 것이다. 그러나 그것은 충분한 반론이라고 할 수 없다.

홉스는 전체주의자인가?

홉스 역시 플라톤과 같이, 이상 국가에서 시민의 자유가 큰 폭으로 감소하는 것에 찬성하는 것처럼 보인다. 예를 들면, 그는 주권자에 의한 검열을 전면적으로 인정했고 오히려 바람직하다고까지 여겼다. 그 어떤 서적도, 그 학설이 평화를 촉진하는 것인지 확인한 뒤가 아니면 출판해서는 안 된다고 생각했다. 개인의 양심 등은 믿어선 안 되며, 국가는 단호한 것이어야만 한다고 믿었다. 개인은 무엇이 옳고 무엇이 그른지를 판단하려 해서는 안 되며 그것을 결정하는 것은 주권자라고 여겼다. 특히 자연상태를 대신하여 제시된 홉스의 국가관에는 환멸을 느끼는 사람도 많을 것이다. 홉스는 주권자의 권력에 대하여, 바라는 것은 무엇이든 하려 하는 것에는 제한을 부과했으나, 그것은 권력이 그처럼 제한되어도 여전히 국가가 전체주의화되는 정도의 제한일 뿐이며, 전체주의화를 다 막아낼 수 있을 정도로 엄격한 제한은 아니었던 것이다.

《리바이어던》과 현대

내란과 혁명의 격랑에 시달리는 위기의 시대에서도, 홉스는 철학, 자연과학, 법학, 정치학, 종교론에서 그리스 고전 번역에 이르는 광범위한 학문에 대한 탁월하고 풍성한 재능으로 시대가 요청하는 과제에 진지하게 답하고자 분투했다.

홉스가 거기서 이끌어낸 결론, 즉 리바이어던(주권국가)이 모든 선악 기준의 판정자이며 시민은 그것에 절대복종해야 한다는 결론을, 오늘날 그대로 받아들일 수 없고 또한 그럴 필요성도 없다.

그럼에도 불구하고 지금 우리가 맞닥뜨린 여러 과제를 생각할 때, 홉스의 주권국가에 대한 근원적인 물음은 뚜렷한 의의를 지닌다. 글로벌화가 진전되고, 주권국가의 틀이 차츰 약해지는 가운데, 주권국가가 이제껏 짊어져온 근간적인 기능(국민에 대한 안전 보장이나 복지 제공)을 어떤 형태로 확보해야 하는가. 신앙이나 가치관에 최대한 자유를 인정한다 해도 만약 그것이 다른 신앙이나 가치관에 노골적인 공격을 가할 경우, 우리는 과연 관용을 관철할 수 있을 것인가. 반면, 가령 범죄나 테러리즘의 공포에서 우리 생명의 안전을 지킨다는 목적을 위해서라면 개인의 권리를 일정 부분 제약해도 어쩔 수 없다는 주장에 대해서 우리는 어떻게 답해야할 것인가.

우리는 과연 홉스가 풀어놓은 리바이어던이라는 괴물을 길들일 수 있을까. 오늘날에도 여전히, 독자를 논쟁의 소용돌이 속으로 휩쓸어 버리고, 사물의 원리를 거슬러 올라가 재고하게 만드는 압도적인 박력을 가진 강력한 책 《리바이어던》은 바로 그런 작품이라 하겠다.

토머스 홉스 연보

1588년   4월 5일, 엘리자베스 시대의 영국국교회 목사인 토머스 홉스(같은 이름)와 자영농의 딸인 어머니 사이에서 둘째아들로 태어남. 고향은 잉글랜드 윌트셔주 맘즈베리 근교의 웨스트포트임. 조국 영국이 에스파냐의 무적함대 공격 소문에 휩싸여 있던 시기였음.

1592년(4세)   웨스트포트의 교회학교에 입학. 이미 읽기와 쓰기, 수학을 할 수 있었음.

1594년(6세)   라틴어, 영어를 배움(1596년쯤 로버트 라티머의 사립학교에 입학).

1598년(10세)   프랑스의 앙리 4세가 낭트 칙령을 널리 알려 신교도에게 제한적으로 신앙의 자유를 허가함.

1601년(13세)   에우리피데스의 《메데이아》를 라틴어 운문으로 번역하여 주위를 놀라게 함.

1602년(14세)   옥스퍼드대학에 입학(입학연도에 대해서는 다른 설도 있음). 모들린 칼리지에서 논리학과 스콜라철학을 배움. 대학은 청교도적인 새로운 정신과 스콜라적인 낡은 교수법이 뒤섞여 혼란스러운 상태였음.

1603년(15세)   엘리자베스 1세 서거. 영국에서 스튜어트 왕조(~1649, 1660~1714)가 시작됨. 스코틀랜드 왕 제임스 6세가 영국 왕 제임스 1세(~1625)로 즉위하여 영국과 스코틀랜드가 동군연합국(同君聯合國)이 됨.

1604년(16세)   아버지가 상해사건을 일으키고 실종되는 바람에 형, 여동생과 함께 큰아버지 프랜시스 홉스의 도움을 받음.

1605년(17세)   11월 5일, 영국 화약음모사건―의사당을 폭파하여 왕과 상원,

하원 의원을 암살하려는 가이 폭스의 계획이 발각됨.

1606년(18세) 영국에서 가톨릭 신자 억압령이 성립.

1607년(19세) 제임스타운 건설―북미에서 성공한 영국 최초의 식민지(엘리
자베스 시대의 버지니아 식민지는 미국 선주민에게 파괴되었음).
이 해에 마테오리치가 유클리드의 《기하학 원리》를 중국어로
번역함.

1608년(20세) 2월 5일, 옥스퍼드대학을 졸업. 모들린 칼리지 학장의 추천으
로 하드윅 남작 윌리엄 캐번디시(1618년 이후 초대 데번셔 백작)
의 장남 윌리엄(1590~1628)의 가정교사가 됨.

1614년(26세) 데번셔 백작 집안의 가정교사로서 청년 귀족을 따라 프랑스,
독일, 이탈리아를 여행함(1610~1613년이라는 설도 있음). 프랑스
어와 이탈리아어 회화를 배움. 옥스퍼드에서 배운 스콜라철학
이 대륙에서는 이미 시대에 뒤처져 악평을 받을 뿐이라는 것
을 알고 중세 이전의 고전에 눈뜸. 고전을 통하여 역사와 사회
를 알게 되었으나 이것을 연구하는 새로운 방법에는 익숙하지
않았음.

1615년(27세) 유럽에서 귀국. 데번셔 백작의 비서가 됨. 그 후 40세가 될 때
까지 그는 캐번디시 집안의 도서실에서 고전을 연구. 그 중에
서도 시인과 역사가, 특히 투키디데스에 흥미를 가져 그의 저
작 《역사》의 번역에 몰두함.

1616년(28세) 로마의 종교재판소가 '태양은 우주의 중심이다'와 '지구는 돈
다'라는 두 가지 명제 곧, 지동설은 부조리하며 철학적으로는
허위, 신학적으로는 이단이라고 판결함.

1618년(30세) 풀도 나무도 모조리 태워 버렸다고 하는 30년 전쟁(~1648)이
일어남.

1620년(32세) 이 무렵부터 때때로 프랜시스 베이컨(1561~1626)의 조수로서
그의 구술을 받아쓰거나 그가 쓴 논문 일부를 라틴어로 번역
했음. 필그림 파더스가 아메리카 신대륙 플리머스에 상륙. 베
이컨 《노붐 오르가눔》 발표.

1621년(33세) 영국 하원이 제임스 1세의 독재에 대하여 의회 권리를 주장.

대법관의 중직에 있는 베이컨을 수뢰죄로 고발, 베이컨은 유죄가 되고 런던탑에 유폐되었다가 이틀 뒤에 석방됨.

1625년(37세) 찰스 1세 즉위. 의회 해산. 그로티우스의 《전쟁과 평화의 법》 출간.

1628년(40세) 청년 백작 데번셔 사망. 홉스, 한때 백작 집안을 떠남. 에드워드 쿡의 지도로 의회가 찰스 1세에게 '권리청원'을 제출, 왕은 끝까지 회피하지 못해 결국 동의함. 허베이, 혈액순환의 원리를 발견.

1629년(41세) 민주정치가 영국에 적합하다기보다 오히려 위험하다는 것을 아테네 민주정치의 어리석음을 통하여 지적한다는 의도 아래, 투키디데스의 《역사》(펠로폰네소스 전쟁사) 번역을 발표. 또한, 스코틀랜드의 귀족 자베스 클립턴 경에게 요청받아 대륙 여행의 시중을 드는 교사로서 약 1년 반을 파리와 오를레앙에서 보내며, 그 사이 베네치아를 방문했음. 이 여행 중 어떤 사람의 서재에서 유클리드 기하학 책을 본 것이 그의 사상의 커다란 전기가 되었음. 기하학적, 수학적 방법을 배움으로써 방법에 대해 깨우친 것이 이 두 번째 유럽 방문이었고, 인위적인 사회라는 사상이 자각적인 체계로서 총합되는 것은 다음 번 여행이었음. 찰스 1세 의회를 해산, 1640년까지 의회를 소집하지 않고 친정. 의회가 없는 시대가 됨.

1631년(43세) 3대 데번셔 백작, 윌리엄 캐번디시(1617~1684)의 가정교사로서 또다시 백작 집안에서 일함. 그에게 수사학, 논리학, 천문학, 법률 그 밖의 것들을 가르침.

1633년(45세) 2월, 갈릴레이가 종교재판소에서 재판을 받음. 6월 22일, 고문을 하겠다는 위협을 받고 마침내 지동설을 포기.

1634년(46세) 3대 데번셔 백작을 따라 파리로 건너감. 데카르트의 친구 메르센이 주재하는 모임의 일원이 됨. 거기에서 새로운 철학이나 학문이 많이 논의되었음.

1636년(48세) 피렌체로 갈릴레오 갈릴레이를 찾아감. 뒷날 홉스는 갈릴레이를 보편적 자연철학의 문을 연 사람으로 평가했음. 또한 운동에 대한 일반이론으로 감각을 설명하는 기하학적 논문《소논문 *Little Treatise*》을 발표한 뒤 영국으로 돌아감. 이 세 번째 유럽 대륙 방문에서 역사와 사회에 대한 날카로운 통찰력을 새로운 방법과 결합시키고 자기의 학문적 체계에 대한 단서를 붙잡았음.

1637년(49세) 데카르트《방법서설》을 발표. 스코틀랜드가 영국국교회 제도 도입을 반대함.

1640년(52세) 5월 9일, 첫 번째 저작《법의 원론 *The Elements of Law*》을 완성, 원고상태로 돌려보냄. 4월 13일~5월 5일, 영국의 단기의회. 스코틀랜드 군대가 영국 침입. 홉스는 파리로 망명하여 1651년 말까지 그곳에 있었음.

1641년(53세) 5월, 영국 하원이 스트래퍼드를 처형대로 보냄. 7월, 정치범을 다루는 성실법정(星室法廷)을 폐지. 12월, 찰스 1세의 폭정과 부정을 열거한 청원서 '악정 대진정서'를 크롬웰 등이 하원에 제출, 통과됨.

1642년(54세) 파리에서 철학원론의 제3부가 되는《시민론 *De Cive*》(라틴어판)을 매우 적은 부수로 익명 출판. 8월, 하원이 군사를 소집, 찰스 왕도 왕당군의 군사를 일으킴. 청교도혁명 일어남. 혁명 이전의 왕은 신에게 근거를 둔 주권이었으나, 이 혁명을 계기로 주권은 의회로 넘어감.

1644년(56세) 왕실 신하 로드, 재판에서 유죄를 선고받음. 7월 2일 마스턴무어 전투 벌어짐. 크롬웰의 철기대에 총사령관 루퍼트가 이끄는 왕당군이 패배.

1645년(57세) 영국 하원이 로드를 처형. 6월, 네즈비 전투에서 왕당군이 참패. 황태자(뒷날의 찰스 2세)가 파리에 망명하여 생제르맹에 망명 궁정을 열었음. 홉스, 그에게 수학을 가르침.

1646년(58세) 재기를 도모하기 위해 찰스 1세가 스코틀랜드에 투항.

1647년(59세) 《시민론》제2판이 암스테르담에서 출판되어 인기를 끌었음. 큰 병을 앓음. 옛 친구 메르센이 문병을 와서 그에게 가톨릭으로 개종할 것을 권했으나 홉스는 영국국교회에 머물렀음. 1월,

스코틀랜드가 찰스 1세를 의회군에게 인도. 수평파(水平派)가 인민협정을 발표, 왕과 상원을 부정, 보통선거, 신앙의 자유를 요구함.

1648년(60세) 크롬웰, 스코틀랜드 원정. 프라이드가 추방되고 크롬웰이 장로파 의원을 영국의회에서 물리침. 의회는 잔부의회(殘部議會)가 되어 독립파의 지배가 확립.

1649년(61세) 《시민론》의 프랑스어 번역판이 암스테르담에서 출판. 1월 27일, 의회가 설치한 고등재판소에서 찰스 1세의 사형을 판결하고 30일 참수형을 집행. 5월, '공화국으로서의 자유국' 선언, 영국 공화정체(~1660)가 됨. 급진적인 수평파 운동이 억압받음.

1650년(62세) 《법의 원론》이 2부로 나누어져 출판. 인간 감정, 감각, 사상, 욕망을 외계 운동에 대응하는 신체 내의 내적 운동으로서 나타내는 '인간론'을 《인간성 Human Nature》이라는 이름으로, 또한 인간 상호간의 결합 및 이반(離反) 운동을 기초로 하여 인위적인 산물인 국가 원리를 전개하는 '시민론'을 《정체론 De Corpore Politico》이라는 제목으로 출판. 망명 중이던 황태자(찰스 2세)가 스코틀랜드에 상륙, 크롬웰이 공격.

1651년(63세) 여름, 주요 저서 《리바이어던 Leviathan》이 런던에서 인쇄되어 출판. 《리바이어던》의 출판으로 홉스에 대한 그리스도 교회로부터의 비판이 거세져 망명 궁정으로의 출입금지당함. 연말에 새로운 정권하의 영국을 향해 몰래 출발. 영국에 침입한 찰스 2세가 우스터에서 패배하여 프랑스로 망명. 크롬웰이 제1차 항해조례를 발표.

1652년(64세) 영국으로 귀국. 제1차 영국·네덜란드전쟁 시작.

1653년(65세) 홉스는 귀국 후 정쟁에 휩쓸리는 것을 힘껏 피하고, 허베이나 셀든 등의 학자와 친교를 맺음. 크롬웰이 그를 요직에 앉히려 했다고도 하나, 확증은 없음. 크롬웰이 쿠데타로 잔부의회를 해산, 소의회를 소집, 스스로 호국경(護國卿)이 됨(~1658). 근대 최초의 성문헌법인 통치장전(統治章典)이 제정됨.

1654년(66세) 주교 브람홀과 자유의사에 관한 논쟁을 펼침. 홉스가 쓴 자유의사에 관한 브람홀을 향한 비판을, 한 청년이 홉스의 허락 없이 출판.

1655년(67세) 크기와 운동의 일반원리를 제시하여 자연적인 물체의 움직임을 포착하려고 하는 《물체론 *De Corpore*》을 출판. 그것은 그의 철학체계의 제1부를 이루는 것으로 신학적 형이상학에 대한 도전장이기도 함. 브람홀이 분노하여 모든 논쟁을 출판. 크롬웰이 소의회를 해산.

1656년(68세) 브람홀에게 답하여 《자유, 필연, 우연에 관한 문제들》을 발표.

1657년(69세) 크롬웰이 왕호(王號)를 거부. 의회는 호국경에게 후계자의 지명권을 부여.

1658년(70세) 신학체계 제2부 《인간론 *De Homine*》을 출판. 브람홀의 《홉스 비판의 수정》을 부록 《리바이어던의 포획》과 함께 간행. 크롬웰(1599~)이 죽고 아들 리처드 크롬웰이 호국경이 됨.

1659년(71세) 의회가 군과 대립, 군이 의회를 해산시킴. 군이 호국경을 무시, 리처드 사임.

1660년(72세) 브레다 선언—귀국 길에 올랐던 찰스 2세가 혁명파의 사면, 양심의 자유 등을 약속. 5월 8일, 왕정복고. 임시의회에서 찰스가 국왕(~1685)임을 선언. 25일, 찰스 귀국.

1661년(73세) 홉스 《철학자와 법학도의 대화—영국의 코먼 로(common law)에 대하여》를 펴내어 관습법의 옹호자, 에드워드 쿡을 날카롭게 비판. 이 책은 그가 살아 있는 동안에는 공개적으로 간행되지 않았으며, 간행은 그의 사후 3년째인 1681년으로 미뤄졌음. 이 시대 사람들에게는 널리 받아들여지지 못했음에도 불구하고 19세기의 분석적 법실증주의를 예견한 뛰어난 저작으로 불림.

1664년(76세) 친구 오브리는 홉스에게 '법률론' 집필을 권함. 그러나 이미 76세의 노령에는 힘에 벅찬 일이라는 이유로 한 번은 사양했으나, 오브리가 베이컨의 《관습법의 원리 *Element of Common Law*》을 보내오자 실재성의 중요성을 끊임없이 주장했던 사상가로서 그는 또다시 의욕을 불태움.

1666년(78세)	영국 하원에서 1665의 페스트 유행과 1666년의 런던 대화재는 무신론과 신성모독에 의한 것이라는 의견이 지배적이 되고, 신성모독에 관한 법조항을 가결하여 홉스를 위협함. 찰스 2세는 홉스의 정치와 종교에 관한 저작의 공개적인 간행을 금지시킴. 브람홀과의 논쟁 종결됨.
1668년(80세)	《비히모스 *Behemoth*》라는 제목으로 혁명사를 써서 찰스 2세에게 바치지만, 왕은 공개적인 간행에 반대하여 그의 사후인 1682년에 출판. 그러나 외국에서는 그의 명성이 점점 높아져, 이 해 암스테르담에서 《리바이어던》의 라틴어 번역판이, 이듬해 네덜란드어판 출판.
1671년(83세)	자서전을 라틴어 운문으로, 그리고 산문으로 저술함.
1672년(84세)	찰스 2세, 신앙의 자유 선언.
1673년(85세)	의회는 왕에게 신앙의 자유에 대한 선언을 취소하게 하고, 심사율법을 제정.
1674년(86세)	호메로스의 《일리아스》와 《오디세이》 번역.
1675년(87세)	런던에서 데번셔 집안의 별장이 있는 하드윅과 차트워스로 이주. 4대 데번셔 백작의 보호 아래 여생을 보냄.
1679년(91세)	8월까지는 집필을 계속하는 것이 가능했음. 그러나 10월부터는 중풍 등의 병을 얻어 앓아눕게 됨. 12월 4일, 91세를 일기로 세상을 떠남. 올트 허크널교회 안에 매장됨.
1682년	죽은 지 3년 뒤, 옥스퍼드대학에서는 《리바이어던》과 《시민론》을 금서목록에 추가시켰음. 권력은 결국 인민으로부터 나온다는 그릇된 주장과, 인간의 자기보호를 모든 의무에 선행하는 자연관으로 보는 위험 사상이 그의 저작에 포함되어 있다는 이유에서였음.

최공웅

서울대학교 법과대학 졸업, 동사법대학원 졸업, 미국 일리노이대학 어배나샴페인 졸업, 사법연수원교수, 서울고등법원부장판사, 서울가정법원장, 대구·대전고등법원장, 초대특허법원장, 경찰위원회위원장, 한국국제거래법학회회장, 한국국제사법학회회장, 한국산업재산권법학회회장 역임. 현재 대한상사중재원 CEO아카데미 원장, 중앙대학교 초빙교수, 법무법인 화우 고문변호사. 저서에 〈국제소송〉〈국제사법〉 지적재산권에 관한 논문 다수가 있다.

최진원

연세대학교 법과대학 졸업, 동대학원(법학박사), 연세대학교법학연구소 전문연구원, 프로그램심의조정위원회 외래교수, 홍익대, 서강대, 광운대, 인하대, 인천대 강사(지적재산법, 정보사회와 저작권, 인터넷과 법률, 법과 공학). 저서논문에 〈방송콘텐츠의 보호와 공개재현〉〈DRM보호문제〉〈UCC와 저작권 라이센스〉〈유료방송의 무단이용에 대한 국제사법적 문제〉〈블루밍광고와 미술저작물의 이용〉〈공간통계정보의 입법방안〉 등이 있다.

World Book 72
Thomas Hobbes
LEVIATHAN
리바이어던
토머스 홉스/최공웅 최진원 옮김
1판 1쇄 발행/1988. 12. 1
2판 1쇄 발행/2009. 8. 8
3판 1쇄 발행/2021. 2. 20
3판 3쇄 발행/2023. 9. 1
발행인 고윤주
발행처 동서문화사
창업 1956. 12. 12. 등록 16-3799
서울 중구 마른내로 144(쌍림동)
☎ 546-0331~2 Fax. 545-0331
www.dongsuhbook.com

*

사업자등록번호 211-87-75330
ISBN 978-89-497-1802-6 04080
ISBN 978-89-497-0382-4 (세트)